《春秋》研究文獻輯刊

第一册

國家圖書館出版社

圖書在版編目(CIP)數據

《春秋》研究文獻輯刊(全八册)/晁岳佩,宋志英選編.—北京:國家圖書館出版社,2014.7

ISBN 978-7-5013-5385-9

Ⅰ.①春… Ⅱ.①晁… ②宋… Ⅲ.①中國歷史—史籍研究 Ⅳ.①K225.04

中國版本圖書館CIP數據核字(2014)第125641號

書　　名	《春秋》研究文獻輯刊(全八册)
著　　者	晁岳佩　宋志英　選編
叢 書 名	先秦典籍研究文獻輯刊
叢書策劃	宋志英　晁岳佩
責任編輯	林　榮
封面設計	程春燕
出　　版	國家圖書館出版社(100034　北京市西城區文津街7號) (原書目文獻出版社　北京圖書館出版社)
發　　行	010-66114536　66126153　66151313　66175620 66121706(傳真),66126156(門市部)
E-mail	btsfxb@nlc.gov.cn(郵購)
Website	www.nlcpress.com→投稿中心
經　　銷	新華書店
印　　裝	北京華藝齋古籍印務有限公司
版　　次	2014年7月第1版　2014年7月第1次印刷
開　　本	850×1168(毫米)　大32開
印　　張	142
書　　號	ISBN 978-7-5013-5385-9
定　　價	2900.00圓

《先秦典籍研究文獻輯刊》編委會

前言

據前人統計，今本《春秋》共一萬六千五百二十字，卻記載着自魯隱公元年（前七二二）至魯哀公十四年（前四八一）共二百四十二年以魯國爲主的春秋歷史，平均每年約七十字。後人或稱作『斷爛朝報』『流水帳簿』式的《春秋》，在自漢武帝以後的兩千多年間，不僅被列爲經典，而且被認爲是孔子唯一親自寫定的著作，其研究成果可謂汗牛充棟。孔子是聖人，所謂聖人，是爲社會制定準則的超級智者，故《春秋》中應該含有聖人垂教後世的大義，即統治者治理國家應該遵循的各種原則，這是所有《春秋》學研究的共同出發點。凡研究經典中聖人垂教之義者均屬於經學，研究《春秋》義例者纔是《春秋》學，若專

注於《春秋》所載之事或對人名、地名、官名的考證，則屬於歷史學。

《春秋》共約兩千條經文，多者三十餘字，少者一字，平均每條不到八字。如此簡略的史事提綱，本身不可能有聖人垂教之義的清晰表述。如魯隱公元年經：『春王正月。三月，公及邾儀父盟於蔑。夏五月，鄭伯克段於鄢。秋七月，天王使宰咺來歸惠公、仲子之賵。九月，及宋人盟於宿。冬十有二月，祭伯來。公子益師卒。』若無前人解讀，恐怕現在没有人能够從這些經文中看出任何聖人之義。歷代經學家之所以從《春秋》中闡釋出種種大義，實際上是基於兩個前提：一是孔子作《春秋》，二是三傳對《春秋》已有的解讀。

關於孔子作《春秋》的問題，至今仍無令學術界普遍認可的結論。説孔子作《春秋》者，均引孟子、司馬遷等前賢之言爲證。這是傳統觀點，其缺陷是不能證明《春秋》中哪些内容屬於魯國舊史，哪些内容屬於孔子所作。説孔子未作《春秋》者，認爲《春秋》就是魯國舊史，孔子可能用其作爲教材，主要證據是《論語》中没有任何孔子作《春秋》的記載。這是近人的觀點，缺陷是不能對孟子、司馬遷等前賢之言進行證僞。在没有新的證據出

現之前，這個問題可能還將長期討論下去。但是，對古代經學家而言，這是不容討論的問題，一旦懷疑孔子作《春秋》，聖人的垂教之義也就成了無源之水、無根之木，成了『滿紙荒唐言』。堅持孔子作《春秋》，是《春秋》學得以成立的前提和基礎。

關於三傳解《春秋》的問題相當複雜。《左傳》原名《左氏春秋》，大概成書於公元前四百年至公元前三百年之間。《左傳》以《春秋》記事爲綱，用豐富的材料較詳細地記述了《春秋》所記重大事件的起因、過程及結果，既豐富了《春秋》經文的內涵，也補充了許多《春秋》未載的人和事，同時從魯國史官的角度，用『解經語』的形式，解説了《春秋》的記事原則、用字原則和稱謂原則。顯然，《左傳》是以《春秋》爲史書，以史事傳《春秋》。故後世凡以史事解《春秋》或謂《春秋》因事明義者，無不以《左傳》爲據。

漢景帝年間始『書於竹帛』的《公羊傳》，明確以《春秋》爲垂教後世的經典。魯哀公『十有四年春，西狩獲麟』，孔子感到『道窮』而作《春秋》，『《春秋》何以始乎隱？祖之所逮聞也。所見異辭，所聞異辭，所傳聞異辭。何以終乎哀十四年？曰：「備矣！」君子

曷爲爲《春秋》？撥亂世，反諸正，莫近諸《春秋》。……（君子）制《春秋》之義以俟後聖』。《公羊傳》認爲，一、《春秋》是孔子精心製作的經典；二、《春秋》中藴含着聖人關於撥亂反正的各種原則，即《春秋》之義，這是一個完備的政治理論體系；三、孔子作《春秋》是爲了垂教後世，等待新一代聖人出來採用這個理論體系；四、後人研究《春秋》，就是要研究其中的義，以供後聖遵循。從此，《春秋》成爲至高無上的經典，《春秋》學成爲經學。可以説，後世《春秋》學就是在這個框架中進行研究的，儘管許多問題都歧説紛紜，但各家各派對這個框架基本上都是認同的。凡超出此框架者，都不再是經學的《春秋》學。從這個意義上説，作爲經學的《春秋》學，實際上是由《公羊傳》開創的；作爲經學的《春秋》之義，也是首先由《公羊傳》闡釋的。故後世學者儘管對《公羊傳》有各種各樣的批評，但從根本上都離不開《公羊傳》。

《公羊傳》是如何從記事極爲簡略的《春秋》經文中解讀出聖人之義的呢？一句話，根據書法推導大義。所謂書法，就是孔子作《春秋》時設定的各種寫作原則，後人稱爲例。

據《公羊傳》所釋，最重要的《春秋》書法大致包括記事原則、用字原則、稱謂原則、書時原則、書地原則等。凡應記而未記或不應記而記之事，凡應用某字而不用或改用其他字，凡應用某種稱謂而改用其他稱謂，凡應記地而未記地或不應記地而記地，凡應書日而未書日或不應書日而書日等，《公羊傳》認爲其中都含有對所記人和事的褒揚或譏、貶、絶之意。不論是褒揚還是譏貶，聖人一定都是按照一定標準作出的。這些標準就是聖人藴含於經文的各種垂教原則，即《春秋》大義。這就是《公羊傳》解讀《春秋》的基本方法，並爲後世絶大多數《春秋》學者所繼承。不理解這一點，就讀不懂《公羊傳》，也讀不懂《穀梁傳》和其他《春秋》學文獻。

《穀梁傳》的成書年代不太明確，大概是在穀梁學與公羊學争《春秋》學正統的漢宣帝年間。《公羊傳》所釋《春秋》書法、大義，在當時已得到廣泛認同，《穀梁傳》對此不能進行過多的反駁。《穀梁傳》要取得正統地位，又不能不與《公羊傳》區别開來，於是《公》《穀》二傳形成如下主要異同：

一、二傳的主旨都是闡釋聖人的垂教之義，都採用根據書法推導大義的方法，所釋大義均屬於政治理論。

二、《穀梁傳》除個別地方有對《公羊傳》予以批評的内容外，絶大部分承襲了《公羊傳》所釋書法和大義，但在文字表述上往往有所區别，顯得比《公羊傳》清雅，《公羊傳》於此經所釋書法或大義，《穀梁傳》可能從彼經闡釋出來；《公羊傳》有些表述含混不清，《穀梁傳》則有更清楚的表述。

三、《公羊傳》中雖有對《春秋》書時原則的闡釋，但似乎未能構成體系，《穀梁傳》則形成了系統的《春秋》書時原則：最重要者書日，其次書月，再次書時。重視《春秋》書日、書月、書時的内涵，是《穀梁傳》與《公羊傳》在所釋《春秋》書法方面的顯著區别。

四、《公羊傳》所釋《春秋》『譏世卿』『知權行權』『大復讎』等義，不太符合君主專制制度的需要，《穀梁傳》中没有此類大義，而是更强調《春秋》的『尊尊』之義，並多了一些對君主關注民生之義的闡釋。

《公》《穀》的方法和主旨相同，故後世一直以二傳並稱，以與《左傳》區別開來。二傳在所釋《春秋》書法和大義方面的差别，使其並列爲經典。

司馬遷在《史記》中採用了《左氏春秋》之事，但没有引用《左傳》之義。漢末劉歆非常喜歡《左氏春秋》，認爲它傳《春秋》勝於《公》《穀》，故改稱《春秋左氏傳》，並建議朝廷將其立於學官。當時的朝廷高官絶大部分出身於今文經學，難以接受古文《左傳》，他們認爲《左傳》不傳《春秋》，即没有從經文中闡釋聖人的垂教之義，不能立於學官。劉歆嚴厲批評今文學者抱殘守缺，但實際上也未能證明《左傳》在闡釋《春秋》大義方面有哪些勝於《公》《穀》的地方。劉歆被排擠出朝廷，《左傳》也未能取得官學地位。歷東漢一代，今古文之間出現此消彼長之勢，以《左傳》爲代表的古文被越來越多的今文學者接受。但是，古文學者在《左傳》傳《春秋》的問題上，往往致力於證明《左傳》中也有《公》《穀》所釋《春秋》之義，而未能證明《左傳》在傳《春秋》之義方面勝於《公》《穀》，故《左傳》始終未能立於學官。實際上，喜歡《左傳》的學者多數出於對其文其事的欣賞，所謂傳《春秋》

之義往往顯得强詞奪理，依附《公》《穀》。

真正成功説明《左傳》傳《春秋》者，無疑是晉杜預的《春秋經傳集解》。杜預首先認定今本《春秋》是孔子改修魯史而成。孔子繼承了周公所制『舊典禮經』，在改作《春秋》中設定了『新例』，賦予了《春秋》新的大義，然後傳授給左丘明，左丘明將這些内容在《左傳》中表述出來，故《左傳》是孔子的嫡傳。《左傳》中以『凡』字開頭的五十節文字就是周公所制『舊典禮經』，『書』『不書』『故書』等七類解經語就是孔子設置的新例，其中『禮也』『非禮也』的史事評説以及『君子曰』，就是孔子賦予《春秋》的大義。於是《左傳》有了明確的傳承體系，有了完全不同於《公》《穀》且足以與其抗衡的《春秋》義例，《春秋》左氏學由此正式形成。唐代的《五經正義》選擇了《左傳》及杜注，標誌着《左傳》終於取得了官學地位。

長達數百年的三傳争正，至唐初取得了皆大歡喜的結果，三傳均被認爲是解讀《春秋》的經典，成爲後世《春秋》學繼續發展的基礎。在此之前，《春秋》學研究應該屬於『家

法』時代，各派學者基本上都恪守家法，衹是努力理解本派的傳注，很少引用别家之説，也很少對别家之説作系統批評，大家都是自説自話。這是漢代以來形成的經學研究模式。三傳既然都取得了《春秋》學正宗地位，學子們自然可以兼學三傳，對三傳進行比較的可能性大大增加了。唐代中期陸淳執筆完成的三部著作，集中反映着他與啖助、趙匡對《春秋》學的新認識。如果我們站在古代經學家的立場上，認定《春秋》是聖人垂教後世的經典，然後對三傳進行比較，也可以很輕易地看出三傳對《春秋》的解説都存在明顯不足。《左傳》記事基本上應該是可信的，這是理解經文的基礎，如果聖人之義體現於記事之中，那麽解讀《春秋》必須以《左傳》爲主。但是，《左傳》的解經語大部分是釋史書體例或當時史官的記事背景，極少解讀經文本身的深層内涵。『五十凡』中衹有極少部分解經，大部分與經文本身没有直接關係。『君子曰』被認爲是《春秋》之義，實際上卻都不是對經文的解讀。所謂『稱君君無道，稱臣臣之罪』之類的大義也不符合君主專制的要求。《公羊傳》和《穀梁傳》雖然都是對經文的直接解讀，但所釋義例也未必正確。如《公羊傳》所

謂『《春秋》貴（褒）賤（貶）不嫌同號，美（褒）惡（貶）不嫌同辭』，認爲《春秋》的相同稱謂和相同用字卻可以作出完全相反的褒貶理解，難以令人信服。又如所謂『實與而文不與』，即《春秋》實際上贊成某事，但在文字上卻表述爲不贊成某事，使經文變成了無法理解的天書。諸如此類，表明《公羊傳》釋經帶有極大的主觀隨意性。再如所謂《春秋》貴知權行權之義，明顯有使大臣專權隨意廢立君主的潛在危害，垂教後世的聖人不應設定這種原則。《穀梁傳》所釋《春秋》書時原則，即所謂『時、月、日例』，明顯不能貫通全經。因此，啖助等學者認定三傳解《春秋》均不可全信，要真正把握聖人真諦，必須『捨傳求經』，即不受三傳束縛，從整體上把握經文，直接體會聖人蘊含於經文中的垂教之義。但是，真正離開三傳，對乾巴巴的《春秋》經文就無從進行解讀。實際上，所謂『捨傳求經』就是完全擺脱經學『家法』束縛，雜取三傳之長。因『左氏長於事』，釋《春秋》所記史事以《左傳》爲主；因『公、穀長於義』，即所釋《春秋》義例是由分析經文而來，故釋《春秋》義例以《公羊傳》和《穀梁傳》爲主。另外，通過排比分析經文，又可以釋出更多的《春秋》

義例。這就是陸淳《春秋》三書『捨傳求經』的基本方法。他們雖然對《公》《穀》的批評較多，但是實質上仍然以三傳爲主。這是《春秋》學史上的一大轉折，雜取融合三傳成爲宋元明清間《春秋》學研究的基本模式，衹是不斷豐富着《春秋》義例，且各自帶有時代特色而已。因宋王朝建立在唐末的藩鎮割據及五代十國之後，加强中央集權的時代要求，體現在《春秋》學研究中，就是對『尊王』之義的極度闡釋。有宋一代外患不斷，故《春秋》『攘夷』之義也受到空前的重視。南宋之後，《春秋》義例中也有了理學色彩。最重要者，由於『捨傳求經』之風日熾，逞臆説經的現象也相當嚴重。由宋代形成的《春秋》學特點一直持續到清代。

《春秋》學史上的最後一次重大變化是清代公羊學的復興。在清初批評宋學空疏，倡導漢學樸實的學風影響下，莊存與及其後的孔廣森開始用樸學方法研究《公羊傳》。稍後的劉逢禄致力於研究何休的《春秋公羊傳解詁》，成爲清代公羊學復興的中堅人物。龔自珍、魏源則開始利用公羊學議論現實政治，康有爲將這種方法應用到極致，公羊學成爲變

法維新的理論依據。學術研究具有濃厚的政治色彩，自然難免武斷和强詞奪理。公羊學者在推崇《公羊傳》、董仲舒和何休的同時，也一再重提《左傳》不傳《春秋》的問題。古文經學殿軍章太炎、劉師培等對此予以反擊，也加强了對《左傳》的研究。清末的《公羊傳》與《左傳》之争，在帶有政治色彩的同時，也明顯帶有傳統學術向現代學術轉化的時代特色，傳統的《春秋》學在這次争論之後也壽終正寢。

斗轉星移，時過境遷，昔日曾數度輝煌的《春秋》學至今已幾近絶學。在世人高倡傳統文化的今天，作爲傳統文化中主流文化的《春秋》學，不論是研究隊伍，還是研究成果，似乎都還没有形成『熱』的氣候。實際上，對構建傳統政治理論和政治制度都曾起到極大作用的《春秋》學，是非常值得今人重視並進行深入研究的。可以説，它是傳統文化中最重要的組成部分之一。但願這部《〈春秋〉研究文獻輯刊》的問世，能够吸引更多學者進入這一領域，並把《春秋》學研究推到一個新的高度。

就整個《春秋》學史而言，前期的研究成果較多，也較爲深入。後期的清代《春秋》

學，特别是公羊學復興部分，因時代較近，又影響極大，也有較多的研究成果。本書收録的《春秋》學研究成果，按照版本時間依次排列。在收録書目方面，主要遵循以下原則：

阮元《十三經注疏》中的《春秋》三傳及其注疏——晉杜預注、唐孔穎達等正義《春秋左傳正義》，漢何休解詁，唐徐彦疏《春秋公羊傳注疏》，晉范寧注、唐楊士勛疏《春秋穀梁傳注疏》，無疑是前期研究《春秋》學最重要的成果，因讀者比較容易找到，故本書没有收録。

中間宋元明時期流傳下來的《春秋》學著作最多，但大部分已收入《四庫全書》《續修四庫全書》，讀者比較容易得見，故本書不一一收録，僅收録宋人王晳《春秋皇綱論》及杜諤《春秋會義》。

清代《春秋》學研究，既有宋元明餘緒，更有今文經學的復興，也有古文經學者的巨著。本書收録公羊學的兩種重要論著——清人莊存與《春秋正辭》、劉逢禄《公羊春秋何氏解詁箋》，還有集中闡釋『春秋書法』的重要著作——劉曾璇《春秋書法比義》等。

另外，凡已收録在《春秋戰國史研究文獻叢刊》（國家圖書館出版社，二〇〇九年五月版）和《〈左傳〉研究文獻輯刊》（國家圖書館出版社，二〇一二年一月版）中的《春秋》學文獻，本書一般不再收録，請讀者綜合利用這三部書。

晁岳佩

二〇一四年六月

總目録

第一册

第二册

第三册

第四册

第五册

第六册

第七册

第八册

第一册目録

宋·王晳 撰

春秋皇綱論五卷

清康熙十九年(1680)刻本

春秋皇綱論 凡二十三篇 總五卷

太原王晳

春秋皇綱論卷第一

孔子脩春秋

始隱

尊王上

尊王下

孔子脩春秋

昔者仲尼以聖人之才識歷國應聘而卒老不遇知天命之不與己也於是崇聖業讚易道定

禮樂刪詩書表先王之舊章總皇極之彝訓闡君臣父子之義原治亂興衰之道足以垂爲世教傳之無窮然於己之才識則未能盡發明之也故作春秋託之行事以盡焉則司馬遷所記孔子之言曰我欲載之空言不若見之行事之深切著明也此仲尼脩春秋之本意也噫夫經制可以定天下則春秋之經制備矣至誠可以贊元化則春秋之至誠深矣執經制推至誠則承天治民統正萬事體道德而維之以禮法本仁義而振之以權綱尊君與賢旌善黜惡王道

之權衡太平之事業也此仲尼之道與其才識舉見之於春秋矣後之諸儒不原聖人本意但舉一端以爲之說公羊曰撥亂世反諸正又云制春秋之意以俟後聖何休以爲知漢當繼大亂之後故作撥亂之法以授之何其迂哉夫否泰治亂如循環然否亂之極必有王者興固天命也仲尼豈知數百年後劉氏定天下興漢室乎且聖人大典將垂之萬世以爲法又豈止一漢朝乎若以衰世論之則可以撥亂而歸正若以治世言之則可以潤色乎王道無施不可也

孟子曰孔子作春秋而亂臣賊子懼此示据當世而言爾若專爲誅亂臣賊子使知懼則尊賢旌善之旨闕矣董仲舒曰孔子知時之不用道之不行是非二百四十二年之中以爲天下儀表貶諸侯討大夫以達王事而已若此則仲尼祖述堯舜之道無以明矣壷遂曰孔子之時上無明君下不得任用故作春秋垂空文以斷禮義當一王之法若此則春秋之文皆紀實事不得謂之空文又聖人作經義貫今古示何必當一王之法乎杜預以爲孔子曰文王既沒文不

在茲乎此制作之本意也孔子之出此言者以遭時之難謂己得文王之道有文王之文不當不垂于後世故云然然亦通謂諸經未必指春秋而言也文中子曰聖人在上則賞罰行在下則褒貶作夫褒貶聖人所以代賞罰也是又不見聖人推至誠明大道之旨而一經之作專在賞罰也啖助謂春秋救周之敝革禮之薄以夏道爲本不全守周禮則褒貶善惡斷以聖人之義不該之矣趙氏謂春秋大要二端而已常典也權制也春秋據周禮其典禮所不及者則聖

意窮其精理以定褒貶尊王室正陵僭舉三綱提五常又言有帝王簡易精淳之道此得春秋之宗指優於數賢之說也但不及聖人不欲託空言故屬之行事之意爲不悉矣備舉數賢之說餘不足論也且聖人之道一以貫之數賢之說皆舉一端爾總而通之會歸其本意則春秋之義全矣夫聖帝之隆莫隆於堯舜禮法之備莫備乎三代國有史官者皆堯舜禹湯文武之令典也史官屬辭以記得失世盛則其政美世衰則其道微示理之常也仲尼旣遭亂世以躬

負聖人才識無以發明故因魯史之文託之行
事以盡其所緼之志以遺後世之聖賢爾然魯
史常人之所爲也於聖賢文武之道必有不周
於是非得失之理必有不當於采掇記注之間
必有不經於憎愛誣諱之際必有不實於仁義
禮法之訓必有不明於褒貶善惡之旨必有不
精故聖人裁取其文建以法制以成不刊之書
則聖人之才識於是可得而觀之矣故其言曰
知我者其惟春秋乎此之謂也皇甫湜以謂編
年不若紀傳至云春秋之作則須左傳國語何

其淺陋之甚哉或曰左氏以爲凡諸侯有命告則書于策不然則否師出臧否亦如之果若是則魯史所遺者固亦多矣聖人博覽無所不知何不盡書之乎曰仲尼脩經直據魯史魯史所不載則何由書之況聖人制作金玉法度旣憑魯史則不當雜取他書何者欲示信據之明故也且自於魯之十二公二百四十二年之中所書之事聖人之法度備矣才識周矣褒貶精矣勸戒盡矣奚復孜孜然如左氏司馬遷之流務多取以爲勝者耶

始隱

荀子曰聖盡倫王盡制是故學者以聖王爲師焉聖王之盛莫盛乎堯舜當天下之正位粹然一任乎道不私於己也如天地然允聖王之極摯哉堯視舜如己身舜視禹如己身又何親賢之足議乎前堯舜而有聖人矣無其時與其人莫能任乎道充其志而公天下焉後堯舜而有聖人矣無其時與其人亦莫能任乎道充其志而公天下焉堯耄而傳諸舜舜老而授之禹前後相次若天意固爲之夫是之謂其時堯舜禹

之道一道也堯舜禹之心一心也夫是之謂其人以萬物之心爲心以天地之德爲德其於己也無一毫之私夫是之謂任乎道舒卷天下無不得其欲而合乎道也如規矩繩墨然夫是之謂充其志疇克若是哉堯舜而已矣故書首二帝以道德之美莫或先焉者也然堯嗣於帝禹與其子獨舜之道尤難故仲尼曰後世雖有作者虞帝弗可及也已至矣哉蓋無德而稱焉夫治亂之世極然後可以相明焉善惡之理極然後可以相形焉是故仲尼約魯史修春秋推原

堯舜之事以明亂世之奸慝焉噫道德之美莫過於堯舜之禪讓人倫之惡無大於世子之弑其君今隱公欲讓桓位是踰父子之親也而桓公遂弑君兄是滅臣子之理也則與世子之弑其君者罪惡鈞矣是桓公者固天下之大戮也故春秋獨於桓公不書王見桓公之無君王室之無政也然則不書王之義特爲桓而發也罪桓之由特爲隱而起也故春秋所以始於隱者此故也或曰如是則盍始於桓耶曰若以桓爲始則不見隱公讓桓之志也不見隱公讓桓之

志則罪桓之心不切也又不見隱公不書葬之事也又不見桓公汲汲君位之意也曰然則何者爲讓桓之志乎曰夫書尹氏卒仲子不葬不爵夫人至不告廟此皆讓桓之志也不始之於隱則無以見矣又曰敢問春秋亦有世子之弑其君者何故其時復書王乎曰春秋魯史固當詳内而略外也且隱以兄而讓弟其德惠奚有量哉親踰父子義則君臣而桓乃滅天常棄人理其迹尤惡蓋善善也不明則惡惡也不切故特不書王以志之也自餘他國則父不父子不

子君不君臣不臣亂世之常事也又曰諸儒謂周室自平王東遷日以微弱賞罰政令裁行畿内故始之於隱亦以平王不能中興之故也曰此說一端之說也然於始隱之義亦足相因以發明爾夫隱公之元年則平王之末年也是時楚子初僭王號天子不能征之陵遲衰亂實始於此故桓公有無王之心敢行篡弒者階此而作也或者又曰夫楚子僭號則惡逆之罪莫大焉安知聖人不爲正楚而始隱哉曰夫楚僻小國也蠻夷之俗也覩周室之微弱因而僭竊則

其罪惡天下舉知之矣魯則禮義之國也周公之後也而桓有逆行凶德唯明王可誅之爾此仲尼所以首正之也若爲正楚而始隱則隱公之經未嘗及楚至莊十年荆敗蔡師于莘始見于經則聖人之意不在乎正楚而在乎正桓也無可疑矣或曰子引堯舜之讓以明隱公之事則是與杜氏之說以隱公爲讓國之賢君相類也曰不然夫其讓之名至高也讓之行至美也推是心以類夫堯舜奚遠哉然隱公之才識智慮昏庸之人也其行事多不善也雖其讓之名

與堯舜同是奚救於昏庸之累哉曰然則其讓桓是邪曰非也隱公以庶長自嫌故欲讓桓爾苟桓有聖賢之才則已行泰伯之事猶可也桓既非其人矣而不明大義不能遵禮法之正私意曲惠欲同於攝讓隙一開卒被大禍則君子不與之也君子尚不與之況聖人乎

尊王上

何休之學謂春秋黜周王魯識者已非之矣不復更論謹案聖人以王道衰微賞罰無紀賢能不用罪惡不誅故采舊史之文裁以爲經豈有

他哉篤於三綱五常明於義理之盡而已爾三傳及諸子不能具曉聖人之意不知尊王之實謂自周無出言出絶之於天下也又謂榮叔歸含召伯會葬皆王之失禮故去天字以貶之此皆不曉聖人尊王之意不達三綱五常義理之盡而云也夫天王出居于鄭必有故也其故何哉辟母弟之難爾此乃直書以示譏也豈於出字更加貶絶乎噫三傳見王子瑕奔晉及尹氏召伯毛伯以王子朝奔楚皆謂王者無外故不言出是以於天王出居於鄭及周公出奔晉皆

以爲貶絶之也王雖不能以禮制其弟帶遂爲亂而王有何惡遽貶絶之乎周公楚與伯輿爭政不勝怒而出及陽樊王復之三日卒出奔晉若以出爲貶絶之辭則是襄王之惡重於子朝周公之罪甚於王子瑕及尹氏也案王子瑕王子朝尹氏召伯毛伯皆逆亂之臣也逆亂之臣當族滅之籍沒汙瀦是其刑典故數子但書奔不言出絶之也猶譚子奔莒弦子奔黃之類示以國滅而不言出義與此同且凡外來奔魯悉書來奔不言出奔是來字對出爲義爾若春秋

爲鄭史則必書曰天王來居于氾猶郕伯來奔以其來我國故不言出也則又可以言王者無來乎或曰若但書天王居于鄭則出可知矣何必書出乎曰凡諸侯外奔皆書出明棄其境而出也若衛侯朔出奔齊苟但言奔齊則出亦可知聖人何故更書出乎又天王居于狄泉不言出則在周地矣此若書天王居于鄭則在畿内非鄭國也不可之理審矣以此足知其妄也其謂去天字以貶王者蓋惑於闕文爾且仲尼不隱諸侯及卿之罪惡則知王室之衰微亦以明

矣桓王使渠伯糾來聘成桓公之爲君尚不去天字但貶渠伯書名况他失禮之事不甚於此乎由是觀之其妄愈固不足疑矣

尊王下

春秋列國莫大於齊晉楚楚僭王號固不足取而齊晉之君莫盛於桓文故孟子謂春秋其事則齊桓晉文其文則史孔子曰其義則丘竊取之矣其故何哉夫豈以其執中國之權制天下之命而云乎夫周室雖衰天命未改桓文襲侯爵臣子也而執中國之權制天下之命則是彊

僭之臣也奚足議邪然聖人以其有尊周室安中國之心故爾何以知其然哉謹案惠王以惠后故寵其子帶欲廢太子於是齊桓帥諸侯會王世子于首止以定其位厥後太子踐阼是爲襄王此仲尼所謂一正天下也桓公既歿叔帶卒亂周室天王出居于鄭幾不能復於是晉文公帥師迎王以歸于王城遂誅叔帶故傳曰出定襄王以示之義由是觀之則二君之大節可見矣此聖人所以襃其功稱其仁也又齊桓之會葵丘爲盛以其一明天子之禁也晉文之盟

踐土稱信以其胥獎王室之忠也夫以東周之微不絕如綫桓文之勢震於天下卒能尊周室安中國厥功茂哉然不能推至公血誠力遵王道之正征伐自出賦貢自專則其罪爾荀子曰粹而王駁而伯此之謂也故仲尼因桓文之事而辭以致其義焉義者何明於君臣之分篤於仁義之心離其駁會于粹而巳矣或曰然則桓文之功並邪曰然又曰如此則仲尼何以云齊桓公正而不譎晉文公譎而不正乎曰仲尼之云譎者一時權譎之謂也非謂詐也苟專以譎

爲詐則當云湯武正而不譎桓文譎而不正聖人不當云齊桓正而不譎也且齊桓用兵脅魯使殺子糾又以無名侵蔡遂伐楚責王貢之不入甯母之會又欲聽子華之言凡如此類豈不譎哉晉文伐原以存信辟楚以示報躬率諸侯朝事天子豈不正哉但齊桓之定太子也不欲使惠王廢嫡庶之正是其本志故仲尼謂之一正天下首止之會是也以其猶有彊君之嫌故謂之正而不譎也晉文之逆襄王也藉以求諸侯信義之名非其至誠而狐偃勸以繼文之業

王城之師是也以其不本尊王之義故謂之譎
而不正也噫聖人發於精懇章爲大訓如此之
極也而後世猶有簒奪之臣亦未如之何也已

春秋皇綱論卷第一

春秋皇綱論卷第二

公即位

卿書名氏

稱人

公即位

禮君薨嗣子旣即位（此謂殯之即位）繫先君之末年未即改元者子統於父臣統於君也公羊云緣終始之義一年不二君此說是也世子稱子者待之猶君也遭喪即位禮無明文啖助曰旣殯而嗣子爲君康王之誥是也未就阼階之位來年正

月朔日乃就位南面而改元春秋所書是也謹案顧命四月乙丑成王崩太保命仲桓南宮毛以干戈虎賁百人逆子釗延入翼室恤宅宗丁卯命作冊度越七日王麻冕黼裳由賓階隮太史御王冊命事畢諸侯出廟門俟康誥云康王既尸天子遂誥諸侯羣公既皆聽命趨出王釋冕反喪服其辭連顧命後云康王既尸天子則去冊命不遠不可謂之踰年即位也況命誥之文並無踰年即位之意是啖子傅此不爲說也公羊云殯然後即位杜預曰尚書顧命天子在

殯之遺制也推此亦足以準諸侯之禮矣然大抵禮必有法法無不通若謂凡踰年冝即位則假設諸侯十二月晦日薨五日而殯則是遏朔三日若待不殯便行即位之禮則先君之薨裁一日爾忍行之乎此理所未安也謹案虞書二十有八載帝乃殂落三載四海遏密八音月正元日舜格于文祖稱二十八載者舜受終于文祖後二十八載也三載四海遏密八音者舜之三載也月正元日舜格于文祖者孔安國云舜服堯喪三年畢將即政故復至文祖廟告愚竊

謂此是先王之禮嗣君即阼之正法也子張問高宗亮陰三年不言何謂也孔子曰何必高宗古之人皆然君薨百官總已以聽於冢宰三年言古人皆然則譏今不然也三年之喪天下之通喪也天子諸侯理應不異則古者君薨既殯然後嗣子冊命爲主於君薨之明年既是嗣君之年則義當改元也又於三年服終之後當朝于王王既錫命然後告廟行即位之禮爲得其正詩瞻彼洛矣思古明王能爵命諸侯鄭氏箋曰諸侯世子除三年喪即阼乎曰諸侯有繼世之義其

爲太子也固已命之於天子矣既殯而即位則臣子可以言公矣亦猶康王之誥稱惟新陟王也其踰年改稱嗣君之元年則有成君之尊故稱爵也是嗣子統於先君之末年則稱子踰年爲嗣君之元年則稱爵義當然也至於喪禮三年聽於冢宰服除而朝天子錫命而爲諸侯月正元日朝廟即阼則當以堯舜之法爲正左氏釋公子遂如齊納幣云凡君即位好舅甥修昏姻娶元妃以奉粢盛孝也杜氏曰謂亮陰既終嘉好之禮始備此除凶之即位也噫此即位之

說乃與舜典之文相表裏也但左氏之學不自知此是先王所制即位之正禮不能究明之爾好學君子宜深詳之

卿書名氏

春秋凡卿書名氏何也志其執政之臣也春秋之辭簡不必於初命即書其名因事則書之凡國政之善惡皆斯人之所與議褒貶之理不獨在國君故也其大夫比三事一命不與國政褒貶無所及故例稱人略之也全盛之世凡諸侯之卿皆命乎天子所以奉三年之喪來受爵命

也此義是也周衰禮壞樂崩上昏下僭故不待三年而於君薨之踰年改元之後不復聽王爵命擅行即位之禮仲尼書之皆記過也孟子滕世子使問孟子孟子曰親喪固所自盡也三年之喪齊疏之服飦粥之食自天子達於庶人三代共之然友反命定爲三年之喪父兄百官皆不欲曰吾宗國魯先君莫之行也吾先君亦莫之行也至子而反之不可復問孟子孟子曰孔子曰君薨聽於冢宰歠粥面深墨即位而哭位謂喪位百官有司莫敢不哀先之也草上之風必偃是

在世子世子曰然五月居廬未有命戒至葬顔色之戚哭泣之哀四方來弔者觀之大恱案孟子之言則知魯皆不行三年之服也又足見諸侯居喪之禮當如是也或曰莊公閔公僖公不書即位乃聖人善之乎曰不然此三君自以繼弑避嫌不書即位爾非實能奉三年之制也若書即位則嫌乎如桓宣之簒也喪禮不備猶可也簒則不可言也故春秋於此三君不復論其乖喪禮之貶也或曰諸侯在喪稱子改元稱爵旣稱爵則焉得不謂之即王命謹國政謂之命

卿若大夫則本國之君自命焉不與政也左氏謂凡不書名皆不卿是也春秋之時周室微弱諸侯擅權不奉王命結爲仇黨恣行侵伐甚者滅人之國臣弑其君由是諸國之卿皆非王命其勢不得不然也莊三年溺會齊師伐衛公羊曰吾大夫之未命者也云吾大夫則是已爲大夫矣云大夫之未命者則是未正命爲卿也啖子曰禮諸侯之卿皆命于天子故趙氏不用王制之文而以啖説爲正然此乃治世之正法也衰亂之世豈能然邪愚案隱公之卿多不書氏蓋

隱公以庶長自嫌欲同於攝故所用之卿亦不正命皆去族以別之傳曰隱不爵命大夫此說是也啖趙謂未命之卿爲未王命又以爲齊桓伯後未命卿序在命卿之下故例皆請命小國不能自通王室亦少能爭長故皆不請終於春秋此說無所據恐不然也魯桓公三年翬始稱公子桓弒君兄又成宋亂不顧王法莫此之甚豈復請天子命翬爲卿邪蓋桓公寵其篡謀自命之爾又諸侯之薨嗣子不待王命皆擅行卽位之禮其閒復有不正而自爲君者豈於命卿

乃反請天子乎楚子僭稱王又豈肯更於周請命乎斯理之不然也斷可知矣襄二十九年諸國之卿城杞鄭公孫段亦書名氏杜預以爲攝卿行也案攝卿則但書名柔溺是也此蓋鄭國僭有六卿故城杞之時段以爲卿至三十年伯有之死又命爲上卿之亞故子產使次已位也噫春秋迹盛衰凡大國之卿皆書名氏記其人則於其行事也得以褒貶之矣內大夫攝行卿事則去族以別於正卿外大夫攝行卿事事接於魯則亦書名詳外也鄭自平王之後桓武之

間稍亦彊盛此於陳蔡莊公多所侵伐其後繼有良臣故春秋於伯爵之國獨書鄭卿名氏自曹以下至邾滕紀莒之類雖有侯爵者皆以微弱不能自彊於國政當時無所輕重故略其卿稱人而已獨曹公子首以助大國伐無道公孫會以公族而叛皆特書族詳之也其他小國以事接於魯雖其正卿亦但書名降於大國也若謂之不請命則二百餘年之間凡小國無一人請命乎亦近誣也秦自穆公奄有西戎然大抵不預中國盟會侵伐但與晉爲仇敵爾故不書

卿之名氏經書秦伯使術來聘降于大國也楚國僻遠始稱人漸進稱名後遂具大夫名氏亦見其因時之盛衰也以此知大國當其書名氏不足疑也啖趙据城濮之戰楚得臣稱人以爲未命之卿稱人也愚案得臣稱人蓋亦降稱人爾下文有楚殺其大夫得臣知此戰者是得臣也啖氏又曰外未命之卿略而稱人所以重王命尊周室也案諸侯簒弑者與諸侯會則正其爲君豈是重王命乎蓋所以顯其罪惡得待貶絶而見之矣則諸侯之卿亦當然也雖非王命

自以大國權勢之重備書名氏既書名氏則貶在其間矣啖氏之說皆自治世言之也其謂叛逆奔執殺則例皆書名以示勸懲此說是也但不當謂未王命爾且既居卿職執行國政雖未正命固當書名何者以其任用稍尊異於衆大夫也又其間有功善可錄者則特書以進之屈完是也是時楚卿未見於經召陵之名示是事接於魯例合名以功故特書名氏也但春秋之世有功者希爲罪者多故鮮其人爾又諸侯世子以國嗣之重當在卿上其諸侯兄弟名見于

經者示皆命卿故書之也

稱人

經書人者義例非一啖助謂三傳以卿有罪者貶之稱人則是掩惡也唯楚子稱人以圍宋貶之同夷狄也此蓋用穀梁之說謂人楚子所以人諸侯不正其信夷狄而伐中國也義亦非矣是時晉文公即位四年勉修國政出定襄王欲繼齊桓之業而諸侯不能早援大國共尊天子反事僭楚同力圍宋則此諸侯曾聾瞽之不若也夫楚子恃彊而僭其罪惡不待貶絶而見也

故略楚子稱人所以使罪歸於諸侯爾又以公之往會而示諱焉下文曰公會諸侯于宋若上有楚子則嫌公往會之罪與諸侯鈞矣既曰楚人而下云公會諸侯則是使若楚人不預然斯其微旨也且春秋雖大國之卿亦不得序在諸侯上知此楚人即楚子也蓋聖人託以明義婉而成章故變文也若謂人楚子所以人諸侯則亦是貶以稱人也聖人之意殆不然矣噫夫春秋之稱人自有明例但諸儒思之未至爾書序曰秦穆公伐鄭晉襄公帥師敗諸崤而春秋書

曰晉人敗秦師于殽此皆仲尼之言而乃異同者其故何哉書序舉其實而春秋著以法而云也夫穆公遣師伐鄭又入滑貪狡無信輕棄民命者也晉往敗之雖非正然秦罪重於晉若書晉子或晉侯敗秦師于殽則是罪晉甚於秦矣故仲尼稱人以恕晉也歷觀經之本末義例皆然大抵事善而情或可責則稱人以略其美事不善而理有可矜則稱人以汎其罪若楚子圍許救鄭如奉天子之意而實不然公子遂會晉人宋人衛人許人救鄭而緩慢不恪若此之類

皆事善而情有可責則稱人以略其美也晉襄公敗秦師于崤而秦有貪虐之罪成公與諸國大夫盟于蜀非大夫彊請若此之類皆事不善而理有可矜則稱人以汎其罪也其或不繫乎是非輕重者亦特略以稱人若陳人之歸是也餘無此義類而稱人者直非卿爾而三傳謂貶諸侯及卿稱人者皆不悉聖人之意然也

春秋皇綱論卷第二

春秋皇綱論卷第三

朝會盟

會盟異例

侵伐取滅

紀師

戰上

戰下

朝會盟

天子建侯列之五等盤錯重固謂之守土之官則自非王命不當出境也春秋之諸侯輒相朝

會此不臣之迹也若乃鄰國之君壤土相接風聲禮化得以相關豈可禁其往來而絕其歡泰乎聖王創禮必不然也當有制度爲之節文但不可不稟王命私相朝爾至於會遇亦是古禮當然或天子巡省四方或王命征討有罪故爲制會遇之禮以親之也春秋之際上陵下替以彊制弱以多暴寡故諸侯擅相會遇以固仇黨聖王之罪人也然則會既不可又從而爲之盟者則其罪愈重矣嗚呼至治之世綱紀張設諸侯嗣守國土恭行王政有功德者賞之寵之有

罪惡者罰之廢之曷敢私相爲會重之以盟乎何哉以其制由天子天下莫敢不一歸之於王度故也是故雖在衰世亦無王者與盟之義焉齊桓晉文之初舉非王命特以會世子定襄王遂命之以爲侯伯然不能以禮法之正一請王命以制天下則非正也本既不正則須假天子之命而盟以固之爾故伯者之盟葵丘爲盛以其不歃血而一明天子之禁也然聖人猶譏之云者以天子三公在是當直宣王命而已何假陳牲哉此見其實不尊王之意蓋吝之也它會

盟則各具于通義此不復論大抵盟者夷狄之事也本不可行之中國衰敝之時猶賴之者以其託好會要神明有益乎沮姦心而救亂世也悲夫

會盟異例

春秋記事有取舍繁省凡常事合禮者及不合禮而事小不足爲懲勸者雖舊史或載而經則不書故外相朝會不書也其特會參會亦有書者以明上下事迹故爾至於大會諸侯則必書何者以天子在上而諸侯非王命大爲集會啟

爲疑之端故書之也凡經書諸侯會于某而上文無公會者魯不預也扈之會盟是也若公雖預盟而但曰公會諸侯盟于某而不序者公得罪不與公序直令歃血而已爲辱之甚不敢直書其事故變文也文七年扈之盟是也又書不見公及公不與盟皆未至深辱故直書也沙隨平丘之會是也其上文書公會某侯某侯于某下云同盟于某者則一會之人盡盟也若柯陵之盟是也雖上文書公會某侯某侯于某不直言同盟而又再言諸侯盟于某者亦公不預也

祝柯之盟是也其書公會天子之卿某侯某侯于某而又言公及諸侯盟于某地者則天子之卿不預皐鼬之盟是也於此例中又不言公及者則仲尼特有微旨也首止葵丘之盟是也推此則見聖人制作之體自有法度而三傳及先儒皆不盡曉是致聖人之意闇而不章不亦惜哉其諸解釋具見通義

侵伐取滅

易曰地水師取其行險而順能以衆正之象也聖哲之士觀其象而得用師之術焉此兵之所

由起也所以征暴亂而肅天下也聖人不得已而用之爾用之有時旋即休偃又所以訓戢兵戒黷武也是故王者之兵有征有伐凡本仁義以名辭往正之曰征舜征苗湯征葛是也加用功力曰伐若文王伐崇武王伐紂是也孔子曰天下有道禮樂征伐自天子出是其正也春秋之時王綱絶紐諸侯擅命侵伐自出蕩然不制雖桓公之師其始示不能應于王義後遂有功周室乃命爲侯伯用師侵伐雖假王命其實專之非正也至他諸侯則本非天子之命而黨交

力爭以自爲侯伯者皆當世之罪人也然春秋皆書伐者假名辭用功力也趙正曰凡師稱罪致討曰伐無名行師曰侵此說近之矣然案當時兵伐之事多非王命豈論有名與無名乎當日稱罪致討曰伐否曰侵謂不聲辭以致伐直侵之爾聊舉一二以明其事宣三年夏楚人侵鄭傳曰鄭即晉故六年春晉趙盾侵陳傳曰陳即楚故案此二者以其叛已之故也雖有叛已之事二國不聲辭以伐之即書曰侵爾豈是無名乎又若以無名之稱施於非義則春秋之伐

孰爲義乎但以其稱彼之罪以行其伐亦幾於奉辭之體故云伐也若無辭以稱其罪直行侵犯事與伐異故云侵也詩曰四夷交侵是其義也取者三傳皆以爲易辭也趙正曰或邑或附庸凡力得之曰取予案二說俱非也詳觀經例歸取之義但以好曰歸非好曰取爾不施於易與力也滅者滅其宗廟社稷也凡滅人之國而反書取者謂不滅其祀以爲附庸也（此啖趙義）取大邑亦有書滅者誅殺吏民無道之甚且又大邑可以同乎小國故書滅以罪之也

紀師

春秋凡它國用師之事書之于經者皆成師以上乃書之也何哉重衆也至于魯則雖不成師亦書之重内事也公羊曰將尊師衆稱某帥師將卑師衆稱師此說是也施之於内外俱可通矣其曰將尊師少稱將謂不滿二千五百人者此則施之於内可也不可通之於外國也夫外師皆魯史承赴告而書也苟赴告之時不言師數則魯史何由知之乎故凡書卿而不言帥師者皆不知其師之衆寡則闕之也又曰將卑師

少稱人此一說則内外俱不可通也案桓十三年及燕人戰燕師敗績此人亦稱師則燕師雖少亦不下二千五百人也此不可施之於外之明驗也若施之於内則不復稱人矣然則凡外師稱人稱師各舉重以言之爾其有不繫褒貶重輕則但稱師晉趙鞅瓦之師是也勺師則凡書卿而不言帥師者不成師也若叔老會晉荀偃伐許是也不書卿而但言師者則卑者將而師多也若師及齊師圍郕是也書及某人伐某或止書伐某者則卑者將而又不成師也若及

宋人衛人伐邾與滅項是也又有公親行而諱之者若及邾人戰于升陘是也詳此義例則可以觀春秋用師之制矣

戰上

春秋侵伐圍入舉其文則罪可知也至于戰則不可知之故書及以別其曲直輕重也何哉凡魯與他國戰率以内及外而書之意者以尊内及外而言之也既尊内及外則不以師之客主論之内既不以師之客主論之則它諸侯之戰書及者亦然矣蓋尊其及之者外其及者故不

以客主論之也然則春秋大抵多是主及之者何也曰春秋之世諸侯擅行侵伐率非義舉故多以主及客罪暴亂也其罪鈞者亦然若暴亂之國爲諸侯所伐則以客及主何休曰戰言及者所以別客主直與不直此說是也穀梁曰客不言及言及惡宋也何休難之曰河曲之戰兩不直故去及今宋言及明直在宋非所以惡宋也即言及爲惡是河曲之戰爲兩善乎又穀梁以爲河曲之戰不言及略之也自相反矣鄭氏釋之曰及者別異客主爾不施於直與不直也

直不直自在事而已義兵則客直邲戰是也兵不義則主直衛人及齊人戰是也今齊桓卒未葬宋襄欲與伯事而伐喪於禮尤反故反其文以宋及齊也即實以宋及齊明直在宋則邲之戰直在楚不以楚及晉何也河曲戰不言及者疾其亟戰爭舉兵故略其先後啖助曰凡外戰皆書被伐之國以及來伐者宋師及齊師戰獨違常例案左氏及齊伐宋也趙氏曰春秋紀兵無曲直之異一其非也兵王者制之凡戰先主人見不服也謂以主及客也又曰以華及夷內

中國而外四夷也三子之説俱祖穀梁而言也

愚案齊有豎貂易牙之亂故宋襄公以齊桓之故遂以孝公伐齊豈是伐喪乎其謂邲之戰楚爲直者案楚子爵遠在江漢侵滅小國浸以彊大又僭號稱王是時楚子入陳明年圍鄭若無晉國則楚子當滅中夏諸侯而西取周室矣賴晉景承文公之業猶多良臣政令未衰兵力猶盛故楚不能以得志于中夏晉之力也是以仲尼凡内諸侯與楚戰必以諸侯及之者罪其僭亂而抑之也觀楚莊王邲戰之事傳文多稱其

美豈能贖其僭亂之罪哉季氏八佾舞於庭仲尼猶曰是可忍也孰不可忍也況楚以子爵僭而稱王乎原之以情則叛逆之臣也論之以法則誅戮之罪也噫俗雅但見楚莊彊盛之勢文辭之美故多稱之非仲尼孰能正其罪哉故楚子之卒例不書葬此聖人之義亦已明矣鄭氏經傳洽熟號爲醇儒但以漢末衰微世無聖哲故鄭氏獨出時輩然其於春秋之意多不知聖人微旨又性好穀梁往往回護其知率類此也啖助謂是齊伐宋者案經文上言宋伐齊下言

宋師及齊師戰安得謂之齊伐宋乎傳言齊人將立孝公不勝四公子之徒遂與宋人戰蓋是齊師伐宋欲定孝公齊人內應既而不克四公子之徒遂與宋人戰豈是齊伐宋哉今略言外戰書及之事以明之莊二十八年三月衛人及齊人戰衛人逆王命齊人受賂而還其罪鈞也僖十八年宋伐齊及齊師戰于甗討齊亂也文二年二月晉侯及秦師戰于彭衙秦伐晉也七年晉人及秦人戰于令狐晉悔過復世子秦不當戰也十二年晉人秦人戰于河曲交爲主而

曲直鈞也宣二年宋華元及鄭公子歸生戰于大棘鄭受楚命伐宋也成二年衛孫良夫及齊師戰于新築齊伐魯衛也昭十七年楚人及吳戰長岸吳伐楚也哀二年八月趙鞅及鄭罕達戰于鐵荀寅士吉射伐君遂入朝歌以叛而齊人輸之粟鄭罕達送之趙鞅禦之事乃因趙鞅禦之而戰書鞅及者鄭助叛臣也由是觀之大抵以直者及其不直者以罪輕者及其罪重者無可疑也其內戰旣以內及外則不分曲直惟志勝敗而已若大戰繫於存亡則勝負皆書敗

續志其重也其常戰勝則書曰某敗某師于某敗則但書戰略其輕也又有曲直灼然者則變文以示義若桓十年冬齊鄭來戰于郎是時魯全無罪也十二年冬戰于宋則是魯不當往戰曲也詳此足以知聖人書戰之例昭然矣

戰下

左氏曰皆陳曰戰（公羊謂之偏戰穀梁謂之前定之戰其義一也）未陳曰敗某師（公羊謂之詐戰穀梁謂之疑戰）此皆未盡其旨也謹案魯敗外師悉書曰某敗某師于某凡八豈盡未陳而詐戰乎莊十年公敗齊師于長勺傳言戰于長勺齊

人三鼓則皆陳而戰明矣昭二十三年吳敗頓胡沈蔡陳許之師于雞父謂之疑詐則可矣而左氏乃曰不言戰楚未陳也案楚雖未陳諸國已陳則何妨書戰乎此雖欲自救其失適足甚之也啖助謂未陳之例外戰可通則聖人修經何故內外之辭同而義乃相反乎亦不通矣蓋戰者兩國列陳彼此相敵故書戰若比彊彼弱陳不相敵則不可書戰但書敗某師舉重省文耳春秋魯史據內爲文故凡魯勝悉書曰敗某師是不使外師得敵于我也敗則但書戰是彼

得敵於我之辭也得敵於我則魯敗明矣不言敗諱之也中國與夷狄不言戰不使夷狄敵中國也義亦與此同耳穀梁曰爲尊者諱敵不諱敗爲親者諱敗不諱敵此説是也諱敵不諱敗則王師敗績於某不言戰是也君臣之辭也諱敗不諱敵則及邾人戰于升陘不言敗是也列國之辭也且春秋用師皆紊王法偏戰未必是詐戰亦必非同歸於危亂而已矣又焉足爲輕重者乎

春秋皇綱論卷第三

春秋皇綱論卷第四

歸入

會及

書遂

公至

郊禘

歸入

左氏曰國逆而立之曰入復其位曰復歸諸侯納之曰歸以惡曰復入公羊曰復歸曰出惡歸無惡復入者出無惡入有惡入者出入惡歸者

出入無惡穀梁曰歸爲善自某歸次之入者內弗受也曰入惡入也又曰大夫出奔反以好曰歸以惡曰入通例曰歸入以惡皆曰復句絕歸者言國逆而歸復歸者雖國逆而其事不善也入者不爲國逆而自外入也復入者又有惡也啖趙歸入之義亡而纂例示入者多非善也愚案諸例不一其實難通唯突歸于鄭穀梁云歸易辭也我入邴公羊云言入難也二傳各有一說得仲尼之旨以此知二傳之學博總前後諸儒之論以成其書特此一義是一人之獨見爾然

二學不能專守大義反攻異端故致其混亂經意久誤學者今舉諸例不合於經者以明之左氏云國逆而立之曰入者則鄭伯突入于櫟且殺檀伯豈國逆乎云復其位曰復歸者則衞侯朔入于衞何以不言復歸云諸侯納之曰歸者則蔡季自陳歸于蔡乃蔡人召之豈諸侯納之乎云以惡曰復入者則蓋見欒盈魚石唯此書復入故云爾夫書其出奔又書其復入皆以險難擅入其國以據其邑則罪已明矣何必以入爲惡哉此左氏之說不通也公羊云復歸者出

惡歸無惡則衛侯出奔楚不名以令叔武攝也復歸書衛侯鄭自楚復歸于衛以殺叔武也豈出惡歸無惡乎云復入者出無惡入有惡者亦同左氏之說也云入者出入惡則許叔入于許豈有惡乎云歸者出入無惡則突歸于鄭豈無惡乎此公羊氏之說不過穀梁云歸爲善自某歸者次之又云以好曰歸以惡曰入其意大抵同於公羊此穀梁氏之說不通也通例云歸入以惡皆曰復則鄭世子忽復歸于鄭豈有惡乎云歸者言國逆而歸則衛逆公子晉何不言歸

乎云入者不爲國逆而自外入也則夫人姜氏入豈非公親逆乎云復入又有惡者亦用傳義爾此通例之說不通也由是觀之則諸說皆不可通亦已明矣夫歸者直歸已之國爾平常歸已之國奚復難哉至有憂患險難則不可書歸故同外入之例言入以別異之也歷觀經文前後皆然其說各具于通義學者宜詳之也

會及

左氏曰凡師出與謀曰及不與謀曰會而桓十六年春魯宋蔡衛會于曹夏伐鄭言會不言及

杜氏遂以爲諱納不正故從不與之例又見伯主侵伐亦有與謀而書會者遂以爲盟主之命則上行乎下雖或先謀皆從不與之例此蓋傳會傳文實非通論案經稱會及則其與謀也從可知矣豈有不與乎果若本非期約則當書曰某侯來會公如定十四年邾子來會公此例是也公羊曰會猶聚也及我欲之也又曰汲汲也穀梁曰會者外爲主及者内爲主也二傳文雖不同義亦相近案僖四年及江人黄人伐陳是時齊桓帥諸侯伐楚執袁濤塗遂命魯伐陳豈

是我欲之乎又桓十七年公與邾儀父盟至秋及宋人衛人伐邾此乃宋志豈是內爲乎莊八年夏師及齊師圍郕郕降于齊師又豈是內爲主而我欲之乎由是觀之則三傳之說俱不通矣杜氏又曰傳唯以師出爲例而劉賈許頴濫以經諸及字爲義欲以彊合所以多錯亂也愚案經凡盟會戰伐俱言會及而左氏唯以師爲義則仲尼何故於盟會亦分會及乎諸儒自不通春秋制文之體遂紛亂爾謹詳此會及之例凡盟與伐並皆通用蓋及者魯先至會者彼先

至而魯往會爾何者若首止之會公已先至諸侯在後即不可以言公會諸侯故以公及之若諸侯有一人先至即公在後不可言公及諸侯故以公會之又以公之寡則公先至者少故書及者少也以諸侯之衆則公後至者多故書會者多也義既當然仍有明據若雉門及兩觀災亦以先後而言與此同也況凡及盟及伐之類諸侯一心善惡同之故止以先後爲義唯戰及則異於是以兩相仇敵須分曲直輕重故變其例以直及不直以罪輕及罪重若以先及後則

當以客及主蓋不可通之於經況此義亦有據焉若宋督弑其君與夷及其大夫孔父是以尊及卑也尊卑曲直之義亦相類也其有已書會例于上句絕下欲明魯與諸侯盟則但書及以我及外且不嫌也若定四年公會諸侯于召陵書公及諸侯盟于臯鼬襄三年公會諸侯同盟于雞澤書叔孫豹及諸侯之大夫及陳袁僑盟是也義例昭然無足疑矣

書遂

春秋書遂凡二十有一左氏不解而於文十八

年冬十月壬午公子遂會晉趙盾盟于衡雍乙酉公子遂會雒戎盟于暴釋之云遂會伊雒之戎殊不知聖經之體制也杜氏於公子遂如京師遂如晉以爲各受命於公子結遂及齊侯宋公盟乃用公羊之說以爲專辭自相差謬矣若以爲各受命則衡雍暨暴之盟豈是一受命而再舉公子遂乎若以爲專辭則祭公遂逆王后于紀苟無王命則祭公焉敢擅逆后乎推之人情必不然也穀梁曰遂者繼事之辭此但解遂字而不原聖人所以書遂之意殊亦未備趙氏

用穀梁義而於晉侯侵曹晉侯伐衛下釋云不言遂者非因侵曹而伐衛也案左氏晉侯將伐曹假道于衛衛人弗許還自南河濟侵曹伐衛以此言之則是因侵曹而伐衛明矣若謂凡諸遂字但以繼事而書無他義例則何故不遂書伐衛而再舉晉侯乎又衡雍與暴之盟壬午至乙酉三日爾既無他義例則何故不書遂乃煩其文再舉公子遂乎如穀梁義固淺矣杜氏曰再舉晉侯兩國俱來告此亦不然蓋其本因各舉侵伐之命故不可書遂若一舉本謀侵曹伐

衛則雖兩國俱來告亦何妨書遂乎趙氏又謂僖四年齊桓伐楚是尊周室也然怒蔡興師假名及楚非其誠故書曰遂則反以書遂爲譏也若是則侵曹伐衛再舉晉侯豈聖人襃其誠乎不當然也謹案公羊一事而再見者卒名及先目後凡之例其義皆通則書遂之義亦猶是也蓋春秋記事凡二事一舉則稱遂二事各舉則具文驗之前後無有或異者若晉侯侵曹命令已舉衛不假道遂再舉伐衛之令則須具文不可盡遂也公子遂受命會晉趙盾盟又受命會

雒戎盟與此同也餘無此義例但當書遂而聊舉一二以明之僖二十八年公侯云云于温天王狩于河陽下文諸侯遂圍許蓋晉侯始伯會諸侯朝王以討不服則會温圍許本因一舉故言遂也是時曹伯襄復歸于曹遂會諸侯圍許蓋伯主復之之後即時赴會故亦言遂宜十八年公孫歸父還自晉至笙遂奔齊亦因聘晉之舉其義一也餘各具於通義學者詳之

公至

諸侯世嗣宗廟社稷之重其將出也必告廟而

後行其反也又有告至之禮所以謹出入愼安危也王制曰諸侯將出宜乎社造乎禰曾子問曰諸侯相見反必親告於祖禰是也春秋書公至即其事也三傳之説各異左氏云告于廟故書此得其粗者也公穀則縁其事以爲説或謂之危或謂之惡或謂之久或謂之遠或謂之得意或謂之不信此皆傅會之談非實仲尼之旨也啖助曰凡公行書至者八十有二不書至者九十有四此因時君告廟不告廟也告廟則書之於策故春秋書之以示功過且志其去國遠

邇遲速也其餘不告或恥或怠也此據左氏而云也昭二十六年春公至自齊居于鄆又云公至自會二十八年公如晉次于乾侯又書公至自乾侯是時季氏據國公亡在外則豈因告廟然後書之乎蓋公雖在外然其如齊晉也季氏與國人無容不知故史官得以書之爾㳂此則知凡公之出入史皆書也但仲尼修經之時凡曾告廟者則存之以記得禮其不曾告廟者則不書以示失禮而譏之也隱公之時自嫌非正凡於其至俱不行告廟之禮故仲尼亦不書之

以明其失也其昭公在外亦書之者此乃仲尼痛閔昭公疾惡季氏特書之以志其變爾故魯卿凡被執辱而歸者亦書至焉其義一也公穀二傳見有此義故妄爲之說殊淺陋也其有二事者穀梁曰二事偶則以後事致後事小則以先事致啖助曰或致前事或致後事蓋夫子擇其重者志之也此不通矣案例凡圍滅重於侵伐襄十八年諸侯圍齊而書公至自伐齊若舉重則何以不言至自圍齊乎襄十年會吳于柤遂滅偪陽而書公至自會則何以不言至自滅

偪陽乎僖四年諸侯侵蔡蔡潰而書公至自伐楚不曾戰則蔡潰爲重何不言至自侵蔡乎由是言之則非舉重也明矣蓋經書至者以其告廟而書也所書之文則用告廟之辭也若辭稱至自伐楚即以伐楚書若辭稱至自侵蔡即以侵蔡書足明聖人所書之文皆紀其實況事迹自明何假更用舉重之義哉

郊禘

成王追尊周公賜魯以重祭郊禘是也儒者或謂君臣名器者禮之大分也成王不當賜魯以

天子之祭故仲尼修經凡遇郊禘之失禮而書之以示譏也愚謂此書蓋失之矣夫武王甫定天下而崩成王在襁褓周公以聖人才識膺顧託之重攝王政制典禮隆周道致太平教育成王逮乎成人然後一明復辟之義其功德豈有量哉是故成王欲尊寵周公無以稱其意故賜魯以郊禘予孫承之則尊寵周公之意無窮已也奚拘以常禮而忽天下之度乎議者何不見監諸堯舜之事而思乎且仲尼之經示無譏郊禘之旨但衰亂之世既僭且慢則其罪焉故孔

子曰魯之郊禘非禮也周公其衰矣蓋以僭慢而言之也經書吉禘于莊公僭也鼷鼠食郊牛角慢也非譏郊禘也故常時之郊禘不書則常事不書也假使成王之賜果爲失禮則王命固已久矣後王可俾魯侯廢先王之命而止之乎魯之嗣君又可廢先王之命而慢其祖乎以此又知罪不在魯故也則聖人之不譏郊禘無所疑矣學者知成王尊寵周公之義因謂賜魯以郊禘使得用天子之禮旂章日月祀帝于郊配以后稷（此明堂位之文）又謂魯以周公故特置文王廟

此杜氏義亦皆失之矣謹案成王命魯以郊禘者專欲
尊寵周公爾若使魯侯世得用天子之禮則不
惟僭亂而無紀反是尊寵其後代子孫豈是尊
寵周公乎且郊之祭也必以祖配故周之郊也
以后稷配今旣魯郊則何故祖后稷而已爲配
乎其禘禮則明堂位云以禘禮祀周公於大廟
此說是也魯亦無文王之廟儒者見禘是王祭
故云然夫郊者祭天之名禘者祭先王之號是
皆天子之事也諸侯不得郊天禘其先王成王
追思周公之德於其薨後賜魯以郊禘之祭郊

必以祖配是尊寵周公使配天也禘者禘其祖之所自出是尊寵周公使配文王也於是尊寵周公之意無有窮已子孫承之世世不絕也其魯侯之所自用車服制度則有常矣又何乖君臣名器之分乎其左氏之學謂禮不卜常祀凡郊則爲非禮此說是也公穀之學乃謂三卜不從當不郊或免牲爲禮恐不然矣果若三卜不從而不郊或免牲以爲禮則何故國之重祭且本王命當歲行之豈以三卜不吉而遂止之乎案禮吉事先近日辟不敏也凶事先遠日辟不

懷也則夫卜葬日者豈以卜不吉而遂不葬乎必不然也則郊當三卜先卜上辛不吉次卜中辛又不吉則卜下辛又不吉則於三卜之中擇其差勝者用之以表誠慤之義但不當不郊爾以此知公穀之說無所據也或曰果若從左氏謂不郊爲非禮則何故未嘗書春秋三月三卜郊不從乃免牲乎曰春秋適無此一節事爾何足疑而難之乎

春秋皇綱論卷第四

春秋皇綱論卷第五

災異

春秋書災異以記其變若日食星隕地震山崩之類此天地之變者也霜雹火災水旱螽螟之類此天地之災者也特日月之食及數之常躔

次所定無毫釐之差然春秋何以書日食同之災變乎夫日者至陽之精至明之體人君之象也因其虧食即同之災變而書者蓋聖人假此以示訓謂日之高明猶有侵食之者況人君乎欲使人君覩之而知自戒懼爾是故亐食不書獨取日義而書之也其星隕地震山崩則非常之變也餘則常行之災也非常之變人君所當懼常行之災人君所當憂大要在德政而已左氏凡日食火災多用術數之説董仲舒劉向劉歆五行之傳及何休之注悉引前後事迹參錯

傅會巧索異端以效其說異乎諸子之好怪也不示甚乎故一切不取噫聖人難言性命不語怪神天人之道相去不遠但觀當世所行之事則治亂興衰之迹昭矣何必膠柱於一端紛挐於異説哉或曰春秋何以不書祥瑞乎愚案祥者善之感也瑞者信之符也則天地順日月明陰陽和風雨時鳥獸蕃草木茂萬物之性靡有不得其所者是天地之正也正則祥瑞也變則災異也豈有它哉又曰然則國風何以錄騶虞麟趾仲尼何以歎鳳鳥河圖歟曰騶虞與麟皆

仁獸也周召之正風錄此二詩以爲關雎鵲巢之應者感王化之成而云也麟趾之詩其叙曰關雎之化行則無犯非禮雖衰世之公子皆信厚如麟趾之時也詳此是太平之公子則有禮義如麟也此雖衰世之公子爲感文王之化亦如此太平之公子故云然也騶虞之詩其叙曰鵲巢之化行人倫既正朝廷既治天下純被文王之化則庶類蕃殖蒐田以時仁如騶虞則王道成也詳此是仁化既行物無夭傷之患如此騶虞之仁故云然也詩之大義以此興而言爾

而說者遂誤以爲應德而至失之矣但太平之世未必有騶虞衰亂之時未必無麟但此二獸實仁義之獸而已至于鳳鳥河圖竊詳仲尼之旨則知是聖人盛德之瑞太平神化之符也仲尼但言鳳不至河不出圖吾已矣夫不言麟與騶虞也仲尼之言及此者以明王不興而已道不振故傷之爾非以己無天命而云也君子悉之

罪弒

啖助曰凡魯君見弒止皆書薨不可斥言也它國公子篡大夫弒必書名志罪也稱國以弒自

大臣也不書大夫君無道也稱人以殺自賤人也亦惡其君也稱盜以弒非君之惡也以目罪人之賤者也不書其君罪已彰矣據此君有道則大臣稱名卑者稱盜君無道則大臣稱國卑者稱人其理昭然不足疑也三傳之義例皆不安矣愚案啖子之說理亦未盡仲尼曰君使臣以禮臣事君以忠又曰臣弒其君子弒其父非一朝一夕之故其所由來者漸矣此傷爲人君爲人父不能以禮防微杜漸而痛亂臣賊子之事也噫弒父與君天下之罪一也經書弒君則

罪名已著不可更以它文餘意論其罪之淺深也然則仲尼既顯其弒君之罪矣又異其文者所以罪其君各以輕重而言之所以戒人君也或曰君被弒豈盡君之罪乎曰凡被弒之君皆可罪也何者身爲國君嗣守宗廟有社稷之重有臣民之衆當以禮自防以德自固無禮無德以至于亂是皆有罪焉爾其輕重則各繫乎其人若乃未至失道之君則大臣稱名卑稱盜無道之君則大臣稱國卑稱人也其無道之君若晉弒其君州蒲不書大夫名者以君無道泛責

之爾泛責之者所以貶君也明非專執政之咎也然其殺君之罪亦安所逃乎其卑稱人者略之也蓋君無道賊亂之所資也不待彊臣微者皆可以爲難矣故稱人者亦所以貶君也雖貶君然其弒君之罪猶在也其未至失道之君不幸而有亂臣賊子之事若衛完宋與夷之類則非君所自致但失其防焉爾故書弒君之名以顯其君之未至失道也其卑者既不可書名故直以盜賊目之是大臣不義與盜同也聖人襃貶之旨其至矣哉或曰晉靈公不君趙盾非實

弒猶書盾以弒則州蒲雖失道亦與靈公無異何爲不顯卿名似爲掩惡乎噫善哉問也夫春秋假行事以示教原情意以明微盾爲正卿亡不出竟則君臣之義未絕也君臣之義未絕而族人弒其君盾於是而復且不討賊則是不能以大義滅親而同乎趙穿之意也故聖人特以弒君之罪加之爾意者懼後世有姦傑之臣爲陰謀狡計之事故明微以示教此聖人之變例也夫弒州蒲者書偃也書偃當國政而其子亦爲卿名迹盡見諸經則雖稱國弒乃此人也亦

豈可全謂之掩惡乎哉

殺大夫

諸侯之義無專殺大夫何也以其膺王命執國政爵尊祿厚不比羣吏故也春秋之時雖非王命之卿然國之股肱是亦卿也則春秋凡殺大夫皆譏之也其被殺者罪有輕重不可混同故聖人異其文以别之也凡繫之君則稱君繫之君與執政則稱國殺之當則稱人賊其上則稱盗其稱君以殺者則惡其君不慈友於子弟虧親親之恩也稱國以殺者則其殺之者與其殺

者俱可責也稱人以殺者則略之而無所譏也
蓋國有典刑當討有罪也稱盜以殺者則疾夫
卑賤之人賊害其上也凡此之例皆書被殺者
名氏謹其事也又有但稱國殺大夫而不書大
夫名氏者蓋闕文也其稱人以殺而不書大夫
名氏者以其國亂略之也何以知其然哉夫稱
人者非君與執政之爲也討罪之辭也今不書
大夫名氏則非討罪也雖稱人以殺而實非討
罪故去其名氏則善惡襃貶之歸無所寄焉直
志其國亂而已此聖人之大意也近儒或謂曹

大夫春秋皆不書名氏以其微弱賤之也則莊二十六年曹殺其大夫蓋不可書殺其大夫某人故略也此說未可通也夫曹大夫不書名氏以其微弱略之則可也謂不可書曹殺其大夫某人則不然也夫莒亦小國也未嘗稱名氏則公子意恢何以書乎又僖二十五年宋殺其大夫豈是微弱略之乎又謂文七年宋人殺其大夫者蓋惡其處汙君之朝不能彊諫又不能去故略之也特其書以官者甚之也此說近之然不可謂罪之而略之也未若罪宋大夫處汙君

之朝不能諫不能退則何故不書名氏爲掩其過乎又既曰甚之而不書名氏則罪將安所歸乎蓋示思之未熟而云也其謂特書以官爲甚之者此義是也何哉彼司馬者卿之典兵者也此尚爲國衆所殺其亂可知也則書司馬者甚之之意也左氏之例以書名者皆是罪之故謂不書名者爲無罪爾既曰無罪則書官者必是褒之故迷而不反也或曰春秋之殺大夫多矣豈無善人賢士耶今一云可責無乃太過乎噫處衰亂之世不能以禮進退失明哲保身之戒

以被害者皆非君子之所與也雖洩治之忠諫郤宛之直而和然不免責者以其失中道接佞人不可以訓後世故也易之剝曰順而止之觀象也君子尚消息盈虛天行也王輔嗣曰亢激傷忤以隕其身身既傾焉功又不就非君子之所尚也至德哉聖人之及此焉者爲後世之賢人君子也

日月例

啖助曰公穀多以日月爲褒貶之例皆穿鑿妄說也假如用之則無一事可通者明非春秋之

意審矣左氏唯卿卒以日月爲例亦自乖戾杜
預云凡朝聘會遇侵伐執殺土功之屬例不書
日盟戰敗入滅崩薨卒葬弒君日食之類例多
書日自文公以前書日者二百四十九宣公以
下書日者四百三十二年數略同日數加倍故
知久遠遺落不與近同助竊謂公羊所謂不日
遠也亦久遠多遺落也凡例當書日而不書者
蓋謂遺闕其例不當書日而書者皆有意也予
案春秋記事之書也以事繫時名曰春秋凡大
變大危大惡之事則必書日以謹之中事則但

志之以月小事則直繫之於時以次略之爾猶今之法家大辟之案則必數條考式文致周詳以謹之也中刑次之小刑則又略之其大綱然也胡旦曰以日月四時爲詳略以凡例新意爲褒貶此說是也然舊史必有遺落者不可規定其例故仲尼於書罪惡之際汎其責者則亦去日以略之若滅入例書日而宋人衞人入鄭楚人滅江之類但繫之於時不與吳入楚楚子滅蕭之類同也若或附會事迹曲求義例則煩碎不通爲敝滋甚又有因事理文勢當書日者若

隱九年三月癸酉大雨震電庚辰大雨雪之類是也外葬示不當書日凡書日皆有義也其內事示自有詳略若取郜取防書日取邿取鄟不書日明哲之士以意詳之可也

傳釋異同

仲尼修經之後不久而卒時門弟子不及講授是故不能具道聖人之意厥後書遂散傳別爲五家於是異同之患起矣鄒郟無文獨左氏善覽舊史兼該衆說得春秋之事迹甚備其書雖附經而作然於經外自成一書故有貪惑異說

采掇過當至於聖人微旨頗示踈略而大抵有本末蓋出於一人之所撰述也公穀之學本於議論擇取諸儒之說繫於經文故雖不能詳其事迹而於聖人微旨多所究尋然失於曲辯贅義鄙淺叢雜蓋出於衆儒之所講說也自漢崇學校三傳迭興以賈誼之才仲舒之文向歆之學厥猶溺於師說不能會通況於餘哉其專窮師學以自成一家者則何氏杜氏范氏而已何氏則譸張膂說杜氏則膠固傳文其稍自覺悟者唯范氏爾然不能洞達以會經意又鄭康成

不爲章句特緣何氏興辭曲爲二傳解紛不顧聖人大旨而六藝論又言左氏善於禮公羊善於讖穀梁善於經亦非通論也嗚呼自仲尼沒後千餘年間至李唐獨有啖助趙匡爾君子之道不亦鮮乎二子相繼賢而有斷能發明聖人之意指擿三傳之謬固有功矣然探聖人之意或未精斥三傳之謬或太察可謂入聖人之門而遊乎宮庭之間者也其堂奧則未可知也然亦度越諸子遠矣左氏於獲麟以後續經至孔丘卒僞也又好以一時言貌之恭傲與卜筮巫

夢之事推定禍福靡有不驗此其敝也及經外之傳無取乎經者今一切不取又有廣録雜亂不實之語混合其間固當裁取其文以通經義如玉之有瑕但棄瑕而用玉不可并棄其玉也二傳亦然其大義雖失内有數句可用者亦裁而用之以遵君子宏通之義噫聖人之言如江如河諸儒泝沿妄入畎澮聖人之心如日如星諸儒糾紛雲屯霧塞今則復江河之正道覩日星之光明好學君子亦有樂於是歟

春秋皇綱論卷第五

清·莊存與 撰

春秋正辭十一卷舉例一卷要指一卷

清乾隆五十八年(1793)刻本

春秋正辭序

漢興傳春秋者不一家鄒夾無師虞鐸微闕左氏失之夸穀梁病其短將以求微言于未墜尋大義之所存其惟公羊乎公羊家世傳業平地衍其緒敢壽暢其風胡母子都乃著條例董生大儒用資講授邵公專精隱括繩墨述三科九旨之義依類託輔筆削之權如發矇矣然在東京之世賈鄭之徒已緣隙奮筆相與爲難戴宏解疑亦隨二創魏晉而下經學破碎隸及唐宋師儒偏蔽苟取頑嚚之語不顧師法之傳謂日月爲虛設鄙起問爲無端獨逞膚臆妄測非常

旣違偏其反而之旨烏覩析薪移矣之理使公羊之
例當乖卽春秋之義幾廢承學之士所共閔歎也夫
春秋一經人事浹王道備以矯枉撥亂爲受命品道
之端正德之紀非紀事之書昔孔子云吾志在春秋
行在孝經又曰我欲託之空言不如見之行事又曰
其義則某竊取之矣又曰屬詞比事春秋敎也然則
本志以立事考義以定詞苟非因端覩指别嫌明微
精求于繁殺之間嚴辨于同異之故率詞揆方各得
其序守文持論鮮有能通者焉前輩少宗伯莊方耕
先生學貫六藝才超九能始入翰林卽以經學受

主知羣經各有論著斐然述作遂造其深率爾簡札
必衷於道疇昔之歲與余同官
禁近朝夕論思無間術業挹其淵醇如飲醇醴窺厥
原本疑入寶藏洵當代之儒宗士林之師表也公之
孫雋甲爲余丙午典試江南所得士偕其弟貴甲來
京師持公所纂春秋正辭一書問序于余余受而讀
之義例一宗公羊起應寔述何氏事亦兼資左氏義
或拾補穀梁條列其目屬比其詞若網在綱如機省
括義周旨密博辨宏通近日說經之文此爲卓絶用
以詔茲來哲庶幾得所折衷由是抉經心執聖權則

偏惑乖方之誚吾知免矣嘉慶六年龍集辛酉四月
望大興朱珪序

春秋正辭敘目　　莊氏學　　味經齋遺書六

賜進士及第授光祿大夫禮部左侍郎加一級　南書房　上書房行走莊存與撰

存與讀趙先生汸春秋屬辭而善之輒不自量爲檃括其條正列其義更名曰正辭備遺忘也以尊聖尚賢信古而不亂或庶幾焉敘曰

大哉受命釗我至聖弗庸踐於位皇惟饗德乃配天地正奉天辭弟一

王者承天以撫萬邦爲生民共主嗟嗟周德光於文武亦越旣東元命永固永固在下諸侯以僭大夫陪隸用貴治賤挈諸王者正天子辭弟二

於乎厚哉周公光大成文武德勞謙不伐萬民以服元子在東有典有冊欲觀周道舍魯奚適聖人無我曰父母國正內辭弟三

三王之道仁義爲大假之以爲功乃救罪不暇一匡天下實惟桓公晉文繼之亦惟在王功曰正曰譎一奪一予楚莊晉悼彼何足數正二伯辭弟四

自天地生民以來神聖有依經緯於是焉在聖所貴貴其民循厥理惟庶邦君以厥臣纘大命孳孳其無殆黜乃心毋底罪正諸夏辭弟五

蕩蕩覆載聖則無私疇不即工聖其念之明明時夏

懿德所經頑嚚聾昧乃狄之行於乎慎哉正外辭弟
六
若之何弗弔天不享右罔愛於居圉多辟罔克究於
永祀侵戎虐我黎服潰潰靡所止聖乃欽底罰於有
辭以差厥罪俾寅念於天嗣天民越指疆土明哉明
哉天伐章哉正禁暴辭弟七
噫嘻皐女民以生其女曷克生生女怙於口實乃惟
怙於天德於乎德卒喪多罪顯聞於上遏之絕之乃
殄滅之殄靡有遺民乃其蘇時乃敬明於聖之志匪
憮用怒尙隱哉其懼正誅亂辭弟八

聖秉道垂文辭惟義之訓懲事之違匪從惟從匪述

惟述折厥衷見天則正傳疑辭弟九

春秋正辭卷一　莊氏學　味經齋遺書六

奉天辭第一

初一曰建五始元正天端自貴者始同日並建相須成體天人大本萬物所繫春秋上之欽若丕指次二曰宗文王文王受命武王述之文武旣沒文不在茲稽古堯舜道法所祖聞而知之萬世以爲土次三曰大一統天無二日民無二王郊社宗廟尊無二上治非王則革學非聖則黜次四曰通三統三代建正受之於天文質再復制作備焉師法在昔恭讓則聖矧乃有監匪獨一姓次五曰備四時謹於尊天愼於養

人聖人以順動則日月光明庶物露生陰佐不可有刑謚不可任五辰之正羣生在命次六曰正月日幾乎幾乎其惟日乎仁與不仁同此日乎孰能慎微日無不吉載而始之端在朔月民主愛日不遑暇食夜曰日餘天光在牖閏曰歲餘門以聽候次七曰審天命廢興支與壞與飫歌戒與民不聽罪聖人覺與次八曰察五行祥異天乎與人甚可畏也欲止其亂心仁愛也上下之間匪虛而實元氣澹澹散撰相易神乎難知勿謂不然所貶所譏惟聖同天次九曰張三世據哀錄隱隆薄以恩屈信之志詳畧之文智不危

身義不訕上有罪未知其辭可訪撥亂啟治漸於升平十二有象大平以成次十曰俟後聖舊典禮經左邱多聞淵乎公羊温故知新穀梁繩愆子夏所傳拾遺補闕歷世多賢春秋應天受命作制孟子與有言天子之事以託王法魯無愒焉以治萬世漢曷覬焉

建五始

元年春王正月

何休曰政莫大於正始故春秋以元之氣正天之端以天之端正王之政以王之政正諸侯之即位以諸侯之即位正竟內之治諸侯不上奉王之政

則不得即位故先言正月而後言即位政不由王出則不得爲政故先言王而後言正月王者不承天以制號令則無法故先言春而後言王天不深正其元則不能成其紀（反推之以明其自然）故先言元而後言春五者同日並建相須成體乃天人之大本萬物之所繫不可不察也董仲舒曰臣謹案春秋謂一元之義一者萬物之所從始也元者辭之所謂大也謂一爲元者示大始而欲正本也春秋深探其本而反自貴者始（元年正月辭不自春秋始曾子曰衆信弗主春秋得主之者道在故也尚書著而弗備也曾史繫而弗敢有也其餘則僭而亂也不使春秋主之者亂之大者）

也孝經曰非聖人者無法故爲人君者正心以正朝廷正朝廷
以正百官正百官以正萬民正萬民以正四方四
方正遠近莫敢不壹于正而無有邪氣奸其間者
是以陰陽調而風雨時羣生和而萬民殖五穀孰
而草木茂天地之間被潤澤而大豐美四海之內
聞盛德而皆徠臣諸福之物可致之祥莫不畢至
而王道終矣孔子曰鳳鳥不至河不出圖吾已矣
夫自悲可致此物而身卑賤不得致也

宗文王

春王

公羊子曰王者孰謂謂文王也聞之曰受命之王曰大祖嗣王曰繼體繼體也者繼大祖也不敢曰受之天曰受之祖也自古以然文王受命之祖也成康以降繼文王之體者也武王有明德受命必歸文王是謂天道武王且不敢專子孫其敢或干焉命曰文王之命位曰文王之位法曰文王之法所以尊祖所以尊天也大雅云上天之載無聲無臭儀刑文王萬邦作孚聖人之志也君牙曰丕顯哉文王謨丕承哉武王烈啓佑我後人咸以正罔缺天子之事守也

大一統

王正月

公羊子曰何言乎王正月大一統也記曰天無二日土無二王國無二君家無二尊以一治之也子曰吾說夏禮杞不足徵也吾學殷禮有宋存焉吾學周禮今用之吾從周王天下有三重焉其寡過矣乎王陽曰春秋所以大一統者六合同風九州共貫也董生曰春秋大一統者天地之常經古今之通誼也今師異道人異論百家殊方指意不同是以上無以持一統法制數變下不知所守臣愚

以爲諸不在六藝之科孔子之術者皆絶其道勿
使並進邪辟之說滅息然後統紀可一而法度可
明民知所從矣此非春秋事也治春秋之義莫大焉

通三統

春王正月　春王二月　春王三月

何休曰夏以斗建寅之月爲正平旦爲朔法物見
色尚黑殷以斗建丑之月爲正雞鳴爲朔法物芽
色尚白周以斗建子之月爲正夜半爲朔法物萌
色尚赤二月三月皆有王者二月殷之正月也三
月夏之正月也王者存二王之後使統其正朔服

其服色行其禮樂所以尊先聖通三統師法之義恭讓之禮于是可得而觀之子曰殷因於夏禮所損益可知也周因於殷禮所損益可知也周監於二代郁郁乎文哉子曰行夏之時乘殷之輅服周之冕樂則韶舞召誥曰相古先民有夏天迪從子保面稽天若今時既墜厥命今相有殷天迪格保面稽天若今時既墜厥命劉向曰王者必通三統明天命所授者博非獨一姓也按日月星辰之行始於日至陰陽風雨之氣徵於丑仲王政民事之序揆於寅正三正並行而不悖尚矣夏書曰怠棄

三正子丑非春其諸後儒之惑與

備四時

春王正月莊公五年夏四月桓公九年秋七月隱公六年冬十月桓公元年

公羊子曰此無事何以書春秋雖無事首時過則書首時過則何以書春秋編年四時具然後爲年

何休曰明王者當奉順四時之正也尚書曰欽若昊天歷象日月星辰敬授人時是也魏相曰天地變化必繇陰陽陰陽之分以日爲紀日冬夏至則八風之序立萬物之性成各有常職不得相干明

王謹於尊天慎于養人故立羲和之官君動靜以
道奉順陰陽則日月光明風雨時節寒暑調和臣
愚以爲陰陽者王事之本羣生之命自古賢聖未
有不繇者也天子之義必純取法天地而觀於先
聖書曰撫于五辰庶績其凝

正日月

十二月　閏月文公六年　六十日　上辛季辛　朔　晦

日中　日下昃　夜　夜中

書曰協時月正日左氏曰天子有日官諸侯有日
御日官居卿以底日日御不失日以授百官于朝

又曰閏以正時時以作事事以厚生生民之本於是乎在記曰天子玄冕而朝日于東門之外聽朔于南門之外閏月則闔門左扉立于其中皮弁以日視朝諸侯皮弁以聽朔于大廟朝服以日視朝于內朝魯語曰天子大采朝日與三公九卿祖識地德日中考政師尹惟旅牧相宣序民事少采夕月與大史司載糾虔天刑日入監九御使潔奉禘郊之粢盛而後卽安諸侯朝修天子之業命晝考其國職夕省其典刑夜儆百工使無慆淫而後卽安庭燎之詩曰夜如何其夜未央齊詩曰不能辰

夜不宿則莫

審天命廢興

二年春　三年春王二月　四年春王二月　五年春　六年春　七年春王三月　八年春　九年春　十年春王二月此正月也隱無正故辟之也　十一年春隱公

穀梁子曰隱十年無正隱不自正也元年有正所以正隱也正隱不使讓

八年春隱公

有三月曷不繫諸時決不月也遇在內不月也況在外乎不月則不言春王春天時也月王月也[illegible]

有三月矣曷不繫之于王王繫之春然後以月繫之王歲之始莫先于臨天下之一人而後有萬不同之事物無不繫之於王月以月承春王不可闕也不以月承春王不可以不闕也據亂而作苟非桓公之策書則不忍輒以爲無王矣愼言哉

元年春王正月桓公

穀梁子曰桓無王其曰王何也謹始也所以治桓也

二年春王正月

其曰王何也程子曰正督之罪也

十年春王正月

其曰王何也盈數也十年必棄書王紀常也本胡氏

十有八年春王正月

其曰王何也曰謹其終也易曰物不可以終否

三年春正月特會不恒月其月何決不王也　四年春正月狩不月此月決不王也　五年春正月鮑卒不正決非以與夷終生故王也　六年春正月來不恒月決不王也　七年春二月　八年春正月　九年春曷不月月則不可不王不月則無嫌于不王尊王后也　十有一年春正月　十有二年春正月　十有三年春正月　十有四年春正月　十有五年春二月曷爲月求車則輕矣　十有六年春正月

十有七年春正月

穀梁子曰桓弟弑兄臣弑君天子不能定也誅之諸侯不能救也伐之百姓不能去不能討則宜去以爲無王之道遂可以至焉爾聞之曰去名以存實也

王

不稱天何也貶天子可貶乎曰以天道臨之可也君臣之義嫡妾之辨人莫大焉天莫大焉

四年春　夏　七年春　夏桓公

程子曰人理滅矣天運乖矣陰陽失序歲功不成矣故不具四時聞之書曰今其有今罔後汝何生

在上其不具于是年何也其諸以朝聘之者與

夏五月（莊公二十有二年）

五月不首時其首時何著異也忘父葬母謀取仇女異之大者也以天時爲于此焉變矣著變以存其常焉爾（本何休）

元年春王三月（定公）

穀梁子曰不言正月定無正也定之無正何也昭公之終非正終也定之始非正始也昭無正終故定無正始

十有四年春　夏　秋（定公）

去冬何也不終也本何休是年也齊歸女樂季孫受之而孔子行故曰不終易曰无喪无得其吾聖人與汔至亦未繘井羸其瓶凶夫季桓子與昭公十年不說義何曰可以無無闕闕而不書慎也不可以具闕而無削明也昭公無冬上下皆見夏五類也今上下之文未有以明見必如郭公類也夫子親于其時奚不可具哉故曰削也猥以爲闕非明也其陋也非慎也其惑也夫乃以聖人之去國爲淺事也而可哉

察五行祥異

洪範曰一五行一曰水二曰火三曰木四曰金五曰土水曰潤下火曰炎上木曰曲直金曰從革土爰稼穡二五事一曰貌二曰言三曰視四

曰聽五曰思貌曰恭言曰從視曰明聽曰聰思曰睿恭作肅從作乂明作晢聰作謀睿作聖八庶徵曰休徵曰肅時雨若曰乂時暘若曰晢時燠若曰謀時寒若曰聖時風若曰咎徵曰狂恆雨若曰僭恆暘若曰豫恆燠若曰急恆寒若曰蒙恆風若曰王省惟歲卿士惟月師尹惟日傳曰田獵不宿飲食不享出入不節奪民農時及有姦謀則木不曲直棄法律逐功臣殺太子以妾爲妻則火不炎上脩宮室飾臺榭內淫亂犯親戚侮父兄則稼穡不成好戰攻輕百姓飾城

郭侵邊竟則金不從革簡宗廟不禱祠廢祭祀逆天時則水不潤下貌之不恭是謂不肅厥咎狂厥罰恆雨厥極惡時則有服妖時則有龜孽時則有雞旤時則有下體生上之痾時則有青眚青祥惟金沴木說曰凡草木之類謂之妖蟲豸之類謂之孽及六畜謂之旤及人謂之痾異物生謂之眚自外來謂之祥氣相傷謂之沴每云時則以絶之言非必俱至或有或亡或在前或在後也凡六沴之作歲之朝月之朝日之朝則后王受之咎不由下書曰予一人有罪歲之中月之中日之中則正卿受之咎由斯人不進賢黜惡則其流及上詩曰惟王之卬歲之夕月之夕日之夕則庶民受之民惟邦本王者

所依天災及之危之至也書曰爽惟天其罰殛我我其不怨其二辰以次相將其次受之鄭康成曰歲以四月爲別月以一旬爲別日則始平旦訖黃昏間三時爲別又曰二辰日月也假令歲之朝也日月中則上公日月夕則下公歲之中也日月朝則孤卿日月夕則大夫歲之夕也日月朝則上士日月中則下士其餘差以尊卑多少則悉矣竊[illegible]謂天下有道其不善者受之天下無道則殆及善者詩曰民雖靡膴或哲或謀或肅或乂如彼泉流無淪胥以敗

言之不從是謂不乂厥咎僭厥罰恒暘厥極憂時則有詩妖時則有介蟲之孽介蟲之孽金也明貌有毛蟲之孽矣云龜孽者金木雜也以此見金之有虎孽也時則有犬旤時則有口舌之痾時則有白眚白祥惟木沴金視之不明是謂不哲厥咎豫厥罰恒燠厥極

疾時則有草妖時則有臝蟲之孽（師古曰蠡螟之類無鱗甲毛羽按羽蟲者火也臝蟲者土也不言羽蟲者火病則兼其下也）時則有羊旤時則有目痾時則有赤眚赤祥惟水沴火（說曰燠則冬溫故有草妖凡妖貌則以服言則以詩聽則以聲視則以色五色物之大分在于眚祥故聖人以為草妖失秉之明也）聽之不聰是謂不謀厥咎急厥罰恆寒厥極貧時則有鼓妖時則有魚孽時則有豕旤時則有耳痾時則有黑眚黑祥惟火沴水思之不睿是謂不聖厥咎霿厥罰恆風厥極凶短折時則有脂夜之妖時則有華孽（木勝土彊則木不能令土弱則木侮之）時則有牛旤時則有心腹之痾時則

有黃眚黃祥時則有金木水火沴土皇之不極是謂不建厥咎眊厥罰恆陰厥極弱時則有射妖時則有龍蛇之孽時則有馬䀻時則有下人伐上之痾時則有日月亂行星辰逆行不言五行沴天而曰日月亂行星辰逆行者爲若下不敢沴天尊尊之義也六沴作見若是共禦五福乃降若不共禦六極其下

曰經所不言何故傳之不殆于誣乎曰烏是何言與天有五行地有五行陳天之五合地之五明天道也重皇極也昧者見以爲六也故疑之明者知其爲合也故信之且夫皇極所以立命

故曰建五事所以事天故曰敬事一不修敬有闕爾皇之不極非不克建而已乃蕩然大壞逆天道甚也是故五事有變傷其質五沴是也質具于地皇極不建沴其象日月星辰是也象見于天獨不見夫易乎貌言視聽如六子然思如坤皇極如乾傳五行不傳皇極是知坤藏不知乾君也并五事在皇極是知成象不知效法也知地而不知天則悖矣知一而不知二則謬矣不此之誣而以傳爲誣是何言也獨不見夫易乎曰然則經不言何也曰有之歲也月也日也天道也歲月

日時無易皇極之建應此矣日月歲時旣易皇極不建應此矣其曰厥咎眊何也蒙甚也天奪其鑒已在易明夷之責曰不明晦初登于天後入于地殆此謂矣霿亂五官地也眊亂五性天也厥罰恆陰何也風甚也或覩其物已詩曰終風且曀下則爲雲物尚在下上則爲祲象則已高凡十五物皆繫于日其在周禮春官職之厥咎類蒙厥罰類風不別著象何也一以管四者心也一以行四者風也天無不覆地無不載各以五配而不能爲六也雨暘燠寒非天乎曰其本在

地地道无成故歸諸天然則恆陰亦地也曰天氣擾地不應易曰密雲不雨已上也射妖何也曰其在晝乎男子事也用是見脂夜之妖姦女子象也龍蛇之孽何也曰極陰疑陽其將戰乎在易坤之剝曰龍戰于野其血玄黃馬旤何也馬健行地其象配乾故屬皇極五事盡失六極不盡應獨歸之弱何也曰其知天道乎是謂天之所壞不可支也自有生民以來墜命亡氏踣其國家者胥在此人見其弱也而悲之而閔之不知天之棄之也威莫甚于此矣凡以蕩然大

壞逆天道甚故爾豈曰一事偶失哉曰日月有常行何謂亂星之逆行亦常也何謂沴曰苟以爲常生必有死與必有廢治必有亂存必有亡莫非常也則將不復危懼晏晏如故奚不祥甚哉曰此天之命不可知也故曰異若天之行則可知也何異之有曰昧者皆不知神者盡知之蔽者一知一不知畸常畸異奚足以定是非余寧知禍之逮人也天不有期焉聖不先覺焉女尚艮知日月之眚聖弗克知女短長之命信乎否也曰聖知之不以告人亦以爲非常云爾曰

固非常也聖人曷常以日月之行之故告人乎春秋書日有食之不著其食之者老聃云安知其不見星也古之人不以日月之眚諄諄然示人亦明矣敬天故也若夫禍福之故聖人則旣告女曰作善降之百祥作不善降之百殃重之以蓍龜臨之以明哲申之以誓誥勸之以歌誦皆是物也夫乃以爲非常也固聖人之所以爲大常也曰日月星辰之沴固非常矣是亦亟矣乃必使人罹于眚乎曰非日月星辰之變使罹眚也極之不建實自取謫焉苟有壞國喪家亡

人其小大亦艮應之甚可畏也曰家人亦應之乎曰奚在其不應也傳曰謂母之子也可謂天之子也可尊者取尊稱焉卑者取卑稱焉經曰時人斯其惟皇之極固古今貴賤之達理也苟有庶人傲狠明德以亂天常雖當天地之災不異焉奚在其不應也中庸記曰國家將亡必有妖孽初不在大也孟子曰脩身以俟之所以立命亦不在小也

高宗肜日曰民有不若德不聽罪天既孚命正厥德乃曰其如台嗚呼王司敬民罔非天胤典

祀無豐于昵

此事應也事天如事親父母怒之必誠求其所以然多方擬議之既得而後已此之謂脩省怒而不知懼頑也懼而不知捄慢也捄而不察類舛也不當而不問其人傲也頑則絕之慢則疏之舛則譎之傲則厭之天地之大者在五行各一其性不得相干徵召若影響其失也不知捄則已如欲捄之不敢不察其故所謂春秋之道舉往以明來也五行之失如疾然氣雖亂各有所主不存其意不貫其理以此事天何異許止之

不嘗藥也五行之變非盡變也非不遽復也謂和則俱和失則俱失是乃誣天地也不然夫祖已之言亦曰正厥事可矣又曰典事無豐于昵非所捄之事當用此與人臣之義陳善必列其宜匡失必舉其敗不敢爲無端崖之辭以溷其上而藏其姦敬之至也今曰恐懼脩省云爾將俾盡革其政與抑擇所振捄與抑空言無施而百官萬事皆自若與此固姦以事君者所欲得以飾其惡也欺君不祥誣天地不祥一言而不祥者三不說事應之謂也

春王正月雨木冰 成公十有六年

公羊子曰雨木冰者何雨而木冰也何以書記異也劉向以爲冰者陰之盛而木滯者也木者少陽貴臣卿大夫之象也此人將有害則陰氣脅木木先寒故得雨而冰也是時叔孫僑如出奔公子偃誅死

木不曲直

秋八月壬申御廩災 桓公十有四年

公羊子曰御廩災何以書記災也董仲舒以爲先是四國共伐魯大破之於龍門百姓傷者未瘳怨

咎未復而君臣俱惰內怠政事外侮四鄰非能保守宗廟終其天年者也故天災御廩以戒之劉向以爲御廩夫人八妾所舂米之臧以奉宗廟者也時夫人有淫行挾逆心天戒若曰夫人不可以奉宗廟桓不寤與夫人俱會齊夫人譖桓公于齊侯齊侯殺桓公

夏齊大災莊公二十年

穀梁子曰其志以甚也劉向以爲齊桓好色聽女口以妾爲妻適庶數更故致大災桓公不寤及死適庶分爭九月不得葬公羊子曰大災者何大瘠

也大瘠者何痾也何以書記災也外災不書此何以書及我也董仲舒以爲魯夫人淫於齊齊桓姊妹不嫁者七人國君民之父母夫婦生化之本本傷則末夭故天災所予也

五月己巳西宮災 僖公二十年

公羊子曰西宮者何小寢也小寢則曷爲謂之西宮有西宮則有東宮矣魯子曰以有西宮亦知諸侯之有三宮也西宮災何以書記異也 不志事應何也疑誤則闕之

夏成周宣榭火 宣公十六年

公羊子曰宣榭者何宣宮之榭也何以書記災也

穀梁子曰其曰宣榭何也以樂器之所藏目之也

左氏曰凡火人火曰火天火曰災董仲舒劉向以爲十五年王札子殺召伯毛伯天子不能誅天戒若曰不能行政令何以禮樂爲而藏之按成周者天子之下都也

甲子新宮災三日哭（成公三年二月）

公羊子曰新宮災何以書記災也何休以爲此象宣公篡立當誅絶不宜列昭穆（天道莫明于此矣）

春宋災（襄公九年）

公羊子曰何以書記災也外災不書此何以書爲王者之後記災也劉向以爲先是宋公聽讒逐其大夫華弱出奔魯

五月甲子宋災襄公三十年

劉向以爲先是宋公聽讒而殺太子痤應火不炎上之罰也

夏四月陳災昭公九年

左氏曰鄭裨竈曰五年陳將復封封五十二年而遂亡子產問其故對曰陳水屬也而楚所相也今火出而火陳逐楚而建陳也妃以五成故曰五年

歲五及鶉火而後陳卽亡楚克有之天之道也雜古

非經義也志雜古何也明所周廣不舉一而廢百也

夏五月壬午宋衛陳鄭災昭公十有八年

公羊子曰何以書記異也何異爾異其同日而俱災也外異不書此何以書爲天下記異也穀梁子曰其日以同日也董仲舒以爲象王室將亂天下莫救故災四國言亡四方也又宋衛陳鄭之君皆荒淫于樂不恤國政與周室同行陽失節則火災出是以同日災也劉向以爲宋陳王者之後衛鄭周同姓也時周景王老劉子單子事王子猛尹氏

召伯毛伯事王子朝子朝楚之出也及宋衛陳鄭亦皆外附于楚亡尊周室之心後三年景王崩王室亂故天災四國天戒若曰不救周反從楚廢世子立不正以害王室明同辠也

夏五月壬辰雉門及兩觀災定公二年

公羊子曰其言雉門及兩觀災何兩觀微也然則曷爲不言雉門災及兩觀主災者兩觀也時災者兩觀則曷爲後言之不以微及大也何以書記災也董仲舒劉向以爲此皆奢僭過度者也先是季氏逐昭公昭公死於外定公即位既不能誅季氏

又用其邪說淫子女樂而退孔子天戒若曰去高顯而奢僭者

五月辛卯桓宮僖宮災（哀公三年）

公羊子曰何以不言及敵也何以書記災也董仲舒劉向以爲此二宮違禮者也哀公以季氏之故不用孔子孔子在陳聞魯災曰其桓釐之宮乎以桓季氏之所出釐使季氏世卿者也按此毀廟也言災何宜毀不毀也

六月辛丑亳社災（哀公四年）

穀梁子曰亳社者亳之社也亳亡國也亡國之社

以爲廟屏戒也其屋亡國之社不得達上也公羊子曰蒲社災何以書記災也董仲舒劉向以爲天戒若曰國將危亡不用戒矣春秋火災屢于哀定之間不用聖人而縱驕臣將以亡國不明甚也

火不炎上

無麥苗 莊公七年秋

公羊子曰無苗則曷爲先言無麥而後言無苗一災不書待無麥然後書無苗何以書記災也何休以爲先是莊公伐衛納朔用兵踰年夫人數出淫泆民怨之所生

大無麥禾（莊公二十有八年）

穀梁子曰大者有顧之辭也於無禾及無麥也劉向以爲不書水旱而曰大亡麥禾者土氣不養稼穡不成也是時夫人淫於二叔外內無別故應是而稼穡不成遂不改寤四年而死禍流二世奢淫之患也董仲舒曰春秋他穀不書至于麥禾不成則書之以此見聖人于五穀最重麥與禾也

饑（宣公十年冬）

公羊子曰何以書以重書也（不志事應與大水同）

饑（宣公十有五年冬不志事應與蝝生同）

大饑 襄公二十四年冬

有死傷曰饑死傷甚曰大饑此皆凶年也曷爲或書其本或書其末書其本無備也上怠也書其末不恤也怠乎怠者也民力單矣王澤竭矣

稼穡不成

秋大水 桓公元年

左氏曰凡平原出水爲大水穀梁子曰高下有水曰大水高原也下隰也古之治田也其察高下則微何以書記災也董仲舒劉向以爲桓弑君兄臣民痛隱而賤桓後宋督弑其君桓會諸侯受宋賂而歸又仍交兵結讎

伏尸流血百姓愈怨故十三年夏復大水劉歆則謂桓易許田不祀周公廢祭祀之罰也歆之說可兼也不可專也桓罪按災曷爲或專舉水旱或并言二穀舉重故也水旱察也言二穀重也災之爾則輕無則重麥苗俱則重兼他穀則輕不重弗識弗別不察春秋之辭也

夏大水桓公十有三年

漢志又以爲夫人驕淫將弒君桓不寤卒弒死又說何也擬議之也

秋大水莊公七年事應在無麥苗

秋宋大水莊公十一年

穀梁子曰外災不書此何以書王者之後也公羊子曰及我也二說何也母質也董仲舒以爲時魯宋比年爲乘邱鄑之戰百姓愁怨陰氣盛故二國俱水劉向以爲時宋愍公驕慢睹災不改明年宋萬弒公

大水莊公二十四年秋

董仲舒以爲夫人哀姜淫亂不婦陰氣盛也劉向以爲哀姜初入大夫宗婦見用幣又淫于二叔公弗能禁臣下賤之故明年仍大水歆則謂先是飾宗廟以夸夫人簡宗廟之罰也飾不當故曰簡

秋大水莊公二十有五年

大水宣公十年秋

董仲舒以爲時比伐邾取邑亦見報復兵讎連結百姓愁怨劉向以爲宣公殺子赤而立以濟西田賂齊又比與邾交兵臣下懼齊之威創邾之敗皆賤公行非其正也竊謂先是遂不伏辜仍寵其子三桓專政自此始陰盛極矣

秋大水成公五年

董仲舒劉向以爲時成幼弱政在大夫前此一年再用師明年復城鄆以彊私家蔑與僑如顓會晉

宋陰勝陽

大水 襄公二十有四年秋

董仲舒以爲國小兵弱數敵彊大百姓愁怨陰氣盛劉向以爲慢鄰國鄰國亟伐百姓騷動穀大不成其災甚也竊按自是無水災與曰未可知也雖有其不書也其不書何也以志災則莫恤民矣以志戒則莫畏天矣其志者地震云乎雨雹云乎凡怪異云乎惟火災之爲亟以是爲人之所震而動也書曰惟時天罔念聞厥惟廢元命降致罰

水不潤下

三月癸酉大雨震電庚辰大雨雪隱公九年

左氏曰癸酉大雨霖以震（與經異文者釋大雨乃霖雨也）書始也庚辰大雨雪亦如之書時失也凡雨自三日以往爲霖平地尺爲大雪穀梁子曰震雷也電霆也志疏數也八日之間再有大變陰陽錯行故謹而日之也公羊子曰何以書記異也劉向以爲周三月今正月也當雨水雪雜雨雷電未可以發也既已發則雪不當復降皆失節於易雷以二月出其卦曰豫言萬物隨雷出地皆逸豫也以八月入其卦曰歸妹言雷復歸入地則孕毓根荄保藏蟄蟲辟

盛陰之害出地則長養華實發揚隱伏宣盛陽之
德入能除害出能興利人君之象也謂諸侯是時隱
居位久翬有逆心天見其將然故正月大雨水而
雷電是陽不閉陰出涉危難而害萬物天戒若曰
賊弟佞臣將作亂矣後八日大雨雪陰見間隙而
勝陽篡弑之禍將成也公不寤後二年而弑

恆雨

己卯晦震夷伯之廟僖公十有五年九月
公羊子曰震之者何雷電擊夷伯之廟也其稱夷
伯何大之也曷爲大之天戒之故大之也何以書

記異也穀梁子曰夷伯魯大夫也因此以見天子至于士皆有廟天子七廟諸侯五大夫三士二故德厚者流光德薄者流卑是以貴始德之本也始封必爲祖左氏說展氏之廟也在朔言朔在晦言晦劉向以爲夷伯世大夫天戒若曰勿使大夫世官將專事明年季友卒果世官政在季氏

雷

冬不雨 莊公三十有一年

公羊子曰何以書記異也何休以爲先是比築三臺慶牙專政之應竊謂一時不雨則以異書何志

戒也用是見魯有君子謂其臣猶克愼微而先戒故因而著之也詩曰莫肯念亂誰無父母

冬十月不雨僖公二年春王正月不雨夏四月不雨僖公三年

穀梁子曰不雨者勤雨也一時言不雨者閔雨也閔雨者有志乎民者也左氏曰自十月不雨至于五月不曰旱不爲災也公羊子曰何以書記異也

漢志先是敗邾莒獲莒拏炕陽之應

六月雨僖公三年

穀梁子曰雨云者喜雨也喜雨者有志乎民者也

何休曰大平一月不雨卽書春秋亂世一時乃書

此月者僖公能退辟正殿飭過求已循省百官放佞臣郭都等理冤獄四百餘人精誠感天不雩而得澍雨故詳錄之明天人相與之際不可不察其意

自十有二月不雨至于秋七月文公二年

穀梁子曰歷時而言不雨文不憂雨也不憂雨者無志乎民也公羊子曰何以書記異也大旱以災書此亦旱也曷爲以異書大旱之日短而云災故以災書此不雨之日長而無災故以異書也何休曰京房易傳曰旱異者旱久而不害物也斯蘇去

公室禍由下作故陽雖不施而陰道獨行以成萬物也政在公子遂之所致

自正月不雨至于秋七月（文公十年）

何休曰公子遂之所致

自正月不雨至于秋七月（文公十有三年）

何休曰遂之所致按文無志乎民則曷爲亟書之仁之也何用仁之也天未厭之也自是無書者矣

易曰憂悔吝者存乎介

夏大旱（僖公二十有一年）

公羊子曰何以書記災也董仲舒劉向以爲外倚

彊楚炕陽失衆又作南門勞民興役之應竊謂自後比歲伐邾敗于升陘有起兵動衆之憂主言不從也

大旱宣公七年秋

上連兵伐萊下公見執辱外憂也主言不從之罰

秋大雩襄公五年

左氏曰旱也按旱則其日雩何所救非所救也其日雩何也無以旱書者矣書雩始此乎前此矣前此書旱其日雩徵過也志僭也自此不書旱其日雩志旱也惡僭也僭所以旱也以僭救旱非所救

矣

秋九月大雩（襄公八年）大雩（襄公十有六年秋）九月大雩（襄公十有七年）秋八月大雩（襄公二十有八年）八月大雩（昭公三年）秋九月大雩（昭公六年）大雩（昭公八年秋）九月大雩（昭公十有六年）秋八月大雩（昭公二十有四年）

秋七月上辛大雩季辛又雩（昭公二十有五年）

左氏曰書再雩旱甚也穀梁子曰季者有中之辭也又有繼之辭也竊謂僭甚矣憂至矣然而不書旱不繫乎災也自是而公孫矣舉日不舉辰尊祀事也（據取鄣取防）曰季不曰下尊之也

九月大雩 定公元年

大雩 定公七年秋 九月大雩

再雩旱也曷不言又其日疏矣何以書志濆也或月或不月詳略之文也陪臣執國命僭甚矣內夢也言不從之罰

恆暘

無冰 桓公十有四年春

穀梁子曰無冰時燠也公羊子曰何以書記異也左氏曰古者日在北陸而藏冰西陸朝覿而出之其藏冰也深山窮谷固陰沍寒于是乎取之其出

之也朝之祿位賓食喪祭于是乎用之其藏之也黑牡秬黍以享司寒其出之也桃弧棘矢以除其災其出入也時食肉之祿冰皆與焉大夫命婦喪浴用冰祭寒而藏之獻羔而啟之公始用之火出而畢賦自命夫命婦至于老疾無不受冰山人取之縣人傳之輿人納之隸人藏之夫冰以風壯而以風出其藏之也周其用之也徧則冬無愆陽夏無伏陰春無淒風秋無苦雨雷出不震無菑霜雹癘疾不降民不夭札七月之卒章藏兵之道也劉向以爲先是連兵鄰國三戰而再敗內失百姓外

失諸侯鄭伯突篡兄而立公與相親長養同類不明善惡之罰也董仲舒以爲夫人不正陰失節也

無冰 成公元年春

董仲舒以爲方有宣公之喪君臣無悲哀之心而作丘甲陽失節劉向以爲時公幼弱政舒緩也

春無冰 襄公二十有八年

何以書記異也臣專兵不志君築宮不志志無冰而已矣明天道也詩曰哀今之人胡憯莫懲公失政豫而無立志臣下不稟命而專行役于彊大身往朝楚季氏因取卞忍而不能治歸作楚宮卒薨

于此不明甚矣

漢志曰水旱之災寒暑之變天下皆同故曰無氷天下異也桓公內弑君兄外成宋亂與鄭易邑背畔周室成公時楚橫行中國王札子殺召伯毛伯天子不能討襄公時天下諸侯之大夫皆執國權君不能制漸將日甚善惡不明誅伐不行周失之舒秦失之急故周衰亡寒歲秦滅亡奧年

恆燠

冬十月雨雪 桓公八年

公羊子曰何以書記異也何異爾不時也何休曰

此陰氣大盛兵象也是後有鄭師龍門之戰流血尤深劉向以爲凡雨陰也雪又雨之陰也出非其時迫近象也

冬大雨雪 僖公十年

何以書記異也何異爾陰盛甚也左氏曰平地尺爲大雪

秋大雨雹 僖公二十有九年

左氏曰爲災也劉向以爲盛陽雨水溫煖而湯熱陰氣脅之不相入則轉而爲雹盛陰雨雪凝滯而冰寒陽氣薄之不相入則散而爲霰故沸湯之在

閉器而湛于寒泉則爲氷及雪之銷亦氷解而散此其驗也故雹者陰脅陽也霰者陽薄陰也春秋不書霰猶月食也僖公末年信用公子遂遂專權自恣將至于弒君故陰脅陽之象先見

冬大雨雹（昭公三年）

漢志是時季氏專權脅君之象見昭公不寤卒逐昭公

春王正月大雨雹（昭公四年事應同三年）

冬十月隕霜殺菽（定公元年）

穀梁子曰未可以殺而殺舉重可殺而不殺舉輕

其曰菽舉重也公羊子曰何以書記異也此災菽
也曷爲以異書異大乎災也劉向以爲十月于卦
爲觀陰氣未至君位而殺誅罰不由君出在臣下
之象也是時季氏逐昭公公死于外定初得立故
天見異以示之也

恆寒

春王正月戊申朔隕石于宋五是月六鷁退飛過宋
都僖公十有六年

左氏曰隕石于宋五隕星也六鷁退飛過宋都風
也穀梁子曰先隕而後石何也隕而後石也于宋

四竟之內曰宋後數散辭也耳治也是月決不日而月也（異日而不著其甲子）六鷁退飛過宋都先數聚辭也目治也子曰石無知之物鷁微有知之物石無知故日之鷁微有知故月之（日月有義乎曰著詳略之文也于以正外內于以定尊卑于以審輕重于以紀遠邇于以徵敬怠于以別同異知如之何其可廢也然則無知何以日微有知何以月日不過乎物以事天也無知而變變出于天有知而變變出于地或日或不日尊卑之辭也）君子之於物無所苟而已石鷁且猶盡其辭而況於人乎故五石六鷁之辭不設則王道不亢矣民所聚曰都公羊子曰曷爲先言霣而後言石霣石記聞聞其磒然視之則石察之則五曷爲先

言六而後言鷁六鷁退飛記見也視之則六察之則鷁徐而察之則退飛五石六鷁何以書記異也外異不書此何以書爲王者之後記異也劉向曰鶂陽也六陰數也象陽而陰行必衰退何休曰宋襄欲行霸事不納公子目夷之謀耿介自用卒以五年見執六年終敗如五石六鶂之數天之與人昭昭著明甚可畏也按內史叔興之言何謂也曰是乃可懼矣固非吉凶所生也而吉凶所應也人實自敗非由妖敗妖由人興也人無釁焉妖不自作女忘諸乎女聞吉凶由人而謂陰陽不由人也

其可乎夫人神之主也天地之心也主而曠之心而遠之其存者與有幾襄公能遂覺寤安有危身喪師之禍此內史告人意也非預之所知也大甲曰天作孽猶可違自作孽不可逭天下不相遹也多士曰惟我下民秉爲惟天明畏天人不相遠也其知之矣

恆風

隕霜不殺草李梅實僖公三十有三年冬

公羊子曰何以書記異也何異爾不時也劉向以爲今十月周十二月于易五爲天位爲君位九月

陰氣至五通于天位其卦爲剝剝落萬物始大殺矣明陰從陽臣受君令而後殺也今十月隕霜而不能殺草此君舒緩之應也是時公子遂顓權三桓始世官天戒若曰自此之後將皆爲亂矣李梅當剝落今反華實先華而後實不書華舉重也陰成陽事象臣顓君作威福董仲舒以爲李梅實臣下彊也記曰不當華而華易大夫不當實而實易相室

草妖華孽

冬多麋 莊公十有七年

公羊子曰何以書記異也何異爾多則異也劉向以爲莊公將取齊女其象先見天戒若曰勿取齊女淫而迷國莊公不寤幾亡社稷

毛蟲之孽

螟隱公五年秋

公羊子曰何以書記災也穀梁子曰蟲災也甚則月不甚則時按食苗心曰螟董仲舒劉向以爲時公觀魚于棠貪利之應

螟隱公八年秋

漢志以爲鄭以邴易許田隱有貪利心

螟莊公六年秋

董仲舒劉向以爲齊人歸衛寶魯受之貪利應也

螽桓公五年秋

公羊子曰何以書記災也穀梁子曰螽蟲災也甚則月不甚則時按螽蝗也漢志以爲桓公取鼎易邑興役起城何休曰煩擾之所生

八月螽僖公十有五年

劉向以爲兵比三年在外

雨螽于宋文公三年秋

公羊子曰雨螽者何死而墜也何以書記異也外

異不書此何以書爲王者之後記異也何休曰羣臣爭彊相殘賊之象是後大臣比爭鬬相殺司城逃子哀奔國家廓然朝廷空無人

螽（文公八年冬）

何休曰先是公如晉公孫敖公子遂比出不可使勢奪于大夫煩擾之應

秋八月螽（宣公六年）

劉向以爲先是伐莒後再如齊謀伐萊

秋螽（宣公十有三年）

漢志以爲公孫歸父又會伐莒

秋螽宣公十有五年

漢志以爲宣亡熟歲數有軍旅

冬蝝生宣公十有五年

公羊子曰未有言蝝生者此其言蝝生何幸之也幸之者何猶曰受之云爾受之云爾者何上變古易常應是而有天災其諸則宜于此焉變矣董仲舒曰臣謹案春秋之中視前世已行之事以觀天人相與之際甚可畏也國家將有失道之敗而天迺先出災害以譴告之不知自省又出怪異以警懼之尚不知變而傷敗迺至以此見天心之仁愛

人君而欲止其亂也又曰天意有欲也有不欲也所欲所不欲者人內以自省宜有懲於心外以觀其事宜有驗於國故見天意者之於災異也畏之而不惡也以爲天欲振吾過救吾失故以此告我也春秋之法上變古易常應是而有天災者謂幸國聖主賢君尚樂受忠臣之諫而況受天譴也

八月螽襄公七年

是夏也用衆城費費季氏邑也易常擾民之應

冬十有二月螽哀公十有二年

災曠不志矣其書螽何以用田賦不可不書螽也

蝝生猶言之而況螽乎此災也言十有二月何志失閏也非記異也董仲舒曰孔子作春秋上揆之天道下質諸人情參之於古考之於今故春秋之所譏災害之所加也春秋之所惡怪異之所施也書邦家之過兼災異之變以此見人之所爲其美惡之極乃與天地流通而往來相應此亦言天之一端也

九月螽（哀公十有三年）十有二月螽

再書螽何甚之也宜書蝝生繼歲書大有年以存民也哀比年而三書螽國幾亡矣詩曰周餘黎民

靡有子遺其月何志失閏也

螟螽之孽

秋有蜮莊公十有八年

穀梁子曰一有一亡曰有蜮射人者也公羊子曰何以書記異也劉向以爲蜮猶惑也南越亂氣所生竊謂莊公之時亂旣極矣惑亦甚矣天之示異昭昭著明可不懼哉

秋有蜚莊公二十有九年

公羊子曰何以書記異也竊謂淫亂之所生爲戒明矣

眚 氣所生

有鸜鵒來巢 昭公二十有五年

公羊子曰何以書記異也何異爾非中國之禽也宜穴又巢也劉向以爲陰居陽位臣逐君之象

祥 氣所致

郊牛之口傷改卜牛牛死 宣公三年

穀梁子曰之口緩辭也傷自牛作也劉向以爲近牛禍也宣公殺子赤而立又以喪取天甚惡之禍雖不及其身生則不饗其祀死則災燔其廟

鼷鼠食郊牛角改卜牛鼷鼠又食其角 成公七年

劉向以爲成公時三家始顓政魯將從此衰天愍周公之德痛其將有敗亡之禍故於郊祭而見戒鼠小蟲性盜竊鼷又其小者牛大畜祭天尊物也角兵象在上君威也鼷鼠食郊牛角象季氏乃陪臣盜竊之人將執國命傷君威而害周公之祀改卜牛鼷鼠又食其角天重語之也成公不寤三家之權成公室遂卑

鼷鼠食郊牛牛死定公十有五年

公羊子曰曷爲不言其所食漫也劉向以爲定公知季氏皐惡如彼孔子聖德如此卒用季桓而退

孔子無道甚矣竊謂所食漫禍浸深也五月定公

薨

鼷鼠食郊牛角哀公元年

比歲見食天重戒之哀公不寤卒奔於越定之終

無始哀之始無終仲舒曰不時不見信哉

牛毁

冬十月甲午叔孫得臣敗狄於鹹文公十有一年

公羊子曰狄者何長狄也其言敗何大之也其日

何大之也其地何大之也何以書記異也劉向以

爲不行禮義大爲夷狄之行將必敗亡其後魯及

齊晉皆有篡弒之禍近下人伐上之痾也

下人伐上之痾

世室屋壞 文公十有三年

劉向以爲文公棄禮數矣內爲貌不恭而狂外爲言不從而僭逆祀之歲自十有二月不雨至于秋七月若是者三而大室屋壞矣屋其上重屋尊高者也象魯自是而陵夷也

金沴木

秋八月辛卯沙鹿崩 僖公十有四年

公羊子曰沙鹿者何河上之邑也此邑也其言崩

何襲邑也沙鹿崩何以書記異也外異不書此何以書爲天下記異也何休以爲河者陰之精象齊桓將卒霸道毀夷狄動宋襄爲楚所執之應穀梁子曰林屬于山爲麓沙山名也無崩道而崩故志之也其日重其變也劉向以爲麓在山下平地臣象陰位也崩者臣下散落背叛不事上之象後齊桓死天下散而從楚王札子殺二大夫晉敗天子之師莫能征討從是陵遲左氏說沙麓晉地沙山名地震而麓崩不書震舉重者也

九月癸酉地震文公九年

公羊子曰何以書記異也穀梁子曰震動也地不震者也震故謹而日之也何休以爲地動者象陰爲陽行是時魯文公制于公子遂齊晉失道四方叛德劉向以爲先是齊桓晉文魯釐二伯賢君新沒周襄王失道楚商臣弑父諸侯皆不肯權傾于下天戒若曰臣下彊盛者將動爲害後宋魯晉莒陳齊皆弑君

梁山崩 成公五年夏

公羊子曰梁山者何河上之山也何以書記異也何異爾大也何大爾梁山崩壅河三日不沠外異

不書此何以書爲天下記異也何休以爲此象諸侯失勢王道絶大夫擅恣爲海內害六十年之中弑君十四亡國三十二溴梁之盟徧剌天下之大夫劉向以爲山陽君也水陰民也天戒若曰君道崩壞下亂百姓將失其所矣後晉暴殺三卿厲公以弑其後孫甯出衛獻三家逐魯昭尹亂王室

五月甲子地震襄公十有六年

何休以爲是時溴梁之盟政在臣下其後叛臣二弑君五楚滅舒鳩齊侯襲莒大夫乖離出奔兵事最甚劉向以爲自後崔氏專齊欒盈亂晉良霄傾

鄭閽殺吳子燕逐其君楚滅陳蔡

己卯地震昭公十有九年夏五月

何休以爲季氏稍盛宋南里以叛王室大亂諸侯

莫救晉人圍郊吳勝雞父尹氏立王子朝之應劉

向以爲是時季氏將有逐君之變其後宋三臣曹

會皆以地叛蔡莒逐其君吳敗中國殺二君

八月乙未地震昭公二十有三年

何休以爲猛朝更起與王爭入晉陵周竟吳敗六

國季氏逐昭公。吳光弑僚滅徐故地爲再動劉向

以爲是時劉單立王子猛尹氏立子朝其後季氏

逐昭公黑肱叛邾宋五大夫晉二大夫皆以地叛

夏四月甲午地震哀公三年

何休以爲象季氏專政蒯聵犯父命是後蔡大夫

專相放盜殺蔡侯申辟伯晉而京師楚黃池之會

吴大爲主劉向以爲是時諸侯皆信邪臣莫能用

孔子盜殺蔡侯齊陳乞弑君

金木水火沴土

春秋正辭卷二終

正辭卷一

天子辭第二

正王伐曰思古明王賞善罰惡所父不聽免爰其作正王守曰以臣召君不可以訓顧瞻有河未改天命正王出曰疾恒不死未亡其中思而不懼在周之東襄不監惠禍迺有再以親屏周憂其所恃正王居曰遠有力臣邇有親臣剛德不疚師聖友賢渙五正位克定厥家王無一焉曷云其居安不言居危不言出匪風之傷以存周室正王入曰亂其定乎汔可小愒無輔無民僅亦守位正王崩葬曰君子知微並建聖

哲懼於不終日愼一日武王遘疾周公憂悴離明兩
作突如可畏同召六卿道揚末命成康之隆萬世其
訓方喪三年同軌畢至宅憂不言容衣可事正王世
子曰元良之位尊如社宗名號蚤繫盡佞不生貴戚
執政咸有臣志固將君我而入學以齒愼惟深哉是
謂无妄左右正矣習與智長匪正有眚不宜有往正
王子曰鳲鳩均養七子上下如一奚爲制禮接子以
及冠昏每事殊異於適有義有方陪以秉德何嫌何
疑愛不自克愛不自克胡能有定階而引之俾毒其
正是曰不愛能愛惟順正王后曰天地之基爲宗廟

主敬慎重正昏親昏禮三代興廢莫不由此仁貪異生各以其母母養乳虎將傷天下素成之道爲後世戒正王姬曰二女釐降欽哉帝典天乙歸妹陰禮則闈肅雍之貴不在車服同姓主之咸正無缺正王母弟曰人道親親念我二人天子亦無多所厚所厚惟世子母弟推而放之準乎四海富而貴之常常見之同其好惡易問是非一人果有所私則萬姓咸喜矧有師保養以聖度如何不思亦莫不顧正王臣內難曰聖賢生於其時亦無以立於天下周德之衰箕子先戒曰于其母好德汝雖錫之福其作汝用咎乖離

不和殃禍所起官人以世實違天紀正王臣外難曰本彊則精神折衝本弱則招殃致凶天子之吏殆辱於戎裔詩人所哀逢此百罹正王使曰王所以撫邦國諸侯者行人有常數矣古者有分土無分民王靈所及民功以爲紀路節不寧隼飛安止苟以爲榮盡思其愧瀆之謂何徵求自茲始刺在大夫況乃王之宰正王臣會諸侯曰曷敢不信要於至尊齊桓知節晉文已偵尹單將間以同盟云借曰外楚冠裳等夷召陵既會散兮愈卑正王臣會陪臣曰侯大夫入天子國曰士禮不會公侯剡王官伯乎重而不正翟泉

爲甚嗟乎羝羊僨亦觸藩牧羊者力能決之正王臣卒葬曰始於踐土終於召陵皆獎王室晉主夏盟虎也要言卷實不度親臣處內同外諸侯之爵姑曰顛趾寢乎折其足正王臣私交曰有至尊者不貳之祭吾同祖不得受其私天子大夫親不與諸侯通則順則宜忿生之嗣我又何求諱其要君比以爲尤正王師曰宣榭志災乃志王師以自敗爲文實晉與戎敗之晉罪可勝誅乎晉曰勤王會不言從王其人已微其禮已亢王室蠢蠢爾侯伯也會不若嫠婦憂宗周之隕正王都邑土田曰以爲民極服於土中有德易

以與無德易以亡相宅則復卽砰于周日夜勞來我
西土一豐一鎬相述作豐水之事豈不詒子孫謀哉
厲頻幽蹙平徙於洛魚以況民亦匪克樂萇叔之謀
乃城成周欲復文武不知用尼甫卻行以走沒身不
得於道正畿內侯國邑曰虞公虢公天子之三公也
河內河外河東天子之股肱也傳忘其舊誰與發蒙
滑外列會鄭剬甸服於乎有哀戎乃在洛父兄甥舅
半爲秦臣終南作歌憤兮其謂諸侯君正王命伐國
曰倍上則誅犯令則絕宗盟謂何若茲不睦惠以請
齊襄乃出狄曰伐以著之會是以爲義乎取櫟之役

犯中國云爾赫赫明明王命焉在矣正朝王曰朝言恭也獨我乎爲之者晉重也晉重請之王惟從之也臣節未盡不可以言恭也在盟之既不恭大也自我言之固無罪也日不繫月昭乎辨也正錫命曰三志錫命稱名則殊自褒其天盍思出言定名之自上祐乎王實承天爲天之子隱之繫之以爵稱之爲天下君縱忍自輕若上帝臨女何正大夫見天子曰殷見者守臣也殷頫者陪臣也諸侯之大夫以時接見乎天子則恩相逮也偶以晉卑於齊也拜命弗親天災弗葵也見不如弗見幸王吏之不余治也失常且以

爲常哀哉承學之士愚而不能違也

王伐

秋蔡人衛人陳人從王伐鄭桓公五年

蔡衛陳皆何以稱人侯不行使大夫從也其與幾何春秋不志王室事天子伐國不可見以從王伐國者見之曷爲見之非所以伐也鄭伯當誅矣王躬不可以不省不可以不重輕用其民王室危輕用其身天下危從命拒命不竟錄也鄭罪既盈於誅春秋之義務全至尊而立人紀焉月不繫王傷三王之道壞也諸侯不知有天子此可忍言孰不

可忍言以天下言之曰天王王承天也繫王於天
一人匪自號曰天王也自侯氏言之從王焉朝于
王焉至尊者王也不上援於天若王后王世子王
子王姬繫於王則止皆不得以不稱天爲疑問矣

王崩葬

三月庚戌天王崩（隱公三年　平王）

魯史義不志王室事是故天子不志即位以諸侯
爲天子服喪三年志天王崩則我君爲平王喪三
年矣春秋禮不備雖有事焉而不書書曰三月庚
戌天王崩以無大不備焉而敬書之苟小不備而

遂削不書非所以奉至尊而立中國之人紀也曷以知其小不備於來求賻見之也言求之不言歸之求而後歸則如弗歸言求以見不歸之惡雖然放飯流歠逌問齒決乎曷以知其無大不備以書來求賻見之也譏不歸賻則奔喪無闕矣吁平王五十一載天子也雖曰王室既卑魯猶是姬姓必將復先王之職焉慭置天崩地坼之變於若罔聞知乎必不然也然則春秋何以作乎法文王也樂道堯舜之道也豈曰天子亦克能脩其職諸侯服享共職而遂以王迹爲不熄乎夫王迹在朝覲享

獻賀喜弔災云爾乎在舉一世而甄陶之皞皞如也平王祚東周二十餘世而後亡禮樂典章夫子問萇叔時具存無恙豈後世京邑亂亡四方莫或饋餉百官采梠拾薪以自給者比也而謂懿親如魯東遷之始已不奔天王喪乎孟子言曰小弁之怨親親也親親仁也且曰名之曰幽厲雖孝子慈孫百世不能改也夫不以平王爲孝子桓王以下爲慈孫乎三代之祚無過二三十世而孟子必曰百世古之聖人其文辭孫順固如此傳曰文王爾君相見之樂也周公欲天下諸侯師文王也服事

可師受命盍可師周之子孫得如虞夏商之子孫不亦可乎少康中興虞思之力也孰謂三代之王天下天下不爲癸也

三月乙未天王崩桓公廿有五年桓王

桓辭也不以禮不備不書至尊也

王后

祭公來遂逆王后于紀桓公八年

辭不異於祭伯來則若非王命然也逆王后非王命則不可雖曰不稱主人王命也可以遂事乎公羊傳之逆天下之母若逆婢妾將謂海內何哉聖

人之辭恭而有禮曰王后其辭成矣以立諸夏之人紀也

春紀季姜歸于京師 桓公九年

自父母言之尊爲王后必曰吾季姜不以君臣之義奪人父子之親雖然王后無出道非若諸侯以下婦人有歸宗之義也載之曰王后王者無外則王后無出也曰季姜本之於父母以見其貴故曰腐木不可以爲柱卑人不可以爲主矣天子所居必以衆大之辭言之曰京師辭不失舊晉士知之矣將有其名而已乎夫子告哀公曰彊蔓未虧人

民未變鬼神未亡水土未細糟者猶糟實者猶實玉者猶玉血者猶血酒者猶酒此所謂天子之在者惟祭與號也雖然生死之服物采章輕重布之者其數尚如初也賈誼有言五伯征而諸侯從春秋之世也內守外附而社稷存戰國之世也謂之五序得其道夏有羿浞實甚於周之東焉京師諸夏之父母也若衣服之有冠冕水木之有本原人民之有謀主季子聞王風而歎曰美哉思而不懼其周之東乎必以衆大之辭言之而其實不誣矣

王臣外難

戎伐凡伯于楚丘以歸隱公七年

重王命以重王使伐國之罪猶且降等焉故大之也春秋有不可書則辟之此何以書執驕此戎者我與有責焉耳矣于楚丘罪其地之主人以歸罪凡伯辱天王之命也王室之從政者固若此乎不與夷狄之執中國豈與執天子之使哉非愈乎執也執亦不言執也王風是以諷于役閔矣東方之侯有一人起而問此戎者乎

冬晉人執虞公僖公五年

此滅虞也曷爲書執而已忌也虞畿內之國滅而

不忌是無天子也虞曰公王官也晉曰人晉侯也目人以執王官罪既盈於誅矣舉可誅而人之以不失罪不書滅以隱之而不傷義故曰史事也春秋者道也

王使

冬天王使凡伯來聘（隱公七年）

此天子之使其言聘何天子所以撫諸侯者存頫省問皆聘也北面稱臣受之於大廟則何以書榮之也喜之也諸侯有功德於其民則天子使問之云爾魯使可以自省矣有則榮之無則愧之孰往

公如京師也曷爲不言公如京師常事也我之往者不書見公之往也凡伯者何天子之上大夫也凡采伯字也天子之上大夫繫字於采公羊家傳之矣

春天王使南季來聘隱公九年

八年於茲公不一如京師又不使大夫聘天王則再使上大夫來聘周德雖衰不若是甚也公如京師矣以爲常事而不書也宋公不王而謀伐之在此歲矣齊人朝王在往年矣書曰天王使南季來聘見公之朝於天子也公一朝王比使聘則以爲

非常數而志之矣得其常數不志於春秋春秋非
記事之史也
夏天王使宰渠伯糾來聘桓公四年
爲天下君會可以亂獄有所歸遂不探其情不加
誅於弒君之賊乎積月而歲四年於兹力不能討
緊可閔也聖人不責也崇獎亂人豈天意哉王使
來聘文王作罰於是蕩然三綱絕矣是歲有事舉
不足錄也以天時爲於此焉變矣辭非有所嫌則
天王不敢也宰官也渠名也伯糾字也以官氏名
且字下大夫也

天王使仍叔之子來聘（桓公五年）

比年而聘何爲乎謹而志之不可得而略也何言乎仍叔之子公羊子曰譏父老子代從政也賢者之路絶矣孝子之行薄矣

天王使家父來聘（桓公八年）

聘者三至不可以已乎不勝譏既譏其始不復譏也且不可得刱家氏也父字也不以伯仲別中大夫也

冬天王使宰周公來聘（僖公三十年）

何言乎天王使宰周公來聘非常事也其爲非常

事奈何齊桓長諸侯王使不下聘晉文繼之再致天子使晉士盟天子之大夫時則以天子之聘爲非常事焉而志之時則絕不志晉之聘使不得與齊衛爲倫比辟天子也

秋武氏子來求賻隱公三年

來求賻何以書譏不歸賻也天王之喪一小不備謹而志之尊尊之義篤焉有司正其過足矣使人求之閔宗周也君子爲祿仕陽陽然無所用心必至此云爾何言乎武氏子公羊子曰父卒子未命則微矣何以氏之以大夫之禮行以大夫之禮待

之故氏之稱之曰子其私喪未畢必以子道正之

也不稱使左邱氏曰王未葬公羊子曰當喪未君

非王命不行於天下則其不稱使何天子之宰通

於四海總已以聽惟此時爲得通雖然王命在節

使必持節則王命在所使者矣故曰惟名與器不

可以假人

天王使家父來求車桓公十有五年

王者懷諸侯之典厚往薄來必無辭讓亦無徵求

求車非也則未知爲乘車與兵車與田車與器貢

也有常數矣車何必不貢貢之則可求之則不可

王臣會諸侯

夏五月公自京師遂會晉侯齊侯宋公衛侯鄭伯曹伯邾人滕人伐秦成公十有三年

此與秦戰曷爲不言戰義不繫乎戰也諸侯不王因伐秦而後王晉有秦怨連東諸侯之師踰數千里越河山而伐秦伐則已著矣義不繫乎戰也且不使秦得以敵乎諸侯也王官不書以爲非天下之事也

王臣會陪臣

夏六月會王人晉人宋人齊人陳人蔡人秦人盟于

翟泉 僖公二十有九年

翟泉天子之側也孰會之公也公則曷爲不言公諱盟天子之大夫也王人者孰謂王子虎也何以稱人微之也曷爲微之與陪臣盟也諱公王子虎不書使若微者然故曰不正是晉狐偃宋公孫固也其皆稱人何列國之大夫入天子之國曰士固人也大夫始會不得以名見也大夫入天子之國不見天子乎曰是殷覜也內無大夫焉則不可以見外大夫之見然則公不見天子乎朝也朝則曷爲不言公如京師諸侯以大夫覜而公朝焉恭也

以爲常事焉而不書也公如京師不書公適諸侯書之公如京師曷爲皆不書禮曰一不朝則貶其爵再不朝則削其地三不朝則六師移之不事天子誅絶之罪也天子微諸侯不享覲春秋朝諸侯有天下以三王爲法諸侯不王不可勝誅內有大惡臣子當爲君父諱一書公如京師則其百不如京師不可諱矣使皆若常事不書者然辟不事天子也然則何以見公之如京師與不如京師與不志大夫如京師公猶如京師也志大夫如京師公不復如京師也奔喪會葬皆若是公適諸侯曷爲

書之禮曰諸侯之邦交歲相問也殷相聘也世相朝也考禮正刑一德以尊天子各于其州有道之國以習之宗廟社稷民人之守重矣是故君非民事不舉天子徵諸侯相爲朋黨小役大弱役強春秋養諸侯兵不用以三王爲法諸侯相如不可勝譏內有小惡君子當先自詳正躬自厚而薄責于人適大則舉必書皆以非常事書也于變之中又有言焉安危榮辱之義備矣公如京師皆不書然而有所書之存天下之大防也公適諸侯皆書之然而有所不書存天下之大防也水行者表深治

民者表亂春秋以禮表天下之亂凡所書者皆所表也表之而不循幾何而不陷乎哉

王臣卒葬

夏四月辛卯尹氏卒隱公三年

天子之大夫不書卒此何以書公羊子曰天王崩諸侯之主也禮相接斯恩相及矣則恩錄之乎以公奔喪錄之也春秋以諸侯奔天王之喪爲常事而不書諱他年之不奔喪也以吾君主尹氏而錄其卒則奔喪見矣要必書大夫如京師而後不奔喪之實乃亦益見故曰微而顯志而晦也書王子

虎劉卷皆有譏焉尹氏無譏焉何以氏之而不名且終氏其末孫之奔楚者亦終不名公羊子曰譏世卿世卿非禮也其聖人之志乎制春秋以俟後聖後世之變害家凶國不皆以世卿故聖人明於憂患與故豈不知之則何以必譏世卿告爲民上者知天人之本篤君臣之義也告哀公曰義者宜也尊賢爲大述湯武之書曰帝臣不蔽簡在帝心雖有周親不如仁人是故非賢不可以爲卿君不尊賢則失其所以爲君彼世卿者失賢之路蔽賢之蠹也不然好賢如緇衣豈曰世卿而譏之乎伊

陟巫賢非保乂有殷之臣乎世卿非禮譏不尊賢養賢不必其害家凶國則凡國家之大患靡不禁於未然之前矣其善志哉世祿文王之典也世卿非文王之典也無故無新惟仁之親尊賢養賢之家法也保其宗廟守其祭祀卿大夫士之孝也聖人誨之矣如曰仕者不可世祿國可以無世臣則非譏世卿之指矣

王臣私交

冬十有二月祭伯來隱公元年

此來朝也王命曰聘非王命則如曰朝而奪之曰

來穀梁子曰不正其外交故弗與朝也春秋內其國則曷以爲外交天子辭也祭采也伯字也天子之上大夫辭曷爲與介葛盧同不嫌也何以知祭伯來之爲朝諸侯相爲賓謂之相朝天子之上大夫六命出封加一等則侯伯相若也故曰諸侯相爲賓寰內諸侯行外諸侯之禮故曰不正聘弓鍭矢不出竟易正也束修之問不行竟中無乃已甚乎天子上大夫不與諸侯親通古之訓也非以主人在喪而奪賓之禮與日有主書以立教也約其文辭而指博主書於公之盟則不庸主書於祭伯

之來執一者不知問亂之所以爲失也

王師

晉人圍郊昭公二十有三年

此二師圍郊專目晉人何外晉於王也諸侯勤王則師皆王師義不書晉晉自以爲晉矣不書從王師伉也不書王師不使伉也晉曰人是固人也列國之大夫入天子之國曰某士者上大夫也玆故微而人之不書潰非潰也民逃其上曰潰王師在是而何潰之有

王都邑土田

冬仲孫何忌會晉韓不信齊高張宋仲幾衛世叔申鄭國參曹人莒人薛人杞人小邾人城成周昭公三十二年

成周者何下都也王在是曷爲不言京師城而後爲京師也城而後爲京師者不忘舊也郊社在焉宗廟在焉

三月鄭伯使宛來歸祊庚寅我入祊隱公八年

言歸則不言取如言取則不言歸苟非叛人則不以地名其人言某人歸某邑某田云爾其相授受不以天子命尚猶責之略焉玆何以言鄭伯使宛來歸祊謝鄭伯之辭也不啻與莒牟夷邾黑肱等

必且曰庚寅我入祊受叛人惡已見于王章惡難見不諱而目言之以是爲罪之不敢赦者也湯沐之邑四井之邑也爲田幾何何若是乎其重之方岳之下王者所以供給神祇昭上帝之有赫也自帝典以來封域有數至尊至重天子且不敢以私與人而諸侯乃以爲吾之賜邑彼專其地此盜其土乎侵上帝所居歆壞百王所事守其可赦乎不可赦乎是以目言之也誦詩讀書美矣富矣存于今日者漢文帝使諸生刺六經中所作之王制也

鄭伯以璧假許田桓公元年

目鄭伯以璧以者不以者也假許田假非所宜假也許田我朝宿之邑畿內之土田也言鄭假之不言桓予之緣先君之志以爲之辭此桓罪之薄者賊重黨賊者重私天子之田在鄭伯則罪均在桓公則輕重殊科是以不言桓之予之且見畿內重於諸侯之分地猶不若祊之爲邑自古及周皆以此爲祀上帝之田也

王畿內侯國邑

虞師晉師滅下陽（僖公二年）

邑何以滅重畿內之邑也下陽滅而號不書滅舉

可書而誅之君子以爲雖滅國罪不加於邑矣目虞師外虞師於王也外虞於王者虞自外也諸侯不得專地則不得專滅暨於四海矣何獨重於畿內曰知畿內之重天下重治矣詩曰肇域彼四海語其盛也易曰自邑告命謂其衰也

狄滅溫溫子奔衛 僖公十年

畿內國不言滅此其言滅何敗於列侯不言敗敗於戎言敗列侯滅國不言滅取邑言滅狄滅言滅如知此者由文矣哉由文矣哉

鄭人入滑 僖公二十年

滑畿內之國鄭入之無異文何曰善如問也是鄭滑也言內則皆內也言外則皆外也不內滑而外鄭也虞視晉晉則外矣滑視秦秦則外矣不內滑而外鄭不私滑也皆外之罪鄭也皆外之之爲罪鄭何鄭親而滑疏也曰孰親而自外

春王二月秦人入滑（僖公三十有二年）

鄭人入滑曰入秦人滅滑曰入不使滅也自是無滑矣秦雖弗有滑固滅矣則曰入何畿內之國也狄滅溫目言之方狄秦而弗目秦何狄伐周而不忌秦則有勤王之功焉方將狄之非故狄也

大夫見天子

公子遂如京師遂如晉僖公三十年

大夫如京師昉於此乎曰前此矣前此有公如京師焉則不書公往不書書大夫往乎自此公不復如京師焉則書之不書大夫往則孰往者乎書之矣猶以爲常事焉而不悉書也此何以書以京師遂乎晉也其言遂何生事也聘必以圭幣受命而行遂不生事也其以生事之辭言之何辟不敬之罪于君也辟不敬之罪于君者尊京師也遂與圖事受命而行則歸惡焉爾聘常不專行無行則重

賄反幣春秋志聘舍是則悉以專行之辭言之何書所重者也以京師遂乎晉重晉若京師也重晉若京師則惡矣舍是無所兼重乎曰自我言之皆爲適者苟皆爲適者專之可也偶之可也可則不志重晉若京師則志周公欲天下之一乎周也二之以晉則不可其不可于是始君子謹而志之欲天下之一乎周也發憤忘食樂以忘憂以君子之爲春秋有所憤乎此也亦有所樂乎此也

叔孫得臣如京師文公元年

常事不書此何以書以非常事書也天王錫命而

大夫拜焉其失常也大矣曷不辟之曰吾君在喪未可以見天子也錫之者亦有過焉則有辭於禮矣非所如而如之而後諱諱不事天子也

夏仲孫蔑如京師（宣公九年）

常事不書此何以書以非常事書也公如齊而仲孫蔑如京師其失常也大矣曷不辟之曰宣罪當誅辟之何爲

叔孫豹如京師（襄公二十有四年）

常事不書此何以書以非常事書也此其爲非常事奈何以歲之不易何急于如京師乎豹之如京

師也以齊人之城郲也齊人城郲而晉人不知其失常也大矣然則曷爲不言齊人之城郲晉人若不知而諸侯莫往者我亦與有罪焉爾不言城郲辟不事天子之罪而全之也全之則其言如京師何惡晉侯之不臣也齊侯睦于王室則圍之齊人勤於王事則伐之不事天子晉首惡焉夷儀言會而不言伐不與晉侯之伐齊也楚子伐鄭不奪其諸侯之辭予楚子之救齊也伐不書救不書不可得而見書叔孫豹如京師則見矣

春秋正辭卷三　莊氏學　味經齋遺書六

內辭弟三上

君父憂勤臣子安樂其永言哉諸侯子孫苦於所不知者五焉上有明王其賞不僭雖曰象賢曷嘗不選掌業以安之則寖微寖滅之道也始也未誓繼不類見苟無他故王命忍弗錄乎公繼世一穀梁子曰諱莫如深苟有所見莫如深也公羊子曰主人習其讀而問其傳則未知己之有罪焉左邱氏曰春秋之辭微而顯志而晦非聖人誰能修之公繼故二衛武公年九十有五使人日誦於側曰靡哲不愚不愚者其

以齋終乎非其地不哲也細行受細名大行受大名㓜不誄長賤不誄貴正天名也葬以死者之爵實生者之事也不正奚以名舍禮奚以葬爲君薨葬三薨以不地見故君父之尊成也親吾君也而不地臣子之痛深也故則不葬然而地且葬豈無故哉有所見矣君薨故葬故四諸侯出則絶我可以曠八年無君乎春秋之辭恒有君安於無君意如之心也若猶有君意如之迹也聖人誅其心因其迹未嘗絶昭公於魯焉君孫五毀不滅性此聖人之政然不非也亦不譽生死非人所能也加一辭焉則惑矣子卒六慶父

誅宣公享慶父畧宣公詳伏其罪者惡易盡也享其利者惡難盡也宣公生不若慶父死也子卒故七大夫爲太常事必錄之夫人君之配也不錄禮不備也襄公爲君之微也桓公旣隕女禍再窘莊公之季詩人所不刺宣成事異若無異辭以一字爲褒貶古人不余欺也夫人八夫人子氏隱之妻也穀梁所傳不可非也聲姜齊媵女也公羊有所受之而不得其問之所起也終始具終始正齊姜也始不正著終不正不著穆姜也卑無廢尊之義也噫嘻齊姜穆姜之喪殆不備禮然且書之聖人不忍畧焉君之配也且君

之妣也然而有所畧有所不錄不有指乎夫人薨葬九三綱絕則春秋絕之且差其等焉伏其罪惡已盡享其利惡難盡豈不信乎文姜者何莊公之母也薨且葬焉莊公吾先君也公羊子則微言矣乎夫人絕十齊桓明天子之禁曰無以妾爲妻人道所以異於禽獸此其幾希胡康侯曰以妾媵爲夫人徒欲尊寵其所愛而不虞卑其身以妾母爲夫人徒欲崇貴其所生而不虞賤其父卑其身則失位賤其父則無本春秋之指正矣妾母十一適長子生則元子也剋終爲君者乎舍是曾無適長子乎不終爲君春秋不書

非記事之史也天之生我我辰安在以是子爲不怨矣子生十二諸侯之子嫁於諸侯尊同則錄之無主後者親之戚之來歸雖不終河廣之詩可以爲法若宋共姬守死善道之君子不是過也錄之詳且明婦人外成苟無受我而厚之者則同氣之恩重不以爲常事而畧之厚之至也事變具矣內女十三父母在夫人寧禮也禮則致女子及日乎閨門之內不百里而奔喪奔喪則犯禮犯禮則輕重皆不致非奔喪也夫人寧十四婦人既嫁不踰竟踰竟非正也是謂與亂同事雖不敗國實小惡也夫人踰竟十五史盡其

惡聖人不削盡而不汙也絶夫人踰竟十六

公繼世

元年春王正月 隱公

五始大教也隱公春秋之始也公即位可闕乎踐其位行其禮削不書乎抑未嘗踐其位行其禮無可書乎曰公踐其位行其禮然後稱元年君之始年非他人隱公也則何以不書成公之讓與繼故者同辭非所以尊先君也桓弑君兄大惡矣奚俟成隱之讓以甚之且書仲子有賵書仲子有宮讓亦見之即位大始也闕焉可乎無惑乎斥隱公即

位與衛人立晉同實矣不爲讓且爲簒矣大惑不解盍觀夫子之賢伯夷叔齊乎伯夷尊父命人知之伯夷逃父喪人不知之慭自處于不孝所以尊父之命而全之也叔齊重天倫人知之叔齊尊父命人不知之立已非正命也亦且逃之寧犯二不孝亦所以尊父之命而全之也以是求仁而各得焉善乎穀梁子之言隱公成父之惡以爲讓所由與伯夷叔齊異矣嘗得而推言春秋之志天倫重矣父命尊矣讓國誠則循天理承父命不誠矣雖行即位之事若無事焉是以不書即位也君位國

之本也南面者無君國之心北面者有二君之志位又焉在矣十年無正隱不自正國以無正也元年有正正隱之宜爲正而不自爲正不可一日而不之正也

元年春王正月公卽位 文公

卽位者何正位也惡乎行之朝正於廟則行之受之祖以爲國紀事畢而反喪服喪畢而請命乎天子於先君之薨也受命爲喪主庶莫敢干焉文公卽位何以書先君以正終嗣君以正始雖不受命于卽位無譏焉爾

元年春王正月公卽位 成公

誅君之子不立公何以言卽位曰天也天不僭大命不至而又嗣之乎曰周公之嗣無絶正也烏乎僭矣哉天祚周公曷禍其子孫而剝亂之曰禹有桀湯有紂文武有幽厲人也獨非天乎曰人動而天應之吾聞之云爾

公繼故

元年春王正月公卽位 桓公

公羊子曰繼弒君不言卽位此其言卽位何如其意也然則與繼世者同辭何以辨諸文公繼世也

必志天王之錫命則異之矣美惡不嫌以同辭起問者然則桓公之言卽位主人習其讀未知已之有罪焉問其傳而後知之斯著矣問其傳而亦不知則微辭也宣公繼故成公繼世其言卽位同則以天子使召伯來錫公命異之舍是不言錫命矣襄公以下同於成公不煩言也追錫桓公命則嫌於文公王不稱天以大異之然則桓公之告終稱嗣也若之何諸侯與國爲體祀隱公以考廟歸獄於蔿氏以爲旣討賊矣以誣道蔽諸侯夫子作春秋以閔僖之不稱卽位見之而同世相接之大小

侯不得委於不知賊矣上天神明先王先公之靈其可欺哉以元年春王正月臨之於祖廟而公之卽位無異致刑於甸人矣

元年春王正月莊公

繼弒君不言卽位正也繼弒君不言卽位之爲正何也先君不以道終則子不忍卽位也

元年春王正月閔公

國不可以無受貴受命也先君之命在子般矣尊子般所以尊先君之命也尊命以尊祖然則般何以無年不干先君之統不奪今君之尊以體臣民

也如倫之喪而不斬從祖祔食而不廟不使臣民
有貳尊也子則如之何曰子爲之斬而不廟

元年春王正月 僖公

公羊子曰非子也其稱子何臣子一例也喪之三
年祭之五廟

君薨故葬故

冬十有一月壬辰公薨 隱公十有一年

穀梁子曰公薨不地故也不忍言也公羊子曰何
以不書葬春秋君弑賊不討不書葬以爲無臣子
也賊焉在在亭其國者

春王正月公會齊侯于濼桓公十有八年

桓會皆月始於垂終于濼禍在此矣言公不言夫人姜氏不盡其辭也

公夫人姜氏遂如齊

言公言夫人姜氏不言公及夫人外之也遂繼事也夫人則既會齊侯矣曰遂如齊乎無一人伏死而爭而棄之乎曾無臣也三卿非其人則謂之無臣矣

夏四月丙子公薨于齊

于外則不可以不地要必有以明辨之禮以裡從

死于館有禮焉于齊曠如也地如不地故也終不
忍言何也吾先君也莊公之考也婉而成章矣

丁酉公之喪至自齊

曷不言我之逆喪者子不行則不言臣之行可乎
曰權也社稷宗廟誠重矣有故則可無故則不可
齊人父之讐也不敢以要我孤何得以自行爲

秋七月

雖有事不書也歲記一事也且見喪不貳事也

冬十有二月己丑葬我君桓公

讐在外也不可以不志葬葬則具其尊親之辭舉

謚謁諸天子者也不忍以爲無臣不敢以爲無子

子同生矣不復讐而後痛之

夫人

春正月公會齊侯于嬴桓公三年

昏禮不稱主人㚷可親求諸不言所爲以此爲兩君相見云爾則曷爲危其出實非相見云爾也不致致則如愛之者然

公子翬如齊逆女

翬何以稱公子桓公之大夫也成昏則親之逆女則不親之傎矣大夫爲君逆在其國稱女恒辭也

聖人錄其始詩曰既曰告止女之初非不善也

九月齊侯送姜氏于讙

歸於京師則字之內女則字之來歸于我曰姜氏已焉讙我之邑也何言乎齊侯送姜氏于讙譏何譏爾愛不以德也自古之道男有分女有歸雖及庶人必擇良人而耦之況諸侯乎日月之詩曰乃如之人兮德音無良衛莊姜傷已豈遽忘於齊侯之耳乎送姜氏于讙何異委此子于蕪藜矣魯侯之惡非衛莊公比齊侯乃以自送女為愛之乎家之失教所從來矣齊之衰也上無明君下無察臣

國史明乎得失之迹傷人倫之廢東方之日在僖襄之世而作是詩也一國之本非齊侯誰責哉淫亂之禍易於鄰國春秋畧外錄內目齊侯送姜氏而齊之爲國悕矣

公會齊侯于讙

會齊侯爾非親受諸舅姑之禮在野不在廟也則無譏焉

夫人姜氏至自齊

詩曰說於農郊稅而不舍也又曰翟茀以朝見於公宮之正內有同牢之禮焉厥明見於君姑受朝

於內宮三月廟見然後請命於天子夫人之禮成矣禮成則備其辭襄公以降闕不備則不識於春秋

冬齊侯使其弟年來聘

致夫人也非常事也詳錄之志其初無不正也

夫人薨葬

十有二月乙卯夫人子氏薨隱公二年

成隱爲君則成君之妻爲夫人不書葬我君則不書葬我小君孰謂惠不立隱者穀梁子正之矣書夫人薨以是爲正不然則文以見之

夏五月甲辰孟子卒哀公十有二年

外女卒不書孟子卒何以書昭公夫人也何以不稱夫人娶同姓也曷為卒之夫人之而禮不成也何言乎孟子辭從主人也曷為不言氏氏繫姓者也見子之非氏也何以不書葬葬者舉謚謚配姓者也諱之終不可姓見之終不可以子姓焉爾然則何言爾譏失禮也曷為不于其取焉譏盈乎諱也

夫人絕

三月夫人孫于齊莊公元年

左邱氏曰不稱姜氏絶不爲親禮也公之喪至矣而夫人不至逮期矣而不至非孫也其曰孫不得復反之辭也絶矣絶則曷爲書孫內諱奔謂之孫以稱夫人不可不言孫也曷不去夫人而去姜氏主人不能也于齊歸獄于齊也婦人有死罪無刑罪言絶則誅矣得罪於父非子之所能爲也

妾母

秋七月天王使宰咺來歸惠公仲子之賵隱公元年

何以書尊王命也紀國喪也尊王命以紀國喪而天王之命在隱公矣宰夫掌弔事共幣器財用家

宰待四方賓客之小治其來者以官氏中士也王
使之乎家宰使之乎持邦節者非王命不行於天
下官實宰氏必以王命將之爲臣子者必尊天王
之命以尊其先君惠公旣葬之稱也春秋斷隱公
之元年以爲始魯史所不敢史不可不錄其本吾
君以衰經敬逆王命則父子相繼之義明夫不旣
須王使而受諸筵几之下乎當喪爲主矣伯夷叔
齊之不肯立在不敢當喪爲主時也古之人重喪
主旣當主孰得而干之君臣之義在斯須之間而
萬不可改母弟以下莫敢以其屬通書曰天王使

宰咺來歸惠公仲子之賵成公之爲喪主也成公之讓而不成公之爲喪主則不成隱之爲君將不得成桓之爲弒於是乎春秋之失亂聖人尊王命以紀國喪而天王之命在隱公矣赴於諸侯且必告終稱嗣赴於天王乃告終而不請嗣茲又使來歸賵焉其誰曰可之書惠公以成隱之爲君并書仲子以成隱之爲讓桓未立且不得主仲子之喪既立且不敢祔仲子於廟受之者子也然則於何受之公宮則筵几在焉內宮則已褻矣無聞焉以考仲子之宮求之其諸其下宮與

九月考仲子之宮 隱公五年

何以書成公之讓也考仲子之宮非禮也曷爲或言考焉或言立焉尊之則曰立卑之則曰考仲子微也雖爲之築宮不得書爲之考宮則不可不書曷不可不書公蒞事焉爾公蒞事焉國人皆知吾君之讓桓矣然則得爲爾乎曰不得也惠公之命在隱公不在桓公也南面而臨其臣民必尊君父之命以立乎其位是故至尊在不敢伸其私尊公爲惠公之後義不得主聲子之喪臨聲子之祭況仲子乎儻以桓爲惠公後且不得主仲子之喪臨

仲子之祭况隱公乎公子爲其母欲終喪而不可得禮不在五服所不得也先王有明禁矣况承君父命爲宗廟社稷主庶子所不得爲而爲之乎廢君父之命不可以定身盤庚之誥曰今予命汝一無起穢以自臭恐人倚乃身迂乃心國有二君民之身人則倚之心則人迂之穢將不知其何時起古之人繼世以立諸侯妻妾之名適庶之辨嚴如君臣君父所命則禮如適明於憂患與故子子孫孫長世有道守之而弗敢犯也隱公之讓國誠矣如奉父命之不誠何日損一日歲亡一歲於是乎

羽父之弑械成春秋之義明不得考仲子之宫不得受仲子之賵不得告仲子之喪國之讒賊何自生哉

初獻六羽

何以書譏何譏爾用諸侯之盛樂也曰考仲子之宫且獻六羽乎惠宫將以何獻矣周公之廟魯公之室又將何以獻矣獻六羽可言也以妾僭君不可言也不可言而言之且目之曰初以魯之用樂爲所有大不可言者矣僭天子也諱之而不書矣因事以書郊禘則不曰初自僖公始也其實亦見

矣有所諱有所見諱用八佾則曰初獻六羽見郊禘之非禮自僖公始則曰禘于大廟用致夫人郊亦如之若禮卒初者然婉而不絞聖人之文也

子生

九月丁卯子同生　桓公六年

何以書適長子也舉之有禮名之有義得殊異于適之法焉終克享其國傳嗣子孫此不易得之於天者雖聖人弗能爲伯邑考是也聖人敬而喜之以書於策不以父母之惡累其子書曰爾乃邁迹自身蔡仲所以爲忠臣孝子也方將觀其後必先

正其始焉嗚呼噫嘻人之初生何莫不正況貴爲諸侯乎天下無生而貴者皆其父母之子也文王武王之生何遽異於當世之君乎彼丈夫也我丈夫也五十里之滕可以爲善國則必自孝子始矣盡善願其若文王也不盡善願其若舜禹也我辰安在莊公之生在九月丁卯矣謹而志之

內女

九月紀履緰來逆女冬十月伯姬歸于紀隱公二年

何以書譏不親迎也春秋錄內女之出入謹夫婦也厚人倫也睦異姓也茲則且哀亡國也則曷見

其以不親迎書書伯姬歸于紀四者見矣先書曰紀履綸來逆女詳之也詳之者譏不親迎也禮曰舅姑承子以授壻恐事之逆也九月逆焉十月歸焉豈禮也哉

春王三月叔姬歸于紀　隱公七年

叔姬者何伯姬之娣也歸于紀何以書以書其卒不可不書其歸也叔姬卒何以書無主也尊同則得服其親服無主雖卑得服其親服

杞伯姬來朝其子　僖公五年

其子云爾何言乎朝則未知其成人與未成人與

以其言朝知其成人也則未知其爲長子與世子與以其言朝知其爲長也長則何以不稱世子以父臨之稱世子以母繫之稱其子母親至而尊不至也世子射姑名此何以不名微之也成人而長子也曷爲微之貶之也以是子爲失幾諫之道矣噫嘻伯姬之來也且朝其子也亦將必有杞伯之命焉曷不言杞伯之使其子朝不成其命之也命于朝則成之命于室不可得而成之母於我有姑姊妹之義因是以錄其子然而曰朝何也見之於廟也命之於室杞伯失爲人君父之道矣見之於

廟公失所以敎人爲臣子之道矣允哉春秋之文之多於道乎

夏四月丙申鄫季姬卒僖公十有六年

賢則錄之哀則錄之若鄫季姬者亦不足錄矣曷爲卒之天之示人戒也莫著于是矣歸妹之敝也說以動焉不當位且柔乘剛也故曰女承筐无實不祥莫大焉若季姬若鄫子殆必敝者也往歲九月歸今玆四月卒敝又若是速而鄫之禍未止可以戒乎否乎曷爲卒之爲天道卒之也天監下民典厥義降年有永有不永夫獨無不幸者乎王者

有盛德則下民不偏喪氣衰則生物不遂於是乎有鰥寡孤疾之民王者之所哀矜而疾敬厥德以拯之其人無以取之謂之天之窮民其人有以取之雖貴且富謂之天之戮民而人道之所棄也曷爲卒之爲人道卒之也

齊人執子叔姬文公十有四年

執之爲言治之也自我言則辱也貴不治乎賤親不辱乎疏子叔姬內女也而齊人之君之母也其言執何以子叔姬之不答於昭公爲已甚矣商人之禍昭公爲之也緣先君之意以執其君夫人而

若有辭焉不言執則無以知緣昭公之意也立妃設如大廟立子設如宗祏敬之至也重之至也子叔姬當絶乎昭公宜自絶之不當絶乎宜敬而親之昭公于其妃若絶若不絶因于其子若置若不置臣民從是而生心商人所以成乎弑也子之不可以其母廢立廢立也聖王實制之矣母出與廟絶則子不得以私恩事尊祖之義也已絶其母并廢其子則有危宗廟之罪焉不可不察也矧其若不絶者乎子可廢乎而若置若不置以受其端于大惡者之口傷嗣害世則昭公之爲之也奚齊愛

而不正舍正而不愛成舍之爲君而不言其君之子見昭公無恩于其子而義則齊人所宜君也子叔姬以君之母見執于其臣而目言之見昭公不義于其妻而子叔姬未免乎有罪也其言齊人何自我言子叔姬則齊人云爾

齊人來歸子叔姬文公十有五年

來歸者何來歸之者何來歸者得禮之辭也來歸之者不得禮之辭也子叔姬不得以夫人之禮行矣不得以禮則不書其言齊人來歸子叔姬何實夫人也先君欲絶之苟未之絶則固君夫人也齊

人烏得而歸之魯人烏得而受之弒其君執其君之母遠國猶且討之況鄰國乎他人猶且讐之況親者乎請受而罪之以說齊人以魯爲失辭矣然則何言爾譏不討賊也魯忘先王敕監治民之旨則無以敬寡而屬婦矣

絶夫人踰境

冬十有二月夫人姜氏會齊侯于禚莊公二年

春秋文約而旨明不可勝譏則一譏而已姜氏絶而志踰竟爲譏乎則不可勝譏曷不一譏而已曰盡之也言之辱也言之長也曷爲盡之刺莊公之

不怨也孰刺之魯之人刺之衛之人惡宣姜乃刺惠公焉齊之人惡文姜且刺莊公焉魯獨無人乎非無人也魯無風也魯無風則國人無以見其志若習于上之惡而安之者然則何以異于戎狄之俗矣魯秉周禮教莫純焉而比于戎狄其不可以莫之辨也彼明乎得失之迹者有國史矣又從而削之乎有不書書則盡之行道之人猶將讟焉傷心恨其行之若此而莊公尙燕然處乎有不書書則盡之良史志也即一國之人之志也以爲譏則義在諱矣以爲刺則義在盡矣雖然不汙也此聖

人之志也

夏夫人姜氏如齊莊公十有五年

齊惡盡矣則何言乎夫人姜氏如齊以齊之有大災不可不志其故也化不時則不生男女無辨則亂生此衛所以滅也或乃以爲不害伯誰爲此言者人道熄矣君子録桓公之功而傷其無本謂三綱鈌焉亂男女之別春秋所不忍書也而不忍不書若曰人之無良我以爲君桓公始伯其遽忘襄公之禍而又以姑姊妹接之乎可謂與亂同事矣蓋天災應是而予之也春秋之志行天下並興於

貞信男有分女有歸民人無偏喪者父不哭子兄不哭弟桓公不謹于禮而四境之內大痢焉若之何既不若德又不聽罪而以是爲數之適然也

夫人姜氏如莒　莊公十九年　二十年

於莒乎又何譏則曷爲再言乎夫人姜氏如莒志女禍之易於後嗣子孫也姜氏生莊公慶父孟也牙叔也友季也友也賢慶及牙也惡慶爲國賊莒實受之敖也莒甥卒亦奔莒仲之繫援乎莒也孰爲之姜氏爲之也疾之蠱者惟甘殺其身不己也又將殺其子孫內主兵而外要援于邇國慶父之

禍魯也重志乎春秋姜氏再適莒仲之父子亦再

奔莒禍所從來矣

春秋正辭卷三終

春秋正辭卷四　　莊氏學　　味經齋遺書六

內辭弟三中

詩有指焉周公皇祖亦其福女愆忘周公之禮其福女哉禘于大廟以禘爲非吉禘于莊公以吉爲非言大事言有事終以爲不可言而不言也宗廟一嘗之郊禘自僖公始也成王建魯錫之山川土田附庸詩言止矣既而言曰周公之孫莊公之子龍旂承祀六轡耳耳春秋匪解享祀不忒乃遂曰皇皇后帝皇祖后稷享以騂犧嗟歎之曰是饗是宜降福既多繼之曰周公皇祖若曰吾君周公之孫也可謂善頌可謂

善規者乎春秋隱桓莊閔之策書無言郊者八曰僖公魯之盛君也聖人曰周公其衰矣郊二雩以大爲僭過則書昉於桓成於僖有以瀆書有以旱書雩三失禮於社止此乎舉其可道者亦僭矣門僕之門也國家宮室有節焉以門爲始用牲四革制度曰畔君討而不諱畔者在下也病民之政不可終日至哀公極焉十餘世而後亡禮教信義未盡也不言數何若深沒其文慮後世或且仿而行之也知什一爲天下之中正而已矣問焉必告之以其制問改制則必告之以不知聖人有敬心焉改制五衛民居愛民力輕

百姓飾城郭太禁也功重錄之不時甚焉土功六狩有常所有常度大閱有恒歲昭定之世玩無震矣病其國之以虛聲立也天事武不以誠惡得不曠蒐狩七慮內事外聖所悲保五散壞伯之非講信脩睦謂人利背公植私曰不義禮讓爲國兵爭去小有違言吉無事公會諸侯八君不可輕內則失臣外則失親公遇諸侯九弗躬弗親庶民弗信古人尙簡繁則必有所不躬親者矣臣與境外之事則外內朝之事胥竊之春秋謹微外臣與會十以功利動必輕身以先之可已而不已也命圭有命若之何替之公會外臣

十一公適諸侯皆書之以非常事書也齊晉云爾如楚謂何然而有所不書存天下之大防也如則致有所不致齊桓也非齊桓而不致為親者諱疾也公適諸侯十二不軌不物謂之亂政臧僖伯之諫不幸而中書而不法後嗣何觀可教百世曹子之言女有家男有室無相瀆也謂之有禮申繻道其常而已矣其可曰禮為小人設哉公以非事舉十三監一國曰守臣長一州曰力臣自將以承天子威命車公車也徒公徒也十二公無異辭正名而已矣公將十四未變常與衍在中與必剛健者也如恥之莫如貴德而尊

士能治其國家誰敢侮之公次十五重民故重師君不在則師重君在而師不改重明嫌也殺恥也師十六師不功曰戰師有功曰敗某師詐則詳之已甚則詳之內不言戰言戰言敗大戒存焉戰十七內大惡諱取小邑也取大國也言伐取則邑著不言伐取則國猶不著不著猶若諱之然然而書之王者作終不可以爲有也鄆邑也取不言伐以彊鄆田見之故曰日月不可毀也雖有瞽者如天文何取國邑十八義在大倫土田末也義在主器守之大也命必自天子彊侯而制之取固直取歸言歸之言之云爾制之云

乎畧曰汶陽田詳曰鄆讙龜陰田取者畧之來歸者詳之土田十九我苟非賂則旣歸者不言前之取十二公之策內固未嘗喪一邑豈無喪邑喪之不書書之有指取邑歸邑二十入國重入邑輕公將而書重重則不目公卿將乃書輕輕且目專行入國邑二十一無駭可追書展也展固氏若人也伯姬適蕩氏時則蕩名而非氏氏蕩也不氏展也疾始滅也且見人之非入而爲滅也君罪正於九伐之瀦則君子爲之諱矣諱之必有以見之滅國二十二特相會則讓事古人行之亂人同事得無危乎定之會諸侯散矣君

子身親之者齊也不敢以爲安況會晉師乎歃至史文也春秋致地致其愛君之正也公行致地二十三桓會不致不續終則致諸夏之會善惟蕭魚且不及齊桓之最其他焉望縱有甚譏亦同致之功罪在彼安危在此公行致會二十四得意不得意以等功狀而定其摟諸侯以伐諸侯之罪序績惟僖伐楚也莊伐戎而會濳之戎不復見奚斯有碩言矣且不曰得意得固僅矣致其危也危其僅也或危其久或危其亟或危其遠或危其勞或危其非或危其孤諸侯未合而伐鄭非之甚諸侯既散而侵鄭孤之極侵齊頻

侵齊致亦頻夾谷不會曾曷以寧哉公行致侵伐二十五猶言同時累數偕至名之人之不奪朝之辭皆小國也大國無來接我者乎相爲賓班爵同言來不可言朝不可獻捷之外無紀焉世子朝乎旣誓下其君之禮一等未誓以皮帛繼子男則何嫌乎其言朝也來朝二十六辨等於齊絶倫於晉於陳喜諸夏之厚於鄭傷諸夏之薄及乎士鞅侵欲甚矣聘而盟焉大夫其當君乎專國者邪亂國者邪盡以是觀之來聘二十七齊大鄭小齊邇鄭遠速隱之禍成桓之惡渝平實啟之曾莫之知暨齊平而後克搴圍齊相尋

無己之怨釋可謂宿矣鄭怨未久而我欲之聖人任焉乎二十八分棄前患乃爲乎申固前好則爲盟莫善美於高子矣華孫不與鮑之謀昭公實寄坐之君挺諸宋人不以閽君使察臣杞雖夷夏后氏之後不志治田志來盟命歸杞田賢於言歸汶陽之田不使晉侯行於我志杞子之柔於我間晉而取之杞者亦禁其欲矣來盟二十九有來盟有莅盟常也高子來盟非常也公子友莅盟得常也以君命行公位定國家寧矣乎則莅盟乎徐莒之怨而我莅之曾州伯也若公孫敖何莅盟三十啟監爲民致寇害人執言曰

代可以禮遣淺事曰侵可以信守未成乎戰民已可哀楚諱其侵吳遂云伐聖人去曾戚之而不言四鄙南夷之醜甚於荊楚俗之不臧泰伯不享焉同姓云乎哉師加我三十一外內同若辭下民之重通乎帝命矣晉德於我因遂徵師焉且徵吾君非乞師也抑之曰乞師如是者終成之篇恃人可以保民乎齊實威我稱曰來獻聖人教天下張虛號立國基乎見莊公之撥本崇末爲己甚矣曾爲亡國天下知之心懾其威反以自欺莊公之篇多亡徵焉宋曾唇齒深諱所提導敵入室作不典式鄉微晉文諸夏遂熄襄公

傷夷豈異兵死於周爲客忍而如楚曾侯亦念莫不率從莫敢不諾之頌入耳而不煩否乎皆亡徵也乞師獻捷三十二告羅一國之變事也歸粟天下之變事也三十年之通無一年之畜民事不勤禍適及焉由臧孫爲急病由曾侯應削紲矣粟四百里之賦也無五百里之繇也今茲吳入楚遽惟蔡是歸乎獨我乎諸侯歸之且實饋吳不可言則辟之諸侯畏楚移而畏吳尙忍言之乎歸粟于蔡爲之難言之得無訒乎告羅歸粟三十三

宗廟

春正月己卯烝　夏五月丁丑烝桓公八年

宗廟之事敬矣何可以不言王正月周公魯公之神靈不廟食於桓公之手明白雖然孝子慈孫豈知神之所饗主人自盡其敬而已矣祭祀不饗楚茨有哀焉春秋之文不可得而見因祭之瀆而後見也欲見其瀆必錄其本春正月以己卯烝矣時享也夏五月奚爲以丁丑烝乎將毋闕然於心而數以媚乎抑加常數以要譽於無知之小人乎盡其敬乎肆其誣乎周公不饗聖人明見之洛誥曰儀不及物曰不享惟不役志於享旣不饗矣且以

見桓公不成享也周公會公二昭二穆祫于大廟是爲烝祫則隱公在焉何以烝祭爲而又黷之

秋八月壬申御廩災乙亥嘗桓公十有四年

公羊子曰御廩者何粢盛委之所藏也常事不書乙亥嘗何以書曰猶嘗乎御廩災不如勿嘗而已矣穀梁子曰以爲未易災之餘而嘗也周公既不饗矣桓公不成享久矣天災加焉曾莫爲之變曾史且文其過曰書不害也夫必多有是說而後及其大人傳之者猶自謂能學乎聖人書之義必致其極嚴天威也致孝享也戒内官也豈曰恐懼焉

爾乎必先正厥事矣

夏四月取郜大鼎於宋戊申納于大廟（桓公二年）

取者賂也賂則其曰取何斷罪於取之者于宋取諸宋必繫以國曰郜鼎公羊子曰器從名王者將必畀其主人何以書具弒君之獄辭將必考其獄貨所以極天罰也何言乎戊申納于大廟穀梁子曰以周公爲弗受也苟有孝子慈孫其諸則宜不終日而改諸矣

雩

大雩（桓公五年秋）

雩記災也大志僭也

土功

夏城中邱 隱公七年

左邱氏曰書不時也咎十有二牧曰食哉惟時春耕夏耘秋收皆九日而畢先時戒之後時則有辟非誠士誠商誠工皆傳於工三日在此時也王事惟農是務無有求利於其官以干農工穀不可勝食由此道也一日不作終歲無獲若之何奪之公羊子曰以重書也無舊無新營之曰城累歲嚎之剋日立之殫斃民力比於平地清風戒寒何歲不

然熟視無覩曾不舉手力役之暴亞於師旅下不厚事舉其中者用爲大作利在來耜既知其節又知其時聖人憂民固如此乎

夏城郎隱公九年

書不時城再矣曷再言之以郎之爲邑近且大也

城祝邱桓公五年夏

書不時者三矣秋末大雩繼之以螽此歲之旱可知歲旱而與役不時不恤甚矣

城諸及防莊公二十有九年冬

時城再書以用人多也及大及小也

春城小穀（莊公三十有二年）

書不時也三徵之月猶不可干矣

遂城郚（文公七年春）

以師親役于城郚不恤民力甚矣

城平陽（宣公八年冬）

不時也城不月則以知其不時不時多矣以天有災國有大喪而後志其不時也

冬城鄆（成公四年）

時城也何以知其時不月則無以知其不時繫之於冬其時見矣則何以書邑在封疆之間而大城

之也

城費（襄公七年夏）

書墮郈不書城郈何以書城費由季孫宿踰制而作之二家從而效之以踰制歸之費而宿之罪著矣

冬城防（襄公十有三年）

時城而書以齊圍防書也

城西郛　城武成（襄公十有九年冬）

畏齊也近城西郛遠城武成其所以爲國者畢矣

城莒父及霄（定公十有四年）

以大及小也時城而書之功重役多也

冬城漆定公十有五年

頻歲以時城而書之以國有大喪而役民也

春城毗哀公五年

三微之月也不時已見矣何以書前歲無一事城西郛云爾今茲城毗云爾果無事乎哉

春城邾瑕哀公六年

何以書以不事國事而惟外患之防也孰防備邾也以哀公之於邾爲已甚矣

蒐狩

春正月公狩於郎桓公四年

隱觀魚以五桓狩以四以位爲樂日引月長意廣心逸見於此矣以仲冬狩非不時也則何以書狩不以地也諸侯之狩有常所矣郎近郊邑也三郊之田爲民恒產下地猶當以牧實倉廩脩武備以爲民也爲田驅獸曰田反致獸於田俄且以稼穡之地爲禽獸之地築臺焉築囿焉恣爲佚游取近於國而朝夕往焉郎不遠也傚於桓之狩淫於莊之臺卒於昭之囿而魯之國恤孰經營之乎春秋之義行則庶土交正禹之明德也非聖人誰能脩

之

春二月己亥焚咸邱桓公七年

焚林而田暴天物也誠痛之而志之且志其日焉惡成矣昆蟲草木無不欲得其所乃不仁如此哉定火災者軒轅氏其人也春田圭火萊也火弊而用止不移晷立已何乃乘栗烈之氣虐而焚諸上帝之大禁也難以免身時不具矣二百四十二年不再見也其可忽諸

秋八月壬午大閱桓公六年

八月實季夏不時也農事方盛覿武乎哉日以重

之天殃加焉妨神農之事夫旣自作孽矣不可以不之重也曷爲或言閱或言蒐備具而數之國尚强也闕壞而補之國寖弱矣舉國之衆而爲之曰大非僭也大蒐地大閱不地非一地也國之門營軍軍壘焉各就其軍壘閱之同日畢事焉

公會諸侯

三月公及邾儀父盟于蔑隱公元年

不書卽位必稱公爲子受之父告喪於大君則公之名正矣雖然踰年稱公孝子弗忍當也盟約信之重者邾附庸也忠信不行於至近夫而後賴盟

以足之先君几筵在寢已於封內稱子之地壇坫之上兩君相見以嘉服乎凶服乎相者其何稱猶有神明其弗臨也夫子曰吾志在春秋行在孝經撥亂世反諸正亦敎之孝弟而已矣公之爲是盟未嘗無保社稷和民人之心而忘其身之本於父母非有所不得已於斯而以身先之其不能終也夫邦國之有約王命也伯職也民事也以公及邾必貴而字之春秋有指焉凡書盟皆惡之曷爲首事以書盟則多矣夫五帝三王未有不致喪三年而能奉無私以勞天下者告哀公曰反諸身不誠

不順乎親不信於友上不獲乎天下不可治其民往而輒窮與舜文王之道左君位危矣辨不善之習以明善之實推見至隱春秋之敎也凡書盟者惡之君大夫盟例日惡不信也小信月大信者時微者盟例時有可采取月

夏五月辛酉公會齊侯盟于艾隱公六年

公與諸侯盟自齊始會猶最也同欲焉爾我與齊盟誓舊矣公卽位六年而後爲是盟齊使遄至齊侯其有慕於公乎公何不汲汲也我得其爲我不爲齊弱也終隱之身無不信則其日何僖亦有和

輯東方諸侯之心先睦於我卒於與宋爲難則鄭實間之日以謹之不逆詐不億不信以待其所歸謂好事鄰國者毋徒要結外援也則豈不以齊侯不討隱之賊而譏其不信乎主書於送姜氏矣

九月辛卯公及莒人盟於浮來 隱公八年

莒人乎莒大夫乎非大夫也畧其君之辭也曷爲畧其君不使若邾儀父之漸進也莒人曾有善事乎以其君錄之則將與邾宿滕薛比必畧不見其君則與戎比而僅稱人爾聖人謹於名倫等物無一辭不盡其心焉日以志之言非大夫也君也詳

畧進退以見之莒子不書卒不若宿男著矣

三月公會鄭伯于垂桓公元年

桓會皆月危之也

夏四月丁未公及鄭伯盟于越桓公元年

三月會四月盟兩君相見必先會而後盟抑既會而乃繼之以盟情狀覩矣已致柔服於人人待其柔服而後許且必犯非禮以相與然後交堅黨合不可破矣夏后鑄鼎象物使民知神姦君子之作春秋猶是也春秋歲記一事不以他事亂之以其餘爲無足道焉

丙戌公會鄭伯盟于武父桓公十有二年冬十有一月

於鄭若無不信則何以日鄭離宋而即于我也曷爲離宋不堪宋求也不若同舟之遇風者故曰不信詩曰方茂爾惡相爾矛矣郎之戰也旣夷旣懌如相醻矣武父之盟也

二月丙午公會邾儀父盟于趡桓公十有七年

盟不信則日曷比于蔑之盟而貴之趡之盟非恒辭也其恒辭則以內及外國史也以侯及附庸周班也不曰及而曰會進其客卑其主則必曰儀父若曰邾人卑已甚矣曷爲卑其主不信儀父也曷

爲進其客不信桓公也不信儀父桓公之不可也不信桓公儀父之可也故曰弑逆大惡無所容於天地矣

冬公會齊侯于防 隱公九年

嘉好之事曰會好會與抑謀動干戈於鄰國也聖人觀其後先以好會錄之書時以存其常觀於中邸而後知錄防之會以其亟也以惡實心而亟於爭奪相殺會是以爲好乎

夏公會鄭伯于時來 隱公十有一年

會之恒辭不月而時公以不祥爲祥習而安之矣

哀哉

三月公會鄭伯于垂桓公元年

桓會皆月危之也三月既葬之月非卒哭之月也不成喪矣未嘗不以典喪爲辭州吁脩先君之怨桓也脩先君之好誰適與謀者故曰無臣子也會鄭伯謀定於鄭伯也鄭伯來會罪鄭伯也

六月公會紀侯于郕桓公三年

紀爲吾弱公不忌而親之矣曷危其出郕與會也郕與紀或有一人焉未可知也無人焉又何致矣

夏四月公會紀侯于郕桓公六年

一朝而再會紀侯親矣言曰昏姻之故桓亦何獨無恩於兄弟乎利使然爾也桓會則月儻因紀侯而有動於其心乎將必無所容於天地恤鄰何本乎

公會宋公于夫鍾 桓公十有一年九月

蒙上月也不信我也

冬十有二月公會宋公于闞

再會矣

秋七月丁亥公會宋公燕人盟于穀丘 桓公十有二年

三會矣

公會宋公于虛 八月

四會矣

冬十有一月公會宋公于龜

五會矣未有亟於是者兩歲五會毋亦天奪其魄乎國君如此難以免身宋無譏乎衛侯弗遇宋公辭平一也

春正月公會鄭伯于曹 桓公十有四年

比周而爲此會則危其出何小人之交則安有不危者民不寧國不靖凡以鄭伯也

公會齊侯于艾 桓公十有五年夏五月

桓會皆月則蒙上月也禍在會于濼矣盟于黃戰于奚反覆不可見乎襄公凶人也以僖公之爲甥舅郎之戰四國之敗曾幾何時而亟亟於爲是會不能定身焉能定許

春正月公會宋公蔡侯衛侯于曹 桓公十有六年

疑之未伐也蔡至而陳不至陳固毋怨于忽也蔡先衛周班也

秋公會衛侯于桃丘弗遇 桓公十年

桃丘地期也于桃丘公至期矣衛侯卒不至使人辭焉故曰弗遇何以書病公與弗信衛侯與挺衛

侯而出之以爲非桓之黨也其戰不義其不義視齊侯鄭伯則差愈宋魯有亂獄衛侯不與焉其志誠不與桓相得挺而出之

公遇諸侯

夏公及宋公遇於清隱公四年

禮曰諸侯未及期相見曰遇穀梁子曰遇者志相得也禮蓋省矣未嘗不有禮焉不至用秕稗而棄禮也諸侯非民事不舉詩曰之子于征劬勞于野爰及矜人哀此矜寡此侯伯勞來萬民還定而安集之詩也是以不及期相見而如是其急分災救

患如此此討罪亦必如此此公及宋公有討衛亂之心
乎遇於清不聞有一事焉相得者何志矣交譏之

公適諸侯

春王正月公如齊僖公十年

公適諸侯皆書之以爲非常事也桓之如齊也大
故也莊之如齊也非事也公曷爲而如齊朝于齊
也諸侯相朝禮乎曰非禮也歲相問殷相聘世相
朝謂之禮三歲而聘五歲而朝桓文之令諸侯則
三王之罪人也以齊桓之志爲已滿矣始干王章
以令于天下故謹而月之公不致猶信之也報我

不書猶有禮也

春王正月公如齊僖公十有五年

公曷爲如齊朝於齊也五歲而再朝非禮也公適諸侯皆書之以爲非常事也齊始干王章以令於天下故謹而月之公不致猶信之也報我不書猶有禮也

冬十月公如齊僖公三十有三年

公適諸侯皆書之以爲非常事也此何以月危之也非有王事舍宗廟社稷之守而朝於齊還反而沒危之也安不忘危存不忘亡治不忘亂是以身

安而國家可保公往則危之乎曰苟有天子之命有百姓之事則野死不以爲危而牖下非所安也正於義而已矣

十有二月公至自齊

公適諸侯舍齊桓則皆致危之也此何以月危之中又有變焉與薨同月也薨同月則不見以致月如齊月以盈之

三月已已及晉處父盟文公二年

孰盟之公也公則曷爲不言公諱與大夫盟也何以不地于晉也于晉則曷爲不言公如晉諱不如

京師而如晉也未三年而不見天子未三年而見于晉侯資父之義絶於此矣不可以莫之辟也主人習其讀而問其傳以爲殺恥云爾求其放心而後知之

公以非事舉

春公觀魚于棠隱公五年

以非事書也十有二公之策書其爲非事則屢君子所書乎曰春秋非記事之史也不勝譏擇其重者而譏焉公觀魚于棠何以重之春秋之始人固知此爲亂政矣則謹而志之王迹熄矣王澤未竭

爲王前驅過時不反伯兮刺焉思行役不踰時之常典而作是詩也君子作春秋起教於微眇奚待流連荒亡爲諸侯憂而後譏其重乎故曰禮義之大宗所爲禁者難知矣

冬公及齊人狩於禚莊公四年

何以知其是齊侯也可言公及人不可言公及大夫以仿也可言公及人盟不可言公及人狩以瀆也不可言而言之實侯也非人也人之貶之也曷不目齊侯而諱公以爲會人則莫可與齊侯狩也

秋公伐邾隱公七年　按此上應有公將二字一行稿本脫

何以書公將自此始也諸侯在國曰守臣在師曰軍將詩曰王于出征以佐天子言帥賦輿以承天子威命諸侯職也公將正也伐邾王命乎告命乎不可得而見伐邾則告命也可邾在邦域之中矣稱伐有辭也邾無犯於我嘗致怨於宋矣公將以書時爲常君子正其本其末卒於大不正則月日以詳之畧輕詳重小不正歸諸君大不正責諸臣雖然君者立於無過之地也小不正焉雖有受其大不正者君道虧矣邾聽乎否乎不足書則皆省之邾雖不聽不書也戰于升陘而後書之土功以

不時書用師不以不時書乎傷害之大無過于用師不時奚足盡民之痛世有揖讓而救焚溺者乎用師有大時矣詩曰遵養時晦非四時之時也

戰

冬十有二月丙午齊侯衛侯鄭伯來戰于郎 桓公十年

公羊子曰內不言戰言戰乃敗矣孰志乎爲是戰齊志乎鄭志乎春秋無義戰其不義必先者主之齊志也搆我於鄭者齊也衛與齊同志見之於胥命矣齊侯親暱也鄭實定桓之位卒於怨讐小人哉使百姓肝腦塗地而不恤不仁甚矣以爵稱之

言不可一日在民上也播其惡於衆而後人之

十有二月及鄭師伐宋丁未戰於宋（桓公十有二年）

公將也諱之而不書曷爲爲桓公諱殃民之罪大矣義不可不並而列之民者王者所甚重也春秋重民不以桓公而不諱其敗則不以桓公而不諱其惡矣

五月丙午及齊師戰於奚（桓公十有七年）

孰及之內之微者也實吾大夫以爲無臣焉則畧之何以畧之名之嫌於貶氏之嫌於專無臣焉以恒辭畧之不暇責彼賁軍之將矣

八月公會齊侯宋公鄭伯曹伯邾人于檉九月公敗邾師于偃僖公元年

桓會書邾人然不恒書也此何以書以公敗邾師著之也匝月爾不信己速矣曷不隱之而著之我敗邾師有說焉先君不以道終邾莒皆爲不義於我國恥也敗人以振其恥末矣不忘先君猶有說焉

取國邑

春王正月公及齊侯平莒及郯莒人不肯公伐莒取向宣公四年

伐國取邑未有言其故者此其言故何成莒人意也平善事也莒不從善則其成之何曰公纂立齊黨惡二國并力慮無不行於東諸侯者而莒人不肯天也于是見之矣平善事也公及齊侯平莒及郯而何善之有此節在下二節後

六月壬戌公敗宋師于菅隱公十年

詐戰也內恒曰敗某師詐戰則日以異之目公不諱惡實成乎是人許熟矣

辛未取郜辛巳取防

取諸宋也鄭歸于我曷不言自鄭歸之主乎受者

以爲言曷主乎受者以爲言有王者起必使受者還其主人主人不義歸諸閒田掌于天子之縣師大夫守之受者終不可以爲其有也取以日何浹旬而克二邑甚之也

入國邑

九月入杞 桓公二年

大夫微內且不言其人入杞暴小寡也月錄之暴亦甚矣惡已大矣然不諱也

滅國

無駭帥師入極 隱公二年

入國大惡也暴內陵外則壇之正於九伐之法焉
內大惡諱無駭帥師入極何以書非入也滅也辟
所大不可而後不辟所常不可也諱之必有所見
之於卒乎削之然後知滅入國者王誅之重者也

公行致地

冬公至自唐見外辭

公行致伐

秋七月公至自伐鄭桓公十六年

久之也民病矣不忍以桓公之故而不痛此役也
擊鼓怨州吁桓則甚焉

來朝

春滕侯薛侯來朝（隱公十有一年）

此滕子薛伯也曷謂之滕侯薛侯王者改元立號則爵命諸侯須所謂我應受之也隱公之策以改元立號始之以爵命諸侯終之皆非常事也夫子曰其辭則某有罪焉苟非至聖可以作春秋自命乎古人有言猶吳楚之君僭號稱王蓋誅絕之罪也

滕子來朝（桓公二年）

朝正月也不知臧否賤之不錄其卒使不若薛伯

稱其爵姑在邾人牟人葛人之右微國也畧責之

秋七月紀侯來朝

紀子也稱侯何追書也天王之后將歸於京師而天王爵之也魯史不志王室事則不可得見追書於此以見之噫斯何人耶伯姬所天伯姬實隱公之女子子也紀侯將以何面目朝於桓矣隱之諸子一不見於策書觀其女子子居可知矣信乎其無臣子也矣有于女子子所適之侯乎月以大異之夫已多於道矣

冬紀侯來朝 桓公六年

於是再朝矣天王之后歸實我爲之媒也無譏焉

夏穀伯綏來朝鄧侯吾離來朝（桓公七年）失地之君也天子之三公不名穀伯鄧侯則名辨等也名之見失地也不見取其國之人遠國也能朝乎雖不能亦必曰朝諸夏之君也其曰朝何我有以禮之矣公羊子曰貴者無後待之以初也穀梁子曰猶言同時也累數皆至也州公何以不言朝天子之三公也言來則可言來朝則不可以爲化我公羊氏失其傳也夫孰知州公化我乃所以賢於穀伯鄧侯矣乎試思之何遠之有

郳人牟人葛人來朝桓公十有四年

鄉曰郳儀父今曰郳人不貴郳而賤牟與葛也牟葛宜不若郳人矣皆稱人則均焉賤之也則何以曰朝附庸固曰朝矣

冬曹伯使其世子射姑來朝見諸夏辭

齊侯使其弟年來聘見諸夏辭

來聘

春陳侯使女叔來聘莊公二十有五年

終春秋而一志聘者中國諸侯惟陳爾舍陳則無簡者乎曰鄭亦簡矣舍鄭則無簡者乎曰有皆狄

之矣陳侯使女叔來聘何以書錄齊桓之功也桓公糾合諸侯謀其不協玉帛之使盛于中國不可勝書書必於其簡者陳三恪之封也自我言之邇與戚不若宋衛自陳言之齊桓沒而日役乎楚矣齊桓主中國則陳不知有楚患國家安寧而志一以奉王事嘉好之使接于我為志陳之聘我則中國諸侯見矣終春秋而一志聘者陳與鄭爾何言乎陳侯使女叔來聘言齊桓之力安中國而義睦諸侯也

衛侯使甯俞來聘文公四年

于傳有之魯衛之相睦也異於他國春秋始乎隱傳世五君迄於文百年矣來聘昉于此乎曰否前此矣以爲常事焉而不書也衛侯使甯俞來聘何以書喜之也何喜爾衛亡於狄復存於齊桓及晉文伯而衛之禍亟焉狄又乘之衛無寧歲衛不殆于晉與狄而遷以定其國講于晉而後獲安玉帛之使行衛庶無患矣衛兄弟之睦者也志甯俞之來聘喜衛之無患而志之也

冬十有一月晉使荀庚來聘（成公三年）

晉兄弟之國也我事之敬矣敬不答乎何遠乎成

之篇而後言來聘向以爲常事焉而不書也晉侯使荀庚來聘何以書抑之也何抑爾禮之始失也僞晉於京師其甚也以共京師者共晉微見乎僖至成而甚焉晉侯益驕非魯所望也志晉之聘見晉之爲晉我之適者而已矣曷爲于此焉始曰王使不志矣而後志晉使春秋之大教也不可不察隱桓之春秋志王使聘五焉成襄之春秋志晉使聘九焉魯人之所以榮且喜者移於晉矣以共京師者共晉聖人之所甚懼也舍隱桓則志王使也罕自成而下王使亦絕不見章疑別微以爲民坊

春秋之大教也春秋終不使魯人以待王使者待晉使絕之若不相見者然以尊王而抑晉微故尊之僭故抑之王聘屢于隱桓晉聘屢于成襄皆以爲非常焉爾

春宋公使華元來聘成公四年

傳有之諸侯宋魯於是觀禮自我言之壤地接而婚姻之國也春秋始乎隱傳世七君至于成百四十餘年來聘眆於此乎曰否前此矣以爲常事焉而不書也宋公使華元來聘何以書曰喜之也何喜爾往歲晉衛今茲宋玉帛之使交至則喜之也

曷爲以喜書喜乎此則魯之爲國也僅矣

晉侯使士燮來聘成公八年

何以書非常事也聘以要伐也君子以爲不成享矣

晉侯使郤犨來聘己丑及郤犨盟季孫行父如晉成公十有一年

何以書非常事也聘以要盟也公親往而大夫答焉我又報之君子以爲足恭矣實盟也則其言聘何聘而後盟者辟要盟也則其言盟何以大夫之答公爲不可受故以盟言之若晉之施於我者然

足恭恥也爲尊者諱恥

晉侯使士匄來聘成公十有八年

何以書非常事也以大夫答公也則其言之何以大夫之答爲猶愈於已所惡於右毋以交于左所惡于左毋以交于右春秋責人先自厚也

晉侯使荀罃來聘襄公元年

何以書非常事也晉脩禮於諸侯則曰非常事何天王崩而嘉事不廢其失常也大矣

夏鄭伯使公子發來聘襄公五年

終春秋而一志聘者中國諸侯惟鄭爾舍鄭則無

簡者乎曰陳亦簡矣舍陳則無簡者乎曰有皆狄之矣鄭伯使公子發來聘何以書曰戚之也何戚爾鄭兄弟之國也人伐其喪我與爲爾焉聘必稱先君以相接志鄭之來聘則我之不廢喪紀見矣人伐其喪我與爲爾焉成公不書葬戚之也晉之有魯喪亦鄭之憂也魯之有鄭喪亦晉之憂也而伐之而逼之我與爲爾焉不得已也三年之喪畢玉帛之使通以爲有兄弟於我則于是焉戚之矣終春秋而一志聘者陳與鄭爾于陳喜諸侯之睦則齊桓之爲之也于鄭傷諸侯之薄則晉人之爲

之也奚其伯奚其伯報陳則志言睦也報鄭不志言薄也以爲不足乎恩云爾

晉侯使士匄來聘 襄公八年

何以書非常事也以大夫答公也則其言之何以我之報之也若晉之施于我者然

夏晉侯使士魴來聘 襄公十有二年

何以書非常事也以君答大夫也曷爲不諱恥可已而不已曰足恭不得已而不已曰順命也以公之郊晉爲不得已焉殆乎召矣

夏晉侯使荀吳來聘 襄公二十有六年

何以書非常事也召公焉召諸侯以獎叛人其失常也大矣曷爲不諱恥不得已也曷爲不諱惡不得已也

晉侯使士鞅來聘 襄公二十有九年

何以書非常事也春秋善改過貴復正晉以拜城杞來聘我以大夫報之晉改過而我復正則何以書以改過書也以復正書也

晉侯使韓起來聘 昭公二年

何以書非常事也此其爲非常事奈何大夫爲政而來見也即位而來見者小國之君也起也比乎

小國之君其失常也大矣爲人臣者必使臣也

晉侯使士鞅來聘 昭公二十有一年

何以書非常事也此其爲非常事奈何僭甚矣天子微諸侯僭大夫強諸侯脅于是相貴以等相覲以貨相賂以利而天下之禮亂矣自是無書聘者矣志齊侯使其弟年來聘以謹其始志晉侯使士鞅來聘以謹其終玉帛之事君子盡心焉而已

平

春鄭人來輸平 隱公六年

曷不曰及鄭平非我欲之曷不曰暨鄭平非不得

已曰鄭人來言平自鄭人而我許之也則曷言乎輸平我不得平於鄭而後乃今始平也春秋斷隱公之元年以爲始前之不平不可得而見雖言平猶之不見也齊之不平遠自靡笄之役始鄭之不平近自侵鄭始此既見其不平而言平也鄭之不平不可見必言乎輸平而後見前此有怨矣棄前怨者今自鄭人而我許之也前怨謂何公之爲公子也與鄭人戰於狐壤矣然則何以書講信脩睦而平之乎抑比周鄙爭而平之乎於平無譏焉其終不遠矣介如石焉寧用終日聖人知其幾矣鄭

人微也謹而志之

來盟

鄭伯使其弟語來盟見諸夏辭

宋司馬華孫來盟文公十有五年

來盟稱官何非鮑之黨也何亟稱乎非鮑之黨見鮑之黨之甚且衆也其稱華孫何嘉之曷爲嘉之華耦卒而後昭公弒則耦乃戴桓之所憚也何以不稱使宋殆乎無君矣閔不能乎君曾則齊仲孫不言使昭不能乎君宋則司馬華孫不言使言將自是弒君也

乞師

公子遂如楚乞師僖公二十有六年

曾頌曰戎狄是膺荆舒是懲亡何而不然聞之董生論其指曰直乞師楚爾可謂舛矣且國之恥也則曷不以爲公子遂之私行公自將楚師以伐齊則不可得諱矣君子不得已於此録晉文之功也將言公以楚師則先言如楚乞師以承君命而往者大不忠于國矣回遹其謀以辱社稷侵敗王畧雖曰君命焉用彼相朝無人焉則公子遂責也以爲公子遂之私行則罪在三卿君子傷國之空虛

也任一公子遂云爾已矣

春秋正辭卷四 終

正辭卷四

春秋正辭卷五　莊氏學　味經齋遺書六

內辭第三下

卿設如大門小卿如四體交王立政養友邦冢君必知其三卿入天子國曰某士明王不遺小國之臣詩曰平平左右亦是率從大夫有出疆之事必君命也必王事也一州之內兄弟甥舅之邦諏謀度詢不辱君命以奉天子有交政于中國者乎大夫出疆一聘大夫之禮會則焉得有大夫之禮論語不云乎宗廟會同非諸侯而何盟必以其君之身及其國家爲之質大夫讀其書可乎信在大夫可乎及宋人盟于宿

亂之大者據亂而作有指哉大夫盟會二小過不及其君君行一臣行二將幣於廟中必戒之曰臣不可過會有壇坫何獨不然雖然兩君相見會之禮惟君也一君一臣不得曰相見奉君命以往則不可以私見吾知公孫敖不亢也隕越焉已矣聘禮受命不受辭結以聘行乎國利乎大夫而與諸侯之盟始于此惡其以淺事將君命而壞天下之大防不貶絕不待貶絕也仲遂國賊同類相求行父中立幸其包羞伯子男可會也終不可盟也大夫會諸侯三盤庚之誥曰命汝一一君也二君一民公室尹矣大都小都田

役有戒必出於治朝況軍旅哉其將不目近古也慶父也遂也初主兵卒爲亂叔彭生無譏焉仲孫叔孫其諱適從公室四分季取其二叔氏之介季孫舊矣孟孫之耦季孫固矣豹獨知有公室焉斯何忌州仇三臣不能居公室四方莫不聞將豈自公命哉大夫將四國亂無象良臣不居如陳以君命行其事乃私行也告羅以邦事行於齊則若不出於君命也其善志哉大夫私行五大夫榮辱國之榮辱也喜而致之內祿出災不以此乎狐裘羔袖行父也羊質虎皮意如也惟叔孫舍不失辭不失色不失足取貴於春秋

公羊知之大夫執六古人之厚終也建國數百千歲彊諸侯欲行天子之禮於小國之臣不果內自是以下公卿巽懦發蒙振落矣如遇犬馬犬馬自爲如遇官徒官徒自爲犬馬有勞於人尙加帷蓋之報親賢大臣何如哉桓莊之篇不卒大夫傷已大夫卒七骨肉之親無絕不受祿亦不去國叔肸遭變而不失弟之道以取貴於春秋繫之公以公尙知愧乎公母弟八君子不施其親三刺之法非所論於八議之辟也季子正矣公子買何罪而誅以謂楚人者蔽之枉橈不當孰甚焉僑如出公子偃死行父疏公之戚而私

戚其戚日詳之隱之也刺大夫九大夫廢其事終身不仕死以士禮葬之公孫敖實然魯人不忍傷其子之心厚之道也公孫歸父善矣遂之罪也惡惡止其身聖人之指深遠哉僑如幸紇非不幸玄子懲非卿以重視大夫昭公所親意如所忌忌可重矣大夫奔十先王之制邑無百雉之城大都耦國亂之本也叛者在前抗者在目臣有情僞無以感之伐邑厲矣非聖人意也叛邑十一士之入成九刑不忘聖人之辭嚴於鈇鉞口授弟子不著竹帛邦賊十二陪臣執國命不見於異邦惟此一人而夫子究之窮諸盜矣其

命之專於國所不能削者有一焉從祀先公也爲國者愼毋棄先王之經俾爲盜者藉手口哉邦盜十三

大夫盟會

九月及宋人盟于宿隱公元年

諸侯之大夫稱人春秋之始也內大夫出疆恒不氏玆何以不名貶絶則名名不如不名名何以不如不名大夫微也微則以爲大夫之宜宋大國也宿微國也宿爲主人其君在焉何見見之於男卒也吾與宋甥舅公在喪也使大夫愈於身親之盟不自大夫出必以其君與國爲之辭則焉愈於身

親之君臣自父子立也子子然後臣臣矣終不若不盟之爲愈出命者不可承命而行者可以無貶無貶不名以當宋人而已矣當宋人而已者公侯之臣相爲國客之禮也

春季孫行父會齊侯于陽穀齊侯弗及盟（文公十有六年）

承命以盟不獲以盟反命行父恥乎國恥也則何言乎弗及盟幸行父也是齊侯也是公子商人也我不能討讐我以爲榮親我以爲辱何幸乎其弗及盟見不善如探湯行父則不能故會齊侯也趨而陷焉行父庶幾免矣誠幸之也

六月戊辰公子遂及齊侯盟于郪邱

及我欲之公子遂志乎爲是盟也商人弗及行父盟遂則及商人盟遂其商人之徒與有君命焉則遂何罪遂主兵久矣不能討賊受賊之侮賂賊以請盟其不知耻也其不知畏也畏非所畏則不畏可畏君獲其意遂擅其功文公無遠慮而任小人不旋踵而遂乃行商人之事矣內大夫特盟諸侯未有書日者汲汲與弒君之賊盟故謹而日之

大夫將

八月叔孫豹帥師救晉次于雍榆 襄公二十有三年

內不能救則書次不書救何言乎救晉次于雍榆善救晉也諸侯勤王不救則罪也州伯恤小國不救則恥也齊不足以敝晉魯不足以敵齊救已厚矣不能非魯恥也書次未能乎救也未能乎救而言救善之也不爲譏乎外救以言次爲譏內救以不言救爲諱何以善救晉陰平之役齊爲我故伐晉以報陰平也報施之義則得矣

大夫執

意如至自晉 昭公十有四年

致大夫不去族意如何以去族賊也翬也終隱之

篇貶此曷爲一貶而已因其可貶而貶之此其爲可貶奈何尊晉罪已夫意如知之

叔孫舍至自晉昭公二十有四年

意如去族舍不去族舊史去也君子脩之不去也不去舍以去意如也

大夫卒

公子益師卒隱公元年

公子與公子而爲大夫者與大夫也春秋錄大夫卒以大夫錄公子公子不爲大夫則不卒必有故然後錄之曷爲錄大夫卒國體也命於天子者也

曷爲以大夫錄公子脅無異姓大夫也且見成襄而下公子無復爲大夫者也知其國體擇之不可不愼任之不可不重禮之不可不厚知其命於天子則不可以置私人不可以不請命不可以專廢置生殺天子有司士官凡邦國三歲則稽士任而進退其爵祿諸侯之三大夫也況生殺之柄乎見脅無異姓大夫則賢賢之義缺矣見成襄而下公子無復爲大夫則親親之道缺而世卿之害家凶國爲王法所必禁矣富哉春秋之辭之指乎言盡于此而已乎又有焉公子不爲大夫家之事也有

故然後錄之哀先君之遺體也傷其散而之于四方也曰是公子也則未知其孝公之子與惠公之子與曰孝公之子也終公爲諸父諸侯絶旁期實維一體之親也則不可不與小斂公不與不可不志不曰譏不篤於禮也春秋之義不可凡其旨博矣族之相爲也宜弔不弔宜免不免有司罰之公可不自篤乎一節闕焉謹而志之厚之至也

冬十有二月辛巳公子彄卒（隱公五年）

大夫曰卒正也隱公之篇四卒大夫惟公子彄以正書之彄者何孝公之子隱公之諸父不當爲伯

乃叔父爾也隱於大夫恩不薄疏戚亦不相踰小
有闕益師也成禮彄也古之人君於其大臣疾則
臨視之無數死則往弔哭之臨其小歛大歛已棺
塗而後爲之錫衰麻絰親者以其親服三臨其喪
未殯不飲酒食肉未葬不舉樂當宗廟之祭而死
爲之廢樂春秋於仲遂叔弓謹而志之則文王之
法其不盡熄於當年矣故曰魯一變至於道志益
師之闕成彄之禮無駭近俠則遠或貶而不繫氏
或以未命不繫氏凡所書者有所表也終桓之篇
不卒大夫譏恩薄也翬不卒則國賊也臧孫達不

卒莊公之薄也公子牙稱卒以爲當誅而諱殺大夫也以莊之不卒大夫見牙之卒非卒也殺也公羊家有所受之彼徒據左邱經將以何明之經鮮不亂傳且失之誣矣

冬十有二月無駭卒 隱公八年

春秋有追書賜族矣不追書貶之也疾始滅國也滅國先王所必誅而不赦豈徒曰我善爲戰而已乎

俠卒 隱公九年

公羊子曰吾大夫之未命者也穀梁子曰俠者所

俠也公子益師公子彄親則諸父也無駭五廟之孫也俠爲同姓與異姓與未可知也故氏所矣則疏於賜氏者未命未命於天子焉得謂隱不爵大夫而不命之乎大國三卿可不命於天子乎不命於天子則不成爲諸侯之大夫故不氏也

春王三月辛卯臧孫辰卒文公十年

卒何以日辰曾之崇也得無貶乎義不得無貶而辭無貶也曰周文公召康公旣沒周之賢臣無若樊仲山甫者詩曰袞職有闕惟仲山甫補之尹吉甫之降心也若此跡宣王之政未純也芮良夫之

詩曰哀恫中國具贅卒荒靡有旅力以念穹蒼哀中國之大無或陳力以念天事者人曠天之命可痛矣睿聖武公盛德至善民不能忘宜若天所屬意而道不克繼文王五百餘歲至於孔子先孔子未生獨有一人曰柳下惠魯公族而伊尹大公之倫也蓋其盛哉用天之降命復文武之統於魯國何不可得反者而孔子因之則世世猶三代也魯世卿臧孫辰聞人也以其言爲魯大夫師自知弗若季則護其故以蔽之俾不通然後已以王者之法正之㒸顯戮者辰其首也辭烏得無貶乎曰義

在指矣曷不學乎春秋莊公季年迄於茲辰也曰在卿位告糴之外無見焉魯人皆崇之矣聖人皆削之矣季友卒僖政哀仲遂恣宣慝伏魯無人焉孰知辰之至是始卒也享卿祿者又五十年矣不爲不久矣噫後之君子欽念之哉以臧孫辰之爲良大夫當世謂之不朽而閱僖文之春秋削之無一事可錄者則知蔽賢之罪大而小善不足以自贖也甚絕之也義在指矣曷不讀乎春秋

邦賊

宋公陳侯蔡人衛人伐鄭秋翬帥師會宋公陳侯蔡

人衛人伐鄭隱公四年

此再役也宋志也謀自衛人始宋不救患而生患不討賊而助賊則必以宋公主之重其先輕其後斥衛州吁以當國之辭衛人則州吁之人矣與賊爲徒曰衛人也及其討賊亦曰衛人也名之必可言固若是無辨乎春秋以衛人卒能討賊而原衛人之心恕其初從州吁之罪一以人書之平人也擊鼓之怨衛人不以州吁爲君也公孫文仲將固無罪矣況師旅乎然則宋公陳侯蔡人皆可不以黨亂臣而干王誅乎應之曰宋陳蔡皆有罪得免

罪者惟陳侯焉戴嬀大歸陳侯不知賊由州吁耶
又可曰不得不以兵從州吁耶我與宋爲會衛人
告亂則過于清矣皆知州吁爲賊矣殤公又聽其
甘言悅耳乎宋公首惡陳侯次之皆稱其爵蔡以
未滅稱之曰人貴者惡重微者惡輕王誅也則陳
侯何以免書法何以見之賊當國且在外則稱地
以急其誅于濮喜得賊也得賊陳之力也則罪與
衛人借免矣不可赦者翬也且邦賊也不終者宋
殤公也又且首惡也我以將尊師重之辭言之蔽
罪于翬而公之不能終斷可知矣此再役也不先

目而後凡于伐鄭如恒觧然痛宋鄭構兵其爭奪相殺無已時迨同盟于幽而後息焉夫子曰管仲之力也

夏翬帥師會齊人鄭人伐宋隱公十年

公子翬也終削公子而名之見翬則隱之賊也誅之矣與謀曰及翬何以言會吾大夫不可以及諸侯也齊人鄭人實齊侯鄭伯也何以稱人貶宋鄭搆兵禍未有酷於是歲之相反復者尚自謂諸夏之君乎畧不言其君猶有愛其君之心焉

季孫意如會晉荀躒於適歷昭公三十有一年

此非君命曷爲以會言之如恒辭然意如無君也不以恒辭言之則無用見意如之志也成其志著其惡然後日其卒故曰定哀多微辭

丙申季孫意如卒（定公五年）

意如卒不去族累定公也能殺意如則無累乎曰是義利之辨殺不殺不與焉

春秋正辭卷五終

春秋正辭卷六　　莊氏學　　味經齋遺書六

二伯辭弟四

桓公業霸據時之先司馬九法軌跡易遵聖教貞一王澤尚存管仲相之君臣同志內治五年立功立事北杏擬可陽穀麋至甯母首止卻姦尊義其來徐徐不以兵車五禁壹明束牲載書葵邱盛矣鎮其甍矣難萃易渙人心靈矣木瓜永好追思不忘雖曰薄德賴此一匡齊桓盟會一伐衛偏戰召陵大陳節制之師中外悉順旄邱諷衛褰裳賦鄭危邦闇君人思揆正小雅既廢征伐遂缺甫田戒荒遠畧抑末傷財害

民幸有節也困於金車正不譎也齊桓侵伐二經營三十餘歲中國諸侯擬議觀望意未決也存三亡國而天下咸諭乎桓公之志再爲義王克盡臣節修禮諸侯官受方物魯人至今以爲美談猶望高子則修春秋之時也邢遷如歸衛國忘亡非以文武成康之世近周禮無恙故邪雖曰未粹苗莠粟粃晉文儗焉則不算矣齊桓救患存亡國三八國二載教民三則期歲之間定霸已亟待時乘勢易如反手周之宗盟異姓爲後天子在焉敢勿奔走考其武畧合三強國東西究海摶心一力得臣自敗儼然馮軾徵晉公子

魯衛曹鄭懿親上邦惟楚是聽盟于召陵中原益病
意念深矣我退楚還臨事而懼謀必萬全元帥尙德
克亂在權子行三軍必將與焉入曹圍許慭於桓公
原郤狐趙豈敬仲朋狼弧好兵累世以彊誅之曰文
乃在彤弓晉文侵伐戰圍四再致天子日不繫月彼
壯在轅貞下乃吉儀容辭令恭讓知節王官莅盟書
載八國越在外服各復舊職惜也孔艱徵會于溫疑
衛弟昆搆衛君臣陽正厥罪陰偪其疆圃田北境東
割戚匡坐使陪臣盟于翟泉乾衣坤裳惟其倒顚諸
侯力正晉文始焉大夫擅命伊誰之愆貶而稱人告

千萬年晉文盟會五

齊桓盟會

冬十有二月會齊侯宋公陳侯衛侯鄭伯許男曹伯滑伯滕子同盟于幽莊公十有六年

未有言同盟者其言同盟于幽何齊桓自是爲諸侯正也諸侯之載辭自齊命之矣齊主命則其言同盟何奪其爲正之辭也若曰幸無異辭者爾曷爲奪之有天子存則諸侯不得主諸侯命也屬有長連有帥倅有正州有伯輻輳並進歸命天子王者之政也連數州之伯正長帥端拱揖讓而聽命

於一侯則三王之罪人也主命于是始故奪之則何以不書公聖人以同於此盟者皆大惡也蓋自是禮樂征伐終自諸侯出天下且見爲當然而相率以安之矣雖然舍二幽之盟盡齊桓晉文之事卒無有更言同盟者二公以奉天王之心而爲之辭尚猶有順之實焉晉趙盾爲新城之盟春秋于是三言同盟而政始自大夫出矣舉公目諸侯終以趙盾誅趙盾之爲諸侯正也日于下以謹之使若不主於晉者然趙盾非首惡哉前此有事後此有事未有書滑伯者書滑伯罪其爲天子大夫而

同外諸侯也王畿于是乎日削矣滕子不常見于桓之會小國視滕者不書而書滕子哀其爲庶方小侯旣共命于州之大國而又奔命于他州之强國也小國之民于是乎不堪命矣則皆主乎爲是盟者之罪而受王命承王官上不能尊主下不能庇民皆不得以無罪春秋大降爾四國民命而書之萬世也其誰知之蓋亦弗思

夏六月公會齊侯宋公陳侯鄭伯同盟于幽莊公二十七年

同盟大惡也及是再書而公不諱何惡惡者疾始其餘以實事錄視此者爲同盟乎自參以上莫非

主命之辭也則莫非同盟也曷爲志桓之同盟至於再則已難乎其同之也主諸侯之命有正諸侯之心未有長諸侯之功則不足以同之也名生于不足稱乎伯事不言同矣近乎王事不言盟矣降鄣滅遂比也功未足以掩其罪也存三亡國而陽穀之會不言盟矣

冬十有二月公會齊侯宋公陳侯衛侯鄭伯許男邢侯曹伯于淮 僖公十有六年

曷言乎邢侯淮徐州川也邢冀州國也以桓之用諸侯爲無節矣傷財害民國以危亡隨其後南仲

之法廢吉甫方叔不可得見耗矣惠難徧也施難

報也宰周公知之

齊桓侵伐

夏齊侯許男伐北戎僖公十年

伐山戎言齊人此曷言乎齊侯危之也北戎其幾

敵矣其言許男何豫州之國也而伐乎北戎閔許

男也

齊師曹師伐厲僖公十有五年

厲微國也以齊伐之則何以書遠也勤遠畧者至

是窮矣何言乎曹師閔曹也北師在邢南師在厲

小國不堪任命矣雖有他國不錄錄曹師甚閔之
之辭也
春齊人徐人伐英氏僖公十有七年
何言乎齊人徐人伐英氏遠國也玩無震矣徐不
與楚同稱人曷爲與齊同稱人齊將畀師少而人
之進徐以偶之因乎徐人也君子終以齊桓爲節
制之師伐山戎不言燕人齊侯親之也齊侯在是
則不言因燕人矣愛齊侯乎山戎是以人之
晉文盟會
夏六月會王人晉人宋人齊人陳人蔡人秦人盟于

翟泉見天子辭

春秋正辭卷六終

春秋正辭卷七　莊氏學　味經齋遺書六

諸夏辭弟五

建牧立監國域州殊上繫天子爲下綴旒國之東遷壞散保伍十二諸侯於是焉數春秋本魯以推諸夏東方庶侯齊近且大於衛爲睦宋鄭陳蔡錄晉自僖聖心不怡尹我一州微國柔之在邦域中實維附庸近說遠來原始要終齊伯主會屢挈曹許大夫交政小侯迺敘桓公陽穀末言之爾莊僖小伯豈鮮賓從案經所書此則特盟離不言會善惡微矣謹而錄之其有指矣臯鼬識散杵臼自雄能令受命悲乎撫膺

兩兩比耦落落曙星特盟會一及期曰會不及期曰
如會先期曰遇苟不期焉地無常所焉得告命而志
諸策書乎志不相得不請先相見先請壹似要之者
必期以地否則諸侯而爲匹夫行也安得曰禮禮不
備有事焉而不書貴諸夏也不然杞何貶乎僖公以
終春秋不復志遇聚言會散言次則已文曰儆政曰
繫大夫專諸侯佻遇二書遇以戒書次以慎因其憚
之告以慎之因其亟之告以戒之愛諸夏之爲人君
者也一國之安危在此一人此天子不怒而諸侯自
爲正之法也次三其惡未成其志可誅在楚克息非

人類也紀人知之事已行矣已行未得此實大惡會
諸夏而至此極乎不再見也如四交鄰有道保其國
保其國者保其民天子設州伯凡州之國國之民皆
其職也亳城北之載辭曰無蘊年無壅利無保姦無
留慝救災患恤禍亂同好惡奬王室畧具矣不然冠
帶之倫安有寧宇哉此非一州之伯能專之兩州之
伯實同之者也不相命得乎齊侯衛侯皆州伯也近
正亦罕矣胥命五特曰讓事參曰成事三則善惡大
矣諸夏外也吾君或在焉不敘而主之不必主也外
內之辨也善惡皆主會者爲之參盟會六晉爲天下

強國久矣包周室偪鄭衛聖人不至其國成公之篇則狄之惡其犯令陵正甚杜之也宣公之篇合諸侯尠莫頻於成襄之篇君在而重已在大夫亂天下之大防者晉也諸侯以晉爲正實以力爲正自時厥後苟有力其從之何知仁義以享其利者爲有德其機在此此謂大惡錄之以諸夏輔京師之道責之合諸侯七諸侯之大夫不攝君聽命於會可列於會不可有三而已專也甚者亂窮諸賊誰實使之主會者責也其君焉在大夫與會凡諸侯多在晉大夫一人會斯人也稱斯師焉盾猶知爲人臣乎大夫五人苟偃

主兵鄭伯親之率之乎從之乎伯子男與人臣夷乎諸侯會大夫師九歃必稱名君乎臣乎雞澤疑矣溴梁擅矣盟者不義逃者義矣諸侯在大夫盟十清邱貶其人同盟重人雖甚輕必重貶之新城一大夫也清邱四大夫也舍是大夫雖衆不言同盟矣趙盾重矣愼毋忽此清邱之大夫也自是而大夫之會接跡於成襄昭之篇而晉大夫以畔告矣大夫會十一版尹王官之守也示權中國侯伯不得專焉虎牢不繫鄭知其所以乎大夫無遂事乃城虎牢乎城楚邱不與諸侯專封城淳于與大夫專封乎不以楚邱緣陵

先邑之不以遷夷儀原本之曰杞也先王封國也城之云爾豈曰封之嘻甚矣城成周亦大夫爲之而諸侯替矣大夫會城十二諸侯執則名名則絕則執之者絕執之不名則執之者不絕歸而後名以絕之歸之不名竟無罪也執之者不人本有罪也曹伯以有罪爲無罪公子喜時使之於公孫會見之執不言歸執亦不名人其執之者以爲暴小寡也亦自絕矣歸于京師善歸之于京師不善天王在是執諸天子之側而歸之于京師欺人乎欺天乎畀宋人宋人不免焉以歸晉人絕矣執諸侯十三詹之執不書以逃來

書逃義曰逃執者義也義則不書執以逃書乎以逃來書乎逃賤乎賤矣來且不書也曾國幾亡以此賤乎賤之人然後以逃來書也逃來之言言之痛矣執大夫非我人皆不言其歸伯執而不可曰討古之人討不然也彼執行人力正也桓惡亦大乎內齊桓也大惡諱小惡書大夫專執大夫且執諸天子之側唐叔之後不爲家人矣乎執大夫十四玉帛使終始一辭兵革使始微之漸著之將卑非卑春秋之初大夫卑也將尊何尊春秋之中大夫張也師少稱人師衆稱師惡其君也稱某帥師危其師惡其臣也稱將不

稱師師歸惡於將也不稱君使之將不中御也師喪
於外邦亂於內不擇故也君將不言帥師重君輕師
乎惡則惡重功亦功重吾見其惡矣未見其功也免
師之罪辭也受王嘉師兵死痛矣乃以不義死乎猶
忍罪其不死者乎而其君不容於堯舜之世矣侵伐
十五多其力者多其惡師未加於敵民已殘矣出不
正反不忍爲也勸人乎哉彊人乎哉附和人乎哉不
得已而隨人乎哉孟子曰不仁不智無禮無義人役
也君與國政憖自處於人役而役人者於是乎多其
力矣孰知其惡積而不可掩乎不患其心之不仁也

患其衆之不足從之不多也會侵伐十六救必善之偕衆善也獨往善也君行君善大夫行善在君晉悼三善圍彭城謂之義救陳蕭魚謂之仁不善則惡無中立也戍救十七卒葬之指煩煩如繁諸乎公羊奥且明矣不可不學穀梁左邱眊乎瞀哉舍禮服則失本舍春秋則拂經諸侯卒葬十八古人以背殯爲大惡短喪次焉未葬未踰年君十九世子攝其君禮也未誓繼子男不改也光俄長於滕烏乎可矣世子二十諸侯臣其昆弟母弟母兄恩篤矣妾母必不可夫人也子必不可不親其母而事之也天性也至誠經

綸人倫察焉母弟母兄二十一世子奔而君迎之郕伯以地入父在牀而君會之州蒲以師出初命之首誅也在會一衛侯出入一衛侯不嫌則兩見之出奔必不在會會夷儀必不入夷儀也公子五爭鄭多君矣忽未嘗稱爵也突出入未嘗不名也鄭伯非他人必厲公也春秋明若日信若時疑君二十二邾郳進牟葛微國不錄其爵若是者衆蕭以附庸竟邑於宋痛其滅而以日詳之建極者惟在無虐煢獨畏高明哉附庸成子二十三紀子以侯天王爵之杞公而伯天王絀之伯云夏也子云夷也因其禮也聖無私也

褒封紐爵二十四

特盟會

冬十有二月齊侯鄭伯盟于石門隱公三年

盟于石門何以書大惡也東方諸侯莫肯用力於王室自此始矣周室東遷閔無召公之臣日蹙國百里以至終南爲秦風揚之水戍申許周公所職東北二方諸侯帥職志未變也邶鄘之湊齊在東晉在北西則秦南則楚詩曰彼有旨酒又有嘉殽洽比其鄰昏姻孔云念我獨兮憂心慇慇又曰四方有羨我獨居憂不謂齊晉秦楚有羨而王室獨

乎夫子作春秋所懲者荆楚也晉有文侯之命秦有襄公之詩春秋以序錄十二諸侯鄙秦而遠之抑晉而後之齊在東方庶幾彼善于此幽平之際惜齊無功可記於詩書夫子言曰如有用我者吾其爲東周乎帥東諸侯服事天子如文王也則齊在所先致意矣矧與魯實相表裏焉經世之法又必自近及遠乎書曰齊侯鄭伯盟于石門傷其非王命而私爲此盟也平王命晉文侯與鄭夾輔周室無廢王命周公大公成王賜之盟藏在盟府大師職之諸侯焉得私自爲盟乎噫嘻齊侯州伯也

鄭伯王卿士也各率厥職奚爲於石門而盟諸祭伯不正其私交則齊侯鄭伯不正其私盟矣於是乎伐許於是乎如紀皆天王之異姓而偪於齊鄭者於是乎王伐鄭則鄭首惡也於是乎王人子突救衛則齊首惡也兆於石門彰於厇屋齊歌甫田刺無德而求諸侯非達於事變而懷其舊俗者乎東方諸侯之變自石門之盟始而天下之事不得不以齊桓晉文補苴王迹爲美談矣不有聖人誰與立天地之大義乎或以天王喪未期歲諸侯以賓禮相見亦大惡也曰春秋有主書以立教然後

多連而博貫之主書不以此曷不以此春秋正其本嗣王若高宗乃可以教諸侯否則不薄待其子而厚責其臣矣

蔡侯鄭伯會于鄧桓公二年

何以書志天下之故也蔡鄭不相得曷爲而會于鄧左邱氏曰始懼楚也諸夏之所同患也而近者先受之鄧微國也於我則遠國也因事以錄之漢陽諸侯微見于此申息之亡不識於春秋春秋約文而旨博不以人事多寡爲繁省識天下之故而已矣

遇

宋公衛侯遇于垂隱公八年

暑內則何以錄外苑屋之盟踰歲而寒矣宋衛志相得終不會于稷垂之相見信於苑屋之莅牲焉然則善之與戒之也非若宋公齊侯之善志亦無齊侯陳侯鄭伯之惡心猶有可救之道則先時戒之以愛諸夏之爲人君者

如

夏齊侯鄭伯如紀桓公五年

外相如不書此何以書非如紀也襲紀也飾好貌

懷寇心庶人猶謂之賊況諸侯乎則何以無貶庶人行則人之此非人所爲不可以稱人矣予以侯伯之名庶幾其以愧憤死乎往不得所欲事已行矣行而不得下得者一等也

胥命

夏齊侯衛侯胥命于蒲桓公三年

兩州之伯有其職不可以主命胥命也則可其辭則侯伯之盟猶有在者葵邱五命明天子之禁也晉有載書亦云凡我同盟無蘊年無壅利無保姦無留慝救災患恤禍亂同好惡獎王室其善者辭

也非一州之長獨成之必兩州之伯相與共守之是以曰胥命也不涖牲也故曰近正春秋善衛侯善其不會于稷也則以垂之遇錄之矣

參盟會

秋七月庚午宋公齊侯衛侯盟于瓦屋隱公八年

我不在會何以書志參盟也齊主爲此盟曷爲先宋周班也齊先衛非周之宗盟也鄭伯不書不在會乎在會乎在會而削之也則何以見其削之參盟所甚惡也况合諸侯乎合諸侯不得已而以北杏爲始事如志鄭伯而宋非諸侯主也不志鄭伯

則參盟爲無適主之辭也然則何以獨不志鄭而削之齊以鄭不平於宋而平之鄭乃以齊大不平於宋而伐之鄭伯之不信甚矣削之者賤之也以無所長之辭先宋公以大不信之實削鄭伯然後知禮樂征伐有天子存聖人必不顧其自諸侯出矣志其日詳重也

春王二月公會齊侯鄭伯于中丘隱公十年

此則謀動干戈之惡成矣比周而黨愈少鄙爭而名愈辱兄弟昏姻之國卒于相怨一方詩所謂如蠻如髦者乎月以詳之于中丘主人首其惡矣

春正月齊人衛人鄭人盟于惡曹桓公十有一年

彼戰克而盟之以爲好衛及是乃與鄭平瓦屋之所求始得矣人之貶之也春秋惡兵所尤痛者糜爛其民而戰之也日以志之痛此蒼生同日而就死也我之救死扶傷不給彼三國者獨不寡人之妻孤人之子獨人父母乎以戰勝爲榮彼所以放其良心者猶斧斤之於木矣稱之曰人問其好惡尙有與人相近者乎而爲此盟也

夏六月壬寅公會紀侯莒子盟于曲池桓公十有二年

同州之小侯也所以爲紀盟者州伯之義如斯而

已焉曰以志之不信也

秋七月丁亥公會宋公燕人盟于穀丘

三會矣曰以志之不信也何言乎燕人將言與之戰則先言與之盟此之謂小人之盟三會一夫鍾一闕一穀丘

春正月丙辰公會齊侯紀侯盟于黃桓公十有七年

盟不信則曰公自謂能平齊紀矣齊紀不並立行路皆知之齊侯凶人也僖公之不能得而得之于斯人乎諼公而公不知也

合諸侯

公會晉侯齊侯宋公衛侯鄭伯曹伯莒子邾子于商

任十一年襄公二

冬公會晉侯齊侯宋公衛侯鄭伯曹伯莒子邾子薛伯杞伯小邾子于沙隨十二年襄公二

春秋記諸侯之會不言所爲不言所爲而所爲無不見或見于前事或見于後事或以褒見事或以貶見事春秋是非二百四十二年之中約其文辭而旨博未有不見事而贅言會者昔歲商任今茲沙隨前此者無事焉後此者無事焉間此者無事焉察其文貫其指不褒以揚焉不貶以抑焉見主會者晉爾非有關于天下之故非有關于天下之

故則不書此何以書譏何譏爾主天下之會不以天下之事而最天下之侯也周官有之曰春朝諸侯而圖天下之事秋覲以比邦國之功夏宗以陳天下之謨冬遇以協諸侯之慮時會以發四方之禁殷同以施天下之政故曰四王之王也樹德而濟同欲焉五伯之伯也勤而撫之以役王命有事而會不協而盟噫斯侯也僕僕爾期月而再動天下屬諸侯乃無一事焉可書於策者則何以宗諸侯矣然則諸侯何以序有事而不事事之而不將其事則凡而不序非事而事之事之而亟其事則

曰之見其以一臣之私而動諸侯之君也會之者無譏乎棄而封守跋涉山川蒙犯霜露以逞大國執政之心庸得已乎庸得已乎惜其不師文王而日役于大國也

五月公及諸侯盟于皋鼬（定公四年）

舉諸侯盟以公從諸侯也聚辭也舉公及諸侯以諸侯從公也散辭也

大夫與會

柔會宋公陳侯蔡叔盟于折（桓公十有一年）

柔者何吾大夫之未命者也大夫微則曷為以名

見蔡叔在會也無貶乎大夫會公侯始于此名以著之貶之也蔡叔舉其親者字之則貴之乎以蔡人能討陳之賊而錄之矣四國爲會公弗親之而使大夫與焉始謀不臧五會何益矣不日其盟宋陳蔡無不信也惟不信我也（五會一夫鍾一闕一穀邱一虛一龜）

公會晉人鄭良霄宋人曹人于澶淵（襄公三十六年）

此晉趙武宋向戌也其稱人何貶曷爲貶黨叛人也鄭良霄何以名決嫌也嫌以伉公貶也鄭先宋何也先良霄人向戌也不諱公決嫌也嫌不使伉也

春王正月季孫宿叔老會晉士匄齊人宋人鄭公孫蠆曹人莒人邾人滕人薛人杞人小邾人會吳于向襄公十有四年

此宿專魯之極致也

冬季孫宿會晉士匄宋華閱衛孫林父鄭公孫蠆莒人邾人于戚

與孫氏相倚故季孫自出會不叔出而季處也

大夫會

晉人宋人衛人同盟于清丘宣公十有二年

此晉先穀宋華椒衛孔達也皆何以稱人微之也

大夫以名氏會惡權之在也先穀無權焉不能主晉國之信故微而人之人則其曰同盟何盟主之命在斯人也見斯人之爲大夫也何用見斯人之爲大夫見所殺之大夫之爲斯人也

執

春王三月宋人執滕子嬰齊僖公十有九年

有天子存則諸侯不專執諸侯專執諸侯于是始故貶而人之虞公亡國不名滕子嬰齊何以名諸侯執則絕于其歸也名則于其執也不名嬰齊之歸也不書則于其執也名絕之也嬰齊絕則宋人

絕矣曷加貶焉以見其惡其惡尙待貶也滅圻內邑執三公晉人貶絕矣虞公亡國不名不待貶而絕也三公失地固不名也

衞侯鄭歸于衞 僖公三十年

衞侯鄭何以名絕曷爲絕之執而歸者皆絕之曷爲皆絕之春秋之義用賢治不肖君者立於無過之地也尊爲公侯而身不免於罪則不可以南面而臨其臣民所以正諸侯刑不用而大夫士庶人莫敢不一于正也王之道不僭賞天之道無異高明不謹於禮則在勢者去古今通誼也執而歸者

書歸其論重不書歸其論輕書復歸則惡其出書歸則并不惡其入何也絕故不復惡也絕之而又見入焉衛侯朔爾鄭伯突爾皆不容於誅鄭也釋乎執託于諸侯終其身焉可也

侵伐

鄭人伐衛 隱公二年

諸侯相侵伐惡也輕用民死謂之殃民專命不請謂之侵主權作寇虐於中原謂之敗王畧外大惡書內何以不諱而亦書將毋鄭人伐衛爲惡小乎春秋萬事之權衡也彼有甚於侵伐者差其輕重

而論之莫重乎滅人國降次遷次入次圍次襲次取邑圍邑與伐國等則常不兼言之莫甚乎取師詐戰次戰次獲次伐國而與之盟庶幾無惡與之會庶幾善者有意善功惡焉有功善意惡焉有功意俱善焉有功意俱惡焉重論先輕論後重其重者輕其輕者聖人明足以見之義足以執之仁足以覆之伐衛意之惡者也將甲師少惡之輕者也苟不差其等而一切論之非聖人之志也春秋惡兵之端君子以端歸諸鄭鄭人伐衛其造兵端者乎審而後斷斷而後書萌牙於母弟延蔓於宗盟

卒於宋鄭搆兵十一戰數十年而未已焉與鄭同惡者或不獲沒其身鄭則公子五爭兩君見殺吁可畏哉殃民專命寇虐之君不可以惕焉驚盡焉傷矣乎彼公孫滑之亂非鄭伯誰首其惡矣造兵端者果鄭矣

衛人伐晉 文公元年

以爲盟主而伐之則不書何言乎衛人伐晉不主晉之辭也其人衛何曰足以伐矣晉侯猶在戚而師加於晉則淺事也其言伐何以衛人爲有辭焉其有辭奈何踐土之盟曰皆獎王室無相害也其

命諸侯曰各復舊職康叔長諸侯于衛唐叔長諸侯于唐職在王室久矣衛承王官不朝於晉未失職也晉伐衛而取其地是相害也齊孝公興師而伐魯柳下季爲之辭曰棄命廢職若先君何而齊人無辭也則衛人之伐晉有辭矣以力則晉强而衛弱以辭則魯絀而衛優晉稱侯而後伐重衛也衛稱人而言伐抑晉也曰將卑矣師少矣勝晉則不足伐晉則足矣然後知執言守禮之爲直而怙勢陵正之不可以爲政於諸侯也諸侯無伯亦春秋之所惡也則其不主晉何曰諸侯之無伯也晉

襄公始爲之也不主晉於是始而王道行矣桓文作而春秋有伯辭實與而文不與也桓文沒而春秋無伯辭以爲是諸侯之力正者爾未之狄也則以諸夏之辭錄之有與人爲善之志焉夫位在藩臣見人之不朝事已而輒伐之非所以安臣節而奉師天子也于是乎以人從欲而專行乎中國者累世焉卒以卑周室而啟吳楚之心晉襄公始爲之也不主晉于是始而王道行矣

春晉人衛人陳人鄭人伐宋文公十有七年

列國大夫未有書名以侵伐者伯國大夫從其例

而不書不能討賊下方責諸侯則大夫固可未滅矣

宋師伐陳衛人救陳宣公十有二年

宋稱師非清丘之人也衛稱人是清丘之人也清丘之人則其稱救何救為善也非其盟非其伐而善其救去小人之約存先君之信以孔達為無罪矣衛人救陳何以書以衛殺其大夫孔達書也斷道書同盟後書伐齊蟲牢書同盟後書侵宋于蒲于戲于亳城北書同盟後書伐鄭其不同以侵伐見不復以其事見今宋衛之不同見其事何也師

不加于衛也衛不信其盟何以不受師大夫孔達受其誅也以一人之身塞一國之難好信不好學以自賊焉不足于賢而不與不肖者同貶書救陳見其扞國難也

晉趙穿帥師侵崇宣公元年　此節在上一節前

崇者何微國也自我言之遠國也若此者於春秋皆不書晉趙穿帥師侵崇何以書曰趙氏之弒械成矣盾也執國政而穿也主兵則弒械成矣將尊矣師衆矣崇小國也其言侵何見其威不加於敵而禍實中於國也

會侵伐

邾人鄭人伐宋 隱公五年

春秋痛宋鄭搆兵之禍而惡兵之端造端目鄭更端目宋惡著矣寇所先著莫如導爲導者不在大邾附庸也主兵則弗勝導兵實優爲之先者重將毋後者輕乎非輕論鄭鄭造兵端已見於前事矣邾爲兵導於此乃見之甚邾人之惡於鄭人也鄭人焉得末減耶鄉無鄭人邾人能伐宋耶稱人師少矣言伐兵深矣師不衆而用之深導者爲力多矣夫

夏翬帥師會齊人鄭人伐宋隱公十年

公子翬也終削公子而名之見諱則隱之賊也誅之矣與謀曰及翬何以言會吾大夫不可以及諸侯也齊人鄭人實齊侯鄭伯也何以稱人貶宋鄭搆兵禍未有酷於是歲之相反復者尙自謂諸夏之君乎畧不言其君猶有愛其君之心焉

宋人以齊人蔡人衛人陳人伐鄭桓公十有四年

穀梁子曰以者不以者也民者君之本使人以其死非正也宋不爲諸侯長其用他國之師則曰以二伯用諸侯之師不曰以也彼以爲王事而自之

出其實摟諸侯以伐諸侯也伐鄭宋人意也非有執言鄭伯固其所樹其甘以壞至於再戰而不止造意與寇賊何異稱人貶也四國大夫不復別其尊卑之辭行其寇賊之意焉已矣何以見四國之爲大夫諸侯不以諸侯也何以見宋人之爲宋公大夫不以諸侯之大夫也蔡侯以吳子何中國之君以夷狄之君可然則鄭無譏乎鄭伯之爲狂童也舍小弱見伐者君子不爲恕辭內之見伐則由二伯而後目之告之自反而已故曰國必自伐而後人伐之

冬十有一月公會宋公衛侯陳侯于袲伐鄭桓公十有五年

先會後伐莫適主此役之辭也往歲宋以四國伐鄭矣突在國也二國與焉俄則伐忽以納突乎私突者公也公不能主此役三國之君未知所成則且爲明年之會然乃會四國以伐鄭然而不言納鄭伯何哉宋衛陳蔡因其兄弟之爭披鄭地而分之以弱其國也豈爲鄭伯突哉而公之德鄭伯則甚矣爲是三役周三時而後反焉

夏四月公會宋公衛侯陳侯蔡侯伐鄭桓公十有六年

伐鄭而分爲二君也宋衛在北一心也陳蔡在南

一心也相耦以艾鄭兩利而俱存之不以周班爲次以功意之善惡而輕重之宋衛重而陳蔡輕也

春晉人衛人陳人鄭人伐宋文公十有七年

列國大夫未有書名以侵伐者伯國大夫從其例而不書不能討賊下方責諸侯則大夫固可未減也

及宋人衛人伐邾桓公十有七年　此節在上一節前

及內之微者也不曰會曰及謀自我也宋人有怨衛人有怨我無怨焉伐之則朝矣且重之以盟而主乎爲此伐雖曰微者將不必卑師不必少譏無

臣焉十八年之策書見一國賊也見一未命大夫爾矣苟有一人如蔡季者春秋必有以見之莊閔僖之危賢季子故曰桓公無臣也

諸侯卒葬

八月庚辰宋公和卒隱公三年

諸夏親暱生相賓死相哀厚之道也春秋以內辭錄公侯伯子男之喪小大有等近遠有別往來有報薄厚有分當禮焉失禮焉過禮焉在我者躬自厚在其主人者薄責之生死之際謂之大事安危存亡治亂機在此善者表之不善者譏之明者著

微者辨懷利弗與也求名弗與也君臣父子厚莫重焉不能反躬則無以事宗廟保子孫皆以其終事觀之萬事之變舉往明來靡不有以豫之矣庚辰宋公和卒正也其正奈何反國乎與夷也話言可載宅心可允復國之經篤家之訓可謂正矣春秋之辭於我君曰公薨於人之君爵之而皆曰卒尊己卑人本臣子之恩自致於君親而不貳其敬義之大者也豈曰託王於魯哉

夏四月葬衛桓公 隱公五年

以衛有臣而書桓公之葬不以宣公之簒而謂之

無子聖人之裕也何以不日葬固不日也書過時而已矣不謂之不能葬如以衛爲不能葬則將痛齊諸兒乎公羊子之凡不謂夫諸侯卒之有故者

癸未葬宋繆公十有二月 此節在上一節前

公羊子曰不及時而日渴葬也哀不足禮有餘也不及時而不日慢葬也禮不足哀且不足也過時而日隱之也或內有亂或外有寇焉不及時而不日謂之不能葬臣子之恩已薄矣當時而不日正也苟無大失大危大亂大寇不忍以爲非正則謂之正也當時而日危不得葬也生死授受不守先

王之經則無以爲法于天下後世君子危之不忍不以爲危也公羊奧且明矣煩煩如繁諸百世之變盡在春秋矣葬宋穆公正其終而危其葬何指乎致國乎與夷正也致國與夷而宋卒亂危也聖人無容心焉然則正固所以召危天下將安適哉正穆公之終以賢穆公危穆公之葬以罪殤公葬生者之事也不克負荷廢二先君之功則殤公之罪矣雖然舉大惡之人而加之其君之上殤公既蒙首惡之名矣何又危穆公之葬以見之乎危宣公授國之不正也穆公雖克反正亂卒在再傳之

後矣宣公可謂知人知與夷不克負荷盡明告天王而致國乎穆公矣知穆公不負君兄盡立與夷而俾穆公相之矣穆公不爲君宋人不二心於莊公也宋之臣民咸欲奉戴莊公與夷安能立乎其位穆公知孔父之對以忌克爲心而使公子馮出居于鄭且曰吾子其無廢先君之功棄德不讓穆公不忍爲也受國於其父除害於其子殤公忍而爲之苟宣公傳諸子而子自隕之宣公無憾也好讓國之名啟爭國之禍子曰道之不明也賢者過之此之謂矣

滕侯卒隱公七年

滕微國也所聞之世始書卒所見之世乃書葬曷爲於所傳聞之世稱侯而書卒以其子來朝恩錄其父王者所不辭也曷爲不卒其子以朝於弒君者之朝而奪其恩其稱子固子也無貶也滕固子則春秋何以侯之其不倍矣乎應之曰聖人若曰惟王者改元立號庶邦丕享則爵命諸侯天子之事也云爾已矣苟非其人天無二日民無二王不免於簒弒之誅死罪之名如其人如其人堯舜揖讓湯武征誅順天者存逆天者亡矣曷爲貴賤不

嫌貴者無常貴賤者無常賤昭明德廢幽昏決然而不可疑也疑則萬不可以少嘗之矣滕侯薛侯春秋當新王也滕子薛伯親周也公羊家識之矣

夏六月己亥蔡侯考父卒隱公八年

日卒正也諸夏之國自所傳聞之世逮於哀十四年以告終而識於策者不可勝書春秋錄大畧小錄近畧遠其書之各有指矣以考其行以稽其失以痛其禍以治其亂恒於大國詳之常所書者則宋王者之後也蔡文王之昭也陳三恪也鄭諸姬之近者衛康叔之後也齊王舅也畢具於隱桓之

策矣晋武之穆也錄之自詭諸始且不書葬有推而遠之之志焉惡兼其宗國也小國如曹所傳聞之世已書卒矣如滕如邾如莒則書自所聞之世如薛如許則書以所見之世至所見之世舍莒皆書葬矣哀公之策小國皆卒日葬月矣皆近乎我者也遠國之大者惟秦也不錄穆公以穆公而錄康公亦不志葬至所見之世乃書葬楚之卒自子旅焉始吳之卒自子乘焉始終不書葬杞王者之後春秋降而為夷其賢於莒實多志卒於僖之篇志葬於襄之篇以迄於哀皆以諸夏之辭錄之終

不忍以爲外也自曹以下雖諸夏不得以當時不日爲正之指言之其義類甚博而且有要不可不察送死大事也聖人所甚重士大夫之喪且必多見而識之大小二戴實存焉諸侯之事父子君臣之大倫要在於春秋故曰禮義之大宗也

辛亥宿男卒

宿近國也微矣五等之侯如宿不志卒於春秋宿男卒何以書與吾大夫盟且先他國焉厚之也君子作春秋秉文王親諸侯之道不寧方來後夫則告之凶周公誥曰庶邦享作兄弟方來春秋始於

隱公宿與吾大夫盟邾與公盟皆於我有作兄弟之誼矣不哀其喪豈可謂師文王者與滕侯卒不日宿男卒何以日嫌與蔡侯考父同日而別異之同盟而不名微國也

八月葬蔡宣公

不及時而不日慢葬也哀不足且禮有闕矣

春正月甲戌己丑陳侯鮑卒 桓公五年

曷以二日卒之疑以傳疑見鮑之不能正其終也爲人君者修身以俟死正其家人正其國人無有一邪人作於其間陳侯何如哉國亂矣亦嘗執州

吁奚爲于稷而會之

葬陳桓公

葬不月則譏不獨在臣子桓公失君父之道矣賤之使與微國同實云

夏五月癸未鄭伯寤生卒秋七月葬鄭莊公桓公十有一年

寤生之罪不可不誅浮於衛朔矣則何以書葬曰朔之罪已見寤生之罪未見以不可書辟之也曰春秋誅亂賊義有所辟必有辭以誅之未有但已者奚也定天子功不見書葬以見之寤生抗天子且傷焉罪不可見不書葬以見之奚不可而且書

葬將毋春秋有所緩有所急與曰春秋之于寤生則既誅之矣桓之元年于垂于越皆誅辭也假田爲孫辭實蔽罪于鄭伯之文也誅之矣然則何以不去葬曰寤生之辟有議焉五廟之孫於諸姬爲近桓公死難武公佐平王以東遷鄭以緇衣立國乎天下其功有誅而無絕則寤生之誅禮爲之變且隱者也誅之必續其子孫奚爲不志其葬春秋之侯誅而葬者衆矣以寤生曾不誅疑聖人之志其葬若已誅矣苟非蔡靈侯則王者不忍暴朽骨又何疑焉秋七月葬鄭莊公不以慢葬志也志王

者之法有罪不敢赦緣恩必哭之如其倫之喪也

春王正月庚申曹伯終生卒夏五月葬曹桓公桓公十年

小國書卒在所傳聞之世卒月葬時其常也則以射姑爲始終生卒日葬月敬老也曹伯老矣曷爲見之以其使世子來朝不可以不之見亂之階也曹雖不亂道則有以致之不謂之正必謂之敬老公羊子有所受之當時不日而不謂之正何也莫之致而至者命也雖亂不咎其人謂之天作孽致之而幸不至非命也雖不亂必正其失謂之行險以徼幸噫彼壞國喪家亡人不過先去其禮也亦

奚其喪失全而後全亡子曰言不可以若是其幾也此節在上一節前

八月壬辰陳侯躍卒桓公十有二年

陳厲公也篡不明則不書葬以見之

丙戌衛侯晉卒十有一月

決日例也是月決不日例也何不言是日日重見也可月重見則不可嫌乎閏也干支則不嫌曷爲決日不日重日也不決月不月例之而已月輕也以重輕爲詳畧教人以易知傳之萬世而無所疑不然古人往矣古事遠矣焉用知其事之在何日

而筆之

三月葬衛宣公桓公十有三年

卒日葬月謂之正乎非正也篡不書葬晉之篡前定也不可以爲正矣宋子陳子背殯出會皆以在喪之稱稱之必諱桓公穆公之葬則齊桓晉文有罪焉彼猶有人子之心終身痛焉必并去襄公共公之葬因其自責而責之背殯不可固如此衛侯朔何如乎如恒人矣則葬宣公如恒辭矣獨無父兄師保乎童昏也不可教訓不知話言以至此極也其終不遠矣

夏四月己巳葬齊僖公桓公十有五年

危不得葬也

癸巳葬蔡桓侯桓公十有七年

渴葬也哀不足禮能有餘乎蔡桓侯非齊孝公比也以獻舞薄於爲人後之誼矣稱之曰桓侯奪其臣子之辭雖有賢季於蔡奚補桓侯不知忠臣之分授不肖以位薄其身危其國矣

冬十有二月己卯晉侯重耳卒僖公三十有二年

春秋所予二伯而已

冬十有二月葬鄭厲公莊公二十有一年

絕之而又見入焉鄭伯突也衛侯朔也皆不容於誅朔不葬突何以葬功以除突之罪也突之功柰何定王室也惠王辟子頹之難居於溫鄭伯誅子頹而王室定罪固可得而除矣然則何以不言王出入以鄭伯虢叔克左右王室不廢先王之命若畿內之官君子雖無競乎尚猶有親臣也故爲尊者諱也此節在上一節前

世子

冬曹伯使其世子射姑來朝桓公九年

誓於天子曰世子攝其君則下其君之禮一等未

誓則以皮帛繼子男禮也父老子代從政天子之大夫仍叔之子也在曹則射姑諸侯世子也會同則可攝朝則不可以攝射姑非攝曹伯使之非禮也曹無大夫乎次國三卿當大國之下卿小聘可也何亟亟於使其世子來朝乎好於我也好於我者何人可無譏乎君使之非也子不幾諫亦非也曹伯老矣不重其子世子親矣不念其君危國亂家之道二百四十二年惟一曹世子則其成之曰來朝何命之者於朝受之者於廟矣

母弟母兄

齊侯使其弟年來聘隱公七年

齊終春秋志聘五盡於此乎曰否他以爲常事焉而不書也齊侯使其弟年來聘何以書曰志聘也志諸侯之聘於此焉始志諸侯之聘曷爲於此焉始以志天子之聘於此焉始也諸侯來曰朝大夫來曰聘諸侯之大夫來曰聘天子之大夫來亦曰聘若是班乎故辨之云爾齊侯使其弟年來聘諸侯之大夫來咸視此天王使凡伯來聘天子之大夫來咸視此云爾春秋愼辭謹於名倫等物者也辨等於齊而絕倫於晉不可不察天下之大敎也

孰往大夫如齊也曷爲不言大夫如齊不言公如京師則不言大夫如齊以爲常事焉爾公羊子曰母弟稱弟母兄稱兄傳曰母親至而尊不至敎親親也庶子爲侯必尊君母而親其母不以親親害尊尊亦不以尊尊害親親是用內和而家理一人有子三人緩帶人情之至也有子曰禮之用和爲貴先王之道斯爲美小大由之

鄭伯使其弟語來盟 桓公十有四年

穀梁子曰來盟前定也則曷不盟于曹矣不欲曹人與乎此盟也爲私焉鄭伯使其弟親者也莊公

之子多矣惟母弟之爲戚私之中又有私焉明神

其聽乎甚於要盟之不蠲矣

秋八月蔡季自陳歸于蔡桓公十有七年

何以字賢也何賢乎蔡季其出以義其歸以仁不

求爲後義也終兄弟之恩仁也以取貴乎春秋

春秋正辭卷七終

春秋正辭卷八　莊氏學　味經齋遺書六

外辭第六

楚有四稱自本逮末無過曰子犯中國甚與中國並以至下者本之惡其僭名也入之在僖之篇齊桓同好內王貢也子之自成之身晉景不正楚討陳也襄昭往焉外之奈何夫子適焉謂諸夏何言曰夷狄之有君不如諸夏之亡也楚子軫知大道矣楚一徐州之戎魯侯有膺王命曰征馴之則寧伯述是職惟在萃服別生分類有虞盛德彼實近我職思其外莊僖以後葉翦流汰追戎濟西錄功在大戎二狄逼并冀

侵兹兖豫白狄在雍宣策初著别之以赤患其交互赤狄殲矣白狄來矣交剛大原并之侅矣鮮虞所踞恒山之旁武衛不奮失其紀綱經世之志率彼陶唐狄三召平淮夷宣王征徐我之所職狠戾如兹國之人之徐固桀也及其子之徐竟滅也楚之稱子豈非劣也徐四及彼南夷莫不率從吴越卬我實曰上邦伐郯之寇行父懼亡范燮致伐底寧東方倏而會吴謀之不臧究於黃池居圍卒荒吴五越能通名於越不能楚虔主盟挈而稱人靦然人面蠡也去之句踐不亘聖人距之越六秦以伯見初非狄也襍聘之交

俄一斥也任好不卒乃卒禦也善及子孫三良殉也
儕諸白狄桓無信也卒而不名匿嫡名也秦七振鷺
爲客卽於東夷貶之者三志在扶微夏禮本矣禹德
遠矣杞八子之稱爵己速父之從楚己果從楚人之
伐許國之小人無朋蠻貊不行鄭九陰敗王師生居
父爵晉之爲狄久矣因其甚而後加之傷之也辭人
之君受人之臣委陳蔡而不恤恣荀范而不遏平公
沒而晉葢無君焉則不得有大夫焉國之也者無君
無大夫之辭也書曰楚子伐徐晉伐鮮虞哀哉晉乎
猶在瀕死之凶人下乎晉十不逆詐不億不信來則

名侵則人志其初之來以本之可以覺未州伯何事
矣東夷十一三八可責皆不善也有指矣小國十二
舒爲荆耦邑別則散衆散爲弱淮之衛中國者楚實
制之矣聖人遠慮父母之國以邱墓之在曲阜也羣
舒十三淮夷以楚虔書楚子長諸侯賤乃如斯見其
賊而誅之淮夷十四周疆有戎區以別之或則邑焉
或則姓焉實逼處此晉之咎也遂以媚晉又何求也
曼氏子爵嘉赤名若是乎詳之以當楚子晉人而晉
楚伏其罪不以外而忽之重人之死哀族之亡而凡
有血氣者莫不尊親矣而非馳騖乎兼容并包也山

戎北戎識遠畧也諸戎十五敗不言獲不語怪力書狄畧之書日詳之爲天下記異也長狄十六

楚

楚人伐鄭僖公元年楚人侵鄭僖公二年楚人伐鄭僖公三年

楚何以稱人入僖之篇始人之也其稱人曷爲始於此論齊桓之功也四夷病中國莫楚若近也不自以爲天子臣桓公爲召陵之盟復職貢於周室焉來盟以定約束舉其臣之名且氏之列爲諸侯以承天子故於僖之篇始人之也君子以桓之與楚不踰節矣自時厥後雖犯中國不敢叛天子于

是乎楚恒稱人然不言楚子也春秋于病中國甚者辨其等也嚴而王制正無缺矣

冬楚人伐黃僖公十一年夏楚人滅黃僖公十二年

滅不書伐以無救書也

楚人敗徐于婁林僖公十五年

夷狄相敗何以書中國救之則亦中國也曷爲國徐而人楚楚人僖之篤始稱人也君子美桓公之功而嗛其服楚爲已僅皆于稱楚人乎見之徐始見則稱人今也國舉之辭若中國敗夷狄者然貶之也曷爲貶人敗而役于楚也貶之使不若楚則

役于楚見矣徐不役楚楚不能亡徐徐不戰楚楚且不能敗徐而敗焉而役焉徐之罪也則何以書徐近我者也魯實州之伯其叛服也我有慶讓焉不能卒、徐失舊職矣徐今茲役于楚則且爲楚而伐莒則楚且侵我而潰莒莒彌近我者也安危關我盛衰不能衛莒彌失職矣自僖而徐爲楚役及昭而徐且爲吳役吳與楚爭徐而吳卒滅徐于是乎我事楚且降而事吳事吳而吳且伐我楚侵我諱吳伐我則不諱據哀以錄乎僖諸侯次臣大夫救徐桓公之烈到於今受其賜不虛也然則爲州

伯者宜奈何力能衛徐使不爲楚役則文王之法也雖伐徐以正之也可

冬楚人伐隨僖公二十年

隨者何微國也迫于楚不列於中國之會盟若此者于春秋皆不書何言乎楚人伐隨錄隨也隨去楚而從中國以見伐故錄之云爾其言伐何隨不量力也則其錄之何隨小國也小國恥受命于大國則盍師文王矣聖人所以歷七十二君之廷也

秋宋公楚子陳侯蔡侯鄭伯許男曹伯會于盂執宋公以伐宋僖公二十有五年

楚稱子何其故爵也褒之與進之與曰非也杞貶而後子楚伉而後子烏乎褒向州舉之今有爵則曰非進之何夔滅而子楚强而亦子烏乎進然則州舉之而復稱爵何曰州舉之者著其本聖人之所貶也子云者著其分也不得過是之辭也不得過是之辭者以其僭王與曰雖侯伯不得而假焉

秋楚人圍江文公三年秋楚人滅江文公四年

滅不言圍此其言圍何圍迫矣以僅救書也

楚子使椒來聘文公九年

春秋憂後世後世習其讀而詢其繫此楚子也向

楚世子商臣也何若是乎其有君有大夫秦伯使術來聘賢穆公也吳子使札來聘賢季子也楚子使椒來聘若是乎其同辭也其同辭也美惡不嫌也春秋之爲美惡者不嫌至是止矣嫌則教之信異辭而後信不嫌則教之疑同辭而後疑楚子使椒來聘君子憂其不疑也魯之人不疑斯受之後之人不疑曰胡不受之則是秦穆楚君而季子楚使也童昏且知其不可夫受之之不可至如此非同辭莫能使疑莫能使疑則莫能使覺憂其已乎辭受取予義之大閑也賢士潔其身賢君潔其國

善人至則榮之不肖入則恥之賓主之辭非所以接商臣也無父無君周公所膺況儼然承其玉帛而廟受之牢禮委積膳獻饔食賓賜皆以中國之禮籍禮之商臣之不討非魯罪商臣之聘而不辭魯之君臣烏得以無罪楚雖强其主負不義于天下名其爲賊則無辭以用其衆也自城濮以來楚未能得志于中國權固不足以休戚我矣且郯莒之人以通楚使執小國且猶不受而況大國乎蜀之役襄昭之往昉于受椒之聘而後至于是也然則魯君臣宜奈何閉關而絶楚使焉可也

楚殺其大夫宜申 文公十年

楚無大夫志殺其大夫不氏以犯中國志也楚有大夫志殺其大夫以氏以濫刑志也終不譏楚之專殺大夫者外楚也宜申不犯中國殺何以書以宜申之殺爲不可不志也宜申楚之微也商臣弒父與君而君于楚以商臣爲君則宜無大夫者也宜申何以得大夫于春秋以是爲楚之大夫而非商臣之大夫也宜申躬受再生之德于其故君志于讐商臣而謀討之其義固可以大夫于春秋矣然而商臣覺而殺之不克討賊而爲賊所誅不志

則疑于成商臣之誅志之而後見其成宜申之討曰北面事之于茲十年矣復可以討乎曰可齊商人書其君罪齊人也楚虔書其君罪楚人也弒君者終爲賊而不可以爲君矣矧若商臣有父之親有君之尊而躬爲大逆乎其道以刑餘罪人爲皆得而殺之彼北面而事之十年亦刑餘罪人之比爾胡爲其不可以討且宜申而令尹司馬也則討不可以待終日宜申非令尹司馬也則謀可以俟之十年十年謀之不得以齊人楚人論又不得以爲故君賊新君比惟商臣之子則不可以殺商臣

爾故君者在廟在廟則可以行于廟中之子也

楚子蔡侯次于厥貉

諸侯絕則名楚子商臣何以不名商臣之絕于茲十年矣得一絕焉爾絕者不復屬其稱楚子何弒而代之者皆稱爵不稱爵則無以知其代之也何事知其代之也竊鉤者誅竊國者為諸侯後世日毀聖人而疑天道然則何事知其代之也曰所以明天道而達王事也王者天之繼也王不討罪天誅加焉而人不知猶之乎不誅爾天誅不若王誅之為明也天下不可以一日無王者此之謂天道

善人無祿不善人無誅而善以日勸不善以日戒終不遷其辭易其志天者人之性也人不可以不知天此之謂王事夫不使人知其代之以不利沮天下之惡也不利果不足以沮天下之惡雖以死懼之而民不畏然則亂臣必誅賊子必誅治之未也非春秋之所貴春秋卽天下之人之心而明示以不義卽天下之人之心而衆著之以義以義死之而弗敢犯也以不義賂之天下而途之人莫之從也爲人子者冠以著代昏授之室必將敬且哀焉莫敢以爲利苟以爲利則弒之端也春秋使人

知其代之者使天下後世之人知大惡之端恒于斯而絶之早也蔡侯何以無貶以爵楚子則不人蔡侯也削諸侯而獨著蔡侯不待貶絶而惡見矣諸侯何以不書春秋之外楚也會盂則先宋而爵圍宋則主諸侯而人未嘗爵楚而又先之也厥貉爵楚且先楚則不可不奪其諸侯之辭也然則何以見其有諸侯春秋外次不書必有關于天下之故而後書楚外之外也雖有關于天下之故不書楚之次不書而書次非次也會也會之而言次微之也然則何以削諸侯而獨著蔡侯蔡驟畔中國

而堅于親楚新城之盟不至甲午之卒不赴以蔡爲楚之徒也其爲楚之徒奈何春秋有世子弒君楚商臣蔡般相望于八十四年之策書若接跡然實斯侯之孫且曾孫也乃其曾祖王父與商臣比肩而立矣夫楚之爲楚不知君臣之義父子之親夫婦之別蔡實親而習焉久而不知與之化矣禍卒見于固與般之世而蔡人安之若不知亦與之化矣則商臣之孽中於蔡深也弟子習春秋之讀而約其修辭之法般之書弒既書蔡侯者三先之者惟楚子商臣之書弒既書楚子者三偶之者惟

蔡侯已詩曰於乎小子未知臧否匪手攜之言示之事爲人之祖若父莫不欲其子孫之仁且孝欲其子孫之仁且孝必以中國之法爲其家法蔡惟楚是親則惟楚是師于是乎其家果與楚同禍而親楚猶若楚親之猶若俄而殺之國滅矣削諸侯而獨著蔡侯以爲天下諸侯之國未嘗有如蔡者也

春楚子伐麇文公十有一年

麇者何近楚之微國也自我言之遠國也自楚言之其屬國也若此者于春秋皆不書楚子伐麇何

以書麇子逃厥貉之會者也逃厥貉之會者可以合之於中國矣以此爲夷狄伐中國志之云爾楚何以稱子見麇子之以楚子逃也大矣哉麇猶知以楚子逃乎

戎

春公會戎于潛隱公二年

淮夷實禹貢徐州之域徐戎之云魯公所征茲戎無所繫在徐不疑焉伐凡伯矣侵曹矣此皆戎也周公魯公之世吾與戎未有會也役之而已公會戎於潛何以書謹侯度也抑之詩曰夙興夜寐洒

掃庭內維民之章修爾車馬弓矢戎兵用戒戎作
用剔蠻方書曰惇德允元而難任人蠻夷率服建
牧立監天子之守臣也善者率服之其次戒之剔
之公之惇德何若允元何若邦有任人難之何若
車馬之政弓矢戎兵之器百官總己以聽冢卿踰
期年矣撥亂之志有可觀乎否乎否而爲會恃外
危可而爲會動悔亦危危之云者欲公修魯公之
法而謹諸侯之度也實逼處此度外置之治內治
外之謂何矣

秋八月庚辰公及戎盟於唐

僖之篇盟乃有楚哀之篇盟卒不及吴會戎矣郎復書盟戎何病之也病其不終歲而再與接也易曰見惡人元咎見之而亟於邾與宋焉得无咎則何以不諱其與之盟居有近遠交有新故患有小大差以別之制御之道在其中矣修政如文王則事昆夷爲仁人之保天下盟又何病君不舉旣廢之小雅而復行之六月采芑不爲無病矣況與之盟乎凡伯之伐在隱之篇大邦維屏之謂何日以謹之病之也及內及外也不使戎爲志乎此盟也則豈不以其來接於我而許之乎邾乎宿乎將滕

薛乎而許其接於我乎

戎伐凡伯于楚邱以歸隱公七年

重王命以重王使伐國之罪猶且降等焉故大之也春秋有不可書則辟之此何以書孰驕此戎者我與有責焉耳矣于楚邱罪其地之主人以歸罪凡伯辱天王之命也王室之從政者固若此乎不與夷狄之執中國豈與執天子之使哉非愈乎執也執亦不言執也王風是以諷于役閔矣東方之侯有一人起而問此戎者乎

公及戎盟于唐桓公二年

誣彼戎人猶以是爲修先君之好乎既成宋亂無所還忌詩曰小大近喪人尙乎由行內奰于中國覃及鬼方況戎之邇我者乎唐也會不易其地得毋有動其心者

冬公至自唐

公至自此始越之盟稷之會不致也獨致唐之盟豈其以歡至致者危之也桓會皆月既莫不危之矣迨唐而後致果其危之則如愛之者然非愛也公所欲爲無不從志舍爵策勳必于宗廟明神弗獨伊可畏也十有八年好會他無致者兵行惟致

伐鄭危其出不危其復出則不可容於天下復則不可容於曾國可畏哉先君之祥禫時也

狄

狄滅温温子奔衛見天子辭

徐

楚人敗徐于婁林見前

秦

晉人秦人圍鄭僖公三十年

此晉侯秦伯也其稱人何貶曷爲貶匿怨也鄭無禮于晉前與之同於王庭矣今而圍之是匿怨也

且是師也以治始以亂終其與幾何君子以爲是晉人秦人圍鄭而已

秦人入鄀文公五年

鄀者何微國也自我言之遠國也若此者于春秋皆不書何言乎秦人入鄀以秦人之好兵爲見乎此故謹而志之春秋之法苦民尚惡之況傷民乎傷民尚痛之況殺民乎民者春秋之所甚愛也兵者春秋之所甚痛也舍用兵則君無所令臣無所職民無所習春秋之所甚惡也于秦楚吳越見之矣春秋詳楚要吳越而微見秦二百四十二年之

中志秦也罕矣自入滑以來六歲而志兵者七焉何其詳也可謂亟矣然而秦之爲志于好兵未見也則以爲晉實使然今玆入鄀胡爲乎亦晉人之以乎向也入滑胡爲乎亦晉人之以乎秦人好用兵而先其端于天下于入鄀然後見之也君子刪詩以知天下之風而察其自諸侯之民其近兵而習之未有如秦者也于穆公康公之交而無衣之篇作則其志入鄀之時也春秋表微夫滑也鄀也非秦所以通道于東諸侯者乎苟有桓文之君則知所以示權于中國矣而況王者兼國二十開地

千里皆于是乎見之而猶未止也遠矣哉

小國

郳人牟人葛人來朝（桓公十有五年）

鄉曰郳儀父今曰郳人不貴郳而賤牟與葛也牟葛宜不若郳人矣皆稱人則均焉賤之也則何以曰朝附庸固曰朝矣

春秋正辭卷八終

禁暴辭第七

亡國之墟有數可爲悼懼厲王大壞靡國不泯宣王中興勞來還定檜之將亡傷天下之無王春秋制義以繼王迹覆宗絕祀曷勝書滅先內自克治齊爲桀桓公之初不滅其懸荆楚殘虐大半不錄據近以書猶溢策牘吳復踵焉幾及上國嗚呼有哀國步斯頻宗盟相食痛絕衛文美異莘庶盡釋舊聞曲沃兼翼狠戾無親焦霍韓楊又奚足云衆噬偪陽聖心不臧憑弱犯寡曷謂安疆狄戎哀之矧在冠裳夔庸識之

況近我邦定哀之間小國卒亡滅爲善辭惟賤伯陽
亂姓曰滅悲乎鄫人貶在吳下賤其敗倫滅國一紀
侯大去小人不加君子州公不復不能效死梁實魚
爛土功一端孰非自取不仁甚焉國亡二不知其所
以失因其來而著之曷謂之朝待之以初失地三遷
取王封倍畔當誅剟滅國邪不可不察稱師暴也稱
人賤也遷國邑四自非二伯則曰盜兵日入惡重日
君若臣鄭尙有檢吳不比人先伐起之責主怨客怠
其閉修遺人以獲齊賊不誅獨表入郛楚討則予貪
乃畧諸封陳退師誰當控扶入國邑五圍必恃衆甚

且久師圍邑邑殘圍國國糜圍小暴矣圍大勞矣伐國圍邑忿且驕矣圍國邑六王者受命命歸侵邑是曰經畧封彊以帖夆婁疾始長葛伏法伐國取邑七力屈曰降威加曰降之造謀如紀終盡降鄣四十餘年齊惡已詳奚待季世乃識姜亡七病三艾不畜不得自以爲彊此可心惻降國邑入爭逆德也兵爭之末戰兵之末一跌不振更事知之其事好還識古覺焉聖人之心不寧惟是仁而已矣仁爲讓本以仁去利讓爲禮本以讓去爭禮爲國本以禮去兵茍不務仁不能去利去兵無益亡之道也姑毋言去兵姑教

以不戰療不仁之甚爲不仁之瘳春秋志戰錄內從外曰盍姑無首惡必以日識之曰一日惡成沒世不贖北棄秦晉南絕吳楚冠帶之倫廢文任武卒乎天下之人牧未有不嗜殺人者春秋樂道堯舜之道糜爛其民而戰之不可同世立錄之將何說論語不云乎放於利而行多怨能以禮讓爲國乎何有善人爲邦百年亦可以勝殘去殺矣如有王者必世而後仁此非告以不善變而之善之道乎不仁不讓爭利害則必戰爭是非則亦必戰爲惡不同同歸於亂及其大迷並有爭心天之與人誣曰交勝胡不相畏不畏

于天洪惟圖天之命弗永寅念于祀斯嗜殺人者之說矣戰丸敵者言戰寍曰敗也不曰戰也不敵也彼相敗也常不書而要吳與越也敗十詐戰則晉愈於戎者有幾然猶不言取彼戰也畧言敗不日著詐戰則日詳重畧輕義之別也詐戰十一覆師甚於詐戰彼以禽獸擬人而取之實以自陷於禽獸則不忍目其日也聖人之辭信如此哉然而不削以人道哀之也覆師十二齊有還詩可以知微諸夏之君輕死爲勇未有如齊侯者也前則商人後則莊公抽劍斷鞅誰昔然矣襄十三春秋有不忍書亂男女之別其殃

如鄶逆父子之倫其殃如蔡則不忍不書也用之者有常無赦無所容於天下用人十四般非侯因虔以侯般必名并虔以名因其殺人而殺逆之罪著居罪不若虔之甚戎曼子不名異之於般則般實禽也不死社稷哀哉沈子以歸者公孫姓殺之者蔡之君其曷以終焉專殺諸侯十五邢亡國也諱之曰遷善齊桓也衛新國也偪而又遷惡晉文也許頻四遷靡不備書因楚以國楚之善也蔡惟一遷身弒國亡吳之惡也以吳子戰使蔡首惡也國遷十六存亡繼絶古今通義許叔紀季字以善之蔡侯陳侯爵以成之取

須句未盡善也歸邾子喜改過也善未盡書復取以
見前之可善能改過目曏之以而告之以其過復國
存祀十七

滅國

夏齊人殲于遂莊公十有七年

王法殺人者死志乎殺則重以智計殺人則彌重
遂人饗齊戍醉而殺之殺之重者也而以齊人自
殲爲文義遂之人而以爲無罪也齊之君不得討
死者子孫不得讐調人有明法焉王者遷遂人而
定其居雖然上無天子遂之餘民靡子遺矣皆爲

遂之社稷宗廟死也以齊人自殲爲文彊遂人之義而立之也何謂彊遂人之義而立之國之存亡猶人之死生也齊人滅遂以遂人爲齊人盡齊人也則遂之名亡矣聖人正以王者之法諸侯擅滅國則誅于齊桓公以功覆過爲之諱滅項其未有功滅譚遂仍誅文不諱雖曰齊之滅之終不可以爲齊之有之地從主人一邑且然公羊子曰若楚王之妻媦無時焉可也夫必有齊人之實乃命以齊人之名苟有遂人之實則不可被以齊人之名必命以遂人之名矣春秋別之曰齊人自遂人言之

也其死者實齊人其致之死者實遂人遂人以謀殺齊人至于盡齊之君臣固以爲遂人殺之且以爲旣柔服於齊之齊人而謀殺人以盡之正其獄之名告於諸侯君子作春秋以自殲爲文豈曰死者自取乎罪齊侯自殺其民也夫齊人王嘉師也齊桓前有擅滅國之罪後有殃民之罪齊臣之主其役者有陷君于大惡之罪約其文曰齊人殲于遂而遂人之名立矣名立則義立義立而遂人皆殺人而義者也死者之子孫不得讐也王者誅滅遂之齊人以謝遂人誅殃民之君若臣以謝齊人

不學春秋蒙首惡之名不可解陷死罪之名不可掩故曰禮義之大宗也所以禁於未然之前也義德容德一以貫之矣

夏滅項（僖公十有七年）

桓公之事以滅項終乎爲桓公諱滅項則滅項惡矣滅諱遂不諱而諱滅項則桓公善矣凡諱必皆誅絶之罪也以功覆過王者有八議焉凡譏也貶也春秋樂道堯舜之道察其所譏堯舜之道存焉佑啟我後人咸以正無缺聖人之志也

殺陳孔奐（昭公八年）

何以不言大夫大夫國體也君死國亡則何大夫之有國君死社稷大夫死衆正也殺陳孔奐則死之也何以目小人使殺君子不予死也可親而不可刼可近而不可迫可殺而不可辱以孔奐爲有愧乎斯言矣然則何言乎殺陳孔奐滅者亡國之善辭滅者上下之同力者也以孔奐爲圖國忘死者教則愧以孔奐爲忘君事讐者戒則優見陳之國亡而存者尚有人也先王之善建侯貞于不拔焉已矣

國亡

冬州公如曹 桓公五年

州公者何天子之三公也諸侯入爲三公以國繫官內曰釆外曰國一也外相如不書此何以書未如曹也去其國之辭也言如曹以本其意曷爲本其意其意蓋先有所臧否焉

春正月寔來 桓公六年

適我爲寄公不復其國也寔不如曹而適我故曰寔來魯望國也曹小國也託身焉爾何暇論主人之臧否乎哀之不責也是三公也夫安得名之失地

夏穀伯綏來朝鄧侯吾離來朝（桓公七年）

失地之君也天子之三公不名穀伯鄧侯則名辨等也名之見失地也不見取其國之人遠國也能朝乎雖不能亦必曰朝諸夏之君也其曰朝何我有以禮之矣公羊子曰貴者無後待之以初也穀梁子曰猶言同時也累數皆至也州公何以不言朝天子之三公也言來則可言來朝則不可以爲化我公羊氏失其傳也夫孰知州公化我乃所以賢於穀伯鄧侯乎試思之何遠之有

入國邑

夏五月莒人入向 隱公二年

入國大惡也莒我東偏之國也向我南偏之微國也秉州伯之教爲天子奮武衛莒人入向我不克柔遠能邇見矣莒有夷俗曷不以國目之春秋之道宏矣夫不以近於我乎向亦卒亡而不書也書取之莒以見之

秋衛師入郕 隱公五年

入爲寇之重者也稱師重之也書時畧輕月詳之日則彌詳之傷害之淺深具矣受兵者無譏乎郕小國也衛大國也暴小寡之罪大則致寇之罪薄

矣郕之爲國宗盟也且我之同州也衛旣暴蔑之我必槁禬之是以志諸春秋鴻雁所爲作也小雅非其人必有以易之春秋何獨不然

秋宋人衛人入鄭隱公十年

戕敗人者適以自戕而自敗逾時已反乎爾矣不曰且不月酷未甚也人之賤之也

冬十月壬午齊人鄭人入郕

稱人賤之也曰入虐甚矣郕微國也六年之中一殘於衛再虐於齊鄭聖人猶幸我之不與焉鄭無欲於郕以是爲齊志也入鄭伐戴則先宋伐宋入

郟則先齊釋怨鳩民之話焉在目羣帥師餘則皆畧而入之必斥鄭伯內且不爲公諱詐戰覆師斯獲罪於天也

秋七月壬午公及齊侯鄭伯入許隱公十有一年

鄭與許偪邇於不並立曷言乎公及齊侯鄭伯入許償取郜取防之德於鄭者公之志也兵莫憯於志竭其力享其實者次之日入許之社稷殆不血食矣

秦人入鄀見外辭

伐國取邑

春王二月莒人伐杞取牟婁隱公四年

春秋之始曷爲先治取邑聖人爲政內修七教外行三至期月已可三年有成則凡二百一十國以爲州悉明於天子之禁焉曾州伯也莒州屬也有鄙桀心入向不忌伐杞取牟婁不忌我可以自省而强於政治否乎於玆四年鄰國不知有方伯存曷以正天子之封疆而遏亂畧哉疾始取邑彼介疾而不知懼且以爲固然從而效之王迹熄矣嘉客數矣其尚知疾哉春秋不志內之取邑於杞諱之也

冬宋人取長葛 隱公六年

公羊子曰外取邑不書此何以書久也何言乎取邑之久宋虐用其民陵暴人之邑踰年而卒逞其欲宋之將是師者服上刑而其君爲大不仁矣鄭不恤守一死之臣若民莫之扞而棄之亦不得以無罪且長葛之效死於邑法所宜錄其不得已而服於宋者法所不當罪是以言乎取邑之久也王制備矣

圍國邑

宋人伐鄭圍長葛 隱公五年

伐國不言圍邑惡鈞者從一斷之圍長葛則何以書將言取邑先言圍邑也曷爲先言圍邑而後言取邑一役而期歲也曾莫之救恤乎主人安在矣

晉人秦人圍鄭見外辭

戰

春二月公會紀侯鄭伯已及齊侯宋公衛侯燕人戰齊師宋師衛師燕師敗績桓公十有三年

孰爲是戰紀先鄭齊先宋先者爲之也不地孰主我也非紀乎兵加于紀而我救之則義也義何以不地以其不地知其伐我也我爲主則紀何以爲

是戰齊紀深讐也宋鄭之怨微不挾紀齊不怒我有紀然後成乎戰然則四國何以伐我我黨鄭而隙宋是役也以宋鄭召兵以齊紀成戰輕用民死爲人而已曰會奪內之爲主而從外也衛何以侯以衛朔爲不子矣大夫惡之國人賤之茲蔺所爲作也其詩曰能不我知是之不知而何知乎以衛朔爲不子矣古之爲師也必誓致民志也上輕用其民而民亦弗能死敗績云者自敗也則誅其民乎唯王者實能誅之而無所用誅王道廢則不可勝誅而誅廢誅而不解變乃起矣戰稱侯稱公稱

入敗則皆稱師重師也傷其長國家而輕害所重
也
秋七月齊侯使國佐如師成公二年
何用見其佚獲與以臣敵君又驕臣而抑君乎曰
絕齊侯所以誅郤克也郤克逞志于諸侯而不誅
則晉其狄矣若猶未之狄也則不可以不奉王法
是故與晉爲善者不可以不誅郤克則何以絕齊
侯著郤克之罪而後誅之且使齊侯奉王法也生
而辱不若死而榮身可辱也君與國爲體不可辱
也是故奔而歸者皆絕之執而歸者皆絕之獲而

歸者皆絕之不能其家人不能其國人王法之所廢也不廢則謂之僭重不免於罪輕亦無解于不肖不肖不可以治賢王法之所黜也不黜則謂之闇不能治其國而至於戰不能治其軍而致於敗在國曰侯在軍曰將天子命之而守臣之節也不死其節辱王命廢且有罪不廢則謂之縱僭也闇也縱也非所以式序諸侯也春秋謹王法千乘之國不重于王法天子改立齊君而頃公終身不入齊國諸侯之國安而三軍之心壹矣

覆師

宋人蔡人衛人伐戴鄭伯伐取之隱公十年秋

是遷戮也實速禍矣戴微國也蔡人胡爲乎於斯爭尋常以盡其民爲人牧者類如是乎人之賤之也曷言乎伐取之覆而盡之也稱鄭伯服上刑者匪他人鄭伯也

用人

鄫子會盟于邾己酉邾人執鄫子用之僖公十有九年

邾何以稱人貶用人猶待貶乎不必誅乎必誅也必誅者固人之據晉人執虞公鄫子何以不名國亡則名據蔡世子有國不亡則不名何以不名告喪者辭也順

其辭以詔復讐之義其子若臣不可使鄫一日姑存於天下宋人主是盟則宋人實使之而蔽罪於邾宋人因邾人實造殺人之意而後使之且邾非鄫邑豈曰受宋令而殺之哉然則鄫子無惡乎兵敗國亡身奔走咸不得謂之無惡也信乎無惡則隱之而不書曰春秋有不忍書用人所不忍也而書之則將有所大不忍者乎著有夷狄行者必及其身而人道必始于別男女也所不忍者一人所大不忍者天下萬世之人

國遷

十有二月衛遷于帝邱（僖公三十有一年）

齊桓之救衛衛文之治國所以錄之詩也曹之卒章傷天下之無伯故重耳已不足錄矣況其下乎

復國存祀

蔡侯廬歸于蔡陳侯吳歸于陳（昭公十有三年）

侯之則不名名者失地之君也蔡侯陳侯未嘗以侯接於諸侯於是始侯也則謂之失地之君何曰先王之所侯也其侯無絕非楚之所能滅也雖滅之適以自納于誅其國未嘗不存其子孫未嘗不侯非楚之所能滅則非楚之所能侯也汝以楚爲

制陳蔡存亡之命乎君子脩春秋曰楚曷嘗復陳蔡哉陳蔡之人自復也以棄疾言則虔爲君以陳蔡言則虔君父之讐也陳人蔡人不可一日爲楚人此一役也凡楚人無能解于弒君之罪而凡陳人蔡人皆殺人而義者也楚焉得人陳蔡之人而不國其國不君其君哉國未嘗不存子孫未嘗不侯先王之命而實陳蔡之人之義也獲其義矣豈曰爲名（左傳陳蔡欲爲名）二君在楚不謂之失地之君而何國未嘗不存子孫未嘗不侯則歸而後告焉可也歸者順辭也噫棄疾之無信也鄭不反其犨櫟

而陳蔡復其國君子以自復之辭斷之不信者不得盡其辭矣

許叔入於許桓公十有五年　此節在上一節前

入者何篡辭也其曰許叔非篡辭也復國也復國則何以書入難也何難乎爾無王命與曰可復而復復而後請命以列於諸侯存亡國繼絕世此順之實也陳蔡復歸不待王命春秋無奪辭天下歸仁焉又何奪乎許叔然則何難乎爾曰許不爲許于兹十有五年矣入而後爲許也許叔入而後爲許者五廟僅存而社稷已不血食也陳蔡言滅則

書歸以爲非楚所能滅也入許不言滅矣則書曰許叔入於許莫宜於許叔是以褒之誅鄭伯之專取王封而告許之臣若子致役于社稷夙興夜處以求復之十五年毋可一日忘之而今日終其志也故難之也

春秋正辭卷九終

春秋正辭卷十　　莊氏學　　味經齋遺書六

誅亂辭弟八

毀則爲賊辭必閲實祓之空言曷謂天罰晉有良史書法不隱宋不告賊斷獄彌謹鄭乃黨賊賊乃據國稱國甚惡何問小大世子非人何殊內外賤窮諸盜閽醜其刑敢以疾赴諸侯聾瞶騶騑執政趙盾比也楚虔蔡般名同棄也復見起問書葬哀世察獄所歸享其利也未相君臣通一例也以亂治亂禁不許也力能討之功必錄也討而縱賊罪其所由畏而奉之并罪諸侯奔而受焉謂之掩賊非賊之徒則不言出

及其大夫惟取一節匪以爲賢其死可卹自外曰戕舉國讐之並列於會庶人尤之史不書賊其罪殺之聖人作經以治有司弒一國不可以無受無受則謂之篡父命尊矣臣子一例君命其臣皆謂之子繼子如繼君君命在是子自外如在國君以國爲體繼體則皆爲之後是故無父命曰篡無君命曰篡不爲之後曰篡昆弟爭國曰篡因賊臣曰篡殺君之子曰篡雖討賊亦曰篡討賊正而大夫專立之曰篡出奔而復入曰篡皆大故也苟無故焉不類見天子乃微見之因事則見之宋桓曾僖僅得免焉篡二天子廢之

奔不即罪誅絕三出而歸者絕之於其國而不誅也盜國然後誅諸侯出入四罪不請命順者不納納者不順善其弗克曰衛世子婉而不絕不順之實亦無隱焉納子五論教可不蚤乎不推恩之禍如此乎鉞如二君未若叚甚秦伯有母不犯王禁逐世子母弟六父者子之天順命孰若此子乎君父也非有誅絕也不可解之惡成處心積慮倉卒之變同一實也待其終而後異之殺世子七屢殺君世子是謂國無主墓門作諷初亡以此殺君世子八大夫國體內曰專殺外曰濫刑辭同事異以事見之殺大夫九放頗近

古稱國其亂小稱人其亂大放大夫十鄭賦淸人則不言奔有賢不安曹宋無君齊目崔氏世卿亂本意諸表官死位自泯出不再入亂在出也出而更歸歸有指也逃軍不出責軍乃出輕重白矣曾不少須出入已速恃晉之力遂不祿祿奔固可怒何不自忬讐國不適戎首接跡大夫奔十一不志出者嘉其歸矣曹無赤者則大夫也既出既歸必有自焉苟非大國莫或致焉國所不容納甚戾焉大夫歸十二初僅在邑繼乃在國速以日計久且歲計衆莫如辰易莫如鞅志在求食書名乃章會則爲諱善由子臧通濫之

義衛宜有地叛人十三攻難之士賤之曰盜厚養死士此幾先兆陳遂以亡是謂諸侯之孽莫之傳者微言固不識也盜十四

弑

戊申衛州吁弑其君完 隱公四年春二月

曷爲不稱公子絶也子程子曰古者公族死刑則無服況弑君乎故絶之也此不待貶絶而罪惡見則其絶之何正大法也春秋據亂而作弑君之獄始于此斥州吁書賊辭也以國氏當國也目其君完名之曰首惡以正其本是謂王者治諸侯之法

於異邦則其辭顯于邦賊則其辭隱不忍以首惡歸之君更謂臣子之義亂臣賊子不待貶絕而罪惡見春秋不貶絕以見罪惡也苟罪惡不見必有辭以誅之自宋人弒其君杵臼始矣

宋公陳侯蔡侯衛人伐鄭 四年夏

首惡在衛則其先宋何誅賊黨也誅之則其稱爵何正其名以惡之也

秋翬帥師會宋公陳侯蔡人衛人伐鄭

不稱公子因其可誅而誅之翬國賊也而黨賊故曰可誅師衆稱師此其稱帥師何志專兵也再舉

四國再伐也宋乞師不書蔽罪于翟也

九月衛人殺州吁於濮

公羊子曰稱人者何討賊之辭也當國者賊在外則地於濮非譏衛人之失賊予陳人之得賊也予之討則不曰執之不以石碏主之人得討之之辭也必告諸天子乎周有常刑命之久矣其月何詳之也詳之何也正乎討也

春王正月戊申宋督弒其君與夷及其大夫孔父桓公二年

不當國督曷爲以國氏春秋之始大夫微也微則

奚自以弒君與夷失君道矣君臣位相絕則不言
及春秋以君及大夫者三尙其從君死也公羊子
曰孔父可謂義形於色矣正色而立於朝則人莫
敢過而致難於其君者于是先攻孔父之家孔父
前死君不忍稱其名故字之王者之成法封其子
以附庸繫月於王而不闕以見之春秋責賢者備
孔父仇牧荀息克以一節應先王之法春秋不責
之以備也治政安君他日論也春秋曷爲尙此三
人亂不自斯人出斯人一心於所事前定者終不
變孔父荀息也猝然不驚不顧其身仇牧也若左

氏所傳則孔父危其身以及其君而春秋誣矣獲
罪聖人者傳左邱氏者也
三月公會齊侯陳侯鄭伯于稷以成宋亂
大罪則絶其曰公侯伯何義不爲公諱而公爲志
焉則無爲貶諸侯也其不曰及著同惡也春秋誅
亂賊明白未有如此辭者也自州吁伏罪以迄於
兹內則桓也外則督也不誅而享之矣君子於內
必志而晦於外則懲惡而已矣督之亂獄不可同
于衆罪之辭著其始以律其後書曰公會齊侯陳
侯鄭伯于稷以成宋亂顯其誅也他皆比類以從

事謂之士之八成在九刑不忘

夏四月取郜大鼎於宋戊申納于大廟 見內辭

冬十有一月癸未齊無知弒其君諸兒 莊公八年

諸兒戕魯侯抗王命鳥獸之行惡加于萬民罪乃應誅絕焉其目無知以弒何無知居臣子之節可以義去不可以利處況敢以利奪乎是賊而已矣不稱公孫絕也

春齊人殺無知 莊公九年

孰殺之雍廩殺之雍廩以報其虐其以討賊之辭予之何不逆詐廢正法也不地在內也不月畧之

也畧之何也以爲未足乎討也未足乎討而亟乎
之人得討之之義也
秋七月丁酉塟齊襄公
此書弑矣義不爲隱曰塟惡內也賊討可以塟國
讐則我不可以會塟其日謹之也此書弑矣而何
隱之有
秋八月甲午宋萬弑其君捷及其大夫仇牧 莊公十有二年
不稱族絕也及仇牧何以書公羊子曰仇牧可謂
不畏彊禦矣
冬十月宋萬出奔陳

賊不復見萬何以書出奔惡受賊也宋卒討之不書蔽罪于陳也然則何以不書薨以不書討故不書薨畧輕以明重也以宋之臣子功不足乎揚而亦不逮乎絶也

冬晉里克殺其君之子奚齊 僖公九年

不月不正也公羊子曰其言弒其君之子奚齊何弒未踰年之君也穀梁子曰其君之子云者國人不子也不正其殺世子申生而立之也

晉里克弒其君卓及其大夫荀息 僖公十年

國人不子則國人亦不君也其稱君何里克之君

也里克中立以成其謀及荀息何以書公羊子曰荀息可謂不食其言矣不日不正也息輔不正信非所信則其稱及何荀息可謂不食其言矣克始不去族大夫強也弒君而衆安之也

晉殺其大夫里克夏

公羊子曰里克弒二君則曷爲不以討賊之辭言之惠公之大夫也殺之矣其曰惠公之大夫何奚齊卓子之弒也夷吾有利心焉安受其實而詭其名是與于亂賊之甚者也目其大夫歸獄于夷吾也奚子卓子以孽代宗夷吾以王命立乎其位則

歸獄焉何也已忘其君父以千乘爲利因賊臣而立焉雖有王命是亦篡也篡有所見則不書入以全王命也

春晉殺其大夫丕鄭父（僖公十有一年）

鄭父名也里克之黨也稱其大夫何惠公之大夫也賊討何以不書葢不以討賊之辭言之故不書葢

冬十月丁未楚世子商臣弒其君頵（文公元年）

楚無大夫言世子何盡其親也不言其父言其君盡其尊也盡其尊親之辭以誅亂賊也楚卒未志

其志頽何世子弒君不可以楚不志也其日何盡

其辭也（本何休及陳氏後傳）

齊公子商人弒其君舍（文公十有四年秋九月）

穀梁子曰舍未踰年其曰君何也成舍之爲君所以重商人之弒也其以重言之何也弒而代之也稱公子公子強也不日未成君也未成君而目其君故不日

冬十有一月諸侯盟于扈（文公十有五年）

諸侯何以不序貶曷爲貶欲討齊而不能也

冬十有一月宋人弒其君杵臼（文公十有六年）

稱人以弒舉衆之辭則罪曷在曰在嗣君在正卿罪有在則曷不書其主不以賊告也不以賊告非稱人則不知其罪之在也曷爲不書及蕩意諸徒死也其以爲徒死何也受賊言矣苟息何以書及弒一君復立一君權盡力竭而後斃非束手者也是以及苟息也夫亦非賢之也大國何以不日君知禍而不克避也

諸侯會于扈（文公十有七年）

諸侯何以不序貶曷爲貶不能討賊也黨賊則序不能討則不序序以爲誅不序以爲貶伐宋者大

夫也則曷爲貶諸侯不以權與大夫也貶諸侯而罪具矣

夏五月戊戌齊人弒其君商人文公十有八年

賊不復見稱其君商人何罪齊人而惡諸侯也弒不稱盜罪商人也其曰商人之罪則見矣不嫌也

莒弒其君庶其文公十有八年

稱國以弒何微國也此世子弒君也曷不稱世子非世子也曷不盡其尊親之辭庶子不得體君也不書賊則罪曷在曰此大變也不得盡其尊親之辭則不盡其辭微之也狄之也目莒僕而不稱其

父則是國人僕也稱國以弒則可國人僕則不可故微之也狄之也必求其罪之在有司之法也春秋禮義之大宗也治有司者也法可窮春秋之道則不窮

秋九月乙丑晉趙盾弒其君夷皐（宣公二年）

傳曰親弒君者趙穿也親弒君者趙穿則曷爲加之趙盾不討賊也史狐書賊曰趙盾弒其君盾曰不然史狐曰子爲正卿亡不越境反不討賊則志同志同則書重非子而誰君子修春秋曰董狐古之良史也書法不隱故書曰晉趙盾弒其君夷皐

不討賊也曰於盾也見忠臣之至於許世子見孝子之至

夏六月乙酉鄭公子歸生弑其君夷宣公四年

謀弑君者公子宋也以歸生爲首惡何也宋有無君之心於歸生乎謀先將而誅焉歸生之職也不誅而聽焉則賊由歸生而已矣本胡氏陳氏

春晉趙盾衛孫免侵陳宣公六年

趙盾弑君此其復見何免盾之罪辭與曰非也不復見辭與親弑者同討賊之義隱矣非晉大夫侵伐未有書名者書衛孫免何見晉趙盾則不得人

衛孫免也

癸巳陳夏徵舒弒其君平國宣公十年五月

徵舒不強也曷爲不去族著其族也或曰是亦其君有罪焉曰何必陳靈公凡弒君皆然許世子止不嘗藥累及許君舉大惡之人而加之其君之上惡之也曰春秋誅亂賊亦非其君父乎曰康誥曰惟君惟長不能厥家人越厥小臣外正惟威惟虐大放王命乃非德用乂圄司寇所詰也春秋天子之事也罪其君父所以正本也故曰爲人君父而不通於春秋之義者必蒙首惡之名爲人臣子而

不通於春秋之義者必陷簒弑之誅死罪之名徵舒絶矣靈公不得爲無罪也著其族著靈公所由弑也

秋晉侯會狄于攢函宣公十有一年

外會不書晉侯會狄何以書病晉也其病晉何也病不討賊也病晉則其稱晉侯何稱晉侯以會狄所以病晉侯也

冬十月楚人殺陳夏徵舒

此楚子也其稱人何討賊之辭也中國有亂獄天子不能誅諸侯不能正而楚人能之故予之也此

入而殺也則先書殺陳夏徵舒何不以入陳衆討賊也其月何以是爲討之正也

春塟陳靈公宣公十有二年

過時而不日謂之不能塟此不月何僅可以塟也討此賊者非臣子也則不能之甚也公羊子曰討此賊者非臣子也何以書塟君子辭也楚已討之矣

庚申晉弑其君州蒲成公十有八年正月

稱國以弑則罪曷在曰在正卿罪有在則曷不書其主不以賊赴也曷不稱人而稱國不擧衆也以

異于祚日也其日何詳之也周不書入義不繫乎
人也
鄭伯髠頑如會未見諸侯丙戌卒于鄵襄公七年冬十有二月
鄵者何鄭之邑也諸侯卒其封內不地此何以地
隱之也何隱爾弑也孰弑之公子騑弑之曷爲不
言弑以疾赴也以疾赴則曷爲遂言之爲中國諱
也舉大惡之人而加之其君之上惡之也宋公佐
卒于曲棘不著其事此未見諸侯其曰如會何致
其志也隱之也取卒之名而加之如會之上見以
如會卒也以如會卒則曷爲爲之諱不使夷狄之

氏加乎中國之君也以疾赴則從史也非諱也其曰諱何也辭繁而不殺非徒從者也著其事而後卒之故曰爲中國諱也諱則如賊不可知何曰不諱則如所不能知何始之書賊也去其族去其族而後有不去其族不去其族而後有稱人有稱人而後有稱國有稱國而後有書卒因其赴而爲之諱也而後有不承其赴而爲之諱者稱世子盡其尊親之辭也書閽書盜賤乎賤者也有司之法不失賊而已春秋禮義之大宗也治有司者也然則有司安所詰與安受其實則在嗣君志不討賊則

在正卿主其名受其賊則在主者史不書賊則并在史官如是而已矣史有司也春秋治有司者也以史法議春秋是以臣之無有作福作威玉食而禁其辟也

夏葬鄭僖公（襄公八年）

其不月不能乎葬也公羊子曰賊未討何以書葬爲中國諱也

夏五月乙亥齊崔杼弑其君光公會晉侯宋公衛侯鄭伯曹伯莒子邾子滕子薛伯小邾子于夷儀（襄公二十有五年）

此諸侯伐齊也不書不于伐也曷爲不于伐齊崔杼弑君諸侯伐齊是討賊也修怨而伐君弑而舍書伐則疑于討賊故不于伐也諸侯盟于扈不序不能乎討也此何以序非不討而已則何以無貶大夫恒稱人則貶諸侯大夫貶而後稱人則不可以人諸侯也正名而已矣

秋八月已巳諸侯同盟于重丘

齊與盟曷爲不見齊不使齊得同乎此盟也

春王二月辛卯衛寗喜弑其君剽襄公二十有六年

公子瑕不成君此成剽之君何重寗喜之弑也剽

不正其日何也剽以辛卯弒衎以甲午復其日見以弒復也衎復正則其以重言之何剽爲宗廟社稷主殖也喜也北面而臣事之臣剽而貳衎奉衎以辭剽之爲君書曰弒其君言罪之在喜也

晉人執衛甯喜

執大夫有罪則不書其執執者不宜執也此有罪何以不宜執不宜其罪執之也不以罪甯喜晉人乃不免矣

衛殺其大夫甯喜 襄公二十有七年夏

此復正也曷爲以弒君之獄歸焉喜爲衎而弒也

衎剽之君也剽非衎之君則歸獄焉何也以王法絶之也衎由林父出出十二年而衛民莫之思諸侯莫之納由不仁也卒以入者弑君也君子以是爲匹夫也不以弑君之罪罪喜者歸獄于衎也然則剽無惡與曰舉大惡之人而加之其君之上惡之也叛林父人趙武向戌而剽之獄具矣

冬齊慶封來奔（襄公二十有八年）

此受賊也目言之何微内惡也受人之賊則以微言之何慶封之爲齊大夫也久矣可以言來聘則可以言來奔景公之大夫也而不以其罪逐之也

閽弑吳子餘祭 襄公二十有九年夏五月

不日畧之也公羊子曰閽門者也不稱名姓閽不得齊于人不稱其君閽不得君其君也賤人非所貴也貴人非所刑也刑人非所近也舉至賤而加之吳子吳子近刑人也

夏四月蔡世子般弑其君固 襄公三十年

不日何也不盡其辭也既盡其尊親之辭矣不日何也夷狄則盡之中國而夷狄則夷狄之以同而異也

冬十月葬蔡景公

公羊子曰賊未討何以書葬君子辭也胡氏以爲徧刺天下之諸侯也天下諸侯至是而無以討賊措其心者矣不書葬無臣子也無臣子而書葬天下諸侯皆無臣子也

晉人齊人宋人衛人鄭人曹人莒人邾人滕人薛人杞人小邾人會于澶淵宋災故

會未有言其所爲者其言宋災故何言故非其故也宋共姬葬蔡景公亦葬宋災則爲之變世子弒君則無變至是而天下諸侯無以討賊措其心者言故非其故也惡之也大夫不名貶曷爲貶大夫

權在大夫也以天下諸侯爲皆無臣子也內大夫

不書大惡諱也

十有一月莒人弑其君密州襄公三十有一年

此庶子弑其君也則舉衆言之何不得盡其尊親

之辭則展輿如國人也君子以爲不可其曰人何

見展輿之有徒衆也

秋莒展輿出奔吳昭公元年

此踰年矣不稱莒子賊也何用見其賊也不奔去

疾而奔展輿蔽罪于吳也知其賊則何以不書賊

庶子也不得盡其尊親之辭寧不盡其辭也莒僕

不言來奔未成乎受賊也

冬十有一月己酉楚子麇卒

此楚人弑其君也何以書卒爲中國諱也楚圍弑君則曷爲爲中國諱圍反中國會則弑其君立乎位則舉中國往會之我又朝焉弑君之賊未有如虔者也會天下大故公行國之大事不可以莫之志也虔主中國會不可以莫之諱也諱麇之弑存中國也然則何用見其弑也慶封也般也虔也春秋辭一也見虔之爲賊也辭從主人則麇不成子也卒何以書成麇之子書麇之卒見以故卒也

楚公子比出奔晉

君弒雖不書弒非與乎故則不書其奔此何以書已不繫君之存亡有閒位之心焉无所容而出罪之也辭不殆于賊乎賊不以爲類君子曰類也

執齊慶封殺之（昭公四年）

殺有罪則不言執此言執殺之何不予討也諸侯在是而辭主乎楚子何也雖諸侯不予討也役乎賊也殺齊慶封何以書慶封之賤而書不貴楚虔而賤齊慶封也

夏四月丁巳楚子虔誘蔡侯般殺之于申（昭公十有一年）

般名虔何以名般之賊已著虔之賊未著一施之然後著非以其誘中國與曰非也雖不以誘不利其國虔固不得討也般之名棄之也虔亦名并棄之也杞用夷禮則夷之會般也而中國之與春秋之討賊也正名而已矣我無加損焉名窮於不可正加一辭焉而弒君之賊無所容於天下萬世故曰法可窮春秋之義則不窮其曰何謹之也其地何謹之也以別於討賊之辭也

執蔡世子有以歸用之

公羊子曰此未踰年之君也其稱世子何不君靈

公不成其子也不君靈公則曷爲不成其子誅君之子不立非怒也無繼也不立則其曰世子何般可絕蔡不可絕嫌絕蔡故不去世子世子者與祖爲體然則得有蔡乎曰卒有蔡者其子也存蔡故曰世子般絕則子不得而有蔡也

夏四月楚公子比自晉歸于楚弑其君虔于乾谿

昭公十有三年

穀梁子曰自晉晉有奉焉爾歸而弑不言歸言歸比不弑也此見以比之歸弑也比因人亂而爲之主故加弑焉于乾谿令行於乾谿矣虔立則比出

比反則虔弑比未始以臣事虔也其以君比何比有利心焉出則不間正虔之罪也反則有間于虔之位也因亂臣以自立是亦虔之亂臣也不日畧也

楚公子棄疾殺公子比

不稱人以殺不予討也比何以稱公子不成爲君也不去公子罪棄疾也曷不并削之著以公子爭也非免比之罪辭與曰比立乎位矣非虛加之也又何以免焉

冬十月葬蔡靈公

般也生死無所容于天地則何以書塟曰塟生者事也般也誅廬不可以有蔡廬也有蔡則孫不可以不塟其祖上無天子下無方伯不容于禮不詞于衆廬于是有蔡于是塟靈公絕靈公者不得不絕廬書靈公之塟明廬之不得有蔡也然則成之爲蔡侯而曰歸何也中國不能存蔡蔡復存舍廬則莫主蔡是蔡絕也蔡不可絕故過而予之也春秋有過辭乎曰與其殺不辜寧失不經春秋之過虞帝之過也

夏五月戊辰許世子止弒其君買　昭公十有九年

其曰何盡其辭也中國不盡其辭則何以日止不弒也以異於蔡般也止出奔不書不使同於親弒者也

冬葬許悼公

公羊子曰賊未討何以書葬不成于弒也曷爲不成于弒止進藥而藥殺也止進藥而藥殺則曷爲加弒焉譏子道之不盡也然則爲止宜奈何左氏曰盡心力以事君舍藥物可也然則何以書葬免止之罪辭與曰非也不書葬辭與直弒者同嘗藥之義隱矣止不嘗藥累及許君非虛加之也則何

以免焉

夏四月吳弒其君僚昭公二十有七年

其曰吳夷也不日以異於晉也

薛弒其君比定公十有三年冬

其曰薛微國也薛無大夫也

春王二月庚戌盜殺蔡侯申哀公四年

何以稱盜非大夫也副非有徒衆也卒起而蔡侯弒焉不終日而討之公孫也則盜而已矣以至賤而加之蔡侯蔡侯不戒也討之不書賤盜也其曰何異蔡于吳異君于臣也

蔡公孫辰出奔吳

君弒非與乎故則不書其奔辰書奔與乎故也

夏蔡殺其大夫公孫姓公孫霍

此討賊也何以稱大夫不与討也曷爲不与不均也辰也出而姓也霍也死故曰不均不言及不以姓及霍也

冬十有二月塟蔡昭公

何以書塟刑雖不均罪有所歸矣不使蔡爲無臣子也

齊陳乞弒其君荼 哀公六年

此陽生殺之曷爲加弒于陳乞荼陳乞之君也陽生正荼不正陳乞以景之亂命而君之卒召陽生荼其不死乎殺荼者乞也陽生受其位而獄不歸焉何也曰陳乞欲亂齊而有之陽生寄也蔽罪于陳乞而亂臣之情得矣

公會吳伐齊三月戊戌齊侯陽生卒（哀公十年）

此齊人弒君也何以書卒爲內諱惡也曷不諱伐而諱弒齊因伐而弒也以蠻夷伐鄰國鄰之君以弒聞師不變賊不獲徐卒事乃反是狀之也諱弒內大惡諱也喪終事之大也隱衛侯速善晉士句

伐人之喪惡之大也內大惡諱不諱而又著之諱
有大于伐人之喪者也見陽生之以伐弑也然則
如齊人何曰罪有所歸固無諱也罪無所歸治晉
人乃所以治齊人也

晉趙鞅帥師侵齊

書侵何以伐喪微之也此非恒喪也曷爲如恒辭
然鞅叛人也不足乎責也則侵齊已矣

五月公至自伐齊

何以書卒伐事也譏師之不變也微外曰侵甚內
曰伐而陽生之弑見矣

楚齊悼公

不日慢楚也何以書著人之在殯而侵伐不變也

著者著則諱者白矣

秋七月邾人戕鄫子於鄫宣公十有八年

自外曰戕不稱君自外也不稱盜大夫也何以書

罪邾人也于鄫以鄫爲無臣子也鄫未有書卒者

人戕其君不可以鄫不志也

篡

冬十有二月衛人立晉隱公四年

納入立皆篡也公羊子之義允哉允哉討賊莫善

於衛人晉之爲篡也有二義焉桓公有子不當廢且不請於天子而人自立之也董子曰春秋於其嫌得者見不得莫疑於晉之立矣晉且不得春秋諸侯其能解免於篡者希矣雖然安寍無事亦畧之而已故曰不勝譏則譏其重者未明者著之已明者去之人事雖博所不存也

蔡人殺陳佗　桓公六年秋八月

陳佗者何陳君也何以知其爲陳君也春秋兩下相殺不書雖異國猶不書也以其書之知其爲陳君也然則曷爲不言弒陳侯賊也其賊奈何殺世

子免而代之也蔡人於是殺佗以立躍其稱蔡人何討賊之辭也佗之賊何以不見于殺乎見之也曷爲于殺乎見之免之殺不書也何以不書公子之重視大夫世子之重視君免之爲世子則未知其誓于天子與未誓于天子與以其不書知其未誓也然則佗何以見賊于春秋免宜爲君者也未誓則何以宜爲君適庶長幼命于天也君臣上下命於王也陳侯鮑不早成其子國本危王命慢天倫廢國亂而再赴以二日卒之見鮑之不能正其終也佗賊也鮑失君父之道矣于免無譏焉不書

隱之也躍爲志乎得國簒何以不書佗重而躍減也于不埶見之矣佗賤而躍忍也

九月宋人執鄭祭仲突歸于鄭 桓公十有一年

納立入皆簒也曷不言突之入于其出奔也名之見其簒矣何以不書入挈乎祭仲也罪祭仲也則何以不言祭仲立之非仲所欲立也罪宋人也則何以不言納突不求立仲不聽宋宋人焉能納之哉書曰宋人執鄭祭仲突歸于鄭斷三罪之鈞也字其臣名其君乎祭仲天子之命大夫也突不繫鄭不成爲君之辭也突歸而後仲君之突弱而仲

弱見矣宋稱人執大夫之恒辭也不待貶絕而惡見矣

鄭忽出奔衛

春秋撥亂君出皆不日出君必大惡而後以其人加之天子治諸侯之義也鄭忽當國也不稱爵旣葬稱子也而不稱子左邱氏曰公侯曰子公羊子曰春秋伯子男一也忽以出奔而後絕非旣絕而後奔故曰辭無所貶天子治諸侯彼奔走不得保其社稷而不降之在畎畝乎不待貶矣

誅絕

十有一月衛侯朔出奔齊桓公十有六年

天子黜朔立黔牟此諸侯同姓之卿君有大過則諫反復之而不聽則易位之正也告諸天子天子易之孟子論燕可伐矣曾謂大夫而可以專廢置其君乎何言乎出奔齊罪齊人也

君出入

五月鄭伯突出奔蔡桓公十有五年

稱鄭伯君也稱名篡也曰出奔蔡不書其出之者大夫惡得而出其君乎諸侯之策非名也春秋以天子黜諸侯之法書之

鄭世子忽復歸于鄭

何言乎鄭世子忽不成爲君之辭也本之曰世子宜爲君者也忽在王所接諸侯舊矣其如不能乎爲君何哉復歸之爲言絕也侯亦當絕又况世子諸侯奔走不保社稷王者違天道而建諸則不克以多方簡矣

秋九月鄭伯突入于櫟

再稱名絕也曰復歸其論輕曰入其論重櫟邑也曷爲與入國同辭國人之從鄭伯突者與忽分左右焉東方諸侯惟知鄭有突不知鄭有忽忽不成

乎爲君突成乎爲簒不待入于鄭而後加之矣則可以斷突之罪當誅矣已明者去之

納子

夏公伐齊納糾九月齊人取子糾殺之（莊公九年）

先名之見納之爲簒辭也後繫以子見糾之宜立也

春王正月宋公曹伯衛人伐齊（僖公十有八年）

此納子昭于齊曷爲不言納言納者不成乎立也成乎立矣則不言納不言納則不爲簒與曰簒也桓不誓其子而以私屬之宋之君宋不請于王而

以力正之齊之衆衆立之固篡也衆弗立而假他
國之君以立獨非篡乎篡則曷爲不言昭之入晷
昭而責宋也宋自謂已可以成昭之爲君矣齊主
乎爲是戰而使宋主之四國伐而宋以偏戰見宋
襄之恃其力而力固不足以爲人之正也有敵之
者矣曰昭之爲篡不以無虧長且有君命焉爾乎
曰爲人子利其父之死以有位則不可以爲子矣
矧乃死父不收而稱兵以爭國者乎無虧非子也
何長之有且君之有命必與國政圖之告之宗廟
社稷使一國之人尸知之然後成之爲君命未聞

奄尹庖隸之人介宮闈階闥之側而可以稱君之命者雖君實親命之臣民之義不敢受以爲君命非其地故也非其人故也則無虧之命焉在矣無虧矯君父之命委其死于牖戸而忍若不知則惡逆矣曷不以討賊之辭言之曰賊之而不書其殺也刑餘之人無所比數親爲君之子與之比而求立焉則賊乎賊者也無虧當誅則子昭宜立故畧不見昭之篡也嗚呼宋襄公以力正諸侯不奉天子命而陷人於篡則齊之人義可以不受救之者不可以不書雖狄猶且書之見王命之義尊也

逐世子母弟

衛世子蒯聵出奔宋定公十有四年秋

春秋幾終而後一志者世子出奔也子無去父之義凡民愚不肖盡知之聖人皆削之矣衛世子蒯聵出奔宋何以書父子之變極矣又加之以輒不可以莫之志也蒯聵得罪于君父君母忍不即罪而去之以司寇之辟辟之誅不孝則已矣蒯聵誠已誅焉用志其出不惟不誅國人且立其子焉可以不志其出志其出聖人之誅蒯聵也且正輒之不宜立也輒不宜立而衛竟立輒則蒯聵之不誅

竟不可誅輒誠安其臣民以事宗廟社稷而得君祖母之心則蒯聵殆無罪矣立輒之惡在大夫全父之孝在輒天下稱順焉子臧賢讓千乘之國而釋負芻當主之罪輒也有千乘之國而自蒯聵出奔之無罪賢於公子喜時矣而輒非人也立不爲父獨以爲已其心以爲父自得罪已自得國也子無拒父之事凡民愚不肖盡知之文而不慭曰以王父命辭父命也賢智尚猶惑之苟非聖人不能論其子以道則輒之當誅亟焉輒誠已誅又焉用志闔戚不惟不誅且曰不以親親害尊尊焉可以

不志志圖戚聖人之誅輒也且正蒯聵之不釋罪也王法盡矣然而曰非聖人不能諭其子以道將謂聖人則能喻其子以道乎書曰速由文王作罰刑茲無赦而又可諭乎毋問其不喻也喻又可赦乎曰衛之君毋存赦蒯聵則赦矣且既立輒則既赦蒯聵矣易曰有子考无咎子之善可以洗考之不善輒能子矣蒯聵何俟于赦不幸熒惑者衆以利害劫輒邪說又作卒于終不可諭而吾夫子始去衛矣反魯作春秋具其獄以告萬世不得已也嗚呼自古大惡之成莫不確有可不成之幾而禮

義必先刑辟必後于此乎决之

夏五月鄭伯克叚于鄢隱公元年

克乎殺乎殺也殺世子母弟目君稱鄭伯見克之爲殺之也非奔乎奔亦卒歸于死殺之不在手及之在其君之意而巳矣然則何以不曰殺而曰克叚非束手者也戰矣戰故曰克克敵不曰戰叚卒死何以不曰殺之于鄢不死于鄢不死于鄢則曷曰殺之于鄢以傷而死也以傷死則曷不殊其輕重君殺大夫之辭也殺世子母弟則何以必目君傷其天性也何異自殺其身矣一體之戚何至不

可並生于天地豈必在忍人一端失所以敎否不復通逝不復還斷不復續是故遭人倫之變者必以舜爲法于天下後世而周公且曰有過也封君之孫盡臣諸父昆弟稱鄭伯以君道責之其家不可敎則民不法之王者復何賴于有諸侯一國之事繫一人之本鄭俗流失自鄭伯始矣

殺君世子

陳人殺其公子御寇莊公二十有二年春

公子不爲大夫則不書公子御寇何以書世子也何以不言世子不誓于天子也不誓于天子則公

子而已矣殺世子母弟目君此其稱人以殺何非其君殺之以大夫專殺之也君殺之則必曰世子大夫殺之則曰公子何言乎兩下相殺言其殺君世子而安之也殺君世子者陳爲亟故曰國無主其能久乎

春陳侯之弟招殺陳世子偃師夏四月辛丑陳侯溺卒（昭公八年）

招何以稱弟招不爲陳侯之弟則不能以殺偃師陳侯以母弟私之授廢立之意焉招藉君弟之寵然後殺君嗣之重愛弟而親之是也而私之而賊

之陳侯失君兄之道矣溺之卒如恒辭正乎其弱植而爲寄生之君不可如何矣世子身之貳也人俄得殺之其因是以卒乎其不因是以卒乎國人孰爲正明目而辨之哉告其終之若正乃其終之莫知爲不正云爾溺且不免首惡之名然而如恒辭然罪不獨在其君父也是獄也兩下相殺乎曰非也正體而傳宗廟社稷之重世子也禮曰母弟官子咸有臣志世子之義卑伏于一人盡一國之人莫不致卑伏焉招不得兄事陳侯則不得以兄之子待偃師謂之兩下相殺烏乎可繫世子于陳

則尊著矣不稱殺辟成尊之辭也稱世子而加之辭曰殺以偃師不能乎爲世子矣爲世子于今幾年而竟以見殺乎目陳侯罪陳侯之危其子以危宗廟社稷而亦恨偃師之危其身以危君父也君子以此正爲人君父爲人臣子者

陳人殺其大夫公子過

何言乎大夫相殺陳無君也何言乎殺其大夫不尋討也曷爲不尋討招歸罪于過而殺之也然則何言爾言其自是而國滅也

殺大夫

鄭殺其大夫申侯 僖公七年

申侯者何鄭之大夫也申者何國也侯者何名也曷爲以申氏繫之申也曷爲繫之申考行者本諸鄉里鄭曷爲以羈爲卿齊桓以邑命之也伯可以命諸侯之大夫與曰請之天子則可不請之天子則不可申侯以名氏見以齊桓爲請之矣齊請而後命之鄭不請而專殺之以說于齊殺人以說于人以申侯爲無罪矣是以文公不書葬

陳殺其大夫洩冶 宣公九年

此大夫相殺也曷爲以君殺大夫之辭言之行其

君之意也長君之惡其罪小逢君之惡其罪大身爲不義不足錄也以其君之意行不義爲君造其意以行不義不可不錄也以大夫之意歸之君見以大夫殺之不若以其君之殺之爲重矣曷爲重之爲洩冶重之也然則孰殺之公孫寧儀行父殺之于春秋何見見之於其納也納者內弗受也以陳之人爲不可受也與乎弑則言奔以見賊不與乎弑則不言奔以說無罪公孫寧儀行父不言奔則無罪其言納何奔之云者不可容于天下納之云者不可容于陳之四封之內也雖然周官之法

男女之陰訟聽之于勝國之社不欲使人知之嗚呼不謹于禮若陳靈公之君臣其罪狀固不可見于策矣且如以此罪罪則不比人數賤乎賤者也亦不足錄矣然則以何罪罪公孫寧儀行父以殺洩冶之罪罪之也其殺洩冶則衆著于市朝之地而非不可知非不可言春秋之防亂以微不以顯春秋之討罪以見不以隱且殺人不忌爲賊固臯陶所以必誅而不赦也弑君之獄斷殺大夫之獄不可以莫之斷全楚之討以正弑平國之誅不許楚之納以正殺洩冶之辟公孫寧儀行父之罪萬

世卒不可得而除者以殺洩冶故也非聖人莫能脩之矣

衛殺其大夫孔達宣公十有四年

此晉人殺衛大夫也曷爲稱國以殺如恒辭然不予殺也盟主不可以命諸侯之大夫則不可以殺諸侯之大夫有天子存也然則何以見其非衛人、殺之君殺大夫不言其所爲譏在專殺爾專殺者不出于其君則不可以不言其所爲言衛人救陳前此矣見孔達所爲殺也言晉人宋人衛人曹人同盟于清丘前此矣見孔達之爲晉人殺也殺無

罪以說于人罪在衛使人殺無罪以說于人則罪在晉人而曰衛殺其大夫者以為非晉之所得殺也救陳稱人而不名以孔達之不專于救陳也有君命矣達受其罪爾知其非衛人殺之也是以穆公不去[illegible]

秋鄭殺其大夫公孫黑 昭公二年

公孫黑鄭之亂人也誅之則亂止子産于是乎能定鄭矣曷為以累上之辭言之能以定其國為悅不能以弛其親為已悲也弛其親君子所大不忍也雖措刑于天下終身以為已之過不日已不與

古聖人同其時也子產之辭母乃巳忍乎幸能誅之以正國之刑書不復存吾親親之恩也雖然司寇將至則不致之司寇何謂無親親之恩法必自司寇出致刑于甸人誠有赦之之心焉隱之也尸之加木焉則是以兄弟爲國人也不議自司寇則無法身質其辭則傷恩惜其有救世之才而愧於王者之道也公孫黑非大夫成之爲其大夫何君與國政知之而不禁且不更其書則大夫之矣以殺大夫累其上則不以大夫之累其上子晳之惡成矣非以矯君位而後成也終將誅之姑弗禁之

欲已亂于國者察之哉

宋人殺其大夫文公七年

大夫相殺稱人何言乎大夫相殺言將自是弑君也何以不名衆也且非其罪也

宋人殺其大夫司馬文公八年

大夫相殺稱人何言乎大夫相殺言將自是弑君也殺大夫未有稱其官者此其稱司馬何司馬主兵君之威也而人得殺之則刼弑之形成矣國刑不可以擅于貴臣國兵不可以聽于不肖言殺其大夫言殺其大夫司馬言將自是弑其君也然則

何以不名非其罪也其以官稱非鮑之黨也因著宋之得稱官也宋王者之後也

晉人殺其大夫先都　晉人殺其大夫士穀及箕鄭父文公九年

大夫相殺稱人何言乎大夫相殺言將自是弒君也殺大夫曷爲或言及或不言及君殺大夫不言及不殊其尊卑之辭也大夫相殺然後言及殊其尊卑之辭也盜殺不殊大夫尊矣君殺不殊大夫卑矣同位然後差而次之見其兩下相殺云爾此皆繫時不繫月曷爲再稱晉人以殺見其以次殺

之也以次殺之者非亂也法也以法殺之則其曰大夫相殺何諸侯不得專殺請于天子大夫不得專殺聽于諸侯非弒逆大惡雖執政無敢自致辟焉非所辟而辟之故曰大夫相殺也君者以刑德制其臣者也釋其刑德而使臣用之則君反制于其臣矣是晉人也何言乎晉人何再言乎晉人言將自是弒其君也

秋衛殺其大夫元咺及公子瑕（僖公三十年）

衛侯之命未得行乎國也則稱國以殺其大夫何正元咺爲成公之大夫也天子可以絕鄭于衛元

咺不可以絶成不爲君言其大夫正之爲其大夫也則曷不以討罪之辭言之咺當誅非成公所得誅且其所以誅者非所以誅也見殺之而後歸云爾及公子瑕卑者也殺之而後歸非卑者也當國矣不以當國之辭言之何鄭絶則瑕宜爲君者也宗廟社稷君其守也臣民之心不可曠年無君天子絶鄭而不命衛有君天子失正矣而衛人安之不請命衛無臣矣位不可以無命立君不可以無衆固瑕見已之宜立而卽之而不以當國之辭言之者見瑕之宜立也宜立而假一大夫以立則以

爲未嘗立也未嘗立則卑且無罪而不諱其死何
春秋爲賢者諱賢非無罪之謂也瑕惡賢而諱之
瑕宜爲君以元咺及之何微其分而著其故也咺
不臣於鄭宜不臣于瑕成公殺叔武而元咺殺瑕
是以君子微其分而著其故人徒知千乘之爲利
則宜爲君者危國無君而宜爲君者益危讓且不
危况其卽之乎子臧宜爲君而能讓季札不宜爲
君而能讓其讓皆無迹焉自隱約以成讓不近名
以成讓是以身安而人敬尊之至德之次也叔武
宜爲君能讓而殺公子瑕宜爲君不能讓而亦殺

夫見人之宜爲君而勸其卽之見人之宜爲君而譏其不卽之吾以爲未嘗學春秋矣

陳殺其大夫慶虎及慶寅（襄公二十有三年）

稱國以殺君殺大夫之辭也君殺大夫不言及殺大夫言及非君殺大夫之辭也然則孰殺之國人殺之曷爲不言國人殺之君命也此其爲君命奈何陳侯在楚慶虎慶寅以陳叛距君之歸國人殺二子而歸君春秋之義用貴治賤君命行于臣臣承命而致之民曰君命也君命不行于其臣行于其民民承命而行誅于其臣曰君命也君命不行

於其臣其民不聽其臣而誅之以承其君亦曰君命也見君命之無不通也不言叛言叛則其民與有罪焉爾不稱人以殺稱人以殺則國無君之辭云爾不以逆命之臣汚無罪之民則德昭以順命之民治有罪之臣則威震王道之大者也則曷爲不以討賊之辭言之君實有臣而命不行焉則非獨其臣之罪也責其君所以全其爲君焉爾

楚殺其大夫得臣 僖公二十有八年

楚無大夫何言乎殺其大夫得臣得臣志乎爲戰也中國與夷狄不言戰苟言戰皆中國主之則志

乎戰者不見矣晉侯退舍楚子命無從晉師果于爲城濮之戰者得臣也戰稱人殺稱名見楚人之爲得臣也謀人之軍師敗則死之則其曰殺何不予死也楚之人猶夏之人也抗中國而戰則殺之爲果中國戰而克則俘之以爲功所以昭戎經也惟奔者不誅其俘者盡致王罰焉而得臣者其戎首也聽其死者楚爾于王法則當殺王法行于中國不行于楚春秋稱中國大夫以禁專殺稱楚殺大夫以訖王誅辭同而事異則以事見之春秋之法也何不以氏楚無大夫也

楚殺其大夫公子側成公十有六年

何言乎楚殺其大夫殺無罪也公子側之爲無罪奈何君實不信而棄其好君實不武而敗其師君人者記人之功忘人之過立于無過之地不問其有過而委之於臣也良臣不諉過于下而況君乎大夫非無罪也罪不及死而殺之則以爲無罪也然而公子側死之其曰殺何公子嬰齊爲之也君執狐疑之心臣喪讒賊之口則以爲其君殺之也楚殺其大夫曷爲皆以殺無罪書王者以三典刑邦國侯甸男邦采衛獄無敢專殺行人達之以聽

于司寇期而斷大獄則歸于京師蠻夷鎮蕃欲讞者聽之不欲弗强然而父兄不幸幼孤爲奴係累而號泣彖胥傳命有濫刑之禁焉犯禁則有以治之所以奉天也楚蠻夷也春秋內諸夏而外夷狄天子微中國不式命北則狄南則吳西則秦皆以狄道治其臣民其爲濫刑也多矣春秋未有言其殺大夫者而專言乎楚正楚之殺大夫則皆正矣以夷狄之刑治中國則中國亂矣以中國之刑治夷狄則夷狄畔矣春秋不譏楚專殺者不以中國責楚也不志專殺而志濫刑以夷狄治楚也則何

以氏公子楚有大夫也

楚殺其大夫公子申（襄公二年）

何言乎楚殺其大夫殺無罪也公子申非無罪也罪不及死而殺之則以爲無罪也

楚殺其大夫公子壬夫（襄公四年）

何言乎楚殺其大夫殺無罪也壬夫非無罪也罪不及死而殺之則以爲無罪也七年之中殺三大夫以求諸侯者惟楚子審爾貴戚若此疏且賤者無所容而民無所措手足矣噫斯楚之所以敗于吳也

楚殺其大夫公子追舒襄公二十有二年

何言乎楚殺其大夫殺無罪也殺一大夫亦志之乎追舒之罪薄矣不及死而殺之彼以爲故而已矣志之以詔人君之自作故者

楚殺其大夫屈申昭公五年

此楚子虔殺其大夫也則何言乎其殺無罪屈申無罪也以其疑殺之爾

楚殺其大夫成熊昭公十有二年

此楚子虔殺其大夫何言乎殺無罪成熊無罪也以其疑殺之也刑人者與衆棄之不以一人之信

殺之也況以一人之疑殺之乎一人疑則殺之王者之大禁也不可以嗜殺如楚虔而莫之志也

楚殺其大夫郤宛昭公二十有七年

此楚子軫殺其大夫也則何言乎其殺無罪見楚子居之殺無罪也曷爲不言殺乎居之世而言乎軫之世郤宛之殺居殺之也然則曷爲不言殺乎居之世重郤宛也其殺郤宛奈何郤宛楚之良大夫也費無極楚之讒人也楚子居好讒如親受無極言無不行是君生而存楚國衆指無極焉居卽世軫卽位已奮其詐謀殺郤宛如反手楚國莫不

盡焉郤宛之殺無極殺之也假居之餘寵而能以殺則以爲居之殺之也曰嘻讒臣旣迨易世矣其若探湯時也猶足以賊良臣而失人心焉若此當其世將如何矣然而居也存弃世子焉不志殺世子傳焉不志居也没而殺郤宛焉則志重郤宛也郤宛之爲大夫也直而和國人悅之郤宛死國人謗誅無極以謝焉而不快楚人之重郤宛也賢于君世子而讒人殺之志讒人之善擇所重而後殺之也然則于楚子軫無譏乎曰譏何譏爾譏有讒而不誅也此未三年也先君甚愛之巳殺之可乎

曰不終日而去之孝子猶恐不及焉奚其待夫讒人之誅天法也有司之職也不得委乎在喪之子又奚其待不終日而去之孝子猶恐不及焉此楚子軫也讒巧敗其國焉而不誅醜厲危其身焉而又不誅未能乎爲君而又何言乎其殺無罪言爲人君父者不通于春秋之義貽後嗣以讒賊而詔臣子使知遭變之權也

大夫奔

鄭棄其師 閔公二年

春秋不治士庶人雖然戰而北守而降戍而潰戮

民也師潰而歸獨無罪乎曰致其師有罪則蔽罪于棄之者也蔽罪於棄之者則免師之罪辭也是謂王者之法曰汝受王嘉師惡一大夫而陷數千百人于犯師禁之罪汝罪當云何矣故曰鄭棄其師大惡也然則何以治其師曰鄭之君若臣必委罪于一二人而釋其衆矣春秋撥亂世必原人情赦小過錄鄭詩曰二矛重英河上乎翺翔以爲其潰則衆人所不言而同然也若之何而委罪于一二人乎苟求其罪之首則棄其師者是已春秋之法行天下無寃民而長衆者不敢布其逆令如是則

能以衆正胡爲不能治其師

宋司城來奔（文公八年）

奔以官稱非鮑之黨也

大夫歸

秋八月蔡季自陳歸于蔡（見外辭）

叛人

衛孫林父入于戚以叛（襄公二十有六年）

孰叛叛衛侯衎也衎未復則其以叛言之何正君臣之辭也衎爲社稷宗廟主林父北面而臣事之出衎而立剽立剽而辭衎之爲君林父志也書曰

入于戚以叛正君臣之辭也畀林父也

春秋正辭卷十終

春秋正辭卷十一　　莊氏學　　味經齋遺書六

傳疑辭弟九

至聖有作必傳疑然乃信傳闕不敢筆綴輯之謹耳闕不竟削乃日月之明也其闕皆美不美者不明則非闕文傳諸萬世傳疑辭一春秋列十二公之策書聖人據已所見錄祖之所逮聞魯史從赴告聖人從史文不從則削之不從則改之損之益之聖人制義不可易也從舊作述有司不敢主義惟聖人主之左丘明故曰非聖人誰能脩之從史文二

闕文

紀子伯莒子盟于密隱公二年

紀莒國也子爵也伯不知其國必存其爵闕文明矣密在莒魯之間要結好援紀因我而獲盟于莒我有持危國之志焉故志之逮桓莊而紀卒亡聖人之所哀矜也虛內事外雖勤奚益孟子曰鑿斯池也築斯城也與民守之效死而民弗去則是可爲也

春秋正辭卷十一 終

春秋舉例一卷　莊氏學

春秋貴賤不嫌同號美惡不嫌同辭公羊隱七年滕侯卒傳

何休曰貴賤不嫌者通用號稱也若齊亦稱侯滕亦稱侯微者亦稱人貶亦稱人皆有起文竊謂若王子虎卒王子猛卒亦貴賤不嫌也何休曰若繼體君稱即位繼弒君亦稱即位皆有起文竊謂若秦伯使術來聘吳子使札來聘美也楚子使椒來聘惡也人皆知之故使同辭以起問者又若子般弒亦稱卒子野毀亦稱卒則以閔公不言即位異之宣公亦言即位昭公亦言即位則子卒不日以

異之春秋之文信如四時又若莊公二年王姬歸
于齊齊襄也十一年王姬歸于齊齊桓也一無惡
一有惡則以單伯逆王姬築王姬之館于外見之
又以後之徒言歸也而見逆與築館之爲起文詳
畧互相明以使不嫌也又若諸侯篡國亦書入天
王入于成周亦書入傳曰不嫌亦其義也又若不
能乎朝亦言來不與其朝亦言來則其人不嫌也
又若我無君不稱使齊高子來盟是也宋司馬華
孫來盟亦不稱使則其主不嫌也又若諸侯卒正
書葬篡不明去葬嫌也篡明者書葬不嫌也篡已

明而不書葬重于篡也篡不明而書葬因其事也齊景公之篡也以書齊慶封來奔見之宋文公之篡也以書諸侯會于扈見之齊惠公鄭襄公晉悼公皆不見篡徒以不書弒君之葬則知其不討賊矣篡亦見之矣衛宣公受國于討賊之後嫌于非篡則書立以明之晉成公以賊復見亦嫌于應受國則去葬以明之齊惠鄭襄晉悼齊景皆晉成公比也然與不篡者同辭而書葬以起問者明義法也又若殺大夫稱國稱名同辭矣乃如晉殺先縠衛殺孔達其事不同則孔達有起文以異之陳殺

洩冶晉殺三郤其事不同則洩冶有起文以異之鄭殺申侯齊殺國佐鄭殺公子黑其事亦不同皆無起文則去葬以明殺無罪書葬以明殺有罪亦異之又若晉殺三郤亦稱國晉殺胥童亦稱國則與君弑同月而先書以大異之又若晉侯殺其世子申生宋公殺其世子痤則不書葬以明晉侯之志乎殺以異之

春秋辭繁而不殺者正也公羊僖二十二年戰泓傳

竊謂若救邢城邢再言齊師宋師又若侵曹伐衛再言晉侯又若首止無中事而復舉諸侯

一事而再見者先目而後凡也公羊僖五年盟首戴傳

竊謂若葵丘先會後盟新城之役先伐後救溫之會先會後圍許

春秋見者不復見也公羊哀三年桓僖宮災傳

何休曰作楚宮不書是也竊謂書墮郈不書城郈亦是也立武宮書者嫌于不毀也城費書者季首惡也

春秋不待貶絕而罪惡見者不貶絕以見罪惡也

竊謂凡書外弒君殺君世子叛人之類是也

貶絕然後罪惡見者貶絕以見罪惡也公羊昭元年會虢傳

竊謂內弑君殺子諱不見則貶絕以見其與乎故也及凡言貶絕者皆是

擇其重者而譏焉（公羊莊四年狩禚傳）

竊謂若諸侯不享覲不可勝譏則書公如齊於上書大夫如京師于下而月如齊以異之又若諸侯不奔喪會葬不可勝譏則書公子遂如晉葬晉襄公書叔孫得臣如京師辛丑葬襄王日以異之書十有二月甲寅天王崩乙未楚子昭卒不以日先後爲叙以大異之

貶必于其重者（公羊僖元年夫人喪歸傳）

竊謂若仲遂卒于垂卒而削公子叔孫得臣卒卒而去其日皆終事也無駭終其身不氏翬終隱之篇不稱公子以其見于經罕矣意如執而致致而後去族其重者不可得貶絶則因事而見之

譏始　疾始 公羊隱二年四年傳

竊謂若喪不三年不勝譏則自閔公始書吉禘于莊公妾母爲夫人不勝譏則自成風始一以宗廟臨之而後貶 亦所謂于其重者 一以外之弗夫人而見正王再不稱天以大異之

書之重辭之複嗚呼不可不察其中必有美者焉

竊謂美者因其行事而加王心焉之謂也若僖公之篇書一時不雨者三又若文公之篇歷時而不雨若是者三昭公之篇公如晉而復者五又若伯姬歸于宋書納幣書來媵書致女異于他女之歸者又若書許遷者四又若莊公之篇三書築臺又若定公之篇書齊衛次者三

春秋舉例終

春秋要指一卷　莊氏學

春秋以辭成象以象垂法示天下後世以聖心之極觀其辭必以聖人之心存之史不能究游夏不能主是故善說春秋者止諸至聖之法而已矣公羊子曰王者孰謂謂文王也其諸君子樂道堯舜之道與無或執一辭以爲見聖無或放一辭而不至於聖推見至隱懷之爲難遠之斯已難得其起問又得其應問則幾無難應而不本其所起見爲附也起而不達其所以應見爲惑也詩曰唐棣之華偏其反而春秋之辭其起人之問有如此也執一者不知問無權者不

能應子曰未之思也夫何遠之有其亦可以求所應問而得之矣

春秋之辭文有不再襲事有不再見明之至也事若可類以類索其別文若可貫以貫異其條聖法已畢則人事雖博所不存也

春秋詳內略外詳尊略卑詳重略輕詳近略遠詳大略小詳變略常詳正略否

春秋之義不可書則辟之不忍書則隱之不足書則去之不勝書則省之辭有據正則不當書者皆書其可書以見其所不可書辭有詭正而書者皆隱其所

大不忍辟其所大不可而後目其所常不忍常不可也辭若可去可省而書者常人之所輕聖人之所重

春秋非記事之史不書多於書以所不書知所書以所書知所不書

春秋治亂必表其微所謂禮禁未然之前也凡所書者有所表也是故春秋無空文

春秋書天人外內之事有主書以立教也然後多連而博貫之則王道備矣

春秋博列國之載因魯史以約文於所不審則義不可斷皆削之而不書書則斷之者斷則審之者故曰

春秋之信史也存闕文而不益實其所不削也不審其事則去之不審其文則存之傳之萬世而不可亂也

春秋之辭禮不備則雖有事焉而不書

春秋辭異則指異事異而辭同則以事見之事不見則文以起之嫌者使異不嫌使同

春秋歷數十年之事以一辭約之有歲記一事則不以他事雜之有歷歲記一事則不以小事亂之

春秋緣本錄末有兼存之義有半見之文

春秋記事以義爲從則不以日先後敘

春秋之辭斷十二公之策而列之則十二公之行狀莫不著也辭有屢於一公之策書者有屢於一年之策書者有曠而不志者有曠而一志者不可不察也

春秋志天事必以尊嚴之辭承之志災異皆以前後事求之異不在大於事有明徵乃志之徵之不明則不存也人莫之省則不見也患其褻之也志分土近者詳遠者畧見經世之志然九州之域四裔之防具矣粱山沙麓皆河之記也河宗岱宗以三望著之星表北斗次表大辰其他則凡之矣

春秋志天子之大夫上下列其等戚疏異其分父子

之恩長幼之序靡不畢見以三公兼官惟志冢宰爾
諸侯之臣雖內大夫不稱其官官之志惟宋爾
春秋志會盟有重章以見義有一書以斷義志會在
列者不悉書志兵同役者不悉書以常所書知所偶
書以偶所書知常所不書志聘有褒有譏有喜有戚
有惡有抑有係乎其君有係乎其臣皆以前後事起
之小國未有志聘者小國大夫常不書故也大國未
有志朝者雖然嘗書齊侯來獻戎捷矣衛侯會楚鄭
伯拜盟齊侯來逆共姬皆見於傳魯有禘樂賓祭用
之二百四十二年大侯之來接於我者葢有之矣春

秋不書也齊晉楚書公如舍齊晉楚未有書公如者
非無往也往不書也內大夫無如秦者如吳者非不
往也往不書也舍牟郲大夫無如小國者大夫常不
如小國也舍滕大夫無會楚小國之君者大夫常不
會小國之君楚也以不書推所書故曰凡所書者有
所表也舍宿男微國未有書卒者若須句若顓臾若
任若牟皆宿之倫而無一書者可以知所書之必有
指矣須句子來奔見於傳而春秋不書豈不見公哉
然則郲子益來奔其有義乎其無義乎
春秋志卒葬聖人以送死爲大事爲人君父言之則

所以善吾生者乃所以善吾死也爲臣子言之親喪固所自盡也而必盡之於禮然後爲忠孝之至矣

春秋志城邑時不時悉書之矣然而有所不書者焉則非一義一法可以槩凡城之志也凡城之志皆譏也而所譏不同凡盟皆惡之而所惡不同凡兵皆不義而輕重各有主凡奔皆重其禍而邪正各有偶苟一義一法足以斷其凡則無可凡皆削而不書春秋非記事之史也所以約文而示義也是故有單辭有兩辭有複辭有衆辭衆辭可凡而不可凡也複辭可要而不可要也兩辭備矣可益而不可益也單辭明

矣可殊異而不可殊也故曰游夏不能贊一辭

春秋志亂獄必有辭以誅之未有或但已者也如有

一人不正其罪則說不師古而失其傳也

春秋之辭於所尊則致其嚴於所親則致其愛於所

哀則致其戚於所痛則致其重於所善則致其喜於

所賢則致其美於所危則致其憂於所賤則致其辨

於所惡則致其尤於所誅則致其法於所矜則致其

疑莫不見乎辭微乎微乎不見其迹索而得之有憤

焉有樂焉致五至而行三無以横於天下其春秋之

志乎

陳氏後傳曰稱人者討賊之辭苟能討雖微者予之異邦人書夷狄書皆予之也苟不能討則雖四國之大夫伐宋不書其人苟不討而疑于討則雖十二國之君伐齊不書伐竊謂苟與乎故則晉惠公之殺里克丕鄭父衛獻公之殺甯喜皆稱國以殺而不去其大夫苟身為大逆則楚子虔之殺蔡侯般殺齊慶封書誘書執因其討賊而文一施之苟不於其國雖殺之如南宮長萬公子慶父不書殺因不書坴不足予乎其討賊也苟於其在位而殺之以自為如楚公子棄疾則比不去公子而棄疾以當上之辭言之苟成

之爲君而又殺焉則且以弑書若齊人殺商人稱弑其君也苟釋首惡而殺其黨如公孫姓公孫霍則稱國以殺而不去其大夫惟純乎大義如衛人者得討賊之正矣于濮非譏衛人之失賊也予陳人之得賊也雖于義不純雍廩報其虐而不以爲出于私楚子入陳而不以爲肆其詐卽以蔡人之欲立其出寗正躍之爲簒而不奪蔡人之能討也嗚呼若衛人誠討賊之善者也然而立晉則且陷其君以簒焉立之爲言簒辭也所謂于其嫌得者見不得也雖不予討若宋人亦庶乎其善者也書宋萬出奔陳罪陳人之受

賊不罪宋人之失賊公子慶父亦然書奔莒罪莒人也不書殺因不書葬疑若加以不討賊之辭而宋桓魯僖皆無篡辭焉此不可不察亦惟二君不篡亦惟二君尚能由已爲先君討賊春秋不以宋魯爲無臣子也予之而辭有詳畧州吁月無知不月州吁地陳佗不地蔡人不若陳人之公齊人不若衛人之正不予而辭有善惡宋公魯侯能繼先君宋則以不書殺子游見其善我則以褒高子盟而著立僖公之美皆善辭也夫立僖公與立晉何異實與者齊桓存亡國之功實不與者大夫專廢置君之罪也若其文則皆

不與矣無王命焉爾宋先代之後立而後請之無傷也其與賊同志者皆著其與賊同惡也寧第不予哉虔也棄疾也賊也誅之而後已夷吾也公子元也篡也當廢衎也再入亦盜國也當廢蔡之執政有失賊之罪辰之奔不徒罪吳也姓霍之殺稱大夫見蔡人不能正辰之罪而聽之出也陳公子招賊也歸罪于過而殺之而不以當上之辭言之以衆殺大夫之辭言之者招之罪已明過之罪未明稱人以殺之然後明稱國以殺之猶不明也如以當上之辭言之則過疑于召伯毛伯無以知其爲招之徒矣然不去其大

夫者不予陳人也且見其爲招之殺之也若公子比之罪已明矣而公子棄疾以當上之辭言之則不僅見其爲比之徒且見其實爲謀主而虔之賊矣非聖人誰能脩之

國不可以無受貴受命也無受則簒公羊子之義納入立皆簒也何休氏傳之矣允哉允哉君位姦之伺也是故春秋於生死授受之際盡其防焉衛人立晉首正之矣夫討賊莫善乎衛人然而晉之爲簒也有三義焉桓公有子不當廢也且不請于天子而人自立之也此義著春秋之諸侯其能解免于簒者希矣

然而安寧無事亦畧之而已所謂不勝譏則譏其重者莫不善于不討賊而有其國則篡之重者也與聞乎故而卽乎其位則弑君之賊而已矣殺其君之子而卽之亦弑也先君以道終已不宜立而立乎其位雖無納入立之文皆篡也先君以道終已在外而入其國卽其位不宜立固篡也宜立而不請于天子亦篡也有輕重焉爾雖大其弗克納而納者之不義必著焉不討賊而有其國若晉侯黑臀是也無納入立之文則不書葢以見之雖逆之于周宜若有天子之命然無辭以言其非篡不討賊故也討賊之義大矣

不討賊之罪重矣齊侯元不討商人之賊鄭伯堅不討夷之賊晉侯周不討州蒲之賊鄭伯嘉不討髡頑之賊齊侯杵臼不討光之賊皆視此矣與聞乎故而即于其位宋公鮑是也杼臼之賊非他人實鮑也殺其君之子而即之齊侯潘是也文不見乎春秋則不書薨以見之子叔姬爲昭公夫人嘗不會其薨哉知聖人削之也先君以道終已不宜立而即乎其位雖無納入立之文簒也曹伯負芻是也書執以見其簒書歸自京師以見子臧宜立而能讓國則以曹伯爲宜歸也歸莫善于歸自京師矣先君以道終已不當

立而入其國即其位雖無納入立之文亦簒也晉侯重耳是也不書入爲文公諱本惡也宜立而不請于天子齊侯昭是也不書納不書入見其宜立也以宋主戰而書救齊見宋襄公之陷人于簒也納而弗克納者捷菑是也著晉人之非義而後大其能改之然而不書晉趙盾不可書也諸侯不可以專廢置諸侯大夫其可以專廢置諸侯乎大夫而專廢置諸侯而又可以大其弗克納乎故避之也先君不以道終國無君已不宜立而入其國即其位則書入齊小白是也宜立而不請于天子則書納公伐齊納糾是也子

其殺之則稱子見糾之宜立也然其爲簒則均焉以
爲是兄弟爭國而已矣能爲先君討賊已不宜立而
即之陳侯躍是也簒也則不書楚以見之春秋不以
躍利在得國而奪蔡人討賊之義亦不以蔡人旣克
討賊而原陳侯躍之爲簒道如日月並行而不相悖
不能爲先君討賊已雖宜立而入其國即其位而遂
其賊則志乎得國而已莒去疾是也書入書自以莒
去疾爲無恩于先君徒兄弟爭國而已簒也自齊齊
有罪焉爾以爲會不若蔡人之殺陳佗也然而去疾
不書奔不與聞乎故也非弒也簒也逐君之子而立

爲君突歸于鄭是也不書入于其出奔也則名之見其爲簒也何以不書入挈乎蔡仲也罪蔡仲也何以不書立非仲所欲立也罪宋人也何以不書納突不求立仲不聽宋宋人烏能納之哉書曰宋人執鄭祭仲突歸于鄭見三罪之鈞也鄭忽不稱爵見其爲子也而不稱子春秋伯子男一也忽以出奔而後絶非既絶而後奔也故曰辭無所貶非無所貶也左氏曰公侯曰子且將言世子則不可得先言子曷先不言世子君在稱世子既葬則稱子曷終言世子言忽爲君之微也宜爲君而自喪之逐一君立一君成乎爲

君者蔡侯東國是也篡也不書蔖以見之一君出于
君立未成乎爲君然而宜立且有天子之命焉讓而
不卽乎其位衛叔武是也書曰衛子以天子之命立
之也其不曰侯而曰子成其爲讓而賢之也不書其
殺爲賢者諱也先君以道終已在外國有君以已之
宜立因賊臣而入其國卽其位弒其君齊陽生是也
書入不書弒見其宜立而不以不宜立者君之也然
而以篡言者違父命也然而不書陽生弒者斷其罪
于陳乞也陳乞亂齊景公以乞爲能立其所愛而不
知乞能殺其所愛是故以荼爲乞之君也陽生以乞

爲能授我以國而不知其實盜我之國已實未嘗有國也陽生烏能篡乞使之篡也其又可以乞之弑爲陽生之弑乎哉彼志乎記事者且曰陳乞不弑也陽生實殺安孺子先君以道終已在外國宜有君因國人送已而求入焉卒亦不克納則雖不宜立而罪不在公子也逆之者罪也納之者罪也不受者無罪斷逆者之罪子先蔑而不罪趙盾始雖主乎逆之後實主乎不受之盾以反正自名焉然而盾之爲臣康公之爲君謀國不臧輕用民死以晉人爲主乎是戰敗秦而不言秦之敗見趙盾之殃晉民而已而專慶晉

君之罪見矣晉實以詐覆秦師而不言取見秦康公之殃其民而已而納不宜納之罪亦見矣于公子雍無誅焉故不見秦之納也于先蔑有誅焉故見蔑之奔也晉人且不義先蔑而况君子之于趙盾乎

春秋要指終

《春秋》研究文獻輯刊

第六册

國家圖書館出版社

第六册目録

春秋會義二十六卷（卷二—卷十二） 宋・杜諤 撰　清・楊昌霖 輯

宋·杜諤 撰　清·楊昌霖 輯

春秋會義二十六卷

（卷二——卷十二）

清光緒十八年（1892）刻本

春秋會義卷二

宋鄉貢進士江陽杜諤撰

隱公

三年春王二月

胡氏論曰既稱周正焉取夏商雖重三微不必二代質文有變損益可知按何休以書二月三月爲存二王之後故胡氏辨之夫子之修春秋也正月有事則云王正月二月有事則言王二月三月有事則書王三月一時無事惟紀首月有王無王由班麻也

箋義曰凡春之三月更書王者出於夫子新意非

魯史之舊文也春爲發生萬物之端王者體之以布德政故書王正月者董生所謂上承天之所爲下以正己之所爲是也又書二月及三月者愚以爲天數生於一而成於三蓋春秋戒人君每歲行其政令當取法於明王在乎春之一時爾胡氏以爲既稱周正焉取夏商以明何氏之曲說則然矣然謂有王無王由班厤者非矣

諤曰春秋之年事在時則例時事在月則例月此書王二月蓋聖人記事所在之月也何休不達而曰尊先聖通三統且夫子大祖述憲章之道垂百

王之法以示萬世豈止二代質文有變哉是爲載
行事之例明矣

己巳日有食之

劉歆曰凡日所躔而有變則分野之國失政者受之人君能修政恭禦厥罰則禍消而福至不能則灾起而禍生故書灾而不記其故蓋吉凶無常隨行而成禍福也

摘微曰日月之變陰陽常數末代多事符驗相仍聖人謹之以戒懼人君覩灾能改則聖人之意也

總論曰按昏義曰天子立三公九卿二十七大夫

八十一元士以聽天下之外治以明章天子之男敎男教不脩陽事不得謫見於天日爲之食則天子素服而脩六官之職以蕩天下之陰事小雅云十月之交朔日辛卯日有食之亦孔之醜則知凡日食人君當戒懼內脩其德外明其政側身御下以消其咎也蓋日者君象食者陰侵陽臣侵君也孰謂惟正陽之月君子忌之哉

索隱論曰聖王在上三綱正五常脩百治舉而休祥至聖王不作三綱不正五常不脩百治不舉而灾異之變出焉然則日食者謫天子之治不脩而

君人者之所以爲戒也至矣平王東遷周室微甚百治不講綱維不張日食之變三十有六春秋皆詳書之所以哀王政之敗壞志宗周之衰且亂也何休氏左丘明氏又從而妄爲之說或以爲先事而食或以爲應一國一臣之事叛經害教之失莫此爲甚也愚謂王政失於下而後天變於上使自省而止其亂云耳董仲舒謂國家有失道之敗天乃出灾異以譴告之是也未聞人事未失且敗而日前數年而食以應之也未聞日爲一臣一女一國而屢食也誠如是則灾異之見煩而不節非天

人之所以相與而垂敎戒也
諤曰洪範九疇次二曰敬用五事次五曰建用皇極言聖王正五事建大中以承天心則庶徵敘於下日月理於上也春秋之世皇極大中之道不行五事不正是以災異屢出日爲之變三十有六仲尼詳而錄之所以傷周道之衰微而謹人君之戒也公穀之傳言以日朔之失斯未盡聖人所書之意耳且如杜注以正陽爲忌則總論之所不取也故京房劉歆皆以人君脩飾而論之按范甯穀梁注載京房易傳云日者陽之象人君之象驕溢專明爲陰所侵則有日有食之災不救必有篡臣之萌其救也君

懷謙虛下賢受諫任德日食之灾爲消也如是則夫子之志皆有所憚而託文也其意必曰有能觀天變而省懼脩德則王道將復興而天下安以治矣

三月庚戌天王崩

總論曰或曰天王見於經者十不見於經者三平惠定靈書崩而不書葬者何也貶之也夫周之興也王業肇於后稷著於太王王季而成於文武積功累行其所由來者遠矣平王庸暗東遷之後一旦絕之播蕩淩遲至於靈景無有能以王道興起之者此孔子之所深痛也是故生則夷之於列國

崩則不書葬以貶之桓襄匡簡景之書葬者蓋有所見也孔子不書平惠定靈之葬天王庸暗不能興之罪已明故復書桓襄匡簡景之葬以著諸侯驕蹇不奔喪葬之罪

新義曰崩薨非臣子之所忍聞臣子之心常倚君父如山岳也所以春秋書之者追戮亂臣賊子未萌未漸之惡也

夏四月辛卯尹氏卒

折衷曰凡外大夫未有卒而書者雖天子之大夫春秋亦謂之外蓋別其內也餘從左氏

集議曰子虎劉卷皆名而此稱氏者春秋尊王貶罪惡焉知其不以世卿著之亦猶經書崔氏出奔後有崔氏之弑君也書尹氏後有尹氏立王子朝也可以見筆削之深意是則尹氏之不宜爲君氏也又明矣餘義見元年

謣曰詩小雅節南山云尹氏大師爲周之氐秉國之鈞此幽王之時尹氏執政而詩人刺之也至此平王之末而春秋卒之於經則是尹氏專政可知矣漢史劉向上封事而云尹氏世卿而專恣是亦本此而言也春秋之末又有尹氏立王子朝是則

尹氏世爲大夫於周矣春秋錄其卒而左氏解爲聲子蓋由傳授之文誤爲君氏故也左氏於歸仲子賵及夫人子氏之經所解其失由此矣今考之詩雅以聖人之經質諸儒之論則此不得不謂天子大夫也蓋春秋於元年書公子益師卒以譏侯國之世祿至此書尹氏卒譏王朝之世卿使後世知周室之淩替侯國之衰亂由乎卿大夫世祿之慼不可不慎於任使矣

秋武氏子來求賻

摘微曰公不會葬天王以致求賻臣子大惡無甚

於是

箋義曰王在喪而使未爵大夫求賻罪在冡宰

經社曰春秋之法爲上者無求求之失上也失上

者卑之求是也爲下者無見求見求失下也失下

者誅之來求是也卑之者正其上不與有求也誅

之者正其下不與見求也然則何以見曰賻與金

因喪而有求者也車無事而有求者也喪事有贈

無求求之非禮也而天子有求於下以是爲亟也

車服上所以賜下非下之所奉也而天子有求於

下以是爲失制矣

諤曰黍離降於國風天下不復有雅矣且周平之詩既降而春秋不得不貶之然入春秋之經而出之曰天王者蓋存其位號而不與諸侯之僭橫也至於託文而載行事靡不加筆削而示義焉今不書其葬而書求賻此聖人憫周之大意矣三傳及諸儒但以武氏子爲解而不盡仲尼所書之本意蓋聖人傷悼之義在乎書求賻而不書葬爾且必錄其求賻者上以志衰周之淩弱下以譏侯國慢上之惡也

八月庚辰宋公和卒

經社曰天子天下之尊也諸侯一國之尊也尊其所可尊正也不名著尊尊也諸侯生不名死則名別後嗣而降天子也

旨要曰春秋魯則書薨外國君書卒貴內以略外也卒則實書其爵命葬則各隨本國之尊雖子男之國皆稱公從彼國爲辭也

謬曰禮諸侯死曰薨大夫曰卒蓋以別尊卑之禮也何則春秋於魯書公薨而他國皆言卒者得無旨哉若以春秋爲尊魯則聖人筆削之例舉天下一斷之於公豈可私魯而示其隘乎然禮亦云壽

考曰卒也且聖人以周之禮籍衰缺諸侯之專恣與周無異其實憫之矣周既憫而夷之諸侯不可不別而正之也何休以王魯言之是豈盡聖人尊周之意歟然春秋於魯獨稱薨者非聖人私魯而立文也蓋仲尼從赴告而書卒於列國若於魯亦一概而言之則後世無以見臣子之稱君父也因主魯史而載行事復出其稱薨之文亦所以明禮之正矣

冬十有二月齊侯鄭伯盟于石門

王制王者之制祿爵公侯伯子男凡五等而分以

大次小之國焉至周官又掌之命數上公九命侯伯七命子男五命其禮儀亦從而爲之節是諸侯之爵不可得而踰也春秋之世上淩下替諸侯之國皆以强弱爲判禮去其籍聖人因其朝聘會同之事必別而敘之以明禮之正也今二國爲盟而齊序其上王爵之所然也自此之後凡朝聘會盟皆敘正其爵以書之其有不合者變文以示義按此係杜謬解經之文以條首未採他書故不復加謬曰以別之後倣此

癸未葬宋穆公

折衷曰凡嗣子正也弟不正也適正也庶不正也

長正也次不正也宋宣公傳其弟義則義矣正乎不正矣致數世之亂由不正也公羊曰君子大居正得其旨

集議曰外諸侯書卒史記別內之辭也葬稱謚据外之臣子之辭也春秋卒而不葬者多矣左氏以爲魯不會葬故不書公羊何休之言或謂之篡或謂之諱或謂之殺大夫穀梁或謂之失德或謂之滅國或謂之失民傳之於經雖時有合然其閒不葬之君理無所貶者有矣且經之書葬異於書卒之文卒稱某侯某是据外之赴而尊內也葬稱葬

某公是据內之往而尊外也然則見於經者非但
錄其葬與不葬也由我與其事而書爾
胡氏曰天子七月而葬過之則緩不及七月則速
五月則偪諸侯三月則偪大夫逾月則偪士諸侯
五月而葬過之則緩七月則僭天子不及五月則
速三月則偪大夫逾月則偪士
謗曰書諸侯之葬所以謹其禮也禮諸侯五月而
葬今春秋之世列國葬有緩速而僭且偪聖筆不
得不謹而書之此始錄葬宋穆公而公穀但明日
葬之危不解所書之意杜氏又謂魯使大夫會葬

故書先儒雖或從之然若魯實使大夫往則春秋當明書之如文六年公子遂如晉葬晉襄公是也則此不爲魯會而書矣發微又以不請謚而譏之按孫復尊王發微謂諸侯之葬不請謚於天子此皆自謚之又僭稱公故孔子錄之正以王法正明稱謚之文也且葬者誠謂謹其僭偪而書之矣

四年春王二月莒人伐杞取牟婁

規過曰杜云書取言易也今此上言伐下言取非易也

趙子曰凡力得之曰取不當取也左氏云凡書取

易也穀梁亦曰取易辭也按取者收奪之名何關難易假令取之難而得之欲如何書之乎取者或以師威偪或招收而得之

經社曰春秋彊者侮弱大者加小卒然不顧時王之命聖人著文以示之其不與臣之專君也雖然其惡之大固不可一概而視之必爲之辭而輕重焉然春秋之常伐國不言圍取邑不言圍舉其重者志之然也而閒有以志之者兩重其罪也是故二百四十二年之閒其志襲者一侵者六十六取者二十一滅者三十一皆所以示輕重而爲後世

正其法也

謂曰春秋書取者二十一取邑此其始矣且古者胙土以封諸侯疆域有限而城郭有量也天子所封之地諸侯豈可以擅取哉今莒興師徒以伐人之國又取其邑春秋詳而書之者必有以甚而譏之也且列國用兵專伐尚曰不可況取邑以自廣乎范甯所謂兩書之以彰其惡矣況杞夏之後也莒一小國爾而欲伐之取之蓋由杞之微弱春秋志之以起其淩替之事將伸其不足徵之意也

戊申衞州吁弒其君完

纂例陸湻曰凡魯君及大夫見殺但書薨卒不可斥言也他國公子簒大夫弑必書名志罪也稱國以弑目大臣也不書大夫言舉國也

謗曰易坤之初六履霜堅冰至而夫子文言謂臣子之惡其所由來者漸矣此聖人悼周之衰列國不稟天子之令其政衰替其臣暴横以致君弑臣殺之事蓋王法不能正而辨之不早春秋之作不得不詳而貶之是以或稱名或稱人或稱國皆輕重其罪而追治之爾今州吁之弑而公穀止明其以國氏之義發微因論之云爾按孫復尊王發微云臣子之惡始於

微而積於漸久而不已遂成弒逆之禍辨之不早鮮不及矣春秋之書紀綱既絕蕩然莫禁孔子懼萬世之下亂臣賊子交軌於天下也故以聖王之法誅之誅之法有三大夫弒君稱名氏謂大夫體國不能竭力盡能補其不逮包藏禍心以肆其惡故稱名氏以誅之此年衛州吁是也微者弒君稱人非大夫則名氏不登於史策故稱人以誅之文十六年宋人弒其君杵臼是也衆弒君則稱國謂上下乖離姦宄並作肆者非一舉國之人可誅也故稱國以誅之文十八年莒弒其君庶其是也節錄於此

夏公及宋公遇于清

纂例啖子曰古者有遇禮本制此禮恐忽有邂逅相遇簡略而行故與會禮不同時雖非相遇而從省易以遇禮相見者亦書曰遇　趙子曰簡禮而

會曰遇穀梁云遇者志相得也按文直以所行定名爾何用以相得爲義乎公羊又云一君出一君邀之假如實然忽以會禮相見豈得書遇哉

經社曰遇簡之也簡之何也古者天子立於上其臣莫敢不朝不聘退而修己之同好以是爲盡君臣之恩也周道衰禮典廢缺交爲盟會又簡其禮易其事若匹夫之道路相遇然曰遇簡之也是故春秋之所志者七內與外皆志之甚其法之不守而禍之所生也傳曰遇者何不期也夫簡其禮易其事遇之所以志也非不期也又曰遇志相得也

夫遇逢遇之稱聖人順辭而書之非爲相得不相得立法也既曰不期又曰志相得自異也何休曰古者有遇禮夫上而君下而臣朝焉可也未有以簡略而爲之禮也

諤曰春秋書遇者七此爲之始按曲禮未及期相見曰遇此蓋諸侯因朝天子而有此不期相遇之禮也春秋之時法度幾喪諸侯擅相會遇多矣然夫子所以詳而錄之者謂其非典禮之實而廢朝天子之正也是以何休言古以明所書之義按何休公羊注云古者有遇禮爲朝天子罷朝卒相遇於塗近者爲主遠者爲賓稱先君以相接所以崇禮讓

絕慢易也春秋時出入無度無故卒然相要小而人將以生心故重而書之以防禍原備錄於此諸儒又皆以簡略言之夫遇之事諸侯專之不可也今二國之君擅越境土而爲之是則自恣之甚所以著其法度之喪爾

宋人陳侯蔡人衛人伐鄭

箋義曰州吁阻兵而修怨蔡人助之以伐同姓故皆稱人夫伐鄭者衛也今書宋公爲兵首者以其欲殺馮而許之爲主也衛桓公陳出也陳不討州吁而反助之故與宋公皆書爵秋復書伐鄭甚之爾

謗曰隱桓之世諸侯之國無大小凡侵伐之事皆以專而行之者也春秋以人稱之示聖筆之所譏爾苟大夫專之則去氏以示貶若無駭及翬帥師也然則諸侯用師稱人而此宋陳變文稱爵者蓋爲加貶於蔡衛而出之也若以例四國同稱人則不見蔡衛伐同姓之罪矣且宋子姓而陳嬀姓也蔡衛鄭皆姬姓爾今蔡衛以兵會人而伐同姓春秋加筆削而輕重之則蔡衛貶重於宋陳不可不變文以志其甚也左氏載其事而公穀不解後儒雖明之未盡此伐同姓之旨

秋翬帥師會宋公陳侯蔡人衛人伐鄭

折衷曰春秋內不討賊多矣苟有討者必諱之不討者如公子翬公子遂是也有討者而不書殺公子慶父是也隱公之弒固翬矣然聖人存魯諱如是曷以謂之貶歟既曰貶之而桓三年復書公子翬如齊逆女非以弒君貶不疑矣吁罪莫罪於不臣惡莫惡於弒君苟國能討則討之苟不能則諱之奚可以貶耶斯與莊三年溺會齊侯伐衛旨俱疾其專命而去氏明矣左氏得其旨

集議見二年無駭入極僖十年殺里克二論

謗曰三傳之於經固非欲自相矛盾其說也將以釋聖人而顯暢其義後之人雖學博而傳之於經有未安者不可不討繹而詳之今輩師師而左氏之傳有固繭之文因解爲疾之也公穀又以與弑爲貶則折衷之所論攻之亦破矣至於後儒之說雖知以翬爲貶而未求之於論語之說此翬去氏蓋與二年無駭同而蔡衞稱人之義從此解

九月衞人殺州吁于濮

纂例陸湻曰凡作亂自立爲君而國人殺之者皆稱人以殺言衆所共棄不君之也且明無所累也

公穀之云是也

謂曰論語季子然問仲尼曰仲由冉求可謂大臣歟仲尼曰可謂具臣矣又問曰然則從之者歟仲尼曰弑父與君亦不從也言其臣雖從其主亦不與其大逆也是時季氏專政勢淩於君故夫子因其所問而疾言之其實皆悼末世之爲弑逆也春秋之時弑逆者衆仲尼於魯論斥言而不與之在春秋之經豈得不加誅罪之義耶蓋深欲疾惡而討正之也故春秋討賊之事皆稱人以殺之言衆之所欲討聖筆之貶莫甚於此矣今州吁春弑至

此殺之聖人之心其以爲緩也歟書月而言地所以謹臣子之慢穀梁詳之

冬十有二月衞人立晉

辨要詰忠篇曰外立君不書於春秋獨書衞人立晉者書其名惡也書立不宜立也主書者詰石碏之非忠也何者專衞國之政者石碏立君者由碏也夫託六尺之孤寄百里之命定社稷安國家當廢立之際聖人慎其筆焉非大純於忠者皆罪人也石碏殺州吁誠得討賊之義苟立其當立者則純於忠焉今立其不當立之君情可詰矣若曰立

其當立者理之適然則恩之不我歸權之不我固也乃立其不當立者以賣君焉仲尼原其情而書之曰衛人立晉云則其罪著矣噫以此防民後世猶有貪立幼君以竊弄權柄者故曰誥石碏之非忠也啖氏以爲當時次當立者不賢時碏不得已而立晉以安社稷且衛宣禽獸之行烝於夷姜納伋之妻左氏載之詩人刺之賢者而若此乎晉悼公賢而兄無慧亦不得已而立者也經何不書晉人立周乎

索隱論曰立者見其不正不當立也曰人者言衛

之人衆逆而立之非晉自簒而立也不曰入異乎齊小白之入也不曰某人立異乎尹氏立王子朝也蓋罪衛之臣子且見晉之不正也愚謂聖人制禮章章然著明嫡庶長幼之分者無他弭後世爭之之亂也孟子曰伊尹周公不有天下蓋發明聖人制禮防亂之心也使晉賢而石碏立之春秋猶當不與況晉淫亂之甚者乎如啖氏之論石碏舍當立之君立不正之人始瀆典禮卒危宗社乃春秋之世亂臣之大者安得謂之忠義哉聖人不應不誅惡而書之也

新義曰立者歸入納之通義也

謂曰春秋諸侯有書入者有書歸者有書復歸者未有稱之曰立矣且歸與入善惡之辭也皆其心自欲爲君非專在國人所逆耳今公子晉衞人逆之於邢春秋不謂之歸與入而變文言立者不可以善惡之辭稱之也若以晉爲善則非晉之心實欲歸也若以晉爲惡則亦非晉之心實欲入也無他焉立之在乎石碏矣故書之以譏專恣之甚且專執國政猶不可況專殺君立君乎然所以稱衞人立之者不與石碏之專也穀梁以晉爲賢而啖

氏以碏爲忠辨要索隱所以論之

五年春公矢魚于棠

通例曰陳列曰矢

旨要曰君行師從舉事必書以師旅之勤奉兒戲之樂故直書公矢魚以譏貶也矢者蓋陳其漁具公臨觀其取獲史文簡質之辭非陳衆魚以觀也

公羊曰百金之魚公張之是亦言其張網罟也

謂曰孟子曰春省耕而補不足秋省斂而助不給言天子諸侯出必因王事有所補助於民無非事而空行者也如是則諸侯非民事不舉豈可以非

常之事而親之哉今隱公不循出入之度而有觀魚之往左氏載僖伯之諫云山林川澤之實宮司之守非君所及也隱公不能從之非禮可知矣夫以國君之大出入當有常式不可邇於其褻也隱公爲一國之主而觀卑者之事聖筆所以詳而正之且春秋之時禮或少廢尚錄以示譏況非諸侯之事而往之者乎

夏四月葬衞桓公

春秋書諸侯之葬將謹其僭逼之禮今衞桓十四月而葬不得五月之正也春秋謹其緩之之義推

可知

秋衞師入郕

箋義曰公羊雖有此言蓋魯史之舊例也按公羊云曷爲或言率師或不言率師將尊師衆稱某率師將尊師少稱將將卑師衆稱師將卑師少稱人君將不言帥師書其重者也箋義所論公羊之文指此孔子作春秋諸侯用兵擅相攻伐師出無名伐不以罪則皆貶絕之雖秦吳之君不得稱君而比之夷狄是也雖晉楚之大夫不得稱某帥師而稱人比之微者是也又所傳聞之世諸侯自將則書爵或貶稱人或稱師大夫則皆稱人言征伐自諸侯不自大夫故也唯內大夫

書名何休所謂內其國而外諸夏先詳內而後治外者也至文三年陽處父帥師伐楚始出主名譏自此致在大夫爾

謂曰春秋用兵君將不言帥師此傳例之可從也至於將尊師少將卑師衆之例亦不可用之以隘聖人之經矣今自入春秋用兵稱人至此稱某國師者其大夫帥其國之師歟且文公之前政不在大夫是故外大夫未有言某帥師見於經者惟魯不可言魯師故有無駭帥師之類然亦有去氏以示義矣且大夫帥之而必曰師者蓋稟其君之命

非大夫固欲專之傳例謂將卑師衆之說是未原於五世之前大夫非實專之故特言曰師猶曰某國之師爾所以見征伐專出於諸侯非貶在於大夫也

九月考仲子之宮

折衷曰凡諸侯之夫人薨寢殯廟赴同祔姑然後致新主於太廟斯周公之規制也惠公元妃孟子春秋前薨已致於廟仲子不得復致之隱公以手文之故成先君之意乃一以夫人禮行之第不致廟別致仲子之宮祭之苟仲子爲惠公之母必致

於廟安得謂之仲子之宮設如是則桓公之母何以蔑而無聞隱公讓桓誠爲虚語奚疏闊之如是斯穀梁之短

箋義曰隱爲桓立不正則爲桓母立廟祭之亦非也

旨要曰孟子爲元妃已配惠公之廟仲子後尊爲夫人主無所祔今乃别爲立宫而祭焉

集議曰春秋十二公與夫人之廟非志灾非失禮則不見於經若新宫灾桓僖宫灾丹桓宫楹立武宫煬宫之類是也今仲子之宫以爲夫人之廟則

不應書以爲妾母之宮則未宜立按禮喪服小記云妾母不世祭鄭釋之曰於子祭於孫止是則妾母之宜祭者由子之爲也君既死則廢之死猶廢之況未爲君而有廟乎言仲子正其賤也言之宮緩辭也主書者所以譏隱也隱之讓豈非失正乎謂曰詩小雅斯干宣王考室而鄭氏釋之云宮廟羣寢既成以落之則是廟成而考之明矣春秋書考仲子之宮而公羊解之曰始祭仲子穀梁又曰成之爲夫人也以是言而較之諸儒則仲子當爲桓公之母焉若以爲惠公之母則陳氏攻之亦破

矣且仲子之於惠公非夫人也故春秋不曰夫人而稱之仲子爾隱公不當别立廟故因此考宫而書之以譏隱公也且聖人重嫡庶長幼之分不得不謹而録之隱公既立於此見其有授桓之心故爲其母立宫而考之是不知長幼之分而啟簒亂之端矣故書以譏之

初獻六羽

摘微曰始踰常禮濫用樂故書初

箋義曰考宫獻羽本皆不書以仲子非夫人而立宫故譏之雖立宫非正然公從衆仲之言不用八

而用六故言初獻六羽善其復正也

辨要曰何以初爲譏也隱公旣君矣桓公尚幼矣而仲子桓之母也且未君者之母而考其宮以獻六佾焉則啟桓之心知己之母貴矣知己之躬當世其位矣是禍之微已芽於此歷年滋久而隱不歸其政然後讒人得以乘閒而搆逆焉故仲尼於獻六羽變文言初志禍之始也

本旨曰初獻六羽能復舊制故遂記其事

集議曰明堂位曰四代之服器官魯兼用之又曰命魯公世祀周公以天子禮樂祭統曰賜之以重

器朱干玉戚以舞大武八佾以舞大夏此天子之樂也先儒又言魯以周公得祖文王而爲之廟然則魯之禮樂得異於列國者止於二廟爾周衰禮壞諸侯僭制舞之佾列混而爲常此獻六羽而書者善隱之復正也言初者猶曰往失之今乃復之爾二傳言僭諸公恐非其旨左氏尸子之言於經爲近春秋存內諱之體隱既復之後人雖亂之亦不應見於經也杜預見後經無用八之文而魯有季氏八佾僭君之說因謂此經六羽惟施於仲子之廟非矣

旨要曰初獻六佾之舞明魯以文王周公廟用八佾今隱公以衆仲之對乃用諸侯之禮而獻六羽亦嘉其得禮制也而公穀皆謂譏僭其傳曰天子用八諸侯六而諸侯四按禮立廟唯有天子諸侯大夫之別而其間不分公侯也廟數在禮不分羽數豈當獨異二傳之失於是見矣然則杜注佾數亦失之矣八佾六佾雖有等差而每八人不當降殺士既有廟下舞登歌不可以二二四人分別兩列按禮治民逸者舞行綴短士有宗廟必有田邑治民之事以二人而爲行綴於義不足則士之二

佾當用十六人是舞行之次爾

新義曰隱立桓爲太子帥國人而奉之而桓齒尙稚幼無有家國之心意未分兄弟之庶適至是考宮獻羽是啟桓弑之漸也凡書初者盡一事之本末也

諤曰論語孔子謂季氏八佾舞於庭是可忍也孰不可忍也馬融釋之曰天子八佾魯以周公故受王者禮樂有八佾之舞季桓僭於家廟而孔子譏之明堂位又言魯祀周公用天子禮樂則是魯於周公廟得用八佾之舞矣然魯於周公之廟用之

可也用於諸侯之廟不可也周衰禮壞而或僭用之今隱公始復六羽而公穀又以爲僭是不知諸侯六佾之舞爲正也左氏及諸儒雖知諸侯六佾之正而皆謂春秋所書善隱公之復舊制矣而又不明六佾用於羣公則可不可以用於仲子之宮也豈可謂善其復正而書之乎譏有以啟桓也

郲人鄭人伐宋

用兵之道古者不得已而用之春秋之世諸侯專之不問乎得已不得已也聖人書之所以疾而惡之爾今郲小而序於鄭上三傳皆以兵主而言之

然聖人必存主兵之國於先者亦有所示義也蓋

主其用兵者而譏之以首專伐之罪

螟

劉歆曰逆僖諫貪利以生倮蟲之孽

謬曰穀民之司命也聖人重民之命將使無失其

所是以春秋灾異雖螟之爲害必詳而錄之此亦

重民命之至也俾人君能自警飭則物不爲灾民

得其所矣

冬十有二月辛巳公子彄卒

指掌碎玉曰僖伯名彄字子臧魯孝公之子也諸

侯之子稱公子公子之子稱公孫公孫之子不得祖諸侯

箋義曰恩禮謂葬加一等故日之以志公善

總論曰若公羊必以不日爲遠日之爲近所傳聞異辭此皆傳聞之世何以日也則知公羊何休之說不足以爲例也又明矣穀梁曰大夫日卒正也

諤曰春秋之時卿大夫世爵而專權怙政夫子書公子公孫以譏之也故益師之卒不日而穀梁以爲惡者以其非大夫之正命歟至此公子彄卒而書日以存正例者蓋大夫之卒有正有不正聖人

起其義以示筆削之意不得不詳之以曰爾何休所謂傳聞之世恩淺則於此不攻而自破也穀梁以爲隱不爵命大夫則春秋之內大夫凡錄其事豈由爵命與不爵命乎

宋人伐鄭圍長葛

纂例啖子曰凡圍他國之邑皆繫其國　趙子曰伐國而圍邑皆書之不可偏遺也言其事輕重等故不偏擧之也公羊曰強也夫一邑之強亦何能爲而特書乎且圍長葛明年又書取若長葛能強何見取乎穀梁曰久也按春秋書伐國而言圍邑

者凡四無有久師之義蓋見圍長葛明年書取以爲經年不解故云爾殊不知今年自圍明年自取耳

經社曰二百四十二年之閒其志圍者四十三圍守而取之譏其有以盡民也然春秋之常伐國不言圍而閒有以志之者兩重其罪也

謗曰春秋書圍者四十三伐國而言圍邑者四此爲其始且書之之法侵伐圍取皆有以輕重之者也伐國不言圍今兩書之惡之也如四年莒人伐杞取牟婁之義而宋於此年圍之六年取之亦甚

矣

六年春鄭人來輸平

新義曰春秋之際能存亡繼絕救灾恤鄰諸侯之霸者也隱公速暴不當數渝盟約書鄭人來輸平者原鄭之見幾而甚魯之亡信也

旨要曰渝變也變更前惡復爲和好者也故經書渝平傳曰更成是也公爲公子戰於狐壤爲鄭所執既而逃歸有怨於鄭會鄭伐宋公不果救而忿宋復善於鄭鄭來變惡脩此平也

謗曰春秋內魯而立文以其假魯史而載行事矣

至若平之之義自內曰及如定十年及齊平之類也自外曰來此年鄭人是也然輸平之文左氏經書曰渝蓋傳授不同而文或誤爾先儒謂之絕其成者以釋渝爲變故也公穀雖以爲輸而又以墮成言之斯亦未達其義且春秋諸侯或渝變不睦則必起侵伐以交忿豈義在與人絕哉然則輸者屈己之辭也今質以上下之經而詳之則五年有暈會四國伐鄭之怨八年有歸祊易田之事是則此年鄭欲輸己爲平所以釋前怨而起易田之好明矣故發微謂之輸誠也按孫復尊王發微以輸平爲輸誠釋憾

夏五月辛酉公會齊侯盟于艾

諸侯擅相爲盟自元年書邾儀父始公出會義見

二年

秋七月

冬宋人取長葛

規過曰大都以名通者則不繫國今長葛不繫鄭則爲大都也

纂例曰去年云伐鄭圍長葛故此不重言鄭從省文也

箋義曰書取言易也今圍長葛更年乃得之非易

也然以易辭稱之者惡宋旣伐鄭又圍其邑更年而取之疾其不仁之甚矣

經社曰書取者二十一不正其恃己之暴易取人之有而爲己之有也

本旨曰用兵而有之在國曰滅在邑曰取乃記事之宜爾安有易不易乎

謂曰天子析土以封諸侯諸侯不可得以相與況以兵取之者乎前宋旣伐鄭而圍之今又取其邑暴師勞民其惡可知矣春秋書之亦以誌其甚焉

傳例以取爲易辭則此於前年伐之今冬而後獲

取之亦不可以爲易也是則言取者通例所謂非

義之取爾

春秋會義卷三

宋鄉貢進士江陽杜諤撰

隱公

七年春王三月叔姬歸于紀

孔子曰關雎樂而不淫哀而不傷夫子之言不徒然而發也蓋以憫周衰而賢女之行無復見矣是故春秋之文詳錄內女所以明夫婦之大人倫之本也不可不謹而書之以爲後世之懲戒也然春秋內女嫁爲夫人則書之今叔姬媵也春秋之法媵卑賤不書此書之者聖人以叔姬歸酇爲不正

故於此起其文爾

滕侯卒

折衷曰諸侯生而不名重其爵也死而名之紀其終也春秋之常也其有死而不名者聖人特有其旨禮經曰同盟則稱名薨則赴以名不然則否未同盟不名之如僖二十三年杞子卒有同盟而不赴以名亦不名之如隱八年宿男卒未同盟而赴以名亦名之如陳侯鮑卒苟微國不名則邾子許男何以名苟曰狄道則吳子楚子何以名斯左氏得其旨

謂曰禮諸侯不生名天子於同姓異姓以伯父伯舅稱之者謂其雖守土之臣而亦據夫南面也至於告終稱嗣則名之纂例所謂降天子而經社以爲別後嗣皆其義也今滕侯卒而不名豈非特有其旨哉若以赴言告之則史策之常例非聖人筆削之意爾諸儒又以同盟爲論則諸侯亦有不同盟而名卒於經者則此又不可謂不同盟也春秋之法聖人以禮而去取之是時諸侯之國禮有削弱者不可以一概而載其事矣今書卒而不日不名者不過滕薛杞宿之國也而又不書其葬焉且

考其朝會所書則侯伯子男之稱不一其爵豈非禮之削弱而或有降黜耶聖人於此卒而不名之誠謂禮不足而略之爾

夏城中丘

纂例陸淳曰凡土功皆當以農隙之時若有難亦有非時城者非得已也穀梁云凡城之志皆譏也此說非凡城國之急也但問時否不應一切是譏又曰凡興作必書上民力也觀其時而是非昭矣

孙袁曰凡土功人事之大者也得其時則書以正

之不則刺之改作則書以戒之奢大則書以懲之斯城中丘非改作也明奢大也斯夏而書之不時明矣且龍見而戒事火見而致用蓋秋務畢冬可用也是以春新廐夏城郎書不時也冬城防城鄆書時也斯夏書不時左氏得其旨

總論曰左氏曰凡土功龍見而畢務戒事也火見而致用水昏正而栽日至而畢謂土功興作也十二月爲正過與不及皆爲不時此知其一不知其二也何哉設若昏君驕主不愛民力窮極土木內崇宮室外廣城邑謂之得時此其可乎若如左氏

之說則是孔子止以其興作不時而書之爾聖人揭王法誅僭亂之旨從何而出哉然而所書土功惟十二月者爲得其時而皆不務其德傷財害民莫逃聖筆之所誅也況過與不及其時者乎僭侈非制者乎

謗曰孟子曰佚道使民民勞而無怨春秋之世征伐四出民苦不暇至於工築之事亦靡有息夫子書之者其愛民之深旨乎若夫不脩德而務興作傷財害民之本也今隱公城中丘而左氏謂之不時則聖人所譏之旨隘矣且末世勞民之甚豈問

乎時與不時哉春秋書城及築凡二十九是皆不重民力而務興作也詳而錄之皆所以謹懲戒而過僭忒爾

齊侯使其弟年來聘

纂例啖子曰聘者致君命也主人受之於廟重禮也

趙子曰禮以通好曰聘公羊曰大夫來曰聘按大夫以他事來者多矣不可悉云聘

旨要曰此經左氏無明解而公羊謂稱母弟也穀梁云貴而稱母弟以異於凡庶二傳足以明之

謂曰周禮之制諸侯有歲一見者或有至三歲五歲而見者此朝天子之正也不朝之歲則使其臣執圭而聘焉春秋之時諸侯聘天子之禮壞而不脩大小之國相聘而已是以外大夫來聘於魯者二十有五凡書之皆譏也所以稱其君之使者著諸侯之擅相行聘也至於稱弟亦譏之也是時諸侯恣橫聘問不一或使大夫或使其弟不循禮之所在故明書以示譏爾

秋公伐邾

箋義曰翬爲宋伐鄭鄭爲邾伐宋宋來告命公距

之鄭人又來告絕今宋復與鄭盟故公懼而伐邾
欲以求宋然公懼宋而伐邾不正故以示譏
諤曰春秋書公伐之事於此始見於經且諸侯擅
相征伐譏之可知也於此又見盟之不足相信矣
詩云君子屢盟亂是用長言盟之無益適足長亂
也誠哉是言按公於元年爲蔑之盟至此而不顧
其信以兵伐人之國不待貶而貶自著也

冬天王使凡伯來聘

纂例啖子曰周禮云天子時聘結諸侯之好人君
亦有聘士之禮穀梁曰聘諸侯非正也言天子不

當聘諸侯殊誤矣　趙子曰王政行也天子使使聘於諸侯所以洽恩惠考政典春秋之聘通好命耳

摘微曰周室東徙政教大壞朝聘會同上下之禮無别故春秋所書聘朝之文天子與諸侯同深責臣下之甚

謏曰周禮閒問以諭諸侯之志謂天子閒歲一問此存省之屬王使臣於諸侯之禮也東遷之後禮籍虧廢諸侯不朝於天子天子下聘之事亦從而不講是由周室微弱諸侯暴横而春秋不得不作

矣故自入春秋之經而未嘗有諸侯朝於周者至此八年而書凡伯來聘之義豈非聖人志其微弱之甚乎啖氏又以爲時聘結諸侯之好是不明時聘自是諸侯上聘天子而天子以禮結其好也然則間問乃天子聘諸侯之正明矣春秋之世禮不得其正故夫子書天王來聘者八是皆譏其非間問之實也

戎伐凡伯于楚丘以歸

繁露王道云執天子之大夫與伐國同罪執凡伯言伐也

規過曰以歸者執也杜何云以歸非執也

指掌釋曰杜言以歸以彼隨己而已非囚執之辭也穀梁云以歸猶愈於執明直言以歸者皆非執也劉云以歸者皆執非也

折衷曰凡貶諸侯止降稱人絀其爵而已春秋記事之書在辨諸國之名以爲記事之綱領苟易衞曰戎則何以別眞戎以楚丘衞地因謂貶而戎何也且鄭伯怨王而執伯服齊侯怒而執單伯春秋又不戎之也苟謂大執而言伐且凡書執或因盟會如齊人執鄭詹或因誘致如宋執祭仲或因朝

聘如晉人執季孫行父也未有攻伐於路而言執也左氏爲得

箋義曰楚丘衛地不繫之衛者戎伐天子之使衛不赴難故沒之以示責之深耳

旨要曰春秋有文同事異義例不明者後人參於三傳而隨文解之耳今戎伐凡伯以歸杜云非執也且伐而以歸庸非執乎然則諸言執者或因會盟誘致用機特執之也伐而以歸何必言執乎而穀梁謂以歸愈乎執亦妄矣

集議曰春秋非國不言伐其閒加兵都邑得以伐

爲文者必有異焉若莊二年公子慶父伐於餘丘蓋君之存焉故同邦國之例凡伯之使雖卿行旅從固未可與國同文也其爲大天子之使明矣諸侯執諸侯伯討不正者猶不免於譏貶言伐言以歸示見其惡之甚也穀梁見地稱楚丘而有戎衞之說此於左氏書齊豹爲盜之傳則近矣然豹之殺縶以爲求名衞非求名於伐天子之使也伐而不言衞不亦爲掩衞之大惡乎聖人褒貶必不然矣

謗曰戎狄有王者則後至中國衰則先叛是以王

者不治之而春秋外之東遷之後錯居中國方伯連率之職不脩而攘正之功未見也故春秋以諸侯無王而追治之於此又見諸侯尊周室之心茂云耳且范甯之說天子之使過於諸侯禮之猶懼不恭今凡伯聘魯至楚丘而戎伐之此夫子之心亦有以憫之也是時諸侯用兵侵伐日起未嘗驅正戎狄而使有伐天子之使者斯無王甚矣春秋書之而公穀皆以言伐大天子之使而不知責在當時之諸侯也且書楚丘者譏衛明矣先儒又以衛不赴難言之夫凡伯過衛之境衛不當使及於

難豈傒其難而後赴耶況有不赴也夫子詳而錄之譏在諸侯而貶甚於衞也穀又以戎爲衞折衷攻之焉言以歸則甚矣

八年春宋公衞侯遇于垂

春秋書遇內與外皆書之四年書公及宋公遇於清所以起內之爲遇也此年書宋衞亦以見外之爲遇也諸侯專恣上無尊王之心不循禮法之正凡書皆譏之也餘義見四年

三月鄭伯使宛來歸祊庚寅我入祊

纂例趙子曰歸者來致之辭田邑先祖所命於天

子者也而以與人其罪著矣　又曰我入邴義與
歸入之入同言不當入也與用兵之入不同
微旨趙氏云邑者先祖所命於天子者也而以予
人其罪著矣
摘微曰歸祊又書入又婉其文爲璧假許田聖人
責其廢祖宗之祭以貪利相假易故鄭重其辭也
箋義曰鄭伯使宛歸祊亦猶楚子使椒秦伯使術
吳子使札來聘之類蓋惡鄭伯不當以祊易許田
故去其卿之族使若夷狄不一而足者辭同而義
異

旨要曰春秋之旨刺譏微婉同歸大義者也易祊主於鄭伯故不可不貶其使若貶之則不得謂鄭伯使人亦不得云鄭人今去其族亦同內卿之貶乎春秋內卿貶則去族也

諤曰天子巡守之禮將朝諸侯於方嶽之下則必燔柴祭天而告至焉是以鄭有助祭泰山湯沐之邑也周衰諸侯背叛朝覲之職不脩而巡守之禮亦廢云爾今鄭以巡守之廢而湯沐之邑徒然在祊欲易魯許田甚不可與也且祊天子之命邑也鄭以宣王母弟而獲湯沐之賜公羊又以爲諸侯

皆有之然不明諸侯有功而後賜之王制所謂方伯皆有之也且天子在上而諸侯以地相與不可不詳錄而謹之故書來歸謂其自外以歸而歸之也書入謂魯不當受而入之也然則春秋書鄭伯歸祊見巡守之禮廢而諸侯奉上之心無聞矣

夏六月己亥蔡侯考父卒

春秋於此起諸侯正卒之文書卒義見三年

辛亥宿男卒

見七年滕侯卒義

秋七月庚午宋公齊侯衞侯盟于瓦屋

春秋書三國爲盟此爲之始是以穀梁謂書日而謹之也自此之後諸侯互相專盟益甚夫子詳而錄之將撥亂而反之正矣且公侯伯子男五等之正也周衰諸侯不明王爵之大小而以强弱爲先後聖人於是序而正之若如元凱之說則是不明春秋所書出於聖人之筆所以敘而正也實非當時諸侯之所尊爾按杜預左傳注謂齊侯尊宋使主會使宋公序齊上是以范甯云宋序齊上王爵也

八月葬蔡宣公

春秋書諸侯之葬將謹其僭逼之禮今蔡宣三月

而葬亦不得五月之正也春秋謹其偪之義推此可知

九月辛卯公及莒人盟于浮來

經社曰春秋微國大夫不名浮來之盟稱莒人莒之大夫也曰公及公爲志乎盟爾故以公舉之也旨要曰莒是小國其卿比列國大夫不名稱人是其常非貶也且卿不得會公侯如會則當貶爾今莒卿旣小直是公與盟於褒貶無所嫌也

謗曰甚哉禮籍壞而不行也久矣周衰而諸侯專恣擅相盟會春秋猶詳而錄之以謹懲戒之大旨

況有以大夫而敵公盟者乎今隱公以千乘之君而出會小國之大夫不可也發微云內斥言公惡在公也內不言公惡在外大夫也左氏之傳謂公成紀好則公尋其盟可知矣是以出公而目曰莒人穀梁所謂可言公及人不可言公及大夫也聖人必主其可議者而議之公失禮之甚不可不斥之矣

螟

冬十有二月無駭卒

集議見二年入極下

謂曰古者諸侯之國卿大夫必有由天子之命而命之者也周衰列國大夫不復命於天子矣春秋書公子公孫且譏魯國之公子公孫世世爲卿大夫矣然而卿大夫之中有以氏而稱之者　孫氏仲孫氏叔孫氏季孫氏也晉有狐趙荀郤欒范之氏齊有國氏高氏崔氏衞有甯氏孫氏是皆諸侯專命之氏矣春秋於文公之前諸侯之大夫未有書其氏於經者以政不在大夫而自諸侯出也故內大夫聘會及卒可以書公子公孫未可以氏稱之者不與諸侯專命之辭也此展無駭據傳而貿

之則公子展之孫而謂之展氏也卒而春秋不錄其專命之氏因之以示義焉然自文公之後內外大夫會盟及內大夫卒皆以氏稱之者以政在大夫故也無駭之去氏於此詳而論之因以見聖人筆削之義明矣挾卒亦其類也

九年春天王使南季來聘

摘微曰南季來聘春秋天子之事故不書王者史例非貶

諤曰入春秋之經未嘗有諸侯朝天子者而天王於七年使凡伯聘魯今又復使南季之來是皆非

周禮天子使臣於諸侯之實也書之以志周室微弱諸侯不朝而天子反下聘之爾穀梁又謂聘諸侯非正者斯不明諸侯聘天子天子聘諸侯皆有常制而周衰失其正也摘微以書王言之是又不以例時爲義耳

三月癸酉大雨震電庚辰大雨雪

劉歆曰大雨震電三月癸酉春分後一日是震電時當雨而不當大雨大雨則是常雨之罰矣八日之閒大雨雪常寒之罰也

謗曰春秋之書灾異由皇不極而大中之道不行

矣是時禮廢政壞君臣上下綱紀紊失災異之所以出者陰陽不調四時錯謬之所致也今雨電既不當作又雨雪亦不宜復降皆爲異可知爾三傳惟穀梁詳之

挾卒

纂例曰義同無駭

折衷曰凡爵未至大夫則謂之微者不列於春秋苟列則大夫矣其有褒者則書字以嘉之如閔元年季子來歸有貶則去氏以罪之如隱四年翬帥師已賜族如文六年季孫行父如陳未賜族如隱

八年無駭卒書挾卒與無駭同也皆未賜族矣苟
曰未命又曰不爵當隱之世書隱之事曰不爵曰
未命則皆不爲大夫矣旣未爲大夫則謂之微者
曷爲列於春秋而卒也斯左氏得其旨

夏城郎

書城邑二十四隱公七年城中丘爲之始

秋七月

冬公會齊侯于防

纂例趙子曰凡相見於外曰會凡會遇諸侯之事
也春秋之代多自相會

謌曰會者會於外而不盟爾春秋書隱公出會者四詳内以見諸侯之自擅也書會義見二年

十年春王二月公會齊侯鄭伯于中丘

春秋書征伐會盟皆以時而例之其有不正者則變文以示義且隱公出會皆以正例書時而此月者何氏解爲危公而未盡所危之旨當取范甯說以釋之謂隱公不悟天譴故危之耳

夏翬帥師會齊人鄭人伐宋

箋義曰王命鄭伯伐宋鄭盟齊魯以爲師期旣而翬先帥師會二國之君專進無君故貶之去氏齊

侯鄭伯本與魯侯盟而伐宋今翬先來不當與會
故貶稱人爾左氏明言羽父先會齊侯鄭伯伐宋
而杜氏曲說使微者非也
旨要曰公子翬字羽父今去族而名之貶也公子
非族去其公子例與去族同也
謗曰春秋諸侯侵伐稱人以惡之此又起其文也
翬以大夫專伐而去氏上巳明矣左氏之傳前年
鄭人以王命來告伐宋冬公會齊侯於防春又會
於中丘爲師之期則翬必得公之命而帥師矣安
可謂專進而疾之耶蓋翬雖由公命而大夫專伐

之罪不可不貶也公羊及范注又以爲隱之罪人夫聖人原情定罪豈貶於未弑之前乎亦不然矣至於稱人之義杜氏以微者解之斯不明此諸侯用兵稱人之例也

六月壬戌公敗宋師于菅辛未取郜辛巳取防

纂例曰凡魯勝則曰敗某師

折衷曰十年書公會齊侯於防以伐宋復會於中丘蓋尋九年之會謀伐宋至是敗宋師齊鄭後公獨敗之鄭伯後至取二邑以其乘公之勝不爲己功乃歸於我聖人嘉鄭推功但書魯取以成鄭志

春秋取邑不書日此書日者蓋聯上之壬戌上既
書日下苟日取郜則是壬戌取之何以別也凡取
邑苟不合義雖十年一取亦不可苟合義一日取
十邑誰曰不然豈有一取再取之甚也
箋義曰鄭入郜防歸之於魯而經書魯取者天子
在上諸侯不得以地相與故以自取爲文所以惡
魯
集議曰左氏見此年春有中丘之會夏有𦗱會齊
鄭之文此獨言公敗宋師故於取郜取防之傳皆
以鄭師入而歸於我以附會於經且夫子作經非

意後之有傳也文雖微隱必開義例使人以義而求之經於外事不書其主者惟伯者之事或有之餘則皆繫乎國也設謂宋之二邑自鄭取之而歸我宜若宛來歸祊齊來獻捷之文也經書辛未辛巳者非二傳所謂日月爲例也欲見其壬戌敗之辛未辛巳又取之是譏內之未逾月而三加兵於宋也公穀之說似爲得旨

諤曰春秋書敗某師自內勝之也書取邑惡之也今會於夏翬帥師會二國伐宋又以兵敗之不可也復取其二邑甚之矣是以聖人詳錄而謹之以

日也左氏又生經外之文以爲鄭取是則聖人之經苟以鄭取爲魯取則何以正筆削之實而定取邑之譏耶故發微論之而集議取公穀之說按孫復尊王發微云隱公與翬傾衆悉力共疾於宋又浹日而取二邑故書以疾之

秋宋人衛人入鄭

宋人蔡人衛人伐戴鄭伯伐取之

箋義曰三國稱人蓋亦貶之爾

集議曰經上書宋人衛人入鄭次書宋人蔡人衛人伐戴是宋衛之師既結怨於鄭而後加兵於戴也蔡雖不與於入鄭其從宋衛亦宋衛之同惡也

戴雖不親於鄭其皆見伐亦與鄭同其所嫉也然則其下書鄭伯伐取之者豈不謂報役於三國之師而反謂之伐戴耶公穀失之矣鄭稱伯君將也言伐聲其罪之辭也伐而言取之其以宋蔡衛之恃其衆而無成乎

謗曰春秋書人書爵其有以正筆削而輕重之也且春秋諸侯用兵稱人今此宋衛蔡稱人而鄭稱爵誠可疑也公穀又以爲鄭伯因三國之力而取戴矣諸儒雖或從之而左氏之文載之又異且左傳謂鄭師在郊而宋衛入鄭蔡人從之伐戴是三

國之兵同伐戴也又曰鄭伯圍戴克之取三師焉是三國之兵在戴而鄭伯伐取之也又云宋衞旣入鄭而以伐戴召蔡人蔡人怒故不和而敗此左氏明鄭取三師之所由也以此言之鄭伯稱爵者蓋加貶於三國而出鄭伯也三國以兵入人之國而又貪暴以伐戴其惡甚矣鄭伯乘其不和而伐取之故出其爵而著三國之貶甚也辨疑乃以鄭之兵力不能悉取而不從左氏之事蓋傳之矛盾於經者多矣然集議已引經而破二傳之說

冬十月壬午齊人鄭人入郕

箋義曰鄭討宋雖以王命然會齊魯起兵踰年既敗宋師取其二邑可復命天子矣復遷戮不已卒齊入郕故人之以示貶穀梁以爲惡入得其旨

謂曰左氏雖曰討違王命而齊鄭以兵入人之國亦不可也故從書人之貶

十有一年春滕侯薛侯來朝

通例曰禮見於庭曰朝若不能行朝禮則但書來世子而用朝禮則書以示譏

纂例啖子曰人君相見曰朝使使致問曰聘此皆受之於廟以重禮也他國來魯朝聘皆書云朝以

朝待相見也聘問也魯君及卿往他國則曰如如往也

趙子曰朝諸侯必有婚姻之好疆場之禮故王者不絕其交焉春秋之代則多於黨仇矣皆國之大事故君子志之其邪正則存乎其文　又曰按春秋諸侯不事天子自以彊弱相制豈有考禮修德之事也

諤曰周禮諸侯歲相問也世相朝也此言父子繼立然後有相朝之事習禮考義正刑一德以尊天子也春秋之世朝聘之禮去其籍而不得其正凡

列國相朝相聘但以彊弱而爲之豈考禮修德爲思好之實耶凡書之皆譏也公穀之解以相朝爲正而不知其壞禮不正矣何氏又以託隱公受命而言之噫春秋假魯史而作舉天下一斷之於公豈以受命言之

夏五月公會鄭伯于時來

箋義曰公羊穀梁皆書月左氏經時而不月按隱行有危當月故從二家之文不同者皆倣此

經社曰隱之出十皆不致隱志讓於桓不欲當正君之禮聖人本其意而略之也

諤曰隱公之會自十年之後而書月范氏所謂危之也然而出會之事皆不書至者以其有受桓之心非繼世嗣位之道舉失其正故略其告廟

秋七月壬午公及齊侯鄭伯入許

春秋諸侯侵伐稱人而此稱爵者左氏但解伐許之由而不明所書之旨夫公及齊鄭以兵入人之國又使大夫守之其惡可知矣而目其爵者豈無旨哉蓋春秋書公及者自內主之也今公夏先與鄭伯爲會而此以兵及之是公主欲伐許也故不可不書公而主譏之既書公而齊鄭稱人則後世

學春秋者必以公及大夫與微者也故夫子不得不變文以目其爵所以鈞其譏之義然則譏之之意在乎書入而不在乎稱爵也穀梁所謂日入惡入也左氏以鄭爲有禮而趙子攻之亦破矣按陸淳集傳辨疑載趙匡說云諸侯無王命入人之國罪已大矣又使大夫守之不容誅矣而以爲有禮是長亂階也備錄於此

冬十有一月壬辰公薨

折衷曰凡十一公薨三子卒唯隱閔與三子不書葬夫國君始有即位終有葬是吉凶之大典桓雖篡弑禮安可忽之且書弑成君唯隱桓閔弑未成

君唯般與赤皆以先君未葬而遇弑不可備成君之禮故不書葬也桓拉於齊魯人以賊在齊襄我力不能以致討請除彭生則書葬之者賊討也隱閔以賊不討故不書葬也公穀得其旨

集議取陳岳論

本旨曰公薨而不曰於寪氏夫子回匿其僵尸見殺之處以爲異於平常疾卒焉耳若書曰公薨於寪氏桓翬之罪非徒不討後世亦無由識之矣

謂曰春秋自隱至定皆書公薨所以志其始終也然書其地以詳其事錄其葬以謹臣子之道今隱

公不地亦不書葬公穀及諸儒解之見隱不自正以取簒弒之禍也葬不書者以懲臣子之惡且以譏侯國綱紀壞廢如此之甚

春秋會義卷四

宋鄉貢進士江陽杜諤撰

桓公

桓公惠公娶於宋女所生之子也史記世家母仲子者惠公生隱公而登之爲夫人生桓公以爲太子及惠公卒隱公立十一年而公子翬譖隱公請殺子允公不從翬遂弑之而立子允是爲桓公

元年春王正月公卽位

折衷曰凡書王皆周之班麻或失不班麻則不書

以明上尊天子下卑諸侯以正王道也其不書王幷正去之何也蓋王既不書正將奚附苟書王雖無事亦空書正月以紀之謂王既書正宜存焉自始至末無毫釐之差下謂桓簒立無王之道故不書王去聖人之旨遠矣按章如愚羣書考索載折衷此條其文較詳文云桓元年書王左氏通謂之魯用周厤故書王苟失不班厤則不書公羊無傳穀梁謂桓弑立以爲無王之道故不書折衷曰春秋歲首必書王者聖人所一統也書王必次春書正必次王謂春者天之所爲也正者王之所爲也王稟於春正稟於王以載行事以立綱紀綱紀立而後條貫舉條貫舉而後褒貶作褒貶作而後君君臣臣父父子子之道定是以凡書王皆用周之班厤或失不班厤則不書明上尊天子下卑諸侯以正王道也苟不班厤而不書王則幷正去之雖是月有事第書其事而無

其正何者王既不書正將奚附苟班麻而書王則并正在焉雖是無事亦書空正月以紀之何者王既書之正宜在焉自始至末無毫釐之差穀梁謂桓篡立以為無王之道故不書王去聖人之旨遠矣斯穀梁之短公羊無辭左氏得其實附錄於此

摘微曰春秋書王以尊周桓罪惡之人弑兄而立不以正始即位平亂而受賂又與戎盟若無上然故桓不書王其首末之年復書王者明天子之正朔非臣下之可專故聖人但存首末而已

箋義曰春秋以天子不能誅桓故元年書王以王法追治之二年有王者弑君之後易祊田成宋亂取郜鼎斯又無王之甚者故再以王法治之爾若

桓公之惡上有明天子豈容十年稽其誅乎又以天下之大不可十年曠而無王故於彼書王以示義十八年則范甯言之審矣

總論曰春秋之法唯元年不問有事無事皆書王所以端本也

集議曰十二公不書卽位者有四隱以讓莊閔僖以繼故也桓宣亦繼故而言卽位公羊謂之如其意穀梁謂之與聞乎弒筆削之旨盡於是矣杜預又但以桓公簒立用常禮而卽位而史亦書之意其以春秋爲實錄乎且夫禮莫大於正君臣刑莫

先於誅亂賊夫子雖用策書以作經然事繫升黜而史用常文者必改作著義例使桓宣不行即位之禮而史不書之夫子亦從而不加之則其與莊閔僖不忍言乎即位無以爲異復何褒貶之有焉

經社曰繼弒而即位之是正之變也

本旨曰夫爲天下國家所以建極立本者亦何事哉仁與義而已矣仁者愛物親親爲大義者成物尊君爲大故孟子稱未有仁而遺其親未有義而後其君夫不忍即位乃情痛於中而禮絕於外也聖人志在爲後世法故每逢繼弒而立皆特書曰

王正月而下無事所以明其本意篤名教焉惟桓宣二君同規逆臣盜據南面躬行即位之禮利在君親之滅春秋因錄其實以昭姦亂善惡懲勸皎然殊塗

新義曰董狐南史直書趙盾崔杼之惡孔子以爲良史春秋錄已往之事假空文以爲萬世王道權衡於魯獨有隱諱之說其閒不書即位書即位各隨事義以爲法此乃仲尼新意聖筆獨斷不可與舊史義例同

諤曰夫子作春秋十二公之元年不問有事無事

皆書王凡書王必上承春而下屬於月此春秋之
正文也元年必書王者春秋以王道託於魯史舉
天下而追治之不可不書王以端本也穀梁之傳
以書王爲治桓是不明聖人元年所書之大旨也
且桓公簒立夫子譏之不在元年書王之文而在
三年不書王而書月爾是則書王之義元年不可
不書之書之不爲治桓明矣是以總論詳明之
春秋五始之義起於元年而隱桓即位之文固有
筆削也夫隱之於惠父子也而隱不即正之桓之
於隱兄弟也而隱欲與繼之夫子所以不書隱之

即位而錄桓之即位此聖人悼之之意也且隱桓之亂雖由於惠公之邪志矣若隱公者己既立而有授桓之心適足以啟之也桓公者己則不正而與弒隱之惡實所以篡之也此即位之文所以錄與不錄爾不書之所以見隱授之爲非書之所以譏桓篡之爲惡是皆以不正之辭加之也

三月公會鄭伯于垂鄭伯以璧假許田

繁露王道篇云鄭魯易地諱易言假

胡氏論曰夫鄭之歸祊不祀泰山於文猶順魯之易許不祀周公於文爲逆逆順之間文義必變故

祊入魯而言歸許歸鄭而言假因魯鄭會垂之禮就玉帛交贄之儀假玉以易田飾辭以藉口謂若璧假改逆從順也璧非鄭獻許實祊易魯國之史也以璧假田去逆效順孔子之經也傳當云鄭人請復周公之祀易祊田三月鄭伯取我許田書曰鄭伯以璧假許田爲周公祊故也如此則易祊爲魯事取許爲鄭文璧假許田仲尼之旨也而左氏以經爲傳傳有失實之言杜預以魯爲文文有誣聖之咎垂之後世豈不妄哉

箋義曰魯祀周公稱太廟後世立別廟於許田非

正也許田去魯甚遠每歲公不可親往當使大夫祀之失禮尤甚夫子書祊許之事正以擅易天子之地而且譏其朝祭並廢也然國惡當諱故於祊稱歸而許田稱假也左氏以爲爲周公祊故非也

旨要曰成王賜周公許田後世因立別廟宣王封母弟於鄭故有助祭泰山湯沐之邑今鄭欲以二國各從所近乃以祊邑來易許田使魯廢其先祀鄭棄其王命臣子之道各遵名教故史諱國惡謂之璧假若不久有其地然諸侯相見有執圭璧將命之理故以薦璧結好暫假其地爲辭故傳言爲

周公祊故也

諤曰孟子謂天子適諸侯曰巡狩諸侯朝天子曰述職此巡狩朝覲之正也周禮之制皆限年而述修之以其國有遠近是以有朝宿之邑焉周衰諸侯背叛罔有承德鄭以魯不朝之故欲以湯沐之邑而易朝宿之邑此二國擅易天子之地爲無王甚矣夫子於歸祊稱歸而易許稱璧假者蓋託文以示義也且歸者不可歸而歸之辭也使若天子來巡守而且以歸魯也假者假與之辭也使若魯實不廢朝覲而鄭以璧假之也春秋不以易取爲

文而以歸假爲說者聖人以巡守述職國家之大經不與其壞廢而疾諸侯之自擅矣　出會之事春秋詳錄多矣然例皆以時今桓書月者取何范之注按何休范甯謂桓大惡之人故會皆月以危之杜氏取此說

夏四月丁未公及鄭伯盟于越

春書其會此復錄其盟者以志諸侯專恣之甚也且會以易天子之田矣而盟以結成之其惡可知矣

秋大水

繁露精華篇云大水鳴鼓而攻社天地之所爲陰

陽之所起也故怒爲大水者陰滅陽也陰滅陽者卑勝尊也日蝕亦然皆下犯上以賤傷貴者逆節也

仲舒曰桓殺兄民臣痛隱而賤桓之應

劉向曰庶徵恆雨之應

謂曰春秋書大水者九蓋水五行之本也聖人飭正其道則水得其性今既爲灾由五行錯繆而皇不極故發徵論之按孫復尊王發微云水不潤下也聖王不作五事廢而彛倫攸斁故咎徵應之

冬十月

二年春王正月

何休曰二年有王見始也不就元年見始者未無王也二月非周之正月所以復云之者明春秋之道亦通於三王非主假周以爲漢制而已

指掌異同篇曰先儒多用穀梁之説賈逵云不書王弑君易祊田成宋亂無王也元年治桓二年治督十年正曹伯十八年終治桓也是穀梁與先儒之説皆然也

總論曰穀梁果以二年書王爲正與夷之卒則莊僖文宣襄定哀之二年書王此正何人之卒也何

休但見三年之不書王稱二年見始通三統之說
非也而不解經之書月之義不知二年未見其罪
者以宋督弑君非桓之事

箋義見元年

謂曰先儒以桓公不奉王法而卽位故有無王之
論蓋聖人異其文在書月而不書王也夫子不於
此年託文而復書王正月者蓋以宋督弑君而魯
受其賂弑逆之人此周爲惡不可不存王以誅之
此穀梁之說近之也何休又以爲見始則其言通
三統而不可從也若以爲未見其罪則成宋亂取

郜鼎非其罪耶若謂再以王法治桓則夫子貶桓不在此年書王而在三年之書月爾今所疑者夫子不於此年託文也然穀梁之說雖近而又不明者此年書王謂存王法以待天下之有誅桓也故不託文於此

戊申宋督弒其君與夷及其大夫孔父

規過曰公羊穀梁及先儒皆善孔父而書字則父是字非名也杜何以言父是名非字也

折衷曰春秋書宋萬里克宋督及其大夫其文同其旨異公穀釋謂及爲累謂先君後臣爲書尊及

卑斯於宋萬里克傳釋之則得其實於宋督傳末見其旨彼二人志本弒君君旣弒而及其臣也此督因目逆孔父之室而殺孔父本無弒君之意洎公怒督懼而弒之聖人以其有無君之心而後動於惡故先書弒君後書殺孔父斯及則并也非累之及也斯左氏得其旨

指掌正義曰與夷是督之君言弒其君則可也孔父非督之大夫而言及其大夫者與君俱死據君而爲文也傳謂督有無君之心先書弒君者君人執柄人臣畏威每事稟命而行不敢妄行殺害督

乃專殺孔父而取其妻非有恴君之心全無敬上之意不臣之迹在心久矣非爲公怒始興夀害先書弑君後書孔父見其先有輕君之心著不義之極故也

索隱論曰春秋之法兩下相殺者不書又賊弑其君從而殺其卿大夫者不可勝道未有變文書之曰及其大夫某者惟是三人忠而被難㲄然得爲臣之節故聖人賢而書之也曰然則字孔父名牧息何也曰深哉聖人之心人臣進退之極致春秋取舍之精意於此焉盡之矣若孔父者立殤公之

朝君無大惡義不可去正色捍患從君而死爲臣之大節事君之至忠盡於是矣書而字之所以勸萬世之爲人臣者也本旨曰春秋殉君難死而名著於經三人而已左氏見孔父仇牧荀息各書名意以爲貶遂委曲尋其罪狀云孔父爲司馬令宋殤公立十年而十一戰又失檢御於其閨門荀息許獻公竭股肱之力不濟則繼之以死爲斯言之玷至仇牧別無瑕隙可議亦闕而不論今按大夫書字雖爲褒嘉本緣善狀隱伏必須旌異而後可見若齊高子來盟季子來歸變文以發之也若一

國皆臣子而獨死君難復安疑其不合乎故但書名從可知爾

集議曰仇牧荀息皆無罪而名也又昭二十年書盜殺衞侯之兄縶殺者稱盜則縶非有罪而名也三傳言孔父之死文皆不同此固不得而諱也而公穀以孔父爲字杜預以孔父爲名者亦非褒貶例也且國君見弑與卒尚書其名以正其終蓋禮經之常也此上書與夷不爲惡其可謂孔父之名爲貶乎杜氏所釋不足取穀梁謂之祖諱不亦遠乎

旨要曰今據左氏稱宋督有無君之心故先書弑君以及孔父意以孔父無罪從君爲例也若孔父有罪則當書宋督殺其大夫孔父遂弑其君爾然人名不當獨稱曰父若林父考父行父之類是也公穀以父爲字近之爾又按莊十二年宋萬弑其君捷及其大夫仇牧無德可稱故名之孔父以冤見誣故字之著其不宜名也

謗曰春秋詳錄弑君及其大夫者三孔父仇牧荀息也且及之之義穀梁以爲及卑而公羊以爲累也左氏各傳其事而獨於此釋宋督爲無君皆其

義矣公羊又以孔父仇牧荀息爲賢則彼雖無過亦不可謂賢也杜注謂書名罪之則此二人者亦不可謂有罪矣若此之言蓋拘以此孔父爲名爲字之說也然而春秋所譏在乎書及其大夫而穀梁解字之意是也此言及者懲弑者之惡而孔父先君而殺爾

滕子來朝

滕侯爵也今稱子者從發微之論按孫復尊王發微云聖王不作諸侯自恣朝會不常滕杞薛三國力既不足禮多不備或以侯禮而朝或以伯子而會故孔子從而錄之以見其亂

三月公會齊侯陳侯鄭伯于稷以成宋亂

纂例曰言宋之惡逆自此成也以病內也

折衷曰春秋之旨外國君大夫升黜文多曲意存內諱也凡盟會之例書公會某侯則公不與謀也書及某侯則公與謀也斯會雖不與謀亦同成宋亂也所以書成宋亂者見諸侯之本志也諸侯本志帥師豈曰成其亂必欲平其亂矣是以聖人書諸侯之本志旣爲賂立華氏不能討弒君之賊而平其亂公復納其大鼎聖人內諱不能直致其文乃聯書曰取郜大鼎納於大廟則聖人曲合其意

而譏之左氏得其旨

胡氏曰孔父者仲尼之祖也華督者殺祖之賊也魯桓者弒兄之人也春秋者撥亂之書也魯合三國欲討於宋先會於稷不能致討是成亂也成者讀如三年有成之成成就也凡會不書而此書者盡而不汙也

諤曰春秋之書盟會雖以正王爵而錄之也其實譏末世諸侯不以禮之正而專恣乎所爲矣至若會而書其事者其以甚之哉今督弒與夷同惡也桓公以三國會之卒取其賂蓋己不正而親比人

之不正也稷之會其貶固已甚矣公羊又以爲諱
惡異辭則聖人於春秋苟實諱而私之則不足以
公萬世也儻以成爲平則桓公以惡治惡耳且宋
督之罪大而四國不能討之會以取賂聖人出其
文而曰成宋亂此穀梁所謂以不成事之辭加之
猶曰三國成就之成爾
夏四月取郜大鼎于宋戊申納于大廟
纂例曰非禮也三傳同
摘微曰取鼎已甚又納諸廟取賂器以黷神罪莫
大也　通例曰非義曰取

本旨曰桓篡兄而立罪逆暴揚持此律人動戈倒置宋督弑君專國理宜見討然用蹻誅跖孰云其稱卒於稷之會成亂受賂汙及夷等故書云云明同惡相得有腆面目受賊重器薦於鬼神非諱可蓋也

謗曰禮魯世世祀周公以魯立大廟故也周公之於魯祭之以禮也桓公周公之後而篡立非所以嗣先祖之道也今會稷之後取賂以納之周公廟其不愧於先祖乎噫使桓公有愧先祖之心則不篡隱矣既篡而立以納鼎爲事神之道適足以瀆

之也夫以弑逆而受弑逆之賂不可也況受而納之廟乎且桓公以爲無周公則可若以爲有周公而納之則庸暗之不若爾

秋七月杞侯來朝

箋義曰月者惡杞侯之不敬也

謗曰孔子曰夏禮吾能言之杞不足徵也文獻不足故也足則吾能徵之矣蓋夫子以二國之君文章賢才雖王者之後而不可徵之故自入春秋之經書宋國之事齒同於列國不以二王之後待之者以其文獻之不足也杞之一國未嘗載其所以

行事而隱公四年書莒人伐杞取其邑此年書其來朝降其爵且杞公爵而謂之子侯者先儒雖以朝弑逆爲貶而未盡聖人不足徵之本意也公穀以杞爲紀蓋誤文

蔡侯鄭伯會于鄧

春秋外相會亦書之者末世諸侯爲會壞禮之正是以雖在外亦詳而錄之

九月入杞

春秋之法原於人而加之筆削也是必求之於可以然之域與不可以然之域也桓公簒立諸侯莫

有討之者杞卽朝之雖或不恭而桓公豈可以不正之己而責於人乎今桓公以兵入杞甚不可與也且己不爲人所討而反以兵入人之國是在不可以然之域矣春秋削不言公以著貶不與公之入杞

公及戎盟于唐

傳例公盟例日此不日者何休釋之而未盡按何休公羊注謂戎怨隱不反國不日者善桓能自復翕然相親信蓋桓內篡而立外盟於戎其惡已甚何信之有故月以略之

冬公至自唐

集議曰凡公朝會盟伐往來皆告廟故曰有功則舍爵策勳無功則告事而已春秋公行一百七十有六書至者八十二爾穀梁謂惡事不致則無用見公之惡者誠然矣公羊以經有致會致伐之異故有得意不得意之說經之會盟與師役皆以會致多矣其間以伐致者或上無公會之文但以事實而書之如僖二十六年公至自伐齊是也或克勝彊國伐大於會但舉其重而書之如僖四年公至自伐楚是也至於二十八年踐土之會公一會諸侯朝王所卒以圍許致者蓋公出疆彌年非禮

之制故順內諱以近事言之爾舉是數者其他可知也此書至自唐者左氏言特相會往來稱地此與公穀離不言會之例合矣然穀梁桓無會之說不取

經祉曰桓之出二十有五亦不致桓弟弑兄臣弑君義不足以臣子之禮錄之也然而其致之三何也桓弑賊也不君之於桓可也於萬世之主不可也故擇其甚危者而致之俾臣子之禮也此言公至自唐重其以中國之君而與夷狄相好危之也

謂曰春秋公行書至者凡八十二且會盟之出數

自相擅隱既以讓不正而略其至桓簒立而反至之者危之甚也元年二年與諸侯會猶可不至今交於戎狄不可也故臣子殆其往而喜其反

三年春正月

規過曰杜謂天王失不班厤經不書王乃是國之大事何得傳無異文又昭二十三年以後王室有子朝之亂經皆書王豈是王室猶能班厤杜安知不書王無闕文

指掌釋曰經不書王若是闕文不應公之內十四年並闕也

箋義曰隱莊而下十一公之年事有例時者凡九十五獨書春而不書正月然未有月承於春而不書王者唯桓之十八年內一年書春四年書王月然後起文其餘十三年書春正月春二月春三月而不書王焉故穀梁子暨何休之徒謂桓無王者以此也杜氏不達此旨而謂王不班麻故不書王若如杜言何十一公之世王皆班麻而桓十三年輒不班之耶按襄二十七年再失閏杜云魯之司麻頓置兩閏又哀十二年十二月螽杜云季孫未及改正如杜所注麻既天王所班魯人何得擅改

斯亦足見書王非由班麻之一端也

總論曰王者班正朔則諸侯奉而行之故春秋之年書月則書王不書月則不書王也春秋之年書月則書王不書月則不書王者明此正朔王之所班非諸侯可得自出也桓公之年書月而不書王者十三其何也曰桓公之年書月而不書王者以著桓弒隱自立之罪也諸侯無自立之道必受國於天子桓弒隱自立不由天子之命故書月而不書王也書月而不書王者明此正朔桓之自出非王所班也二年未見其罪者以宋督弒其君非桓

之事故三年因其出會齊始見其罪焉

辨要曰桓無王歲書王者唯四王法所不容也明王在上安有弒其君者三年不誅乎故元年二年書王以王法追正其罪也三年而後不書者王法所不容也十八年書王者於其死而以王法誅之也抑譬乎與衆棄之然十年書王者卽盈數而存中國乎

胡氏曰春者天時也月者王正也天統王故春在王上王統月故月在王下有月則可以繫王無月則不可言春王按此下有闕文

集議曰春秋之法書正以次王書王以次春所以律天時而正王道也雖無事必紀其首月具四時然則言春而不紀其王者桓之篇又何獨異於十一公穀梁謂桓無王似得其旨

諤曰春秋之年事在時則例時事在月則例月凡書月必書王者明正朔天王之所班非諸侯所自出也今桓公月而不書王者桓公簒立不由王命故夫子變文以示義猶曰正朔桓之自出爾范甯云惟桓有月無王以見不奉王法是也元凱不達之而以爲天王失不班厤劉氏所以規之矣然夫

子必於此年託文者蓋元年書王以端其本二年再書王以待天下之誅桓公至是三年而天子諸侯不能討之然後去王以示義

公會齊侯于嬴

先儒所解桓公之會皆月以惡之且春秋正月有事則書王正月而此月去王者桓不王故也是則會必書月以危其出會月不書王以著其自立兩見其罪矣

夏齊侯衛侯胥命于蒲

春秋所書皆變禮違正也夫子錄之必加之筆削

者將以垂法於萬世之下明其懲勸之道也然而聖人之志頗多微旨雖古今諸儒之學互有異同蓋非欲相爲矛楯將以求聖人之旨也若胥命之說左氏止云不盟而二傳以爲近正近古是其然乎公穀之言深欲求聖人懲勸之意也何以言之春秋之時征伐四出上下乖離信道將絕歃血屢盟不可勝數而此齊衛之君獨相命以爲信雖不能近正近古其與屢盟以長亂者亦不可同日而語夫子因而錄之特起胥命之文也二傳之意其在茲歟然而考之禮經其實不合於正也故陸子

微旨載趙氏之言謂其非人君之禮發微又以踰境論之也按孫復尊王發微云胥命於蒲非是則正也古者諸侯非王事不踰境二傳廣懲勸之旨後儒明法度之正矣

六月公會杞侯于郕

桓公之會月以危之也於此見杞之不足徵矣前年不顧桓之簒而朝之桓又以兵入其國今復與之會何其淩弱之甚耶蓋世衰國削文獻之不足故也

秋七月壬辰朔日有食之既

董仲舒劉向以爲先是魯宋殺君魯又成宋亂易

許田亡事天子之心楚僭稱王鄭拒王師射桓王之應劉歆以爲六月趙與晉分六月令四月日畢參畢趙參晉分也

謗曰桓公篡立是時天子諸侯未有討之者也天之意固不容之矣今日食爲異春秋因而錄之以示譴告所謂旣者食之甚也義見隱三年

公子翬如齊逆女

發微曰公子翬氏者桓公命也餘見下

經社曰夫人之禮重矣以承先君之祀以爲宗廟社稷主公之逆禮也臣之逆非禮也

謗曰春秋之貶甚於桓也宜哉且隱之讓將以授之而桓無恩於先君非仁之所忍也翬之罪王法所當誅而桓不以爲罪人非義之所宜也不仁不義春秋豈得不加貶削也耶春秋書桓公卽位而錄翬爲公子不以仁義之罪罪之也且春秋之於筆削亦有如其意而書其事者爾左氏謂之修先君之好是不知聖人悼之之意固深在於書公子也噫逆女非公子之事斥言以貶其甚焉

九月齊侯送姜氏于讙

婚禮之義冕而親迎也未聞以諸侯而送女踰境

也且婚姻之分於人莫不以爲重自古諸侯未嘗聞其禮之有異也今魯逆之爲失之輕而齊送之爲失之過其貶固鈞者也翬不奪公子而齊侯錄其爵者斥言其人所以見其人之不正矣

公會齊侯于讙

摘微曰齊侯送女非正公又會之皆失禮也

謗曰公之會讙因以受姜氏也書九月齊侯送之而復言公會則公之出亦危矣再言讙者所以甚之也爲公者儻親迎之則齊侯之送讙之會不復有之矣公不親迎以至動涉非禮故詳錄以示譏

夫人姜氏至自齊

本旨曰春秋取女公不行使大夫逆而至則皆書月以危之然則諸侯無故不自逆夫人非制也謗曰夫人者所以承先君之祀而爲宗廟社稷之主詳錄其至者謹其事以志之也且翬逆之而不言翬以之至者志公所以受之謹也公親受之而不言自讙者以讙之受非禮之正也春秋所書皆以禮去取其文而示筆削之大義爾

冬齊侯使其弟年來聘

有年

春秋所書不曰非常則不書之也今桓公於此書有年其以爲非常哉然則是爲五穀皆熟之稱爾春秋常事不書而此錄之者斯亦幸之之辭歟且桓篡而立元年而大水三年而日食天地之爲譴異在桓公固可矣人民習桓公之不德曰以備灾爲憂今獲有年之慶春秋志之其以在桓爲非常乎

四年春正月公狩于郎

指掌義曰田狩之地須有常者古者民多地狹唯在山澤之間乃有不殖之地故天子諸侯必於其

封內擇隙地而爲之如鄭之有原圃秦之有具囿是其諸國各有常狩之處也違其常處則犯害居民故書地以譏之公羊傳曰常事不書此何以書譏遠耳言諸侯遊戲不得過郊故有遠近之言亦以是譏其失常地也

總論曰天子諸侯無事則歲三田無事而不田曰不敬田不以禮曰暴天物天子不合圍諸侯不掩羣天子殺則下大綏諸侯殺則下小綏周禮四時之田非止爲乎乾豆賓客充君之庖又因四時之田習武事而教民戰也周室旣微其禮遂壞

經社曰天子諸侯無事則歲田焉田者用民以訓軍旅者也取物以祭宗廟者也然而用民不以制則民傷乎農取物不以禮則物害乎性固在田之以時也中春教振旅遂以蒐中夏教茇舍遂以苗中秋教治兵遂以獮中冬教大閱遂以狩所謂四時之田不傷民不害物以示天下之孝與武也周室既微斯禮不講既不以時又不以禮其傷民害物莫此爲甚故春秋於魯五書其蒐三書其狩皆以譏不時不禮也

旨要曰春秋當成文以見義特書狩而不地則不

成文狩既得時何奪農務故狩地但成文足義杜之此說何以曲生例乎按杜氏謂郎非國內之狩地故書地旨要葢駁是說

集議見六年大閱

謗曰春秋之作深欲揆之以禮經之正也禮國家之大本春秋所以謹之也朝聘會盟征伐蒐狩喪祭之大者也聖人以周衰懼禮之不綱不紀於後世於是詳筆削於春秋則正不正在其中至如蒐狩之事王制及周官載之有制而春秋所書皆以不禮不時也是以諸儒詳論之

夏天王使宰渠伯糾來聘

經社曰三公而下執政而有爲於時者六卿存焉六卿之總曰冢宰是故其公卿大夫有兼是也必加之曰宰明太宰之職統乎政事而得以統命於四海也春秋宰渠伯糾宰周公其義也春秋之志王臣者三十其處可責可善之地者有二焉宰渠伯糾之志名王人子突之志字其義也

諤曰春秋書天王來聘者七而桓公之年來聘者三且天子聘諸侯之正隱公七年凡伯之聘已詳其義今桓公簒立天子不即討之亦當命諸侯征之伐之反屢聘之聖人所以甚其淩弱也

秋冬不書

經社曰春秋雖無事必書其首時是所以見聖人之藴也聖人之道與天同焉天道之大莫大於元元者氣之始也無形也春而生夏而長秋而成冬而斂皆元也若春夏秋冬固元之爲也然元不得春夏秋冬則無以見元矣聖人之道亦然道聖人之藴也無迹也禮而節樂而和形而成政而平皆道也若禮樂刑政固道之爲也然道不得禮樂刑政則無以見道矣春秋之書本元而作由道而成書春夏秋冬所以存元也元存則道舉道舉則禮

樂刑政從而著焉此春秋之所以具四時也其所不具者闕文耳

集議曰夫子律天時而作經非徒繫時以爲記事之書也故隱六年無事而書秋七月公羊釋之首時過則書四時具然後爲年然則史之所失皆復正於春秋矣而經有時之不備者蓋筆削之後簡編脫誤或傳寫者見下無其事不知聖師所存之意而略之爾杜氏意以爲舊史之闕不亦異乎何休以是爲貶桓又失之矣若以桓惡爲貶則元年無事不應書冬十月也若以爲王聘不正則七年

之闕秋冬二叉不可通於此例也

春秋會義卷五

宋鄉貢進士江陽杜諤撰

桓公

五年春正月甲戌

春秋筆削必有以謹嚴其所書也今書春正月甲戌而通己丑之文左氏緣之以爲再赴夫春秋出於聖人之筆奚用史之赴告哉公穀皆謂之疑辭則春秋以大中之法垂之萬世亦不可載疑辭矣今擬議其文甲戌之日當有別事夫以二百四十二年之書簡編傳授不能無遺脫之一故桓公之

經凡二年無秋冬此年再書日六年書實來此必所書之編有所脫誤爾後之學春秋者以孔子筆削之經不敢增正之

己丑陳侯鮑卒

折衷曰凡史策雖內事亦所司告而後書矧外事乎春秋不告亦不書聖人筆削之際雖欲書之亦不及已斯陳侯卒從赴也兩書日者陳亂再赴明矣舊事難研故兩存之聖人苟非升絀之事疑而不正闕而不補是其志也公穀之說穿鑿經文甚非所取也

謗曰此諸侯日卒正也名之以紀其終也三傳但執以甲戌之文而釋經儻如其言則夫子豈不詳定而志其實哉故離其文以見其義

夏齊侯鄭伯如紀

通例曰自此適彼曰如

箋義曰外相如不書此書者紀侯賢而齊欲滅之故與鄭伯往行朝禮而反欲襲之君子惡齊侯之陰險且志紀侯被滅之由故書之

謗曰周禮之制諸侯世相朝也春秋之世諸侯不由其禮仲尼以其託文魯史也內則詳外則略之

詳之所以謹其專恣也略之所以志其甚者而書之也故春秋書外相如者二此年齊鄭如紀及州公如曹也夫二國之君如紀不正也況有襲人之謀乎錄之者志紀滅之所由而甚齊鄭也

天王使仍叔之子來聘

葬陳桓公

書葬義見隱三年此不月爾

城祝丘

春秋城及築三十四而邑有二十四內城凡二十七而桓公之城有二餘義見隱七年

秋蔡人衛人陳人從王伐鄭

摘微曰蔡衛陳稱人不能盡力天子以致敗北也

胡氏論曰桓王伐鄭鄭伯與戰戰而不書是王者無敵天下非所得與戰也戰而大敗當書曰王師敗績於鄭茅戎之例也然則茅戎曷爲書敗夷狄非有禮義王者不畜也王師者非王親兵致討故敗而書之於文不嫌矣伐鄭則王親兵戰則王敗身傷書戰則王者可敵書敗則諸侯可禦故孔子之於春秋也尊周主會而後王道行焉是以言伐而不言敗與君而不與臣以此防民猶有陵上脅

君不從命者況開其路者哉杜預以爲不書敗者不以告誤矣

箋義曰三國之君從天子伐叛不能勝敵而致師敗王傷爲辱甚矣夫君辱則臣死故貶稱人

集議曰天子至尊親將兵於列國非正也傳例將卑師少稱人諸侯從王不應使卑者春秋之義尊其所尊於周或有譏刺必微其文陳蔡衞之稱人者其以譏王乎亦猶傳曰卑公之敵所以卑公也公羊之傳文雖簡略而以從王爲正者意以臣之從君爲正而伐鄭不正也何休之注詳矣左氏不

言其歸可謂記繁而理寡
新義曰王伐鄭君討臣也三國諸侯從天子而不書爵無君臣之文也從者隨也但諸侯隨天子而不保成功敗績也
謗曰古者苗民弗服舜命禹征之蓋用兵之事天子不親爲之以其至尊而不可屈也鄭雖不朝天子命諸侯伐之可也桓王以三國之兵伐鄭失正也聖人首三國而以從王爲文不與鄭之敵王也鄭不朝而三國從王伐之又何以稱人乎公羊雖曰從王爲正而又未盡聖人所書之旨也夫三國

不即以兵討鄭待王伐而後從之此春秋所以稱人以示之義也伐鄭之事不當親於周桓故去天字以明其失正矣然所以不言戰者夫子亦有以大之示天子無敵於天下也

大雩

穎子嚴引月令云仲夏大雩帝用樂以爲龍見五月之時也

鄭康成云雩者言吁嗟哭泣以求雨也

總論曰雩者求雨之祭也建巳之月常祀也常祀不書故二百四十二年無書四月而大雩者建午

建申之月旱祭則書故二百四十二年書大雩者二十也諸侯旱而雩禮也大雩非禮也大雩之爲非禮何也天子雩於上帝諸侯雩於上公之神魯諸侯也雩於上公之神禮也雩於上帝非禮也是故月令曰命有司爲民祈福祀山川百源大雩帝用盛樂然自伯禽以來僭用天子之禮羣公因之旱則雩於上帝也噫魯以諸侯而僭用天子之祭謂之大者惡其僭用天子之雩也苟如左氏之說則豈聖人敎人君憂民重穀救旱恤灾之深意哉

按周禮司巫國大旱則率巫而舞雩是不止乎建

巳之月也噫若三家之說者各得其一端耳左氏稱龍見而雩者是得建巳之月雩之常也而不知旱而又雩也公穀稱大雩者旱祭也是謂建午建未建申之月旱而又雩也而不知建巳之月雩之常也至於孔子譏魯僭天子之惡稱大之義則俱無一言以辯之且雩者旱而求雨之祭天子諸侯皆得用之若不謂之大則魯僭天子之惡無以見矣

謂曰大雩之說左氏論建巳之月爲正而公穀以爲旱而言雩此總論所以各取其一而又明其所

謂大也

螽

劉歆曰貪虐取民則螽介蟲之孽與也

謗曰人君者不可不以謹飭爲戒也春秋雖螽之小異亦書之十二公之年皆詳錄矣

冬州公如曹

此州公之如亦非禮之正義同上如紀

六年春正月寔來

折衷曰凡左氏有先經而始事爲明年之張本經無此例唯前年冬書州公如曹傳謂淯于公度其

國危遂不復至此年來朝上閒無異事文從省故書曰寔來是也自曹是來苟謂寔者豈非恐涉於虛故正之曰寔欲連也文疑耶斯州公自曹而來非涉虛何以知書寔之義也考諸經籍上名其人下不復名之之類多矣公穀得其旨

盧氏摘微曰州公以亂而來公不能存恤奔亡故但云來

謗曰寔來之文三傳及諸儒皆以爲州公也惟發微云義皆未安其閒脫文者其亦然歟

夏四月公會紀侯于郕

會以月危之同上義

秋八月壬午大閲

折衷曰凡國之常事春秋不書書必有旨夫講車馬皆於農隙而八月書之則非時矣雖曰非時不直譏非時是備鄰國之患記其實也故曰苟爲民事有兵革則非時而舉之魯近齊齊大魯小又釁隙魯必警備此年山戎伐齊鄭忽帥師救之大敗戎師於是諸侯之大夫戍齊使魯爲班後鄭鄭忽怒故大閲備齊徵會又慮鄭興兵果有郎之師左氏得其旨

指掌義曰公狩於郎公狩於禚書公大蒐大閱不書公者大蒐大閱國之常禮公身雖在非爲遊戲如此之類例不書也大閱之禮在於仲冬今農時用兵必有所爲

總論曰天子殺則下大綏諸侯殺則下小綏王執路鼓諸侯執賁鼓天子諸侯之田其禮異矣嗟乎周室既微諸侯不道多僭天子之田故書大閱大蒐皆譏其僭天子之田也故謂之大焉舉於魯則諸侯之僭可知矣而左氏公羊穀梁或則稱其非禮或則稱其罕書或則稱其非正稱大閱大蒐之

義則無一言以解之不知此孔子不敢斥言魯僭故止因其田之非時而書之或目其非地而書之以見其僭天子之惡也

集議曰古者因蒐狩以習武事故周禮司馬之職中春教振旅遂以蒐田中夏教茇舍遂以苗田中秋教治兵遂以獮田中冬教大閱遂以狩田春秋有蒐狩大閱之文而無田與苗獮之事又春與秋冬皆謂之狩按經之書狩者有四蒐之見於經者有五其書大閱者一則此經是也考經傳之義似春秋之世狩不與蒐閱同云蒐者若因田以講武

事云閱者若無事而簡車徒狩則君之盤遊爾故書之必繫於公猶曰公自爲之也而又二百四十二年之閒止書二狩而皆著其地蓋以非其地而錄之是則狩在其地則爲常事而不書也大蒐大閱不與狩同例矣今經有五蒐而昭之世書其三定之世書其二則他公之不書者不爲也爲之而書之非徒實錄也且禮樂征伐自天子出正也周禮說者雖通於諸侯然經之作蓋天子之制也衰周末天子不能行之而諸侯反爲之夫子書之所以著諸侯之僭也

謂曰春秋獨於此書大閱所以甚桓公之僭也三傳但明簡車徒之義而總論集議廣其說故不復云

蔡人殺陳佗

史記曰桓公之子躍怨佗殺其兄乃令蔡人誘佗殺之

謂曰左傳於五年載陳侯之亂經雖無所見而事亦可據今名佗而稱人以殺之亦討賊之文以其殺太子故也討賊義見隱四年

九月丁卯子同生

折衷曰春秋十二公唯莊公是文姜之子長而嫡故得備太子之禮時史書之聖人因而從之得其實矣謂莊母淫於齊襄疑非公之子而書接桓三年文姜大歸於魯六年子同生至十八年公與夫人姜氏如齊自斯方書姦穀梁之見何鄙之甚也杜公得其旨

索隱曰惠公不預明嫡庶之分亂典禮之正若春秋無一言以正其本豈聖人垂教萬世之心乎孔子書子同生所以哀隱桓之禍而防微於後俾後世知嫡庶之不可不早辨也

集議曰適子之生以太子之禮舉之此夫人長子皆然也舉之則書之是太子之生無不書者也若文十八年書子惡卒亦以正其爲嫡嗣矣杜云釋之爲太子而其生不見之於經不可謂舉之則書之也　公羊子謂之病桓微旨盡矣左氏略經之義釋同之名既已失矣穀梁尤無取焉

謗曰禮國君世子生告於君接以太牢宰掌具三日卜士負之此內則禮記之正也今桓以不正而立子同生而春秋書之左氏以聖人筆之於經而遂以太子之禮附於傳又述其名之之義皆不明

春秋會義　卷五　十

聖人所書之旨也以公羊之義申之則春秋所錄誠有以病桓也何則十二公之年獨書子同之生者蓋以桓公簒立亂長幼之道廢傳嗣之法聖人懼其繼世之道不明於後世故起子同之文以正魯國之傳嗣而遏簒逆也此亦悼之而託文爾

冬紀侯來朝

春秋之法仁義之法也仁者固通乎恕者也義者事之宜也聖人託筆削以示義必有以輕重之其在乎仁義之閒矣桓公之簒王法所不容之而諸侯未有討正之者也若是而有朝之聘之甚不可

也今紀之來而復存其正爵者其在於仁義之間乎按左傳桓五年齊鄭如紀而欲襲之至此年春紀與魯會於郕以謀之則紀深懼於齊難也齊欲滅紀而魯爲鄰國雖與其所以親之然義不可以朝桓聖人因而斥言之以示訓耳

七年春二月己亥焚咸丘

指掌碎玉曰咸丘魯地火田非蒐狩故不書唯言焚也放火燒草守其下風周禮獵則作羅縳細密之網此時蟄蟲巳畢可以羅網取禽火田直焚一叢一聚非焚一澤也禮天子不合圍諸不掩羣豈

容焚一澤也今譏盡物故書之

諤曰禮記昆蟲未蟄不以火田周禮有焚萊之事此焚咸丘者其焚萊之類歟杜注以爲譏盡物則此夏之十二月昆蟲未出亦不可謂之盡物也公穀謂之火攻則用兵攻戰之事軍旅有法未見其以火攻也學者其詳之

夏穀伯綏來朝鄧侯吾離來朝

折衷曰凡書來朝之君與失國之君異有備其禮者則書爵以正之如滕侯來朝是也有夷其禮者則降爵以責之如杞子來朝是也有不能其禮者

則不爵不朝以懲之如介葛盧來是也有不足其禮者則書名以貶之如穀伯綏鄧侯吾離來朝是也斯附庸之君來朝之例也書失國之君則必不曰來朝苟有出者則書奔如衛朔奔齊譚子奔莒也苟有來者如郕伯來奔州公寔來斯失國而書來奔之氏也是知二附庸者僻陋小國禮不足明矣斯左例得其旨

經社曰諸侯生不名然而閒有生而名之者義不足以尊尊稱也用夷禮則生名重其以中國之貴而行夷狄之賤義不足以尊尊稱也穀之綏鄧之

吾離是也

謗曰春秋書朝三十六公朝於王者二來朝於魯者三十四書名者惟此穀鄧與曹世子射姑也禮諸侯不生名今穀伯鄧侯朝而名之者左氏曰賤之而公穀以爲失國也然考之經傳不見失地之所由折衷所以不取也先儒以爲斯用夷禮則名之之義亦爲未安是以發微云桓大逆之人穀鄧不能致討反交臂而來故生而名之蒙聞之師亦有取於此也然則二年滕子杞侯先來朝而曷爲不名之蓋彼不同時而來故但降其爵也今穀鄧

二國朝不合其禮同時而至故名以加貶所謂義
不足以尊尊稱也

秋冬不書

見上四年義

八年春正月己卯烝

折衷曰凡祭祀各有其時得其時則國之常禮故不書於策也夫所書者或志過時或刺失禮且啟蟄而郊龍見而雩始殺而嘗閉蟄而烝周以建子夏以建寅爲歲首閉蟄則夏之冬周之春也春秋正用建子正月烝則是閉蟄也而烝得其時書之

者爲五月復烝一則失其時二則黷其禮故先書其正以譏其復不正也杜得其旨公羊謂譏亟近之

按此係析衷節文章如愚羣書考索載其全文

云左氏曰春卽夏之仲月非爲過時而書公羊曰譏亟也穀梁曰烝冬事而春興之志不敬也折衷曰凡郊祀各有其時苟得其時則國之常禮國之常禮則不書之於冊也夫所書者或志其過時或刺其失禮皆非徒然故啟蟄則郊之時也龍見則雩之時也始殺則嘗之時也閉蟄則烝之時也周以建子爲歲首夏以建寅爲歲首夫啟蟄者則夏之春周之夏也龍見者則夏之夏周之秋也始殺者則夏之秋周之冬也閉蟄者則夏之冬周之春也春秋用周正以建子爲歲首書正月烝則夏閉蟄而烝得其時矣既得其時則是周之常禮其何以書之書之者爲五月復烝也五月復烝一則失其時二則失其禮正月烝正也五月烝不正也書其正以譏其不正左氏謂非爲過時而書得其旨公羊謂譏亟近之穀梁謂冬事春興遠矣附錄

於此

旨要曰周之孟春夏之仲冬烝祭可也五月復祭仍曰烝者衆名也春祠夏礿皆薄薦時物加牲而已至於冬烝四時之物皆備故魯夏祭過奢禮如冬烝書五月烝以示譏也

新義曰春秋有一貶而起二事若武氏子來求賻一責天王求賻二責魯之不共此書正月烝二事而一貶也一常事不書此特書者明下文五月再烝之瀆也

謗曰禮記祭不欲疏疏則怠不欲數數則煩此明

禮之中制也且禮之所以有祭將盡志於鬼神而已矣祭之焉而時與禮不慢不瀆則神無有不享此禮之常也然則烝冬之祭也春秋常事不書此夏之十一月也亦冬祭爾孰爲書之哉先儒以爲不在孟月非閉蟄而烝也然則十二公之年不書烝者是蓋祭以孟月乎此書之者必不在非孟月而譏之也蓋以五月復烝而起此之文也明一歲復烝則幾乎數矣此適足以瀆神也

天王使家父來聘

天子使大夫聘桓公非正也義見四年

夏五月丁丑烝

義同上正月

秋伐邾

春秋以桓爲大惡之人也且桓公之立王法所宜正之諸侯所宜討之而桓獲安其位蓋末世交亂不以其罪罪之也聖人豈從而與之乎故春秋之於桓公也加筆削以見其罪凡於其盟且會必月以危之也至於用兵之事得不甚其所貶哉此直曰伐邾而削言公者蓋桓不爲人所討而反以兵伐人之國聖人所以不與其伐也

冬十月雨雪

義見隱九年

祭公來遂逆王后于紀

左氏說曰王者至尊無敵無親逆之禮祭公逆王后未到京師稱后知天子不行而禮成也

指掌釋曰孔子之對哀公自論魯國之法魯周公之後得郊祀上帝故爲言耳其意非說天子禮也

總論曰王后之見於經者二孔子所書之旨一謂天子娶后於諸侯命同姓諸侯主之魯既受命主之則此年是也左氏謂之禮然祭公來既謀之則

當復於天子天子命之逆然後逆之而祭公不復
命於天子遂如紀逆之可以謂之禮乎春秋之法
大夫無遂事此其言遂者蓋譏之也
經社曰天子之於天下其尊無與較焉而以親逆
之禮卑之是不知尊尊之體也祭公逆之禮也而
來於魯使魯主之其曰遂專之也來魯而遂行祭
公之罪也
本旨曰王者通四海之重內當郊社外當朝貢又
雖甥舅與國實皆我臣躬行御輪之儀申篤婚姻
之好非徒無暇亦勢不宜矣

新義曰萬乘之君反使篡弒之人主婚行禮可乎

此言來王命也不當來也不言使逆主婚在魯也

遂者參議也

諤曰春秋書祭公逆王后諸儒緣之而有天子親迎與不親迎之說且以爲天子親迎者謂繼先聖之後爲宗廟社稷之主非不重故也以天子爲不親迎者謂天之立君尊莫與並不可以屈禮於臣故也夫后雖爲宗廟社稷之主然人主之尊天下皆臣妾矣豈可得而屈乎或謂詩載文王親迎於渭及孔子對哀公謂親迎爲天地社稷之主是皆

親迎爲重也烏見其至尊而不親之乎噫詩之所言西伯之事也孔子之對由天子而下何休云夏商周之逆后乃逆之於廟則天子之於下國不親迎明也故曰天子娶女於諸侯使同姓諸侯主之以其禮之敵也后之於天子匹也天子既不親迎之則公逆之可也使微者則不可矣以是論之則此祭公所當逆爾春秋常事不書而書此祭公之逆蓋聖人所書不在乎祭公之逆而在乎來與遂之文也爲祭公者既來謀於魯則當復命於天子而後逆之可也不復命而遂逆之春秋所以譏之

矣左氏以爲禮是則不明聖人之文止以譏祭公之專也公羊雖曰大夫無遂事而又不明所譏之義在乎來與遂矣

九年春紀季姜歸于京師

指掌碎玉云季姜桓王后也不言后而言季姜者杜云申父母之尊也公羊同

總論曰若諸侯之女行惟王后書則襄十有五年二月劉夏逆王后於齊而不書齊姜歸於京師者此豈齊侯之女不行哉

經社曰其曰歸以魯爲之主不可以不歸也其不

可以不歸何也用見王命之非而魯受之失也

諤曰春秋書逆王后者二而此獨出季姜之歸者

不與祭公之專逆也必曰紀季姜者明季姜雖尊

爲王后而於父母不敢自尊也公羊所謂猶曰吾

季姜矣其曰歸於京師者謂歸嫁於天子以衆大

之辭言之也

夏四月

秋七月

二時無事書首月

冬曹伯使其世子射姑來朝

膏肓曰左氏以爲人子安處父位尤非衰世救失之宜於義左氏爲短

鄭康成云必如所言父有老耄罷病孰當理其政與事也

折衷曰曹與魯國則同姓君非附庸其來者諸侯五歲再相朝講勤王修職貢或老或疾不能躬行朝禮使太子來不猶愈於不來耶曹伯來則公與之亢太子來則卿與之敵固無差失聖人所以不譏者良由是也杜得其旨

蘇氏云世子誓於天子下君一等未誓則繼子男

今曹世子未誓繼子男則是降下其君甯是安處父位

謗曰周禮典命諸侯之適子未誓於天子攝其君以皮帛繼子男此諸侯朝會天子之時所行之禮鄭康成又以此爲注蓋未明春秋之義也今曹伯不朝則可使世子來朝非正也春秋以諸侯相朝禮失其正凡書譏之也況使世子行之其失甚矣爲曹世子者當巳其父命而不行可也今之來魯是陷父爲非禮故名以貶之左氏公羊之解未盡聖人之意耳故纂例取穀梁而以爲譏之也

十年春王正月庚申曹伯終生卒

總論曰穀梁果以二年宋弑與夷此年曹伯卒懼弑卒不明故書王以正之則五年春正月陳侯鮑卒鮑之卒去與夷之弑又近何以五年不書王以正之至此始正終生之卒哉何休稱十年以數之終而書王者復無謂之甚也果以十年爲數之終而書王宣十年成十年襄十年俱不書王者何也然王無十年不書者焉十年而無王則人道滅矣

箋義見元年義

諤曰春秋書桓公在乎書月而不書王爾故自三

年託文之後正月不復書王以譏之至此十年而復出王正月者聖人必有以示義也穀梁以爲正終生之卒則春秋所書之旨不在於終生也何休謂數之終則聖人亦豈以數終而立文乎箋義又謂桓公豈容十年稽其誅則春秋誅正於桓不止此王之一字矣且春秋之法王法也若久曠絶而不見於經則將以何道治於春秋乎故於其中復出王文以明春秋之王不可久絶也然而必於此年書之者謂冬有三國來戰之事聖人之意與其所以伐桓也故因之存王以示義　此諸侯日卒

正也穀梁以書王解之則王之爲義繫於春秋之旨而不繫終生也

夏五月葬曹桓公

此桓公之葬得五月之正也而春秋亦書之者蓋書其正所以謹其不正也義見隱三年

秋公會衞侯於桃丘弗遇

纂例趙子曰書弗遇者見諸侯之無信

經社曰弗遇何也重內之微而志外之失信也衞侯期桓於桃丘及往而弗得遇又從齊鄭而謀伐於己以內外爲皆失之矣曰弗遇重之也

譌曰春秋不與桓公之出會也雖弗遇亦志之矣且以明公出不以其禮而至於桃丘也然而會皆月以危之此不月者以衞侯之弗遇故也衞侯不當遇之而今弗遇書桃丘所以存正例也

冬十有二月丙午齊侯衞侯鄭伯來戰于郎

纂例曰不書及罪專於外也

折衷曰凡戰苟敗辱甚則諱輕則否如升陘之戰邾人獲公胄懸之魚門辱之甚故不書敗績乾時之戰公喪戎輅傳乘而歸經故書敗績第曰戰者多矣皆曰公及某師戰於某未有曰來者斯曰來

者得非聖人之異旨歟蓋魯以周班後鄭故來伐終以後鄭爲是故尤三國魯無罪名善魯有辭不曰敗績者交綏而退也公穀謂內戰則諱敗俱誤

指掌義曰春秋善魯不使三國伐之言若三國自來戰而魯人不與戰也

集議曰春秋之戰必有主客之文外不言伐內不言及獨書稱齊衞鄭之來戰者得非直內而曲外乎亦猶十二年及鄭師伐宋下書丁未戰於宋以獨戰爲文者蓋尤宋之無信也謂內不言戰則言戰者多矣如十七年戰於奚之類是也謂言戰乃

敗則經書敗績者有之如莊九年乾時之役是也
夫子作經非徒實錄事有繫於襃貶必變文以示
法左氏謂之我有辭得其旨矣杜預以交綏言之
甚非經傳之意
新義曰春秋之際上無天子下無方伯桓公如意
即位略無羞愧雖據有邦國民人無與同也今三
國之君皆爵兵出當名義也直言來戰無魯君臣
也
謗曰春秋諸侯征伐稱人其或稱爵者蓋變文以
示之義也桓公不奉王法而立於今十年矣諸侯

未見其有以討之者也今齊衞鄭伐之而書其爵者斯聖人罪桓之本意歟以桓之罪所當誅而三國討之可也左氏不原所書之旨而以我有辭言之經無其事則不可據以釋經也噫諸侯雖無討桓之實而聖人之心疾桓已久其欲諸侯有以伐之也豈謂魯直而諸侯曲哉然春秋書戰必有主客之文而此獨出三國者與其人之伐桓也公穀雖以內不言戰論之又不盡所書之大旨也且來者自外來討之文也不曰來伐而謂之來戰者聖人以三國不即討而歸之京師徒戰而已亦所以

志之也

三

春秋會義卷六

宋鄉貢進士江陽杜諤撰

桓公

十有一年春正月齊人衛人鄭人盟于惡曹

三國不卽討桓而誅正之雖盟何益故人以略之也蓋聖人始與其伐而不正其徒戰而已因其盟以譏之亦以見其無討不正之實也

夏五月癸未鄭伯寤生卒

諸侯日卒正也無他義

秋七月葬鄭莊公

胡氏以爲逼大夫

諤曰此三月而葬亦以謹其偪下之義而何范又解失德不葬之說按何休范甯以爲莊公殺段失德當不葬而書葬者段不弟當討故不以殺親親貶之爾

九月宋人執鄭祭仲

繁露竹林篇云祭仲措其君於人所甚貴以生其君故春秋以爲知權而賢之丑父措其君於人所甚賤以生其君春秋以爲不知權而簡之其俱枉正以存君相似

范甯序曰公羊以祭仲廢君爲行權是人主可得

而脅也

折衷曰鄭莊公卒忽正也太子也兄也突公子也弟也非正也忽既立則祭仲之君以君臣之義顯則扶之危則持之力不足則死之又知突在宋非會非聘爲宋所誘而往其無謀甚矣往而被執不能死節與宋人盟歸立厲公苟不能死節僞而從之歸而反之不謂之權歟不謂反經而合道歟左氏謂逐君罪之斯得其正按程端學春秋本義引陸希聲通例云執大夫例稱人杜謬未採附載於此

經社曰春秋之時上下失正非有天子之命第恃

彊大而淩人之君刑人之臣求其協不協法不法固蔑如也是故春秋之於其執也有以其罪有不以其罪一皆志之所以戮專且示有罪無罪也然則曷爲或稱侯以執或稱人以執曰孫明復所謂稱侯而執志專也稱人而執志惡也

諤曰春秋書外執大夫者十有四皆聖人有以示義也春秋之世諸侯僭横不由天子之命是以侵伐之事必詳而譏之况以私相執乎今宋公不知法之所在執他國之大夫以亂嫡庶之道其惡尤甚故稱人以貶之祭仲者鄭之臣也既不當往宋

又不可聽其迫脅而從之非人臣之所以爲心也公羊以行權而言之夫權者反經合道之稱而祭仲廢其正而以從不正豈得爲行權哉諸儒不取其說者多矣然則經直曰祭仲而不曰鄭大夫者惡其有無鄭之心而不以鄭大夫目之也祭仲苟一身之存而廢一國之正矣

突歸于鄭

折衷曰凡書名書歸皆有例所異者不曰鄭不曰公子也名者凡公子不繫美惡苟出奔入國皆書名或可嘉則書字設不名不字豈可謂之人哉且

爲諸侯所納曰歸如蔡季歸於蔡爲人所逆曰入如齊小白入於齊忽已立而奚歸篡國聖人筆削得不留意於斯也設謂文連祭仲不言鄭則下連鄭忽何以稱鄭歟若然則奚不稱鄭不得謂無意不稱公子不得謂從告蓋賤之而不備書斯穀梁得其旨

胡氏論曰奚公子不當立者也忽世子當立者也不當立而當國故不得稱公子而不以國氏者明其不當立者也赤歸於曹亦是也忽當立而未踰年不得稱鄭伯又不得稱世子而以國氏者明其

當立也劉子單子以王猛居於皇亦是也杜預以突爲宋所納不稱公子從告也文連祭仲故不言鄭莊公旣葬忽不稱爵者鄭人賤之以名赴也此二注皆非也

本旨曰挾内外之援取嗣世之重進退平易無他爭鬬而實不宜立則直書名而曰歸提其名以謹其姦謂之歸則以其易故也突歸于鄭赤歸于曹之類是也

總論曰歸者善也復歸者不善也入者惡也復入者甚惡也是故復入重於入入重於復歸復歸不

若歸之善也此乃原情定罪輕重之差爾左氏稱諸侯納之曰歸非也唯穀梁言反以好曰歸以惡曰入此僅得之

經社曰春秋之志同異輕重所宜有也其曰歸曰復歸曰入曰復入皆所以重重而輕輕同同而異異者也曰歸易辭也曰復歸重於歸也難易之間也指其反之難易而善惡之理可見矣故二百四十二年其書歸者十有三有可歸而歸之者有不可歸而歸者明不可一概求也以歸爲善則楚比鄭突果善乎以入爲惡則許叔稱字果惡乎

謗曰春秋書歸者十有三先儒釋之以爲善也今突由祭仲納之而亦曰歸者如突之意也突非嫡嗣而以篡昭公之心啟於宋宋以雍氏之故而彊脅祭仲仲又專權而突得如其意故書曰歸猶曰不可歸而歸也然不言公子者以突無公子之心而篡其兄矣又不以鄭突稱之則聖人之心不與突得有鄭也

鄭忽出奔衞

折衷曰春秋書國君出奔多矣升絀之旨不在乎名但出奔則罪之蓋聖人不繫升絀而從舊史之

文明矣是知罪之在出奔絀之在不稱爵唯鄭忽與曹羈而已斯二君皆爲國所賤不以爵赴忽以不能結援大國而致篡亂故賤之羈以微弱不能自保而失宗社故賤之聖人因絀微之以懲其罪斯左氏得其旨

諤曰春秋書未踰年君出奔鄭忽之類是也忽不稱世子亦不稱爵者聖人其有以悼之也且立嫡以長諸侯之所以繼世也聖人於嫡庶長幼之分靡不重之將以垂萬世之敎矣今鄭忽之於莊公正也祭仲之於忽臣也忽不能當國之政使祭仲

得以專之是忽之罪尤甚矣公羊謂之無貶則忽不能嗣繼先祖安可謂無貶乎元凱又解以名赴而折衷從之是不知春秋之文由乎聖筆不在乎赴告與舊史也故穀梁以爲失國矣蓋由鄭忽不能制其弟突又不能禦其臣祭仲使弟篡立而臣專易其君以致失國亂政此聖人所以去世子而奪其爵也

柔會宋公陳侯蔡叔盟于折

胡氏曰春秋之例卿書名氏大夫稱人又諸侯大夫不以國爲氏名不見經是知蔡叔非大夫也其

蔡侯之弟平列諸侯之會合四國之衆於文不得言蔡侯之弟與諸侯會盟安國家定社稷得以書字猶許叔紀季之類也陳公子招哀公之弟也昭元年會于虢不稱陳叔者會諸國之大夫不與諸侯之齊盟盟大會小故蔡叔不稱公子

謗曰春秋內大夫之去氏蓋有其旨隱公之年書無駭翬帥師此年書柔出會傳雖所釋不同而聖人書之之義固一也且無駭及翬以大夫而專帥師也柔亦以大夫而專出盟也是皆禮樂征伐之事而大夫專之雖未及乎希不失之世聖人不得

不譏之也趙子雖謂大夫盟公侯而未求於論語之說按陸淳纂例載趙子說云餘義見隱二年紀子帛盟大夫特盟公侯非禮也

公會宋公于夫鍾

此會不月者蒙上九月也

冬十有二月公會宋公于闞

公數與宋會故詳錄之

十有二年春正月

夏六月壬寅公會杞侯莒子盟于曲池

公盟例日

秋七月丁亥公會宋公燕人盟于穀丘

穀丘之會燕稱人者略之

八月壬辰陳侯躍卒

春秋諸侯不書葬據傳例君弒賊不討與失德也此陳侯躍卒非弒也又不見失德之所由今不葬者以范注論之躍陳佗之子也佗簒太子而立蔡人殺之而躍繼其位是簒而不明者歟

公會宋公于虛

此亦不月者蒙上月也

冬十有一月公會宋公于龜

丙戌公會鄭伯盟于武父

丙戌衞侯晉卒

諸侯日卒正也上以公盟故日之此復出日者明衞侯之正卒也

十有二月及鄭師伐宋丁未戰于宋

折衷曰凡言戰則不言伐此常制也今既曰伐又曰戰是異其文春秋書戰伐異文唯來戰于郎及此戰也郎戰是罪三國妄舉而善魯有辭斯獨戰是罪宋之無信二傳言內不言戰戰乃敗績苟然則莊九年乾時之戰何書敗績左氏得其旨

摘微曰丁未戰于宋諱敗也春秋諱魯則然諱而曲其辭示責之深不諱周周天下之所法曲直當正書且明賞罰之所以出也聖人之大旨其在斯乎

箋義曰公與鄭伯伐宋而稱及鄭伯者公弑隱馮弑殤奚簒國又公受賂于宋宋責賂于鄭斯惡同而罪鈞者也今宋鄭不和公雖鄰國而非盟主無事乎其閒可也而自去秋五與宋公爲會爲宋所薄不與之盟乃與鄭伯盟而伐宋宋雖無信然公之信何足貴哉況鄭伯背宋興師於義皆當貶絕

故不稱公而稱及焉諱之使若內之卑者鄭伯稱師貶從卿也左氏獨罪宋之無信而不解魯鄭之失非也

謗曰春秋筆削聖人之新意也與其人之所爲則從而正之不與其人之所爲則從而損之桓公之於春秋用兵之事蓋聖人之所不與也故二年入杞八年伐邾皆削不言公者以諸侯當討桓而桓不可用兵於人也今及鄭師伐宋而亦不言公者不與其伐宋也再言宋者甚其伐而戰之也左氏不解此而止以宋無信言之箋義又從而廣之而

其說始備

十有三年春二月公會紀侯鄭伯己巳及齊侯宋公衛侯燕人戰齊師宋師衛師燕師敗績

纂例曰上已言會鄭伯及敵戰故須言敵國敗績也

通例曰成功曰績師崩曰敗敗績者言敗其成績也

折衷曰凡戰皆書地斯不地得其旨歟二傳以兵至城下恥而不書苟然則伐魯之師安得書公會紀鄭也凡書伐魯必曰某師伐我如齊人陳人伐

我西鄙之類是也未有伐我而曰公會也稽之則宋鄭有隙公欲平之宋多責賂于鄭而辭平鄭不堪命故以紀魯之師與彼四國戰不書地公後期不及戰明矣若盟會後至不書其國避不敏之例也斯左氏得其旨

箋義曰鄭忽有功於齊而爲突簒出奔於衛齊人固欲伐突而納忽會鄭宋爲戰故率燕衛以助宋魯以郎之戰怨齊紀亦怨之聞齊人助宋故亦率師以助鄭然鄭宋主兵而首齊紀者春秋原情以定罪惡不再貶丁未之戰已譏魯鄭宋矣今齊紀

助成兵勢夷傷七國之師故惡之以爲兵首然則曷爲後日公後會而及其戰戰當日故書於會下

新義曰春秋惟盟用兵有稱會稱及之文此記起意之人使主其惡龍門之戰會七國之師殘民傷衆不書侵伐曲直無名也雖書齊紀首兵本因宋鄭相怨會稱公戰稱及本末譏公也不書地諱之也

謂曰桓公入杞伐邾伐宋皆不言公者春秋不正桓之伐人也今七國興師而云公會者蓋先會而後戰也公先與紀鄭會而戰自當已巳之日矣春

秋簡直之文旣言公會紀鄭而遂起日以錄其戰也然則春秋諸侯用兵稱人而此稱爵者謂公與紀侯鄭伯旣以會而稱爵至已巳之日而戰省文以言及則齊宋衞與紀鄭鈞耳亦不可異文也故亦存其爵所以見七國交戰興師勞民之甚百姓何罪故斥言以示貶然燕稱人者略之故也不地者削言之以志其甚矣

三月葬衞宣公

繁露玉英篇曰苟能行善得衆春秋弗危衞侯晉以正書葬是也宋繆受之先君而危衞宣不受之

先君而不危以此見得衆心之爲大安也

諤曰諸侯月葬者也無他義而繁露又加以立晉

爲解

夏大水

義見元年

秋七月

冬十月

二時無事書首月

十有四年春正月公會鄭伯于曹

會書月以危之無他義

無冰

周禮有凌人掌冰而夏頒之蓋天子諸侯皆有藏冰用冰之事矣人君德修政感陰陽和四時調而冬之序應則陰凝固結成冰矣然後得而藏之今春秋書無冰蓋由陰陽不和而四時不正也則是不可得而藏之將何以爲暑之備乎春秋書之以爲咎徵故穀梁謂之時燠而范注以五行傳言之按范甯穀注引五行傳曰視之不明是謂不哲厥咎舒厥罰常燠

夏五

夏五之文闕而穀梁以爲傳疑也且聖人垂不刊

之法但以筆削爲準豈在於疑與信耶此五月之下當有別事故發微謂之脫漏爾按孫復尊王發微云夏五無月者後人傳之脫漏爾

鄭伯使其弟語來盟

啖子曰左氏諸言尋盟者申言前約而略用其舊辭也

通例曰來而後盟曰來盟

謂曰春秋書來盟者五來者由外適我之稱趙子所謂彼欲之者也書其弟者以志諸侯之使非正也

秋八月壬申御廪災乙亥嘗

纂例趙子曰譏不時又不改卜也

折衷曰凡書災不書烝禮也然或有可譏或有示法則書如桓八年書復烝譏其不正也謂示法杜得其旨噫災由天嘗由人天之有災蓋以警乎人欲國君脩德正禮應天之警懼天之戒勿嘗奚爲斯公穀之短也

集議從折衷論

旨要曰有虞太學爲米廩以其藏祭祀之穀也月令曰藏帝籍於神倉而魯曰御廩左氏謂災不害

穀乙亥日嘗則壬申爲致齋之初日旣戒日致齋雖災不害穀則嘗爲禮公羊以爲譏天災警懼勿嘗可也然而廟祀豈可闕乎

新義曰內災嘗祭例不書也此書者譏公連年無名出師傷民殘國天降災害因災而遂嘗是桓公不以天災爲害也

謗曰春秋錄四時之祭桓公之年烝嘗見於經者聖筆之意不無微旨桓公繼立不明思所以越恭於先祖雖將覆其不正然不知實已至於瀆慢矣八年書再烝見其所以瀆也此年書御廩災乙亥

嘗見其所以慢也瀆與慢非所以事神之道春秋不得不譏之於此又見桓之不德矣且天數出譴異以警懼其不正今御廩之災甚矣桓不知警雖嘗何爲聖人所以志之穀梁近其義

冬十有二月丁巳齊侯祿父卒

諸侯日卒正也無他義元凱多以同盟來赴爲解

宋人以齊人蔡人衛人陳人伐鄭

纂例趙子曰凡不用我師而用彼師曰以言用齊蔡等兵而不自交鋒也左氏曰凡師能左右之曰以且齊桓晉文用諸侯師悉能左右之何不言以

穀梁之說則諸處用兵悉不死乎范甯注云本非所制而今制之則莊十五年宋人齊人邾人伐郳何不言以又定四年蔡侯以吳子豈是能制之哉箋義曰宋率四國之兵能入鄭取邑非君自將則帥師者必卿也今皆書曰人皆貶之耳蓋宋公執祭仲廢適立庶亂人之國旣而求賂無厭更相討伐今齊蔡衞陳復起兵助宋入人之國毀人之宗廟斯不道之甚者故春秋皆惡而貶之大而書伐者言鄭亦有罪致其伐耳諸侯已貶稱人故不復書入左氏汎稱諸侯而不出師之名及齊宋衞燕

戰不書所戰之地非爲經作傳之體也
謗曰宋與鄭戰自十二年至此凡三興師以殘民矣原宋公之情蓋由責賂於鄭也已旣以不正立突反求其賂突雖背之又伐之以交怨不待貶而惡甚矣今又以三國之衆淩之而三國以兵助之是皆不正矣故詳以譏之以者不宜以也
十有五年春二月天王使家父來求車
通例曰祈請曰求
辨要曰春秋書求者三隱三年書武氏子來求賻文九年書毛伯來求金皆不言王命以二臣私求

爲文其謂之求無害也此言天王者所謂桓無王者豈獨桓受其貶乎有王而曰無焉則周之惡亦大也匪惟不誅之而已而又命大夫有求於彼焉斯君不君臣不臣明矣故直書曰天王使家父來求車示不以君臣之義責之也

旨要曰不名者家父受遣不敢廢命旣直書求車之非禮不可復貶之

經社曰春秋之志以爲天下無易法法無易位而天子之有求也其遂易之與曰非易之也法所以一之也不以天下易吾法也侯吾爵也國吾土也

土地之所生吾奉也尺地一物莫非吾之有也然而爲上者求於下則侯非其爵國非其土尺地非其奉也

詩曰普天之下莫非王土也是以王者之祭則四海九州之美味可以盡之無他焉天子以天下爲家矣諸侯國之所有則靡不貢之以爲土實此古之制也周衰禮廢法壞諸侯不脩奉上之職而天子有求於下春秋以是爲失制不得不詳而錄之今桓公不奉王法而立天子未嘗討之反屢聘之今又有車服之求此聖人所以甚之也故出天王

之號與武氏子毛伯所求之文不同者蓋斥言天
王以示有王而桓不能奉之
三月乙未天王崩
趙子曰春秋王崩三不書見王室不告魯不赴也
著諸侯之不臣也
夏四月己巳葬齊僖公
五月鄭伯突出奔蔡
釋例曰諸侯奔亡皆迫逐而苟免非自出也經以
自奔爲文責其不能自固
折衷曰突之入春秋賤其簒鄭去公子書出奔罪

其奪正故聯書鄭世子忽復歸於鄭亦明矣爲公
子宜罪其簒也杜謂權不足以自固罪之小公穀
以其奪正之罪大得其旨
經社曰春秋之常失地則生名重其棄先君之守
而爲匹夫義不足以尊稱也
謗曰禮國君死社稷大夫死宗廟此義之所以宜
也末世大者併强者暴號令無常是諸侯及其大
夫或不自安其位上暴於下者有之臣逐其君者
有之以致出奔失地之事春秋必名而錄之者以
其守社稷宗廟故也然有不奪其爵者蓋存其正

而加貶於其人矣且鄭突之篡春秋之所不與也今祭仲逐之亦爲失地故名之也突立爲君以卑奪正卒爲臣所逐書其出奔誠得篡例所謂非可復爲諸侯也

鄭世子忽復歸于鄭

通例曰歸入以惡皆曰復凡歸者國人所逆而歸其所也復歸者雖有國逆而其事不善也

折衷曰忽辭齊婚不能結援大國突入忽出是罪之也故桓十一年爵今突奔忽歸故稱世子以正忽之反正以見突之不正斯公穀得其旨

集議曰春秋君之失位皆奔而名之所以責守土之任也忽之於鄭世子也十一年書突之歸繫祭仲而不言鄭者所以惡仲而絶突也絶突所以明忽之正也忽正而不能自固棄社稷也忽之出奔既葬而不書其爵亶有以也突與忽兄弟也莊公既卒忽且先突爲君矣此年突奔稱鄭伯忽歸言世子者以見忽之宜立而不立也豈非疾其守介節而亂鄭乎

總論曰諸侯大夫出奔與執其反國也或書歸或書復歸或書入或書復入者左氏稱凡去其國國

逆而立之曰入復其位曰復歸諸侯納之曰歸以惡曰復入自相矛盾多所不顧公羊亦不取焉惟穀梁言以惡曰入僅得之然未辨其復歸不善與復入甚惡之旨也餘義見奚歸

諤曰春秋書復歸者五先儒釋之之義歸者善也復歸者以爲不善也且鄭忽立未踰年而祭仲逐之今祭仲歸之則忽歸爲正是亦所當歸也然而有不善之辭加之者疾其爲嫡嗣當立而不固守其位故又以名稱之也且以歸爲善則奚不正而反善之以復歸爲不善則忽當立而反惡之是何

說也是蓋奚之曰歸如其意而書之所以疾其不可歸而歸也忽之曰復歸謂其立不可廢而反有出入之亂雖曰宜立之君而其事不善也祭仲廢君易君之罪於此見矣

許叔入于許

規過曰許叔書入是國逆例也杜何以云非國逆例乎

纂例陸淳曰凡去其國者通諸侯臣及父子母弟國逆而立之本無位則稱入本有位則稱復歸齊小白衞侯鄭是也諸侯納之有位無位皆曰歸孫

林父蔡季是也自爲戎首則曰復入晉欒盈是也經衹曰入難辭也曰復入重於入也其難甚之也是故復歸重於歸入重於復歸復入重於入四者其志反國之難易也雖然其易非皆善也以爲內外援之而歸之易也其難非皆惡也以爲內外患之而入之難也難與易其必有異辭云者著歸者之殊也

諤曰春秋書入者十有六左氏謂國逆而立之曰入公羊則曰入者出入惡又云簒辭也穀梁則曰以惡曰入又云內弗受也陸淳釋之以爲本無位

則稱入矣諸儒之論入者惡也又謂之難辭也以是言之書入之義可入與不可入皆惡而難之者也且許叔弟之稱也據左傳於隱公十一年鄭伐之而出居東偏今歸國而以入稱之者其孰謂哉范注所謂進無王命退非父受亦所以惡之也然而以字稱之者啖氏所謂無傷義之責也

公會齊侯于艾

蒙上月無他義

郳人牟人葛人來朝

折衷曰凡附庸來朝國之常典無所異也何休謂

桓公行惡三人來朝故夷狄之公簒弑惡則惡矣然諸侯不違之天子不伐之何獨謂附庸不宜來朝乎桓二年何以書滕子杞侯來朝四年何以書天王使宰渠伯糾來聘且絀而夷之皆有以如杞侯書杞子是因衰夷之如郳伯而書郳犂來來朝是禮不足而夷之春秋夷附庸之道如此而已斯三國之太子故稱人若書曹太子蓋非附庸也謂曰春秋之法貶諸侯則以人稱之也進夷狄亦以人稱之也今邾牟葛來朝而人之者何哉若以微國言之則二百四十二年未有來朝而稱人者

若以未王命言之則莊五年郳犂來來朝亦不見其稱人也元凱又以爲附庸世子則傳不見其事安有三國同時皆遣世子耶公羊謂夷狄之亦未甚安何休釋之而曰桓公行惡三國俱朝事之得其義矣蓋三國並驅而來所以貶而人之也噫聖人不與諸侯之朝桓也獨來則貶其爵二國則貶而名三國則書人而賤之矣

秋九月鄭伯突入于櫟

所謂入者惡也今突篡立不已入鄭之邑志在淩逼故名以罪之然猶以爵稱之者所以疾忽之微

而不能制其弟奚也

冬十有一月公會宋公衞侯陳侯于袲伐鄭

箋義曰先書會袲而後言伐鄭者惡公以禮會諸侯而反謀助簒伐正故月以危之

謂曰春秋於桓之用兵皆沒言之不正其有爲也今會宋衞陳伐鄭復出公而目諸侯者以其先會而後伐也然必言地以離其文者蓋聖人明公與諸侯之文不由伐鄭而出之矣於此見春秋省文然亦有筆削以離其義且先會而後伐中必言地者聖人之旨所在也

十有六年春正月公會宋公蔡侯衞侯于曹

桓公會皆月無他義

夏四月公會宋公衞侯陳侯蔡侯伐鄭

春秋之志同異輕重皆出於聖人之筆故有錄之從輕者與之甚之之辭也錄之從重者貶之疾之之辭也以是言之春秋諸侯書爵雖所以與之亦有以甚之也所謂甚者不得已而出之之辭也於此公會四國伐鄭見之矣且諸侯之侵伐皆以人稱之桓公之用兵皆沒言之蓋錄之從重者也今此伐鄭納突非正也春秋所以出公而書四國之

爵者得非甚之之辭歟然亦危之故下書秋七月公至之文也且桓公用兵未嘗至之以不言公之伐故也其至之者二年會戎此年伐鄭蓋甚而危之也是則出公而書諸侯之爵求之於書至之文則見其甚之矣

秋七月公至自伐鄭

經社曰重其兩伐鄭而納篡危之也

謂曰義見上

冬城向

胡氏曰周之十月十一月十二月乃夏之八月九

月十月也八月則妨乎田事九月則奪彼農收十月則依於詩禮合於傳例乃知十二月而城者當時也十月十一月則不得謂其時矣

謂曰城義見隱七年

十有一月衛侯朔出奔齊

繁露執贄篇云公侯不能奉天子之命則名絕而不得就位衛侯朔是也按樓鑰校本繁露此條見順命篇不見執贄篇

折衷曰凡曰出奔責之輕去爵責之重總而言之其不能立其德正其行和其臣有其國而自奔也朔所以出奔者以搆殺急子國人惡之洩職立公

子黔牟而逐之聖人責其不能正其行讒搆取國不言洩職之逐以自奔爲文杜得其旨公穀穿鑿謬曰據左氏之說實衞侯不能內正宗族以至出奔失守社稷故從失地之貶

十有七年春正月丙辰公會齊侯紀侯盟于黃

公盟例書無他義

二月丙午公會邾儀父盟于趡

書儀父與蔑盟同義而此書日者惡桓而謹之故也

夏五月丙午及齊師戰于奚

箋義曰不言及者主名彊吏得公命與之戰微者故不書

謗曰春秋不與桓之用兵於此復起其文所以言及不言公也穀梁以爲内諱敗則春秋之法將公於萬世者也安有苟私於魯乎此聖人不與桓公之辭也旣不言公則齊亦從而謂之師矣亦不可知其是微者也且公春與齊爲盟而夏及之戰斯亦不信之甚

六月丁丑蔡侯封人卒

諸侯日卒無他義

秋八月蔡季自陳歸于蔡

纂例見十六年許叔下

總論見突歸下

索隱論曰凡書曰歸者罪輕於復歸也穀梁曰歸爲善自某歸次之豈蔡季自陳歸于蔡不如突歸于鄭趙鞅歸于晉耶蓋不然矣又曰反以好曰歸以惡曰入此於經爲近

經社曰是可歸而歸也可歸而歸則歸者善也指其反之難易而善惡之理可見矣

謗曰春秋所書聖人亦原其情而輕重之也今蔡

季旣當立而歸此所謂宜善辭者也特曰自陳者
外欲納而內欲君之也春秋與蔡季之歸而善之
亦所以懲篡奪者之爲心也

癸巳葬蔡桓侯

摘微曰春秋五等諸侯葬皆稱公謂臣子所追稱
則邾莒子爵宋公爵追稱彼何僭此何短也周禮
諸侯卒請謚於天子當春秋時紀綱壞無復請謚
之禮故五等無上下之次死咸稱公舉是則春秋
稱公者皆責其罔上也桓侯得請謚之禮又且明
臣子無追稱之僭故書侯見襃晉文侯輔平王定

周室死稱文侯據是無追稱足見也若謂不然宋當死稱王耳聖人之於春秋振頹綱拯沉壞故因桓侯以明二百四十二年諸侯之僭越如此

箋義曰隱八年經蔡侯考父卒葬稱宣公宣十七年蔡侯申卒葬稱文公其後書葬皆稱公者若葬景公靈公平公昭公唯封人卒葬稱桓侯按左氏桓侯而下有哀侯景侯靈侯平侯昭侯蓋蔡人謚其君或公或侯兩稱之耳故稱桓侯者譏其失禮自桓始也徐邈得其旨

謗曰春秋書諸侯之葬皆曰公而此稱侯者傳無

其解而徐氏以為臣子失禮按此徐邈之說范甯穀梁注言之猶未見其義也取盧啖之說而詳之則春秋之世諸侯不請謚明矣至於所謂蔡季請謚於王也者則春秋之世禮廢法壞安有請謚於周者乎按陸淳集傳微旨載啖助說云其稱侯蓋蔡季之賢請謚於王也凡諸侯請謚於王王之策書謚曰某侯諸國史因而紀之故西周諸侯皆依本爵春秋則皆稱公夫子因而書之以明其不請於王也蓋聖人以諸侯之國廢其請謚之事無大小皆曰公由臣子之追稱而春秋從而錄之也今蔡又以侯而謚之其實不請之也然亦從臣子之辭而錄之者且以志諸侯之不由王命其正不正皆臣子自為之

也

及宋人衛人伐邾

箋義曰魯背趙盟故諱不出主名若微者宋衛稱人亦惡之耳

諤曰春秋於桓公之用兵皆沒言之而諸侯侵伐稱人也箋義釋之又不以此爲解且公春與邾盟而此及宋衛伐之亦不信之甚

冬十月朔日有食之

折衷曰凡日食三十六無朔有日者六無朔無日者二有朔無日者唯是而已他皆備書何休謂公

行惡懼見殺故去日苟曰行惡則桓三年之食曷以書日苟曰懼見殺則如勿書去日奚益又莊十八年僖十五年俱無朔日則何行惡懼殺之有穀梁謂食既朔故去日設如是則桓三年宣八年何以別書日有食之既稽聖人之旨皆有朔有日朔者日月之會日者甲乙之記不可不存其諸闕文日官失之不繫升絀從舊史闕也

謂曰據左氏之說則孔子之經豈由日官之爲乎趙氏所以不取也公穀之義則折衷論之

十有八年春王正月

何休曰十八年有王者桓公之終也明終始有王桓公無之爾

總論曰孔子作春秋以天下無王而作也豈止孜孜於一桓公而巳哉若果以此年書王爲終始治桓之事則閔二年僖三十二年文十八年襄三十二年昭三十二年定十五年書王此終治何人之事哉安用傳爲

謗曰桓公不奉王法而立春秋譏之在書月而不書王也然桓公之年書王者四先儒釋之亦各不同此十八年之義范甯以爲終治桓而箋義從之

總論又謂末年書王以終其義也然春秋雖曰於此末年不可不書王以終之但聖人亦有所示義爾夫子以桓終於此年可即以王法追治之范注所以近義也

公會齊侯于濼公與夫人姜氏遂如齊

辨要曰不言及者何以與爲義也文姜私於齊侯桓旣知而謫之矣今乃不能正其室與夫人姜氏遂如齊蹈禍之機也故不書及夫人姜氏而變文曰與與之爲言許也公許其然自貽弒逆之殃爾志禍之始也

新義曰不言及夫人而言與者何曰與者許也公許與夫人通遂如齊

謗曰桓公會終其年皆書月聖人危之甚矣　桓公以篡立而以亂終先儒論之多矣春秋所以甚貶之者以桓公之行不足道也且仁與禮於桓公蔑云爾夫仁者爲國之所本而三綱五常所由出也禮者人倫之大本而君臣上下所由正也隱將授之而桓無恩非仁也適鄰國而以夫人行非禮也始以不仁而立終以無禮而喪桓公之爲君其本壞廢而春秋以爲甚惡也此雖可以懲夫人之

過而桓公之禍亦自基之矣

夏四月丙子公薨于齊丁酉公之喪至自齊

經祉曰重其以一國之尊見殺於外危之也

謗曰桓公內不能正夫人之淫以取禍於齊春秋

恥之故不言弒而書薨也志其地以明其在外爾

春秋危於桓公甚矣是以雖喪至亦志之實所

以惡之也

秋七月

一時無事書首月

冬十有二月己丑葬我君桓公

新義曰公死之由以夫人通齊侯譖夫致殺是姜氏爲賊根不可責莊公爲父討母也春秋原微於人子母之情可隱而隱也

謂曰春秋十二公書葬者九此桓公齊之所弑也據傳例君弑賊不討不書葬而桓公書之者先儒釋之皆以爲賊在外也春秋之法葬者臣子之事也此桓公書葬而不責臣子者桓公之禍其實姜氏爲之莊公以父之讎在母而子不可得而討也故聖人推其母而遠之以存乎道此所以書其葬矣

春秋會義卷七

宋鄉貢進士江陽杜諤撰

莊公

左氏傳及史記世家言桓公與夫人如齊齊襄公以淫故公怒齊襄饗公醉使公子彭生揩其脅於車魯人告於齊齊人殺彭生以說魯立太子同是爲莊公

元年春王正月

折衷曰春秋十二公惟隱莊閔僖不書即位蓋聖人因舊史之文無他旨隱以讓桓居攝莊以父弒

母出僖閔國危身出復入不備禮即位故不書按章如愚羣書考索引折衷此句下有公穀謂繼弒君不言即位則桓繼隱之弒君即位何也又稽定公先君薨于乾侯六月癸卯喪至其月戊辰即位春秋以是書之四十九字本書節去蓋備禮則書明矣左得其旨

摘微曰桓薨乎他國莊公不稱即位禮也

本旨曰君親一旦橫尸不終其壽人情必將大駭而傷其酷矧親則子弟哉已明不達斯理曲爲解釋按文姜出在三月莊公何得預不即位而待之乎

經社曰莊公雖踰年即位而承衰亂之後父弒母

出經以受辱乎先祖是後君不得正其始也故聖人去其卽位以隱之若曰不忍卽弑位而云耳諤曰春秋不書卽位者四且隱公失讓夫子所以裁損之明其不當有授桓之心而啟篡也莊公當立耳然亦不書之者蓋桓公如齊見弑雖賊在異國然人子之心亦所不忍故從繼弑之例而爲文

三月夫人孫于齊

折衷曰魯公夫人惟文姜哀姜行惡二罪等而書不同得非有旨乎公穀謂不稱姜貶也則姜氏如齊如莒皆書姦曷爲不貶吁聖人惡淫嫉惡非不

欲貶但存內諱耳所書雖不顯亦言議在中矣究其文姜齊女宜絕於齊故書去姜氏哀姜亦齊女孫邾故不去氏左得其旨

箋義曰文姜罪當誅絕至是稱夫人者適於練時出奔而存子母恩故始以人道錄之夫人隨喪歸不書不告廟

辨要曰易以咸恆始人事詩以關雎首國風書以嬪虞觀舜德豈非齊內而及外者也故曰欲治其國者先齊其家是以春秋之文雖夫人之善惡各異其文以示義焉故莊元年有書夫人孫于齊者

弒夫而貶也

新義曰孫者巽也巽之言羞也入也序卦曰旅而無所容故受之以巽文姜爲魯夫人一國母儀之責也今於桓義絶於莊恩義俱絶是魯無所容其身志窮悔羞巽而入齊也

集議曰姜齊姓也夫人內淫於兄致禍於國此不言姜氏者猶曰非齊之女也左氏謂絶不爲親文雖近義而不甚著然閔二年夫人姜氏巽于邾釋曰哀姜外淫故孫稱姜氏此爲杜之所得而有證於是矣二傳雖以爲貶不言其歸皆失之且公行

反國猶有不致況失禮之夫人乎文姜之身七如齊二如莒皆以淫行見於經其不宜告廟可知也公穀見經無反致之文故有念母接練之說恐非其實下如齊復書姜氏者於一貶罪惡自見矣故通例謂內外俱絕之則姓氏皆去

謗曰易咸卦述天地陰陽之本所以明人倫之備然後禮義有所措也且前年文姜與桓公如齊而桓公見弒廢人倫之紀聖人以其行惡而至不見於經今此三月乃接練之時也夫人當首與祭事而久有恥懼之心故孫遁於齊是則夫人於桓公

三綱之道絶矣禮義將何所措哉爲惡尤甚故去姜氏以譏之左氏所謂絶不爲親也范甯又引哀姜而明輕重之差則其旨益遠矣春秋之世君臣上下父子夫婦不正之甚也聖人贊易旣述其所本而於春秋不得不譏之皆所以垂教於後世也

夏單伯送王姬

通例曰天子諸侯之女嫁則書送

折衷曰諸侯之大夫受命於天子雖管鮑狐趙二霸之佐春秋亦名之有功稱字如閔元年季子來歸有罪去氏如莊三年溺會齊師伐衞唯天子之

卿大夫苟無極貶非爵之則字之雖無名非禮而來亦不名蓋遵王道也無名來祭伯是也非禮而來毛伯是也唯書宰咺歸賵非禮之大故貶而名之斯單伯送天子女嫁於齊所書者魯爲主也曷命大夫之有杜得其旨矣

指掌碎玉云公羊謂天子嫁女於諸侯必使諸侯同姓者主之尊卑不敵也嫁於二王之後雖賓客亦使諸侯主之秦漢以來使三公主之故呼公主也

集議曰左氏以單伯爲天子卿公穀以爲內大夫

然周之單伯見於經者多矣內之大夫未有稱單伯者左氏謂之送王姬則伯爲王臣無疑矣二傳之誤者其由以送爲逆而失之

謗曰春秋王朝之臣有書單伯者有獨出單伯之文者是以元凱以爲天子之卿而二傳皆曰命大夫是由三傳之經稱逆與送文之不同故也且天子嫁女諸侯三代皆同而至漢以三公主之魯雖於周爲同姓矣今齊殺桓公則莊公於齊乃父之仇也周王不當命使主婚莊公雖以天子之命於義當辭之況當時之諸侯同姓者多矣而莊公不

能固辭之非禮尤甚發微所謂交譏之也

秋築王姬之館于外

通例曰用功小曰築

折衷曰魯與齊有不同天之讎公方在諒闇不宜行吉禮於廟以齊之强以王之尊大義難拒乃築館於外上不失尊周之義中不失敬齊之禮下不失居喪之節左穀得其旨按此條節文考章如愚羣書考索載其全文云左氏曰得禮之變公羊曰非禮穀梁與左氏同

折衷曰聖人脩述惟重其禮法得其宜則書以是之非其宜則書以刺之有循常而書者有變文而書者循常而書如戰伐災異之類是也變文而書如君氏卒大去其國之類是也循常而書者史冊之舊文也變文而書聖人之新意斯築於外是書

莊公變禮得其宜聖人變文示其法也何天子之女下嫁於諸侯則同於諸侯之禮而天子使單伯送王姬於齊以魯爲主公與齊襄有不同天之讎又公方在諒闇不宜行吉禮於廟以齊之强以王之尊大義難拒乃築館於外上不失尊周之儀中不失敬齊之禮下不失居喪之節左氏穀梁得其旨公羊之誤

附錄於此

摘微曰王姬適齊魯實主婚魯雖惡齊不可拒王命館之外失事上禮且所以罪齊

箋義曰經書夏單伯送王姬秋始築館於外蓋王姬初至館於國中春秋以前魯主王姬不一國中當有舊館今聞齊侯將親迎公不可以禮接之故築館於外書之者譏魯於仇主婚雖築於外亦非

也

謗曰夫義之所以存者宜也禮之所以範者正也若夫義非所以宜而禮非所以正此聖人之所不與也春秋書築王姬之館於外是亦有不與之意耶莊公不當與齊主婚而莊公不顧父之讎此義之所不宜也天子之命不若以父讎而辭之而莊公不能固辭又築館於外此禮之所不正也禮與義人倫之大本而莊公失之夫子所以特起其文也三傳雖以內外爲論而未盡所譏之旨

冬十月乙亥陳侯林卒

王使榮叔來錫桓公命

折衷曰春秋十二公唯桓之罪大始以篡立終以不脩德而薨又非有功可褒而春秋書王錫命且生而賜之唯文成死而錫之唯桓而已苟曰加貶則不宜備禮而書稽其旨諸侯強王室弱雖生賜死錫皆非有賞功褒德之實第務其姑息而已杜預謂褒德未盡其旨公謂加貶遠矣穀謂無來錫命近之按此條係節文考章如愚羣書考索載其全文云左氏曰追命桓公褒稱其德公羊曰追命加貶也穀梁曰禮有受命無來錫命非正也折衷曰褒有德賞有功紬不服責不臣斯四者聖人筆削之旨也苟有德可褒有功可賞生賜之不及則死錫之何爽苟無德可褒無功可賞雖生

而錫之亦非矧其死乎吁春秋十二公唯桓之罪大桓始以篡弑不義而立終以帷薄不脩而薨古人有言曰畏首畏尾身其餘幾桓既不能正其初又不能護其末其畏何如哉天王之錫何為而來錫春秋經書天王之命生而賜之唯文成二公死而錫之唯桓而已苟曰加貶則不宜備禮而書爲使榮叔來錫桓公命則於文無所貶稽其旨諸侯强王室弱雖生賜死錫皆非有賞功襃德之實第務其姑息而已聖人多存內諱內弑君猶不書詎肯筆削錫命歟左氏第曰襃德未盡其旨穀梁謂無來錫命近之公羊曰加貶未得其實附錄於此

辨要曰魯桓罪惡不當策命之經書王去天以示譏也

新義曰春秋之時周室本無王但天命未改矣至於書王卽假天以係之若桓弑君既不能誅至死

仍錫謚命王而去天與吳楚同文也

謂曰詩降黍離之風而天下不復有雅書訖文侯之命而天下不復有誥命此周衰政教號令不行之所致矣是知春秋之世禮廢法壞不可勝紀然夫子特書王錫桓公命者蓋亦有所悼爾且魯君之惡莫甚於桓公周王不能討之於五年八年使人聘之是由周室之微不顧桓之簒逆而反待之以禮適足以爲非禮也生而聘之春秋皆錄之以示貶況死而錫命得無譏乎故去天字以示義

王姬歸于齊

孔子刪詩以關雎爲始者所以風天下而正夫婦也是故春秋雖王后與王姬亦有以書之者蓋亦反之於禮之正也此王姬所以書將以譏魯也若如公穀之說則春秋常事不書爾按公羊云何以書我主之也穀梁云爲之中者歸之也且十二公之年不見外女之歸見於經而莊公之年再書王姬之歸者不使魯得主之也然必出王姬之文者蓋以主之者不正累之歟

齊師遷紀郱鄑郚

箋義曰齊侯殺魯侯魯人不能復今又遷紀之三邑卒滅之故稱師言恃兵衆而數行不義也下文

稱師義同此又紀與齊同姓齊侯欲滅之故詳錄其遷邑以示惡耳

諤曰先儒論春秋遷之之義有二或人强遷之或自欲遷之若齊遷紀邑事雖不詳傳其近於人强遷之義歟且春秋所惡者强者侵淩而弱者不能自保也今齊欲滅紀乃先遷其邑紀不能固守而脅從之同時遷其三邑聖人必詳錄之所以見强弱之判如此不道之甚也若如公羊之說則春秋之法將以垂萬世安可謂之諱乎按公羊以不書取爲爲齊襄諱

二年春王二月葬陳莊公

夏公子慶父帥師伐于餘丘

箋義曰慶父公之庶兄不復齊讎而勞衆伐邾之邑故書曰慶父帥師刺之也

謗曰論語征自大夫出五世希不失先儒釋之謂宣成也然隱桓之世亦有大夫而帥師者然必去氏以示義若無駭之類也此莊公之時公子慶父帥師未逮乎宣成之世而不復去氏者聖人之新意也公子慶父大夫而帥師固可譏矣然其義不可不加察而推之以道也三傳唯穀梁云病公子所以譏乎公也然未盡乎所病之理儻莊公用兵

於是時也宜乎復齊之讎雪魯之恥然又不能行之反加伐於他國是在不可以然之域也此書大夫之專而出公子之文者蓋聖人病其不能復齊之讎目之以示義猶曰爲公之子而不知君父之讎也

秋七月齊王姬卒

此書王姬之卒所以起十一年再書王姬歸齊之文無他義安可謂記是以著非乎按陸湻纂例引趙匡說曰記是以著非也湻釋之云記二年是十一年非也

冬十有二月夫人姜氏會齊侯于禚

孔子曰關雎樂而不淫哀而不傷此聖人傷周道之衰室家不正關雎賢艾之行不復見矣今春秋書夫人而曰出奔所以志其不正之甚也莊公雖不制之春秋之法不可不追治之耳

乙酉宋公馮卒

諸侯日卒無他義

三年春王正月溺會齊師伐衛

春秋用兵雖出於自專而書之必加察者將以原實而爲之筆削爾且如二年書公子慶父此年書溺其實皆譏也然氏有存去而文不一類故加之

察而輕重於其事爲莊公不能爲桓公復讎而反欲用兵故二年出公子慶父而地於餘丘以志其爲公之子不能加兵於齊也聖人之意將深惻之今溺又不顧齊之怨而反以兵會之不待貶而惡自見也故溺復去氏且從大夫專伐之貶明貶甚於慶父穀梁詳之按穀梁云溺不稱公子惡其會仇讎而伐同姓也

夏四月葬宋莊公

五月葬桓王

折衷曰平王太子泄父早卒立其子林爲桓王王立二十三年桓十五年崩至此年方葬諸侯會葬

故書葬是時周室至微齊桓未霸諸侯無復勤王故葬緩且桓十五年後來未見書葬豈非桓王也苟改葬復何以明之斯公穀之短

秋紀季以酅入于齊

本旨曰春秋伸賢者之志故紀不言滅而曰大去然季爲人弟知社稷將殞不能救反以邑適讎國若叛舍義而生若苟免其無譏何也曰聖人量力不責人所不能者也自紀全盛未喪郱鄑郚之時猶假息莫振矧勢既大壞雖賢知其如弱小何微子去紂歸周卒存商祀仲尼稱嘆以爲三仁紀季

之義猶是矣故書法使鄫成國不沒之齊下云紀叔季姬歸於鄫是也

謂曰古之邦國大小有以相維也協和親比分受疆土一德以尊天子而爲之屛翰末世則不然大偪小衆暴寡以至於滅亡王法所不能正春秋由是詳而錄之然必原其情而輕重之焉斯聖人之心不與紀季之附齊也此書紀季蓋母弟之稱也以者不宜以也謂其不能守天子之土以之入於大國不可矣左氏穀梁解之未盡注釋者又取公羊賢之之意以言之使陸子從而謂之仁人之行

誤矣且以繁露之說雖學公羊而明紀季之犯有三則見紀季所以不宜以也入者惡稱也孰謂賢哉按春秋繁露玉英篇云春秋之法大夫不得用地又公子無去國之法又君子不避外難紀季犯此三者何以爲賢曰賢者不爲是是故託賢於紀季以見季之弗爲也紀季弗爲而紀侯使之可知矣附錄於此

冬公次于滑

古者用師將以伐有罪也春秋諸侯雖自專之聖人必求之於可否之間以示筆削此莊公之於齊父之仇也春秋於二年書公子慶父帥師病其爲公之子不能用兵於齊也三年書溺會齊師則悼

之又甚而從去氏之貶且是時也齊師遷紀三邑強暴之心甚不可與莊公惕然於此出師而欲會鄭謀紀聖人之意與其可以爲也莊公黨必行之則復讎救弱之義兩存而不爲人所恥然又不能力舉其兵有畏而止書之次不亦宜乎

四年春王二月夫人姜氏享齊侯于祝丘

夫饗以訓恭儉宴以示慈惠天子諸侯之大禮也孔子曰犧象不出門嘉樂不野合此聖人言禮之所以重也今夫人姜氏會非其正又從而享之王法所不容故春秋錄以懲之

三月紀伯姬卒

春秋之法不徒作也將以謹內外之教是以詳錄夫人內女之事蓋欲正天下之婦道也若夫伯姬之歸從紀而不能以賢行輔佐其君國危而卒書之者蓋疾其無夫人之德而身沒於危國所謂書其不正以勸其正矣

夏齊侯陳侯鄭伯遇于垂

外諸侯之爲遇義見隱八年

紀侯大去其國

折衷曰春秋正褒貶爲不朽之文肯屑屑曲意爲

諸侯諱耶唯晉文尊周之業大故聖人以功覆過非諱也正王道也十二公之閒不同天之仇者不能報矧九世之仇乎不爲襄公諱明矣春秋書滅國多豈皆不賢而書滅耶豈皆賢而不言滅耶不曰滅者存其社稷故也言大去者以邑先遷季巳附今方大去其國者悉去之辭非討伐也

摘微曰紀無罪齊雖滅之民無所貳故但言去國春秋時國君玩兵賊民者比比皆是以之滅亡社稷又衆民固國之本紀侯無及民之惡齊人興貪冒之師國雖不支民且不怨故書大去復存爵以

哀之斯又顯春秋之賞罰敎令非天子出

箋義曰昔古公處豳狄人侵之事之不可乃屬其耆老而告之邑于岐山之下豳人曰仁人之君不可失也從之如歸市今齊侯之欲滅紀也自桓五年與鄭伯襲之之後紀侯懼然會魯以謀其難來朝以求齊成薦女以結王援然齊侯利紀之心殊未息也旣遷郱鄑郚三邑復以酅爲附庸恃其兵力有餘志欲幷吞其國故紀侯慨然有古公去豳辟狄之思焉紀侯仁君也齊侯暴主也齊侯欲滅紀紀侯意若曰吾不以吾地戰吾民故委其國而

去之斯所謂不以所養害之者也春秋貴之旣以紀侯視古公則惡齊侯狄人之不若矣

本旨曰先書齊師遷紀郱鄑郚又錄紀季以酅入於齊顧下旣無滅文宜發端於此以明齊實滅之耳書云大去其國蓋飾賢君之迹焉紀侯死社稷者若誠去果別居何地哉且夫人何以不同行而伯姬葬於齊叔姬還於魯後卒歸酅

集議曰春秋臣竊邑而逃則書名書叛以罪之君失地於齊猶曰畏齊之強順而從之求以苟免於滅也紀侯奔也而言大去其國猶曰畏齊之強棄

而違之求以茍免於死也季雖不言叛亦見其謀國之非也侯雖不言奔亦見其守土之失也主書者蓋嫉齊之貪故變文而著其義也元年書遷郱鄑郚三年書酅入齊至是而其君大去皆甚齊之旨下書齊侯葬紀伯姬非以善齊也亦惡其滅而專之爾十二年書紀叔姬歸于酅二十九年書紀叔姬卒三十年書葬紀叔姬蓋憫紀之亡而錄之也憫紀之亡則齊之不德可知矣

新義曰凡諸侯國滅例名紀侯書爵者甚齊襄之惡也國滅而云大去者遁去也舍棄土地人民骨

內妻子孑然而去也雖然異古公之去豳於義權之不全也

譔曰春秋之文善其善惡其惡也然有輕輕而重重者必爲之變以通之且歷考春秋之法凡國滅則書某人滅之君失地則書某侯出奔今齊滅紀而特起文爲大去者左氏傳之未盡而元凱釋爲不返之辭也公羊則賢於齊穀梁則賢於紀二傳異文而生後世諸儒之論諸儒但見經書紀侯之爵而交有護紀之說且紀侯庸暗爲齊所脅去其國家何足美哉然而稱爵者盧氏所謂哀之也不

書滅者趙子所謂不絕其祀也至若云大去者本旨謂以其死社稷而云耳

六月乙丑齊侯葬紀伯姬

折衷曰紀季入齊爲附庸齊嘉其歸附故備紀國夫人禮葬録其實也苟痛之傷之則當於伯姬卒及大去其國之時書以文之豈更書葬焉杜得其旨

摘微曰聖人存亡繼絶故復見伯姬如紀之不失國又且聲齊罪也

辨要曰竊謂仲尼之旨非譏齊也文見於彼而起

義在此矣蓋責親親之仁於魯也何哉夫以齊襄豺狠之行者然猶不忍其暴露閔而葬諸則魯安坐而觀之豺狠之不若也

諤曰春秋錄及內女凡所以書葬有三宋共姬紀伯姬叔姬也此聖人寄微旨而教與誡在其中矣春秋之世法度無所稟强暴者恣其貪危亡者無所託紀爲齊所滅而伯紀爲齊所葬聖人書之惡齊而憫紀也紀雖可憫奈何世不有賢方伯爲之扶正故齊之强不可道也伯姬者婦人之葬而齊葬之此禮法之所不與也伯姬乃魯之女爾紀既

滅矣以葬於魯人情猶曰可也今葬於齊亦不可也故書以參譏之

秋七月

冬公及齊人狩于禚

折衷曰凡戰伐盟會君臣不敵則恥之其雖有不敵亦不得已而爲之狩者可否在我而已稽之必自狩於境內齊侯召之因而同狩必不肯與齊之微者狩也苟實與之則必爲魯諱書及齊人狩于禚應不日公也噫人齊侯者蓋刺其非王事而與不同天之讎狩斯下謂刺釋怨近之左公俱誤按章

如愚羣書考索載折衷此條文稍詳而語多異同其文云左氏曰與微者狩失禮可知也公羊曰稱人諱與讎狩穀梁曰人齊侯者卑公也卑公不復讎而刺釋怨也折衷曰凡戰伐盟會茍君臣不敵則必恥之矧其狩乎狩者非大於戰伐盟會也戰伐盟會者不得已而爲之狩者在我而已茍公自狩於境內則爲人事也越境與齊狩則非人事也既非人事則必齊侯召公同狩公不肯自與齊之微者狩也茍自與微者狩則必爲魯諱當書及齊人狩于禚不曰公矣如文二年書及晉處父盟也噫人齊侯者蓋刺公也刺其非王事而與不同天之讎狩斯穀梁近之左氏公羊俱誤附錄於此

旨要曰此經無傳杜元凱意不從公穀之說故特爲義今按公穀謂齊與魯讎而公釋怨同狩既刺公與讎爲好且諱公之惡故卑齊侯以爲人卑公之敵而刺諱之理著矣故公羊以爲諱與讎狩穀

梁以爲卑齊所以卑公義近之矣

謗曰春秋之譏有以變文而釋義今禚之狩二傳及諸儒之解則皆曰人齊侯以明魯不可與齊侯狩是則聖人之意雖人齊侯其旨不在於貶齊侯而譏甚於莊公也爲人之子與父之讎行狩非禮可知矣

五年春王正月

夏夫人姜氏如齊師

聖人之經垂法將來而夫人之惡亦詳錄者將以伸勸戒之旨於萬世也且兵師之中可謂衆矣而

夫人如之非禮莫甚於此

秋郳犂來來朝

郳犂來以名通無爵可稱來朝義見隱十一年

冬公會齊人宋人陳人蔡人伐衛

春秋之辭簡直而互文以見義當求之於然與不然則筆削之旨明矣衛朔之出奔失國可罪也天子所不欲立也公會四國之君反欲納之是皆逆天子之命而納可罪之君則不當遂之耳今公與四國卒以兵遂其事伐衛而納之故書人而主以公此互文以交譏之也

六年春王正月王人子突救衛

春秋之法使君臣上下得其正也尊莫尊乎天王也命焉而立天下諸侯當稟而從之者也况有違之者乎春秋之所不與焉前年書公會四國伐衛今春書王人子突救之則是天子之命本不立朔而諸侯專立之也若此則諸侯之伐違王命而子突之救善也然子突不能克勝五國之兵卒使朔得衛故書之曰救者不能救也夫以周室之衰枝踰於幹尾大不掉則子突固不能救矣而諸侯又恃其强以專納之使天子之威命蔑闇焉故諸侯

書伐而子突書救且以志上而周室微弱下而侯國恣横矣

夏六月衛侯朔入于衛

本旨曰朔讒伋壽盜其位王者所宜討故於其被逐出奔書名以絶之方是時諸侯能執朔歸之京師使天子得以裁其罪乃義之隆者也齊襄反連五國兵議納非正書曰衛侯朔入于衛存中國大體使若非諸侯敢拒王誅登叛人朔自以惡入爲愈也朔入而後公至曰伐衛所以見其實耳明年齊人來歸衛寶亦知倡惡者齊故朔專致賂魯與

二國但爲黨逆非首也

謗曰入者以惡入也衛侯不能保有其國出由見逐一也入又不由國逆二也諸侯以師伐其國而强納之三也天子救衛而不欲使得立四也犯此數者豈非惡乎故名而以入書之

秋公至自伐衛

經社曰莊之出十有九其致之者五危之也不致之者十有四以齊桓安之也

謗曰春秋會盟征伐皆失其制然有致之者有不致之者其所以致者危之甚也今公伐衛踰年而

返穀梁所謂不致則無用見公之惡矣莊公拒天子之命會仇讎以伐衛聖筆之所不與也故危而致之

螟

冬齊人來歸衞俘

折衷曰杜預謂文姜淫於齊侯求寶歸欲說魯以謝慚以是謂俘爲寶二傳亦曰寶唯左氏經書俘吁史策所書非國之重寶曷肯記與如寶玉大弓則我之重器也郜之大鼎則宋之重器也既非重器則貨賂何足以書之而曰求之以謝慚其理益

鄗子以爲公與齊共伐衛齊得其俘以讓於我如隱十年鄭人歸郜歸防之例也戰伐歸邑歸俘則戎事也焉有二國共伐同姓而曰歸其寶賂耶三家俱失折衷得之

折衷曰齊人歸俘於我我不當受齊不當歸旨要曰三傳皆言衛寶杜遂疑經文有誤今按左氏曰文姜請之也公羊謂齊侯讓我以爲魯侯之力故歸之杜因曲從左說左理甚迂蓋經言俘而傳言寶者俘必有寶於義相足耳若尚書稱俘厥寶玉是也

集議曰此歸衛寶與桓二年取郜大鼎於宋同皆所以譏內也彼謂不能平宋亂而取賂於惡差輕故言取也此爲違王命以伐衛於罪爲重故言齊人來歸以齊首惡者亦內之諱惡之旨也貶於伐衛昭昭矣

謗曰禮父之讎不與共戴天以人子之心故也今莊公於齊國父讎也三年使溺會之伐衛五年又親會之逾年而返與讎人比周違命以納可罪之君公之惡可知也據諸儒之論則齊魯之惡鈞矣且會齊非莊公可爲也伐衛又不正矣而乃歸俘

以爲能何足榮哉又鮮恥之甚也若如傳意以俘爲寶而文姜請之則抑又不可道焉益見莊公之暗懦矣

七年春夫人姜氏會齊侯于防

夏四月辛卯夜恆星不見夜中星隕如雨

折衷曰春秋書日食以陰侵陽繫於君其諸星變大者書之小者忽之故二百四十二年間書彗星三及斯得不以至異而書歟所先書恆星不見恆星不見謂無雲雨而恆見之星不見故謂之異苟有雲雨則晦冥曷以辨其星歟雨歟是狀如雨非

雨明矣左穀之短公羊得其旨

摘微曰恆星不見星墜如雨恆星列星也所見者夜中隕星亂墜如雨三傳釋雨言旣星隕而雨甚乖聖人之旨古今星隕如雨者非一聖人立言不使後世回惑故先言恆星不見知天理之變異旣成夜中星隕事又尤大故書其始末災異之占苟若此春秋大法之言固當詳正也

集議曰公羊言不脩春秋曰雨星不及地尺而復君子脩之曰星隕如雨是言星之若雨也穀梁之意與公羊同傳曰其隕也如雨是釋經之星隕如

雨也下曰是夜中歟是設問釋經之夜中也范甯以爲星既隕而復雨又曰雨必晦冥皆失本傳之旨且傳曰著於上見於下謂之雨著於下不見於上謂之隕豈雨說哉是不從雨星之說而從星隕之文也二傳義同而穀梁尤詳左氏謂之與雨偕迂亦甚矣

諤曰春秋之世皇極大中之道不脩而五事不正是以三辰乖錯衆異並臻必詳錄之者以誌衰世之變垂後世之戒也若此星隕如雨則災異之一爾三傳及諸儒之論皆互即如雨之言爲矛楯是

則經外曲生繁意此蓋星墜似雨而爲異亦無他焉

秋大水無麥苗

義見桓元年　洪範農用八政食爲之先也蓋以國家之大重於農務而民天其食矣古之聖人奉順天時必使年豐穀登而民不至於凍餒且一穀不登禮謂之歉蓋憂民之至也春秋雖無麥苗亦書之者重民命以垂勸也莊公不德屢致災異此年大水麥苗見害聖人因而錄之以示憂民之教俾後世人君以重民命爲心也

冬夫人姜氏會齊侯于穀

八年春王正月師次于郎以俟陳人蔡人甲午治兵

夏師及齊師圍郕郕降于齊師秋師還

折衷曰二國之師圍郕郕以齊彊乃降齊聖人因舊史而書其實又特書秋師還善公能損己不競全軍而還荀曰諱滅同姓故盛爲郕則春秋內諱多矣烏有易其地名而爲諱耶荀曰不使齊加威於郕庶幾矣且二國動衆書降於齊師是魯之恥也蓋非其實則無肯書之

摘微曰郕降齊師秋書師還爲公諱伐同姓故以

降齊爲文終書師還則知其非也

箋義曰公圍郕而稱師者刺之也　春次于郎夏又圍郕逾時用師爲強讎伐同姓蓋危國敗衆之道也凡師還不書今書之喜其脫難而返也猶桓會不致而致會戎於唐之義

集議曰魯不應與齊伐同姓之國言郕降于齊使若齊不加兵而郕自降也上云師次于郎以俟陳人蔡人託不得已之辭諱之也下變例而言師還若師不臨於郕而還也蓋史存內諱夫子因而從之公羊變盛之說甚非義例

索隱曰三時暴兵於外不脩民政而奪其農時聖人因而書之以志莊公不臣之罪而爲後世黷武之戒

謝曰爲國者必有以豫備不虞也莫越於完城郭善守備而已故曰出則以戰入則以守舍此非用兵之道也今魯國無寇而出師久駐於郎地雖曰以俟陳蔡亦不可也趙子所謂無寇而次是欲自爲寇也　夫兵凶器也戰危事也古者聖人不得已而用之雖治平之世不忘乎武備貴在於無患也王制周禮皆有四時田獵之事自天子諸侯皆

得習武事以爲國之備也春秋所書皆非度而失制矣至若莊公此年書治兵又與蒐狩之例別也今春出師于郎陳蔡不至而遂整治之將以圍郕爲左氏謂治之於廟趙子所以不取也穀梁詳其事以明之然必書之者所以見出師勞民之甚其往也又將會強讎而圍同姓故書曰以謹之　古者師出不踰時懼其勞民而暴露於外也今魯兵無名止爲強齊圍郕不顧其恥伐已同姓固可譏之是以夫子實而書曰郕降于齊師不使魯得勝之也且以見齊之暴横脅畏而強會之故沒公而

示貶也春秋之法有常矣其或變文起意則必原其實而加之辭焉此言師還與言至之義僅同是皆危之矣左氏公羊以爲善辨疑之所破也按陸湻集傳辨疑載趙匡說云勞師會讎何善之有且齊强魯弱自當不敢爭也詳據經文當緣告廟故書爾且魯畏强齊勞師於外無功而還自春及秋斯亦疲困之甚殆其往而錄其返故謹而書師還

冬十有一月癸未齊無知弑其君諸兒

見隱四年義

九年春齊人殺無知

公及齊大夫盟于蔇

新義曰及大夫盟者非齊亂無君也惡莊公忘父之讎而自取喪敗也

諤曰聖人之於春秋盡志而爲之筆削將以公萬世也雖然內魯而立文亦不曲私之以示法安可謂之諱哉今公及齊大夫盟公欲爲之也齊無君不可不言大夫也書之則譏在於公矣是以出公而齊大夫不名與高傒處父異也何以言之子糾來奔公黨以爲讎不當卽留之既而又自下與大夫盟而欲納之春秋之所不與也雖盟又不克納是則始不顧其恥終不量其力違禮尤甚故斥譏

之

夏公伐齊納子糾齊小白入于齊

折衷曰凡去其國國逆而立之曰入復其位曰復歸以惡入曰復入斯禮經也逆立則許叔入于許復位則曹伯襄復歸于曹納之則忽復歸于鄭惡入則晉欒盈復入于晉斯四者春秋之綱紀也齊殺無知小白自莒先入始無過而出既無君而入曷謂惡入歟謂簒爭惡夫小白首興霸業信義著於天下苟有小過聖人亦當功而覆之如譏晉文而書天子之狩曷肯書惡入耶杜得其旨

本旨曰齊襄公弑絶亡嗣糾當繼體而小白連國以爭故書曰公伐齊納子糾言伐言納明有難也稱子糾起其正而宜繼也子者繼父之辭公納之得其正故小白去貴號而云入入者篡辭也

謗曰春秋書用兵雖以懲諸侯之專也然或用之有名無名則求之於可以然不可以然之域不然則出其文以示義矣今公之伐齊是與其可以伐讎國也故特出公伐齊之文然莊公伐之事不在乎復讎而在乎納子糾也聖人之意又不與之故復出其所納以譏之若其所納者宜立之君也卒

不克納之是力不能勝人故明書以示訓　先儒論春秋之作皆曰反正之經也仁義之法也諸侯之國得失功過皆公之於筆削矣按春秋之法入者以惡入也齊小白乃桓公也豈亦以惡入耶蓋齊襄公之後子糾當立而小白先入是不明長幼之道雖小白入於齊而特起霸功聖人之意猶不與之者謂其非世嫡之正不可以其爲霸之功而掩其不正之過也故不以公子稱之而書之曰入以明筆削之旨公且正而義不可

秋七月丁酉葬齊襄公

傳例君弒賊不討不書葬今無知既殺是賊討故書其葬亦所以謹其緩也

八月庚申及齊師戰于乾時我師敗績

折衷曰凡公自伐曰公伐某國如莊九年公伐齊納子糾遣大夫伐則曰某伐某國如隱二年無駭帥師入極與諸侯伐公不與謀則曰會某師伐某國如桓十六年公會宋公衛侯陳侯蔡侯伐鄭公與謀則曰公及某師伐某國如宣四年公及齊侯平莒及郯莒人不肯公伐莒取向或敗績第曰及如僖二十二年及邾人戰于升陘或使微者不列

於春秋亦第曰及桓十七年及齊師戰于奚斯書及者是敗績諱之明矣杜得其旨（按章如愚羣書考索引折衷此條條首有敗績義在桓十年來戰論中明矣第評書及而已二句本書刪去）

本旨曰春秋之例魯與他國戰而克則曰敗某師若他國勝則但言戰而不明乾時之役書我師敗績與例違反都無諱義公羊云桓爲齊所弑今雖緣納糾興師因託大義以復讎爲名故戰敗不諱明復讎而敗則榮也然吾必疑是說何則莊公非復讎者且桓之死至此凡幾歲莊豈嘗粗興師至齊地問父所以不返之意哉然則我師敗績四字

衍字也寫書者因見簡牘中有公喪戎輅傳乘而歸之事因誤著說公羊者遂稱著伐齊用師不正之罪穿鑿也夫違例反常使後世難以尋究修經之旨將其不然

經社曰乾時之戰書敗惡內也納糾之師書敗貶之也

諤曰三傳之例皆欲推明春秋之大義然以賢者之說而求聖人之旨其在乎得失之間也竊嘗考之乾時之戰傳例所言內不言敗而此云敗績者聖人作經之意豈拘於後儒之例哉且公之於齊

鄙國也爲之主婚會之伐衞及之行狩共之圍郕是皆不能知恥也而又受其子而納之卒不克納以致喪師敗績是故沒不言公而明書敗績此聖人悼魯之甚安可謂之諱矣亦豈後人敢增之乎諸儒但拘傳例以爲說也

九月齊人取子糾殺之

纂例曰譏不能免之也

折衷曰春秋凡書取國取邑取地皆言易也有用兵而書取者如伐莒取牟婁伐鄭取長葛不用兵而取者如取濟西田取汶陽田斯取子糾雖非取

國取邑其義一也蓋襄公立政無常故管仲奉子糾奔我其爲國難出奔者皆欲資其力而復其國也齊殺無知之後齊無君矣我能復之則我有恩於齊保之則我有義於糾既能復之復縱齊殺之恩義俱不立故聖人書取而譏之言易之甚也斯穀梁得其旨

胡氏曰桓公請魯殺之而云齊取之者魯殺子糾則是殺齊當立之君於文不順齊來偪魯魯人殺之則是齊人取而殺之於其事正也

集議取折衷陳岳論

謗曰先儒以論語言之則子糾爲桓公所殺明矣今左氏公羊則云使魯殺之穀梁則謂猶曰殺之云耳得不謂經簡直而傳釋之過實乎然此必曰取者穀梁以爲易辭也今莊公納子糾而使之見殺則是齊之得子糾誠爲不難若自殺之也故書曰齊人取子糾所以見公之盟蔇伐齊無功而徒然爾

冬浚洙

天子封諸侯城郭溝池無國不有也繕完其城浚深其溝國之常耳而於莊公特書浚洙者豈無旨

哉蓋由莊公之立常抱畏齊之心是以父讎不能復受其子而不克納戰而又敗微弱可知也師敗而歸其心益懼雖浚洙水以爲國備春秋猶錄之以示譏穀梁所謂著力不足也

春秋會義卷八

宋鄉貢進士江陽杜諤撰

莊公

十年春王正月公敗齊師于長勺

春秋誠内魯而立文也而事有詳略志有輕重若其書曰公及某師戰於某地某師敗績則是錄之詳也如曰公敗某師於某地則是記之略也然皆託微旨以示義齊伐魯而公出戰夫子書曰敗齊師固内魯之辭也然所以記之略者蓋亦有所示義而爲文也莊公之於齊師雖曰敗之然不以復

讎而止報乾時之戰不足爲美是以略之

二月公侵宋

周禮九伐之法負固不服則侵之此蓋天子命諸侯使侵之非列國可得而專春秋之世戰圍侵伐者甚衆必詳錄之以示譏今魯莊終以畏齊而幸敗其衆故春秋以曹劌之詐幸得敗齊之師亦未可釋前之恥而又恃其勝以侵宋斯亦不量力之甚也穀梁所謂深怨於齊而衆其敵不亦然乎

三月宋人遷宿

纂例論遷有二義此實强遷之類是也春秋之世

諸侯不顧土疆之限務廣土地至有強遷於人者
今宋之貪暴遷取王封不道之甚雖曰徙而臣之
與滅之不遠矣
夏六月齊師宋師次于郎公敗宋師于乘丘
新義曰次者兵出無所加之意也二國之師同次
于郎而乘丘以獨敗爲文齊不救宋也
讜曰公不能復讎而反納子糾以啟齊之寇又侵
宋以衆其敵致二國同時兵次于郎公雖敗宋不
足爲美故略文以示貶
秋九月荆敗蔡師于莘以蔡侯獻舞歸

折衷曰斯楚而曰荆苟曰荆州名楚國名漸進之義則秦當先書曰雍吳當先書曰揚何以書秦吳也苟曰荆者狄也秦吳亦其類也何不狄之而獨狄楚乎矧荆乃禹貢九州之名也奚謂狄乎春秋亦狄吳楚矣不聞改國第絀爵以狄之聖人之旨也杜得其旨荆者本號後稱楚者易名

新義曰不稱將帥者不與夷狄征伐之法也

謼曰夷狄之有君不如諸夏之亡也此聖人之本意是以入春秋而夷狄見於經者楚與吳耳夫子錄其事降而以州稱之雖大稱之不過子也今荆

夷狄之國而敗中國之師甚不可與又以蔡侯獻舞歸是則夷狄侵暴由此見也夫子旣不與之然而蔡侯名者不可逃失地之貶也亦存其爵者以起其爲中國之君而爲夷狄所獲趙子所謂以歸蓋重責之矣書此惡蔡而罪荆也罪荆所以待天下諸侯有能誅之攘之則可

冬十月齊師滅譚譚子奔莒

聖人與人不求備將以觀其人於進退之閒也故曰吾見其進也齊小白之入納管仲之畫詳其滅譚之意有心乎霸也吁春秋之時諸侯交亂至於

此年有夷狄而敗中國者夫子誠悼其淩替矣齊桓將復太公之業始興師不能以荆楚爲慮扶正中國反以不禮之小忿滅人之國甚不可也然而稱齊師者欲與其行伯之心故也譚子不名之亦以起譚無罪而見滅則齊侯不當用師於譚爾故書曰譚子奔莒者蓋不與譚之滅而譏齊桓用師之不當也

十有一年春王正月

夏五月戊寅公敗宋師于鄑

規過曰沈氏云巨明爲傳不得不因申孔子新意

之義非周公之舊凡也按左傳於經此條下載敗某師戰敗績克取某師王師敗績於某各凡例杜預謂皆周公舊凡故炫駁之

總論曰若如左氏之說不惟異端滋甚則是諸侯得以自相侵伐圍戰取滅矣

諤曰聖人之經例生於作傳作傳者務探聖人之旨故推之以義爲例焉若此書公敗宋師傳或云內不言戰或云未陳曰敗某師是則春秋之義惟一而傳散爲三家之說也大槪春秋所書以誌一時之事非後儒之例所能盡且二傳謂偏戰例曰公敗宋師而左氏謂宋未陳而薄之則與夫疑戰

不日之例相反此三傳矛楯之一也聖人之旨不可專據乎傳例當求之於可以然之域也公前年敗齊今復敗宋衆其所敵斯亦危國之道所以日之也

秋宋大水

折衷曰中謂及我且宋魯道里源流既異雖大水安得相及苟及魯魯當自書肯書宋耶下謂王者後則三恪之外諸姬國皆王者之後何不書之又莊二十年書齊大災齊豈王者之後也若曰志其甚也雨螽鷁退石隕奚甚於此何盡書之凡春秋

不書外災尋經見宋陳鄭衞皆書之必此五國鄰也鄰有災告之則書使弔亦書杜得其旨

謂曰末世災異之降多矣蓋由聖王不作五事悖彝倫斁而咎徵之應著焉自隱至哀不可悉紀是以內則詳而錄之外則略之今書宋大水而三傳所解不同折衷止破公穀而又存左氏往弔之說嘗以先儒之論昭九年書陳災而於時陳巳爲楚所滅則魯何弔而書之乎蓋聖人於災或書其一或書其二或以鄰國錄之則列國從可知也

冬王姬歸于齊

箋義曰魯主婚故書其歸不書齊侯逆自爲王姬而來既書王姬爲重則來逆可知且常事不書也用見元年書逆女築館皆非禮

謗曰元年書王姬之歸不與魯得主之也而二年書其卒至此年又起王姬歸齊之文諸儒雖取魯不當主婚之義而釋之然亦以志齊國之强再娶王女末世禮廢法壞婚姻失正故詳錄之

十有二年春王三月紀叔姬歸于酅

折衷曰伯姬隱元年歸于紀叔姬待七年方歸國爲齊所滅伯姬已卒叔姬反歸于酅以主祭祀三

家所異者謂非嫁而書歸聖人以紀侯已死叔姬能全節行而歸酅以主祭祀故以初嫁爲文以賢之凡內女卒非嫡不書而叔姬皆書之亦以賢錄也文姜行惡春秋惡之叔姬全節春秋美之斯杜得其旨

新義曰國滅夫死託身讎國書歸不當歸也

諤曰春秋詳錄其始所以起其終也夫子於隱七年書叔姬歸于紀明其爲紀侯之媵也至莊三年書紀季以酅入齊則又明紀季爲紀侯之弟而以酅入齊爲附庸也紀侯去國旣死則叔姬歸父母

之國可矣今歸于酅是從紀季也此禮教之所爲嫌耳故春秋明書之三傳釋之未盡而杜元凱及江熙又有全守節義之說以致諸儒緣之以爲論然則叔姬之義惟公羊僅明之而發微抑又詳矣

按公羊云其言歸于酅何其國亡矣徒歸于叔爾也孫復尊王發微云叔姬以伯姬之媵而歸于季非其所歸也

夏四月

秋八月甲午宋萬弑其君捷及其大夫仇牧

折衷曰名之非以賢而錄以罪而書蓋因弑君而及其臣以君非非罪皆書之以懲弑者之惡杜謂無

善可獎近之穀梁得其實公羊誤矣同桓二年義

冬十月宋萬出奔陳

義見桓十五年宋萬出奔説

十有三年春齊侯宋人陳人蔡人邾人會于北杏

折衷曰凡盟會君臣不敵明主必責之春秋必非之我公必諱之齊侯曷以當諸侯之微者蓋桓公方脩霸業以會諸侯不獲已而會之斯諸侯未信於齊桓也且使微者會之以觀桓之德業桓之意不以己欲上之而先下之洎柯之會不欺曹子方信重於諸侯至幽之會而諸侯莫不至矣聖人書

之以見小白成霸業之漸

箋義曰桓公用管仲之謀不以兵車而以禮會諸侯將平宋亂是周衰之後首以公義倡天下者也故春秋貴之然所以皆稱人而獨書齊侯者尊桓公之始行義

總論曰按周禮九命作伯得專征諸侯若五霸者皆非命伯故孟子曰三王之罪人也曰若大彭豕韋昆吾此則不可得而知矣若齊桓晉文者皆天子所命安可謂之皆非命伯者哉二十七年王使召伯廖賜齊侯命僖二十八年內史叔興父策命

晉侯爲侯伯此亂世之事非盛王之憲也

謗曰按總論東遷之後天下無王已久微二伯則周室絶矣中國淪矣齊桓旣入得管仲之佐將以誅叛討逆以尊王室於此首圖大舉出會諸侯以圖霸功夫子特起文書齊侯之爵而四國稱人者以齊桓雖非命伯之實而有尊周之心故也何休見經書人以爲諸侯未信使微者往諸儒或緣之以爲論穀梁又曰疑之是亦欲明聖人與齊桓之意不止在乎書爵而在於四國稱人也發微云責之深者必先待之重蒙又聞之四國本無尊周之

心但畏桓兵力而來會故稱人而獨書桓公之爵將以觀諸侯也此聖人與桓公之意然爾

夏六月齊人滅遂

箋義曰桓公圖霸未爲諸侯所附當崇禮義以懷來之而乃伐魯滅譚今又滅遂數逞強力以報私憾故伐魯滅譚稱師者事始襲襄未之責也滅遂稱人者當國三年既合諸侯行義矣乃責之

新義曰新國用輕典亂用重典齊桓當衰亂至極之世恃兵國強富挾天子之令以威諸侯何暇尚文德而崇禮義滅遂稱人衆辭也

謂曰聖人之於春秋不私乎筆削也桓公之立三年見於經而始稱齊師次稱齊侯此稱齊人者蓋以桓公初立方將圖霸故先稱師以觀之至北杏之會合諸侯而有尊周之心夫子與之而獨書其爵也冀其力輔王室以救中國何以恃尊周之名滅人以廣土地雖曰示威諸侯誠不可矣故從書人之貶

秋七月

冬公會齊侯盟于柯

折衷曰春秋凡書內事卒葬嫁娶災異則繫日烝

嘗雩望則繫月蒐狩土功則繫時外事從赴告不告日則不書日柯之盟不日不赴以日也公穀謂齊桓信著諸侯桓盟皆不日若然則莊二十二年防之盟僖九年葵丘之盟皆方霸之際何書日既卒後僖二十八年温之盟宣七年黑壤之盟何又不書日也聊舉大者以明之則知盟會不以日為義例定矣左得其旨也按章如愚羣書考索載折衷此條云左氏不以日為例公羊曰桓盟不日信之也穀梁曰不日信桓也折衷曰穀梁以桓盟不書日謂齊桓公信著於諸侯盟皆不書日究其微旨殊不然春秋書內事或繫日或繫月或繫時內事繫日如書卒葬娶大災異內事繫月如書烝嘗雩望是也內事繫時如書蒐狩土功是也外事第從赴告而已盟會外事

也不赴以日則不日斯桓之盟不日者不赴以日也苟曰桓盟不日桓方霸之際亦有書日者桓既卒之後復有不書日者方霸之際書日則莊二十二年防之盟二十三年扈之盟閔元年落姑之盟僖九年葵丘之盟是也既卒之後不書日則僖二十八年溫之盟二十九年翟泉之盟文二年垂隴之盟宣七年黑壤之盟成十八年虛朾之盟是也聊舉大者以明之則知盟會不以日爲義例定矣斯左氏得其實公穀皆誤文與會義所載微異考閔元年落姑之盟經不書日未可援爲桓霸之際盟亦書日之證當是陳岳誤引故杜諤削之耳

諤曰齊桓之入莊公以納子糾之故數與交戰至此公知齊桓圖霸懼其見討始與之平故盟于柯且公盟例日此不日者齊桓盟之故也齊桓之盟所以不日者夫子與其圖霸不可不與其爲信也

公羊引曹劌之事而言之蓋經外之文亦未可據折衷執元凱而爲說是不知聖人之文不由乎赴告也此不日者穀梁所謂信齊侯也聖人信之將責其所以爲霸之事是亦爲責之深者必先待之厚也

十有四年春齊人陳人曹人伐宋夏單伯會伐宋

胡氏曰天子之大夫而會諸侯大夫非禮也良以齊率陳曹先會伐宋兵衆已往單伯後至不云爲會而謂將兵故也

箋義曰滅遂之後諸侯用師皆稱人單伯獨書爵

何也春秋本爲征伐不自天子而作今單伯奉王命會齊乃征伐自天子而出正也王命無所不通故王人子突亦見經

謗曰春秋之法不使卑淩尊賤踰貴所以正君臣上下之分也齊桓圖霸宜乎上尊周室翼戴天子以伸其臣事之心於此可爲也今據左氏之傳請師于周欲假王命以託尊周之名以伐宋是以單伯會之何則以諸侯而致天子大夫非正也桓公不脩德而伐宋又未嘗朝正于周而遽致其大夫是以夫子離其文而特曰單伯會伐宋蓋殊其會

以不與桓公之致也先儒又以單伯爲吾大夫此蓋出於元年單伯逆王姬之文故有以爲魯大夫竊嘗考之成十七年公會尹子單子伐鄭襄三年公會單子同盟雞澤則天子大夫見於經者有以單爲氏者明矣況魯大夫安有稱伯者歟

秋七月荆入蔡

所謂入者以兵入者也書之者不與夷狄之入中國也且十年書荆敗蔡師以譏中國諸侯之不能救蔡也待乎諸侯有能攘之者則與其爲伯矣是時齊桓圖伯滅譚滅遂次又伐宋然未嘗以蔡爲

心也至此復使荆得人之是以夫子譏齊桓徒有尊周之名不能救援中國其功未見故復出此以起之

冬單伯會齊侯宋公衛侯鄭伯于鄄

集議曰北杏之會齊稱爵他國稱人此桓脩伯業之漸也伯者之事尊王爲先此年春伐宋夏書單伯會伐宋冬書單伯會齊侯宋公衛侯鄭伯于鄄會鄄稱爵則此伐宋皆諸侯也鄄之會以單伯主之此諸侯尊王之義也其以爵書者庸非善之乎且宋之背會諸侯討之宜矣其稱人者非貶之也

且諸侯之貶例不稱人此經以鄄會爲尊王則上不稱人無以見下書爵之善也經之筆削良有其旨

謗曰北杏之會齊侯書爵而諸侯稱人者以見齊桓欲有尊周之心而諸侯未盡從之將待其同心而翼戴天子也今宋服而鄭衞共欲推桓爲伯故並書爵以稱之以起其共尊周室中國其少息肩焉

十有五年春齊侯宋公陳侯衞侯鄭伯會于鄄

總論曰桓率諸侯尊王室其實率諸侯以尊己也

率諸侯以尊己者假其尊王室之名以令諸侯納之以會邀之以盟臨之以威制之以力也

謗曰禮諸侯賜弓矢然後專征伐此古者天子命諸侯爲伯也先儒論齊桓晉文非命伯者也雖然左氏所記齊桓有召伯廖之賜命晉文有踐土享醴之事然而孔子皆不錄之於經則安可謂之命伯哉孟子因而謂之三王之罪人也然春秋之際微齊桓之文則喪壞益甚列國其何以正乎是以聖人以譎正之言論之則是仲尼之門雖羞稱之而於春秋之經不得不與其所爲以伸筆削之義

是以此年會鄄而始錄齊侯於宋公之上者志諸侯所以同推事之亦以與其圖霸之心而將責之以爲霸之道

夏夫人姜氏如齊

仁者忍也義者宜也魯夫人之不正文姜哀姜也文姜莊公之母通於齊襄而哀姜閔公之母通於慶父春秋錄之則書曰孫於齊孫於邾起其不正也今此齊侯旣沒桓公興霸而聖人復出姜氏如齊之文者譏齊桓之不能正之也且齊桓於哀姜則殺之於文姜則反不討之者此亦推而遠之以

存乎厚道也齊桓之殺哀姜義之所以宜也文姜儻將討之則爲彰兄之惡耳是故不加討於文姜仁之所以忍也

秋宋人齊人邾人伐郳

齊桓雖非命伯入春秋之經夫子待之以爲伯之道蓋將責之以不能之事而齊桓內不能率諸侯以朝天子外不攘夷狄以救中國反爲宋討一附庸以求其服從之心斯德之小也宋人邾人推桓爲伯又不圖安於中國之大止欲伐己之屬亦德之小也故主宋而交譏之皆稱人爾

鄭人侵宋

箋義曰諸侯已服齊而鄭猶侵宋惡之故亦稱人謂曰春秋自隱之後諸侯之國無大小皆專其侵伐也至此桓公雖伯諸侯專恣之心尚未之改是以宋伐郳鄭閒而侵之是亦桓公爲宋伐郳不正之故也鄭既從會于鄄今反侵同會之國誠不可也故書以譏之

冬十月

一時無事書首月

十有六年春王正月

夏宋人齊人衛人伐鄭

箋義曰晉文受天子策命爲侯伯故世主盟會征伐齊桓雖伯諸侯推之耳未有王命故伐郳伐鄭伐徐猶序在宋下以主兵爲先如郳人鄭人伐宋之類者言其爲伯之道未至故不與之耳

諤曰前年鄭雖侵宋齊桓黨欲討之則當讓之讓之不從然後請天子之命而伐之可也今直以二國之兵伐之非方伯之正也故復主宋而譏之

秋荆伐鄭

箋義曰桓十七年鄭人弑昭公而立公子亹明年

齊人殺子亹祭仲逆昭公弟子儀於陳而立之卽莊四年會諸侯之鄭伯也十四年爲傅瑕所殺厲公入鄭

謂曰荆爲中國之患三矣敗蔡之師入蔡之國今復伐鄭齊桓未嘗致討而用兵於諸侯以求服從聖筆之所以不與也前年爲宋伐郳使鄭閒而侵宋是年又爲宋伐鄭使荆得乘釁而伐中國此亦齊桓起荆之患於鄭國也故明書以志其過

冬十有二月會齊侯宋公陳侯衛侯鄭伯許男滑伯滕子同盟于幽

折衷曰斯幽之盟是大會諸侯諸侯皆自會所以書同盟者以齊桓霸業已成中國無異而不服故也稽諸公會不會之例書公及某侯會皆公自會也書及某會則微者也苟空書某侯不謂微者如翟泉之盟空書會王人晉人是公自會故也蓋公諱與王人及諸侯之大夫盟故不書公第曰會也斯幽之空書會諸侯正與書翟泉之義同苟亦曰諱書公則諸侯皆序奚所諱也是公自會非微者盟明矣所以不書公者史闕文得其實穀梁近之箋義曰柯盟不諱者會鄰國會盟之禮耳今與諸

侯共推爲伯斯恥之大者也故爲公一諱若使微者會之所以督名敎

集議曰魯與齊自桓襄而來讎國也莊公九年納子糾不克十三年不預北杏之會疑可知也柯之盟公從曹子之言要而取地非魯恥也此會不書公豈非經之微旨公羊之文誤矣按公羊經文會字上有公字

新義曰天下無王久諸侯不臣亦久齊桓修伯請王命率列國以歸周室故書曰同盟于幽前此之盟無有以同爲文者諸侯必同歸於天子也會不書公者是九國之君相同而獨公不同

謂曰春秋隨其人而加筆削齊桓爲會至此而公始與諸侯鹵會同推事之然春秋之所以沒公而書曰會者傳不具解而穀梁曰疑之也先儒又以史闕文而言之則聖人之旨何所託矣若以爲諱則筆削之法安可曲爲魯諱乎蓋聖人有以恥之也且魯於齊讎雖易世矣而桓公讎人之子推之亦可惡也人子之心安所忍耶然而親仁之道亦不可舍況又爲伯而諸侯同推事之魯若不往則必見討矣故公不得已十三年盟于柯以平之春秋主之於桓而不日之矣今復會諸國同欲推桓

爲伯則魯將有尊事之心焉故沒言公以恥之柯之盟雖曰不可倘爲二國敵禮故文猶出公今將有推事之意大爲不可故削言之

邾子克卒

諸侯日卒正也此邾小國故略之而不日

十有七年春齊人執鄭詹

折衷曰齊桓自柯之盟後信著於諸侯自茲好會十一未嘗歃血兵會四未嘗大戰有以見兵威震於天下信義服於諸侯苟非爲諸侯之事詎肯執諸侯之大夫是因鄭伐宋又不朝齊執行人明矣

春秋凡執行人無罪則稱行人有罪則但稱名氏故僖四年齊人執陳袁濤塗之類是其罪也襄十一年楚人執鄭行人良霄之類斯非行人之罪也

凡執大夫皆稱人以不敵君故也杜得其旨

箋義曰公羊傳例曰稱人以執非伯討也齊桓爲諸侯所推方謀伯業鄭不朝信未洽耳當脩德以來之今執其大臣故稱人以執言非伯討也詹不書氏蓋以不奉盟主有違衆之罪貶之

謂曰三家之說鄭詹或云大臣或云微者至於解其所執之由則左氏謂不朝而公穀以爲佞人也

然考之於經不見鄭詹之所由又不載其罪故纂例所謂不知以何罪而執之也且齊侯執人不由王命故稱人以譏之箋義以爲非伯討而發微謂之惡桓也

夏齊人殲于遂

折衷曰莊十三年齊桓方伯會于北杏以平宋亂遂人不至齊滅而戍之戍人輕遂無備遂人强族飲之酒醉而殲之經以自盡爲文如書梁亡鄭棄其師之例梁非自亡罪其不設備也鄭非自棄罪其不召其師也棄齊非棄其戍懲其戍者之無備

也皆以自盡爲文而罪之也

謗曰三傳載其事而諸儒解爲齊人自殲也

秋鄭詹自齊逃來

折衷曰鄭詹者鄭之執政之臣也齊桓執之以桓初伯而鄭伯不朝又專伐宋故也苟加褒貶止宜曰鄭詹不能於齊仗節死義以紓國之患而自全其身以棄其國書逃以貶之乃曰甚佞佞者國之私也事之細也諸侯曷以及之春秋曷以書之斯責不爲國死難以懲執政明矣左得其旨而穀近之

謗曰春秋諸侯及大夫出奔皆名以罪之罪其不能死社稷宗廟也未有以逃而稱之者也逃者竊去之辭賤之之意穀梁謂之逃義則是魯不當受之故明書以示譏也

冬多麋

春秋之法莫先於謹災異之戒也是故麋爲山澤常有之物雖多亦書之者志其異以垂戒也元凱又以爲害五稼則聖人重民之命安得不錄之以示訓乎

十有八年春王三月日有食之

日食義見隱公三年

夏公追戎于濟西

折衷曰諸侯用夷禮於中國中國絀之夷伐中國中國恥之故書狄書戎與書諸戰伐異戎與王師戰而曰王師敗績于茅戎蓋王者之尊以自敗爲文戎侵我疆不曰侵而曰公追戎于濟西蓋爲内諱而以自追爲文苟曰戎未來侵豫禦之於濟西必書公敗戎於濟西得不益大之也奚追之有旣曰追則是戎入疆之後公禦之戎退而追至濟西明矣左得其旨穀近之

摘微曰春秋尊中夏不使戎狄侵擾故但書追不言戎來侵伐之也

集議見僖二十六年按集議是條今闕

謂曰春秋之時戎狄雜擾不一也今公追之而書曰公追戎于濟西其略之之辭歟春秋之例伐戎狄不言戰因錄內以見義猶曰中國之諸侯驅之逐之見夷狄可卻而中國勢伸矣今未有言伐而言追者豈非託文以大之耶

秋有蜮

旨要曰此經文誤而杜揔解也按爾雅蜮短狐也

含沙射人影蓋出炎荒江海中非魯地所有春秋災異螟螽之類有害嘉穀則書之此知經文誤者於文非蜮乃蟗字也皆由縑簡相傳篆隸之變所以謬耳爾雅食苗心螟食葉蟗食節賊食根蟊皆記所害之由是以有蜚有蟗或螽或螟則書之故傳曰秋有蜮爲災也蓋秋苗將成而蟗食其葉使不豐茂是爲災故書之也求於螟蝗蜚螽之類豈不明辨乎

謂曰春秋詳記災異雖物之爲害亦書之今蜮者傳及諸儒皆以爲傷人之異而旨要又謂蜮爲蟗

是惡其傷五穀而書之蓋亦重民命之一端耳

冬十月

一時無事書首月

十有九年春王正月

夏四月

秋公子結媵陳人之婦于鄄遂及齊侯宋公盟

摘微曰結本爲媵使遂專會盟利國家衞社稷者臣不得以專之故書首末其義自明

指掌義曰穀梁以未入國略而不言陳侯夫人也然則爲人媵者皆送至嫁女之國使之從嫡而行

鄄是衞之東地也至鄄停女會盟故言於鄄非本期送女使至鄄也其盟本非公意又失媵陳之好故至冬而三國來伐結之此盟於魯無益故無嘉善之文也

發微曰陳稱人者媵不當書書者爲遂事起結矯命專盟故曰遂以惡之

新義曰稱公子者始受君命辭遂而加及者何累言也何言乎累冬三國之師伐我西鄙由此盟也

索隱曰春秋書內大夫遂事者何也誅其專而不忠不臣者也凡內之大夫因君命以出而自專自

肆遂生他事者皆書曰遂若公子結之類是也大夫竊諸侯之命而專之者蓋非一國不可得以備書舉內之大夫則天下之大夫可知矣其曰遂者疾其不稟君命而遂以生事也所以哀君道之微弱誅亂臣之矯亢而專命不忠以壞法亂紀云耳

諸儒不本經不迹實故曰許其專之也

諤曰春秋所書揆之以禮經之正也亦有起文而見其義者也今書媵陳人之婦蓋起公子結遂事之文矣且公子結送女當至其所媵之國以致其君之命也何以及鄄而與齊宋為盟非禮可知也

公羊又以爲專之則可焉夫豈有臣可廢君命而專遂其所爲哉觀結雖及二國盟而魯於秋見伐亦何益矣夫諸侯專相爲盟猶曰不可況以大夫不奉君命而專之乎故明書以示譏

夫人姜氏如莒

禮家正則國治此明治國以家道爲先也魯莊之立不能規制其母使數如齊國如會如師不足道也今又如莒甚矣魯之不正可知而春秋詳錄者俾後世知婦道之不可不謹也

冬齊人宋人陳人伐我西鄙

齊桓之霸莊公於十六年會之於幽諸侯共推事之其可以同心戮力而翼戴天子矣今魯雖不當納鄭詹而齊豈可即會宋陳而伐之乎於此見公子結之盟無用而齊之興伐非方伯之正也故主齊以示貶

二十年春王二月夫人姜氏如莒

聖人筆削不私善惡之記也終身不正者文姜也凡其身如往之事春秋詳錄之所以謹後世之戒耳

夏齊大災

齊與魯鄰國耳災異亦有從而錄之者春秋之世

皇不極而災異屢見齊侯圖伯專務侵伐而方伯

之道失其實災之所致不亦宜乎穀所謂志巳甚

也凡外災書其一二則列國從可知

秋七月

冬齊人伐戎

厲王之暴宣王興起之六月之詩宣王所以攘夷

狄也平惠以降政教陵替四夷乘之復横於中國

周衰不能攘正而卻之儻諸侯有能驅之伐之懲

之艾之則中國少安矣齊桓圖伯夫子之心必欲

其帥率諸侯以攘逐夷狄尊正中夏是其職也至此伐戎而書之曰人得無旨乎三傳及諸儒略而不解且晉文之伯一年伐楚而爵見於經今齊侯伐戎而反人之者春秋以晉文之入而有救宋伐楚之功蓋攘夷狄之心甚遠爲可與也齊桓之入於今十年滅譚滅遂止欲貪廣土地至於伐宋伐鄭伐魯皆率諸侯而伐之若此戎狄之類未嘗率諸侯同力致討故譏而人之使若微者以見其用心之略而徒欲以尊周爲名也

二十有一年春王正月

夏五月辛酉鄭伯突卒

秋七月戊戌夫人姜氏薨

啖子謂夫人薨不地以其無外事也今文姜行惡亦以禮書之者以其爲莊公之母耳

冬十有二月葬鄭厲公

諸侯之書葬所以謹其禮也此蓋志其緩耳

春秋會義卷九

宋鄉貢進士江陽杜諤撰

莊公

二十有二年春王正月肆大眚

集議曰肆大眚者赦罪宥過之謂也十二公之間惟此獨見於經若謂非制之常行之則書且二百四十餘年非止於一也其書之異得無旨乎春秋正尊尊親親之念以文姜之弑夫天子所宜誅者也以莊公之念母文姜不宜絕者也以公之不宜絕而葬之親親則至矣然而成禮於天子宜誅之

罪人非所以尊尊也其書肆大眚者得非赦天下之罪而後容其得葬乎穀梁之說可謂至矣謗曰舜典所謂眚災肆赦蓋聖人所以寬人也周禮司刺掌三赦三宥之事是爲周公之制也夫子之道堯舜之道也其法周公之法也且恤民之典無國不有也春秋假魯史以託文於此年特書肆大眚者得無旨哉穀梁求其義而僅明之若如公羊何氏之說則春秋無法矣聖人將何以示後世之教耶（按公羊以肆大眚爲譏始忌省何休釋之云譏子卯日不哭也）蓋聖人以文姜薨於前年至此將葬故因其春首宥恤之常

而大其文以示後世之戒所以明文姜不赦則不得以正禮葬也大舜周公文乎實者也夫子之春秋文乎文者也大舜周公得其時而治之夫子不得其時而治之故載之行事而已然則實與文雖殊而其理一也以此見肆大眚者聖筆所以示義而存古治之法耳

癸丑葬我小君文姜

春秋凡書葬所以謹其禮也夫人之葬以小君稱之者與君一體也文姜行惡而亦從夫人例書之傳記其實而陸子明其義按陸淳集傳微旨云淳聞於師曰文姜之行甚

矣而有小君之禮其無譏乎曰父子之道天性也君臣之義也君有過臣有犯而無隱母有罪則子不可得而貶也故孔子曰子爲父隱父爲子隱直在其中矣葬生者之事也臣子之禮其可虧乎謹錄於此

陳人殺其公子御寇

箋義曰太子而稱公子其御寇得罪於國人乎穀梁傳例曰殺世子母弟目君又曰稱人以殺誅有罪也今殺御寇不稱陳侯而稱陳人故不言世子所以著御寇之罪耳

謗曰洪範惟辟作福作威蓋言賞罰之柄臣不得而專之也春秋之時列國不由天子之命而專行

殺戮之事聖人書之皆所以示譏耳然則或稱人以殺討賊殺有罪之稱也或稱國以殺君殺大夫之稱也至於殺世子母弟則目君以示義焉此不目陳侯而云公子者使御寇之罪見於稱人而陳侯之惡著於稱公子也噫御寇失世子之道故稱人以見其罪陳侯不忍其親而肆其殺故目公子以重其貶聖人之旨皆所以撥亂世而反之俾君臣父子尊尊親親之道歸其正矣

夏五月

秋七月丙申及齊高傒盟于防

折衷曰齊桓當斯時霸業巳大諸侯莫不撓指四十三年之間凡帥諸侯未嘗不親會高傒是齊之介卿公苟不自行亦當使命大夫會之豈宜使微者公必不然齊必不可是公與傒盟史策諱之聖人因而從之中下得其旨

箋義曰文姜既葬使大夫來盟欲與公結昏也公於是如齊納幣則公與齊侯皆失正矣書曰及齊高傒罪之

集議取陳岳論

謬曰傳例公盟例日此書日故公穀以爲公及盟

也且高傒乃齊國之卿爾苟至魯則公當待之以來聘之禮也公不循典制而遂與爲盟失其正矣據下公親如齊納幣則是公欲謀結婚故主盟之杜元凱不達其意而謂之微者折衷所以不取也今考諸儒之論春秋所以削言公者蓋以一國之君而與大夫伉敵於禮不可因去之以示譏

冬公如齊納幣

春秋內適外曰如苟書其事蓋非常也且齊爲讎國而公適之不可也母喪未終而欲娶女又不可也納幣大夫之事而公親之甚矣動涉非禮明書

之以示貶

二十有三年春公至自齊

經社曰桓之長於諸侯與之盟且會則安以榮否則辱聖人重之也故莊閔僖當桓之時其會皆不致以桓爲足恃以安也然而公如齊三亦與桓交也而致何也公處母之喪以非禮出又娶讎人之女以共事宗廟其道固不足以桓安之也

箋義曰公初適讎國廢喪而納幣理有危也

諤曰先儒論莊公之出十有九其不致之者十有四以齊桓安之也然此與桓交而致之者以惡之

甚不可以不危之也莊公往失其正踰年而返臣子之心所以危矣

祭叔來聘

集議見隱元年祭伯來論

新義曰祭叔來下有所事聘也上不言使闕文也謂曰春秋天子之臣來魯皆稱使以明其奉王命而至也今祭叔亦天子之臣也不言使者蓋著其自來之意啖子所謂私行假聘春秋所不與之故去使以示貶其專往也書聘明其假王命以外之也按陸湻纂例引啖子說云不言使見

夏公如齊觀社

諸侯爲天子守土其所以出疆踰境不過乎朝天子從王事也末世列國擅相朝會春秋皆詳錄以譏之然而主魯以託文故自內曰如而自外曰來也其有不正之甚者則書其事以示義焉今公之觀社亦不正之一耳是以三傳皆謂之非禮也且公不顧父讎前年納幣今又再往主爲求婚故託觀社之辭非禮越境明書之以加貶

公至自齊

箋義曰書至義同上

荆人來聘

書云無怠無荒四夷來王此言夷狄歸義於中國周禮象胥掌其國使亦謂其入賓於王矣春秋之時戎狄雜處中夏不聞其來王來貢於周也且荆南夷也亟病中國而春秋患之今來聘於魯而夫子錄之者懲其以夷狄而與中國抗禮亦以見非來王來貢之實而魯不當待之以聘矣公穀以爲累進而諸儒或皆從之是不明聖人懲之之本意也然而稱人者辨疑所謂加其字以成文爾聖人賤夷狄孰謂善而進之哉

公及齊侯遇于穀蕭叔朝公

禮者履也尊卑同異之所別也人不得越其中制矣末世朝聘會遇皆自專恣春秋譏之自內曰如自外曰來蓋其所失者鈞也今公及齊侯遇于穀而蕭叔朝之春秋不曰來朝而曰朝公者其失尤重也且齊魯二國無故越境為遇而蕭叔不以禮朝之公亦不當受之於外聖人所以譏之

秋丹桓宮楹

禮天子七廟諸侯五廟皆所以安神也凡寢室之度楹桷之制皆有等差是以穀梁何休言之自天

子而下蓋有常式按穀梁云禮天子諸侯黝堊大夫倉士黈又云禮天子之桷斲之礱之加密石焉諸侯斲之礱之大夫斲之士斲本何休公羊注同今桓公侈爲之制非所以崇廟之飾而適足以大僭溢之過也何休又以誇大齊女言之則莊公之失尤甚而聖筆不可不貶故詳錄之

冬十有一月曹伯射姑卒

曹入春秋或略之故此不日耳

十有二月甲寅公會齊侯盟于扈

二十有四年春王三月刻桓宮桷

公穀之於春秋推之以日月之例也杜元凱云春

秋不以日月爲例啖趙陸文通從其說歷考記事之體凡書時書月書日皆所以別輕重明詳略則不得不以爲例矣莊公不循其禮崇廟之飾祇成驕溢之罪前年丹楹失禮尙輕故書時以從略今又刻桷其僭尤重故月以謹之春秋之例日月亦信於此餘義見丹楹

葬曹莊公

夏公如齊逆女

春秋十二公未有書公逆女者蓋以常事不書耳且如莊公納幣逆女之事必詳而錄之聖人之志

有所悼之也莊公不顧父讎而求婚於齊雖納幣之事亦躬親之故春秋以爲譏至於逆女亦書之者不正其婚於齊也公羊及元凱之說皆以爲禮是又不明春秋常事則不書也穀梁所謂不正其親迎於齊斯言近之

秋公至自齊

凡出而致者蓋危公也公於夏逆女至秋而還是以危之然公以夫人偕至而離言之者先致公以危其返次言姜氏入以明姜氏之不宜入也

八月丁丑夫人姜氏入

折衷曰凡內迎婦有備禮者斯書姜氏非不備禮何者初書夏公如齊逆女次書秋公至自齊次書八月丁丑夫人姜氏入次書戊寅大夫宗婦覿用幣斯備而書無所闕矣故三家所惑者不曰至而曰入也究其旨爲不與公同至公先至則先告廟矣夫人後至不便告廟故不曰至以丁丑入戊寅告廟春秋書其實也斯左氏得其旨穀謂取仇內不受曰入苟曰惡入則何以備禮而書去微旨遠矣

集議曰內之娶夫人逆則曰某人如某逆女至則

曰某與夫人某氏至自某皆史策之常也齊之於魯父讎也已不能報而又娶焉娶而過禮罪惡尤甚經書公納幣公逆女書丹桓宮楹刻桓宮桷所以譏公也且禰廟稱新宮此不言新者以桓見殺於齊而公復飾桓廟以見仇女亦見其嫉公之甚也下書大夫宗婦覿用幣皆其旨耳然則此不言至而言入者亦內惡之辭也穀梁曰宗廟弗受於經近矣

辨要曰桓見殺於齊而已娶仇之子弟以事宗廟玆逆人倫也故無嫡嗣焉厥後哀姜世濟其惡與

弑子般及閔公故於其始至變文書入焉志禍之始也

新義曰莊公忘戴天之讎於齊虧禮敗度淫娶仇女經變文書入者言魯之禍亂由此入也

謗曰婚姻之義所以事先祖而禮所以別嫌也桓公見殺於齊而莊公廟見以仇女非所以事祖也齊爲仇國而莊公娶之非所以別嫌也夫公既不當婚於齊則其行甚可危矣故先言公至以危之復云夫人姜氏入者謂義不可以致仇人之女也公羊以爲要公而杜元凱以孟任釋之斯未盡其

旨穀梁僅明之而諸儒本之以爲論

戊寅大夫宗婦覿用幣

莊公失子道以娶仇女人情之所不與也況可以同宗大夫之婦見之乎不可也而又用贄不合禮甚矣餘義具發微按孫復尊王發微云夫人姜氏既入莊公欲夸寵之故使同宗大夫之婦用幣以見夫三帛男子之贄也婦人榛栗棗修告虔而已用幣甚矣

大水

冬戎侵曹

戎狄者古之所不臣而王者不治之也但使之嚮風於四遠耳春秋之時錯居中夏據先王之土聖

人於此春秋必詳錄其侵擾者將以懲之也懲之所以譏中國諸侯不能攘驅之耳今戎侵曹而書之亦不與戎之犯中國也

曹羈出奔陳

折衷曰國君出奔或爵或不爵其爵則無疑矣其不爵者與書大夫出奔無異故公羊以爲大夫也然國君出奔無爵者有矣如突歸于鄭鄭忽出奔衛詎可謂大夫歟復有可以明之經先書冬戎侵曹次書曹羈出奔陳次書赤歸于曹戎旣侵曹而羈曰奔是曹懼戎而出其君明矣羈旣出赤乃入

是戎出羈而納赤亦明矣於書鄭之忽哭不爵旣
有旨有論赤無爵豈得無其意杜以爲微弱國人
以名赴得其旨
集議取陳岳論
索隱曰春秋踰年之君皆書爵以君之其正而未
立立而未定者亦書曰子以正之晉卓子齊子糾
是也未有踰年不書爵以君之者也羈不書爵又
不曰子而預曰世子失之也
赤歸于曹
箋義曰詳此蓋曹莊公卒世子羈嗣立旣葬爲戎

所逐曹無君乃逆公子赤於他國而立之耳宋執祭仲立突而逐忽故先書突而後言忽明鄭有君突簒之也今後言赤而先書羈明曹無君赤乃爲國人所逆耳然不云曹赤者非當立之君故不以國氏

謂曰春秋之文簡正而旨益遠也先儒緣而飾之有未安者則求諸傳記以質之今上書曹羈出奔而下書赤歸于曹學者尋其文與鄭之忽突不殊故以羈爲世子而以赤爲公子元凱又以赤爲僖公而發微以史記辨之按孫復尊王發微云按史記曹世家及年表僖公名

夷蓋經文有脫漏故其義難了

郭公

折衷曰春秋經倒文唯隕石于宋五耳以其初不辨數至地方驗故也斯赤歸于曹下聯文曰郭公苟謂郭公赤歸于曹胡不順文而倒逆如是必不然也設使郭公國滅無所歸而奔於曹則當書郭公赤奔曹如衞侯奔齊亦不曰歸於曹矣稽其旨謂赤歸于曹則歸僖公也如桓十一年突歸于鄭十七年蔡季歸于蔡矣但書郭公而無餘文矣則經之闕誤如桓十四年書夏五之類杜得其旨

旨要曰杜氏以赤爲曹僖公爲戎所納也其下郭公闕文也公穀皆以赤歸于曹郭公爲絶句然郭公亡國蓋有舊說昔齊桓問郭之亡以其好善不能用惡惡不能去是也今二家之說不同若郭公亡國而歸則其下當有闕文左氏不傳當矣

諤曰郭公之文釋左氏者以爲經闕誤而公穀則謂之郭公赤也至於辨疑則破二傳按陸湻集傳辨疑載趙匡說云赤曹公子郭公自是闕文其文義不相關公穀誤甚而折衷則從杜元凱之說學者互求其義皆或以爲傳授者脫漏耳惟旨要則引舊說云昔齊桓問郭之亡而謂郭爲亡

國然則此郭公之文其爲郭亡歟若以郭亡言之則字體之誤不甚相遠稽之全經亦猶之乎書梁亡也是其然乎

二十有五年春陳侯使女叔來聘

纂例曰啖子曰書字善之蓋如蔡仲單伯之類

折衷曰凡升紬之體唯在爵氏名字而已朝聘之使苟循常禮無升紬名氏如衞侯使甯俞來聘苟有可嘉字以貴之如齊仲孫來雖天子之使苟可嘉亦嘉之可紬亦無所避如天王使南季來聘故字之宰咺歸故貶名之杜謂結陳好嘉之得其旨

譏曰春秋凡書聘譏之也然而大夫或稱名或稱字先儒因而謂之有貶焉殊不知聖人約魯史而成文據其事而加之筆削凡所傳聞及所聞之世史策有可損者則脩而正之俾歸之禮經之正耳至於大夫之名字或有字存而名不見於史名見而字不書於冊則聖人亦不可得而强刊正之故此女叔之稱字聖人因史所錄非其嘉之之本意也穀梁以命大夫言之則春秋亦因其事以存之所以託存周之意亦不害爲筆削之義矣

夏五月癸丑衞侯朔卒

諸侯日卒正也削言葬者何范釋之按何休范甯注俱以朔爲

犯天子命故不書葬

六月辛未朔日有食之鼓用牲于社

總論曰按周禮夏書凡救日食皆鼓不書者常事

春秋之法常事不書鼓而用牲變常也變常則書

是故日食三十六書用牲者三而餘無所書也若

如左氏杜預之說則孔子所書日食非正陽之月

者皆空言也夏書亦不當言乃季秋月小雅亦不

當言十月之交噫是說也啟庸君暗主荒怠不畏

天戒之心甚矣

諤曰夏書乃季秋月朔辰弗集于房瞽奏鼓嗇夫馳庶人走安國釋之云凡日食天子伐鼓於社責上公嗇夫馳取幣禮天神此救日食之正也是以總論引周禮及此夏書而言之至如左氏之說止以正陽之月則總論攻亦破也然而書及周官伐鼓之事皆天子之禮也又不聞其用牲也春秋書日食用牲者三蓋譏之甚也且伐鼓者志其所以僭而用牲者懲其所以失耳春秋之世人君不務脩德而務救日食斯僭且失而不得不譏之

伯姬歸于杞

秋大水鼓用牲于社于門

折衷曰凡書災異多矣大則日月之眚小則水旱之災夫正陽之月陰氣未作不宜侵陽茍月掩日則臣掩君之象是以伐鼓用幣正陽旣過則一陰生爲災輕也故日食不伐鼓用牲幣矣得禮之正也如水旱之災則國之常不繫於君臣順逆故但書記其爲災而已斯伐鼓用幣者譏其非常也按如愚羣書考索引折衷章此下有左得其旨四字

謬曰春秋所書以其變常也末世皇不極而大水爲異者八其書鼓用牲者一此蓋甚其非禮也歷

考禮經之制惟有日食伐鼓之文而不見大水伐鼓之義故辨疑不取公羊惟以左氏爲近

冬公子友如陳

胡氏曰春秋之文以魯爲主故其辭也略外以別內重義而尊王諸侯來魯者謂之朝大夫來魯者謂之聘朝聘者事上之禮尊魯之文尊魯以定王文假魯以行王道王道一正則爲聖人之致理也魯君朝諸侯大夫聘四方書之曰如君臣同不以諸國而受朝四方而受聘彼我之殊禮內外之異辭也

旨要曰朝聘會盟逆女告饑所所往皆實書其事實或所往之國所謀未可決故但書如陳若不知所往之何爲也他皆倣此

謂曰孔子悼諸侯不朝於天子而專相朝聘會盟詳而錄之以譏諸侯之不臣也然春秋假魯史以託文內之以爲辭故自外曰來自內曰如矣君臣所以並言如者朝聘皆非禮之正不得不均譏之也其或失之甚則錄其事以示義所以志其實也

二十有六年春公伐戎夏公至自伐戎

春秋伐戎狄無譏也然所以致之者聖人以勞民

爲重今公出師於外踰時而返必書至危以危之明雖伐戎狄亦不可久暴露其師矣皆春秋所以詳筆削而示義

曹殺其大夫

折衷曰凡書殺大夫有罪無罪皆名之書國殺國人殺則有罪也以一國人所共討之故不書殺者之名而書死者之名而懲之如晉殺大夫里克鄭人殺良霄是也苟書君而爵書大夫之名以殺之皆無罪也書盜殺亦無罪也蓋書其罪者之名爵以戒其殺者也亦書死者之名以明之也如王札

子殺召伯毛伯晉侯殺其世子申生盜殺鄭公子騑公子發也且殺大夫不名惟僖二十五年宋殺其大夫文七年宋人殺其大夫與斯曹殺大夫三條而已左於文七年釋曰不名衆也且言其無罪也於僖及斯釋之其事無聞於例殺大夫不稱名無罪也斯三者經以一類書之釋則二三其義稽之三者皆國殺豈得謂之罪所以不名者是死者衆也而不可名也斯公得其旨

摘微曰稱國以殺又不名其惡可知

集議曰經書殺大夫皆名有罪而名所以顯死者

之惡無罪而名所以譏殺者之過然則文七年宋人殺其大夫殺有罪也僖二十五年宋殺其大夫殺無罪也其衆則不可以皆名但曰大夫耳究經升絀之意不在於名與不名也且經殺大夫無君爵之文然舉國則君也晉殺其大夫陽處父晉殺其大夫里克鄭殺其大夫申侯陳殺其大夫泄冶晉處父薦趙盾里克納惠公申侯被讒譖泄冶直諫罪無所見非惡大夫也鄭人殺𡨋胥齊人殺無知蓋伯有嗜酒無知弑君稱人以殺示有罪也公羊僖七年傳曰稱國以殺君殺大夫之辭也穀梁

文七年傳曰稱人以殺誅有罪也此於經爲合矣而以此經書大夫爲曹羈諱又以不名爲無命大夫者傳之誤也杜氏之注失莫甚焉

諤曰春秋書殺大夫皆譏諸侯之專殺矣曹人春秋大夫略而稱人而此云曹殺其大夫者曹無大夫此不可以言殺其人故以大夫目之以著殺不以其罪也然而稱國者公羊所謂君殺其大夫之辭餘義見七年

秋公會宋人齊人伐徐

公會二國伐徐其貶鈞耳然而特出公者蓋人諸

侯所以人公也

冬十有二月癸亥朔日有食之

春秋日食三十六皆詳錄之所以警戒人君欲其懼天譴而飭己也

二十有七年春公會杞伯姬于洮

伯姬魯之女也而嫁于杞婦人既嫁不踰境今出會于洮非禮可知矣公不以禮會之而杞侯不制之陸氏所謂參譏之也

夏六月公會齊侯宋公陳侯鄭伯同盟于幽

啖子曰諸侯同志而盟

謂曰桓公會諸侯春秋書同盟于幽者二蓋諸侯同志而盟共戴天子齊桓主之斯可以弭中國之侵暴王室不至於微弱實桓公爲之故也孔子九合之言則此幽之會固在其數然則聖人之心亦在所與矣齊桓苟能全方伯之道力尊周室率天下諸侯而朝之諸侯有交橫者正之夷狄有雜擾者攘之俾天下一歸於周當在此圖也乃齊桓既主伯不以是爲謀徒假尊周之名而反其實務自廣以誇威聖人雖或與之亦有所深責之孟子因而謂之三王之罪人也

秋公子友如齊葬原仲

折衷曰公穀二傳以內外大夫皆不書葬故臆揣曰辟難出奔也苟謂然則莊之末曷以能酖牙信之初曷以能縊慶父當縊酖之時猶不奔避矧莊猶未沒禍猶未萌而肯出奔也苟諱出奔第曰如陳何必書葬原仲而彰非禮稽聖人書非謂葬原仲書也蓋譏公子友非禮非君命而行也中下之短杜得其旨

集議曰季子之如陳非君命不可言聘會非惡不可言出奔言葬原仲以通其私行所以善之也二

傳之說有詳於經左氏謂之非禮亦其失矣苟以非禮而行則經不應著其氏族且閔元年書季子來歸傳復以爲嘉則此非貶可知也

譏曰春秋外大夫未有書葬者也原仲所以書之者蓋爲季子起文耳按左氏之說季子與原仲有舊己爲大夫不由君命而以私舊之故特往葬之夫大夫非君命不越境況適他國而葬大夫乎故名以罪之也公穀曲生避難之文折衷之所不取而啖陸之言詳矣按陸淳纂例引啖助說云譏季友私出境也

冬杞伯姬來

凡諸侯之女歸甯蓋歸甯父母也今伯姬於魯無父母而來甯斯禮之失者春秋不得不詳錄以正內耳

莒慶來逆叔姬

折衷曰凡內女適於諸侯諸侯之大夫無嫌第聖人書之有降殺適諸侯則稱女則稱歸如紀裂繻來逆女冬伯姬歸于紀適大夫則稱字則不書歸如齊高固來逆叔姬不書歸于齊斯尊卑之別是聖人之深旨也斯莒慶自爲逆故不書歸明矣杜得其旨公謂譏越境逆女諸侯逆女則使大夫大

夫逆婦則使誰耶穀謂不正其接內不與夫婦之稱是不知聖人降殺之旨俱誤

通例曰諸侯大夫來娶於魯則書以示譏曰某來逆某姬

諤曰啖子曰凡外逆女皆以非禮書且卿自爲逆者此莒慶與宣五年齊高固也左杜之說但明叔姬之稱而未釋所書之旨按杜預左傳注云叔姬莊公女卿自爲逆則稱字公羊謂之非禮而范氏引董生之言按范甯穀梁注引董仲舒云大夫無諸侯之交越境逆女罪之然則春秋所書皆譏其不正耳

杞伯來朝

本旨曰杞先代子孫也方東樓始封之時與微子啟無以異得郊祭用天子禮樂然本緣大義錄二王後示有所尊考其由來元非德舉故才入春秋已失公爵降而曰侯後或稱伯或稱子都無定限亦足以知其微弱僻陋周待之禮意素不隆矣赴告玉帛之使與魯罕接魯視之若無人然曰用夷禮故夫子絀其爵恐非實論今按郯莒徐亦中國而夷者也凡會之際聖人未嘗貶曰男何至杞則屢蒙黜降哉且藤薛始入春秋皆曰侯後薛稱伯

滕稱子豈亦用夷禮乎

謗曰孔子曰夏禮吾能言之杞不足徵也文獻不足故也此夫子歎杞宋之國不足徵之本意矣故杞公爵也春秋或稱侯或稱伯或稱子者謂其迫近東夷其地削弱禮有不備故因而錄之以見春秋之世五等不正耳

公會齊侯于城濮

二十有八年春王三月甲寅齊人伐衞衞人及齊人戰衞人敗績

箋義曰伐不日此當日也戰不言伐言伐者齊奉

王命伐有罪也齊侯初得諸侯復將王命而伐有罪伯者之職也而乃敗人之衆以爲求賂之資故戰稱人衞立子頹其罪大矣復拒王命興師以戰夫戰者危事故稱衞人及齊人戰言起此戰者衞也故亦稱人敗稱人者不以師敗於人也不地者兵至其國也公羊穀梁之說不見本事皆以衞爲無罪故妄解之也

總論曰齊桓圖伯以尊周爲名固宜討逆誅叛以崇王室何以十九年衞立子頹覩之不討二十七年桓王使召伯廖賜命請伐然後伐之此桓之罪

也大矣雖曰不要天子吾未之信也

集議曰齊稱人戰主於衞貶齊可知矣衞稱人齊詐戰故也衞之所以直者案上二十五年夏五月衞侯朔卒至二十七年盟于幽父喪未終而不至非懿公之不尊齊也左氏不原上下之文但以取賂爲貶且子頽之奔經無其文固不足以取信也謗曰左氏十九年傳衞師伐周立子頽二十七年王使召伯賜齊侯命而請伐衞是以齊侯於此年伐之敗之取賂以還是則齊以王命伐衞也公穀又以衞爲無罪是不見左氏之記矣然傳以衞爲

逆王而齊必稱人者蓋以衛侯朔王子頹之亂於今十年齊桓圖方伯之業不即討之待王賜命而後伐之復又取賂其貶固鈞耳故從侵伐稱人之貶

夏四月丁未邾子瑣卒

諸侯正卒無他義

秋荆伐鄭公會齊人宋人救鄭

齊桓自北杏之會用兵雖皆稱人而此救鄭有卻夷狄攘中國之心穀梁所謂善之然猶稱人者蓋聖人亦有其旨荆之敗蔡伐鄭迄今僅十餘年齊

桓未嘗攘而正之待其復伐而後救之雖曰善之亦未與之也夫以桓公之盛卽當驅之伐之而尊正中夏以全伯德宜矣何乃救之而已故未出其爵以示義

冬築郿

通例曰凡土功時與不時皆書忌用民力也用功大曰城小曰築

箋義曰是歲無麥禾告糴于齊不務恤民而先築邑故書以示刺

謗曰春秋書城及築自隱七年城中丘有義

大無麥禾

禮一穀不登尙謂之歉况麥禾並闕乎春秋書之所以譏在公不自謹修不勸民業以致年不順成也餘義見七年

臧孫辰告糴于齊

折衷曰所謂國無九年之儲非國家無三年之儲非家蓋前哲戒君勸民之善誘也焉有無九年三年之儲便非國家耶亦如天子親耕皇后親蠶非耕蠶之謂蓋勸戒也苟我有九年之儲無災患雖饑亦無求於人春秋曷孜孜以書饑書蠡以憂之

書有年大有年以喜之則經必不諱告糴明矣所以不書如者抑有由也究諸書之例皆行聘之禮非有求也告糴於鄰國與求金意相反文相類也求金則書諸侯宜供不供王室不宜求而求告糴則書我公憂人而救人鄰國宜恤其患聖人嫌其非朝非聘故直書曰告糴于齊左得其旨

摘微曰臧孫辰告糴于齊一不登而告糴鄰國責魯無儲蓄以擬凶災無恤民憂下之心兵革力役不息以致荒耗又明人君當謹積聚省財用以備凶年也

集議曰二傳以爲一年不熟而告糴足以見國用失計故不言使不言如使若辰之私行蓋爲內諱之文爾且諸侯救患分災禮則然矣定五年歸粟于蔡是也告糴非正也莊公即位今二十有八年出而興師者十二出而盟會者九而又狩禚觀社丹楹刻桷納幣築郿皆過禮費用是致國家空虛其告糴貶可知也下又書新延廄城防之類皆甚公之過也左氏以爲合禮則禮經所謂九年三年之蓄者宜爲非禮乎

謗曰禮以三十年之通制國用穀梁又以三年六

年九年所蓄論之則是儲積之要不可闕也莊公不以德恤民是以國罹其災而百姓饑矣民之不足當以國用濟之此爲國之道也今魯空虛而藉鄰國以爲賑恤書曰告糴者夫以諸侯之國而告糴於外毋乃不可乎聖筆志之而出臧孫辰者爲告糴起文且以明非臧孫辰之爲由莊公之失使之也蓋譏在於莊公耳

二十有九年春新延廄

繁露王道云譏驕溢不恤下也

折衷曰凡關人力苟不失時不害人則書以正之

苟失時害人則書以譏之惟新門新廄與諸營搆三務畢則得其時未則失時也門者繫其啓閉廄者繫其出入之時也蓋春分出秋分入秋分入新之時也斯春而新之不時明矣杜得其實然傳有作字經無此文杜元凱以爲經之闕予以爲因其傳之誤及取新作南門之比而有是釋不知彼則兼刺其奢此則譏其失時其旨異異則文非類也諤曰莊公不務恤下而務興作發微詳之按孫復尊王發微云惡不恤民也

夏鄭人侵許

義見隱二年

秋有蜚

折衷曰春秋記災異書螟螽第曰螽也得非不常有之災也蝝曰生麋曰多蜮蜚曰有得無旨也得非不常生而生不常多而多不常有而有皆不繫於一有一亡也左公得爲災之實予得微文之旨

集議曰春秋所記事同而文異者皆有其旨經書蜮蜚言有麋言多蝝言生鸜鵒言來惟螽螟無文得非螽螟常有之物爲災則書麋魯之常獸以多爲害稼故曰多蝝螽屬也宣十五年冬書蝝生蓋

於收成之後不能言物故曰生左氏穀梁皆謂幸之也鸜鵒自彼而來蜚他國所有而此生之非自彼來故曰有穀傳所謂一有一亡者是也

謗曰書蜚又加有字亦以志魯之本無也

冬十有二月紀叔姬卒

發微曰叔姬十二年歸酅卒於酅也

謗曰春秋書內女卒啖子以公爲之服故也今紀叔姬卒而元凱謂以賢錄夫叔姬從紀季于酅不可謂執節守義也餘同伯姬義

城諸及防

集議曰凡書土功非善之也書之於農隙猶言愈於非時也於春夏書譏可知矣其間亟興土功而亟書之者不繫乎時與不時皆貶也若此前年冬築微大饑而告糴此年春新延廏於是又城諸及防固非美其得時豈不謂亟而譏之乎如僖二十年新作南門不止譏其非時蓋亦貶其加度穀梁曰凡城之志皆譏固其然矣下三十一年春築臺于郎夏築臺于薛秋築臺于秦此亦以數而書之也公羊以郎爲臨民之所漱浣以薛爲譏遠秦爲臨國皆失之

諤曰左氏以爲時而穀梁謂可城蓋周之十二月夏之十月也不妨農時故云耳然而末世工役之事不以其制聖人重民力之至是以凡城築皆詳志之不欲其傷民也今此二邑同時而城故書及以譏其甚矣

三十年春王正月

夏次于成

次義同八年次于郎義

秋七月齊人降鄣

折衷曰凡書滅國之例曰滅曰取曰亡未有書降

者斯得非桓上信上德以歸中夏國亡者復之危者存之逼者遷之故著復曹復衛存魯遷邢之功唯匡救是務無滅國焉斯書降鄣非桓取之亦非爲桓諱之蓋鄣城下於齊若附庸若齊第聲其兵實不用之

集議曰齊稱人其貶明矣三傳之意皆以鄣爲紀地經始書紀季入齊復書紀侯大去其國齊侯葬紀伯姬叔姬歸于酅卒叔姬葬叔姬是疾齊之貪而憫紀之弱也七年降鄣其無旨乎折衷論謂桓上信上德以歸中夏若鄣自下於齊者不究上下

之經而誤爲之說

諤曰鄣者公穀謂紀之遺邑而元凱以爲紀之附庸也降者降附之稱耳且齊襄公不由王命殘紀之國不可道也桓公之立務圖其伯必在乎救危扶弱存正小國以尊王室是爲伯之本職也桓公不脩是德專務貪廣振威脅弱而鄣附從之大不德也然不曰取者春秋變文以譏之使若其自附也筆削之法將以公萬世安得爲桓公諱哉

八月癸亥葬紀叔姬

春秋書內女之葬有三莊之四年則曰齊侯葬紀

伯姬襄三十年則曰叔弓如宋葬宋共姬此年則曰葬紀叔姬是皆筆削之微旨而正不正存焉善善惡惡在其中矣且內女卒而魯使人會葬之重親正也如宋伯姬焉葬於他國不正也如紀伯姬焉宋災伯姬以傅母不在宵不避火而卒春秋高其志行而書之則善善在其中矣紀滅伯姬爲齊所葬春秋以其非嫌疑之事而書之葢將以恥魯而志其不正也若此紀叔姬者紀侯之媵耳紀旣滅則當卽歸於魯而又從紀季于酅非禮之甚亦不正也卒葬固在於紀季矣詳而錄之春秋豈隱

而閔之蓋惡惡在其中矣安可謂執節守義耶元凱以爲賢殆非通論

九月庚午朔日有食之鼓用牲于社

冬公及齊侯遇于魯濟

見隱四年遇義

齊人伐山戎

折衷曰上書冬公及齊侯遇于魯濟下聯書齊人伐山戎是桓公親伐明矣而書齊人何也蓋聖人善桓匡救之業不與敵山戎如諸侯凡執大夫稱人以賤不敵貴故也斯穀得其實杜不釋稱人之

義公謂之貶誤也

摘微曰三十年冬齊伐山戎三十一年夏齊侯來獻戎捷禮諸侯有四夷之功獻之天子齊爲伯主反獻捷于魯故謹始末以罪之也又責齊桓無戴天子之意

辨要曰春秋者百王之法也一書於經萬世寶其訓得不慎其筆乎齊桓之功信盛矣召陵之師已褒矣茍若伐山戎亦與之伐淮夷又與之吾見其後世之君勞中國而事四夷舍近政而貴遠略殫生民之命爭不毛之地者接迹而起矣故伐山戎

貶稱人伐淮夷不書於春秋而存於魯詩噫聖人之旨微哉是以宰孔譏之曰齊侯不務德而勤遠略北伐山戎南伐楚西爲此會也東略之不知西則否矣以是言之知余言之不誣

諤曰春秋書伐戎狄不曰戰者不使夷之敵中國矣今齊侯伐山戎既不言戰然所以稱人者公羊謂之貶穀梁以爲愛齊侯也諸儒釋之不同且伐山戎可以與之也何則僖四年伐楚出其爵而此猶以人稱之者蓋以伐楚之兵不血刃而有責包茅尊王室正而不譎之功也今雖伐山戎而越千

里以勞民不即驅之逐之尊王室之功未見故不可復出其爵也

三十有一年春築臺于郎

夏四月薛伯卒

薛於隱十一年稱侯而此稱伯者蓋亦五等之削弱者爾不日不名義見隱六年滕侯卒

築臺于薛

六月齊侯來獻戎捷

折衷曰凡諸侯討有罪伐無道勝則獻捷于王庭以彰恭行天罰示武於諸侯禮也諸侯相遺俘馘

則非禮也于時山戎侵燕燕告于齊齊桓初崇伯業故越千里伐山戎通燕燕貢乃獻于我蓋欲著信於諸侯非威中夏也亦衒伯詫勤王之業聖人書之刺其非禮

集議曰左氏以獻捷爲實第以非禮言之且齊桓方此之時伯業雄盛躬以戎捷而獻于魯得非威我而何是必春秋疾齊之迫脅特變文以其獻捷而抑之如假璧假許田河陽之狩非從其實且有旨也僖二十一年楚人使宜申來獻捷楚夷國也非禮明矣其來非君故實錄之此穀義與公羊違

又以戎爲菽說者以菽爲豆遠矣

諤曰前年齊伐山戎而以人稱之者以其務遠略而勞民非尊周之實也至此獻捷於魯而反爵稱之得無旨乎是則譏在於齊侯矣且伐戎而捷儻告之於王使下有歸美之心上得征伐夷狄之功則四夷率服而王室尊大也今齊桓不獻之於周而來獻於魯蓋欲侈示鄰國非所以尊王之道故斥言之互文以貶之耳

秋築臺于秦

折衷曰凡門有啟塞廄有出入城有備禦有利於

國聖人書之第以其得時不得時而已樓館臺榭皆有舊制制外營之無用於人矧一年三築臺乎雖不臨民不臨國不爲遠亦宜戒矣又春與秋非土功之時是刺不時明矣杜得其旨

謗曰春秋凡興作書之所以重民力也況一年而三築臺乎夫以莊公二十八年至此言新延廄城諸及防三築臺是魯莊之好宮室明矣況又饑而告糴則魯空虛不足爾豈可役民之煩若是耶詳而錄之以志莊公不重民力之甚

冬不雨

不雨者旱不至於害物也人君奉順天時則陰陽不謬風雨應節時和而物登矣豈可使一物失其所耶是以春秋雖不雨亦志之所以謹人君之戒也

三十有二年春城小穀

纂例曰在他國例

箋義曰魯使民不以時而爲管仲城其私邑非正也故不繫於齊若魯自城其邑正以不時書之

集議曰前年齊侯來獻戎捷蓋威魯也今春魯城小穀畏齊也爲齊城邑魯之恥也穀本齊地而不

繫於齊文如內邑亦抑齊諱魯之旨也
謗曰春秋城小穀左氏曰爲管仲也杜元凱釋之謂齊邑而范甯以爲魯邑其孰是乎然而安有齊大夫而築邑於魯者乎且齊桓修伯賴乎管仲之佐是必齊自城之也元凱又以公感齊桓之德而爲之城其亦非通論與按左氏傳管仲聘周而曰有天子之二守國高在則管卿非命卿也齊桓非命伯也今城管仲之邑而直曰城者蓋亦有所譏竊謂夫子稱管仲之功九合諸侯一匡天下不亦大乎而春秋不見於經亦有所悼也管仲不能力

輔周室復興王業苟一時之權起伯者之道其器
小矣夫子所以略之而云耳
夏宋公齊侯遇于梁丘
箋義曰桓以楚人侵害中國始謀與諸侯伐之宋
公聞桓行義率先請見故爲春秋所褒書在齊侯
之上蓋桓之行義易知也宋公聞義樂從若不進
其班則其善不見耳
諤曰二國相見齊桓雖伯春秋敘正之以王爵也
書遇義見隱八年
秋七月癸巳公子牙卒

折衷曰莊公薨立子般正也立慶父非也牙以私母兄之親欲立慶父是不忠於國也季子爲社稷之故大義滅親不得不誅公子牙誅之而立般則君臣義正也聖人善季子之心不使有誅昆弟之名而書卒公羊得其旨

諤曰大夫日卒正也公子牙見酖而春秋以正卒之者蓋子牙欲廢魯國傳嗣之法其死宜矣是以日之其不言季子之殺者以其忠於國而不以季子爲譏書之若常例耳

八月癸亥公薨于路寢

薨于路寢正也傳及諸儒詳之書薨義見隱三年

曁十一年

冬十月己未子般卒

纂例啖子曰未踰年君卒皆書曰卒言嗣先君未成君也先君未葬則名子　又啖子曰凡未踰年之君不書葬無子不列序於廟之故也　趙子曰子般子赤以被弑故不書地義與隱同

謂曰子般立未踰年故不曰薨然亦不地者蓋共仲弑之也先君未葬而謂之子也至若不書葬之義傳以未列於廟而言之是見賊之不討也

公子慶父如齊

折衷曰春秋爲內諱如慶父弑子般而書般卒是諱國之辱也如季子酖叔牙而書牙卒是諱季子之忠也穀謂慶父出奔如齊曰諱之則爲誰耶苟以賊君而諱奔則弑閔公而書奔莒何也必慶父殺般後國人不與懼而適齊來援假般薨赴告而行明矣杜得其旨

集議曰公羊謂慶父奔齊不言奔者因季子不探其情不暴其罪欲如上公子牙之卒言之也按左傳言叔牙之死謂季子以君命召之則實非君命

也又以有後詳之此若季子專而殺之然志在奉般所存者大而牙罪未明不爲國獄故得緣其情而諱之此慶父弑君之罪明也使弑而言奔未足以平臣子討賊之心穀梁謂有所見諱莫如深微旨盡於斯矣杜氏謂假赴告之禮而行失之甚也譔曰春秋以仁義爲法也慶父之弑子般此義之所宜討也成季不能以義討之而又奔陳非仁之所可忍也春秋書曰慶父如齊不欲使得如齊而且譏魯討之緩斯仁義之閒所宜追正矣魯不討而齊受之聖人憫其起再弑之禍故變文曰如以

譏其逸賊矣

狄伐邢

夷狄擾中國春秋所以懲之也懲之者譏諸侯不能攘夷狄而擾中國中也是時齊桓踰二十年不思攘正之而徒以尊周爲名也此書狄伐邢者亦以起桓公援中國之功未著豈所以爲伯之道哉

春秋會義卷十

宋鄉貢進士江陽杜諤撰

閔公

按史記世家莊公之子般孟女所生也莊公有三弟長曰慶父次曰叔牙次曰季友莊公娶齊女爲夫人曰哀姜哀姜無子娣曰叔姜生子開莊公無嫡嗣愛孟女欲立其子般問嗣於叔牙而叔牙曰一繼一及也是以季友以莊公命使酖之及莊公卒季友立子般爲君先慶父與哀姜私而欲立哀姜娣子開使圉人犖殺魯公子

般於黨氏季友奔陳慶父竟立莊公子開是爲

閔公時年八歲

元年春王正月

摘微曰承子般之弒國內亂無即位之禮故不書

本旨曰左氏所云亂者以慶父弒子般國內震擾故即位之禮有闕然公子翬弒隱襄仲弒惡彼時亦亂何桓宣獨暇而即位乎斯先君不以其道終斯子弟不忍即位也

新義曰亂者君臣父子上下尊卑不明之謂也且子般之立未成君也在位三月閔公繼弒未成人

也魯國之事輕重與奪在夫人慶父也傳曰不書
卽位亂故君臣父子不明之謂也
謂曰春秋書元於歲正而公卽位之文繫於下先
儒因而謂之正始元者天下之大生也正者天下
之大正也春與王載乎二者之間而天下之大本
立矣然而必以公卽位之文繫之者使天下國家
正朔禮樂歸乎其正然後聖王之法從而追治之
是以公卽位之文加筆削者蓋聖人所以起春秋
之義而論正變也夫以人子受其國於先君而彼
不以其道終聖人欲追而正之緣人情而爲之裁

削使不忍即位也閔公之立繼弒也先儒以春秋十二公之中繼弒所以不書即位於此起其實故穀梁以爻爲正也推此而論之則閔公不忍即位正也桓與閔一皆繼弒而夫子錄之不同者亦以見桓公有與聞之罪而閔公爲無罪也

齊人救邢

春秋自莊公十三年會北杏之後推齊桓於宋之上是聖人與其爲伯也然用兵亦從稱人之貶者欲其尊王室是務不使侵暴於下國也至若伐戎救鄭及此救邢之事斯攘夷狄以援中國也亦何

以人之蓋有所譏耳且如狄於前年伐邢桓公將圖伯業不即救之踰年後往據左氏又因管仲請之畏簡書而往救是則此救非用心之實也故未出其爵

夏六月辛酉葬我君莊公

纂例義見桓公葬

謂曰禮諸侯薨請謚於天子大夫卒請謚於其君大行受大名小行受小名所以懲惡而勸善也又諸侯五月而葬此亦禮之正也周衰諸侯不道春秋書之皆變古易常矣是以外諸侯書葬者九十

三內書葬者九豈非謹其禮之失也耶莊公十一月而葬志其緩也舉其謚以從臣子之辭譏其自謚也言我者别內之稱耳其他可知

秋八月公及齊侯盟于落姑

盟自內而不日者以閔公初立多難欲與齊桓安之故從桓盟之例

季子來歸

本旨曰季友魯之親賢嘗有酖牙翼般之節今出齊在外朝無骨鯁國人思之誠當懇切故於反也則皆喜曰季子來歸是時史美其規而詳書於策

夫子筆削大典從而與之明有國有家者得一士則危以之安亡以之存此其由矣

新義曰莊三十二年經書慶父如齊閔二年經又書慶父奔莒此年獨書季子來歸雖然季子言歸不言出慶父言出不言歸者何曰魯人意也曷言乎魯人之意慶父之惡魯人欲其去而不欲其來也季子之賢魯人欲其來而不欲其去也

索隱曰不曰公子友而曰季子何也曰賢之也賢之者以其治內難以正也公子牙將亂魯而季子誅之正也魯人思而歸之賢也春秋不書友殺牙

復不稱刺而曰公子牙卒又以其歸也書曰季子來歸也蓋變文以賢之也然而聖人賢之者所以責其備而譏之也明年書公薨公子慶父出奔莒者見其不能討賊息亂之罪也此所謂賢之而責以義者也閔公復之公室倚之國人從之而不能即誅慶父使復弒閔公公既弒矣又不能討而平之使賊奔於莒故閔公二年書公薨公子慶父奔莒而元年書曰季子來歸見季子已來已歸而閔公復弒慶父復奔也必曰季子又變文曰來者見國人公室賢之倚之之重也必曰公薨慶父奔者

責其不能討賊弭亂也所謂春秋責賢者備也
辨要曰季友立子般與僖公忠也慶父弑子般及
閔公逆也而季友奔陳慶父亦如齊季友適邾慶
父亦奔莒斯跡類而情睽者仲尼於季友書歸而
不書去於慶父志奔而不志歸復正公子友之名
而書之曰季子曲直之理不亦自明乎
謏曰三傳不甚相違而陸子有權義之說者以季
子不名故也　按陸湻集傳微旨云湻聞於師曰季
　友之出不書何也曰慶父之難季子
力不能正違而去之權也君立見召而來義也故
聖人善其歸不譏其去以明變而得中進退不違
道然聖人所以不言其出而書曰來歸者蓋有微
也

旨所謂來者自外適我之辭也據左氏公及齊侯盟而召季子也爲季子莫若執節秉義求討慶父黨力不勝之則齊桓爲鄰國可請之以同力矣乃不以此爲心懼而奔陳春秋不書之不與其出奔也既奔之後安陳不返召而後至故書曰來以起其不召則不來也君命召而即至又書曰歸是與其返國之辭耳聖人雖與之若如三傳之說則亦褒之太過乎夫季子所以不名者蓋譏之之義見於書來而罪不至於名貶也是則謂之來歸者明季子不可安於陳而義當歸魯明矣

冬齊仲孫來

折衷曰凡懲弑君書名以懲之未有隱其名以外之也公穀不原其理但以齊無仲孫故曰慶父外大夫氏氏族豈有定耶豈盡著於春秋耶二傳不知齊仲孫氏族謂之魯慶父穿鑿甚矣丘明通見舊史而曰仲孫湫來省難歸曰慶父不除魯難未已又曰猶秉周禮未可動也君其務甯魯難當是時慶父弑二君國幾亡苟非湫語於齊桓桓取魯如左右手故曰齊桓存三亡國以屬諸侯則魯與邢衛也是以貴湫而書杜得其旨 按章如愚羣書考索引折衷云

齊仲孫湫來省難公羊曰慶父也繫之齊外之也穀梁曰不曰慶父疏之也折衷曰春秋弒君之賊多矣聖人莫不書其名而懲之未有隱其名而外之者也慶父前年弒子般而出如齊猶書曰公子慶父如齊後年弒閔公而奔莒亦書曰公子慶父出奔莒出既顯書入豈外之必不然也又凡公出則書如歸必書至大夫出則書如歸則不書斯言聖人之體例也如公子友如陳公子遂如齊公孫敖如晉是也第書去而不書來慶父安得獨書來公穀不原其理但曰齊無仲孫魯有仲孫故曰慶父外大夫氏氏族豈有定耶豈盡著於春秋耶如齊曰賓媚人秦曰西乞術可謂齊無賓媚人秦無西乞術耶因其事則顯因其事不顯者衆矣二傳不知齊仲孫之氏族而謂之魯慶父穿鑿矣未云是以貴湫而書其字斯左氏得其實餘與本書所採同

集議取陳岳論

諤曰經明書齊仲孫而二傳以爲魯慶父故啖氏

辨之按啖助辨公穀解仲孫爲慶父之謬說見陸淳集傳辨疑然不言齊侯之使者趙子所謂非有成命也按陸淳集傳微旨載趙匡說云非有成命故不言使

二年春王正月齊人遷陽

箋義曰桓公初滅譚稱師自滅遂之後訖莊閔二十餘年皆稱齊人焉斯先儒不知春秋之旨也蓋周衰諸侯叛王王道將廢惟桓公用管仲之謀尊事天子故有盟好之事皆稱齊侯云者能合諸侯奉王命交鄰國褒之也然承周之徹不能純以禮義綱紀天下恢復文武之業諸侯或叛或從恩信

未洽遽恃兵衆侵而伐之復取小國厚自封殖故凡用師稱齊人者譏之也洎乎逐狄救邢存魯封衛得方伯救患分災之道乃進之稱師焉言義師也至僖四年侵蔡遂伐楚則有攘夷狄張中國之功於是書曰齊侯方純以伯者之義許之焉蓋稱人者微之也豈有用師二十餘年皆使微者誠譏之也譏之者譏管仲不能以王道佐其君也致其後宋襄晉文皆襲桓而王道遂廢者管仲之罪也論語曰管仲之器小哉正謂此耳

謗曰齊桓圖伯惟盟會稱爵而侵伐貪廣之事至

此皆稱人者箋義詳之

夏五月乙酉吉禘于莊公

旨要曰天子七廟據周爲解后稷而下七主諸侯五廟高祖之上更無立廟之禮但號始祖爲祧也自莊公薨至此五月雖二十二月喪制未闋而書吉禘于莊公知是別立廟譏速凡新主入廟而大祭序昭穆之次使當禘而不亂故名曰禘

謌曰詩周頌序云雝禘太祖也商頌長發大禘也此天子大祭之名也祭統云成王追念周公之勳勞而欲尊魯故賜之重祭外祭則郊社內祭則大

嘗禘是也鄭氏不釋之而陸氏纂例解之云郊禘天子之禮社與嘗諸侯自有撰禮者見春秋書嘗社以為與郊禘同遂言耳然則禮運曰魯之郊禘非禮也周公其衰矣鄭氏釋之止云非猶失也而陸子纂例解之云魯郊多失時又於諸宮用禘禮是知禘者大祭之名也蓋四時廟祭之外大祭有二曰禘也祫也禘謂審諦昭穆而次序之故名曰禘且魯之所以有禘行於周公廟則可行於諸宮則不可今行於莊公之廟非也然所以不云莊公者以喪制未闋未可以宮廟稱也明不於太廟行

之耳夫禘者吉祭也今喪未終而行之故傳釋之
云未可以吉矣
秋八月辛丑公薨
九月夫人姜氏孫于邾
閔公見弒實慶父之爲耳慶父所以弒二君成季
不能討者夫人之淫啟之故也然則弒逆之惡由
夫人姜氏而起故下言慶父出奔先書夫人之孫
以見夫人與慶父同罪王法所宜誅罪之聖人以
孫邾奔莒志之且以譏魯之臣子緩於討賊亦以
恥夫人之孫遯矣

公子慶父出奔莒

集議曰春秋之義弑君之人不復見以其罪惡之大而絶不錄之也若宋華督鄭歸生齊崔杼之類是也宣六年趙盾復見於經者亦起趙穿之親弑耳此慶父之罪固宜貶絶而不爲之錄矣然此奔莒不書則無以著其弑君而出奔也雖曰內諱而臣子之心必當討賊成季之力未能討故使共仲得奔非謂親親而緩之也穀梁傳以言出而絶之得其旨矣

箋義曰書出奔所以著慶父之罪而不書殺者諱

之以彰季子能平國亂又不失親親之道也何休曰大夫奔例無罪者日有罪者月外大夫奔例皆時是也

謂曰慶父之罪於王法當殺之無赦也春秋於子般卒之下書之曰如齊於閔公薨之下書之曰奔莒蓋悼之之甚而以著魯之臣子逸賊矣季子無忍爲當斷之義以啟慶父之惡雖慶父之縊而亦不志者痛其非國討之正縱惡而至於此也

冬齊高子來盟

摘微曰慶父弒君齊伯主不能討故傒之來立僖

公若高子自來以存魯不言齊責不討賊深哉聖人之意斯又明惡不可稔慶父弒君而奔彼不加討致閔又弒復使人定君於魯始之不慎一至於斯

箋義曰高屈之盟皆非君命以其存魯會桓得出竟專之之道故春秋貴之然使賢臣以平鄰國之亂伯主之功也故江熙以爲高子不名所以重桓得其旨矣

本旨曰大夫書字雖爲褒嘉本緣善狀隱伏必須旌異而後可見齊高子來盟苟但言高傒則何以

知齊桓憂魯季子來歸苟但言公子友則何以見
魯人喜之此意所難明故變文以發之也
集議曰春秋於君臣之閒別嫌明微爲褒貶大法
此年閔弒而僖未立則在魯皆臣也桓君也設稱
齊使則是君臣有相敵之義非正也經書高子所
以善齊也而穀梁謂不以齊侯使高子遠矣
謂曰閔公之立也齊侯使仲孫之來雖有省難之
行實存窺魯之意今僖公將立使高子來盟亦非
憂魯之實是以仲孫高子不言齊侯之使以譏在
齊侯也何以言之魯國之難由慶父也齊乃鄰國

又爲伯主不卽討之使得有再弒之惡豈非幸魯之亂耶且不討人之賊而徒使人省之盟之苟無窺閒之心則慶父之惡不容至於此故不名高子所以譏在於齊侯也公羊又以爲魯之望高子夫聖人立法以追治豈存魯人所望而立辭哉安可謂美談也穀梁謂不以齊侯使高子之言近之然來者自外適我之辭亦不可謂喜之之貴也

十有二月狄入衞

箋義曰狄實滅衞而書入者不與夷狄滅中國也

諤曰齊桓圖伯諸侯爲會盟以尊之周天子使召

伯賜之命以加之則實當方伯之任可以討逆誅叛尊王室而攘夷狄也然而齊桓雖伯夷狄之侵中國荆伐鄭戎侵曹狄伐邢桓公未嘗卒諸侯驅之逐之而使得創病中國爲患不息以致狄恣貪惏入衞之國而救援之兵不至噫桓公雖不敢之適有以容之也衞敗以滅而春秋書入者疾夷狄不使得中國但云入以略之

鄭棄其師

摘微曰鄭不能正刑以罪高克克不能退避其位故書棄以婉其責明君臣之閒不可苟且耳

新義曰鄭伯惡其臣不能退之以禮使將而逐之意欲其師之覆亡也且師者衆也棄師則棄民也民爲國本本棄而末存乎語曰不教民戰是謂棄之鄭伯之謂乎不書高克出奔甚鄭伯也

謗曰鄭風清人篇刺文公則左氏之記符於詩而公穀不甚違之是故諸儒以此爲解多矣且君不制其臣使之帥師而弗召是不止棄其臣師亦棄之也聖人悼末世君臣之失甚於是國風不刪其詩以垂勸春秋加之筆削以示義舉其重者而譏之則君臣進退之禮不正可知矣

春秋會義卷十一

宋鄉貢進士江陽杜諤撰

僖公

僖公亦莊公子也諸儒以爲閔公之庶兄母成風莊公之妾矣又按史記卜齮弑湣公季友聞之自陳與湣公弟申如陳邾請魯求內之魯人欲誅慶父慶父奔莒於是季友奉子申入立之是爲僖公先儒以僖爲閔公之兄而遷史謂閔公之弟者蓋傳授之不同耳且閔元年書季子來歸而遷史謂之自陳如邾亦誤也文八年經

書躋僖公而左傳載夏父弗忌之言則僖公之爲閔公兄明矣

元年春王正月

摘微曰國連弒二君內亂不書卽位禮也

本旨曰按弒閔而欲自立者慶父也僖實無罪何故而出乎若曰避內難則春秋之法許之矣季友不曰奔而書如陳是也有何國惡遽諱之耶皆左氏曲爲之辭都無事實此臆度而不知法之弊也

諤曰同閔公不書卽位義

齊師宋師曹師次于聶北救邢

折衷曰凡師再宿爲信過信爲次蓋兵出未至其所次則書之公自行則曰公次于某如莊三年公次于滑公不行將卑師少第曰次于某如莊三十年次于成若會諸侯以救國會必待衆則書曰公會諸侯次于某如僖十五年公會諸侯盟于牡丘以救徐遂次于匡是也公苟不會第書曰某師次于某則斯次聶北是也公不會者初郎位也故次于聶北按兵整其衆觀釁致其用明矣設曰救不言次則救徐曷言次也

箋義曰閔元年救邢稱人今稱師者前救之之道

未盡耳今率諸侯偕赴其難方得夷吾所謂同惡相恤之義故善其踐言而進之也然猶有次焉故不言齊侯穀梁近之矣

集議曰釋例謂次在事前次以成事也次在事後事成而次也事成者必謂謀議已決而已按襄二十三年叔孫豹救晉次于雍榆先書救而後書次蓋不會他國之師事成而後次也傳例三宿爲次且他國受敵救之宜速言救而不言次善之也如十八年救齊言次而言救譏之也如十五年救徐然則救國書次譏可見矣又何必在貶爵而稱師

乎此年救邢次于聶北亦起伯者之緩于救患分災也十九年左氏傳曰齊桓公存三亡國以屬諸侯義士猶曰薄德杜預釋之謂欲因亂取魯緩救邢衞則於經爲合矣四年伐楚次于陘書次者所以善其重愛民命不速加兵也伐國以次爲善辭則救國之次譏自明矣

諤曰桓公用心於夷狄不甚速矣且如莊三十二年狄伐邢至閔元年管仲請而後救之不卽攘正以救其患故春秋以人稱之也今率諸侯以俱往聖人之心與其攘正也猶曰次者斯又見其用心

之緩是以啖子云凡救當奔命而往救而次失道也然所以稱師者蓋是時桓公雖用心之緩儻若不能救之則夷狄貪橫中國幾擾矣桓公率二國之衆復能存之故謂之師者斯責輕於稱人而功重於前救爾

夏六月邢遷于夷儀

發微曰桓公不急救患故邢遷于夷儀邢人已遷三國之師乃往助城之故曰曹師宋師曹師城邢也

諤曰遷者纂例謂自請之辭也以其國遷故以邢

遷爲文耳且邢爲狄所伐奔潰無託諸侯救之乃遂遷焉是時齊桓公圖伯不能早爲之援使至於此春秋詳而書之亦以懲諸侯而憚夷狄也

齊師宋師曹師城邢

春秋於此先言次而後言救先言遷而後言城蓋亦譏在齊桓也桓公於閔元年救邢不卽率諸侯以驅逐狄人待其潰而後救之俟其遷而後城之此齊桓欲張其爲伯之功故夫子起其文以離其事且以志齊桓自難其功雖曰美之亦所以譏之也

秋七月戊辰夫人姜氏薨于夷齊人以歸

箋義曰左氏曰閔公之死也哀姜與知之故孫于邾齊人取而殺之于夷以其尸歸僖公請而葬之言地者明在外薨

謗曰婦人而薨于外不正也且哀姜與弒故齊桓取而殺之是桓公爲子討母也夫以桓公之討儻先誅慶父則魯亂可息矣桓公不卽殺慶父俟其堅冰而討及人之母是意將待其斃乎今既殺夫人而以其尸歸故夫子書地以懲夫人書齊人以譏齊桓皆變文以示之義也然曰以歸者使若以

其喪歸也

楚人伐鄭

箋義曰楚自莊十年始見春秋書曰荆入蔡荆伐鄭猶狄伐邢狄入衛之比也其來聘稱荆人少進也至此年始稱楚人伐鄭厥後凡有軍旅之事君臣同辭皆稱人者惡其以荆蠻之强數侵中國故以微者稱之明未足以王法責之耳二十一年會于盂文九年使椒來聘知慕中國之禮義則書其爵焉又進之也及椒聘之明年次于厥貉之後國衆日强中國諸侯多服從之又能來聘于魯漸有

文章法度於是用師之文大夫稱人其君稱子頗同之于中國蓋始以諸夏之道責之明其罪當誅也

謗曰楚入春秋稱荆至此稱楚人者先儒皆以爲進之也且楚自莊二十三年來聘稱荆人而此用兵反曰楚人者豈非聖人之意有所悼而垂勸歟聖人以春秋之世周室微弱夷狄有與中國交聘而諸侯不待之以夷狄之道而待之以中國之禮者也遂使起其交爭之心貪暴不已是諸侯有以啟之也其後與伯主敵權遂恣强暴僭號稱王其

迹由此耳夫子因而以人錄之非實進夷狄亦所以懲諸侯不能制之也

八月公會齊侯宋公鄭伯曹伯邾人于檉

夫人孫于邾齊人取而殺之魯之耻也今公出往同會雖有救鄭之謀是亦不顧其耻非禮尤甚故日以危之

九月公敗邾師于偃

僖公與邾人同會是不可會而會之也今又敗其師故明書之以志會伐皆不得其正矣

冬十月壬午公子友帥師敗莒師于酈獲莒挐

纂例大夫死生同皆曰獲

通例曰戰禽曰獲

折衷曰凡得大夫曰獲通內外之稱也書外獲則宣二年獲宋華元內獲則文十一年獲長狄僑如之類是也豈可謂惡公子友給也閔公之弒慶父奔莒莒人不能爲我討賊而求賂於我我旣賂而歸慶父復無厭其求故公子友帥師敗之而獲莒挐斯我之勝挐雖大夫嘉季子之獲而書其名上中得其實下謂相搏焉有兩軍相敵而兩將相搏者耶誤之甚也

謂曰按左傳公子友立僖公以賂求慶父於莒莒人不能即討慶父待人之賂而歸之其惡可知也然僖公旣入公子友不能帥師就討慶父於莒而反以賂求之是起莒貪賂之心不已也此帥師而敗之其實不爲討賊而止在塞人之賂雖有獲而無益於義故名以志之豈謂大其所獲乎

十有二月丁巳夫人氏之喪至自齊

通例曰絕於外則去姓絕於內則去氏內外俱絕則姓氏俱去

折衷曰桓公以功服諸侯以爲天下信是以不容

哀姜之罪以殺之而歸其喪亦大義滅親爾聖人非欲備禮而書葢存內諱也苟不備禮必幷氏而去不徒去姜而留氏必不上書夫人姜氏薨于夷下書葬我小君哀姜又文哀罪惡相類春秋第書夫人姜氏如齊如郲微以譏之終不顯然而貶聖人修述以魯爲主故存內諱以通人理杜謂闕文得旨

指掌異同篇賈逵云殺子罪輕但貶去姜也

摘微曰哀姜之惡天地所不容故去氏以貶書至自齊又責齊桓之縱賊也夫人死于夷不言夷而

言至自齊夷雖齊地因以譏也賊謂慶父慶父與哀姜志同故

集議曰春秋以一字爲褒貶氏族名字書之去之必有其旨此稱夫人氏之喪固非可謂之闕文也据哀姜與弒二子以亂魯國齊桓伯主不得不討其罪哀姜齊女也著其罪惡殺之正也然於親亦所未至聖人以大中至正之法而脩經故去其姜姓使若非齊之親而伸桓之得討也文姜淫兄害夫其惡至大弁去其氏而於生貶之哀姜殺子其罪差輕止去姜而於喪貶此亦筆削輕重之旨也

新義曰齊侯既殺哀姜以其尸歸絶於魯也既絶於魯曷書乎夫人之喪至自齊曰成僖之意也成僖之意者何子般閔公適也僖公庶也弑嫡立庶難發於夫人也僖公請喪於齊示人子恩錄

辨要曰春秋之文雖夫人之善惡各異其文以示義焉此年書夫人氏之喪至自齊者殺子而貶也

謗曰魯夫人之不正文姜哀姜也且文姜與弑桓公而春秋於莊元年書曰夫人孫于齊去姜氏者謂其有弑夫之罪而貶之也今哀姜亦與弑二君春秋與閔二年書孫于邾僖元年書薨于夷何未

出其貶不去姜氏者明義不得以子絕母也及此喪至削姜字而謂夫人氏者是亦貶於此歟明王法不可不正也然猶不去其氏者殺子之罪差輕爾文姜遜而遂貶之蓋人子受命於天與父不可以隱之也哀姜至此而後加貶者得非盡人子之情乎聖人託言垂教豈無淵旨

二年春王正月城楚丘

折衷曰凡內城與外城異內城第曰城某城或示得時或刺失時或備外患不繫其時矣楚丘則桓帥諸侯城之而遷衞其第書曰城楚丘者公後至

諱不及期以自城爲文也荀曰不與諸侯專封則僖元年曷以書齊師宋師曹師城邢耶左得其旨箋義曰狄伐邢桓公率諸侯救之而逐狄人邢遷于夷儀復率諸侯城之邢人如歸故書曰齊師宋師曹師城邢美其功也狄入衞君死國滅桓公踰二年而城楚丘與救邢不類遠矣而又帥諸侯城楚丘以封之善則善矣然不當僭天子專封諸侯故城楚丘不書其功而以魯自城爲文公穀以爲不與諸侯專封者以此耳夫魯城衞之楚丘與城齊之小穀非正又不時也城小穀緣陵時此月者

事雖不正而功可嘉故謹而月之也

集議取陳岳論

諤曰春秋凡內城皆直書之若隱七年夏城中丘之類是也至於莊三十二年城小穀此年城楚丘蓋他國之邑春秋固有文同而事異者也先儒以文之相類而謂魯自城之是不明聖人之意在於譏管仲與齊桓也管仲不能以王道佐其君苟一時之權而起伯道遂使文襄襲之繼纂其業雖曰扶之而王道實由之陵替是管仲之罪也故城小穀者管仲之邑春秋不與也齊桓外假尊周之名

匡正侯國而夷狄交侵中夏諸侯卒至於滅亡者是桓公之過也故城楚丘者桓公之功春秋不與也發微所謂不若未亡而救之其義詳矣按孫復尊王發微云狄入衞覆彼國家桓公怠於救患諸侯不一故楚丘以魯城爲文又云亡而存之不若未亡而救之之善也附錄於此

夏五月辛巳葬我小君哀姜

春秋凡夫人葬皆書義見莊二十二年

虞師晉師滅下陽

摘微曰晉主兵而書上虞者虞與謀受賂以啟晉師實滅虢而言夏陽若虢存焉且責虞之召寇敗

鄰之甚矣

謗曰晉君以荀息之謀不愛所寶而貪虞其地計雖獲行而交鄰之道殊乖矣虞公說玩好之物而不能以社稷爲慮是以受賂而取滅亡也此誠中知以下而春秋以之首罪宜矣且宮之奇之諫也言雖達而其心懦以不強不能力諍而死節義使荀息所以得矜其貪冒之謀夫晉之君臣暴以詐虞之臣主怯以微皆不足道也是以聖人志其滅以示譏而傳詳載其事

秋九月齊侯宋公江人黃人盟于貫

箋義曰此盟諸侯皆至欲美桓之功德故獨書齊宋之大以盟遠國之微者信之至也陽穀之會與此文同者亦善其屈公侯之尊接遠以禮恭之至也

集議曰左氏以貫之盟始服楚之與國則三年陽穀之會亦書齊宋江黃人非始服江黃也二傳以爲大國稱齊宋小遠國稱江黃其餘莫敢不至者得之

諤曰德之可以來遠信矣且齊桓圖伯二十餘年同會之國近則宋鄭魯衛遠不過陳蔡者蓋齊桓

止欲夸威兼幷未見其所以救援中國攘卻夷狄之功也至此率諸侯救邢封衛以伸恤患存弱之仁未踰年而江黃遠國之君至豈非伯德之著乎假使齊桓常以是爲心力尊王室大正中夏以迄於終將見周家之業復興而方伯之功大顯安得謂三王之罪人乎

冬十月不雨

楚人侵鄭

不稱州而稱人非所以伸夷狄懲諸侯之不能制

餘義見僖元年

三年春王正月不雨夏四月不雨

旨要曰傳稱不曰旱不爲災也今按十月正月四月不雨是一時不雨則書首月也文二年書曰自十有二月不雨至于秋七月雨書異文穀梁曰閔雨者有志乎民者也文公歷時而總書是無志乎民者也然志民之事經無所見穀梁以兩書之異即以爲義當是史之異辭非義例可推也

謂曰春秋書首月以備四時今春夏一時閒無異事則離其首月書不雨是各志其一時之事亦不在乎閔之也餘義見文二年

徐人取舒

纂例趙子云諸言取者並爲有所繫屬而取之也但爲得之事異所以異辭耳

六月雨

集議曰文二年經書十有二月不雨至于秋七月十年書自正月不雨至于秋七月十三年書自正月至于秋七月三者皆書不雨而又不書得雨之日其爲災也明矣今此書十月正月四月不雨六月雨若曰爲災不應以喜雨而書六月雨也若曰不爲災則自十月至于五月凡歷八月不雨雖不

爲夏之大旱亦有害於播植矣公羊以二年十一月十二月此年二月三月五月皆不書不雨故以爲上雨而不甚似得其實杜預范甯謂一時不雨則書首月恐非其旨也

諤曰總論謂聖人在上王事脩而彝倫敘則休徵應之故曰肅時雨若之類是也聖人不作王事廢而彝倫斁則咎徵應之故曰狂恆雨若之類是也春秋之世災異必諱而記者蓋將明休咎之應矣是以凡日食水旱雨雪之異悉皆書之將以志其變雖不爲災而不雨亦志之所以謹其事詳其記

而垂勸焉今自十月不雨至此六月雨亦因而錄之以明旱不終夏此亦出於人君飭過警懼之致也詳而書之以示應德之不私爾

秋齊侯宋公江人黃人會于陽穀

此陽穀之會與貫之盟同義也遠國來服傳廣其美而明之雖辨疑所攻而不害服遠之意斯亦見桓公伯德之著爾 按陸淳春秋集傳辨疑載啖助說云春秋會盟之例皆據實書之無舉遠以包近之例

冬公子友如齊涖盟

纂例啖子曰他國來魯盟者曰來盟魯往他國盟

者曰涖盟皆爲盟而行故直以盟爲文也若因朝聘而盟者則先書聘書如後乃言盟　趙子曰涖盟者我欲之也不書其辭敵者也簡辭也公羊云涖盟於彼也此說是穀梁說非也

指掌碎玉云涖盟者何往盟於彼來盟者何來盟於我也盟者殺牲插血告誓神明人臨其上從我去者出我之意故言往彼臨視從外至者我共臨視故直舉其來也

謂曰涖者臨涖之辭以我往彼臨其盟則專以其盟而行故直書曰盟所以謹之也

楚人伐鄭

四年春王正月公會齊侯宋公陳侯衞侯鄭伯許男曹伯侵蔡蔡潰遂伐楚次于陘

繁露五行相勝篇云大小相虜並爲寇賊橫恣絶理司徒誅之齊桓是也行伯任兵侵蔡蔡潰遂以伐楚楚人降服以安中國木者君之官也夫木者農也農者民也不順如叛則命司徒誅其率正矣故曰木金勝木

箋義曰諸侯侵蔡不正而直書其爵者爲下有遂事善之也莊公末年桓以楚人侵害中國請會於

諸侯自後會于檉會于陽穀謀師期則桓欲討於楚也久矣討楚以責不貢以尊王室伯者之隆也今率諸侯之師反先侵蔡蔡潰而後伐楚故書曰遂言因蔡以伐楚所以累桓也

謗曰春秋書侵伐者皆譏之也伐戎狄無譏也齊桓以兵侵蔡故趙氏以爲伐楚非其誠也雖春秋皆以侵伐爲罪然並而論之則侵淺事也楚之創病中國久矣齊桓患其强暴是以會諸侯欲伐而攘之猶懼勢之强思欲全必勝之功故權先侵蔡以震其威而後伐楚是則齊桓用兵之心淺於蔡

而深欲圖楚也今兵至蔡而蔡潰桓公不土其地

不分其民以此知桓公志於伐楚而不在於侵蔡

也若曰非其誠則夫子何以書其爵也耶箋義所

謂下有遂事善之明矣論語孔子曰齊桓公正而

不譎馬融釋爲伐楚責包茅之貢是也趙子辨春

秋之疑而不從馬氏之說甯可信乎且桓公圖伯

之初用兵稱人者諸侯雖尊之而夫子之心未嘗

與之也此年伐楚而春秋正其爵以書之是聖筆

於此始正其爲伯明矣觀齊桓侵蔡之師正以示

威其實不侵之也至伐楚而又次于敵境是不勞

民以伐楚待楚人不聽命然後加兵焉是齊桓之心無譎詐可知矣趙氏但見先侵蔡而不指此爲不譎之事是不知侵蔡非齊桓之實將以威震於楚也不然何以次于陘以待楚之聽命乎

夏許男新臣卒

集議曰齊桓當此之際威信著於天下諸侯莫敢不服故經於此年侵蔡書潰使若不加兵革而自潰也伐楚書次謂其重惜民命而求成也不書屈完之使再錄召陵之盟皆所以善桓之辭也且諸侯外卒或書其役或書其地以錄之若晉侯黑臀

卒于扈曹伯負芻卒于師之類是也此許男外卒也不紀其地與役者得無旨乎穀梁謂之內桓師得之矣公羊以為桓師無危亦近之左氏杜預之不言略之也

謗曰按許男從齊桓伐楚今師未還而許男卒故傳皆以為卒于師也辨疑以許近楚而歸卒于國夫師在陘許男未嘗歸其國然而夫子儻言師則後之傳春秋者必謂聖筆有所譏焉是以春秋沒而不言使與在國同以見諸侯安於齊桓之德此聖人之心俾齊桓得盡美於伐楚也

楚屈完來盟于師盟于召陵

繁露觀德云召陵之會魯君在是而不得爲主避齊桓也

陸淳纂例曰楚子意令其可盟則盟事在屈完

折衷曰齊伯中國唯楚未服故興諸侯之師進徵職貢爲名師進于陘楚子使屈完如師以觀彊弱知齊旣彊受盟而退不稱使再稱盟者以完來盟于師師退于召陵方盟備其實非有異義公羊謂尊屈完以當桓公且桓公成伯業爲盟主雖楚子自來猶不可亢矧屈完乎又言再盟喜再服楚斯

亦疏矣荀曰以義卻齊故不稱使且楚之彊齊服之而受盟謂之義卻不亦遠乎公穀之短

摘微曰先書完盟于師知桓公以正義伐楚楚來乞盟于師也又書盟召陵知桓公之見楚服罪退師以盟禮也聖人之意一善則褒纖惡無舍況於是乎

箋義曰齊仲孫高子及宋華孫雖與完不稱使文同然皆貴而不名所以別中國也揚子云周康之時頌聲在乎下關雎在乎上習治也齊桓之時緼春秋美召陵習亂也故習治則傷始亂也習亂則

好始治也夫美召陵謂齊侯用師始書爵許男卒不言卒于師再言盟于召陵之類也

本旨曰伐楚之役屈完曰來周不能綏齊桓爲主外楚內齊故云然也

新義曰楚楚君也屈完楚臣也君不言使獨言臣來爲文君臣之意異也且來者非外來也以兵脅而來盟也曷言盟于師盟于召陵與夷狄者不一而足也

謗曰齊桓伐楚使管仲責之其言正而不譎是以未加兵而楚自服故書曰楚屈完來盟于師明桓

公不血刃而彊楚聽命于師也桓公退舍而與之盟故言盟于召陵亦以見齊桓仗禮義而服楚陸文通云屈完能從善服義得爲臣之道是也至於所謂宜受天王之寵命亦未爲通論按陸淳集傳微旨云淳聞於師曰楚未嘗與中國爲會屈完佐楚子能從善服義得爲臣之道故聖人特書族以襃之言其宜受天王之寵命也不曰楚子使之者明其能受命不受辭得奉使之宜也噫孔子言楚屈完來盟于師盟于召陵者其旨微哉不言楚子之使以明微者謂楚之賓服專在於齊桓而不在乎天子非王道之正也故春秋削言楚子之使以傷王道之不行而齊桓不歸美於周此所以成霸

功而不能至於王道孔子傷之以著屈完之專受盟於齊爾

齊人執陳轅濤塗

繁露玉英篇云齊桓合諸侯其矜功振而自足而不脩德故楚人滅弦而志弗憂江黄伐陳而不往救損人之國而執其大夫不救陳之患而責陳不離不復安鄭而欲必之以兵功未良成而志已濫矣故曰管仲之器小哉此之謂也自是日衰九國叛矣 按樓鑰校本繁露此條在精華篇不在玉英篇 又仁義法篇云楚靈王討陳蔡之賊齊桓執濤塗之罪非不能正人

然而春秋不與不得爲義者我不正也

折衷曰凡諸侯執諸侯之大夫未有不稱人而執之有罪則不稱行人執之無罪則稱行人以爲懲勸之別如晉人執季孫行父楚人執鄭行人良霄是也唯昭八年書楚師滅陳執陳公子招不稱人者大夫與公子敵也苟曰稱侯則爲伯討齊桓晉文之伯復討誰而稱侯也苟不正其踰國執人則鄭詹得非踰國而執之乎斯中下之短上雖不釋考其義例而得其旨也

謂曰按左氏之實齊侯旣服楚還師出于陳蔡之

聞濤塗病其供給之費給之使觀兵于東夷也既而桓公說申侯之言以執之是濤塗之心不欲齊復過其國由此而見執也春秋所以人齊侯者葢齊桓與陳侯同力伐楚又假塗于陳騷擾已甚今遂執其大夫春秋不得不貶之矣且桓公之伯莫盛於伐楚矜功自足而志已溢已不正而執人之大夫春秋因而奪其爵者此聖人之心抑矜滿而不與之也

秋及江人黃人伐陳

箋義曰稱及而不出主名者諱公受制於人伐楚

未反而又道用師與江黃遠人伐陳
謂曰桓公執濤塗不以其罪又於道伐人之國此
不正之討而公亦與謀矣書曰及者蒙上伐楚錄
江黃以略之

八月公至自伐楚

折衷曰凡公出書如入書至苟出有所辱歸而有
辭告廟則亦書至以諱之斯聖人異旨也常而書
者如公如齊公至自齊是也異旨而書者如僖十
七年淮之會公爲齊所止猶書至諱辱也宣五年
公如齊爲齊所止猶書至剌也斯自伐楚非異文

也公會諸侯先伐蔡後伐楚是以後事致亦後事之大也左知義例而不釋公羊之短穀得其實

發微集議見桓二年公至自唐論

謗曰伐楚之致公羊曰楚叛盟而穀以爲大伐楚也然未盡之且伐楚之功齊桓之功也僖公止從伯主而往會之不足爲美出踰二時臣子殆其往故致之也勞民之久書月以危之

葬許穆公

義見上卒

冬十有二月公孫茲帥師會齊人宋人衛人鄭人許

人曹人侵陳

繁露見上執濤塗

謌曰先儒皆謂桓公德衰於此誠然矣且濤塗欲利陳而將誤軍道雖可謂罪然桓公侈其心不以道執之是弗能内自加責也而又使人伐之甚矣今復會諸侯之師侵之殆爲不可故貶而人之

五年春晉侯殺其世子申生

新義曰經直稱晉侯殺其世子申生者何成晉侯之意也何言乎成晉侯之意奉驪姬而立奚齊也

謌曰左氏於閔二年起此之傳晉侯使太子申生

伐東山皋落氏衣偏衣而佩金玦是故里克之諫先友之說狐突之歎梁餘養先丹木皆言之而太子固知其不立矣獻公不欲申生之繼已以惑在驪姬故也今聽驪姬之讒而殺其傅太子遂奔縊於外豈非晉侯志在於殺之乎夫子所以直書曰晉侯殺其世子申生以見其輕世嗣爲惡之甚也是以三傳詳而明之噫申生本無罪且固知已之不立也卒不能自圖而及於讒陸氏所謂小仁大仁之賊不亦然乎

杞伯姬來朝其子

摘微曰朝非婦人之禮況又子也

旨要曰伯姬來甯成風其子隨母而來攝其父行諸侯相朝之禮而但幼小卒不成禮故曰朝其子也桓九年曹伯使世子射姑來朝是世子行朝禮之例也若其子能行朝禮則其書當如射姑而其母別書來爾

經社曰春秋於杞伯姬見其所爲貶之也此言來朝其子三十一年來求婦皆非禮也觀數者志而卒不志知其所爲貶之也

謗曰杞伯姬魯女也今朝其子者以其子歸見於

魯也朝者凡見於人通稱之辭而穀梁謂以待人父之道待之是穀梁之意以爲行朝之禮也豈有子從母歸甯而謂之行朝禮乎是不然矣蓋婦人既嫁不可踰境況又以其子見於魯是爲非禮之甚故取參譏之義以明之此變禮違正春秋雖閨門之事亦謹而志之所以垂教也

夏公孫茲如牟

內適外曰如而左氏又謂之娶故辨疑明之（按陸淳集傳辨疑載趙匡說云大夫越境而娶非禮也經文不應無譏）

公及齊侯宋公陳侯衛侯鄭伯許男曹伯會王世子

于首止

此桓公率諸侯爲會欲假尊周之名故致王世子以會之也時桓公伯德旣已服遠可以帥諸侯朝天子尊正王室以大中國全方伯之職使文武之業宣王中興之道復見於惠王之時可也不圖於此致王世子而下盟諸侯實以自張其伯功故夫子獨書會王世子以別之示天下諸侯禮有所尊而桓公不當致之爾

秋八月諸侯盟于首止鄭伯逃歸不盟

纂例曰時齊桓大會以尊王鄭伯不當逃歸也

本旨曰首止之盟盟之美者也齊侯倡義結信冀戴王嗣鄭伯不能同好背而私歸書之曰逃用顯其叛雖悔過委罪申侯懇求同盟猶抑云乞皆所以奬成善意申固名體撥亂世反諸正此亦其助

摘微曰夏諸侯會王世子于首止秋諸侯盟于首止此春秋尊周之微意諸侯不敢盟世子故自盟也

新義曰君雖不君臣不可不臣父雖不父子不可不子齊侯伯衰假王世子之名會諸侯及盟鄭伯逃歸不盟不盟逃歸而爵者何貴之也何以貴之

貴其奉王命也奉王命曷言乎逃曰逃者避也避諸侯會世子而遵王命也

辨要曰惠王溺嬖寵諸侯苟欲正之責以諫辭可也箴之於朝覲可也合衆國而爲盟會以正之則是以力制天子也於君臣之大義不亦戾哉故此書公及齊侯等會王世子于首止會王世子不諱者不與其制天子以王法追治其過也秋八月諸侯盟首止不重序其爵者一其罪也書鄭伯逃歸者若曰逃而不與其黨也書不盟者特原之也

謌曰周禮司盟掌盟載之事此天子爲壇以盟諸

侯也自古迄今未有諸侯而會世子以爲盟矣齊桓致王世子雖與諸侯爲盟世子實在其會是假以尊周爲名也夫子立春秋之文先序諸侯以尊世子於會然後起其文曰諸侯盟于首止使若諸侯自相爲盟示世子不可與諸侯抗矣此春秋託文以爲尊周之實非齊桓之本意也託文以尊周豈非譏在齊桓乎譏齊桓而但曰諸侯者辨要所謂一其罪也穀梁謂變之正豈知致世子之不正哉齊桓合諸侯以謀甯周室尊王世子以主會遂盟諸侯以示尊周之名德雖不能全其實亦誠有

翼戴之意爾鄭伯者與會而不與盟是亦不正可譏也春秋書曰鄭伯逃歸著其諸侯而爲賤者之行書之曰逃宜矣

楚人滅弦弦子奔黃

繁露見執陳轅濤塗

諤曰楚自僖元年始稱楚人其後君臣同辭並稱之者惡其以荆蠻之强數侵中國故一皆以微者稱之也至僖四年齊桓不加兵而自服春秋正其爵以與之蓋夫子悼其暴盛而不使爲患於諸侯矣自齊桓執陳大夫之後不終修其伯德以起諸

侯之叛心使荆楚乘之復恣貪暴滅弦之國春秋錄弦子之爵以哀之且以見齊桓之德衰矣

九月戊申朔日有食之

義見隱三年

冬晉人執虞公

繁露王道篇云虞公貪財不顧其難快耳說目受晉之璧屈產之乘假晉師道還以自滅宗廟破毀社稷不祀身死不葬貪財之所致也故春秋以此見物不空來寶不虛出自內出者無匹不行自外至者無主不止此其應也　滅國上篇云楚王髡

託其國于子玉得臣而天下畏之虞公託其國于宮之奇晉獻患之及晃殺得臣天下輕之虞公不用宮之奇晉獻亡之存亡之機不可不知也諸侯見加以兵逃遯奔走至于滅亡而莫之救平生之素行可見也

釋例曰虞公昧於貨賄貪以自亡國非其國臣非其臣晉人執之若執一夫故稱人以執而不言滅罪虞公且言易也

辨疑趙子曰虞則以君被執遂屬爲附庸

摘微曰虞公啓敵晉又貪稱人以執公亥譏之

指掌曰經書晉人執虞公則從無道於其民之例虞公未有不道之狀但貪璧馬之寶拒絕忠諫之臣君者所以安存社稷保佑下民志在貪寶無恤民之意則爲不道於民是故稱人以執也實滅其國而言執其君者所以罪虞公且言執之易也

折衷曰凡伐有其國曰滅襲其地曰取自棄其人曰亡斯聖人筆削之通例也未有滅國而曰執者斯書蓋晉上脩虞祀歸職貢於王而護滅同姓之罪示虞公之無備也下謂虞書公非爵是下執之辭稽諸侯執國君例皆爵而不名如成九年晉人

執鄭伯襄十六年晉人執莒人子邾子與執虞公一類也安可妄生穿鑿歟凡諸侯之爵不以國之大小各繫天子之命也公與侯爵等齊桓晉文之大稱侯鄧滕之小亦稱侯魯與宋之大稱公（按魯係侯爵稱公乃臣下尊君之辭陳岳與宋並稱誤矣）郭州之小亦稱公是爵明矣上中不釋其旨下之短

箋義曰二年滅下陽邑不言滅而書滅者言虞滅人乃自滅之道也故今實滅不復稱滅而稱執者言虞當滅久矣今但執之而已滅虢不書者方罪虞以立世戒若書曰晉侯滅虢遂滅虞執虞公以

歸實錄耳非裁成理義之文也晉侯稱人者惡其與人滅虢而反襲之不仁之甚也

經社曰虞公以喜賂見滅而以人執何曰滅人之國大惡也夏陽之師虞以賂首惡罪莫重矣而晉終以險詐傾之執人之君夷人之宗社此其罪莫重矣人之者不可與執也

集議見二十八年晉侯執曹伯畀宋公論 按集議此條永樂大典闕

諤曰按晉侯稱人諸儒謂之執不以罪也虞滅而言執者以其未絕其祀矣箋義所謂裁成理義也

然虞所以稱公者三傳唯穀梁言之陳岳又引經而明稱爵之例事例不名也然江熙以之爲春秋所賤亦近義 按范甯穀梁注引江熙之說云春秋有州公郭公虞公非爵也五等諸侯民皆稱曰公州公舍其國故先書州公郭公謚而歸曹故先名而後稱郭公夏陽亡則虞爲滅國故稱虞公蓋皆春秋所賤

六年春王正月

夏公會齊侯宋公陳侯衞侯曹伯伐鄭圍新城

折衷曰春秋書侵伐襲圍雖有義例第無國邑之別苟曰邑不言圍則隱五年曷以書宋人伐鄭圍長葛僖二十三年曷以書齊侯伐宋圍緡是圍無

國邑之别明矣斯圍新城者是齊桓以鄭逃首止之盟又責其城新密之不時而聲其罪曰新城上得其旨

集議曰五年齊桓公宋桓公陳宣公衛文公許僖公曹昭公會周惠王之世子於首止下復書諸侯盟于首止皆善齊之尊王也鄭伯不盟經書逃歸言逃則貶可知也今此伐而言圍邑者欲見鄭叛王而不盟加伐而不服所以甚其惡也亦猶二十八年會温諸侯遂圍許亦由晉文討不赴踐土之會也然則經書伐而言圍者公羊以爲伐者之過

如二十三年齊侯伐宋圍緡公羊以爲重穀梁謂以惡報惡蓋以其新敗於泓故也文雖與此同而此經上書鄭逃則見諸侯之無罪也春秋書貴賤不嫌同號美惡不嫌同辭者如此之類是也左氏言鄭所以不時城者迂闊可知矣

謗曰齊桓以諸侯討鄭逃盟之罪故春秋存之以爵謂鄭叛王而伐之可也至若圍新城之說三傳釋之不同而穀梁謂著鄭伯之罪是其然乎夫鄭伯不從首止之盟諸侯伐之無惡也鄭不即聽其命而至使兵圍其邑鄭雖可責齊亦不可伐而又

圍之也夫齊桓以鄭叛王而加兵伐之鄭既不卽聽命當還師以待之今不圖是謀而又圍人之邑春秋伐圍並言亦所以甚齊桓也

秋楚人圍許諸侯遂救許

諸侯之兵伐鄭而又圍其邑致使楚人有圖中國之心而起救鄭之謀故許因而見圍矣齊桓與諸侯遂移兵以救之則亦勞民之甚焉春秋書之所以病齊桓也

冬公至自伐鄭

諸侯伐鄭本志也救許遂事也故不致救許而致

伐鄭焉

七年春齊人伐鄭

齊桓伐楚之後矜功侈而自足鄭雖逃盟前年以兵伐而圍之以起楚暴今又不務德而區區必以兵加之祇無益於尊周之實也書之曰人不亦宜乎

夏小邾子來朝

鄭殺其大夫申侯

折衷曰鄭雖用轅宣仲之譖而殺申侯然申侯有專利之過故稱名以罪之凡殺外大夫苟無罪或

死者衆則不名如莊二十六年曹殺其大夫文七年宋人殺其大夫是也有罪稱國殺而名之如文十年楚殺其大夫宜申是也稱國殺言有罪一國共殺之也折衷謂君殺之辭譏上得其旨下誤

箋義曰申侯專反爲濤塗所譖其死也宜矣然齊之伐鄭以其逃首止之盟也今聽譖而殺申侯以說於齊鄭伯失刑矣故稱國以殺穀梁以爲累上得其旨

集議見莊公二十六年曹殺其大夫論

諤曰殺大夫之義公羊曰稱國以殺君殺大夫之

辭也穀梁則曰稱國以殺殺無罪也元凱以爲稱名罪之也其孰是乎如杜注之言則宣九年陳殺其大夫洩冶直諫豈有罪哉若謂無罪則文六年晉殺陽處父宣十三年晉殺先穀皆以其罪討之也則無罪之說亦未安焉穀梁文六年傳例又曰稱國以殺罪累上也此鄭伯殺申侯不以其罪則累上之辭雖似爲得而纂例陸淳從以爲解然而以文六年陽處父言之則又以處父侵官而被殺安可謂累上乎然則稱國以殺之義傳皆解之矛盾矣大槩君命所討復以國殺爲文也所以稱名

者大夫死不可不名之公羊之言近之矣

秋七月公會齊侯宋公陳世子款鄭世子華盟于甯母

諸侯之心不甚與於齊桓也今會四國而二世子在會以著齊桓之德漸見衰矣

曹伯班卒

諸侯日卒正也曹於春秋亦或略之故不日

公子友如齊

見莊二十五年內適外曰如

冬葬曹昭公

曹小國書時

春秋會義卷十二

宋鄉貢進士江陽杜諤撰

僖公

八年春王正月公會王人齊侯宋公衛侯許男曹伯陳世子款盟于洮鄭伯乞盟

釋例曰未有臣而盟君臣而盟君是以子盟父故春秋王世子下會諸侯皆同會而不同盟是言王臣正法不與諸侯盟也此王人與諸侯盟不譏者王室有難王使來盟故也

摘微曰王人先諸侯尊王命也九年宰周公同九

國諸侯盟葵丘上會尊王下諸侯自盟與首止之義同

指掌正義曰公羊傳曰王人微者曷爲序諸侯之上先王命也穀梁曰王人先諸侯何貴王命也弁冕雖舊必加於首周室雖衰必先諸侯諸侯相與爲盟所以同奬王室天子之臣不與諸侯同盟也

旨要曰王人微者序於諸侯之上先王命也王之中士稱名下士稱人天子無外諸侯會盟惟遣使臨之不同歃尊天子也其或王室有難命使臣以結盟諸侯以謀輯睦經亦許之同盟于雞澤靈王

新即位也二十九年翟泉之盟王室無故諸侯和睦而王子虎下盟列國以瀆大典故貶之稱王人箋義曰主書者善齊桓不聽子華之言而鄭伯服也

集議曰首止之會書鄭伯逃歸六年書圍新城皆惡鄭叛王而違衆也七年甯母之盟世子華在會鄭伯不親盟是鄭之未服於齊也此年言乞盟至葵丘之會鄭伯與盟然則此言乞盟者非鄭伯之如會蓋使人請服而後許言乞不言使猶若鄭伯之親往也設鄭伯乞盟而與盟必曰諸侯會次言

鄭伯乞盟然後序其所同盟者若四年楚屈完來盟于師下云盟于召陵是也此年鄭旣乞盟而公羊之文序世子華於會誤也二傳言汋亦所不取

新義曰臣無二心尊無二上古今通義首止之盟尊在惠也洮之盟尊在襄也在惠則尊惠在襄則尊襄鄭伯乞盟臣無二心也尊無二上也盟而言乞者何乞者逆也言順他人之意而求謂之求逆他人之意而求謂之乞也雖然知鄭伯外逆而內順也外愧而內誠也外曲而內直也

謗曰按周禮邦國有疑諸侯會同則爲壇以盟之

是諸侯即從於天子而受盟也末世列國專盟春秋雖譏之而以王爵序之矣至於齊桓爲伯則推齊侯於宋公之上以與其爲盟主也今王人會而推之於齊桓之上豈非尊王室哉故公穀皆曰王人微者而先諸侯貴王命也其理僅得然亦託文者諸侯會同於天子而受盟則諸侯自有盟天子之禮吁王室有難諸侯不即會於周以謀之乃待告難而後爲之會又不即就於周而盟於洮地非禮也洮曹地非天子之居書之者以見天子之弱就盟諸侯於下國諸侯推而上之亦已微矣噫與

其貴而先之不若會同於京師而尊正之也　又曰前年甯母之會按左氏齊侯納管仲之諫而辭世子華之請鄭伯以此聽從而遂來乞盟言乞者卑重而求成也亦見齊桓之强所以脅其自來也且盟者不相信之辭況乞之乎非禮之甚詳錄以示譏

夏狄伐晉

晉未嘗與諸侯爲會也狄人閒而伐之春秋書之惡其以夷狄而伐中國不與之也

秋七月禘于大廟用致夫人

折衷曰公羊謂公本聘楚女爲夫人齊先爲媵齊先致其女脅使爲嫡楚女未至而豫廢之故皆不得以夫人至而書苟以是而禘致齊媵爲夫人且齊強楚大我曷敢廢楚女齊曷肯爲楚媵皆不然也下又謂立成風夫婚禮嫡夫人至則備告廟見而已苟以妾爲夫人亦不過此禮安在禘而祭之上謂哀姜凡言禘而致之者以新死之主致於太廟斯常禮也凡夫人薨寢殯廟赴同祔姑此四者備則致於廟禮也苟四者不備則不致哀姜不薨於寢不宜致之僖公歷三禘而不致故聖人嫌其

非禮而書也上得其旨

箋義曰穀梁以爲用者不宜用者也致者不宜致者也言夫人而不以氏姓非夫人也又貶也然公羊謂之齊媵穀梁謂之成風陳岳曰婚禮嫡夫人至則備禮以告廟見而已苟以妾爲夫人亦不過此禮安在禘而致之左氏目曰哀姜得其旨

集議曰凡經書用者皆不宜之辭也左氏以爲哀姜而曰不薨寢殯廟赴同祔姑則弗致据哀姜經書葬則殯廟赴同祔姑矣言祔則其後有廟可知也既列於廟則不原其生之善惡也且禘祫之禮

毁廟之主皆以昭穆序之說謂是爲致主於廟則哀姜之致亦宜之矣又焉得以不宜用之辭加之矧八年而後致乎穀梁雖無明文而曰主妾非正是言僖公之母也大凡國之夫人皆與行宗廟之事成風妾也嫁不廟見祭不酌樽僖公以子貴母故因禘祭而致之猶見之於廟也春秋以夫人書之葢譏其以庶亂嫡也去其氏族者使若人知其爲夫人而不知其爲成風亦内諱之旨也公羊見經有致女之文以是爲僖公所娶之齊女恐非也謂曰閔元年諸儒之論禘謂四時廟祭之外大祭

之名魯嘗禘於太廟也何以書之因此用致夫人而錄之矣夫人不稱姓氏所以三傳解之不同故辨疑皆不取焉按陸淳集傳辨疑駁左氏云元年哀姜稱夫人以薨明用夫人喪禮已久矣何乃八年始致之乎又引趙匡說駁公羊云若娶於齊則不當媵先至若娶於他國而公親往未還則無人受脅而立齊媵又引趙匡說駁穀梁云僖公若致其母則當言夫人風氏不當但云夫人但云夫人者時君之妻也聲姜無書至之文故知因其至特設禘禮以為榮觀經變文譏之爾備錄於此至於折衷之說則不可八年而後致也尋繹其義則先儒雖從穀梁者多然擬議而詳之則辨疑僅可明之況經文必以用致之辭加之廟見常事也禘於太廟亦常事也所以書者不當致於禘

之時也且禘者僭天子之祭而用以致夫人非禮
也故曰春秋之文譏在用致而略其氏姓矣
冬十有二月丁未天王崩
九年春王正月丁丑宋公御說卒
宋公之卒不日不書葬者宋公不盡人子之道何
休釋其所以惡之也按何休以宋襄背殯出會爲有不子之惡杜諤蓋仍其說
夏公會宰周公齊侯宋子衛侯鄭伯許男曹伯于葵
丘
摘微見上盟洮
諤曰葵丘之會齊侯致天子之三公也桓公未嘗

朝會於天子前言因告難而致王人以盟諸侯非禮也王人微者之稱尚不可也微者不可况三公乎書宰周公之會不與齊桓之致也

秋七月乙酉伯姬卒

伯姬之卒据諸家解之皆謂許嫁之內女也若嫁爲夫人則加某國之稱矣

九月戊辰諸侯盟于葵丘

新義曰齊桓不背柯盟諸侯始信貫澤之會不召而至者江人黃人所以盟皆不日春秋存而錄之也首止之後伯業漸衰假王人以會諸侯盜宣天

子之禁震而矜之叛者九國盟而書日春秋危而奪之也

謂曰桓公自服楚之後德漸衰廢至此益見其伯功之不遠也嘗謂莊十年柯之盟不日傳稱之曰大信之辭也此年葵丘之盟日之傳稱之曰危之也桓公於柯盟之際方將圖伯未見其功夫子以大信之辭加之焉今葵丘之盟當救鄭服楚之後伯功已著而春秋反日以危之豈無旨哉此夫子進善止不善之本意也論語曰譬如爲山未成一簣止吾止也譬如平地雖覆一簣進吾往也是則

桓公當柯盟之時雖未著其德進而可進之故以大信之辭加之也今葵丘之盟以諸侯而申天子之禁則在所不可故曰以危之疾其不能至於王道所圖者伯也

甲子晉侯佹諸卒

冬晉里克殺其君之子奚齊

摘微曰里克殺其君之子奚齊不稱世子及君而稱君之子知晉之不君奚齊也按章如愚羣書索引陳岳折衷云公羊嫌與弒君同故稱先君公子吁申生死重耳夷吾奔既而獻公卒乃立奚齊是獻公之素志奚齊立則其君也里克殺之是弒其君也何謂嫌與弒君同歟苟奚齊不爲君則來年曷以書里克弒其

君卓卓與奚齊得無同乎是非有嫌明矣穀梁謂國人不子而稱其君之子誤矣稽其旨凡先君未葬其嗣子不稱君不稱爵既葬而君之爵之故奚齊之弑先君未葬也故稱其君之子卓子之弑獻公已葬故稱其君卓斯左氏得其實此條杜謂未採附錄於此

新義曰奚齊雖未踰年在位一日即晉國之君也其書君之子者何非君之適子也非君之適子則病乎獻也曷言其病乎獻病獻聽驪姬之言也

謂曰春秋殺未踰年之君他國有二此年書晉里克文十四年書齊公子商人也然則齊舍稱君而奚齊稱君之子立皆未踰年而所稱不同者得無旨哉夫晉世子申生之殺由奚齊而殺也申生既

殺則重耳當次立矣而晉又以嬖寵之故立奚齊斯不正之甚今書曰弒其君之子者猶曰晉君之子爾雖立爲君春秋不成其爲君也

十年春王正月公如齊

天子適諸侯曰巡狩諸侯朝於天子曰述職春秋之際孔子悼諸侯不朝於天子而專相朝聘將以譏諸侯之不臣也故於春秋內適外皆曰如以別之啖子曰凡公行書其事皆非常也自隱公五年至莊二十四年公行皆書其事至此言如齊不以事載之者起內適外公朝之之辭也然亦致之者

危公之行也朝聘例時此月者爲下狄滅温起文

狄滅温温子奔衛

箋義曰狄滅衛不與夷狄滅中國故言入今狄滅温而書滅者温叛王即狄故也叛王而即狄乃是狄滅狄也故不言入

謬曰閔二年狄滅衛之時齊桓欲有救邢封衛之心伯功將立夫子與其進有待其攘夷狄之爲也故異其義而言狄入衛焉今自齊桓服楚之後伯德漸衰春秋謂其攘夷狄尊中國之功不可復見是以五年楚人滅弦直書之以示譏至此年狄滅

温復書之且弦江黃之近國楚侵而滅之諸侯不救之以其尙遠也今温據左氏實周司寇蘇公之後是則天子之近國爾而狄滅之諸侯不能攘而正之實所以病齊桓也

晉里克弑其君卓及其大夫荀息

折衷曰凡書大夫不名固無罪名之未必皆有罪斯書里克弑其君及其大夫與書宋萬宋督弑其君及其大夫三者一類上下俱名之聖人特起其文斯三者上稱弑君之名下書及其大夫則其大夫無罪也君旣不以罪而書則臣亦無罪也設君

無罪臣有罪則必君臣各書曰晉里克弑其君卓晉殺大夫荀息以別之矧荀息仇牧孔父亦何罪之有左氏不曰有罪無罪第書其實元凱不見聖人特起之旨一類謂書名者罪之也故曲入孔父荀息之罪而求仇牧之罪不得則謂無善可奬三大夫聖人以例書之苟有罪則有罪苟無罪則無罪胡可以一有一亡與岳謂荀息盡忠節恨力不足以制里克故效死而復其言縱不賢亦可以無過矣斯上之誤下謂及卑近之中謂賢遠矣折衷得其旨

集議見桓二年孔父論

新義曰非死之難得死之難爲有泰山鴻毛之輕重也荀息探晉獻之邪心況不能力辨申生之禍執遜言以累奚齊卓子之死前日之死太山之重也今日之死鴻毛之輕也

諤曰見桓二年孔父論

夏齊侯許男伐北戎

春秋不與夷狄之侵中國故齊侯與許同伐北戎而錄其爵者所以起齊侯不巳其爲伯之心也書許男得非譏諸侯耶諸侯不能同力共討戎狄以

絶其爲患如晉宋魯衞之大反許國之不若焉故

書許男以懲諸侯也

晉殺其大夫里克

折衷曰夫臣弑君子弑父人倫之大惡春秋之要

也趙盾不討賊猶以弑君稱之許止不嘗藥猶以

弑父罪之烏有弑二君而曰殺之不以罪歟穀梁

謂殺之不以其罪得非里克爲重耳而殺奚卓之

不以倫乎重耳賢則賢矣但巳出奔抑奚齊卓子

亦獻公之子也荀息稟獻公之命而立之里克徇

重耳之賢而弑之非也何者繫其順逆也奚卓立

則里克之君也而弒之斯而不罪孰可罪也公羊謂不以討賊之辭書之惠公之大夫也吁聖人筆削以正王道垂範萬紀豈私於惠公歟杜得其旨

本旨曰里克者獻公賊申生不能諫逐二公不能止而殺其君之子奚齊弒其君卓及其大夫荀息可謂義乎設國人起而誅之是討賊也而書曰晉殺其大夫里克其旨安在曰夷吾由卓弒而立利國之難入據君位又欲自洗非篡歸罪於克聖人推其心以定罪明跡誅其徒本非義舉故以君殺大夫辭言之

集議曰公羊曰稱國以殺君殺大夫之辭也穀梁曰稱人以殺誅有罪也里克之弑二君罪惡當討奚齊卓子死而夷吾立與夫與聞乎弑幾矣立而旣定則君臣之分著若襄二十六年甯喜弑剽而納獻公二十七年獻公殺喜亦稱國以著其罪無罪則此知矣亦猶羽父見貶於隱而書氏於桓使里克可殺則惠公亦不可君矣元凱謂荀息里丕鄭書名爲貶皆失之

謂曰凡稱國以殺君殺其大夫之辭若夫稱人以殺殺有罪也如隱四年衞人殺州吁莊九年齊人

殺無知是則稱人爲討賊之辭甚於稱國矣今里克弒二君不稱人而直稱國以殺者不以其罪罪之也惠公旣立懼其及己而欲殺之則惠公之命殺之矣然春秋不以討賊之辭加之明惠公不以弒君之罪罪之也

秋七月

冬大雨雪

十有一年春晉殺其大夫丕鄭父

丕鄭謀出惠公以納重耳惠公殺之亦君命可知故稱國以殺也餘義見七年

夏公及夫人姜氏會齊侯于陽穀

公不當以姜氏出會也姜氏不當以夫人踰境也齊侯會魯公則可會姜氏則不可故發微謂參譏之

秋八月大雩

義見桓五年

冬楚人伐黄

以左氏言之謂黄人有楚貢則楚之暴盛可知矣貫澤陽穀之會桓公以德服之江黄雖遠而能從中夏之好亦可與之今齊桓之業漸衰以廢楚人

聞之而伐黄

十有二年春王三月庚午日有食之

夏楚人滅黄

黄雖遠國數與諸侯會盟尊慕伯者今楚滅之春秋錄之者譏在齊桓也齊桓未嘗救之而見滅且以志楚之强暴復起矣

秋七月

冬十有二月丁丑陳侯杵臼卒

日卒正也無他義

十有三年春狄侵衞

齊桓之末伯德不甚遠著狄遂窺閒伐晉滅溫今
又侵衞春秋之所不與矣
夏四月葬陳宣公
公會齊侯宋公陳侯衞侯鄭伯許男曹伯于鹹
秋九月大雩
冬公子友如齊
內適外曰如卿行聘也義見莊二十五年
十有四年春諸侯城緣陵
折衷曰齊桓自興霸業諸侯之危者存之亡者復
之逼者遷之故城楚丘爲衞也城邢爲邢也城緣

陵爲杞也不審其人懲器用有闕也公羊謂不與齊桓專封設如是則城邢備列諸侯穀梁謂桓德衰設衰曷能帥諸侯也左得其旨

旨要曰齊帥諸侯而遷杞今不書齊是繕備有闕恩惠不終則齊之義不足稱去齊示譏所謂微而顯文見諸侯而義責齊桓故杜曰文見於此而起義在彼也

集議曰左傳以不書其人爲有闕杜釋之謂器用不具城池未固爲惠不終且仲尼脩春秋雖辭約義微然必舉其要使後人据典禮而觀之得以見

是非之實若曰器用不具城池未固而不稱其人
豈聖人垂教之旨哉城邢城楚丘城緣陵城之雖
一而書之皆異者聖人存心於教而不滯於文爾
且城邢之時僖之始年齊桓方脩伯業威心漸著
唯宋曹從之故備書三國之師二年城楚丘以公
後之書存內諱故以獨城爲文今此魯公在會矣
諸侯畢至矣然則此言諸侯者得非舉中國之辭
乎且興滅國繼絕世聖人所善也況杞爲王者之
後在周爲賓爲之城邑以存其宗廟社稷之祭祀
則桓之爲伯非惡也三傳之說或遠於經

新義曰春秋書極亂之事以求治鴻毛之善不遺齊桓之霸二十餘年率諸侯尊天子聖人實與多變文示義也滅遂之後稱人者言諸侯羣衆之心歸一於天子也召陵之後一切稱爵稱師謂齊霸漸衰侵伐不請於天子各請諸侯擅相攻戰城楚丘城緣陵或言諸侯或不言諸侯貶之最者也言齊桓之霸稱人特筆不可以例拘也

諤曰春秋僖元年書城邢以邢國言之者善其救全人之國也二年城楚丘此年城緣陵以一邑言之者謂其專封而不與之至若城邢則曰宋師宋

師曹師者邢未遷而三國之師救之善救之故以師稱之也城楚丘不言其人者衛見伐而齊桓不卽救之俟其滅而後封之故沒其專封而直曰城也今城緣陵而又曰諸侯者蓋杞以淮夷之病齊桓與諸侯會于鹹以謀之遂城而遷之是則諸侯之心同欲城之故以諸侯書之亦所以示譏矣楚丘之城議在齊桓而此統言諸侯者蓋桓公德衰因以統譏諸侯之專也

夏六月季姬及鄫子遇于防使鄫子來朝

集議曰凡魯公之女嫁必書歸於某甯必曰來出

必曰來歸蓋錄內親親之義也杜以季姬爲鄫夫人且適鄫不言嫁在魯不言來恐非史策之例也設謂季姬已歸於鄫則以婦使夫亦非正也史將書其不正是必舉始以明終而況聖人筆削之際必不於是略之且經言及言遇言使皆譏也按傳曰及者我欲之也又曰遇者志相得也使者上命下之辭也豈不謂志於淫而使之請己乎考十五年季姬歸于鄫則始嫁之文明矣范甯言女爲遠會事之不然何休云鄫魯相近信使逸通末世無禮容或有之以姜氏如莒觀之爲得其實也

謗曰以范甯言之則左氏來甯之義爲近合人情也以諸儒言則公穀之說似有證焉如季姬既嫁以婦使夫非正也若未嫁而使人請己又不正之甚然則春秋所以志之者蓋聖人詳錄內女俾後世知閨門之內正之必先將以爲風化之始不可以非禮行也

秋八月辛卯沙鹿崩按自此至僖公三十三年永樂大典並闕

狄侵鄭

冬蔡侯肸卒

十有五年春王正月公如齊

魯之所朝者惟齊晉楚按此條從程端學春秋本義補入

楚人伐徐

三月公會齊侯宋公陳侯衛侯鄭伯許男曹伯盟于牡丘遂次于匡

公孫敖帥師及諸侯之大夫救徐

夏五月日有食之

秋七月齊師曹師伐厲

八月螽

九月公至自會

季姬歸于鄫

己卯晦震夷伯之廟

冬宋人伐曹

楚人敗徐于婁林

十有一月壬戌晉侯及秦伯戰于韓獲晉侯

十有六年春王正月戊申朔隕石于宋五是月六鷁

退飛過宋都

三月壬申公子季友卒

夏四月丙申鄫季姬卒

秋七月甲子公孫茲卒

冬十有二月公會齊侯宋公陳侯衛侯鄭伯許男邢

侯曹伯于淮

十有七年春齊人徐人伐英氏

夏滅項

今按春秋集傳大全載陳氏岳說云凡書外事各言其國內事不言我外事如齊師滅譚齊人滅遂之類是也內事則取汶陽田取鄟取邿之類是也未有書外事不言其國未有書內事而言魯者蓋言國以別內也此當是折衷論文未知會義採入否附錄於此

秋夫人姜氏會齊侯于卞

九月公至自會

冬十有二月乙亥齊侯小白卒

十有八年春王正月宋公曹伯衛人邾人伐齊

夏師救齊

傳言三月齊人殺無虧則無虧巳殺矣今魯以師救之亦以志其緩也今按此條從春秋集傳大全輯補

五月戊寅宋師及齊師戰于甗齊師敗績

狄救齊

秋八月丁亥葬齊桓公

冬邢人狄人伐衛

便文也中國與夷狄會君殊之師與大夫序必微者而後得稱人稱人似便文者非其君也按此條從趙汸春秋集傳補入

十有九年春王三月宋人執滕子嬰齊

夏六月宋公曹人邾人盟于曹南

公羊宋稱人誤今按此條從春秋集傳大全輯補

鄫子會盟于邾乙酉邾人執鄫子用之

秋宋人圍曹

衛人伐邢

冬會陳人蔡人楚人鄭人盟于齊

梁亡

二十年春新作南門

夏郜子來朝

秋八月丁未及邾人戰于升陘

冬十有一月己巳朔宋公及楚人戰于泓宋師敗績

今按春秋集傳大全載王氏箋義云楚子稱人惡夷狄之敗中國也故微之微楚子亦所以譏宋公也以千乘之宋不能勝楚之微者宋公病之矣此條未知會義採入否附錄於此

二十有三年春齊侯伐宋圍緡

夏五月庚寅宋公茲父卒

秋楚人伐陳

冬十有一月杞子卒

二十有四年春王正月

夏狄伐鄭

秋七月

冬天王出居于鄭

晉侯夷吾卒

二十有五年春王正月丙午衞侯燬滅邢

春秋上書衞侯燬滅邢而傳寫者見下文衞侯燬

卒遂誤增其名爾按此條從黄仲炎春秋通說補入

夏四月癸酉衞侯燬卒

宋蕩伯姬來逆婦

宋殺其大夫

秋楚人圍陳納頓子于頓

葬衞文公

冬十有二月癸亥公會衞子莒慶盟于洮

二十有六年春王正月己未公會莒子衞甯速盟于向齊人侵我西鄙公追齊師至酅弗及

下文言齊師則知稱人爲貶矣今按此條從春秋集傳大全輯補

夏齊人伐我北鄙

衞人伐齊

公子遂如楚乞師

秋楚人滅夔以夔子歸

冬楚人伐宋圍緡

公以楚師伐齊取穀

公至自伐齊

二十有七年春杞子來朝

夏六月庚寅齊侯昭卒

秋八月乙未葬齊孝公

乙巳公子遂帥師入杞

冬楚人陳侯蔡侯鄭伯許男圍宋

十有二月甲戌公會諸侯盟于宋

案左氏二十八年楚子使子玉去宋又子玉曰君

復衞侯而封曹臣亦釋宋之圍以此言之宋圍不

解也蓋公不救宋而往會從楚之諸侯爲盟於宋故明書以示義按此條從程端學春秋或問補入

二十有八年春晉侯侵曹晉侯伐衛

楚之病中國久矣齊桓圖伯二十餘年而後服之桓公沒而宋襄繼圖其業然力不能攘而身見執戰敗卒傷而死聖人悼之晉文之立特起救宋之志欲儆强楚以曹衛背華附夷而侵伐之然晉侯實非欲侵伐曹衛蓋志在於救宋而服楚也今按此條從春秋集傳大全輯補

又按春秋集傳大全引陳氏岳云春秋省文事苟不異則上有國下不繫國上書族下不書族焉有

無事隔再稱晉侯而不言遂蓋所以志晉侯之惡也此條未知會義採入否今附錄於此

公子買戍衞不卒戍刺之

楚人救衞

三月丙午晉侯入曹執曹伯畀宋人

今按春秋集傳大全載王氏箋義云執曹伯不歸京師而畀宋人斯不待貶絶而罪惡見者也此條未知會義採入否附錄於此

夏四月己巳晉侯齊師宋師秦師及楚人戰于城濮楚師敗績

今按春秋集傳大全載王氏箋義云陳蔡從楚而不書者助夷狄抗中國自以其師從楚右師失位故賤而不書亦猶哀十年會伐齊不言邾郯此條未知會義採入否附錄於此

楚殺其大夫得臣

衛侯出奔楚

五月癸丑公會晉侯齊侯宋公蔡侯鄭伯衛子莒子盟于踐土

今按春秋集傳太全載王氏箋義云晉侯戰勝天子自往踐土勞之復使王子虎盟諸侯於王庭皆非禮也故不書王子虎惟以諸侯自盟爲文此條未知會義採入否附錄於此

陳侯如會

公朝于王所

六月衛侯鄭自楚復歸于衛衛元咺出奔晉

陳侯款卒

秋杞伯姬來

公子遂如齊

冬公會晉侯齊侯宋公蔡侯鄭伯陳子莒子邾子秦人于温

天王狩于河陽

壬申公朝于王所

晉人執衛侯歸之于京師

衛元咺自晉復歸于衛

諸侯遂圍許

曹伯襄復歸于曹遂會諸侯圍許

晉侯專執而罪之又專釋而歸之且逼使遽會諸

侯圍許制服出於晉侯以見晉侯專之之甚也按今

此條從春秋集傳大全輯補

二十有九年春介葛盧來

公至自圍許

夏六月會王人晉人宋人齊人陳人蔡人秦人盟于

翟泉

秋大雨雹

春秋書大雨雹者三此年及昭三年四年也陰陽

不調之所致耳必錄之者所以警人君之戒也按此

條從程端學春秋本義補入

冬介葛盧來

三十年春王正月

夏狄侵齊

夷狄之犯中國霸者當攘而驅之書者譏晉文之不救也今按此條從春秋集傳大全輯補

秋衛殺其大夫元咺及公子瑕

衛侯使賂周歂冶廑而使殺之亦君殺之意矣今按此條從春秋集傳大全輯補

又按春秋集傳大全載王氏箋義云叔武君命奉之以受盟故稱衛子若瑕者元咺君之非君而君

衞人侵狄

秋衞人及狄盟

衞人不遂討狄反與之平就而結盟春秋會夷狄

猶不可况盟之乎今按此條從春秋集傳大全輯補

冬十有二月己卯晉侯重耳卒

三十有三年春王二月秦人入滑

齊侯使國歸父來聘

夏四月辛巳晉人及姜戎敗秦師于殽

今按春秋集傳大全載王氏箋義云書敗秦于殽若晉人敗狄于箕之類是也秦伯不納蹇叔之言卒敗於殽三帥被執喪其師旅害及生民斯負而無謀者也戎狄無謀而貪故書秦如狄此條未知

會義採入否附錄於此

癸巳葬晉文公

狄侵齊

公伐邾取訾婁

秋公子遂帥師伐邾

晉人敗狄于箕

冬十月公如齊

譏公親往以報大夫之聘今按此條從春秋集傳大全輯補

十有二月公至自齊

乙巳公薨于小寢

隕霜不殺草李梅實

春秋詳記災異不遺微細所以謹人君之戒也此隕霜不殺草李梅實從而錄之者因以明天地之應陰陽之大生殺動植之類皆繫人君之德必詳志之以示戒爾今按此條從春秋集傳大全輯補

晉人陳人鄭人伐許

《春秋》研究文獻輯刊

第七册

國家圖書館出版社

第七册目録

春秋會義二十六卷（卷十三—卷二十四）　宋・杜諤撰　清・楊昌霖輯

宋·杜諤 撰 清·楊昌霖 輯

春秋會義二十六卷

（卷十三—卷二十四）

清光緒十八年（1892）刻本

春秋會義卷十三

宋鄉貢進士江陽杜諤撰

文公

按史記僖公卒立子興是爲文公左氏史記無他說者文公之繼僖正也

元年春王正月公卽位

釋例曰凡有國家者必審嫡庶以明正統君薨卽嗣子之位前定矣

纂例啖子曰凡天子諸侯旣殯而嗣子爲君康王之誥是也未就阼階之位來年正月朔乃就位南

面而改元春秋所書是也凡先君正終則嗣子踰年行卽位禮原注文成襄昭哀五人是例

新義曰據三傳諸家之說皆史冊舊文典禮常事非聖人制作之意春秋主魯王道在仲尼與文公正卽位也文何以正其卽位尊魯也

謗曰說春秋者謂春秋謹五始以立法雖是一家之談亦無害於筆削也自隱公至於僖公五始之具惟桓公而已然桓內有與弒之心故如其意以錄之是則在桓公爲不正之辭矣今文公踰年卽位是由繼正而立故穀梁以文爲正也時諸侯不

稟天子禮樂者多矣是以夫子於元年春之下必次以王正月者謂以王正諸侯之即位也言諸侯雖不稟之而王法不得不追正耳

二月癸亥日有食之

若如杜註以夫子之經反繫之於官掌乎是不然也（按杜預謂癸亥月一日不書朔官失之）何休之言皆指事以明其應（按何休以此日食爲商臣弑君楚滅江六狄侵中國之應）然則春秋之世王室微弱列國暴横災異屢見夫子詳錄以示戒奚止於是哉

天王使叔服來會葬

纂例曰會僖公葬記是以爲非也

箋義曰常事書者周衰諸侯喪天子罕使大夫會葬善今復能行之故志之耳

諤曰春秋之法其於君臣也必有以正其尊尊之道而示後世矣蓋由周道微而禮去籍凡所以陵替之事必從而追正之且末世諸侯奉上之節蔑聞焉而天王使大夫會僖公之葬淩弱可知矣公羊杜元凱皆以爲禮而穀梁又曰重之辨疑之所不取也按陸淳辨疑引趙匡說云夫子意在辨是非豈惟重之而已葬在五月而今頃來會此春秋不得不譏之安可謂記其是

哉

夏四月丁巳葬我君僖公

見閔元年義

天王使毛伯來錫公命

纂例趙子曰無功德苟錫之非禮

通例曰凡天子爵命魯正則書錫不正則書賜

集義見定十四年歸脤論按本書定十四年歸脤經文下不載集議之說當是闕佚

謗曰十二公之中書錫公命者二賜公命者一春秋皆不正其所以來也今公卽位天子使毛伯錫

命之元凱雖以命圭合瑞爲解按杜預左傳注解錫命云諸侯即位天子賜以命圭合瑞爲信而不明末世諸侯不稟天子之令亦徒錫之矣夫以諸侯即位當朝正於王奉天子之命而爲諸侯也文公不朝於天子而周王反錫之命微弱可知矣故書天王以正其號錄錫命以志其過

晉侯伐衛

箋義曰衛成公怨晉文公執歸京師故其季年不朝而且侵其鄰國亦不從盟主也襄公嗣位欲脩文公之業先以衛侯之罪告於諸侯復聽先且居

之言朝於王所乃命大夫伐衞取其戚田諸侯於是畏威復歸於晉昔齊桓公卒五公子爭立伯業遂廢今襄公克纘父功繼爲盟主首能尊天子威服諸侯故春秋善之書曰晉侯伐衞貴之也杜氏以爲從告非也

謖曰晉襄公述父之功欲紹霸業前年敗秦敗狄以其冒喪用兵不可正之以爵也今衞聞晉喪侵人之國伐人之邑襄公爲伯者之後不可不伐而正之據左氏之說又有告諸侯朝王之實則是亦可與之也故春秋書其爵因以別大夫之專也

叔孫得臣如京師

春秋內朝聘稱如雖京師亦言如者夷周於列國也且文公即位不朝於王而王使人錫命之不正也受王之寵命苟躬朝於京師猶曰緩也況不朝而使卿拜命乎殆爲不可故明書之以示譏且以見下淩上替矣

衞人伐晉

晉伐衞稱爵而衞伐晉稱人者蓋春秋欲與晉襄之紹伯也若衞者侵伐於人而晉討之今又不從而報晉之伐故人以譏之

秋公孫敖會晉侯于戚

胡氏曰春秋主魯而行王道内大夫比之天子之大夫故可以會公侯

謂曰孔子曰政逮於大夫四世矣繁露云自文公以來之謂也桓公旣沒列國之政或漸衰替大夫得而專之今公孫敖魯之大夫爾而與晉侯爲會豈非禮之抗哉傳例所謂大夫不可會公侯也然春秋不去其氏者蓋聖人之志有以示義也春秋藉朝聘會盟以正禮樂之失今於文之元年而書公孫敖之會以譏禮樂自大夫出其他可知也

冬十月丁未楚世子商臣弑其君頵

新義曰蠻夷君卒不日此何以日漸進吳楚以中國錄之也

謂曰楚夷狄也春秋內諸夏而外夷狄楚自莊二十三年之後凡聘會侵伐或以人稱之或以爵稱之至於殺臣弑君之事亦詳錄之與列國不異者豈無其旨耶蓋聖人以春秋之時諸侯與楚子交比啟其貪惏使其侵伐聘會與中國諸侯抗夫子疾之不得不詳錄以垂戒也今商臣之弑而以世子爲稱是則亦同中國之辭明矣儻曰以夷狄而

外之則雖正不正春秋豈從而錄之所以與中國同辭者蓋譏在中國之諸侯也

公孫敖如齊

內適外曰如無他義

二年春王二月甲子晉侯及秦師戰于彭衙秦師敗績

按左氏殽之役晉獲秦三帥舍之歸秦秦伯不替孟明而用之今帥師報復此秦不量力以勞民自取其敗故春秋正晉侯之爵以敵之且春秋書爵以及而秦稱師大夫爾

丁丑作僖公主

春秋十二公作主祔廟未嘗書之今書作僖公主必有所譏也是以傳皆云失虞練之時夫僖公薨至此十五月豈非失禮乎故聖人於此詳而錄之以志其失亦以起八月躋僖逆祀之文也聖人以國之所重者祭祀也禮之所先者君也欲重責於彼故起文於此所以志文公奉先追養之事不得禮之正矣

三月乙巳及晉處父盟

折衷曰春秋爲公諱多矣苟非公之罪則曲在彼

直書彼以絀之則直在我矣焉用諱耶晉襄公以公不朝來討公公乃如晉晉侯使處父與盟而辱之以其君臣不敵故也公之不朝信有責旣與公盟則不宜以臣敵君我固辱彼豈鼪獻是曲在彼明矣聖人去處父之族以絀之中謂處父不氏諱與大夫盟苟諱之其盟而不書矣安有止去族而爲諱也下日不言公是諱與大夫盟噫斯亦非諱也蓋旣罪處父而書微者以敵之非如莊二十二年及齊高傒盟於防防之盟書及是諱之也斯盟書及非諱也何者防之盟不貶高傒故爲公諱之

斯盟巳絀處父故不諱之斯左得其旨

箋義曰諱與大夫盟既沒公則不當去氏及齊高傒是也既去氏若與其君則不當沒公公及邾儀父是也然所以沒公而去氏者既刺公不朝致辱又惡晉以非禮盟公故以國氏其大夫使若晉君然亦以惡處父也

新義曰此盟實公盟而沒公者何耻不朝而與大夫盟也大夫盟不日此何以日言處父如晉侯也不地者何不書公如晉也

謂曰此公及晉陽處父也春秋所以不言公者不

使大夫得伉若齊高傒亦其類也且高傒不去氏而處父去氏者蓋聖人原其實而加之筆削謂高傒之盟主在於公而此主在處父也且處父大夫而輒與魯公盟則盟之意專出於處父故去氏以譏之左氏穀梁又以公如晉言之雖是經外之說然諸儒從之以爲論

夏六月公孫敖會宋公陳侯鄭伯晉士穀盟于垂隴

文公之前春秋盟會未有外大夫列會於諸侯者也文公之後政出大夫此垂隴之會敘士穀於諸侯之下者譏政在於大夫也時晉襄絀伯爲盟之

主使大夫出會諸侯非禮之正故夫子錄之復存諸侯之爵者甯無微旨夫桓文爲伯或盟王人或致天子是天王受制於諸侯也春秋不與之故書王人以先諸侯也桓文之沒晉襄紹盟主致諸侯而大夫會之是諸侯受制於大夫也春秋亦不與之故序諸侯以先士穀也聖人所譏之意其在玆歟

自十有二月不雨至於秋七月

春秋之年僖公書不雨者三文公亦書不雨者三而穀梁解之特異夫春秋編年必具四時一時無

事則書首月以備之是以僖二年冬十月不雨三年春王正月不雨夏四月不雨春秋所以析而言之者蓋不可闕首月以備四時也今文公此年書十二月不雨至於秋七月者蓋春夏自有異事以備四時也十年十三年正月不雨至於秋七月者其年之夏亦有異事故不復出首月不雨之文也穀梁以二公所書之異曲生外意謂僖公爲閔雨有志於民以文公爲不憂雨無志乎民則穀梁之意賢僖公而生此說也然文公爲人之君豈可竟無憂旱之心耶

八月丁卯大事于大廟躋僖公

新義曰春秋之法常事不書書則有訓鑒也隱桓之世人逆於朝時王不誅春秋不得不作也閔僖之祀鬼逆於廟國史不正春秋不得不書也人逆於朝可治也鬼逆於廟不可言也聖人疾時之心也

經社曰閔僖之爲君臣較然於人一旦以臣而上君亂法之甚所謂用失其禮矣

謗曰禮七廟五廟無虛主唯祫祭於祖爲無主爾禮又曰祫祭於祖則祝迎四廟之主二傳解此大

事爲祫祭是矣葢諸侯祫及其太祖之事聖人因

而錄之者譏躋僖之亂惡其失禮紊尊卑之序故

也文公雖欲尊其父而春秋之法不可不譏之所

謂躋者不可躋之辭而三傳釋爲逆祀明矣發微

新義詳論之按孫復尊王發微云鬼神有常祀昭穆有常位不可易也躋僖公瀆慢不

恭甚

矣

冬晉人宋人陳人鄭人伐秦

晉襄紹伯冒喪敗秦以至此年春有彭衙之戰春

秋尚不奪其爵者實以別於大夫也秦旣敗而卻

之今使大夫報伐不務德而恃其力率四國之兵

而用之一歲之中興師勞民之甚故春秋稱人以示譏

公子遂如齊納幣

膏肓曰文公服喪未畢而圖婚而云禮也左氏爲短也

通例曰凡公娶於諸侯不書納幣書納幣皆譏也

經社曰其不曰納幣於齊而曰如齊納幣則幣固納乎齊君也

集議曰遂如齊納幣雖不書月設以爲十二月去僖之薨方二十有五月也喪而圖婚孝子之心固

非所忍公羊釋之范甯非之正矣春秋書納幣者
唯莊與文皆以喪娶譏之禮三年之喪旣祥而禫
自天子達左氏以爲合禮非也春秋內娶逆則稱
女稱卿族歸則書至書夫人也此史策之常也莊
公喪娶仇女故經書夫人姜氏今文亦喪娶四年
書逆婦姜於齊皆變文以示法貶可知也

諤曰繁露謂文公小善無一而大惡四五且祭祀
婚娶禮莫大於此也今春秋詳錄其躋僖納幣之
事蓋志其逆祀喪娶之大皆以示貶爾

三年春王正月叔孫得臣會晉人宋人陳人衛人鄭

人伐沈沈潰

箋義曰沈楚之與國前此未嘗與中國會盟晉率諸侯之師無故伐而潰之惡其害民生事故皆貶稱人得臣獨免者罪不在魯且貶外以見內

謗曰晉襄紹爲盟主不知務德會人之兵勞衆伐外雖然沈卽楚而伐之晉襄不勤於諸侯使大夫出會主兵則不正之甚此聖筆所以譏之也然獨出得臣之名者亦以志帥師之專在大夫爾

夏五月王子虎卒

折衷曰春秋凡書非聖人特筆升絀則多存史策

體例例內大夫書卒王子虎周之卿也曷以卒之
苟以使於我而書則祭伯凡伯南季毛伯叔服王
季子皆使於我胡不書之苟以恩及我而書則單
伯爲我如齊請子叔姬最有恩矣何以不書之苟
曰會葬而書則諸侯會葬胡不書之斯書者天王
以同盟之例赴之史策例同盟皆書杜得其旨矣
胡氏曰來赴乃王叔之家事非有天王之告弔者
魯待同盟之舊禮定四年劉卷卒亦是也杜氏以
爲不書爵者天王赴之非也
集議見隱元年歸仲子之賵論

謗曰春秋書王子虎卒而三傳之說先儒論之皆有所不取以左氏僖二十九年傳翟泉之盟王人是王子虎也故或以從赴告言之然而聖人筆削之事豈本乎赴告哉是必有所譏爾春秋外大夫不書卒而天子之大夫見於經者三隱三年尹氏卒此年王子虎及定四年劉卷卒是也夫尹氏之卒公穀以爲譏世卿是猶魯大夫書公子公孫以譏世祿也如是則此言王子虎其若魯之言公子歟然而魯稱公子而此稱王子者蓋聖人别周於魯也

秦人伐晉

胡氏曰春秋用兵諸侯稱爵正也稱師貶也稱人重貶也卿書名正也書師異辭也書人貶也大夫名氏不見無貶也孟明之戰也一敗于殽再敗于彭衙喪軍辱國罪不容誅而穆公用之以終其功功成而晉畏業著而秦伯不亦善乎故二年晉先且居伐秦傳曰卿不書爲穆公尊秦也尊秦者以穆公用人之有始終也則孟明之名顯矣春秋之例不當書名而稱人矣稱人者爲孟明也非所謂以微者而告也夫傳稱秦伯先君而後臣舉重以

略輕也經書秦人顯穆公之明嘉孟明之忠也

諤曰春秋用兵稱人以譏之左氏因廣載孟明之事胡氏從而爲之論也

秋楚人圍江

楚書人者春秋錄楚從中國之例其實疾之也

雨螽于宋

折衷曰常災第書曰螽斯不曰雨螽而書雨螽于宋得無異旨苟欲第書螽則爲災之常文也卽曰宋雨螽宋大水亦不離爲災也考其實螽螟之類稟沴氣而生非天降也斯之螽如雨之多如雨之

狀自天而降到地而死明矣如隕石于宋皆記異而不爲災也杜氏之長公穀之短

集議曰春秋不記外災而書鄰國之災若莊二十年書齊大災襄三十年書宋災昭九年陳災昭十八年宋衞陳鄭災莊十一年宋大水之類是也公羊以爲爲王者之後記異穀梁以爲志災甚杜預以爲宋人喜獲天佑而來告皆非義例也左氏言墜而死凡言雨者著於上見於下者也其言雨則衆多可知矣設雨而不死則當爲災苟爲災則必書宋雨螽今言雨螽于宋者若書隕石所以記鄰

國之異也

諤曰春秋之世聖王不作五事不脩災異屢出孔子悉皆書之則不可勝紀惟日食及內災詳而記之外災或舉一二則天下之國從可知矣其所以止書齊宋陳衛鄭者取集議之解

冬公如晉十有二月己巳公及晉侯盟

纂例曰在晉都盟故不言地

諤曰按經以明傳則經二年書及晉處父盟左傳以爲公如晉而處父盟之經無其文矣此年公及晉侯盟經又自有公如晉之文也則是二年公未

見如晉之文以爲晉人以公不朝又言其來討而處父輒與公盟故去氏以貶其專也今公如晉朝而至己巳之日公及晉侯盟此經文簡直而易曉也左氏又以爲晉懼無禮而請改盟謂公再如晉其辭過實斯亦害筆削之旨

晉陽處父帥師伐楚以救江

箋義曰前此諸侯之大夫未有帥師而出主名者今書處父何也曰所傳聞之世政在諸侯故黜大夫皆曰人唯救徐書公孫敖帥師及諸侯之大夫亦不出名氏今書處父者所聞之世政在大夫故

於始而罪之也然始於處父者以其盟辱魯侯蒐
董而易中軍大夫之專甚者也今救江而先伐楚
詐諼故始之也
集議曰僖十八年邢人狄人伐衞穀梁何休皆以
爲伐衞救齊故稱人以善狄今此伐楚救江雖文
異而事同蓋春秋善而書之三傳之辭無所貶而
何休以爲進師失信失之
謗曰此帥師出處父之名而箋義解爲政在大夫
也救江集議以之爲善而發微謂之非救患之師
以其先伐楚故也取三家之說以釋傳則其理可

見故不復云

四年春公至自晉

夏逆婦姜于齊

折衷曰吉凶之禮苟公不自行大夫不涖事第書其事不書其人則必微者此春秋之規矩也文公使卿納幣而使微者逆又不書至是公以禮聘之不以禮逆之故君子知其不終於魯也苟以禮逆之當如宣元年遂以夫人婦姜至自齊也斯何休謂逆與至同文得其實也穀梁謂不言公爲公逆之苟公自逆當如莊二十四年秋夫人姜氏入則

不宜辨成禮不成禮也斯去微旨不亦遠乎

辨要曰不言夫人及氏者何夫人之位不明也夫人位不明則嫡庶亂矣故於其始變文書逆婦姜于齊志禍之始也

旨要曰史例往逆當稱逆女入國告至當稱夫人今卿不行入告至其禮賤略異於常文徒以有姑稱婦而已傳曰君子知出姜之不允於魯是於時禮既簡賤爲人所逆知也

集義見二年納幣論

經社曰其不曰逆女而曰婦姜以微者之逆無可

以志之者故以婦至之文成之也然則其不曰夫人何也夫人入國之稱也始逆而稱之不可也其不曰氏以微者逆略之也公羊曰譏娶乎大夫豈有納幣於其君而反娶於大夫乎是不然也

新義曰曷言婦姜賤之也何以賤之逆不以卿行至不稱夫人若道路之所得也始來不見貴終不爲國人所尊十八年傳曰夫人婦姜歸于齊大歸也通例絶於内則去氏

諤曰春秋諸侯親逆皆常事不書十二公有親逆而著其事者莊與文而已莊公以其娶父讐而親

納幣明書以譏之今文公以喪納幣而又逆之者微也曷爲書之耶蓋亦有所譏爾旣已譏之曷爲言婦不言女也聖人變文示義將使後世尋而討之以明筆削之旨三傳之說左氏謂卿不行公羊謂娶大夫而穀梁云成禮於齊於義未安辨疑皆不從之按陸淳集傳辨疑以左氏公羊爲誤而從穀梁成禮於齊之說本書皆不從之句殊爲訛舛諸儒之說唯集議明之而未解稱婦之意文公喪未終而納幣喪娶也故春秋變文以譏之夫人未至而稱婦者不正其爲婦於魯也如莊公姜氏言入以內弗受之辭加之此蓋公不親迎而云

爾

狄侵齊

夷狄犯中國書之以示譏

秋楚人滅江

楚從中國之辭前已屢見今書滅江以志前年處父之師救之無功而楚强暴無厭故詳書之

晉侯伐秦

秦與晉交伐之事雖肇于秦而晉之報伐未必爲正然春秋復於此出晉侯之爵者非止於懲秦蓋亦有所託文而云爾夫文公之後侵伐自大夫而

出若處父救江春秋出其名以示貶也今晉侯伐秦雖曰報伐勞民夫子書其爵以正之者以明諸侯之師諸侯用之可也大夫專之不可也春秋自隱桓之後凡書侵伐會盟不與諸侯之專也文公之後凡書侵伐會盟亦不與大夫之專也孔子曰禮樂征伐自諸侯出十世希不失矣自大夫出五世希不失矣春秋之旨其在兹乎

衛侯使甯俞來聘

冬十有一月壬寅夫人風氏薨

夫人風氏者諸儒解之爲妾母也然春秋以夫人

稱之者豈非著其僭乎故纂例云自此之後二主
祔廟也故詳錄其薨葬
五年春王正月王使榮叔歸含且賵
趙子曰譏天王厚禮妾母也
謗曰文公之後禮法益壞妾母僭夫人而春秋詳
錄之今天王使人禮之而書者其閔周之本意歟
隱元年書歸仲子之賵曰天王而此直曰王者蓋
筆削之輕重也彼仲子者惠公猶以爲夫人天王
賵之尙爲不可此止妾母耳王又使人歸之含賵
其失尤甚故去天字以示譏元凱又引公羊子以

母貴言之亦妄矣

三月辛亥葬我小君成風

春秋以夫人與君一體故葬稱小君也今此成風先儒釋之謂妾母矣然卒稱薨而葬稱小君者譏其二主祔廟也夫桓公之母以不正而卒葬不見於經至若歸賵考宮之事皆目以仲子而不加夫人之稱也成風亦非正也然以夫人小君稱之者殆著其僭而言之乎噫文公之後禮樂征伐大夫專之春秋著之以國氏若晉陽處父之類也薨葬祔廟妾母與焉春秋目之以夫人小君若成風之

類也

王使召伯來會葬

纂例曰義與歸含賵同

箋義曰先言葬成風後書來會葬是不及事也

集議曰天子之見於經者三十有二稱天王者二十有八稱王者三稱天子者一然則三稱並行而傳無異說故知王者之通稱而史辭之異爾成八年天子使召伯來錫公命公羊傳曰元年春王正月正也其餘皆通矣此經王則昭昭也而何休意謂元年叔服來會葬在葬僖公之前故經稱天王

此召伯來會葬在葬成風之後故經去天以示不及事噫列國有喪天子遣卿以會葬者尠矣此年會葬則禮之大恩之厚可知也豈聖人以一夫人之喪而責綏會於君父哉筆削之法固不如是

謗曰妾母之薨天王既於春歸其含賵今又使人會葬之左氏以爲禮而元凱謂之不及事穀梁又加以會葬於鄙上之辭焉是皆於義爲未安矣然則此亦以其厚禮妾母而譏耶夫薨而賵含尚曰不可而況以天子之尊使卿會葬乎故復去天字以示義

夏公孫敖如晉

內適外言如無他義

秦人入鄀

入者以兵入也書人以示譏

秋楚人滅六

冬十月甲申許男業卒

六年春葬許僖公

葬從臣子之辭無異義

夏季孫行父如陳

秋季孫行父如晉

公驟使卿出聘春秋書之以示譏

八月乙亥晉侯驩卒

日卒正也無他義

冬十月公子遂如晉葬晉襄公

通例曰先王之制諸侯之喪士弔大夫會葬晉文襄行霸始使大夫弔卿會葬故書某如晉葬晉某公以譏失禮會天子葬亦書者譏所使與諸侯同等也九年二月叔孫得臣如京師葬襄王是

諤曰公子遂如晉內大夫適外之文也葬晉襄公諸侯月葬也事在十月春秋書之文相接則往會

葬可知矣故通例因爲之辭

晉殺其大夫陽處父

折衷曰春秋書殺多矣類例衆矣苟無罪君殺則稱君臣殺則稱臣盜殺則稱盜苟有罪稱國殺國人殺也斯處父雖離局侵官不宜爲國討稱以國討罪之明矣謂之君漏言稱國誤

謬曰三傳載其事當取陳岳之義以明之

晉狐射姑出奔狄

據三傳則姑射之殺陽處父也春秋不書其殺而書其出奔不與姑射之殺矣姑射卽狄明書以示

貶

閏月不告月猶朝于廟

折衷曰閏者積餘之日而成其月用以正時也用以正時與諸月奚異聖人大其居正天子不居正則諸侯異議諸侯不居正則大夫異望春秋以春夏秋冬爲時之正也而烝嘗之禮在焉十二月朔爲月之正也而告朔之禮在焉閏旣正時禮宜告朔又究書猶之例如書四卜郊不從乃免牲猶三望謂宜郊而不郊則不宜三望矣斯閏月不告朔猶朝于廟謂宜告而不告則不宜朝矣左得其旨

旨要曰左氏稱閏以正時不告朔非禮也穀梁謂閏者附月之餘日天子不以告朔而喪事不數公羊謂天無是月其意皆言告朔可廢今詳經義書曰閏月不告朔是當告不告史直書也猶朝於廟大禮既廢小禮亦可止之辭也此經理甚明何煩三家之爭

集議曰先儒言古今厤法推閏月之術皆以閏餘減章歲餘以歲中乘之章閏而一所得爲積月命起天正算外閏所在也其有進退以中氣定之無中氣則閏月也古厤十九年爲一章章有七閏入

章三年閏九月六年閏六月九年閏三月十一年閏十一月十四年閏八月十七年閏四月十九年閏十二月此據元首初章若於後漸積餘分大率三十二月則置閏不必同初章凡為麻者閏前之月中氣在晦閏後之月中氣在朔在麻不置閏則弦望朔晦皆非其正故書云以閏月定四時成歳周禮太史頒朔於邦國諸侯受而藏之祖廟至朔朝廟告而授行之天子閏月則聽朔於明堂闔門左扉立於其中故於文王在門為閏閏既不可廢則禮必備而頒之天子有閏月聽朔之禮諸侯從

可知也公羊謂天無是月穀梁謂天子不以告朔皆失之

新義曰堯咨羲和朞三百有六旬以閏月定四時成歲雖然陰陽餘分叢殘棄數其如歲時之厤正於是生民之道盡於斯古之帝王必主其閏也又天子十二月朔正頒告諸侯受於禰廟言朝者緣生以事死感月所生而朝也此譏公於帝王所重之月而不告常月猶朝於廟所謂不郊猶三望廢大而行小也

謗曰論語子貢欲去告朔之餼羊子曰賜也爾愛

其羊我愛其禮鄭氏釋之謂魯自文始不視朔予
貢見其禮廢故欲去其羊也此條經文以魯論之
文質之由文公廢告朔之禮而春秋以之爲貶公
穀不達於此而謂閏月不告朔集議所以引禮經
而論之矣然則猶朝廟者可以通之辭也可以通
者幸之也文公既不告朔而但至廟拜謁春秋詳
而書之以志文公廢告朔而猶朝廟是幸其禮不
盡廢焉以此見聖人愛禮之深意告朔禮之大也
不告之則錄之以示貶朝廟禮之細也既行之則
復書以爲可通是聖人不爲不告朔而略朝廟之

文矣

七年春公伐邾三月甲戌取須句遂城郚

纂例啖子曰書日月者明因伐而取也　趙子曰本非魯地故中閒卻爲邾所取皆不書之不復繫於邾者省文從可知也

折衷曰凡書取皆言易也有不用兵書取固易也用兵而不書取不勞其力亦易也如取鄟取鄟取根牟取訾婁皆邑也豈有小大之別內外之異親疏之限賢愚之嫌哉此曷以不正彼曷以正皆不然也蓋聖人不以爲升絀之例者外事多從赴告

內事多從舊史史日卽日不日卽不日公羊謂深
諱之不足取

箋義曰僖公反其君故不日文公絶其祀故謹而
日之

謗曰公以兵伐人又取其邑是因伐而取之也伐
之不可況取邑乎甚之矣故曰以謹之左氏謂寘
文公之子趙氏之所疑也公穀謂之再取是又不
明其因伐而取之也此郚之邑因伐邾而以師遂
城之書遂者見其繼事也志其勞民不已爾

夏四月宋公王臣卒

不日卒有故也國亂不書葬爾何氏注釋之理未可從也按何休公羊注謂不書葬者坐殺大夫也不日者內娶略

宋人殺其大夫

纂例陸湻曰稱人者明死者無罪又非君意而殺之者衆不可書名特加人字以別之

箋義曰成公初卒昭公未即位將去羣公子反爲穆襄所攻殺公孫固公孫鄭斯則禍由嗣子然不以累上書之者子在喪未即位政在六卿國人亂故也

集議見莊二十六年曹殺其大夫論

謗曰按諸儒前後之論質而可從者取公羊曰稱國以殺君殺大夫之辭也取穀梁曰稱人以殺殺有罪也若此之義用之於前後之經義相近也若於此施之則是宋國亂而攻殺大夫大夫不可謂有罪然所以稱人者經蓋有文同而旨異者矣故

箋義以君未即位言之且既稱人以殺之又不明稱之者蓋因以志其無罪也儻殺稱人而大夫書名則如討賊之辭不可見其無罪爾

戊子晉人及秦人戰于令狐

箋義曰傳稱秦送子雍多與徒衞徒衞既多當有

將帥故下文云乃背先蔑以禦秦師秦本稱師而經亦貶稱人者良以晉人廢嫡來求公子雍秦伯不當從而納之故與晉人同罪其言及者言罪起宣子以累秦也不書敗而書戰者蓋以戰乃國之危事宣子廢嫡求君之所致也自是秦晉交兵大爲二國之患旣貶宣子又貶秦人不唯罪各當誅復致國之危爾杜氏以爲晉以戰告非也

謬曰晉與秦交戰甚矣春秋譏之而左氏有議立長君之事經無其文不可專據以爲實也餘義見下

晉先蔑奔秦

折衷曰凡諸侯之大夫帥師唯晉文公以來苟晉侯不自行則非中軍將不可爲帥趙盾文六年將中軍輔少主趙盾之後士會代之曷先蔑之有是考之二傳殊不知事之始末聞不如見於斯審矣是戰也晉襄公卒靈公少晉人以諸侯多事議立長君云從左氏

集議曰左氏言令狐之戰先蔑之奔如親覽史策詳其始末春秋略外尊內他國大夫出奔非來魯經不盡書如宋萬之奔陳蓋以其當國也若先蔑

失使秦之意而奔則經不應見錄此戰不言敗而書先蔑之出奔亦猶韓之戰書獲晉侯而不言晉師敗績也二傳以晉人爲先蔑以意原經似得其旨先儒雖謂巨明身爲國史躬攬載籍然他國之事魯史不應備書或者亦廣記所聞時有差謬六年傳言先蔑如秦逆公子雍下不見先蔑之歸而此戰序爲下軍之將杜雖曲爲之說亦先後之少違也

謂先蔑以師奔秦也故集議以意原經而不取左謗曰此左氏之記甚備而公穀解晉人之義不同

氏之說且左氏之傳辨疑言其自相背則誠近誣矣按陸淳辨疑引啖助說云經書戰明二師相抗敵傳云潛師夜起與經乖矣又上言背先蔑立靈公明蔑在秦次言先蔑將下軍則蔑又在晉何其自相背也夫以晉襄於前年八月卒晉其可至此尚未立君耶是則靈公已立明矣若此則左氏求君之理斯未爲得此蓋晉及秦戰而先蔑遂奔秦春秋直書之爾不言出者發微謂自軍中而去

狄侵我西鄙

書者狄犯中國春秋不與也

秋八月公會諸侯晉大夫盟于扈

折衷曰二傳以文公喪娶不得列於會故諸侯不序大夫不名噫宣公亦喪娶且文公卽位二十五月方納幣宣公卽位三月而迎婦則文過淺宣過深凡會俱不可列而新城之會文公復列之黑壤之會宣公皆列之何也斯不序諸侯不名大夫不名公後至避不敏也左得其旨

箋義曰文公不肯怠於政事二年以不朝致討下盟大夫今晉侯新立諸侯畢會而又緩而不恪後不及期動致悔尤明年晉侯復來討故左氏以爲不敏公羊曰譏其失序焉

辨要曰趙盾專晉國不相靈公以會諸侯而已主天下之盟斯無君之至哉故總書諸侯不序其爵而加趙盾無君之辭其義微矣厥後范中行氏智氏韓氏魏氏互專盟主之政而晉國遂分者襲盾之故智也諸儒雖見雞澤溴梁之盟徧刺天下之大夫而不見其由貶趙盾始也不亦深矣哉

新義曰文公稟受惡弱臨政荒墜三桓自此強祿去公室魯之喪亂兆於此矣公會不敘諸侯諸侯不齒公也

諤曰政逮於大夫四世矣先儒謂自文公也是以

二年晉士穀出盟而春秋序諸侯以先之三年陽處父帥師而經出其盟以譏之當是之時晉襄紹伯不甚淩替此則趙盾專晉國之政主盟諸侯公與諸侯往受其盟不曰趙盾而曰晉大夫者明晉國之政主盟諸侯專在大夫之侈矣然不序諸侯者不與趙盾主之也斯辨要得其旨

冬徐伐莒

公孫敖如莒涖盟

同僖三年公子友義

八年春王正月

夏四月

秋八月戊申天王崩

冬十月壬午公子遂會晉趙盾盟于衡雍

乙酉公子遂會雒戎盟于暴

胡氏曰襄仲預防國患權與戎盟雖云專命乃與公子結同列公子結盟齊宋二國本自爲魯非有可虞之患不爲可貴故一書公子襄仲見戎東行知必有事專命會盟故別日而再書公子於義可貴也春秋內大夫嘉之則書字按公子遂無字故名之而再書曰公子遂珍之也

謂曰左氏之傳所謂報扈之盟者其得解經之實矣而又曲生來討之文以合二傳後至之解既言報盟而又曰來討是意自相背爾又以會雒戎爲遂事且經詳錄其日再書公子遂不可謂繼事起又也特起大夫專盟之甚安可謂珍之乎左氏相違若是而胡氏又從之不可也然則再書之者謹其屢盟之惡也

公孫敖如京師不至而復丙戌奔莒

摘微曰公孫敖如京師不至而復本自專命而行因己事而回輕君命之甚

新義曰天子崩諸侯奔喪會葬臣子之通義也今公不奔喪而卿行非禮也是諸侯不有天子也公孫敖如京師不至復奔是大夫不有諸侯也奔者甚公也何以甚公甚公之誠信不及臣下

諤曰先儒所論敖不容誅而文公之惡可見矣且京師諸侯之父母也今文公使人弔周喪而不至君命之不恭臣奉之不信也儻文公能以禮命公孫敖以忠往豈至自恣之若是耶蓋由周室微弱諸侯臣禮不修所致也春秋詳録以示譏

宋人殺其大夫司馬宋司城來奔

纂例陸淳曰內外大夫奔卿則君之股肱也治亂所寄故重之凡奔皆惡也有非惡者則異其文宋司城是也

折衷曰春秋有書名不名未有書官者斯殺者亦官之奔亦官之得無其旨公羊謂宋無大夫以三世內娶苟取之任使則庶幾安有殺之奔之而曰三代內娶耶穀梁謂無君之辭亦遠矣稽之二大夫皆無罪殺之非國之不容蓋遇亂也而司馬握節以死司城效節而出聖人貴之各能守其官也

故悉具官左得旨

摘微曰並稱官而不名者罪宋失御下之道司馬司城宋之政臣安危繫之故明其位又以絕宋君臣也

集議曰春秋義例外大夫來盟來奔見殺者皆名之而宋大夫見殺來奔來盟以官書之按禮天子六卿諸侯三卿司徒兼冢宰司馬兼宗伯司空兼司寇三卿之下則有五小卿爲五大夫焉司徒下立小宰小司徒二人司馬下立一人爲小司馬司空下立二人小司寇小司空也是則天子諸侯之

官各有彛制此宋於經皆書其官得非譏其僭天子之制乎

本旨曰不名者特當時史冊謬誤夫子仍而弗革以示闕疑且懲過慢苟用爲襃則何不稱字以一其法使後世易曉耶況春秋謹於別嫌明微大抵可以例舉必不參錯其辭致令萬古惑也

謂曰曲禮曰天子之五官曰司徒司馬司空司士司寇典司五衆鄭氏之注云此商制也宋爲商後官名必應襲商家之號是故有司徒司馬司空之稱司城卽司空之更稱矣春秋錄之者必有其旨

論語孔子曰殷禮吾能言之宋不足徵也文獻不足故也足則吾能徵之矣此夫子謂夏商之禮吾能說之杞宋之君不足以徵之矣春秋所書之事亦以託其不足徵之意故此錄宋之官而三傳及諸儒互矛盾未明是不求之於曲禮論語之說也且宋之官商之爵名也宋雖襲商之制而其實不備夫子書之以見商制雖存而不足徵爾

春秋會義卷十四

宋鄉貢進士江陽杜諤撰

文公

九年春毛伯來求金

辨要曰君父之與臣子其義一也安有父有取於其子而得謂之求乎君有取於其臣而得謂之求乎唐司空圖嘗疑之矣然春秋書求止二焉餘義見桓十五年

諤曰毛伯不稱王使與隱三年武氏子同王者無求有求皆非禮也此春秋所以不言天王之使矣

然而求車書天王者義見桓十五年

夫人姜氏如齊

纂例趙子曰無父母而云歸甯故云如譏之也

二月叔孫得臣如京師辛丑葬襄王

總論謂平惠定靈書崩而不書葬者此孔子之所深痛其庸暗也故生則夷之於列國崩則不書葬以貶之復書桓襄匡簡景之葬以著諸侯驕蹇不奔喪會葬之罪也若是之言據經而可從矣此襄王之葬而經書叔孫得臣如京師則是諸侯不往而大夫往會明矣因錄之以示貶

晉人殺其大夫先都

稱人以殺殺有罪之辭也據左氏先都作亂而見殺故二傳及諸儒不復解

三月夫人姜氏至自齊

新義曰夫人例不致此致者何言公病夫人出病夫人出特書致者出非公意而專在夫人也

謬曰纂例啖子謂凡夫人行皆書比於公也然而書曰如者取內朝聘之名而稱之以見其非夫人之事而行也若合禮歸甯則當以歸甯言之今直云如則非禮可知矣出姜無父母而如齊豈可謂

歸甯乎春秋以其不正故書至以危之耳月者危之甚也

晉人殺其大夫士縠及箕鄭父

箋義曰晉自趙盾代士縠當國諸大夫不平之至是謀亂大夫死者五人向若晉從其君之命士縠將中軍箕鄭父之徒各登其職則此亂無由而作矣故春秋原晉亂之本由趙盾之代爲中軍帥也既書殺先都又書殺士縠箕鄭父蓋箕鄭之死由士縠之失職士縠之死由趙盾之代其位也然士縠之徒以失職而謀作亂其罪大矣時晉侯年幼

政在宣子故皆不以累上書之而率稱人以殺其言及箕鄭父者穀梁所謂累者是也先儒多不解所以稱人書及之旨故原而釋之

謗曰安傳釋春秋之義稱人以殺殺有罪也今士穀箕鄭同先都之亂故殺之箋義又以左氏之說詳明其旨則見稱人書及之義亦所以疾爲亂之由自趙盾始矣

楚人伐鄭

楚閒晉而伐鄭書之以起諸侯之救

公子遂會晉人宋人衞人許人救鄭

箋義曰七年會諸侯于扈公以會後致討魯誠有過矣今春楚人伐鄭趙盾當國不即救之致失楚敵晉豈得無過哉宋衛許皆近鄭聞楚人伐鄭若率先赴援即晉救及之矣故皆稱人以貶之傳謂之懲不恪是也魯獨免者去鄭楚最遠君子其恕之乎

謌曰外大夫帥師出主盟自陽處父救江始今大夫帥師而書曰人者疾諸侯之不能也楚復爲患伐鄭晉爲盟主不親會諸侯救而討之反使大夫專其救焉故書人以沒其名示春秋不與其專也

然出公子遂之名者俾後世知稱人皆大夫也諸

國稱人亦所以人公子遂也

夏狄侵齊

狄犯中國譏之爾

秋八月曹伯襄卒

不書日曹於春秋略之

九月癸酉地震

新義曰地者陰也靜也臣道也妻道也今至靜而

動者陰反陽也故坤卦上六有龍戰之象春秋之

際臣嫌爲臣而不有其君也妻嫌爲妻而不有其

夫也王弼曰辨之不早疑盛乃動故曰戰書地震者陰與陽戰也臣制其君也婦制其夫也

諤曰春秋書地震五此爲之始且天動地靜自然之理也聖人修德以感之則天不爲譴地不爲異春秋之世皇不極而彝倫斁是以天地爲之變見夫子於日食地震必日以謹之者所以志災異之大謹人君之戒也

冬楚子使椒來聘

折衷曰凡來聘天王之使則爵之諸侯之使則氏之苟可嘉則字之鮮有不氏者聖人得無異旨且

莊二十三年書荊人來聘蓋未知中國之禮也故稱人至是書名及使者漸知禮也然未盡善故不稱氏矣如吳初使季札來亦第書札不書氏亦示其漸也杜氏謂省之則諸國來朝不省獨省楚歟公羊得其旨

諤曰楚自莊二十三年書荊人來聘之後凡侵伐皆書人從中國之例適所以懲之也懲之以譏中國諸侯之不能制也然又君臣同辭稱之至僖二十一年會盂書楚子之爵是宋公會之與爲中國之禮夫子從而書之非所以伸之蓋以疾諸侯待

之與中國無異也自是之後侵伐會盟一同中國之諸侯焉春秋不得不詳而錄之示有所懲也今又來聘於魯而經復出楚子之使者先儒皆以爲漸進之此則未進乎聖人託文之意也夫夷狄之道來王而來貢也賓與貢義當歸於周而楚不循是禮反來聘於魯此聖人所以疾之也然亦以疾之抑之者夷狄之大夫非中國爵命氏族之正聖人略而賤之故止錄椒之名以示義

秦人來歸僖公成風之襚

折衷曰成風則莊公之妾僖公之母春秋不聘不

逆不至非嫡明矣然母以子貴子既嗣位母固爲夫人是以備禮而書薨必曰夫人風氏薨葬必曰葬我小君成風何也著國之典例也斯歸襚不曰夫人何也苟曰僖公夫人成風則是僖夫人非僖母也成謚也風姓也非夫人而何斯聖人之微旨也穀梁謂不以妾爲夫人則曷以書夫人風氏薨葬我小君成風也斯文又何以書謚三家皆失折衷得之

謬曰四年書夫人風氏薨五年書葬此年書歸僖公成風之襚左氏穀梁皆不解成風是何公之夫

人公羊釋之曰僖公之母也諸儒以此爲論者多矣至如僖八年禘于太廟用致夫人穀梁止曰立妾之辭不正而注釋者亦謂之廟見成風蓋緣此而爲說也然考之遷史世家亦不見成風所出之由而後儒但以妾母言之夫夫子之筆削固存大法者也今考其所書則隱元年書天王歸惠公仲子之賵此年書秦人來歸僖公成風之禭文體如一而諸儒於隱元年擬議之論則以仲子爲惠公之妾爾此若謂成風爲僖公之母則與隱元年所書既同而所釋又異聖人之意豈書子於母之上

耶去聖云遠歷秦之後傳授記錄之事廢缺而難明學者不得不疑也

葬曹共公

十年春王三月辛卯臧孫辰卒

春秋內大夫詳錄其卒左氏之說不足以爲例杜預於隱元年注皆失之總論攻之亦破矣取穀梁云大夫卒日之正也

夏秦伐晉

箋義曰秦自殽之役令狐之戰十餘年閒前後用兵一彼一此者凡十焉不務以德綏服彊鄰而欲

爭之以力斯皆亡國之道也今晉師初退秦師又來取北徵以報少梁貪土田而賤人命斯則甚矣故不書秦伯伐晉而直謂之秦爲狄之也不狄晉者晉爲盟主有救中國之善故於茲免焉至昭十二年不能救陳蔡而伐鮮虞則亦狄之矣杜氏以爲不稱將帥告辭非也何休不盡見秦晉事跡謂秦不知止故夷狄之近之矣其爲義也不深故爲盡道之

謗曰秦自僖三十三年敗殽之後數與晉交兵然自令狐之前或稱師或稱人而此直曰秦者取箋

義之說

楚殺其大夫宜申

同僖二十八年得臣義

自正月不雨至于秋七月

及蘇子盟于女栗

傳例內之卑者言及而纂例以爲公及之然儻公實往則春秋之法又何曲爲魯諱耶故發微謂之微者

冬狄侵宋

夷狄犯中國春秋詳書以懲之無他義

楚子蔡侯次于厥貉

春秋之文先諸夏而後夷狄此序楚子於蔡侯之
上得無義乎次止也以左氏之事明之則將以伐
宋也蔡爲中國之諸侯與楚比周欲同力伐宋甚
爲不可故序之於楚子之下以疾其受制於楚所
以示譏也既譏之而書其爵者斥言蔡侯以別大
夫也既言蔡侯則不可以言楚人矣

十有一年春楚子伐麇

箋義曰楚子自將侵伐諸侯至此稱爵暨成二年
會楚於蜀之後雖其大夫帥師亦出主盟一同中

國矣
譌曰桓文既沒楚復暴横諸侯莫有制之者至此伐麇而又以爵稱之斯聖人疾諸侯不制之之故也且明每爵不過乎此矣非所以伸之亦所以懲之也
夏叔仲彭生會晉郤缺于承筐
自文公之後大夫擅相爲會者多矣春秋詳而志之
秋曹伯來朝
見隱十一年

公子遂如宋

狄侵齊

冬十月甲午叔孫得臣敗狄于鹹

旨要曰長狄誠防風之後防風三丈後代亦當有異於人左氏記其國亡因言形質之異但杜氏不當言三丈爾

諤曰春秋自文公之後朝會侵伐大夫專之者衆矣是以所書之文出大夫之名而不言帥師以自內敗之也傳解其事而啖子明不言獲之義按陸淳辨疑引啖助說云不言獲略狄帥也

十有二年春王正月郕伯來奔

箋義曰公以諸侯迎之卽稱爵者葢惡公耳若直書朱儒以地來奔卽不見公以諸侯禮叛人之咎此與晉侯立太子州蒲爲君之義同

總論曰此郕伯來奔亦播越失地而不名之者莊八年師及齊師圍郕郕降于齊師遂滅之也此若直書曰郕伯某來奔則與夫莒子庚輿邾子益自失其國生而名之者不異也而魯滅同姓之惡無以見矣左氏公羊皆失之

諤曰春秋諸侯出奔皆名之以其失地故也其不

名者有二僖二十八年衛侯出奔楚及此年郕伯來奔也總論詳而明之但曰惡晉而惡魯也惡在晉魯而衛侯郕伯失地之罪又何以沒而不名乎夫楚爲荆蠻之國也而衛侯出奔之春秋所以不名之者不與其卽從于楚也魯於莊八年圍郕則爲讎國爾而郕伯來奔春秋所以亦不名之者不正其播越於魯也是則衛與郕皆不名之所以甚之矣

杞伯來朝

二月庚子子叔姬卒

夏楚人圍巢

楚稱人上屢見

秋滕子來朝

隱十年來朝稱侯而此稱子者國土削弱而禮不足春秋因而錄之以見五等不正爾

秦伯使術來聘

箋義曰公羊所引乃尙書秦誓之辭也按公羊傳引秦誓文云惟諓諓善竫言俾君子易怠而況乎我多有之惟一介斷斷焉無他技其心休休能有容是難也與今文秦誓略有異同據左氏前此六年秦穆公任好卒今術來聘乃康公所命也術不稱氏者與楚使椒來

聘同例公羊所謂許夷狄者不一而足也若不去氏則與齊侯使國佐晉侯使荀吳來聘無異焉胡氏於吳子使札來聘論之備矣按胡氏論札聘今不可考謂曰春秋書秦伯使術來聘與楚子使椒吳子使札文一類也以其非中國爵命氏族之正故略之

冬十有二月戊午晉人秦人戰于河曲

二國交戰甚矣發微解不言及之義爲得按孫復尊王發微云秦康晉靈尋舊怨殘民以逞故孔子自令狐之戰不復名其將帥然令狐之戰猶書及此不言及者惡其迭起報怨互覆師徒一目之也

季孫行父帥師城諸及鄆

春秋書城築二十九而帥師城之者二此年及哀三年城啟陽也必帥師而城之者懼其不虞之難故也鄆者莒魯所爭之邑故必帥師以爲之備也聖人因而錄之者蓋有所譏聖人重民之力凡城築之事皆志之況又帥師而城者乎勞民甚矣

十有三年春王正月

夏五月壬午陳侯朔卒

日卒無他義

邾子蘧蒢卒

不日者小國略之

自正月不雨至于秋七月

折衷曰凡旱爲災多繫于夏竟夏不雨則爲災故常文書夏大旱是書爲災也異常文則不然如僖三年書正月不雨夏四月不雨六月雨是旱不竟夏書不爲災第書六月雨則可知矣斯書自正月不雨至于秋七月歷三時而言之又夏在其中則爲災可知矣故不復曰大旱苟亦曰夏大旱則嫌連春冬不雨苟備書歷四時不雨更曰大旱則嫌文之繁斯聖人之旨書旱明矣三家俱失折衷得其旨按章如愚羣書考索引折衷此條較本書爲詳其文云聖人之文苟異于常則必有旨常

文者史冊之舊文也異於常者筆削之微旨也斯文異於常矣凡旱之爲災多繫於夏如竟夏不雨則爲災矣故書旱之常文曰夏大旱是竟夏不雨書爲災也有旨之文則弗然如僖三年書正月不雨夏四月不雨六月雨是旱不竟夏書不爲災也不曰不爲災異第書六月雨則不爲災可知矣未云斯聖人之旨書旱明矣如書螽蝝有蜮有蜚不曰爲災而災可知也三家俱失其實折衷得其旨餘文與本書所採同

集議取陳岳論謂僖三年公羊傳以爲亦雨而不甚此論不從其說而亦以書六月雨知其不爲災則義不相遠也

謗曰見上二年義

大室屋壞

旨要曰天子復廟重檐魯周公之廟禮如天子故大室者周公廟也若魯公之廟曰世室言世世不毀也

新義曰文公疾病視朔朝廟之禮曠夫人不爲國人所尊躋僖公逆祀於廟厥災公室自壞天戒之意詳故聖人謹而錄之

諤曰夫人君之所以奉先祖也嚴其廟貌謹其祭祀以時享之猶懼不恭文公爲人之後奉國之祀而大室之屋壞春秋書之誠有所譏爾是以三傳釋其壞之之理不甚相違至於公羊之文又稱世

室而因曰魯公之廟穀梁又謂伯禽曰大室元凱則曰大廟之室蓋魯國有伯禽武公之廟謂之世室則魯公之廟未有以大室稱之者也夫聖人所書秖以其屋壞而志之譏其奉先祖之心簡怠而不共爾而諸儒因之有大室世室所論之異未知孰是云

冬公如晉衞侯會公于沓

禮諸侯相見於隙地曰會蓋諸侯朝天子而與謀閒地也春秋之時朝天子之禮不行擅相朝會不一矣今公如晉而衞侯會之非相見與謀之正也

春秋錄之以譏其朝與會皆不得典禮之實矣

狄侵衞

十有二月己丑公及晉侯盟公還自晉鄭伯會公于棐

文公一出而事有三爲如晉朝也及晉侯盟也自往及還與二國會也據左氏之實是皆畏晉而爲之矣然而朝與盟會並非典禮之正故春秋離其文以譏之安可謂善辭耶

十有四年春王正月公至自晉

公踰年而返故致以危之

邾人伐我南鄙叔彭生帥師伐邾

箋義曰君子躬自厚而薄責於人桓二年杞侯來朝不敬魯人討之猶書入以示惡今魯使不敬邾人來討魯侯不思召之由己反使大夫勞衆以報之書曰叔彭生帥師伐邾惡之也

謌曰稱人者惡用兵來伐無他義文公之後大夫專伐者亦甚故出其名氏以譏其專帥師也

夏五月乙亥齊侯潘卒

日卒無他義而何氏釋其不錄葬按何休公羊注謂不書葬者潘立儲嗣不明乍欲立舍乍欲立商人至使臨葬更相篡弒故絕之

六月公會宋公陳侯衛侯鄭伯許男曹伯晉趙盾癸酉同盟于新城

新義曰凡盟先日後盟此盟會而後日者何從夷狄者服也諸侯久不同此書同者何刺國君微弱一同大夫也何以國君同大夫信在趙盾也

謂曰二年晉士縠會盟諸侯而春秋錄之以見政在大夫矣今同盟于新城而亦敘趙盾于下是又大夫制諸侯與士縠同義也且七年扈之盟不出趙盾之名而此出其名者蓋以晉靈之後趙盾專國之政不相其君以出會而已自專之故春秋於

扈之盟沒其名以懲之此復出之者聖人之意若曰不出其名則屢盟專恣之罪無以見其人矣故斥言之又書曰以謹其惡也

秋七月有星孛入于北斗

新義曰北斗天之極也京師君之居也君之居兵戈不可犯天之極彗孛不當入今入北斗斗星數七必有其應矣

諤曰天人相交甚於影響之應也蓋事作於下而象動於上是以人君飭正五事建大中以承天心則七政上齊而譴異不作矣春秋之世王道不紀

政教廢失災異之出尤甚聖人詳而録之故書星孛者三皆所以謹人君之戒也

公至自會

公踰時而返故致之

晉人納捷菑于邾弗克納

折衷曰文六年襄公卒靈公立趙盾將中軍持國政凡諸侯之事盟會戰伐一稟於宣子郤克宣十七年方代士會將中軍則去納捷菑二十年矣斯宣子明矣聖人以宣子雖有服義之名然不知先謀至城下方變故稱人以絀之考其事跡納捷菑

而後悔迎子雍而中止皆宣子之爲無疑矣杜得

其旨

集議曰三傳皆善其弗克納譏其欲專廢置君然

則經書晉人貶可知也左氏以爲趙盾公羊以爲

郤缺穀梁以爲郤克人雖不同理亦無害也

謗曰諸侯繼世而立正也稟乎禮樂正朔爲天子

守其土也末世列國以强弱爲判不稟命於周而

春秋之中以諸侯而納諸侯者不一聖筆必追而

治之况以大夫而納諸侯乎今書晉人者傳雖云

趙盾郤缺不同而皆晉大夫爾以大夫而納邾國

之君專之之甚也且邾貜且爲太子當立而此以不當立之君納之是又不正者矣故書弗克納以貶之

九月甲申公孫敖卒于齊

齊公子商人弒其君舍

集議曰二傳皆以未踰年則不稱君杜預以爲旣葬則爲成君僖九年晉里克殺其君之子奚齊十年弒其君卓公羊以爲卓巳踰年杜以爲旣葬然此經下無葬齊侯之文則舍之弒在速葬之後明矣葬雖不及時但葬畢卽成君非計五月而後爲

正也若宣十年夏四月齊侯元卒六月葬齊惠公冬齊侯使國佐來聘是速葬成君之文也杜注亦先言未踰年者得非排舊說乎然則文十八年書子卒雖先君既葬蓋魯存內諱之體也

謂曰傳及諸儒爲解皆以舍未踰年稱君而互生異論故陸湻取穀梁之辭以明之按陸湻纂例引趙匡說云齊舍雖未踰年而爲亂所弑故夫子原情特以成君書之穀梁曰成舍之爲君所以重商人之弑此說是也湻集傳微旨又云若未踰年之君被弑而不曰君則逆亂之臣皆以未踰年而肆其惡故原情而立此義備錄於此

宋子哀來奔

考左氏所載之事子哀爲卿而來奔是大夫失守也儻宋實爲污君則當死節於其位子哀以不義而來奔安可謂貴之耶

冬單伯如齊齊人執單伯齊人執子叔姬

折衷曰凡外女嫁於我苟公薨子殺則必歸其國內女嫁於諸侯苟如是亦歸於我外女則文公夫人也文公薨襄仲殺太子惡而立宣公故文公夫人歸於齊內女則子叔姬是也齊昭公卒商人殺太子舍而自立故昭公夫人歸于我不曰齊夫人而曰子叔姬者絕彼而繫我也商人篡立魯使襄

仲于王請以王使求昭姬於齊曰子旣殺母焉用之夫巳氏怨我恃王而執單伯又執子叔姬以辱我也公復使季文子如晉因晉强求單伯與叔姬故來年書單伯至自齊齊人來歸子叔姬杜得其旨

箋義曰凡執諸侯皆國君伯主之令非國人微者所敢爲者也齊人執單伯乃齊侯也凡卿有罪貶之稱人齊侯而稱人貶之再者也蓋惡其執天子之使云爾僖二十八年晉人執衛侯公羊曰此晉侯也貶之稱人也同此叔姬齊之夫人齊侯殺其

子而執其母不道之甚故亦稱人惡之

謬曰左氏之事辨疑雖欲攻之按陸淳辨疑引啖助說云春秋體例他國自四國內之人未有言執者則以子叔姬爲舍母者非也又單伯明年書至自齊則爲魯大夫明矣若周大夫豈有於魯書至者哉左傳所說謬妄之甚而公穀之說亦近疎僻未足從也故集議取折衷之論

十有五年春季孫行父如晉

春秋內適外曰如左氏但見子叔姬之文而生異說爾

三月宋司馬華孫來盟

折衷曰凡來盟名不名非升絀也不名貴之也有

稱使者有不稱使者使正來盟如宣七年衛侯使孫良夫來盟此稱使不升不黜正來盟也不使則因而名之如閔二年齊高子來盟此不名以貴之不稱使平魯亂而盟也斯不使蓋本奉使鄰國臨事制宜因而盟也不盟者重事備儀以貴之稱官者以其官皆從合其典禮也蓋聖人重其事特起其文左得其旨無君之辭不足取按穀梁以華孫書官爲無君之辭

集議見八年宋司城來奔論

謗曰宋之臣見於經必以官稱之者宋爲商後同

八年司馬司城之義也至若不言宋公之使蓋盟之意主於華孫與齊高子同義

夏曹伯來朝

春秋凡書來朝皆譏譏其不朝天子而相朝失其正也左氏以五年言之而謂之古制是以辨疑攻之按陸淳辨疑引趙匡說云考周禮諸侯猶各以服數朝天子若五年諸侯再相朝即須四面而往無已時矣

齊人歸公孫敖之喪

纂例啖子曰敖魯大夫必知歸魯故不言來　趙子曰公孫敖之喪而使齊人歸之病內也

折衷曰凡書來歸者是彼國之來而歸之也第書歸者彼國無人來而此自歸之也如齊人歸我濟西田是也宣公如齊因而受之也斯不書來者齊人爲孟氏謀寘𣪘喪於堂阜堂阜者魯境之土地示無所歸以要魯人取也則齊無人來矣書喪歸善慼子以赦父敦宗族之恩特書以示義也左氏之所得爲孟氏且國故也失謂齊人送之也公羊之得謂不言來矣失之謂脇我也各無其得失則微旨也

新義曰大夫之喪還例不書此書者惡之也惡之

者何赦出奔之過輕弑君之後重也

謂曰以出奔大夫之喪而齊人歸之非禮尤甚必明書以示譏歸者不可歸而歸之也

六月辛丑朔日有食之鼓用牲于社

旨要曰莊二十五年鼓用牲于社傳云非常此稱非禮者前傳旣非正陽之月時厤差異則稱非常此年得常鼓之月但用牲非禮故傳變文言非禮也日有食之天子伐鼓於社責羣陰也諸侯用幣於社請救於上公不敢責陰但伐鼓於朝自責其政事有闕謫見於天爾

謂曰同莊公二十五年義

單伯至自齊

單伯自莊元年見於經而三傳釋之不同者以送王姬與逆王姬之文異故也說左氏者以爲天子之大夫謂魯不見大夫以單爲氏而周之卿士有稱單子也公穀必以爲魯之命大夫者以春秋於莊十四年獨出單伯之會如內大夫之例故因謂之魯命大夫也今單伯於齊見執而經書其至據左氏之事則又以爲周之卿士矣公穀仍謂魯大夫者以單伯書至與昭十四年意如至自晉之文

相類也然究亦可疑其非魯大夫者單伯書爵而意如書名爾學者其詳之

晉郤缺帥師伐蔡戊申入蔡

纂例趙子曰入而言伐言伐之不服復入也所以兼惡察言晉本不欲入故與諸侯之入不同也

箋義曰蔡人不與新城之盟晉師伐之宜矣然不當入其國而盟於城下故書曰入以惡之

謗曰文公三年晉陽處父帥師之後凡大夫帥師皆出其名氏所以見大夫專伐之由也今郤缺伐蔡而亦出之者是亦志其專也言伐言入者蓋謂

郤缺伐人之國而又以兵入之斯亦甚矣故曰以謹之

秋齊人侵我西鄙

齊侵魯稱人貶之

季孫行父如晉

行父再如晉謹而日之

冬十有一月諸侯盟于扈

纂例趙子曰不敍諸侯諱公之不與也言公怠于國政以致齊侯之寇故諱之也

摘微曰十五年冬及十七年夏並書諸侯會盟不

言公爲魯諱諱不得盟也
新義曰晉受齊賂經總書諸侯不足分上下也不
書公恥而略之
謗曰春秋詳內略外所以明內魯而立文也凡公
出會盟則必書公會某侯某侯以別內外也今盟
于扈而特書曰諸侯者略外之辭也若如左氏之
說則聖人豈謂諸侯無能爲而不敘正其爵耶若
曰公不與而爲之諱則春秋之法無諱也是時大
夫專國而諸侯不復敘矣公不與故不日之也
十有二月齊人來歸子叔姬

纂例啖子曰不言齊叔姬不獲於齊也　趙子曰書來歸於姬上者非嫁後之出故異其文焉

折衷曰二傳並不知子叔姬是齊昭公夫人公卒子殺而歸魯謂之初嫁于齊單伯送之而道淫奚其疏之甚矣苟曰初嫁于齊事在文十四年則女嫁或不書則已既書則曷不書來聘如宋公使華元曷不書納幣如宋公使公孫壽曷不書來逆女如紀裂繻曷不書歸于齊如伯姬歸于紀也何以第言齊人執子叔姬而已斯昭公卒子舍殺而歸於魯故書之杜得其旨二傳不究差若千里

箋義曰叔姬無罪被執齊旣舍單伯故叔姬得歸書曰來歸父母傷其執辱而喜其無罪歸也

諤曰春秋書內女來歸者三郯伯姬杞伯姬直曰來歸而此子叔姬書曰齊人來歸者蓋譏在於齊也商人弑其子而又絕其母罪不可容也況又執之而後來歸故書齊人以示貶

齊侯侵我西鄙遂伐曹入其郛

箋義曰書侵我西鄙暴衆也遂伐曹遷戮也入其郛不仁之甚也

集議曰春秋書戰伐圍取侵入多矣未有言入郛

者齊侯弒君自立於單伯爲執王卿於叔姬爲執
君母又脅魯以歸穆伯之喪一年而再侵魯又以
曹伯朝魯而伐之故經書齊侯又變文書人其郛
書齊侯所以主惡也書人郛甚之也傳皆失之
諤曰春秋凡書專伐譏之也言伐言取甚之之辭
也今書侵書伐書入抑又甚矣變文稱侯者斥言
其人而見其罪焉
十有六年春季孫行父會齊侯于陽穀齊侯弗及盟
新義曰凡諸侯有事而會不協而盟今書齊侯弗
及盟譏公盟讎敵大國而使大夫行也及者內爲

志弗及者甚魯之不得志於齊也

謗曰春秋自文公之後大夫而書會盟者多矣故詳其出會而書之夫會鄰國之君而使大夫往盟之宜乎齊侯之弗及也且盟者不相信之辭況又請而弗及乎蓋末世諸侯及其大夫不以禮相信而務自專忝聖人因載其事以示貶

夏五月公四不視朔

天子頒朔凡諸侯受而藏之祖廟每月必告朔而聽政此國之常典也春秋之世禮樂不稟於天子而告朔之禮或以廢是以子貢欲去其羊傷禮之

去籍也文公之後政出大夫而公怠棄政事久矣六年以閏月而不告月然猶朝于廟夫子錄之不爲不告朔而闕其朝廟之文是幸其禮不盡廢也今又書四不視朔是未嘗聽政於廟禮廢甚矣聖人錄之以明告朔不可闕也左氏公羊反以疾解之是以辨疑不取而從穀梁之義按陸淳辨疑引趙匡說云若誠有疾夫子不當譏之春秋十二公除文之外餘未常書不視朔豈皆無病是知病而不視朔常事不書也蓋文公怠於國務非疾也當從穀梁

六月戊辰公子遂及齊侯盟于郪丘

春秋諸侯以强弱爲判魯於春秋弱於齊晉而偕

於衞鄭文公又特爲庸怠是以常如齊晉不暇今

據左氏乃納賂而求齊侯之盟削弱可知且經於

春書季孫行父會之而齊侯弗及盟至此又書公

子遂及之盟者以志其雖欲屢盟祇無益也

秋八月辛未夫人姜氏薨

毁泉臺

折衷曰聖人不書妖而書毁泉臺豈苟然也大莫

大於社稷重莫重於宗社莊公丹桓楹刻桓桷春

秋譏之由夫人黜也先君之臺毁之以蛇出當聲

姜薨故也斯大不可也壞先君之屋則責臣子之

不恭毁先君之臺則懲臣子之不敬宜哉公羊得

其旨杜不以爲譏誤矣

集議曰左氏以蛇如先君之數出泉臺而毁之蓋

不原所書褒貶之意且春秋記異本無今有本有

今異郎皆備書若魯之鸜鵒宋之六鷁是也至如

隕霜不殺草李梅實斯事雖細經猶録之此蛇雖

本有之物旣出而姜氏遂薨不得不謂之異也而

經何故而闕之公傳謂譏其先祖爲之已毁之不

如勿居而已穀梁謂自古爲之今毁之不如勿處

而已者皆詳之然穀曰貳事緩喪亦少失也

新義曰詩所謂女子之祥惟虺惟蛇自桓莊以來夫人淫亂文公暗弱敬嬴嬖襄仲廢嫡立庶毀敗魯國宗廟者皆婦人女子也

索隱曰古者天子爲靈臺諸侯爲觀臺所以視祲象而察妖祥也過是而疲民興役則謂之非禮非禮者聖人不與也文公毀泉臺左氏以爲聲姜薨而毀之其說妖且妄不待辯而可知也愚謂春秋取舍正與不正耳毀先祖之爲而非所以見貶於聖人也使毀而得正又可謂之失道乎大凡君人者不勤民政不務農時版築易常興作無度以肆

玩游之好者春秋皆直書以見其惡築郿築鹿囿築蛇淵囿新作南門之類是也又況爲泉臺勞民之大者乎言泉臺非觀臺可知也非禮失正築臺妨民有能毁之者毁之可也然則書毁泉臺者春秋大復正也非譏也或曰繼先君之體毁先君之爲於春秋合乎曰毁而正者合乎春秋也

謗曰夫宫室臺榭天子諸侯皆有常制故曰天子靈臺諸侯觀臺今魯之有泉臺非度可知矣公羊以爲莊公築之而先儒謂毁之正不正所解不同夫春秋所以書者譏泉臺非制度之正因其毁而

錄之也譏之之義不在於毀在於書泉臺爾

楚人秦人巴人滅庸

楚於春秋夷狄也而强暴之心擅行伐滅聖人之所不與也今以秦巴之師滅庸甚矣然皆稱曰人者蓋便文不可言秦楚巴也

冬十有一月宋人弒其君杵臼

辨疑旣不取左氏之事而又從其無道稱人之例按陸淳辨疑引啖助說云無道之人皆强暴爲人所畏祖母爲有何威權而能殺之若潛謀搆禍猶或可疑今乃云公知之而端然待死理之所無故悉不取但依經例言其無道夫春秋之甚也諸侯見弒皆不道之致豈獨止此乎凡稱人而

不稱其名氏者賤而略之也

十有七年春晉人衛人陳人鄭人伐宋

文公之前諸侯用兵稱人而此左傳所釋皆四國大夫爾其以人稱之亦以著擅興侵伐之惡也然而與諸侯同貶者蓋文公之後政出大夫故也

夏四月癸亥葬我小君聲姜

同莊二十二年義

齊侯伐我西鄙

此書齊侯之伐甚也於此見郪丘之盟無益爾

六月癸未公及齊侯盟于穀

諸侯會于扈

秋公至自穀

公踰時而返故致之

冬公子遂如齊

內適外曰如此夏公及齊侯盟而冬又聘之故左氏謂之拜盟也

十有八年春王二月丁丑公薨于臺下

公薨不地故也以其正終而詳錄其所者嘆于所謂重凶變也此以臺下志之所以見路寢之爲正矣

秦伯罃卒

夏五月戊戌齊人弒其君商人

經祉曰懿公不閒其鼺不遠其褻卒見弒逆而隕於僕乘之手故以人錄之

謗曰同十六年宋人義

六月癸酉葬我君文公

同元年僖公義

秋公子遂叔孫得臣如齊

纂例趙子曰志非度也

謗曰文公末年魯臣數如齊國春秋志其削弱而

譏不得禮之正也今二卿並往非禮尤甚故詳錄之

冬十月子卒

繁露第一篇云子赤殺弗忍書日痛其禍也

胡氏曰古者國君薨嗣子定位於初喪既葬而除哭位踰年而改元始行即位之禮書曰子卒者未踰年已葬未即位之稱也杜氏以爲子卒先者既葬不稱君者魯人諱弒以未成君書之是徒知既葬便可爲君不待踰年而行即位也

謗曰周禮諸侯之適子有誓於天子者以繼世而

立故也周衰法度陵替魯隱有授桓之心失禮之正以啟簒亂春秋首之以施筆削然則聖人其甚重於嫡庶之分也今襄仲殺哀姜之子而立宣公聖人悼其專國之權而憫其見殺失繼立之道特書曰子卒以示義傳及諸儒以不名不日解之未盡此聖人憫之之意

夫人姜氏歸于齊

春秋於子卒之下書夫人姜氏歸則惡在宣公也是以辨疑釋其所以言歸之義　按陸湻辨疑引趙匡說云夫人以子見殺自歸非被出也若有罪見黜則當云出歸於某不得但言歸也

季孫行父如齊

內適外曰如無他義

莒弒其君庶其

通例曰稱臣以弒臣之罪也稱人以弒君無道也

稱國以弒夷狄之也非弒而書弒懲臣子也

謗曰此稱國者公羊謂之衆辭也若如通例之說

則楚於春秋夷狄爾而書其弒之之事未嘗以國

稱之故此以衆辭言之而范注謂志其甚矣

春秋會義卷十五

宋鄉貢進士江陽杜諤撰

宣公

宣公名倭子赤庶兄也史記世家文公有二妃齊女哀姜生惡及視次妃敬嬴嬖愛生子倭私事襄仲仲欲立之叔仲惠伯不可襄仲請於齊而殺惡及視原注經書子卒而公羊謂之子赤立倭是爲宣公而哀姜歸於齊魯由此公室卑三桓彊

元年春王正月公卽位

本旨義見桓元年

謂曰春秋公即位之文所以筆削不同者蓋聖人起正不正之義也繼正而不即正之春秋以之爲失正隱公是也繼弑而即正之春秋以之爲不正桓公是也今宣公於子赤與閔公之繼子般無以異春秋不書閔公之即位而於此書者豈無旨哉夫閔公之不書即位穀梁之文謂正也此宣公之即位其亦不正之類者乎公穀釋之同於桓公而啖子又疑之按陸淳辨疑引啖助說云宣公本不同謀不可同桓公之說又經文不去王字義亦昭然按史記及左傳宣公私事襄仲長而又屬之雖不與聞亦其義也然而桓公與翬同謀而此

未嘗謀之故差輕於桓公而年不去王耳穀梁謂之與聞罪之其太過歟故公羊於桓公釋之曰如其意而於此曰其意也斯亦明聖人輕重之法矣

公子遂如齊逆女

辯疑啖子曰稱公子君命何以加尊乎一人稱公子夫人何以尊乎蓋左氏不知有一事再見卒名之義

集議曰春秋逆女固有義例然桓公卿行而不致莊公親逆而後入閔則幼而不娶僖則娶而即位文公喪娶而異文故禮典之常未見於經今宣公

即位而逆女喪婚既明貶當蒙上故於稱族舍族以示所尊之法左氏得之

新義曰遂稱公子與翬弑隱公罪惡同衆人知遂爲弑君獨宣公以遂爲忠臣

諤曰婚禮萬世之嗣也魯哀公問冕而親迎不亦重乎而夫子曰君何謂已重也此聖人言諸侯親迎爲正是以春秋娶女不自迎者皆譏之謂不自逆而使大夫以之至也今宣公即位而娶既爲喪婚又使大夫逆而以之至矣春秋志之餘同桓三年公子翬義

三月遂以夫人婦姜至自齊

纂例趙子曰書以言不當以也夫人者將以承宗廟也可不敬乎

折衷曰斯正月卽位連書使遂逆女三月至自齊不曰譏而譏明矣公羊云去氏貶夫人也譏公而貶夫人安肯備禮而書卿逆婦至歟又去夫人謂之貶可也去夫人如去姜去族旣不去夫人幷姜則氏字殊爲冗也焉可謂之貶也

指掌異同篇云公穀之意先儒取之爲說服虔云古者一禮不備男女不從故詩云雖速我訟亦不

女從宣旣以喪娶夫人從亦非禮故不稱氏見略貶之也

辨要曰春秋之文雖夫人之善惡各異其文亦示義此書婦姜至者譏其喪娶也

集議曰文公之喪娶經變文而書逆婦姜于齊今連卽位而言逆女不待貶責而自明也二傳以姜之去氏爲貶略左氏以爲闕文按經稱婦姜者不言氏且婦人言氏以配姓蓋稱謂之順也春秋於內女則稱叔姬於外女則不可以伯叔言之故夫人不言謚不稱婦則必以氏配之今此婦而言姜

加氏則稱謂之繁也亦猶文姜成風以謚稱則不
以氏稱也經雖以喪娶書然而言婦姜而不言氏
非襃貶之例也如成十四年書婦姜氏者蓋史辭
文質之殊爾
新義曰夫人不言氏者惡齊也惡齊納哀姜而歸
婦姜也
謬曰婚娶之義上以事宗廟而下以繼後世也豈
可使大夫而逆夫人乎今夫人之至遂不稱公子
所以貶之不可謂尊夫人而舍族矣故趙子曰言
以者不當以也然以婦姜稱之者非所以爲婦之

道故變文以書之不正其爲婦於魯也與文公逆婦姜同義

夏季孫行父如齊

晉放其大夫胥甲父于衛

通例曰宥罪遠之曰放

擿微曰晉棄逐其臣不以其罪故書曰放責晉甚也

集議曰古者大夫三諫不聽則去國至境待放三月君賜之環則還君賜之玦則去故大夫有待放之文無君放大夫之禮今此稱國以放與稱國殺

無罪大夫同書于衞者若曰無去是地之辭也禮

刑不上大夫夫有罪當以八議正之未聞放之于

他國者然則主書者以放爲非也哀三年蔡人放

其大夫公孫獵於吳雖稱人以放爲討有罪之文

亦不正其放也左傳不釋於經而言討不用命杜

以文十二年河曲之戰有事言之且國之賞罰甯

待八年而後行耶

旨要曰放其臣非古也自周室東遷諸侯不王會

盟戰伐不常其國則臣有放去之禮云

謌曰舜典四罪之黜有稱放者蓋流放之通稱也

春秋書放三此年及昭八年哀三年皆放棄之放爾周衰諸侯之國擅恣法度而有屏放其臣也春秋不得不譏之夫大夫有罪當明議之豈有國君放大夫之乎典如公羊之說自謂臣諫而去非此之義也是以穀梁及諸儒皆以屏逐言之而集議詳其說

公會齊侯于平州

宣公之立不朝正于天子求會鄰國以定其位非禮尤甚故詳錄之

公子遂如齊

再起如齊之文以見宣公簒立懼討事齊之不暇也

六月齊人取濟西田

摘微曰公以賂齊故以齊自爲文爲魯諱也齊不當受故正名焉

謗曰天子在上諸侯不得以地相與謂其守天子之土故也周衰諸侯侵取不一春秋凡錄其事必加貶而追正之又以輕重而爲之辭也宣公之簒納賂于齊以定位不正也而又以封界之田爲賂亦已甚矣蓋公欲賂齊以自輔然後齊得取之今

書之使若齊取者惡在乎宣公也安可謂之諱哉齊爲鄰國而受篡逆之賂不可也故稱人以示貶

秋邾子來朝

楚子鄭人侵陳遂侵宋

春秋之法不可以然而然者則從而懲之可以然而不然者則從而悼之緣此而存筆削矣楚以夷狄而犯中國貪侈不已春秋疾其暴盛也稱之不過乎子將以懲之也鄭爲中國諸侯當攘制荆楚今反從之侵伐春秋惡其受制也序之於楚子之下將以悼之也至若侵陳侵宋甚其罪矣

晉趙盾帥師救陳宋公陳侯衛侯曹伯會晉師于棐林伐鄭

折衷曰宣子自將中軍相少主屬諸侯莫不服從徵會討貳鮮有違者苟君不會大夫其可得乎又君會大夫之例至衆若垂隴之會公孫敖會宋公陳侯也苟曰言師以大趙盾之事則春秋書師多矣如齊師宋師曹師豈可謂言師爲大其衆歟苟曰兵會故不言趙盾則戰伐之會皆兵會也亦書曰公會齊侯宋公鮮有斯類者考聖人筆削之例上言國名則下不言國名如上言諸侯言大夫亦

然斯上言諸侯趙盾帥師下言會晉師事既不異則趙盾之師可知也苟復言趙盾則文之重故曰會晉師三家俱失陳子得之

箋義曰宣子數興師衆會伐諸侯故上書帥師不稱晉師惡之也

謗曰論語禮樂征伐自大夫出五世希不失矣先儒解之五世謂宣成也是春秋於文公之年書大夫會伐之事而又序之於諸侯之下也言政逮於大夫而禮樂征伐先自其出有端也今此救陳而敘晉趙盾帥師於上然後言諸侯會之者明伐之

之事自大夫出而希有不失也三傳之說折衷雖

攻之而不明此特書晉趙盾之意與乎希有不失

之言符矣

冬晉趙穿帥師侵崇

此與文公之年陽處父郤缺帥師同義

晉人宋人伐鄭

箋義曰晉宋稱人者此救陳伐鄭無功侵崇生事

今又伐鄭數興師旅故貶之大抵左氏序宣子爲

政之始末卒稱其賢然春秋之文多貶稱人或稱

師又書盟於日下卒加以弒君之罪何也蓋責其

輔幼主數合諸侯不能以德義恢隆伯業而乃內行誅逐以專政外興兵役而搆禍致鄭伯以爲晉不足與范山亦曰北方可圖楚子遂爭諸侯伯道幾息者盾之罪也其後荀偃趙武之徒以大夫而專盟主之柄晉室遂卑者實盾之由

謗曰夫以鄭卽楚而伐之可也所以稱人者取箋義說

二年春王二月壬子宋華元帥師及鄭公子歸生帥師戰于大棘宋師敗績獲宋華元

箋義曰鄭伐宋宋禦之而先書宋者不與鄭從楚

而伐中國也

集議曰春秋三十四年戰主客將皆書帥師者惟哀二年趙鞅罕達及此年歸生華元也先儒以爲將皆尊師皆衆據其實而書非爲之義例也書獲

論備見僖十五年按集議此條今已佚

謗曰春秋書戰伐必別以主客之文也蓋主於伐人則書其帥師爾今宋鄭並言帥師則主與客無異何也據左氏之事則鄭受命於楚而伐宋主在於鄭今序鄭於下者不與其比周於楚也旣書宋以先之而鄭又主伐則不可不並言其帥師也書

獲者甚其所以伐人而又獲其帥不可矣

秦師伐晉

秦於此伐晉不稱人而稱師者以秦之師由晉伐崇以起則惡主於晉故以師稱之

夏晉人宋人衛人陳人侵鄭

春秋諸侯用兵稱人此晉趙盾帥師而亦以人稱之者以志征伐自大夫出故主以譏之

秋九月乙丑晉趙盾弑其君夷皐

新義曰仲尼有言君不君臣不臣父不父子不子司馬遷謂此四者天下之大過也以天下之大過

予之則受而不敢辭此春秋制作之本意也趙穿弑君董狐書趙盾正得春秋原情之旨聖人因而不變其文顯戮亂臣賊子未萌未漸之心也

歐陽氏曰趙穿弑君大惡也盾不討賊不能爲君復讎而失刑於下二者輕重不較可知使盾果有弑心乎則自然罪在盾矣不得曰爲法受惡而稱其賢使果無弑心乎則當爲之辨明必先正趙穿之惡若曰盾不討賊有幸弑之心非孔子忠恕春秋以王道治人之法也孔子患舊史錯亂而脩春秋就令舊史如是其肯從而不正之乎其肯從而

稱美之又教以越境逃惡乎此可知其謬傳矣

諤曰春秋載行事以加筆削皆原其情而輕重之也故曰正名以定分求情而責實如此則懲勸之道見而仁義之法在其中矣今經書趙盾弑其君而三傳皆曰趙穿詳其所載之事不甚相違而左氏之辭近誣使後之人可疑也夫晉靈不君而宣子驟諫靈公作而時欲殺之公羊則曰使勇士殺之不忍也左氏又有鉏麑觸槐之說公穀但曰趙穿弑而趙盾復入左氏又爲飾其辭而曰孔子之言故辨疑謂此言之誣何甚夫趙穿乃盾之族穿

既弑而盾復爲政亦未嘗討穿之罪蓋盾知靈公欲殺之而心欲弑之是不止同謀而實將弑也春秋不可並書穿盾而擇首罪者以書之斯義之所宜也經重責如是則爲臣者忠之道其可勸矣

冬十月乙亥天王崩

三年春王正月郊牛之口傷改卜牛牛死乃不郊猶三望

旨要曰牛卜日曰牲今未卜日尙爲祭牛詩稱三十維物爾牲則具然則養非一牛卜吉爲牲則特一牛爾今雖傷死尙有他牛更當改卜魯以不祥

遂廢郊禮是不可也下書猶三望是史責廢大而用小也御廩雖災烝嘗不廢郊牛縱死宜愛禮也

新義曰郊者天子祭天之名天子祭天地諸侯祭社稷魯祭僭天子久矣隱桓莊閔以來不書郊者孔子不敢無故斥言君父之過因其變異而書顯諸侯僭逼天子之惡也且郊者交也欲天之意相通也宣公與聞弒君故天人之心不交反示變異

謗曰先儒所論春秋書郊謂天子之事也魯僭用王禮聖人譏之其所書者因其失禮不謹而錄之耳餘義見僖三十一年按杜諤所論僖三十一年之義永樂大典闕佚今無

他書可考
謹識於此

葬匡王

楚子伐陸渾之戎

周衰蠻夷雜擾中夏諸侯莫有攘制今楚伐陸渾
而稱曰子者志其暴盛也

夏楚人侵鄭

秋赤狄侵齊

夷狄犯中國春秋不與上屢見

宋師圍曹

以兵圍人之國春秋書之譏也無他義

冬十月丙戌鄭伯蘭卒

諸侯日卒無他義

葬鄭穆公

四年春王正月公及齊侯平莒及郯莒人不肯公伐莒取向

通例曰可之曰肯甚違曰不

新義曰齊魯二君皆弑君之人欲侵伐鄰國非義也宜莒向之不肯受也

謗曰聖人筆削之義凡所以輕輕而重重以文有詳略以起其義也春秋之世征伐四出此公及齊

侯欲釋郯莒之怨則平人之心猶可與也莒不從

其平書曰不肯者可以肯也公不卒平之而遽以

兵伐之取其邑非義之所以爲心也安可謂乘義

乎春秋甚其所不仁也詳錄其事以譏在於伐莒

取向矣故先書公及齊侯以起其欲平人而以伐

終也

秦伯稻卒

夏六月乙酉鄭公子歸生弒其君夷

赤狄侵齊

再書者不與其侵齊之甚義同上

秋公如齊公至自齊

凡公行致之危之也危其踰時而返今未踰時而亦致之者爲明年再如齊起文

冬楚子伐鄭

楚創病中國久矣侵伐之事始以荆稱之次稱人至此用兵亦曰楚子者豈進之耶蓋有所悼而云爾夫齊桓之沒鄭與楚同盟啟其貪惏至晉文之伯鄭然後同盟于踐土而從中國會伐也及宣元年鄭伯又受盟于楚而侵陳宋春秋敘于楚子之下以譏之自是之後晉楚交伐鄭而鄭即晉即楚

不一是由受盟于楚之致也今卽晉而楚伐之春秋出楚子之文與中國同例葢有所悼而譏在於鄭也

五年春公如齊

公比年如齊故詳錄以譏之

夏公至自齊

踰時而返故致之

秋九月齊高固來逆子叔姬

集議曰天子娶女則稱逆王后桓八年書祭公來逆王后于紀是也外卿爲君來逆則曰逆女隱二

年紀裂繻來逆女是也其卿自爲逆則内女稱字以别之莊二十七年莒慶來逆叔姬是也此經與莒慶同固不應謂之逆女明矣穀梁以爲不正其接内而不與夫婦之稱非義例也

新義曰公如齊高固迫公求婚無問名納幣之禮直言高固來無魯君臣也不書逆女爲公諱

諤曰見莊二十七年義

叔孫得臣卒

穀梁傳例不日惡也而何氏明之按何休公羊注云不日者知公子遂欲弑君爲人臣知賊而不言罪當誅

冬齊高固及子叔姬來

禮爲人臣者無外交此言大夫以君命出竟雖私覿之事猶弗爲也高固於秋越境逆女旣爲非禮至冬又與子叔姬來曾此實大夫之私事也左傳以爲反馬而何休作膏肓破之謂禮無反馬之法也高固之來豈爲禮乎范氏又謂受使來聘若然則經當明書之爾經不書其聘而直曰及子叔姬來則譏其失禮之甚明矣

楚人伐鄭

前年稱楚子之伐有所悼而譏鄭也今書曰人復

貶不與其犯中國之甚也

六年春晉趙盾衞孫免侵陳

宣成之世大夫專伐者多矣春秋皆詳而錄之以

志其甚

夏四月

一時無事書首月

秋八月螽

同桓五年

冬十月

一時無事書首月

七年春衛侯使孫良夫來盟

春秋直書來盟者三閔二年齊高子僖四年楚屈完文十五年宋司馬華孫也書君使來盟者二桓十四鄭伯使其弟語及此年衛侯使孫良夫也是皆出於聖人筆削爾凡直曰來者蓋臣自專欲爲盟也必言所以使之者其君主使來盟也春秋緣其事以示義故託文不同爾所謂來者彼欲之辭也

夏公會齊侯伐萊

秋公至自伐萊

出師踰時故致之

大旱

同僖二十一年義

冬公會晉侯宋公衞侯鄭伯曹伯于黑壤

箋義曰黑壤之會公若見止經當書月以示危明年公至自會亦不月足見左氏諱盟之說誣矣

謬曰晉自靈公之後不復紹伯凡會盟戰伐之事使大夫主之春秋譏其政逮於大夫也今黑壤之會皆諸侯爲之而無大夫在會矣春秋敘正之而晉在宋公上者蓋晉常爲盟會之主是以春秋復

列之於上以志盟會之事主在於晉爾

八年春公至自會

踰年而返故致之

夏六月公子遂如齊至黄乃復

書公子遂如齊而下言至黄乃復者明其未致君命也亦以起仲遂卒猶繹之文

辛巳有事于大廟仲遂卒于垂壬午猶繹萬入去籥

通例曰常祭曰有事又祭曰繹

折衷曰二傳謂遂不稱公子是貶其殺子惡也噫春秋紬責之旨豈如是歟子惡殺爲內諱而不書

則不暴襄仲之罪既不暴則何所貶也荀曰殺子惡而貶則殺之後凡書於經則貶之何以上猶連稱公子上既言公子遂如齊下復稱字以卒春秋唯書字是嘉之大者也何貶之有　又曰壬午猶繹者可已之辭是譏其聞仲卒而繹不已斯蓋全大夫卒之禮豈復貶也是上書公子遂下閒無異辭省文而曰仲遂明矣所以書字者時君重其沒王事于路也諸侯沒王事則葬有加等大夫沒于王事豈經無異文

新義曰公子遂公子翬罪同惡均獨書仲遂卒者

何彙遂過惡尊卑分義輕重矣且彙之於隱君臣
義深遂之於赤宗族恩淺聖人於經没彙而著遂
者桓宣篡弑之罪深淺自分矣
本旨曰辛巳有事于太廟常祭也由仲遂卒于垂
壬午猶繹爲無恩故明之也
謗曰書有事于太廟蓋公子遂同是日而卒也必
詳而言之謂其猶繹而起文矣公子遂弑子惡者
也不當以正卒之然所以書日者蓋宣公聞大夫
之喪而不去樂因以起義爾既卒之不曰公子者
示有所貶也遂既當貶而必於卒然後去其公子

者明其不當從正卒故變文以言之　春秋書猶有二義或曰可以通之辭也是幸其猶如此若文公之六年不告月猶朝廟是也或曰可以已之辭也是甚其猶如此則壬午猶繹是也仲遂爲宣公之臣爾今聞其卒而尚爲之繹非君臣之恩也春秋書繹以志其可以止而不止也書曰萬入去籥以明知去樂而不爲卒事也與其去籥之有聲則不若廢繹矣

戊子夫人嬴氏薨

同莊二十一年姜氏義

晉師白狄伐秦

箋義曰殽之役書晉人及姜戎今不言及惡晉而夷之也夷則平矣

諤曰春秋以師伐人猶曰不可況與狄相比乎明書以示譏

楚人滅舒蓼

楚之强暴甚矣以兵滅人之國春秋詳而志之以譏諸侯削弱而不能制矣

秋七月甲子日有食之既

與桓三年同義

冬十月己丑葬我小君敬嬴雨不克葬庚寅日中而克葬

折衷曰喪禮無斯制度史策第書其實聖人存之且孝子之於父母非欲葬之速又柩不早出而暮宿者亦避其欲速也又庶人葬而不爲雨止則諸侯葬宜爲雨止明矣夫朝之禮雨沾服失容則廢矧葬事乎斯左得其旨公羊以而乃深淺之別是以聖人之微文爲兒戲矣穀之臆說無所典據皆非也

指掌碎玉云定十五年葬定姒云乃克葬敬嬴云

而克葬者公羊曰乃難乎而何休云難者臣子重難不得以正日葬其君也左氏無文杜又不說或如公羊之言或是史異辭耳

集議曰禮庶人葬不爲雨止則天子諸侯當爲雨止也禮之制其以葬未啟殯日雖吉而遇雨則止之乎設謂尸柩已行因而遇雨卽不可一概而言也今此經書葬而後書雨是旣行而雨也書不克葬是欲葬而不能也下云日中而克葬是欲葬之文也喪禮有潦車載蓑笠之文則雨而不甚於葬無害也此書之者非善非譏其將以恩而錄內乎

或曰喪事既成尸已出不爲雨止固其宜也設謂喪不可止於道則此己丑庚寅之間安所居之曰禮有哀次可也左氏釋經上文而不原下克葬之旨葬定公文與是同而下云日下昃乃克葬公羊以而乃有深淺之異者詳矣穀梁意謂經主於譏以而爲足乎日之辭者失之

謗曰此集議詳之

城平陽

楚師伐陳

楚人以師稱之者聖人惡其強暴悼中國不能制

而譏在於陳也陳不能以晉爲援聽彊楚之平適

以啟貪惏也故書楚師以懲於陳

九年春王正月公如齊公至自齊

公如齊而月之者范氏明之按范甯穀梁注謂有母之喪而行朝會非

禮公有母之喪而出朝鄰國不可也故往則月以

危之其返也雖未踰時而致之

夏仲孫蔑如京師

此同僖三十年及文元年之義又如左氏之言則

益見周室之微下求乎聘甚矣

齊侯伐萊

秋取根牟

纂例曰諸言取者並謂有繫屬而取之也

諤曰春秋直書取從內爲辭也此根牟者公羊謂

邾婁之邑而元凱以爲東夷之國趙氏又云魯邑

是由經直曰取而諸儒未得其實也蓋此繫屬於

他而魯今取之因書以示貶

八月滕子卒

不日不名者同隱七年之義降稱子蓋志其削弱

爾

九月晉侯宋公衞侯鄭伯曹伯會于扈晉荀林父帥

師伐陳

左氏記事雖曰陳侯不會而伐之然經必出荀林父之名者以志大夫專伐也

辛酉晉侯黑臀卒于扈

諸侯日卒正也今卒于扈而日之穀梁釋爲未踰境也然必言其地以明卒在外焉書卒義同隱三年

冬十月癸酉衛侯鄭卒

衛侯旣以日卒之然有出奔復歸之惡故略其葬

宋人圍滕

諸侯擅以兵圍人之國春秋譏之況又因其喪故

從書人之貶

楚子伐鄭

同四年書楚子義

晉郤缺帥師救鄭

陳殺其大夫洩冶

折衷曰靈公昏淫洩冶死諫不爲春秋所重也嗚

呼曷以懲其君而勸其臣也龍逄曷以稱忠比干

曷以稱仁或曰聖人所以仁比干者親則紂之叔

官則紂之師蓋不可以已也故仁之洩冶親非靈

公之同姓官則靈公之下大夫蓋可以已也故罪之斯亦近之然考聖人之旨罪其臣非欲臣之不諫亦懲其君也曰三諫不從則去之非欲臣之去亦欲以激其君也是故春秋書殺大夫多矣惟洩治不獨罪其臣亦用激其君上以義例書名罪之得其實

箋義曰穀梁傳例云稱國以殺罪累上也若衞之元咺孔達陳之洩冶二慶晉之二趙三郤楚之壬夫屈申成虎齊之國佐高厚鄭之公孫黑之類咸由君之昏惑而致臣之罪惡或用刑太酷彰國之

醜或誅之不早養成其姦故稱國者刺其上也書名者罪其下也穀梁得其旨

旨要曰洩冶正諫靈公殺之以忠獲罪春秋書名蓋非常例此皆仲尼新意但以其直躬亂朝發人隱慝無濟君之遠策不言遜以自愚君子出處不貴於此故特舉孔子曰民之多辟無自立辟以證之

索隱曰傳引詩而罪之非聖人之言左丘明之瞽言也孔子稱三仁則曰比干諫而死答曾參則曰當不義臣不可不爭於君如洩冶可謂爭而合義

蹈忠履仁得其死者也孔子其罪之耶春秋大夫殺而累上者皆以國殺爲文治以國殺爲文是乃春秋書累上而殺之者常文爾治誠合忠與義得其死而死嗚呼忠義於君於國蹈道而死者孔子猶非之烏得爲孔子哉曰然則陸氏云治居淫亂之邦不能去而諫是取死之道何也曰不合春秋之言也春秋之時亂臣賊子疊跡而出有忠君死義者聖人貴之錄之不暇又書而罪之耶靈無道而治不去之何也曰士之未仕如是焉可也已仕而亂去不以義不可也治位爲大夫諫未及三雖

曰取死義不可得而去也

新義曰君雖不君臣不可以不臣也春秋之法書極亂以求治洩冶近乎稱國以殺大夫殺無罪也雖然無罪書名者何洩冶有君臣之禮焉曷言乎有君臣之禮洩冶有君臣之禮知公孫甯儀行父無君臣之禮也

諤曰春秋凡殺大夫皆名之所以別其人也稱國以殺者公羊所謂君殺之辭也今洩冶不稱人以殺無罪可知矣忠諫而死奚罪之有

十年春公如齊公至自齊

公比年如齊故危而致之

齊人歸我濟西田

折衷曰宣公慮大國所討迺以濟西田賂齊定君臣之位宣公元年書齊取濟西田逮茲十年齊魯相親是以卻歸之所以不曰來歸者公如齊國受之非齊來歸故經書春公如齊公至自齊聯書曰齊人歸我濟西田是公因如齊受之明證杜得其旨

箋義曰取不言我諱賂也歸言我者明本我之田也主書者惡公曲以事齊十年中五往朝之齊乃

歸我田耳

集議曰濟西魯田元年書齊人取至是言歸之彼書取非所以善齊也此言我猶曰我之田也所以見齊取之不正而歸之正也不在乎絶與不絶也

謗曰天子所封之地而諸侯取之歸之皆爲專恣也齊人於元年取濟西田蓋由宣公篡位以之賂齊而春秋書之不與其取也今歸之而書曰歸我者非來歸之義故别之也隱八年鄭伯歸祊則曰來歸蓋祊非魯邑而自外歸之故以來歸爲文也此濟西田本繫魯之封界而齊取之今歸之是與

其所以歸于魯以歸我爲文也

夏四月丙辰日有食之

己巳齊侯元卒

諸侯日卒無他義

齊崔氏出奔衞

摘微曰稱氏絶之于齊舉族外奔故曰氏且責崔也

折衷曰春秋世卿多矣如高國之類則齊之世卿趙魏晉之世卿季孟我之世卿其他列國則亦有之苟譏之則斯宜譏豈獨譏崔氏也是時崔杼未

有弑君之罪止有寵於惠高國畏逼惠公卒而逐之杼舉族而出齊第告以族不以名時史以其無罪故從告而書聖人𨓍之無所筆削左穀得其旨譏曰春秋內大夫書公子公孫者譏世祿也王朝之大夫有以尹氏而卒之者譏其世天子之卿也至於列國大夫未有以氏稱之至此宣公之年崔氏出奔而以氏稱之者亦以志列國專命大夫之氏而大夫專政不一也書齊則他國可知失餘義見隱九年無駭卒

公如齊五月公至自齊

公屢適齊故致之

癸巳陳夏徵舒弑其君平國

胡氏曰書夏徵舒弑其君者明君雖不君臣不可不臣故書臣罪之也

謂曰見隱四年義

六月宋師伐滕

公孫歸父如齊葬齊惠公

同文六年公子遂如晉葬晉襄公義

晉人宋人衞人曹人伐鄭

秋天王使王季子來聘

折衷曰自春秋以來天王使卿大夫來聘多矣或稱爵或稱字未有使母弟下聘於諸侯者斯母弟矣得不實貴之名之不可也爵之不可也字之不可也茍名之則王之卿大夫聘尙不名茍爵之字之則王之卿大夫亦爵之字之也曷以章別也斯不名不爵不字者是書貴王母弟之美稱明矣公羊得其旨

謂曰宣公簒立於今十年矣天王不能誅之而反下聘之又非天子聘諸侯之正也天子聘諸侯之正隱七年凡伯之聘已具明之此天王之聘非禮

之正適以寵宣之篡也已春秋以是爲譏而言王季子又詳其使不得其正也

公孫歸父帥師伐邾取繹

春秋之文加筆削以示義也今自文公之後外大夫與內大夫帥師皆出其氏明征伐自大夫出希有不失之故也然必詳而志之者蓋伐與取不必並書也今歸父伐邾取繹亦甚矣故兩書之以謹其惡

大水

同桓元年義

季孫行父如齊冬公孫歸父如齊

內朝聘言如故左氏謂聘也魯一年而二卿如齊懼齊甚矣

齊侯使國佐來聘

胡氏曰雖葬先君尙爲嗣子蓋未踰年未成君也今齊頃公父卒未及踰年使命交乎鄰國結兩國之歡好非禮也故書齊侯不稱子者以示譏杜氏謂既葬成君蓋失之矣

饑

春秋愛民之甚也民天乎食聖人勸民以務農以

重其本使不至於凍餒思其所以一有未足也是故禮云一穀不登曰歉春秋雖無麥苗亦書之此聖人重民之命不欲其嘉穀見害俾民無有不足者況國饑乎聖筆不得不謹而書之所以閔民也是年大水害及嘉穀民是以饑故春秋錄之以示戒

楚子伐鄭

同上四年義

春秋會義卷十六

宋鄉貢進士江陽杜諤撰

宣公

十有一年春王正月

夏楚子陳侯鄭伯盟于辰陵

春秋之世禮樂征伐之事諸侯無小大之國皆擅行之聖筆所以加之筆削必欲存王道也至若齊桓晉文之霸猶或不與之以其苟一時之權而無尊王之實矣桓文既沒諸侯未有能繼其功也惟晉襄之後襲文之業主中夏之盟然猶或使大夫

主之以是禮樂征伐之事皆大夫自專之而諸侯不能圖矣遂使彊楚交橫中夏與晉爭盟陳鄭有從之之心以啟其伐故於四年伐鄭而出其爵八年伐陳而書曰師此春秋起楚之暴以悼諸侯之不能制也今陳鄭又與之盟是二國削弱畏楚而受其盟矣此人情之所悼而於義可貶故敘之于楚子之下以譏之亦以志楚主其盟也

公孫歸父會齊人伐莒

魯於四年平郯莒而莒不肯公伐之取向而春秋甚其非義也至此又會齊伐之不可矣故人之以

示貶稱齊人亦以人魯也必出公孫歸父者亦以志大夫之專也

秋晉侯會狄于欑函

晉侯欲紹爲盟主不務率諸侯以圖安中夏反與狄爲會非所以紹伯之實不禮之甚也且專相爲會不可況會狄乎故明書以示譏

冬十月楚人殺陳夏徵舒

春秋立法將追明善惡也有大惡者必從而誅治之令徵舒之罪當討而楚殺之故稱人以殺者元凱所謂討賊之辭也然其實楚子殺之而不言楚

子者不與楚得討之也譏諸侯不能誅之楚所以得殺之也

丁亥楚子入陳納公孫甯儀行父于陳

折衷曰穀梁謂書入陳者內不受也不使夷狄爲中國也吁戰伐內外書入多矣內書入如入極入杞是也詎可謂內不受也外書入如莒人入向衞師入郕是也詎可謂不使夷狄入中國也原其旨斯書入是弗有其地謂非有其嫌有其所異者書納爾春秋書大夫歸之例外如衞元咺復歸于衞內如季子來歸未有如斯二臣之有罪矣然能外

託彊楚討賊復國功亦非細以功補過春秋善之

也從杜氏

指掌異同篇云賈陸云二子不繫之陳絶於陳也

惡其與君淫故絶之善楚有禮也又依放穀梁云

稱納者內難之辭也

集議曰春秋書入書納皆弗受之惡辭也此經有

楚子入陳之文而不加之於殺徵舒之上也徵舒

弑君罪不容赦而上無方伯楚雖外討理亦幾正

故上書楚人爲殺有罪之文三家之傳辭雖異而

義不相遠左氏以楚子入陳納孔甯儀行父之經

主書其有禮蓋失之矣春秋筆削之正於善於惡不使相掩前書殺徵舒善楚之討得其罪也下書楚子入陳惡楚之已治其罪而復入也殺稱楚人猶曰徵舒之罪人人宜討也入書楚子其以貪陳之土而昳之乎故言入者不善明矣況又納靈公宣淫之黨於陳乎然則上爲討有罪下爲納有罪矣公羊雖不釋楚子之入陳而下言納公之黨且大夫於君而言黨與非所以爲善也其入臣而下爲譏楚子明矣何休不詳傳文而妄爲之注不足取矣

新義曰稱人殺者衆也言徵舒與靈公君臣罪惡均也不言入者易也曷言乎是其所是非其所非曰是其所是書爵也非其所非曰入也爵之者善夷狄救中國也曰入者以亂治亂也

譔曰先書楚人者討賊之辭所以譏中國諸侯不能討之也復書楚子者取集議畍之之說然所以云畍之者不使蠻夷有爲於中國耳

十有二年春葬陳靈公

陳侯至此書葬者明賊既討而志其所以綏也

楚子圍鄭

箋義曰楚子圍鄭三月克而入之止言圍惡以兵圍人之國也不言入者善莊王禮其君而復之故爲諱其入也夫入者內弗受也前入陳欲利其國故不爲之諱

諤曰楚稱子上屢見

夏六月乙卯晉荀林父帥師及楚子戰于邲晉師敗績

繁露竹林篇云春秋之常辭也不與夷狄而與中國爲禮至邲之戰偏然反之何也曰春秋之道不通辭辭從變而移今晉變而夷狄楚變而君子故

移其辭以從其事夫莊王之舍鄭有可貴之美晉人不知其善而欲擊之所救已解而挑與之戰此無善善之心而輕救民之意也

折衷曰春秋書戰伐君臣不敵者多矣城濮之戰晉侯敵楚人泓之戰楚人敵宋公鞌之戰郤克敵齊侯柏舉之戰楚人敵吳子斯之戰荀林父敵楚子皆一類也稽其旨書戰伐與盟會異盟會則諸侯之相好也戰伐則諸侯之相討也相好則可以全其體相討則安可選其敵故禮經曰卿不會公侯會伯子男可也是盟會可以全其體戰伐不可

以選其敵明矣考其體例書盟會有升絀如翟泉之盟諱稱公而稱人者以王子虎下盟於列國之大夫不宜上敵公侯戰伐遇敵則戰必不日君臣不敵爲升絀之例也中之短

箋義曰陳弑其君晉不能討楚能討而封之楚子圍鄭晉不能救楚能取而赦之斯春秋所以不與晉而與楚也蠻夷之主一行義於中國中國多歸之雖欲勿與天下其舍諸書曰民罔常懷懷于有仁其斯之謂矣然猶以晉主戰焉存中國也

新義曰凡言及者尊及卑也君及臣也今書荀林

父及楚子戰大夫及國君卑及尊臣及君相反之
義此聖人憫中國爲夷狄夷狄爲中國也戰稱晉
師敗稱晉師甚晉人輕棄民命而自取其喪敗也
謂曰春秋之法實所以賤蠻夷也是以聖人之意
必先尊乎中國今公羊傳及諸儒或見書楚子而
以爲聖人與之是不知王法賤之之本意也侵伐
之言楚子自四年伐鄭出之非所以與之將有以
悼之而譏在於中國爾然則此稱晉之臣名氏以
敵楚子者著宣成之世禮樂征伐之事自大夫出
故也荀林父主兵而書帥師斯以實書之矣豈謂

不與晉乎蓋其主客之文有然明書晉師敗績者以志其無功於攘正也

秋七月

冬十有二月戊寅楚子滅蕭

楚貪暴之甚故日以謹其惡

晉人宋人衛人曹人同盟于清丘

春秋諸侯會盟稱爵者聖人因之以敘正其爵也宣成之世禮樂自大夫出希不失之者是以四國同盟而左氏所載皆大夫爾夫以楚之貪暴諸侯不圖安之而使大夫同盟以自擅春秋譏禮法陵

替之甚故從書人之例以示義云

宋師伐陳衞人救陳

箋義曰宋伐陳以討貳故稱師善之也衞背盟以救陳故稱人惡之也傳曰清丘之盟唯宋可以免焉者謂稱師也孔達叛中國而助楚故再稱人矣諤曰陳卽於楚宋以清丘之盟而伐之衞亦同盟之人也而又以兵救之則伐者正而救者不正矣故宋稱師而衞稱人以示義

十有三年春齊師伐莒

莒小國爾齊强而伐且十一年伐之稱齊人而此

云齊師者略其以師而伐人也

夏楚子伐宋

楚人春秋始以州稱之次稱人至於爵稱之者雖

以別大夫而亦起漸議諸侯不能制之也

秋螽

冬晉殺其大夫先縠

春秋之殺大夫有稱人以殺者有稱國以殺者蓋

輕重其罪而爲之辭爾稱國以殺罪輕於稱人公

羊所謂君殺大夫之辭也

十有四年春衞殺其大夫孔達

夏五月壬申曹伯壽卒

晉侯伐鄭

鄭即楚是背華而即夷狄伐之可矣聖人所以正其爵也或謂春秋於此書晉侯伐鄭而書楚子圍宋是皆與之乎其不然也聖人施筆削亦有文同而理異者也此晉侯之可與者以伐鄭得其正也楚子貪暴之蠻夷爾春秋屢書以映之實所以懲之也

秋九月楚子圍宋

義見上書圍甚之

葬曹文公

蒙上月

冬公孫歸父會齊侯于穀

大夫專會諸侯上屢志之

十有五年春公孫歸父會楚子于宋

大夫之專主盟宣成之世不一矣然是行也會楚子而欲平宋是其有比楚之心可譏也春秋書之以起宋楚之平

夏五月宋人及楚人平

折衷曰宋自襄公與楚爭霸故相攻伐至斯方已

宋楚皆大國非有內外也非有升絀也雖楚非中國自入春秋已久矣凡書盟會戰伐皆與中國等稽其例君而稱人貶之也大夫而稱人貶之也矧宋楚之平聖人以其文之繁故簡而書之按此係節文章

如愚羣書考索載折衷此條全文云左氏曰宋人及楚平公羊曰宋人及楚人平穀梁曰宋人及楚人平俱貶也折衷曰春秋襄公與楚爭霸故相攻伐至斯方已宋楚皆大國非有內外也非有升絀也雖曰楚非中國自入春秋久矣凡書盟會戰伐皆與中國等公羊意謂曷以人宋而不人楚苟人之則宜俱人之苟國之則宜俱國之稽其體例凡盟會戰伐君在不稱君而稱人則貶也大夫在不稱大夫而稱人亦貶也苟非戰伐盟會第書其國則一稱君一稱臣是爲升絀一曰大夫一曰人亦爲升絀苟非此例則以國敵國人不爲升絀矧宋楚之平亦何所絀歟聖人以其不繫升絀苟曰宋人

及楚人平則爲文之繁故簡而書之斯左氏穀梁得其旨公羊之誤考三家經文俱云宋人及楚人平今繹陳岳之說則似左穀經文俱無楚人之人字與開成石經不合疑所據乃當時誤本謹附錄而訂正於此

箋義曰外平不書此而書者善莊王不窮治宋罪聞其告危爲之退師以和二國之人故不書大夫而稱人焉人者衆辭也公羊曰以區區之宋猶有不欺人之臣可以楚而無乎故二國之盟不書信著於前爾

集議曰凡書平者總二國同和之意故雖卿行必稱人稱國以成上下欲之之義若定十年及齊平

十一年及鄭平此年宋人及楚人平是也彼據我以及齊鄭故稱國此據二大夫之相及故皆稱人文雖不同皆舉衆之辭也公羊以稱人爲貶失經之意矣且平必有盟書平而不書盟蓋舉重而言也杜預以爲盟之不告失之

新義曰及者汲汲也內爲志也是宋人汲汲求楚之平也外平不書此何以書成春秋意也曷言成春秋意著楚人之是宋人之非也

謗曰禦敵之道莫大乎完守備也今楚子自九月圍宋至此歷三時宋固守以待晉之救非不完守

備也晉不能援救之宋儻不求平於楚則若社稷何若邦衆何由是不得已及楚平春秋以人稱之者以見其君臣之心實不欲平之也而楚亦人者不與楚子得平之也是以皆不詳言之

六月癸卯晉師滅赤狄潞氏以潞子嬰兒歸

折衷曰春秋滅國不曰氏此氏何也稱氏者赤狄有二種一曰潞氏二曰甲氏稱潞子非善也非賢之也蓋滅國以其君歸皆稱爵如楚人滅弦弦子奔黃楚人滅頓以頓子𤜣歸楚人滅胡以胡子豹歸斯春秋昭升絀之通例也第書奔者不名之以

歸者名之

箋義曰東遷之後夷狄寖盛諸侯不能制乃與之會盟乃與之交聘雖云進之以漸蓋亦患之之甚也赤狄潞氏狄之別種也國近於晉世爲晉患比數侵齊奪黎氏地疆土益廣晉侯因酆舒之罪命桓子伐而滅之斯亦主盟者救中國攘夷狄之績也故春秋不稱荀林父帥師而稱晉師者言晉侯得用師伐罪之道當稱師也

秦人伐晉

謗曰潞稱氏稱子而晉稱師者取折衷箋義之說

秦與晉交伐之甚故人之

王札子殺召伯毛伯

折衷曰春秋書王之子弟多矣曷謂天子不言子弟也僖五年書太子會于首止文三年書王子虎卒他若王季子來聘天王殺其弟佞夫斯何例也聖人懲勸之旨在正王道豈私於王之子弟歟且天王出居鄭書出以刺之曷不言子弟之有斯公羊之短究其兩下相殺之罪如楚公子棄疾殺公子比之類是也斯左得其實然唯書札子或謂之例或謂之變穀梁謂之矯命皆得其旨

集議曰凡書字而言子皆春秋所善之文也如閔元年書季子來歸宣十年書天王使王季子來聘是也此書王札子文與季子同而札應爲名而不得爲字則當言王子札也其所以異之者蓋兩下相殺殺者有罪故札應名以著之苟書札而不言王則嫌於內如書柔溺翬挾也苟言王札而不言子則嫌於王如書王猛也直書王子札則無以見其有罪矣故變文以別之此筆削之深旨也何休杜預雖有上札倒札之說而不原於經之旨

諤曰春秋以周室微弱而作蓋聖人之意有以憫

其衰也故詳錄其事以示義桓襄之前列國諸侯交相戰伐春秋書之以志列國不稟王命也至此而臣有相殺者春秋亦錄之以志畿內之卿士不奉王命也

秋螽

仲孫蔑會齊高固于無婁

初稅畝

旨要曰什一之法三代通規以周官之法遠近郊甸內均其薄厚率為什一也魯舊用什一之法今更履餘畝又為什一是什而稅二哀公所謂二吾

猶不足者也以周禮載師較之是通率什一也孟子云方里而井井九百畝其中爲公田八家皆私百畝漢書食貨志取此爲解故曰井方一里八家共之各受私田百畝公田十畝是爲八百八十畝其餘二十畝爲廬舍若用此說是什外稅一爾不通於經故通率什一乃徹法之義也

新義曰春秋之世井田尚在至宣公初稅畝成公作丘甲哀公用田賦民國愈困二猶不足暴征急斂日生殘敝語曰道千乘之國敬事而信節用而愛人使民以時聖人之傷時極言也或曰此訓學

也曷爲傷時曰孔子於宣成親聞在定哀親見於時事親聞親見知井田之必廢矣井田廢學校不可興井田廢肉刑不可復學校廢孝悌人倫之道絕肉刑廢廉恥義讓之風亡彊富兼幷暴污恣縱是以知井田者基本王道也春秋者總主王道也井田廢春秋失其總主矣故書初稅畝凡言初者畢盡事之終始也

集議見成元年作丘甲論

諤曰古之於民也無殫財必先薄斂以勸之是以稅不過乎什一之取末世斂民之法少廢而大東

碩鼠之詩作諸侯之國兵出無名而用度不足傷財害民之事日以見聖人於春秋起其文書曰初稅畝以志其實也諸儒論之皆謂履畝也觀哀公問有若之事則知自此皆什二而稅爾

冬蝝生饑

指掌碎玉云蝝螽子也秋生子於地至冬子復生遇寒而死故不成災而書之者傳云幸之也此年既饑若使蝝復具生更爲民害則其困甚矣喜其冬生以爲國家之幸故喜而書之也所以幸之者幸蝝冬生不幸饑也以饑之故乃以爲幸也

折衷曰下謂蝝者緣稅畝而生苟蝝爲緣則螽螟復何道哉斯誤矣公羊謂當言螽而言蝝春秋書螽與蝝各有其文非相類也書螽曰螽生書蝝曰蝝生詎可謂螽爲蝝也斯言短矣稽其旨則螽之細其初生爲蝝故曰蝝生其大爲螽故曰螽聖人書蝝生蝝矣苟秋書則害嘉穀斯冬而書遇寒而死故書不爲災明矣杜得其旨

謗曰春秋詳記其事雖物非其所生非其所有皆志之今冬書蝝生以志物之爲災也左氏公羊以爲幸而穀梁謂之非災豈其然乎若於民爲苟幸

則亦常事不書當按辨疑論之則知此之志甚矣

按陸淳辨疑引趙匡說云此類生訖便爲災秋中之螽未息冬又生子重重爲災故書也

十有六年春王正月晉人滅赤狄甲氏及留吁

箋義曰赤狄潞氏酆舒爲政怙其儁才而有五罪荀林父受其君命帥師滅之故春秋書曰晉師言晉得用師之道今赤狄甲氏及留吁之屬其君無不祀之罪其臣無酆舒之惡而士會帥師滅之杜氏所謂旣滅潞氏今又盡其餘黨是也蓋晉侯貪其土田遂命士會帥師滅其種類斯乃不仁之甚故春秋貶之稱人又不書日略之也不書以其君

歸者其君無罪且不若潞子之殭也杜氏以爲不書荀林父士會從告者失之矣

謂曰前年滅潞氏稱晉師而此曰晉人者誠有深旨蓋聖人於詩存六月采芑江漢常武之篇美宣王攘夷狄救中國而復興若是也平惠以降不能紹興王道是以春秋出齊桓晉文伐楚之爵然猶微文託義以傷乎攘夷狄救中國之事不在周室而在乎諸侯也今晉荀林父士會滅赤狄潞氏甲氏而春秋於上稱曰師以與之於此復人之者蓋亦傷乎攘夷狄援中國之功在乎列國之大夫也

夏成周宣榭火

折衷曰斯成周之火非鄰國也非來告也非使人弔也曷以書之謂來告則二百四十年之閒周之災唯斯一書而已曷常災不告而獨告斯耶謂弔曷常災不弔而獨弔斯耶謂新周而書則以平王東遷爲新周已一百七十餘年矣安得倘曰新周耶皆弗然也噫禮樂者國之本本苟先顛則枝葉何附焉聖人得不痛周王之微弱傷禮樂之焚蕩特書之也穀梁得其旨杜公之短

集議曰春秋書外之災異皆齊陳宋鄭而已蓋鄰

國也昭九年書陳火時楚巳滅陳而書陳火者蓋聖人隱而錄之亦不與楚之滅也且周之災未嘗見於經此書者得無其說乎二傳求合經意故以宣廟之榭而以黜周目樂言之禮廟不應有榭榭不應藏樂器前志有之臺不過望氛祥榭不過講軍實然則榭者講武之所也謂之宣者其宣王之所爲乎宣王爲之後王因仍之宜亦謂之宣榭也至是歷十二世而王業日壞徒存虛名求其如宣之盛者蓋不得而見之矣此書宣榭之災者其以明王之道既不可得而見明王之迹天又從而煨

燼之蓋痛乎王道淩夷之甚也左氏雖不以榭爲宣廟而不釋名宣之義其言天火人火之異者不如言國言邑之正也

新義曰厲王失道宣王能復之幽王失道平王不能復東遷之後祖德宗功宣王爲不毀之廟也雖然東周禮樂之器存宗廟禮樂之文在春秋今書成周宣榭災是禮樂之器俱焚天下生民萬物性命隨器以亡矣文不得而不主繫也此仲尼極傷周道之不復興乎況春秋之作率天下諸侯之國以尊周孔子之心欲其興乎欲其亡乎公羊穀梁

云成周者新周也黜而新之從爲王者後是誣罔聖人欲周之亡也

謂曰春秋憫周而作於此益見聖人之本志也宣榭者公穀謂樂器所藏而元凱以爲講武之屋蓋以榭爲論不同故也故書曰宣則繫之周室明矣蓋聖人之志以其火而志之以見周衰禮樂法度壞廢明王之迹天又從而燼之聖人所以傷道之不復興爾

秋郯伯姬來歸

文十五年書曰齊人來歸子叔姬而此條及成五

年杞叔姬直曰來者彼子叔姬之書譏在於齊而此斥伯姬以言之以志其自郯而來歸於魯不正也

冬大有年

春秋之事以非常書宣公書曰大有年猶桓公之書有年也是皆以爲非常也宣公篡立日食大水螽蝝災異之屬在宣公爲天地之譴異可矣若夫大有年之慶則在宣公爲非常也故詳錄之且桓公止書曰有年而此又曰大者以桓公聽公子翬爲大惡而宣公事襄仲爲差輕故傒其大有然後

爲非常也明其與桓小異耳

十有七年春王正月庚子許男錫我卒

諸侯日卒無他義

丁未蔡侯申卒

日卒無他義

夏葬許昭公

許小國略而不月爾

葬蔡文公

六月癸卯日有食之

義見隱三年

己未公會晉侯衛侯曹伯邾子同盟于斷道

諸侯復同盟故志之同者同志而盟也

秋公至自會

踰時而返故危之

冬十有一月壬午公弟叔肸卒

折衷曰春秋書公子卒多矣如公子牙公子友叔鞅叔弓皆書卒第不書公弟爾公穀異其弟而曰惡宣公在位不食其祿聖人以賢而錄之故書卒豈有是歟上之意謂公之母弟也書曰叔肸卒與叔弓之類無別矣所以書公弟明是公母弟也故

禮經曰凡太子之母弟公在則曰公子不在則曰公弟凡稱弟皆母弟也噫十一公豈無弟而獨書宣公之母弟也稽其旨十一公雖有母弟然無當公居位而卒故不可以書母弟亦如獨書子同生以適長而書叔肹以居位而獨書上得其旨

辨要曰叔肹不仕於魯經書公母弟叔肹卒稱字以貴之也褒其可褒雖匹夫不之隱也

新義曰凡公子稱公子公之孫稱公孫叔肹文公之子此書公弟者何賢之也賢之者何起宣公爲兄也曷言乎起宣爲兄宣爲人兄而不兄也

謂曰十一公之年未有書公弟卒者而此特云弟者豈無旨哉發微謂之無祿則非大夫爾按孫復

微云不曰公子公孫而然春秋亦錄之者公穀及曰公弟者無祿而卒也尊王發

諸儒皆以爲貴叔肸而惡宣公也噫聖人所書之意在乎書公弟豈在乎貴之耶有如桓公之年書子同之生矣春秋以桓公繼世不明故書子同生以正傳嗣之法也宣公之立亦不正故書公弟叔肸卒以明長幼之分也

十有八年春晉侯衞世子臧伐齊

此伐齊而書晉侯之爵者豈聖人之意有所志乎

蓋聖人以衞使世子同伐起文也春秋之載行事靡有不詳其人以書之今若言晉人衞人則不見衞有世子臧之專伐故必出世子之文亦不可不言晉侯以別之也

公伐杞

夏四月

秋七月邾人戕鄫子于鄫

通例曰弑非其君曰戕

諤曰春秋之書戕者一所以見春秋筆削之謹嚴也今鄫子之弑卒暴致之也非有其漸而忽自外

而至也聖人猶異其文曰戕故通例別而明之

甲戌楚子旅卒

折衷曰楚自入春秋有年矣苟以僭葬而不書則車服典禮皆僭悉不宜書矣詎可戰伐盟會與中國等與斯不書葬者不爲葬之僭爲號之僭也葬自僭乎一國是僭之細也號之僭則僭於天下是僭之大也春秋責大不責細苟書葬則當書爵號如齊侯小白卒必書葬齊桓公苟書楚子旅卒葬必不可曰葬楚莊子必曰葬楚莊王故莊王不可書之苟書之則與葬天王無異也聖人以是僭而

諱書其葬則所以責之明矣公羊得其旨

集議取陳岳論

謗曰諸侯曰卒正也楚夷狄也春秋錄楚子卒亦日之者聖人有所懲之也蓋由諸侯與楚交接待之與列國無異若陳鄭者又從而受之盟其僭恣甚矣今卒而以正卒者聖人悼傷乎周衰而加之筆削如滕杞之屬削弱者又從而削弱之故卒則不名不日矣若楚之暴盛者亦從而暴盛之故從以正卒之文而日之名之也此聖人託文示義豈可謂進之哉既錄其卒而懲之又沒其葬以示貶

公孫歸父如晉

內適外曰如爲下奔起文

冬十月壬戌公薨于路寢

同莊三十二年義

歸父還自晉至笙遂奔齊

折衷曰杜公謂大夫還不書今書歸父還自晉者是其能以禮退也又謂不書公子是非常所及故去之豈其然乎內書公至不書大夫至謂不致於廟故也今書還是善其哭君成踊反命於斯杜公得其實穀之短惟不書公孫未見其旨岳以爲不

書公孫非爲特書而去之也夫特書者善之也去公孫者絀之也安有旣善之而又絀之必不然稽其旨上書公孫歸父如晉下書公薨于路寢次書歸父還自晉是閒無異事而省文也

箋義曰歸父不書族者以其有寵於公欲去三桓之權不能佐公制之以義而反謀之於晉向若晉從其謀興師來討三桓必外與晉爲戰內與公爲讎危國喪君不可知也逮其還也君薨而謀泄家旣被逐辱及其先斯春秋所以貶之而去其族也至若壇帷喪君因介反命斯得禮之小者故春秋

亦善錄之左氏公羊皆以爲還自晉是善之之辭正謂此爾然其去族之義殊不解焉

謗曰此言歸父者爲上巳出公孫之文故不復舉其族也所以云還者以起其出奔爾凡出奔者蓋是大夫失守宗廟之辭也雖曰公薨家遣而緣歸父謀去三桓之不密失身宜矣豈可謂善之耶傳雖釋以壇帷復命之事然聖筆非謂此而志之也故書曰至笙者明其聘還未致君命而繼事出奔也詳錄以示義焉

春秋會義卷十七

宋鄉貢進士江陽杜諤撰

成公

史記世家襄仲立宣公公孫歸父有寵欲去三桓與晉謀伐之會宣公卒季文子怨之歸父奔齊黑肱立是爲成公

元年春王正月公卽位

二月辛酉葬我君宣公

無冰

新義曰冬者終也言萬物旣終氣候嚴肅陰積而

成冰也天戒若曰人君多喜無憂或時政寬怠緩弱則冬暖無冰也宣公末年三桓强盛公孫歸父如晉謀去三桓未至公薨遂奔齊成公即位年弱居喪無哀毀心三桓又喜得政故冬暖無冰也昔吳歸晉壽陽以東常雨壽陽以西常暘司馬宣王問摯虞對曰壽陽以東屬吳吳新破人民悲愁故常雨壽陽以西屬晉晉新得吳君臣喜樂故常暘春秋志災異際天人非所謂廣記備言也

三月作丘甲

折衷曰穀梁謂士農工商爲一丘今丘作甲是使

四民皆作甲以爲非正奚見之淺歟中謂四丘爲
甸甸出甲士三人今乃使一丘之地出甲士斯近
之矣亦未盡其旨噫苟如是則必書丘出甲必不
曰作丘甲也究其旨謂之丘甲者丘則賦之本名
加之以甲則賦之總號非獨爲出甲矣周禮九夫
爲井四井爲邑四邑爲丘丘出戎馬一匹牛三頭
斯丘則魯賦之本名也四丘爲甸甸六十四井出
轂一乘戎馬四匹牛十二頭甲士三人步卒七十
二人此甸所賦今使丘出之故曰丘甲杜曰譏重
斂得其旨

旨要曰魯使一丘出一甸之兵甲重斂四倍於常故譏之穀梁謂農皆爲工失其本業故譏之且丘甲雖工民之事亦不可使農民頓能爲之葢舉甲以稱其實牛馬車乘之賦皆在作甲之說誠非通論傳所舉齊難者但以經書初作而特言作丘甲明爲齊難暫作非久制也

集議曰宣十五年初稅畝經以重斂書至是幾五年又作丘甲且甲士非一丘之所出葢譏賦斂之亟重也稅畝言初丘甲言作皆變古之辭也公羊傳無害於經義何休據穀梁爲說以丘之人人作

甲以釋之非也

謂曰三代之行仁政也井天下之田而什取一是以民富而國用無有不足矣蓋其度乎官用以賦民而民之所供有其法稅不過藉而調度給此其常制也春秋之世諸侯兵師日起厚斂於民者無國不有聖人詳錄於魯則他國可知矣且宣公履畝而稅猶詳而譏之今乜賦以甲抑又甚矣書之者因以見魯空虛不必懼齊而作作者造爲之稱不宜作而作也

夏臧孫許及晉侯盟于赤棘

大夫會公侯出族氏

秋王師敗績于茅戎（公羊穀梁作貿戎）

折衷曰春秋書戎多矣如公追戎公伐戎齊侯伐山戎晉侯及姜戎安可謂無戎歟又安可謂嫌晉之敗王師是以戎之（按此下當有闕文）設如是曰戎則此庶幾謂之茅戎則戎之別種明矣所以書茅戎者別山戎姜戎也如書赤狄潞氏別甲氏也荀曰諱而改之則茅戎敗王師其辱甚於晉矣原其旨書戎戰與諸戰異者以戎不可當王師不曰王師與戎戰而曰王師敗績于茅戎紕夷狄尊王師其在

茲乎杜得其旨二傳俱誤

摘微曰王者無敵於天下故以自敗爲文又且明四夷交侵王綱不振戎之衆敗天子之師聖人於春秋也不得不罪

集議曰春秋于王書伐書出書敗譏主於王也然而聖人尊王褒貶之意不下同於列國故桓五年王伐鄭但人蔡人衞以厭之僖二十四年王出居鄭則言出以貶之言居以正之至於温之盟以晉侯召君不可以訓猶以自狩河陽爲文所以正天子之尊也且晉侯不可以召王則茅戎不可以敵

王必矣以貿戎爲地是天子之自敗也以貿戎爲國則天子之可敵也春秋天王之敗惟此經耳左氏莊十一年發例以爲京師敗績曰王師敗績于某考禮經之文不應有是其亦失於此而誤爲之說歟三傳以諸侯之强無大於晉故以晉當之此雖未足爲信然以意求經亦近矣

新義曰春秋尊王魯獨有隱諱文書王師敗非赴告也特書也曰茅戎不與諸侯勝天子也無日月者病魯也病成公幼弱政在大夫盟晉侯而敗王師有其臣而不有其君也

謂曰春秋之法必以輕重詳略而託文也筆削之義尊周而主魯尊周者使天下知有天王之尊也主魯者明春秋之文假魯史而作也載行事以示義可不正之以春秋之法耶天子無敵於天下而此錄其敗者何也蓋聖人亦託文以自敗爲文也左氏以爲茅戎則春秋豈以戎而敵王乎集議辨之雖以左氏爲誤然未盡貿戎之解何注以貿戎爲地差爲可從蓋紀師敗之地而以自敗爲文也

冬十月

二年春齊侯伐我北鄙

夏四月丙戌衞孫良夫帥師及齊師戰于新築衞師敗績

衞孫良夫以大夫而專伐固爲可譏至其及齊戰而稱師豈聖人以曲直而輕重之乎曰不然也夫良夫主以兵侵齊而專行伐之事不可不斥言其師師焉若齊則出師以敵之故直曰齊師爾及其敗也衞以戰而敗故亦以師稱之

六月癸酉季孫行父臧孫許叔孫僑如公孫嬰齊帥師會晉郤克衞孫良父曹公子首及齊師戰于鞌齊師敗績

旨要曰鞌之戰齊有必勝之氣晉有不敵之勢而齊以驕輕取敗晉以必死致用夫然則出兵謀帥得不慎擇其人哉

謌曰春秋詳内略外自隱公以來未有四大夫帥師見於經者也蓋由文公之後政逮大夫宣公之世三桓强而公室弱是以專魯國之政者不一今伐齊而四大夫皆以兵往是各欲專其事而抗爲之也春秋别而書之以志一國而四大夫專伐且以起魯之政將分畀於臣矣晉衞曹三國之臣皆以國氏斯亦大夫之專也曹云公子首若魯公子

友公子牙之稱爾

秋七月齊侯使國佐如師己酉及國佐盟于袁婁

春秋詳錄之事皆託文而存義也魯四卿會晉曹衞之師伐齊深入齊境齊敗而懼然後使卿如師爲盟春秋志之必言齊侯之使者所以明齊之見伐齊侯自啟之也齊數侵伐於魯亦搆晉衞之怨以致交兵勞民之甚敗而後盟祇無益也故曰以謹之

八月壬午宋公鮑卒庚寅衞侯速卒

日卒無他義

取汶陽田

纂例曰凡內取之邑不繫國者皆本是魯邑曾爲外國取今卻取之旣是本國邑不可繫之他國爾諤曰春秋書取之義或以易辭言之或以非義言之至於伐而後取之者則甚矣凡邑不繫己之國而伐取之者謂之非義若隱十年取防取郜之類是也事有得之若不難而獲取之者謂之易辭若莊九年齊人取子糾之類是也此言取汶陽田非易辭也亦不可謂非義也但以自內而取爲文爾汶陽爲魯之田而齊侵之今魯得之故直曰取焉

宣十年濟西田言歸而此言取者彼則於公如齊之後而齊自歸之故以齊歸起文也今因晉衞之力伐而後取之故以魯取爲文非齊實欲歸之矣

冬楚師鄭師侵衞

繁露竹林篇義見下伐許

謂曰鄭之受制於楚久矣且鄭中國諸侯而卽從於楚以啟其貪惏之心若楚者荆蠻之國貪欲無厭鄭不當與之比周同侵於衞故春秋主楚稱師而列鄭於下不待貶而惡自見也

十有一月公會楚公子嬰齊于蜀

集議曰春秋尊內公會大夫必微其文與高傒盟則沒公與處父盟則去族蔇之盟書大夫而不書名蓋齊無君猶舉國而盟公也此書公以敵嬰齊得無旨乎夫中國之於夷狄固不可一概而論方是之時晉之威力猶足以伯楚僭王號窺伺中國爭爲盟主諸侯不知中國之可尊夷狄之可絶不堅事晉而從盟聖人深責之故不沒魯公不貶嬰齊書嬰齊之族於以彰楚之恃强也露成公之耻所以正內之惡也內惡不容諱則外從楚者不善可知也前此楚與中國盟皆序於宋齊陳蔡之下

此盟于蜀則序於諸侯之上欲見楚之主盟矣君也大夫也皆人之又列齊於鄭下不以尊卑序之蓋不正其主伯者之事也新城之盟趙盾以伯國之上卿猶在諸侯之下所以正王爵也今嬰齊之不然者非爲善而書之

諤曰春秋之於楚悼其以夷狄而有貪暴之行其始也欲與諸侯抗而中國諸侯不能待之以夷狄之道春秋因而錄之以示懲戒至縱其恣橫擅主會盟春秋亦不得已而以爵錄之者其實懲之也及此而成公與其臣爲會則楚之强可知矣公與

楚子會猶不可況以一國君而出會荆蠻之臣乎

然嬰齊以公子稱之者蓋是時楚之僭暴其臣有

以公子爲氏者春秋亦因而錄之以示楚之君臣

與中國一例主譏於公而甚斥言嬰齊也

丙申公及楚人秦人宋人陳人衛人鄭人齊人曹人

邾人薛人鄫人盟于蜀

趙子云譏公屬邑而與其臣盟故深譏之故特書

公也義同齊大夫也大夫不名義同宿

微旨義見上

折衷曰凡書會盟君臣不敵其皆稱人得無其意

如僖二十九年翟泉之盟王子虎下盟列國之大夫上盟諸侯皆不合典禮故皆稱人文七年扈之盟公後至避不敏故不序諸侯不列大夫文十五年扈之盟將伐齊晉侯受賂不克而還故不序文十七年扈之會晉侯將平宋無功而還故不序宣十二年淸丘之盟以大夫不實其言故不列斯之盟諸侯國大夫畏晉而竊與楚盟謂之匱盟故不列上中得其旨

新義曰會者外爲志也言公從嬰齊會以請盟也

公不盟大夫此與大夫盟者何魯多難政在大夫

大夫卽公也公卽大夫也楚會稱公子盟稱人者何大春秋意也曷言乎大春秋意不與夷狄勝中國也

箋義曰左氏以爲卿不書畏晉而竊盟者非也何則魯衞陳鄭誠畏於晉矣然楚人秦人孰晉之畏哉况下文云是行也晉避楚畏其衆也豈可反謂畏乎晉哉此乃自成矛楯之說矣

本旨曰楚旣是嬰齊則諸稱人者皆大夫可知或曰非以中國大夫羣從夷狄盟而貶乎曰非得已也爲敵公貶斯其實意

謂曰春秋之義加筆削以成文也辭之所載有略之者甚之也蓋聖人託其所以追治之義爾今諸國盟于蜀而特出公者其甚之之辭乎公以楚侵鄭懼而受盟春秋詳而志之先言其會以主譏之復言盟而又出公者斯聖筆不與公之爲夷屬也諸國稱人以貶之貶公甚矣

三年春王正月公會晉侯宋公衛侯曹伯伐鄭

春秋悼鄭卽從於楚諸侯伐之可也聖筆書伐鄭蓋與諸侯之伐之也桓文之後諸侯不能以攘夷狄爲心而若鄭者又與楚爲比今公與四國之君

以兵伐之故春秋正其爵以示義則知鄭爲不正也

辛亥葬衛穆公

踰時而日葬義見隱三年

二月公至自伐鄭

經社曰成之出十有八致之者十有四危之也不致之者安之也

甲子新宮災三日哭

新義曰人有七情哀爲一也哭哀聲也聲之出有愛焉有惡焉愛焉者其聲悲惡焉者其聲怨今宣

宮災三日哭知魯人之聲怨宣公也曷言乎魯人之聲怨怨宣公與聞弑君天不容廟祀血食也宣之過惡盈滿故宮不稱謚以新目之

謗曰春秋詳記災異以警戒乎人君者也今書新宮災傳皆以爲宣宮宣公篡立而終今喪畢而新主祔廟將列序於先君也宮成而災其亦天之意歟夫宣公以篡繼先君之位旣沒而欲與昭穆齒先祖斯天之所不與而譴及之矣然則三日之哭其亦非禮之正歟若以爲禮則常事不書爾曰宮廟災而臣子哀痛可矣三日之義不亦正乎

乙亥葬宋文公

夏公如晉

鄭公子去疾帥師伐許

大夫帥師上屢見

公至自晉

春秋書至皆以其踰時而返今成公出不踰時而返必致之者蓋以成公之時政在大夫是以出則謹而志之

秋叔孫僑如帥師圍棘

大雩

晉郤克衞孫良夫伐廧咎如

大夫以國氏專伐也

冬十有一月晉侯使荀庚來聘衞侯使孫良夫來聘

丙午及荀庚盟丁未及孫良夫盟

春秋之世諸侯聘天子之禮不行而擅相行聘皆以强弱爲判非禮之正也晉衞之卿同時來聘春秋詳錄以甚之據左氏魯因宣叔之言以晉先衞豈非以强者先之乎先盟荀庚而次盟孫良夫故書日以謹之且以志其盟之瀆也夫盟者不相信之辭今以三國而爲二盟非禮尤甚矣

鄭伐許

繁露云鄭師侵衞是伐喪也與諸侯盟于蜀而諸侯伐之是叛盟也伐喪無義叛盟無信惡之謂曰春秋諸侯用兵貶之之義莫甚於稱人也至於稱師稱爵蓋以輕重而爲之辭矣若夫夷狄之國皆直稱之不可以人稱之也鄭中國之諸侯爾而亦直稱之者蓋聖人悼鄭之即楚至此又用兵伐人故直稱之以示義三家無傳而何范所釋爲得矣而伐諸夏故書國以狄之　按何休范甯俱謂惡鄭從楚

四年春宋公使華元來聘

三月壬申鄭伯堅卒

杞伯來朝

夏四月甲寅臧孫許卒

內大夫日卒正也

公如晉

葬鄭襄公

秋公至自晉

公踰時而返謹而志之

冬城鄆

內城及築二十九皆譏之見隱七年義

鄭伯伐許

繁露竹林篇云父卒未踰年卽以喪舉師也春秋以薄恩且施失其子心故不復稱子謂之鄭伯以辱之也且其先君襄公伐喪叛盟得罪諸侯諸侯怒之未解惡之未已繼其業者宜矜善以覆之今又重之以無狀居喪以伐人父伐人喪子以喪伐人父加不義於人子施失恩於親也

謂曰春秋筆削之法隨輕重以爲之辭也前年鄭伐許狄之而此年稱爵何輕重之不類耶且鄭喪未踰年而不以子稱之者蓋聖人以此示義也聖

人以鄭既於前狄之今若復狄於此則諸侯與夷狄無別也故因其再伐許而出其王爵之正不復貶之也至若背殯用兵亦不以爲譏者蓋變文以甚其惡矣

五年春王正月杞叔姬來歸

仲孫蔑如宋

夏叔孫僑如會晉荀首于穀

春秋諸侯擅相爲會猶不可況以大夫而會大夫乎蓋由宣成之世禮樂征伐之事鮮有不自大夫專之也聖筆詳而錄之以志其甚矣

梁山崩

指掌碎玉曰害物爲災則書此山崩所害故爲異也

折衷曰春秋書災異如水火書災鵒石書異也斯梁山固異也然書水火鵒石皆繫其國此不國何也災異不國惟沙鹿與梁山爾苟曰繫所災不繫於國則所災何地而不書晉苟曰名山大澤不爲己封故不書晉則釋太山之祀而易許田得不繫己封乎俱未見其得稽其旨如水火之災本無定處苟於其國爲災則名其國鵒石之異亦無常地

苟於其國爲異則名其國非如山崩川竭也山崩川竭各有定處第曰沙鹿則諸國無沙鹿矣第曰梁山則諸國無梁山矣是知書沙鹿梁山不曰晉而晉明矣陳子得其旨

集議曰春秋外之災異惟書鄰國晉遠於魯其書沙鹿梁山者得非爲天下記異乎按禮名山大澤不以封然則二山不繫於晉而繫於天子經不書晉從可知矣

新義曰剝卦大象云山附於地剝言山足糞腐下剝其上也以時言之陰陷於陽也臣逼於君也小

人道長君子道消之應也

諤曰天之大日星爲之象也地之厚山川爲之載也天之所以有變見地之所以有崩震由乎人君不能飭己而脩德也春秋之世大中之敎不脩而王不正是以詳錄災異大者日食地震其次星隕山崩也至於雨雪石鷁之異大水不雨之沴亦詳而書之以示後世之戒也至若山之爲異斯地不安其靜翕聖筆書以謹周衰之變甚矣

秋大水

義見桓元年

冬十有一月己酉天王崩

十有二月己丑公會晉侯齊侯宋公衞侯鄭伯曹伯邾子杞伯同盟于蟲牢

同盟者同欲爲盟也諸侯於此復同好以相恤鄭之國或卽楚而不志於盟會故春秋敘而正之欲其同力而無貳故謹而日之也

六年春王正月公至自會

二月辛巳立武宮

旨要曰禮明堂位稱魯公之廟文世室也武公之廟武世室也蓋武公是成公之祖其廟已毀今季

文子追峯之功欲效楚爲京觀之義故築武軍又立此宮因以祀武公而從此使爲不毀之廟其意以武公之烈垂後使我有今日之成功故於武軍祀武公也明堂位之說蓋襲此焉然魯因晉而救難勝非己功楚猶不築而魯作之尤非禮也

集議曰禮諸侯五廟去祖爲壇去壇爲墠去墠爲鬼壇墠有禱則祭而鬼則但與於祫禘而已武公至於成歷世十二其不在禱祀之例明矣此立武宮猶定元年之立煬宮也三傳皆譏之正也范甯以明堂位有文武世室之說疑其不毀者非必然

也蓋作禮記者述成王之褒魯遂盛美魯家之事因是經有武宮之文遂從而美之非實辭也若下云君臣未嘗相弒政俗未嘗相變鄭爲之注亦謂之誣故不足以取信也

諤曰禮武公之廟武世廟也則魯世祀武公爲世室矣又宮者宮廟之通稱也今經直曰立武宮而左氏謂由鞌之功而立元凱從而曰築武軍質之辨疑規過是誠不然也按劉炫規過以立武宮爲立武公之宮非築武軍陸湻辨疑引啖助說云傳意以爲武軍之宮非也若然煬宮復何爲乎又引趙匡說云若以鞌戰之故不應經五年方立備錄於此

魯自文公怠棄國事政在大夫春

秋於文十三年書太室屋壞是志其不恭於先祖而怠棄尤甚也今立武宮是必武公之宮毀壞而再立之亦非禮矣故聖人以不宜立之辭加之以志其非法度之正矣

取鄟

摘微曰不具師名及日責魯重明鄟無罪魯貪而滅之故不立滅辭變言取以示義

衞孫良夫帥師侵宋

箋義曰晉衞鄭及諸戎侵宋經獨書衞孫良夫者晉謀襲衞衞人不思自備而乃帥師與人侵宋向

非伯宗之言幾危其國故獨書良夫以罪之

謂曰大夫專伐書帥師上屢見而左氏之言恐未爲實按左氏謂晉伯宗夏陽說衞孫良夫侵宋夏陽說欲襲衞伯宗不可而止杜謂以爲非事實者當指此

夏六月邾子來朝

公孫嬰齊如晉

壬申鄭伯費卒

秋仲孫蔑叔孫僑如帥師侵宋

魯自成公二年四大夫同伐齊而此又二大夫侵宋見於經見大夫專伐之甚且以志魯之政分畀

於三族聖筆詳之以志其漸矣

楚公子嬰齊帥師伐鄭

冬季孫行父如晉

晉欒書帥師救鄭

大夫專伐皆出之書救救辭之善

七年春王正月鼷鼠食郊牛角改卜牛鼷鼠又食其角乃免牛

指掌碎玉曰李巡云鼱鼩鼠一名鼷鼠孫炎云鼠有螫毒者也改卜牛又重言鼷鼠又食其角不重言牛者何休云言食其角是牛可知

諤曰禮帝牛必在滌三月蓋愼養之具也魯以周公之故而行郊禮其僭可知也魯公之後怠棄國政至於所以奉天祭祖之道非正而鬼神不可得而饗矣宣公之年大室屋壞見宗廟之禮不恪也至此鼠食牛角見郊天之義不至也聖人因其瀆慢而書之所以示譏爾郊義見僖三十一年按杜諤釋僖三十一年之義今闕

吳伐郯

吳本太伯之後以其在蠻夷之閒故春秋始見於經而狄之此復交於中國僭橫將作春秋於此志

其伐鄭實以起其漸

夏五月曹伯來朝

不郊猶三望

義見僖三十一年按杜諤所解僖三十一年之義今闕

秋楚公子嬰齊帥師伐鄭

公會晉侯齊侯宋公衞侯曹伯莒子邾子杞伯救鄭

八月戊辰同盟于馬陵

春秋不私乎筆削也杞見於經而或稱侯稱子稱伯以其國之削弱其禮下迫聖筆不以本爵錄之以志五等不正爾今救鄭而列之邾莒之下聖人

之意其憫之矣夫黍離齊國風則周道不復興矣

杞國削公爵則夏道不足徵矣聖人既謂不足徵

不可不貶而降之故於此序於四國之下亦以志

其削弱而託其憫之之意矣諸侯救鄭稱爵者以

其有攘楚之心故也

公至自會

吳入州來

入者以兵入也夷狄暴盛春秋志而疾之

冬大雩

衛孫林父出奔晉

大夫失守宗廟凡書譏之也無他義

八年春晉侯使韓穿來言汶陽之田歸之于齊

纂例趙子云非正也

折衷曰汶陽本魯之田齊取之成二年鞌之戰齊師敗績齊侯使國佐賂晉紀甗玉磬與地以和之晉侯使齊歸我汶陽之田至斯齊晉未有釁隙齊復求汶陽於晉晉復使我還齊苟曰脅我使歸之則必曰晉侯使韓穿來歸汶陽田於齊矣而曰來言者非脅之明矣求其旨是和好之言使我徐徐自歸於齊不使齊魯復有怨隙然考其情不無臨

制聽其言則婉且遜聖人爲魯故不書其情而書其言杜穀得其旨

集議曰汶陽魯田二年書取之非惡魯也春秋書取者多矣非己物而强得之則曰取實己物而復得之亦曰取是齊取濟西爲非魯取汶陽爲正取既正晉使歸之爲不正矣蓋脅魯而歸之也經抑晉之强順魯之諱故書來言使若晉之請命也公羊謂之內辭穀梁謂之不使盡我者得其旨矣

新義曰汶陽之田魯邑也來言者何來言者如晉所有也二年歸我田經書取今齊取我田經書歸

此成闇弱三桓擅恣齊晉無魯君臣也

謂曰諸侯之地天子所封限之境以境土不可以擅相侵取也汶陽者魯之田也界於齊而齊侵之是以公羊於柯之盟載曹子請之之事則魯嘗患齊侵之矣成公於二年鞌戰之後得以取之者蓋齊畏晉之强故也今魯不能事晉是以晉侯韓穿來言歸之於齊夫以天子所封之地而予奪在乎晉故夫子詳言晉侯之使以示譏

晉欒書帥師侵蔡

公孫嬰齊如莒

宋公使華元來聘

夏宋公使公孫壽來納幣

纂例趙子云婚禮不當使公孫也

集議曰內女既嫁始卒見於經者幾希矣如紀伯姬但書歸紀郯伯姬但書來歸而已如叔姬適紀而國已從齊又歸奉其祭祀故隱七年書歸莊十二年又書歸于酅二十九年書其卒三十年書其葬然則經之詳略必有其旨今伯姬書納幣書歸書致女又書晉衞齊之媵襄三十年書卒書葬文之不殺豈無謂而錄之乎穀梁以爲伯姬逮火而

死盡婦之道誠然矣左氏雖言其待姆反謂之女而不婦故傳之上下皆失之非經之意

謗曰婚禮納幣使大夫可也宋公使大夫納幣而春秋書之左氏乃謂之得禮夫得禮則常事不書矣詳此録之之義公羊雖曰起録伯姬而未盡此書公孫壽之義也且納幣見於經者二文二年冬公子遂如齊納幣及此年公孫壽是也是皆公子公孫也經其以此爲譏乎故趙子以不當使言之夫公子公孫同族兄弟而爲君納幣非所以遠嫌也春秋録而譏之宜矣

晉殺其大夫趙同趙括

箋義曰晉侯聽莊姬之譖而殺同括是不以罪殺大夫也故以累上書之然同括稱名者蓋罪其不能治家以正率下反爲一婦所譖而覆其族則同括之罪大矣十七年書晉殺其大夫郤犫郤錡郤至皆以非罪見殺而書名者亦以亡其族故也故殺先穀傳曰歸罪於穀盡滅其族君子曰惡之來也己則取之

諤曰稱國以殺論見僖七年

秋七月天子使召伯來賜公命

纂例啖子曰稱天子蓋誤也餘同文元年　趙子曰錫命者功德之由苟而至非禮也穀梁說非也按秦漢以後郡縣天下天子益尊不比三代猶於郡國加守宰秩何得無錫命乎蓋不知其賞無功而遂妄爲義也

通例曰凡稱天王者言能奉天道行王法也不能奉天道則去天而稱王不能行王法則去王而稱子也

辨要曰莊元年書王使榮叔來錫桓公命寵篡弑以瀆三綱惡之甚者故去天字以示譏也文元年

書天王使毛伯來錫公命文公新立未有可襃稱然輕於寵篡者故以常書之也今書天子使召伯來錫公命天子者君天下之美號也於此稱之大其事也何大焉大其合古之時也三載考績三考黜陟幽明成公即位八年通先君之終年則九年雖無顯功章德以實其寵然亦繼宗社而無過惡者故大其合古之時而稱天子也

謗曰誥命訖於穆王而春秋之世有書錫命賜命者蓋命之不正也成公即諸侯之位八年未嘗朝會於天子而天子反賜之命不正可知矣于二百

四十二年之中此獨言天子者先儒皆謂之通稱也春秋書天王者加天字以大之此所謂天子者亦明王者天之所子也猶曰公未有朝焉不當來錫命之春秋所書輕重之理有章而正之以尊尊之號也

冬十月癸卯杞叔姬卒

晉侯使士燮來聘叔孫僑如會晉士燮齊人邾人伐郯

箋義曰魯請緩師士燮以辭脅魯魯人懼而從之故以不與謀書之曰會蓋惡晉以禮來聘而反强

人以伐鄭也杜氏以爲盟主之命失之矣

謗曰文公之後大夫專伐固可知矣且士燮之來

魯實非來聘其欲興兵以伐人也況鄭無罪而四

國大夫同伐亦已甚矣故春秋人齊邾所人僑如

士燮也僑如出會而士燮主師不可不出其故因

互文以加貶

衞人來媵

纂例啖子曰左氏之說若然則莒姓已邾姓曹此

二國同姓至少假令嫁女孰爲媵乎恐此禮難行

今不取　又趙子曰啖難之誠爲當若實異姓則

否不合媵則成十年直云齊人來媵足知非禮何暇先書衞乎所以先書二國者九女旣足而又來媵所以爲失禮非謂譏異姓來媵其義亦甚明

折衷曰夫諸侯之女適於諸侯則同姓爲之媵也然備之者鮮矣如杞伯姬所以不書媵者是適小國禮不備也非有媵而不書也宋伯姬所以書媵者是適大國之禮稍備矣非謂不得其所而書苟曰宋伯姬以賢而書則杞伯姬何惡而不書苟曰宋伯姬以不得其所而書則杞伯姬何得其所而不書皆弗然衞晉同姓也而來媵聖人書之以其

得禮齊異姓也聖人書之以其非禮左得其旨謬曰諸侯一娶三國九女今魯將嫁伯姬而晉衞齊三國來媵僭且失矣不得不詳錄之

九年春王正月杞伯來逆叔姬之喪以歸

集議曰經四年杞伯來朝五年書叔姬來歸八年書卒言來朝是請於魯也言來歸是出於杞也其書卒非例也爲是逆喪而起矣禮婦人未廟見死則歸葬於女氏之黨以未成婦於其祖者不可以祔其姑也叔姬既絕矣生不能奉其祭祀死豈可成婦於祖宗乎是則魯不應使逆之也杞不應歸

葬之也杞魯之不正均矣經若直云杞伯取叔姬之喪以歸則失在於杞其言來者明杞之畏魯而來逆也是亦見魯之脅杞爾

新義曰舜號泣于旻天或曰怨天乎怨親乎怨身乎曰怨天非賢怨親非孝怨身非智然則如之何曰激何激父子之心復則知父子之心離當可復也夫妻之情離不可復也今書杞伯來逆叔姬之喪以歸來逆者愧辭也何以言愧辭杞魯二君相愧也以歸者不歸也

謂曰喪紀者禮之所以重也春秋垂萬世之法凡

邦國之事皆詳錄之以示訓矣今書杞來逆叔姬喪其以爲非度乎叔姬既嫁杞矣而歸卒於魯非正也今杞伯來逆其喪皆不得其正矣春秋志之書以歸者甚其不正也

公會晉侯齊侯宋公衛侯鄭伯曹伯莒子杞伯同盟于蒲

齊桓晉文之後晉齊序於宋之上者志其主盟諸侯而亦明春秋以强弱爲大小也宋於齊晉不可爲强矣亦如杞之削弱而春秋常序之於諸侯之下也夫子悼其不以大次國爲序而以强弱爲先

後也

公至自會

公會皆致危之也

二月伯姬歸于宋

內女歸隱二年見於經有義

夏季孫行父如宋致女

春秋於宋伯姬詳錄納幣致女故公羊以爲錄伯姬也夫納幣不可使公孫致女亦不當使公族矣今季孫致女亦公族之大夫也詳而錄之非禮可知

晉人來媵

此起文

秋七月丙子齊侯無野卒

日卒正也

晉人執鄭伯晉欒書帥師伐鄭

箋義曰晉執鄭伯稱人者鄭伯受賂會楚悔過而朝於晉是服其罪也晉侯當舍之待之以禮則中國無事矣今反執其君而伐其國鄭伯使伯蠲行成又殺之楚侵陳以救鄭自陳而潰莒晉人不顧同盟之急不能救之自是鄭人圍許謀立公子繻

衞人侵鄭晉人知其不可卒伐鄭以歸鄭伯何休以爲莒潰日者錄責中國無信是也其禍由執鄭伯故稱人以貶

新義曰凡諸侯有罪方伯請於天子命執則執之不得專執也諸侯有罪猶不得專執況無罪乎春秋之世上無天子下無方伯諸侯侵伐惟力是恃力能相執則執之其無王也甚矣孔子從而錄之以正王法或則稱侯以著其惡或則稱人以奪其爵稱侯以著其惡者謂雖非王命執得其罪其罰輕故但著其專執之惡也稱人以奪其爵者旣非

王命又執不得其罪其罰重故盡奪其爵今書晉人執鄭伯晉欒書帥師伐鄭是君執人君臣討人國

謗曰春秋之文詳略輕重不同而解之者固求其當爾鄭伯背華即戎此不可與也今以人執之示衆之所可執也斥書其爵者非無貶也斥言之以見其罪也若以晉稱人爲譏鄭稱爵爲正則不見聖人變文示義之本意　大夫專伐上屢見

冬十有一月葬齊頃公

楚公子嬰齊帥師伐莒庚申莒潰楚人入鄆

楚公子嬰齊帥師專橫甚矣書日以志莒潰者謹其不道伐人而至於民潰也貪婪若楚春秋雖或錄其大夫之專至於暴橫之惡不得不謹而日之

楚人侵害中國甚矣故復以人志之

秦人白狄伐晉

箋義曰宣八年晉與白狄伐秦稱師今秦與白狄伐晉稱人惡其更與夷狄起兵爲黨不言及亦夷之也

謗曰秦與中國交伐久矣始亦嘗目其爵以別言之此又以白狄伐晉甚矣

鄭人圍許

城中城

折衷曰凡書土功者重人力也故得時書以示之不時書以戒之僭奢則書以懲之蓋筆削之旨也唯城書無他譏刺第繫其時不時爾何者以其禦寇衞人也斯中城魯邑在東海廩丘之西南城之者禦寇衞人非自衞也春秋書土功與祭祀異祭祀則不書得時土功則不然壞則修之闕則營之得時失時亦書之二傳不通義例凡書土功不繫得時失時必曲立其意故多非微旨斯書正月城

城者三務之畢得土功之時上得其旨
十年春衞侯之弟黑背帥師侵鄭
末世帥師專伐者多矣此宣公之際未有不由大
夫尸之今衞侯使其弟帥之春秋亦詳言其弟若
齊侯使其弟年來聘之例蓋聖人不沒其親以加
筆削而志其專爾
夏四月五卜郊不從乃不郊
折衷曰春秋常祀不書郊常祀也書之或以非時
非禮不苟然也凡禮不卜常祀五卜郊非禮也公
羊謂不免牲故曰乃不郊以僖三十一年襄七年

書乃免牲不曰乃不郊故也噫乃免牲與不郊其文雖殊其旨無異第書乃不郊則是乃免牲也聖人互文非有別也是以兩書乃免牲三書乃不郊杜得之二傳俱誤

新義曰郊非諸侯事五卜而不從主人之志未蔽也乃者累辭也不與諸侯僭天子也

諤曰見僖三十一年 按杜諤釋僖三十一年不郊之義今闕

五月公會晉侯齊侯宋公衞侯曹伯伐鄭

辨疑啖氏曰若然失禮之甚經當有貶既無貶文蓋傳妄也 按左傳云晉侯有疾五月晉立大子州蒲以爲君而會諸侯伐鄭啖氏蓋駁此

說

謂曰春秋之法仁義之所在也諸侯之事有可以與之者有可以奪之者其權之於仁義矣鄭伯背中國之好而受制彊楚此仁之所罪也晉以諸侯之兵而討鄭此義之所在也故春秋出其爵矣且前年稱曰晉人執鄭伯而此書諸侯之爵蓋執之義重於伐也鄭既有卽楚之罪當問之以兵而晉遂專執亦不可與故以人稱之今以兵伐之是諸共欲討其卽楚亦可與也故別序而爵稱之知伐輕於執矣

齊人來媵

丙午晉侯獳卒

秋七月公如晉

冬十月

無事書首月

春秋會義卷十八

宋鄉貢進士江陽杜諤撰

成公

十有一年春王三月公至自晉

公久在晉危故致之

晉侯使郤犫來聘己丑及郤犫盟

來聘及盟之義同於荀庚也荀庚言晉而此不云晉郤犫者蓋上言來聘省文耳荀庚亦來聘而別加晉字者所以別衛也此日者公盟也

夏季孫行父如晉

秋叔孫僑如如齊

冬十月

十有二年春周公出奔晉

纂例見襄三十年按杜諤所引纂例此條今闕

折衷曰天子無外故王子大夫不曰出而曰奔如書王子瑕奔晉尹氏以王子朝奔楚今周公書出奔者是聖人特起升絀之文也以周公前年惡惠襄之族逼怒而奔至陽樊王使復之盟於鄄而入聖人非其王巳復之而又出奔是絶於周故特書以責之如書天王出居于鄭雖君臣有別其理且

同左穀得之

新義曰天子三公亡命出奔諸侯當執以歸京師今晉納亡命而主逋逃無所避畏直書周公而不名者絕不以爲臣也外大夫言出奔此王人言出奔者何天子夷諸侯京師同列國也

謂曰春秋其夷周於列國也矣詩降黍離以起周之衰春秋所以作也春秋之文特加筆削以示義是以於僖二十四年書天王出居若諸侯出奔之文也今書周公出奔若列國大夫失守之義也雖夷周而言之其實悼之也夫祭伯之來以其私事

而闕其義矣河陽之狩以其召君而正其文矣至此淩弱尤甚不可不因而夷之

夏公會晉侯衞侯于瑣澤

秋晉人敗狄于交剛

晉自晉文之後世爲盟主擅行征伐今以兵敗狄証也何以人之蓋中國與夷狄不言戰故以敗之爲文也然不出師師者名聖人亦不與夷狄之敵晉因文而直曰敗也

冬十月

十有三年春晉侯使郤錡來乞師

折衷曰凡伯主徵會討貳匡救天下以尊周室非有私也故桓文之時每有征討必徵諸侯之師其有違者後者則伐之執之未有言乞師者晉文雖卒伯業未替有趙盾士會郤克欒書之賢將中軍相繼不絕故能復會諸侯之衆以伐強秦而立大功可謂文德未衰而曰乞師何也夫下於人者德之基也謙於人者德之柄也齊桓公北杏之會謙接諸侯之微者故能復伯業今晉厲公以謙乞師亦不失伯主之體是致麻隧之戰秦師敗績宜哉杜得其旨

新義曰晉爲盟主率諸侯之兵以攻戎狄正也其言乞師者何外辭卑而內不足也何以言其不足恩不足以及下德不足以來遠財不足以充用兵不足以勝敵故言乞也

諤曰乞師義見僖二十六年按杜諤所釋僖二十六年乞師之義今闕

三月公如京師

摘微曰十三年公如京師五月公自京師遂會諸侯伐秦公因會晉而朝周非尊王意故下文言自京師遂會師云云此重序之且明公本意也

新義曰凡諸侯來魯皆言朝今公朝周曰如者何

成春秋意曷言乎成春秋意春秋主魯時王不綱天下誅賞在空文也如之言如也公實不朝周因會晉伐秦路如京師也故秋七月經書公至自伐秦

謗曰春秋之法内適外曰如凡公之適京師與列國一皆言如者聖人悼當時諸侯無尊王之實視之鄰國之不若爾孔子錄其文於周雖曰夷之於諸侯實悼之也於此見諸侯之於京師無朝之實因遂事而往故聖人起文以書之復先言公如京師以見義

夏五月公自京師遂會晉侯齊侯宋公衞侯鄭伯曹伯邾人滕人伐秦

折衷曰公爲晉乞師伐秦以其路過京師因而朝王是公之素志也茍書之則於禮不順所以書公如京師遂會諸侯伐秦蓋聖人全公尊周之禮非如僖二十八年書公會諸侯于踐土公朝于王所其不可以全公朝王蓋王在踐土因而朝也公羊謂鑿行言雖不文理得其實杜元凱注公素意不釋聖人全公朝王之旨穀梁之說殊無所取

箋義曰沒其起初會晉之意使若因朝于王適值

王欲伐秦遂受王命會晉伐秦則征伐自天子出王者無敵于天下故伐可言而戰不可言也既不可言戰則秦師敗績亦不可書也劉成二公與諸侯伐秦不書者蓋經文既使公若受王命與諸侯伐秦今若更序劉公成公在晉侯上則是實受王命而征伐有功於公當有褒之之辭則非春秋正不正之旨也故不書二公以示義焉杜預以爲兵不加秦經文闕漏者非也

謂曰諸侯用兵春秋所書不同此出其爵者聖人亦以起其義也當是之時諸侯不奉王命而致伐

者多矣此伐秦之時自京師而往雖諸侯自欲伐之亦若王命使伐之也春秋儻不正其爵而敘之將何以勸臣下戴上之心使若征伐自天子出

曹伯盧卒于師

同僖四年許男義

秋七月公至自伐秦

箋義曰書公至自伐秦明公本不爲朝京師而行也

冬葬曹宣公

此書曹伯葬而左氏載經外之事按左氏此條載負芻殺太子自

立及子臧讓國之事故杜謁及之

十有四年春王正月莒子朱卒

夏衞孫林父自晉歸于衞

春秋之文固有辭之一而其指有以相通者也春秋凡書歸善辭也至於桓十一年鄭伯突之於鄭此年林父之於衞豈可謂善之乎且聖筆之於人貶意或顯存於筆削則不復加善惡之辭也鄭突之去公子不與其有鄭也孫林父之言自晉難其所以復衞也是則筆削之旨既明而言歸者不可歸之辭也

秋叔孫僑如如齊逆女

鄭公子喜帥師伐許

大夫專伐上屢見

九月僑如以夫人婦姜氏至自齊

膏肓曰叔孫僑如舍族爲尊夫人按襄二十七年豹及諸侯之大夫盟復何所尊而亦舍春秋之例事再見者皆名以省文左氏爲短

指掌釋曰左以豹違命故貶而去族今僑如無罪而亦去族故以爲尊夫人也春秋有事異文同則此類也

折衷曰上書叔孫僑如如齊逆女下曰僑如以夫人婦姜氏至自齊如宣元年公子遂如齊逆女下書遂以夫人婦姜至自齊一類中謂去族省文若於公子遂釋之則庶幾蓋闕無異事於斯釋之未見其正蓋間有異事也文既不順理俱未達下於遂經釋之曰紬其喪娶於斯曰刺不親迎亦皆未見其旨紬之則通書逆女而譏之非去族而譏之謂之刺則內嫁女而送苟君有故則使卿送女也如紀裂繻來逆女是也非刺之明矣杜得其旨

集議見宣元年遂以夫人歸姜至自齊論

謗曰桓三年夫人姜氏至不言翬以而宣元年書遂以及此年書僑如以者此蓋譏大夫之逆也桓元年夫人姜氏不言翬以者蓋公先受之於讙故也宣元年以喪娶而大夫逆兩書其罪故書婦而去氏也此年止譏大夫之逆故不去氏而上書曰婦者亦不正其爲婦於魯也

冬十月庚寅衛侯臧卒

秦伯卒

同隱七年滕侯卒義

十有五年春王二月葬衛定公

三月乙巳仲嬰齊卒

折衷曰內大夫苟非異姓則稱公孫叔孫孟孫季孫苟未賜族則以王父字爲族未有第曰仲也嬰齊則襄仲之子歸父之弟若以公孫稱之則宜曰公孫若以襄仲稱之則嬰齊之姓非君命又未可以字爲族亦止宜曰公孫曷以謂之仲耶下謂父弒君子不得謂之公孫則如成六年曷以書公孫嬰齊如晉宣十八年曷以書公孫歸父奔齊稽之則魯人以歸父奔傷襄仲無後乃使嬰齊紹之故特書仲以明繼襄仲也杜得其旨

集議曰禮天子諸侯不世卿大夫況其先獲罪於君而容其有後乎襄仲殺適立庶罪當貶絕止以譏宣之繹不獲已而見卒於經其不言乎公子而言仲遂亦以見筆削之旨也魯逐其族而又使嬰齊後之非也襄仲爲公子則嬰齊當爲公孫春秋所貶皆於卒以正之討其生見於經宜曰公孫嬰齊死不謂之公孫者其以遂之卒去公子而書仲則嬰齊之言仲所以明其繼仲也仲應貶絕而繼之惡在內也宣十八年歸父奔齊經雖書還以善其復命其不書族者義在於斯不得謂之蒙上公

穀杜預雖言仲與公孫之異而不見書仲之意

旨要曰襄仲本東門氏及殺文公之子赤而宣十八年逐之旣而嬰齊紹其後故改曰仲氏從仲遂爲姓蓋王父字也

謂曰指掌碎玉篇論公子之子不得祖諸侯且魯大夫言公子公孫蓋其君之族也今嬰齊不言公孫而云仲者亦不敢祖諸侯故也襄仲之後因其以仲爲氏書之以譏其專命也

癸丑公會晉侯衛侯鄭伯曹伯宋世子成齊國佐邾人同盟于戚

晉侯執曹伯歸于京師

折衷曰凡伯主執諸侯多稱人則與仲共執之矣旣惡及其人則書人以執惡不及之則甯無降殺故經例曰凡君不道於其民則曰某人執某侯不然則否今曹伯致執之由是殺太子而自立己則篡矣非惡及其人故不稱人而稱侯矣杜得其旨

謗曰春秋之文凡諸侯以稱爵去爵爲與奪也或有因之以示義者也或有人之以加貶者也今晉侯爲會以執曹伯然不奪其爵者曹伯有篡弑之罪而執又歸之京師雖曰專之是可與也左氏又

以書人解之蓋不明執而稱人繫於所執者不正非取乎人皆欲執之義也按左傳謂書曰晉侯執曹伯不及其民也凡君不道於其民諸侯討而執之則曰某人執某侯不然則否今稱爵者與其歸之京師而且志其以諸侯而執諸侯也

公至自會

公行書至危之也

夏六月宋公固卒

楚子伐鄭

楚稱子上屢出之

秋八月庚辰葬宋共公

葬書日取范氏之說所謂謹之也按穀梁謂葬共姬不可不葬共公夫人之義不踰君也范甯釋之云賢崇伯姬故書共公葬

宋華元出奔晉宋華元自晉歸于宋

箋義曰華元初欲奔晉至河而復是未至晉者也今以自晉歸宋爲文何也蓋以其奔也欲求晉討强臣以張公室今爲魚石所止許討蕩氏則與晉討無異其志行矣且大抵出奔去君違俗以彰國惡詩云兄弟鬩于牆外禦其侮故周公爲王所復既而復奔晉君子以爲自絕於周書出以罪之華元爲魚石所止遂反其位不彰國惡於外以篤君

臣之和易曰不遠復無祇悔其華元之謂矣故春秋善之書曰自晉歸于宋且以成其志也

新義曰宋華元出奔晉者何求晉討强臣也誅叛討逆不求於京師而求諸侯者何征伐不出天子而在伯主也華元及河而反何以書自晉歸于宋善華元也何以知其善華元華元不忍宗族自殘假晉爲文也

謂曰大夫失守宗廟而往他國春秋錄以出奔罪之也大夫自外復其位春秋係以自某國之文難之也華元宋之一陪臣爾出奔返國皆不由君命

春秋故書出奔及歸以譏之

宋殺其大夫山

折衷曰凡殺大夫有罪者稱國或國人以殺書名氏也無罪者君殺則稱君盜殺大夫亦然大夫罪極者無重於弑君甯喜里克既弑君而殺之未有去氏苟譖華元而貶去氏則罪豈重於弑君乎必不然也斯不書氏者上謂蕩氏公族也而弱公室殺公子肥是皆其族故去氏斯得其旨

謗曰凡春秋稱國以殺公羊所謂君殺大夫之辭也大夫必書其名氏所以斥其人以明有罪矣其

不稱名氏惟僖二十五年宋殺其大夫彼以亂而殺之故不可斥其名氏也其稱名不稱氏惟僖二十八年楚殺其大夫得臣蠻夷無氏族之正也今宋又殺其大夫而亦稱名不稱氏者其孰謂哉考左氏之傳此年宋之臣交亂華元奔而復返今山之殺左氏謂之華元有討於蕩氏也其所以不稱氏者同惡者衆而所殺者山一人而已故書殺其大夫山也且志其同族爲罪而山獨見殺也

宋魚石出奔楚

大夫出奔名之而魚石即楚甚矣然僖二十八年

衛侯奔楚變文而不名之所以罪其即夷狄爾今
魚石亦奔楚而與大夫奔例同者蓋魚石黨不出
其名則莫知爲何人爾故不復變文也
冬十有一月叔孫僑如會晉士燮齊高無咎宋華元
衛孫林父鄭公子鰌邾人會吳于鍾離
折衷曰聖人脩述以魯爲內以諸侯國爲外非以
夷狄中夏爲內外也以魯爲內非私也爲春秋之
主以諸國爲外非有嫌也爲脩述之體是以書內
事不言魯外事各言其國苟外夷狄而殊之則曷
謂一統正王道哉凡夷狄但不能其禮則降黜爵

以懲之非外之也斯書諸國之大夫復書會吳于鍾離吳始通于中夏請會諸侯也故實書以紀其實非外也杜得其旨

諤曰周衰魯自隱桓之後天下諸侯之國無大小凡用兵盟會之事專而出矣諸侯上不能尊戴周室而交相恣横或與夷狄交會而楚得恣其暴於中國者由諸侯不能制之與之爲會故也自文公之後凡用兵盟會之事自大夫而出矣大夫不由君命而交相專恣今又與吳爲會而吳得暴盛於中國由此鍾離之會起之也春秋詳而録之以志

吳楚之僭暴起於十世五世閒也

許遷于葉

許之遷自欲遷之文也

十有六年春王正月雨木冰

新義曰易所謂履霜堅冰者言霜積水中陰氣漸積而成冰譬如國家禍亂非一朝一夕之故也此書雨木冰者雨著木而成冰是陰殺之氣無隱漸象諸侯簒奪一言一事相違而弒君弒父也

諤曰洪範咎徵雨恒寒若蓋由五事不正而皇不極爾春秋以元之氣正天之端凡天地之應陰陽

寒暑必謹之以存人君之戒春書無冰者由陰陽不調之致也今書雨木冰亦由陰陽之作沴明矣聖人以天之六氣爲顯應於人君故不常之異皆記之以著其勸戒也

夏四月辛未滕子卒

同隱七年不名義

鄭公子喜帥師侵宋

大夫專伐書帥師上屢見

六月丙寅朔日有食之

晉侯使欒黶來乞師

乙者卑重之辭無他義

甲午晦晉侯及楚子鄭伯戰于鄢陵楚子鄭師敗績

楚殺其大夫公子側

折衷曰凡書朔自日食外惟僖九年三月丁丑朔宋公禦說卒按今本此條經文公穀作三月左氏作正月俱無朔字及僖二十二年十一月己巳朔戰于泓書晦惟僖十五年九月己丑晦震夷伯廟及斯鄢陵戰而巳苟曰晦冥也以異而記則書朔復何記苟以日晦體偏傷目則震廟何傷而書耶矧六月甲午實晦乎葢史書其實聖人以其不繫升絀不加筆削故書晦左得

其旨

集議見僖十五年震夷伯之廟及獲晉侯二論按集議此條今闕

謂曰春秋出於聖筆所書之文固以示義也鄢陵之戰晉楚交兵而鄭罪尤甚矣夫楚實荊蠻之國創病中國久矣而鄭伯實與之爲比周也夫以鄢陵之戰原輕重而定罪則鄭之背華義當誅正也夫子加筆削以示義則戰稱鄭伯而敗稱師者先斥言之而後加筆削也　楚大夫書公子自二年公子嬰齊帥師出之也春秋志之以悼其僭暴中

國而中國無有制之也

秋公會晉侯齊侯衛侯宋華元邾人于沙隨不見公

公至自會

折衷曰凡史冊舊文諱君上之惡存臣下之體聖人所以遮之以魯爲主故淮之會公爲伯主所止升陘敗績皆從而諱之斯會晉侯以公不及鄢陵之戰故不見公不見公實恥之大而顯書之何也苟曰公幼而不知恥凡諱國之惡非獨爲公雖曰幼可掩國之惡乎如杜之說內見輕於下外爲諸侯所辱是辱國之甚顯而書之其旨安在究其微

必公不及鄢陵之戰見誣於宣伯晉侯不察其實而信其誣是罪不在公故書以彰晉侯之信譖明我公之無罪穀近之

摘微曰公會諸侯于沙隨不見公公不得會爲魯諱變言不見譏公失勢於諸侯

新義曰不見公者謂誰晉侯也晉魯輔車相依不見者何不見有公也曷言乎不有公晉侯不有公於外宣伯穆姜不有公於內一國之公內外不有甚乎季孫行父之見執也

謗曰春秋之文有以新意而明其義今公會而云

不見公者誠悼魯爾魯國卑弱奔事大國不暇今晉伐彊楚諸侯當同力共攘而伐之也況晉又使欒黶乞師而公不往以致此不見之咎春秋起文書之實以恥魯而悼其卑弱也　公往會而晉侯不見之甚可危也故致之

公會尹子晉侯齊國佐邾人伐鄭

春秋於此見法度之正矣鄭即楚而可討公會尹子及諸侯伐之可也春秋正其文加尹氏於諸國之上所以示王人先諸侯而亦見王臣伐之之宜也故尹氏以子稱之

曹伯歸自京師

折衷曰春秋書伯主之執諸侯皆稱人以執書執之諸侯歸必名之而曰自某歸于某如衛侯鄭自楚復歸于衛斯曹伯當執之於京師不稱晉人而稱晉侯今復其國不曰曹伯某自京師復歸曹而曰曹伯歸自京師不得謂無旨焉苟曰諸侯歸國不名究諸執歸之諸侯未有不名者苟曰或言自某歸究諸執歸之諸侯皆曰自某歸于某未有言歸自某者稽其旨聖人以曹伯惡不及民故特異其名初不稱人以執則異於稱人矣後書歸自京

師而不名者若平常之歸而書公至自某也蓋聖人明伯主之執諸侯罪有降殺也穀近之杜公之說短

集議曰左氏以負芻殺太子而自立案宣公已卒于師太子卽君也惡莫大於弑君杜預謂之罪不及民非矣公羊意以公子喜時內平其國外治諸京師是以曹伯無難而得言歸自京師是則弑君之人經無所貶也按伯執之正則稱人曰某人執某侯若僖二十八年晉人執衛侯歸之于京師是也惡歸之例則曰某侯歸于某若僖三十年衛侯

鄭歸于衞是也今此于執斥言晉侯非伯討之文也入書歸自京師猶內之反致之辭也上下之經曹伯無罪明矣左氏之說或所未詳

箋義曰向若子臧留宋而不反則晉侯雖歸曹伯故當以執歸之例書之曹伯既免執歸之例則子臧之賢可知矣故書曰曹伯歸自京師爲子臧而變例也

新義曰十五年晉侯執曹伯歸于京師討其殺太子而自立也此當書曹伯負芻復入于曹今書曹伯歸自京師者何負芻過惡彌天不須貶責而見

其罪不名而爵明言歸自京師世道淪亡時王容使諸侯簒立也

索隱曰君人者不能守國家安宗社而出奔能反其國復其位者幸也聖人一切書奔書歸以謹之不可謂之歸者出入無惡也穀梁曰反以好曰歸此於經爲近凡書曰歸者罪輕於復歸也

諤曰春秋正天下之法施之於天子諸侯則託文而撥之於正也曹伯執由晉侯而歸自京師左氏之傳曰晉侯赦之而經書曰曹伯歸自京師蓋春秋之義使若天子歸之也故不以復歸爲文

九月晉人執季孫行父舍之于苕丘

折衷曰凡伯主之執諸侯之行人苟無罪則稱行人謂其行人無罪不宜執之有罪則不稱行人苟非行人第曰某人執某亦不曰執之於某亦不曰舍之於某斯季孫非行人不曰行人矣其所異者舍之于苕丘也稽其旨會晉侯伐鄭季孫從事於軍公將歸叔孫僑如通穆姜欲去季孟譖於晉侯曰請殺季孫行父不然歸必叛乃執之于苕丘公還待之于鄆使子叔嬰齊請于晉晉乃舍之經書舍之于苕丘者言本執之于苕丘復於苕丘舍之

明不執季孫歸晉也既不歸晉則不書至自晉下聯文曰叔孫僑如出奔齊蓋譖之不入懼國討而出奔則僑如之譖明矣公羊曰仁之遠矣穀梁謂不得致近之杜曉其旨

集議曰春秋書公之見執則言止大夫見執則備書之諱公而不諱大夫雖爲尊卑之異亦以著執之者惡也故大夫之反皆致之蓋善之也如昭之篇婼與意如是也反爲善則執之者不善明矣沙隨之會言不見公至是言執季孫皆惡晉之文也季孫之執婼與意如也彼致而此不致蓋從公而

歸不可皆告既不得致無以見善之之旨其曰舍之于莒巨者得非文繁而不殺乎非可謂之實錄也公羊之言悕矣近之

諤曰魯之政出季氏久矣成公不能制之而爲晉所執考左氏之傳則由宣伯郤犨之謀也然聖人筆之之意不緣宣伯郤犨之謀爲文爾蓋夫子悼魯國之政三桓專之而與其可以執也春秋之意雖不知晉以何事執之而季氏專政之罪當執焉晉侯不以辭罪之而反舍之故貶之曰人舍者有罪而見赦也公羊以爲仁之非也穀梁但明不致

重在公之義而未盡此之理

冬十月乙亥叔孫僑如出奔齊

十有二月乙丑季孫行父及晉郤犨盟于扈

大夫專相盟會於此可知

公至自會

摘微曰秋公會尹子晉侯伐鄭九月晉人執季孫行父十二月行父及郤犨盟于扈公至自會深哉聖人之於魯也其諱避之微盡此矣行父魯卿晉人執之辱亦甚矣又盟郤犨方書至自會晉之辱甚魯之弱可知故不言至自伐鄭而云至自會於

以見譏且明公不能事大以禮臣辱國恥也

謗曰公行踰時又其臣見執於晉不可不危之

乙酉刺公子偃

折衷曰春秋書外殺大夫稱國殺國人殺內殺書刺之刺者用周禮三刺之法謂三審其罪以明其濫亦以明其當也斯書刺公子偃者以叔孫僑如譖於晉侯欲去季孟偃與謀故也以罪刺之明矣穀謂先刺後名者無罪先名後刺者有罪以僖二十八年書公子買不卒戍刺之是先名後刺也稽其旨書刺公子偃者是正其文而書以罪之也書

公子買不卒戍刺之者是曲其文以救患也何者當晉侯伐衛楚人救衛之際公畏晉而殺買乃誣買以不卒戍罪之顯書之播於遠邇以誣楚是兩殺其患也斯杜得其旨

胡氏曰大夫有罪而刺者公子偃是也無罪而刺者公子買戍衛不卒戍刺之是也

本旨曰偃爲穆姜所指殺之誠濫故特書曰刺明其既非王命所戮又實無辜以重責魯也

謗曰同僖二十八年刺公子買義按杜謗釋僖二十八年書刺之義今闕

十有七年春衛北宫括帥師侵鄭

大夫帥師者多矣更不復云

夏公會尹子單子晉侯齊侯宋公衛侯曹伯邾人伐鄭

鄭之卽楚伐之可也天王使其臣伐之伐之正也

故尹單皆以子稱之

六月乙酉同盟于柯陵

春秋之所疾者諸侯及其大夫不由王命而專伐者也春秋之所悼者强楚之國暴盛而莫之可制也今尹單天子之卿而下言會諸侯伐鄭是王命

伐有罪也伐鄭所以討其卽楚正也春秋與其有爲可知矣不卽郤強楚返而又同盟于柯陵書之以志其無益也按程端學春秋本義引陸希聲通例云不重言諸侯見尹子單子與盟杜謬未採附錄於此

秋公至自會

踰時而返故致之不言伐者師無功

齊高無咎出奔莒

九月辛丑用郊

指掌碎玉云郊郤是無用例猶用幣于社冉有用矛于齊因史成文也

折衷曰凡春郊夏雩秋嘗冬烝四時之祭也皆用
啓蟄龍見始殺閉蟄則春分小滿處暑小雪之前
皆可也是以桓八年書正月烝謂當夏之十一月
也得烝之時故四月郊苟猶在夏之春分之前皆
非過時所以多書四月郊者爲卜郊爲猶望也五
月之後則通謂過時矣斯九月書郊故非禮也穀
梁謂用字爲不宜用其理甚當然定十五年五月
辛亥郊亦非時矣亦不宜用矣曷以無用字杜以
其非禮而曰從史亦不失其旨斯杜穀各有其所
得

謂曰春秋所志常事不書也今九月之郊亦志之者所以明其不當用也郊義見僖三十一年按杜諤釋僖三十一年書郊之義今闕

晉侯使荀罃來乞師

春秋之世諸侯之不道可知矣且前使欒黶來乞師而魯不往今使再來乞師貪伐之甚也

冬公會單子晉侯衛侯曹伯齊人邾人伐鄭

十有一月公至自伐鄭

壬申公孫嬰齊卒于貍脤

折衷曰春秋不書外大夫卒內大夫卒公與小斂

則書日不與則不書日以爲厚薄之降殺也嬰齊之卒于貍脤雖公不與小斂書之蓋卒于外公與之不及亦没於王事故也苟不在不敢卒大夫卒大夫非有他禮第在乎史冊書之耳公不在史亦不在史不可離公公不可離史設或有是苟故不可以公許卒之日而顚倒如此必不然也矧史策記言記事之書第依日月之次而書之烏有以前後爲尊卑乎非可以比聖人書先有無君之心之例春秋闕誤有矣奚獨于茲而生異端杜得其旨

集議曰經下有十二月丁巳朔則知此壬申在十

月十六日也二傳見日之誤故穿鑿以成其說公羊以嬰齊當絕族君命而後卒之且上無出奔之文也穀梁以致君而後書且史之載筆出必從君卿爲股肱死當恩錄故不待致而後書也杜預以爲日誤得之按經十五年有仲嬰齊卒二傳意以爲公孫嬰齊但謂仲爲變文爾詳其本末自宣八年仲遂卒于垂之下歸父七見於經爲繼父之職明矣自宣十八年歸父奔齊之後成二年而下公孫嬰齊見於經者四觀其將命執事不下于子家之盛其爲東門之後又明矣在仲遂歸父之世及

仲嬰齊既卒之後則經無公孫嬰齊之文疑仲嬰齊卽公孫嬰齊也今考此經於日月則舛誤於地則左氏爲貍脤公羊爲貍軫穀梁爲貍蜃文之差謬無甚於此恐亦當時簡編脫壞使然也嬰齊二字疑非其實或者見經上有其文故以是而補之乎是以不可得而詳也

謗曰同仲遂卒義

十有二月丁巳朔日有食之

邾子貜且卒

晉殺其大夫郤錡郤犫郤至

稱國以殺公羊曰君殺大夫之辭也今考左氏之傳三大夫將謀而長魚矯殺之經亦以君爲文者君命欲殺之也是以錄之

楚人滅舒庸

書滅疾其暴甚也

十有八年春王正月晉殺其大夫胥童

此胥童亦以君殺爲文而左氏之傳又以爲欒書中行偃殺之蓋晉君不能制馭其臣以致乎殺亦若其君之所殺也

庚申晉弑其君州蒲

春秋之法以筆削爲誅正之文隨其輕輕重重而爲之辭也君臣所以見殺之事有稱國稱人者視其輕與重而文異也殺臣而稱人君弑而稱國是皆不道焉重之之辭也反是則輕辭矣今厲公之於晉左氏載其事是亦不道而稱國爾

齊殺其大夫國佐

公如晉

夏楚子鄭伯伐宋宋魚石復入于彭城

箋義曰復入例在桓十五年按箋義所發桓十五年復入之例今佚

索隱曰石十五年奔楚藉楚之力以伐其國又入

于彭城以叛不可謂之出無惡也

諤曰春秋之文書歸與入諸儒論之謂善惡之辭至若歸而加曰復者蓋歸不可歸故以復歸爲文也入而加以復者蓋入而不可入故以復入爲義也如是則復入惡甚矣宋魚石播越失地而即荆楚固不可與也今楚鄭以兵伐而納之不正甚矣故以惡甚之辭加之

公至自晉

公行有危故致之

晉侯使士匄來聘

秋杞伯來朝

杞益削弱故不一其稱爾

八月邾子來朝

築鹿囿

折衷曰凡城池不可壞也門廏不可毀也壞必城之毀必新之亦備患禦人之急務也斯之土功固不時矣築鹿囿亦豈宜哉何者天子苑囿猶必與衆共之諸侯藪澤焉可獨擅也是知聖人之意非徒爲不時亦不正其築也左公穀各得其旨

己丑公薨于路寢

冬楚人鄭人侵宋

楚加鄭上以鄭之即楚也今以人稱之志其暴甚也無他義

晉侯使士魴來乞師

義見上

十有二月仲孫蔑會晉侯宋公衞侯邾子齊崔杼同盟于虛朾

丁未葬我君成公

春秋會義卷十九

宋鄉貢進士江陽杜諤撰

襄公

按史記子午三歲而成公卒立之是爲襄公踰年卽位

元年春王正月公卽位

春秋之王孔子之王也以王道施於魯史而成筆削之大法書公卽位一國之事而繫之正月之下者春秋以諸侯無王而作必書卽位之文於正月之下俾諸侯奉王之政以卽位禮樂正朔悉禀而

行之故繼正書即位與文公同

仲孫蔑晉欒黶宋華元衛甯殖曹人莒人邾人滕人

薛人圍宋彭城

折衷曰宋之彭城成十八年爲楚所伐而納魚石楚以三百乘戍之而還至是宋人請救宋之師以圍彭城而復其地三家所言彭城已屬楚曷以尚曰宋彭城又何以書宋華元圍宋彭城中謂不與諸侯專封遠矣下謂正不與魚石近之稽其旨史策以長文而書第曰圍彭城而無宋字何者十八年已書彭城爲楚所有矣聖人修春秋不與魚石

之專邑叛君追書而稱宋彭城蓋聖人懲叛臣成宋也斯左得其旨

謂曰大夫專伐既出其名氏而此邾曹之屬又以人稱之者蓋國小略其大夫也彭城特係之宋者發微論之按孫復尊王發微云楚子伐宋取宋邑使宋叛臣魚石守之以偪宋其惡可知也故孔子還繫之以宋以抑强楚黜叛臣

夏晉韓厥帥師伐鄭仲孫蔑會齊崔杼曹人邾人杞人次于鄫

春秋之文固原其實而爲之辭也晉韓厥之師書伐仲孫蔑及齊曹邾杞之師書次聖人必離其文

以言之固以志其實矣夫晉以鄭即楚而欲加兵焉故以諸侯伐之今書韓厥之伐而四國言次者見諸侯用心之緩也志欲伐鄭者唯晉而已故聖人正其辭而爲之筆削以示義

秋楚公子壬夫帥師侵宋

發微曰楚師侵宋所以救鄭也

謂曰楚侵害中國春秋之所不與也乃臣之專伐亦稱以公子與中國無異者此皆懲諸侯不能制之或從之交比或與之抗敵之所致爾同成二年公子嬰齊義

九月辛酉天王崩

邾子來朝

春秋之世小國朝大國凡書皆譏之豈可謂之禮

按此駁左傳以邾子來朝爲有禮之說

冬衞侯使公孫剽來聘晉侯使荀罃來聘

諸侯之制當以時朝正於天子也春秋之際述職之事蔑無聞焉列國專相朝聘不以其禮春秋從而追正之今襄公即位晉衞來聘皆言某侯使之者出其人而鈞譏之爾

二年春王正月葬簡王

鄭師伐宋

鄭以楚令伐宋甚不可與也然聖人不以人稱之而書曰師者以其與宋交伐有所敵而云耳

夏五月庚寅夫人姜氏薨

六月庚辰鄭伯睔卒

晉師宋師衞甯殖侵鄭

折衷曰凡戰伐君稱君大夫稱大夫將卑未爲大夫則不名於春秋或稱人兵多矣則稱師少則稱人大夫有罪亦貶曰人將卑稱師如僖十五年齊師曹師伐厲將卑稱人如莊十四年齊人陳人曹

人伐宋貶大夫如僖二十九年會王人晉人宋人盟于翟泉是也蓋稱人或爲貶稱師不爲貶明矣苟曰責其伐人之喪而絀之則曰晉人宋人庶幾矣安得謂晉師宋師歟是師不輕於大夫又晉宋之國大於衞故常先於衞也

集議曰上言鄭伯睔卒下連書三國之師侵鄭此不待變文而後爲譏其伐喪也晉宋稱師將卑也衞書甯殖將尊也

諤曰晉爲盟主以鄭國卽楚是故以師伐之討其背中國而卽夷狄也宋師從之者蓋以鄭師於春

以楚令伐之則宋伐鄭正矣是以夫子書之皆曰師焉衛甯殖不顧鄭喪助二國而伐同姓其惡尤甚故出其名以示貶重於宋晉也晉雖與鄭同姓鄭既卽楚主盟者不可不伐也至衛則徯人之喪而侵之是幸之矣故特起其文以甚之

秋七月仲孫蔑會晉荀罃宋華元衛孫林父曹人邾人于戚

大夫專主會者文公之後無國不有故此大夫會于戚左氏謂之謀鄭人以大夫而謀諸侯之事專恣可知矣春秋不加貶削之而直敘其會以志其

甚

己丑葬我小君齊姜

折衷曰內書夫人自桓公之後至斯襄公之前書葬歷歷可數何惑之有莊二十二年書葬文姜則桓夫人也文五年書葬成風則莊公之妾僖公之母也文十七年書葬聲姜則僖公夫人也宣八年書葬敬嬴則宣公之母文公之夫人也至是書葬齊姜則成夫人也襄九年書葬穆姜則宣公之夫人齊姜婦也穆姜姑也婦先姑薨穆姜有美檟頌琴齊姜之薨文子取之以葬故有虧姑成婦非禮

之嫌斯成公夫人明矣中不知婦先姑薨故疑之

又曰齊姜穆姜者是不知齊爲謚矣杜范得其旨

叔孫豹如宋

內適外曰如無他義

冬仲孫蔑會晉荀罃齊崔杼宋華元衞孫林父曹人邾人滕人薛人小邾人于戚遂城虎牢

折衷曰蓋鄭介於晉楚之閒事晉則楚怒事楚則晉怒鄭之謀以待强者晉乃帥諸侯會于戚以伐鄭遂城虎牢以逼之鄭服而後已春秋書城楚丘以封衞城虎牢以逼鄭上得其旨

集議曰僖十四年城緣陵書地而不係於國蓋主於天子則中國爲一所以正伯者之事也今此經書十國之會而序晉於上然則虎牢之不係鄭者猶緣陵也或謂之大都以明通者皆失之十年之戍虎牢而係之於鄭者中國之交係鄭也

楚殺其大夫公子申

稱國以殺聖人以諸侯之例加於楚以示義也然而僖二十八年得臣不氏而此稱公子者蓋桓文之際楚之暴盛猶鮮春秋錄楚之事皆以抑彊扶弱爲義以示尊正乎中國也至此列國之政替而

楚之恣横益甚聖筆不得已而書之從諸國之例非所以伸之實以懲之也

三年春楚公子嬰齊帥師伐吳

楚之臣稱公子者上屢見矣此伐吳特書者吳自鍾離之後漸亦暴盛與楚交敵不可不詳錄之

公如晉夏四月壬戌公及晉侯盟于長樗

天子會同以盟諸侯爲壇於國外古之制也春秋之際諸侯不朝於天子强淩弱小事大是以魯在春秋弱於齊晉也而常事之此公如晉往朝也又就而與之盟蓋受制於晉矣春秋先書曰公如晉

以起文次言盟于長樗是錄其受盟也然書地者志公受盟於國外則晉之僭暴而魯之削弱可知也

公至自晉

六月公會單子晉侯宋公衞侯鄭伯莒子邾子齊世子光巳未同盟于雞澤陳侯使袁僑如會戊寅叔孫豹及諸侯之大夫及陳袁僑盟

折衷曰凡書公會公不與盟也諸侯不繫謀不謀第盟主所徵而至者則必以次第序之或不徵而自來者聖人皆異其文如鄭伯乞盟袁僑如會是

也鄭伯爲逃首止力窮而來也斯謂陳屬楚至此病楚愛晉乃使袁僑來與盟故特書如會以彰陳侯非徵而來杜得其旨下近之　凡盟會必君當君臣當臣苟不敵非典禮也斯之盟連雞澤之盟上書公會諸國君唯單子天子之卿蓋靈王新即位使王官與諸侯盟以安王室故無嫌苟不安王室亦不序矣矧袁僑歟斯下國之大夫詎可亢七國之君乎是以盟主使諸侯之大夫與斯不失典禮左氏得其旨

新義曰此諸侯大夫盟而曰叔孫豹者何志叔孫

豹也曷言志叔孫豹襄公未成人心不同於鄰國患難故叔孫豹再及諸侯之大夫盟正乎不正也信在諸侯猶可言也信在大夫不可訓也大夫盟不日此日者何信在大夫也

譏曰諸大夫爲盟固專之者也古之制有會同而受盟於天子者也未有王之卿士而下盟諸侯者也是以春秋于首止葵丘之會先言會而後言諸侯盟蓋尊王世子宰周公使若諸侯自爲盟不與諸侯得致之也今盟于雞澤雖書單子於上而下曰同盟不殊於列國者以志周室微弱下夷於列

國諸侯稟其命而尊之者鮮矣故曰以危之　陳
卽楚久矣今欲從諸侯於會而天子之卿士在焉
是亦可與也春秋因而錄之實以起大夫之復盟
也　大夫而專禮樂之柄自文公以來也以大夫
而會盟列國者亦多矣至此諸侯旣盟而大夫復
盟是大夫與諸侯相抗也是以夫子特起文而書
之以志君自爲盟而臣亦自爲盟專恣之甚矣
秋公至自會
公踰時而返故致之在外爲會
冬晉荀罃帥師伐許

四年春王三月己酉陳侯午卒

日卒正也無他義

夏叔孫豹如晉

內適外曰如無他義

秋七月戊子夫人姒氏薨

夫人薨不地無他義

葬陳成公

八月辛亥葬我小君定姒

折衷曰定謚也姒杞姓也夫人則成公之妾襄公之母母以子貴故以正夫人禮葬之斯典禮也公

羊謂定弋氏者莒國之姓也噫莒已姓安得謂之弋姓哉有聲巳焉戴巳焉皆莒女也皆足以明矣斯中之短杜穀得其旨

旨要曰妾子爲君其母不得成夫人若正夫人薨雖先君不命其母母以子貴得以加尊故定姒赴同稱薨祔姑稱小君及哭成喪書葬也故哀姜旣薨成風乃正出姜旣出敬嬴乃正齊姜旣薨定姒乃正是其義也

謂曰義同莊二十二年

冬公如晉

公比年如晉不可不詳錄之以示譏

陳人圍頓

圍者以兵圍之書人以示貶

五年春公至自晉

經社曰襄之出二十有四致之者二十危之也不致之者四安之也

謗曰公踰年而返危之甚也故致之

夏鄭伯使公子發來聘

叔孫豹鄫世子巫如晉

折衷曰春秋書內外大夫如他國未有貶序如某

而不曰貶之得無其旨若爲帥師而與之俱則春秋凡帥師未有不言師者未有書如者不言師必曰入曰取曰伐曰滅不言師則恥可知矣凡書如者皆聘好而行未有帥師書如者斯非明矣公如晉請以鄫屬魯助魯職貢晉許之故令如晉以成屬鄫之事比內大夫聯序之不書及左氏得其旨穀梁近之

集議曰上之盟會交聘鄫不盡見於經文內傳鄫無賦於司馬又以是爲屬鄫如晉故比世子於內大夫似得其實是年秋戚之會鄫人見於經左氏

謂魯以屬鄫爲不利使鄫大夫聽命於會又以見其始末之著也二傳見下有滅鄫之文故穿鑿而爲之說何休之失尤甚于傳

新義曰外相如不書此書者何鄫太子由叔孫豹而屬晉也經何以不書遂及事不相及於魯也時魯君幼稚政在大夫穆叔將鄫太子巫如晉成之爲鄫太子非魯事也

謗曰春秋詳内而略外是以内適外悉皆書之今叔孫豹以鄫世子如晉固可譏也旣錄叔孫豹不可不詳及鄫世子也是以三傳及諸儒皆以外相

如爲論

仲孫蔑衞孫林父會吳于善道

同成十五年會鍾離義

秋大雩

見桓五年義

楚殺其大夫公子壬夫

見二年殺公子申義

公會晉侯宋公陳侯衞侯鄭伯曹伯莒子邾子滕子

薛伯齊世子光吳人鄫人于戚

胡氏曰吳以九年之內爲會者三一歲之中來會

者再故進之也則比小國而稱人

譏曰吳入春秋以其在蠻夷而狄之也今以人稱

之者此聖人譏之之本意歟觀春秋之於楚始稱

荆次稱師至其盛也稱之不過子則見聖人悼横

而志諸侯之不能攘之正之也今于吳則其始也

亦稱吳此稱人及其盛也亦稱不過子豈非亦以

悼之哉噫春秋之書天王先儒論之以爲别吳楚

之僭也夫聖人尊周雖不止在别吳楚之僭其於

吳楚則必傷其暴横而懲其僭恣無厭也故以漸

而録之非所以善之將因其事而託文爾鄫序吳

下蓋削弱爾

公至自會

冬戍陳

折衷曰凡伐判討貳城城圍邑皆序諸侯斯上書諸侯會于戚蓋令戍陳也下書戍陳是諸侯之事非內事明矣

謂曰春秋託文以見義且戍者戍守之稱爾陳爲諸侯之國而使人戍之危弱可知矣諸侯戍之而春秋不書所戍之名者示不與之也猶若城楚丘焉彼則爲救其滅而諸侯爲之城也故皆不直書

之不與諸侯得專制其事爾

楚公子貞帥師伐陳公會晉侯宋公衞侯鄭伯曹伯齊世子光救陳

春秋之法將追治而貶正人也若其事在可以然之域者不得不從而與之爾今楚伐陳不正也諸侯救之得其正矣春秋裁之以爲輕重之文而別序之也正諸侯之爵而書之與其救也

十有二月公至自救陳

春秋與救陳也而於此書其至又書所至者豈以其危哉蓋救陳之意主於晉而非主於公也公勞

師以出不可不致之

辛未季孫行父卒

內大夫書卒日卒正也

六年春王三月壬午杞伯姑容卒

春秋之於杞也所書之事靡不略也自僖二十三年錄其卒而不名不義稱之曰子者蓋其國削弱禮不足成是以據其事而志之今於此復錄其卒而錄名與日稱之曰伯者非進退之也聖人以杞禮不足徵而儻一其文則後世其以杞降爲子爵矣是故因而錄之或稱侯或稱伯稱子所以明其

國削而禮不備闕略不同或正或不正從而志之以示義爾

夏宋華弱來奔

大夫奔義見桓公十五年

秋葬杞桓公

春秋於此詳錄杞卒而書日正卒故不略其葬

滕子來朝

莒人滅鄫

繁露玉英篇曰諸侯父子兄弟宜立而立者視其國與宜立之君無以異也此皆可以然之域也至

於鄫取乎莒以之爲同居目曰莒人滅鄫此不在可以然之域也

折衷曰二傳以爲異姓爲後則聖人安肯前顯書鄫太子巫歟必鄫本逼莒如晉以定職貢莒恐鄫以爲附庸掩其不備而滅之吁萊恃賂而亡鄫恃謀而滅賂不可恃謀亦宜審上得其旨

箋義曰鄫子旣以外孫爲後國人不服故恃魯而慢莒莒人伐之因遷併其國以爲邑耳故鄫子自茲不復見矣後魯人與莒人爭鄫西界之田故莒人數來伐魯東鄙若從此言則左氏與二家之說

俱暢

新義曰韓退之曰太子者前定天下人心天下人心前定絶其所以爭之之道也是故聖人立制天子一后三夫人九嬪二十七世婦八十一御女晨昏旦暮相次進御於君大要廣儲嗣而重冡適正是宗廟社稷長遠之計也今鄫無嗣取莒子之子爲鄫之嗣經書莒人滅鄫者喪本枝革姓氏鬼神食他人之食與滅亡同也此後鄫雖有國但春秋絶而不爲後也

謂曰諸侯相滅春秋凡書皆譏之此聖人譏之之

文在於書滅而又以人稱莒者莒無大夫爾

冬叔孫豹如邾

季孫宿如晉

春秋詳錄乎内今二卿同時一如邾一如晉因而

錄之以志其非禮也

十有二月齊侯滅萊

春秋書滅國譏之也今齊稱爵者言以志之舉其

重而貶著爾

七年春郯子來朝

夏四月三卜郊不從乃免牲

見僖三十一年論按杜謂所論僖公三十一年書四卜郊不從乃免牲之義今闕失不可考

小邾子來朝

城費

秋季孫宿如衞

八月螽

冬十月衞侯使孫林父來聘壬戌及孫林父盟

春秋之文詳略輕重皆起其事以示義也今書曰衞侯使孫林父來聘而下書曰壬戌及孫林父盟以其書曰知必公盟之也且文二年及晉處父盟

而不言處父之來者按左氏之文雖曰來討而以爲公如晉及盟故處父去氏而此云孫林父者彼乃伉公爲盟而此欲尋盟也是以先言衞侯之使以起文不復去其氏也

楚公子貞帥師圍陳

十有二月公會晉侯宋公陳侯衞侯曹伯莒子邾子于鄬鄭伯髡頑如會未見諸侯丙戌卒于鄵

繁露王道篇云鄭伯髡原卒于會諱殺也痛强臣專君君不得爲善也

集議曰春秋經有異文皆繫褒貶之意也此書未

見諸侯而後言卒得無旨乎二傳謂鄭伯將會中國而不勝其從楚之臣不書弒而書卒諱中國之弱不使夷狄加之也言如會致其意也其言未見諸侯憫之之辭也下著陳侯之逃歸足以見筆削之意然則八年邢丘之會鄭伯與焉者大夫不得已也九年公會諸侯而伐鄭見其從楚之實也

新議曰公會諸侯于鄬謀救陳義也鄭伯如會從義也未見諸侯而爲賊所弒實弒何以書卒貶諸侯也貶諸侯者何諸侯以義相會鄭伯死於不義書曰卒貶諸侯之不討賊也八年夏經書葬鄭僖

公重貶也

謗曰楚之專伐屢出其名矣且伐他國侵他國尚不可容況以兵圍人乎故明書以示貶按左氏傳會鄬以救陳也救陳爲正而此書月又何以危之乎蓋諸侯爲此會卒不能圖成其謀以致陳侯有逃歸之事亦可危也故書月以謹之禮諸侯未有生而名之者也今鄭伯於如會之上出其名者爲下文卒於鄵起文也春秋之辭謹嚴而簡直也錄鄭伯之卒而以如會起文者聖人之與之也何以言之鄭常即於荆楚悼之久矣今聞諸侯之會而

往會之正也而又曰未見諸侯而卒其心實欲如會而不逮也且以三傳言之皆謂弑矣而此以正卒加之者聖人旣與其如會以爲正矣豈可不以日卒之例錄之乎然亦地之者公羊所謂隱之得其義也

陳侯逃歸

諸侯謀救陳以爲會陳侯在會而有懼楚之心因遂逃歸春秋錄之以志晉侯緩於救患扶弱不用心乎卻强楚也逃者賤之之辭而陳侯以逃稱之者蓋即從諸侯正也懼楚而逃不正也故賤而甚

之

八年春王正月公如晉

公數如晉故月以危之

夏葬鄭僖公

鄭人侵蔡獲蔡公子燮

箋義曰鄭人弑其君本欲從楚故侵蔡以致楚然後告絶於晉而與楚平故子國聞子產之言而怒之懼其謀泄耳不然無故而侵蔡何也春秋惡其叛中國故子國稱人以示貶

謗曰春秋前後之經傳不見蔡與鄭交兵今使大

夫侵之曲在鄭矣故貶而人之又書獲公子燮者甚之矣不正其侵人之國而獲其公子也

季孫宿會晉侯鄭伯齊人宋人衛人邾人于邢丘

折衷曰晉悼初修文襄之業徵中國以命朝聘之數不欲親煩諸侯故使大夫聽命以成其美也大夫稱人者大夫不足以當晉侯稱人以尊霸主也非微非貶之例也書鄭伯時獻捷于晉乃親聽命不書公而書季孫宿者公知晉悼不煩聽命乃先歸留季孫宿在會故也杜得其旨公羊無傳穀梁之短

諤曰上云公如晉而下文書公至自晉則公在晉可知然公不會而季孫會者以魯之政出季氏故也以齊宋衛邾大夫會晉侯鄭伯則不可與抗矣故人以別之然獨出季孫宿者春秋以內魯爲文出季孫宿則知四國皆大夫也

公至自晉

公出踰年故危而致之

莒人伐我東鄙

我自內之辭莒稱人貶之

秋九月大雩

冬楚公子貞帥師伐鄭

楚公子之專伐書之從中國之例上屢見

晉侯使士匄來聘

來聘義見隱七年

九年春宋災

春秋之文外災或有從而錄之者公穀之解折衷

於莊十一年考之此亦同莊十一年義

夏季孫宿如晉

五月辛酉夫人姜氏薨

秋八月癸未葬我小君穆姜

冬公會晉侯宋公衞侯曹伯莒子邾子滕子薛伯杞伯小邾子齊世子光伐鄭十有二月己亥同盟于戲

春秋託文未嘗與乎楚也或加之以筆削之義則必有所懲悼而抑正之矣原聖人之本意思諸侯攘之制之也今鄭背華卽夷諸侯以兵伐之其所以出諸侯之爵者示聖人之心不與鄭之卽楚也故別其伐以書之　春秋之末鄭介於晉楚之閒晉於中夏爲盟主楚之國亦彊且暴是以奔事二國不暇卽楚則晉與諸侯伐之從晉則楚以兵臨之其所以見伐不一也爲鄭者能盡心於中夏與

晉同好完守備以禦楚則楚之貪暴不作也鄭不以是爲謀懷狐疑之心持不斷之意楚伐則卽楚晉伐則從晉是以聖人之於春秋貶之懲之往往狄之皆鄭不以乎一心之所致也今雖與諸侯同盟而不足以信故書曰以謹其惡也

楚子伐鄭

七年鄬之會鄭伯之如會也公羊稱大夫諫之云不若與楚鄭伯不從而弒之春秋正其文書之曰卒于鄵矣後晉以其卽楚以諸侯之兵伐之然後恐而行成遂同盟于戲今楚又伐之而書之曰楚

子者亦從中國之例別言以斥之也吁鄭嘗有郎楚之心以啟其貪伐今託文出楚子所以甚之矣

十年春公會晉侯宋公衛侯曹伯莒子邾子滕子薛伯杞伯小邾子齊世子光會吳于柤

折衷曰凡盟會皆次第而序之與其會未有外之者苟曰以夷狄而外之則楚亦夷矣秦亦夷矣奚不外而獨外吳歟研其實吳自成十五年與中國會曰叔孫僑如會諸侯之大夫會吳于鍾離斯殊之非外也謂新通中國故襄五年戚之會與諸侯次第而書不殊之者吳來會也襄十四年向之會

書諸侯之會者爲吳謀楚也斯會書諸侯會吳者以吳子在柤晉侯以諸侯往會之也荀曰外之則悉外之矣戚之會何以不外之杜得其旨

集議曰會者君臣之一辭也大夫會則稱人可矣吳子會則不得稱故以國爲號賤夷狄不與中國之禮據杜預言不稱子而從其所稱失之甚也若從其所稱則書王矣

謗曰吳自成十五年鍾離之會稱曰會吳者以其爲夷狄故也至於襄五年戚之會列之鄫子之上亦以志其漸盛於中夏也今又會之而稱曰會吳

者再明諸侯之敵之也吳爲夷狄而晉之奔臣巫臣始通之教之乘車之屬以敵其貪亂以至僭暴不一皆諸侯敵之是以再言會吳以志之耳

夏五月甲午遂滅偪陽

上言諸侯會吳而此言遂者蓋會吳之諸侯書遂以起文也諸侯爲會以會夷狄而卒又滅人之國甚矣故書日以謹其惡

公至自會

新義曰滅國取邑會夷狄不致此何以致危公也曷言乎危公年方成童不切承師訓習修仁德以

全社稷生民遂會夷狄滅人之國此致者喜公之
至也
諤曰踰時而返故致以危之
楚公子貞鄭公孫輒帥師伐宋
春秋其惡於鄭也凡其卽從於楚子則加楚子之
文以懲之九年晉伐而從之楚伐而又從楚蓋鄭
於晉楚立乎二者之閒惟其强者而從之耳今比
周於楚以兵伐宋則伐宋主在於楚也是以春秋
因錄楚公子貞於公孫輒之上亦所以懲晉也
晉師伐秦

秋莒人伐我東鄙

公會晉侯宋公衞侯曹伯莒子邾子齊世子光滕子薛伯杞伯小邾子伐鄭

箋義曰晉侯以齊世子在諸侯之上非禮也孔子仍舊文書之者譏之也諤曰周禮諸侯之適子有以皮帛繼子男者彼雖朝天子之文亦可推而求之於春秋之法也齊世子光自列會於諸侯而春秋序之於邾滕杞薛之下蓋聖人正之以禮經也今伐鄭而反列於四國之上者蓋由春秋之世諸侯以強弱爲判齊於諸

國尤强而嘗與晉宋齒屢使世子光抗禮於諸侯

春秋復於此序之而先四國者葢疾其與諸侯抗

也

冬盜殺鄭公子騑公子發公孫輒

繁露順命篇云天右而子之號稱天子其次有五

等之爵以尊之皆以國邑爲號其無德於天地之

間者州國人民甚者不得繫國邑皆絶骨肉之屬

離人倫謂之閽盜而已無名姓號於天地之間至

賤乎賤者也

陸淳曰稱盜以殺非君之惡也

新義曰文宣之後列國之政盡在大夫晉魯鄭三國之君不知爲君也今公子騑公子發公孫輒兩下相殺當書鄭人殺其大夫而言盜殺三公子公孫者何春秋意也曷言乎春秋意權臣執國命天子不能誅諸侯不能制故書曰盜殺

諤曰春秋之文出於聖人之筆凡輕重詳略其辭而君臣上下之義尊卑長幼之分貴賤大小之理從而見矣今鄭國亂而三卿見殺春秋書之曰盜者賤之之稱也若賊盜之類耳春秋不詳正其人而書之直稱曰盜者譏在於鄭也鄭伯膚瘠其政

不修是以亂政從而作以致三卿之死故書盜而斥三卿之名以志之

戍鄭虎牢

古者天子裂土以封諸侯諸侯守之以爲國也末世諸侯不稟王命侵軼交作擅相伐取春秋所以錄而譏之今以諸侯而戍諸侯甚矣聖人書之繫虎牢於鄭者明虎牢在鄭爲天子所守之地然二年城之不言鄭者以鄭即楚絕之也今又不與其戍也故直言戍鄭虎牢焉

楚公子貞帥師救鄭

公至自伐鄭

諸侯伐鄭而書虎牢聖人於伐也出其爵而於其戍也沒言之是與其伐而不與其戍也今出楚公子之救者所以疾諸侯也諸侯之伐鄭當問其卽楚而與之完守備則楚不能爭也諸侯不以是爲心戍人之邑而求其從以致楚有帥師之救將敵鄭之卽楚不已也是以詳而錄之致以危之無他義

春秋會義卷二十

宋鄉貢進士江陽杜諤撰

襄公

十有一年春王正月作三軍

旨要曰周公封曲阜地方七百里詩頌僖公復周公之宇云公徒三萬鄭箋謂舉三軍之成數則魯周公僖公時本有三軍後以伯主之令軍多則貢重故自減爲上下二軍今復增置中軍耳而書三軍者以見二軍盡廢而全改之也所以改者二軍舊屬公有事則三卿更互帥之今三家以公室幼

弱故分軍征各入己故三分公室而各有其一此三軍與周禮三軍異周禮起徒役家一人故鄉爲一軍萬二千五百人矣天子六軍出六鄉大國三軍出自三鄉其餘公邑采地之名不在三軍之數今魯國屬公之民皆分爲三亦謂之三軍則人數有過矣蓋諸侯四郊多壘之時爲此法耳

謗曰周禮大國三軍而魯伯禽之後侯爵亦當有三軍也春秋於此書其作者蓋有所譏矣夫作者不宜作之稱耳孔子曰陪臣執國命三世希不失其所由來者漸矣魯國之政削而三桓强襄公即

位幼弱魯國之政專於公族今三軍之作考左氏
之傳季武子所作也作之不以制而又分公室以
征之魯之公室微於此益見其甚矣春秋不得不
錄以示譏

夏四月四卜郊不從乃不郊

鄭公孫舍之帥師侵宋

甚哉鄭之不道也界於晉楚而不能以尊中國爲
心以致二國交伐不已今復侵宋以啟諸侯之伐
是亦謀之不臧也若如左傳之說鄭與宋爲惡而
俟諸侯至則不若以禮求好同力堅拒楚則難可

以紓也今鄭伯以侵宋而啟諸侯之救是亦勞師之甚矣

公會晉侯宋公衞侯曹伯齊世子光莒子邾子滕子薛伯杞伯小邾子伐鄭秋七月己未同盟于亳城北

公至自伐鄭

楚子鄭伯伐宋

鄭於此猶卽從於楚以兵從其伐宋春秋疾之序之楚子之下以示譏也目鄭伯者惡其爲諸侯而從夷狄之伐故斥言以示譏

公會晉侯宋公衞侯曹伯齊世子光莒子邾子滕子

薛伯杞伯小邾子伐鄭會于蕭魚公至自會

箋義曰晉與楚爭伯久矣文公之後悼公最賢約魏絳之言和戎而息民輸積以弛禁行之數年遂服鄭而御楚故稱公會伐鄭再言會于蕭魚蓋美晉侯之功也亦猶楚屈完來盟于師再言盟于召陵之義也

集議曰諸侯三年之閒四伐鄭書公至者有三焉若此年夏伐鄭又同盟于亳城北經不致會而致伐蓋鄭雖同盟而終貳于楚今此伐鄭之下書會于蕭魚文與上同而不致伐蓋自爾之後鄭不與

楚中國得志故致會以善之然則穀梁謂九年伐鄭盟戲爲內恥而不致者不其然乎

諤曰晉紹盟主與諸侯起兵不已至此者欲得鄭也其所以伐鄭者以鄭即從於楚故也是以春秋凡錄伐鄭之事詳其人以起伐所以志末世勞民不止而務將攘正之也今書會伐鄭會于蕭魚者卻楚服鄭而得有之矣

楚人執鄭行人良霄

鄭既與晉行成是以會于蕭魚今楚執其行人良霄者以其從晉故也良霄書行人者穀梁謂之挈

國而陸子謂之使者蓋尤其君而執其使也是則

楚人暴甚矣故稱人而目行人以懲之也

冬秦人伐晉

十有二年春王三月莒人伐我東鄙圍台季孫宿帥

師救台遂入鄆

莒之伐魯圍邑不正也季孫以師救之正也既以

兵救之又有遂事以入鄆春秋從而錄之亦不正

其入鄆也魯之政出於大夫久矣春秋直託文以

譏之安在受命與不受命乎

夏晉侯使士魴來聘

秋九月吳子乘卒

春秋於宣十八年錄楚子旅卒者甚其暴盛而諸侯之接赴告之相親也蓋有所悼而云耳至此書吳子乘卒者亦以疾其暴盛而且明諸侯通之會之而赴告之相及也然而不日之文尙略於楚也

冬楚公子貞帥師侵宋

箋義曰晉宋久平楚猶卒秦伐之故不書秦猶書楚公子罪之也凡諸侯非盟主輒用兵伐而書者皆坐叛正之罪耳

公如晉

十有三年春公至自晉

公行必致者危之也今踰年而返不可不致之左氏於桓二年及此年再出書勞之文而趙子攻之亦破矣故不復贅論按陸淳辨疑引趙匡說云從朝還非有軍旅險難之事何書勞之有備錄於此

夏取邿

同宣九年取根牟義

秋九月庚辰楚子審卒

同宣十八年義

冬城防

見隱七年義

十有四年春王正月季孫宿叔老會晉士匄齊人宋人衛人鄭公孫蠆曹人莒人邾人滕人薛人杞人小邾人會吳于向

魯使二卿會諸侯之大夫以會吳也春秋主魯而晉於是時爲盟主故出二國之卿諸國書人者互文而見義也吳者蠻夷之國諸侯屢會之間又使大夫會之皆非禮之正也故因大夫往而譏之其實譏在諸侯也

二月乙未朔日有食之

夏四月叔孫豹會晉荀偃齊人宋人衛北宮括鄭公孫蠆曹人莒人邾人滕人薛人杞人小邾人伐秦

春秋之文有小國大夫略而稱人者也有列國大夫貶而稱人者也有諸侯貶之稱人者也聖人立文蓋先後互明焉於向之會出晉魯之卿而列國稱人者明卿之會而貶之曰人也今復出晉魯之卿又中出衛鄭之大夫者此又別小國大夫略而稱人之義矣書衛鄭之卿所以明齊宋皆卿也齊宋稱人所以明四國皆貶之也下曹莒稱人者蓋小國大夫略之耳斯聖人詳正其義以譏之

己未衞侯衎出奔齊

箋義曰左氏穀梁衞侯出奔皆不書名獨公羊書名諸侯不書名唯出奔書名者罪其不道而失國也衎有三罪當名公羊得之矣

莒人侵我東鄙

秋楚公子貞帥師伐吳

於此見吳楚之交相攻吳楚之恣横諸侯患之今又帥師伐吳實以致吳之交伐春秋詳志以起之

冬季孫宿會晉士匄宋華閱衞孫林父鄭公孫蠆莒人邾人于戚

大夫專相爲會春秋詳志以示貶

十有五年春宋公使向戌來聘二月己亥及向戌盟于劉

春秋之文正筆削以示義也是以辭有詳略理有去取上既言宋公之使而下直曰向戌者從省文也公盟例日則今書日知是公及盟也向戌敵公非禮也文元年晉處父去氏而此不去氏者蓋處父非晉使之尋盟而處父輒盟故去氏姓以見其專今上有宋公使之之文則以君命尋盟可知矣故不復去氏

劉夏逆王后于齊

新義曰外女不書此何以書魯主婚也天子嫁女同姓諸侯主之天子逆后亦當諸侯主之然則桓八年逆王后于紀經書祭公來此不書劉夏來者何禮天子不親迎使三公逆之不言來貶劉夏非三公故劉夏不言來姜氏歸京師略而不書也

總論曰王者至尊娶后於諸侯則使三公逆之劉夏非三公故齊姜歸于京師略而不書也夫王后匹天地宗廟社稷之主也而使微者逆之是輕天地宗廟社稷之主也故書名以貶之則天王之惡

可見矣

諤曰王后者爲天地宗廟社稷之主逆之禮綦重也天子至尊四海莫非臣妾不可得而屈而先儒論桓八年之義以爲天子當親迎于廟又使三公逆之使同姓諸侯主之始得禮之正也春秋二百四十二年所書逆后二而所譏不同祭公之逆雖可以逆而祭公有謀魯不復命之失故聖筆譏之之義在於來與遂之文也此劉夏之逆非三公之正而志之者其以爲不當逆乎夫以天子之匹而使卿逆以卑之非所以配尊尊之道也

夏齊侯伐我北鄙圍成公救成至遇

春秋別其人以示譏也是以書齊侯之伐志其以兵來伐也書公之救而曰至遇者明其不能卽救之也齊伐之不正而公救之無益故詳而紀

季孫宿叔孫豹帥師城成郛

集議曰僖二十六年公追齊師至酅弗及大魯之文也此救成而書至遇是不能救而起魯之弱也經書城書築者衆矣皆地而不言郛且郛者郭也邑之處於內者也其言城郛者得非刺魯不能救之而又不能大爲之備乎

諤曰春秋凡帥師而城者甚之也況此懼齊之伐使二卿以師城之其譏可知矣

秋八月丁巳日有食之

邾人伐我南鄙

冬十有一月癸亥晉侯周卒

日卒正也

十有六年春王正月葬晉悼公

三月公會晉侯宋公衞侯鄭伯曹伯莒子邾子薛伯杞伯小邾子于溴梁戊寅大夫盟

繁露竹林篇云溴梁之盟信在大夫而春秋刺之

爲其奪君尊也

指掌異同篇云二傳皆以此時諸侯微弱權在大夫諸侯並皆在而大夫自盟政教約信在於大夫其事不用由君也不曰諸侯之大夫者刺大夫不臣也賈逵服虔取以爲說言惡大夫專而失權也

釋曰按傳荀偃恐餘國有貳故大夫遂自共盟使同會之國皆一其志也此閒無異事故不稱諸侯直言大夫也非是君弱臣彊恣意共盟杜與先儒異也

摘微曰諸侯之大夫自盟君各在會臣盟則諸侯

之政自茲失矣三桓逐魯六卿分晉其所由來者漸

箋義曰晉侯會諸侯而荀偃怒高厚使大夫盟且其盟曰同討不庭夫如是則歃血之令出自荀偃同討之文不由晉侯理頗類於無君事實由於專正故諸侯皆在而云大夫盟夫子貶大夫之明文也當是時高氏崔氏專齊孫氏甯氏專衞三桓專魯六卿專晉諸侯失權祿去公室故孔子因溴梁之盟令由荀偃於是一槪而貶之所以遏簒亂之本也穀梁所謂政在大夫公羊亦曰徧刺天下斯

得之矣杜氏以爲雞澤之會重序諸侯今此閒無異事卽上諸侯非

新義曰天子失道諸侯私盟十世希不失矣諸侯失道大夫私盟五世希不失矣今會諸侯而使大夫盟信臣而不信君也大夫盟不日此日者無諸侯大夫也無諸侯大夫起陪臣執國命也微言深旨聖人傷時之心切耶

集議曰左氏但言高厚逃歸而大夫自盟殊不釋襃貶之旨按三年有大夫之盟上序諸侯盟于雞澤次言陳侯使袁僑如會而後言叔孫豹及諸侯

之大夫及陳袁僑盟彼上序諸侯而言盟則諸侯既盟矣後言大夫繫於諸侯尊君也言及陳袁僑盟蓋僑不可以當君而以大夫盟之矣非大夫之專盟也今此序諸侯而不言盟言大夫而不繫諸侯不謂之信在大夫諸侯失政而何耶杜預謂間無異事而闕諸侯失之矣

謗曰孔子曰政逮於大夫四世矣自宣成之後大夫專帥師專出會者多矣未有諸侯會而大夫盟也今公與諸侯會而戊寅大夫盟蓋列國之政大夫尸之是由諸侯怠棄國政大夫得而專之至爲

會而大夫盟其怠棄可知矣二傳及諸儒以爲政在大夫而未知此由諸侯怠棄而失政也故新義詳之

晉人執莒子邾子以歸

春秋之世諸侯皆不由天子之命而專執也是以聖筆之志隨事譏之夫以諸侯而執諸侯甚惡可知矣今晉執莒邾二君而目曰莒子邾子者豈非甚之之辭歟然或執之而歸京師猶可言也今不歸之京師而以歸其國故曰以歸者以重錄之也

齊侯伐我北鄙 按自此至襄公三十一年永樂大典并闕

夏公至自會

五月甲子地震

叔老會鄭伯晉荀偃衛甯殖宋人伐許

秋齊侯伐我北鄙圍成

大雩

冬叔孫豹如晉

十有七年春王二月庚午邾子牼卒

宋人伐陳

夏衛石買帥師伐曹

秋齊侯伐我北鄙圍桃高厚帥師伐我北鄙圍

九月大雩

宋華臣出奔陳

冬邾人伐我南鄙

十有八年春白狄來

夏晉人執衛行人石買

秋齊師伐我北鄙

冬十月公會晉侯宋公衛侯鄭伯曹伯莒子邾子滕子薛伯杞伯小邾子同圍齊

曹伯負芻卒于師

楚公子午帥師伐鄭

十有九年春王正月諸侯盟于祝柯

晉人執邾子

公至自伐齊

今按春秋集傳大全載李氏集義云會書圍而致書伐書勳勞則圍爲重辨曲直則伐爲善此條未知會義採入否附入於此

取邾田自漷水

季孫宿如晉

葬曹成公

夏衞孫林父帥師伐齊

秋七月辛卯齊侯環卒

晉士匄帥師侵齊至穀聞齊侯卒乃還

八月丙辰仲孫蔑卒

齊殺其大夫高厚

鄭殺其大夫公子嘉

冬葬齊靈公

城西郛

叔孫豹會晉士匄于柯

襄公之時政在大夫甚矣專相爲會故詳錄之爾

按此條從春秋集傳大全輯補

城武城

二十年春王正月辛亥仲孫速會莒人盟于向

夏六月庚申公會晉侯齊侯宋公衞侯鄭伯曹伯莒子邾子滕子薛伯杞伯小邾子盟于澶淵

秋公至自會

仲孫速帥師伐邾

蔡殺其大夫公子燮蔡公子履出奔楚

陳侯之弟黄出奔楚

叔老如齊

冬十月丙辰朔日有食之

季孫宿如宋

春秋會義卷二十二

宋鄉貢進士江陽杜諤撰

襄公

二十有一年春王正月公如晉

邾庶其以漆閭丘來奔

諸侯之地皆天子所封爲天子守之也諸侯之臣皆王之臣故曰天子之陪臣也周衰諸侯之國地有侵軼者必志而罪之臣有奔叛者必錄而貶之

按此條從春秋集傳大全輯補

夏公至自晉

秋晉欒盈出奔楚

九月庚戌朔日有食之冬十月庚辰朔日有食之

曹伯來朝

公會晉侯齊侯宋公衛侯鄭伯曹伯莒子邾子于商任

二十有二年春王正月公至自會

夏四月

秋七月辛酉叔老卒

冬公會晉侯齊侯宋公衛侯鄭伯曹伯莒子邾子薛伯杞伯小邾子于沙隨

公至自會

楚殺其大夫公子追舒

二十有三年春王二月癸酉朔日有食之

三月己巳杞伯匄卒

夏邾畀我來奔

葬杞孝公

陳殺其大夫慶虎及慶寅

陳侯之弟黃自楚歸于陳

晉欒盈復入于晉入于曲沃

春秋之法復入重於入入重於復歸復歸重於歸

然則復入者惡甚之辭按此條從春秋集傳大全輯補

秋齊侯伐衛遂伐晉

以兵伐衞猶不可況遂伐晉乎言遂者甚其伐二國也按此條從春秋集傳大全輯補

八月叔孫豹帥師救晉次于雍榆

己卯仲孫速卒

冬十月乙亥臧孫紇出奔邾

晉人殺欒盈齊侯

齊侯襲莒

二十有四年春叔孫豹如晉

仲孫羯帥師侵齊
夏楚子伐吳
秋七月甲子朔日有食之既
齊崔杼帥師伐莒
大水
八月癸巳朔日有食之
公會晉侯宋公衞侯鄭伯曹伯莒子邾子滕子薛伯
杞伯小邾子于夷儀
冬楚子蔡侯陳侯許男伐鄭
加楚子於三國之上雖曰主兵亦所以惡三國也

按此條從春秋集傳大全輯補

公至自會

陳鍼宜咎出奔楚

叔孫豹如京師

大饑

二十有五年春齊崔杼帥師伐我北鄙

夏五月乙亥齊崔杼弑其君光

公會晉侯宋公衛侯鄭伯曹伯莒子邾子滕子薛伯杞伯小邾子于夷儀

六月壬子鄭公孫舍之帥師入陳

秋八月己巳諸侯同盟于重丘

公至自會

衞侯入于夷儀

楚屈建帥師滅舒鳩

冬鄭公孫夏帥師伐陳

十有二月吳子遏伐楚門于巢卒

二十有六年春王二月辛卯衞甯喜弒其君剽衞孫林父入于戚以叛甲午衞侯衎復歸于衞

夏晉侯使荀吳來聘

公會晉人鄭良霄宋人曹人于澶淵

秋宋公殺其世子座

晉人執衞甯喜

八月壬午許男甯卒于楚

冬楚子蔡侯陳侯伐鄭

葬許靈公

二十有七年春齊侯使慶封來聘

夏叔孫豹會晉趙武楚屈建蔡公孫歸生衞石惡陳孔奐鄭良霄許人曹人于宋

衞殺其大夫甯喜

衞侯之弟鱄出奔晉

秋七月辛巳豹及諸侯之大夫盟于宋
冬十有二月乙亥朔日有食之
二十有八年春無冰
夏衞石惡出奔晉
邾子來朝
秋八月大雩
仲孫羯如晉
冬齊慶封來奔
十有一月公如楚
十有二月甲寅天王崩

乙未楚子昭卒

二十有九年春王正月公在楚

夏五月公至自楚

庚午衛侯衎卒

閽弑吴子餘祭

仲孫羯會晉荀盈齊高止宋華定衛世叔儀鄭公孫段曹人莒人滕人薛人小邾人城杞

按章如愚羣書考索載陳岳折衷論云左氏曰晉平公杞出也故治杞公羊曰善其成王者之後穀梁曰杞危而不能自守故諸大夫相帥以城之變之正也折衷曰夫霸主之於諸侯雖曰先姬姓而後異姓然於正救之道第同盟而共尊王室則異姓亦無礙矣苟不同盟而不尊王室則姬姓亦有

嫌焉如城邢城楚丘城緣陵皆霸主帥諸侯而城矣齊桓公城緣陵得非遷杞耶奚齊桓城杞而無辭晉平城杞而異論故聖人以常文而書之無譏無刺非升非絀公羊穀梁俱不足取左氏以杞無事而晉以外族之故帥諸侯而城之載鄭子太叔與衛太叔儀之言曰不恤周宗之闕而夏肄是屏所謂廣記當時之事然於經之傳斯得其實矣此條未知杜諤採否附錄於此

晉侯使士鞅來聘

杞子來盟

吳子使札來聘

秋九月葬衛獻公

齊高止出奔北燕

冬仲孫羯如晉

三十年春王正月楚子使薳罷來聘

夏四月蔡世子般弒其君固

五月甲午宋災宋伯姬卒

天王殺其弟佞夫王子瑕奔晉

秋七月叔弓如宋葬宋共姬

鄭良霄出奔許自許入于鄭鄭人殺良霄

冬十月葬蔡景公

晉人齊人宋人衞人鄭人曹人莒人邾人滕人薛人

杞人小邾人會于澶淵宋災故

今按春秋集傳大全載李氏集義云書宋災故起大夫爲會之意亦猶桓三年書以成宋亂此條未

知會義採入
否附錄於此

三十有一年春王正月

夏六月辛巳公薨于楚宮

秋九月癸巳子野卒

己亥仲孫羯卒

冬十月滕子來會葬

癸酉葬我君襄公

十有一月莒人弑其君密州

春秋會義卷二十二

宋鄉貢進士江陽杜諤撰

昭公

左傳及史記襄公三十一年薨立胡女之子子野其年九月毀瘠以致卒乃立公子裯是爲昭公於是年十九猶有童心穆叔不欲立之季武子不聽卒立之

元年春王正月公即位

同文公義

叔孫豹會晉趙武楚公子圍齊國弱宋向戌衛齊惡

陳公子招蔡公孫歸生鄭罕虎許人曹人于虢

折衷曰春秋凡絀大夫皆從有罪之時絀未有一罪而終身絀者也稱公子例苟繫懲勸之旨則母弟必言弟庶弟必言公子苟朝聘嘉好之事乃兄弟之篤睦非義例之所加故仍舊史之策或稱公子如莊二十五年書公子友之類是也斯書陳公子招者盟會嘉好之事也八年書陳侯之弟招殺陳世子偃師者是升絀勸懲之事也吁苟曰爲殺世子貶稱公子則當殺世子之年猶不曰公子刱殺世子之前又嘉好之事乎

集議曰凡先君之子今君之母弟也善則稱弟以貴之若齊侯之弟年來聘是也惡則稱弟以責其親親若衞侯之弟鱄出奔晉是也其不繫褒貶而書者則皆謂之公子耳此公子招郎陳侯之弟招也經不言弟而書公子者蓋盟會嘉好之事無升黜史策得以通稱招弒世子在八年公羊以爲於是貶之者其不可與輩一概而言之也八年穀梁傳曰盡其親所以惡招者信矣

謂曰春秋之法追治之以筆削也而懲勸明焉諸侯擅相爲會强大者主之而不由乎天子之命是

以春秋之文晉常主夏盟以先諸侯也齊强於宋則齊或先之聖筆亦有因其事以志之者矣楚荆蠻國爾宋之盟列晉之下而居諸侯之先者春秋以其與晉爭盟而託文亦以志諸侯不能制之也此追而治之亦原其實而懲之也

三月取鄆

見宣九年取根牟義

夏秦伯之弟鍼出奔晉

折衷曰凡公子出奔常文則曰某國公子某出奔某如楚公子比出奔晉之類則奔之者罪也責其

不能自容本國也異常文而書則曰某侯之弟某出奔某如衞侯之弟鱄出奔晉陳侯之弟黄出奔楚是也斯非奔者之罪或責其無罪不能容其母弟或責其失教致母弟不可容也鱄黄之奔是責陳衞之侯不能容其弟鍼之奔是責泰伯不能以禮節教其弟使權寵如二君也杜得其旨

謗曰同陳侯之弟招義

六月丁巳邾子華卒

晉荀吳帥師敗狄于大鹵

秋莒去疾自齊入于莒莒展輿出奔吳

去疾之入展輿之出春秋皆繫之於莒者明其志乎當國也去疾當君弒而奔齊至是反國故書入以惡之展輿簒立不正國人不與以致播越所以書出奔以罪之也交譏之

叔弓帥師疆鄆田

春秋之際諸侯擅相侵取不一莒與魯所爭者鄆之邑也叔弓帥師而疆其田其亦甚矣故詳而志之

葬邾悼公

冬十有一月己酉楚子麇卒

箋義曰歸生惲老陳乞流涕而加弑君之罪今圍
弑麇而不稱弑何也𡚁以圍弑麇之後數行無道
暴淩中國其罪惡尤甚蓋賊臣弑君一國之惡也
荆蠻淩中國天下之禍故會于申不殊淮夷夷之
也公羊傳曰弑君賊不復見又曰譏於讐者一譏
而巳故擇其重者而譏焉若先書圍弑其後滅陳
蔡誘蔡侯之罪尤重故擇其重者而誅絶之杜氏
以爲從赴非也
楚公子比出奔晉
二年春晉侯使韓起來聘

箋義曰宣子以易象不脩春秋謂之周禮者按繫辭云聖人有以見天下之動而觀其會通以行其典禮是故謂之爻蓋爻有陰陽内外君臣之位典章禮法由是而行又春秋所書郊祀朝聘會盟之類皆當時所行周制故仲孫湫曰魯猶秉周禮其事正之與失史官咸備錄之故曰周禮盡在魯矣易象文王之所作故言周之所以王不脩春秋乃魯之史記非周公所作以其所載行事合於周禮故言知周公之德

夏叔弓如晉

秋鄭殺其大夫公孫黑

稱國以殺君殺大夫之辭也論見僖七年

冬公如晉至河乃復

摘微曰公如晉至河乃復季孫宿如晉君返臣往惡莫大矣且責季孫又明昭之不君卒見逐又見季孫之惡始大故直書以表罪

新義曰如晉者何尊魯也至河者何不及事也乃者卑辭也復者返也言公爲人君昏昧暗弱自不能親事鄰國受制彊臣故出示君尊反以卑者錄

集議見十三年公至自會論

謂曰內適外曰如春秋之常也今書至河乃復左氏以爲晉使辭之公羊穀梁則曰著有疾何休謂晉欲執之公不敢往此皆求志其事以明其實然而所釋固巳矛楯也乃者難辭也魯公之如晉不一矣今昭公旣往及河在進退之閒而返國聖筆以爲難辭而書曰乃復爾

季孫宿如晉

公旣復而季孫如晉見受故發微論之按孫復尊王發微云

昭公如晉而距之季孫宿如晉而納之是視公曾宿之不若也晉侯之惡亦可見矣

三年春王正月丁未滕子原卒

夏叔弓如滕五月葬滕成公

秋小邾子來朝

八月大雩

冬大雨雹

北燕伯款出奔齊

凡諸侯失地稱爵而復名者著其爲諸侯而失守社稷也北燕伯爵也而出奔故書曰北燕伯而名之亦以志其失地也

四年春王正月大雨雹

箋義曰夏之十一月雨雹當以異書耳

新義曰凡陽侵陰不入爲霰陰侵陽不入爲雹今周之正月卽夏之十一月也是陰極陽微之時以極陰而侵微陽乃三家爭權脅公專制之象也

旨要曰申豐對季武子禦雹之道在於藏冰使陰陽啓閉有時則無愆伏之沴而雹不爲災考之於理殊爲不然雨雹未必皆因不藏冰之過爲災亦不獨雨雹爲甚其雪霜風雨一不得時民受其害自古然矣申豐因雨雹之變而述藏冰之禮蓋聊有助於國典未必盡四時之理云

諤曰春秋以皇不極而詳錄災異也今雨雹之作

陰陽不調之致爲災可知矣且前年書時而此月者志其甚矣

夏楚子蔡侯陳侯鄭伯許男徐子滕子頓子胡子沈子小邾子宋世子佐淮夷會于申

先儒以春秋爲進夷狄者蓋由楚入春秋始稱荆次曰荆人楚入又曰楚子漸進之義緣此而爲說是不達夫子傷之之意也聖人以周衰而諸侯不道傷而憫之遂載其事以加筆削然楚自敗蔡稱荆而終於書楚子者楚雖强暴而春秋稱之不過其舊爵也今會于申而序楚子於諸侯之上此諸

侯同受制於荆楚也春秋因錄之以譏諸侯矣豈聖人之心實欲進之耶君子以禮義制治有禮義安可容强楚主會諸侯乎何休所謂順楚而病中國深得其旨

楚人執徐子

箋義曰楚子以疑罪執徐子則徐子無罪者也安得以不道於其民告諸侯哉設若楚人以爲告是誣諸侯也左氏安得反言貳而書之哉斯杜預卒意而妄解也公羊曰稱人以執非伯討也蓋楚子求諸侯諸侯會之者十有二國斯桓文之事也然

其會禮方畢且以疑罪執徐子於是君子惡蠻夷之强暴故不以伯討稱之也

謗曰楚於春秋與中國同辭者以懲諸侯之不制也非所以伸之也今爲會而執徐子亦爲不道故從書人之例貶之

秋七月楚子蔡侯陳侯許男頓子胡子沈子淮夷伐吳

諸侯受制於彊楚春秋疾之而序於楚子之下也今又從之伐吳甚矣故范氏謂謹而月之

執齊慶封殺之遂滅賴

繁露第一篇云靈王殺齊慶封而直稱楚子何也曰春秋之用辭已明者去之未明者著之今諸侯之不得專討固已明矣而慶封之罪未有所見也故稱楚子以伯討之著其罪之宜死以爲天下大禁曰人臣之行貶主之位亂國之臣雖不篡弒其罪皆宜死比乎此其法也云爾

箋義曰齊崔杼弒其君慶封其黨也嗜酒而謀作亂遂奔魯而適吳吳人與之朱方楚子因伐吳而討慶封慶封之罪當誅然不稱楚人執齊慶封殺之者惡靈王之暴亂不與夷狄之專殺也故總見

衆國共執之文亦猶宋公楚子陳侯蔡侯鄭伯許男曹伯會于盂執宋公以伐宋之類也穀梁所謂不與楚討近之矣若與楚討則當從宣十一年楚人殺陳夏徵舒之例書曰楚人殺齊慶封蓋討陳之夏氏莊王之賢也今殺齊之慶封靈王之暴也故莊王賢得行中國伯討之義靈王暴不與夷狄之專殺而以衆國皆爲齊討之文則慶封之罪不爲不正矣穀梁知其細而不知其大故以爲不與楚討近之矣

新義曰春秋之義中國則中國之夷狄則夷狄之

言人雖夷狄近仁義則中國也人雖中國棄仁義則夷狄也今楚子執齊慶封殺之是以夷治夷也故不稱人以殺書執而殺之有力者勝也兩下相殺爲文從夷狄也

謬曰春秋以其事在可以然者從而與之不可以然者從而弗與之今齊慶封在吳楚子伐吳執而殺之春秋序諸侯之伐吳而直曰執之不言楚子之執者傳及諸儒皆謂不與楚得討也慶封久已在吳必曰齊慶封者聖人志慶封乃齊國之臣而楚得執之亦已甚矣是以不言楚子使若諸侯自

執之必繫之齊者所以甚其爲齊之臣而見執於楚也　楚率諸侯伐吳不可矣又從而執齊之奔大夫暴虐可知矣今遂滅賴斯亦不道之甚春秋以遂起文不與楚得滅人之國不待貶而貶著也

九月取鄫

繁露隨本篇云魯昭公以事楚之故楚國强而得意一年再會諸侯伐彊吳爲齊誅亂臣遂滅厲魯得其威以滅鄫

新義曰前言莒滅之今復言取之者何鄫無嗣以女之子爲嗣故云滅也言鄫之宗祀已滅矣今書

取之者易也若使取無主之物也不曰滅而曰取

以志其所以非義也內取邑直書曰取見宣九年

冬十有二月乙卯叔孫豹卒

五年春王正月舍中軍

箋義曰作三軍不正故曰舍中軍復正也而月者

惡三家卑公室也

集議曰按左傳之言軍之毀置皆由三家則是臣

强君弱亦內之宜諱也禮成國不過半天子之軍

會於諸侯不爲大國軍旅之制固有其常襄十一

年經不言建而言作作者譏其創制之辭也此不

言毀而言舍善其復正之辭也然則經之筆削當從禮典而言之左氏但紀其實耳

謗曰軍旅之法天子諸侯之制周禮大司馬掌之固不可以易也春秋於襄十一年書作三軍作者改作之名聖筆書之以爲譏也今舍中軍則魯爲二軍矣據左氏又有四分公室之説則魯之軍法或作或舍皆出於三家而交亂舊制安可謂復正復古乎作與舍其實皆譏之

楚殺其大夫屈申

公如晉

夏莒牟夷以牟婁及防茲來奔

同襄二十一年義 按杜所釋襄二十一年邾庶其來奔之義今闕

秋七月公至自晉

箋義曰月者危公得脫歸公如晉踰時而返据左氏晉侯欲止公則公有危矣故月以危之

戊辰叔弓帥師敗莒師于蚡泉

內大夫帥師直書曰敗者自內敗之也

秦伯卒

不名不日義同隱七年

冬楚子蔡侯陳侯許男頓子沈子徐人越人伐吳

楚子敘諸侯之上前屢見

六年春王正月杞伯益姑卒

此又不日者從何氏略之之義

葬秦景公

夏季孫宿如晉

葬杞文公

宋華合比出奔衛

大夫出奔義見桓十五年

秋九月大雩

義見桓五年

楚薳罷帥師伐吳

冬叔弓如楚

齊侯伐北燕

春秋於五世之閒諸侯用兵或出其爵者非所以與之蓋將别大夫之專也凡書皆譏之

七年春王正月暨齊平

新義曰與齊平者誰齊及魯也暨者何上下相等之辭也曷不言來爲公諱也爲公諱者何與大夫平也三月叔孫婼如齊涖盟結此平也

經社曰其不以及會言之而暨齊云者何也曰𦒱

又有以異之者也夫以齊之强而魯怨之苟焉不與之平而受其伐是棄魯也其必與之平可也謗曰春秋書會及書暨皆與也据傳所解及者我欲之暨者不得已也是皆隨事原其實而爲之辭爾今書暨齊平左氏則曰齊求之而穀梁曰自外及内也如此則非我欲之故不言及矣然則及與暨者深淺輕重在其閒亦所以别内外也

三月公如楚

春秋書内適外曰如皆譏之以其不朝於王而自相如也況如荆楚乎譏之甚矣

叔孫婼如齊涖盟

見僖三年義

夏四月甲辰朔日有食之

劉歆曰此推日食之占循變復之要也易曰懸象著明莫大於日月是故聖人重之載於三經於易在豐之震曰豐其沛日中見昧折其右肱无咎於詩十月之交則著卿士司徒下至趣馬師氏咸非其材同於右肱之所折協於三務之所擇明小人乘君子陰侵陽之原也

秋八月戊辰衛侯惡卒

九月公至自楚

公自三月適楚至此而返致之者以其出踰二時也久於荆楚之國故月以危之

冬十有一月癸未季孫宿卒

十有二月癸亥葬衞襄公

八年春陳侯之弟招殺陳世子偃師

箋義曰變其文言陳侯之弟者惡招不仁視其兄之子君之貳若他國世子而輒殺之故重舉陳謂曰聖人以尊尊親親爲重也尊不尊親不親則春秋譏之今招殺太子而書曰陳侯之弟者所以

志陳侯有以啟其弟而使偃師之被殺也亦以罪
招爲人之弟而殺世子其惡可知矣然再出陳於
世子偃師之上者明偃師當立故繫之以國以重
招之貶也

夏四月辛丑陳侯溺卒

叔弓如晉

楚人執陳行人于徵師殺之陳公子留出奔鄭

繁露仁義法篇見僖四年袁濤塗下

謂曰陳以骨肉相殘今楚執之而曰陳行人穀梁
所謂怨接於上也然曰楚人者不與楚之執也殺

之甚矣陳公子留書出奔者罪其失地矣

秋蒐于紅

箋義曰前此四年舍中軍四分公室國之人民土地盡屬三家故大蒐于紅以數軍實蓋三家擅公命以興是役夫子惡其强盛公室遂卑故不言大以黜三子耳

集議見桓六年大閱論

謂曰春秋詳錄蒐狩所以志其不時無禮也餘義見十一年

陳人殺其大夫公子過

稱人重於稱國亦所以惡之也

大雩

冬十月壬午楚師滅陳執陳公子招放之于越殺陳孔奐

春秋凡書滅譏之也今楚滅陳而亦同中國之辭者蓋志陳事所以起楚之滅也陳以骨肉相殘以致楚執其行人而滅其國陳雖不道春秋不與楚之强暴故日以警其惡　秋之法有兩書其惡者也蓋聖人筆削輕重之法矣楚以强暴滅人之國今執其公子而又放之是兩書其惡也既執公子

招而放之又殺孔奐斯強脅之甚公子招孔奐皆

繫之陳者挈之國以甚楚之惡也

葬陳哀公

胡氏曰孔子憫哀公之易嗣致爲楚師所滅素不

養賢而有輿嬖不能興國尚能葬君所以書葬者

明袁克之忠藎也

箋義曰九年夏四月陳火公羊亦曰存陳也以是

而言哀公得書葬穀梁之義爲正

謂曰會葬之義於此見不足據以爲例故趙氏辯

而疑之按陸淳辨疑引趙匡說云國已滅矣袁克

非大臣何能辦葬死君又何能告諸侯使

會葬乎備錄於此

九年春叔弓會楚子于陳

箋義曰不與楚滅陳故上書葬陳哀公下書陳火今書叔弓會楚子于陳皆以存陳也與宣十五年公孫歸父會楚子于宋之義同時楚子圍宋而未克今會亦若陳之不滅云爾叔弓之往蓋朝楚也內朝聘皆言如今楚子在陳不可言如陳故以會爲文變之正也宋鄭衞之大夫亦朝楚也不書者外相如聘非安危所繫例不書

新義曰春秋尊魯凡外大夫來言朝內適外言如

今叔弓不言如陳直書會楚子于陳者貶同外大夫也

譔曰春秋之法內適外曰如今叔弓不言如而言會者蓋楚子在陳若言如陳則是與楚子之有陳也故變文言會而地陳矣存陳之稱不使楚得有之也

許遷于夷

許自成十五年遷于葉至此又遷于夷爵爲諸侯不能固守境土屢遷其邑春秋以爲譏而詳錄之皆以自遷爲文以見許之危弱不能自守也

夏四月陳災

指掌異同篇云賈逵服虔取公穀爲說言懸陳不與楚故存陳而書之言陳尚爲國也釋曰不從之也

摘微曰聖人傷中國日削禮義堙喪不有救焉伊何底矣故罪楚存陳以扶頽壞權衡之設其此之謂也

諤曰春秋詳錄日食及内災至若外災則或舉其一二而已不出乎宋衛陳鄭也今經八年書陳滅則陳已滅矣然必曰陳災者不使楚得滅之也且

陳天子所封之地今錄其災不可不因失其所封

而志之耳

秋仲孫貜如齊

冬築郎囿

十年春王正月

夏齊欒施來奔

大夫奔義見桓十五年

秋七月季孫意如叔弓仲孫貜帥師伐莒

箋義曰三子伐莒而三卿並行是魯之政專出於

三家而公室弱矣故春秋詳而錄之以譏昭公不

能制命耳而且魯之出師一卿出伐則二卿當守可矣今三卿並行春秋甚其伐人也故譏之

戊子晉侯彪卒

九月叔孫婼如晉葬晉平公

此謹速葬逼下之義餘見隱三年

十有二月甲子宋公成卒

十有一年春王二月叔公如宋葬宋平公

內適外曰如無異義

夏四月丁巳楚子虔誘蔡侯般殺之于申

繁露仁義法篇見僖四年袁濤塗下

摘微曰楚子虔誘殺蔡侯般殺之于申虔巳滅陳
又殺蔡侯書誘罪之若盜賊焉故名爵兩備以正
名也冬又滅之用其世子虔之暴可知
本旨曰春秋用賢治不肖不以亂治亂按楚子嘗
弑其君郟敖行事與般正似聖人原虔本情非惡
不義非爲天下除逆實協姦凶肆貪而後動遂正
書曰夏四月丁巳楚子虔誘蔡侯般殺之于申楚
公子棄疾帥師圍蔡冬十有一月楚師滅蔡執蔡
世子有以歸用之言誘殺明非以正討罪且滅人
國虐及其嗣無道甚矣矧前託討招而滅陳今復

懷詐以兼國雖古羿浞暴橫將不過是春秋提其名以示後明鴆食蝮梟啄母乃天性鷙毒非爲除惡舉也

集議曰三傳皆非楚子生名之義昭矣范注尤詳杜預以蔡大夫深怨而以名告者不亦遠乎

謗曰春秋以不正之辭加於人所以明誅罪之典也楚夷狄也凡暴盛貪惏固當譏之今誘蔡侯而殺之以荆蠻而殺諸侯其罪甚大也聖人斥楚子而明之以起誅治之法矣必曰誘者以詐召人之稱是以不正之辭加之也蔡侯爲守土之君而爲

楚所誘故亦名也

楚公子棄疾帥師圍蔡

五月甲申夫人歸氏薨

大蒐于比蒲

箋義曰蒐于紅夫子絀三家之盛故不言大今君有大喪三家復大蒐于比蒲故叔向以爲國不恤君君不顧親故書曰大蒐既惡三家復刺公也所謂不待貶絕而惡見者也

經社曰春秋於魯五書其蒐三書其狩皆以譏不時無禮也若紅之蒐無不時也若比蒲昌閒之蒐

既不時又無禮故加大以見夫越常禮也

謗曰周禮仲春教振旅遂以蒐是則四時之田春謂之蒐也春秋書者五而大蒐者四蓋以末世田獵之禮廢列國僭恣春秋錄其不時無禮者因有所譏云爾所謂大者懲其僭恣也且此比蒲之蒐國有大喪無禮明矣因書以示貶

仲孫貜會邾子盟于祲祥

大夫出盟著專之之義前屢見矣此書會而又曰盟者所以志盟會皆專在大夫矣

秋季孫意如會晉韓起齊國弱宋華亥衛北宮佗鄭

罕虎曹人杞人于厥憖

春秋之作仲尼傷王道之不振而中國無紀夷狄雜擾而諸侯無法矣是以聖筆所錄之事楚夷狄而錄於諸侯之上以志諸侯不攘正而反受制也降杞國於微國之列以志夏后之後文獻不足徵而反至於淩弱也聖人之意非實欲伸楚而抑杞也蓋傷王道不興而託文爾

九月己亥葬我小君齊歸

冬十有一月丁酉楚師滅蔡執蔡世子有以歸用之

箋義曰楚子滅陳蔡皆稱師者言其無道以蠻夷

之衆强滅之也雖滅之不與其滅也故有存之之辭

集議曰蔡般殺君父在官在宮者皆得而殺之春秋不正楚之殺般者以其專利於己以常文書之當曰執蔡友而巳今言世子猶經書鄭世子忽歸于鄭所以正其宜爲君也正其宜爲君者非所以善般而錄友也蓋疾楚貪利而殺其二君也虔書名友書用可以見經之意也

謂曰楚之暴橫固不可道也春秋常疾而責之且以志諸侯不能驅正而反爲楚所脅伐也凡楚所

以滅人之國以强暴逼之者多矣今以師滅蔡既可罪矣而又執世子以用之其惡尤甚故春秋書滅書執以懲其惡也然蔡有必曰世子者亦以責其爲世子不能保守以失國政又曰以歸而重之矣

十有二年春齊高偃帥師納北燕伯于陽

集議曰三年書北燕伯款出奔齊此言齊納北燕伯無疑可知也出奔書名史策之常也入而不名者亦衛侯入于夷儀之比也公羊意雖以信史尊經然於是發傳理亦迂闊何休徒見晉趙盾帥師

納衞世子蒯聵于戚故以款非犯父命釋之是以方枘而不通經之義例也

諤曰末世以諸侯而納諸侯者弗一春秋不與而譏之況以大夫而納諸侯乎不正之甚也而又帥師以納之其惡可知矣

三月壬申鄭伯嘉卒

夏宋公使華定來聘

公如晉至河乃復

乃者難辭也公之削弱事晉不暇今往至河晉辭之公屢返公之心實以爲難也故以乃稱之

五月葬鄭簡公

楚殺其大夫成熊

秋七月

冬十月公子慭出奔齊

楚子伐徐

晉伐鮮虞

箋義曰入春秋秦楚吳戎夷也晉鄭滕杞中國也秦楚吳來聘有慕中國禮義之心則進稱爵有大夫滕杞本侯爵用夷禮則貶之稱子鄭從楚伐中國十年不從晉至成三年則書曰鄭伐許狄之也

晉爲盟主自昭四年楚靈王會申之後伐吳徐滅陳蔡不能救之今反假道於鮮虞因其不備還而伐之亦狄之也

集議曰春秋褒貶繫於一字其征伐之例稱將稱師稱人稱國皆有其旨雖舊史之文詳略不類其有害於升黜者夫子必從而正之杜氏謂之闕文恐非其實穀梁何注皆謂晉不綏諸侯而伐同姓故以狄稱之於經爲近文七年徐伐莒十年秦伐晉與是同文而傳不發例者蓋貶晉之大則其他可知矣

新義曰春秋所以書伐鮮虞者狄之也噫周衰道喪吳楚夷狄之君反爭盟於中國晉鄭中國之侯伯反從夷狄之亂則中國之人幾何不胥而爲夷也春秋安得不爲之作而救之哉故孔子進吳楚黜滕杞狄晉鄭者疾亂之甚也

謂曰春秋之法滅同姓則名之衛侯燬是也其侵之伐之不得不一一詳其事而加之筆削耳今晉爲盟主不能救援中國鮮虞無罪而伐之又於晉爲同姓也穀梁謂不正其與夷狄交伐中國說尚姓乎故狄之

春秋會義卷二十三

宋鄉貢進士江陽杜諤撰

昭公

十有三年春叔弓帥師圍費

夏四月楚公子比自晉歸于楚弒其君虔于乾谿

繁露五行逆順篇云賦斂無度以奪民財多發徭役以奪民時作事無極以奪民力百姓愁苦叛去其國楚靈王是也作乾谿之臺三年不成百姓罷弊而叛及其身弒夫士者君之官也君太奢侈過禮其民叛其君窮矣故曰木勝土按樓鑰校本繁露此條見五行

相勝篇

通例曰非弑而書弑懲臣子也

諤曰春秋不私乎善惡之文也雖然楚夷狄也公子比之事亦從而詳正之蓋嘗與中國交會交伐係春秋貶正之國也今公子比自晉言歸者但從棄疾之召而弑逆之心未見故以可歸之文書之及其入楚楚靈弑而子比立是有與弑君之罪故春秋加弑以貶之

楚公子棄疾殺公子比

從兩下相殺之辭

秋公會劉子晉侯齊侯宋公衛侯鄭伯曹伯莒子邾子滕子薛伯杞伯小邾子于平丘八月甲戌同盟于平丘公不與盟晉人執季孫意如以歸

繁露隨本篇云昭公事楚諸侯會于平丘謀誅楚亂臣昭公不得與盟大夫見執亦存亡榮辱之要也

箋義曰自襄二十五年會于夷儀之後諸侯倦怠不復爲會而使大夫主盟致楚子蠻夷之衆侵陵中國暴滅陳蔡晉人不能救之逮此二十年方聽叔向之計大合諸侯於平丘書曰同盟善晉侯之

復張中國也故公雖不與盟猶日以警之也范甯以爲反陳蔡之君非也　又曰反陳蔡者楚子新即位欲矯靈王之失以安衆也非晉會諸侯所能致也公不見與盟而不恥者本以虒祁之戚諸侯皆貳自知德薄欲以威服之故大會十二國之君加之以劉子甲車四千乘以示衆也聽邾莒之譏不見魯侯而執其大夫於會以示威也夫恃衆與威非霸者之事又叔向欲以無道行之助南蒯子仲之叛以脅魯魯安得不聽其命哉故夫子惡晉而與魯書曰公不與盟若公鄙晉不與之盟也晉

人執季孫意如以歸稱人以執非伯討也公至自會非國惡不恥之也公羊以爲遂亂反陳蔡非也

新義曰此同盟不言諸侯者同其不同也曷言乎同其不同言諸侯則同其同不言諸侯則同其不同也會盟約信約中國同夷狄也擅權專制大夫同諸侯也公何以不與盟政在三家朝廷之事社稷之計安危成敗公不得而與聞也

集議曰上書盟下書陳侯蔡侯歸是楚懼諸侯復陳蔡之子孫則平丘之會有力於二國也公羊以不討棄疾責諸侯穀梁以責陳蔡善諸侯春秋尊

中國賤夷狄二傳是非皆可知矣然則此盟爲善則公不與盟非得意也其以會致亦內惡之諱者也經書如晉至河乃復者有五惟二十三年著有疾以明之餘皆譏內也此書公不與盟不可謂之無貶公羊以爲不恥杜預謂之非惡皆失之

謗曰平丘之盟公不與盟而季孫見執此春秋所譏之大旨也先儒皆以惡晉爲說而未明譏魯之義夫魯公室弱而三桓强亦且久矣魯公怠棄國政專恣之事出於三桓之家今於此會晉雖聽邾莒之譖而公不與盟亦由公怠棄政之也書季孫

之執者所以見魯之政在季氏而宜乎見執矣

公至自會

蔡侯廬歸于蔡陳侯吳歸于陳

摘微曰蔡侯歸于蔡陳侯吳歸于陳陳爲楚所滅今得復國故稱以喜復中國之舊且不言自楚歸楚不得與中國狄之也

謗曰蔡與陳二國之君不能守社稷其失地可貶矣今歸國而春秋以歸稱之且歸者善辭也夫失國以善稱之者不與楚得暴滅之此聖人託其文以見正中國之本意也是以不奪其爵明其當爲

諸侯楚不可以暴殘之也故不言自楚不使楚得專之若以二國君自歸爲文也

冬十月葬蔡靈公

箋義曰書葬蔡靈公者善楚子復陳蔡有興滅繼絶之美也穀梁以爲成諸侯之事非也

謗曰當從穀說

公如晉至河乃復

公再如晉乃復詳而志之者以見晉彊魯弱昭公失政之甚畏晉而不知恥此聖人所以疾之也

吳滅州來

吳入春秋常狄之者以其專務侵滅其惡固可疾也自此或稱之若楚人若楚子者亦以譏諸侯不能制而啟其貪暴非所以進之實所以懲之也

十有四年春意如至自晉

意如之致危之也危之而去族者聖筆之志有所悼而誅罪之耳季氏不能輔佐其君僭侈日盛勢淩於上春秋惡其執政久矣今晉人旣執之誅之殺之可也雖不以道執之亦可爲魯討暴逆專政之臣矣今不討而反使歸魯故以危之去族以明誅罪之法焉

三月曹伯滕卒

夏四月

秋葬曹武公

八月莒子去疾卒

冬莒殺其公子意恢

同文九年義

十有五年春王正月吳子夷末卒

同宣十八年楚子旅義

二月癸酉有事于武宮籥入叔弓卒去樂卒事

本旨曰二月癸酉有事于武宮非所當志也由籥

入叔弓卒去樂卒事爲有禮故志之

譔曰春秋書有事葢以起文而畧之若僖八年書禘于太廟爲用致夫人起也宣八年有事于太廟爲仲遂卒起也今有事武宮亦以叔弓卒而書之明矣書之必有譏焉此書籥入叔弓卒去樂卒事而三傳皆以爲禮豈其然乎若謂之合禮則春秋常事不書也故發微明之謂羽籥既陳雖有卿佐之喪不可廢也又按春秋之文籥入在叔弓卒之上則羽籥既陳不可以不卒事矣

夏蔡朝吳出奔鄭

六月丁巳朔日有食之

秋晉荀吳帥師伐鮮虞

晉之暴伐同姓前既貶而狄之今不復貶者會平丘之後陳蔡之君已歸國今荀吳之伐則以專伐之罪而貶之不復以伐同姓爲譏也

冬公如晉

春秋之文雖內適外曰如然於此益見魯之削弱不足道也且公常事晉不暇平丘之盟公不與而大夫見執則晉之於魯辱之甚矣公不以是爲恥而今往如之故詳錄以示義

十有六年春齊侯伐徐

隱桓之際諸侯之國無大小皆專侵伐之事春秋錄之皆稱人以譏之也宣成之世列國之事無强弱征伐皆大夫自擅春秋從而錄之亦有以稱人貶之者也且當此之時大夫專伐甚矣然或有諸侯親其事儻皆以人稱之則與大夫無別故必斥其君以示義焉

楚子誘戎蠻子殺之

春秋之賤狄信矣十一年楚子誘蔡侯稱名而此誘蠻子直曰楚子者盖蔡侯中國之侯不使得誘

之也蠻子亦夷狄之類但志其自相誘殺不復名之此春秋尊中夏之大旨也

夏公至自晉

公踰年而返不可不致以危之

秋八月己亥晉侯夷卒

九月大雩

季孫意如如晉冬十月葬晉昭公

魯之懼晉甚矣公如晉踰年而返今又卿往會葬亦以志魯奉晉而不奉周也

十有七年小邾子來朝

夏六月甲戌朔日有食之

秋郯子來朝

八月晉荀吳帥師滅陸渾之戎

夷狄錯居中夏諸侯未有攘而驅之者今晉師滅陸渾氏左氏之說雖以其貳楚然亦可知其志在滅之也夫陸渾遷於伊洛之川久矣晉不即除之至此與楚爭强然後滅之春秋亦志之以見其實也

冬有星孛于大辰

新義曰春秋記災異非廣記備言而已實時事必

然之應也大辰大火同木德火將王木將焚掃舊布新之象天人之際此其見乎

諤曰末世皇不極而天譴見此書星孛之義蓋孛彗濫大辰則災異可知矣餘同文十四年入北斗義

楚人及吳戰于長岸

穀梁於此以進楚子言之春秋豈有進夷狄之本意耶楚於春秋稱人以甚其貪暴久矣今及吳戰于長岸春秋錄之公羊以爲敵也吳楚爭强交亂若是諸侯無能制之可乎

十有八年春王三月曹伯須卒

夏五月壬午宋衞陳鄭災

春秋之於災異內則詳而錄之外則或舉其一或書其二或以鄰國或赴告所及擇其甚者而志之爾今宋衞陳鄭四國並災則爲災甚矣是以春秋不得不詳書之

六月邾人入鄅

入者以兵入也惡之也

秋葬曹平公

不月者曹於春秋略之

冬許遷于白羽

許不安守其土屢遷其邑見前之解

十有九年春宋公伐邾

夏五月戊辰許世子止弒其君買

折衷曰春秋不親弒君以弒君之罪書者多矣盾以不討賊而書比以兵脅而書子家以不武而書陳乞以逆陽生而書止以不嘗藥而書皆聖人以大義責之也止則子也買則父也藥之有毒而子進之飲而致死非弒而何左曰盡心力以事君舍藥物可也不然臣於君有親疏焉有國士待之者

有衆人待之者不一其寵也斯止與買父也亦君也不可以親疏言之也不可以國士衆人言之也苟舍藥物則孰當不舍周文王爲太子侍疾膳宰之饌必敬視湯液之供必親嘗之禮曰親有疾飲藥子必先嘗之公穀得其旨杜之短

旨要曰趙盾諫而不入許止醫而致死忠孝獲罪乃陷大戮此夫子所以振起名教大爲之防此皆發潛德於幽昧戮僭賊於未萌常史之所不能故曰仲尼之志也

集議曰三傳之意皆以止不嘗藥而獲弑父名左

傳事君舍藥者義不在於止蓋通乎爲臣之法也且君有疾飲藥臣先嘗之親有疾飲藥子先嘗之此禮典之文也然而君之於臣任有輕重恩有深淺此言舍藥物者得不謂止以父子之親猶獲罪於筆削則爲臣不親於子者當遠嫌而自懼也文王世子曰膳宰之饌必恭視之疾之藥必親嘗之杜預不達傳義反謂止當舍藥失之遠矣

諤曰穀梁以春秋於趙盾見忠臣之至於許世子見孝子之至夫忠與孝國家之大節也春秋不得不謹之按傳及諸儒皆以趙盾不討賊而許止不

嘗藥然則趙盾許止非親弒歟且晉君非特趙穿欲弒許買非特不嘗藥也原趙盾以執政爲心許止以繼立爲志則二人與於弒逆名不待貶而著也故春秋從而録之以示懲爾

己卯地震

秋齊高發帥師伐莒

冬葬許悼公

繁露玉杯篇云賊未討何以書葬何以書葬者不宜書葬而書葬也悼公之書葬直以赴問而辨當故弒亦不當罪也貫比而論不當誅之

謂曰先儒皆以許悼公書葬趙盾復見以爲弑君非許止趙盾之實也雖然賊不討不書葬與復見出於傳例考之前後之經亦不一類矣然則復見書葬之義頗亦不可據趙盾復見者本以志大夫之專伐也許買書葬者以明諸侯之正卒也傳因以明趙盾許止之事謂聖人書之以其志鄰乎弑而實趙穿及不嘗藥之說耳

二十年春王正月

夏曹公孫會自鄸出奔宋

春秋詳錄列國之事以示不私於萬世今曹公孫

會在鄸之邑出奔於宋夫公孫會爲曹之公族而
擅自其邑播越出奔有罪甚矣春秋志其所自以
譏之

秋盜殺衞侯之兄縶

纂例陸湻曰稱盜者目罪人之賤者也
謗曰盜者賤之之稱也如盜殺之耳稱盜以殺者
譏在衞侯也衞侯不能別處貴賤而使得以殺其
母兄不可也縶不能自愛以卑近其下而見殺故
名以斥之

冬十月宋華亥向甯華定出奔陳

十有一月辛卯蔡侯盧卒

二十有一年春王三月葬蔡平公

夏晉侯使士鞅來聘

宋華亥向甯華定自陳入于宋南里以叛

春秋之法書出奔所以罪其失地也書入以惡入也叛者叛逆之通稱耳此三人者宋雖不能誅之聖人追治之亦嚴矣且夫爲人之臣而不能竭力事國反播越失地甚可罪也見納而返國春秋尚曰不可況據邑以叛乎是以先書入以惡又斥言其叛以見其罪且以志宋不以禮制其臣使至乎

叛也

秋七月壬午朔日有食之

八月乙亥叔輒卒

冬蔡侯朱出奔楚

箋義曰時者惡朱之奔讐國也穀梁謂朱爲東國

非

公如晉至河乃復

箋義曰晉爲盟主魯侯以時朝之而晉以兵事輒

拒退魯侯非禮也故詳錄以惡之

諤曰同前二年義

二十有二年春齊侯伐莒

宋華亥向甯華定自宋南里出奔楚

此三臣者入南里以叛宋固爲有罪矣當時不能討之使得出奔以自恣此王法之所不容也今又即從於楚其惡甚矣故南秋書自宋南里以志宋不能討也書出奔以甚其罪焉

大蒐于昌間

見十一年義

夏四月乙丑天王崩

六月叔鞅如京師葬景王

總論曰文九年叔孫得臣如京師葬襄王此年叔鞅如京師葬景王孔子書之者譏魯不會葬而使大夫以往也杜預稱卿共葬事爲禮何其妄哉諤曰末世諸侯驕蹇不奉王室是以桓文之年天王求車求金於魯春秋皆詳而志之以譏諸侯不供職貢又不會葬平會之葬所以略而不書也至若叔孫得臣叔鞅如京師會葬而反見於經者聖人有深旨焉諸侯不奉王室久矣而魯大夫之往獨以爲譏者蓋諸侯驕蹇不恭可謂甚矣若魯者不能躬往而使大夫會葬非禮明矣聖筆所以惡

之以明周之衰弱也

王室亂

摘微曰書王室亂大矣夫子之旨罪藩維之深時吳楚夷狄交亂中國周之列國滅亡不暇景王崩朝廷立君不以正公卿交惡文武之緒幾絶齊晉魯衞但外事夷狄王室顚危無憂恤勤王之舉周天下之所繫而内外若是故書王室亂以罪諸侯又且明時無伯主無人平定王室致使然也

胡氏曰太子死有母弟則立之無則立長年鈞擇賢義鈞則卜古之道也十五年太子壽卒至此八

年不更立者有母弟故也母弟者王猛是也敬王
又猛弟也子朝景王長庶子也有二弟當立而已
不當立故劉蚠惡其欲立之言以爲亂也夫嫡庶
旣明曲直自曉王崩則猛立旣葬而朝亂書曰王
室亂實譏之也又憫之也譏之者周室東遷諸侯
僭暴自平至景二百年矣天下擾擾周不能定春
秋實譏之也天下至大也萬民至衆也禮樂征伐
不能有德禮刑政不能脩蒼生噭噭若墜於鼎孔
子長於靈景目覩其事力不能救心徒自傷非傷
也實憫之也故春秋之文爲斯而作矣杜預以爲

承叔鞅之言而書之豈不誣哉

索隱曰魯莊公二十年京師有子頹之亂而惠王處于櫟僖公二十四年有子帶之亂而襄王居于鄭春秋皆不書亂昭二十二年有子朝之亂王猛居于皇經書曰王室亂敢問彼不書亂而此書何其不同也曰惠王襄王承周室之衰弱不幸而亂且出若子朝之亂則景王爲之所以自亂也宜乎春秋之書異焉昭公十五年太子壽卒景王立王子猛既而又欲立子朝是立子而不能定寵不正而不能辨立子而不能定寵不正而不能辨不危

不亂者無有也賤社稷之本啟禍亂之源莫此爲大故身死而嗣子未定子朝與百工之喪職者及靈景之族以作亂而王猛出居于皇逮敬王卽位忿爭戰鬭五年而始定然則王室之亂非子朝亂之景王自亂也書曰王室亂言其自亂也梁亡自亡也

劉子單子以王猛居于皇

通例曰二子奉王正也以王非正也奉王爲正者何不名二子則爲正矣以王非正者何劉單欲奉猛而諸世卿不肯也居于皇明失國也

箋義曰王猛嗣位劉子單子爲之卿佐不能致君以道親睦九族反殺賓孟以起子朝之亂復遷天子居於外邑故書曰劉子單子以王猛居于皇蓋言劉單首惡罪當誅也王猛方居諒闇事由二子故不全責之與襄王出居于鄭之文異也然云以居于皇亦譏之矣

新義曰天子之居曰京師衆大之稱也此言王室亂者何室者家之內也東周將亡諸侯叛去恩德無所及威信無所施變京師稱王室加之以喪亂憫傷天子卑弱孤危所居同匹夫也詩曰不弔昊

天亂靡有定憂心慘慘念國之爲虐此起聖人制作之意也

集議曰先儒言景王太子壽卒命猛代之杜預亦以猛爲次正然則猛之不稱天王而名者喪未踰年亂中即位矣禮在喪王曰小童公侯曰子傳亦曰天子三年然後稱王諸侯於其封內三年稱子此據王與諸侯之所自稱也其在史冊之文一年不可以二君曠年不可以無君故未踰年則謂之子若書晉殺其君之子奚齊是也踰年則皆謂之君若書晉殺其君卓是也諸侯在喪可以繫國以

言子若經書齊子宋子之類者多矣王不可下同於諸侯設繫周而言則與夫列國也無異存子而言則與夫非君者同號然則王猛者喪未踰年之稱也於其卒曰王子猛所以正之也春秋王子無書卒之例謂之王子猛不嫌其爲非君也二傳見猛王而名之因以篡以嫌而爲說恐失其義

諤曰東周微弱黍離所以降矣黍離既降而春秋筆削之法亦或夷之於列國也子猛之於平王數世矣政益衰替是以卿士執政亂而出居春秋言劉子單子以之者進退由二子也所謂以者不宜

以也必曰居者以志非其所當居也必加王者明其爲周王之嗣而不能紹正其位矣

秋劉子單子以王猛入于王城

箋義曰晉師納王而書劉單以王入者以者不以者也入者自皇而入之辭明非國逆蓋天子以天下爲家故所在稱居然居于皇非其所也故入于王城反諸正也劉單以王而出復以王而入權在劉單也且見王室之亂不書晉師納王者晉雖盟主諸侯失國納之可也天子至尊義不可由盟主納之所以不書納也故晉文公逆襄王于王城晉

荀躒納敬王于成周皆不書義與此同

索隱曰王猛曰入者罪景王立子不能定使子朝爭立而猛不得立以亂王室也

謗曰春秋之於子猛必曰以王猛者是時子朝之亂子猛當嗣也子朝子猛之出入由乎劉單二臣故春秋書以而譏之子猛當嗣而以惡入言之蓋疾其不能嗣守其正且以居于皇而返也

冬十月王子猛卒

胡氏曰周王世子卒皆不書今書其文頗似庶子文同義異亦深旨焉生則書王明實爲嗣死乃稱

子正未踰年未成天子之至尊遂比諸侯之書卒明年經書尹氏立王子朝者直書尹氏立王庶子無異義也聖人之筆豈不詳哉杜預謂未卽位而書名又不言崩不詳仲尼之旨也

索隱曰王子猛卒與王子虎不當卒者之卒均稱之何也曰於居于皇於入于王城見猛之正而當立也復書曰王子猛者罪景王亂典禮而危宗社也繼先王之統不能愼微正本以防後世爭立之亂旣已立猛又弗能定其位大亂王室幾於滅亡使子猛避亂奔走而不遑卽位故春秋以未卽位

之王子書之也

謖曰猛得入爲王立未踰年卒而書子書卒不崩不葬發微詳之也按孫復尊王發微云言王明當嗣言子所以見未踰年之君也言猛所以別羣王子也不崩不葬降成君也

十有二月癸酉朔日有食之

二十有三年春王正月叔孫婼如晉

癸丑叔鞅卒

內大夫若仲孫遂叔弓之稱日卒之正也

晉人執我行人叔孫婼

纂例曰責伐邾也伐邾非叔孫之罪且是使人故

稱行人也

諤曰按傳例稱行人以事執也叔孫婼以邾愬之而見執晉人執之不以其罪故稱人以貶之也必言我所以別魯而斥譏之

晉人圍郊

子朝之亂晉助周討之可也然以人稱之者京師爲衆大之居天子之所都諸侯朝覲職貢之至其常禮也豈可以下國之兵而至王郊乎原其理而推之道則爲惡也是以人晉而言圍郊者不使晉得加兵於周也故從郊以言之示聖人之意亦所

不與也書圍甚之矣

夏六月蔡侯東國卒于楚

集議曰二十一年書蔡侯出奔楚此年書蔡侯東國卒于楚書奔而名左氏公羊皆作朱惟穀梁謂之東爾是則穀梁謂奔楚卒楚爲一人而二傳以爲二也按經二十年書蔡侯廬卒次年書朱出奔其下朱無歸入卒葬之文東國無出奔之實此卒楚之東國似爲奔楚之朱也左氏言東國之篡朱始末詳備然義與經違恐非其實

謂曰諸侯日卒正也蔡侯不日惡之也惡之者東

國爲一國之君而身卒於外又以諸侯而終於荊
楚之國不待貶而惡自見也聖筆所以不從正卒
之例而書之何休謂惡其與楚詳其義矣
秋七月莒子庚輿來奔
同桓十五年義
戊辰吳敗頓胡沈蔡陳許之師于雞父胡子髡沈子
逞滅獲陳夏齧
規過曰不書楚諱敗不告非不戰也
摘微曰吳以夷狄敗中國之師又殺其君故書滅
以存中國若自滅非關終於吳也

箋義曰六國者皆楚之與國然陳蔡許本中國也今序頓胡沈之下者不使中國先夷狄而敗若云夷敗於夷然後中國之師從之而敗耳楚師大奔不書楚者不與六國之師爲楚而敗若六國相率自救其患然大抵譏王室亂莫肯救六國反爲楚而致力殞身故書曰吳敗頓胡沈蔡陳許之師疾亂也

集議曰凡列國之敗稱其師若泓之戰書宋師敗績殽之役書敗秦師是也在夷狄則不然若晉人敗狄于箕叔孫得臣敗狄于鹹則不可以師言也

此蔡陳許中國也而與夷狄同文公羊之義其近經乎

謂曰春秋於韓之戰言秦伯獲晉侯而於此書胡子髡沈子逞滅作傳者因而爲例謂國君生曰獲死其位曰滅也聖人筆削之旨必有以示義豈拘以生死爲說哉夫晉侯以背賂而秦伐之二國交戰而晉侯獲故直書獲以譏之今胡沈二君與頓蔡陳許之師以楚之故而及吳戰甚不可與也然胡沈之君以自滅爲文者不使夷狄得勝之也陳夏齧言獲者以別君臣之辭亦不使吳得獲之也

天王居于狄泉

箋義曰單子劉子以王如劉遂居狄泉不如王猛言單子劉子以王者敬王即位巳踰年矣不能脩德政以和其上下復失位徙居非復二子之罪也書天王居于狄泉過在王也亦義不可使二子以天子以未成君可也

謬曰同上居于皇義

尹氏立王子朝

通例曰世卿專恣爲亂逐敬王而立子朝立者不宜立者也

集義見隱元年歸賵論

新義曰春秋不書天子卽位天子卽位當改元繼體此言立者傷東周將亡天下大亂天子廢立由權臣也

諤曰春秋詳錄其始所以起其終也隱三年書尹氏卒以志其爲世卿於國也至此立王子朝以專權怙政春秋不得不詳而貶之所謂立者不宜立也隱四年書衞人立晉諸儒論之以立爲不正之辭也凡君之立春秋以其常事不書耳苟反國則曰歸曰入曰復歸復入以善惡之辭而輕重之此

聖人筆削之大旨今王子朝不當立而妄謀篡奪由尹氏啓之故也是以斥言尹氏之立以罪之

八月乙未地震

同文九年義

冬公如晉至河有疾乃復

繁露第一篇云問者曰晉惡而不可親公往而不敢至君子何恥而稱公有疾也曰春秋恥之者昭公有以取之也臣淩其君始於文而甚於昭公受亂陵夷而無懼惕之心囂囂然輕詐妄討犯大禮而娶同姓接不義而重自輕也卒季孫專其位而

大國莫之正出走八年死乃得歸身亡子危困之至　又隨本篇云公如晉而大辱春秋爲之諱而言有疾亦存亡榮辱之要也

二十有四年春王二月丙戌仲孫貜卒

婼至自晉

致者危之也復去族以貶之惡其奉命如晉而見執矣

夏五月乙未朔日有食之

秋八月大雩

丁酉杞伯郁釐卒

諸侯日卒正也杞稱伯削弱耳

冬吳滅巢

吳暴滅之事亦詳錄之者所以志諸侯之削弱也

葬杞平公

春秋會義卷二十四

宋鄉貢進士江陽杜諤撰

昭公

二十有五年春叔孫婼如宋

夏叔詣會晉趙鞅宋樂大心衛北宮喜鄭游吉曹人邾人滕人薛人小邾人于黄父

有鸜鵒來巢

新義曰鸜鵒不能自營巢穴故所居無常遇他禽之巢則巢遇他禽之穴則穴象昭公出奔魯國爲季氏所有在外七年齊不容晉不受孤羈危急無

依倚棲集之地卒死乾侯

謗曰國有非常之物不召而至者非爲祥即爲異也鸜鵒之鳥非魯界所有則在魯爲非常也故書曰有者未嘗有也來者自外至魯之文也所謂巢者鳥所居之稱穀梁及杜注劉向之言但見經言巢而云此鳥去穴而巢也夫春秋之文在人曰居而於鳥曰巢故以來巢爲文不可曲求其義鸜鵒之異實以警昭公之失政也故先儒多以季氏明之

秋七月上辛大雩季辛又雩

折衷曰正雩之時常祭不書曷以書之蓋季辛又

雩也亦猶書正月烝正也五月復烝不正也五月

烝不正書正以譏不正斯上辛大雩正也季辛又

雩旱甚也書正以明其旱甚復雩也穀梁謂有繼

之辭近之公羊謂聚衆以逐季氏遠矣杜得其旨

按章如愚羣書考索引折衷論云左氏曰春秋再

雩旱甚也公羊曰又雩者非雩也聚衆以逐季氏

也穀梁曰有繼之辭也折衷曰春秋不書常祭其

或書之各有旨或爲過過時而書或非禮而書斯書

雩數矣以多爲過時斯書上辛之雩非爲過時也

非爲非禮也是正雩之時也何者龍見而雩雩用

夏正之仲月斯書周之七月則夏之仲月也故曰

正雩之時常祭不書正雩得非常祭歟曷以書之

書之者爲季辛又雩也亦猶書正月烝五月復烝

正月烝正也五月烝不正也書其正以譏其不正

餘文與會義所引同

集義取陳岳論見上

謗曰公羊以春秋定哀多微辭緣此而起也經書又雩而傳以爲聚衆逐季氏蓋見下有公孫于齊之文而先以此說附會之也儻實逐之則經當明書之以示義此但書上辛季辛則但志其失禮且郊有上辛之卜不聞乎雩有上辛下辛之祭故左氏釋曰旱甚也諸儒解之皆不取公羊逐季氏之說

九月己亥公孫于齊次于陽州齊侯唁公于野井

孔子曰政逮於大夫四世矣陪臣執國命三世希不失矣噫魯自文公之後宣公簒立而政在大夫公室弱而三桓强至宣公之末公孫歸父欲去之請于齊未復命而宣公薨歸父見逐然則魯之患三桓既已久矣是以魯政常出於季氏而公室日削昭公之立抑又庸暗而季氏寖盛不已今諸大夫欲去之伐之而公自孫則是公室之弱致然也孫遁也公爲一國之君不能守社稷而自遁於外留外言次則其失國爲甚矣齊侯唁之亦可譏夫魯公失政固當罪也齊爲鄰國不能援魯使之歸

國雖曰唁之祇無益矣故離其事以明譏之

冬十月戊辰叔孫婼卒

不與小斂之說於此不攻而自破

十有一月己亥宋公佐卒于曲棘

外諸侯曰卒正也今宋公卒于外何以日之乎據左氏宋公之出爲公如晉則宋公無惡也是以卒于封內而以日卒之錄之從乎正也然亦地之以志其不在國矣

十有二月齊侯取鄆

內取邑直曰取也斥言齊侯以志其專取鄰國之

邑

二十有六年春王正月葬宋元公

三月公至自齊居于鄆

春秋凡公行致之危也致之又月之甚矣昭公不道不能守國而見逐故可危也是以月而致之既錄其至而又言居于鄆明其未返國也左氏之傳於前釋書至之義謂告于廟則書今昭公書至而居于鄆斯未入國何從告廟乎由此言之春秋凡書至危之矣

夏公圍成

折衷曰春秋惟興師動衆悉書之敗亦書勝亦書內外無遺侵伐則言侵伐戰圍則言戰圍皆記其實譏刺不在侵伐戰圍在序其爵位絀其名氏而已何休謂書以惡公嫌公不以文德來之吁苟如是竟十二公宜悉責以文德曷有於戰伐哉下謂邑不言圍苟如是則隱五年曷以書宋人伐鄭圍長葛僖二十三年曷以書齊侯代宋圍緡斯杜以類例而得旨

箋義曰齊侯謀納公若齊侯自行當書曰公及齊侯伐成善伐叛也反惑幸臣之說使公子鉏帥師

圍成公失國之君無師衆亦當書曰公以齊師圍成今直書公圍成者惡齊受季氏之賂雖得其師不足以也且惡季孫以臣距君若公自得師衆克圍成也穀梁所云大公者謂崇其大事蓋此意也

戰于炊鼻不書者諱國惡

謗曰春秋之世諸侯伐人之國圍人之邑專用兵之事皆詳錄以譏之也未見以兵自圍其國之邑者也昭公不道陪臣執政而昭公見逐出次于外齊侯納之不克返國齊師從公圍成春秋直云公圍之者明成爲魯邑而公自圍之失政可知也

秋公會齊侯莒子邾子杞伯盟于鄟陵

新義曰此公會何以不言及曰及者上及下也尊及卑也今公失國在外自下自卑示不爲諸侯所尊上也公盟曰此不日何時諸侯相與約納公不日者言必不遂其所納也

謗曰昭公庸弱政由季氏不克有國以見逐齊師納之又不克返今又會四國之君以謀納己是亦不知恥也是以春秋詳而書之夫春秋書天王居于狄泉王子猛居于皇以志天王之失政而尹氏專之也今書公次于陽州居于鄆會于鄟陵亦以

志國君失政而季氏專之也

公至自會居于鄆

九月庚申楚子居卒

日卒同楚子旅義

冬十月天王入于成周

折衷曰西周者昔鎬京也故曰武王居鎬東周者昔洛陽也故曰成王營洛邑其實未居之第有東西二都若今東西二京也至幽王爲犬戎所侵故平王東遷矣斯則正東周西周矣子朝之亂非謂東周西周謂東王西王矣何者敬王避子朝之亂

居于狄泉狄泉在東故周人謂之東王非易其地名非顯乎史策也蓋周人以一時之所居而呼之中以爲王猛自號西周故天下因以爲成周誤矣所謂周者卽洛邑也成者大也若曰成陽之類斯上得其旨

通例曰王城者天子之宮也前言入于王城明未得國此言入于成周明復國也復國何以不稱歸示非國逆也因狄泉故稱入

集議曰二十二年經書王猛入于王城王城卽成周也成周卽東周也春秋别君臣之嫌必謹其稱

謂王猛立而未即位故繫王而言王城若猛之未得專而有之也此天王既正位於外則成周之主也故其入則不復繫于王而但曰成周爾亦猶諸侯之入與復歸必書其國也公羊誤以王猛爲簒而謂上之王城爲西周失之

新義曰王者適諸侯無出入之文此書入者夷諸侯而等列國也書天王入于成周春秋外之也外之者何係乎天而絶於人也

索隱曰晉人納王之善則無一言以及之何也曰罪晉不臣而哀周之微也晉爲同姓之大國王爵

之侯伯嗣文之職主盟於時不能即逐子朝之黨弭朝廷之亂而安定之以盡臣節二十三年一圍郊而亟還坐視成敗凡踰五年然後興師納王原情責實不忠不臣之甚者也若見其納王之功以善之則藏奸觀釁不忠不臣者勝矣故聖人晦而不書經書天王則正可知矣曰入者以其自狄泉而入歟曰非也哀東周之日衰志敬王之失正故以入爲文言天王微弱如諸侯不正者入其國云耳

尹氏召伯毛伯以王子朝奔楚

纂例陸淳曰王子朝書尹氏以者能制之也

通例曰世卿爲亂臣而相以故復書尹氏而不名毛召以者不宜以也雖臣子可以相以而不宜以子朝者爲亂故也亂者當誅不宜以奔

箋義曰子朝天子之子謀亂王室兵敗而奔夷狄其罪不容誅矣然由三子所教導故書曰尹氏召伯毛伯以王子朝奔楚以者不以者也言子朝之罪由三子所致也先書天王入于成周後書子朝奔楚者大天子之能反正然後人咸服也若依舊史先書子朝奔楚後書王入成周則春秋豈得謂

之撥亂之書

謗曰聖人以周衰于春秋詳錄其事至此益見傷悼之甚入者惡入也以者不宜以也今上書天王之入而此言以者志王之在外而疾臣之專也

二十有七年春公如齊公至自齊居于鄆

昭公自二十五年失政在外春秋年首必出公以志其所在而謹歲之始也今春公如齊反止居鄆猶不反國故詳而志之

夏四月吳弑其君僚

繁露玉英篇云非其位不受之先君而自卽之春

秋危之吳王僚是也

謗曰吳夷狄直稱吳爾春秋錄其弒君之事同楚

世子商臣義

楚殺其大夫郤宛

同得臣義

秋晉士鞅宋樂祁犂衛北宮喜曹人邾人滕人會于

扈

大夫專主盟會雖自文公以來久矣然此據左氏

之事乃是命戍周納魯而爲會其事甚大豈可使

大夫會之乎故斥言其人以示譏

冬十月曹伯午卒

邾快來奔

折衷曰邾大夫來奔多矣皆以無命卿其所書者各有其旨書庶其牟夷者所以懲之俱非以命卿而書稽之經例大國皆書大夫小國不書大國所以書有命卿也小國不書者無命卿也其或戰伐盟會小國之君苟不自行則必曰人或第書曰邾大夫而不名不氏斯書邾快苟曰以命卿而書則二百四十二年之間邾豈獨快爲命卿耶豈諸盟會戰伐皆不使命卿歟苟曰以近而書小國近者

多矣而獨書快耶且春秋唯懲勸之務奚遠近之有悉未見其得稽其旨小國無命卿以其來奔不書不可也不名不可也不書曷以記其來不名曷以知其實故去族以別之斯穀梁得其旨謂曰大夫來奔則名之直曰邾快者若莒慶之義

公如齊

自鄆如齊

公至自齊居于鄆

二十有八年春王三月葬曹悼公

公如晉次于乾侯

公在外春秋必志其所在者以千乘之君失國於外必詳志之

夏四月丙戌鄭伯甯卒

六月葬鄭定公

秋七月癸巳滕子甯卒

冬葬滕悼公

滕不月略之

二十有九年春公至自乾侯居于鄆

索隱見三十年乾侯下

謗曰昭公不道不克有魯國以致臣逐而在外如

齊而齊不克納之如晉而晉不容受之齊師納之至于圍成而止往晉求之至于乾侯而不克受也由此見公之暗懦雖求二大國以爲援而二國輕之適益見恥也

齊侯使高張來唁公

折衷曰公於二十五年以季氏之難出孫于齊齊侯以千社待之公不受二十六年公自齊居于鄆二十七年公兩如齊皆自復居于鄆二十八年以齊不足倚乃如晉次于乾侯晉侯不禮使公復于境而後逆因其徑造于乾侯也至是自乾侯居于

鄆故齊侯使高張來唁荀曰唁公不得入于魯公是行自乾侯居于鄆非謀於入魯也荀曰以善而書齊無德於公亦何善之有是唁其晉不見受辱于乾侯也杜得其旨

索隱見荀躒下

謗曰齊侯親唁公春秋猶不與之況使臣唁之乎且齊爲魯鄰國雖昭公不道而失政齊侯當爲魯討正之而使公得反國是鄰國之好也既不能如是反屢唁之非禮之實也斥書以示譏

公如晉次于乾侯

夏四月庚子叔詣卒

內大夫卒若仲遂之云

秋七月

冬十月鄆潰

折衷曰春秋有非義例所拘者則特異其文如齊人殲于遂鄭棄其師梁亡鄆潰是也斯鄆潰者非公旣不能有其國又不能保其邑而致邑人離叛故以人逃其上之文書之斯懲勸之大者杜得其旨

謗曰昭公失政可罪也失國居鄆不能其邑以致

衆潰豈可處有一國爲民之主乎斯庸暗之甚矣

在國而國逐之居邑而邑潰之不待貶而惡自見

也

三十年春王正月公在乾侯

纂例曰此時鄆潰公無所容寄在乾侯旣非其地

不得不書故每歲首皆書所在

折衷曰公以逐季氏反爲季氏所逐自二十五年

不朝正于廟矣故二十五年書公孫于齊自齊之

乾侯自乾侯居鄆自鄆復居乾侯二十七年居鄆

故每歲首不釋不朝正于廟者蓋掩公之行止常

若在國然也至是鄆既潰齊不受晉不助子家之謀不聽內外棄之以是公之行止非可掩塞乃每歲首書公所在以彰其不朝于廟以非之也故是年正月書公在乾侯三十一年三十二年正月皆書公在乾侯斯年十二月書公薨于乾侯杜得其旨

索隱曰季氏專魯也久矣逮意如逐君專國汨三綱賊五常人臣惡逆之甚也而春秋不明書其逐君而戒萬世何謂也曰內諱也隱也桓也閔也弒且不書其弒者皆曰薨況逐而出之者乎故昭公

之出也書曰公孫于齊又曰次于陽州又曰居于鄆則其諱可見也春秋者所以明微而撥亂也爲臣之主爲民之君臣民之所恃而安者也不能正權綱脩禮義永宗社承基緒以自光大而反爲臣民惡而逐之不誅之獨深錄之獨詳則何以戒萬世爲人君者乎錄之詳誅之深則後之君人者警且懼矣

諤曰年首必書公在者昭公一國之君不可不志其所在也且明一國之政所係而公不反國矣

夏六月庚辰晉侯去疾卒

秋八月葬晉頃公

冬十有二月吳滅徐徐子章羽奔楚

吳於春秋與楚交敵今以兵伐徐其暴惡可知矣

徐曰子而名之者著其不能守國出奔也

三十有一年春王正月公在乾侯

季孫意如會晉荀躒于適歷

索隱曰魯昭公出奔齊齊侯唁公于野井又使高張來唁于鄆晉侯使荀躒唁公于乾侯春秋一皆書之豈爲區區弔唁之禮及諸侯不得入而書焉曰然則聖人三書之者何也曰罪齊晉而哀天下

微弱之甚也季孫意如逐君專國惡逆之大者也齊晉大國也晉同姓也齊鄰國也世世爲牧伯主諸侯之盟討而平之反掌矣不能即誅意如而納昭公徒以屑屑之禮問之唁之又齊會公于鄟陵而受貨晉侯使荀躒會意如于適歷皆從逆濟亂罪之甚者也故聖人因其唁公而書之者三所以誅其從亂臣而不能平魯之亂也

謗曰季氏專政逐君於外其惡不容誅也晉爲伯者之後既不能討之又不當使卿會之此春秋所以甚而譏之也

夏四月丁巳薛伯穀卒

晉侯使荀躒唁公于乾侯

索隱見上

謗曰晉雖伯者之後其權固不足與也魯之政專於季氏久矣公出居于鄆五載矣晉不能納之又使荀躒會季氏于適歷雖曰責之而晉之無斷亦甚矣旣不能制季氏而納昭公唁之亦何益乎

秋葬薛獻公

冬黑肱以濫來奔

指掌異同篇云公穀亦以濫爲邾邑而傳解其無

邾字之意言邾人以濫封此黑肱使爲別國故不繫於邾非天子所封杜曰不書邾史闕文也二傳之言不可通

折衷曰春秋凡書外大夫來奔未有不言國者外大夫以地來奔亦未有不繫於國者大夫來奔如齊慶封來奔衞北宮結來奔大夫以地來奔如邾庶其以漆閭丘來奔莒牟夷以牟婁及防茲來奔是也斯黑肱以濫來奔亦邾庶其莒牟夷一類也以其國小本非命卿爲以地叛而名之懲其不義也不曰邾史闕文明矣二傳不原其闕互相穿鑿

中曰黑肱謂賢者子孫宜有地之辭狂瞽之言也又曰通濫爲國苟通爲國則當書濫子黑肱以濫來奔安可謂黑肱以濫來奔歟下謂不言邾以別乎邾皆不足取杜得其旨

諤曰同襄二十一年

十有二月辛亥朔日有食之

三十有二年春王正月公在乾侯

天子班朔於諸侯諸侯奉而行之此古之制也諸侯年首必敬以奉天子之正朔告朔班政以令一國之民俾知教命之出也今昭公見逐在外七載

魯之政令何所稟乎蓋由季氏專政而逐君故也春秋不與之故每歲志公之所在以謹一歲之始必繫公於正月明政當出於公不可出於季氏因以示義矣

取闞

昭公之危弱甚矣爲一國之君凡封內之地皆君所有也不道而見逐出居於外國爲季氏所據今公在乾侯而取闞之邑春秋書曰取如自內取外之辭者志公在外得邑于季氏猶取而然後得也

夏吳伐越

春秋之於吳楚凡暴滅之事皆志之今吳伐越故
詳書之
秋七月
冬仲孫何忌會晉韓不信齊高張宋仲幾衛世叔申
鄭國參曹人莒人薛人杞人小邾人城成周
春秋之世上陵下替固已甚矣諸侯及其大夫專
之之事春秋從而志之示聖人之筆削有所不與
也桓文之際有以諸侯而封諸侯者若城邢城衛
城杞春秋皆託文而不與示天子之事諸侯不可
得而專也桓文既沒政出大夫凡交鄰國之事至

以大夫而專諸侯之職甚矣今書仲孫何忌會諸國大夫城成周亦託文而斥言之示天子之事大夫不得而專之也春秋之義其在茲歟

十有二月己未公薨于乾侯

公薨不地故也薨于路寢正也公在外七年矣及其薨也亦在乎乾侯之地春秋志之所以謹其終也

《春秋》研究文獻輯刊

第八册

NLCPH
國家圖書館出版社

第八册目録

讀春秋蠡述二卷　李澂宇撰

宋·杜諤 撰 清·楊昌霖 輯

春秋會義二十六卷

（卷二十五—卷二十六）

清光緒十八年（1892）刻本

春秋會義卷二十五

宋鄉貢進士江陽杜諤撰

定公

史記及左傳不言母之姓氏昭公自二十五年在外至三十二年薨于乾侯及此年夏喪至魯人共立公子宋爲君是爲定公

元年春王

折衷曰春秋諸公卽位之歲有書卽位者有不書卽位者然皆備五始以謹其始唯定公卽位第書元年春王而不書正月三家以是互有異同荀曰

昭無正終故定無正始則隱無正終桓曷以書正始桓莊閔僖亦然奚皆書之稽其旨昭公三十二年十二月薨于乾侯定公正月不卽位者喪未歸也至六月癸亥公之喪至是月癸巳公方書卽位所以不書正月公卽位在六月也斯杜得其旨

旨要曰杜公謂公卽位在六月故不虛書正月也

按前經義雖無事必書首月以備一時今下文稱三月晉人執宋仲幾若以未卽位前非公所行之事而不出正首則何以紀三月事乎又云雖卽位在六月當書元年以備歲旣備此歲何爲不書首

月乎春秋諸公他無此例今據經上有春王中有
三月下有戊辰公卽位則正月二月當明是闕文
而後人穿鑿之耳
本旨曰嗣主定位於初喪聖人緣孝子不忍有變
於中年遂制踰年卽位之禮但適値正月故因爲
節焉亦不云他時不可以卽位也昭公薨于乾侯
逆喪未至定繼其後勢宜俟之元年無正實由於
此
謏曰自隱至昭凡元年春之下必書曰王正月明
政必由王出也王正月之下必書公卽位以王之

政正諸侯之卽位也其有非繼正之例者則削其卽位以示義焉然未有不書正月者也定之元年直敘王三月之事而不錄正月者得無旨乎卽位在六月而此元年五始不具者定公之正月政無所繫也時昭公巳薨而定公未立耳然必書王者春秋樹王法不可不書王以端本也王者所以正天下天下不可無王故不可以不存焉正者所以繫一國今國之政無所稟故不復出正月之文以見魯國無政而不與季氏之專也

三月晉人執宋仲幾于京師

折衷曰凡書諸侯執諸侯之大夫唯齊晉楚耳謂用霸道非爲己也爲勤王也故皆稱人以執葢大夫賤不可以當公侯也斯魏舒執之也荀曰累舒則非是矣葢魏舒以晉侯之命合諸侯于狄泉以城成周宋仲幾不受功曰滕薛郳三國皆吾役也三國有辭故仲幾之執斯與諸侯異何者執諸侯非罪也斯執爲城成周而不受功可謂有罪矣中謂仲幾之罪不蕆城也奚其鄙歟下殊不知義例上得旨

經社曰諸侯之大夫相率而城天子之都義也仲

幾不受其功不義也以義而討不義當也然而在尊者之側請命而後執可也既不請命而歸於王可也諸侯遠於尊所執而自治之猶以爲不可在尊者之側既不請命猶不歸於王而自治之其爲無王甚矣其曰人以爲雖執得其罪不與其專也謗曰古者命令由天子而出也春秋之世本先顚而尾不掉綱紀壞廢益見倒持矣且成周之地而使諸侯之國城之削弱可知也諸侯又不躬親而使大夫斯不正之甚亦以志政出大夫耳今書晉人執宋仲幾是以大夫而執大夫也夫春秋之時

以諸侯而執諸侯不以其罪者則人之今皆大夫亦人之者沒其人以不與大夫之專也其言于京師者明其爲城成周而執之矣

夏六月癸亥公之喪至自乾侯戊辰公卽位

新義曰季氏逐昭公臣簒君無王也此書者仲尼以文王之法治季氏之罪何以不言正月正月政教之始也言諸侯當奉天子正朔以正國内之不正也所以昭公在正朔與昭公昭公薨正朔與定公今昭喪在外定公未立不書正月不與季氏正朔也昭無正終定無正始此何以言卽位卽位者

改元繼體之事有天下國家之所重今元雖已改體不得不相繼變於中年急於得主此乃絕季氏簒奪之心起春秋變正之文也

謗曰昭公內不能制其臣以見逐在外七載不能返國而薨春秋危之甚矣是以於喪至特志之明其不道而終於乾侯實所以惡之也公即位爲一國之始而定不得於正月即之者以季氏專政故也是則魯之一國政無所繫而至此始出即位之文以明一國政之所繫也公子宋至此而後位定以權出於季氏故春秋詳錄喪至而書即位之日

者以謹其非正月之正也

秋七月癸巳葬我君昭公

九月大雩

立煬宫

禮諸侯五廟魯以周公之故得立大廟與世室此乃漢儒之說今立煬宫而春秋書之曰立立者不宜立也左氏之傳乃自季平子立之則其失尤甚聖筆其以爲非常制而譏之乎

冬十月隕霜殺菽

折衷曰春秋書災異有繫時者有不繫時者如大

水大火之類是也繫其時如雨雹無冰之類是也
隱九年春大雨震電周春正月夏之十一月微陽
始著未可有而有謂之失時桓十四年春正月無
冰即夏之十一月冰可有而無僖三十三年十二
月隕霜不殺草李梅實即夏之八月也而隕霜殺
菽故謂之非常之災亦不可以殺而殺也斯杜穀
得其實中曰記異春秋書災與異異書災者顯書
害於物也故謂之災水潦旱歉之類是也書異不
常有而有故謂之異則鷁退隕石之類是也斯隕
霜殺菽與水旱何殊爲災明矣中之短

集議曰春秋筆削之法皆有微旨穀梁僖三十三年隕霜不殺草傳以爲舉輕蓋可殺而不殺也按此穀梁傳文菽之於物易長而難殺此傳以殺菽爲舉重得非經意乎按此亦穀梁傳文公羊見經止言殺菽故曰記異又曰災菽也何休因以不殺他物釋之誤矣

新義曰春主生秋主殺天地常分陰陽常理今八月陰氣尚微隕霜殺彊稼軍國之權出於卑者也乃季氏專魯昭公定公不能制反爲陽虎所囚之象也

諤曰夫陰陽之氣不差謬於四時者係乎人君之

政脩而陰陽不沴之所致也今夏之八月而隕霜殺菽不時可知矣是時季氏專政昭公以出外而終定公初立譴異所告實以警其爲君也

二年春王正月

夏五月壬辰雉門及兩觀災

旨要曰天子五門臯庫雉應畢也明堂位云庫門天子臯門雉門天子應門大約魯禮朝廷郊廟率與諸侯異諸侯臺門而魯有兩觀是魯以周公之後皆爲不臣之禮也故三門兩觀擬於天子雉庫之名正月之吉懸象其上謂之象闕其實象魏闕

一物而三名也

新義曰門闕者號令政教所出之地也今定公因季氏得立政在家臣天戒若曰號令不行權出下厥災火燒門

謂曰魯以周公之故立雉門兩觀其實僭於天子也後此僭禮尤甚聖人譏之必因其事而託義焉若此雉門兩觀其僭已久矣不災則不可得而錄之今災及而春秋明書之實以譏其僭而錄其災也

秋楚人伐吳

冬十月新作雉門及兩觀

繁露王道篇云譏驕溢不恤下也

本旨曰御廩桓宮僖宮西宮新宮亳社災大室屋壞皆不言別葺獨雉門兩觀僭王者法度天災示變宜有所革而復大其規模故經明云新作以見非正也

謗曰春秋譏魯僭天子也夫雉門兩觀天子之制也魯國作之爲非度矣夫子因災及而書之若曰不譏其僭則新作之文不應書矣且作者不宜作也必言新者謂魯舊有其制而今新之者也新而

作之是不改僭溢之度也不然何以桓宮之屬皆

不言其別葺乎

三年春王正月公如晉至河乃復

三傳不明拒公之由而指掌諸儒亦疑之然春秋

所書亦以志公不自重以禮祇以取恥故錄其復

加難之辭而曰乃也

二月辛卯邾子穿卒

夏四月

秋葬邾莊公

冬仲孫何忌及邾子盟于拔

四年春王二月癸巳陳侯吳卒

三月公會劉子晉侯宋公蔡侯衛侯陳子鄭伯許男曹伯莒子邾子頓子胡子滕子薛伯杞伯小邾子齊國夏于召陵侵楚

桓文之沒春秋患楚之爲暴久矣諸侯及其大夫雖或伐之未嘗率諸侯以討正之至此會于召陵列國並至而劉子在會是以春秋敘正其爵以與之書侵者譏之也夫侵淺事也諸侯旣欲伐楚當襄桓文之功而盡心於討正則大義伸矣諸侯不以是爲心雖謀殺蔡侵之而已故聖人筆削之而

曰侵者以淺辭為言也

夏四月庚辰蔡公孫姓帥師滅沈以沈子嘉歸殺之

春秋筆削之法固有不待貶而罪自見者也蔡公孫姓以大夫帥師滅人之國可罪也旣滅而以沈子嘉歸尤不可也以歸而殺之其惡甚矣據左氏之傳由聽晉人之使則蔡不足道也故書日以謹之

五月公及諸侯盟于皋鼬

箋義曰一事而再會又劉子諸侯總言之者惡晉及諸侯為義之不終也晉為蔡會諸侯而侵楚義

也反以求賂不得而辭蔡侯致蔡侯去中國而求援於吳吳人爲之伐楚有功以夷狄而憂中國故進吳子而略中國諸侯焉不爲公諱者罪不在魯也

新義曰及者汲汲也內爲志也公新即位汲汲求諸侯盟魯久無公再言公者尊魯有公也不日者諸侯未相信也

諤曰盟者禮之制爲壇以盟諸侯也此年召陵之會劉子在會而此直曰公及諸侯盟者嘗上諸侯以統言之不與諸侯得盟天子之大夫也故削言

劉子之盟而直曰諸侯盟

杞伯成卒于會

六月葬陳惠公

書葬以謹臣子之禮

許遷于容城

以自遷爲文無他義

秋七月公至自會

月者危甚也

劉卷卒

折衷曰外大夫不卒不葬天子之大夫亦不卒不

葬其或書卒則各有其旨劉卷者天子之大夫也所以書卒者同盟也非同盟則不書矣文三年王子虎卒所以書者蓋與僖公同盟于狄泉也斯劉卷卒則所謂劉子也是年同盟于召陵天王以同盟之禮來赴故書之斯杜得其旨中近之

箋義曰不日者外大夫略

集議見隱元年歸賵論

諤曰劉子於此年與諸侯爲會赴告遂有交往今錄其卒者爲葬劉文公起文

葬杞悼公

楚人圍蔡

晉士鞅衛孔圉帥師伐鮮虞

大夫專伐上屢見

葬劉文公

左氏存史册之例凡同盟皆有赴告之事是以外諸侯之卒葬皆錄於魯史聖筆得而詳定之以謹其禮也按劉文公天子畿內諸侯也前年會于召陵今卒葬書于魯史是必緣交往之故私赴也且天子寰內諸侯雖爵祿所視過於列國其職蓋天子之卿大夫耳固不正其外交也今劉子爲王卿

士而於魯有交往相及之事春秋因而錄之以明非禮之正其貶在於書卒葬也

冬十有一月庚午蔡侯以吳子及楚人戰于柏舉楚師敗績楚囊瓦出奔鄭

折衷曰春秋盟會其有君不書君臣不書臣者或從赴告或聖人之升絀矣此戰非從赴告蓋升絀之文也然不獨在乎書楚人亦不在乎書吳子也書楚人者絀囊瓦也書吳子者正闔閭也何者楚囊瓦不能用沈尹戌之善謀而貪以致敗絀之也吳闔閭能爲蔡用力於中國故正之斯絀楚則上

得其實正吳則中近其旨
謂曰春秋書吳子楚子先儒以爲復舊爵也蓋吳楚之國雖强暴僭恣而春秋書之不過子焉明爵之不可踰矣今蔡侯以吳伐楚亦可譏也楚與吳夷狄之國耳楚貪暴於中國蔡侯力不能勝之以吳子戰而敗之故內之而書及者蓋以吳之伐楚援中國也故爵稱之則貶楚可知矣然必曰以者著蔡侯之力不足也筆削之法亦詳矣

庚辰吳入郢

折衷曰吳楚相持久矣楚强吳弱故累爲楚所敗

因伍員爲吳行人伯嚭爲吳太宰共以謀楚楚自是無歲不有吳師以至罷於奔命故有入郢之辱春秋書入多矣有入大國有入小國入小國固弗有其地矣有入大國苟乘勝弗墟亦謂之弗有地也上書柏舉之戰楚師敗績是以乘勝入郢得不謂之弗有地歟蓋上有吳子及楚人戰下省其文不復曰吳子亦如徐伐莒鄭伐許狄入衛狄侵鄭

吳伐越於越入吳皆不繫其升絀也

謗曰入者以兵入也吳乘楚敗而入其國復以吳稱之者公穀以反狄道言之蓋聖人之意以示義

也復狄之者以其以救援中國爲名乘勝而爲夷

狄之道春秋所以不沒其實也

五年春王三月辛亥朔日有食之

三傳無義按春秋日食皆書以示戒

夏歸粟于蔡

左氏之傳雖以分災救患爲禮然非禮經之正也

末世諸侯不歸職貢於上而天子有求於下春秋

以爲譏也今蔡爲楚圍伐不已而諸侯歸之粟是

諸侯不同力伐楚而以蔡拒楚也直曰歸者穀梁

所謂專歸也且諸侯未嘗歸職貢於上而以歸蔡

粟爲惠不足道也而專則甚矣故不復列諸侯而內魯以歸爲文則諸侯可知也

於越入吳

折衷曰列國唯越最後入春秋春秋書諸國唯楚初書荆後書楚昭五年先書越人伐吳三十二年書吳伐越至此方書於越矣凡諸國伐越第曰越書入吳則必曰於越入吳稽其旨於越者本俗之名越者中國之稱也諸伐之第書越者從其國之赴也入吳而稱於越者從吳之告也吳於越其俗同故告於越中國與越其俗異故曰越又唯越不

一其名有東越南越西越北越故有於越之稱焉
中下近之折衷得其旨
謂曰春秋書吳入郢於越入吳蓋外夷狄於中國然志者譏諸侯不務德而啟夷狄之貪暴也春秋之際諸侯之國無論小大皆擅相侵伐以强弱爲叛故楚人乘之以擾中夏晉又使巫臣通吳以起其僭暴遂使吳楚相伐而越亦乘之以交侵伐不以義而務以暴入爲勝由諸侯不務德之致也

六月丙申季孫意如卒

春秋之法仁義之法也夫子所悼者自所傳聞及

所聞所見之世仁義之道蔑云耳是以於桓公之年書公子翬所以貶桓公也宣公之年書公子遂所以譏宣公也於此年書季孫意如卒所以疾定公也桓宣之於翬遂猶定公之於意如不以先君之罪罪之非仁之所爲仁義之所爲義也春秋錄其事而懲之將以仁義之法正之也

秋七月壬子叔孫不敢卒

冬晉士鞅帥師圍鮮虞

大夫帥師春秋亦出其名以示義也

六年春王正月癸亥鄭游速帥師滅許以許男斯歸

禮樂征伐自大夫出五世希不失矣此聖人之所深疾也自陽處父帥師救江之後外大夫帥師皆見於經以志其專者不一也凡大夫行侵伐必詳錄之以示不可專也專伐猶不可況專滅乎今鄭游速以大夫而滅人之國又以許男歸其僭暴不可道也故日之以謹其惡

二月公侵鄭公至自侵鄭

經社曰定之出十有一致之者十危之也不致之者一內之也

謂曰春秋之例侵伐例時公以兵侵人而何以月

哉何氏明之按何休公羊注云月者內有強臣未之讐不能討而外結怨故危之

踰時而致之者其往可危也

夏季孫斯仲孫何忌如晉

春秋凡魯卿出聘曰如皆詳錄之以志其不朝聘於天子也夫卿之出不如齊卽如晉是魯以有畏而爲之不以其禮之正也一卿數往猶曰非禮況二卿並往乎故並錄之以示義同文十八年

秋晉人執宋行人樂祁犂

春秋稱行人以執以事執也樂祁犂如晉見執據左氏因范獻子之言而執之是以元凱釋爲非罪

冬城中城

春秋書城譏其勞民也穀梁因而言三家張以見魯之陪臣執政而公室卑矣

季孫斯仲孫忌帥師圍鄆

折衷曰二名不偏諱嫌名不諱皆聖人之敎也春秋書二名多矣聖人何譏焉矧書仲孫何忌非一苟譏之則悉宜譏之矣奚稱於是歟考聖人之敎稽春秋之例亦奚所譏矣春秋闕文衆矣聖人所以不補者亦吾猶及史之闕文意也亦述而不作信而好古以戒後儒之穿鑿耳斯上之長中下之

短也

謗曰大夫帥師專伐春秋以爲譏也況二卿並往則專之之甚也蓋魯政出於三家而季氏仲氏各帥其師以往故並言以譏之

七年春王正月

夏四月

秋齊侯鄭伯盟于鹹

齊人執衛行人北宫結以侵衛齊侯衛侯盟于沙

折衷曰春秋書行人以明其非己之過不當執而執也不書行人以彰己之有過當執而執也書以

者春秋深有義類苟曰某人以某師伐某國則是
能左右之曰以也如桓十四年宋人以齊衞蔡陳
伐鄭定四年蔡人以吳子及楚人戰于柏舉是也
斯書以則異於是何者衞侯欲叛諸大夫不可乃
使北宮結如齊私謂齊侯曰執結以侵衞上得其
旨

箋義曰齊侯稱人者惡其爲執結侵衞也結稱行
人明其不以罪執也自昭十三年諸侯盟于平丘
之後晉不能以德義結諸侯諸侯多叛之伯業漸
廢中國無盟主故雖有盟歃之事皆不書日而若

大信辭者其盟不足謹也

謗曰春秋書專伐貶之也書專執亦貶之也今齊人以不道執人又以伐人之國不待貶著而惡自見故稱行人以甚齊人而志結之無罪

大雩

齊國夏帥師伐我西鄙

九月大雩

冬十月

八年春王正月公侵齊公至自侵齊

公以兵親鄰國適足以起怨未踰年而致之爲下

復侵齊起也

二月公侵齊三月公至自侵齊

公一時而再侵齊書月以危之致蒙上書月亦以危公也

曹伯露卒

夏齊國夏帥師伐我西鄙

公會晉師于瓦

規過曰按宣元年會晉師于棐林伐鄭杜云趙盾稱師取於師會故稱師何知此非亦以師會故稱師而云禮不敵公略之故稱師乎

指掌釋曰以宣元年諸侯俱在又文連伐鄭故言師會此則公獨會晉師又無征伐之事故以爲卿不書禮不敵公史略之劉以此與宣元年並取於師會而規杜過非也

謂曰齊伐我而晉求救是以公會之于瓦然不言晉士鞅而云師者蓋言士鞅則無以見其帥師也若夫大夫不敵公則高傒處父尙皆出其名也此豈獨嫌於敵公耶是則省文從可知矣

公至自瓦

秋七月戊辰陳侯柳卒

晉士鞅帥師侵鄭遂侵衛

大夫專伐其惡可知再言侵者甚之矣

葬曹靖公

九月葬陳懷公

季孫斯仲孫何忌帥師侵衛

二卿專伐書以譏之

冬衛侯鄭伯盟于曲濮

從祀先公

索隱論曰春秋書從祀先公者何也以爲大復正

然於魯則正其所以自爲則姦且亂故聖人辨而

書之正魯國以誅叛臣也案定公八年冬書曰從祀先公盜竊寶玉大弓此二事間無他文同辭而書之者何也以爲陽虎假順祀之名而終爲盜以亂魯國也順祀不可以不善故疾邪不與而歸之於君懷詐不可以不戮故嗣書爲盜而誅之以見叛惡之臣假善以成詐紿衆以取權國人不能知其心定公不能辨於早而危宗社幾於滅亡而戮之所以窒萬世亂臣譺詐之源也嗚呼陽虎有祈而順祀之以挾詐求名謀亂於魯者也

箋義曰從祀先公大事也不由公命而由陽虎不

於太廟而於僖宫非正也故不書禘又不書日略之也然善其復正雖非公命亦書之焉蓋譏宗廟之事公不能行而因陽虎行之

謂曰祭祀邦國之大典也春秋所書皆變常失禮矣此書從祀先公而傳皆以爲順祀復正豈其然乎如三家之說則常事亦不當書今既詳而錄之必應有譏耳據左氏之事陽虎欲去三桓而從祀以祈之夫序昭穆追遠之事則必當以禘祫之時行禘祫之禮然後可也今陽虎止以去三桓爲之則是聖筆志之雖曰從祀而不時無禮之失不可

逃其貶也又非定公爲之豈可謂之復正乎

盜竊寶玉大弓

折衷曰春秋書盜官非大夫而書盜則史策之常文也官至大夫而書盜則筆削之微旨也如盜殺公子騑公子發則非大夫也如盜殺衞侯之兄縶則大夫也齊豹則衞之大夫作不義故特書爲盜以深罪之也斯竊寶玉大弓不得援他例於春秋故曰盜也斯寶玉大弓非以彫瑑也非重其純繡也蓋諸侯始封皆有周之物以爲傳世之寶上得其旨

新義曰寶玉文之器大弓武之器也文武之器周魯世世相傳之寶也國邑可盜也爵祿可竊也文武之器非他姓所有之物也不求而自得故下書曰得寶玉大弓也

謗曰春秋所書曰戕曰盜其義蓋一因人與物別而稱之也在人曰戕謂自外而暴殺之之謂也在物曰盜謂非所取而竊得之之謂也皆賊盜之通稱耳此所以書盜竊者其譏在魯也國有重器而爲人所竊其惡可知也況是天子所賜乎錄之以志不能寶藏其器以致爲一陪臣所竊實所以甚

其惡

九年春王正月

夏四月戊申鄭伯蠆卒

得寶玉大弓

折衷曰春秋書麟則曰獲書俘則曰歸書鼎則曰納書寶玉大弓則曰得聖人得無其旨上曰凡獲器用曰得得用曰獲豈有是歟稽其旨麟則西狩而獲也俘則齊人歸之也鼎則譏納于太廟也斯寶玉大弓則前年失斯年得也非可以凡獲論況麟有何用而曰獲從器用之例也上之誤中得其

旨下謂書得爲得之隄下殊無取焉

謗曰寶玉大弓周王之所以賜魯而魯藏之以示後世子孫不忘乎周德也定公失政陪臣專恣至於竊國之寶器爲春秋所譏而賤之曰竊也既書盜而賤之又譏魯國之慢藏也魯不保守國器幾致乎失今得而復書之而正其得之於盜也故直書曰得寶玉大弓以明其失而復得也

六月葬鄭獻公

秋齊侯衛侯次于五氏

規過曰齊不告伐而以次告不書伐非諱伐而不

告也

指掌釋曰傳言齊侯伐晉夷儀乃與衞侯次于五氏次既告魯則伐亦應告故杜以爲會伐盟主直以次告也知非不告伐者明以衞新叛晉又魯與晉親故恥以伐告惟告次耳劉妄爲規過非也謂曰齊衞二國之兵次于外而左氏以爲伐晉何休謂之伐魯夫五氏是爲晉地明矣纂例云無寇而次是欲自爲寇可知也故書次以譏之

秦伯卒

冬葬秦哀公

十年春王三月及齊平

考傳所論及猶汲汲也直云及者自內之辭平者和平也既平而春秋書之者以謹其所不平也

夏公會齊侯于夾谷

春秋公會鄰國多矣此則左氏備載其事以見孔子相之而齊不敢弱魯也

公至自夾谷

按三傳之說夾谷之會定公微孔子則幾爲齊所刼矣賴夫子相之得安以返故春秋致以危之地以實之

晉趙鞅帥師圍衛

大夫專伐以國氏希不失之世故也

齊人來歸鄆讙龜陰田

折衷曰齊魯甥舅之國伐爲婚姻時或侵或伐或平或隙靡有定所故上書春及齊平次書夏會齊侯于夾谷繼書齊人來歸鄆讙龜陰之田是二國平和之後會于夾谷齊侯使萊人以兵刼公尼父以公退以大義沮之曰於德爲愆義於人爲失禮君必不然齊人聞遽辟之及盟曰齊師出境不以三百乘從我者有如此盟尼父曰不返汶陽之田

吾以供命者亦如之故齊人來歸所侵之田噫齊强國也魯弱國也以力爭之不可也以勢競之不可也惟可以義伐之以言折之聖人用是而齊沮其謀反其田斯上得其旨（按章如愚羣書考索引折衷論此下有公羊穀梁皆短六字）譏曰揚子云用於魯而齊人彰彰歸其侵疆魯不用眞儒故也如用之則無敵於天下吁觀孔子相夾谷之會以辭加於齊歸所侵之田效已見矣經書之以來歸爲文者蓋齊人特來歸之非自魯取之也故書曰來歸以從自外之例

叔孫州仇仲孫何忌帥師圍郈

秋叔孫州仇仲孫何忌帥師圍郈

春秋大夫帥師皆譏之也此又以大夫而專圍其叛邑亦已甚矣自夏至秋再圍以兵春秋離其文而書之不待貶而貶著也

宋樂大心出奔曹

宋公子地出奔陳

宋於文公之年書大夫出奔以官稱之者彼以商之制而言之也今於此錄之從諸國之例者蓋但志其出奔故直以公子稱之

冬齊侯衛侯鄭游速會于安甫

以大夫而敵公侯非禮也然春秋不復去氏以示義者是時政自大夫出希有不失之故也

叔孫州仇如齊

宋公之弟辰曁仲佗石彄出奔陳

考傳所論及猶汲汲也曁不得已也會及曁皆與也今宋公之弟辰以其大夫出奔春秋以不得已之辭加之者甚之也必曰宋公之弟者宋公不能制其弟實以惡之也仲佗石彄亦斥名以譏之

十有一年春宋公之弟辰及仲佗石彄公子地自陳

入于蕭以叛

入者惡入也辰之出奔固爲不臣矣今又及三臣自陳入蕭而據其邑是叛其君也是以春秋出宋公之弟以首背上之罪言及以鈞其貶

夏四月

秋宋樂大心自曹入于蕭

樂大心自曹入蕭與上四臣之罪鈞也故亦以入稱之不言叛者大心之入黨叛可知矣

冬及鄭平叔還如鄭涖盟

及者自內欲之也諸侯之職在翼戴天子而無相

侵軼春秋之時諸侯之求平交忿皆出於自恣故此以自內爲文其實皆譏之也

十有二年春薛伯定卒

夏葬薛襄公

叔孫州仇帥師墮郈

論語孔子曰陪臣執國命三世希不失矣自入春秋而諸侯專天子之命聖人疾而貶正之宣成之世大夫專列國之政聖筆亦從而追治之及此政專於家臣而宰吏爲國之患是以叔孫帥師墮之墮者毀墮之稱也帥師而往不曰取亦不曰克者

蓋春秋變文以示義夫伐與滅克與取諸侯不可得而專之大夫亦不可擅而行之春秋所以譏之也況宰吏爲國之患孰不悼其陵弱乎故不以克取爲文而以墮爲說也

衛公孟彄帥師伐曹

大夫專伐無他義

季孫斯仲孫何忌帥師墮費

摘微曰郈費二邑也久巳屬魯今帥師伐而取之則郈費其畔也諱魯之內叛失民故言墮以曲其辭書帥師以明其實微哉

謂曰春秋之法有甚其事而加筆削者也宰吏爲國患春秋固已疾之故不曰伐取而以墮爲文矣今又以二卿同墮宰吏之邑此魯國下陵上替之甚也

秋大雩

冬十月癸亥公會齊侯盟于黃

箋義曰魯前此會齊侯于夾谷齊侯歸魯三邑以謝過今會盟于黃有信故日之

十有一月丙寅朔日有食之

食義見隱三年

公至自黃

十有二月公圍成公至自圍成

折衷曰凡盟會戰伐其出境則書出入必告廟也故悉書之苟非出境則不告廟不告則不書成者魯國之邑則非出境何以書之天子不親征叛國諸侯不親伐叛邑公以成强興兵而自圍之是以出入皆告於廟故書之苟曰若他國然則已書成矣安得爲他國歟苟曰圍之則國之邑奚危之有斯杜得其旨

新義曰天子不能有天下諸侯不能有一國國異

政家殊俗雅變風變此春秋所以因變行權也仲
孫者魯大夫也成者采地也采採也禮大夫不當
有其邑田採其賦入而已矣此書公至自圍成言
家臣據有田邑同夫列國諸侯也公不克而恥以
危錄也

謂曰周禮九伐之法皆天子命諸侯侵伐之制是
以先儒緣而爲論云天子不親征叛國諸侯不親
伐叛邑也今成家臣之叛者公不當親圍之也公
不能撫有一國之衆而至於用兵親圍其邑不待
貶而貶自著也且費郈言墮而成言圍者重公之

圍而難之也三家取之則遂墮而公必至於圍其難可知矣且公之圍成在其國爾然致以危之者蓋公不當自以兵圍其國之邑其行可危也往既可殆故不可不致也

十有三年春齊侯衛侯次于垂葭

左氏謂伐晉而經書次者亦以志其無寇而次之也

夏築蛇淵囿

大蒐于比蒲

衛公孟彄帥師伐曹

秋晉趙鞅入于晉陽以叛

繁露執贄篇曰臣不奉君之命雖善以叛言晉趙鞅入于晉陽以叛是也（按樓鑰校本繁露此條見順命篇不見執贄篇）謂曰春秋之法託文以追罪於人必有善惡輕重之辭焉春秋所書入者惡入也而又叛逆辭也聖人既以惡入之文罪趙鞅又斥其叛以言之者蓋以人臣之道貴於尊上也有一不忠則罪莫大焉況據邑以叛乎不可不直書以示貶

冬晉荀寅士吉射入于朝歌以叛

晉趙鞅歸于晉

折衷曰春秋之義惡入曰復入爲諸侯所納曰歸書晉欒盈復入于晉宋魚石復入于宋皆以不臣而奔又以不臣而入故以惡入之罪罪之斯上書趙鞅入于晉陽以叛出書以叛則不臣可知矣入不曰復入而曰歸何也噫鞅出信有罪矣鞅入豈有過歟何者欒盈魚石出旣不臣入又不臣故書爲惡入趙鞅出則以叛而書入則韓魏請於晉侯而入旣入而復臣乎晉韓魏雖曰晉之卿有地而廣有兵而强其勢類列國故書曰歸若諸侯之所納也杜得其旨苟以鞅逐君側之惡人而不罪之

以是歸則出曷以書入于晉陽以叛春秋明大義

臣以地叛罪也中下俱不足取焉

集議曰公羊傳例出入無惡曰穀梁曰反以好曰

歸此趙鞅出書叛入書歸豈可以入無惡反以好

而言之乎按左傳以韓魏請而歸之且傳例曰諸

侯納之曰然則鞅之言歸者其以韓魏之強而同

之諸侯乎韓魏之强則識晉之弱可知也二傳以

逐惡悔過而言之誤也

索隱曰鞅入晉陽叛本非專土叛君反側之惡臣

也聖人原其情以宥之故變而書歸也

謂曰春秋之法歸善辭也趙鞅據邑以叛而以善辭稱之者聖人之志不與其入晉陽而與其歸國也

薛弑其君比

薛小國同文十八年莒弑義

十有四年春衛公叔戍來奔衛趙陽出奔宋

春秋內魯爲文自外適我故曰來也以他國爲文故言出奔也皆大夫失守書以譏之

二月辛巳楚公子結陳公孫佗人帥師滅頓以頓子牂歸

懲而勸之者春秋之法也疾而甚之者春秋之義
也敘陳於楚之下實所以懲之也書滅而加以歸
亦所以甚之也懲而譏之甚而疾之此聖人追治
而云耳

夏衞北宮結來奔

五月於越敗吳于檇李吳子光卒

公會齊侯衞侯于牽

公至自會

秋齊侯宋公會于洮

天王使石尚來歸脤

折衷曰春秋書天王之事簡矣何者如求金求賵則非所當求而求固不常行矣如來聘亦非常行之事如來賜我公命則宜俱錫之而生錫唯文成二公而已死錫之唯桓公而已文成生豈有異耶而獨錫之蓋周之衰弱諸侯强盛第有有天下之名而無有天下之實故於其禮偶得行則行之不得則廢矣歸脤亦如是也三家以二百四十二年之閒惟一歸脤而已故不原其旨而俱惑焉苟曰以譏不助祭而書吁史策諱魯之惡切矣詎可獨以是譏歟必不然也是偶得行則書明矣中之短

凡諸侯之使則稱名天子之使則稱爵或有書名者則春秋絀之斯石尙者石氏尙名也謂之絀則無罪矣謂之大夫則無爵矣何者天子之士也諸侯之士則賤而不名天子之士則敵諸侯之大夫故書斯上下得其旨然下曰石尙欲書於春秋者失之

謗曰周禮以脤膰親兄弟之國此天子典禮之正也末世法度廢缺諸侯所以奉上之道無聞而天子政教號令之事亦蔑云爾是以春秋錄相朝則見述職之本廢矣書交聘則見閒問時聘之禮闕

矣詳盟會則見會同之制壞矣書來賜命則告成命之道絕矣載易田則巡狩之法替矣書來賵則會葬之典缺至於祭祀喪紀之類皆從而錄之所以明典禮之不脩而春秋不得不譏也今此石尚歸脤而春秋書之因以明法度之壞非周之正也亦以見衰世諸侯不助祭於上而天子徒歸之也豈可謂石尚求書春秋而書之乎按豈可謂句係駁正穀梁傳之失

衞世子蒯聵出奔宋衞公孟彄出奔鄭

同昭公二十年公孫會義

宋公之弟辰自蕭來奔
大蒐于比蒲邾子來會公
公在比蒲而邾子來會非禮可知矣
城莒父及霄
春秋城一邑皆以爲譏況二邑並城乎
十有五年春王正月邾子來朝
鼷鼠食郊牛牛死改卜牛
折衷曰夫郊祀者國之大禮也養郊牛者國之大敬也苟禮無失敬不虧郊得時則不書苟書之各有其旨或以過時而書或以非禮而書或以改牛

而書或以不郊而書或以免牛而書唯鼷鼠食苟牛不死則書所食之處如成七年鼷鼠食郊牛角改卜牛鼷鼠又食其角乃免牛是也苟牛死則不書所食之處何者舉死爲重也設以爲慢其爲不敬甚矣聖人所以不以所食必爲不敬者鼷鼠所食非人力可及也斯杜得其旨公穀之短譏曰魯以周公故行郊僭也夫子因其災變而託文以書之今鼷鼠之食是由不恭而獲譴也雖改卜亦幾乎慢可知矣

二月辛丑楚子滅胡以胡子豹歸

春秋於楚稱子志其盛而稱之自孟之盟始及其伐鄭圍宋則亦出之以譏其僭橫益起也蓋聖人患其屢肆貪惏故凡楚用兵必詳而書之然其滅國多矣未嘗以爵書之不與暴橫之甚也今滅胡而稱爵者以見楚益寖盛無巳而諸侯無復攘正之也

夏五月辛亥郊

折衷曰凡郊先時非禮也所以不卜者不可改也苟卜必書之謂剌非禮也公羊謂三卜遇吉所以五月郊設三卜胡不書之如成十年書五卜郊褻

七年書三卜郊襄十一年書四卜郊而第書辛亥郊與斯誤矣稽其旨上書鼷鼠食郊牛牛死改卜牛次書五月辛亥郊書改卜牛正也書五月郊不正也是刺不時而譏非禮明矣杜穀得其旨按此係節文章如愚羣書考索引折衷此條全文云左氏曰書過也公羊曰三卜之後過吉所以五月郊也穀梁曰譏不時也折衷曰凡郊祀卜牛禮也卜郊非禮也何者牛可改郊不可改也牛苟不吉則改之苟有傷則改之郊必其時也先亦非禮也過亦非禮也以不卜者不可改故也苟卜必書之何者刺其非禮也苟過時必書之何者亦刺其非禮也末云左氏穀梁得其旨公羊之短餘文與本書所採同

謗曰上書鼷鼠食郊牛而有改卜之事則郊違其

正故此復書辛亥郊而先儒皆釋爲不時其譏可

知矣亦因以志其僭也

壬申公薨于高寢

鄭罕達帥師伐宋

齊侯衛侯次于渠蒢

邾子來奔喪

折衷曰凡諸侯之喪惟會葬爲重故有同軌同盟

同位外姻之別焉會葬猶宜有別奔喪豈無其限

故諸侯有服則奔喪無服則會葬邾國雖小盟會

戰伐嘗列於諸侯矣於義爲異姓於禮爲同盟不

宜奔喪明矣書之者譏其非禮也左公得其旨下第書其奔不釋禮短矣

謗曰邾小國耳事魯不暇今定公薨而來奔喪非禮可知也夫子志之亦以見諸侯不奉上而以彊弱交事不已也

秋七月壬申姒氏卒

折衷曰左氏本意以爲定公正室哀公嫡母安得以喪禮相併而不備其禮歟實未然也稽其旨姒氏非聘非納幣非逆非至春秋皆不書安得謂之正夫人也是定公之妾明矣雖定公之妾苟定公

已葬哀公成君而後卒則書薨矣書小君矣亦有謚矣所以不薨不小君不謚者定公未葬哀公未成君也斯中得其旨下近之杜誤矣

謗曰春秋之法定名以正分也魯夫人薨葬見於經者多矣必曰夫人某氏薨而不日卒今姒氏不書薨亦不稱夫人者公穀傳以爲定公之妾哀公之母哀公未君故變文以書之若如左氏之說則聖筆豈拘赴祔之末乎蓋聖筆正名以起文直曰姒氏卒

八月庚辰朔日有食之

九月滕子來會葬

邾子之奔喪固已可譏也況會葬乎滕子非禮之甚矣

丁巳葬我君定公雨不克葬戊午日下昃乃克葬

辛巳葬定姒

薨稱夫人則葬稱小君謂其與君同體故也今定姒爲妾母而哀公未成君既書卒以別其文故葬不可稱小君耳

冬城漆

春秋會義卷二十六

宋鄉貢進士江陽杜諤撰

哀公

元年春王正月公即位

楚子陳侯隨侯許男圍蔡

春秋立一王之法將撥亂而返之正也楚之暴盛創病中國聖人固不與之然必有以起其支而見義加楚諸侯之上者蓋微旨所在矣楚人春秋當齊桓之初齊桓不即除其芽蘖使之暴盛以至於此桓文之後諸侯又從而與之盟以啟其貪惏而

楚橫肆無厭聖人若不序於諸侯之上則無以見其恣暴也雖出於諸侯之上然稱之亦不過子此聖人疾之之本意不使得有僭橫之稱也若陳與隨雖當時之微國必以侯稱之者謂其本爵受之於周而不可奪也此其筆削之理歟

鼷鼠食郊牛改卜牛夏四月辛巳郊

魯郊孔子謂之非禮而春秋所書因其變瀆而錄之實以譏其僭也餘義見僖三十一年

秋齊侯衞侯伐晉

諸侯用兵稱爵所以別大夫也宣成之後禮樂征

伐皆大夫專之至若諸侯尸其事則出其爵而以
別之爾

冬仲孫何忌帥師伐邾

文公之後內大夫帥師出其姓外大夫帥師以國
氏皆所以疾其專也

二年春王二月季孫斯叔孫州仇仲孫何忌帥師伐
邾取漷東田及沂西田癸巳叔孫州仇仲孫何忌及
邾子盟于句繹

通例曰非義曰取

箋義曰邾近魯魯先伐之邾人愬于晉晉人來討

今晉不能主盟諸侯皆叛故邾子懼比來會來朝來奔喪魯人猶以爲憾季孫叔孫仲孫帥師伐之取其賂田而復盟以要之三子皆書不舉重者政不自公出罪三子也季孫四分公室有其二昭公伐意如叔孫氏救之陽虎欲殺桓子孟孫氏救之今得邾田故季孫以讓二子不與盟焉

新義曰三家伐邾而獨叔孫仲孫盟者何志渝盟也渝盟不日大夫盟不日此何以日定哀多微辭文法從而更變也

謬曰古者諸侯分土建國凡五等大小之田封域

有量土疆有限不可得而軼之者也末世列國不紀務自貪廣伐取不一春秋所以詳而錄之亦以見疆域之不正諸侯不能爲天子守之也今魯之三卿專擅帥師固可譏也況伐人而取其邑乎是以斥言之則專伐專取之罪兩見矣魯政逮於大夫久矣今三卿伐邾而二卿與盟斯政愈不由公出也且叔仲二子以大夫而盟邾子則是諸侯受盟於大夫也專恣可知矣故書日以謹其惡

夏四月丙子衞侯元卒

滕子來朝

晉趙鞅帥師納衞世子蒯聵于戚

折衷曰蒯聵以不道而出奔則父子絕矣父子已絕安得尙曰世子與斯聖人筆削之文也稽其旨蒯聵於靈公信有罪矣靈公旣卒輒之於蒯聵宜何如哉輒蒯聵之子以子拒父則絕天理之大經失人倫之彝序其何以訓故書世子蓋以靈公之卒蒯聵宜有其國故左氏言從諸侯之例是

箋義曰前年齊侯衞侯伐晉以救范氏冬趙鞅伐朝歌討范中行氏及聞衞侯卒而輒立則欲立蒯聵而廢輒以爲己援故逆而納諸戚焉穀梁曰納

者內弗受也蓋春秋惡輒生事納之以致衞亂故
不從衞侯入于夷儀之例而書納焉明非蒯聵之
罪趙鞅納之耳亦猶楚納公孫甯儀行父于陳不
宜納也餘義同折衷
新義曰春秋所謂大過之文者主乎君不君臣不
臣父不父子不子也蒯聵弑母是子之不子由靈
公父之不父也此書納衞世子蒯聵者何納者惡
入也實有罪於父也言衞世子者不絕其國也世
子不絕於國而輒拒之是與蒯聵爲父而甚輒之
不子矣三年經書衞石曼姑帥師圍戚大春秋意

也曷言乎大春秋意孔子謂伯夷叔齊古之賢人也以其兄弟讓位今父子爭國子貢之問深得情理也

謂曰陪臣專制固已甚矣晉趙鞅以大夫而納衛國之世子其惡尤甚不待貶而貶自見也況又帥師以納之乎至若蒯聵必曰世子者發微新義詳而論之按孫復尊王發微云言于戚者爲輒所拒不得入於衛也靈公既卒輒又當立猶稱曩日之世子蒯聵當嗣惡輒貪國叛父逆人理以滅天性孔子正其名而書之也

秋八月甲戌晉趙鞅帥師及鄭罕達帥師戰于鐵鄭師敗績

春秋所書必别以主客之文以敘其所以伐而戰也此獨並言帥師者蓋以二卿皆專命而戰故疾之而以趙鞅爲甚

冬十月葬衛靈公

十有一月蔡遷于州來

蔡國微弱不能安守天子之土遷其國邑故春秋以自遷爲文

蔡殺其大夫公子駟

三年春齊國夏衛石曼姑帥師圍戚

折衷曰蒯聵父也輒子也蒯在戚方謀入衛輒在

衞以兵圍戚父子之性曷以自處懲勸之道未見其旨聖人爲內諱不爲外諱非爲輒諱之也非以蒯聵宜圍也何以無異文稽其實上書趙鞅帥師納衞世子蒯聵于戚是聖人念蒯聵之正當有國責輒之不逆其父也斯書圍戚以常文而書則先曼姑後國夏何者曼姑兵首也此先國夏後曼姑是聖人惡其不義以齊爲兵首皆筆削之異文以罪輒之拒父明矣杜得其旨下近之

謂曰大夫專伐此亦其事也然諸儒皆以衞石曼姑爲論夫以蒯聵在戚而二卿並圍之則是曼姑

爲子圍父也聖人書之必推而求之道於是主齊國夏以志之則曼姑之嫌可見也若如公羊則先儒不從者多矣按公羊以曼姑且輒既爲君而蒯聵在戚欲以當國故直曰圍戚以甚其不義圍戚爲霸討

夏四月甲午地震

五月辛卯桓宫僖宫災

折衷曰天子七廟諸侯五廟桓僖非始封之公不毁之廟桓至哀隔十廟僖至哀隔七廟矣苟曰皆已毁之廟而復立之故災内毁廟不書無以知其實然立廟必書之書之者譏其親已毁而復立之

如立武宮煬宮是也謂桓僖之廟立胡不書之既不書之則非復立明矣故聖人在陳聞火曰其桓僖乎是親盡宜毀不毀也杜得其旨

譔曰魯之怠棄國政慢於鬼神久矣是以文公之年大室屋壞春秋從而錄之以志其奉先祖之道不恪也此年桓宮僖宮之災春秋亦因而書之其以災而錄之乎桓僖至此五世已踰矣而廟猶存發微所以詳之按孫復尊王發微云諸侯五廟親盡則毀桓僖不毀非禮也故孔子並其災而並錄之

季孫斯叔孫州仇帥師城啟陽

魯國之政衰弱甚矣凡會盟侵伐皆大夫專之至
城築之事亦志大夫之名者謂其帥師以往故主
而譏之

宋樂髡帥師伐曹

秋七月丙子季孫斯卒

日卒也

蔡人放其大夫公孫獵于吳

集議見宣元年放胥甲父論

冬十月癸卯秦伯卒

不名略之

叔孫州仇仲孫何忌帥師圍邾

四年春王二月庚戌盜殺蔡侯申

摘微曰盜殺蔡侯申稱盜非君罪不言某以盜言之其惡可知

折衷曰凡諸列國未有不曰弒其君者斯不書殺者之名不稱國人亦不稱其君第書盜殺蔡侯申得無義歟稽其實春秋書殺多矣有官不至大夫則名不列於春秋謂之盜有官至大夫而身不爲義亦謂之盜斯書盜則官非大夫明矣至微者矣然不書弒其君而第曰殺蔡侯則微中之微杜得

其旨

集議曰左傳以盜爲公孫翩杜釋之爲大夫按經大夫弑君皆書名以著之此誠大夫而不名得無旨乎穀梁有三盜之說可謂近矣公羊論閽弑吳子之經而謂之罪人失之矣杜預於傳言大夫於經言賤者始末違戾固不足取

謗曰春秋以王道治人正之以仁義之法也末世諸侯不紀而王綱不振仁義之道蔑聞是以春秋所書皆託文以見義也所謂盜者盜竊至賤之稱耳今加之於蔡侯者謂蔡侯爲一國之君不能自

正以及於殺其貶可知也春秋於昭二十年書盜殺衞侯之兄縶以志國之親爲賤者所殺其顛倒已甚矣及此書盜殺蔡侯申者亦以見爲列國之君而爲賤者所殺危弱尤甚是爲不紀之事故明書之以示貶

蔡公孫辰出奔吳

春秋之際大夫出奔多矣無他義

葬秦惠公

宋人執小邾子

諸侯不由王命而專執者多矣然貶之又以輕重

而爲之辭也是以稱人稱爵以見其義今宋執小

邾子而目曰人者貶固甚矣

夏蔡殺其大夫公孫姓公孫霍

晉人執戎蠻子赤歸于楚

折衷曰霸主執列國之君歸于京師正也不歸于

京師非也聖人書赤歸于楚得無其旨噫晉自文

公之後霸業未絶蠻子避楚而事晉晉以霸道則

不宜執之與楚矣苟以蠻子本屬楚而與楚子亦

宜書如執曹伯畀宋人不宜歸于京師文無異是

責晉不當執不宜歸于楚明矣中得之

經社曰夫蠻夷中國之偏域無道先叛有道後至故君子爲之馭也有漸不與遽進亦不與亟絕誠有道也適是時主政者不能申中國之道以綏服之以撫來之而反以執無罪而伸己之强此中國之暴也雖然以蠻夷執蠻夷不論有罪無罪皆名之此蠻夷之賤也是故中國內之貴也蠻夷外之賤也春秋不以賤方貴此其所以人晉而名蠻子也

諤曰春秋之世諸侯暴横不正衰亂益至而不可制春秋錄其實加筆削以存貶正也入春秋之經

凡書執者譏專執也諸侯有專執乎大夫者有以諸侯而執諸侯者或執以其罪或不以其罪聖筆皆輕重其貶以志之今晉人執戎蠻子非諸侯大夫之例夫以中國而執戎狄可也然不歸天子而歸于楚不正之甚也如此則是晉爲楚執之矣此趙鞅弱晉之私謀故以人稱之

城西郛

六月辛丑亳社災

折衷曰凡春秋記災異外災難記鄰國而已何者或使人弔或來告也遠國不弔不告則不書內災

苟繫宗廟社稷及可名而名者則書不然則巳如雉門兩觀桓宮僖宮之類是也曷以書亳社蓋先代亡國在魯境者歟稽中之旨不曰亳社而曰蒲社故失其實斯亳社者商社也武王克商而班其社於諸侯以爲亡國之戒明矣斯穀得其長公羊之短

新義曰外災不書此何以書爲周室志異也曷言乎爲周室志異亡國之社災有國家者所當念也安者念危也存者念亡也況周室危亡之秋乎

謂曰先王之所以有亳社者以爲人君之戒也亳

社之設雖曰警戒之末世諸侯之國或僭有之而專恣之心尤甚奚暇以爲己之戒哉今天災之及聖筆因而錄之以志當時列國之僭而又不知自戒也此災之所以致也

秋八月甲寅滕子結卒

冬十有二月葬蔡昭公

葬滕頃公

五年春城毗

春秋凡城之志重民力義見隱七年

夏齊侯伐宋

齊侯伐宋而稱爵斥言之者同元年伐晉義

晉趙鞅帥師伐衞

大夫專伐無他義

秋九月癸酉齊侯杵臼卒

冬叔還如齊

閏月葬齊景公

折衷曰春秋書閏者閏不告朔猶朝于廟而已亦止爲猶朝于廟而書非以日月次序而書之書閏月異矣聖人得無其旨公羊謂喪以閏數按喪事先遠日避不懷也又三年之喪二十五月苟以閏

數則二年之內已有二十五月矣安得謂之三年歟又苟以閏朔而書則諸書崩書薨書卒書葬皆宜書矣奚獨斯也是則不以閏數明矣喪既不以閏數葬亦不宜閏月聖人書以譏之穀梁得其旨集議曰朞三年之喪練祥各有其日不數閏明矣然葬雖先卜遠日但過時而葬經或以緩而譏之國君必五月而葬者須其禮備而然耳故傳曰諸侯五月同盟至是則五月者不以時言之而以日月計之也齊君之喪至是五月矣過之則緩也其遇閏而葬之斯可矣況閏不告朔經猶譏之其可

以閏爲月之餘而不用乎故不可以居喪之制而論也公羊不釋於葬而言喪以閏數似失之何休以大功以下言之正矣

譔曰閏月者附月之餘以正時也是以斗指兩辰之間而王聽朔則居門者以其非四時之常月但歸餘而已是以月節中氣分繫於其時定之以成歲也夫葬者臣子奉先之事豈可以月之餘而葬先君乎必不宜也喪而不數爲正也苟數而繫之則無恩爾況用而葬乎非禮可知明書以示貶

六年春城郚瑕

晉趙鞅帥師伐鮮虞

大夫專侵伐之事皆譏之

吳伐陳

吳之暴盛雖諸侯不能制之春秋豈不追治之耶

凡其侵害中國之事皆詳正其文此則狄之以示

貶

夏齊國夏及高張來奔

叔還會吳于柤

叔還者內大夫若叔倪之稱耳會吳者譏之也夫

春秋以諸侯而會吳書之者譏諸侯擅與夷狄交

會也此書大夫會之者亦以大夫專其事以交夷狄也

秋七月庚寅楚子軫卒

楚子以日卒懲之自楚子旅始

齊陽生入于齊齊陳乞弒其君荼

折衷曰陳乞弒其君書之者罪其召陽生而不能矜孺子也齊景公卒其子荼向幼陳僖子欲立長君使於魯召公子陽生陽生既立而使朱毛殺荼及其黨聖人正荼爲君不正陽生爲君故書陳乞弒其君以禍由乞始斯杜得其旨穀梁謂陽生正

荼不正苟如是則乞立陽生當矣何以書陳乞弑其君耶公羊謂陳乞迎陽生而後弑荼是不知其實臆揣言之俱不足取

本旨曰安孺子之事聖人推本其逆亂詳矣書齊陽生入于齊不稱公子不言歸明簒也若乞爲執政大臣召陽生立之使荼見殺非弑而何乞爲首惡故書弑其君陽生實簒故曰入于齊兩舉其情而罪人斯得明若觀火而庸夫不論誠可怪也

索隱曰陽生之出景公廢正而立不正非其惡也不可謂入者出皆有惡也

集議曰鄭子家晉趙盾無弑君之實而經書之以臣子之道責之也按左氏公羊言陳乞之事實罪惡之重故非子家趙盾之爲比也主書其事不亦宜乎穀梁見經文之變而曰不以陽生君荼釋之非義例也

謂曰春秋追治之意出於筆削筆削之義輕重不一辭而詳責其人也齊陽生者公子陽生也按左氏之傳齊國夏高張受景公之命而立荼陳乞戰而敗之國夏高張奔魯而陽生入陽生自外而入齊有立君焉故春秋不曰公子而以國稱之公羊

所謂當國之辭也夫陽生既長而以惡人稱之者先君之命立荼而陽生自欲有其國此穀梁之說近之也且朱毛弑荼而書陳乞者陳乞召陽生而立之則弑荼之意主在於陳乞也故春秋書之而折衷所以取元凱之釋矣

冬仲孫何忌帥師伐邾

宋向巢帥師伐曹

七年春宋皇瑗帥師侵鄭

晉魏曼多帥師侵衛

以上皆志大夫侵伐之事詳之以示義

夏公會吳于鄫

吳夷狄之國耳前年使大夫會而春秋以爲譏今公自往會之書之者以見魯之君臣出會彊吳非禮之正適以取弱也

秋公伐邾八月己酉入邾以邾子益來

折衷曰凡書伐與書入異用鐘鼓曰伐弗有其地曰入斯上書公伐邾下書己酉入邾曷謂內書入不言伐歟凡書獲與書以異苟交陣而獲其國之君則曰獲苟弗地及滅國而以其國之君歸則曰以斯則通乎內外之辭也交陣而獲如韓之戰獲

晉侯也弗地如宋公入曹以曹伯陽歸之類是也
滅國如晉滅赤狄以潞子嬰兒歸是也曷爲不言
獲內諱歟曷謂以者不以歟斯上書伐下書入皆
與常文無異旨所異者唯不曰以邾子益歸而曰
來而已稽其旨書於諸侯則曰歸於魯則曰來益
如奔於諸侯曰出奔於魯曰來奔杜得其實公穀
皆短

集議曰經言伐言入者多矣如文十五年晉郤缺
伐蔡戊申入于蔡與是同文不必謂之內辭也公
羊謂使若他人者失之邾子不言歸者春秋魯書

故有內外之異如外奔則曰某人奔於某及我則曰來奔外盟則曰如某涖盟及我則曰來盟此言來者亦猶是也故不與荆以蔡侯獻舞晉以潞子嬰兒之例一槩而言歸也穀梁謂之外魯亦過也謗曰春秋之文謹嚴而詳錄其實莫逃乎聖筆之貶也公之伐邾專伐不待言矣今以兵入人之國其惡又甚焉以邾子至而曰來者自外適魯之文從重之辭也吁以兵伐人無已而以人之君至此

春秋書日以謹其惡焉邾子名者蓋失國耳

宋人圍曹冬鄭駟弘帥師救曹

宋人言圍者甚其以兵圍人也鄭駟弘言師師者
志大夫之專也別其事以譏之
八年春王正月宋公入曹以曹伯陽歸
折衷曰春秋之例凡滅國各有其文或曰殲曰潰
曰襲曰入斯宋滅曹矣不書滅而書入何也荀曰
諱同姓之滅則聖人諱內事不諱外凡同姓之惡
皆不宜諱之焉有升絀懲勸也又昭十一年書楚
滅蔡以蔡世子友歸蔡得非同姓何以不諱稽其
旨春秋滅同姓唯狄滅衛宋滅曹皆不書滅而書
入狄滅衛而不書滅則衛之君臣俱盡無復告赴

齊桓公第以入告尋而復矣斯宋滅曹而不書滅則宋非滅曹以其不忍褚師聲子之詬乃反兵滅之故宋公第以入告斯杜得其旨

謗曰宋公以兵入曹左氏公羊之傳但見經書以曹伯陽歸而以滅言之若實爲滅則經當明書其事若晉滅赤狄以潞子嬰兒歸也杜元凱又以書入而謂之從告則聖筆之志豈由舊史赴告哉若曰諱之則聖人之旨以公萬世豈有諱也蓋此以兵入其國而未之滅耳宋不奪其爵者上之圍曹既稱人以譏之此斥言宋公別大夫也

吳伐我

春秋直書吳伐我不與夷狄得加於魯也且以志魯之君臣會彊吳而無益也

夏齊人取讙及闡

折衷曰凡書取有用兵而取先言伐次言取如莒人伐杞取牟婁不用兵而取第言取如取汶陽田是也斯書取與諸侯異者何諸書取皆取外斯書則取於內取外多取內少何者或存內諱也斯所以書者非用兵也與宣元年齊人取濟西田一類皆賂齊也取濟西田則以宣公繼子惡之後賂之

以定位也取讙及闡則以公伐邾以邾子益來齊加兵於我故賂之以弭怒也公羊得其旨杜近之諤曰天子封諸侯土疆有限而封域有制也末世諸侯侵取不一春秋皆詳而志之此齊人取魯二邑而直云取者蓋魯以賂齊而齊取不以義也是以折衷取公羊為得

歸邾子益于邾

邾子益失地者也故來與歸皆名之所謂歸者自魯歸之春秋主魯故不言自歸耳蓋以畏齊而歸之詳錄以示貶

秋七月

冬十有二月癸亥杞伯過卒

杞書卒上屢見

齊人歸讙及闡

上不言取我而此不言來歸者蓋有微旨魯於夏以此賂齊蓋由公伐邾而邾爲齊之與國懼齊以賂免故書之使若自取也賂齊之後復歸邾子益則齊怨釋而讙及闡得歸故錄之不曰來也是則主魯而示貶爾左氏以季姬嬖言之則經無其事奚足據哉

九年春王二月葬杞僖公

宋皇瑗帥師取鄭師于雍丘

箋義曰誘瑕求邑罕達許其外取勞師遠伐爲宋所敗斯用師爲利而不以義者也故因其喪律書取以惡之

謗曰春秋之文有書敗某師者有書取某邑者未有以取某師言之蓋聖人因文示義以詳筆削之訓作傳者以經文不同遂以例明之而謂此曰覆而敗之也取者得之之稱此得其兵衆故以取某師言之故穀梁以意原經而云鄭病矣夫以師衆

之重而宋獲取之病之之理不亦然乎

夏楚人伐陳

楚暴盛侵伐無異義

秋宋公伐鄭

春秋當大夫專伐之世諸侯有專之者出其爵以刖之無他義

冬十月

十年春王二月邾子益來奔

邾子失守社稷書以譏之譏前獲於魯而今卽奔之是亦危恥之也豈可謂加禮厚遇之耶按何休公羊注

云月者魯前獲而歸之今來奔明當加禮厚遇之

公會吳伐齊

魯與齊鄰國而吳夷狄也公會彊吳而伐鄰國故主以譏之

三月戊戌齊侯陽生卒

夏宋人伐鄭

宋再伐鄭故稱人貶之

晉趙鞅帥師侵齊

大夫專用兵無他義

五月公至自伐齊

公於此書至范氏之注明之按范甯穀梁注云不致則無以見公惡事之成月者危之甚也

葬齊悼公

衞公孟彄自齊歸于衞

公孟彄歸國自齊納之故云自齊無他義

薛伯夷卒

秋葬薛惠公

冬楚子結帥師伐陳吳救陳

春秋嘗以楚交病中國是以君書楚子臣書公子疾其暴肆與中國抗而諸侯不能救之也吳亦夷

狄之國爾諸侯與之交會使之與楚交暴是以春秋譏諸侯有以啟之也楚伐陳犯中國為不正而吳救之正矣然聖筆出楚公子結而狄吳者其何謂乎蓋聖人之意以陳之見伐由吳與楚爭之故也則皆可譏矣於是出公子結以志楚之暴盛狄吳以徵其交爭之甚焉

十有一年春齊國書帥師伐我

魯與齊莒為鄰國凡侵伐之事皆書之然不言東鄙北鄙此直書曰伐我者舉我見其以國言之也

夏陳轅頗出奔鄭

五月公會吳伐齊甲戌齊國書帥師及吳戰于艾陵齊師敗績獲齊國書

箋義曰將戰吳子賜叔孫甲是魯與戰也不書公又不書州仇者春秋託魯以行王道諱公與夷狄敗中國也上言伐者所以見魯與戰也不諱伐者齊伐魯魯報之聲其罪可也引夷狄之衆敗其師殺其大夫不可也鄎之役宋主戰今以齊主戰者不與吳主中國也不與吳是不與魯也故諱之諱之者惡之耳

謭曰魯以春見伐今此會吳以報前役也公與鄰

國交怨以夷狄之兵伐之不言足道也上言公會而下直曰及吳戰不繫於公者蓋原實而加之筆削謂伐齊主於公而勝齊之力在於吳矣是以主公於伐而主吳於戰也復書齊師敗績與言獲者亦以甚之矣不正其會夷狄而勝鄰國故曰以謹之

秋七月辛酉滕子虞母卒

滕於此書卒者示正卒也稱子以見其削弱耳

冬十有一月葬滕隱公

既日卒之故書葬以示義

衞世叔齊出來奔

十有二年春用田賦

折衷曰春秋常賦不書苟書之必譏其重斂也復書用田賦可知其害人也謂作者不宜作用者不宜用皆聖人之微文也自作丘甲之後已破什一之稅矣軍賦田賦本通出馬一匹牛三頭今別爲田賦明矣杜穀得其旨

指掌異同篇賈逵以爲欲令一井之閒出一丘之稅井別出馬一匹牛三頭釋曰若其如此則一丘之內有一十六井其出馬牛乃多於常一十六倍

也杜以爲舊制丘賦之法田之所收乃家中資財
井供一馬三牛今欲別其田及家資各爲一賦計
一丘民之家資令出一馬三牛又計其田之收及
家資更出一馬三牛是所出倍於常也舊田與家
同賦今欲別賦其田故言欲以田賦也
旨要曰丘賦之法丘十六井井出戎馬一匹牛三
頭今計丘田而倍之則通其民每丘別出一馬三
牛故曰各爲一賦
諤曰田賦者先儒以古制論之蓋重斂也春秋自
宣公之年書初稅畝明井田之法由之而壞故言

初以別之至成公之年書作丘甲則丘甸之賦益改作而疲民矣至是書用田賦者益改法以重賦甚於稅畝丘甲之爲也聖人以不宜用之辭加之其意固深疾之法九夫爲井井稅一夫推而用之則什一之稅三代所同也末世國用無常諸侯之政交務掊取是以魯國空虛井田壞而稅畝起以至哀公之世什又取二故曰二吾猶不足也聖人錄之曰用田賦者傷周公之法於此壞廢而不復明矣

夏五月甲辰孟子卒

三傳於此論之以爲昭公之夫人不曰薨不書葬者公穀及范甯詳之按公穀俱云諱取同姓范甯申之云葬當書姓諱故不書葬

公會吳于橐皋

會夷狄譏公也

秋公會衛侯宋皇瑗于鄖

末世列國之政諸侯專之大夫擅之不可勝數春秋因而錄之所以示訓也今公會衛侯是諸侯專相爲會也宋使其臣皇瑗會之是大夫專相爲會也此兩見其義詳而譏之

宋向巢帥師伐鄭

大夫專伐無他義

冬十有二月螽

十有三年春鄭罕達帥師取宋師于嵒

夏許男成卒

公會晉侯及吳子于黄池

折衷曰楚初入春秋使越椒來聘聖人去氏第曰

椒吳初入春秋使季子札來聘聖人去公子第曰

札其義以始通中夏去氏公子以示其漸也楚吳

初入春秋便去其僭號而稱子是聖人筆削而去

之以絀其夷狄之稱故襄二十五年二十九年定四年書吳子自外鍾離之會善道之會柤之會向之會鄫之會槖皐之會皆書會吳于某不曰吳子者諸侯往彼會之其他稱吳子蓋聖人自襄二十五年巳絀之後循常文而書矣苟曰以夫差欲霸中國而自去僭號以告諸侯則先稱吳子又何欲霸中國之有何自去僭號之有苟曰以主會進稱子則五等之爵公上侯伯次子男末矣何進之有又襄定之閒凡三書吳子復主何會而進歟三家皆誤折衷得其旨

胡氏曰吳自會于鍾離皆殊會者不與蠻夷與中國同也至其來聘稱子者嘉其慕王化而向中國也及乎黄池之會也與晉爭伯尊周主盟有歸禮教之風漸敦華夏之義故書曰子向爵也杜氏以史承而書之此不達聖人之旨甚矣言及者孔子新意也不與諸國會盟例同雖云進爵亦殊會同文也進爵而殊會公羊所謂許夷狄者不一而足

集議曰成十五年會鍾離襄十年會柤十四年會向皆列序諸侯而外吳惟襄五年戚之會不殊之而稱吳人者蓋上於善道殊會之故於戚之文略

也此十年會伐齊十二年會橐皋雖吳魯之會亦不書吳之爵得無旨乎是知楚與吳皆夷狄之强也春秋尊中國賤夷狄故楚自入春秋始稱荆次稱國其後得從中國之例者進之也吳見春秋最後於楚而威勢强盛則又過之此筆削之所宜留意也夫會盟之事班爵之序禮之大者也聖人所以外之者蓋不一而足乎夷狄若季札之聘柏舉之戰皆書吳子者以其用賢臣憂中國緣其事實而褒之耳不可以盟會之例而言之也此黃池之會得稱吳子者亦猶楚之見進也進之而言及者

亦不足乎夷狄之辭也杜氏不原經文上下之旨但以史承吳子之告言之固不足取

新義曰禮樂征伐朝聘會盟治中國之法制也今周室將亡禮樂征伐朝聘會盟反爲吳所主此書公會晉侯及吳子于黃池見中國諸侯不朝周而會吳楚是尊事吳楚如天子也王道之亡極矣天人之禮乖矣春秋其將絶筆乎

謂曰黃池之會左氏載其事而杜元凱與公穀皆以稱子釋之然吳之稱子春秋錄其爵子與楚同也是以折衷攻之而皆不取矣經不曰會晉侯吳

子而言及者聖人離文示義有微旨焉夫春秋原情責實筆削詳定凡諸侯及公會吳必曰公會某侯某侯會吳於某地以譏之至此之會公往會晉侯吳子必先以公會晉侯言之復言及吳子以正其義者殊吳於晉也殊吳於晉者言公可以會晉侯而不可會吳子也

楚公子申帥師伐陳

楚之臣專伐書之與中國同上屢見

於越入吳

秋公至自會

公會晉而吳在會故危其出會夷狄也

晉魏曼多帥師侵衞

此亦大夫專侵之耳

葬許元公

九月螽

冬十有一月有星孛于東方

新義曰天不生孔子不足爲天也地不生孔子不足爲地也孔子生三才始備矣孟子曰生民以來未有如夫子者也今孛于房心房心大火大火宋分孔子宋人明年獲麟又明年孔子卒典法絕滅

文章委地天象爲之大變宜乎

辨要曰有星孛于東方不詳其所西狩獲麟不附其地斯仲尼申天道以戒周也夫孛彗所以除舊布新也麟鳳四靈王者之嘉瑞也天戒若曰除舊布新之妖其兆於東乎王者之嘉瑞其獲於西乎於是絶筆

謗曰春秋之世災異多矣詳而錄之以傷周道也夫星孛于東方見於旦也星之爲異必告象於下示警戒於人君也今見于旦是陰侵陽下淩上之甚矣孔子既慼孛之見變復傷麟之見獲因以絶

筆亦將明王道之所訖而春秋所以作之本意也

盜殺陳夏區夫

盜者微賤之稱同衞侯之兄縶義

十有二月螽

十有四年春西狩獲麟

折衷曰麟鳳王者之祥既出無其應聖人乃感麟而起以脩春秋麟出既非爲己脩春秋亦非爲己蓋懲惡勸善爲百王之法如河不出圖吾已矣夫斯皆爲周德已衰無明王之應非爲己也按此係節文章

如愚羣書考索載折衷此條全文云左氏曰麟者仁獸聖王之瑞公羊曰非中國之獸穀梁曰不外

麟於中國也折衷曰春秋書災異不書祥瑞斯麟者瑞也曷以書之者非爲祥瑞而書以聖人感麟至而書也夫言祥瑞豈限中國四夷獸苟以非中國之物而爲瑞則西域獻吉光獸之類皆原爲瑞必不然矣蓋取其隱見不常天下有道則至爲瑞明矣然公羊曰顏回死子曰天喪予子路死子曰天祝予西狩獲麟爲仲尼之應顏回子路則聖人重愛之弟子也聞其死曰天喪予者皆痛惜之辭安可以獲麟爲比末云孟軻謂仲尼之道高於堯舜何道窮之有左氏得其實公羊穀梁之短也餘文與杜諤所採同附錄於此

旨要曰春秋之例得用曰獲今麟出非用而書獲者蓋仲尼感事著書得之於道故特書之若獲用也

箋義曰麟鳳四靈王者之嘉瑞今魯郊獲麟麟爲

仲尼而出也明矣然道不行於時麟被獲而死故聖人感之而著王道焉詩稱麟趾騶虞爲關雎鵲巢之應故夫子作春秋遂以獲麟終篇者明王道之成乃致天瑞之應

索隱曰孔子歎鳳鳥不至河圖不出知道之已矣復哀麟出非其時見傷而獲因麟以閔己之不用哀道不行而卒無以爲故絶筆終之茲聖人作春秋之始終也王通曰春秋其以天道終乎近之

新義曰易始天道而終人事春秋始人事而終天道二百四十二年災異妖怪無日無之獨麟爲瑞

亂臣賊子無國無之獨孔子爲聖人天道否極則泰人事亂極則治春秋書極亂之事以求治至獲麟而絕筆天人之際於斯見矣

諤曰春秋之文始隱終麟三傳及諸儒解之互相不同說左氏者以爲所感而作絕筆於所感之一句也駁之者必曰麟不出春秋其不作乎說公羊者必以聖人文成而致麟是則以麟爲春秋之瑞應耶孔子所傷之意何所見也說穀梁者以爲道終於獲麟則但明二百四十二年王者權衡之道終畢於獲麟亦未盡其絕筆之本意矣何休又以

六國秦項赤帝伐周言之是又涉讖緯而夸誕也
噫夫子生於晩周其道堯舜文武周公之道也其
法聖人之法也然不爲時所用而託載於春秋也
麟出於魯野其質含仁懷義之質也其應聖人之
應也然不爲時所瑞而見獲於西狩也孔子厭亂
思治之意因託文以傷之而絶筆焉是猶聖人撥
亂世反之正矣

春秋例表三十八卷

清·王代豐 撰 清·廖昺文 補 清·廖震等 編次

清光緒三十四年(1908)刻本

春秋微家

卅八篇

光緒戊申

刊于東川

春秋例表敘

長沙府學廪膳生臣王代豐謹述

記曰屬辭比事春秋教也春秋之失亂其治民也屬辭比事而不亂則深于春秋大哉聖人之作乎五經皆以致治春秋獨以撥亂故三王沒而仲尼窮五經變而春秋作憲章文武祖述堯舜唯其辭而已是以上律天時下襲水土水土以纘禹功于是有外内之詞天時以奉明威於

是有時月日之科進退褒貶生死存亡專在三科治之自游夏不能贊一詞而子路顏淵囷于麇角莫知微言所傳竹帛之所自來故曰天之將喪斯文也天之未喪斯文也司馬子曰春秋文成數萬其指數千萬物之聚散皆在春秋前有讒而弗見後有賊而不知故有國者不可以不知春秋守經事而不知其宜遭變事而不知其權爲人臣者不可以不知春秋春秋禮義之

宗也爲人君父而不通于春秋之義者必蒙首惡之名爲人臣子而不通春秋之義者必陷簒弑之誅死罪之名其實皆以爲善爲之不知其義則被之空言而不敢辭故春秋者禮也禮者例也其序則齊桓晉文其詞則孔子有焉矣一予一奪不出一字一美一惡不嫌同詞非夫聰明睿智縱心而不踰矩者其孰能當之而不亂乎且天不言而四時行百物生春秋不事而人

事治王道備自後傳者觀聽不決守文失據願此遺彼亡而爲有有而爲亡故昔聞之何休猶若有疑而鮮通乃大括諸例總爲斯表誦其所聞俾君子自習焉易曰正其本萬事理失之毫釐差以千里故學者不可不審也三王之治天下也皆先道而後禮有節而文也淡而不厭也如此則可以放乎四海矣

補春秋例表敘

清泉廖昺文撰

宋人作春秋表者所見二家皆不知時月之例又多左傳家言至 國朝顧棟高作春秋大事表則史表耳湘潭王君仲章吾師湘綺先生之次子也年未弱冠能承家學殫力春秋會粹諸例編爲斯表年二十餘遽歿四川總督丁文誠將上其書值世難而止辛卯歲吾師自蜀還湘

主講船山昺文以蒙鄙之姿執經請業希高堅之絕學歎欲從而末由嘗手是編朝夕披覽因於微言大義頗有會通是猶升堂之有階級濟河而獲津梁其所裨益豈淺鮮哉然窮究得失時有紕繆欲以愚管稍爲增演去秋歸自京師奉命校讎時同學諸生治春秋者十餘人分篇編次日加探討補闕刪繁增多原表十四篇凡三十八篇自朝聘會盟戰伐侵圍出入滅亡吉

凶灾異具存舊製約略修加至若虛字及一見之例前書未列今始創附益見屬詞之精游夏不能贊也唯五始九旨七等諸篇其名雖傳自先師究莫知其所從來因文攷義猶非至當則概從删削其有義不能略者則無妨再見例可從同者則姑爲附後至所不知非敢臆説每有疑義皆經師定發凡起例庶幾有補於將來如其奧密以俟能者戊申冬至前三日謹敘

朝例表弟一

廖　震編次

春秋王魯而朝王如齊著事天子方伯之義者託王非實王也朝而曰如從内大夫聘例明王者有邦交無事人也如京師見不朝王然無譏文則言朝王者皆譏明内以如爲正也朝内者十八國邾婁小邾婁曹滕薛紀杞穀鄧牟葛郜郯鄫介倪䣢魯公嘗爲州伯所舊統也蕭及白狄見一附庸一遠夷明託王

故無所不統也不言來朝直言來者不能朝與無禮同詞以別於有事來者也

公如正例

時 附公夫人如夫人如師

文三年 冬公如晉
十三年 冬公如晉
宣四年 秋公如齊
五年 春公如齊
十年 春公如齊
夏 公如齊
成三年 夏公如晉
四年 公如晉
十年 公如晉
十八年 公如晉

變例

月

僖十年 春王正月公如齊
十五年 春王正月公如齊
卅三年 冬十月公如齊
宣九年 春王正月公如齊
成十三年 三月公如京師
十八年 春王正月公如晉
襄廿一年 春王正月公如晉
廿八年 十有一月公如楚
昭七年 三月公如楚

襄三年 公如晉

四年 冬公如晉

十二年 公如晉

昭五年 公如晉

十五年 冬公如晉

廿七年 春公如齊

冬 公如齊

公以事如

莊廿二年 冬公如齊納幣

廿三年 夏公如齊觀社

廿四年 夏公如齊逆女

公如非如

昭二年 冬公如晉至河乃復

十二年 公如晉至河乃復

十三年 公如晉至河乃復

廿一年 公如晉至河乃復

定三年 春王正月公如晉至河乃復

廿三年冬公如晉至河公有疾乃復

如次

昭廿八年公如晉次于乾侯

廿九年公如晉次于乾侯

公夫人如

桓十八年公夫人姜氏遂如齊

夫人如

莊十五年夏夫人姜氏如齊

十九年夫人姜氏如莒

文九年夫人姜氏如齊

莊五年夏夫人姜氏如齊師

莊二十年春王二月夫人姜氏如莒

來朝正變例

變例直變例

非朝言

例　月　來　月　來

時爵不名　時

桓二年滕子　桓二年秋七　僖廿九年春介　隱元年冬十　莊廿七年冬杞

年六 冬紀月紀侯葛盧冬〻有二月伯姬

侯
莊廿七年 杞伯
僖七年 夏小
郲婁子
廿年 夏郜
子
文十二年 秋曹
伯
十三年 杞伯
十二年 秋滕
子
十五年 夏曹
伯
宣元年 秋郲
婁子

介葛盧
襄十八年 春白
狄

祭伯 詳本年
桓六年 春正
月寔來
化我

閔元年 冬齊
仲孫
僖廿八年 秋杞
伯姬
宣五年 冬齊
高固及
子叔姬

成四年 杞伯

十八年 秋杞伯

襄元年 邾婁子

六年 滕子

七年 春郯子

七年 小邾婁子

廿一年 曹伯

廿八年 邾婁子

昭三年 秋小邾婁子

十七年 春小

成六年 夏六月邾婁子 月起上聯

邾 七年 夏五月曹伯 月起夏內

邾婁子

十七年 秋郯

子

哀一年 滕子

侯朝

隱十一年 春滕

侯薛侯

子朝

僖廿七年 春杞

子 起紀 杞

侯名

朝

桓七年 夏穀

伯綏

鄧侯吾

定十五年 春王

正月邾

婁子朝

起上來 會無譏

郳

名朝

莊五年秋倪

黎來

字朝

莊廿三年蕭叔

杯言

人朝

桓十五年鄸婁

人牟人

葛八

使來

朝

桓九年冬曹

伯使其

世子射

姑使鄫子朝其子 僖十四年

杞伯姬來朝其子 僖五年

來

正例

時

來會

邾婁子來會公 定十四年

來會葬

來盟

變例

月

冬十月滕子 襄卅一年

九月滕子 定十五年

閔二年 冬齊高子
僖四年 夏楚屈完師
襄廿九年 杞子
來歸
閔元年 季子
宣十六年 秋郯伯姬
人來歸
莊六年 冬齊人來歸衛寶
文九年 秦人來歸僖公成風
之禭
定十年 齊人來歸運讙龜陰
田
來逆
莊廿七年 莒慶來逆叔姬
僖廿五年 宋蕩伯姬來逆婦

文十五年 三月宋司馬華孫盟
起宋無
大夫
成五年 春王正月杞叔姬
文十五年 十有二月齊人來歸
子叔姬
隱二年 九月紀履綸來逆女
宣五年 秋九月齊高固來逆
子叔姬

來遂逆

桓八年 祭公來遂逆王后于紀

來媵

成八年 衛人

成九年 晉人

成十年 齊人

來求

隱三年 秋武子來求賻

僖卅一年 冬杞伯姬來求婦

文九年 春毛伯來求金

來輸

隱六年 春鄭人來輸平

附朝王

僖廿八年 公朝于王所

成九年 春王正月杞伯來逆叔姬之喪

僖廿八年 壬申公朝于王所 再失

禮故曰

朝例表弟一

聘例表弟二

廖　震編次

聘者邦交之常王於諸侯有使事無聘道故内大夫出聘不言聘通言如也而頻見王使來聘若無譏文者降同列國譏意自明其餘内如外使皆各有起義非書聘事故通時錄而已其有月者重在本事然則聘例時實當言聘例月經無月例罕特書是以仍爲時例也魯衞至親内唯一往魯鄭昵近僅一涖盟

而惑者猶欲依經以見事不亦蔽乎

如正例

時

京師

僖卅年 公子遂 晉 遂如

文元年 叔孫得臣

文八年 公孫敖不至

宣九年 夏仲孫蔑

襄廿四年 叔孫豹 齊

莊卅二年 公子慶父 奔

僖七年 公子友

僖十三年 冬公子友

變例

月

文九年 二月叔孫得臣

昭廿二年 六月叔鞅

變例遂如

外如例

時 附會如

桓五年 夏齊侯鄭伯如紀

冬州公如曹

僖廿八年 陳侯如會

襄七年 鄭伯髡原如會

廿八年 公子遂

文元年 公孫敖

十四年 冬單伯執

十七年 冬公子遂

十八年 秋公子遂

叔孫得臣

十八年 季孫行父

宣元年 夏季孫行

父

元年 公子遂

十年 公孫歸父

十年 季孫行父

十年 冬公孫歸

父

成十一年 秋叔孫驕

如

宣八年 夏六月

公子遂 乃復

大卒

襄廿年 叔老
昭九年 秋仲孫貜
定十年 叔孫州仇
哀五年 冬叔還
晉
僖卅一年 公子遂
文五年 夏公孫敖
文六年 秋季孫行父
十五年 春季孫行父
十五年 季孫行父
十八年 公孫歸父 還自晉奔
成六年 公孫嬰齊
六年 冬季孫行

文六年 冬十月 公子遂 卜皆 葬不月故如月

僖卅年冬 遂如晉 公子遂如京師

父

十一年夏季孫行父

襄四年夏叔孫豹

五年叔孫豹鄙

世子巫

六年季孫宿

九年夏季孫宿

十六年冬叔孫豹

十九年季孫宿

廿四年春叔孫豹

廿八年仲孫偈

廿九年冬仲孫偈

昭二年夏叔弓

二年季孫宿

六年夏季孫宿

八年叔弓
十六年季孫隱如
定六年夏季孫斯
仲孫何忌

宋
文十一年公子遂
成五年仲孫蔑
襄二年叔孫豹
廿年季孫宿
昭廿五年春叔孫舍

昭十年九月叔
孫舍赤爲晉葬
不月
廿三年春王正
月叔孫舍
見執覿月

襄卅年秋七月
叔弓錄伯姬
昭十一年春王正
月叔弓葬下
宋平禾月

楚

昭六年 冬叔弓

衛

襄七年 秋季孫宿

陳

莊廿五年 冬公子友

莊廿七年 秋公子友

葬原仲

文六年 夏季孫行父

莒

成八年 公孫嬰齊

滕

昭三年 夏叔弓

邾婁

襄六年 冬叔孫豹

牟

僖五年　夏公孫慈

聘正例

時

王

隱七年　冬天王使凡伯

隱九年　春使南季

桓四年　夏使宰渠伯糾

桓五年　使仍叔之子

桓八年　使家父

僖三十年　冬使宰周公

宣十年　秋使王季子

鄭

襄五年　夏鄭伯使公子發

變例

月

變例

時

變例不言使

莊廿三年　祭叔來聘　譏公　傳爲無月右詞

齊聘

隱七年 齊侯使其弟年

桓三年 冬使其弟年

僖卅三年 使國歸父

宣十年 使國佐

襄廿七年 春使慶封

晉

成八年 晉侯使士燮

成三年 冬十有一月使荀庚及盟月起內

成十一年 使郤州及盟汲汲

成十八年 使士匄

襄元年 使荀罃

八年 使士匄

十二年 夏使士彭

廿六年 夏使荀吳

廿九年 使士鞅

昭二年 春使韓起
廿一年 夏使士鞅

宋

成四年 春宋公使華元
八年 使華元
襄十五年 春使向戌
昭十二年 夏使華定

衛

文四年 衛侯使甯遬
成三年 使孫良夫及盟
襄元年 冬使公孫剽
襄七年 冬十月使孫林父及盟再及盟起良夫盟以晉故不月

楚

文九年 冬楚子使萩
襄三十年 春王正月使
莊廿三年 荊人來聘

陳

春陳侯使女叔（莊廿五年）

秦

秦伯使遂（文十二年）

吳

吳子使札（襄廿九年）

使來正例

時

使來錫命

王使榮叔來（莊元年）

錫桓公命

天王使毛伯（文元年）

來錫公命

還頒月者起（進楚）

變例

月

秋七月天子使召伯來錫公（成八年）

變例

使不言來

來不言使

使來歸
定十四年天王使石尚來歸脤
使來會葬
文元年天王使叔服
文五年王使召伯
使來求
使來獻
僖二十一年楚人使宜申

命
隱元年秋七月天王使宰咺來歸惠公仲子之賵
八年三月鄭伯使宛來歸邴
桓十五年春二月天王使家父來求車

不言來
文五年春王正月王使榮叔歸含且賵
不言使
隱三年武氏子來求賻
文九年春毛伯來求金下見二月明此不月

來獻捷

使來納

成八年夏宋公使公

孫壽來納幣

使來乞

成十三年春晉侯使郤

錡來乞師

十六年使欒黶

十七年使荀罃

十八年使士彭

使來言

成八年春晉侯使韓

穿來言汶陽之

田

使來盟

桓十四年鄭伯使其弟

閔二年冬齊高子來

不言使

語來盟

宣七年春衛侯使孫良夫來盟

使來唁

昭廿九年齊侯使高張來唁公

使如

襄三年陳侯使袁僑如會

成二年秋七月齊侯使國佐如師侯獲故月

盟

僖四年夏楚屈完來盟于師

文十五年三月宋司馬華孫來盟

不言來

昭卅一年晉侯使荀櫟唁公于乾侯

聘例表第二

會例表弟三　樊非之編次

傳曰離會不書以爲無所正也又曰齊桓會不致信之也蓋春秋託王於魯假伯於齊内會以内爲正桓會故無所危也傳聞世聞世不見離會至定哀文致太平則錄洮之會其蔡鄭會鄧書者蓋鄧爲滅國故書會存之非離會也以此推之則會盛會郜會穀會溫會陳會鄫皆所以興滅繼絕爲天子方伯所深

恤也至於首戴鍾離特見殊義鄄與申霍又紀伯功則王者之大政於會見之矣若會之中有盟伐侵戰圍救之文其例太繁則皆編入各篇

公會正例

時（附及會會及夫人會）

隱二年　春于潛（會戎）

九年　冬于邴（會齊侯）

桓三年　于讙（會齊）

變例

月

隱十年　春王二月于中丘（會齊鄭君伯）

十一年　夏五月于祁黎（會鄭）

內大夫會

正例

時

莊十四年　冬于鄄（單伯會齊宋衛鄭君）

文元年　秋于戚（公孫敖會晉侯）

十一年　夏于承

變例

月

侯

十年秋于桃丘 會衛侯

十一年于夫童 會宋公

十二年于鄑 會宋

十五年于鄄 會齊侯

莊廿七年春于洮 會杞伯姬

廿七年于城濮 會齊侯

僖九年夏于葵丘 會宰周公齊侯宋子衛侯鄭伯許男

伯

桓元年三月于垂 會鄭伯

二年三月于稷 會齊鄭陳君

三年春正月于嬴 會齊侯

三年六月于盛 會紀侯

六年夏四月于成 會紀侯

十二年冬十有二月于闞 會宋公

十三年冬十有一月于龜

匡

叔彭生會晉郤缺

十六年春于陽穀 季孫行父會齊侯

宣十四年冬于穀 公孫歸父會齊侯

十五年春于宋 公孫歸父會楚子

十五年于牟婁 仲孫蔑會齊高固

成五年夏于穀 叔孫僑如會晉荀秀

襄二年冬于戚 仲孫蔑會晉荀罃齊崔杼宋華元衛孫林

襄二年秋七月于戚 仲孫蔑會晉荀罃宋華元衛孫林父曹人邾婁人

曹伯
十三年于鹹會齊宋陳衛鄭許曹君
廿八年冬于溫會晉齊宋蔡鄭陳莒邾婁君秦人
宣元年于平州會齊侯
七年冬于黑壤會晉宋衛鄭曹君
成十二年夏于沙澤會晉衛侯
十六年秋于沙隨會晉齊衛君宋華元邾婁人

會宋公
十四年春正月于曹會鄭伯
十六年春正月于曹會宋蔡衛君
十八年春王正月于濼會齊侯
僖元年八月于朾會齊宋鄭曹君邾婁人
十六年冬十有二月于淮會齊宋陳衛鄭許邢曹君

父曹邾婁滕薛小邾婁人
八年于邢丘季孫宿會晉侯鄭伯齊宋衛邾婁人
十四年冬于戚季孫宿會晉士匄宋華閱衛孫林父鄭公孫蠆莒人邾婁人
十九年于柯叔孫豹會晉士匄
廿七年夏于宋叔孫豹會晉趙武楚屈建蔡公孫歸生衛石惡陳孔瑗鄭良霄許人曹人

襄五年于戚 會晉宋陳衛鄭曹莒邾婁滕薛君齊世子光吳鄫人

廿一年于商任 會晉齊宋衛鄭曹莒邾婁君

廿二年冬于沙隨 會晉齊宋衛鄭曹莒邾婁滕薛杞小邾婁君

廿四年于陳儀 會晉宋衛鄭曹莒邾婁滕薛杞小邾婁君

廿五年于陳儀 會晉宋衛鄭曹莒邾

成二年十有一月于蜀 會楚公子嬰齊

襄七年十有二月于鄬 會晉宋陳衛曹莒邾婁君

十六年三月于溴梁 會晉宋衛鄭曹莒邾婁薛杞小邾婁君

定四年三月于召陵 會劉子晉宋蔡衛陳鄭許曹莒邾婁頓胡滕薛杞小邾婁君

昭元年于漷 叔孫豹會晉趙武楚公子圍齊國酌宋向戌衛石惡陳公子招蔡公孫歸生鄭軒虎許人曹人

九年春于陳 叔弓會楚子

十二年秋于屈銀 季孫隱如會晉韓起齊國酌宋華亥衛北宮佗鄭軒虎曹人杞人

廿五年夏于黃父 叔倪會晉趙鞅宋樂世心衛北宮喜

婁滕薛杞
小邾婁君
廿六年于澶淵
會晉人鄭
良霄宋曹
人

昭十三年秋于平
丘會劉子
晉齊宋
衛鄭曹莒
邾婁滕薛
杞小邾
婁君
定八年于瓦
會晉
師

十年夏于頰
谷會齊
侯
十四年于堅
會齊
衛侯
哀七年夏于鄫
會吳

鄭游吉曹
邾婁滕薛
小邾
婁人
卅一年于適歷
季孫隱如
會晉荀櫟
哀六年于柤
叔還
會吳

十二年于橐皋 會吳

十二年秋于運 會衛侯宋皇瑗 及會

僖五年于首戴 及齊宋陳衛鄭許曹君會王世子

十一年夏于陽穀 及夫人會齊侯 會 及

哀十三年于黃池 會晉侯及吳子 夫人會

莊七年春于防 夫人姜氏會齊侯

莊二年冬十有二月于郜 夫人姜氏會齊侯

七年冬于穀　大夫會齊人姜氏

僖十七年秋于卞　大夫會齊人姜氏

公殊會例

時

襄十年春會吳于柤　公會晉宋衛曹莒邾婁滕薛杞小邾婁君齊世子光

月

成十五年冬十有一月會吳于鍾離　叔孫僑如會晉士燮齊高無咎宋華元衛孫林父鄭公子鰌邾婁人

襄十四年春王正月會吳于向　季孫宿叔老會晉士匄齊宋衛人鄭公孫蠆曹莒邾婁滕薛杞小邾婁人

大夫殊會例

變例

時

襄五年會吳于善稻　仲孫蔑衛孫林父時不殊衛故

殊

會王世子亦

會王世子于首戴　僖五年　公及齊宋陳衛鄭許曹伯

外君會正例

變例

外大夫會例

時會 附散會會公會師會狄如

月

時

桓三年 于鄧 蔡侯鄭伯

莊十三年 春于北杏 齊侯宋陳蔡邾婁人

十五年 春于鄄 齊宋陳衛鄭君

僖三年 秋于陽穀 齊侯宋公江人黃人

廿一年 秋于霍 宋楚陳蔡鄭許曹君

昭四年 夏于申 楚蔡陳鄭許徐滕頓胡沈小邾婁君宋世子佐淮夷

定十年 冬于鞍 齊侯衛侯鄭游遬

宣九年 九月會于扈 晉侯宋公衛侯鄭伯曹伯

襄廿年 于澶淵 晉齊宋衛鄭曹莒邾婁滕薛杞小邾婁人

昭廿七年 秋于扈 晉士鞅宋樂祁犁衛北宮喜曹邾婁滕人

十四年 秋于洮 齊侯宋公

散會

文十七年 會于扈 諸侯

會公

文十三 會公于沓 衛侯

會公于棐 鄭伯

會師

宣元年 會晉師于棐林 宋公陳侯衛侯曹伯

會狄

十一年 秋會狄于欑函

如會

僖廿八年 陳侯

襄三年 陳侯使袁僑

七年 鄭伯髡原

會例表弟三

遇例表弟四

廖　震編次

遇者殺禮而會離會不書離遇則書皆在傳聞之世所以撥亂也記外相遇凡以爲內亦記正遇以正邦交禮曰遇以協諸侯之慮蓋會非正遇爲正乎王者以會統諸侯諸侯以遇相協故遇簡於會而太平無所用遇矣

内遇正例	變例	外遇例	衆遇例
時　月	非遇言遇	時	時

隱四年	隱八年	莊四年
夏于清	春于垂	夏于垂

公及宋公（莊廿三年）于穀 公及齊侯（卅年）冬于魯濟 公及齊侯

（僖十四年）夏六月季姬及鄫子于防

宋公衛侯（莊卅二年）夏于梁丘 宋公齊侯

齊侯陳侯鄭伯

表第四

盟例表弟五

劉家惠編次

盟者末世之事春秋之所惡故胥命爲近正乎皆言及我欲之也公盟例日譏公之不見信也大夫會盟於大夫亦例日不能信也其會君則時君臣之義也因事正義則小信月大信時例以起矣齊桓盟皆不日以美伯功其諱譏亦或與美同詞皆比事以見之內盟有五詞一曰來盟曰使來盟二曰涖盟三曰

會盟四曰及盟五曰同盟會及有四詞一曰
某會及盟于二曰某會及同盟于三曰會于
某同盟于某四曰及某盟外盟有四詞一曰
某某盟于或某某同盟于二曰諸侯同盟于
或諸侯盟于三曰某會盟于四曰某及某盟
變文起義者有二詞若諸侯盟于扈及戊寅
大夫盟不言何人一也鄫子會盟于邾婁及
楚屈完來盟于師皆爲內詞二也盟起於不

信王者不以不信責人外盟皆時略之也公會爲譏則外盟譏自明外盟不書書以起內今次七類以爲諸盟表終於平脅示反正焉

公會盟正例

時會時盟　莊十三年于柯冬會齊侯　僖十九年于齊冬會陳人蔡人等

月會時盟凡同　僖四年于召陵春王正月會齊侯等　七年于甯母秋七月會

日會時盟凡同　隱六年于艾夏五月辛酉會齊侯　桓十二年于毆蛇夏六月壬

變例

時會月盟晚後凡　僖五年秋八月于首戴公及齊侯等會王世子于首戴諸侯

月會月盟晚後凡　襄十九年春王正月于祝阿冬十月會晉侯等諸侯

變例

時會日盟晚後凡　僖九年九月戊辰于葵丘夏會宰周公齊侯等諸侯

昭廿六年于鄟陵秋會齊侯等

齊侯等于洮八年春王正月會王人齊侯等　十五年于牡丘三月會齊侯等　廿九年于狄泉夏六月會王人等　文七年于扈秋八月會諸侯晉大夫

寅會紀侯莒子于穀丘秋七月丁亥會宋公燕人　于武父丙戌會鄭伯　十七年于黃春正月丙辰會齊侯紀侯　莊廿三年于扈十有二月甲寅會齊侯　僖廿五年于洮冬十有二月癸亥會衛子莒慶　廿六年于向

定四年五月于浩油三月會劉子晉侯公及諸侯

春王正月己未會莒子衛甯遬

廿八年于踐土五月癸丑會晉侯等

襄廿年于澶淵夏六月庚申會晉侯等

定十二年于黃冬十月癸亥會晉侯

僖廿一年于薄十有二月癸丑會諸侯

廿七年于宋十有二月甲戌

類	例	書法	經文
公及君盟	正例	日不地同	桓元年 夏四月丁未于越 公及鄭伯
			十七年 二月丙午于趡 公及邾婁儀父
	變例	月	隱元年 三月于眛 公及邾婁儀父
			閔元年 秋八月于洛姑 公及齊侯
			定四年 五
公及大夫盟	正例	日不地同	莊廿二年 秋七月丙申于防 及齊高傒
			襄十五年 二月己亥于劉 及向戌
	變例	時	莊九年 于暨 公及齊大夫
公及人盟	正例	日	隱八年 九月辛卯于包來 公及莒人
			成二年 丙申于蜀 公及楚人等
公及戎盟	正例	日	隱二年 秋八月庚辰于唐 公及戎
	變例	時	桓二年 于唐 公及戎

文十七年六月癸未于穀公及齊侯

月于浩油公及諸侯

襄三年夏四月王戊于長樗公及晉侯

文三年十有二月己巳公及晉

文二年三月乙巳及晉處父

成三年丙午及荀庚丁未及孫良夫

十一年己丑及郤州

襄七年王戌及

侯十
十三年
有二
月己
丑公
及晉
侯
公會
同盟
正例

孫林父

日時
會日時
盟附
公
不與
盟
宣十七年
于
斷道
己未
會晉

月
會日
時
盟
莊廿七年
于
幽
夏六八
月會
齊侯

時
會日
時
盟
成九年
于
蒲
會晉
侯侯
等

變例
時
會日
日
盟
先
後同
同
凡
成七年
八
月戊
辰
于

月
會日
日
盟
文十四年
癸
酉于
新城

大夫
會
同
外君
外人
盟例
月
會日
時
盟
成十八年
于
虛朾
二十
一月
有二

同
盟
例
月
莊十六年
冬
十
有二
月
二
一

同
盟
例
時
宣十二年
于
清丘
晉人
衛人

侯等 于蟲牢 成五年十有二月己丑會晉侯等 于戚 十五年癸丑會晉侯等 公不與 昭十三年 甲戌同盟于平丘

等

六月乙酉于柯陵 十七年夏會尹子單子晉侯等 己未于雞澤 襄三年六月會單子晉侯等 于馬陵 會晉侯等 六月會宋公晉侯等

十有二月己亥于戲 襄九年冬會晉侯等 秋 十一年

仲孫蔑會晉侯等 于幽 齊侯宋公等

等

七月己未于京城北會晉侯伐晉等昭十三年

八月甲戌于平丠秋會劉子晉侯等襄廿五年

秋八月己巳于重丠會晉

	大夫會君盟正例時會時盟	桓十一年于折柔會宋公等　昭十二年于侵羊仲孫貜會邾婁子
	大夫會君大夫盟正例月會時盟同盟同	文二年于垂斂夏六月公孫敖會宋公晉士穀等　成十八年于
	大夫會大夫盟正例日會時盟附會戎會人盟	文八年于衡雍冬十月壬午公子遂會晉趙盾于暴乙酉公子
侯等侯諸	大夫及君盟正例時不地同	成元年夏于赤棘臧孫許及晉侯　定三年冬于枝仲孫何忌
	變例日	文十六年六月戊辰于菑丘公子遂及齊侯　哀二年癸
	大夫及大夫盟正例日附直言大夫盟	成二年己酉于袁婁及齊國佐　十六年十有二月己
	大夫涖盟正例時	僖三年冬公子友如齊　文七年公孫敖如莒
	微者及盟正例時	文十年于女栗及蘇子
	變例月	隱元年九月于宿及宋人

殊盟正例

虛朾十有二月仲孫蔑會晉侯齊崔杼等

遂會伊雒戎

襄二十年于向春王正月辛亥仲孫遬會莒人

及邾婁子

莊十九年秋及齊侯宋公公子結媵陳人之婦于鄄遂

巳于句繹叔孫州仇仲孫何忌及邾婁子

大夫殊盟

丑于扈季孫行父及晉郤州

襄廿七年秋七月辛巳于宋豹及諸侯之大夫

十六年戊寅大夫盟

昭七年叔孫舍如齊

定十一年叔還如鄭

曰君無

襄三年及陳袁僑戊寅

外來變例 盟正月 例時 加使同

閔二年冬齊高子 僖四年夏楚屈完 襄廿九年杞子 桓十四年鄭伯使其弟

文十五年三月宋司馬華孫

外君變例 盟正月 例時 會盟同

隱二年于密紀子伯莒子 宣十一年夏于辰陵楚子等 定七年秋于鹹齊侯鄭伯于沙

叔孫豹及諸侯之大夫變例 盟同附

隱三年冬十有二月于石門齊侯鄭伯 僖二年秋九月于貫澤齊侯等

變例 日

隱八年秋七月庚午于瓦屋宋公等

外人變例 盟正月 例時 同盟同

僖二十年秋于邢齊人狄人 廿一年于鹿上宋人等 宣十二年于清丘晉人宋人等

桓十一年春正月于惡曹齊人等 僖十九年夏六月于曹南宋人等

外及狄弗及盟例時

僖卅二年秋衛人及狄 文十六年齊侯弗及

外不盟乞盟例時

僖五年鄭伯逃歸秋八月諸侯盟于首戴 八年鄭伯乞春王正月公會王人等盟于洮

語

（宣七年）春衛侯使孫良夫

澤（齊侯）（衛侯）（八年）冬于曲濮（衛侯）（鄭伯）（僖十九年）于邾婁（鄫子）會

（文十五年）冬十有一月于扈（諸侯）（莊十六年）冬十有二月于幽（齊侯等）侯

成亂例　時　月（會）（桓二年）以成宋亂（三月）（公會齊侯等于）

及平正變例　例　時　（定十二年）冬及鄭

月（附平暨）（宣四年）春王正月公及齊侯

例　時　（宣四年）莒人不肎（春王正月公及齊侯）

不肎（平）

輸平例　時　（隱六年）春鄭人來

胥命例　時　（桓三年）夏于蒲（齊侯衛侯）

稷

平莒及平莒

鄭

十五年夏五月宋人及楚人

定十年春王三月及齊

昭七年春王正月暨齊

盟例表弟五

戰伐侵例表第六

梁鎮中編次

王者不能無戰戰不能無敗要之正義而已伐者用戰之正也侵則輕矣結日據偏戰之正也狄則詐矣故伐時侵月戰日敗時戰所以正外無異詞焉然外侵皆時雖侵我無加錄畧于治外也今分五例表之

一戰例

公（會）及戰敗	大夫（會）及戰敗
（會）月戰日	（會）日戰時

敗時

[桓十三年]已巳及齊宋衛[君]燕人戰[春二月會紀鄭君]齊宋衛燕師敗績

敗時

[成二年]及齊師戰于鞌[六月癸酉][季孫行父等帥師會晉郤克等]齊師敗績

內及戰不言敗

內[及伐]戰不言內及戰言敗

戰日

敗

[伐月]戰日

[桓十二年]丁未戰于宋[十二月及鄭師伐]

戰日

敗時

[莊九年]八月庚申及齊師戰于乾時我師敗績

[桓十七年]五月丙午及齊師戰于奚

[僖廿二年]秋八月丁未及邾婁人戰于升陘

外君

及戰

及戰戰敗

外大夫及外師外人

及戰及戰及戰戰不

敗例變例不言戰日

敗敗不言言及

戰日戰時敗

敗時

戰日戰時敗

敗

敗時（附以及）

僖廿二年冬十有一月己巳朔宋公及楚人戰于泓宋師敗績

僖廿八年夏四月己巳……

敗時

成十六年晉侯及楚鄭（君）戰于鄢陵楚子鄭師敗績

戰日（來戰同）

僖十五年十有一月壬戌晉侯及秦伯戰于韓

宣二年春王二月壬子宋華元帥師及鄭公子歸生帥師戰于大棘宋師敗績

來戰

桓十年冬十有二月丙午齊衛……

宣十二年夏六月乙卯晉荀林父帥師及楚子戰于邲晉師敗績

敗時

僖十八年五月戊寅宋師及齊師戰于甗齊師敗績

敗時

莊廿八年衛人及齊人戰衛人敗績

戰時

昭十七年楚人及吳戰于長岸

戰日

文七年戊子晉秦人戰于令狐

文十二年冬十有二月戊午晉秦人戰于河曲

晉侯齊宋秦師及楚人戰于城濮楚師敗績

文二年春王二月甲子晉侯及秦師戰于

侯鄭伯來戰于郎

成二年夏四月丙戌衞孫良夫帥師及齊師戰于新築衞師敗績

哀二年秋八月甲戌晉趙鞅帥師及鄭軒達戰于栗鄭師敗績

哀十一年甲戌齊國書帥師及吳戰于艾陵齊

彭衙
師秦
敗
績
附

定四年 冬十有一月庚午蔡侯以吳子及楚人戰于伯莒楚

師敗績

師敗績

敗師

正例 時
莊十年敗宋師于乘丘公

變例 月
莊十年春王正月敗齊師于長勺公
秋九月敗蔡師于莘荆
僖元年九月敗邾婁師于纓公

變例 日
隱十年六月壬戌敗宋師于菅公
莊十一年夏五月戊寅敗宋師于鄑公
僖元年冬十月壬午敗莒師于犂公子友帥師
昭五年戊辰敗

敗狄

正例 時
僖十五年敗徐于婁林楚人
卅三年敗狄于箕晉人
成十二年秋敗狄于交剛晉人

變例 月
定十四年五月敗吳于醉李於越

變例 日
僖卅三年夏四月辛巳敗秦于殽晉人及姜戎
文十二年冬十月甲午敗狄

自敗

例 時
成元年秋敗績于貿戎王師
自棄師時
閔二年鄭棄其師
自殲時
莊十七年齊人殲于遂
自潰月
昭廿九年冬十

二伐例

公（會）伐（會時）伐時（會）（附殊）

（會月）伐時（附會時）（遂伐遂）（會伐）

大夫（會）伐（會時）伐時

（會月）伐時

外君會（會時附以）伐時（會伐）（執）

（莊五年）冬伐衛（會齊宋陳蔡人）（廿六年）秋伐徐（會宋齊人）

（桓十五年）伐鄭（冬會宋衛陳侯）（十六年）伐鄭（正月會宋公衛侯陳侯蔡侯于曹　有一月會衛侯等于宋　四月）

（隱四年）秋伐鄭（翬帥師會宋公等）（十年）夏伐宋（翬帥師會齊人鄭人）

（莊三年）伐衛（溺會齊師）（文三年）伐沈（正月叔孫得臣會）

（宣元年）伐鄭（會宋公等于棐林　晉師會）附

莒師于濆泉（叔弓帥師）（廿三年）戊辰敗頓胡沈蔡陳許之師于雞父（吳）

（昭元年）敗狄于大原（晉荀吳帥師）

于鹹（叔孫得臣）

月運潰（蔡潰沈潰莒潰三條見亡國表）

僖六年會齊侯等夏伐鄭
宣七年會齊侯等夏伐萊
成十六年會晉侯等伐鄭會尹子
十七年會尹子單子等夏伐鄭
冬伐鄭
襄九年會晉侯等冬伐鄭
十年會晉侯等伐鄭會晉侯
十一年會晉侯等伐鄭會晉侯等

八月公會宋等
成三年正月會晉侯等伐鄭
十年會晉侯等伐鄭五月
哀十一年會晉侯等伐齊五月會吳

附
僖四年正月會齊侯等伐楚遂伐楚
成十三年五月會晉侯等伐秦自京師遂會晉侯等

莊十四年單伯會夏伐宋
宣十一年會公孫歸父伐莒
成八年會晉士燮伐郯會叔孫
襄十六年會鄭伯等伐許叔老

襄十四年夏四月會晉人等伐秦叔孫豹會晉荀偃等

僖廿一年執宋公以伐宋楚子等會于薄

哀十年伐齊會吳
殊會
襄十一年伐鄭會晉侯等于蕭魚會

公伐

正例

時以伐同

隱七年秋伐邾婁
莊九年夏伐齊
廿六年春伐戎
僖廿一年冬伐邾婁
廿二年春伐邾婁
卅三年伐邾婁

內大夫伐

正例

時

莊二年夏伐於餘丘公子慶父帥師
僖卅三年秋伐邾婁公子遂帥師
文十四年伐邾婁叔彭生帥師
宣十年伐邾婁公孫歸父帥師

變例

月

昭十年秋七月伐莒季孫隱如等帥師
哀二年春王二月伐邾婁季孫斯等帥師

內及伐

正例

時不言及同

桓十七年伐邾婁及宋衞人
僖四年秋伐陳及江黃人
桓八年秋伐邾婁

變例

月

桓十二年十有二月伐宋及鄭師

文七年春伐邾婁
宣四年伐莒
十八年伐杞
哀七年秋伐邾婁
以伐
僖廿六年師伐齊以楚

襄廿年伐邾婁仲孫遬帥師
哀元年冬伐邾婁仲孫何忌帥師
六年冬伐邾婁仲孫何忌帥師

外君
伐正例
時附取邾婁之伐
隱四年伐鄭宋公
變例
月
僖十八年春王正

外大夫伐正例
時
文三年伐楚至陽

外師伐正例
時
宣二年伐晉師秦

變例
月
僖十五年秋七月

外人伐正例
時附從伐以伐
隱二年伐衛鄭人

變例
月
隱四年春王二

變例
日
莊廿八年春王三

狄伐正例
時附伐以歸
莊十六年秋伐鄭

陳侯等　僖十年夏伐北戎齊侯許男　廿二年夏伐鄭宋公等　廿三年春伐宋齊侯　廿八年伐衛晉侯　文元年伐衛晉侯　四年伐

月伐齊宋公曹伯等　襄廿五年十有二月伐楚吳子謁　昭四年秋七月伐吳楚子等

處父帥師　十五年伐蔡晉郤缺帥師　宣九年伐陳晉荀林父帥師　成三年伐許鄭公子去疾帥師　伐將咎如晉郤克衛孫良夫　六年伐

八年伐秦晉師白狄　伐陳楚師　十二年伐陳宋師　十三年春伐衛齊師　襄二年伐宋鄭師　十年伐秦晉師

伐厲齊師曹　宣十年六月伐滕宋師

五年伐宋邾婁鄭人　伐鄭宋人　十年伐載宋蔡衛人　莊十四年春伐宋齊陳曹人　十五年秋伐兒宋人等　十六年夏伐鄭

月伐杞莒人

月甲寅伐衛齊人

荆　廿八年秋伐鄭荆　卅二年伐邢狄　僖八年夏伐晉狄　廿四年夏伐鄭狄　文七年伐莒徐　十年夏伐晉

秦 十二年 伐 楚子 宣十三年 賁 戎 四年 伐 楚子 九年 萊 鄭 十年 鄭
晉侯 春 圍 伐 渾 楚子 冬 鄭 伐 齊侯 伐 楚子 伐 楚子

鄭 子 齊師 七年 伐 楚子 齊師 九年 鄭 書 師 莒 子 齊師 十四年 許
楚公 嬰 帥 秋 鄭 公 嬰 帥 伐 晉 欒 帥 伐 楚公 嬰 帥 伐 鄭公

宋 等 廿 年 伐 齊人 卅 年 山 齊人 僖元年 鄭 三年 鄭 七年 伐 齊人 十二年 伐
人 冬 戎 伐 戎 伐 楚人 伐 楚人 春 鄭 冬 黃

秦 成三年 許 七年 郯 昭十二年 鮮 晉 廿二年 伐 吳 哀六年 陳 隱七年 伐
伐 鄭 伐 吳 伐 虞 夏 越 伐 吳 附 戎 凡

十三年夏伐宋楚子　十四年伐鄭晉侯　十八年春伐齊晉侯衛世子臧　成四年伐許鄭伯　十五年伐鄭楚子　十八年夏伐宋楚子鄭伯

子喜帥師　襄元年夏伐鄭晉韓厥帥師　三年春伐吳楚公子嬰齊帥師　冬伐許晉荀罃帥師　五年伐陳楚公子貞帥師

楚人　十五年伐徐楚人　十五年冬伐曹宋人　十七年春伐英氏齊人徐人　十八年冬伐衛邢人狄人　十九年伐邢衛人　廿年冬

伯于楚丘以歸

襄九年伐鄭楚子　十一年伐宋楚子鄭伯　廿三年秋伐衞齊侯　廿四年夏伐吳楚子　冬伐鄭楚子　廿六年冬伐鄭楚子等

八年伐鄭楚公子貞帥師　十年伐宋楚公子貞等帥師　十四年秋伐吳楚公子貞帥師　十七年夏伐曹衞石買帥師　十八年伐

伐隨楚人　廿三年秋伐陳楚人　廿六年伐齊衞人　冬伐宋楚人　卅三年伐許晉陳鄭人　文元年伐晉衞人　二年冬

楚等 昭五年 伐 楚等六 年 北 齊侯 十二年 徐 十六年 伐 齊侯 十九年 伐 婁 廿二年
子 冬 吳 子 伐 燕 伐 楚子 春 徐 春 郲 宋公 春

鄭 子帥 十九年 伐 衛 林 帥 師 廿四年 莒 杼 師 廿五年 伐 鄭 孫 帥 昭六年 吳 頗 師
楚公 午 師 夏 齊 孫 父 伐 齊 崔 帥 冬 陳 公 蠆 師 伐 楚 遠 帥

伐 晉等 三 年 晉 九 年 鄭 十七年 伐 晉等 宣元年 鄭 人 五 年 鄭 十 年 鄭
秦 人 伐 秦人 伐 楚人 春 宋 人 伐 晉宋 伐 楚人 伐 晉人

伐莒 齊侯 哀元年 秋伐晉衛 齊侯 五年 夏伐宋 齊侯 九年 秋伐鄭 宋公 附伐之 取 隱十年 鄭伯 遂 文十五年

伐鮮虞 十五年 秋伐鮮虞 晉荀 師 吳 伐莒 十九年 秋 齊高發 師 伐鮮虞 定四年 晉士鞅 等 晉師 伐 衛公 二十年 曹 子孟 師彊 師 伐 十三年

等 伐宋人 十五年 伐宋人 晉 成九年 晉 今 自狄 襄十一年 伐 秦人 伐宋人 陳 十七年 秋 定二年 伐吳 楚人 夏 哀九年 伐陳

伐曹齊侯侵我襄廿三年遂伐晉齊侯伐衛

曹衛公孟彄帥師十五年伐宋鄭罕達帥師哀三年伐曹宋樂髡帥師五年伐衛晉趙鞅帥師六年伐鮮虞晉趙鞅帥師六年伐

楚人十年夏伐鄭宋人附桓五年秋從王伐鄭蔡宋陳陳衛人桓十四年以齊衛蔡陳人伐鄭宋人

曹巢師十年伐楚子帥師十二年鄭巢師十三年陳子帥
宋向帥冬陳公結伐宋向帥伐楚公申師

三侵例

公會侵
會月侵時

大夫會侵
會月侵時

公侵月
內大夫侵時
外君侵時
外大夫侵時
附遂侵
外師侵時
外人侵時
狄侵時
附執以侵

僖四年侵蔡春王正月會齊侯等

定四年侵楚三月會劉子晉侯等

僖四年侵陳十二月公孫茲帥師會齊人宋人等

莊十年二月侵宋

定六年二月侵鄭

八年春王正月侵齊

二月

成六年侵宋仲孫蔑等帥師

襄廿四年侵齊仲孫偈帥師

定八年侵衛季孫斯等

僖廿八年侵曹晉侯

附

宣元年侵陳遂侵宋楚子

宣元年冬侵柳晉趙穿帥師

六年侵陳晉趙盾衛孫免

成六年侵宋衛孫良夫帥師

侵鄭晉欒書帥師

八年侵蔡晉欒書帥師

十年侵鄭衛侯之弟

成二年冬侵衛楚師鄭師

襄二年侵鄭晉師等

莊十五年侵宋鄭人

廿九年夏侵許鄭人

僖二年侵鄭楚人

卅年侵蕭介人

卅二年侵狄衛人

莊廿四年冬侵曹戎

僖十三年春侵衛狄

十四年侵鄭狄

廿一年春侵衛狄

卅年夏侵齊狄

卅三年侵齊

侵齊

黑背帥師

十六年 侵宋 鄭公子喜帥師

帥師

十七年 春侵鄭 衛北宮結帥師

襄元年 侵宋 楚公子壬夫帥師

十一年 侵宋 鄭公孫舍之帥師

十二年 冬侵宋 楚公子貞帥師

十九年 侵齊 晉士匄帥師

定八年 侵衛 季孫斯等帥師

哀七年 春侵鄭 宋皇

三

宣二年 夏侵鄭 晉人等

三年 夏侵鄭 楚人

成十八年 冬侵宋 楚人鄭

襄八年 侵蔡 鄭人

附

定七年 執衛行人北宮結

狄

文四年 侵齊 狄

九年 夏侵齊 狄

十年 冬侵宋 狄

十二年 侵齊 狄

十三年 侵衛 狄

宣三年 秋侵齊 赤狄

四年 侵齊 赤狄

陵師 帥師

七年 侵衞 晉魏曼多帥師

十年 侵齊 晉趙鞅帥師

十三年 侵衞 晉魏多帥師

附

定八年 侵鄭遂侵衞 晉趙鞅帥師

以侵衞 齊人

四伐我鄙例

外君伐我鄙時

外大夫伐我鄙時

外師伐我鄙時

外人伐我鄙時

變例

外大夫伐我不言鄙時

狄伐我不言鄙

月

文十七年伐我西鄙齊侯
成二年春伐我北鄙齊侯
襄十五年春伐我北鄙齊侯
十六年伐我北鄙齊侯
秋伐我北鄙齊侯
十七年秋伐我北鄙齊侯

襄十七年伐我北鄙齊高厚帥師
廿五年伐我北鄙齊崔杼帥師
定七年伐我西鄙齊國夏帥師
八年夏伐我西鄙

襄十八年秋伐我北鄙齊師

莊十九年冬伐我西鄙齊人等
僖廿六年夏伐我北鄙齊人
文十四年伐我南鄙邾婁人
襄八年伐我東鄙莒人
十年秋伐我東鄙莒人
十五年伐我南鄙邾婁人
十七年冬伐我南鄙邾婁人

襄十二年春王三月伐我東鄙莒人

哀十一年春伐我齊國夏帥師

哀八年伐我吳

齊國
夏師
師

五侵我鄙例

外君侵我鄙

時

侵我西鄙齊侯（文十五年）

外人侵我鄙

時

侵我西鄙齊人（僖廿六年）

秋侵我西鄙齊人（文十五年）

侵我東鄙人莒人（襄十四年）

狄侵我鄙

時

侵我西鄙狄（文七年）

戰伐侵例表第六

義兵例表第七　　梁鎮中編次

孟子曰春秋無義戰非達論也王者以義征苟務息兵則春秋恥之故戎未入而大追者力不能救伯者諱爲救而實不救月以致其意所以抑彊扶危彰神武也若還爲善詞閔師病而大不伐喪又天子方伯所措意者故列追救還三例以明之

一追例

公追
時（莊十八年）夏追戎于濟西

公追（弗及）
時（僖廿六年）追齊師至酅（弗及）

二救例

公會救
時（會日）救時
（莊廿八年）救鄭（會齊人等）
（成七年）救鄭（會晉侯等）
（襄五年）救陳（會晉侯等）

內大夫會救
時（會日）救時
（文九年）救鄭（公子遂會晉人等）

公救內大夫救變例侯救時（附師救）
時　時（附師）月　時　時　月
外諸外大夫救外人　救變例時
狄救

成（襄十五年）救
徐（公孫）（僖十五年）救
月　（襄廿三年）救八
救許（諸侯師）（僖六年）救
（處父師）（文三年）救江
邢（齊人）（閔元年）救陽
王三（莊六年）救春
齊（狄）（僖十八年）救

救帥師及諸侯之大夫

救晉 叔孫豹帥師

救台 襄十二年 季孫宿帥師

附 救齊夏 僖十八年 師

救陳 宣元年 晉趙盾帥師

救鄭 宣九年 晉郤缺帥師

救鄭 襄十年 楚公子貞帥師

冬救曹 哀七年 鄭駟弘帥師

附 救邢 僖元年 齊師宋師曹師

救衛 僖廿八年 楚人

救陳 宣十二年 衛人

月救衛 王人子突

救陳 哀十年 吳

三還例 還自晉二條 附致至表

內 師還

時 秋師還 莊八年

外 大夫侵還

時 晉士匄帥師侵齊至 襄十九年

㱿叔 乃還

義兵例表弟七

次例表第八

梁鎮中編次

次者舍止之名有俟也次陘俟屈完正也餘皆刺詞公孫在外言次痛君失位臣子不憂納君諱伐言次以兵非正出而不成爲伐救言次則又以救不及事實不能救也今分列之以明其例

類	例	事
公會伐次	會月伐時次時	僖四年于陘 春王正月會齊侯等遂伐楚
公會盟次	會月盟時次時	僖十五年于匡 三月會齊侯等盟牡丘
大夫會次	會時次時	襄元年于合 仲孫蔑會齊崔杼曹人等

次例表弟八

公孫在外君次	外言次時	時	昭廿五年于陽州　昭廿八年于乾侯　昭廿九年于乾侯
			文十年于屈貉楚子蔡侯　定九年秋于五氏齊侯衛侯　十三年春于垂瑕齊侯衛侯　十五年于籧篨齊侯衛侯
內師次為伐外	師次為伐我	月	莊八年春王正月于郎內師下見及齊師圍成知次郎為伐成　十年夏六月于郎齊宋師下敗宋師知為伐我
內大夫	救次	時外師救同	襄廿三年于雍榆叔孫豹帥師救晉　僖元年于聶北齊師宋師曹師救邢
內不能	救言次	時	莊三年冬于郎上見紀季以酅入齊知救紀　三十年夏于成下見齊人降鄣與次郎相起

圍取入滅例表弟九

廖元翱編次

春秋所以撥亂將使諸侯各守其封地而不相侵陵强陵弱衆暴寡則君子恥之天下不得相滅亡而太平治見矣然無他道在自治以正反求諸己故抑貧固貴死位賤苟免絕貪利義相反而各得道並行而不悖雖亡國殺君相隨續而聖人之治之也雍乎游之於禮樂之林皆愧畏悔悟各正性命不怨天不

尤人確然其有以自樂也盛哉乎非堯舜之世其孰能若此乎然其憂深而思精例繁而義隱傳者慎之發揮旁通詞詳旨閎淺學習之則愈周張顧此失彼今悉條而理之庶幾使傳義不湮以三隅反一隅云爾

公圍 公會伐 大夫 大夫 大夫 大夫 大夫 師及

內邑變例 圍例 變例 變例 變例 圍內 圍國 會圍 圍例

例 月 時 會圍 圍不言邑例 例 例 時

時 時 會圍時 時 時

言諸

侯圍

時例

昭廿六年 夏圍成

定十二年 十有二月圍成

僖六年 夏圍新城 公會齊侯等伐鄭

襄十八年 圍齊 冬十月公會晉侯等 月者起未圍

僖廿八年 圍許 諸侯上 公會晉侯等于溫

成三年 秋圍棘 叔孫驕如帥師

昭十三年 春圍費 叔弓帥師

定六年 圍運 季孫斯仲孫忌帥師

十年 圍郈 叔孫州仇仲孫

哀三年 圍邾婁 叔孫州仇仲孫何忌帥師

襄元年 圍宋彭城 仲孫蔑會晉欒黶等

莊八年 夏圍成 師及齊師

何忌帥師 秋圍費 叔孫州仇仲孫何忌帥師

外君圍正例 時 會圍附遂 僖廿七年冬 圍宋 楚人陳侯等 楚稱人爲執宋公故

變例 月 宣十四年秋九月 圍宋 楚子

外伐圍正例 時 隱五年 圍長葛 宋人伐鄭 僖廿三年春 齊侯伐宋 圍緡

外伐我圍邑例 時 襄十五年夏 圍成 齊侯伐我北鄙 十六年秋 圍成

變例 伐圍月時 襄十二年春王三月 莒人伐我東鄙 圍台 月者趣取邑

外大夫圍國邑例 時 襄七年 楚公子貞帥師圍陳 昭十一年 楚公子棄疾帥師圍蔡

外人圍例 時 僖六年秋 楚人圍許 十九年秋 宋人圍曹

外師圍例 時 宣三年 宋師圍曹

外狄圍例 時 僖卅一年 狄圍衛

宣十二年 鄭 楚子圍

哀元年 蔡 楚子陳侯等圍

僖廿八年 許 諸侯遂會圍 附 曹伯襄

廿六年 冬 楚伐宋圍緍

齊侯伐我北鄙

十七年 秋 齊侯伐我北鄙圍洮 齊高厚帥師伐我北鄙圍防

師

定五年 冬 晉士鞅帥師圍鮮虞

十年 晉趙鞅帥師圍衛

哀三年 春 齊國夏衛石曼姑帥師圍戚

廿五年 秋 楚人圍陳

三十年 晉人秦人圍鄭

文三年 秋 楚人圍江

十二年 夏 楚人圍巢

宣九年 宋人圍滕

成九年 鄭人圍許

公伐取
正例
時（以伐取同）
僖廿二年春取
須朐（公伐）

變例
月（取器同）
昭元年三月
取運（內邑）

變例
日
隱十年辛未
取郜辛

大夫伐取
正例
時
宣十年取
蘱（公孫）

變例
伐月取
時
哀二年
漷東取

取不言伐國例
例
時
襄十九年取
邾婁

取不取不繫
時
僖卅一年春取
濟西田

圍頓（襄四年）陳人
圍郊（昭廿三年）晉人
天子邑不繫（諱）
圍蔡（定四年）楚人
圍曹（七年）宋人

邾婁卅三年取叢公伐邾婁宣四年取向公伐莒

附僖廿六年取穀公以楚師伐齊

同之外邑故月不言伐四年九月取鄑諱滅不言伐

附桓二年夏四月取郜大鼎于宋

已取防上言敗宋師伐可知

文七年三月甲戌取須朐公伐邾婁

歸父帥師伐邾婁

田及沂西田春王二月季孫斯等伐邾婁

田自漷水

宣九年秋取根牟

成二年取汶陽田

六年取郭

襄十三年夏取詩

昭卅二年取闞

外伐取正例時隱六年冬取長葛宋人

變例伐月取時隱四年取牟婁春王二月

取國邑正例時附師取僖三年取舒徐人哀八年夏

變例月附取人宣元年六月取濟西

諱取言遷例時莊元年齊師遷紀郱

諱取言城例時襄二年遂城虎牢

諱取言假例時桓元年鄭伯以璧假

諱取言降例月莊卅年秋七月齊人

內滅國諱	伐闔十年鄭伯伐取之宋蔡衛人伐載	五莒人年冬伐杞
變例		
變例	及僤齊人附哀九年取鄭師于雍丘宋皇瑗帥師十三年春取宋師于嵒鄭軒達帥師	取讙
外入內邑	昭廿五年十有二月取運齊侯附莊九年九月取子糾殺之齊人	田齊人
變例		郜郚
外入國正		許田
變例		降鄣
變例		

言入例日 同入邑　隱十一年秋七月壬午入許 公及齊侯鄭伯 僖廿七年乙巳入杞 公子遂帥師 哀七年八月己

月　桓二年九月入杞 故月 郚極

時同入邑　隱二年入極無駭帥師 始諱外入 疾滅同 襄十二年遂入運 季孫宿帥師 公不為政故從諱時

正月例　隱二年夏五月入向 莒人 見向 不城

時　成九年入運 楚人 見運 上城

例時　隱五年秋入盛 衛師 十年入鄭 宋人衛人 僖廿年入滑 鄭人 文五年入鄀 秦人 十五年入其郛

月　莊十四年秋七月入蔡 荊狄人月 始故 閔二年十有二月入衛 狄 實滅 僖卅三年春王二

日　隱十年冬十月壬午入盛 齊鄭人 從滅 盛成 內例 郚也 僖廿八年三月丙午入曹 晉侯 同姓

西入邾婁 秋公伐邾婁

附 隱八年 庚寅我入邴

齊侯侵我遂伐曹日

成七年 吳入州來

定五年 於越入吳

哀十三年 於越入吳

月 秦人入滑 秦師下敗日起

昭十八年 六月 邾婁入鄅 八太見屬平治國

哀八年 春王正月宋公入曹 姓同諱例執君

文十五年 戊申入蔡 晉郤缺帥師伐之言至日

宣十一年 丁亥楚子入陳 訃伯

襄廿五年 六月壬子鄭公孫舍之帥師入陳 不眂言

伐至日許定四年辰楚
非之伯庚入吳

滅正例

月（附滅遷）

莊十年
冬十月滅譚
齊師
十三年
夏六月滅遂
齊人
宣十六年
春王正月滅赤狄甲氏及留吁
晉人
襄六年
十有二月滅

時變例（附大去纖襄）

僖二年
滅夏陽
虞師晉師
五年
滅弦
楚人
十年
滅溫
狄人
十二年
夏滅黃
楚人
十七年
夏滅項
不言齊爲伯者諱
廿六年
秋滅隗
楚人
文四年
秋滅江
楚人

日變例（附焚邑）

僖廿五年
春王正月丙午滅邢
衛侯燬
宣十二年
冬十有二月戊寅滅蕭
楚子
十五年
六月癸卯滅赤狄潞氏
晉師
襄十年
夏五月甲午滅偪陽
公會晉侯等

萊（齊侯）
昭十七年　八月滅賁渾戎（晉荀吳帥師）
十三年　冬十有二月滅徐（吳）
附
莊十年　三月遷宿（宋人）
閔二年　春王正月遷陽（齊人）

五年　秋滅六（楚人）
十六年　滅庸（楚秦巴人）
宣八年　滅舒蓼（楚人）
成十七年　滅舒庸（楚人）
襄六年　滅鄫（莒人）
廿五年　滅舒鳩（楚屈建帥師）
昭四年　滅厲（楚子等）
十三年　滅州來（吳）
廿四年　冬滅巢（吳）
昭廿三年　胡子髡沈子盈滅（上見吳敗師）
附
莊四年　紀侯大去其國
十七年　夏齊人殲于

昭八年　冬十月壬午滅陳（楚師）
十二年　冬十有一月丁酉滅蔡（楚師）
定四年　夏四月庚辰滅沈（蔡公孫歸姓帥師）
六年　春王正月癸亥滅許（鄭游遬帥師）
十四年　三月辛巳滅頓（楚公子結等帥師）
十五年　二月辛丑滅胡（楚子）
附
桓七年　春二月己亥焚咸丘

圍取人滅例表弟九

遂 襄廿三年 齊侯襲莒

致至例表第十　　　　歐陽厲編次

春秋先自治撥亂而反正文不可悉見皆於公出入見之傳曰桓之會不致明致公皆危也又曰得意致會不得意致伐明致伐尤危也又曰自某某有力焉爾或至自國或至自地以其所自能危我也又曰夫人何以不致得見乎公矣又曰大夫不致夫人大夫統於君危不在彼也至自之例其旨百數約而舉

之有公如致公侵伐圍亦致公會盟伐圍救致夫人大夫致者統於君則列於公後還至同故附見焉

公如時至	文四年春公至自晉 三年冬如 宣四年公至自齊 秋如 五年夏公至自齊
月至	僖卅三年十有二月公至自齊 十月如 文十四年春王正月公至自晉
日喪至	桓十八年丁酉公之喪至自齊 春如 定元年夏六月癸亥公之喪
時至復時	昭冬〻二年 年十二 年十三 年廿一 至河乃復 公如晉 廿三年至河
直言至	僖廿六年至嶲 公追齊師弗及 襄十五年至遇 公救成
還自附例 時	文十三年還自晉 冬公如 十有二月己丑及晉侯盟

春如
九年公至
自齊春王
正月如
十年公至
自齊春如
成三年公至
自晉夏如
四年秋公
至自晉
夏如
十八年公至
自晉至夏
如春
襄三年公至
自晉至夏

十三年冬如
宣十年五月
公至自
齊夏如
成十一年春王
三月公
至自晉
十年如晉去冬
襄廿九年夏五
月公至
自楚廿八
年十有一月如
昭五年秋七
月公至
自晉春如
七年九月

至自乾
侯昭廿九年公如晉次乾侯

公有疾
乃復冬公
如晉
定三年
至河
乃復春王
正月公
如晉

如春五年
春公
至自晉
冬四八年如
年公至
自晉至夏正
春月王如
春公
三年十月
至自晉
冬十二年如二年
夏公
二年廿如
至自晉正
春月王如
夏公
昭十六年
至自晉
冬十五年如

公至自三月
楚如三月
附
昭廿六年三月
公至自
齊廿五年
亥孫成十三年
夏五
月公自
京師三月
如言至起行不自

廿七年公至自齊春如	廿七年公至自齊冬如	附	莊廿三年春公至自齊廿二年冬如締幣	廿三年公至自齊夏如觀社	廿四年秋公至自齊夏如逆女

公侵時至侵定六年公至自侵鄭二月公侵八年公至自侵齊春王正月公侵

月至侵定八年三月公至自侵齊二月公侵

公伐時至伐莊廿六年夏公至自伐戎春公伐戎

公圍時至圍定十二年公至自圍成十有二月公圍成

公次時至次地昭廿九年春公至自乾侯廿八年公如晉次乾侯

公會時至會宣八年春公至自會黑壤成十六年公至自會

月至會僖十七年九月公至自會十六年十有二月會淮

時至地定八年公至自瓦會晉師瓦十年公至自頰

沙隨不見公

襄五年公至自會 戚不殊吳

十年公至自會 柤殊吳日滅偪陽

十一年公至自會 會蕭魚上會伐鄭

廿二年公至自會 冬沙隨

廿四年公至自會 陳儀

定十四年公至自會 堅

哀十三年秋公至自會 夏黃池

襄廿二年春王正月公至自會 廿一年冬會商任

谷 夏會齊侯頰谷

公會盟時至會 文十四年公至自會六月會宋公等晉趙盾癸酉同盟新城 宣十七年秋公至自會己未會晉

月至會會盟次同 成六年春王正月公至自會五年十有二月己丑會晉侯等同盟蟲牢 附僖十五年九

時至地及盟同 定十二年公至自黃冬十月癸亥會晉侯盟黃 附及盟 桓二年冬公至自唐及戎盟唐

公會侵盟月至會 定四年秋七月公至自會三月會劉子等侵楚五月及諸侯盟浩油

公會伐盟時至會 成十六年公至自會會尹子等伐鄭十有二月乙丑季孫行父及晉郤州盟扈 十七年秋公至自會

時至伐 襄十一年公至自伐鄭會晉侯等伐秋七月己未同盟京城北

公會侵伐次盟月至伐 僖四年八月公至自伐楚春王正月會齊侯等侵蔡遂伐楚次陘盟召陵

公會圍盟時至伐 襄十九年公至自伐齊十八年冬十月會晉侯等同圍齊春王正月諸侯盟祝阿

公會救盟時至會 成七年公至自會會晉侯等救鄭八月戊辰同盟馬陵

侯等同盟鄬道

成九年公至自會會晉侯等同盟蒲

十五年公至自會癸丑會晉侯等同盟戚

襄三年秋公至自會六月會單

月公至自會二月會齊侯等盟牡丘遂次匡

文十七年秋公至自穀六月癸未及齊侯盟穀

夏會尹子等伐鄭六月乙酉同盟柯陵

十六年夏公至自會子等齊世子光己未同盟雞澤三月會晉侯等湨梁戊寅大夫盟

二十年秋公至自會夏六月庚申會晉侯等盟澶淵

廿五年 至會侯陳秋月己侯盟北十三年 至會劉等北月戊盟北公與 廿六年

公自會晉等儀八己諸同重 公自秋會子平八甲同平 不 公

春秋列長 致至六 表

至自

會 秋會齊侯等盟鄟陵

公會伐　時至　會

時至　伐

月至　伐

公會伐　圍時至　伐 以師伐取　周

公會圍　時至　圍

公會救　月至　救

襄十二年 公至自會 會晉侯等伐鄭會蕭魚

莊六年 秋公至自伐衛 五年冬會齊人等伐

宣七年 秋公至自伐萊 夏會齊侯伐

桓十六年 秋七月公至自伐鄭 夏四月會宋公等伐

成三年 二月公至自伐鄭 春王

僖六年 冬公至自伐鄭 夏會齊侯等伐圍新城

附

僖廿六年 公至自伐齊 以楚師伐取穀

僖廿九年 公至自圍許 廿八年冬會晉侯等溫諸侯遂圍許

襄五年 十有二月公至自救陳 會晉侯等齊世子光救陳

襄十年公至自伐鄭會晉侯等伐

正月會晉侯等伐

十三年秋七月公至自伐秦夏五月自京師遂會晉侯等伐

十七年十有一月公至自伐鄭冬會單子等伐

哀十年五月公至自伐齊會吳伐

夫人如

月至

文九年三月夫人姜氏至自齊 春如

逆時至

桓三年夫人姜氏至自齊 公子翬如齊逆

月至

宣元年三月遂以夫人婦姜至自齊 公子遂如齊逆

成十四年九月僑如以夫人婦姜氏至自齊 秋叔孫僑如如齊逆

日喪至

僖元年十有二月丁巳夫人氏之喪至自齊 秋七月戊辰薨夷齊人以歸

大夫執

時至

文十五年單伯至自齊 十四年冬如執

昭十四年春隱如至

時至復

宣八年至黃乃復 附不至復 夏六月公子遂如齊 附叔合

還至附例

時外大夫同

宣十八年還自晉至檉 歸父冬還秋如

附

致至例表弟十

自晉	十三年晉人執
叔孫舍至	廿四年
自晉	廿三年春王正月如晉晉以行人執
不至復	文八年　公孫敖如京師
至穀乃還	襄十九年　晉士匄帥師侵齊

失邑例表弟十一　廖　震編次

滅國入邑一也滅國而有之者不復見取邑傳曰地之與人俄而可以爲其有矣則取邑輕於滅也以邑畔者又重於畔皆所以重地止爭故再取邑則謹而書曰與入邴同治內之義嚴矣今分三類表之降遷附見焉運瀆焚咸北自同國例故不列

失邑正例	變例	變例
時	月	日

入
襄十二年　入運季孫宿帥師
成九年　入運楚人
以入
莊三年　秋紀季以酅入于齊
取
宣九年　秋取根牟内
成六年　取鄟内
襄十三年　夏取詩内
昭卅二年　取闞内
哀八年　夏取讙及僤齊人
伐取
僖廿二年　春取須朐伐邾

隱二年　夏五月莒人入向
昭元年　三月取運内
昭廿五年　十有二月取運齊侯

隱八年　庚寅人邴内
隱十年　辛未取郜

邾婁

廿六年 取穀（公以楚師伐齊）

卅三年 取叢（公伐邾婁）

宣四年 取向（公伐莒）

十年 取繹（公孫歸父帥師）

隱四年 取牟婁（莒人伐杞）

六年 冬取長葛（宋人）

冬 五年伐圍

以畔

襄廿六年 衞孫林父入于戚以畔

定十三年 秋入于晉陽以畔（晉趙鞅）

冬入于朝歌以畔（晉荀寅及士吉射）

以畔言自

辛巳取防（公敗宋師于菅）

文七年 三月甲戌取須朐（公伐邾婁）

昭廿一年 自陳入于宋南里以畔 宋華亥向甯華定

定十一年 春自陳入于蕭以畔 宋公之弟辰及仲佗石彄公子地

諱畔出奔言自

昭廿年 夏自鄭出奔宋 曹公孫會

諱畔來奔言以

襄廿一年 以漆閭丘來奔 邾庶其

昭五年 夏以牟婁及防茲來奔 莒牟夷

昭卅一年 以濫來奔 黑弓

遷

莊元年 紀郱鄑郚 齊師

降

莊三十年 秋七月降鄣 齊人

附失田

傳曰田多邑少稱田邑多田少稱邑宣元年齊人取濟西田傳亦云取邑同於讙僤是取田亦失邑例也故附列於後以備攷核

正例

時

取

僖卅一年 春取濟西田 內

成二年 取汶陽田 內

襄十九年 取邾婁田自漷水 內

變例

月

宣元年 六月取濟西田 齊人

伐取

哀二年 取漷東及沂西田 季孫斯等帥師伐邾要

假

桓元年 假許田 鄭伯以璧

失邑例表第十一

亡國表第十二　　廖　震編次

師說亡國五十二春秋入滅取伐取遷執潰亡大去皆亡國詞然聖王有興滅繼絕之功天下諸侯相滅亡者力爲救之邢亡城邢杞亡城杞此方伯之職亦王者之心嗟夫梁亡實無爛而自取烯矣陳火幸死灰其終然要之雖見恢復無解滅亡合而計之共五十二國其中滅文重見者既有十三至於向與運

爲內邑鄧穀郜又滅在春秋前不在此例

極 隱二年無駭帥師入

盛 隱五年秋衛師入　十年冬齊鄭人入　莊八年降齊師　文十二年來奔

載 隱十年鄭伯伐取

許 隱十一年公及齊鄭君入　定六年鄭游遬帥師滅

杞 桓二年九月入　僖十四年城緣陵徐莒魯之　廿七年公子遂入　襄廿九年再城滅也

紀 莊四年侯大去齊滅

宿 莊十年宋人遷

譚 莊十年齊師滅

遂 莊十三年齊人滅

蔡 莊十四年荊入　僖四年潰　文十四年晉郤缺入　昭十一年楚師滅

曹 莊廿四年赤歸諱滅　僖廿八年晉侯入　哀八年宋公入

陽 閔二年齊人遷

衛 閔二年狄入

邢 僖元年城諱滅　二十五年衛侯滅

夏陽 僖二年虞晉師滅

舒 僖三

年徐人取
弦 信五年楚人滅
虞 信五年晉人執
溫 信十年狄滅
黃 信十二年楚人滅
項 信十七年夏滅齊滅之也
梁 信十九年亡
滑 信廿年鄭人入卅三年秦人入
隗 信廿六年楚人滅
沈 文三年潰昭廿三年吳敗師滅定四年蔡公孫歸姓帥師滅
江 文四年楚人滅
都 文五年秦人入
六 文五年楚人滅
庸 文十六年楚秦巴人滅
舒蓼 宣八年楚人滅
陳 宣十一年楚子入襄廿五年鄭公孫舍之帥師入昭八年楚師滅
蕭 宣十二年楚子滅
赤狄潞氏 宣十五年晉師滅
赤狄甲氏
畱吁 宣十六年晉人滅
州來 成七年吳入昭十三年吳滅
莒 成九年潰
舒庸 成十七年楚人滅
鄫 襄六年莒人滅昭四年九月取
萊

襄六年齊侯滅

偪陽 襄十年公會晉侯等遂滅

舒鳩 襄廿五年楚屈建帥師滅

厲 昭四年楚子等遂滅

賁渾戎 昭十七年晉荀吳帥師滅

鄅 昭十八年邾婁人入

巢 昭廿四年吳滅

徐 昭三十年吳滅

楚 定四年吳入

吳 定五年 哀十三年於越入

頓 定十四年楚公子結等帥師滅

胡 昭廿三年吳敗師滅 定十五年楚子滅

邾婁 哀七年八月己酉入

亡國表第十二

敵國殺執君大夫表第十三　歐陽厲編次

古者天子制諸侯使小大相維而設其牧有天子則有方伯於是有伯討其後衆私侵伐方伯不能禁則伯者恥之所謂伯者若齊桓晉文位不爲方伯而主會諸侯者也法伯討以定罪若執之於天子之側結日偏戰獲敵論功雖殺君大夫不得依相殘之例也凡執君卿舍之郊學蓋欲示以禮體故曰以歸其

目言殺執當坐相賊害也又其甚者誘討而託於義淫凶以逞其意據事以觀斧鉞乃章今以二類表之

君戰　殺國　侯執人執　以君
死位不死君例戕例國君國君　歸內
正例言獲時用之月例例變例變例言以
時例同　時附執時月日來例
時　伐執畀執　時附以歸歸于歸之于

昭廿三年胡僖十五年獲桓六年殺宣十八年秋成十五年晉僖五年冬僖十九年春僖十九年已哀七年以
子髡晉侯陳佗七月侯執晉人壬三酉鄫鄫婁
沈子秦獲執蔡不言人邾婁曹伯執虞月宋婁人子益

殲滅 吳大敗之言敗

敗 內諱獲言輸平例時 隱六年 春鄭人來輸平不言戰 外佚獲敗君使敵大夫例月

昭十一年 殺之于申 楚子虔誘蔡侯般 十六年 殺之 楚子誘戎蠻子 定四年 殺之以沈子嘉歸 僖十九年 用之 邾婁人執鄫子 昭十一年 用之 執蔡

人戕鄫子于鄫

歸于京師 僖廿一年 執宋公以伐宋 楚子會于盂執 僖廿八年 執曹伯畀宋人 丙午晉人執曹侯

公 成九年 晉人執鄭伯 襄十九年 晉人執邾婁子 昭四年 楚人執徐子 哀四年 宋人執小邾婁子 襄十六年 晉

人執滕子名

執鄫子用之

來 莊十年 以蔡侯獻舞歸 宣十五年 以潞子嬰兒歸 定六年 以許男斯歸 十四年 以頓子牄歸 十五年 以

成二年秋七月齊侯使國佐如師〔言賂敗〕〔冊有餘子好以〕

人執莒子邾妻子以〔歸〕〔哀四年〕晉人執戎曼子〔名〕歸〔楚定〕于〔僖廿八年〕晉人執衛侯〔歸于師之京〕

胡子豹歸〔哀八年〕以曹伯陽歸〔僖廿六年〕以隗子歸〔名不〕〔定四年〕以沈子嘉歸〔殺之〕〔襄十六年〕莒子邾子妻歸以

人　蔡世子有以歸　楚師滅執　日時　成十五年　曹伯歸于京師　晉侯執　哀四年　戎曼子赤歸于楚　晉人執

獲大夫例時：僖元年獲莒挐　宣二年獲宋華元　襄廿六年獲蔡公

非大夫言獲例時：哀十四年獲麐

殺大夫例時：昭八年殺陳孔瑗王午楚滅師　莊九年殺之九月齊人取子

變例月：宣十一年冬十月楚人殺陳夏徵舒

伐執滅執例時：昭四年執齊慶封殺之秋七月楚子等伐吳執　八年執

人執行人例時：昭廿三年晉人執我行人叔孫舍　襄十一年楚人執

人執大夫例時：執內大夫內女　文十四年齊人執單伯　昭十三年晉

變例月：成十六年九月晉人執季孫

以歸以侵例時：隱七年以歸戎伐凡伯于楚丘　昭十三年以歸晉人執季孫隱　僖廿八年衛侯歸之于京師晉執人

子變昭廿三年獲陳夏齧哀十一年獲齊國書

糾與文伯單順同君上詞臣昭四年殺之秋七月楚子等伐吳執齊慶封八年殺之楚人執陳行人干徵師

陳公子招放之于越壬午楚師滅執

鄭行人良霄十八年夏晉人執衛行人石買定六年秋晉人執宋行人樂祁犂昭八年楚人執

人執季孫隱如以歸文十四年齊人執子叔姬執外大夫微者僖四年齊人執陳袁濤塗襄廿六年晉

行父舍之于招丘桓十一年九月宋人執鄭祭仲

如僖元年以歸齊人殺夫人內諱之言以歸定七年以侵衛齊人執衛行人北宮結

陳行人干徵師殺之（定七年）齊人執衛行人北宮結以侵衛

人執衛甯喜（莊十七年）齊人執鄭瞻

（定元年）三月晉人執宋仲幾于京師

釋例舍之放之逃來來歸歸例歸自至自夫人

時例例例例時例例至自

時時時月時時日

（僖廿一年）釋（成十六年）舍（昭八年）放（莊十七年）秋（文十五年）十（哀八年）歸（成十六年）曹（文十五年）單（僖元年）十

宋公之于之于鄭瞻有二邾婁伯歸伯至有二

招北越（楚師）自齊月齊子益自京自齊月丁

九月日滅晉人執陳孫執季公子文行招逃來人來于郕師歸子叟叔姬

昭十四年春巳夫隱如人氏至自之喪晉至自

昭廿四年叔齊孫舍至自晉

敵國殺執君大夫表弟十三

出入例表第十四

廖　榮編次

傳曰王者無外不言出內諱奔謂之孫所以自治也諸侯失地名死位滅所以正人也然而聖王有興滅繼絕之功躬自厚而薄責於人故有相滅亡者君子恥之所爵非其賢所封非其才君子恥之故設四科以治出入而有罪無罪受法焉其或見入不見出或見出不見入者春秋新例亦不爲記事作也見者

不復見從可知耳傳尤詳於出入發四例以
明之遜則言入順則言歸義則言自力則言
納餘以類坿焉

內奔夫人王奔變例王大變例內大變變變變
言孫孫例言居言出夫奔言出夫出例例例例
例月例居不言奔正月時不不
日時出例言言
坿居公日
出出
從從
正變
例例
日時

昭廿五年九莊九年二昭廿三年天僖廿四年天襄卅年王成十二年周成十六年冬昭十二年閔二年年文八年宣十八年
月已月夫王居王出子瑕公出十月冬公丙遂
亥公入孫于狄居于奔晉奔晉乙亥十子戌奔

孫于
齊

于齊
不稱氏
閔二年九
月夫
人姜
氏孫
于邾
婁

泉
昭廿二年劉
子單
子以
王猛
居于
皇
入公居
昭廿六年居
于運
昭廿七年居
于運
昭廿九年居
于運

鄭

昭廿六年尹
氏召
伯毛
伯以
王子
朝奔
楚

自私
土賢
者子
孫宜
有
地

叔
驕如
出奔
齊
襄廿三年冬
十月
乙亥
臧孫
紇出
奔邾
婁

孫
月
公
子
整
出
奔
齊

慶
父
出
奔
莒

奔
莒
公孫敖

齊
公孫歸父

出奔變例
變例
出入變例
出有變例
變出
出變

正例月
日
無惡月
惡歸月
例無入例

時例

言歸正例時

無惡言歸正復例時

日惡月

惡入有惡言復入正例時

惡言入正例時

昭廿二年 劉子單子以王

昭廿六年 冬十月天王

王猛入于王城 入于成周

莊九年 齊小白入于齊

哀六年 齊陽

昭三年 北燕伯款出奔齊

桓十六年 十有一月衞

生入于齊 莊三年 秋紀季以酅入于齊

莊六年 夏

僖廿八年 夏衛侯出奔楚 不名爲叔武不絶之

侯朔出奔齊 奔入皆月重治朔

襄廿四年 巳未衛侯衎出奔齊

僖卅年 衛侯鄭歸于衛 前執不名

僖廿八年 六月衛侯鄭自楚復歸于衛 殺叔武名

襄廿六年 甲午衛侯衎復歸于衛

襄廿五年 衛侯入于陳儀 不名惡剽

六月衛侯朔入于衛

昭廿一年冬蔡侯朱出奔楚

桓十一年鄭忽出

桓十五年五月鄭

昭十三年陳侯吳歸于陳

昭十三年蔡侯廬歸于蔡

桓十一年突歸于

桓十八年秋八月蔡季自陳歸于蔡

桓十五年鄭世子

復歸治剽名以治衎

桓十五年秋

奔衞伯突不爵歸以出奔稱世子蔡

鄭

忽復歸于鄭

九月鄭伯突入于櫟

昭元年莒展出

莊廿四年赤歸曹郭公

僖廿八年曹襄伯復歸于曹不稱名執

昭元年莒

春秋列表 出入五

奔吳

昭元年

楚公子比出

昭十三年

夏四月楚公[illegible]

[illegible]于[illegible]

去疾自齊入于莒

桓十五年

許叔入于許

奔晉

莊十年夏譚子奔莒以下國滅不言出不名

僖五年弦子奔黃

十年溫子奔衛

子比自晉歸于楚

昭十五年

蔡夏吳昭鄭奔

卅年

子徐禹章楚奔

太平詳謚名故

大夫

莊十二年

冬十月宋萬奔陳弒

成十五年

宋

成十五年

宋

華元 奔晉

宋魚石 楚

襄七年 宋華臣 陳

昭六年 宋華合比 衛

昭廿年 冬十月宋華亥向甯華

華元 自晉

成十八年 宋魚石復入彭城

昭廿二年 宋華亥向

廿二年宋華亥向甯華定自宋南里出奔楚　定十年宋樂世心曹　宋公子池陳　宋公之弟辰暨

定　陳

甯華定自陳入于宋南里以畔

定十一年春宋公

宋仲佗石彄陳

之弟辰及仲佗石彄公子池自陳入于蕭以畔 秋

宣十年 齊崔氏 衛

成十七年 齊高无咎 莒

襄廿九年 齊高止 北燕

宋樂世心自曹人于蕭

襄廿一年 秋 晉欒盈 楚定

定十四年 晉趙陽 宋

定十三年 晉趙鞅歸于晉

襄廿三年 晉欒盈復入于晉

襄廿三年 入于曲沃

定十三年 秋 晉趙鞅入于晉陽以畔 冬 晉荀

僖廿八年 衞元咺 五日

成七年 衞孫林父 五日

襄廿七年 衞

成十四年 衞孫林父 夏 五日

僖廿八年 衞元咺 五日

盈及士吉射入于朝歌以畔

侯之弟鱄（奔晉）

（廿八年）衛石惡（奔晉）

（定十四年）衛世子蒯聵（奔宋）

衛公孟彄（奔鄭）

（哀十一年）衛世叔齊（奔宋）

（哀十年）衛公孟彄（自齊）

春秋列表　出入十

襄廿年 陳侯之弟光 楚

廿四年 陳咸宜咎 楚

昭八年 陳公子留 鄭

哀十一年 夏陳袁頗 鄭

襄廿年 蔡公子履 楚

襄廿三年 陳侯之弟光自楚

哀四年 蔡公孫辰出奔吳

襄卅一年 鄭良霄出奔許

莊廿四年 曹羈出奔陳

昭廿年 夏曹公孫會自鄸出奔宋

昭元年 夏秦伯之弟

襄卅年 鄭良霄自許

鍼晉

定四年楚囊瓦鄭

附

文七年晉先眛奔秦在外不言出所以正其罪

附凡人

時人

宣八年萬人

昭十五年籥人

月人

文十四年秋七月有星孛入犴北

日人

莊廿四年八月丁丑夫人姜氏入

外君來奔例月名
昭廿三年 秋七月莒子庚輿
哀十年 春王二月邾婁子益

變例月不名
文十二年 春王正月盛伯 不名起我滅之

變例時名
文十四年 宋子哀

外大夫來奔例時 同前
襄六年 宋華弱
廿三年 夏邾婁鼻我
廿八年 冬齊慶封
昭十年 夏

變例時不名
文八年 宋司城 宋無大夫

納君例時 納子 同
僖廿五年 納頓子于頓 楚陳圍
莊九年 納糾 公伐 齊月
文十四年 晉人納接菑

納大夫例時 從減國例
宣十一年 納公孫寧儀行父于陳 楚子入陳

放大夫例時
宣元年 晉放其大夫胥甲父于衛

立君例月
隱四年 冬十有二月衛人立晉

變例時
昭廿三年 尹氏立王子朝 凡非立君不錄

晉欒施（廿七年）邾婁快（定十四年）春衛公叔戌夏衛北宮結（哀六年）夏齊國夏及高張以地（襄廿二年）邾

于邾婁（昭十二年）春齊高偃帥師納北燕伯于陽（哀三年）晉趙鞅帥師納衛世子蒯聵于戚

（哀三年）蔡人放其大夫公孫獵于吳（昭八年）放之于越

婁庶其以漆閭丘

昭五年夏莒牟夷以牟婁及防茲

卅一年冬黑弓以濫自某

定十四年宋公之

附

桓二年戊申納于大廟

取郜鼎于宋日從失禮宗廟例

楚師滅陳執陳公子招

出入例表弟十四

弟辰

自蕭

君臣相殺表第十五

賀濟鑫編次

語曰君使臣以禮臣事君以忠傳曰臣弑于
弑非一朝夕之故由辨之不早辨也其始以
小失禮之故至于不忠大逆而不可悔故夫
爲國在以禮而已孟子有言春秋成而亂臣
賊子懼董狐南史冒刄奮筆趙崔之倫殺之
如一孤雛吝之如一蚤蝨行政秉權夫何懼
哉獨孔子諱内惡君桓宣謹僖僭外昭公深

沒其文爲史曲筆其事與執簡相反而天下後世知禮之士得操魁柄以制亂賊之萌彼誠不敢發抑又不忍非待其萌而絕之也夫君之殺臣以討罪耳世子母弟嫌逼勢極三卿五官權位相軋故誅戮之禍必以此生二者皆正于其君故殺世子母弟大夫與殺君同詞詞曰殺其者所謂漸也君殺世子母弟稱爵殺大夫稱國明其重也大夫殺君稱名

氏相殺亦稱名氏　言無將也殺君窮諸人言
賤不得干尊爲衆　詞著其失衆罪坐諸大夫
也殺大夫窮諸盜言自下犯上即叛民也盜
殺君者大夫也孰使吾大夫而爲盜君之罪
也人殺大夫者亦大夫也沒其名氏而人之
亦無君之詞也君殺大夫稱國衆殺君亦稱
國言其無主名致國無大夫且無人焉猶君
自殺也討賊必於當國者其稱人盜國則賊

無主名以葬否見臣子之有無不葬是皆與殺也內殺必葬國不可以無主主不可以無臣先於公薨不地治之繼殺不卽位則有君矣繼殺言卽位是不繼也已有自治必無自討故內諱者詞窮也亦以亂賊之所懼不在詞也先以禮防其漸後以禮待其臣子彼何故而生亂我何亂之不弭乎記曰有道之國君臣未嘗相殺故表其大例以爲坊禁

殺君正例

日

世子

文元年冬十月丁未楚世子商臣殺其君髡

昭十九年夏五月戊辰許世子止殺其君買非殺加殺

公子

宣四年夏六月乙酉鄭公子歸生殺其君夷

當國不氏

變例

月

襄三十年夏四月蔡世子般殺其君固

變例

時

文十四年齊公子商人殺其君舍非君成君

昭十三年殺其君虔于乾谿楚公子比

十三年楚公子棄疾殺公子比實君行不稱

隱四年 戊申衞州吁
殺其君完
莊八年 冬十有一月
癸未齊無知殺
其君諸兒
桓二年 春王正月戊
申宋督殺其君
與夷及其大夫
孔父 累殺
莊十二年 秋八月甲午
宋萬殺其君接
及其大夫仇牧
累殺
稱名氏
宣二年 秋九月乙丑
晉趙盾殺其君

君

僖十年 晉里克殺其
君卓子及其大

夷獋（亂殺）

（宣十年）癸巳陳夏徵舒殺其君平國

（襄廿五年）夏五月乙亥齊崔杼殺其君光

（廿六年）春王二月辛卯衛甯喜殺其君剽

國殺正例

時（附盜殺）（附閽殺）

（文十八年）莒殺其君庶其

（定十三年）薛殺其君比（盜殺）

變例

月

（昭廿七年）夏四月吳殺其君僚

夫荀息（累殺）

變例

日

（哀六年）齊陳乞殺其君舍

（成十八年）庚申晉殺其君州蒲（大夫殺）（弒之國）

（故日）

（哀四年）春王三月庚

閽殺

襄廿九年 閽殺吳子餘祭 不言其君無君臣之義

戌盜殺蔡侯申 稱盜殺君雖盜當稱人稱人例月此日者實大夫殺

人殺正例

月 附人殺子

文十六年 冬十有一月宋人殺其君處臼

襄卅一年 十有一月莒人殺其君密州

變例

日

文十八年 夏五月戊戌齊人殺其君商人

人殺子

莊九年 九月齊人取子糾殺之

殺君之子正例

日

變例

時

無

僖九年冬晉里克殺其君之子奚齊

昭八年春陳侯之弟招殺陳世子偃師

君殺大夫正例變例

時　月

稱爵殺　雖弒

僖五年春晉侯殺其世子申生

隱元年夏五月鄭伯克段于鄢　變殺言克

襄廿六年秋宋公殺其世子痤　故月

襄三十年天王殺其弟年夫　公子大夫下以

稱國殺

成十六年楚殺其大夫

大夫殺大夫例

時　稱盜殺

稱名氏以殺

宣十五年王札子殺召伯毛伯

昭十三年楚公子棄疾殺公子比　公子大夫下以

稱人殺

昭八年陳人殺其大夫公子過　公子

公子側

襄二年 楚殺其大夫

公子申

五年 楚殺其大夫

公子壬夫

十九年 鄭殺其大夫

公子喜

二十年 蔡殺其大夫

公子燮

廿二年 楚殺其大夫

公子追舒

哀二年 蔡殺其大夫

公子駟

公子

昭十四年 冬莒殺其公

子意恢

莊廿二年 陳人殺其公

子禦寇

名氏

文九年 晉人殺其大

夫先都

無名氏

文七年 宋人殺其大

夫

官舉

文八年 宋人殺其大

夫司馬

二人言及

文九年 晉人殺其大

夫士縠及箕鄭

父

非大夫同討

名氏

僖十年晉殺其大夫里克

十一年春晉殺其大夫平鄭父

文六年晉殺其大夫陽處父

宣九年陳殺其大夫泄治

十三年冬晉殺其大夫先縠

十四年春衛殺其大夫孔達

成十八年齊殺其大夫國佐

襄十九年齊殺其大夫比殺四大夫故月

成十八年春王正月晉殺其大夫胥童

賊

襄廿三年晉人殺欒盈

三十年鄭人殺良霄

附盜殺殺君兄同

襄十年冬盜殺鄭公子斐公子發公孫輒

哀十三年盜殺陳夏彄夫

昭二十年秋盜殺衛侯之兄輒

高厚
廿七年衞殺其大夫
甯喜
昭二年秋鄭殺其大
夫公孫黑
五年楚殺其大夫
屈申
十二年楚殺其大夫
成然
廿七年楚殺其大夫
郤宛
不氏
僖廿八年楚殺其大夫
得臣
文十年楚殺其大夫
宜申

成十五年宋殺其大夫山

無名氏

莊廿六年曹殺其大夫

僖廿五年宋殺其大夫

稱爵

僖七年鄭殺其大夫申侯

二人言及

僖三十年秋衞殺其大夫元咺及公子瑕

襄廿三年陳殺其大夫慶虎及慶寅

一人以上不言及

成八年晉殺其大夫
趙同趙括
成十七年晉殺其大夫
郤錡郤州郤至
哀四年夏蔡殺其大
夫公孫歸姓公
孫霍

內諱
例
殺君 殺子 殺大
言薨薨外言卒變例夫言變例變例言卒變例
正例亦例正例月 刺正時 同正同正時
日不地 日地葬 日 例 卒 例
日 日 日
隱十一年冬一 桓十八年夏 莊卅二年冬一 文十八年冬一 成十六年乙 僖廿八年刺 莊卅三年秋 襄七年鄭 襄廿五年十
十有 四月 十月 十月 酉刺之子公 七月 伯髡 有二

外諱
例
殺君

一月壬辰公薨 閔二年秋八月辛丑公薨

丙子公薨于齊 己丑葬

乙未子般卒

子卒

公子偃

買無罪故從諱例

癸巳公子牙卒 傳聞世不卒大夫卒卽見殺也

原如會丙戌卒于操 夏與公諱丙殺 八年葬桓同同

月吳子謁伐楚門于巢卒 坐故若卒 巢不殺使自

討賊	正例	時	莊九年春齊人殺無知
	變例	月	隱四年九月衛人殺州吁
賊不殺君	復見	附賊復見 逸賊	宋督 楚商臣 鄭歸
	賊未	討不葬	隱公 閔公 宋與夷
	討賊	書葬	衛桓公 齊襄公
	不責	討賊書葬	桓公 日葬 蔡景公

本不敵國	見葬殺君	未踰年 子般 子赤 陳佗 鄫子 鄫子 蔡般

宣十二年冬
十月
楚人
殺陳
夏徵
舒

生
齊崔
杼
陳乞
許止
楚棄
疾
賊復
見
里克
商人
趙盾
甯喜
公子
比
蔡侯

陳佗
宋接
晉卓
子
晉夷
獆
鄭夷
齊商
人
衞剽

蔡昭
公

蔡靈
公腊
葬
陳靈
公
鄭僖
公
許悼
公睹
葬

晉奚
齊
齊舍
蔡世
子有
楚公
子比
小國
鄅子
莒庶
其
鄅子
莒密
州
戎曼
子

戎曼
子
胡髡
沈楹
沈嘉

君臣相殺表弟十五

殺
桓公
遂賊
公子
慶父
時奔
宋萬
月奔

胡髡
沈楹
沈嘉
吳楚
楚髡
楚虔
吳餘
蔡
吳僚

殺君三十六表弟十六　　史榮森編

師說日食三十六殺君三十六然書君書殺徵諸經傳皆無異詞者二十四君爲敵國殺者兩鄫子及陳佗蔡般吳謁戎曼子六君敗而殺書滅者胡髡沈楹兩君共三十二君其國滅君死者坐滅爲重故不在殺例內則隱桓閔外則鄭髡原四君經不書殺而傳有殺詞傷詞可據雖不見殺文亦必從殺例無疑

有傳爲君而經書子書世子公子者自與子般子赤同未踰年雖曰臣子之心不可一日無君然究終始之義一年不二君故經不書君而書子子者宜爲君其不得例諸成君亦易明惟齊舍本非君而以賤商人君之許買本非殺而以警侍疾書殺共七條不在此例故國君見殺者實四十三而曰三十六今表如左

國	君
内	隱公 十一年桓弒不葬　桓公 十八年齊弒葬　閔公 二年慶父弒奔不葬
宋	與夷 桓二年督弒不葬督不見　捷 莊十二年萬弒奔不葬　處臼 文十六年人弒不葬
齊	諸兒 莊八年無知弒討葬　商人 文十八年人弒不葬　光 襄廿五年杼弒不葬杼奔　舍 哀六年乞弒不葬乞不見
晉	卓子 僖十年里克弒見弒非討不葬　夷獋 宣二年盾弒復見盾不葬　州蒲 成十八年國弒不葬
衛	完 隱四年州吁弒討葬　剽 襄廿六年甯喜弒弒喜非討不葬
陳	佗 桓六年蔡人弒不葬　平國 宣十年徵舒弒討葬
蔡	固 襄卅年世子般弒楚討先葬　般 昭十一年楚誘弒本當討不葬　申 哀四年盜弒不葬
鄭	夷 宣四年歸生弒不葬歸生不復見　髡原 襄七年諱弒葬

莒　薛　沈　鄫　胡　楚　吳　戎

人
庶其 文十八年國殺 密州 襄卅一年人殺 皆本不葬
比 定十三年國殺 不葬
楹 昭廿三年吳滅 本不葬 嘉 定四年蔡公孫姓歸執殺 本不葬
鄫子 僖十九年邾婁人用 鄫子 宣十八年邾婁人戕 皆本不葬
髡 昭廿三年吳滅 本不葬
髡 文元年世子商臣殺 商臣不復見 虔 昭十三年比殺 比見殺 皆本不葬
謁 襄廿五年巢殺 餘祭 襄廿九年閽殺 僚 昭廿七年闔殺 皆本不葬
戎曼子 昭十六年楚子誘殺 本不葬

附

國	人
內	般 莊卅二年慶父殺 赤 文十八年宣殺
齊	舍 文十四年商人殺 非君書君
晉	奚齊 僖九年里克殺
蔡	有 昭十一年楚執殺
許	買 昭十九年飲藥卒 非殺書殺
楚	比 昭十三年棄疾殺

殺君三十六表第十六

凶禮例表第十七　　廖　榮編次

春秋定一尊詳內主無貶譏而有哀隱故君薨皆日而以不地見殺子殺則月夫人殺則見殺之者矣尊無二上國君一體君之所治皆文之所得治也大夫則治之所先於是別三世之文皆於薨卒詳之所謂愼終者與文同而事異詞一而例緐察而可識也

君薨	君薨	君殺	子卒
正例	外正	正例	正例變例

日地

日葬例日日至日葬日不不葬日不月不

附不克葬地

（莊卅二年）八月癸亥公薨于路寢

（閔元年）夏六月辛酉葬我君莊公子叔過時

（桓十八年）夏四月丙子公薨于齊

（桓十八年）丁酉公之喪至自齊

（桓十八年）冬十有二月己丑葬我君桓公

地

（隱十一年）冬十有一月壬辰公薨

（閔二年）秋八月辛丑公薨

（僖卅三年）乙巳公薨于小寢

（文元年）夏四月丁巳葬我君僖公（當時）

（昭卅二年）十有二月己未公薨于乾侯

（定元年）夏六月癸亥公之喪至自乾侯

（定元年）秋七月癸巳葬我君昭公

（文十八年）春

（文十八年）六

地

（莊卅二年）冬十月乙未子般卒

（襄卅一年）秋九月癸巳子野卒

地[illegible]

（文十八年）冬十月子卒

王二月丁丑公薨于臺下

月癸酉葬我君文公當時、

宣十八年冬十月壬戌公薨于路寢

成元年二月辛酉葬我君宣公當時

成十八年己丑公薨于路寢

成十八年丁未葬我君成公不及時

襄卅一年 夏六月辛巳公薨于楚宮

定十五年 壬申公薨于高寢

襄卅一年 癸酉葬我君襄公 當時

定十五年 丁巳葬我君定公雨不克葬戊午日下昃乃

克葬		
夫人薨正例日不地	莊廿一年	秋七月戊戌夫人姜氏薨
	文四年	冬十有
日葬（附不克葬）	莊廿二年	癸丑葬我小君文姜
	文五年	三月辛
夫人薨正例日不地不葬	隱二年	十有二月乙卯夫人子氏薨
夫人薨外例日地	僖元年	秋七月戊辰夫人姜氏薨于夷
日至	僖元年	十有二月丁巳夫人氏之喪至自齊（十[illegible]）
日葬	僖二年	夏五月辛巳葬我小君哀姜
變例不稱夫人不言薨日卒	定十五年	秋七月壬申姒氏卒
日葬（不稱小君我君）	定十五年	辛巳葬定姒
變例不稱夫人不言薨日卒不葬	哀十二年	夏五月甲辰孟子卒

一月王寅夫人風氏薨〔十六年〕秋入月辛未夫人姜氏薨〔襄二年〕夏五月庚寅夫人姜氏

亥葬我小君成風〔十七年〕夏四月癸亥葬我小君聖姜〔襄二年〕已丑葬我小君齊姜

薨
四年秋七月戊子夫人弋氏薨
四年八月辛亥葬我小君定弋
九年五月辛酉夫人姜氏薨
九年秋八月癸未葬我小君穆姜
昭十一年五月甲申夫
昭十一年九月已亥葬

人歸氏薨

宣八年戊子夫人熊氏薨

我小君齊歸

宣八年冬十月己丑葬我小君頃熊雨不克葬庚寅日中而克葬

傳聞
世例變例變例變例變例大夫卒變例變大夫卒變
不卒錄大月 日 正例 時 例 正例 例
大夫夫卒 日 隔卒外地 不 日 時
時 卒

翬 公子 翬 柔 單伯 公子 慶父 溺 公子 結

隱元年公子益師卒九年俠卒

隱八年冬十有二月無駭卒有罪

隱五年冬十有二月辛巳公子彄卒莊卅二年秋七月癸巳公子牙卒

文十年春王三月辛卯臧孫辰卒宣十七年冬十有一月壬午公弟叔肸卒成四年夏四月甲寅

宣五年叔孫得臣卒與弒故時宣八年仲遂卒于垂于外故地與殺同得臣時亦

文篇叔彭生單伯

昭四年冬十有二月乙卯叔孫豹卒七年冬十有一月癸未季孫宿卒廿二年八月乙亥叔痤卒

昭十五年叔弓卒同得臣仲遂有罪例見三世文同義

聞世
見世

恩錄之起酖殺僖十六年二月壬申公子季友卒之賢秋七月甲子公孫茲卒使僖錄大夫同隱

臧孫許卒十五年二月乙巳仲嬰齊卒襄五年辛未季孫行父卒十九年八月丙辰仲孫蔑卒廿二年秋七月辛酉叔老卒廿三年己卯仲孫遬

廿三年癸丑叔鞅卒廿四年春王二月丙戌仲孫貜卒廿五年冬十月戊辰叔孫舍卒廿九年夏四月庚子叔倪卒定五年六月丙申季孫隱如

異卿以起傳聞世不卒例

外大夫傳聞世

正例　不卒	
變例　日卒	
變例　不卒	
聞世　變例　月卒	卒川二年己亥仲孫偈卒　卒外地　文十四年九月甲申公孫敖卒于齊　成十七年壬申公孫嬰齊卒于貍軫
見世　變例　時卒	卒五年秋七月壬子叔孫不敢卒　哀三年秋七月丙子季孫斯卒
時葬	

不葬

不葬 隱三年夏四月辛卯尹氏卒

時葬 莊廿七年葬原仲

不葬 文三年夏五月王子虎卒

定四年劉卷卒

定四年葬劉文公

內未嫁女卒正例日 僖九年秋七月乙酉伯姬卒 文十二年二月庚

已嫁正例不卒 僖杞伯姬 莊廿七年莒叔姬 以下非夫人 僖蕩

變例日卒 僖十六年夏四月丙申鄫季姬卒 嫌有罪當絕也

變例月卒 莊廿四年三月紀伯姬卒 莊廿九年冬

日葬 莊四年六月乙丑齊侯葬紀伯姬 莊三十年八

變例時卒 襄卅年伯姬卒 不係宋親之

外夫人卒月不葬 莊二年秋七月齊王姬卒

變例時葬 襄卅年宋共姬葬

子子叔姬卒見世不更見者從可知例

伯姬蕩氏之母宣高叔姬莊陳人婦

成八年冬十月癸卯杞叔姬卒脅紀歸喪刺內恩之

十有二月紀叔姬卒內女賤卒者君夫人皆先以得同嫡夫人

月癸亥葬紀叔姬不言葬者之以內恩葬之異於紀伯姬爲外夫人也

奔喪例時定十五年邾婁子來奔喪

會葬例時文元年天王使叔服來會

變例月襄卅一年冬十月滕子來會

唁例時昭廿五年齊侯唁公于野井

哭例時成三年二日哭

不哭例變例月莊廿二年春王正月肆大眚

賵例時禭同文五年且賵九年秦人來

變例月含同隱元年秋七月天王

凶禮例表第十七

葬五年王使召伯來會葬

葬君故定十五年九月滕子來會葬

昭廿九年齊侯使高張來唁公卅一年晉侯使荀櫟唁公于乾侯

歸僖公成風之禭

使宰咺來歸惠公仲子之賵文五年春王正月王使榮叔歸含

天王崩葬例表第十八　蔡人龍編次

王魯新周周同列國故不記葬王以立葬公之例然不見葬文則例不顯必書葬而又以日月時治之傳云記崩不記葬又云我有往者則書豈不書皆譏不往乎則不記葬之文又何說與以此推之不及時過時亦託詞耳既無五月七月之明文將以何為過不及則將舍本經而讀禮記耶故案經起文分為五

例條釋而表之王子猛未踰年君從卒大夫例附于後

崩正例 日 不葬

隱三年三月庚戌崩
桓十五年三月乙未崩
僖八年冬十有二月丁未崩
成五年冬十

變例 日葬

文八年秋八月戊申崩
九年春辛丑葬襄王
日葬者上如月與使

變例 月葬

襄元年九月辛酉崩
二年春王正月葬簡王
月葬者貶同大國起

變例 時葬

宣二年冬十月乙亥崩
三年春葬匡王
時葬者崩葬閒唯書牛傷起其

變例 不見崩 月葬

莊三年五月葬桓王
不書崩者若沒其崩日者然不葬則例不見故又月貶之起內

天王崩葬例表弟十八

有一月乙酉崩

襄廿八年十有二月甲寅崩

附

昭廿二年冬十月王子猛卒

歸月相起明去天丙與王皆有譏遂故從內例

上稱天子爲治文

微不能奉天而之睿柳使爲失政益明

忘仇王使之也下廿三年來聘去天王相發明

諸侯卒葬例表第十九　　蔡人龍編次

春秋託王於魯貶外諸侯言卒所以褒内也故外諸侯記卒記葬均與内異凡諸侯五月而葬者禮說也傳發六例無据以言之小國不與大國同則例亦不可推今但分大小國爲二著其時月日之異例三世之異文以備參攷云

大國

例	宋
正例 日卒月葬	莊二年冬乙酉公馮卒　三年夏四月葬莊公 正　昭廿五年十有一月己亥公佐卒于曲棘　廿六年春
變例 日卒日葬	隱三年八月庚辰公和卒　冬癸未葬繆公 當時危　成二年八月壬午公鮑卒　三年春乙亥葬
變例 日卒時葬	昭十年十有二月甲子公戌卒　十一年春葬平公 不及時共公不曰卒盈去平葬月以起之
變例 月卒日葬	成十五年夏六月公固卒 不日 國亂　秋八月庚辰葬共
變例 日卒不葬	僖九年春王三月丁丑公禦說卒　不葬 僞襄公諱背殯　僖廿三年夏五月庚寅公慈父卒　不葬
變例 月卒不葬	文七年夏四月公王臣卒 [illegible] 不葬絕之
變例 時卒不葬	

王正月葬元公不及時慢

文公過時隱之

公不及時薄

盈諱

附見殺與夷桓二年正月戊申殺不葬賊未討

接莊十二年八月甲午殺不葬賊出

處臼文十六年冬十有一月殺不葬

齊

成九年秋七月丙子

桓十四年冬十有二月

宣十年己巳侯元卒

文十四年夏五月乙亥

侯無野卒冬十有一月葬頃公正

哀五年秋九月癸酉侯處臼卒閏月葬景公義數閏不及時

丁巳侯祿父卒

十五年夏四月己巳葬僖公危當時

僖十七年冬十有二月乙亥侯小白卒

十八年秋八月丁亥葬桓

六月葬惠公譏公不待葬畧之

襄十九年秋七月辛卯侯瑗卒冬葬靈公使子從取畧之

哀十年三月戊戌侯陽生卒夏葬悼公

侯潘卒不葬起子舍未踰年稱君使若早卒

公　隱之　過時

趙誠校

僖廿七年夏六月庚寅齊侯昭卒秋八月乙未葬孝公　不及時渴

諸兒見殺　莊八年十一月癸未

九年秋七月

文十八年五月戊戌商人殺　不葬　賊未討

襄廿五年夏五　光

文十四年秋舍殺　不日　未踰年　不葬

丁酉葬襄公（賊討之救白　過時已隱者小）

月乙亥弒不葬（賊未討）

夏六年秋不越生國　金殺日隱當　不葬賊未討

晉

長十五年冬十有一月癸亥侯周卒

十六年春

僖廿三年冬十有二月己卯侯重耳卒

卅三年夏四

文六年八月乙亥侯讙卒

冬十葬襄公

僖九年秋甲戌侯詭諸卒不葬

晉小國本

僖廿四年冬晉侯夷吾卒

文公屬之晉畧

昭十六年 月 侯

卅年 月 侯 卒

王正月葬悼公不及時慢秋八月己亥夷卒冬十月葬昭公不及時慢夏六月庚辰去疾

秋八

月癸

已葬 昭十年

文公 子 卒

[illegible]伯 北月

漏言 昭公名之 冬十二 侯虔 葬平公 [illegible]

宣九年 酉 臀 扈

故始 見不 葬 秋辛 侯黑 卒于 卒於會地故不葬 篡不明

成十年 午 卒

夏丙 侯獳 不葬 [illegible]不明

不葬 篡不明

月葬頃公不及時慢

晉見殺宣二年夷獋九月乙丑弒不葬賊未討春

成十八年庚申弒州蒲不葬賊未討

僖九年奚齊冬殺不日未踰年

不葬起里克非討殺

僖十年卓子春殺不

衛

桓十二年丙戌侯晉卒　十三年三月葬宣公　正

成十四年冬十月庚寅侯臧卒　十五年春王二

成二年秋庚寅侯遬卒　三年辛亥葬繆公　過時隱之

昭七年秋八月戊辰侯惡卒　十二

僖廿五年夏四月癸酉侯燬卒　秋葬文公　嗣子罪未明奪其恩故不月

莊廿五年夏五月癸丑侯朔卒　不葬　得罪天子子不當立故奪其臣子詞

宣九年冬十月癸酉侯鄭卒

葬起里克非討殺

月葬定公正

襄廿九年夏五庚午侯衛卒秋九月葬獻公正

哀二年夏四月丙子侯元卒冬十月葬靈公

月癸亥葬襄公晚

不葬殺叔武不明罪

過時不能

附見
隱四年春戊申殺完
五年夏四月葬桓公不賊能討已

陳
莊元年冬十月乙亥陳侯林卒
二年春王二月葬

桓五年春正月甲戌己丑陳侯鮑卒二日
無距子謚夏葬

桓十二年秋八月壬辰陳侯躍卒
不葬
先佗死于蔡躍與蔡

襄廿六年春辛卯殺剽
不葬
賊未討

僖廿八年陳侯款卒
不葬
從卒從會哀

莊公正

僖十二年冬十有二月丁丑侯處臼卒

宣十三年夏四月葬宣公正

定四年春王二月癸巳侯吳卒六月葬惠

桓公時葬略之

襄四年春王三月己酉侯午卒秋葬成公

昭八年夏四月辛丑侯溺卒冬十月葬哀公無楚葬子臣時遇

會故大葬

文十二年夏五月壬午侯朔卒不葬北敖殯會溫盟爲之諱

蔡

公正八年秋七月戊辰侯柳卒九月葬懷公不及時慢

附見殺宣十年國夏平殺於夏巳十二年春葬靈公之葬諱楚討

桓六年佗見殺蔡注辭不葬絕

隱八年夏六月己亥侯考父卒　八月葬宣公慢　昭廿年冬十有一月辛卯侯盧卒　廿二年春王三月葬平公慢見世小

桓十七年六月丁丑侯封人卒　秋八月癸巳葬桓侯謂不稱公為殺陳君佗使季篡立無臣子

宣十七年春丁未侯申卒　夏葬文公小國所聞世例日卒時葬此葬不月者蔡人聞世郎楚故取

昭廿三年夏六月侯東國卒于楚存蔡故不日以起之不葬在楚卒無臣子

僖十四年冬侯肸卒　不葬時卒不葬小國初見例起於桓侯蔡始進為小國

春秋列國卒葬表八 大國 三十二

國例

附見殺 哀四年弑殺 申庚戌 冬十有二月葬昭公 不能賊已討

附殺 月葬 月固 襄卅年夏四月殺 冬十月葬景公 子不必討故葬從孫 大國

附時 月 昭十一年楚殺中當故日不日 殺葬般誘于般絕誘殺 十三年冬十月葬靈公

諱使若正葬

不與楚討使廬得葬

鄭

桓十二年夏五月癸未伯寤生卒 秋七月葬莊公 慢

莊卅二年夏五月辛酉伯突卒

宣三年冬十月丙戌伯蘭卒 葬繆公 慢

成四年三月壬申伯堅卒 夏葬襄公 慢

僖卅二年夏四月己丑伯接卒 不葬 殺寓公申侯罟之

成六年夏六月壬申伯費卒 不葬 背殯絕之

襄二年六月

冬十有二月葬厲公不能

昭十二年三月壬申伯嘉卒五月葬簡公慢

廿八年夏四月丙戌伯甯卒六月葬定

襄七年冬丙戌卒于鄵髡原言卒實弒

八年夏葬僖公不無能子臣聞入鄭世時當以葬國小楚從從還與本之退髡至後原衰乃德錄大同國

庚辰伯睔卒不葬諱伐喪髡原殺不明歸奪臣子恩

公不及時

定九年夏四月戊申伯蠆卒六月葬獻公不及時

附見殺

夷宣四年夏六月乙酉殺不葬賊未討

楚例

楚自旅伯卽進同大國例日卒月葬不葬者

辟其僭也卒恒日無月時者治夷狄之義與進不與退與潔不保往也吳秦不從此例者不一而足餘夷皆小國不在此例

宣十八年秋甲戌子旅卒

襄十三年秋九月庚辰子審卒

廿八年冬乙未子昭卒閽

昭元年冬十有一月己酉子卷卒

	廿六年九月庚申子居卒 襄六年秋七月庚寅子彰卒 附見殺 文元年髡冬十月丁未弒
昭十三年虔 時者起非比實殺 十三年公子比實君不稱君故時	

小國 傳聞世	滕	薛
正例 時卒 不名 不葬	隱七年春侯卒	
變例 月卒 不名 不葬		莊卅一年夏四月伯卒 [illegible]
變例 日卒 不名 不葬		
變例 時卒 名 不葬		
變例 日卒 名 不葬		
變例 時卒 名 時葬		
變例 月卒 名 時葬		
變例 日卒 名 月葬		

曹

也昄

僖七年秋伯般卒冬葬昭公

莊廿三年冬十有一月伯射姑卒廿四年春葬莊公曹正例

桓十年春王正月庚申伯終生卒夏五月葬桓公不從本例

杞	邾婁
僖卅三年冬十有一月子卒 起爲鄫見滅子	
	莊十六年冬十二月子克卒 賂之袞
	莊廿八年夏四月丁未子瑣卒 起葬

杞主爲內見

宿	許
隱八年夏辛亥男卒日錄之起以世三例	
	僖四年夏男新臣卒襄 秋葬繆公

聞世

正例	變例	變例	變例	變例	變例	變例	變例	變例
月卒	時卒	日卒	時卒	月卒	日卒	時卒	月卒	月卒
名	名	名	名	名	名	不名	不名	不名
時葬	時葬	時葬	不葬	不葬	不葬	不葬	不葬	不葬

哀

滕

宣九年 月 卒 本 故 名 葬
八 子 朔 見 爵 小 不

成十六年 四 辛 子 加 起 名 葬 貶
夏 月 未 卒 錄 不 不 非

曹

文九年秋

成十三年冬

宣十四年夏

八月伯襄卒　冬葬共公

伯廬卒于師[illegible]　冬葬宣公

五月壬申伯壽卒[illegible]　秋葬文公

襄十八年伯負芻卒于師[illegible]　冬

十九年春葬成公

杞卒葬進異他起新三之
闕世日時之于國為王客一

襄六年春王正月壬午伯姑容卒

廿三年三月己巳伯匄卒 秋葬桓公 百又

邾婁闕世不葬同滕

葬孝公

文十三年夏子蘧蒢卒不葬見衰進

成十七年冬二子貜且卒起上

襄十七年春王二月庚午子牼卒爲見世先不衰例又不葬

莒終秋春之秋吳同葬不

成十四年春王正

許

文五年冬十月甲申男業卒錄刘六年春葬信公

宣十七年春王正

月子朱卒進

月庚子男錫我卒之起世表例先進以見從

夏葬昭公

襄廿六年

八月壬午男甯卒于楚

錄之
冬葬靈公

秦 始葬 見世

文十八年 伯卒 之嗣婁克不
嬰 齊侯使郤子故葬宣西年春
稻 起上 伯卒

成十四年 冬 伯卒
與稻起正非也 嬰相見例畧

吳 不葬其 辭號

襄廿五年 子
襄十二年 秋

春秋列國卒葬十六 小國

三

謁伐九月
楚門子乘
于巢卒傑
卒正誤
例

見世
正例變例變例變例變例變例變例變例變例
日卒時卒月卒日卒時卒月卒日卒時卒月卒
名名名名不名名不名名名
月葬時葬月葬時葬時葬時葬時葬不葬不葬

滕
昭三年春
王正
月丁
未子
泉卒

昭廿八年秋
七月
癸巳
子甯
卒

哀十一年 七辛子母

五月葬成公秋月酉虞卒冬十有一月葬

哀四年 八甲子卒

冬葬悼公秋月寅結 冬葬頃公皆時者起月爲

隱公	薛不進畧之
	定十二年春伯定卒從初例穀卒錄卒起日恩 夏葬襄公 哀十年夏伯寅卒畧
襃進此見常例	昭卅二年夏四月丁巳伯穀卒 秋葬獻公

曹

秋葬惠公

定八年春伯露卒畧之

秋葬靖公

昭廿七年冬十月伯午卒

廿八年春王三月葬悼

昭十四年三月伯滕卒

秋葬武公

十八年春王三月伯須卒

杞葬時至哀始進月

哀八年冬十有二月癸亥伯過卒

春王

定四年夏伯戊卒于會哀

秋葬悼公

公同大國起時皆畧

昭廿四年秋丁酉伯鬱釐卒進

冬葬平公

昭六年春王正月伯益姑卒前爾子國滅復封披仍從闕世例

秋葬平公

夏葬

二月葬信公妻郳終書葬不進

文公

昭元年六月丁巳子華卒秋葬悼公

定三年三月辛

	莒終狄之同娶不葬	許終退時卒從夷例起滅略
		哀十三年夏男成卒葬
卯子穹卒秋葬莊公		
	昭十四年八月子去疾卒	

元公

附加殺昭十九年夏五月戊辰買冬葬悼公赦止

秦終卒十進日葬并時同郲婁自

卒昭五年秋伯

十月哀三年冬

殺戰敗爲夷嫌實夷故異吳不名者非嫡得

吳黎遂月卒冋曹

定九年秋卒

六年春葬景公　伯　冬葬哀公

癸卯伯卒　四年春葬惠公

定十四年夏子光卒　明時之　不葬故越

昭十五年春王正月吳子夷昧卒

諸侯卒葬例表弟十九

吉事例表第二十

廖　震編次

孔子曰魯之郊禘非禮也周公其衰矣杞宋者天子之事守也魯之王虞之天下者也故傳曰魯郊非禮也則必卜而用之又曰僭諸公猶可言也僭天子不可言也子家駒以季氏之禍原於君僭三家雍徹則不可忍然則魯之大禮專施於祭至其餘制宜同侯國而君臣緣僭實與郊禘既灌不觀蜡則喟然蓋

傷子孫之不能承休而乃以盛典爲厲階與予奪之意先師不言今輒次類其文以待推省者該郊之變耳

郊正 卜郊牛傷免牲鼠食鼠又改卜猶三

例 變例月 月 免牛例 食不牛例望例

不郊不從牛死時 月 言所時 時

日 時 時 時 食時

僖卅二年夏四月四卜郊不從

乃免

猶三

乃不郊

宣三年 春王正月郊牛之口傷

牲

成七年 春王正月奚鼠食郊牛角

改卜牛

望

猶三望

不郊

乃不郊

成十年夏四月五卜郊不從

襄七年夏四月

乃免牛

鼷鼠又食其角

猶三望

	乃不郊
三卜郊不從	襄十一年夏四月四卜郊不從
	牛死
乃免牲	
定十五年鼷鼠食郊牛	

夏五月辛亥郊

夏四月辛巳郊

社正例

日以祭日知之

改卜牛

哀元年鼷鼠食郊牛

改卜牛

變例

時

莊廿三年夏公如齊觀社

廿五年 用牲于社

卅年 用牲于社

文十五年 用牲于社

門正例

日

以凡祭皆日知之

變例

時

莊廿五年 用牲于門

廟祭正例

變例

變例

日

月

時

禘

不當禘言吉

僖八年 秋七月禘于

大廟

禘

閔二年 夏五月乙酉

吉禘于莊公

致禘言有事

（宣八年）辛巳有事于
大廟
（昭十五年）二月癸酉有
事于武宮
大祫言大事
（文二年）八月丁卯大
事于大廟
繹
（宣八年）壬午猶繹
嘗
（桓十四年）乙亥嘗
烝
（桓八年）春正月己卯
烝
夏五月丁丑
烝

告月

視朔

朝廟

祀

躋

卒事

閏月不告月（文六年）

夏五月公四不視朔（文十六年）

猶朝于廟（文六年）

從祀先公（定八年冬）

躋僖公（文二年）

卒事（昭十五年）

吉事例表第二十

宮廟例表弟二十一　鄧新林編次

傳曰周公稱大廟魯公稱世室羣公稱宮此魯舊名文家之辭也春秋書廟皆大廟親廟皆稱公稱宮者非五廟之例同生人寢宮耳故稱西宮無嫌而公居楚宮其文顯明孔子曰必也正名乎使可以假借通辭則尊卑人鬼瀆矣是故改羣宮曰公而以宮爲譏辭譏有輕重亦分三例以三寢附著焉大廟世室

路寢正也先公親廟也高寢毋居也餘宮以大廟治之小寢夫人之寢也以路寢小之故祖禰可以名治男女可以義別

大廟	日例	文二年八月丁卯大事于大廟 宣八年辛巳有
	月例	僖八年秋七月禘于大廟
廟	時例	文六年猶朝于廟
世室羣公	時例	文十三年世室屋壞
	日例	閔二年夏五月乙酉吉禘于莊公 文二年丁
	時例	文二年躋僖公 定八年從祀先公
羣公 稱宮	日例	無卽嘗稱宮宜見有事時祭稱宮之文今無親廟稱宮者固知當致聘
	月例	莊廿四年春王三月刻桓宮桷
	時例	莊廿三年秋丹桓宮楹

事于大廟　桓二年戊申納于大廟　羣廟外閈立宮　日　成六年二月辛巳立武宮　昭十五年二月癸

時　定元年秋立煬宮

丑作僖公主

不稱諡但稱宮　日　成三年春甲子新宮災　不言宣公廟災時初除喪譏事

非廟稱宮　日　僖廿年五月乙巳西宮災　見生人所居乃稱宮

妾母廟稱宮　月　隱五年九月考仲子之宮　不成喪故同之生宮

非廟稱廟　時　僖十五年秋震夷伯之廟　天戒之大之稱廟即以起先公

非室稱室　時　昭廿二年王室亂　諸子爭立不能承宗廟故稱室

禮曰受幣于某宮是周制親廟稱宮也

寢　莊卅二年路寢　公薨地同下　宣十八年路寢　成十八年路寢

宮廟例表第二十一

西有事于武宮哀三年五月辛卯桓宮僖宮災

稱不盡故同之生宮

襄卅一年夏六月辛巳公薨于楚宮

不當稱宮

寢定十五年寢居下子爲夫人僖卅三年寢稱君寢小

高母阮起孟辛昭小夫人小薨稱寢

婚禮例表第二十二　　廖　榮編次

春秋詳夫人之喪葬而不具録其昏至甚葬者君之事母內治則統於政禮而已矣譏不親迎一託始而已足故十二君之娶唯見六君而皆別有義嫁女三見歸于再見來逆明聖經之作不爲王者嫁娶作記注也然則禮不若義義斯爲禮而凡言據史文從赴告者誠爲陋矣

公納幣非禮時		莊廿二年冬
大夫納幣正時		
公親迎正時		廿四年夏
大夫逆女非禮時	桓三年公子翬如齊逆女	
不言逆者但言逆婦時		
夫人至時	秋夫人姜氏至自齊	
以夫人婦至月		
以夫人婦貶去氏至月		
夫人入日		八
覿夫人日		戊
致夫人時不言至妾詞	僖八年用致夫人	

公齊幣女以親為惡
如納取譬託譏小

文二年 公子遂如齊

公齊女不迎諱譬若得正
如逆譏親此取女使

四年 夏逆婦姜于

月丁丑夫人姜氏入嫌實正故為滅國詞
寅大夫宗婦覿用幣大夫無君之詞非正自明

納幣下爲徵者詞故以如齊明非賓徵

齊譏喪娶若使大夫女

宣元年公子遂如齊逆女不譏喪娶起下去氏

成十四年秋叔孫驕如

九月驕如以夫

三月遂以夫人婦姜至自齊去氏貶夫人起宣弑立

如齊逆女見一正例仍不見納幣明常事不書

人婦姜氏至自齊見一正例

來納來求女歸來媵致

幣正逆變例變例變變例婦正例變時女

例女月不言例言逆時月例時

時正女月婦時

例時時

時

隱二年九月紀履綸來逆

冬十月伯姬歸于紀

女紀裂繻不親迎

僖廿五年 宋蕩伯姬來逆婦

僖卅一年 冬杞伯姬來求婦

隱七年 春王三月叔姬歸于紀 前見伯姬歸此復歸媵自明媵

莊廿五年 伯姬歸于杞

成八年 夏宋公使公孫壽來納幣 不言逆不親迎諱之

而同女賢之

九年 二月伯姬歸于宋

成八年 衛人來媵

九年 晉人來媵

十年 齊人來媵 三媵非禮猶書非起媵書

九年 夏季孫行父如宋致女 起上不逆女非詈之

莊廿七年 慶逆姬夫例
莒來叔嫁大正

宣五年 秋九月齊高固來逆子叔

僖十五年 季姬歸于鄫

內逆外女時		莊元年夏單伯逆王姬
來逆外女時		桓八年祭公來遂逆王后于紀
外逆外女不言來	逆婦譏來故月	
外女歸		莊九年春紀季姜歸于京師 冬王姬歸于齊 莊十一年冬王
館外女時		秋築王姬之館
媵外女時	前已過故畧之	
外送外女月		桓三年九月齊侯送姜氏于讙

昏禮例表弟二十二

襄十五年劉夏逆王后於齊	
	姬歸于齊盈前諱文
莊十九年秋公子結媵陳人之婦于鄄	

婦事例表第二十三　李池蓮編次

婦人無外事而文家有大饗之禮交聞之道所以贊佐二姓恭事社稷以爲昏姻和合之本文有歸宗之義文無不通內不爲諱穀梁以爲皆譏非也然經書唯及外乎葢去文從質則改其制豈不以文哀二姜功小罪大聖姜脅僖翱翔卞淄大邦有子非可恒得齊桓戮夷辱同外討故備記鄫杞以顯共姬三媵

猶侈不嫌非禮寺堂逮火賢比三蔡亦何必託刺於舜華期榮於河鯉今故備其本末以待攷者知正變焉

夫人如正 例 時（人夫如同 公夫如人譎）莊十五年夏夫人姜氏如齊
變 月
夫人如至 例月
夫人會外 君正 例（時夫會 公及人同）莊七年春夫人姜氏會齊
變例 月 莊二年冬十有二月夫人
夫人饗外 君 月 莊四年春王二月夫人姜
夫人歸 時
夫人孫 月 莊元年三月夫人孫于齊
夫人致夫人 時 僖八年用致夫人

十九年 夫人姜氏如莒

文九年 夫人姜氏如齊 母之故見 前爲之詞特如

莊廿年 春王二月夫人姜氏如莒 莒譏沒月 結昏慶沒故

文九年 三月夫人姜氏至自齊 月起 者非

侯于防 冬夫人姜氏會齊侯于穀 前見故會從例 已月頻皆正

僖十七年 秋夫人姜氏會齊侯于卞

姜氏會齊侯于郜 起孫 月者未

氏饗齊侯于祝丘 嫌會再月 前譏爲故見

文十八年 夫人姜氏歸于齊 大歸

閔二年 九月夫人姜氏孫于邾婁 義絕月去起孫 當故孫氏未 故去有故 賁孫不氏罪月

春秋列長婦事 四三

五王

附 桓十八年 公夫人姜氏遂如齊

莊五年 夏夫人姜氏如齊師

公會女 正例 時

大夫女故特見至

附 僖十一年 夏公及夫人姜氏會齊侯于陽穀

女遇 變例 月

執女 例時

女來 正例 時

變例 月

致女 時

莊廿七年 春公

僖十四年 夏六

直來

成九年 季孫

會杞伯姬于洮

月季姬及鄫子遇于防 會遇同例此月者起改嫁

文十四年 齊人執子叔姬

莊廿七年 冬杞伯姬來

僖廿八年 秋杞伯姬來 求不歸

宣十六年 秋郯伯姬來歸

來朝子 僖五年 杞伯姬來朝

成五年 春王正月杞叔姬來歸

文十五年 十有二月齊人來歸子叔姬

行父如宋致女

春秋列長婦事二 尋

禭君母
正例

賵君母
變例

其子

來逆婦 僖廿五年 宋蕩伯姬來逆婦

來求婦 僖卅一年 冬杞伯姬來求婦

及夫來 宣五年 冬齊高固及子叔姬來

會葬君母
例

執君母諱
言以歸

時	文九年秦人來歸僖公成風之襚
月	隱元年秋七月天王使宰咺來歸惠公仲子之賵 文五年春王正月王使榮叔歸含且賵
時	文五年王使召伯來會葬歸
時	僖元年齊人以

婦事例表弟二十三

歸例表弟二十四

李池蓮編次

歸者女嫁之正名而嫁反亦曰來歸道有汙隆不可使無親也故反國曰歸饋物曰歸歸加于者有往來之義歸言以者有禮接之情來歸衛寳與來歸于叔姬同文以夫人歸與敵國執君同文皆從女起例自餘歸粟歸田凡言歸者亦於此見義故別爲表之

內女	外女 內女	來歸	以逆歸 歸復
歸于	歸于 來歸	內女	夫內某之歸

正例 月 嫁女于歸同 隱二年冬十月伯姬歸于紀 七年春王三月叔姬歸于紀 成九年二

變例 時 莊廿五年伯姬歸于紀 爲後無禮來昬之 僖十五年季姬歸于鄫 攺昬昬之昬之者皆奪我恖非

正例 時 夫人大歸同 桓九年春紀季姜歸于京師 莊元年王姬歸于齊 十一年冬王姬歸于

正例 時 歸附逃 宣十六年秋鄭伯姬來歸

變例 月 成五年春王正月杞叔姬來歸

正例 時 附歸不言來 無從有罪推之

變例 月 文十五年十有二月齊人來歸子叔姬

人 喪歸 時 僖元年齊人以歸 戌辰夫人姜氏薨于夷

女 喪以歸 月 成九年春王正月杞伯來逆叔姬

于 某 時

于 某 時

三例俱見出入例從可知不更出

月伯姬歸于宋 賤女

嫁女歸于

莊二十 春王三月紀叔姬歸于酅

齊

夫人大歸

文十八年 夫人姜氏歸于齊 同女文而嫁別殊不絕

之喪以歸

桓十一年 突歸于鄭

莊廿四年 赤歸于

莊卅年 衛侯鄭歸于衛

昭十三年 蔡

閔元年 季子來歸 從女例許其親親視

莊六年 冬齊人來歸衛寶

文九年 秦

隱元年 秋七月天王使宰咺來

隱七年 戎伐凡伯

定五年 夏歸粟于

僖廿八年 晉人執衛

曹

侯盧歸于蔡
陳侯吳歸于陳
定十三年晉趙鞅歸于晉

附
僖四年鄭伯逃歸
襄七年陳侯逃歸

人來歸僖公成風之襚
定十年齊人來歸運讙龜陰田
定十四年天王使石尚來歸脤
歸不

歸惠公仲子之賵
八年三月鄭伯使宛來歸邴

于楚北以歸餘見獲執例舉一可知

蔡 哀八年歸邾婁子益于邾婁

侯歸之于京師 成八年春晉侯使韓穿來言汶

言來

文十五年齊人歸公孫敖之喪

宣十年齊人歸我濟西田

哀八年齊人歸讙及闡

文五年春王正月王使榮叔歸含且賵

陽之田歸之于齊

歸例表弟二十四

錫求獻之例表第二十五　廖如璧編次

王者天下所歸往也聖人作而萬物覩凡有血氣者莫不尊親故不喜人附不禁人畔喜人附者畏人畔者也有諸侯受命無王錫命有征諸侯無求于諸侯諸侯不來受命而要王命以爲寵議者曰我能禁彼之不自王乎不如授之則王靈褻彼不成爲畔而反責望我矣聽其自王無妄錫命天下然後知名之

不可假諸侯不朝貢議者曰是可忍也孰不可忍則往責之責之而效則生輕心責之而不效則必征之是以小禮召大禍也不征之則無以復使人也勝之則是王者私欲自尊而輕民命不勝則勢不可止故曰王者無求此二者天下存亡之大機也齊楚威我以戎捷君子書之曰獻內不聘人而乞師則內外同詞故曰人有禮則安無禮則危非在彊弱

之勢也

錫正例 時 莊元年王使榮叔來錫桓公命 莊不言天王桓無王去天郎去王也 文元年天王使

變例 月 成八年秋七月天子使召伯來錫公命 不稱王譏不王月者但嫌譏王

求正例 時 隱三年秋武氏子來求賻 文九年春毛伯來求金 皆不稱天王深諱之 僖卅二年冬

變例 月 桓十五年春二月天王使家父來求車 月者桓大罪天子不能正

獻正例 時 僖廿一年楚人使宜申來獻捷 隱五年初獻六羽 為外詞至僭起諸侯

變例 月 莊卅一年六月齊侯來獻戎捷 不言使非獻捷也

乞例 附告假 時 僖廿六年公子遂如楚乞師 成十三年春晉侯使郤錡來乞師 十六年欒黶 十七年荀罃 十八年士彭 皆晉侯使來乞

錫求獻之例表第二十五

毛伯來錫公命

杞伯姬來求婦

師

鄭伯 僖八年 乞盟

附

臧孫 莊廿八年 辰告糴于齊

鄭伯 桓元年 以璧假許田

政役例表第二十六　　蔡人龍編次

穀梁說凡城皆譏據傳言諱以凶年造邑又曰凶年不修則修築力役之事王政所闕宜有大法也蒐閱田狩教民即戎見太平之效今分數類表之凡工役皆附見焉

城正例
時
內城一邑
（隱七年）夏城中丘
（九年）夏城郎
（桓五年）城祝丘

變例
月
外城爲內
詞
（僖二年）春王正月
城楚丘（衛滅起實）

戍
時
（僖廿八年）公子買戍衛
諸侯戍
（襄五年）冬戍陳

不卒戍
時
（僖廿八年）不卒戍衛

十六年冬城向

莊卅二年春城小穀

宣八年城平陽

成四年冬城運

九年城中城

襄七年城費

十三年冬城防

十九年城武城

定六年冬城中城

十五年冬城漆

哀五年春城比

內師城一

邑

哀三年季孫斯叔孫州仇帥師城開陽

十年戊鄭虎牢

內城二邑

城諸及防（莊廿九年）

城莒父及霄（定十四年）

內師城二邑

季孫行父帥師城諸及運（文十二年）

內城郭

城西郭（襄十九年）

城西郭（哀四年）

內師城郭

季孫宿叔孫豹帥師城成郭（襄十五年）

內城外邑

哀六年 春城邾婁葭

內會城

襄廿九年 仲孫偈會晉荀盈等城杞

昭卅二年 冬仲孫何忌會晉韓不信等城成周

內遂城

文七年 遂城郚 春公伐邾婁甲戌取須朐

內會遂城

襄二年 冬仲孫蔑會晉荀罃等

遂城虎牢

外師城

僖元年 齊師宋師曹師城邢

諸侯城

僖十四年 春諸侯城緣陵

築

時（附牆役）

莊元年 秋築王姬之館于外

莊廿八年 冬築微

莊卅一年 春築臺于郎

立

日

成六年 二月辛巳立武宮

時

定元年 立煬宮（凡立非役不錄）

丹

時

莊廿三年 秋丹桓宮楹

刻

月（附考）

莊廿四年 春王三月刻桓宮桷

附

隱五年 九

初

時

隱五年 初獻六羽

宣十五年 初稅畝

毀壞隳

時

文十六年 毀泉臺

十三年 世室屋壞

定十二年 叔孫州仇帥師隳郈

去大去

時

宣八年 去籥

昭十五年 去樂

莊四年 紀侯大去其

夏築臺于薛

秋築臺于秦

築鹿囿 成十八年

冬築郎囿 昭九年

夏築蛇淵囿 定十三年

附

冬浚洙 莊九年

叔弓帥師疆運田 昭元年

月考仲子之宫

季孫斯仲孫何忌帥師隳費

國

作正變例 變例 新作正變例 用正例變例

例 月（附舍） 日、例 月 時 日

時 時（附新延）

無以新作之知

成元年 三月作丑甲

文二年 丁丑作僖公主（欲久喪不能託于之作重功）

僖二十年 春新作南門（附）

定二年 冬十月新作雉門及兩觀

莊廿九年 春新延廄

發故始

襄十二年 春王正月作三軍

譏僭

附

昭五年 春王正月舍

莊廿四年 用幣

莊廿五年 鼓用牲于社于門

莊三十年 鼓用牲于社

僖八年 用致夫人

文十五年 鼓用牲于社

哀十二年 春用

成十七年 九月辛丑用郊（用者不宜）（用日者郊正例）

中軍

大閱 正例 時 無以廋知之狩

大閱變例 日 秋（桓六年）八月壬午大閱

大廋例 時 大（昭十一年）廋于比蒲

大（昭廿二年）廋于昌姦

大（定十三年）廋于比蒲

大（定十四年）廋于比蒲

廋例 時 秋（昭八年）廋于紅

田賦

狩正變例 時 冬（莊四年）公及齊人狩于郜（諱貶正）

狩例 春（哀十四年）西狩獲麟

外狩附 天（僖廿八年）王狩

月 春（桓四年）正月公狩于郎（譏遠）

祠兵觀例 日 甲（莊八年）午祠兵

觀例 時 春（隱五年）公觀魚于棠

夏（莊廿三年）公如齊觀社

俟例 時 以（莊八年）俟陳人蔡人

于河陽（言盟非狩，狩諱之詞）

遷于正例

時

成十五年許遷于葉（聞世錄許，爲見世三錄見）

昭九年許遷于夷

十八年冬許遷于白羽

定四年許遷于容城（許錄小國，見世致太平存亡之義也，必三乃足起其例）

變例

月

僖元年夏六月邢遷于陳儀（邢起）

七

三十一年十有二月衛遷于帝丘（衛前先亡，重里錄之）

哀二年十有一月蔡遷于州來（存蔡，故月）

遷正例

月

莊十年三月宋人遷宿

閔二年春王正月齊人遷陽

變例

時

莊元年齊師遷紀郱鄑郚（諱取言遷，故時）

政役例表第二十六

灾異例表第二十七

李滋蓮編次

春秋始元終麐以示天道其義主于記變以法象治人事人事常者不書然則王書者唯灾異爾自周以前歷家皆知日食有定限不足爲異唯小雅小雅之詩日月食其常日食不臧小雅周公之徒也文王演易于明夷豐皆見日食之象至春秋而重爲大法以爲天異之最重殺君三十六日食三十七似其應矣而

不可推測其餘則皆鴻範六診之占亦無術以言之信乎天道不可得聞乎具列其端以待達人發其奧焉

日食正朔既	桓三年秋七月壬辰朔日有食之既
日食正朔	莊廿五年六月辛未朔日有食之鼓用牲于社　莊廿六年冬十有二月癸亥朔
日食朔前	莊十八年春王三月日有食之　僖十五年夏五月
日食朔後既	宣八年秋七月甲子日有食之
日食朔後	隱三年春王二月己巳日有食之　僖十二年春
日食朔不言甲子	桓十七年冬十月朔日有食之
日頻食非食言食	襄廿一年九月庚戌朔日有食之此正食　冬十月庚辰朔此非食

襄廿四年秋
七月

卅年九月庚日有
社午朔鼓用牲于食之
僖五年九月戊
申朔
文元年二月癸
亥朔
十五年六月辛
社丑朔鼓用牲于
成十六年六月丙
寅朔
十七年十有二
月丁巳朔
襄十四年二月乙
未朔

王三
月庚
午
宣十年夏
四月
丙辰
十七年六
月癸
卯
襄十五年秋
八月
丁巳

廿四年秋七
月甲子
朔日有
食之既
此飢 正
八月癸
巳朔此非
食

春秋列長 災異二

甲子朔日有食之既（又見頻食例）

（二十年）冬十月丙辰朔（廿三年）春王二月癸酉朔（廿七年）冬十有二月乙亥朔（昭七年）夏四月甲辰朔（十五年）六月丁巳朔（十七年）夏六月甲戌朔（廿一年）秋七月壬午朔（廿二年）十有二

月癸酉朔廿四年夏五月乙未朔卅二年十有二月辛亥朔定五年春王正月辛亥朔十二年十有一月丙寅朔十五年八月庚辰朔

星異

日例

莊七年夏四月辛卯夜恆星不見

月例

文十四年秋七月有星孛入于北斗

時例

昭十七年冬有星孛于大辰

夜中星隕如雨哀十三年冬十有一月有星孛于東方

大雨 異 日 隱九年三月癸酉大雨

雨異 月 僖三年六月雨

不雨 異 時 莊卅一年冬不雨

月 僖二年冬十月不雨 僖三年春王正月不雨夏四月不雨

經時 不雨 月 文二年自十有二月不雨至于秋七月 十年自正月不雨

雨雪大雨 大雨雪 雪異異 月日 桓八年冬十月雨雪 昭四年春王正月大雨雪 隱九年庚辰大雨雪

雨冰 異 月 成十六年春王正月雨木冰

雨雹 異 時 僖十年冬大雨雹 僖廿九年秋大雨雹 昭三年冬大雨雹

至于秋七月

十三年自正月不雨至于秋七月

晦異

日　僖十五年己卯晦　成十六年甲午晦

震異

日　文九年九月癸酉地震　襄十六年五月甲子地

時　隱九年震電　僖十五年震夷伯之廟

霜異

時　僖卅三年隕霜不殺草

月　定元年冬十月隕霜殺菽

冰異

時　桓十四年無冰　成元年無冰　襄廿八年春無

月　成十六年春王正月雨木冰

震

(昭十九年)己卯地震

(昭廿三年)八月乙未地震

(哀三年)夏四月甲午地震

無冰

郊牛異

時：(成七年)改卜牛鼷鼠又食

月：(成七年)春王正月鼷鼠食

人異

日：(文十一年)冬十月甲午叔孫

草木異

時：(僖卅三年)霣霜不殺草李梅

月：(成十六年)春王正月雨木冰

蟲異

時：(莊十八年)秋有蜮　(廿九年)秋有蜚

月：(哀十二年)冬十有二月螺秌

鳥獸異

時：(昭廿五年)有鸛鵒來巢

時：(莊十七年)冬多麋　(哀十四年)春西狩

其角
定十五年鼷鼠食郊牛牛死
哀元年鼷鼠食郊牛
郊牛角
宣三年春王正月郊牛之口傷
得臣實
敗狄于鹹
長狄記異六

文八年螽
十三年十有二
冬二螽記異六
宣十五年冬十月螽
蝝生秋大

獲麐

外隕
異
日
僖十六年春王正月戊申朔隕石于宋五

外崩
異
日
僖十四年秋八月辛卯沙鹿崩
時
成五年梁山崩

外火
異
日
昭十八年夏五月壬午宋衞陳鄭災

外鳥
異
月
僖十六年是月六鷁退飛過宋都

外蟲
異
時
文三年雨螽于宋

旱雩 時例

桓五年大雩　成三年大雩　七年冬大雩　襄五年秋大雩　十六年大雩　昭八年大雩　定七年大

月例　附例 日

僖十一年秋八月大雩　十三年秋九月大雩　襄八年秋九月大雩　十七年九月大雩　廿八年秋

大旱 時

僖廿一年夏大旱　宣七年大旱

大水 時

桓元年秋大水　十三年夏大水　莊七年秋大水　廿四年大水　廿五年秋大水　宣十年大水　成五年秋

火 日

桓十四年秋八月壬申御廩災　僖廿五年五月乙巳西宮災　成三年甲子新宮災　定二年夏

饑 大饑 時

宣十年饑　十五年饑　襄廿四年大饑

無 大無 時

莊七年無麥苗　廿八年大無麥禾

蟲災 時 月

桓五年螽　宣十三年秋螽　十五年秋螽　隱五年螟　八年螟　莊六年螟

僖十五年八月螽 閔雨故月　宣六年秋八月螽 事首例 不記從時　哀十三年九月螽 太平

雩十二年秋大雩

八月大雩昭三年八月大雩六年秋九月大雩十六年九月大雩廿四年秋八月大雩定元年九月大

大水襄廿四年大水

五月壬辰雉門及兩觀災哀三年五月辛卯桓宮僖宮災四年六月辛丑蒲社災

雩 七年 九月大雩

附 昭廿五年 秋七月上辛大雩季辛又雩 日不言辰實非日例

外灾 時 宣十六年 夏成周

月 昭九年 夏四月

日 襄卅年 五月甲

外水 時 莊十一年 秋宋

外痢 時 莊廿年 夏齊

宣謝災	陳火	午宋災	大水	大災
襄九年 春宋火				大漬大也 四足死日漬 甚盛牛曰漬 疫

災異例表第二十七

大例表弟二十八

廖曹鼎編次

春秋常事不書書則爲異尤異者則加大以別之如饑又見大饑有年又見大有年雨又見大雨雨雪又見大雨雪其例顯然大蒐見蒐大閱不見閱者以大蒐即大閱也大雩外無雩文然季辛又雩不曰又大雩亦足相起見義推之水旱災雹與大無麥禾大事大去大省更可知矣

大雨 日 隱九年三月癸酉大雨

大雨雪 月 昭四年春王正月大雨雪

日 隱九年庚辰大雨雪

大雨雹 時 僖十年冬大雨雹 廿九年秋大雨雹 昭三年冬大雨雹

大水 時 桓元年秋大水 十三年夏大水 莊七年秋大水 十一年秋宋大水 廿四年大水 廿五年秋大水

大旱 時 僖廿一年夏大旱 宣七年大旱

大雩 時 桓五年大雩 成三年大雩 七年冬大雩 襄五年秋大雩 十六年大雩 昭八年大雩 定七年大

月 僖十一年秋八月大雩 十三年秋九月大雩 襄八年秋九月大雩 十七年九月大雩 廿八年秋

日 昭廿五年秋七月上辛大雩

宣十年大水 成五年秋大水 襄廿四年大水
雩 十二年秋大雩
八月大雩 昭三年八月大雩 六年秋九月大雩 十六年九月大雩 廿四年秋八月大雩 定元年九月大

雩		七年九月大雩
大饑	時	襄廿四年 大饑
大無麥禾	時	莊廿八年 大無麥禾
大有年	時	宣十六年 冬大有年
大災	時	莊廿一年 夏齊大災
大廋	時	昭十一年 大廋于比蒲 廿二年 大廋于昌姦 定十三年 大廋于比蒲
大閱	日	桓六年 秋八月壬午大閱
大去	時	莊四年 紀侯大去其國
大事	日	文二年 八月丁卯大事于大廟
大省	月	莊廿二年 春王正月肆大省

大例表第二十八

十四年 大廋于比蒲

有例表弟二十九附無例

廖曹鼎編次

有者不宜有之詞春秋常事不書書則不宜有矣明言有者皆微詞也日食不見所食言日有食之者不知所不知也星孛螽鳥亦以異書有疾亦猶是也惟有事有年似無譏意然有事下一見壬午猶繹一見立武宮則有事爲譏例自明見有年又見大有年大有年可喜有年不必喜不必喜而書有年則大有

年非以喜書亦可知矣

類	例	時日	經文
日食言有	正例	日	隱三年己巳日有食之餘見災異不具錄
	變例	月	桓十七年冬十月朔日有食之　莊十八年春王三月日有食之
星孛言有	例	月	文十四年秋七月有星孛入于北斗　哀十三年冬十有一月有星
	變例	時	昭十七年冬有星孛于大辰出月則時
有年	例	時	桓三年有年　宣十六年冬大有年
有事	例	日	宣八年辛巳有事于大廟　昭十五年二月癸酉有事于武宮
蟲鳥言有	例	時	莊十八年秋有蜮　莊廿九年秋有蜚　昭廿五年有鸜鵒來巢
有疾	例	時	昭廿三年公有疾乃復

僖十五年夏五月日有食之

孛于東方

附無例

時

桓十四年無冰

成元年無冰

襄廿八年春無冰

莊七年無麥苗

廿八年大無麥禾

有例表弟二十九

乃例表弟三十附乃例

劉家惠編次

傳云乃者難也又云乃難乎而明凡言乃者愼重之至也故以而附見於後著聖人一字之宏旨焉

乃復 時

宣八年 乃復 夏六月公子遂如齊至黃乃復

昭二年 乃復 冬公如晉至河乃復

十二年 乃復 公如晉至河

乃免 時

僖卅一年 乃免牲 夏四月四卜郊不從

襄七年 乃免牲 夏四月三卜郊不從

成七年 乃免牛 春王正月鼷鼠食郊

乃不 時

宣三年 乃不郊 春王正月郊牛之口傷

成十年 乃不郊 夏四月五卜郊不從

襄十一年 乃不郊

乃克 日

定十五年 戊午日下昃乃克葬 丁巳葬我君定公雨不克葬

乃還 時

襄十九年 乃還 晉士匄帥師侵齊至穀聞齊侯卒

乃例表弟三十

十三年晉至河乃復公如

公牛角改卜夏四月四

如牛鼷鼠又卜郊不從

角食其

廿一年晉至河乃復公如

廿三年冬公如晉至河有疾乃復

定三年春王正月公如晉至河乃復

附而例

日

宣八年冬十月己丑葬我小君頃熊雨不克葬庚寅日中而克葬

及例表第三十一

廖元翔編次

傳曰何以不言及仲子仲子微也又曰其言及防茲不以私邑累公邑也又曰何以不言及敵也至於三累言及則春秋之所貴矣是知言及以別尊卑故城諸及防注以君臣邑言之然城諸及運運非臣邑也取田言及豈公私之詞乎又諸侯大夫不分尊卑而亦言及晉侯及吳子爲兩伯之詞則及有二義今

具列之以俟說經者

二君言及	哀十二年 公會晉侯及吳子
二國言及	宣四年 公及齊侯平莒及郯
二邑言及	莊三十年 城諸及防 文十二年 季孫行父帥師城諸及運 定十四年 城莒父
二田言及	哀二年 取漷東田及沂西田 婁伐邾
二地言及	定二年 雉門及兩觀災 冬十月 新作雉門及兩觀
二人言及	僖十四年 季姬及鄫子遇于防 宣四年 齊高固及子叔姬來 定十一年 宋
君臣言及	桓二年 宋督殺其君與夷及其大夫孔父 莊十二年 宋萬殺其君捷及
二大夫言及	僖三十年 衛殺其大夫元咺及公子瑕 文九年 晉殺其大夫士穀及

及胥
昭五年莒牟夷以牟婁及防茲來奔
哀八年齊人取讙及僤
冬齊人歸讙及僤

公之弟辰及仲佗石彄公子池自陳入于蕭以畔上言奔陳此言暨改及
定十三年晉荀寅及士吉射

其大夫仇牧
僖十年晉里克殺其君卓子及其大夫荀息

箕鄭父
襄廿三年陳殺其大夫慶虎及慶寅

春秋例表 器

入朝以年哀六國及張奔
于歌畔齊夏高來

及例表第三十一

之例表第三十二　廖元翔編次

傳曰其言之何緩也又曰歸之于者罪已定矣之者審慎之詞也慎之則重之故曰君之子侯之弟兄王姬之館汶陽之田又曰殺之于放之于舍之于緩之又略之故曰仲子之賵夷伯之廟陳人之婦頓胡沈蔡陳許之師其殺之用之刺之及日食言之皆文有所指非辭問之之不在此例

緩例（部例略）

郊牛之口（宣三年）

仲子之賵（隱元年）

成風之襚（文九年）

考仲子之宮（隱五年）

震夷伯之廟（僖十五年）

公孫敖帥師及諸侯之大夫（僖十五年）救徐

叔孫豹及諸侯之大夫（襄三年）及陳袁僑盟

豹及諸侯（廿七年）

定例（部例重錄）

晉人執衛侯歸之于京師（僖廿八年）

晉侯使韓穿來言汶陽之田歸之于齊（成八年）

築王姬之館（莊元年）

天王使仍叔之子來聘（桓五年）

晉里克弒其君之子奚齊（僖九年）

陳侯之弟光出奔楚（襄二十年）

附之喪（或緩或重緩）

公之喪至自（桓十八年）

夫人氏之喪（莊、僖元年）緩詞（忘僖）

齊人歸公（文十五年）亦至自齊忘僖詞

孫敖之喪（文十五年）見魯

杞伯來逆叔姬之喪（成九年）亦魯詞

公之喪至自乾侯（定元年）緩詞

之大夫盟于宋

莊十九年 公子結媵陳人之婦于鄄

昭廿三年 吳敗頓胡沈蔡陳許之師于雞父

光 廿三年 陳侯之弟 自楚歸

鱄 廿七年 衛侯之弟 出奔晉

鍼 昭元年 秦伯之弟 出奔晉

招 八年 陳侯之弟 殺陳世子偃師

輒 十二年 衛侯之兄

辰 定十年 宋公之弟 暨宋仲佗石彄出奔陳

辰 十一年 宋公之弟 及仲佗石彄公子地自陳入于蕭以畔

成十六年晉人執季孫行父舍之于招

昭八年楚師滅陳執公子招放之于越

昭十一年楚子虔誘蔡侯般殺之于申

之例表第三十二

自例表弟三十三

陳炳森編次

傳曰自者何有力焉者也自某歸自某復歸自某入自某奔皆從有力例自某月不雨不得爲有力文而言自亦閔之也至自還自別見茲專以特言自者表之

類	時月	年	經文
諸侯自	時	成十六年	曹伯歸自京師
	月	僖廿八年	六月衞侯鄭自楚復歸于衞
大夫自	時	僖廿八年	衞元咺自晉復歸于衞
	月	桓十七年	秋八月蔡季自陳歸于蔡
微者自	時	莊十七年	秋鄭瞻自齊逃來
自月不雨	雨	文二年	自十有二月不雨至于秋七

成十四年夏衛孫林父自晉歸于衛　十五年宋華元自晉歸于宋　襄廿三年陳侯之弟光自楚歸于陳　三十年鄭良霄自許入于鄭　昭元年秋莒去疾自

昭十三年夏四月楚公子比自晉歸于楚

月　十年自正月不雨至于秋七月　十三年自正月不雨至于秋七月

齊入于莒

十二年夏曹公孫會自鄸出奔宋

廿一年宋華亥向甯華定自陳入于宋南里

廿二年宋華亥等自宋南里出奔楚

定十一年春宋

公之弟辰等自陳入于蕭

秋宋樂世心自曹入于蕭

十四年 宋公之弟辰自蕭來奔

哀十年 衛公孟彄自齊歸于衛

自例表弟三十三

遂例表第三十四

鄧新林編次

傳曰遂者生事也大夫無遂事文雖與諸侯同而實則異必若公子結書遂出竟有可以安社稷利國家者可也今特列爲九以表之

遂例	年	經文	事	年	經文
遂侵	宣元年	遂侵宋	楚子鄭人侵陳	定八年	遂
遂伐	僖四年	遂伐楚	公會齊侯等侵蔡	文十五年	遂
遂圍	僖廿八年	諸侯遂圍許	冬公會晉侯等于溫		
遂救	僖六年	諸侯遂救許	秋楚人圍許		
遂滅	昭四年	遂滅厲	秋七月楚子等伐吳	襄十年	夏
遂城	文七年	遂城郚	三月甲戌取須朐	襄二年	遂
遂如	桓十八年	遂如齊	公夫人姜氏	僖卅年	遂
遂逆	桓八年	遂逆王后于紀	祭公來		
遂及	莊十九年	遂及齊侯宋公盟	秋公子結		

遂會　遂入　遂次　遂奔

伐

遂例表第三十四

侵衞晉趙鞅帥師侵鄭

伐曹齊侯侵我西鄙

襄廿三年遂伐晉秋齊侯伐衞

成十三年遂會晉侯等伐秦夏五月公自京師

僖廿八年遂會諸侯圍許曹伯襄復歸于曹

襄十二年遂入運季孫宿帥師救臺

僖十五年遂次于匡三月公會齊侯等盟于牡丘爲救徐

五月甲午遂滅偪陽春公會晉侯等于柤

城虎牢冬仲孫蔑等會于戚

如晉公子遂如京師

宣十八年遂奔晉歸父還自晉至檉

媵陳人之婦于鄄

用例表弟三十五

段家謙編次

春秋成篇書用郊傳曰用者不宜用也則用爲非禮明矣故大夫宗婦見用幣夫人言用致亦皆以非禮譏之雖鼓用牲爲得禮究之言用則無非非禮也至于用田賦之苛用鄫蔡之虐尤不待言矣

用郊	用牲	用幣	用致	用田賦	用之
日	時	時	時	時	時
成十七年 辛丑	莊廿五年 鼓用	莊廿四年 用幣	僖八年 用致	哀十二年 用田	僖十九年 用之
用郊	牲于社		夫人	賦	邾執鄫子

廿五年 鼓用牲于社于門

卅年 鼓用牲于社

昭十一年 用之 執蔡世子有

用例表第三十五

以例表第三十六　　史榮森編次

以者何行其意也以侯則何意之行託不得

已也託之爲言亦仍行意而已凡詞例則不

假時月日以顯其時月日仍視其事而出今

分事彙之

以伐以侯以歸以畔以至以入以奔以假以成

以戰

執以伐以

執以侯同

執以歸以來同

以邑奔同

桓十四年宋莊八年以莊十年以襄廿八年衛宣元年二莊三年秋昭廿六年尹桓元年鄭桓二年以

人以侯陳蔡侯孫林月遂紀季氏召伯以成宋

齊人衛人蔡人陳人伐鄭（僖廿六年）公以楚師伐齊（定四年）冬十有一月庚午蔡侯以吳子及

人蔡人

獻舞（僖元年）齊人以歸（廿六年）以隗子（宣十六年）以潞子嬰兒（定四年）以沈子嘉（六年）以許男斯（十四年）以

父人于戚（昭廿一年）宋華亥向甯華定自陳入于宋南里（定十一年）宋公之弟辰及宋仲陀石彄

以夫人婦姜至自齊（成十四年）九月僑如以夫人婦姜氏至自齊

以鄭人于齊（昭廿二年）劉子單子以王猛居于皇秋劉子單子以王猛入于王城

伯毛伯以王子朝奔楚（襄廿一年）邾婁庶其以漆閭丘來奔（昭五年）夏莒牟夷以牟婁及防

璧假亂許田

楚人戰于伯莒
（僖廿一年）執宋公以伐宋
（定七年）執衛行人北宮結以侵衛

頓子牂
（十五年）以胡子豹
（哀八年）以曹伯陽
（襄十七年）晉人執莒子邾子以歸
（昭十二年）執蔡世子有

自陳入于蕭
（十三年）秋晉趙鞅入于晉陽
冬晉荀寅及士吉射入于朝歌

茲來奔
（卅一年）冬黑弓以濫來奔

以例表弟三十六

十三年晉人執季孫隱如哀七年以邾婁子益來

猶例表第三十七

焦錦煌編次

猶者通可以已之詞也可已而不已譏意自明卜郊告朔有事外別無所見其時月日各從本事之例

例	時月日	事
猶望	時	僖卅一年 猶三望 宣三年 猶三望 成七年 猶三望
猶朝	時	文六年 猶朝于廟
猶繹	日	宣八年 壬午猶繹

猶例表弟二十七

一見例表弟三十八　廖曹鼎編次

一見者無例可推而有時月日之分則義有可附其致女歸寶之類既從歸致列之茲錄其文之特異者共爲一表以備檢閱

例時

隱六年	輸	春鄭人來輸平
桓元年	假	鄭伯以璧假許田
二年	成	以成宋亂
三年	胥命	夏齊侯衛侯胥命于蒲
莊四年	大去	紀侯大去其國

例月

隱元年	克	夏五月鄭伯克段于鄢
五年	考	九月考仲子之宮
莊四年	饗	春王二月夫人姜氏饗齊侯于祝丘
廿二年	肆省	春王正月肆大省

例日

桓七年	焚	春二月己亥焚咸丘
莊八年	祠	甲午祠兵
廿四年	覿	戊寅大夫宗婦覿
宣八年	而	庚寅日中而克葬
定十五年	昃	戊午日下昃

八年　俟　以俟陳人蔡人

九年　浚　冬浚洙

十七年　殲　夏齊人殲于遂

廿三年　丹　秋丹桓宮楹

廿八年　告糴　藏孫辰告糴于齊

閔二年　棄　鄭棄其師

僖十九年　亡　梁亡

廿一年　釋　釋宋公

廿八年　畀　執曹伯畀宋人

文二年　躋　躋僖公

五年　且　且賵

六年　不告　閏月不告月　閏不書故從時例

十三年　壞　世室屋壞

十六年　毀　毀泉臺

省

僖廿四年　刻　春王三月刻桓宮桷

三年　雨　六月雨

十六年　退飛過　是月六鷁退飛過宋都

文十六年　不視　夏五月公四不視朔

宣十八年　戕　秋七月邾婁人戕鄫子于鄫

一見例表第三十八

宣四年	不肯	莒人不肯
成三年	哭	哭三日
八年	言	春晉侯使韓穿來言汶陽之田
襄廿三年	襲	齊侯襲莒
廿五年	門	門于巢卒
卅年	故	宋災故
昭元年	疆	叔弓帥師疆運田
十三年	不與	公不與盟
定八年	從祀	從祀先公
八年	竊	盜竊寶玉大弓
九年	得	得寶玉大弓

春秋傳考

李澂宇 撰

讀春秋蠡述二卷

民國二十二年(1933)湘鄂印刷公司鉛印本

讀春秋蠡述

何鍵題

附國語蠡述

讀春秋蠡述

楊鈞著

中華民國二十二年
湘鄂印刷公司印行

序

春秋自旨婉辭微之說立後儒因穿鑿破碎曲爲之說往往與事理背馳獨淸秀水徐庭垣春秋管窺一書據經文先後駁正諸家曲說昭明大義其自序亦曰孔子一魯大夫身爲人臣無著私書以賞罰王侯君公之理藉有妄人昌言削天子位號黜當代公卿而曰我法春秋將何以遏之云云其持論甚正大足破拘牽晦昧諸臆說是編所述最不喜胡氏而常準事理斷經蓋雖聖人猶人之情無有義外之義例外之例也其殆庭垣管窺之流亞歟述國語四史諸編皆有心得獨其稱孝文薄葬爲明生死而達減服言之微疑不順於言顧於後漢桓紀之書初聽刺史二千石行三年喪以爲史之美之固敦然篤於禮者人才風俗法制積世流變及於今茲則爲憤慨直刺想見讀書時能不埋溺文字必衡勘失得以致於用爲稽古之功洪邁法語呂祖謙詳節但取便於文章論說而於史義無關其與洞庭是編蓋有不可同年而語者矣黃兆枚拜序

自序

予少失學長事奔走才薄性拙於世靡補犬馬之齒忽焉踰艾欲退而力穡老恐不任爰效市隱伏處帷幕暇讀各史瑣瑣論述雖未克詳覈異同究治始末以此自適抑桃源也季弟支宇兒子舟萬少亦失學錄副令視冀或相發子弟好事謬行印布米飯木舟責亦罔益獨坐永歎輒復自笑顧當世不乏耆彥儒因是遂賜糾彈俾得聞過庶幾於禮樂政刑之本興廢治亂之故窺見萬一若徒詈其不怍各示繩墨則亦所謂不屑之教也已民國二十二年四月李澄宇自序

讀春秋蠡述目次

澄字十七八時常取清定春秋傳說彙纂讀之經屬聖辭游夏莫贊若迺傳說美

猶有憾偶有蠡見輒記於紙諱魯外楚辯駁尤力碎瑣靡程久未覆按蓋自是好游卒卒鮮須臾之間也今歲二月以子弟謬印史述未使燔棄爰復檢此冠首歲月不居忽忽三十餘載矣使當日不自輟業縱難有成經史微旨或有所會而竟蹇蹇僕僕獨挽刦未能同造刦不忍迄今鬢髮已頒求一言之幾道尚不易得果誰怨耶民國二十二年春蠡澄宇自識

讀春秋蠡述卷一

岳陽李澄宇洞庭著

書御序後（係清欽定春秋傳說彙纂故有御序）

一則疑孟子孔子作春秋之言再則取朱子書名書爵亦無意義之言夫晉之乘楚之檮杌魯之春秋孟子嘗言之矣作卽其義則某竊取之謂也其義竊取卽筆削之謂也雖有筆削而仍春秋爲魯史何疑于作何疑于刪述書名書爵鉞嚴袞榮安得謂無意義有人於此敬之則隨地莊重其稱謂惡之則靦面亦不屑假借無意義乎有意義乎試問朱子稱程子爲子程子義何取也

書卷首

三傳左氏最先出朱子以虞不臘矣决左氏爲秦時文字非也按司馬遷傳孔子因魯史記作春秋而左邱明論輯其本事以爲之傳又復纂異同爲國語而劉向劉歆杜預輩皆言邱明與孔子觀魯史而作春秋歆且曰邱明好惡與聖人同又親見孔子與公穀傳聞不侔其曰親見正謂邱明與孔子同時而曰好惡與聖人同則因論

語有左邱明恥之云云也陸元明釋文序錄亦曰邱明受經於仲尼公羊高受之於子夏穀梁赤乃後代傳聞惟啖助趙匡輩謂論語邱明乃史佚遲任之類不必是作左傳者不知何所據而云然且朱子亦知文六年傳君子是以知秦之不復東征矣實未見秦强時語耶王應麟曰左傳有後儒附益八世之後莫之與京殆田氏纂齊後之言公侯子孫必復其始殆三卿分晉後之言其處者爲劉氏殆漢儒欲立左氏者之言然則處不臘矣安知非亦後儒附益耶

論語記于門人孟子成于自紀論語之于易詩書禮孟子之於詩書禮春秋不少緒言啖氏謂古之解說悉是口傳未知何據夫倉頡發文字之囊宓戲開著作之原箕疇文象史册外代有成書周孔之爻辭大小象文言繫辭尤章章已而叔佐乃據僞書以概古豈三傳果非周時書耶（叔佐啖字也）

風雅頌乃詩體攸分王降爲風魯列于頌皆後人妄揣耳歐陽氏謂平王以後不復雅而下同列國蓋猶未免耳食歟

春秋經世之大法趙匡尊王室云云近是程子詆人不知春秋經世之大法而乃專以論語顏淵問爲邦章爲言夫春秋概用周正與夏時何涉殷輅韶舞又與春秋何涉冕則周自周冕非作春秋後始然今曰此其準的未知何說一則曰游夏不能與于斯再則曰惟顏子嘗聞之游夏列文學之科豈夏時殷輅周冕韶舞亦弗及考且游夏不能贊一詞之言未足爲據此而足據則言孔子作春秋左邱明子夏造膝親受者亦可據矣且後世治春秋者頗夥束髮受書卽誦爲邦之章豈皆賢於游夏上並顏子至謂聖人常責夫被侵伐者其論尤謬展氏退齊師之事非可概論天子可告無禆眉然若天子可彈壓山川諸侯早無侵伐矣方伯則春秋時常躬滅國之事鄰國則宋衞晉鄭且時相厄果何恃禦敵耶兵已壓境而曰必有所直是直之一字足以退敵矣夫豈其然

衞靈薨尙未葬而蒯聵藉晉趙鞅以據戚衞輒拘於名義不敢過問至次年春齊以抵制晉人故遣師圍戚然後衞亦遣師從之蓋兩強以兵戎相見於境內爲主人者

萬無中立之餘地也後儒不察晉罔漫詆拒父豈知家國大計哉

春秋經孔子筆削而傳因傳家立傳而逸今之春秋誠自傳中錄出也乃鄭伯執燕仲父天王出居於櫟鄭伯虢公胥命於弭夏同伐王城天王入於王城殺王子頹三月甲辰晉侯圍溫夏四月丁巳天王入於王城殺王子帶戊午晉侯朝王皆應錄出而後人遺之此類頗多不知者或謂過大於功故削之然則功過不相掩之說非耶竊謂左傳無不書二字者均可輯入正經以復其舊

春秋非魯史創體亦非孔子創體自夏以來史體固如此如夏書甘誓大戰於甘商書仲虺之誥成湯放桀于南巢湯誥王歸自克夏周書泰誓惟十有三年春大會于孟津惟戊午王次于河朔王乃大巡六師與春秋若出一手至商書太甲王徂桐宮居憂一左氏先經以始事之傳體也周書洛誥惟三月哉生魄周公初基作新大邑于東國洛戊辰王在新邑一左氏錯經以合異之傳體也甘誓仲虺之誥湯誥泰誓等篇一左氏後經以終義依經以辨理之傳體也人謂帝在房州乃朱子祖春秋抑

知公在乾侯乃孔子祖洛誥耶人謂春秋編年之祖左傳紀傳之祖抑知書乃春秋左傳祖耶晉靈齊莊之弒正春秋時事觀晉董狐齊太史所書尤可瞭然史體矣或謂虞書殆異乎夏商周書曰據左氏引益稷文而稱夏書則虞書蓋亦夏史追述故典謨文體同乎夏獨冠以粵若稽古之詞且益稷本屬皋陶謨後人離而二之安知虞書二字非後人以朝代判異之故從而加署耶或謂益稷自益稷未必屬皋陶謨不知篇中惟禹言暨益暨稷帝舜禹皋陶外有夔言無益稷言篇末敘賡歌又與堯典末敘殂落舜典末敘陟方禹謨末敘征苗從同同正不僅禹拜昌言曰俞帝曰來禹汝亦昌言文勢賡續也或又謂古者簡册以竹爲之所編之簡不可多然合益稷于皋陶謨簡不多于禹貢禹貢不分上下篇皋陶謨何必別析益稷也

置曲沃伯于晉侯下以曲沃之偪著晉之難爲其上也然年表如此紀之則可若隱元年下分注紀年之莊伯莊十六年下分注紀年之武公則宜删汰蓋莊武弒君篡國不宜許其早與晉並也易曰履霜堅冰至三晉之分兆於錫曲沃命之日矣

莒國年表異通攷不載厲公以渠邱公繼庶其世次亦然未知孰確但徐邈孔穎達謂莒公無謚則妄矣國雖小亦南面君也列國臣且有謚而謂莒君無謚乎國小史軼謚不可攷耳又謚法剏始于周周前固無謚也乃世傳謚法有若何曰堯曰舜若何曰桀曰紂等語不知以堯舜爲謚格汝舜格汝禹何解以桀紂爲謚而孟子曰名之曰幽厲不曰名之曰桀紂何耶

書隱編

隱公元年平王在位已四十有五載不得謂春秋始隱因平王也杜征南序辨春秋始隱似確然究未確也春秋首書公及邾儀父盟于蔑開私盟之始春秋之局實胎於此此其所以託始乎隱歟

天王之年曷爲不大書春秋魯史也曷爲分注天王之年於魯紀年之上別諸侯而尊周室也

分注紀年獨不名杞武公秦文公豈其名不可攷耶

元年之說歐劉朱胡頗有定見董說殊妄何說尤泥封建之天下各君其國國各有史故皆以其即位之年爲元年以便紀事非若郡縣之天下惟天子乃得紀元也朱子謂春字非孔子所加近是蓋魯史既名春秋豈有不書時但書月之理觀後夏某月之例可知但王字爲孔子所加殊無疑義蓋當時以國君之年紀事既書某公某年某時何必以王冠月然則孔子曷王之王綱解紐正朔徒存特書曰王警諸侯也

夷國既在今山東萊州府即墨縣則據樂毅破齊田單守即墨事證之夷爲齊滅明矣

月食者月球行至地球之背日光正照地球其影即正射於月如雙鏡正反相磨漸磨漸合是爲食既合復漸離是爲如初日食者月球適行至日地兩球之間日光臨地爲月所障人處地球隔月望日遂呈黑影實則相月之背黑影即月魄耳

私謚之風久而益熾故柳下惠卒春秋有謚夫之妻文中子卒六朝有謚師之弟

不書陳人執州吁非以陳侯會同州吁伐鄭蓋經非傳不欲瑣瑣耳如汪克寬說長稔惡之萌塞自新之路矣

桓王踐天子位以來莒以小國伐國取邑州吁以嬖孽弑君簒國未嘗過而問焉鄭邢助逆與曲沃伯伐翼王乃使尹氏武氏助之設曲沃後不叛王錫曲沃命不待僖王矣又何怪桓公五年王伐鄭鄭伯禦王耶王船山謂桓王解先王之紐惡百於桀紂害甚於洪水非刻論也

戎以凡伯歸開啓懷愍宋徽欽北狩之祖

隱九年三月癸酉大雨震電左傳云九年春王三月癸酉大雨霖以震經何以但月傳何以有春王且何以不曰震電而曰霖以震經因上書春天王使南季來聘故此處但月傳因上文不曾爲傳故此處書春王爾雅釋天久雨曰霪霪謂之霖傳言震可以該電震則未有不電者劉氏不得謂傳有霖無電且傳家異經處常有安見皆誤然則經誤乎曰經本不誤而傳家不嫌異經

祊杜註在瑯琊費縣東南防杜註魯地在瑯琊華縣東南而公羊於祊於防皆作邴豈邴足該華費二縣耶

鄭莊夙務霸業欲用齊而反爲齊用家鉉翁謂伯主挾天子以令諸侯盻於防之會豈知魯者鄭之夾鄭者齊之倀耶

杜註薛爲魯國薛縣則薛終爲魯所滅耳

胡氏因鍾巫之禍於翬帥師謂宜早罷其兵權王船山宋論駁之允矣夫隱既辭宋則翬卽固請亦宜弗許傳曰固請而行隱實終許之矣使隱素不柔秘翬爲人臣何敢於辭宋後固請出師他日又何敢請殺桓公且使聞殺桓之請卽誅翬而傳位於桓又何至有鍾巫之禍

公羊高曰隱長又賢按隱公元年盟蔑盟宿二年會戎盟戎四年遣翬會師伐鄭五年觀魚考仲子之宮六年盟齊七年代邾八年入祊九年會齊侯十年取宋邑十一年及齊鄭入許開私盟之禍裂夷夏之防興無名之師恣非禮之游立不宜立之宮

易不可易之邑而且盟邾而又伐邾睦宋而復讎宋長則有之賢則未也夫鄭人來輸平䧟隱以利也而隱卽終其身惟鄭馬首是瞻嗜利若茲豈能讓千乘之國公羊氏謂不言卽位成公意與穀梁傳同旨妄矣隱之讓蓋猶漢文之讓耳平勃等上符璽漢文廡遜膠西淮南諸王西向讓三南向讓再有司請建太子文帝詔曰楚王季父也吳王兄也淮南王弟也夫欲讓則讓之已耳不讓則不言讓已耳乃再再僞讓卒令淮南王陰圖不軌後且貽七國之禍不亦傎乎隱母惠之繼室亦異於仲子爲惠妾矣隱且長何不當立之有當立何讓之有欲讓何攝位之有卽位矣而不行卽位之禮五年又立宮以祭庶弟之母十一年又有將老之語一似眞欲讓也者吁眞欲讓也哉慕讓國之名不能踐讓國之實姑倡此說愚人以盜名耳不然桓卽少立桓而攝其政如周公之於成王可也何攝位已十有一年猶不讓之桓但曰將老乎翬請殺桓之日桓將弱冠猶爲少乎揣隱之心待居位已久鄰交固民心附廷臣說然後發讓桓之議聽人辨已當立桓不當立則讓國之名得得國之實得不亦善乎

菟裘之營正諭翬以此旨也使翬能窺旨邀功不惟隱無靳酬以太宰卽桓亦怨於正議沒齒無怨言後世且背被以榮名稱道不少衰矣翬之擢隱所不及料桓則鬭讓國之語而妄心動久矣微翬譖州吁之刃不學試耶向使隱公不慮慕讓名則隱無讓桓之語桓自無代隱之心卽惠公有靈亦必不欲隱讓桓也嬖人專寵非盛德也或謂漢文何以效隱之僞讓曰漢文非慕隱名也以藩王入承大統恐諸王不能相下姑爲甘言以慰之正老氏所謂以天下之至柔馳騁天下之至剛者豈漫蹈隱公覆轍哉然且不可

舜不敢上删頑嚚之文禹不敢追銷殛鯀之案諱可施於父子而舜禹且莫如史册何治春秋家必言諱何居將舜禹無人之心耶趙穿弒晉靈董狐書曰趙盾弒其君崔杼弒齊光太史書曰崔杼弒其君國史於本國弒君之賊誠以直書爲死守之職也推孔子贊良史之意卽魯史向爲賊諱亦宜誅兇奸於既往如曰諱國惡則賊良不可討矣討賊卽彰弒君之實矣曾是聖人而妄諱若此意者魯本無弒而傳家傳

詭耶然傳詭有之亦何至無端而傳詭乎弒烏虖春秋內魯仍春秋爲魯史雖不無筆削非若通鑑綱目直爲司馬氏朱氏書也內魯故書魯事與列國異與列國異者舊例仍春秋爲魯史故仍舊例不弒者魯史原文耳孔子仍之多聞闕疑耳傳家傳弒因地不地葬不葬殊特傳所傳聞之詞備考耳妄者即傳議經埋沒聖人苦衷久矣生乎春秋之季所見異辭所聞異辭所傳聞異辭據魯史則無所謂弒據傳聞則有所謂弒輕據傳聞之辭以通天之罪加古人夫何敢史闕文者先氏之矩況敢誣爲誠弒矣亦先太史非南董耳黨逆諱賊豈吾乎此孔子之苦衷也故必知魯不書弒爲仍然後知書他事與列國異者非創

書桓編

鄭莊負梟雄之姿且善用兵欲霸而卒不能者匪惟地利國力不若人抑亦人謀不臧未能以力假仁也衛州吁魯桓與翬宋馮與督人人得而誅之鄭莊嘗假借王命者而於之數人者乃不一過問且於魯以許田之易而首會桓於宋貪納其賂而與

稷之會夙蹟霸圖見利而醉卒至以禦王蒙天下之大不韙僨矣幸桓公五年天下

尙無伯主耳不然昭王南征而不復數百載下猶有人問諸水濱況祝聃之矢實中

王肩乎或曰鄭厲嘗殺子頹納惠王矣何以未霸曰厲時之鄭與莊時之鄭異惠王

雖與厲武公之略自虎牢以東鄭固難與齊爭諸侯矣諸侯之戴齊桓已久矣

据滕稱子爲時王所黜之說隱二年所書紀子當亦若此

密杜注莒邑攷紀在今山東青州府壽光縣東南莒亦在青州府又今山東萊州府

昌邑縣東南十五里有密鄉故城殆卽密城然則密在萊州莒在青州何謂密爲莒

邑耶莒當日境跨青萊耶

桓之弑隱無過問者獨臧哀伯有郜鼎之諫他日季文子逐莒僕而使太史克對宣

公殆遠師哀伯也

程說凡杞稱侯皆當爲紀非也滕侯稱子薛侯稱伯紀侯稱子與杞公稱侯稱伯稱

子其例一也皆爲時王所黜也莊二十七年李廉之說亦非必欲違左而附程謂杞

非侯爵不得稱侯則滕稱子復爲何子薛稱伯復爲何伯

桓五年歲在甲戌正月之下甲戌或當日鈔胥因年之甲戌而誤不然豈有前年之日書於此年正月下之理

桓王伐鄭豈意鄭敢禦哉鄭莊不足責獨怪祝聃何一愚至此設王崩于祝聃之矢則鄭莊必伸成濟之誅以說于天下矣自茲以往周一蹶不振天王有出居而無伐可勝慨哉

楚毀軍以納少師與冒頓匿軍士健馬以紿漢使相類

穀與鄧俱在襄陽府則穀亦爲楚滅審矣

觀將失楚師一語隨少師蓋新進喜事而實少不更事者楚人曰隨有釁不可失也固知少師有寵隨侯不聽季梁戰可得志也而少師乃曰將失楚師一若懼隨請下而楚許之反致賈勇無地也者少師於隨侯殆盧杞於德宗乎人所謂然必否之人所謂非必是之力矯衆論以孤立售奸焉耳且其言似勇故隨侯始終聽之觀桓六

年楚侵隨之傳隨侯固不知兵者何怪鬪不當王非敵也之言而慨然攻左耶以爲寡人親履戎行固與楚王角而梁曰無與王遇是羊寡人而虎楚王也辱必攻其左於戲隨侯豈知後世固有虛建大將旗鼓鬪力而實鬪智者乎

甚矣鄭人之愚也邵之會傳云始懼楚也是遠者且綢繆未雨况近者而忘燕幕之危乃妄奪妄殺以致楚師何也書曰殺越人于貨暋不畏死鄭人之謂歟

生寄死歸死固其分但問得死所與否耳乃春秋羊舌鮒之行季孫則曰治館西河宋人之執蔡仲則曰不立突將死然則畏死者恆衆之情一言及死而股栗魄奪矣不知人能死其身不能死其名苟得死所西山薇蕨且藉餓夫以千古求之不得何畏爲

論求賂至于宋執鄭突極矣戰國時秦留楚懷王以要割地此其先河矣

衛侯卒重書丙戌非羨文亦非誤文鄭氏前申後子之說妄甚蓋不重書丙戌嫌不知日也然則何不可承上文而顧重書之曰疑尚傳疑信安得不傳信不重日則令

後世疑承上文或不承上文

莫敖縊于荒谷開子玉子反之先例

救紀之役胡傳有訴諸告諸云云妄矣天王力不能庇后家訴之何益且當時實無方伯連率復將誰告紀侯魯甥也胡氏以桓爲弒君之賊而不義紀之求援于魯然則所謂告諸鄰國諸侯者告諸齊秦耶抑楚也數國雄師壓紀而陣紀未潰亡亦能軍矣況勝敵乎如胡氏說魯鄭救紀則曰弒君之賊簒國之人然則絕魯鄭而坐以待亡爲上策耳漫曰固其封疆效死以守奚以固奚以守耶自齊鄭如紀以來紀之綢繆牖戶亦至矣明政治軍愛民節用必有不遑寢處者特國小史軼其詳不可得聞耳卒歸澌滅君子惜之夫自古洎今無不滅之國無不亡之朝獨一紀也哉何胡氏漫責紀侯輕與齊戰也戰亦亡不戰亦亡戰勝而后亡亡猶無憾耳或謂責紀者當責其不能行王政湯以七十里文王以百里而王天下紀卽微齊不能禁其行王政不知三代時國以千萬計七十里百里實大國使湯文以七十里百里處春秋戰

國時亦救亡不暇耳何言王乎或又謂漢高起于亭長明祖奮于僧寺終有天下紀
不可以微藉口不知秦暴未極元德未厭雖有智慧無勢可乘生漢高明祖于春秋
官世卿國世守求仕且不可得況爲天子耶

夷姜以色衰見棄而縊晚矣若縊于宣公欲烝之日斯烈也已

趡之會作公會邾儀父盟于趡是也魯與邾皆在兗州邾既密邇魯境秋伐之謀必
早謀悉欲假是盟聯敵歡而紓國禍耳若作公及邾儀父盟于趡則是桓欲弛邾備
而爲秋伐之地恐不其然

葬我君某公皆大書豈但生稱公耶胡氏所辨非也

向姜未踰祖國宮閫時已有所歡文姜則否隱二年傳莒子娶于向向姜不安莒而
歸蓋不欲須臾離所歡耳或謂向姜不安莒因莒子於向姜猶衛侯於莊姜殆不然
也入向而必以姜氏歸莒子寵之必矣若文姜之於齊襄咎在魯桓徙薪于火耳解
與字當從劉侍讀他說紛紛蓋欲以醜文姜然不符事實齊雖彊文姜詎敢恃其彊

而必欲歸與兄暱文姜即不貞齊襄詎敢造魯宮而裂其帷薄雖文姜善爲說辭如齊與否之權固操諸桓也

書莊編

於餘邱之役胡傳非也春秋書伐於餘邱譏莊伐小而忘不共戴天之齊耳程氏謂於餘邱爲邾附庸之說亦非蓋邾本魯附庸附庸于人者安能復附庸人乎至諸家盲從胡傳亦思若無駭若溺若單伯未聞弑君乎孔父爲宋司馬且實死節乎

卒王姬者齊以魯主昏故告喪耳檀弓云云傳訛也告故書耳

楚武已卒而以進爲退鬬廉屈重皆可謂知兵者不然發喪徑歸隨且議其後矣

春秋書齊侯葬紀伯姬褒也若曰諸兒一生惟此事可予云爾今諸家乃曰著齊襄之罪妄矣高閌之說近是然非春秋本旨蓋書伐鄭不書中肩書狩河陽不書召皆以名故故左氏之惡雖可誅而於莊元年三月書孫觀賀重軾說所以養廉恥於萬世者至矣曰絕曰貶曰諱弁皆未確也。

狩禚伐衛所書人皆微者謂非微者妄也何以言之柯之盟曰寡人之生則不若死矣是則大讎未報莊公引爲永憾豈當父死未四載之日而遂忘之意者狩非本志欲託狩以襲齊耳不果襲者間無可乘耳會伐衛者欲假是役以驗兵力耳六年秋書至可以見公之志矣又齊侯讓衛俘有曰此非寡人之力魯侯之力也然則伐衛齊侯未親出明矣至於圍郕之役左氏未免傳訛蓋公將例不書師

徒人費石之紛如孟陽不書於春秋而錄于傳左氏特筆也胡汪所云妄耳

齊桓與糾皆僖公子諸家以爲襄公子者疑二人蒙襄公稱公子耳不知弑襄公者公孫無知豈無知即襄公之孫耶糾本桓兄諸家以桓爲兄且有引鄭伯克段之事者不知糾兄桓弟自三傳史記漢書荀子韓非子尹文子越絕書說苑皆言之黎黎即管子亦載齊僖公生公子諸兒及公子糾公子小白惟漢薄昭上淮南王長書嫌漢文爲淮南之兄改稱殺兄爲殺弟然韋昭久已明注其下矣又春秋書法謂於桓則書齊小白言當有齊國也於子糾則止書糾不言齊以不當有齊也不言子非君

之嗣子也更屬謬迂夫書公伐齊納糾糾之爲齊公子已該于納字之中若小白入于齊不書齊小白將屬何國乎此與蔡殺其大夫公子燮又書蔡公子履出奔楚同例履非嗣子又不當有蔡國所以書蔡者蓋不如此則無所繫耳況下文書齊人取子糾殺之何得謂不言子既書子矣乃又云罪魯之故然則以罪魯故而使非嗣子者爲嗣子有是理乎或謂突歸于鄭亦歸于曹不書鄭與曹何也曰經明書歸于鄭歸于曹則一望而知其爲鄭突曹赤矣名上書國反贅矣或又謂鄭世子忽復歸于鄭書國何曰書國以書世子故

納糾乃魯莊託辭蓋因糾誘齊以復父讐耳春盟夏納方謂計或可售而小白之入出乎意外莊固無如齊何哉向使小白不先入齊吾知莊一納糾而鞭尸之舉齊襄早予楚平以先例矣八月莊與齊戰春秋書及書敗復讐之師雖敗猶榮也由是言之則前此師次于郎以俟陳人蔡人蓋欲與陳蔡伐齊耳陳蔡不至然後遣將帥師及齊師圍郕以驗兵力耳烏乎師出以律審機猶豫而冬十一月齊襄已見弑于國

欲假納糾以戮其屍計復不就乾時之戰豈得已哉乃胡氏以不言公爲貶不知乃蒙上文公伐齊納糾而省書耳或謂師次于郎果爲莊謀伐齊則師及齊師圍郕齊何以不疑魯曰郎魯邑也兵未越境所謀豈易諜知莊之謀齊蓋密矣或又謂莊殺子糾抑何忍也曰此莊公遷怒耳鮑叔之言特催符耳

七年秋書大水九年冬書浚洙水經注泗水自汴會于洙水然則七年秋大水必職洙之由浚者治河之善策書浚所以褒也傳說皆言畏齊妄矣

長勺之役啖助之說近是胡傳及孫復之說皆非乘邱之役胡傳尤謬漫曰奉其辭令二國去矣吾不知何恃必二國之去也意者展氏說孝公一事橫梗于胸耶抑迂矣

宋人遷宿許翰之說尙是胡傳懷土云云妄也

蔡侯之止息嬀也欲一望見顏色耳其弗賓也曷足怍息侯乃假楚雪怨不知他日楚且滅息以息嬀歸矣豈但弗賓已哉

宋儒惡楚附孔子左衽之言外楚爲而與戎狄並論烏乎楚豈左衽之國哉楚卽代周寧至左衽也哉楚本禹貢荆域又始號荆春秋之始書荊宜也乃創州舉之說試問吳亦宋儒所外者何春秋不書吳曰揚邪春秋於楚第惡其問鼎及稱王耳何嘗謂召陵城濮兩役乃桓文尊周攘夷之烈哉夫驪山變起戎狄禍深邢衛齊晉宋鄭魯春秋時均被其害最甚者桓王四年伐凡伯襄王四年入王城襄王十六年出天王春秋予覇以桓文定王嗣納天王且治戎狄也左衽之嘆蓋以此耳或謂楚與吳鄰吳俗斷髮文身則吳楚均荆蠻辨矣曰君惑于南冠之說故擬楚于吳也不知斷髮文身創自仲雍非吳初俗且吳在今江南蘇州越在今浙江紹興荆舒吳越何一可曰南蠻觀春秋不以戎狄例書蠻可知矣或謂許行自楚之滕孟子謂爲南蠻鴂舌又引詩荆舒是懲然則孟子非歟且詩有征伐玁狁蠻荆來威何也曰許行本南蠻人非楚人也曰自楚者許行曾旅楚耳至引詩荆舒是懲則觀上下文可得其解不曰周公方且膺懲而第曰膺之孟子引詩之意蓋節上句耳又采芑末章所言蠻

荆乃謂蠻與荆非謂荆乃蠻荆也蠻者用湯蠻方之蠻也置荆于蠻下者惡其仇大邦責楚甚于責蠻也

譚之滅桓公報睚眦怨也晉文於曹衛不若是夫齊桓不過欲多滅小國以富齊而已後儒泥正諡之論事事揚桓而抑文不亦過乎

同姓諸侯不僅魯則主王姬昏者亦不僅魯可知也莊公之世春秋兩書王姬歸于齊蓋魯惟莊兩主王姬之昏耳元年築王姬之館因前乎此魯無主昏者故館須新備也昔單伯逆王姬不書齊侯來逆齊襄本未親迎也元年書之詳十二年書之略詳始因其宜也諸說糾紛甚無謂

叔姬歸酅非疑案蓋叔姬本未歸魯耳若歸魯而忽歸酅則春秋必不沒其歸魯之實矣隱七年書叔姬歸于紀莊十二年書紀叔姬歸于酅遥相銜接何以初嫁爲文之有若張家汪李四說是矣不然歸魯矣忽欲奉紀祭祀乎欲奉祭祀何嚮也歸魯乎歸魯時不知宗廟在酅乎是皆不近理

據左氏前者殺州吁傳所紀則宋萬慶父殆皆出奔未久而已殂逝不然但問賊之討與否安問若何得賊也已醢已縊春秋何不書耶殺州吁亦出于狙詐而何以書耶縱惡略陳略莒亦當變例書之不沒其實但曰出奔某國惡從知其已醢已縊耶穀梁傳有云慶父不復見矣而左氏言之鑿鑿何耶

北杏之會左傳遂人不至跡下文滅遂而言耳

傳瑕之盟鄭突猶明景隆之降成祖鄭突之殺傳瑕猶明成祖之殺景隆

楚之於蔡息也以息侯言虜蔡侯以蔡侯言滅息國又以息嬀言入蔡國虎豹之食犬羊也其性而犬羊又互誘虎豹愚亦可憫矣

書公追戎于濟西即詩六月薄伐玁狁至于太原之意不言其來曰追則來可知也

鬻拳之得葬于絰皇幸耳設楚文疑拳之弗納爲叛怒而攻城拳此時能弗啓城乎城啓而首或斷刀劍將何裨乎或謂兵諫而自刖君早鑒其無他不知兵諫之事亦幸耳設楚文不聽其諫且誅其罪爲拳者將與君角耶抑坐待誅戮耶與君角則陷

身于大逆坐待誅戮則成君殺臣不以罪之過平日不能引君當道臨事又輒動干戈于君側甚矣其愚也

鞶鑑非賞功之物惠王以后之鞶鑑予鄭伯何也且既予之武公之略自虎牢以東矣又虢與鄭同功予之爵亦不爲過左氏謂鄭伯由是始惡于王何耶爵者蘇軾所謂請歌相鼠以侑此爵之爵非周禮太宰以八柄馭羣臣一曰爵之爵也虢故公爵且明言請器也如傳所叙爵與鞶鑑等器耳等受天王之賜耳爲鄭伯者又何惡焉

十九年秋公子結媵及齊侯宋公盟矣而齊宋不之拒蓋當日不以尊卑爲嫌也何必於盟防焉疑但書公不書公書族不書族則所謂筆削耳

桓莊之族果偪乎亦曲沃篡弑之前轍啓之也桓莊之族非偪而獻公自以爲偪乎亦宋藝祖懲藩鎭之禍之先導也

曰交中國曰進之異哉待楚之刻也人者微者也據事直書何爲進之或止書荆者魯史原未詳楚之使伐蔡鄭果將尊師衆抑將卑師衆果將尊師少抑將卑師少耳

如諸家說則文十年書秦伐晉成三年書鄭伐許秦鄭均外國矣惟僖二十一年使宜申來獻捷書楚人爲執宋公故而貶僖六年楚子圍許僖二十三年得臣伐陳。皆書人爲虐小國而貶耳且文二年三帥入滑文三年秦伯伐晉亦皆書人矣桓執濤塗文執衛侯亦嘗書人矣何獨於楚焉譏

糾九不相通觀西河合集自知李廉引朱子集註以折諸家是欲進師曠而引迷途耳至衣裳之會十一而止稱九則論語疏以爲不取北杏及陽穀

妹可通庶母可烝小君可亂春秋之世無帷薄蓋亦甚矣尤可怪者夷姜烝而伋子生齊姜烝而申生生公然妻之子之宜乎後此茅焦諫始皇有假父二弟云云也可畏者驪姬之謀太子申生以之縊重耳夷吾以之奔可鑑者驪姬之報姬以譖陷人子人以弑處姬子

伐山戎書齊人非貶已有辨其實爲將卑師少者矣胡氏乃謂春秋貶桓勤兵遠伐謬義相詔深契秦檜何惟置徽欽北狩之辱於度外。南宋小朝廷胥以和議自偷哉。

讀春秋蠡述卷二

岳陽李澄宇洞庭著

書閔編

論語不以孔子故不記在陳畏匡尙書不以禹甲故不紀羽山桐宮豈門人不解諱孔史氏不知諱禹甲耶恥則不能諱非恥不必諱耳春秋書季子來歸胡氏不思舊史本未書其出乃謂聖人不書奔者欲沒其恥妄矣且書來歸則前之出奔可想又烏從而諱之苟可諱也胡氏又烏從知之

謂公薨不地爲孔子特筆者妄也古之有史警君有失耳警臣不忠耳如胡傳諸說則魯史本不爲賊諱筆並南董而孔子故諱之使若燭下斧影留千秋之疑案矣諱弒君爲諱國惡詳文姜事不彰國惡乎且父子相隱不可例史册直筆祇可施于他國則如易子而敎焉爾郡縣之天下不宜有直筆矣乃引刪詩證春秋試問風雅頌非各有體耶魯有變風被删康侯于何見之耶据不地不葬以爲亂臣賊子之獄具据前後經以爲鈇鉞之誅顯然于筆削之間吾不知不地不葬何以見爲弒也書于

薨之崩不地不葬果如僞書所謂薨幽囚耶使春秋無三傳說經家未必不曰不地諱薨于別館不葬諱葬之不以禮也或脫簡也翬不氏與無駭挾柔從同同也夫人孫于齊孫于邾公死而變人陵之慶父出奔莒公死而小人軋之也夫人薨而地外也孫于齊喪至自齊不姓闕文也鈇鉞云乎哉

書僖編

凡某國無大夫云云謂春秋不書某國大夫也其說甚妄猶之不書使不予楚子當齊侯之說耳屈完之謀卽隨季梁怒我怠寇之謀齊之許盟陳際泰之說得之矣若齊非許能免楚趙魏韓燕五王函谷之敗李唐九節度使相州之潰乎師退非以禮下之蓋不得不然耳乃謂侵蔡者奇也抑知齊桓本爲蔡姬耶春秋於伐楚書遂著伐楚非桓志耳城濮一戰終晉文之世楚不敢逞召陵之盟顧何如乎而陋儒乃代齊人侈爲服楚可乎

甚矣晉士蔿逢君之惡也莊二十三年譖去富子二十四年殺游氏之二子二十五

年盡殺游氏之族盡殺羣公子僖五年傳蔿又有三年將尋師焉焉用慎之語蓋預驪姬之謀恐城慎則蒲屈不足殺重耳夷吾而適以固其守也視城蒲屈猶城聚也二公子之終爲晉侯豈蔿所及料哉

采桑之役狄已敗矣而虢射以梁由靡之策不用爲恨殆知兵者乎蓋從之而餘勇可賈狄震於威他日或不圖再舉也

沙鹿之崩於漢元后何與而漢書乃載崩後六百四十五年宜有聖女興之繇此殆祖史記姜源踐跡簡狄吞卵之文耳然元后寵劉氏之宗社於盤帨而以授之私親船山王氏曾痛論之元后果聖女乎哉元后而可聖也則涑水通鑑以則天紀年也固宜

賈君非申生妃也不然何左氏謂晉侯烝于賈君意者獻公之妾乎

滅項則公穀傳是會卞則趙鵬飛吳澂卓爾康諸說是若左氏則爲聲姜文過胡氏則代左氏說夢耳

荀子王霸篇以齊桓晉文楚莊吳闔閭越勾踐爲霸五霸數宋襄秦穆者始漢儒耳又左傳賓媚人所稱五伯註家於桓文外以商頌昆吾舊傳夏伯鄭語祝融之後八姓大彭豕韋爲周二伯實之然夏周之伯在前春秋五霸自當以荀子爲信蓋荀戰國人於春秋事近而足徵也今分注紀年乃於小白卒後升宋茲父于齊上抑何妄乎

十九年盟于齊皆微者胡傳非也又狄書人亦非進之十八年趙鵬飛說可采二十年齊人狄人盟于邢張洽之說亦妄

春秋書楚人不書宋捷惡其伏兵車以執宋公耳而胡傳于宜申獻捷乃有拒其使而不受聲其罪而致討之語吁女眞強橫遠過于楚吾不知胡氏父子身當其時何以日與權奸互相薦引竟忘徽欽北狩之辱不一聲罪致討乎楚強魯弱乃責魯攘楚存宋且宋本未亡何待存也

執宋公以同執爲文者惡茲父執滕子用鄫子也若曰罪大惡極之人人人欲得而

甘心耳陋者乃以宋襄爲霸亦可哂矣釋宋公不言楚執同執釋同釋也書釋宋公不名上公也若執于盟主執于荊楚云云直囈語耳

鄭伯卽楚茲父以爲罪而伐之不知見執于楚者又當何如

增謚以護短爲諱玉篇亦曰諱者隱也忌也今胡氏既曰諱國惡又曰內以諱爲貶然則諱公卽貶公諱國惡卽貶國惡乎可哂

易師彖以此毒天下繫辭弧矢之利以威天下烏乎威天下必至毒天下痛哉言乎阪泉涿鹿之師征苗戰甘之役當時兵制未可深考自車戰變爲步騎首級輒數萬矣步騎利用槍礮人馬輒齏粉矣水戰胎于晉舟之指而水或不流火攻昉于齊陣之牛而山或盡赤矣乃宋襄于春秋之世偏有不重傷不禽二毛不鼓不成列之語意者其未學易耳或以此爲宋襄仁義不知襄用鄫子人也而犧牲之行仁義者固如是乎

泓之戰楚本微者王沿謂微楚子非也汪克寬諱辱直書之說尤謬鄢陵之戰書楚

子敗績以傷目重于傷股耳傷股諱執何以不諱也豈茲父之股若桓王之肩乎其諱之也

柯澤之勞姜氏何以非楚女而亦與也意者芊氏邀與偕歟至文芊夜送楚子于軍桑中之喜可知也不然楚子何夜出哉三姬之取衛宣取宣姜之類耳

禮至謀邢開後世詐降之祖至衛侯滅邢而名楚人滅夔而不名則皆貶也文公君也貶故名之得臣宜申臣也貶故人之若胡傳所云則妄矣

曹南之盟曹邾本微者故宋獨稱爵圍宋之役楚本惟子玉在焉故楚獨稱人稱人蓋貶子玉也卽令傳非傳訛楚子本及諸侯圍宋而書曰人亦齊孝伐我北鄙書人例耳且齊人執陳轅濤塗晉人執衛侯歸之于京師晉人秦人圍鄭是桓文且嘗書人矣外楚云乎哉外楚則下文統書諸侯何也

春秋書魯事與它國異者仍舊例耳如說經家所謂伐我言鄙諱滅言取諱殺言刺直是妄語言鄙敵固伐我矣苟亡人國滅與取皆未沒其實人已云亡殺與刺總同

歸于死夫何諱之足云

僖二十八年輿人之謀開後世發掘陵墓之祖

伐木益兵疑兵之濫觴也蒙馬以皮火牛之先聲也

王船山之於齊桓有曰馳所與之數國頻徵而頻見易一事而又驚相告也且取而納之懷夕取而附其耳唯恐其若失也弱者疲而强者窺其淺矣乃呂大圭一則曰將以服强楚之心再則曰楚亦屈服而不敢校不知終桓之世楚嘗滅弦圍許滅黃敗徐服齊者固如此耶蓋楚亦猶秦晉諸國窺其淺矣

汪克寬一則曰所以去其降尊之實再則曰是爲襄王隱惡夫天王亦何必不可下勞晉侯哉成王之於洛邑漢文之於細柳論古者無譏已故吾嘗謂甲午作王宮于踐土丁未獻楚俘於天王己酉天王命尹氏及王子虎內史叔興父策命晉侯爲侯伯皆是逸經若天王狩于河陽雖曲筆亦紀實耳傳固曰且使王狩矣

穀梁言所者非其所也之說非也胡傳猶不屑論已詩鄭風袒裼暴虎獻于公所小

雅漆沮之從天子之所孟子子所謂薛居州善士也使之居于王所何謂言所者非其所乎蔡邕獨斷有曰天子以四海爲家故所在曰行在所知此則知春秋書公朝于王所之義矣

衛侯之于叔武左傳當是實錄乃胡氏必從公羊然則殺叔武何以不書于經耶康侯蓋昧諸侯見執而不失國者於歸名之之例也

經明書執衛侯歸之於京師則襄王至是復于京師必矣張洽之說非也蓋天王自以狩故至河陽其復于京師可不書非若向之爲鄭厲晉文所納必書天王入于王城也如元德說則自狩于河陽至文八年天王崩無天王復于京師之文豈天王崩于河陽乎

汪克寬謂于齊之盟棄中外之辨直是妄語文元年書楚世子商臣弒其君頵與書宋衛齊晉之弒不少殊然則尼山特筆早棄中外之辨矣

經書秋大雨雹而胡傳忽念及公子遂此漫跡後事以立論耳專諸之魚荊軻之圖。

唐雎之劍張良之椎豈皆専權耶吳王之死固也秦皇之免倖也越國以鄙遠君知其難也秦人遠交近功之策蓋早啓于斯語

齊桓中主晉文英主江黃王船山所謂楚刀俎之物也秦之興豈以晉耶齊在山東三川不邇何奇晉近河南翟泉之盟豈抗徵管仲則子華之奸且售殺叔武則衛侯之執亦宜滅譚滅遂降鄣遷陽三小人五公子周家盛時氣象固如此耶伐蒲不校仁親爲寶遠南之威樹人貽後淺狹迫急者能若是耶烏乎使晉文生于郡縣之天下直可與秦皇漢武並驅鹿鹿齊桓一郡守才耳論世者泥尼山正譎之論必欲軒桓而輊文亦妄矣

春秋書齊人伐山戎穀梁傳曰齊人者齊侯也其曰人何也愛齊侯乎山戎也范注云不以齊侯敵山戎也然則書晉人敗狄于箕亦此旨焉爾

晉公薨于小寢史氏其有憂乎何憂爾開後世毒弑其君之漸矣

書文編

書錄秦誓論家不謂孔子知秦代周卽謂取穆能悔皆非也費誓錄矣何關代周秦穆之悔特力屈耳曷足取書所以有費秦二誓者周史本載二誓耳乃主代周之說者且曰書惟秦誓以國名篇有深意存不知不曰殽誓而曰秦誓者秦穆素服郊次鄉師而哭誓于秦郊非誓于殽也

閔僖本同宮躋僖公者躋僖主于閔主右也逆祀云者以爲君之先後言也

經傳于襲鄭入滑不言秦伯且傳于晉侯卒後有召孟明西乞白乙使出師于東門外之文於入滑有寡君聞吾子將步師于敝邑之文然則秦伯本未親履戎行張洽既歸自殽云云妄也

文七年盟扈李廉諱公罪而歸責諸侯之說妄也夫諱公猶可安得以諱公故歸責諸侯乎

秦國于西周故地杜預何謂秦僻陋殆誤讀十二年國無陋矣之傳乎至不稱使稱秦人固不可稱使也

爾雅釋天彗星爲欃槍註亦謂之孛按他星皆環繞日球其軌道圜獨彗之軌道一向日球一向日球之外穿過各星軌道作長垂式常以頭向日球與日近則尾輝然以大與日遠遂漸短小星數甚多無歲不見但小者不以遠鏡測之不顯耳春秋書孛紀實非紀異也

十四年齊人執子叔姬孔穎達有自魯錄之父母辭之說然則十二年書子叔姬卒當是此例一以書齊人不可曰齊叔姬一以未于歸不可曰杞叔姬也然左氏請絕云云實不近人情之甚蓋此叔姬實伯姬所求之婦彼叔姬乃杞桓重娶于魯者或謂經何沒重娶之實曰書子叔姬卒書杞叔姬來歸重娶之實固未嘗沒也

告朔與視朔截然兩事告朔者以特羊告廟請朔而行視朔者於告朔後皮弁視朔以聽此一月之政也汪克寬於文十六年公四不視朔引論語有子貢欲去告朔之羊云云誤矣觀春秋于六年書閏月不告月猶朝于廟十六年僅書公四不視朔蓋不視朔未必不告朔也

天下有不可讀之註天下遂有不可讀之經論語三年無改於父之道謂所爲合道者無改耳合道者無改不合道者必改矣其所謂道正尙書有言逆于汝心必求諸道之道也而朱子集註謂必能三年無改於父之道乃見其孝不然則所行雖善亦不得爲孝矣外註又謂三年無改者孝子之心有所不忍故也三年無改亦謂在所當改而可以未改者也夫無改於父之道則所行善矣正孔子父沒觀其行之意也如朱註所行雖善云云則孔子宜曰無改於父之行矣否則宜曰無改於父之非道矣外註尤謬道豈在所當改者且既曰當改何又可以未改也春秋書毀泉臺胡傳有暴揚祖失等語其妄亦正同此或謂孟子嘉孟莊子不改其父之臣與政何也曰此就孟莊子一人言耳因獻子之臣與政可不必改故不改遂可爲孝耳易曰幹父之蠱書曰爾尙蓋前人之愆學者顧可廢經而附傳註乎

書宣編

經書人傳亦書人則晉人宋人伐鄭確係將卑師少矣胡氏何猶妄議哉

書仲遂不書公子當主譏世卿說見不僅網漏吞舟也杜預謂蒙上文非也書遂可謂蒙上文書仲遂不可謂蒙上文

左氏引孔子云云乃贊泄冶非譏也猶曰泄冶敢諫正合無自立辟之旨云爾陋儒不通詩旨乃謂下辟字不訓邪而訓法妄矣民之多辟無自立辟蓋與楚辭世人皆濁我獨清衆人皆醉我獨醒二語同旨耳

春秋於辰陵之盟以桓文視楚莊莊誠五伯中英主也乃後儒於分注紀年升宋襄而不升楚莊殊屬謬迂文十有四年下當升楚莊王旅元年於齊上卽謂晉世霸業亦當先楚次晉次齊況文十五年盟于扈乃晉失伯之楔宣十七年盟于斷道乃晉復伯之機書楚子旅卒恰在宣十八年則升楚於文十四年復升晉於成元年有何不可或謂子辨外楚則不但楚莊以伯當升卽非伯時分注紀年置楚于末亦宜更正矣曰否楚固子爵非伯時自宜末之也

欑函之會穀梁不言及外狄也非也目狄矣何待不言及以外之不言及著晉就狄

也猶曰狄未越境而晉趨而會之云爾不然僖三十二年書衛人及狄盟何說

書晉荀林父帥師及楚子戰于邲晉師敗績注重帥師故不得不先林父先林父所以書及蓋以帥字坐林父敗績之罪耳內晉外楚之說皆妄也左傳中吾不如大國之數奔也九字趣甚

書初說畝當以又稅私田之說爲是論語有若盍徹之對足相發明今日俟攷何也

書成編

成元年冬十月下之穀梁傳當錄于宣十七年范甯所謂季孫行父二齊六字當在蔡侯申卒後不然齊頃屢戲客矣郤克屢至齊廷矣有是事乎盟于斷道敗績于鞍蓋齊頃戲客爲晉復霸大關鍵毆魚毆爵其齊頃之謂乎

左氏宣十四年傳楚子聞之投袂而起屨及于窒皇劍及于寢門之外車及于蒲胥之市秋九月楚子圍宋成二年傳左并轡右援枹而鼓馬逸不能止師從之齊師敗績逐之三周華不注俱寫得天崩地坼千霆萬潮若他人則但云秋九月楚子圍宋

齊師敗績遂之三周華不注不復就袂屨劍車轡梱馬師等字繪影繪聲矣

驪姬寵于晉終成就晉文之霸夏姬亂于陳淫奔于晉亦展轉成就楚莊吳闔閭越句踐之霸婦人之關係天下蓋往往若此

莒子朱卒不書葬魯未會葬耳楊氏之說妄也

晉侯諡厲蓋誣謚耳考晉侯生平郤至與周爭鄇田則使郤至勿敢爭狄人間宋之盟以侵晉則秋敗狄于交剛伐秦則能統九國之師以制勝討負芻則能執以歸于京師伐秦伐鄭而王臣屢偕則知重王命外此猶弗論已雄才大略晉文之亞微欒書服鄭復霸豈待悼公耶乃士燮之言足供耳食汪克寬竟以芊虔與晉厲并譏可勝慨哉

僑如與穆姜通猶曰以漸誘也乃甫奔齊而聲孟子又通之矣齊使立高國之間猶曰聲孟子密援之也乃一奔衞又使間于卿矣僑如果何修而得此

奉周子者欒書夙謀書固欲假君戈以殺郤至然後弒君立幼以便怙權而固位郤

至者穀梁所謂閑州蒲信書而殺之非天故褫其魄欲啓十四歲兒之覇業乎左傳於皆尸諸朝下即叙胥童以甲刼欒書中行偃于朝見胥童所以能刼書偃者善赴機耳不然書偃不以喜三郤亡故疾造于朝欒氏中行氏豈易刼者州蒲之不忍益特以未曙書之夙謀耳智矣哉長魚矯一則曰憂必及君再則曰臣偪而不討非曙權奸夙謀者歟見幾而作矯於胥童恐亦若范蠡遺文種書矣

書襄編

襄七年書鄬高息齋之說妄也

鄭髡頑之卒非弒也地者因上書如會又書未見諸侯不地嫌卒于會也若云不地自知其卒于鄭則如上文書如會何若云書未見諸侯即知其非卒于會不又嫌甫至會地即卒特未及行相見禮乎傳家附會至謂子駟使賊夜弒僖公而以瘧疾赴于諸侯果何據也

穆姜之東宮西宮賈后之金墉也奚筵焉

關內關外則關內關外已耳何胡傳於季孫宿帥師救台遂入鄆既引古復妄解古乎豈境外乃爲關外邦域之中皆關內乎

十二年冬經書侵而傳言伐偶不同耳說經家乃以此爲貶然則尹氏與君氏異何說且書侵何遽爲貶也

襄十二年附錄秦嬴之歸子庚之聘著秦楚之交日親也

魚齒之涉甚雨及之然則薛季宣所謂黷武而已矣易爲賁雨而已矣或可免哂

二十一年案於孔子年壽得其實然生忌兩辰尙無定論偶閱讀書樂趣內載以家譜斷之孔子生魯襄公二十二年十月庚子卽今八月二十七日卒魯哀公十六年四月乙丑卽今二月十八日其年與史記同月與穀梁同日與諸家同改建與羅泌同其謂年七十三亦與史記同等語竊謂可補諸說之闕

書昭編

女叔齊欺君之賊也晉平公可與有爲之主也夫使晉國無險則藩籬洞開難禁敵

人之窺伺馬不多則市駿鄰封動靡國帑且鄭顯晉用水土不服齊楚富强無難則齊景必不使晏嬰請繼室於晉而晉人南向之甲一出齊人思搗其膺楚亦因齊晉爭相雄長而愈欲挫晉斯亦籌饟籌防頗形棘手者矣然則晉侯所謂三不殆誠三不殆也觀晉侯於邊險馬政敵情瞭若指掌何嘗須臾忘天下惜乎政在家門致使戎馬不駕卿無軍行公乘無人卒列無長故平公亦鬱鬱久居移情乎土木與女色耳公卿有藏兔之窟將吏無牧豬之才平公誠有志莫展無可如何也不然晉平之於亥唐孟子嘗亟稱之倘有國爾忘家才堪專閫之員平公顧不言聽計從起而奮鞭笞六合之雄圖乎迄今繹女叔齊對晉侯之言欺君之罪不可掩矣昭烈有漢中而曹仁乃卻劉宏鎮襄漢而瑯琊乃與曹魏臨濡須而退石勒至壽春而返此險之利于守也秦不舉韓不能有六國漢不保滎陽不能夷項氏梁孝王以死保梁漢乃得出關中之兵而下七國張巡以死保睢陽唐乃得資江淮之力以平安史此險之利於戰也即以春秋而論楚用彭城晉用虎牢以及方城爲城漢水爲池表裏山河

必無害也之言亦章章也女叔齊乃漫舉四獄等山而以是不一姓折之豈確論哉不一姓者蓋祖宗能守子孫不能守耳於四獄等山何尤至於冀北無興國之言則更有大謬不然者山西直隸皆禹貢所謂冀州冀北蓋燕雲也燕雄于戰國五燕迭擾于兩晉明成祖起于燕邸安必無興國乎春秋車戰馬政實爲要圖多馬不興將無馬乃興乎若桓文邢衛云云議論頗正然平公非以多難必齊楚之亡謂夫齊因多難而病不克奮日與我親芊虔弒郟敖而不知逆取順守國人久欲甘心焉敵雖環起與我爲難我即可乘機圖伯也豈漫虞鄰國之難哉且懦如齊景汰如楚靈於桓文皆無能爲役即衛邢之滅亦以邢若彈丸衛鶴乘軒非尤妄之災也何女叔齊禦君以口給耶至於殷隕周興厚毒降罰之說尤妄紂君文臣故紂雖淫虐而文王自矢臣節然至武王亦不聽紂淫虐矣昔楚無君臣之分何得漫云儆乎夫大賈不較千金宰相不親頭案何物芊虔天顧鄭重其人欲縱其志以厚其毒然後降罰耶天一積氣耳其於萬物不過如易所云大哉乾元萬物資始耳資始外烏有所謂命

有德討有罪乎曰天命曰天討特聖人託辭以鎮馭天下耳卽使冥冥中眞有主宰能操命討之權夫豈必以衆人爲惡人之餌飽彼使之弗脫于鉤哉人之于天也天之所賤猶將貴之天之所無猶將有之天之所亂猶將治之立天地之中何可事事諉之氣數耶推女叔齊若歸于德吾猶將事之之旨是譙周勸降之嚆矢也厚毒降罰豈果由衷之言哉蓋寒浞亦嘗纘夏新莽亦嘗紹漢武氏且能改周女叔齊固未以乾谿之辱料芊虔固知天于惡人不盡降罰也或以寒浞赤族新莽屍解爲降罰則毒天下已如彼其久而後罰之亦多此一罰矣且武氏之罰何在也

專諸刺僚之禍札釀之也夷昧卒而國將及札札此時本可勿讓乃旣以讓鳴高又不立君杜亂安得爲賢向使早立吳光則光者諸樊之冢嗣壽夢之嫡孫餘祭夷昧之子必無異議乃札屛息不出一言何耶苟要離未能刺慶忌後事尙可問耶

書定編

意如援立公子宋殆恐太子衍立或討逐父之罪也殆窺公子宋可綴旒覩之不討

己且德己也

季芊鍾建負我矣之語一矣字寫盡無限柔情楚昭卽以之妻建因情而定之以禮也

史記靈公夫人南子使人謂孔子曰四方之君子不辱欲與寡君爲兄弟者必見寡小君寡小君願見孔子辭謝不得已而見之此再至衛事也然則論語所記子見南子殆在蒯聵出奔以前乎

書哀編

春秋書閏月葬齊景公紀實耳何非禮之足云孫復之說妄也文六年閏月不告月孫復謂書不告月者是常告也然則閏月宜告月卽閏月宜數明矣閏月宜數則書閏月葬齊景公非譏矣古禮豈有諸侯不可以閏月葬之明文而漫曰非禮也

季魴侯通于季康子之妹妹言其情康子遂弗敢以其妹歸于齊悼蓋恐齊悼因以爲罪也乃齊悼終娶季姬康子誠過慮哉一笑

書卷尾

程子謂以魯之罪加齊之半非孔子之言豈天子方伯之名足以威陳恆耶謂所以勝齊者乃餘事豈孔子但欲以馬革裹屍還耶臨事而懼好謀而成之謂何程子豈讀書皆忘耶

一則曰食焉不避其難再則曰利其祿必救其患無識者以此少子路譏巳其答子羔也若謂僕妾於主分非君臣猶食焉不避其難況吾儕出仕預人家國事乎其答公孫敢也責公孫敢惟利是務臨難而苟免也利其祿必救其患正爲公孫敢反言之耳不然由也升堂謂何也子路之死孔子曰天祝予天祝予後人輕譏昔賢夫亦可以已矣

春秋終于獲麟續至哀十六年者殆受經于仲尼之左氏也左傳終于哀公而錄及悼公之世者殆治左氏傳之漢儒也

國家圖書館出版社簡介

國家圖書館出版社，原名書目文獻出版社，一九七九年成立。一九九六年更名爲北京圖書館出版社，二〇〇八年改爲現名。

本社是文化部主管、國家圖書館主辦的中央級出版社。二〇〇九年八月新聞出版總署首次經營性圖書出版單位等級評估定爲一級出版社，並授予『全國百佳圖書出版單位』稱號。

建社三十年來，通過與各圖書館密切合作，形成了兩大專業出版特色：一是整理影印中文古籍等各種稀見歷史文獻；二是編輯出版圖書館學和信息管理科學著譯作，出版各種書目索引等中文工具書。此外還編輯出版各種文史著作和傳統文化普及讀物。

《春秋》研究文獻輯刊

第二册

NLCPH
國家圖書館出版社

第二册目録

春秋簽例三十卷卷首一卷（卷首—卷十四）

清・趙儀吉 輯

清·趙儀吉 輯

春秋箋例三十卷卷首一卷

（卷首—卷十四）

清嘉慶二十二年（1817）刻本

春秋箋例

序

奉新趙君雪簾與其族弟竹岡並以經術根柢之學聞於時雪簾長竹岡五歲竹岡長予十歲竹岡年十四領鄉薦其後困公車者垂三十年雪簾年五十七中副車其前困諸生者踰三十年雪簾雖與予先後籍郡庠又先後貢成均然雪簾自壯歲即喜遊學足迹半天下居鄉日絕少故相知而未相覿也己未會試竹岡與家仲兄容庵同出阮芸臺先生門下兩家往還始漸密得時叩其昆季之所蘊誠所謂學有經法者也雪簾亦許予爲知己出所著春秋箋例以相餉讀之覺於竹岡戊辰之序真不間其昆弟之言甲戌秋芸臺先生來

撫江右於春予與竹岡先後晉謁先生必問大江以西經學之士予兩人並以雪簾此書對會郡學重刻宋本十三經注疏先生命予董其役予引好友五六人共校讎雪簾其一也予每以經局事進見先生輒索觀箋例稾予屢促雪簾呈之雪簾請俟經局事蕆莊寫以進已而先生索益急不及更寫予遂取其定稾代獻焉先生流覽絕疾取諸家所聚訟者先觀之笑謂宣甸曰繁露言春秋無達例此其達例矣江西後賢有此作庶幾爲介甫贖辜乎因論介甫雖喜以己見詁經然四經新義率有依據視以後諸家憑空臆造者迥別陸務觀老學菴筆記言荊公有詩正義一部朝夕不離手字大半

不可辨世謂荆公忽古儒不然也王伯厚困學紀聞引介甫答韓求仁問春秋曰此經比他經尤難蓋三傳不足信也尹和靖云介甫不解春秋以其難之也廢春秋非其意朱子亦曰春秋義例時亦窺其一二大者而終不能自信於心故未嘗敢措一詞然則介甫與朱子學術雖不同至其不敢以訓詁諸經之餘力輕言春秋則一也彼謂介甫妬孫莘老之書不可復加而遂詆春秋者未免厚誣介甫莘老之書不能厭介甫之心也夫詩正義未遂爲詩達詁介甫尙珍之不忍釋使古說而有得春秋本義者介甫又何故經筵不以之進講科舉不以之取士乎 宣旬 謹識之益服先生之主持文教乎

情論事真能愛古人而不薄今人也去歲孟秋先生將移節
中州謂宣甸曰趙彥南春秋箋例與高郵王伯申經義述聞
並有大功於經術十三經集成當幷集二書吾皆將序之述
聞覽之已悉行當即郵序來江箋例以無副本可攜當俟集
成寄覽然後爲序先生撫中州才四閱月即總制兩湖今春
自荆州舟中寄來述聞之序而述聞亦適集成夏五箋例亦
成雪簾既以予爲知己又謂其書集行得予力爲多因囑予
序之予即兩家契誼幷聞諸芸臺先生者以塞其望先生序
來其大意當不外此或别有所是正當敬以爲是書弁冕云
嘉慶二十有二年仲夏武寧盧宣旬謹序

序

家彥南兄撰春秋箋例旣成示敬襄曰子其爲我序之敬襄春秋學未深安能序此書雖然兄命我不敢辭竊惟自三傳作而春秋散春秋之不可散夫人而知之矣然由漢至於唐初儒者悉守專門之學春秋雖散仍散爲三耳自唐中葉啖趙陸氏諸儒出乃始漸思去取三傳以合而一之未見其能一之也其習至於宋元而益盛率以私臆言經爲書愈多而違聖愈遠春秋遂散爲數十百家求止於三不可得矣是豈春秋之學之果不可一歟一之不得其道終不一也能窺一之之道而未能充其識以爲書者吾卽於陸氏同時得一人

焉曰柳子厚此非信之於其贊陸氏之學能有明章大中發
露公器之見也實信之於其答元饒州論春秋之書書辭之
推饒州不異於推文通顧所引陸元數說亦有一二微攻其
短者其一饒州貶荀息柳州則謂經與仇孔辭不異荀息可
貶未聞仇孔亦可貶是能以經衡傳也其一文通從左氏以
輸平爲渝平因謂鄭告而後絕固先同而後異柳州則謂前
無與鄭同之文後無與鄭異之據理雖精而事不合是能以
經證經也夫春秋之學莫患乎屈經以就傳與夫理不顧於
事知惟以經之辭爲據者使其疏例必皆得經之本例知據
經前後之事者使其疏義必皆得經之本義義例皆得經所

本有而春秋有不一者乎此吾所以獨惜柳州之不爲書也及得吾兄書先繙輸平莒息二章而觀之並能酌情準理而又與前後時事無不吻合其說之周緻多柳意所未及者試又繙紀侯大去其國一章而觀之此柳州所推許文通以爲能見聖人之道與堯舜合者吾初即疑紀侯之去何預堯舜想即胡氏堯舜官天下及以道言之亦可去而不守之說之濫觴柳州既知據經前後之事何忽又取此大而無當之說哉是則未充其識之過也讀吾兄此章之解以爲諱魯累紀亡而異辭則益怡然理順矣由是益縱心於三十卷二十餘萬言之間反覆再四以尋其每事正例變例一意到底之妙

大抵其得力雖在究終始於遺經而仍不肯束三傳於高閣故能用三傳而不爲三傳所用其於漢以來儒者之說亦然於是春秋之學之散者復滙於一令當柳州時即有此書其推服又當何如矣信乎生適後之者之未爲不幸也吾兄少抱逸才好學深思由於天性又久承吾　伯父厚田先生之庭訓所見蓋無不精詣其於時藝雖患理太真而詞太切然筆實足以達之非鈍之途也乃事舉場數十年竟無大獲前年以需次貢雍去年鄉試得乙選年已五十七矣生平試報罷輒還讀書不肯一爲失得改紘轍中歲後盡致其力於此書自言往來於胸臆間者已十餘年年四十六乃始著之楮

札稿凡十一易自書者九攜之舟車不間寒暑至今又十三年矣麤得脫稿未知後此尚能有進否吁嘻蓋爲之如此其勤也柳州稱饒州之學以爲能不負孔氏彼則安能若吾兄者或可不愧斯語耳雖然吾兄成此書亦有天幸焉慨自有唐迄於前明其間躬聰明才辨之資而又有見於屬辭比事之教如子厚者應復不少然或不能成書或雖成書究無大異於不成其故有四焉早榮也驟落也先殞也即不然而志高務廣不專一業也若子厚則皆有之若吾兄則皆無之然則造物者於冥冥之中曲成吾兄既不可使爲園中花又不可使爲城上草遂獨得用其寬閒寂寞之歲月以奏功於聖

門其何幸如之敬襄敢遂書其前後所見以爲吾兄賀還以爲吾兄書之序嘉慶戊辰正月八日愚弟敬襄竹岡司萬謹

序

春秋箋例卷首

總論

聖人之立教大指在成人爲濟世之才而濟世之才莫難於撥亂世而反諸正春秋之世之亂亘古所未有也聖人卽春秋之世之事是非而予奪之以爲撥春秋之亂而反諸正之法使人學之亦具撥春秋之亂而反諸正之才夫人之才至世亂如春秋猶能撥而反諸正則其用之以撥尋常之亂世有餘矣用之以理治安之世俾久安長治而不至於亂更有餘矣此聖人作春秋以救萬世之本意也

子曰辭達而已矣可見聖人之辭無不達也然至謂春秋亦

達則人必嗤之嗟夫春秋之辭亦豈不達人惟求其指於言外斯不達耳若能求其指於言中又豈有不達之患哉是故從三傳之說則皆求其指於言外者也從孟子則獨求其指於言中者也有孟子可從而故不從則由先不識孟子之言而已矣

王者之迹熄而詩亡詩亡然後春秋作此孟子發明春秋第一緊要語也解者多不得其指夫王者非謂周王而已也王者之迹熄非謂周王之政教號令不行也詩亡而禍不在詩也春秋之作亦非以救詩亡也詩亡非謂天下無詩雖有詩不得與於正風正雅之數也詩之中有正風正雅非必盡治

世安樂之音即極之困苦流離憂思哀怨但使詩意不忘乎綱常倫理之故即爲君子之所取故小弁不當爲變雅黍離不當爲變風是皆古人之得其性情之正者之所作也古人何以皆得其性情之正則自二帝三王以來風聲之所鼓盪教澤之所漸摩氣類之所醞釀而後有此性情是王者存固與之俱存王者往而不與之俱往者也譬之履往而迹存故謂之王者之迹蓋言王者風化之迹也是迹也雖不與王者俱往然使久無王者則亦不能以長存故夏殷之衰王迹皆有漸熄之機所賴有聖王出而維之是以不至於徑熄周自成康之後聖賢之君不繼作又重以厲幽之無道帝王之流

風遺韻日銷月鑠至於平王之季年而已蕩然無有矣故孟子又言世衰道微邪說暴行有作臣弒其君者有之子弒其父者有之夫世之亂至於臣弒君子弒父而極矣而爲邪說者或從而是之其爲暴行者更從而助之是爲亂賊之事者有數而存亂賊之心者葢無數也甚至載之簡牘形諸詠歌一唱百和恬不爲怪讀鄭之叔于田唐之揚之水諸詩而一時之世道人心具見矣是其爲詩尚得謂有性情耶詩無性情尚得謂之有詩耶此非復語言文字之諷刺足以啓其蔽錮之心胸不得不以刑法議其後春秋者聖人之刑書也此詩亡然後春秋作之正義也

知我者其惟春秋乎罪我者其惟春秋乎此夫子自明其不得已而作春秋之苦心也解者亦未得其指夫春秋奉天子以治諸侯奉諸侯以治大夫此說經者所已詳也其援天以議天子則說經者所未詳也是故孟子言春秋天子之事也未嘗言春秋天子之權也言權則尊至於天子而止言事則責至於天子而備春秋之法莫榮於責之爲尢備然則春秋之責備天子政所以推尊天子也知孔子者知其有尊天子之心罪孔子者罪其有責天子之迹知孔子者猶太公之輔武王罪孔子者猶伯夷之諫武王也蓋知之者達權而罪之者守經是皆聖人之徒也胡康侯未見及此故其解知字已

泛而解非字尤乖夫春秋方且責及天子又何必託南面之權至云使亂臣賊子禁其欲而不得肆則戚矣是直以亂臣賊子爲罪孔子之人也夫孔子豈憂此輩罪已哉嗚呼何其謬也

或問春秋旣以責天子者尊天子矣何又云其事則齊桓晉文曰春秋之天下非天子驟然所能救之天下爲其權已落於諸侯也及其末流則又非諸侯所能救之天下爲其權已落於大夫也權之所以落於諸侯者由天子不自爲政天下之故多所假借乎方伯而方伯得竊天子之權故大國之君莫不思爲方伯聖人相其時勢以爲天子之權非方伯不能

竊則亦非由方伯不能還故因諸侯之羨慕方伯卽予以方伯而厚責之厚責之者望其爲齊桓晉文之事而加務善之也此所以春秋前半之事無非齊桓晉文也權之所以落於大夫者由伯主不自爲政天下之故悉聽便宜於柄臣而柄臣得竊伯主之權故伯國之佐莫不擬於方伯聖人反其積重以爲伯主之權非柄臣不能竊則亦非由柄臣不能還故因柄臣之妄襲方伯卽衡以方伯而痛抑之痛抑之者罪其比齊桓晉文之臣而每下愈況也此所以春秋後半之事無非齊桓晉文也故曰其事則齊桓晉文

春秋旣事皆桓文故除天王過舉不累諸侯其餘悉是從伯

起義雖責內君仍是責伯之道是故書爵有予奪而伯之功罪見書人有是非而伯之畔援見書師有得失而伯之讎黨見他如小國書滅之因有伯小國書亡之因無伯諸侯不名之因有伯諸侯書名之因無伯引伸觸類不勝枚舉故曰其事則齊桓晉文

夫子自論春秋有其義則某竊取之之語孟子又冠以二語曰其事則齊桓晉文其文則史而聖人之語意益明乃後之讀者徒見春秋用史文以紀伯事而已至求聖人所取之義則末之有見也遂不得不從三傳之說求其義於文之外豈知其義悉在文之中耶蓋春秋所用之文無一非史之文而

春秋所取之義則無一是史之義有文愈淺而義愈深者有文在此而義在彼者有文從同而義從異者何以爲文愈淺而義愈深也如稱天王之卽爲諷天王也目國君之卽爲譏國君也爵諸侯之卽爲責諸侯也書朝聘之卽爲罪朝聘也諸如此類皆文愈淺而義愈深者也何以爲文在此而義在彼也如納幣嫁娶之書之多爲通喪未闋也殺其大夫之書之多爲邦交離合也王臣稱名之爲歸故於王也大夫稱氏稱字之爲譏不及其君也男稱子之爲義起於其父也女稱子之爲義起於其母也稱婦之爲義起於其姑也諸如此類皆文在此而義在彼者也何以爲文從同而義從異也如師

無鐘鼓曰侵此史文之義也春秋書侵則別有義在內與伯爲著師之無名其餘亦多不責侵者而責聽之侵者又如繯其城邑曰圍此史文之義也春秋書圍則別有義在內與伯爲明人之不服其餘亦多不責圍者而責聽之圍者諸如此類皆文從同而義從異者也然已上諸例猶義依於文而易見者也更有文似不必有此義而爲聖人所特取者如外一書人輒爲義起於內外一書邑亦爲義起於內所以然者人者對我之辭而事至詳邑亦紀內之體也此義在諸例中較爲難識識此然後知春秋確本魯史而非汎紀天下事也故讀者能知本文自有之義例又知聖人特取之義例而經指

不難見矣不能知此等義例而徒以史文之義爲經文之義

而經指不見更遁而求義於經文之外而經指愈益不見故

曰不知春秋之指者先由不知孟子之言之指者也

孟子曰春秋無義戰彼善於此則有之矣玩此文意春秋之

戰不義者固多所謂彼善於此者亦應未可以一二數也不

然何不直曰春秋無義戰彼善於此者吾取召陵之師而已

矣且今讀聖人之經亦無以見彼善於此之言之確乎爲召

陵之師而發也然則聖人不善召陵之師乎曰善善則又何

以見召陵之師之亦在其類也曰凡徒伐以書月爲近善偏

戰以先敘爲近善蓋春秋之法月皆王月諸侯相伐例不書

月爲其無王也以不月者爲無王則以書月者爲有王矣故徒伐以書月爲近善春秋之法敘戰貴先姬先異姓伯先列國爲其邇王也以先敘者爲邇王則以後敘者爲遠王矣故偏戰以先敘爲近善夫伐之有月無月史文之必有詳畧也戰之先敘後敘史文之必有參差也一經聖人之筆削而確不可易之義即具於書法之中矣乃傳注家於伐之書月與否既皆熟視無覩於戰之先敘後敘則又主客予奪全然相反宜其於聖人精義百不得一也或問齊桓召陵之師何以猶不得爲義戰曰孟子固明言之也征者上伐下也敵國不相征也召陵雖近義舉猶是敵國相征耳豈嘗奉有天子之

命耶曰苟無天子之命雖討賊亦不義乎曰討賊又當別論也故春秋之法討賊之師雖有戰有伐不稱戰伐觀書蔡人殺陳佗楚人殺陳夏徵舒可見矣

或問三傳舊皆云本之聖門今以孟子之言律之當者蓋無幾矣將所謂本之聖門者非耶曰三子之學非無所本所病在修辭不誠唯其不誠故於聖門元有說者固壘守之於聖門元無說者則臆湊之夫孔子古今之至聖也其吐辭爲經在及門高第或能覩指知歸下此則惟盡究經例者雖以衆人之資亦可尋繹其指歸之所在三子之於春秋可謂勞矣然皆未能盡得經例其明理之學不惟無當於聖人之徒亦

且未離乎衆人之類以衆人之見而說聖人之經宜其多所背畔矣是故言春秋而好自立說不知以經證經者雖以宋元精義之儒爲之亦不免於彌近理而大亂眞也於三子乎何尤

公穀疏義時有當者以其說本聖門而所本之說無幾則遂造義以益之如權閹矯旨人不敢辯也左氏紀事多足信者以其曾見國史而所見之史不全則遂造事以實之如海賈譚奇人不能詰也自紀事者造事疏義者造義而經指之因而晦者不知其幾矣三子之於春秋殆所謂功之首而罪之魁者歟

春秋大義在誅亂賊吳楚亂賊之在周者也桓宣亂賊之在魯者也治吳楚不遺餘力則其治諸侯之不王不貢者可知矣待桓宣不少假借則其待餘人之無父無君者可知矣故讀春秋而能知待吳楚之法與待列國全別待桓宣之法與待羣公全別則大義數十思過半矣

或問春秋之文爲亂賊而發者十一二非爲亂賊而發者十八九孟子乃云孔子成春秋而亂臣賊子懼豈世無亂賊卽春秋爲無所用耶曰春秋之學理會治亂賊之處易理會非治亂賊之處難治亂賊無他術不過推見至隱誅殺不赦而已矣其餘則皆修身齊家立綱陳紀辨之於早之道也譬之

醫家治病急則治其標非國工之長技也然其實精益求精至於澹嗜慾調元氣諸多保生之術皆不過豫杜病根使不至有急則治其標之時耳又譬之官府弭盜不待教而誅非上人之本意也然其實密愈加密至於禁游惰嚴保甲諸多先事之防皆不過豫清盜源使不至有不待教而誅之時耳然則以亂賊懼爲春秋成之效雖似淺視春秋而實非深於春秋者不能道也

三傳離經畔道處固多然實各有其得解之處爲天地之所珍惜鬼神之所呵護遂能脫秦燒而登漢購以並爲巋然不朽之大業卽如單伯之爲王臣則公穀均失而左氏獨得者

也用致夫人之爲聲姜則左氏獨失而公穀並得者也乃後人於單伯則偏從公穀於用致夫人則偏從左氏眞是無從說起然終以三傳有一傳可據斯立說較易不至如逆婦姜于齊之爲聲姜代逆劉夏逆王后于齊之爲魯悔主昏旣未免於辭費而又絕類游譚無根也

聖賢惟孟子言五霸雖專舉齊桓而以其事則齊桓晉文之語推之晉文自在其列獨不知餘三霸爲誰趙氏則足之以宋襄秦穆楚莊丁氏則冠之以夏昆吾商大彭豕韋朱子集義並收之意蓋專主趙說故後儒從之者亦多趙氏之說未詳所本丁氏則本之成二年左傳五伯之霸也杜注而杜注

則本之國語杜氏非不聞有五霸皆周之説所以必從國語
數自夏商者誠以袁婁之盟去楚莊之沒中間纔逾一年未
必當時即登莊五霸播爲定論且勤而撫之以役王命之語
於楚莊行事亦全無交涉此杜注之所以必從國語也然觀
孟子言五霸爲三王之罪人今之諸侯又五霸之罪人蓋不
勝世降風頹之感可知孟子意中之五霸必非左氏內外傳
所言之五霸此五霸皆周之説所以似乎獨優也然至以宋
襄秦穆楚莊足爲五霸則亦必非孟子之意夫所謂霸者必
有尊王攘僭之事宋襄之於楚初則引狼後則荓蜂師敗身
創爲世僇笑去霸絕遠秦穆過周入滑大肆鴟張故殽之敗

至不稱師且生而爵列不見於會盟死而名諡不彰於卒葬則又安可以西戎之霸而附之桓文之列也若夫楚爲僭王之國春秋懲之唯恐不力從未嘗比數列國豈有以伯予楚之法哉若謂楚莊嘗討徵舒故可予之以伯則蔡人嘗殺陳佗矣經何不伯蔡桓也竊謂五霸桓文而外當益以襄公厲公悼公蓋齊霸一而晉霸四也襄公悼公猶有許能繼霸者若厲公則惟會執曹伯一稱伯討此外則絕無伯稱得非以其生之後而死之凶耶夫霸者要在論功厲之敗狄伐秦不愧襄公若鄢陵之捷傷及楚子其烈幾過城濮卽以尊王而論知率諸侯同朝京師覲盟王臣于翟泉者其順逆爲何如

至其不保首領則雜霸應有之禍雖齊桓之卒至六十七日而後殯其去被弑蓋無幾也何可以强死之故而奪厲公之伯哉知厲公之不愧於伯而五伯之說得矣

張子言凡解經不同無害但緊要處不可不同耳竊謂此說詩書易禮皆可用之而獨不可施於春秋以春秋無非緊要處也即如以單伯爲魯人則齊桓會莊初時齟齬之處皆不可曉以用致夫人爲哀姜則季姬及鄫子遇于防及諸稱子叔姬處皆不可曉蓋蔽起於此而誤連於彼也此春秋之說之所以不可不歸於一也

春秋之文除日食星變城築筆筆皆有關照即如隱元年三

月書公及邾儀父盟于蔑以七年背盟伐邾而書也九月書及宋人盟于宿以十年背盟伐宋而書也自爲左氏之學者信來告則書之說而春秋眞成斷爛朝報矣無怪精義之無從而出也

考周秦而下之以文章擅名者類爲腐儒所不屑道若以發明春秋而論則所號爲儒者反不能如文章家多得其指要書之荒唐無過莊子猶能言春秋以道名分足見其學出聖門第傳授漸失其眞耳史遷自序論春秋多精要語且能不惑於傳說視董子之過信公羊者爲何如文中子非醇儒然能言春秋之失自歆向始也棄經而任傳又曰三傳作而春

秋散他如韓退之寄盧仝有春秋五傳束高閣獨抱遺經究終始之句其進學解有春秋謹嚴左氏浮夸之評歐陽永叔有春秋三論及送黎生贈姚闢兩詩其崇論閎議皆非餘子所有約六經之指而成文信乎言有大而非夸矣

某公幾年爲某王幾年此注家定法也然不敢加於紀年之上故連甲子註之於每年之末又春秋大義在責齊晉霸國以攘吳楚僭國故四國之年代亦附次行齊霸後註齊晉霸後注晉並分列右方楚見經後注楚吳見經後注吳並分列左方亦提要之一道也

春秋箋例

大意

一拙註大意以孟子其事則齊桓晉文一語爲宗故通體皆發明予奪伯者之義時當有伯則專其責於伯時當無伯或有伯而應奪則歸其故於王凡經之斥名王臣生名諸侯諸侯之子孫去屬諸侯之大夫去氏皆歸故於王之例也責伯之時反是以此意求之全經雖不免字字皆例之譏然據愚見自覘則窒而不通之處亦鮮矣

一春秋之大法所以教天下萬世臣子當爲忠孝而毋爲亂賊則凡值亂賊之獄尤聖人之所盡心也何意傳注家乃

敢爲名君君無道不名臣臣可恕之邪說夫亦大可怪也已拙註於此等處必義正辭嚴以闢之如論齊無知之於襄公宋華耦之於昭公晉欒書中行偃及悼公之於厲公蔡公孫翩之於昭公似於名教不無小補焉

一春秋書事雖極渙散然前後脈絡實相聯貫拙註頗得此指不敢踵章自爲說之弊不獨隱二年莒人入向之爲無駭入極而書僖二十五年衛侯燬滅邢及宋殺其大夫之因天王居鄭而書爲得其近脈而已也更有納前後數十年與國敵國之情事於一筆之註類皆原委相承差免穿鑿傳會之苦若桓五年仍叔之子來聘註總括齊魯紀鄭

四國五十餘年之事成十四年林父歸衛註總括晉魯齊衛四國二十餘年之事不可謂非獨闢之涂徑也

一春秋之作原以定百王之大法故孟子以春秋之成繼禹周公爲一治使夫子而得天下其創制顯庸具此書耳所紀東周之事特其寄也夫五帝殊時不相沿樂三王異世不相襲禮因革損益之道自不能廢也豈有賢於堯舜之聖人其乘權布治乃僅守一朝文勝之禮者哉是故爲邦之荅已舉四代而節取之未嘗僅告以文武方策之政可知吾學周禮一語特明當時爲下不倍之道非卽謂周禮爲百王不易之法也乃巧於說春秋者將使人不敢議彈

而自立於不敗之地遂專以周禮說春秋雖以吳草廬之通儒猶未能免此更無論於葉石林之春秋傳矣夫禮之大者莫過於郊祀春秋書郊凡九筆其如何而爲免牲如何而爲免牛如何而爲不郊如何而爲免牛且不郊葉氏悉畧綽過去不復能通之周禮矣拙註必彙九筆於僖三十一年初書郊之處上下求索務還其譏貶淺深之實雖於聖人之指未必有當亦庶幾心之所謂誠然者初不敢依託禮經以自求藏身之固也

一拙註既若有所見則因義求例立說之與傳注異者自多然所謂異說亦往往有與儒先暗合之處博雅者或規以

未盡明引所自竊謂人同此心心同此理二千年來說之同者必非一人吾又烏知所本之說其前不更有所本乎即如齊桓遠致江黃愚初但議以桓爲得計者之非耳既而見中丞阮公公羊經郛稿始知新序自有管仲之諫全文附後其後又得陳氏際泰五經讀其讀于貫之說意與愚合全文附後夫大士之博非尋常之博也方氏棨如嘗嘲其於書無所不讀惟用以資爲時文可知文輙亦服大士之博然而大士即不知有新序管仲之諫使吾不先知有子政之說而第引大士之說不更爲通人所笑乎然更有明知說與古合亦不能明引者以意同而所以言之意不同引之

既辭有枝葉辨之是自取葛藤故不如不引之爲愈也即如愚註立武宮以爲魯欲强兵立煬宮以爲魯欲任刑乃大士讀立武宮畧與愚同至謂武宮必非祖廟則過矣其說將何以通於煬宮乎且武宮誠爲祖廟於强兵之說寧有不順乎（全文附後）此所爲不能明引也雖然規者之議率不可廢也夫春秋之論註疏說在唐時已稱居則充棟宇出則汗牛馬自宋至於前明說春秋者益多其爲書必更倍於有唐以前惜夫耳目短淺所知之僅也安得博極羣書之儒盡舉古說之合而隱者條列而鄭示之俾知某說與某氏相似某說與某氏全同而無稽之誚因而盡洗其榮

幸爲何如也

新序善謀篇江人黃人慕桓公之義來會盟于貫澤管仲曰江黃遠齊而近楚楚爲利之國也若伐而不能救無以宗諸侯不可受也桓公不聽遂與之盟管仲死楚人伐江滅黃桓公不能救君子閔之

陳氏際泰讀于貫遠結江黃江黃之爲計左矣齊桓之爲計左矣江黃小國得其力不足以困楚失其力不足以困齊祇令人滅焉故曰計左也且遠結二國奇兵也盟諸則誰不知之知之則誰不備之而焉取奇也八國之師不得一矢相加遺豈其藉二國折鉤之喙以益鼎乎言諸侯皆在則又妄矣于陘八國則八國也于貫四國則四國也何用知爲諸侯皆在也與其諱諸侯不如其諱江黃也

讀立武宮喪事即遠有進而無退宮廟即遠有廢而無立故去祖爲壇去壇爲墠去墠爲鬼所以明即遠有終之義立武宮不宜立者也然祀煬宮其故可得聞也立武宮其故不得聞也或非祖廟焉魯至此事變愈多有增兵講武之意作上甲立武宮安知非一類事也乎

春秋箋例卷首終

春秋箋例卷一　　奉新趙鐵亭輯

隱公

元年

一年稱元年其來久矣非創自孔子也何必多其辭說哉

春

三正遞建惟夏正得四時孟仲季之定序商則每時錯前一月周錯前二月故周之春夏秋冬特四分一歲之號非四時生長收藏之正令也

王正月

春秋者魯國舊史之名也國史以國君紀年而月則必稟

周正朔故稱王某月者亦舊史之體實然古人正朔元重於紀年也但古史月必繫王聖人因史修經以爲數見反習而不尊故獨於春時首見之月冠王旣明事莫先於尊王而月皆王月之義亦見焉古史事必書月而非褒貶所關聖人將奉王以予奪天下而於書月示一義故事之書月者皆有以王臨之之意然則古史之稱王月特明正朔聖人之稱王月則奉王章而存王於無王之世之義亦明矣是故王綱旣墜聖人必於春月存王猶昭公旣孫聖人必於春時存公也彼僅以周正解此遂疑聖人於春秋第一筆卽寓不足時王之意者豈不謬哉或問古史月皆冠

王有據乎曰近時考據家引三代器款識皆作王某月廣川書跋載晉姜鼎銘曰惟王十月乙亥爲證其器銘眞贋固難信然疑實有此理使古無此體夫子自明述而不作決不創奇加一王字也○凡元年春月必書卽位此不書者隱公好名讓國居攝待桓授之口實而階篡弒皆不肯卽位之一念所馴致也是亦自棄其位而已聖人因之而不書以示辨之不早之過也又經例正月無事事在二月三月者不容書正月惟隱莊二公元年事在三月先書正月者以元年不可無正又以見不書卽位之故一因隱之自棄其位一因莊之不忍卽位耳定元年無正月以卽位

在六月也

三月公及邾儀父盟于蔑凡邾公並作邾婁蔑公穀並作昧邾今魯國鄒縣也蔑姑蔑魯地○鄒縣今屬山東兗州府姑蔑故城在兗州府泗水縣東○本書釋地悉依杜注其證以今地則參用康熙年間婁東姚氏左傳杜注本皆用圈別之間有按證處用按字別之

公者列國臣民相與尊君之常稱未遂爲僭或乃謂魯當稱侯春秋書公特不得已而從俗此迂論也必如所言則小國之稱君不且當呼子耶男耶及者內爲主之辭盟雖見周禮司盟之職然皆諸侯有不協質於王而王命之盟無敢私相盟者故其盟辭可載之盟府若春秋諸侯之盟率是私擅相盟黨同伐異亂所由生政天王所當詰治之

事而乃視等汎常此亦東周失馭之一大關鍵也故諸侯有盟必書其爵所以示治之以王之道邾君不書爵附庸本無爵也無爵則宜書名今書字者以與公盟不欲卑公也胡氏謂附庸例書字特豫爲介葛盧倪黎來地耳不知彼以來朝故名此以同盟故字固非別有等差也盟以書月爲常例非有所予也削月則無王之大者耳月而加書日者悉是議會大約非怪其汲汲有所求則譏其憒憒無所擇耳

夏五月鄭伯克段于鄢（鄢鄭地鄭在滎陽宛陵縣西南鄢今潁川鄢陵縣○古宛陵縣城在今河南開封府新鄭縣東北鄢陵縣今屬開封府）

段鄭伯弟也何用知爲弟殺世子及同父弟必目其君明其於骨肉之親忍加殘殺爲王法所不容故書爵以示治以王之意凡殺弟者既目君亦必稱弟此不言弟者經例弟至爭國者皆不言弟所以然者自古支庶謀簒本倚天屬之親而不令之臣又視爲君之家事不必與人骨肉往往從而成之此家禍之所以相尋也聖人削不稱弟蓋不復以殺弟累其君兄而王法於是乎立所以杜簒弒之源也據左氏則段得出奔公穀則直以克爲殺公穀近是蓋奔則自當書奔也然克亦戰而勝之之辭未可僅訓爲殺書于鄢者志戰地也書克既有戰形書鄢又有戰地皆所

以著段爲鄭伯勍敵而定段罪之應殺也段旣應殺何復
以王治鄭伯鄭伯先事旣不能裁弟以禮臨事又不能請
命於王亦不能無罪故不用討賊之例書鄭人殺段而書
鄭伯克段于鄢
秋七月天王使宰咺來歸惠公仲子之賵車馬曰賵
古史天王之稱尊王耳春秋冠王以天則言王者秩敘命
討皆當奉若天道故王有不道之甚者皆不稱天以示譏
又以見民無二王猶世無二天而吳楚之僭王諸侯之無
王爲可誅也仲子惠公之妾桓公之母也以天王而賵諸
侯之妾亂名分啟爭奪壞法極矣而王猶稱天者以賵惠

公而及仲子不得徑用含賵成風之例也宰專官如司城司馬亦專官也王臣舉專官臨內之賤者起義外臣舉專官對內之敵者起義亘稱宰臨仲子也稱名咎天王也春秋之例王臣外出從侯國起義有爵則書爵無爵則書字從王起義則不問公卿大夫士皆書名不從王與諸侯起義則內事書氏外事書王人故書名乃用君前臣名之例非夫子敢斥名王臣也以是知下士書名之說之非是矣

九月及宋人盟于宿宿小國東平無鹽縣也宋今梁國睢陽縣○無鹽故城在今兗州府東平州東二十里睢陽故城在今河南歸德府商邱縣南

杜氏曰盟于宿宿亦與盟按此是公與宋公宿男盟也所

以止言及宋人盟于宿者因上特相盟既始於魯不欲以參盟更始於魯故書之使無異於特相盟若質言公及宋公宿男盟于某則是以王治宋公宿男而公亦在其列矣故不敘宿男而以宿地不書宋公而書宋人皆所以爲公諱也是以竝公不書焉又經例列國書人非義連於內卽連於伯宋公書人義連於內也

冬十有二月祭伯來祭畿內國今開封府東北十五里有祭伯城

祭伯內諸侯不言來何事公羊以爲來奔諱受王叛臣故不言奔穀梁以爲私來相朝故不言朝左氏似言來聘以非王命故不言使竊疑是時王臣尚未至違戾若此來止

是來聘其不言使則非關不由王命莊二十三年祭叔來聘亦然此更不言聘者當是隱公自處攝位不敢當君即位之禮且不行改葬惠公亦弗臨則祭伯來聘隱自不肯主受其禮故不言聘耳或曰然則聖人與隱之攝乎曰攝不受聘則非喪不受聘則是聖人略其心之非而與其事之是故爲之不書聘既不書聘則王亦無過矣故不書使亦以見晅賵仲子之爲戾甚大也何氏曰月者爲下卒也當案下例當蒙上月日不也按何氏之意蓋謂凡例不應月而月者皆爲下事書月上下事竝應月者下事蒙上事書月惟日則不蒙上耳故衞侯晉卒再書丙戌

公子益師卒

公子公孫仕而爲卿則書卒所以卿必書卒者見卿貳之重且可就時事之得失而知其賢否也卿必日卒其不日者世遠史闕也

是歲巳未平王四十九年

二年春公會戎于潛陳留濟陽縣東南有戎城潛魯地○故戎城在今曹州府曹縣

戎蠻之類竝於周無統屬責所不及故不用稱師稱爵稱人之例惟以號舉

夏五月莒人入向向小國譙郡龍亢縣東南有向城莒國今城陽莒縣○今江南鳳陽府懷遠縣西四十里有故縣城漢置向縣龍亢在其西顧氏炎武曰龍亢在鳳陽之懷遠疑遠于欽齊乘言今沂州西南一百

里有向城鎮近是莒縣今青州府莒州是

凡武事書入者不論入國入邑皆伐而破之而不有之辭非不欲有勢不能有也其去滅取殆無幾也故亦春秋之所誅春秋亂世列國相入殆不勝書經所書者皆責及於內與伯者也即如書莒人入向非志莒之横暴乃聖人不欲以入國之惡首被之魯故於無駭入極之前先書此筆

無駭帥師入極駭公穀作侅極附庸小國○今兖州府魚臺縣西有極亭

春秋之法諸侯之大夫凡名氏並書者以內外君共臨之者也此兩用君前臣名及國君不名卿老之禮蓋臣於君前禮止稱名不稱氏而君之禮臣古多稱氏不稱名史策

兼用之故名氏並見其稱氏族不名者非內直無君則內
君待之有加禮者也其削氏族不書者在外爲王法所不
容在內爲君意所不堪故削族以示誅蓋陪臣之氏族不
通於天子而卿老之不名亦國君加禮則然也所以內卿
則不治以王者內自治以君不煩治以王也內卿何至爲
君意所不堪則皆爲將而不盡用君命者也何以見無駭
之違命君命伐未命入也或問君果不命入乎曰入春秋
而魯卿首入人國其罪甚大君不命入則臣獨受誅君命
入則臣代受過削族中自有此兩例凡內書帥師皆所伐
未當兼議內君之辭故伐而差當者皆不書帥師

秋八月庚辰公及戎盟于唐八月無庚辰七月九日也日月必有誤唐魯地高平方與縣北有武唐亭○武唐亭在今兗州府魚臺縣西十二里

此唐盟書日譏隱之暱戎也隱惟暱戎故戎雖伐凡伯以歸亦不之詰

九月紀履緰來逆女履緰左作裂繻紀國在東莞劇縣○今青州府壽光縣東南有紀城齊乘云郎劇城

昏嫁常事不書必有過而後書惠公之喪甫及再期而行嘉禮大過也故書以示譏必書紀卿來逆紀亦與有罪也不書使者紀不恤魯喪止得罪同列故責其臣已足宋公不恤天王之喪其罪甚大故成八年公孫壽來納幣必更

責宋公而書使此輕重之權衡也按壽納幣不書月知來逆女亦不書月此書月者以上事已書月若下不書月人將以爲同月事矣春秋傳信之書不以無關輕重而書否無定也通經此類甚多不能悉註

冬十月伯姬歸于紀

伯字姬姓冠字於姓女子已笄之常稱婦人以夫爲家故謂嫁曰歸書月爲下盟也

紀子伯莒子盟于密 伯左作帛密莒邑城陽淳于縣東北有密鄉○密鄉在今萊州府昌邑縣東南十五里

程子曰闕文也當云紀侯某伯莒子盟于密按侯字似不

至謁而爲子疑子字上下竝有闕文當云紀侯某子某伯莒子盟于密書之以見自參以上之盟不始於魯也忞其文爲舊史本闕或修後始闕則不可得而知矣

十有二月乙卯夫人子氏薨乙卯月十六日

夫人子氏公羊謂隱之母穀梁謂隱之妻左氏無傳杜注推尋左意指爲仲子未知孰是然似穀梁較勝詳玩書法有特筆尊崇之意等書出姜之歸寧無別見譏貶之辭異書成風之薨葬可知是適非妾適則隱之妻矣且聖人之書此亦所以正隱不自君之謬也故穀梁說勝又按小君之重亞於君故亦稱薨不地有常所也

鄭人伐衛

書此以見鄭衛異黨隱公此時意尚向衛而未向鄭蓋爲邦交離合志緣起也經指爲內而發故不爵鄭伯而人之舊說有以書人爲罪鄭專伐者夫伐而破之則爲入已書莒入向魯入極矣而以始專伐罪鄭豈平允之論哉

是歲庚申平王五十年

三年春王二月己巳日有食之（己巳實朔日）

日食必書示宜遇災而懼也其有不書朔與日者當是舊史闕文若以不書朔爲食不於朔則據杜推己巳實二月朔日

三月庚戌天王崩（庚戌月十三日）

春秋天王崩有故則書無則否夫事之大至王崩止矣然猶無故不書此春秋所以爲經而非史也足證來告則書之說之非是矣

夏四月辛卯尹氏卒（辛卯月二十四日尹左作君）

尹氏天子之卿卒而王命赴於諸侯故魯史書之第稱氏不從王子虎劉卷之例書名者嗣王未逾年不敢當王故不用君前臣名之例止氏而不名夫赴者臣子之事王臣統於王無王命赴於諸侯之禮乃知虎卷之書悉是咎王此因嗣王新立故不歸咎耳不書爵者王臣書爵常時據

魯之辭若書尹子卒則顯魯有私弔之罪矣所謂不從王

與諸侯起義則書氏是也

秋武氏子來求賻貨財曰賻

武氏子王朝大夫武其氏子其爵也稱氏與尹氏同義加

書爵者據魯言也魯不共王喪罪莫大焉故加書爵以臨

魯所謂從侯國起義則書爵者也夫仲子妾耳王猶使宰

咺歸賵及之乃魯於王喪莅卿不往甚至賻䞈亦聽自求

隱之爲人殆全無肺肝矣

八月庚辰宋公和卒庚辰月十五日

古人兵不廢禮國君始終之故雖讎國必告無論友邦矣

以是知古史所紀卒葬必不勝數也聖人特取大國次國之君之關係時事者書之耳故小國卒葬例所不書其偶書者必別有故至諸侯之卒有名者有不名者有因葬而著其謚者有不必著謚遂不書葬者舊謂一因古史之詳略今細按之而知其不然也聖人蓋以此定予奪諸侯之法也其卒而名者皆有抓諸侯之職故奉王以正其卒而書名也其無罪者則書卒不名其尤可嘉者則不惟不名且特書葬以表其謚此例於秦見之穆公以前則卒葬不書直等諸春秋前半吳楚之君至文十年宣四年始書卒而名之第不書葬則等諸春秋後半吳楚之君也至成十

四年則書卒不名矣是猶以偶一書及之滕子宿男待之也若昭五年定十年哀三年所書則不惟卒不書名且皆因葬著謚矣此皆列國諸侯所從未倖邀之曠典也豈非因秦前數世尚思猾擾中原其後數世漸知恪守侯度耶若謂名謚卒葬之書否一因古史之詳略則何以康公以前與魯往還經悉不書其葬自景公而後與魯闊絕經反盡得其謚也其非無意亦已明矣或問名謚兩見者不爲予奪茲施乎曰既已名卒雖復表謚不爲予矣所以書葬特明魯會耳此政如月伐爲予若是月侵益足見奪寧得復執爲予辭耶或又問禮諸侯曰薨乃皆言卒何也曰據

魯修史可奉王以正諸侯之終不可奉王以正內君之終內君之終臣子自愼之故稱薨卒不同耳

冬十有二月齊侯鄭伯盟于石門石門齊地或曰濟北盧縣故城濟水之門○盧縣故城在今濟南府長清縣西南

書以見齊鄭本爲一黨後齊嫉鄭歸祊於魯遂即宋盟于瓦屋賴魯隱調劑其間復與鄭讎宋葢反覆無信不獨一隱也

癸未葬宋穆公癸未月二十日穆公穀作繆後同

因內會之故書書葬雖若常事然有以不書葬寓意者則亦非循例必書之筆也詳桓四年陳桓下

是歲辛酉平王五十一年

四年春王二月莒人伐杞取牟婁杞國本都陳留雍邱縣推尋事迹桓六年淳于公亡國杞似并之遷都淳于僖十四年又遷緣陵襄二十九年晉人城杞之淳于杞又遷淳于牟婁杞邑城陽諸縣東北有婁鄉○雍邱縣今河南開封府杞縣是也山東青州府安邱縣有淳于故城婁鄉城在青州府諸城縣境○按杜言杞本都陳留雍邱則今之河南杞縣也遷都淳于則今之山東安邱也經例凡以自遷爲文者悉是遷于已地自安邱至杞縣千八百里杞小國耳安能有此幅幀耶又許凡四遷就杜注而證以今地時而河南之南南陽時而安徽之亳州時而湖北之監利雖曰遷于楚地然始終不過避鄭耳何必動徙數千里之遠哉動徙數千里之遠以避鄭而又卒爲鄭滅此事之更不可解者然則杜之釋地亦信其可信者可耳

書取内例也外事非關内丸不言取邑此莒人伐杞取牟婁似於魯無關而書從内例者以未幾當書魯取外邑不

欲以取邑之惡首被之魯猶入極之先書入向也

戊申衞州吁弑其君完戊申三月十七日州穀作祝後同

臣弑其君天下之大變天王所當引以爲咎故被弑之侯亦名州吁不稱族者是時天下猶未有伯春秋惟望王討賊討賊之責旣專屬之王則諸侯之子孫固不得以其族通諸侯之大夫固不得以其氏通矣故衞州吁齊無知宋督宋萬均不稱其氏族若有伯以後則討賊之責在伯故賊之氏族可竝見焉而宜爲伯者莫如魯春秋又爲魯史故賊之氏族竝見者所以愧魯而責魯以伯也其有不名賊而第稱國以弑者則姑置內於不責者也其有稱國人

以弒者則又專引其咎於內者也此書弒之例所以不能一概也或者乃以賊之名否氏族之書否國之稱人與否一本舊史都無意義何其疎也或問魯既有宜為伯之理何不於此時即以伯職責隱而州吁書族曰諸侯必受命為方伯而後可以伯職自任無王命而自舉伯職卻子所謂功之首而罪之魁也是故世已有伯而魯踵之猶可也世未有伯而魯首之不可也故齊桓未成伯以前專以討賊望之王

夏公及宋公遇于清清衞邑濟北東阿縣有清亭○東阿縣今屬兖州府

春秋之初宋鄭結為深讎衞舊黨宋而齊新與鄭宋見鄭

與齊爲石門之盟得一強援矣使復因齊結魯則鄭勢益厚而不可敵故假尋宿之盟而急與公遇于淸使魯不爲鄭致也宋既信魯無意即鄭故不逾時即連陳蔡與衞以伐鄭而魯亦遣翬會伐宋又獨出伐鄭圍其長葛至次年冬而遂取之此皆淸之一遇之力也此隱公五年以前與宋而不與鄭之情事也是淸之遇本宋公所欲而以公及爲文者不可以會加遇上也乃知遇者志親暱之辭視會爲加密穀梁所謂志相得者近之惜八年復以不期而遇爲言是謂二三其說至有以故爲簡禮相譏者則去之益遠矣六年春鄭患魯之助宋而謀散其交遂無故釋見伐

之怨自來輸平以禮下於魯而魯意亦漸向鄭矣宋知魯不足恃因結其舊交之衛故八年春宋公又與衛侯遇于垂鄭亦知魯之不可以虛禮羈也故遇垂之三月卽使宛來歸祊而魯始大爲鄭用其年秋衛爲宋連齊盟于瓦屋而宋之勢又厚此魯鄭所同患明年公會齊侯于防敎齊復背宋而卽鄭故十年春遂爲鄭邀齊會于中邱其夏仍遣翬會齊鄭伐宋六月公又親將敗宋于菅連取其二邑其後鄭又得偕齊入郕得偕齊魯入許此皆祊之一歸之力也此隱公六年以後與鄭而不與宋之情事也魯在當時頗爲世所取重故宋鄭皆引之爲利害焉然隱反覆無

信惟利是視聖人第書其邦交離合之迹而是非得失已具見矣

宋公陳侯蔡人衞人伐鄭

宋既納交魯侯即有事於鄭唯恐助之者少不能大創乎鄭雖州吁是黨不遑顧矣宋陳書爵臨之以王以正援伐且黨賊之罪蔡書人非君將也衞書人雖賊自出既將見討例不書爵也此與下翬帥師會伐止是一舉第宋人主兵秋前即來約魯耳在常時惟有後筆此必分兩筆書者因衞有弒君之罪若無此筆止有後筆無以見宋之主兵反似黨賊出於魯意矣於此可見聖人之愛魯也又按是

役卽邶風擊鼓之詩所由作也州吁之未能和民於此亦可見矣然衞人不知戴賊之可恥第怨踊躍用兵不如土國城漕之安則人心之死已久矣使無純臣石碏如是師武臣豈可倚以殺賊哉此亦詩亡然後春秋作之一證也

秋翬帥師會宋公陳侯蔡人衞人伐鄭

會賊伐鄭雖出宋志然淸之遇魯早有意近賊至是又不能辭宋居然與衞會伐則黨賊之惡益彰矣故不得從莊十四年單伯會伐宋之例不爲重敍諸國葢單伯志在翊齊初無意與庇賊之陳相會與魯之志黨州吁輕重懸別故或恕或嚴不同如是也翬削族葢用臣代受過之例

九月衛人殺州吁于濮濮陳地水名

公羊傳其稱人何討賊之辭也何氏云明人人得討之所以廣忠孝之路也按隱已纂賊實不顧其受討故爲特書于濮以明陳與而魯不與蓋經例外凡書邑皆是從內起義也

冬十有二月衛人立晉

衛人九月已討賊至十二月始立君者時晉不在國迎立須時也國亂而外求君者多矣未嘗書立必特筆書衛人立晉者既明晉得國甚正不假爭奪亦以微見大非魯人之意也

是歲壬戌桓王元年

五年春公觀魚于棠觀左作矢高平方與縣北有武唐亭魯侯觀魚臺〇今兖州府魚臺縣魚亭山是其地

王喪未畢而爲畋漁之樂非禮甚矣故書以志譏凡言觀者不宜觀者也

夏四月葬衛桓公

賊討故書葬按春秋之法賊不討則不書葬者以葬乃臣子之事而葬諸侯之必書則強半爲魯會之而書也列國君弒有不討賊者則葬君之臣子即亂賊矣魯不能討又會其葬是定賊也故爲魯諱不書其葬是即所以責魯也

茲之賊討書葬蓋託於魯亦幸其討賊而已矣

秋衛師入郕郕國名公作盛

經例凡外用兵其偕我而稱師者我之黨也異我而稱師者我之讎也魯至是猶以衛爲讎則其不樂州吁之受討可知矣不知者乃就事論事深譏衛宣之不應用大師以入郕且創爲將分尊卑師分衆寡以概書人書將書師之故而眞義之錮而不出者多矣公羊穀梁二家不能不分任其咎也或問讎黨之義云何曰師衆也黨我則喜其衆讎我則忌其衆也

九月考仲子之宫初獻六羽

服氏曰宮廟初成祭之名爲考按考宮之祭一舉而已然自是以祭仲子爲常禮矣不言有事于仲子之宮者身爲父之後而爲父之妾立廟而祭之蔑禮之舉莫大於此矣故不言祭仲子而言考仲子之宮若但考宮未嘗祭仲子者蓋舉其可道者也然實由是遂祭仲子故又於獻六羽書初書初之意特明以祭仲子爲典祀之非非爲始用六佾言初也夫舞爲樂之主而有文武之分爲先君有文德武事而設非兼爲夫人設之也夫人之配於先君者亦與享之耳然則仲子之宮但用樂舞卽非又何論其羽數之宜四宜六哉稽之周禮婦人而特立廟乃奏夷則歌小呂

舞大濩以享之者惟后稷之母耳隱無乃以姜嫄類仲子乎又況其適足以名弑也

邾人鄭人伐宋

說者多從邾鄭論是非此拘泥之見也聖人書此特以明七年公伐邾之由其先邾者見邾爲主兵是以致魯之伐夫隱公背蔑之盟而伐邾似爲宋也已而又背宿之盟而伐宋則伐邾又非爲宋矣然且兩次寒盟者何哉徒利鄭祊故耳此亦過隱之筆也

螟

冬十有二月辛巳公子彄卒 辛巳月三十日是歲有閏十二月

宋人伐鄭圍長葛　潁川長杜縣有長葛城○在今開封府許州長葛縣北十二里

書此以明鄭來輸平之由凡伐不言圍邑其言圍邑者皆内事也雖非内事指爲内發也又按說春秋者一遇書圍輒以環而攻之志在必取爲譏此特史義非經義也經書圍分内外兩例圍出於外責内實無情孤人之望救圍出於内明已亦有闕宜人之不服敵國從外論與國從内論總之皆責内也是時魯方黨宋則宋之伐鄭魯所與也故言圍邑以明魯志而鄭人欲保守長葛不得不急與魯和之故亦因是而明矣

是歲癸亥桓王二年

春秋箋例卷一終

春秋箋例卷二　　　　奉新趙儀吉輯

隱公

六年春鄭人來輸平（輸左作渝）

輸平者輸服以求成之謂蓋引前隙爲已罪以平隣憾也鄭因宋得魯助大爲鄭患今又圍長葛至急唯恐失之故不惜忍恥匿怨輸誠引咎以相取下而隱亦遂爲所動矣汪氏明德謂輸之爲義必有賄賂行乎其間若非以利啗魯魯必不從其說已見隱肺肝而高氏抑崇直云鄭是時已口許歸祊則更親切矣又援平有二例內急於平言及內懈於平言曁此平由鄭求援非魯所急而不言曁鄭平

者言暨則內猶許其平言來輸平則內之平不平尚未定也夫隱所以平意未定者懼爲鄭人所欺而祊不果必得也蓋歸祊之言雖出於鄭然鄭伯之意必欲魯先絕宋而後歸祊特避割地買和之名也隱公之意則必欲鄭先歸祊然後絕宋誠慮後復結宋之難也機械變詐兩復相等而衡其曲直則隱尤可鄙也

夏五月辛酉公會齊侯盟于艾辛酉月十二日艾魯地泰山牟縣東南有艾山在今青州府蒙陰縣西北

是時齊鄭一黨魯宋一黨宋鄭既多嫌怨故齊魯亦鮮邦交至是忽有會盟說者多云齊蓋爲鄭結魯今以前後情

事推之而知其說之未的也魯之足恃孰愈於齊使鄭長不失齊豈肯暱就於魯且長葛圍急齊亦不救厭鄭之意已具見矣豈齊亦有所規取而未得耶若然則艾之盟不唯非爲鄭結魯亦且諷魯辭鄭矣諸家惟高氏獨見及此惜又以奪鄭之援傾鄭之好屬之隱公亦與情事相戾夫隱公方垂涎鄭祊唯恐不得虛意恐鄭情所或有遽爾傾鄭事所必無卽觀之齊侯就盟魯地經又書會不書及亦可見盟出齊意非魯意也

秋七月

經時無事非舊史元無事也有事無關勸懲故舉其一時

之事而盡削之也削之而猶書孟月何也非書之也舊史無月無事而孟月九必有事聖人既削其事特留其孟月不削不留孟月後世無從知有削事也削則削矣欲後世因留月而知有削事何也曰此有二故焉一以存古史之舊使人共見其述而不作之心一以示筆削之嚴使人共識其某竊有罪之義夫豈五行四德之謂哉又豈天時王歷之謂哉隱莊二公元年其正月既不行即位之禮三月又有可書王之例而猶必空存正月者不存正月不足以見二公不即位之是非也則他時首月之存意亦若是則已矣或問二公之不書即位本不即位也而引爲削事存

月之證可乎曰以周禮及戴記求之則常時孟月必有事常年正月必有事必無元年正月而反無事之理是以知二公元年正月之爲特存而不爲特書也再推之僖公之編三書孟月不雨知其三時仲季之月亦書不雨聖人以爲有六月雨在而餘月之不雨自見是亦時必列月月必列事之明證也又況稽之全經凡時而不月之事多即孟月之事故至仲月季月則書月之例稍寬矣所以寬於仲季者政以見前事之在孟月而特削之也然則就彼之存事而削孟月以證此之削事而存孟月而無事亦書首月之義已瞭然矣何必多其辭說哉

冬宋人取長葛

春秋凡書外取外邑皆是爲內而書雖莒人伐杞取牟婁猶爲內也無論齊師遷紀郱鄑郚矣是故前書宋圍長葛以明鄭來輸平之由此書宋取長葛以著魯不助鄭之狀蓋鄭人許祊而未歸魯雖許與鄭平而猶未肯爲之出力也故雖間有異事而長葛不復繫鄭乃引而近之於內所以譏魯之坐視宋取而晷不爲動也夫聖人豈責魯以必背宋而即鄭哉徒咎其旣與鄭出入而猶惟利是視也故長葛不繫鄭直比之內邑焉若從杜氏上有伐鄭圍長葛長葛鄭邑可知之說則何以有再見皆繫國如宋南里者

哉又何以有上不繫國後乃繫國如宋彭城鄭虎牢者哉乃知繫國不繫國之間悉有精義杜氏以省文覗此失之遠矣

是歲甲子桓王三年

七年春王三月叔姬歸于紀

叔姬伯姬之媵待年於國至是始歸既非夫人例所不書因後書歸酅卒葬故初歸于紀不得不書也書歸酅卒葬舊皆云以叔姬賢故不知聖人之意豈非尊賢叔姬葢紀魯之故有必藉書叔姬而後明者故書之如此其詳也説詳莊四年紀侯大去下書月爲滕侯卒

滕侯卒

春秋之法諸侯有大罪者生名之但有罪者卒名之其無罪者卒亦不名也春秋大國次國諸侯未有能無罪者卽小國之君苟從大國於不道之行是卽小侯之罪故小侯之卒時亦書名小侯有卒而不名若此滕侯及明年書卒之宿男者則皆斤斤自守不敢助虐之人也故於其卒爵而不名以示春秋有此特筆褒嘉之例而小國中有降爵而非其罪若莊三十一年之薛伯僖二十三年之杞子亦爲之第書降爵而不名以寓矜恤之意故知諸侯之卒名不名之間皆激勸大權之所在也或問隱公之時小侯無

罪者多不獨滕侯可予至宿男則又嘗與魯宋共爲參盟即已不得爲無罪之人若宿男猶可比於無罪則宋穆公亦唯有此盟別無過舉何以遽於卒而名之也曰此政春秋忠恕之道之所在也宿雖與宋魯嘗共參盟而以宿爲地則亦宿之所不敢辭也又其旣盟之後宋魯背盟漸開嫌隙宿獨無所畔援豈非能度德量力畏威保國者哉迨其嗣子即不能師其前人遂至附魯惡宋爲宋所幷此明年所以特卒宿男以別於亡國之君也至於獨以滕侯爲無罪之故則亦不肯以其後人旅朝於隱之非禮及首朝於桓之非法混而累其前人也有罪無罪至公至明初不

以國小人微無煩辨別非聖人其誰能修之

夏城中丘中邱在琅琊臨沂縣東北○今兗州府沂州東北三十里有中邱城

左傳書不時也

齊侯使其弟年來聘

經於來朝來聘來盟指稱子弟此例惟施之桓公者因桓公以弟篡兄固凡爲父兄者所當誡子弟遠之而不當遣子弟親之者也故桓三年之書齊侯使其弟年來聘也四年之書天王使仍叔之子來聘也九年之書曹伯使其世子射姑來朝也十四年之書鄭伯使其弟語來盟也皆此義也並非其人法宜如此書者也於何證之據昭元年號

之會書陳公子招及八年招殺世子則目之曰陳侯之弟招此可知齊年鄭語苟非示譏皆可稱公子者也或問齊年此聘何不以公子稱曰既將貶其聘桓自當先貶其聘隱蓋隱公好名讓國自貶召篡其行事亦非爲人子弟之所宜見者也況夫齊僖此聘非猶邦交之常也必習聞魯侯有讓位公子允之語故使弟年來聘示欲以女妻允冀異時得爲魯夫人也於何知之於桓之弒隱畧不忌齊知之夫子般子赤未逾年之君也慶父仲遂弒之猶懼見討於齊而深結乎齊乃翬等弒隱魯無莫之敢尸之意魯既不畏齊詰齊亦自不魯詰於是先施不必報也嗣君不必

通也惟俟三年喪畢遣翬徑往逆女而已以視遂爲宣謀猶必先之以行父者其靜躁亦大不侔矣使非先有成議亦安能行所無事若此哉然則後之聘桓爲致女前之聘隱爲相攸此事之昭然無疑者是其邪謀鬬計更非可令子弟與聞之故目弟示貶尤爲有因春秋豈有一字泛設哉胡傅乃泥左氏謂聖人以無知之故歸罪僖公故目弟以譏有溺愛之私夫聖人於無知方且削其族屬豈復欲人知其爲夷仲年之子哉亦徒爲辭費而已矣又按齊僖初欲以文姜妻鄭世子忽而忽明年卽昏於陳知文姜已早可議昏而鄭說不爲無稽矣

秋公伐邾

魯之不救長葛本欲鄭人警悟及早歸祊乃鄭既失長葛恨魯貽誤而歸祊之意益懈公思示鄭以徑不歸祊則魯將益助宋擾鄭其所喪必有過於長葛者然而不即犯鄭者懼輸平之後嫌怨再開而祊遂不可卒得也於是姑以上年偕鄭伐宋爲邾罪背蔑之盟而伐之示鄭以魯之爲宋固如此其堅非空言之所得而間也宋人知其非真爲宋故與衞侯遇於垂鄭人不知其非真爲宋而祊之歸不能再緩矣然憸之狙詐恐喝以要割地者至於如此亦幾於無行矣不諱公者內君伐外固無諱例也

冬天王使凡伯來聘汲郡共縣東南有凡城。凡縣故城在今河南衛輝府輝縣西南二十里

按周禮大行人有時聘以結諸侯之好注家猶指爲諸侯事天子之禮非天子之所以施於諸侯也然聘之爲義元可通用非如朝覲之類不容假借是故昬禮有聘則男施於女也求賢有聘則貴施於賤也況春秋爲正名定分之書使天子無下聘諸侯之禮則聘之爲文夫子必有以易之猶冉有言季氏有政夫子必易以其事也從可知王亦有時聘諸侯之禮矣然皆周之盛時諸侯以時朝貢於王王答之以連上下之情於是乎時一施之亦慶賞之權之所寓也自周轍既東王綱解紐諸侯於王不朝不貢爲天

王者不特不能貶爵削地以申大罰反唯恐失歡諸侯猶獨守舊時好聘諸侯之禮此亦下凌上替之一大見端故必書之於策以傷王室而罪諸侯也第春秋於王臣外出苟非有壞法亂紀之大惡猶可藉口於典禮者皆不書使若曰事之合於禮者其出於天王不假言也聘禮雖不宜濫施於强侯然故先王之舊章也何至與歸賵錫命會葬諸大過一例譏貶咸目天王以使哉且外臣來聘必目國君矣王臣來聘亦目天王是儕王朝於隣國而漫無差等也聖人豈出此哉然且一之而書使者皆待王臣來聘之變例也其正例則不書使以異於外臣若莊二十三年書

祭叔來聘是也惟此爲無譏其餘變例書使皆爲譏筆此
年凡伯書使所以正魯不詰戎之罪也九年南季書使恠
魯不爲凡伯詰戎而王朝聘魯猶如故也桓之世王臣來
聘者三四年宰渠伯糾五年仍叔之子八年家父皆爲書
使則以下聘亂賊書之以爲天王愧也僖三十年宰周公
書使則以下書公子遂如京師遂如晉罪魯於聘周並先
施之未能而又以二事報之也宣十年王季子書使則以
宣之簒立無異於桓也自是至獲麟約百二十年之久王
朝不復來聘矣非無來聘之事也有之而削不復書也聖
人之意以謂正例則一見而已明矣變例則屢見而亦明

矣又自成公以後魯更無弑君自立如桓宣之不宜聘者則雖有王臣來聘不書可也說者不悟此指而以不書使者爲私交其書使者爲正例無論於經指全非即亦何解於儕王朝於隣國而漫無差等也哉

戎伐凡伯于楚丘以歸楚邱在濟陰成武縣西南○今兖州府曹縣東楚邱亭是也

使臣例言執此言伐者凡伯非使戎戎特篡取于塗故須言伐亦以大凡伯以臨戎也凡言以歸分内外二例從内例者譏内之已甚從外例者譏内之不詰此譏魯不能詰戎也

是歲乙丑桓王四年

八年春宋公衛侯遇于垂垂衛地濟陰句陽縣東北有垂亭今兗州府曹州北句陽店是其地

書遇凡七四內三外四內遇之爲志相得不待言矣即三外遇亦非絕與魯無與魯實有願與阻於事勢而不果之意故亦以志相得之例書之所以著內之情也此宋衛垂之遇隱何以欲與而不果是時宋公雖知魯已貳鄭然事迹未彰尙思挽使就已故垂之遇雖固其舊交之衛亦尙不能忘情于魯也隱亦欲會之以恐鄭貺而知祊已可得而中止此鄭所以旋來歸祊也由是知遇例本爲內立內與則同事同情內不與則事不同而情同也若情事皆不

同則外言會不言遇矣

三月鄭伯使宛來歸祊祊公穀作邴祊鄭祀泰山之邑在琅琊費縣東南○今費縣治即古祊城

鄭知魯已無意黨宋但意在得祊耳故來歸祊輸平則書入歸祊則書爵者輸平猶人事之常割世守之地以買強援則大罪也故須書爵而治之以王其君猶治以王則其黨惡之臣益爲王章所不容矣故宛削氏亦所以治以王也

庚寅我入祊庚寅月二十二日

書歸祊以正鄭罪書入祊以正魯罪魯脅鄭使割地與強取同故書入焉書日重其事也

夏六月己亥蔡侯考父卒己亥月二日

辛亥宿男卒

秋七月庚午宋公齊侯衛侯盟于瓦屋庚午月四日瓦屋周地○今開封府洧川縣南二十里瓦屋里是其地

宋見魯受鄭祊知魯必大爲鄭用矣衛必又爲宋連齊齊亦嫉魯之得鄭祊也故即宋而有是盟經例盟非魯與不書曰魯不與亦書曰惟此瓦屋之盟耳蓋明魯有危之之心故書曰以比之内盟也或問何以知齊嫉魯之得祊曰公羊我入祊傳云齊亦欲之其說必有所受也

八月葬蔡宣公

九月辛卯公及莒人盟于浮來辛卯月二十六日浮公穀作包浮來紀邑東莞縣北有邳鄉邳鄉西有公來山號曰邳來間○今青州府莒州西二十里有浮來山

此公及莒大夫盟也與公盟而稱人又與元年宋稱人不同彼因欲諱參盟自魯始故必諱公諱公而言宋公則不如不諱矣故宋雖實君可降而稱人以人為大國之臣之常稱也此時則特盟無譏矣但隱以瓦屋之盟三國志在謀魯不得不連與國以自助而莒在小國中最稱強横而嘗睦於齊故必俯就於莒以求備緩急之用然隱有求於莒而莒無求於隱故莒子不出第遣臣共盟隱亦不得已而盟之於例與外臣盟外臣必名氏並見而莒小國其臣

例不書氏與不書氏之臣盟則益辱矣故此莒臣必渾而稱人蓋人之稱固小國君臣所常共者也然則何以不諱公曰諱公則顯莒人爲莒臣而有忿何能擇之恥故反不可諱也

螟

高氏曰春秋書螟者三隱二莊一書螽者十桓一餘皆僖公以後蓋螟食苗心螽無所不食故其爲災也螟輕而螽重春秋之初災之輕者亦書之及其久也輕者不勝書書其重者耳不然豈隱莊之後二百年間魯無螟耶

冬十有二月無駭卒

無駭挾卒不書族氏以不世官之故是乃卒大夫之正例蓋用王法以正大夫之終也可以見書氏族而世卿者之非法矣

是歲丙寅桓王五年

九年春天王使南季來聘

南季王朝大夫南氏季字

三月癸酉大雨震電庚辰大雨雪癸酉月十一日

春秋非旱不言雨此以過大兼偕雷電爲災而書周三月夏正月距雷始發聲時不遠雷鳴非甚異事所異者震電非常耳春秋言震皆迅雷也正月雪非失時以過大而書

且既震電矣而復大雪皆陰陽乖遂迭相爭勝之所致故備書以志天變書庚辰以別癸酉

挾卒挾公穀作俠

夏城郎高平方與縣東南有郁郎亭〇方與音房預今魚臺縣東北有郎亭

備宋也郎爲魯近宋地故不時城之

秋七月

冬公會齊侯于防防魯地公作邴在琅琊華縣東南〇今兖州府費縣東北六十里有華城即華縣也

齊自魯受鄭祊以後心頗銜魯故不惜背石門同盟之鄭而與宋盟于瓦屋殆將與魯鄭爲難今齊不憾魯反就魯爲會明年復與魯鄭爲中邱之會而瓦屋之盟又寒矣魯

非有以下之必不降心相從至此也豈婁桓之議至是而始定耶不然則鄭之所以賂齊者亦必不薄矣

是歲丁卯桓王六年

十年春王二月公會齊侯鄭伯于中丘

隱既感鄭歸祊卽思爲鄭雠宋因宋齊爲瓦屋之盟畏齊助宋未敢輕發中丘之會既得齊復向鄭宋孤不足畏矣遂急欲逞志於宋以明不虛受祊雖齊意尚顧瓦屋不遽加宋以兵鄭縱甘心宿雠亦難强齊必出而隱已忿不能忍決計獨任矣故歸卽遣翬伐之以四年翬會伐鄭固請而行觀之是翬意本暱宋而惡鄭公之背宋翬必不以爲

然是以不樂伐宋雖迫於君命不得不出然實揣知齊之伐宋未決鄭之遲速唯齊故必會齊鄭以同伐公知翬會齊鄭則其伐宋必不致果故益不勝其忿自將伐宋而君臣之猜始自此深矣又按春秋之法凡春時首見之事常例不月特書王某月者若非本事即有王法所不容之惡則必其年别有大無王之事此例在全經時時見之未有無義蘊可尋者也

夏翬帥師會齊人鄭人伐宋

是役公本遣翬獨伐乃翬必會齊鄭是顯違君命也故翬仍削族以示誅葢用臣獨受誅之本例也按翬之必會齊

鄭非在國卽以爲請疑於啟行之後始以宋本大國不可輕敵非會齊鄭師必無功之說遂請於公前者在國伐鄭之舉猶可固請而行則專閫在外此類便宜行事翬固優爲之矣所以知未嘗固請於國者齊之不遽偕魯伐宋鄭之不敢違齊而遽偕魯伐宋公固早知之翬若嘗固請於國則公志早決必且親將伐宋不復命翬爲帥矣此以知旣行而後請也蓋翬會齊鄭不惟期於緩伐亦且期於不伐齊鄭之不出翬旣知之其請會之也不過託故稽時冀怠公怒行且以齊師不出已亦班師而歸耳不圖愈激公怒竟至親將也夫翬於四年伐鄭早已固請而行茲又矯

制必會齊鄭以期止伐其弁髦君命竟至公然無忌非復意中無君矣隱當立置重典以儆官邪乃竟仍前容忍遂至變起鍾巫何天奪其鑒至是也聖人於翬一身兩次削族示誅其示人君以謹於履霜者至矣

六月壬戌公敗宋師于菅辛未取郜辛巳取防壬戌月七日濟陰成武縣東南有郜城高平昌邑縣西南有西防城○郜城在今兗州府城武縣東南八十里西防城在今兗州府金鄉縣西

經例公敗外師不日其書日者皆危之也取邑雖臣將不日此書日者亦危之也何危乎敗宋于菅取郜取防公既不討翬違命之罪而翬反忌公敗宋之功以是為弒謀之

所由泆故一役而三書其日以著其可危之甚也又按左傳云凡師敵未陳曰敗某師皆陳曰戰大崩曰敗績得儁曰克覆而敗之曰取某師京師敗曰王師敗績于某言春秋者鮮不謹守此例今考經所書內與外戰之處而知其說之不盡然也自得儁以下說僅小差茲不具論論其書敗與戰及敗績者他國或然而魯獨不然也所謂敵未陳曰敗某師者豈非惡其詐勝耶夫左氏所紀用兵之詐有十倍不俟敵陳者不彼之咎而獨咎此乎今考經之以敗某師書者皆其受敗之國不可以敗績書者也而敗人者之不法或因以見焉是故小敗於大不書敗績以勝者不

武敗者不智責在戰先敗非意外若楚人敗徐於婁林是也勢雖相敵君被虜殺不書敗績以禍延君國不止師徒若於越敗吳于檇李吳子光卒是也至勢旣不敵君又虜殺若荆敗蔡師吳敗頓胡沈蔡陳許之師之類更不待言矣更有國非五等之封不書敗績若晉人敗狄于箕及交剛大鹵之役是也又有事非人理所爲不書敗績若秦人入滑之下書晉人及姜戎敗秦于殽是也此皆以外勝外書法似一而義例不同至於如是之多也若內之勝外則別無義例咸以敗某師于某書之不復言某師敗績葢績之爲言功也敗之爲言喪也苟以敵敗爲喪功豈非許敵

與我戰爲功而以敵勝我爲成功耶此所以不可以敗績

予外也惟桓十三年書及齊侯宋公衞侯燕人戰齊師宋

師衞師燕師敗績此蓋以桓爲亂賊深望四國勝之而成

討賊之功不圖反爲賊敗故爲變例不言敗某于某而言

某某敗績以明四國之雖敗猶榮也若外勝内則從不言

敗言戰則敗矣如及邾人戰于升陘是也蓋并敗績不可

書也然内之不言敗績非以敗績爲可耻而諱之也亦爲

其甚可不戰而必戰以取敗故以其敗爲可耻而諱之耳

若義所當伐則雖敗不諱直以我師敗績書矣如莊九年

乾時之戰是也由是知敗績之爲文在正例惟當予内在

變例則有時於內勝而反以予外知予外以敗績之爲變例則知敗某于某之爲內勝外之正例矣若皆以爲詐勝之例則經書內敗外師凡八而外敗內師者無一焉何外之恥於爲詐而魯之工於爲詐至此也亦足以見其說之無當矣

秋宋人衛人入鄭

宋恨魯之冠已由於爲鄭故連衛以報鄭書人書人亦所以明事由於內也

宋人蔡人衛人伐戴鄭伯伐取之戴公穀作載○今陳留外黃縣東南有戴城○今歸德府考城縣東南五十里考城故城是也

勝人之師不曰敗之而曰取之何也經例非關內事不言取三師言取明其禍由於內也哀公時宋取鄭師鄭取宋師亦然以是知左氏覆而敗之之說尚非的義也哀時宋鄭相取不言伐此言伐者三師加戴而鄭伯敗之故須言伐

冬十月壬午齊人鄭人入郕壬午月二十九日○郕公作盛

郕經衛伐後即已服衛是時齊人背瓦屋之盟因惡宋而並惡衛故爭服衛之郕鄭人感齊之與已而助虐焉其禍始則背內於隱公也又按經例凡僭與外滅入人國書日者爲明患深於事後內與伯滅入人國書日者爲明罪餘

於事外此齊鄭入郕無此二義而書日者藉以明內實隱與其謀故不從上入鄭之例獨從下入許之例而書日或問書日以明魯與有此例乎曰有春秋內事書日本詳於外事故有事同一類外不書日而內獨書日者如哀七年魯入邾以邾子益來則日哀八年宋入曹以曹伯陽歸則不日之類故知書日爲內紀大事之本例也是歲戊辰桓王七年

十有一年春滕侯薛侯來朝

春秋諸侯不朝京師而惟朝強大此聖人所深惡故內朝外從不言朝爲魯諱一大罪也經例不爲外諱故外可質言來朝以著其罪來朝有罪則受者可知矣故來朝之書

非以榮內也至更干天子旅見諸侯之典則罪益大矣此

所謂文愈淺而義愈深者也

夏公會鄭伯于時來公穀夏下有五月字時來公作祁來左作郲○時來郲也滎陽縣東有釐城○在今開封府東四十里

左傳謀伐許也按公就會鄭地則伐許之謀發公可知

秋七月壬午公及齊侯鄭伯入許壬午月三日許潁川許昌縣○今開封府許州故許城在州東北四十里

許近於鄭鄭所欲得齊魯助鄭入之所以酬鄭也以三大國入一小國罪餘於入外可知故書日亦所以重於責內也左傳言許莊公奔衛此不書者爲公諱惡也然諱不可

失實故後特書許叔之入許以見此時許男實出奔

冬十有一月壬辰公薨壬辰月十五日

公薨不地弑也孰弑之公子翬爲桓弑之凡内君弑嗣君不書卽位大臣不言如且奔者皆非賊也其嗣君書卽位大夫書如且奔及爲結昏强隣者皆賊也是故子般弑閔公不書卽位閔公弑僖公不書卽位惟慶父書如書奔卽知閔僖非賊而慶父爲賊隱公弑桓公書卽位公子翬書如齊逆女子赤弑宣公書卽位公子遂書如齊逆女卽知桓宣翬遂皆賊也故雖諱不書弑而孰爲賊孰爲非賊無不判若黑白焉初不待傳而明也或問聖人旣欲明之何

用諱之不忍言也惟禽獸而後無君父其國而有弒君之
禍此忠臣義士莫大之痛亦莫大之耻也內之不可自比
於人類外之不可使聞於隣國故不忍書而諱之也不書
葬賊未討也外不討賊猶不書葬以爲魯諱而况賊之在
內者哉
是歲己巳桓王八年

春秋箋例卷二終

春秋箋例卷三　　奉新趙儀吉輯

桓公

元年春王正月公卽位

春秋之法繼弑君不言卽位明嗣君有痛傷逆亂之心不忍卽此位也書卽位者卽弑君之賊明其覬此位者已久也故手及者無論矣雖他人弑之嗣君襲之苟不討賊卽爲首逆豈必與聞乎弑而後爲賊哉内大惡旣諱所藉以明嗣君之爲正爲篡者恃有此筆削耳

三月公會鄭伯于垂鄭伯以璧假許田（垂犬邱衞地也許田近許之田○今開封府許州西南有魯城本許田後置邑寰宇志云在許昌城西十里）

方鄭之歸祊于魯也本欲魯以許田相易因時方貸魯以雠宋故未敢遽索許田迨桓弑隱自立内不自安思求親於諸侯當時諸侯能爲桓利害者在北惟齊僖在西惟鄭莊齊既以將妻桓故不復過問則桓所患首發難端者獨鄭伯一人耳鄭莊亦知桓必親已而許田有可速得之機於是約桓爲會于垂待其來會不遽與盟姑先以璧爲貺暫假許田爲當是時桓之求鄭甚急而鄭之應桓故緩雖前未嘗歸祊亦不敢不以許田予鄭矣然鄭莊且語不及祊若新請之以璧本實相易特婉其辭曰假者奸雄作事果得厚實歸已亦未嘗不以虛名予人蓋予人以可安卽

自予以可安之術也聖人因其辭之可安從而書之以爲

魯諱而其實先王之分地不可以易壁不可以假人義固

凛然言外也而賊之被脅以獻賂與黨賊者之行諂以要

賂皆肺肝如見矣或者乃言祊不敵許田故鄭伯益之以

壁而文易爲假特聖人之婉辭非當時之實事則未聞因

欲爲諱而遂并其情辭而盡易之者也

夏四月丁未公及鄭伯盟于越丁未月二日○越近垂地

必許田旣假而後盟其脅獻可知夫寶器土田本非賊有

若分以與隣卽可定位賊復何所顧惜而不委爲免討之

具鄭莊今年因魯之亂取其土田明年因宋之亂分其寶

器自以爲得計矣豈知此時已之取賂尙在隣亂已成之後異時宋之要賂乃在鄭亂未形之先悖入悖出之不足而又得禍加烈焉死而有知其若宋人何

秋大水

穀梁傳高下有水災曰大水

冬十月

是歲庚午桓王九年

二年春王正月戊申宋督弒其君與夷及其大夫孔父戊申月八日

督去氏治以王也治以王者時未有伯魯又篡賊爲君故

均不足責而責歸於王也仇牧荀息名孔父獨書字者魯無君也桓簒成矣魯何謂無君律以討賊之法桓簒雖成不得成之爲君也或曰此宋故也與魯無與而言魯無君何也曰宋故而來告則魯故矣且來告者告於君也告於君者必書孔父之名聖人則以内方無君其討賊之責當歸之王歸之王則不惟督應名即與夷亦應名矣獨孔父之見殺事小於弑君既無庸歸於王而内又無君不得不以臣子受之臣子受之則同等也孔父自應字不應名矣此亦聖人所取之義也孰識一字孔父而簒君必討之義即具於此乎劉原父乃謂名君於上不得字臣於下而定

父爲名然則十一年祭仲一筆反可字臣於上名君於下乎充原父之說固不難指仲亦是名第於劉子單子以王猛居于皇恐無說以處之耳乃知說春秋而不能研求聖人之微指徒以一隅之說概之者未有不窒而鮮通者也

滕子來朝

三月公會齊侯陳侯鄭伯于稷以成宋亂稷宋地

會未有言所爲者惟稷與澶淵則言所爲澶淵之會惡諸侯之不討蔡般稷之會惡三國之反定宋督故一則婉言宋災故以譏之一則直書成宋亂以誅之夫會澶淵者大夫也內大夫又不與而辭從婉會稷者諸侯也內君又與

而辭從直者固以定賊之罪重於不討賊亦示人以不宜奉簒賊爲君而代之諱也桓自簒立以來秖嘗一會鄭伯未嘗列會諸侯然則是會雖云以成宋亂意實兼云以成魯亂若止就宋言宋猶未全窺經指也

夏四月取郜大鼎于宋戊申納于大廟戊申五月十日

取者不宜取者也納者内弗受也書日重其惡也或問鼎乃宋所願輸之賂不言宋人來歸必言取于宋者得非欲明桓貪志乎曰桓之貪志何待明之言取特明宋人之不願予耳宋以賂免諸侯之討何故不願予予諸侯則願予魯侯則不願爲桓亦賊也以賊詰賊而又要其賂此受詰

之賊所不願于也故以取書與楚虔殺慶封書執同義

秋七月杞侯來朝杞公穀作紀

杞當從公穀作紀是時齊已有意吞紀鄭又助之紀侯知魯方睦於齊鄭故來朝桓欲藉桓以解免於齊也而桓殺身之禍已伏於此矣蓋齊思滅紀紀故朝桓紀既朝桓桓因庇紀桓既庇紀遂動齊忌齊忌不已故謀殺桓又案春秋本不與諸侯之相朝法當書月以示無王乃來朝悉不書月比於會例爲常事者既責伯以爲王臣正天下不能不聽其役屬諸侯故小國之朝强大不苛論也然朝賊則終不可故於紀侯此朝特書月以示無王其餘書月之朝

則皆爲下事而書月也故穀梁惟於此發貶紀朝桓之傳

餘悉置之不議誠知有移月於上事之例也汪氏德輔竟

不知此歷舉朝之書月者以駁穀梁且言聖人書諸來朝

或月或不月初無定例可謂敢於横説矣試即汪氏所引

者折之成六年邾子書六月爲壬申鄭伯費卒也成七年

曹伯書五月爲不郊猶三望也成十八年邾子書八月爲

已丑公薨于路寢也定十五年邾子書正月爲鼷鼠食郊

牛也凡此書月何嘗爲朝則亦適爲穀梁家所笑而已或

問朝桓既須書月則元年滕子六年紀侯七年穀伯鄧侯

何以不月曰元年滕子蒙上正月何能更爲書月六年紀

侯則一誅不再誅何必屢爲書月至於穀鄧之已書名曹世子之特書使邾牟葛之概書人則其義又不待書月始見矣故凡謂春秋不以月日爲例者皆自文其麄疏之陋者也

蔡侯鄭伯會于鄧鄧蔡地潁川召陵縣西南有鄧城○召陵縣即今開封府偃陵縣是也縣東南三十里有襄鄧城

春秋之例凡事非戰爭而止兩國相共者魯與則書魯不與則不書以事小且多不必書不勝書也其有魯不與亦書者必其事與魯相關或與天下之大勢相關者也如宋公衛侯遇于垂齊侯衛侯胥命于蒲齊師宋師次于郎宋

公齊侯遇于梁邱齊侯衞侯次于五氏次于垂葭次于渠蒢之類皆與魯相關者也如蔡侯鄭伯會于鄧楚子蔡侯次于厥貉宋人及楚人平齊侯宋公會于洮之類則皆與天下之大勢相關者也故鄧之爲地當從釋例爲蔡地不當從公羊爲鄧國其相會之故亦惟左氏始懼楚之説爲得其實蓋懲楚是春秋一大宗指故於其氣燄初起之時特書蔡鄭之會以志之使人知楚之強非特蔡鄭之憂實爲天下所當共憂之故也而望伯之心亟矣若非以關天下之故而書則外之兩君相會者何時無之何處無之豈能悉書之耶或問楚之橫暴非所諱言之事自可於會鄧

之前一書楚橫暴之迹使人明知是會之故而竟若此之沉晦何也曰春秋大法攘僭不急於討賊經之書蔡鄭之會論事則與天下相關而論義則爲魯賊之未討又兼與魯相關故書法囫圇使若蔡鄭二君爲謀討魯而會者是亦定公之編書齊鄭三次之意也聖人豈有所顧惜於楚爲特沒其橫暴而不書耶

九月入杞

內入國必書將雖君將猶書無論卿將矣入國不書將惟此入杞耳或以爲公將而爲公諱非也夫聖人遠不諱隱公之入許近不諱哀公之入邾其肯爲深惡痛絕之篡賊

諱乎可知是役非君將實臣將矣臣將則當書某師師此
不書者乃聖人教人以討賊之良法也討賊之法莫善於
使將帥之臣軍旅之衆舉不爲纂君用誠得良將勁旅舉
不爲篡君用則亂賊方逃死不暇尚何能一日立乎其位
哉是以聖人於桓宣二公寧亟稱之爲公而必不肯以將
與師輕屬之賊故在他公遇君將而不可目公者則但稱
師如師及齊師圍郕是也在桓宣則必不以師易公如公
及齊侯平莒及郯莒人不肯公伐莒取向是也在他公遇
臣將不可累公者但斥臣如公子遂帥師入杞是也在桓
宣則必不以過歸臣如此書入杞是也此待君與待篡君

之别也若以不言誰入爲爲桓諱則入國之無諱例猶伐國之無諱例也乃八年伐邾亦不言將豈聖人之待桓公反過於羣公雖其至不必諱者亦爲之諱耶或曰桓之編固未見將與師矣若宣公時公孫歸父實再爲帥何云不書將與師耶曰此政聖人深於不書之微指也夫歸父仲遂之子也聖人之意以爲人必賊臣之子而後爲篡君用不然有至死不爲賊用者矣其儆師武臣之從賊者爲何如哉

公及戎盟于唐

冬公至自唐

桓自弑立以來會垂盟越會稷皆位所由定而不書至獨盟戎則至者以諸侯皆黨賊矣或者戎獨能因會討賊此亦夷狄有君之意也乃竟晏然而反桓眞無與爲難矣書至自唐蓋傷世也凡公出書至舊皆以行飲至之禮則書不行則不書非也世既遞降於先王典禮有減於前無增於舊觀於告朔可見矣今考經書公至文公以前絕少其後漸多豈政在大夫之後其好禮反過於春秋之初哉且飲至亦何關勸懲而數數書之至八十有二之多也其非爲飲至而書亦明矣然則或至或不至何也大抵僖公以前魯勢尚强君之往反皆能自主其有偶聽伯主者又皆

禮所宜然是以進退餘裕皆可不至故僖雖朝桓猶不書至其出而書至者則別有意義寓於其間者也若文公以後之魯初無齊弱後爲晉制國君道長寧歲再奔朝猶不免非郤則止至於書公在楚則直以孫國之例處之矣跋前疐後仰息強隣故有行必至以志危幸其偶有不至者亦各有意義後皆隨事釋之不能豫贅此公行所以有至有不至也又按隱出不書至舊以爲謙不自君故不飲至非也魯十二公惟隱能制人而不制於人又無義舉可以旌伐故隱行不至讀者能知隱之不至而書至之義已了然矣

是歲辛未桓王十年

三年春正月公會齊侯于嬴嬴齊邑今泰山嬴縣○嬴縣故城在今山東泰安府東南五十里

左氏以嬴之會爲成昏於齊此殆見未幾逆女而爲此說耳其實桓之昏不待至是始成也說已詳隱七年齊年來聘下嬴之會特桓受紀託爲會齊侯求其舍紀耳自是齊僖以桓不能助齊謀紀以報其黨立之恩而反爲紀請命始深惡魯侯故至夏卽與衞胥命相約絕魯使非昏禮早定不可中悔而至此時始議之知僖必不肯以女妻桓矣不然以齊僖之愛女至自送于讙何以於致女一聘後卽

甥舅誼絶幾十餘年不令文姜得一歸寧又自送女以至僖卒與桓更無好會迭有戰爭無亦一欲亡紀一欲存紀之爲嫌隙耳又案桓之編自三年以後正月皆不書王以賊立至三年之久而猶不聞天討是眞無王之世矣故自三年以後悉不書王所以深責乎王也或者乃以爲因桓無王故不書王夫桓之無王豈待月不冠王而後見哉且無解於元年二年桓尚有王也是皆不知世未有伯責專在王之義者也

夏齊侯衛侯胥命于蒲 蒲衛邑在陳留長垣縣西南○今直隸大名府長垣縣爲故蒲城

此齊僖怒魯桓之有意庇紀故復棄魯即衛而有是盟不

言盟言胥命者以盟本春秋之所惡而是舉獨爲相約絕賊不可以常盟比故爲特起胥命之文以免譏所謂外以諱爲善也諸家不悟胥命爲特筆但謂盟不歃血以命相誓而予之則齊桓葵邱之會亦不歃血何以書盟耶大抵聖人惡桓之至見諸侯有能病桓者不復論其意之公私必有特筆以書之如此于蒲之會不言盟而言胥命十年桃邱之會直書弗遇郎之役不言及齊侯衛侯鄭伯戰于郎而言齊侯衛侯鄭伯來戰于郎十三年不言敗齊宋衛燕之師而言某某敗績皆是也然則人亦何樂而不討賊哉

六月公會杞侯于郕杞公作紀郕公作盛

此杞亦當從公羊作紀葢桓因齊侯不許而復與紀會也于郕郕亦與會隱之季年齊鄭尚同入郕今郕見齊鄭復同謀滅紀故懼而偕紀共託於桓厥後齊併紀未久即謀圍郕郕固早有脣亡齒寒之懼矣五年齊鄭如紀六年郕復與魯紀會于其國亦是此意此皆經指之暗相聯貫者也又按會爲常事非王法所禁故會例不月然或關係重大則必書月故桓會必月以諸侯會賊爲無王也

秋七月壬辰朔日有食之既

程子曰既盡也食盡爲災大也按日月之食測之有常法

非如風水雷雹之災突然驟來出人意外駭人聽聞者可比而亦隸於遇災而懼之數又自古帝王一遇日食卽不勝其廹切赴救之意若真未知其復出與否者葢以至神至聖之資自同至愚至陋之見此聖人之所以爲聖人也故遇食而卽以爲異遇食旣而卽以爲大異矣若以爲會當復圓特爲是救護以塗民耳目豈復有當於聖人敬天之學哉知此然後知日食之書非徒紀交食之數而已也

公子翬如齊逆女

九月齊侯送姜氏于讙 讙魯地濟北蛇邱縣西有下讙亭○下讙故城在今濟南府肥城縣西南水經注俗訛爲夏暉亭

齊侯至自送固由溺愛失禮亦尚冀魯侯改圖不復庇紀故必與桓會自母家言雖已嫁逾時猶稱女故書季孫行父如宋致女此方父送乃稱姜氏是微辭也

公會齊侯于讙

親受於齊侯也故下止從歸寧反國之文不言翬以夫人至

夫人姜氏至自齊

冬齊侯使其弟年來聘

有年

爲民志幸故桓書有年宣書大有年

是歲壬申桓王十一年

四年春正月公狩于郎

春秋凡言大閱治兵皆正講武凡言蒐狩皆因田獵講武兵戎國之大事與其他游觀不同故無論因田獵不因田獵概不書公今狩于郎獨書公者專言蒐狩則顯爲選將練兵之事書公則等諸一人從獸之樂矣亦諱言師武臣屬賊之意也隱觀魚不月桓狩則月者因是夏王使禮賊故特書正月以重申無王之義

夏天王使宰渠伯糾來聘杜以渠爲氏按當塗徐文靖引昭二十六年左傳劉子以王出次于渠證渠是糾采邑理或然也

渠國伯爵糾名也舉專官賤桓也書名貶始禮賊也與宰

咺書名貶始禮妾同例禮賊之罪應浮於禮妾而糾得書

爵者王臣書爵對接以侯國立文仲子之賵非魯所意故

咺可不爵此聘爲魯所賴故書名更爲書爵然則咺例所

以尊譏天王糾例所以兼譏魯人也或問後錫桓公命王

不稱天此聘桓公王得稱天何也曰翬公正月有王故王

以不稱天見譏桓公正月無王則雖稱天而譏見也是年

無秋冬當從杜氏闕文之說

是歲癸酉桓王十二年

五年春正月甲戌甲戌十二月二十一日此年正月甲申朔

甲戌下當脱紀日內事所以知脱內事者桓之編每春必紀內事或與內相關事若無相關事則空書正月而已無專紀外事者此春但紀陳侯鮑卒更無內事與常年異故知甲戌下脱內事也所以每春必紀內事者以月不冠王之例爲桓而設故每春必紀桓事此與昭公孫後每春必特見公用意政互相發彼恐其寂然無事此訝其居然有事耳有以爲脱陳佗殺大子事者則佗事在冬已併秋而脱之矣且殺世子亦例不書日

己丑陳侯鮑卒

夏齊侯鄭伯如紀

左傳齊侯鄭伯朝于紀欲以襲之紀人知之按外不言如言如爲內書也州公如曹單伯如齊皆是此義

天王使仍叔之子來聘仍穀作任

仍叔周大夫王使其子來聘其子必稚年而小有才者若果夙知之人必能以聘賦非法爲辭矣然天王使之仍叔聽之責在君父於稚子無責故不書其名按上年王使宰糾來聘甫及期年周又聘之非亟加禮於魯乃謀用師於鄭也紀在春秋之前與王室世爲昏姻皆由魯以爲主故紀魯於周爲密迫齊欲吞紀魯思撓之自顧力難敵齊必嘗敎紀以齊鄭之陰謀上愬於王冀因王靈以請命於齊

而齊不用命王不能平故遣使再聘就魯謀之將加兵於齊鄭以泄其怒又念齊强非可驟伐因先伐其助虐之鄭或徑由魯贊成亦未可知及伐鄭無功而齊益無忌桓始復爲紀謀教之納女爲后冀齊不敢無禮於后之母家是以齊僖終身不敢議紀桓亦可謂善爲紀謀矣迨齊僖死而襄之險很十倍其父會桓王亦崩莊王庇紀不及桓王襄公亦謀娶王姬以匹紀然故事王姬下嫁東國必由魯主諸兒念魯桓在則王姬必不可得於是思除魯桓襄之殺桓非必專爲文姜特恃悍妹以制魯人使不䧺齊且爲主昏以便滅紀耳故自魯桓巳死襄始獲娶王姬由是齊

紀並聯昏王室莊王不復能有所左右而齊人滅紀之謀成矣是則莊公主嫁王姬不惟忘殺父之讎即以存紀而論亦大傷厥考心矣聖人以齊紀之故爲魯君之所以强死魯勢之所以頓弱實國家莫大之恥故自隱二年書伯姬歸于紀起至莊三十年書葬紀叔姬止凡五十六年而紀魯之顛末始具而此次王臣來聘紀魯二國之交由是益固是爲中權關捩後事皆由此而生今爲總其大畧以提要於此章庶不類章自爲說者於脈絡貫通之蘊葢乎未見也

葬陳桓公

書之以著魯與佗比而會葬其先君從時葬者謂雖簡禮猶不可也按春秋書諸侯之葬凡八十有四書卿如者七書日者九書月者四十有一時葬者二十有七舊皆以爲一因舊史之詳畧然常疑卿會者宜知葬事加詳何以史反盡失其日又昭公以後皆夫子目見事與所傳聞者異矣何以哀十年後尙有不月之葬則所云一因舊史者亦與來告則書之類樂其易於立說耳揆諸聖人之意未必然也嘗就諸書葬者諦思之大約以書月爲會葬大國與國之正例不月爲會葬遠國小國之正例其有應月而不月者禮故從乎省若此言陳桓襄十七年齊靈是也其不

應月而月者禮特從乎豐若宣十四年曹文定八年杞悼之類是也其書日者則皆於應得之禮有所未盡者也故卿會者舉不書日爲其於禮不宜更有所加也卿會而書日葬王之例也葬王雖卿會於心猶未盡故加書日亦所以別於諸侯也或問卿會諸侯之葬果止於七乎曰不止於七而書止於七也七者皆有故而特書者也

城祝丘祝邱注詳莊四年

高氏曰莊四年夫人會齊侯于祝邱是齊魯交境邑也齊將襲紀魯欲助紀而畏齊之討故城之按秋時王師伐鄭魯與其謀桓懼齊侯知之而爲鄭伐魯故當夏而城交境

之邑以俻之

秋蔡人衛人陳人從王伐鄭

此王怒鄭伯之助齊謀紀而率諸侯以伐之也魯不與者以與齊新爲甥舅且畏齊報故第陰爲之謀耳夫春秋二百餘年征伐自天子出惟此而已此宜聖人之所樂書乃於春不書王之時而亦不稱天王視聘賊更貶者責王舍魯允宋督不討而伐鄭又陰用魯允之謀顯收陳佗之助不惟縱諸賊不討又從而羣植之王朝之繆誤未有甚於此者故致譏亦以是爲最三國稱人傳雖未明言君從然以常理度之王親在師諸侯不從則已從則未有不親行

者而皆稱人不惟以陳佗故羣貶之亦由魯爲謀主故從內起義也據傳言王師大敗王肩中矢雖未必若是之甚然敗固事之可信者不言王師敗績于鄭存教也茅戎何以不存教於戎可言於鄭不可言也至寤生之敢拒王師其罪固不待言而著矣

大雩

春秋書雩皆因旱禱雨之祭傳者或云言雩則旱見言旱則雩不見或云雩而雨則言雩雩而不雨則言旱皆非也經凡書雩必係月其不月者皆孟月也言旱則無有係月者是旱不經時則書大雩經時而婉言之則爲不雨質言

之則爲大旱耳書雩不離大猶書旱不離大也春秋志雩二十有一言大者二十言雩不言大者惟一見昭二十五年書季辛又雩耳然亦蒙上上辛大雩之文以爲大不假言也若聖人果有譏大雩而與常雩之意則季辛之雩當在合禮不書之類即謂一書其合禮者以見其諸不合禮者則當止言季辛雩若謂季辛亦是大雩則當云季辛大雩或云季辛又大雩蓋聖人用意示譏之字必不可省也大而可省可知非譏僭天子之禮特志窮禱祀之術耳大雩者舉山川百神而悉雩之之謂也自賈氏逵始云言大以別山川之雩蓋據月令大雩帝之文而泥之也至胡氏

則直以春秋之大雩爲雩帝而用盛樂矣不知春秋之雩皆因旱禱雨行無常月之雩也月令之雩乃先時求雨行有常月之雩也先時者祭之祈也禮從乎吉故有樂因旱者祭之弭也禮從乎凶故無樂蓋旱天災也周禮列之去縣之數又女巫言旱暵則舞雩及國之大烖則歌哭而請從無用樂之文胡氏不分祭有祈有弭直謂大雩必用盛樂魯禮雖末失豈哀樂失節至此哉是其引典既誤而立說之橫益不足辯矣又按經例凡遇魯僭天子禮樂率不直書率是因失禮之中帶書之觀書郊禘可見矣惟大雩皆直書畧不見失禮所在亦足爲非譏僭禮之證

螽（公作螺）

冬州公如曹

州公畿內諸侯外如不書有關於內則書餘義詳下文

是歲甲戌桓王十三年

六年春正月實來

實州公名也書之所以如此簡賤者周魯庇紀本用密謀前使仍叔之子亦爲其名位卑微不致動人耳目也今又伐鄭而爲鄭敗矣不能不使人來魯再商所以爲紀備齊之策而又慮動齊忌故行事愈加詭閟不敢徑遣來魯第使州公如曹陰令自曹如魯若違王命自專者使齊鄭不

知得以從容規畫也去爵斥名附於矯命親賊爲王所黜

夏四月公會紀侯于郕郕左作成

左傳紀侯來諮齊難也按此當是紀侯來問州公之耗

秋八月壬午大閱壬午月八日

大閱卽治兵也不言治兵者不以兵屬簒君也春秋凡蒐狩講武不日特講武則日者蒐狩必有地往反非一日事故不書日特講武或卽在國或卽在師一日可畢且貴速戢故書日又按有以凡王所舉皆曰大引大蒐大閱爲證者此拘儒之見也若使魯侯止爲諸侯之舉經便當書王午閱耶自諸家據周禮大司馬之文以釋春秋之講武而

經指之晦者始多矣

蔡人殺陳佗

佗君陳至是歲又八月矣猶以討賊之辭書者賊無時不當討也夫是時之佗固儼然陳侯矣而爲蔡人所殺者則以蔡人伐陳而入之故執佗而殺之也不言伐且入者殺賊之師不以伐人相累也亦不言執者殺之者非有罪故不言執也此討賊之定例也其有賊雖殺而猶言執言入言伐者則皆於討者有所不足之辭也觀宣十一年討陳夏徵舒昭五年討齊慶封之經可見矣故知此爲伐陳而入之執佗而殺之也傳者不識此例徒見蔡人殺佗之易

遂造爲淫獄乎蔡諸說以欺後人而陳人聽蔡代討之善盡沒矣使陳人堅於戮佗蔡人豈能殺之如是之易耶故知聖人爲兼予陳人也汪氏乃謂陳佗夏徵舒所以書蔡人楚人殺之者欲以著臣子不能討之罪何其責人無已耶國有亂賊不幸力不能討容之巳罪聽隣討之又罪則自中人以下皆樂於從賊矣豈春秋望人討賊之法哉因知胡氏並予陳人不失恕道但經旣以討賊之辭與蔡卽當名佗而不成之爲君非爲陳人不以爲君而始名之也是其善陳之意則是而爲說則非蓋予蔡人以得殺卽陳人之與有力也聖人與人反正之意深矣

九月丁卯子同生丁卯明十四日 二

此特筆也文姜歸桓至是已周三年矣中間夫人未嘗如齊齊侯亦未嘗使其世子諸兒來朝同非吾子之語何自而出於桓公之口哉然文姜諸兒鳥獸之行固史策所不能揜者使春秋不書同生之日後世必將有以姜易姬之誣遂謂周公之祀終桓之世而已殄矣聖人特筆其生時俾後世灼然知莊爲桓子而汚衊無自而興所以爲宗祏之防者至爲明劃然桓爲人君姜爲人君夫人律身無禮中冓有汚至使載筆者爲表明嗣子之非異種夫亦大可醜也已此直而能曲之筆非聖人不能修者也左氏公羊

舉不得其說穀梁疑故志之之說雖似得之惜又云時曰同乎人也夫娶妻三年而生子當時復有何疑聖人筆此特以免後世之疑耳○同非吾子齊侯之子也二語本公羊夫人孫于齊傳乃公羊家所造文姜譖桓公於齊侯之語是謂桓公已自不能無疑矣何論時人乎夫聖人已書子同生後人尚有此種議論使其不書其不以秦始晉元目莊公者鮮矣甚矣聖人之遠見也

冬紀侯來朝

是歲乙亥桓王十四年

七年春二月巳亥焚咸丘巳亥月二十八日咸邱魯地高平鉅野縣南有咸亭○鉅野縣今屬

兖州府

桓欲庇紀而大畏齊故凡一辭齊一會紀後即自訓兵或假蒐狩訓兵以備之至是知取忌益深且恐以蒐狩講武動齊之疑於是縱焚咸丘以泯治兵之迹示齊以志在從禽不在講武也不言狩言焚志用火之暴也蒐狩不日此書日者重火災且明實治兵也桓之狩必目公此不目公旣以書焚志暴自不得更目公也

夏穀伯綏來朝鄧侯吾離來朝穀國在南鄉筑陽北○今襄陽府穀城縣治爲故筑陽城古穀城在縣北釋例釋地鄧國義陽縣今襄陽府東北二十里有鄧城

經例來朝惟附庸書名若諸侯來雖子男不名無論侯伯

也今穀伯鄧侯名者以越方岳而朝賊而内方不成賊爲

君既無同等相接之禮又有王法不容之誅是以皆生名

之蓋經例生名諸侯皆是從不接以匹敵更臨以天王起

義是年無秋冬義同四年

是歲丙子桓王十五年

春秋箋例卷三終

春秋箋例卷四

奉新趙儀吉輯

桓公

八年春正月己卯烝己卯月十四日

左氏五年例云閉蟄而烝過則書按季秋蟄蟲已咸墐其戸而杜注猶以閉蟄而烝在亥月者以火伏而後蟄者畢也今烝不於亥月於子月正左氏所謂過則書也然魯禮未失者多苟非罪干僭逾僅月日小差者雖在他公朝猶不爲書況桓公乎今正月之烝獨書者藉以著書月不書王之例又是歲再烝愈爲非禮所以正月之烝雖小差亦書也或疑九年之春未嘗書月旣小差之烝可以不書何

不並月不書不知九年天王無優魯之禮篡侯無縱恣之事王法在有無之間故春可不月若八年則王臣聘魯矣魯桓伐邾矣是眞無王之世也故必書月不書王以申責王之義第是春旣須書月而自過烝而外更無應月之事欲以月加王臣來聘則來聘例不書月書之必致人於聘事妄生測識此所以烝雖小差亦書也豈向篡賊問毋齒決哉杜氏本避信左氏但因五年之例以書郊推之有不合者故創爲卜日不吉過節則書之義而於此云非爲過時而書以啟紛紛之說是不悟左氏五年之傳惟以郊爲常禮者非其餘則皆是也

天王使家父來聘（家父周大夫）

夏五月丁丑烝（丁丑月十四日）

論事則前烝因後烝而書論義則後烝因前烝而書蓋前烝之書元藉書月以正無王之義不然則不惟月日小差者不書卽大差至於夏烝猶不書也春秋之法雖討賊之事猶不責賊況過時之禮哉

秋伐邾

冬十月雨雪

杜氏曰今八月也書時失

祭公來遂逆王后于紀

娶后旣由魯主昏王臣自宜由魯往逆言遂非譏專政見爲此事來耳內外逆夫人例言女王朝逆王后不言女者內逆言女不果人之必許外逆言女不果人之必受禮自卑而尊人故外女入竟卽稱夫人內女雖已嫁逾時猶言致女天子至尊旣不必聽於諸侯而由魯立文更無庸爲天子致謙故逆時卽可稱王后然至兼母家立文則仍不敢必爲王后故止言紀季姜歸于京師亦不敢置毁譽其間之意也

是歲丁丑桓王十六年

九年春紀季姜歸于京師

魯主昏禮成故有此筆襄公時獨無此筆故知魯主昏不終也

夏四月

秋七月

冬曹伯使其世子射姑來朝

經例世子有行不稱使此目曹伯使者卽是罪其君父不應使臣子親賊

是歲戊寅桓王十七年

十年春王正月庚申曹伯終生卒庚申月六日

是年正月書王義詳冬來戰于郎下是春無內事以有王

故

夏五月葬曹桓公

秋公會衛侯于桃丘弗遇桃丘衛地濟北東阿縣東南有桃城○今東昌府東阿縣西五十里有桃城鋪

衛自宣公立後惟齊宋是黨未嘗與魯一通好會至於共齊胥命則絕魯益嚴矣前因惡鄭之助齊謀紀故從王伐鄭於是與齊有隙而伐鄭之舉魯實與謀故衛於魯有漸合之機衛又念當時宋鄭並號強國二國既皆附齊未免孤立是懼故思與魯通好而約會于桃邱時齊方恨魯之庇紀欲大逞志於魯恐魯衛合則事益難故邀鄭使並獨

前忿以暱就於衛衛之通魯本非宿心一見齊鄭之招仍絕魯矣此桓公桃丘之會所以弗遇衛侯也夫往會彼竟而地主不出此魯之大耻直書公會弗遇者不爲魯君諱也衛以私利旣約桓爲會卽非眞能惡惡之人然事屬不終黨賊故經意亦與衛而無貶辭所以開人補過之路也舊皆譏衛侯無信政與經指背耳

冬十有二月丙午齊侯衛侯鄭伯來戰于郎（丙午月二十七日）

此三國伐魯魯與之戰而敗績也不言伐者凡外寇內言伐者不言戰言戰則敗矣故不言伐也且言伐則當言我言敗績則當言我師是親賊而以軍國受耻也故容不言

伐主不言及而特起來戰之文蓋以三國主是戰而不使賊得與於偏戰先敘之常例也書爵予其有討賊之義而無愧於王爵書于郎則惜其未竟討賊之功也夫齊以吞紀未遂之故摟師伐魯至無名也衛鄭助虐至無謂也三國意中豈眞有絲豪討賊之憤哉然自聖人視之則與仗辭討罪無異者以謂隣國但能討賊不復問意之公私所以廣遷善之門使人不至黨賊以終也誠使諸侯之嘗誤黨賊者盡幡然改圖弱者不與之會強者輒與之戰賊雖欲偃然自植不可得矣此是春之所以得復書王三國之所以得並書爵也乃說者反以爲不知類而爲聖人之所

必誅是黨賊者皆當始終不渝也害義傷教不可以不辯

是歲己卯桓王十八年

十有一年春正月齊人衛人鄭人盟于惡曹杜注戰郞之諸侯也　惡曹地

闕

十二月二十七日戰正月盟則盟者爲三國君也忽改稱人者奪之也夫惡曹之盟猶是相約絶賊也不得書從胥命之例者春秋討賊惟與其進不與其退于蒲書胥命望其進而殺賊也若惡曹則已舍賊而退矣故予奪不同如是也

夏五月癸未鄭伯寤生卒 癸未月七日

秋七月葬鄭莊公

桓近與鄭莊結爲深讎乃不肯簡禮其葬者欲以悅其嗣君而散齊衛之交也後凡隣國卒葬之際有厚薄忽然殊常者多是從嗣君用意不能悉釋也

九月宋人執鄭祭仲突歸于鄭鄭忽出奔衛

左傳宋雍氏女於鄭莊公曰雍姞生厲公雍氏宗有寵於宋莊公故誘祭仲而執之曰不立突將死亦執厲公而求賂焉祭仲與宋人盟以厲公歸而立之按祭仲被執不能守死不屈而遽從宋志可謂不臣然得書字者胡氏依穀

梁命大夫之說以立論非也經例外臣書字皆是從內君起義外臣來內君待以優禮則書字外臣不必來值內無君準以國人平等之禮亦書字祭仲書字內不成篡賊爲君也又經例凡諸侯言歸者易辭也故內不與納者皆言歸其言入者難辭也故魯願納者皆言入蓋功魯而不功人之意也若不由魯納已有明文猶有言入者則魯恩撓之故反以難辭處外也是時魯桓尚未黨突又顯得宋助故以歸書鄭忽應稱鄭子不名今僅以國氏者因當時王與諸侯皆不助忽故不成忽爲君也曹羈逾年不稱爵亦是此義春秋待諸侯之例專書爵者臨以王者也然功

罪猶在諸侯爵而名則歸其故於王矣不爵而名第以國氏者則不終爲君者也此皆待已爲君之例也若未爲君而以國氏者則許其有國者也故不應有國者皆不以國氏突歸于鄭政用此例

柔會宋公陳侯蔡叔盟于折折地闕蔡叔蔡侯之弟杜以爲蔡大夫名叔非

桓以庇紀之故致齊衞鄭來戰于郎懼勢孤不能自立因計中原大國惟宋足頡頏齊鄭故復欲內交於宋宋公亦自鄭莊索賂之後貌合心離近見鄭人諂附齊侯齊鄭久合必非宋利故助突出忽以收鄭又知陳蔡並以從王伐鄭之故懼爲齊所報故亦連爲與國以助聲勢但桓見宋

人新執祭仲而逐鄭忽詐力可畏故不敢自往而使桑會盟盟而知宋無他故敢屢與之會桑不書族罪其爲賊所用爲王法所不容也

公會宋公于夫鍾夫鍾郕地鍾公作童。今兖州府寧陽縣之盛鄉有夫鍾里

宋公以魯侯不親盟爲嫌桓知宋交未固故屢會宋公又桑是會郎在盟月足見桓已來會第畏宋不敢親會耳

冬十有二月公會宋公于闞闞魯地在東平西昌縣東南。今兖州府汶上縣西有闞亭在南旺湖中

是歲庚辰桓王十九年

十有二年春正月

夏六月壬寅公會杞侯莒子盟于曲池壬寅月二日杞當從公穀作紀曲池公作毆蛇魯地魯國汶陽縣北有曲水亭〇在今曲阜縣東北四十里源出石門山

此桓望莒之助紀故引以共盟

秋七月丁亥公會宋公燕人盟于穀丘丁亥月十八日穀邱宋地〇在今曹州府北三十里

至是桓始獲與宋公盟燕稱人非君

八月壬辰陳侯躍卒壬辰七月二十三日疑日誤陳厲不書葬

公會宋公于虛虛公作郯宋地

冬十有一月公會宋公于龜龜宋地

丙戌公會鄭伯盟于武父丙戌月十八日武父鄭地陳留濟陽縣東北有武父城〇在今直隸

大名府東明縣與河南開封府之蘭陽縣接界

丙戌衞侯晉卒

十有二月及鄭師伐宋丁未戰于宋丁未月十日

此桓既獲與鄭突結好遂助鄭伐宋爲宋所敗也偏戰不敘宋者不以內爲主之常例于兩賊也明年春復用常例者以有紀共事且既特筆以敗績于外雖用內爲主之常例已不足貴況更移己已以斷其以內及外之文律是並常例亦未全用可以見春秋待賊之嚴矣鄭稱師賊以賊爲黨也

是歲辛巳桓王二十年

十有三年春二月公會紀侯鄭伯己巳及齊侯宋公衛侯燕人戰齊師宋師衛師燕師敗績己巳月三日

此宋憾魯之背已而卽鄭故連齊衛燕三國伐魯以報上年之伐也先齊侯者猶附於來戰于郎之類不欲令宋主兵致同報復之憤兵也衛猶與者衛素親齊而遠魯鄭忽又出奔在衛宋旣以納突爲悔必有約衛復忽之意故衛朔猶守惡曹之盟而會兵燕亦與者魯宋穀邱之盟燕人與焉魯旣背盟伐宋故宋約燕自助燕稱人者非君將也不言來戰內敗外也在常例應言公敗某某于某今爲四國之師近於討賊故爲敘戰書爵以予之至於內與外戰

反以敗績于外尤爲創例此又與人討賊之一法也此戰在魯竟內不書戰地者以助賊抗討爲魯人罪而諱之也戰在魯竟何以有紀鄭之師蓋聞四國之伐魯而來救也不言救者既不先言伐我且內以需救爲恥也紀小弱耳是役宜得鄭力爲多其爲魯之意亦較切然而以紀先者明是役獨得用以內及外之常例之爲紀也若以紀先鄭敘爲爵列當然則齊僖非伯何以敘宋公上耶又案經例敘戰卽稱師者屈辭也鄙其師不足道也敗績始稱師者伸辭也幸其敗不累上也餘義見上文于外以敗績之義詳隱十年

三月葬衛宣公

月葬與國爲盡禮衛方伐魯魯曷爲於葬宣盡禮桓蓋念朔初即位不敢違齊宋之命非眞有意病魯魯方欲引之爲援故不復念怨而優會其葬劉原父遽以君子怨不棄義惡不忘親許桓恐桓未解如此又胡傳以上文不稱衛子爲有意譏朔此殊不然春秋之例諸侯逾年無稱子者蓋已逾年即位即成之爲君不復論喪之久近與葬否也

謚詳僖三十年敗秦于殽下

夏大水

秋七月

冬十月

是歲壬午桓王二十一年

十有四年春正月公會鄭伯于曹

不敘曹所以恕曹不令伍於兩賊

無冰

紀冬燠之咎凡三書無冰各爲一例或時而不月若襄二十八年或附二月若成元年或附正月若此年要皆以無冰責之子月此年附正月不必言矣時而不月多卽孟月之事是襄二十八年仍責子月惟成元年附二月似又不專責子月實因其年閏在三月正月之氣盡於二月之中

也何氏公羊注知於此年言夏之十一月法當堅冰而於
成元年不復能言其故則以不知有長歷之推也

夏五

杜氏曰不書月闕文劉氏曰何以不益疑也春秋信以傳
信疑以傳疑

鄭伯使其弟語來盟語穀作禦

此雖志篡賊相結亦以桓弑君兄之賊責鄭伯不應使弟
近之蓋以哭爲猶愈於桓亦重於責內之意也

秋八月壬申御廩災乙亥嘗壬申月十五日

御廩月令所謂神倉也諸侯爲籍百畝故亦有之天火曰

災將嘗而御廪災神不享其祀也春秋凡書內災皆著天怒篡竊之義

冬十有二月丁巳齊侯祿父卒（丁巳月二日）

宋人以齊人蔡人衞人陳人伐鄭（公蔡人在衞人下）

此宋人恨突之助魯敗宋故連四國以報之凡書以者皆是咎所伐之未當而專歸咎主兵者之辭與並敘並責者迥別鄭非不當伐而突之罪終下於魯桓又自魯人望討之私意而論則惟當伐魯不當伐鄭也所以專咎宋公者政與上年敗績之役用意相反而實相發蓋明其爲憤兵而不爲義舉也此亦因突之篡宋實助之故取義如此耳

是歲癸未桓王二十二年

十有五年春二月天王使家父來求車

春秋書王臣來求者三隱三年求賻爲平王之喪也文九年求金爲襄王之葬也此二月求車而桓王卽崩於三月疑是時王已有疾君臣之間豫憂大喪之用故使來求車馬之賵不言賵者王猶在也由是觀之周之窘乏需求者多矣然非大喪則無所求其情不大可哀哉求賻求金俱不書使獨求車則書使舊說於求賻求金皆云未葬不稱王竊謂其說可施於求賻而不可概之求金求金時雖未葬已逾年矣春秋之例未葬而已逾年者在外書爵在內

稱公必無天王立已逾年而猶不得稱王之理至謂天王不同諸侯必葬而後王無論父母之喪天下皆同卽亦何解於桓王七年乃葬而已於使書王者一於春書王者四也公羊知未葬不稱王之無據故於求金發三年然後王之義又以敬王居于狄泉不必三年卽稱天王則又發著有天子之義輾轉自救則亦何說而不可也然則求金之不稱使其不爲喪葬亦已明矣然而舊說所以云爾者其誤由於以書使爲尊王之辭而不知實爲責辭也聖人之意以爲天王固不可有求然求之他侯猶可也求之篡賊則不可也故獨書使以責之若以書使爲來求之正例而

未葬而求者皆從變例則求賻求金俱不書月獨求車書
月豈亦可云未葬則不月耶觀之於春月則去王於來求
則書王常所有者反奪之常所無者反被之而書使之爲
責重不書使之爲責輕已昭然矣或曰天下有道則禮樂
征伐自天子出此聖人之明訓也豈可以天王使三字爲
責王之辭耶曰諸所書天王使者有一事合於禮樂征伐
之正者耶惟禮樂征伐之正者舉不出於天子而出於天
子者乃皆壞法亂紀之事故皆歸咎於天王而書使所謂
規矩準繩先自治而後治人者也朱子亦有若書天王其
罪自見之說可以證從來之說之誤矣

三月乙未天王崩乙未月十一日

夏四月己巳葬齊僖公己巳月十五日

桓公憾齊僖爲德不卒至於再尋干戈不復僾會其葬故書曰桓此舉又不加禮嗣君者以齊大國非如衞朔之可以勢脅乃諸兒初立卽助宋以敗魯黨之鄭知其不肯降以相從故不願先施之也

五月鄭伯突出奔蔡鄭世子忽復歸于鄭

前因桓黨突久從桓私意爵突是時雖暫出奔復賴桓力卒能弑忽而有鄭經例諸侯出奔鄰國有卒能復之者則奔時止爵而不名今突爵而名者政不以諸侯出納之常

例于兩篡侯也或問突爵而名何以又非從王起義曰正當春不書王之時嗣王又未可遽責討賊安得遽用君前臣名之例乎忽不國氏旣稱世子者經例凡國氏人者皆分應有國而又力能定位之人忽雖暫復旋爲突奪故不可用國氏之例然其應有鄭國之分固自在也故從其初而稱爲世子一稱世子而其應有國之分益明蓋世子惟以父爲君父沒則國內更無君臨世子之人故忽蒯瞶一稱世子則歸者不爲爭國納者不爲助亂其稱視人而國氏者爲尤榮而深奪突輒之義亦因之而並明矣又案經例不問諸侯或大夫旣奔反國而有言復者皆魯不顧其

反國之辭也所以內順其反國則不言復者復有強力可惡之義春秋無惡內之明文故一言復而內思撓之已明至歸者之是非則不在是故復之爲義似貶而實非貶也有以復在大夫則爲奪在諸侯則爲予者去經益遠矣經之予奪豈專在歸者哉又伯納亦不言復所以附伯於內也附於內者究與內少別故有奪伯之復無奪內之復內固非可明奪者也

許叔入于許

許叔字而不名與十一年蔡叔同義其歸實由魯助故不言歸而言入諸家乃以書入爲逆辭於叔橫加誚訶不知

春秋書入惟在大夫爲逆辭若施於諸侯則皆難辭以無不當入之諸侯也故有諸侯不言所自之入無大夫不言所自之入皆所以爲魯遠嫌也惟欒盈入晉不言所自以齊明助之魯陰助之也然已特言復入以爲魯地矣即有奪伯之復無奪內之復之義也

公會齊侯于艾艾公作鄗穀作蒿齊地

齊襄守父遺志必欲滅紀知桓庇紀之意未肯少懈故即位以來且不圖紀而姑與桓親冀桓信其捨紀而代爲主昏也但是時以父喪而兼王喪上娶王姬之謀猶未敢告之於桓桓謂齊已無意吞紀矣故樂與爲會于艾以齊襄

初立即伐鄭哭觀之知此此時齊必助忽拒哭然自冬徂夏魯會諸國再舉伐鄭齊襄雖不助魯亦不撓魯者不欲顯與魯惡敢巳闕計也至十七年爲黃之盟直收紀與共盟則示桓以無復猜疑而將告以上娶王姬矣桓知襄娶王姬其意仍在滅紀辭不主昏襄於是有奚之師而殺桓之淫兇亦自此起矣然其假意修好實始於艾之會使桓之絕襄如昔之絕僖則殺身之禍無由而至矣豈其蠱於文姜故思與襄締好耶又案艾之會亦是冢上書月蓋以罪齊侯之親賊也

邾人牟人葛人來朝 牟國今泰山牟縣葛國在梁國寧陵縣東北○今濟南府東二十里有牟城歸

德府寧陵縣有葛城在汴河之南

附庸來朝例書名此不名者名附庸所以尊內君篡君不必尊故悉人之亦貶旅朝於桓之非法也

秋九月鄭伯突入于櫟櫟鄭別都今河南陽翟縣○陽翟縣今開封府禹州

突書入不言所自蓋魯助之然突非分應得國之人不嫌明歸其咎於魯者不爲篡君諱也又案復國而先書入邑者二此突入于櫟襄二十五年衞侯入于夷儀是也所以先書入邑者以其後皆有入國及弒君事也然而衎入剽弒則書突入忽弒則不書者襄與納衞侯于夷儀既入之後魯事已畢初不虞甯喜之弒剽又剽自負罪經特以責

伯之故久已成剽爲君且內與伯皆有縱喜之罪故剽弒必須明書桓主納突于櫟既入之後魯再伐鄭實深望突之弒忽但經以從桓私意之故於忽奔且反均未成之爲君則突之弒忽當如何而書之且列國弒君而於內君有嫌如鄭髡頑楚麇齊陽生之類經皆諱不書弒況稱兵而助之弒者乎春秋雖不爲桓諱不可不爲魯諱此突之入鄭弒忽所以概削而不書也然善讀者誠能以入夷儀後之衞事類之則鄭事可不言而喻矣豈眞有所不足於忽而於突反有所末減哉左氏不知此指乃謂突之處櫟凡十八年竊謂若非因諱不書則許叔入許遲至二十餘年

猶書何奚之入鄭止十八年遂不書也此可以證左氏之誤矣

冬十有一月公會宋公衞侯陳侯于袲伐鄭宋公上公有齊侯袲公作侈

袲宋地在沛國相縣西南○在今江南宿州

桓於宋鄭本欲並引為援前之與宋則棄鄭與鄭則棄宋者以二國之勢不能猝合非由桓之反覆無定也誠得宋卒助奚同歸於好而久已絕魯之衞亦復與會自討可以高枕無憂且無難為紀捍齊矣是桓意本重會宋也經故先地會而後伐凡侵伐而先地會者必有纂竊之君意重在會者列於其間宣元年會棐林伐鄭為宋文也定四年

會召陵侵楚爲定公也若以會衺爲疑於所伐彼棐林召陵何疑哉

是歲甲申桓王二十三年

十有六年春正月公會宋公蔡侯衞侯于曹

謀復伐忽爲師期

夏四月公會宋公衞侯陳侯蔡侯伐鄭

期必納突而後已衞常在蔡下此列蔡上未詳其義豈以得力之大小爲差耶又衆月伐本亐辭此不嫌於亐者以無王之月不足爲亐而桓時無事不月襃君無事可亐又人所易知故無所嫌

秋七月公至自伐鄭

桓伐不至獨此伐鄭至著成功也蓋至是而突已入國矣不書入鄭之義已見上年若從左傳以爲突尚在櫟則桓方銳意納突何故中道忽止耶至胡氏以爲旣入于櫟則國已復求之經傳皆不可通櫟果爲鄭巖邑足以制鄭死命則入櫟之後自當成高屋建瓴之勢何以據之經尚煩諸侯之再伐據之傳處櫟十八年鄭再弒君而猶不得入也反覆推之突入於此時無疑矣左氏云云或是傳聞異辭存而不論可也

冬城向

下有十一月則此爲十月事矣是書不時也杜氏不惜牽

强以傅會左傳癖哉

十有一月衛侯朔出奔齊

春秋之例凡諸侯出奔列國無有能復之者則必名奔者

以歸咎於王何者以方伯失職卽天王失職也苟能復之

則方伯盡職亦卽天王盡職豈復有所歸咎故奔者不名

衛侯亦卒賴列國之力得反其國於例奔時不名然而名

者以朔之奔實出王志於何知之於諸侯納朔而王人救

衛知之然而天王誤矣廢諸侯必以其罪而朔之罪未書

於春秋是必可逭之罪也故公羊攴吾佶屈不復能文致

其辭從穀梁則春秋時天王從無召諸侯之舉縱令獨嘗召朔亦國有常刑朔一不朝何至遂欲六師移之乎若從胡傳治其舊惡之說則左氏此傳大有可疑將以宣公烝夷姜生急子爲旣爲君以後之事則推惠公立時年纔數歲寧解構兄而殺之若從閔二年左傳惠公之卽位也少杜注蓋年十五六故正義惟以納急之妻在卽位後是其烝夷姜生急子悉當桓公在位之時夫衞桓以世子嗣位而同父兄弟乃敢上烝父妾居然生子而舉之而竟置不問古今寧有此事耶或謂淫亂之朝有非常理可衡卽如惠公在位而其庶兄頑敢烝宣姜居然舉三子二女且二

子相繼嗣位兩女皆爲諸侯夫人晉舉一子耳安得云無此事耶曰頑之事又安知非盲左之誣就令屬實頑所處之勢亦與晉異姜與頑亂時已爲君母嗣子又沖幼無知自來淫婦多才其得勢者本可無所不爲是姜實操膽於頑非頑敢遽亂姜也夷姜能行此於晉乎不寧唯是衞大臣石碏固端人也於君之子必思勿納於邪於巳之子尚能大義滅親豈肯於元惡初難之餘乃特逆一穢德彰聞之子晉于邢而立之以重貽社稷憂乎且夫殺人而爲盜賊之謀者非避其罪即避其名宣公躬昏暴之資而處君父之勢名與罪兩無所避而夷姜巳以失寵而縊死又不

慝無以對其母何必假手奸俠而爲此兩下相戕之闘計哉更可怪者朔雖謀爲世子其所處之勢亦異奚齊蓋申生巳爲世子而急則猶然衆子奚齊母爲嬖妾而朔之母則爲寵適是朔所患當爲世子者在壽不在急也朔何爲而搆急哉馬遷有見於此故於夷姜第言愛不言烝於急則言巳立爲世子皆以微見朔必搆急之意不知急果巳爲世子而見殺則春秋當以衛侯殺其世子書若謂急乃姦生不得爲世子故雖殺不書試問申生又何以書也由是言之不特朔寃卽晉亦多寃而朔果何罪哉其見逐也由職洩輩意在改立黔牟以居擁立之功又懼諸侯之見

討非歸故於王不足以逃誅故愬朔於王而王不之察遂許職洩得行廢立耳然此等舉動豈天王之所出哉是朔奔書名用志王過耳經亦本無以名絕位之例也或問急壽爭死傳誠可疑然二子乘舟之詩聖人所刪存豈亦未可信耶曰味其詩意似親見二人同舟共渡者故汎汎其景汎汎其逝意象可繪也壽竊節既先往且不欲令國人屬耳目又其詩宜必成於一人見壽往者未必更見急往也安知此詩非別傷兩賢去國而作者乎朱子集傳凡用小序而加舊說以爲四字者皆是寓未足深信姑從其說之意然則二子之爲急壽朱子固早已疑之矣或又問衞

侯朔出奔與鄭伯突出奔其書法一也何以見予奪之分曰突之惡巳見於經是有罪之人也有罪宜書鄭突而爵之者以歸惡桓公故也朔之事未見於經是無罪之人也無罪宜書衛侯而名之者以歸咎天王故也此其所以不妨文同而義異也

是歲乙酉莊王元年

十有七年春正月丙辰公會齊侯紀侯盟于黃（丙辰月十三日黃齊地）

二月丙午公會邾儀父盟于趡（丙午三月四日日月必有誤會公作及趡地闕）

夏五月丙午及齊師戰于奚（丙午月五日公闕夏字奚公作郎奚地闕）

不言誰及爲內師諱齊稱師予其讎桓

六月丁丑蔡侯封人卒丁丑月六日

秋八月蔡季自陳歸于蔡

蔡季書字猶書蔡叔之義

癸巳葬蔡桓侯癸巳月二十三日

葬皆稱公蔡桓獨稱侯杜氏以爲謬誤謂傳寫誤也然公字似不至譌而爲侯疑是莊王於逾年即位之後頗傷王室之卑思振紀綱而定名分故惡衞朔則廢之五國納朔則拒之諸侯葬不得僭稱公當亦號令所及蔡人用命故稱從本爵春秋書之以著王有是舉猶滕杞爲時王所黜則爲書其降爵也夫王綱之頽廢久矣天王有思反其積

重者當內修政治外督伯職以漸圖之庶幾中興有望不在一朝赫怒廢一侯奪一爵遂可收運掌之效也若欲於守府之餘驟行當陽之事雖準情酌理有所不能何況如處置衞事之倒行逆施哉此其所以始雖凌厲旋復因循也

及宋人衞人伐邾

此宋志也桓重失宋援遂不顧邾人旅朝之恭趡盟之好會衞黔牟之人而伐之亦亂賊之行也非敗不言諱及爲師諱也

冬十月朔日有食之是月庚午朔

是歲丙戌莊王二年

十有八年春王正月

齊襄之殺魯桓雖以其私而自公憤論之實與殺賊無異故是春得復書王

公會齊侯于濼

濼水出濟南歷城縣西北入濟○今濟南府城西趵突泉卽濼水之源蓋濟水伏流重發處

諸兒以圖紀之故至謀殺桓猶是惡人所爲以殺桓之故至復亂妹則犬彘之行矣然姜氏自父在時已絕往還安必父死兄立魯桓猶肯聽之如齊襄之約桓會濼必詐以同好棄惡及兄弟甥舅之親情誘之以期挾姜同來得行

其計不謂桓果內蠱於蕩婦外惑於甘言竟恍而從之也故知是會公即與夫人同往不言公及夫人姜氏會齊侯于濼者桓固不足譏也下文復言公與夫人遂如齊者明桓之所以死也

公與夫人姜氏遂如齊

凡言遂者連二事於一舉之辭如齊言遂明自會往而姜氏實與濼會亦見矣

夏四月丙子公薨于齊丙子月十日

諸兒雖通於姜氏至欲殺桓姜必不欲因特露姦狀於桓度桓必譎姜姜必告巳因以死生榮辱之危辭怵之而姜

不敢不聽其所爲矣故知其本意在圖紀也內君弑不地弑於齊不能不地至弑而不憂其失實則胡傳得之

丁酉公之喪至自齊丁酉五月一日

秋七月

冬十有二月己丑葬我君桓公己丑月二十二日

是歲丁亥莊王三年

春秋箋例卷四終

春秋箋例卷五

奉新趙儀吉輯

莊公

元年春王正月

繼弒不言卽位者明嗣君不與聞乎故也然春秋之法嗣君若不討賊卽與與弒無異莊公外不能讎諸兒內不能絕姜氏於討賊之義無當矣而得不書卽位者一賊爲母一賊在隣與他賊殊科此春秋之恕道也

三月夫人孫于齊

內君或夫人出奔俱婉言孫明自避位而出非有敢逐之者而上之不德或下之不法俱於言外見之按草廬吳氏

謂魯人以桓公之弒由於夫人衆怒羣譏姜氏內慚不安故出奔齊恐不然也以後事觀之文姜往則往來則來魯人固未能讎姜氏姜氏亦未嘗忌魯人也則是行也亦往會諸兒與商主嫁王姬之事耳而經以孫書者明魯人若遂能因而絕之勿使復歸則夫人竟孫矣是故春秋之於內賊有實奔而以如書者若般弒之後書公子慶父如齊是也曷爲於慶父則易奔爲如如者行當復反之辭竟至令慶父復反是齊桓黨賊而已矣有實如而以孫書者若桓弒之後書夫人孫于齊是也曷爲於文姜則易如爲孫孫者去而不反之辭不能使文姜不反是魯人崇賊而已

矣此有伯則兼責外無伯則專責內之道也至不稱姜氏則左氏絕不爲親之説得之

夏單伯逆王姬（逆當從左氏作送）

單伯王臣單國伯爵後降爲子齊襄之謀殺魯桓元爲便娶王姬則桓死期年之間有文姜以脅魯人自必爲之請昏王室矣故王臣送姬來魯令魯主昏焉此亦舊禮也然而齊桓娶王姬未嘗書送者此蓋爲魯託言廹於王命以少殺其爲讎主昏之恥也夏巳來魯冬始歸齊者大禮之行非一時可畢故紀姜之爲后亦冬逆而春歸此更逾一時者爲臨期而築館于外也所以築於外者魯大臣知爲

讎主昏業已非法更與齊之逆者儼然揖讓于朝廟則國人之詬病必多故爲是非禮之禮歧築于外也聖人書之以見當時人心猶未盡死其實歎惜痛恨之寄於言外者已多也又按先儒之罪莊公莫嚴於仇讎非所以接昏姻衰麻非所以接弁冕二語然猶是責以不辭王命也豈知王嫁之禮乃魯人求爲是舉以媚讎哉夫人子之不孝莫大於傷厥考之心復讎之事非桓所望於莊也獨一生庇紀大費深心至於取忌殺身靡不由此此中委曲孺子或不能知寧執政親臣而有不知者哉知而曲阿藹婦牽率幼主使贊成襄昏以敗其庇紀垂成之績未免爲九泉之

下所日夕怨恫者耳經於主嫁王姬一事辭繁而不殺所以責魯臣子之不忠不孝者至矣仇讎衰麻之説何足爲魯人動耶又按公穀俱以單伯爲魯大夫故改送爲逆後來説者皆因之竊疑昏禮逆字既非同姓所可假用而單伯之爲魯大夫於理可疑者五事則隨經辨之此不贅焉博觀史傳魯大夫從無單氏一可疑也春秋自王子及王之三公卿大夫外而諸侯及諸侯之貴介弟此皆例宜書爵書字者也一有譏貶則皆名之甚至天王初立書名魯君未逾年書名世子初生書名獨至於命大夫則不問事之是非人之賢否時之常變一律字之唯謹尊之反在天

王王子三公諸侯內君世子之上與聖人嘗言天下有道則政不在大夫之意迥異二可疑也大夫書字此例惟用之外臣然惟兼書使者爲予辭其餘則皆示無君之義故內大夫從無書字之例雖公子有時書字亦據去位時言之若在位則無不書名者君前臣名禮之正也若內大夫而書字是明魯自無君也聖人肯以無君之號無故而被之魯乎三可疑也隱桓之世內卿之世係不可考容有卿卒不書者莊僖以後則卿卒必書犁然在目矣獨單伯爲命大夫於文十四年尙見於經而竟不書其卒所謂無所書而不尊王者當如是乎四可疑也莊元年單伯見經至

文十五年以後不復見中間相距八十一年雖未必五十始命爲大夫然能襄嘉禮而奉使京師主戎兵而往會盟主必非幼稚可知至自齊後尚未知卒於何時第以見年計已一百一二十歲矣若謂父子世祿單伯不必一人如晉趙氏世稱趙孟之類則是傳體而非經體夫別嫌明微爲春秋大指故有仲嬰齊公孫嬰齊之別若世世一稱又不書卒則善惡賢否何從而分夫王臣所以可世世一稱者以規意常在天王若內大夫則皆有臣道之責故世卿無不書名何得以王臣爲例且歸自齊後魯何故遂無單氏五可疑也大抵解經則公穀時優於左氏而紀事則左

氏較信於公穀故知單伯爲王臣之淺然無疑也或問從公穀則語意落實從左氏則語意似乎歇後此諸家所以明知命大夫之說實有難通而猶抑意從之也曰此政見聖人因媢嫉之惡已大不可不諱而又不可全諱故不得已而書法出此也蓋經例凡內過而與外相涉者往往被其事於人而內之可識則於言外見之如齊人取子糾殺之齊人來歸公孫敖之喪之類皆是不特內女嫁而未合於禮則爲書其逆者也王姬由魯嫁即此之內女事既有所當諱非不可歸故於齊人然魯惡之大政爲交際齊人則齊不可見經矣故不得已而歸咎於王臣送姬之來魯

然使竟言送王姬來則魯之主嫁又顯故不言來若不知送往何國者此其所以爲魯諱也然此亦因後當書築館之舉故書法可且如此耳蓋魯人所以可誅在乎通諸兒上娶之意於天王而贊成其事故聖人之深爲魯諱者尤在於此若明書內大夫之逆則主嫁情罪業已畢呈豈復聖人爲尊親諱之法哉卽此亦可證公穀之誤毋庸更辭費矣

秋築王姬之館于外

冬十月乙亥陳侯林卒乙亥月十七日

王使榮叔來錫桓公命

穀梁傳禮有受命無來錫命錫命非正也生服之死行之禮也生不服死追錫之不正甚矣按錫命賜命共三見文公時稱天王成公時稱天子獨此王不稱天者譏濫賞也雖追錫死後無減焉

王姬歸于齊

齊師遷紀郱鄑郚郱在東莞臨朐縣東南郚在朱虛縣東南北海都昌縣西有訾亭○臨朐縣今屬青州府郚城在安邱縣西南六十里都昌今昌邑縣也有訾亭社在縣西十里俱屬青州府

郱鄑郚紀之三邑王姬嫁未逾時齊卽取紀三邑足見齊人主嫁王姬之爲誤紀矣經例凡外取外遷皆爲義起於內但內聽其取者書取內惡其取者書遷耳觀前書宋人

取長葛後書宋人遷宿可見矣齊稱師明其爲魯之讎而魯人坐視其多取紀邑爲可恥也

是歲戊子莊王四年

二年春王二月葬陳莊公

夏公子慶父帥師伐於餘丘

於餘邱杜氏謂近魯小國慶父莊公庶兄旣能典兵不用以報君父之讎而惟以虐蕞爾之國其無良甚矣然猶不去族者罪歸於莊公者多也又按是時雖莊公之年尚幼而慶父之遺要亦廟算出此不可因三十年後有弑君事遂謂此時已得兵柄也

秋七月齊王姬卒

魯弔故書

冬十有二月夫人姜氏會齊侯于禚 禚公作郜齊地定九年傳齊侯致禚媚杏於衛 杜注三邑皆齊西界據此當爲魯齊衛分界之邑

左傳書姦也按經爲魯諱親讎凡遇魯與齊侯交涉之事公不親與接則稱齊師公親與接則稱齊人其直稱齊侯弗諱者惟與夫人相接之事耳所以醜姜氏而病莊公也夫文姜與弒桓公莊公以母子之恩固無殺母以報父讎之理然絕不爲親雖失以黃泉相見之誓不爲過也乃孫而復以禮遊旋又聽其屢往甚或一歲再行直至諸兒被

弑而後止觀敝笱載驅猗嗟之所刺莊公君臣竟不復知人間有羞愧事矣至諸兒姜氏反不足譏焉姜氏反國皆不書以聽賊反國爲大惡而諱之也書月爲乙酉

乙酉宋公馮卒乙酉月四日

是歲已丑莊王五年

三年春王正月溺會齊師伐衛

此齊襄邀魯會兵以伐衛而納朔也其義甚正故伐亦書月以明有王凡伐而書月除魯桓之伐外皆予無奪是以知春秋之予納朔也納朔雖正魯會雖納朔則正而不正溺去氏族明納朔非順王命且託於不用公命也故不言

帥師而朔之應納又見矣齊借我稱師責魯不應以讎爲黨大抵是役魯人非中有是觀書法而予奪皆見焉自說經者不知月伐及不書帥師之爲予而但知溺去氏族之爲奪故極力貶絶並伐衞之是亦無從而見矣此則不盡通經例之徼也

夏四月葬宋莊公

五月葬桓王

此筆譏意非一譏以天下葬一人而緩至七年譏莊王未葬除服而嫁王姬譏魯會葬天王與宋莊全無差等

秋紀季以酅入于齊 酅紀邑在齊國東安平縣○今青州府臨淄縣東有安平城又有酅城

此紀侯知國之必滅於齊至於滅則身死不恤先祀亦殄矣因先使其弟季僞爲勸降不從叛而以酅奔齊者庶幾當齊之意冀得俾季處酅等於附庸以後五廟計亦苦矣使其敵不至如齊襄之惡其隣不至如魯莊之懦紀侯兄弟豈亡國之君臣哉又按凡遇外臣以地奔外悉不書者以非關内事例不書外邑也茲季言以酅猶是明事關於内耳卽書字書入亦從魯意許其如此立支解者悉若與魯無涉由其不知有字邑與入皆從魯立文之例也

冬公次于滑滑鄭地公穀作郎滑在陳留襄邑縣西北□今歸德府睢州境有滑亭

左傳公次于滑將會鄭伯謀紀故也鄭伯辭以難凡師一

宿爲舍再宿爲信過信爲次按此傳唯以鄭伯爲子儀爲誤其解次之故與次之號皆不誤惜後人錯解遂致與本事不相肖蓋魯人見紀季已以酅入齊而齊侯必盡吞紀地而後快始悔主嫁王姬之謬而已無及矣因思鄭伯突嘗與桓公共庇紀而勝齊故欲就會鄭伯約諸侯以共平齊紀冀齊以諸侯之故少緩其吞紀之謀此所以次滑而待鄭伯謀之也突知齊意之不可回又自顧植根甫定不敢忤齊且輕魯侯恧懦已有內交於齊之意故辭公不會明年轉與齊遇垂共相謀紀而紀侯始大去其國矣是莊之所欲會者突也非有所謂子儀也所欲介鄭者平紀於

齊也非敢藉鄭力以伐齊而救紀也無論伐齊不必勞師至滑即莊亦安敢冒昧興師以干齊怒哉然而經例非師行不言次此公以禮行亦言次者依於君行師從之禮以附於將以報諸見討鄭突之義蓋經例凡言次而不言師所加者內得之爲外有應伐之國外得之爲內有應討之人故知此公次于滑之書之爲齊鄭也而思會篡賊之謬反受賊辭之恥亦並見於言外矣注家不明此指又過泥信次專爲師行之例反譏莊公徒張救紀之虛聲而無其實豈知其並虛聲不敢張乎此棄經而泥傳之過也

是歲庚寅莊王六年

四年春王二月夫人姜氏享齊侯于祝丘享公穀作饗祝丘魯地○漢郎邱縣

孟康言春秋時之祝邱也今兖州府沂州東南五十里有郎邱城

齊侯來而姜氏會之且行享禮其目無魯人乃至於此經於夫人會齊侯本無月例此書王二月者以享行於外爲創事又以濟男女之姦不可以他會比

三月紀伯姬卒

爲下齊侯葬之而書且將詳叔姬則伯姬亦不得畧矣

夏齊侯陳侯鄭伯遇于垂

陳鄭鄉皆黨魯莊公欠滑之意政欲就二國商所以存紀之善術不謂二國反外魯附齊而爲此遇紀侯始無復冀

望淺討大去矣又按蘇氏子由以鄭伯爲子儀因謂春秋有一國而二君若鄭突與儀衛衎與剽者此亦泥傳而不究經之過也春秋之例諸侯出奔列國有思復之者即不絕奔者之位其國雖别立君經皆不成之爲君故衛朔得齊襄之願納雖失位至九年之久經猶不成黔牟爲君彼衛衎奔未三年經即成剽爲君者以諸侯無願納衎之人則衎亦無能反國之日故遽成剽爲君以歸咎當日共剽會盟之諸侯迨越十有一年諸侯始納衎于夷儀則衛仍衎之衛故大書衛侯而不名是以衛還衎也以衛還衎則剽在所絕矣絕之則剽之見弑與黔牟之出奔政同在法

本可不書然猶書甯喜弑其君剽合之甯喜之書殺乃明剽與喜之惡名慘禍皆由伯國之貽累故書之以彰晉罪猶之書衛殺其大夫元咺及公子瑕之歸罪晉文也豈有成一國二君之理哉至於子儀經初未見其人是其生不如叔武死不如公子瑕聖人視之直如無物何可與剽並論乃亦謂與突同時爲君甚矣蘇氏之爲左所蔽也胡氏雖知鄭伯非子儀仍善蘇氏爲有見則由未識成剽爲君之故耳過義見隱四年及八年

紀侯大去其國

此齊侯滅紀紀侯出奔也經例無伯不書滅與奔猶書此

者爲魯故也不名紀侯既歸故於魯不可復以責王也不言出奔而言大去則紀侯實挈叔姬奔魯魯人懼逢齊怒不敢顯庇紀侯第以昏姻之故私匿之耳故不言紀侯來奔第言大去其國若不知所之者然蓋亦爲國恥而諱也按胡傳云有國者以義言之世守也非身之所能爲則當效死而勿去以道言之不以其所以養人者害人亦可去而不守於斯二者顧所擇何如耳全舉孟子以立論而不知孟子之意固未嘗欲滕文師大王也夫大王於播遷之餘尚具翦商之畧其視狄人蓋蔑如也特不欲以小忿而亂其大謀故去邠而邑於岐下政如漢祖畏項籍之勢不

敢執當王關中之約姑就封漢中此殆上智之良圖非悻悻者所能與故孟子亦以其事獯鬻爲智者之事是豈滕文之所能師者哉況大王之時西陲隙地尚多可容其轉徙而無礙若區區五十里之滕去將安之有北入齊南入楚耳故一則曰效死再則曰效死總易之以國君死社稷之大義所引大王之事特欲滕文自度其不能而歸并於死守之一路耳豈眞欲其去而遠之亡哉胡氏乃以紀侯之去有合於去而不守之道抑何不思之甚也然胡氏非不解孟子之意所以爲此說者特爲宋偏金人蒼黃南渡拱手而讓中原者逼一說耳是故其於戎也反以能追爲

無武備其於戰也必罪主國之闕文告此皆傳會時事而贊成南宋爲不戰之天下其不至竄海涯而不止夫胡氏南宋大儒豈眞以宋與金戰爲不義哉誠恐戰未必利不如姑守之爲愈耳是以守爲易於戰也而不知非有能戰之具則亦不能以固守觀賈傅以攻守異勢論秦之所以興亡與武侯苟不伐賊王業亦亡之語誠哉其爲上智之見也且夫人之謀事與事之應人往往不酧其初志志乎其上僅得其中志乎其中適得其下是故志乎戰而後能守若志乎守未有不馴致於亡者夫國步當日蹙之候而能不忘乎戰是豈徒冒然驅羊鬭虎者哉其君若臣平

日之所以謀國者亦必有道矣句踐蠡種之擘畫思轉敗而爲功者不當如是耶蕞爾之紀固未可責以此義獨怪南宋有天下之大半而不能以戰爲守卒至求一寸乾淨土不可得未必非以道言之及寻其去而不守之議論有以致之也懼其既誤當時復誤後世不可以不辯

六月乙丑齊侯葬紀伯姬丑月二十三日

書齊葬者明紀爲齊滅且魯不敢會也此亦足爲會葬不如禮則書日之一證

秋七月

冬公及齊人狩于禚禚公穀作郜

蒐狩乃游畋之樂必無越竟與微者共事之理故知齊人卽齊侯而諱之也夫溺會齊師伐衞猶或以衞侯之故可權宜從事狩非不得已事也而莊竟與襄會其不孝之罪大矣是時莊年已十七矣故直書公以譏之

是歲辛卯莊王七年

五年春王正月

夏夫人姜氏如齊師

齊侯用師在外姜往就之非襄所意故不目齊侯師行無定所故不言地其可恥又甚於享矣

秋郳黎來來朝（郳公作倪黎左作犁　東海昌慮縣北有郳城○昌慮城在今兖州府滕縣東南六十里）

郳城在縣東六里慮平聲

郳附庸小國黎來其君名附庸未命朝例書名○杜氏曰其後數從齊侯以尊王室王命以爲小邾子

冬公會齊人宋人陳人蔡人伐衛

左傳冬伐衛納惠公也按衛侯本當納在正例應爵諸侯今因天王有獎逆之愆內君有親讎之嫌故屈諸侯而稱人蓋參用惡曹及狩禚之例也至義舉而伐不書月則以月伐之例已見於溺會齊師之舉又明年方將以王月治王人之救則此時尤未便以書月予諸侯之伐矣舊皆謂不正納朔故貶而稱人彼蓋不知從王起義而諸侯稱人

者咎皆不在諸侯者也

是歲壬辰莊王八年

六年春王正月王人子突救衛正月公穀作三月

此莊王因諸侯伐衛將以納朔故命將帥師助黔牟以拒朔王可謂堅於爲惡矣於例宜書使以咎王因王惡已大且諸侯有顯違王命之嫌故不書天王使某但書王人經例凡事欲咎王而又以諸侯之故不欲過咎乎王者則爲之書王人蓋託其事於王臣之自專非天王許其如此而諸侯樂其出此也是故齊桓于洮之盟晉文翟泉之盟皆稱王人茲救衛亦是專罪王臣然他處王人之下不見主

名此必又言子突者責王遣人助衛已非而遣子弟助逐其君兄之黔牟則尤非蓋用聘桓而書仍叔之子聘宣而書王季子之例也故知子突爲王子而名突不言王子突者王人之下固不可重綴王字也王季子不名子突則名者經例王臣外出接以會則貴者爵而賤者字不接以會則貴賤皆名義專起於王也諸家未覩斯義乃以子突爲字且據二字相連子在上者皆字非名之說以爲之證獨不思經例書字惟附庸之君以國爲氏其餘必連氏族從未有兩字皆字者故宋子哀亦非字若必以子哀爲字將毋子同子糾亦字耶奈何必因以救爲善之故强認子突

爲表稱又以字未爲褒之故堅稱王人爲微者此其輾轉自救尙足信耶況諸家之爲此說者皆酷信左氏者也然翟泉之王人傳以王子虎豈有王子而爲下士者哉且不解莊王方欲遏五諸侯之勢使不得逞何以僅遣下士爲將也說之無稽亦已明矣或曰王人之辨是則然矣必以突爲名非字則猶未之能信也曰王人旣非微者則雖書字亦不爲褒而爲貶且無論書字爲貶卽書救亦貶蓋救者與國相爲之辭耳本非褒辭也故經例於救而無功者始以救書可知救之爲號不可加於王人也雖周禮夏官有救無辜伐有罪之文然是爲救無辜而伐有罪卽九伐

之條所謂馮弱暴寡則眚之蓋寓救於伐之內非第救以解其難而不敢伐以鋤其强也故王師而書救亦可羞之甚矣是尙得爲予之乎夫職洩之罪政麗於放弑其君則殘之之條天王不能申命方伯爲朔討罪已失職矣有諸侯起而伐衛納朔而王乃命將救之天討有罪固當如是耶故無論王人之爲貴爲賤子突之爲字爲名卽一書救而天王助黔牟之非已見矣乃自穀梁以來皆以救衛爲善夫使聖人而果善救衛也則王臣必書爵列必不僅書王人用師之號必大書征伐所加必不僅書救衞上文朔出必奪之爵而書衞朔諸侯伐衞必諱不書公下文朔入

必仍名而不爵黔牟之出必書衞侯黔牟出奔于京師職洩之死必書衞殺其大夫公子職公子洩豈肯書法若今經耶反復推之朔之當納而衞之不當救益明矣

夏六月衞侯朔入于衞

書名仍是從王起義書入內與也朔入自多所放殺不一書者既罪人當討且皆誤於王命故悉置不書以存王分焉按黔牟之君衞已閱九年其間豈無朝聘會盟之事而不得從衞剽之例一書衞侯卽此一節已足證聖人不直王人之救衞而於納朔之諸侯初無貶意然而從來傳注無不予奪相反者則由一誤於衞侯出入之書名以爲已

絕朔位而不知實爲因君名臣之常例也再誤於四國伐
衞之書人以爲深貶諸侯而不知實爲諱魯親讎之兼例
也而兩誤之來又有兩因一因過信衞朔之有罪而不知
經之予奪自立根據初未嘗資案於他書一因過泥王命
之當尊而不知經之義法全重綱常絕不取曲阿乎亂命
今姑無論朔本無罪也卽有罪豈重於魯允鄭突乎且使
尊王而可唯言之莫違雖綱淪法斁之事亦有所不顧則
耄王之命曲沃伯爲晉侯亦不足爲罪而齊桓沮惠王之
廢儲而敢率諸侯徑與王世子爲會者亦不得爲無罪矣
由是知國家大經大法之所在爲人臣者政不徒以順命

爲貴也雖齊襄之於衞事亦或出於一時愛憎之私未必真知倫紀之當植然春秋大指原藉予奪往事以爲後世之勸戒豈可逆其心之私而沒其事之善哉說春秋者能知孟子責難於君之三語庶幾得尊王之的義矣

秋公至自伐衞

伐衞書至喜納朔有成也讀者但諦觀於伐衞時之書公朔入後之書至而諸侯之是與天王之非畢見矣此孔子所以必又言罪我亦惟春秋也若如諸家所云悉及於知聖人而止耳或問桓公納突有成則至莊公納朔有成則至以至爲褒則桓亦褒矣以至爲貶則莊亦貶矣今必同

辭而異義何也曰納突逆也納之者又桓故伐鄭之書至不諱賊惡也納朔順也納之者又莊故伐衛之書至不沒君善也此亦待君與待篡君之不同也而舊多泥之宜其一律以爲貶矣

螟

冬齊人來歸衛俘杜氏曰公羊穀梁經皆作衛寶左傳亦言寶唯此經言俘疑經誤

齊襄之爲人非能仗義者力納衛侯必由貪賂然較之爲郜鼎而成宋亂者則順逆懸絕矣猶律所稱不枉法贓也至是衛賂已納分以予魯魯不能却已累義舉況更有親讎之嫌耶又按莊之編諸兒未弑以前所稱齊人皆齊侯

也疑此歸寶亦是齊侯親來觀三十一年書齊侯來獻戎捷可見

是歲癸巳莊王九年

七年春夫人姜氏會齊侯于防 防魯邑

夏四月辛卯夜恒星不見夜中星隕如雨 辛卯月五日夜穀作昔凡隕公皆作霣

言夜中於下則先言夜者 初昏及人定時也日光不收故恒星不見夜中則光收星見矣又星隕如雨皆紀異也星光流奔夜常有之不足爲異所異如雨之多耳天文家言流者非星乃空中火氣然司天又言以古星經證今星數

缺者頗多則星隕亦實有之事但不堪如雨之密故舊說讀如爲而以救如雨之說其實如雨政狀空中流火之多耳經言星者言人之所知不言人之所不知猶月魄食日經第言日有食之言人之所見不言人之所不見也

秋大水

無麥苗

杜氏曰今五月周之秋平地出水漂殺熟麥及五穀之苗

冬夫人姜氏會齊侯于穀穀齊地

是歲甲午莊王十年

八年春王正月師次于郎以俟陳人蔡人

齊襄欲連魯與陳蔡以伐郕爲其嘗黨於紀也此宜爲魯之所憫況郕爲同姓之國又未有可伐之罪異於伐衛納朔之尚爲義舉矣莊如不忘君父之故者辭焉可也乃詔讎附勢唯恐後時用師在夏蒐事在秋齊侯未出陳蔡未來先於正月次郎以待之莊之可鄙亦已甚矣不言侯齊止言侯陳蔡者舉其可道者也論魯有武事君舉卽書之例當於此時卽言伐郕今不言所加者託其辭於未知所加庸距知其不伐齊乎夫然後及齊圍郕之惡不勝數矣至公將言師爲蒙詬親讎諱之也

甲午治兵甲午月十三日治公作祠

次既稱師嫌非公親將故書治兵且為書日以明之君過已大不得不用重筆也講武書日為君親舉之例甲午治兵與壬午大閱一也在桓則諱言兵耳義詳桓六年

夏師及齊師圍郕郕公作成下同不諱師卽是不諱公深罪其不應以讎為黨也不書陳蔡既明書及齊則義不復在陳蔡矣書圍有降文在下

郕降于齊師

是役魯本助齊伐郕非有望郕降已之意而書郕降于齊師若魯大失所望者以共齊謀郕猶愈於助齊虐郕也夫共伐而齊獨受降亦公可恥之事然而不必為諱者以魯

恥之大于此者政多也

秋師還

師出既諱不稱公功又盡歸於齊不可書公至自圍郕矣而郕已夏服公到秋還是候齊侯歸乃敢歸也不可不書以志過故特更公至之例爲師還之文益足證公至自伐衛之非貶矣合伐衛圍郕兩事而得其書法之所以不同則屬辭比事之教思過半矣

冬十有一月癸未齊無知弑其君諸兒癸未月六日

爲人君而至於見弑必無道之君無道而至於外內亂鳥獸行斯無道之極矣今夫禽獸同受天地之氣以生其文

采智能多足觀者然而人食其肉寢處其皮不少恤者徒以其無倫理耳人而滅棄倫理與禽獸何異固早有宜殺之理矣未有不身首異處者間有禍未作而先死者倖也諸兒之內亂古今所無也其强死也宜哉然而春秋於無知仍以賊論不爲未滅者君雖不君臣不可以不臣父雖不父子不可以不子不以理加分也是故爲人君而知以諸兒爲鑒雖憑得逞之勢而不敢恣所爲爲人臣而知以無知爲鑒雖遇淫亂之朝而不敢動於惡而生民之禍庶幾熄矣

是歲乙未莊王十一年

卷五終

春秋箋例卷六

奉新趙儀吉輯

莊公

九年春齊人殺無知

殺州吁月殺無知不月爲蔇盟削之蓋忘殺父之讎而定怨家之亂此王法所不容故處蔇盟以無王之例

公及齊大夫盟于蔇

此齊人以襄公旣弑糾當次立因其奔魯故就魯求糾爲君公慮齊有反覆故爲此盟按莊於諸兒在時早已亾恥諂讎爲世僇笑經於此時豈復責莊以世讎視齊第使良心未泯齊之理亂置之不問可也乃莊之於糾旣要齊臣

而盟之遂其中變復爲伐齊而納之可謂自有肺腸矣然其所以喪心至此亦處不得不然之勢蓋糾爲諸兒母弟其傅管召輩俱識時務之才知魯政方在姜氏姜氏爲襄良厚必能推愛援糾此所以不奔他國而奔魯也由是推之則前之盟蔇後之伐齊皆姜意非莊意也然關預齊事已謬承姜意而關預齊事尤謬此蔇盟所以削月也稱齊大夫者時齊無君也何以稱大夫卽可明無君爲無使之者故不可稱名氏止可舉大夫也此有二例有國本無君有臣意中無君當隨事論之說詳文七年盟于扈下○按史記齊大公世家襄公數欺大臣羣弟恐禍及故次弟糾

奔魯其母魯女也管仲召忽傅之次弟小白奔莒鮑叔牙傅之小白母衛女也皇侃云齊僖公三子長是襄公適次子糾庶小者小白也據此則糾兄而小白弟且糾適產而桓乃庶出其文甚明

夏公伐齊納糾齊小白入于齊左作納子糾

盟蔇甫退齊人遽背盟謀逆小白故公怒伐齊納糾夫齊人求君於魯魯不得已而應之猶之可也至齊已背盟別有所逆此雖所逆非人猶當聽之況所逆得人耶何乃必伐齊納糾以成硜硜之信此莊之大謬也故書納糾以譏之春秋之例苟非舊係國君或世子理所應納而有以納

書者皆譏辭也又按說此章者皆以糾不稱子不係齊遂謂聖人之意以小白爲應立而糾不應立求其所以不應立之說則以糾爲弟而小白爲兄信薄昭礙於文帝一時權宜之辭雖時近如荀子博綜如史遷竝以糾爲兄者皆擯不復信以期合於倫序得自申其一隅之說故於納糾之書雖知爲譏而不知其所以譏惟草廬吳氏能見及之其說曰襄公諸兒公子糾公子小白皆僖公之子襄公遭弑而無嗣則糾與小白皆可君齊齊人初欲迎糾旣而知糾之不如小白故拒糾而召小白小白先入于國而奉之爲君小白之立乃齊國衆議爲社稷計也則小白乃齊國所共

戴而糾特魯君所私納故曰齊小白言其當爲齊君也入者難辭小白雖齊人所欲立然魯執前盟與師壓竟則亦不能如歸者之易矣是其爲說雖未能盡得筆削之指然其不辨糾與小白孰爲兄弟獨取齊人以小白爲才而立之以爲社稷計者則聖人示人因亂立君之微意也又援小白非魯納例應書歸今言入者魯旣納糾則無意小白已明故反以難辭處之也莒去疾亦同此意

秋七月丁酉葬齊襄公丁酉月二十四日

八月庚申及齊師戰于乾時我師敗績庚申月十八日乾時齊地時水在樂安岐流旱則涸竭故曰乾時樂安故城在今青州府博興縣北時水在縣南

杜氏曰小白既定而公猶不退師歷時而戰戰遂大敗不稱公戰公敗諱之按內例言戰卽敗未有質言敗績者此言敗績予魯與齊戰之雖敗猶榮蓋深惜其在諸兒時之獨少此戰也或問既以敗爲榮又何諱公曰非爲公諱也因欲稱齊師以明齊爲我讎而又不可以公匹師故須諱公也

九月齊人取子糾殺之

納糾不稱子據魯言也殺糾則稱子據齊言也以子加糾非尋常稱謂葢卽用子般子野之例言若不論才而論次則糾當爲齊子也而糾爲小白之兄與小白殺之之忍皆

見矣又按子糾之見殺據左傳則魯以迫脅於齊之故殺子糾於生竇是魯人殺之也經言齊人取子糾殺之是必魯因齊索而獻之齊始得糾而殺之第是時魯視小白無異寇讎乾時雖敗國未瀕危豈肯因偏師厯竟遽爲此賣糾買和全無肺肝之事然而齊竟獲糾而殺之者亦明於知已知彼之數而已矣齊知魯之力於納糾乃軋於文姜不得不然之事非魯君臣之本意也且魯既敗于乾時亦自知納糾終無成功其事又難中止兵連禍結密隣爲讎豈復國家之福魯人當此亦既早萌悔志矣若是者齊皆知之然齊不下魯俾有以藉口魯必不肯從齊齊卽下魯

使無以紿姜齊亦不可得糾故知齊之取糾其不敢出於威脅而必出於柔服者事勢然也特其逆糾之僞辭所以欺姜於一時者後世無從知之耳或曰齊人既用詭計以逆糾經何以不言誘而言取曰凡言誘者其見殺之人皆不能預知若糾之歸無生理糾固預知之也且糾之行止制於魯人而魯人又非不知齊之必殺糾者故不可言誘止可言取取者易辭也以齊人易於殺糾爲魯罪也魯雖不必堅於納糾亦當思所以全之柰何明知其往必見殺而猶聽就死地也斯亦忍心害理之至矣故立文雖似罪齊人而用意則實譏魯人也至如左傳所紀不惟衡以爭

理而難通即比以經文而不合矣左傳儘有極似可信而亦未可信者此類是也○按齊桓之必殺子糾以絕後患謂之忍殘骨肉則可謂之干犯名分則不可蓋子糾並未君齊桓又國逆先入篡弒兩字無從加桓若果迹涉篡弒聖人豈肯以伯予之且不獨桓非篡弒即晉文之殺子圉而代之者亦非篡弒蓋惠公之殺里克春秋既不用討賊之例而特以殺其大夫書是夷吾實與弒卓子之賊弒君之賊在法當誅其身而殄其祀則子圉又安得君晉哉故懷公之見殺春秋直削而不書并不得比於子糾之例是晉文亦非篡弒而得國也乃唐孔穎達於詩疏因史記有

衞武公襲殺共伯而代之之說旣於氓言齊桓晉文皆殺親戚篡國而立終能建立高勳於周世是爲以功除過又於淇奧言齊桓晉文皆篡弒而立終建大功竊其意非以回護衞武也特爲太宗之擅殺太子建成而代之立者有以藉口耳而不顧其厚誣桓文且大亂春秋之法也是故春秋之學不患亂臣賊子之不懼特患邪說之足以釋亂賊之懼俾得居之而不疑若孔疏此等直邪說之尤者耳

冬浚洙洙水名經魯城北境下合泗

浚洙所以備齊文姜以齊人殺糾爲欺已制魯使復絕齊甚或有爲糾復讎之意觀文姜未死以前桓雖已伯莊猶

不敢從齊則姜之切齒小白可見矣齊侯因莊之納糾而拒已久欲逞志於魯第以子糾在魯懼魯更率以爲難故不得不下魯以求糾比已殺糾則無所忌矣故復謀伐魯此正月所以有長勺之役也魯知齊有師期故豫爲備

是歲丙申莊王十二年

齊桓公小白元年

十年春王正月公敗齊師于長勺長勺魯地

齊來伐而公敗之

二月公侵宋

宋自桓公末年以來於魯無隙而莊忽侵之必宋人有呑

宿之謀而宿以隱元年之盟求援于魯魯狃長勺之勝而伐之於宋無傷適以促宿之亡益已之敵不智孰甚焉春秋書侵不出兩義內與伯國得之爲著師之無名僭與列國得之爲飾內之不救皆譏內與伯之辭也夫莊公當齊襄在時不能一舉伐齊此惟有終身不復伐人差可免譏然納糾雖非而伐齊則是故猶可以伐書若爲宿伐宋則非大讎未報者之所敢出也故書侵以比之無名之師其譏貶之意益甚遠也侵不書月此書月者明非前月事也

三月宋人遷宿

宋因魯之侵已激而滅宿是魯陷宿於滅也故文之爲遷

若末果滅者所以爲內諱也遷義詳元年

夏六月齊師宋師次于郎公敗宋師于乘丘（乘邱魯地○括地志乘邱在瑕邱縣西北三十五里今兖州府滋陽縣西有瑕邱城）

左傳齊師宋師次于郎公子偃曰宋師不整可敗也宋敗齊必還請擊之公弗許自雩門竊出蒙皐比而先犯之公從之大敗宋師于乘邱齊師乃還按此是齊宋各以侵伐之故連兵報魯伐其郎邑不言伐我西鄙第言次于郎者因魯有罪人姜氏在故參用來戰之例不以軍國受伐也稱師明魯人庇姜而以齊宋爲讎

秋九月荆敗蔡師于莘以蔡侯獻舞歸（杜注荆楚本號後改爲楚莘蔡地○在今）

河南汝寧府汝陽縣境　舞穀作武

春秋之法列國書爵周之爵也稱師亦周之師也乃至稱人亦周之人也故稱爵稱師稱人雖所從起義不同要之皆責辭也蠻夷之屬無此諸稱者爲其於周無統屬其分本外於周也故責不及之責不及戎蠻者謂當羈縻之而已不必苛也若吳楚則先王封建之國而亦無此諸稱者爲其敢於僭稱尊號是其心欲自外於周也故責亦不及之責不及吳楚者謂有撻伐之而已不必恕也是春秋之所以待吳楚者本不同於待戎蠻也乃自來論吳楚者不罪其僭王僅目爲夷狄今且不論吳楚又有時稱人稱爵

稱師秦晉鄭衛亦有時不人不爵不師其說已不可通更
即夫子一言以折之子曰夷狄之有君不如諸夏之亡也
當時王步未改而吳楚敢王又其弒父與君見諸經傳者
非一謂之有君可乎是夫子之所謂夷狄吳楚方欲附之
而不得亦可證從來之說之誤矣又按詩云蠢爾蠻荆大
邦爲仇是楚在宣王時已跋扈跳梁致煩天討此時去宣
王時又逾百年其陵虐小國之狀必有過於左氏所紀者
即如桓二年經書蔡侯鄭伯會于鄧左氏雖知爲懼楚然
不能言其所以可懼之事是荆楚之横暴爲聖人所知而
左氏不知者多矣然而前此之經未嘗一書者楚之僭妄

旣不畏譏而諸侯之中又無可望以攘楚之人故不書也今倡伯之齊侯立巳二年雖未可遽責以攘楚之事亦何至遂效楚所爲乃亦虐隣滅小毫無善狀經之書荆敗蔡虜獻舞於前旋書齊滅譚譚子奔於後政以明齊之所爲更有甚於楚者是荆之事乃爲齊而書使齊不滅譚則楚之敗人師而虜人君者雖至是猶不書也乃知事無大小必有故而後書非遇事而卽書此春秋所以爲經而非史也自說經者見不及此而以來告則書蔽之而春秋之敎始隱矣又按春秋之例凡國滅書君奔者於諸侯有所責則不名以歸咎方伯於諸侯無可責則名之以歸咎天王

其於以歸者亦然此蔡侯書名卽是不責齊桓以桓之所爲究無異於楚之所爲也或問既云楚之爲患不自今始又云此非責桓乃是責王則何不早書楚之横暴以責王曰春秋大指本在責伯奪伯方始責王益責王卽所以責伯也故曰其事則齊桓晋文

冬十月齊師滅譚譚子奔莒（譚國在濟南平寧縣西南○在今濟南府歷城縣東南七十里）

齊滅譚稱師猶衞入郕稱師特明是時齊猶爲魯所讎耳非以責桓也至書譚子奔而不名始爲責桓之無當於伯或問蔡侯書名既云不責齊桓此又云責桓不幾二三其說乎曰上文所書天下之故乃已成伯者之責故不遽以

責桓此之所書乃桓所自爲之惡不能不以責桓若自爲之惡亦不之責乃春秋待庸衆之例其待賢者初不如是也

是歲丁酉莊王十三年

齊桓二年　楚子貲六年卒謚爲文

十有一年春王正月

夏五月戊寅公敗宋師于鄑戊寅月十六日　鄑魯地

公敗外師不日有危則日敗宋何危危在宋與齊合而魯猶屢敗之也或問前以取邑書日爲志危此又以公敗外師書日爲志危若其後事均未嘗卽致傎危何以槪云危

之曰凡書日志危有二道有事危而卒遂之因以致危者懼人不知後禍之即伏於此事故例不書日而書日若取郜取防是也有事危而旋改之俾不致危者懼人不知此事之足以貽後患故例不書日而書日若此敗宋于鄑是也要之其危皆不易見者也若危事顯著則人皆見之不待聖人之儆戒矣由是知事機當前皆有致危之理即皆有可轉之機要在人之明足以照之而力足以持之耳是故易以見險而能止爲知旣險而思止爲蒙聖人之道一以貫之於此可見矣

秋宋大水

魯弔故書亦以見已與宋平也既與宋平則於齊亦復通好矣故至冬遂主嫁王姬於齊此鄑之役所以俾不致危也

冬王姬歸于齊

書此以見主嫁王姬之正例葢齊雖讎國而桓究非襄比且其八方志在尊王不可過於讎之故不復書之重複如元年也自是終莊之世齊不復以師稱矣

是歲戊戌莊王十四年

齊桓三年
楚文七年

十有二年春王三月紀叔姬歸于酅

叔姬本從紀侯奔魯因爲魯諱紀侯旣止書大去故叔姬亦不書來歸許紀侯之卒已久而姬猶不敢歸酅者懼齊以私匿紀侯爲魯罪也此時二國已平始可令姬歸酅而紀侯前實來魯亦見矣舊多以全節守義美叔姬皆由求其說而不得耳春秋時國君之妃自左氏所紀楚文略息嬀晉文納懷嬴外未聞有再醮者節義之說何煩爲叔姬須耶至謂叔姬之歸爲奉宗廟之祀則尤非是主祭者紀季襄事者乃叔姬耶由前之說尚爲理弗顧於事由後之說直是辭弗顧於理矣胡氏立說若此類者政多矣

夏四月

秋八月甲午宋萬弑其君捷及其大夫仇牧甲午月九日捷公作接

萬不書氏義見隱四年是時齊桓已謀倡伯而猶去萬之氏以歸責於王者政以鄙桓之無當於伯也仇牧書及嘉其不從賊而見殺

冬十月宋萬出奔陳

宋人雖未能殺賊然萬至出奔是宋人猶謀討萬愈於前時之縱督遠矣故聖人不罪宋人之逸賊惟罪陳人之庇賊何以見不罪宋明年伐宋諸侯皆稱人是也何以見惟罪陳會伐有陳則爲單伯諱不用翬會伐之例舉列國而重敘會鄄無陳則爲單伯子特用內爲主之例聯周魯於

一體是也然罪陳實所以罪齊使齊桓能問陳罪陳不敢

不出轅受誅桓乃不惟不罪陳反屢與之會且連之伐宋

是視庇賊若泛常矣有志倡伯者當如是乎據左傳則宋

人卒能賂陳獲萬而醢之不書宋人殺萬者春秋事則齊

桓晉文桓既縱陳庇萬於前則桓罪已定宋雖殺賊無與

桓事故不書也

是歲己亥莊王十五年

齊桓四年　楚文八年

十有三年春齊侯宋人陳人蔡人邾人會于北杏　齊侯穀作齊人北杏齊地

是會人諸侯而獨爵齊桓乃因桓有縱陳庇賊之罪故探其倡伯之意特書爵以愧厲之舊皆云以伯許桓不知桓有何功春秋遽以伯許之也

夏六月齊人滅遂 遂國在濟北蛇邱縣東北○今兗州府寧陽縣西北三十里有遂鄉與濟南府肥城縣接界

自主嫁王姬以來不復讎視齊故齊不稱師亦不稱爵者桓已縱賊不直以責伯之例責之也

秋七月

冬公會齊侯盟于柯 此柯今濟北東阿齊之阿邑猶祝柯今爲祝阿○今東阿縣地

莊公此盟亦非誠於從桓葢自齊殺子糾之後魯人軋於

文姜不得不復與齊絕年來姜忽令莊睦桓者姜欲得襄
女爲婦知不與桓好則女不可得又莊公是時年已二十
有六猶未大昏亦姜意所急故姑令莊與桓親以示求昏
之意而桓以禮處魯不允所求遂大咈姜意故盟柯之後
復與齊相齟齬直待莊二十年姜再如莒介莒求昏桓亦
不得已而許之而後齊魯始相好無間焉是則莊公盟柯
之意特曲阿嚚母而求讎女也無父無君莫此爲甚故盟
削其月

是歲庚子僖王元年

齊桓五年

楚文九年

十有四年春齊人陳人曹人伐宋

左傳宋人背北杏之會十四年春諸侯伐宋齊請師于周故單伯會之取成於宋而還按宋人方會北杏何以遽背豈亦怨齊之不肯爲宋討陳而反抑宋與陳爲會耶若然則宋有辭矣可伐之乎想桓亦爲定伯計故伐之以儆反側耳

夏單伯會伐宋

杜氏曰既伐宋單伯乃至故曰會伐宋按齊之伐宋雖無名尚非干犯不韙且既望人以伯安禁其伐人故單伯會伐不書使不稱王人然須不會陳人則善矣故不重敘三

國以爲王臣諱所以異於隱四年翬會伐鄭也而魯宜從齊之意亦見於言外葢言單伯猶會魯獨奈何不會也

秋七月荆入蔡

北杏之會蔡人從齊故楚復入之經例有伯之後凡書入國皆爲伯書也是時桓雖無可伯之實究不可謂非倡伯之人故從有伯例書之

冬單伯會齊侯宋公衞侯鄭伯于鄄鄄衞地今東郡鄄城也○今東昌府濮州東二十里舊城集故鄄城也

單伯應齊兵車之會魯既不出單伯應齊衣裳之會魯又不出直可謂之不用王命矣聖人深非之故以單伯爲主

會以見魯尊與王臣之意蓋公旣不會則單伯自不可與諸侯平敘又不可殊會單伯故以單伯爲主亦引周魯爲一體之義也不知者乃因此益決單伯爲魯臣可謂膠固鮮通之論矣

是歲辛丑僖王二年

齊桓六年
楚文十年

十有五年春齊侯宋公陳侯衛侯鄭伯會于鄄

齊之再請單伯共事元爲魯意爲多以魯秉周禮可動以尊王之義也迨再舉而魯終不出知不可以王靈震矣故姑置魯緩議亦不直屢勤王臣第與諸侯再會于鄄以收

陳人其意蓋將用師於魯矣文姜雖知齊意已惡而猶思得襄女故至夏而親求於桓焉

夏夫人姜氏如齊

此姜親求婦于桓也有惜桓不能爲魯討賊之意故下九深抑桓

秋宋人齊人邾人伐郳郳宋附庸公作兒

賊來肘腋桓置不討又助宋虐小故旣儕之宋邾微而稱人且敘宋下蓋抑桓之至也

鄭人侵宋

鄭終畏楚故背鄄之會而伐宋以示無意從齊有諸侯爲

宋伐鄭在下是役例以伐書而書侵者時方奪齊不以急

宋爲功也

冬十月

是歲壬寅僖王三年

齊桓七年
楚文十一年

十有六年春王正月

夏宋人齊人衛人伐鄭

鄭既背齊即楚則僭黨矣攘伐僭黨乃伯之職視伐郳迴

異矣乃書法竟同伐郳者春秋攘僭本不重於討賊也

秋荆伐鄭

三國伐鄭鄭復從齊故荆伐之是之謂爭鄭桓自是以收鄭爲急務矣

冬十有二月會齊侯宋公陳侯衛侯鄭伯許男滑伯滕子同盟于幽公作公會許男下公穀有曹伯滑國都費在河南緱氏縣○緱氏故城在今開封府偃師縣南二十里

幽宋地

桓既崇庇賊之陳又失姜不討既不可主兵又豈可主盟自當以公主之然公亦未能擯陳與盟之意又爲求娶讎女其惡更大故諱公而以同盟書之按同盟之義亦一聚訟之案也左氏言同盟于幽鄭成也故杜氏以服異通解同盟孔氏疏之不勝牽紐卽令其說可通亦第紀叛服之

迹耳於襃貶大義無當也豈聖人特筆之意哉穀梁言同者有同也於齊之盟曰同尊周於晉之盟曰同外楚然齊伯豈不思外楚乎晉伯豈不思尊周乎且尊周誠莫如齊桓何以葵邱不言同也外楚誠莫如晉文何以踐土不言同也故從穀梁而以爲襃辭者大謬不然之說也其遜於公羊也遠矣同盟之義公羊同欲之說最爲近之惜其辭大簡又爲何氏謬解所蔽故同欲之說亦未能爲定論何氏之言曰同心爲善善必成同心爲惡惡必成是知同盟之有惡而不知同盟之無善也凡書同盟者皆盟有不善不屑責伯主而偏責諸侯之辭以爲是盟固諸侯所同欲

而莫或主之盍責伯之極辭也公羊之意特如是耳彼盍從桓文極盛之盟皆不言同而悟之也或曰然則晉平之祝柯澶淵亦極盛乎曰同盟雖譏辭亦必主盟者有能伯之實與可伯之理然後加之無能伯之實則雖有可伯之理不用也故列國之盟不書同無可伯之理則雖有能伯之實不用也故僭國之盟不書同晉平祝柯之盟其黨植衞剽之大罪已於書同圍齊見之以爲圍且不可與剽同而何況於盟也故祝柯與澶淵皆不書同謂其無能伯之實也迨將納衞衎于夷儀頗類伯者之用心矣第不合仍共剽盟故重郎之盟始以同書學者第觀於晉平之盟亦

有書同不書同之異而同盟之爲貶而不爲襃已瞭然矣

邾子克卒

杜氏曰克儀父名稱子者齊侯請王命以爲諸侯

是歲癸卯僖王四年

齊桓八年
楚文十二年

十有七年春齊人執鄭詹詹公作瞻下同

齊以鄭叛服不常故執其使臣詹去氏猶是無伯之意凡執無予辭謂無威德之實不能使人心服也

夏齊人殲于遂殲公作瀸杜注盡也

書以見桓之恃強滅小爲遺黎所切齒

秋鄭詹自齊逃來

書此以明鄭復背齊目詹以逃則魯受詹之非亦見矣

冬多麋

胡傳麋所有也多則爲異以其又害稼也故書

是歲甲辰僖王五年

齊桓九年

楚文十三年

十有八年春王三月日有食之三月癸未朔

朔日並失疑有脫字

夏公追戎于濟西

寇已退而窮追之慮致困獸之鬬在將帥猶當愼況國君

乎故書以爲戒

秋有蜮蜮又作蝛

蜮射工能含沙射人爲災故書有者本所無也

冬十月

是歲乙巳惠王元年

齊桓十年
楚文十四年

十有九年春王正月

夏四月

秋公子結媵陳人之婦于鄄遂及齊侯宋公盟

此章舊多以矯命專盟罪結非也其誤實由於不識書遂

之義凡言遂者本以二事出省更敘列故連以遂文非譏專也觀書遂如晉遂伐楚遂城虎牢可見矣其譏專者反不言遂故文八年公子遂盟頜戎不言遂結盟齊宋實君命也君命何以言媵陳人之婦此由莊公愚孝一意阿母故魯政盡制於文姜莊公旣畏母亦畏齊不得已而爲此兩全之術蓋十五年文姜之如齊本欲求襄女爲婦桓公醜文姜之行不惟不允所請以異時致討哀姜之義憤類之必更有不肯禮遇之處明知順姜則得魯而不爲也此所謂正而不譎也文姜歸而銜之益制莊不令從桓雖受盟於幽極似已無反覆然其實仍爲求昏而往故旣退而

輒受鄭詹抗齊如故也桓以魯猶未服何以圖伯至是復徵魯會盟于鄄如魯再不會卽帥諸侯而伐之莊知事勢不可再抗而歸毋又未可理諭且日慮齊以受詹爲討也故遣公子結假媵陳之便以如會告毋則曰往媵就齊則曰受盟結非必定是卿貳特羣公子之有寵於姜雖知其受盟而不罪者所謂兩全之術也意其後莊公君臣必且以背盟利害屢言於姜姜意惟在得婦故往介莒而求之桓之出也奔莒莒必齊之內姻得進言於桓者桓知姜有脅己之意愈不能平故至冬而有西鄙之伐夫豈不諒魯侯之苦衷而強伐其國哉誠欲魯人得藉口於社稷之故

而不復奉夫人之命也無如莊公君臣爲姜積威之所刼不能用齊之謀而文姜求婦之意亦愈堅故明春復介莒而求之桓知姜意必不可奪且奈何以巳之故令魯侯失母子之歡也亦遂屈意而從之於是姜得所願聽莊從桓矣故至夏遂通慶弔焉此桓莊初年之所以多所異同也是皆經意之所備非復傳文之所有說經者不能就經之脉絡以靜求其起迄宜其多所牴牾矣

夫人姜氏如莒

姜氏暮年至覩隣國如母家其狂縱殆如瘈狗矣眞史策所未有也

冬齊人宋人陳人伐我西鄙

穀梁傳鄙遠也其遠之何也不以難邇我國也按是役不復用郎之例書次者以姜常造桓而桓不能討也

是歲丙午惠王二年

齊桓十一年 楚文十五年

二十年春王二月夫人姜氏如莒

上年如莒不月此書月者因是舉果得儺女故加書王月以罪莊

夏齊大災

天火曰災大災者非常之災也齊告魯弔自是二國式好

矣故知是春姜已介莒得請於桓也不卽議昬娶者豈桓以王喪未畢故遲之耶

秋七月

冬齊人伐戎穀作伐我

魯旣從齊故齊伐戎以爲魯報怨足見追于濟西之役齊實有樂禍之心也伐戎稱人自是正例非示奪也

是歲丁未惠王三年

齊桓十二年

楚子囏元年卒號堵敖

二十有一年春王正月

夏五月辛酉鄭伯突卒辛酉月二十七日

秋七月戊戌夫人姜氏薨戊戌月五日

冬十有二月葬鄭厲公

是歲戊申惠王四年

齊桓十三年

楚堵敖二年

春秋箋例卷六終

春秋箋例卷七

奉新趙儀吉輯

莊公

二十有二年春王正月肆大眚公作省

凡罪過皆有小大而眚獨無小大以眚卽小過不假言小而亦無庸言大也故書言眚災肆赦今言肆大眚是並大罪亦赦矣按文姜弑桓之後敢於屢會諸兒專制魯政其淫縱不法之行定多史不及載者雖由倚分恃才爲所欲爲亦必更有亡賴羣小助之爲惡是以横蕩無似姜氏旣卒此輩法合收治莊以恐彰毋過概置勿問遂有肆大眚之舉失刑利淫故書以致譏

癸丑葬我小君文姜癸丑月二十二日

陳人殺其公子御寇

春秋所書諸外殺大夫公子雖譏專殺亦見所殺多由私憤而不盡以其罪也若殺而當其罪則經不復書其有罪大當討不可不書以示戒者則又去其大夫公子之稱今御寇書公子御寇無罪也不加大夫未爲大夫也御寇當是羣公子若從左氏作大子則殺由陳侯當用僖五年申生例殺由他人當用昭八年偃師例至有以諸侯適子誓於天子則曰世子未誓則曰公子以期符合左傳者竊恐春秋所書世子未必皆誓於天子者使世子而猶皆誓於

天子則春秋不得爲亂世矣故知御寇爲羣公子無疑也

夏五月

非有脫事則四譌五○竊疑五月下脫魯刺公子事何以知之春秋凡書列國殺大夫公子皆於前後事情有所關照而御寇之殺獨無所麗又春秋愛魯每不以作偏加魯如將書魯人極先書莒人入向將書魯取郜防先書莒人伐莒取牟婁故疑陳殺公子亦爲魯刺公子而書而事適脫簡也若然則御寇之殺書陳人又非國人擅殺之例乃是從魯起義之例也豈齊桓終以下盟公子結爲嫌追論前事魯至殺結以謝而桓仍未快必使高傒盟公而後釋

然耶

秋七月丙申及齊高傒盟于防丙申月九日

是盟爲魯受齊屈故諱公然不從及晉處父盟例削傒氏者處父之盟文所不樂受高傒之盟莊所樂受也則譏莊之意自見矣

冬公如齊納幣

文姜再如莒後桓雖不獲已許以襄女妻莊然猶不卽遣嫁者亦度姜老死無曰姑漫應之待其旣死而更議之以期無傷魯人之心而已乃莊則逆知桓意之未定唯恐議之於三年之後則時事必有變更徒益已以背母不孝之

名而年近三紀猶鉄中宮之苦衷亦不復表暴於天下此其所以雖昏有成議猶不敢信而必寧冒不韙納幣於小祥之餘也至於不遣卿貳親往納之亦懼桓之猶有二命耳在莊公自視不且此心無瑕居然純孝哉嗟夫人子不幸至有母如文姜孝之一道本無可言而況莊公又出之以愚也夫愚孝者祇自率其正固之德亦復何譏而獨不可施之於弒君亂國之嚚母易言幹母之蠱不可貞有以哉惜此義秦始知之而魯莊不知也莊之得不爲唐武后之盧陵王者幸也夫大易之義以貞爲貴故曰利貞不曰利不貞曰貞吉不曰不貞吉獨幹母之蠱者則貞亦有所

不可焉春秋致譏莊公之處皆此意也故朱子制其侍從一語亦處母子之變者之良法是亦有見於不可貞之義耳

是歲己酉惠王五年

齊桓十四年
楚堵敖三年

二十有三年春公至自齊

過大故書至且志留齊之久

祭叔來聘

魯不朝王而王臣聘魯雖失尊卑之分然覜聘賊者則胥壞矣故祭叔之聘獨不書使是書王臣下聘之正例也然

王臣之聘似此者應亦不少獨書此以見正例者魯莊既有母喪未闋非宜受聘之時書之所以譏莊不譏王者以文姜之喪天王固宜視若無有也

夏公如齊觀社

穀梁傳常事曰視非常曰觀觀無事之辭也按喪中納幣已不可況游觀之舉乎桓不能辭亦與有譏不獨莊也又按舊說以莊公求昏於齊齊侯難之公之觀社遇穀盟扈皆爲結昏而舉此恐非是未納幣以前齊侯不允事容有之若既受幣而復中悔此當桓所不爲所以必爲此說者總以逆女甚遲之故而不知爲待三年喪畢也古人三年

之喪實三十六月而畢禮家言二十五月及二十七月者皆漢儒樂於短喪之說也觀春秋嫁娶朝聘強半爲喪紀而書可以證喪足三年之數矣

公至自齊

書至以重觀社之失

荆人來聘

荆始稱人以魯與通聘問也然則非進荆也譏魯耳春秋褒貶自有此一例邢人狄人伐衛亦然

公及齊侯遇于穀

莊於齊桓葢自是共叅機要矣

蕭叔朝公杜注蕭宋附庸小國叔名孰穀朝公故不言來

此因往朝桓孰便朝公也叔當是字朝以造國行禮爲譏重若第朝于隣封禮殺來朝故不名而字之亦歸故於伯之意也

秋丹桓宮楹

丹桓宮楹及刻其桷皆爲文姜將祔廟而修飾禰宮亦爲哀姜將廟見而夸示富麗也桓公之廟其不容文姜祔而哀姜入也明矣故因僭侈逾禮微書其事以見意

冬十有一月曹伯射姑卒

十有二月甲寅公會齊侯盟于扈甲寅月五日　扈鄭地在滎陽卷縣西北〇今開封

府原武縣西北邑亭是也

邑乃鄭近晉地按自盟防納幣觀社遇穀以來齊魯之交已歡然無間無所用盟卽謂既好之後兩君未嘗親盟必一特盟以取信則亦盟於齊魯近地足矣何必遠盟於鄭地哉竊意鄭詹逃歸之後齊侯以魯未服故未遑詰鄭比魯方服從鄭厲旋卒不得不徐聽其嗣君之改圖今鄭文立已三年尚無從齊之意桓於是思所以徠之念魯嘗受詹鄭所深感卽以徠鄭託魯前遇于穀當卽共商此事又諒鄭之本意非敢背齊實由畏楚故不使鄭就齊盟而姑爲齊就鄭盟比齊魯至邑而鄭猶未敢顯然卽齊故公及

齊侯特相盟于扈鄭蓋陰已受盟矣是扈之盟本爲鄭也若非爲鄭而齊魯接壤之國無故而紆道千里盟于見相齟齬之邦揆諸理勢多所未合姑志所疑不敢苟隨舊說

是歲庚戌惠王六年

齊桓十五年

楚子惲元年卒諡爲成

二十有四年春王三月刻桓宫桷

葬曹莊公

夏公如齊逆女

冕而親迎禮之正也第當時諸侯鮮克行之齊俗尢不親迎必不以此過責魯侯莊公念既親納幣不得不更親逆

故獨行之然則非以復禮也實由納幣而類之以媚齊耳

故直書其事而譏自見

秋公至自齊

公既親逆而反必待八月夫人始至者以七月適周三年不欲犯喪中成昏之譏然而喪中已親逆矣尚有何禮之可言

八月丁丑夫人姜氏入丁丑月二日入姜氏哀姜也

穀梁傳入者內弗受也日入惡入者也何用弗受也以宗廟弗受也其以宗廟弗受何也娶仇人子弟以薦舍於前其義不可受也范注薦進舍置也按經凡書入皆是入外

未有言入內者夫人至而言入是外之也

戊寅大夫宗婦覿用幣

左傳公使宗婦覿用幣非禮也御孫曰男贄大者玉帛小者禽鳥以章物也女贄不過榛栗棗脩以告虔也今男女同贄是無别也男女之别國之大節也而由夫人亂之無乃不可乎按此傳辭嚴義正最爲有益世教然似言覿者獨宗婦第不應用男贄之幣於大夫二字特視爲繫屬宗婦之文而不知本事固大夫與宗婦同時並覿而又同僭用幣也葢覿禮雖大夫宗婦所應有然于廟于內宜分行之且宜殊日又大夫贄當用羔鴈婦贄當用榛栗棗脩均

不得用幣乃莊公欲爲異數以悅夫人因令大夫與宗婦同時並覿是其無别不獨在贄也若覿者止宗婦則專言宗婦誰不知爲大夫妻者何必繫以大夫哉

大水

冬戎侵曹曹羈出奔陳赤歸于曹

羈立已逾年而不稱曹伯義與鄭忽不稱鄭子同葢有意譏切齊桓也戎不言伐言侵爲公不能速爲救正而諱爲淺事也

郭公公穀連郭公於上文非是

當是闕文或以爲郭亡則因桓不能納羈而奪之至也義

同僖十九年梁亡

是歲辛亥惠王七年

齊桓十六年
楚成二年

二十有五年春陳侯使女叔來聘女氏叔字

隣使來聘例書名獨女叔書字舊皆從穀梁命大夫之說其謬已屢闢矣女叔之書字蓋從魯禮接之意而書之是嘉之也何嘉乎女叔是時曹羈奔在陳陳侯欲因魯連齊而納之故使女叔因聘而謀之所以遲之又久魯始伐戎者連齊而齊不爲出也於何知之於冬間季友報聘而來春魯獨伐戎知之魯之伐戎雖報濟西之役亦從陳請也

惜齊桓不肯合諸侯以助魯故不克大創乎戎而成納羈之功第得曹殺其大夫以謝罪耳然公與陳侯之美則不可沒也故於公則予以大書屢書之至榮於陳則予以爵君字臣之特筆並列國來聘既未有書字者而外臣書字亦未有書使者書曰陳侯使女叔來聘豈非嘉其一舉而有睦隣好植綱常之大美哉奈何遁而為命大夫之說致沒聖人之深意也或曰陳之邀魯納羈以前後經文證之誠事之顯而易見者獨不解何由而知陳實因魯以連齊魯嘗連齊而不出曰此等大事非得桓與不能辦而魯之於齊其分視陳較深故知其必出於此也

夏五月癸丑衛侯朔卒癸丑月十二日衛惠不書葬

衛惠公不書葬舊以爲朔嘗違王命故削之此不然也失國思復亡人之常助黔牟以拒朔自是王誤非朔罪也卽以有罪而論不大於射王中肩乃鄭莊書葬獨削衛惠此何法耶春秋儘有常例書葬之國忽削不書若僖二十三年宋公茲父三十二年鄭伯捷宣九年衛侯鄭成六年鄭伯費之類其故皆未可曉闕疑爲是

六月辛未朔日有食之鼓用牲于社辛未實七月朔六月朔爲辛丑

左傳夏六月辛未朔日有食之鼓用牲于社非常也惟正月之朔慝未作日有食之於是乎用幣于社伐鼓于朝又

昭十七年夏六月甲戌朔日有食之祝史請所用幣昭子曰日有食之天子不舉伐鼓于社諸侯用幣于社伐鼓于朝禮也平子禦之曰止也唯正月朔慝未作日有食之於是有伐鼓用幣禮也其餘則否太史曰在此月也杜注正月謂建巳正陽之月也於周爲六月於夏爲四月慝陰氣也四月純陽用事陰氣未動而侵陽災重故有伐鼓用幣之禮杜又推辛未爲七月朔以解左氏非常鼓之義則鼓字當斷句非鼓于社也然從左氏及杜說則文十五年六月日食非復錯閏何以亦書鼓用牲于社耶杜氏以爲得常鼓之月特于社用牲昧請禱之義爲非禮審爾經第當

書用牲于社不當復書得禮之鼓可見鼓用牲皆于社也考日食必救其來已久日食於季秋在夏書已有奏鼓之典日食於十月即周雅亦有孔醜之傷誠以日爲陽宗食輙爲災決無已月則鼓他月則不鼓之理左氏正月則禮其餘則否之說殆衰世飾災之邪說若必食于已月然後爲災又云二分二至食不爲災則日食之爲災者蓋無幾矣且信如左氏之說則凡食于六月而不鼓不用幣者亦當書之以示失禮何以此年及文十五年之外尚有宣十七年成十六年昭十五年及十七年經皆書之如常晷無譏意耶大抵魯人之遇日食常時皆伐鼓于朝用幣于社

惟此年三十年文十五年則僭亂舊禮伐鼓用牲皆于社聖人因書以示譏葢怪其鼓不于朝而于社社不用幣而用牲耳故譏在餘月者止一見而譏在六月者反再見初何嘗有某月常鼓某月非常鼓之意哉夫日食而用牲于社其失猶小諸侯而伐鼓于社其罪已大聖人不忍徑言鼓于社以顯魯有僭擬天子之大罪故間用牲於中以斷鼓于社之文一若第責攻禱並施一處之非禮而非爲罪干僭踰而書此亦爲國諱惡之筆也

伯姬歸于杞

此於時事無所譏特明伯姬爲莊女非桓女耳而莊之未

娶哀姜已有媵妾如左傳所紀孟任之事亦可見矣若云桓女則桓卒已二十六年不應至是始嫁長女故知爲莊庶産也夫莊軋於母年三十七始娶夫人則其先有妾御亦非異事然且書伯姬嫁者用明哀姜以晚至爲嫌虐待舊妾因及所生伯姬猶以許嫁在哀姜未甚横肆之時故得適于諸侯若叔姬則抑配莒卿矣而姜之恃寵肆驕莊之啟寵納侮皆見矣

秋大水鼓用牲于社于門

左傳凡天災有幣無牲非日月之眚不鼓

冬公子友如陳

報女叔之聘且告春將爲羈伐戎也伐戎之舉想友實主之此人舉動故自不同也按杜氏謂凡魯出朝聘皆言如不果彼國必成其禮故不稱朝聘非也聖人因魯君臣朝聘京師不及朝聘大國十分之一若皆以朝聘直書則諂強大而慢王室之罪不勝誅矣故公不言朝臣不言聘使若以他事行者於是已疏已數之罪不致相形而不堪然屬在侯國乃二百餘年史册於京師無一朝聘字其不臣之實亦具見矣此所謂用晦而明也

是歲壬子惠王八年

齊桓十七年
楚成三年

二十有六年春公伐戎公無春字

伐戎以時爲正例

夏公至自伐戎

魯師有名以爲羈討戎爲最故秋伐徐不至此獨書至

曹殺其大夫

公旣還自伐戎思更問罪曹赤赤聞而懼因以逐君爲臣某之罪殺以謝魯魯旣有以藉口而齊又徵之伐徐而伐赤之謀不得不輟矣曹殺大夫不名者不成赤爲君也成赤爲君則君前臣名矣葢羈本應立赤本不應立應立者猶以齊故未成爲君則不應立者又安得不以魯故而反

遽成爲君也故黜赤以伸魯之義憤焉

秋公會宋人齊人伐徐

齊敘宋下義同伐倪責不伐曹而伐徐也然伐倪與伐鄭公皆不與諸侯自以稱人爲常是役公與亦並人諸侯者蓋用公亦從而稱人之例乃責公於曹事無見義必爲之勇也

冬十有二月癸亥朔日有食之

是歲癸丑惠王九年

齊桓十八年 楚成四年

二十有七年春公會杞伯姬于洮 洮魯地今東昌府濮州南五十里有洮亭

卓氏去病曰伯姬歸寧當于魯而會于洮豈哀姜方挾適寵不以子女視伯姬故伯姬不肯遽來而第與乃父謀其國事於外耶按伯姬此會疑非爲國事當是聞魯將以叔姬下嫁莒卿故來爲叔姬請寢昏議耳第其事不敢徑言於適母故會公于洮而請之無如公亦不能爲政聽姜所爲而已前軏於鄑母後制於蕩婦甚矣莊公之可哀也

夏六月公會齊侯宋公陳侯鄭伯同盟于幽

是盟論事則桓主會論義則公主會葢桓無意納鄫而莊有意納之法當以伯予莊但莊亦納鄫不力故仍處以不屑責伯之例而書同盟前幽盟諱公此不諱者過有公私

輕重之不同也

秋公子友如陳葬原仲

此章舊説或譏魯待外卿之過禮或譏友之假公以濟私皆非經指何以言之卿會卿葬此時之魯尚肯行之於陳則異時之魯不能不行於齊晉然而全經更無卿會卿葬之文可知經意非專譏會葬陳臣矣然則經意何譏譏魯不能終爲羈謀耳若不明書如陳之故則是時羈猶在陳必有許友此次如陳仍是前時如陳之意者故特書葬原仲以見非復有義舉如曩時也書法與襄三十年澶淵之會書宋災故畧同而此獨無人見及者人但知弑父與君

之爲亂賊而不知因隣據國之亦爲亂賊讀春秋而能知亂賊不止於弑逆則經指之鬱而不明者鮮矣

冬杞伯姬來

莒慶來逆叔姬

不言逆女别於卿爲君逆故亦不言叔姬歸于莒小國之卿例止書名故慶不氏叔姬亦是莊公庶産以卓氏論伯姬之說類之當由哀姜不使得適諸侯而公無如之何也則上文伯姬之歸寧下文杞伯之來朝其悉出哀姜之簸弄可知矣

杞伯來朝

按杞本伯爵其前稱侯皆紀爲杞者耳非杞本侯此時始降伯也

公會齊侯于城濮（城濮衛地）

此會于城濮之爲衛猶二十三年盟于扈之爲鄭也彼徠鄭而鄭陰受盟故齊魯須盟而還此徠衛而衛抗不會故齊魯亦無庸盟矣此伐衛之舉桓所以不肯再緩也

是歲甲寅惠王十年

（齊桓十九年 楚成五年）

二十有八年春王三月甲寅齊人伐衛衛人及齊人戰衛人敗績（甲寅月二十九晦日）

莊既納羈不終是莊且無當於伯何況於桓此章書法悉爲不以伯例處桓也凡伯伐必稱爵此稱齊人凡伐而當雖非伯伐亦必予以月伐之例此升戰日於伐上以斷月伐之文律凡伯戰必先敘此以衞人及齊止用姬先異姓之例不用伯先例國之例凡此皆所以奪伯也上文屢奪此更奪之何也以桓自視猶伯者之師也伯者之師首務討賊齊桓舍曹亦不討而伐衞衞雖應伐亦不足取況未必應伐乎此義行然後方伯始力於討賊而賊無所容故曰春秋成而亂臣賊子懼自伐而戰至於敗績皆稱人無稱師者明魯初未嘗以齊爲黨以衞爲讎也

夏四月丁未邾子瑣卒丁未月二十三日

秋荆伐鄭

鄭即齊故有諸侯之救故書伐荆復不稱人者時旣無伯故仍用責歸於王之例也

公會齊人宋人救鄭宋人下公有邾婁人

救鄭之役較愈於伐徐故復齊於宋上然猶不稱爵則並譏桓莊之意自在也

冬築郿郿公穀作微

按唐書禮儀志博士顧德章議引此謂春秋二百四十二年魯凡城二十四邑惟郿書築餘二十三邑曰城豈皆有

宗廟先君之主乎其駁左氏殊是大抵功專在城曰城兼作邑居曰築築之役更大於城也是時歲之衰惡業已可覩而猶大興土功是民生國計均不暇恤矣以此見莊之謀國殆朝不及夕也

大無麥禾

總其一歲之穀而計之也不曰大無年而曰大無麥禾者雖五穀以麥禾爲重然所無者可數亦志歲饑之婉辭也

臧孫辰告糴于齊

不言如齊告糴而言告糴于齊者迫在告糴不必定如齊姑且先齊耳此與飢驅乞食既行後思者何異書臧孫辰

譏文仲竊位誤國之可恥而齊不遏羅之美則從言外見之

是歲乙卯惠王十一年

齊桓二十年
楚成六年

二十有九年春新延廐

公羊傳新延廐者何修舊也修舊不書此何以書譏何譏爾凶年不修

夏鄭人侵許

鄭既從齊則中原與國矣同有討曹之責乃舍曹伐許雖固於從齊能披楚黨亦不足取故止以侵書著其師之無

名此皆春秋討賊急於攘僭之指也

秋有蜚

蜚負蠜蠥蟲也故書

冬十有二月紀叔姬卒

爲後降鄣而書

城諸及防（諸防皆魯邑諸今城陽諸縣）

言及譏濫役

是歲丙辰惠王十二年

（齊桓二十一年　楚成七年）

三十年春王正月

夏師次于成左無師字

書次爲不得鄣而諱且託於師將加曹

秋七月齊人降鄣鄣紀附庸國東平無鹽縣東北有鄣城。今兗州府東平州東六十里有鄣城集鄣故城

公穀言鄣爲紀之遺邑葢謂鄣爲鄿之下邑也叔姬歸紀後紀季以處叔姬至是叔姬已卒鄣人知齊必取鄣而心不服齊故姬卒不葬待魯葬之而以鄣歸魯魯利其然往定其地方至於成而齊侯聞之形格勢禁使鄣不敢降魯鄣見魯師不至不得已降齊矣莊公明知齊之不能忘鄣魯之不能抗齊而猶妄生貪心以自取勞而無功之恥故

言師而不言公亦以齊紀之故本爲魯所應諱之事也言齊人降鄣不言鄣降于齊師者魯師既未加鄣事又視及齊圍郕較爲可道故書法亦因之而不同也

八月癸亥葬紀叔姬癸亥月二十三日

九月庚午朔日有食之鼓用牲于社

冬公及齊侯遇于魯濟濟水歷齊魯界在齊界爲齊濟在魯界爲魯濟

此桓公將北伐山戎而以中原不虞之故委屬魯侯故來魯濟與爲此遇共見親魯之實矣遇上不可加會故言及

齊人伐山戎

是歲丁巳惠王十三年

齊桓二十二年

楚成八年

三十有一年春築臺于郎

家氏曰凡築臺與囿不問時不時皆譏也是歲三築臺皆書重戒之也莊公暮年驕恣尤甚天災見於上歲比不登而土功無虛歲其違禮敗度可以想見魯之衰由莊公始

夏四月薛伯卒

此明薛爲時王所黜也貶爵而非其罪故卒亦不名

築臺于薛薛魯地今兖州府滕縣東南有薛城

六月齊侯來獻戎捷

桓以伐戎之舉魯實共謀故親來獻捷以分功於魯桓之

親魯亦云至矣故書之以爲邦家光視書齊人來歸衛俘其榮辱竟何如矣惟諸侯無相獻捷之禮故特書王月以重其事亦得失互見之筆也

秋築臺于秦秦魯地東平范縣西北有秦亭○在今范縣南三里

冬不雨

同一經時不雨於時事無大譏則婉言不雨有則質言大旱言大旱者明災有由降也故宣公有弑君簒位之惡僖公有縱妾簒適之惡皆質言大旱而莊得書不雨

是歲戊午惠王十四年

齊桓二十三年

楚成九年

三十有二年春城小穀小穀齊地濟北穀城縣城中有管仲井○穀梁范氏注小穀魯邑也孫氏復曰曲阜西北有小穀城程氏迴曰齊地別有穀在濟北有管仲井者非小穀也○按小穀當是魯地杜云齊地泥左耳

譏歲旱而多土功且不時也

夏宋公齊侯遇于梁丘

此會當是宋見楚威已熾故與齊謀制楚之術意發宋公故以宋爲主疑魯亦與其事特是時公已寢疾不能出故以遇書之

秋七月癸巳公子牙卒癸巳月四日

公子牙莊公弟叔孫氏之祖也左傳及公羊傳皆言牙欲

援慶父爲君爲言於莊公公訪諸季友友以牙將爲亂以公命酖牙而不暴其罪春秋善友明君臣之義而仍不失親親之道故從季友之志而諱之竊疑其說均不足信牙欲立慶父必慶父早有覬覦兩人相與密謀者應非一日矣是慶父其首逆而牙其黨羽也友既能不動聲色誅黨逆之叔牙何不絕其本根併誅謀逆之慶父若謂慶父得兵不可猝誅則莊公訪後之言成季酖牙之命慶父既有哀姜以間於內又有叔氏以間於外必無漫無見聞之理君病存亡未可知而乃遽剪同氣而不明其罪是援慶父以殺己之名而速其騎虎之勢也友不幾愚甚矣哉且叔

牙既酖情事大彰慶父之鋌而走險事所必至當是時非季友殺逐慶父則慶父殺逐季友尙安能相安無事閱三旬之久而後公薨而般立又五十七日之久而後慶父始弑般季友始奔陳哉由是推之則穀梁之於牙卒無傳直視爲卿卒之常文者爲得其實矣

八月癸亥公薨于路寢癸亥月五日

穀梁傳路寢正寢寢疾居正寢正也男子不絕於婦人之手以齊終也按莊公齊家無術懿德多矣雖薨于正寢何裨乎謂聖人有寓意恐不然也宣公亦書薨于路寢矣豈亦有意寓之耶經書薨地特以異於不地者耳君之賢否

不必在是也

冬十月己未子般卒（己未月二日公穀作乙未則十月無乙未）

哀姜無子般乃庶子未逾年故稱子不稱公言卒不言薨在喪有常所故不書地非以其弒也書名之義詳文十八年子卒下此慶父弒之也以內大惡當諱故書從卒

公子慶父如齊

權臣方弒君未有肯出使者慶父之如齊實奔也奔而以如書何也所以諱齊也從來無賊奔而敢投伯國者賊奔而敢投伯國則伯主之行事可知矣故書如以耻之以為齊且待賊有加禮也蓋不復以宋萬出奔時之所以責齊

桓者待齊桓矣是從慶父得歸而靳其責備賢者之意實爲桓所不堪之冷筆也抑奔而以如書何也所以誅魯也從來無賊奔而視同出使者賊奔而視同出使則國人之居心可知矣故書如以伍之以爲魯早望賊之復反也葢直將以仲遂弑赤後之所以待行父者待慶父矣是從慶父得歸而特申其在官無赦之法實爲魯所難當之嚴筆也是皆不書奔而書如之精義也

狄伐邢 邢國在廣平襄國縣。襄國故城在今直隸順德府邢臺縣西南

爲下救邢書

是歲已未惠王十五年

齊桓二十四年

楚成十年

春秋箋例卷七終

春秋箋例卷八

閔公　　奉新趙儀吉輯

元年春王正月

穀梁傳繼弒君不言即位正也親之非父也注兄也尊之非君也注未踰年繼之如君父也受國焉耳按春秋之法繼弒君而不書即位者不惟嗣君不與弒亦必賊已竄逐然後予以此例不然不輕予也此例順證之待僖公之恕反證之待晉悼之嚴而可見矣此時慶父在列而閔公得不書即位者明閔實未能君魯也蓋慶父弒般本圖代位因事勢未可姑立幼稚之閔公是其立君之時已有復弒之心閔

公雖立如未立故不可書卽位而責以未能討賊非用繼弒君不書卽位之正例也觀編中悉用內實無君之例可悟矣

齊人救邢

譏意與救鄭同而此更在縱容慶父之後貶絕益見

夏六月辛酉葬我君莊公辛酉月八日

秋八月公及齊侯盟于落姑落公穀作洛落姑齊地

此當是齊侯盟魯人使不得讎慶父魯人亦欲盟慶父使不得忌季友也閔公實未能君魯故兩年之中他處悉不見公獨落姑之盟大書公及齊侯者卽以不除慶父致復

弑閔公爲齊侯病也

季子來歸

書季子之歸以見魯人之曹好且見弑般之時季子亦出是前時之縱賊此時之定賊均不得累及季子矣字而不名尙是用內實無君之例至於稱子則有以賢當立之意矣此亦知我罪我之一端也

冬齊仲孫來

仲孫不名卽用魯無君之例不稱使不惟不足齊侯亦以稱字而書使則嫌同於女叔矣不言來何爲者其來於魯無禪也

是歲庚申惠王十六年

齊桓二十五年

楚成十一年

二年春王正月齊人遷陽陽國名

此譏齊桓不爲魯討賊而惟滅小自封故從義起於內之例書遷而不書滅至滅遂已不書月遷陽則書王正月者

·以是年所書多無王之事

夏五月乙酉吉禘于莊公乙酉月七日

賈氏曰禘者遞也審禘昭穆遷主遞位孫居王父之處趙氏伯循曰禘王者之大祭也王者旣立始祖之廟又推始祖所自出之帝祀之於始祖之廟而以始祖配之也按從

賈說則禘爲新主祔廟之祭是禘于莊公葢無譏矣從趙說則似專爲始祖及所自出而設而羣廟之主無與焉是禘非升祔時所得用譏又在禘于莊公爲多然據不王不禘之文則魯之遷主遞位之祭已不當干犯禘名若論配以始祖之義則禘更非魯所得用蓋魯大廟當以周公爲始祖而周公所自出則文王也已非魯廟所得祀況閟宫之詩又徑言皇祖后稷則魯之禘卽周之禘矣其僭妄實與郊天無異此聖人所以於或問禘之說而以不知謝之也然在春秋則不得不明書以示譏第視其用時失禮之大小以寓其致譏之重輕其法以因祔而禘者爲差可恕

以因祫而禘者爲不可追夫魯不用禘則已爾用則必於大廟玆雖因升祔而禘亦在大廟故不可言禘于莊宮止可言禘于莊公明是因祔莊公而禘非敢用天子配以始祖之禘也如是而譏可免矣所不免譏者升祔過早耳故於禘于莊公之上又加吉字以明其義亦因其有以藉口可諱則諱之耳若僖八年用致夫人則罪大矣故直書禘于大廟以著其僭此輕重之權衡也

秋八月辛丑公薨辛丑月二十五日

慶父與哀姜共弑之

九月夫人姜氏孫于邾

按文姜之孫去姓氏哀姜之孫不去姓氏賈氏服氏皆謂文姜殺夫之罪重哀姜殺子之罪輕故胡氏亦以降於文姜爲言此殆非聖人之意也殺子之罪誠輕於殺夫然哀姜所殺二子非直子而已也一爲柩前卽位之子一爲君魯二年之子此豈可以常子論哉是直再弑魯君矣故經治哀姜之罪並無降於文姜之意然而於其去國有去姓不去姓之别者非以二姜情罪分輕重實以魯人之所以待二姜者皆不免於伸恩而屈法故書法亦因之而不同也二姜之罪因均不容誅然在莊公僖公實無殺母以報君父之讎之理絕不爲親斯至當不易之方矣絕不爲親

者生不必以禮養之死不必以禮葬之生不以禮養則文姜既孫聽其老死于齊可也何莊之必禮逆反國而生前備致其尊崇責在不能遂其孫故於初孫時卽削姓以示絕不爲親之道死不以禮葬則哀姜既誅聽其簡葬于齊可也何僖之必禮請歸葬而死後復展其恩誼責在不應請其喪故於喪至時始削姓以示絕不爲親之道說經者不悟絕哀姜之在後徒以孫不削姓遂謂罪減於文姜何其不思之甚也

公子慶父出奔莒

經例內臣奔而有罪者必爲書日以譏失刑慶父之罪大

矣不書日者天下之惡非一國之故也又按春秋之法賊在國不討則責本國重賊出奔不討則責鄰國重而本國之罪頓輕矣所以然者賊之簒弒本圖富貴至不能自定而出奔則並分有之富貴亦失矣誰復肯勸於爲賊故不能殺賊而予其逐賊亦靖亂賊之一法也又況既奔之後其致討更易爲力乎是故逐賊之國春秋本不更罪觀宋萬奔後待宋慶父奔後待魯可見矣舊有罪本國逸賊之說責人無已者也

冬齊高子來盟

據傳盟而後立僖公是大夫主之也故高子不名此來視

仲孫之來於魯有賴故以來盟書

十有二月狄入衛

書以著齊桓之忍於不救

鄭棄其師

左傳鄭人惡高克使帥師於河上久而不召師潰而歸高克奔陳公羊傳鄭棄其師何惡其將也鄭伯惡高克使之將逐而不納棄師之道也穀梁傳惡其長也兼不反其衆則是棄其師也按此章三傳一意傳之最可信者左氏說與詩合然言師潰而歸則猶可招之而復集不如二傳言逐而不納不反其衆者於經義尤切故並采之夫兵戎國

之大事鄭南毗強楚周京暨中原並資籓蔽邇來齊桓又
隨事緣飾未必緩急可恃而鄭乃自棄其師可乎楚自莊
二十八年公會齊宋救鄭之後不敢復加兵于鄭非徒畏
諸侯之勤鄭亦知鄭之兵力尚足自衛也今一棄其師楚
遂連年伐鄭所謂國必自伐而後人伐之也聖人書此殆
爲天下之大勢慮豈徒爲鄭惜此舉動哉故第書鄭棄其
師而不言高克奔陳明克不足惜而師足惜也

是歲辛酉惠王十七年

齊桓二十六年

楚成十二年

春秋箋例卷八終

春秋箋例卷九

奉新趙儀吉輯

僖公

元年春王正月

齊師宋師曹師次于聶北救邢 曹師左作曹伯 聶北邢地

魯慶父時奔在莒齊桓如不終庇賊者當以伐莒而索誅慶父爲事乃猶襲其容縱宋萬之故態置諸度外是弑般之後已庇慶父弑閔之後又庇慶父也夫庇吾之賊者吾當視之如讎故三國並以師稱然以伯也而至偕列國稱師且比而同之曹赤此其絕桓爲何如矣至次于聶北之書則非譏救邢不力也若譏救邢不力當從襄二十三年

叔孫豹救晉次于雍榆之例先以救書此先書次者蓋依於地會後伐之例地會後伐者所會非所伐亦非是舉因並稱師不可言會止可言次所共次者旣非矣卽所用師亦未善也蓋是時救邢之舉不急於救衞而以常例衡之書入者例不責救是經所以責救邢之非者並非責不救衞卽責其不能討庇賊之莒耳所以先書狄入衞者乃明此時伯國止宜伐入不暇救入卽救亦不當在邢也蓋藉以著齊桓待衞之褊私而已矣或問入之禍深於伐與圍經例何以於伐圍責救而書入者反不責救曰伐與圍之責救政恐其入之也若旣書入是敵破之而不有其地已

委之而去復何待救乎或又問閔二年左傳已言以賂求共仲于莒及共仲縊事何以此時尚言慶父在莒曰本傳亦言齊人殺哀姜及僖公請而葬之蓋皆要其後事而言之非卽僖公初立時事也且弒君一獄以慶父爲首惡姜其從賊也經既書夫人姜氏薨于夷齊人以歸是不深諱齊人之討姜又於其喪至且削姓以示絕經之治哀姜可謂盡法矣慶父罪大於哀姜分又不如哀姜之尊哀姜受誅之後尚且示絕乃於慶父之刺則深諱不書春秋用法決不如是之頗故知左傳所言慶父縊事視酖公子牙事尤不足信也

夏六月邢遷于夷儀（公作陳儀　今順德府邢臺縣有夷儀城）

此賴三國之力遷之也以邢自遷爲文者經例雖遷始自遷之者德遷皆以自遷爲文

齊師宋師曹師城邢

救邢尚不足于城邢鋊非急務矣此以見春秋急討賊也自說者以稱師爲于辭而經指始隱矣

秋七月戊辰夫人姜氏薨于夷齊人以歸（戊辰月二十七日　夷當從公穀作齊地以歸謂齊人既殺姜而以尸歸其國也）

左氏以爲桓公召諸邾而殺之于夷以其尸歸則經言薨者諱也言齊人以歸有二義一以見齊人實討之一以見

魯人非請其喪則齊人必不肯歸諸魯也

楚人伐鄭杜注荆始改號曰楚

齊桓既討姜氏不愧方伯矣故以伯予桓而楚得稱人蓋有伯之時大國本以人稱不可復用莊二十八年書荆伐鄭責歸於王之例矣或問莊二十三年已書荆人來聘矣何云是時楚得稱人曰前之稱人乃明魯通楚聘之私過此楚伐稱人乃定伯長諸侯之公規其義例各自不同也

八月公會齊侯宋公鄭伯曹伯邾人于檉左傳作犖檉宋地陳國陳縣西有檉城□陳縣今開封府陳州州境有犖城即檉城也

按左氏云盟于犖謀救鄭也是方謀而未救也不知鄭伯

既在會是楚師已退救功已成而後爲此會也不書救鄭者經例救而無功始以救書其成功者皆不言救也會書月者以與曹赤共會也非猶是月則俱月之常例矣與曹赤會不諱公者以救邢城邢二役齊宋已先與曹會今若諱公則似以始會專責公矣故不諱也

九月公敗邾師于偃偃邾地公作纓

方與邾會而遽加兵者魯人欲諱哀姜之惡方將逆之歸國不虞邾竟界齊致受伯討而彰國耻故有是役觀姜氏謚哀而禮葬慶父謚共而世卿則卒諱之矣法廢於親若此此魯所以卒至相忍爲國而逆節盡出公族也

冬十月壬午公子友帥師敗莒師于酈獲莒挐壬午月十三日酈魯地公作犂穀作麗

莒有庇賊之罪魯當興師伐之若待其來伐而始敗之則非討罪之義矣故以帥師書凡内書帥師皆譏及於公之辭也又春秋之例内君敗外師於事有危則曰無危則不日内臣敗外師則不問危否皆日蓋大夫而有征伐之功是即危事而已矣觀傳所紀賜友汶陽之田及費經意從可見矣

十有二月丁巳夫人氏之喪至自齊丁巳月十九日

女子稱姓本之母家稱氏尊自夫家文姜姓氏並削明齊

魯應共絕之哀姜削姓存氏明齊能絕之而魯反尊之也

是歲壬戌惠王十九年

齊桓二十七年

楚成十三年

二年春王正月城楚丘楚邱衛地朱子詩集傳楚邱在滑州今直隸大名府滑縣東六十里隋衛南廢縣郎古楚邱城也與戎伐凡伯之地爲二

此公會諸侯城之因是義舉公不當與曹亦同功法不得敘因桓能討哀姜法又不可奪伯將統稱諸侯內美又不可沒故從內城邑例若魯獨城之按觀于定之方中之詩是衛文之營都楚邱已在上年季冬齊桓特因其功之垂成而城之以掠存衛之美耳非真能恤衛者也或問公穀

以不言衞遷爲諱齊桓專封其說不足采歟曰不足采也經凡言某遷于某者皆自其舊都往遷之辭若衞之舊都已爲狄所殘破逼而渡河初廬于漕繼視楚邱可都而都之耳非自都朝歌時即有取於楚邱而遷之也何遷之可言公穀所以有專封之說者由其見經於齊桓存衞一事文甚簡略而意無褒美求其說而不得遂指爲犯專封之大禁以期無負於經意豈知經之所以略桓者殊不在是也夫春秋之天下無道之天下也興滅繼絕之權既不可望之天子自當責之方伯此猶征伐之事非諸侯所得專而伐而義者經亦予之而不罪蓋不得已也然則衞縱實

滅而桓復之知聖人必不以是爲桓罪況經未嘗言衛滅耶衛既未滅何封之有且從公穀之說是狄滅衛則可桓復衛則不可楚滅陳而楚復陳則可狄滅衛而桓復衛則不可何春秋之伸楚狄而抑伯國也其不然也必矣

夏五月辛巳葬我小君哀姜辛巳月十五日

虞師晉師滅下陽公穀作夏陽下陽虢邑在河東大陽縣○大陽廢縣在今山西平陽府平陸縣東北十五里又三十里爲故下陽城

下陽虢邑不繫虢者畿內邑也記云內諸侯祿也外諸侯嗣也故畿內之邑非內諸侯所得專仍以屬之王屬之王則王之邑與國等不當言取而當言滅矣況經例取者內

辭也滅者外辭也若下陽而言取是於取京邑而用內辭

矣以是爲不可故言滅也虞晉稱師者明以取京邑之故

而爲內所雠也據傳則晉主之而以虞先者虞亦內諸侯

而敢引外侯以披京邑其罪爲尤重故以虞先晉經固不

重責晉也使經而有意責晉則晉獻嘗滅魏滅耿滅霍且

皆同姓矣經何悉置不書而獨重虢之一邑哉左氏以先

書虞爲賄故公羊罪受賂假道以取滅亡於經義猶未大

謬至穀梁乃爲虞無師不可以不稱師之說則同猾吏舞

文矣總由不知有異內稱師師爲內雠之例之故也或問

魯實未能雠視虞晉何由遽許以能雠視虞晉曰魯之力

弱於齊魯之不詰是不能也齊之不詰是不爲也而責齊重矣是故經之許魯以讎視虞晉者政以譏齊之不肯讎視虞晉也是經意實爲齊書也若爲魯書則言取不言滅矣取内辭也滅外辭也

秋九月齊侯宋公江人黄人盟于貫公作貫澤貫宋地梁國蒙縣西北有貫城貫字與貫字相似江國在汝南安陽縣○今兗州府曹縣西南十里蒙澤故城即故貫城也括地志安陽故城在新息西南八十里新息今河南息縣也

江黄皆楚屬國齊侯引之屬内以爲易於制楚之地然而江黄從此得罪於楚次第就滅是伯國陷之也此仁者不爲之事書之以爲齊桓病焉江黄稱人責所不及也舊說

以桓爲得討者皆非不足置辯

冬十月不雨

楚人侵鄭

春秋之例書侵書伐悉視其主客而異義列國相仇則以有名者書伐無名者書侵若僭屬加兵列國則以內能救者書伐不能救者書侵此楚寇鄭書侵蓋因內不能救而託辭於侵爲淺事也

是歲癸亥惠王十九年

齊桓二十八年

楚成十四年

三年春王正月不雨

穀梁傳不雨者勤雨也一時言不雨者閔雨也閔雨者有志乎民者也

夏四月不雨

徐人取舒徐國在下邳僮縣東南舒國今廬江舒縣□括地志徐城縣西四十里有大徐城即古徐國也今江南鳳陽府泗州北有古徐城相傳爲偃王築舒縣古城今在廬州府廬江縣西

舒國時黨於楚觀魯頌言荆舒是懲可見凡外滅國宜直書滅今從內例書取者楚僭王暴小春秋之所最惡諸侯有爲之黨者罪也有能披其黨者功也徐舊亦黨楚經齊魯薄伐之後改而從齊今又能滅楚與國此去逆效順之明徵也故聖人特變例書取以予之取者內例也明魯人

于徐之滅舒也夫不應取而取者則爲魯推而遠之曰滅應滅而滅者則爲魯引而近之曰取此虞師晉師滅下陽與徐人取舒所以交互見義也

六月雨

穀梁傳雨云者喜雨也喜雨者有志乎民者也

秋齊侯宋公江人黃人會于陽穀陽穀齊地在東平須昌縣北○今陽穀縣屬兗州府

與貫盟同義胡傳忽發兵有聚而爲正分而爲奇之議殊可駭怪

冬公子友如齊涖盟友上公有季字涖公穀作莅後同

貫之盟陽穀之會魯皆不與齊疑魯待江黃與已異趣必

以爲詰且徵受盟故使友往涖

楚人伐鄭

內能爲鄭攘楚故晉伐

是歲甲子惠王二十年

齊桓二十九年

楚成十五年

四年春王正月公會齊侯宋公陳侯衛侯鄭伯許男曹伯侵蔡蔡潰遂伐楚次于陘陘楚地潁川召陵南有陘亭○今屬河南許州鄢陵縣

伐楚書月予諸侯能討僭國也於蔡書侵者蔡堅附楚雖所當伐而未若伐楚之宜急故於蔡止言侵明諸侯之意重在楚而經之書月亦爲楚也不言入蔡言蔡潰者經例

言潰皆爲客兵諱入國之惡而蔡之當討亦見矣書次非
子辭政著其有急許楚成之意夫奉辭伐罪所當致果未
見其難而遽止不進示楚以弱矣大抵齊桓之意止欲伯
諸侯不欲制強楚時楚氛方熾恐戰而不利遂失諸侯但
得楚來行成其願已足故不肯深入而次陘以待之此其
所以不敢明目張膽以數其僭王暴小之罪而第問苞茅
之不入也此霸者之所以爲假之也若使聖賢處此必責
之以天無二日之大義要其自革僞號彼能從我則名分
正而綱紀肅夫復何求倘其不從則率諸侯之師而痛伐
之伐之而利彼救敗不暇其敢戀虛名而攖實禍伐之而

不利則約衆而止大盟諸侯務與楚絕有患楚者衆共戍之有附楚者衆共伐之然後各明政刑徐圖再舉知天下後世必無有以不能破楚罪之者此討逆之師之所以有戰有守而必無和議之理也乃齊桓自爲過多惟恐挫銳氣而損威名故用易爲收局之策輕與楚平豈惟不忠亦且無恥是書次政所以示譏也曷嘗有予之之意哉說者多美其禮楚彼楚爲何等國猶須禮之苟禮之爲宜何如勿伐之爲得也

夏許男新臣卒

凡卒於師與會者例止不日無不月者卒新臣不月爲下

盟楚特削之盡以與僭國盟九爲無王所以甚貶桓之盟楚也又按左氏明言許穆公卒于師公羊無傳穀梁內桓師之說雖非此處正指猶知實卒于師也自趙伯循以經無于師二字遂謂許男遇疾歸卒于國至劉原父胡康侯更力詆新臣歸卒之非皆由不諳經例之故獨高安朱文端公所著春秋鈔則云書許男卒於盟召陵之上其爲卒于師可知矣此說得之至以不言卒于師爲脫文則猶未盡究經例也經凡遇諸侯以會伐而卒於外者在師則言卒于師在會則言卒于會是故先會而後伐而有卒于伐後者必爲之書卒于師若成十三年書曹伯盧卒于師是

也茍不書卒于師人必以爲伐事畢而歸卒於國矣其先伐而後會而有卒於會後者則爲書卒于會若定四年書杞伯成卒于會是也茍不書卒于會人必以爲會事畢而歸卒於國矣其或卒於伐之後會之前實未離師嫌於近會者亦爲書卒于師若襄十八年書曹伯負芻卒于師是也茍不書卒于師人必以爲伐事畢而僅卒于會矣若實卒于師而不以卒于師書者惟此許男新臣耳以其下有來盟于師之文則卒于師不假言也所以必分別如此者諸侯以尊王遏亂之故會盟會伐而卒同爲沒於王事而會同之安不似敵愾之危故以卒于師者爲上卒于會者

攻焉然所書卒于會亦是伐後之會經意蓋仍重武事也故徒會而卒者並不得書卒於會特以會地卒之而已若宣九年書晉侯黑臀卒于扈是也自有卒以地之文而卒于會者始貴矣亦自有卒于會之文而卒于師者愈貴矣是皆嘉諸侯之能以臨武事爲重而視死生爲輕也故卒於師與會者並不書日蓋成其重武事而輕死生之志也若徒會而非有敵愾之危者則事輕而諸侯又重矣故卒以地者必爲書日焉此皆經例之可參觀而得者也

楚屈完來盟于師

楚人雖知齊侯本無戰意然苟抗不辭服其勢必至於戰

楚亦未始有必勝之形況諸侯既不責僭王則亦無難從之令又何苦而不出於請盟之舉哉經凡言來者皆據魯言之師不在魯地亦曰來者以公在師且內諸侯而外僭國故不曰如而曰來服氏來爲外楚之說最優但不合言嫌楚無罪致啓正義之駁要之服說自是孔疏殊橫也言來盟者譏諸侯早有許盟之意故楚之於盟可以前定也不言使者不使僭侯得與諸侯際也屈完名氏並見者譏諸侯之禮接楚臣也大抵諸侯伐楚知難而退猶可結盟而退則不可觀書宋人及楚人平可見矣平猶不可而況盟乎

盟于召陵召陵陳地潁川縣也○今鄢城縣東四十里有召陵故城

盟于召陵之書諸家皆云卽是退舍而盟以禮屈完非也經例但言來盟卽已盟矣下更不須言盟此言盟于召陵者謂屈完已受盟後諸侯復退而自相盟于召陵也論常例應重言諸侯此不復用前目後凡之例者終以與曹伯共盟爲諱也

齊人執陳轅濤塗轅公穀作袁

濤塗轅氏陳卿疑江黃欲會召陵之盟而陳人沮之故齊侯受江黃之愬而執其卿觀下遣魯伐陳惟從以江黃可見又按前執鄭詹不稱氏時猶未予齊以伯故歸其事於

王也此濤塗稱氏已乎齊以伯故歸其事於伯也自有伯以後大夫被執者皆氏矣非無罪則書氏也

秋及江人黃人伐陳

遠致江黃其策必發於宋而魯與陳頗不然之故會貫盟陽穀二國皆不與焉今陳卿被執而陳且被兵魯懼齊並疑已故獨願偕江黃伐陳明魯不敢鄙棄江黃也夫爲私遠而伐親暱既不足以服陳而又益江黃以楚忌其失非細故諱公以示義而貫與陽穀之爲譏益見矣

八月公至自伐楚

義在旌伐故特書月非爲葬許穆公也

葬許穆公

左傳許穆公卒于師葬之以侯禮也凡諸侯薨于朝會加一等死王事加二等於是有以衮斂按傳言薨于朝會謂以疾卒于朝會時者死王事謂捐軀勤事非疾卒者許男雖卒于師自以疾卒與死於戰陳者有別故止加一等葬之以侯凡諸侯以下乃左氏通明其例言若眞死王事有葬以公禮至以衮斂者非謂以衮斂許穆公也其文甚明兼與經書卒于師卒于會之指有合是左氏之最可信者或者乃泥許葬稱公駁之異已

冬十有二月公孫茲帥師會齊人宋人衛人鄭人許人曹人

侵陳兹公作慈後同杜注叔牙子

秋時公及江黃伐陳未服故齊復遣臣合諸侯之師伐之大夫連六國之大夫於一伐前此所未有也而自伯者開之故書月以著其非法蓋伐以書月爲亟乎侵以書月爲亟奪也書帥師責歸君也大夫不名時猶未敢逮大夫而貶意不在是也

是歲乙丑惠王二十一年

齊桓三十年

楚成十六年

五年春晉侯殺其世子申生

世子由君殺者目君他人殺之亦名殺者蓋儲貳之重不

可僅用國殺及兩下相殺之例也

杞伯姬來朝其子

論經之貌則穀梁參議之說得之然疑已爲昏姻之故承聲姜之意而來矣觀後屢書婦女事可見

夏公孫玆如牟

魯何故忽聘小國據傳則假聘而娶亦未知聖意之予奪予則常事不書奪則當并書其事疑義詳七年公子友如齊下

公及齊侯宋公陳侯衛侯鄭伯許男曹伯會王世子于首止

首止公穀作首戴後同首止衛地陳留襄邑縣東南有首鄉○在今歸德府睢州東南○杜注世子惠王大子

鄭也後立爲襄王不名而殊會蓋尊之也

按王以寵惠后故將廢大子鄭而立王子帶齊桓合諸侯請會世子而支庶覬覦之念以銷世子遂安於磐石王亦獲免惡名桓可謂善處君臣父子之間矣又按世子方處危疑之際苟無王命何敢出會諸侯舊說有責世子不子者眞刻論也或問王既將廢儲豈肯令世子出會諸侯曰事尚未發又重違方伯之請且得以諸侯愛戴世子之意告其嬖寵亦王之所樂從也張子房四皓在座之策政妙在俾高帝有辭以復戚姬非敢把持高帝也子房之策殆本之首止之會者歟

秋八月諸侯盟于首止

言諸侯以別王世子會盟同地重舉地者爲不重舉地則當從溴梁大夫盟之例書諸侯盟矣然溴梁之書大夫盟乃諸侯在會而大夫盟是會則王世子已歸矣若不重舉地則嫌盟時王世子猶在會而諸侯遽盟其愈於翟泉之盟者幾何故須申言盟地若盟易一地者然所以表齊桓始終尊異王世子之美然苟能易地以盟則更盡善耳九年葵邱亦是此義至昭十三年平邱之會劉子與盟亦重舉地者則以既無諸侯之文以別之又有同盟之文以一之而公又不與故反以會王臣于此即盟王臣于此爲晉

侯罪所謂書之重辭之複必有大美惡者是也

鄭伯逃歸不盟

鄭伯畏楚不敢與盟又懼爲齊所執不告而歸直書逃歸蓋以匹夫之賤行醜之也

楚人滅弦弦子奔黃弦國在弋陽軑縣東南○今汝寧府光州西南有弦城湖廣黃州府蘄水縣有軑縣故城皆魏晉間弋陽郡境

觀鄭之逃盟弦之見滅知楚未受創其勢猶張也左氏言楚人滅弦弦子奔黃於是江黃道柏方睦於齊皆弦姻也弦子恃之而不事楚又不設備故亡由是觀之乃知貫之盟陽穀之會陳之伐不獨陷江黃並陷南方諸小國弦子

不名蓋歸咎齊侯也書弦子之奔黃政明弦所以致亡黃

所以先江而亡之故

九月戊申朔日有食之

冬晉人執虞公

此晉人滅虞以虞公歸也不言滅虞者畿內之國非內諸侯所得專故不以虞屬虞公也不言以歸者虞旣不屬虞公則是晉人敢執王臣也以諸侯執王臣而言以歸是外邦戩於列國矣故不可言以歸也或曰凡滅國而以其君歸者罪深於不滅而徒執其君者也今但言執虞公旣不言滅虞又不言以歸則晉罪之漏誅者多矣且無解於狄

滅溫溫子奔衛及戎伐凡伯于楚邱以歸之文也曰是不然滅下陽已罪不必滅虞也執虞公已罪不必以歸也至以溫屬溫子乃就狄立文凡伯言以歸乃就戎伐之於楚邱立文均非所以治晉猶王師敗績在茅戎則可言在鄭則不可言也是故諸侯得罪於列國則取其重者論之得罪於王朝則取其輕者論之論其輕者非於重者遂不論也重其輕者政所以尤重其重者知盜長陵一抔土之立言則經義明矣凡此皆非寬假晉獻也皆是譏切齊桓也使齊桓而真知尊王者則前之滅下陽已當伐晉又何至於滅虞今雖執虞公亦當伐晉又何論乎以歸蓋立文則

似責晉人已寬取義則實責齊侯已備也乃舊說或責虞公之貪或惡晉人之黠皆置齊桓於事外總由於其事則齊桓晉文一語未得其解也

是歲丙寅惠王二十二年

齊桓三十一年
楚成十七年

六年春王正月

夏公會齊侯宋公陳侯衛侯曹伯伐鄭圍新城新城新密今滎陽密縣口今開封府密縣東南三十里有密城

鄭伯貳楚罪本應伐乃不得與於月伐之例者伐鄭之功不敵怨晉之罪也言圍邑者既明鄭不服且咎公也凡書

圍邑皆是從內起義所以遽責內者明將不責桓也

秋楚人圍許諸侯遂救許

楚圍許以救鄭救許雖非以二事出然是因事有事故可言遂

冬公至自伐鄭

有惜不伐晉意

是歲丁卯惠王二十三年

齊桓三十二年

楚成十八年

七年春齊人伐鄭

從來用兵之術一伐不服而再伐未有不師衆倍蓰於前

者卽如僖四年公偕江黃伐陳未服旋用七國之大夫率師伐之而陳服是也鄭恃楚援而背齊故新城之役六諸侯伐之尚不能服而謂齊師敢藐楚而獨出伐鄭此必無之事觀孔叔之勸鄭伯既曰國危矣請下齊以救國又曰朝不及夕何以待君使非聲勢浩大士氣倍前何以忠告之臣上年猶泄視而今頓作此危語乎且能使鄭伯殺其大臣而楚產者以爲謝此其勢足畏怖亦具見矣是此次伐鄭乃齊桓命其大夫將諸侯大夫之師將以大創乎鄭故鄭不敢不傾心帖服焉聖人以上年公會諸侯伐鄭無功與公及江黃伐陳無功政同而此時諸大夫之伐鄭其

成功則視茲會伐陳時更大不欲令內臣數以大功駕乎君之上故是役雖內臣實與亦削而不書而獨書齊人伐鄭寧使齊大夫得專其功不使內大夫得與其功蓋聖人愛魯之至故特立此抑臣尊君之大法也乃知及江黃伐陳之不書公卽兼爲公孫茲之有功而豫諱非專爲伐陳之過而諱之也或問使經指誠然則亦削內臣不書足矣何必並諸國而削之曰使大夫得以功駕其君者齊桓也於諸侯何譏焉且偏書外大夫而獨削內大夫則似內真不與矣烏可哉或又問書人以伐非奪伯之例乎曰春秋之責齊桓以伐晉亦謂恭行伯職者之必能爲此耳然或

識不及此則亦姑恕焉非如縱容亂賊之不可不奪也故
知此伐稱人是用大夫爲將之例非用諸侯奪伯之例也
夫以六諸侯伐鄭圍其新城而鄭敢恃強楚而相抗以一
大夫伐鄭未有勝獲而鄭至殺大臣以謝罪聖人以爲後
之人必有能從此致疑者乃自三傳以來率以一尋常將
卑師少之役視之此則不能疑之蔽也然而自來之所以
不疑者徒以經於衆共之事從無書一不書衆之例豈知
後有外共而獨書内之戍陳卽先有内共而獨書外之伐
鄭總歸於爲内錄功而諱過已耳或專書内或專書外何
傷乎

夏小邾子來朝（公作小邾婁子後同杜注倪黎來始得王命而來朝也邾之別封故曰小邾）

鄭殺其大夫申侯

申侯楚人而仕於鄭者

秋七月公會齊侯宋公陳世子欵鄭世子華盟于甯母（甯母魯地）

（穀作寧母高平方與縣東有泥母亭音如甯○今兗州府魚臺縣東二十里穀城鎮即其地也）

鄭伯既殺申侯以謝齊而猶未測齊怒之釋否故不敢親來第遣世子受盟陳侯杵臼在位已四十年或以老病不能出故聽其以世子會據左傳桓公欲遂立華爲鄭伯華亦深幸其然賴管仲讜言而止鄭伯聞此事故明年洮之會不敢復遣世子縱令齊或擯已不得不親來乞盟矣夫

卋子華有欲速之心是無父無君之賊也故後雖見殺不書

曹伯班卒班公作般

班疑赤之更名若楚棄疾之更名居也

公子友如齊

按成二年左傳公會晉師于上鄍賜三帥先路三命之服襄十九年公享晉六卿于蒲圃賜之三命之服可見師苟有功卽諸侯有旌賜外臣之禮以魯侯可行於晉卿知齊侯益可行於魯卿而魯卿受之伯主視晉卿受之弱國爲更榮矣由是知服鄭之役魯帥卽公子友其如齊也當卽

齊侯徵往受賜耳嘗怪五年經書公孫茲如牟於前後事情略無關涉今疑牟乃齊字之譌齊古文作亝易轉爲牟也公孫茲如齊在服陳後當是拜齊之賜桓蓋屢舉尚功之典以厲諸侯將帥之臣然而使君皆有愧於其臣臣咸無狀於其君者其端實自此而開夫人臣立軍功於境外其所費者君之賦也其所使者君之士也其所馮者君之威也臣何功焉觀易言地道無成而代有終書言臣罔以寵利居成功是人臣之或爲股肱或爲爪牙特以代勞而終君之事而功則皆其君之功也若遽踰量褒揚寵利無節是使臣得居其成功矣其不至太阿倒持者有幾哉聖

人有憂乎此故特於諸侯無功而大夫有功之兩役書法或隱或顯有異有同學者比事而觀可以識裁抑節制之微意矣

冬葬曹昭公

是歲戊辰惠王二十四年

齊桓三十三年

楚成十九年

春秋箋例卷九終

春秋箋例卷十

奉新趙儀吉輯

僖公

八年春王正月公會王人齊侯宋公衛侯許男曹伯陳世子款盟于洮洮曹地款下公有鄭世子華

經例王臣外出從王起義書名從諸侯起義則書爵書字專書王人者王與諸侯皆無譏獨罪王臣者也是舉何以獨罪王臣罪其始下與諸侯盟也公及諸侯不貶者觀後葵邱不盟宰周公可知此時上盟王臣非諸侯之意此忠恕之道所在也

鄭伯乞盟

逃之與乞皆賤惡之辭國君而被此可羞之甚矣書以見

伯之當與

夏狄伐晉

見齊不如狄

秋七月禘于大廟用致夫人

禘義見閔二年按公羊直以不稱姜氏爲譏以妾爲妻則其以夫人爲聲姜無疑矣是聲姜固媵妾而篡適者也穀梁亦言立妾立妾之語非可施於子之崇妾母者則是穀梁亦未嘗指言成風注家誤會以爲成風耳是公穀皆以聲姜爲妾也妾而稱夫人卽穀梁所云我不可以不夫人

之之意也然則閟宮言令妻政媚聲姜猶之以三壽媚三桓乃變頌之諛辭聖人删詩而存此實爲詩亡然後春秋作之一證故令妻之說不足據也如據諛者言令妻即可定聲姜爲僖公之適配則刺者言豔妻不更可定褒姒爲幽王之元后哉故知公羊脅於齊女之說必有所受但未必如注言本娶楚女耳僖公元配蓋娶於爲公子時故經無至文聲姜亦是舊妾恃寵謀篡適位僖公爲之廢適而立爲夫人因大禘使之襄事以正夫人之稱故謂之致不書所以處適者諱莫如深也夫人應稱姓氏臨以大廟宜以姓告不書姓氏外之亦絕之也前後庶妾匹適皆尊

妾母未有若僖公之自尊其妾者夫人之謀此亦亟矣故比諸弒君之文姜而削其姓氏也夫禘非魯所得用也直書禘于大廟其罪已不可當況又用之以致篡適之妾其惡視逆祀用郊爲尤大非遭彝倫之極斁不忍詳盡如是也然貌而視之若無甚譏者其斯爲聖人之辭乎至左氏以夫人爲哀姜則哀姜祭葬早從小君之禮不待至是時而始致之且一絕不再絕何不可直目哀姜也若從解穀梁者指爲成風姑無論諸尊妾母者均未嘗致廟亦不知如何而致之欲尊異之耶則母以子貴當時已成故事且致之廟而後貴是彰昔時之賤也以爲襄事耶舅歿則姑

老未聞子主匕鬯而母氏副褘立于房者故此章當專主公羊兼採穀梁而左氏爲不足信也

冬十有二月丁未天王崩 丁未月二十日

爲著齊桓翊王世子有功亦明下宰周公會葵邱之故

是歲己巳惠王二十五年

齊桓三十四年 楚成二十年

九年春王正月丁丑宋公御說卒 正月公作三月御公作禦 丁丑正月二十日三月二十一日○宋桓不書葬

夏公會宰周公齊侯宋子衛侯鄭伯許男曹伯于葵丘 葵邱宋地陳留外黃縣東有葵邱○今在開封府考城縣東三十里孔疏莊八年連稱管至父戍葵邱杜云齊地傳齊侯

不務德而勤遠畧西爲此會則此地遠處齊西不得近在臨淄故釋例以爲宋地

此爲新王初立慮有不虞而會盍約諸侯以共尊王室也王臣舉官臨內之賤者起義此以縱妾奪適之故而奪僖所謂知寵其所愛而不虞自卑其躬者也是會陳世子欵不復與豈鑑於鄭世子華得罪之故而不敢出耶

秋七月乙酉伯姬卒 七月無乙酉八月二日也

未嫁而書卒疑義詳十四年使鄫子來朝下

九月戊辰諸侯盟于葵丘 戊辰月十五日

言諸侯以別王臣書日爲公故重其事也五命之初所禁者三事其三即爲無以妾爲妻想讀載書時魯僖必無地

自容也

甲子晉侯詭諸卒甲子公作甲戌詭公作佹○按甲子當從公羊作甲戌甲子月十一日甲戌月二十一日上有戊辰故甲戌是杜氏以甲子在戊辰後爲從赴曲傳左氏非是

是時晉魯未通特書此以志晉亂所由始

冬晉里克殺其君之子奚齊殺公作弑

據文十四年書齊公子商人弑其君舍之例奚齊若果應立雖立未逾年亦當以弑其君書今言殺其君之子者蓋一筆而獻公奚齊里克之罪皆見也夫君卒之年而有以子稱者皆卽嗣子也晉獻受讒殺世子而立奚齊爲嗣子奚齊謀殺世子而求爲其君之嗣子里克敢於殺其君之

嗣子皆罪也故以君領子以罪獻公以子屬君以罪奚齊以殺加其君之上以罪里克而奚齊之不當爲嗣子與夫立之者之謬殺之者之過皆見焉或問奚齊旣以謀殺世子之故而不當立矣何復罪里克之殺之曰奚齊雖謀殺世子而殺世子之命究出於君父故先以殺其世子歸罪獻公罪旣歸於獻公則奚齊不得比陳佗而爲賊矣公子公孫必爲亂賊然後人人得而殺之舍是雖國君殺之猶不免譏況臣下乎故不曰晉人殺奚齊必目里克且以殺其君之子書也然終不可律以商人弑君之條夫殺之與弑相去甚遠也殺其君之子與弑其君亦相去甚遠也聖

人之未滅里克在是 其輕絶奚齊亦在是矣夫奚齊旣獲其君殺世子而立已 爲嗣子以爲君薨之後其身居然晉君矣誰復敢殺已而 犯弒君之惡名者一旦有起而殺之者聖人不律以弒君 僅論以不應殺其君之子彼庶孽之謀殺世子而代之者 不可以寒心也哉蓋代之而不免於禍若奚齊其不爲弒 之理自在也代之而倖而無禍若宋佐其不當立之法自 在也此義明然後天下萬世之庶孽而覬覦非分者庶幾 有所畏而熄矣公羊以殺爲弒且創爲殺未踰年君之號 無論其說不可通於齊舍亦豈有君未踰年即可岐視之 理哉適見其敢爲邪説而速亂賊之

逆謀而已矣穀梁比罪獻公不罪奚齊疎矣且國人不子之說亦非春秋予奪之權全歸聖人於國人何預何其說之纖巧而大負聖經也

是歲庚午襄王元年

齊桓三十五年
楚成二十二年

十年春王正月公如齊

公如例不書月此爲晉弑書之

狄滅溫溫子奔衛

溫畿內國也而狄敢滅之爲患亟矣而齊桓仍置之不問伯業於是替矣溫子不名歸故於桓也

晉里克弑其君卓及其大夫荀息（卓公作卓子）

卓子左謂驪姬娣生公羊謂驪姬子奚齊殺後荀息立之故里克弑之不復稱君之子者獻公殺世子爲奚齊非爲卓子也世子殺嗣子弑羣公子亡惟卓在國荀息立之正也而里克復敢弑之并殺荀息則罪大惡極矣故成卓爲君以正里克之誅而特奪奚齊之法益明矣荀息雖未能格君心之非於前而奚齊殺後援立卓子其於里克没不兩立此聖人所謂見利思義見危授命久要不忘平生之言者也賢於阿賊中立苟全富貴者多矣故亦從孔父仇牧之例以死節予之乃自來說者多不足之殆皆責人無

已者耶又按弒君之賊自里克以後皆書氏族爲有伯則

責專在伯不須望討於王也

夏齊侯許男伐北戎

時狄滅温晉弒君皆伯者所當急討之事桓乃悉置不問

獨伐無罪之北戎可謂傎矣故爲書爵以示譏蓋伐戎以

書人爲正例也必言北戎者明與中原之故無涉也許亦

諸侯法無獨恕故從一稱

晉殺其大夫里克

按里克之弒二君據左氏穀梁皆云爲重耳惟公羊言爲

夷吾以經衡之公羊爲是左穀言爲重耳者因里克見殺

夷吾耳然公羊第言里克弑奚齊卓子逆惠公而入似弑君之事全與夷吾無涉者而求之經文則夷吾實與弑謀不必據國語有里克與我之語也蓋春秋之法君弑之年不輕成嗣君爲君其成爲君者皆無意討賊者也今夷吾能殺里克乃成夷吾爲君又目里克爲大夫則知夷吾實與弑謀矣使夷吾不與弑謀第由於里克之迎立乃能致辟里克此宜爲聖人之所予何以不書晉人殺里克乃書晉殺其大夫乎夷吾蓋喜里克謀弑之有成業已感恩而任用之矣後乃虞其有他而殺之故書法若此以誅夷吾之隱而後凡簒君之以私殺賊而藉口討賊者始知欲蓋

彌彰之可畏也又按春秋於亂臣見殺屢稱大夫須知不全爲幸弑者設乃是譏切伯主有方伯在而諸侯有敢以亂臣爲大夫者此爲何人之恥哉故里克之稱大夫乃所以恥齊甯喜之稱大夫乃所以恥晉若謂全爲幸弑者誅心則其說止可治晉惠不可治衛獻蓋論衛獻之分直可殺剽何況於甯喜故知此種書法非爲幸弑者設也

秋七月

冬大雨雪（雪公作雹）

是歲辛未襄王二年

齊桓三十六年
楚成二十二年

十有一年春晉殺其大夫丕鄭父

上年書殺里克尚是兼明夷吾之與弒此書晉殺丕鄭父直是專譏伯國已聽篡賊爲君若僅以爲殺里克之黨尚非經指

夏公及夫人姜氏會齊侯于陽穀

婦人無外事歸寧亦當之母家不寧於家而會于外雖行之於父猶且不可况伯叔兄弟乎聖人於聲姜之兩會齊侯書法幾與文姜無別蓋危其毀舊禮之防而蹈已覆之轍也夫姜氏本篡適之媵也僖公偕之以會桓以冀增重于兩國桓竟與會而不能辭其前此鄗文姜而討哀姜之

義憤復何在矣又益之以不討晉賊故自是遂浸奪齊伯焉

秋八月大雩

冬楚人伐黃

楚自江黃附齊無時不忌滅之尚慮齊侯之必救不敢遽有侵軼及見桓公年耄志衰中原大故尚多恝置豈能更勤遠畧於是起而伐黃而齊果不救至明年遂滅黃矣常例滅不書伐此書伐黃卽以著桓之畧不恤黃也夫中原旣不能制楚桓雖暫出救黃亦卒無補於黃之亡觀晉救江而江亦卒滅可見總誤在不應招之使來旣招使來卽

勤救無益況不救乎具保天下之量者可以知所措置矣

是歲壬申襄王三年

齊桓三十七年

楚成二十三年

十有二年春王三月庚午日有食之庚午實月朔不書朔疑闕

夏楚人滅黄

秋七月

冬十有二月丁丑陳侯杵臼卒丁丑十一月十二日日月必有誤杵公作處

是歲癸酉襄王四年

齊桓三十八年

楚成二十四年

十有三年春狄侵衞

下諸侯會鹹爲杞非爲衞也故言侵不言伐

夏四月葬陳宣公

公會齊侯宋公陳侯衞侯鄭伯許男曹伯于鹹鹹衞地東郡濮陽縣東南有鹹亭○今在大名府開州東南六十里

鹹之會既爲杞出當先書淮夷之伐杞今不書者淮夷新出爲杞患若狄則既滅畿內之溫又怒衞庇溫子而侵衞其橫暴極矣桓縱誤認里克受誅晉更無賊究當以攘狄爲務乃不肯爲衞攘狄而第謀城杞何其不勝畔援之私而絕無緩急之序也會鹹之前不書淮夷之病杞猶救邢之前不書狄之虐邢也

秋九月大雩

冬公子友如齊

覲友之聘齊是公歸而桓亦歸矣故知明年緣陵之城爲

再出非用前目後凡之例也

是歲甲戌襄王五年

齊桓三十九年

楚成二十五年

十有四年春諸侯城緣陵緣陵杞邑○後漢志北海郡有營陵縣薛瓚曰春秋謂之緣陵是也

其故城在樂昌縣東南七十里今屬青州府

經例非前目後凡而統稱諸侯者固是爲奪伯而示莫適爲主之義亦從當時諸侯別寓深意有其人本在局外而

不必劃之於外者若此城緣陵之不劃晉夷吾文十五年盟于扈之不劃齊商人文十七年會于扈之不劃宋鮑是也有其人本在局內而不必引之於內者若文七年盟于扈之不引宋子是也通經不敘而統稱諸侯凡四筆內惟文七年質言公會以諸侯不能治宋擅殺同列之亂人其責尚輕故可質言公會其餘則爲不討弒君篡立之亂賊其罪甚大故內君雖實與會若此城緣陵及文十五年盟于扈亦從文十七年實不與扈之會之例概不質言公會以嫌與篡侯共事爲內君諱也或問文十七年公之不與扈之會此可據公至自穀之文知之若此年及文十五年

則公不在會別無佐證得非實不與會乎曰通經無內不在事而言城邑之例以城邑爲內例也故一言城緣陵而僖公在事已明矣文十五年有齊人侵我行父如晉之文是匽之會諸侯本爲公出諸侯爲公出公洩無不自出之理是文之與會又甚明也何云無證乎

夏六月季姬及鄫子遇于防使鄫子來朝 鄫穀作繒鄫國今琅琊鄫縣○兖州府嶧縣東有鄫城

左傳鄫季姬來寧公怒止之以鄫子之不朝也夏遇于防而使來朝按春秋之書內女非見嫁則已嫁者也故無書未嫁之女之例觀文十二年子叔姬卒左傳云書叔姬言

非女也可見女則不書矣由是知僖九年書卒之伯姬乃是歸寧見止而卒者其不繫國則以君父賊恩而諱之也左氏既於伯姬卒無傳公穀又造爲許嫁而卒則書之例雖左癖如杜氏亦用公穀之說後人遂以凡不繫國者皆爲未嫁之女故於季姬之遇鄫子生諸陋說由其止知有既嫁則必繫國之例而不知有未嫁則不見經之例也所以未嫁則不書者以公女之貴與公子等耳公子不爲卿不書卒故公女未嫁亦不書卒爲其不勝書也豈惟未嫁不勝書即已適諸侯者亦不勝書其書者皆爲其罹於災患屈鬱之可憫無無故而書者雖紀伯姬之書卒猶爲國

亡而葬于雝宋伯姬之書卒猶爲待姆而燬於火其餘見止見去有明文可考者更無論矣何獨無故而書一伯姬之卒哉或問丈夫生而願爲之有室女子生而願爲之有家此父母之至情也僖公獨何忍而屢止其歸寧之女乎曰此非僖公之所爲也乃公縱之篡適怙寵肆惡之聲姜所爲也二姬非元妃所出卽他妾所出姜氏未篡之前季姬已適鄫子則伯姬之適諸侯必更在前矣至是姜惡益很疾二姬之母未已遂及所生故紿二姬歸寧而止之使不得有其室家之好觀季姬以夫不朝而見止則伯姬之開罪想亦類是耳乃伯姬一見止而抑鬱以死季姬雖幸

而歸鄫歸未逾年而遽卒是亦以飲恨戕生也聲姜之荼毒爲何如哉由是益信未嫁無書卒之例削國即見絕之徵使季姬不歸鄫而竟卒於魯知書之亦如伯姬耳此春秋之教所以重屬辭比事也

秋八月辛卯沙鹿崩 辛卯月六日沙鹿晉山名平陽元城縣有沙鹿土山

晉告魯弔故書譏與夷吾接故視梁山崩獨書日

狄侵鄭

譏桓一意縱狄雖待鄭優於待衛今亦不救矣

冬蔡侯肸卒 蔡穆不書葬

是歲乙亥襄王六年

齊桓四十年
楚成二十六年

十有五年春王正月公如齊

時諸侯因桓旣不救黄又不勤鄭知其意不在諸侯已各有散志齊桓亦慮諸侯之漸貳故將爲會以尋葵邱之盟公乃於彼此嫌猜之際猶然朝桓蓋危道也故爲書月亦譏桓之筆也

楚人伐徐

三月公會齊侯宋公陳侯衞侯鄭伯許男曹伯盟于牡丘牡邱地闕

左傳盟于牡邱尋葵邱之盟且救徐也

遂次于匡公孫敖帥師及諸侯之大夫救徐匡衛地在陳留長垣縣西南。長垣縣今屬大名府公孫敖慶父子

齊桓牡丘之會本爲尋盟適徐被楚兵故思救徐以蓋邇來不勤諸侯之過用意元不爲謬故上書楚人伐徐以明徐之宜救無如徐與宋爲接壤之國積不相能觀莊公會宋齊伐徐以宋主兵可見矣是時諸侯特貳齊已耳宋公茲父則更有代伯之心唯恐諸侯之不背齊輙首背之以倡衆又見將救其讎國益不用命諸侯亦遂依違其間矣桓不得已降而爲諸侯次匡大夫救徐之策猶冀諸侯之大夫能如曩者伐陳伐鄭之建功也豈意大夫亦救徐不

力哉

夏五月日有食之是月壬子朔

秋七月齊師曹師伐厲厲楚與國義陽隨縣北有厲鄉○今湖廣德安府隨州北有厲山厲鄉在其下

左傳秋伐厲以救徐也按桓見諸大夫救徐不力將不能退楚爲天下笑遂獨發憤挈曹以伐楚所必勤之厲而楚始引去是救徐之功成於伐厲也故書月以予之不稱爵而稱師者明是時之魯已視桓如雛矣又按伐厲獨曹從者疑曹獨畏齊特甚且或私與徐厚伐厲之策當建自曹而桓用之觀至冬宋遂伐曹則忌曹之獨與己異也而梗

命之由於宋襄益見矣

八月螽

九月公至自會

桓會不至此獨至者志危幸也

季姬歸于鄫

必待公還姬始得歸其軏於聲姜益見

己卯晦震夷伯之廟（己卯月三十日）

晦月盡日也震迅雷轟擊也夷伯當是公子翬一流人蓋逆臣而漏討者書之以彰天誅之可畏

冬宋人伐曹

宋襄之思代齊伯早有借勢于楚之算所以敢悍然伐曹者與曹既有宿嫌又知其以獨從伐厲之故取忌諸侯度齊雖爲曹伐宋諸侯必不肯出且曹從伐厲楚亦銜之宋之伐曹亦所以媚楚也夫伯者大名在於攘楚今甫舉事即思依倚僭國始謀舛矣其卒爲楚困也宜哉

楚人敗徐于婁林婁林徐地下邳僮縣東南有婁亭○今在鳳陽府虹縣東北

左傳楚敗徐于婁林徐恃救也按楚既憾徐之敢於抗已且爲宋泄忿以收宋故有是舉徐不稱師者經例凡魯不在事之戰其先敘而稱師者無內之黨後敘而稱師者無內之讎其稱人者則介乎非讎非黨之間者也故莊二十

八年衞齊偏戰兩皆稱人今魯已因讎齊而讎徐矣故徐不可稱師若徐亦稱人又無以見魯實以徐爲讎也故無所稱而以號舉焉然徐人前此滅舒已比之內而以取書矣今爲楚敗而以號舉是魯又內楚而外徐也魯亦不堪之甚矣此皆右齊以存伯之微指也

十有一月壬戌晉侯及秦伯戰于韓獲晉侯壬戌月十四日韓晉地

諸侯前既不討夷吾今又不助秦伯故歸其故於王而兩皆稱爵秦始爲患列國故用以內及外之例非申夷吾也不言以晉侯歸者諸侯既不必責秦伯又不足責況夷吾又實可賤故僅從大夫之例書獲

是歲丙子襄王七年

齊桓四十一年 楚成二十七年

十有六年春王正月戊申朔隕石于宋五是月六鷁退飛過宋都 隕公作霣後倶同鷁穀作鶂

宋告故書

三月壬申公子季友卒 壬申月二十六日

加字於名以書卒譏許世卿于未卒前也

夏四月丙申鄫季姬卒 丙申月二十日

書季姬之卒明其以憂憤傷生所以著聲姜之惡而歸咎於公也

秋七月甲子公孫茲卒（甲子月二十日）

冬十有二月公會齊侯宋公陳侯衛侯鄭伯許男邢侯曹伯于淮（臨淮郡左右）

淮之會諸侯自宋公以下見桓仍爲徐謀將率以報楚而伐楚屬之英氏遂相率違齊而向宋宋公因用諸侯之師伐項而滅之桓雖不能威加諸侯獨責公以不應背已而從宋故止公於會其實背齊亦非公本志想既摇於衆見文爲專恣之公孫敖所把持耳不言誰滅項者以違伯而從滅無辜爲已罪故因諱會而并諱諸侯之師然既先書齊人徐人伐英氏則在會諸侯惟齊不與其餘皆與可知

矣據左氏則魯獨滅之無論內滅外當言取即魯亦何故越千里而滅勢所難併之項據公穀則齊滅之齊之不能越國而鄙遠其勢亦與魯同且齊自滅項何爲而止公也若云未嘗止公則公歸何以若彼之遲經又何故於往反書月以志危幸也三子蓋皆不知諸侯滅項之爲從宋也宋公已立志扳楚故既不肯爲楚之讎伐楚之黨矣又以項之國介於宋楚之間故藉諸侯之力以滅之既滅之後度勢可併項則自取之否則以畀蔡而附楚此其謀之所以可惡而魯從滅項之所以可罪也項非魯獨滅故不可從鄟鄣之例言取止可從偪陽之例言滅滅偪陽言遂滅

項不言遂者卽以有與會而不與滅之齊人在也詁經者既不詳地理又不從曹師伐厲宋人伐曹及齊人徐人伐英氏留意故說皆影響遂致當日之情事雖經言之躍如亦無從而發也

是歲丁丑襄王八年

齊桓四十二年 楚成二十八年

十有七年春齊人徐人伐英氏英氏楚與國。今廬州府六安州西有英氏城接英山縣

左傳齊人爲徐伐英氏以報婁林之役按伐厲所以救徐故尚可予英氏之伐則徒爲徐挑楚怒且激致諸侯之散故伐不書月且以人稱以明失伯

夏滅項項國今汝陰項縣。今開封府項城縣東北六十里有故項城

按杜注言公在會別遣師滅項不言師諱之其說雖未盡得經指尚知師爲公遣可破大夫專征之說又按言滅不言取所以推其事而屬之外不言誰滅則仍引其事而屬之內蓋仁至義盡之筆也

秋夫人姜氏會齊侯于卞卞魯地今魯國卞縣。今兖州府泗水縣東五十里有故卞城

左傳淮之會公有諸侯之事未歸而取項齊人以爲討而止公秋聲姜以公故會齊侯于卞按齊桓必待姜請然後釋僖亦殊可醜

九月公至自會

冬十有二月乙亥齊侯小白卒（乙亥月九日）

是歲戊寅襄王九年

齊桓四十三年
楚成二十九年

十有八年春王正月宋公曹伯衛人邾人伐齊

齊桓五子皆庶出以公子昭爲才嘗與管仲屬諸宋襄公而立爲世子管仲卒桓公惑於易牙復欲立公子無虧故身死而諸子爭立公子昭奔宋宋襄率諸侯納之正也不書納齊世子昭者嫌宋納正而魯撓之不正也宋曹書爵予之也衛邾稱人君未行也若君行衛不敘曹下此章自公穀以下皆深貶宋襄或譏其伐喪或譏其所納之不正

彼蓋不知書月書爵之伐爲亟予之筆也

夏師救齊

書師不書公諱救齊之非以此益見孝公之應立不然救齊亦義舉何不善則稱君也

五月戊寅宋師及齊師戰于甗齊師敗績戊寅月十五日甗齊地

左傳齊人將立孝公不勝四公子之徒遂與宋人戰夏五月宋敗齊師于甗立孝公而還穀梁以爲戰不言伐客不言及言及惡宋也非也伐在正月戰在五月又有魯救閒之不可不先言伐至於客之言及乃正深予宋公蓋魯既救齊則甗之戰魯亦與之魯與則當先敘而以師會齊師

及宋師戰于甗爲文今爲魯救既非敗更可恥故諱魯若不與戰因得以宋及齊爲文此政如僖二十八年既書公子買戍衛是城濮之役魯實從楚與戰也而文無魯者所以爲書以晉及楚地也又如哀十一年既書公會吳伐齊是艾陵之役魯實從吳與戰也而文無魯者所以爲書以齊及吳地也由是例之則是戰之以宋及齊其爲予宋甚明而狄實與魯同與此戰所以補書狄救齊於戰下政如買不卒戍可預書於戰上皆爲魯遠嫌之意也宋稱師明魯又讎宋也甗戰無曹衛邾非三國不與戰乃聖人削之政以明客師中去曹衛邾猶主師中去魯狄也知在事有

特没不書之例而七年齊人伐鄭之爲特没内外大夫益見矣

狄救齊

秋八月丁亥葬齊桓公八月無丁亥丁亥七月二十四日九月二十五日

冬邢人狄人伐衛

齊桓在時待邢過厚待衛過薄故衛人因怨齊并與邢有隙其從宋伐齊用意亦與宋異宋實憂公子昭之不立衛特幸其不靖而已孝公既立知衛意之殊不爲已有意報怨觀越此二年齊即連邢狄病衛此其情事可見矣今特自顧未遑伐衛姑令邢狄先之耳是邢之伐衛名雖託於

爲齊其實亦圖泄私憤也何況爲齊伐衛所託亦非名耶聖人以其讎衛之意與魯近事頗同故從內起義並人邢狄焉或問人狄既是從魯起義何不人之於救齊曰人之於救齊則是予其救齊無以見魯救之非矣故止可人之於伐衛人之於伐衛然後伸狄以抑邢之義彰即恕邢以咎魯之義亦彰矣眞化工之筆也

是歲己卯襄王十年

齊孝公昭元年
楚成三十年

十有九年春王三月宋人執滕子嬰齊

凡執諸侯無予辭惟於執執人者書爵爲責伯書人而被執

者不名爲奪伯若被執者更名乃是用天下無伯歸咎於王之例非止奪伯也奪伯者必嘗予之而後奪之若元非伯何奪之有此章宋稱人嬰齊書名是不予宋襄以伯而已

夏六月宋公曹人邾人盟于曹南

曹南獨爵宋公猶北杏獨爵齊侯蓋探其圖伯之意而書之實譏其無當於伯也宋公既執滕子又因是盟而用鄫子無王極矣而盟得書月者爲領己酉也觀邾人戕鄫子不日用鄫子則日可知書月不因盟矣

鄫子會盟于邾

宋襄將爲曹之盟以求諸侯意其所徵與共盟者曹邾鄫之外必尚有數國不僅寥寥三小國也已而會于曹者一邾而已曹又未服不肯盡地主之禮襄公恐並失曹不復能待他國創猝爲南鄙之盟比鄫會盟而襄已反在邾矣是曹南之速盟既非鄫子意念所及則後會非惰緩之罪乃宋襄竟敢耑戮諸侯其罪大矣故爲書鄫子會盟于邾既以表鄫子之無罪又見襄時在邾邾用鄫子實從襄令也

己酉邾人執鄫子用之己酉月二十三日

用之者殺而用以祀神也書日而人邾明內所當討也此

實宋合不書宋執不以襄爲伯而責之也春秋之法予之伯者責之備斬之伯者待之寬鄫子不名者嘉其至死不屈也合之滕子之名而不屑責襄益明矣夫春秋亦烏有不責之伯哉此義明然後人甘受裁於聖賢而不敢輕於自棄

秋宋人圍曹

書圍明宋自有闕宜曹之不服

衞人伐邢

邢實引狄伐衞故衞先報邢

冬會陳人蔡人楚人鄭人盟于齊公作公會盟于齊齊亦與盟

此陳蔡近楚諸國知北諸侯無有能繼齊桓與楚爲敵者楚必復出爲患於是先附于楚且爲恐喝齊魯以媚之故有是盟是雖陳蔡引狼之罪然魯僖忘是懲之謀齊孝墮厥考之緒尤爲可恥故諱公而咎公之意明地齊而鄙齊之意亦顯矣齊盟削月以與楚盟爲無王

梁亡

凡書某滅某者皆歸罪於伯職之不舉是時天下無伯故但書梁亡而不言誰滅此爲書滅之別例必有此筆然後書滅責伯之義乃顯不然二百四十年中自亡其國者又豈止一梁哉或曰無伯之時多矣何獨於此時發義曰此

卽不以伯予宋襄而滅梁者秦則不伯秦穆之意亦因而見矣

是歲庚辰襄王十一年

齊孝二年

楚成三十一年

春秋箋例卷十終

春秋箋例卷十……終

暇顧邾於是間之而伐邾所謂不知其禍之及已者也比楚使以宋捷示威即奔走受盟唯恐後時僖之不才於此盡見閟宮所頌盡愧辭耳

楚人使宜申來獻捷

言使必目君今言人為魯諱與楚子際也而前後或特爵楚或獨人楚之義皆見矣不言宋捷為列國諱也楚人名為獻捷意實示威書從其名舉其可道者也

十有二月癸丑公會諸侯盟于薄釋宋公（癸丑月十日薄宋地）

此公被楚脅往受其盟也諸侯即會盂者不敘諱奉楚子為盟主也執諸侯未有言釋者再見則知釋矣宋公書釋

爲公滅恥也

是歲壬午襄王十三年

齊孝四年 楚成三十三年

二十有二年春公伐邾取須句 須句小國邾滅爲邑在東平須昌縣西北○須句故城在東平州東南

公恃與楚他無所忌故此取須句不書日亦所以寓譏也

夏宋公衞侯許男滕子伐鄭

諸侯雖不能伐楚尚能伐堅於從楚之鄭故姑處以責伯之例而書爵而魯之恃楚而徒有事於邾者乃益可羞矣

秋八月丁未及邾人戰于升陘 丁未月八日 升陘魯地

爭利取敗敗益可恥書之以明不如宋公于泓之役雖敗猶榮矣

冬十有一月己巳朔宋公及楚人戰于泓宋師敗績泓宋水在今歸德府柘城縣北三十里

按左氏言楚子伐宋以救鄭非也伐於夏而救於冬不應如是之遲當是宋師既退楚自伐宋而有是戰以宋及楚此內外之定分也爲魯諱黨楚故不言及楚師

是歲癸未襄王十四年

齊孝五年
楚成三十四年

二十有三年春齊侯伐宋圍緡緡宋邑高平昌邑縣東南有東緡城○在今兗州府金鄉

縣東北三十里

鹿上之盟宋齊楚所同欲而齊之意則重在結楚比宋楚交惡齊孝遂爲楚而伐宋雖納己之恩不暇顧矣可鄙之甚也然得稱爵者經例時有伯則其餘大國凡私有侵伐必書人無伯則書爵但齊之即楚背宋用意適與魯同是齊之伐宋魯所與也齊書爵無以見魯之與之矣故又言圍邑以明之

夏五月庚寅宋公茲父卒　庚寅月二十五日　宋襄不書葬

秋楚人伐陳

書此以見齊魯與楚而楚益張自是楚之侵伐以稱人爲

常例而後文滅夔書爵伐齊稱師皆特爲變例以譏魯楚之伐陳左氏以爲討其貳於宋未必然也夫宋之於楚會則君執戰則師敗北方諸侯舊與宋者尚多棄之而即楚陳服於楚久矣豈反能不畏楚而貳宋乎若陳非别有不共則楚爲頓故伐之即傳言城頓而還可見

冬十有一月杞子卒

前未嘗詳杞世代至是卒杞君者因其時杞降爲子且爲伯姬母子之求援公子遂之虐杞而書也

是歲甲申襄王十五年

齊孝六年

楚成三十五年

二十有四年春王正月

夏狄伐鄭

左氏以爲王使狄伐鄭觀王出居于鄭則是狄自伐鄭王知鄭之仇狄狄必能勤王是以依鄭左氏又言鄭執王使若實有其事王決不肯奔鄭事關順逆功罪之大讀者信經而黜傳可也

秋七月

冬天王出居于鄭

上書狄伐鄭此書天王出居于鄭則天王之出由於狄攻明矣狄患不明書者爲王室諱不以外患邇周也若王室

自亂則書之矣天子非巡狩則端居京師至出居于鄭幾失位矣뿐王不待言以鄭猶周之鄭故止言出居夫天王爲狄所攻蒙塵在外此莫大之變也而天下諸侯旣不伐狄又不勞王皆罪不容誅矣故讀自此至盟于踐土之經能常記天王在鄭則經指易得矣

晉侯夷吾卒

是歲乙酉襄王十六年

齊孝七年

楚成三十六年

二十有五年春王正月丙午衞侯燬滅邢丙午月二十一日

經書滅人國者多矣從無生名之例惟衞文滅邢則名三

傳皆以滅同姓爲說非也春秋之時滅同姓者多矣至有並滅不書若晉之滅魏霍耿者而獨於衞文嚴之於例爲不通胡氏欲圓其說據衞使二禮仕邢發議仍是屈經就傳非經所自有之義也朱子厭其支離始指爲因下文傳寫之誤說較大方然律以楚子虔誘殺蔡侯般之文則又實有生名橫暴之侯之例是誤寫之說亦尚未的也大抵生名諸侯皆是因世無方伯仍歸其故於王而治以王法之義儒先惟於此義未能見及故凡遇生名諸侯所說皆非經指卽如此名衞侯乃因其擅足以滅國之力不用以勤王而伐狄惟用以剪鄰而自封其無王不法之罪至爲

重大又無伯可責故特用奉王斥名之法以誅之誅一縱
恣不忠之衛侯而乞楚師而取齊邑之魯侯亦可類推矣
此亦聖人所謂某竊有罪之一端也或問置王不勤又相
侵滅者信有罪矣其餘安坐無事者獨無罪乎曰烏得無
罪但視衛燬差滅耳於何見之於下文書宋殺其大夫見
之不名大夫乃奪宋公之爵而不使得爲國君也奪一宋
公而凡諸侯之安居其國並不勤王者胥視此矣春秋戈
矛同仇之義鈇鉞示貶之文無嚴過此二筆者故當時已
無伯可責猶書衛燬之滅邢前後於宋事無關獨書宋臣
之見殺其文雖專絕宋衛其意實徧責諸侯此皆一簡之

並未能歸於京師蓋居鄭者首尾凡四年直待城濮戰勝之後乃始得反王城於何知之於兩書公朝于王所知之凡言王所必先言某時王至其所後之王所河陽也以先書天王狩于河陽知之前之王所踐土也若非居鄭未反天王何爲而在踐土哉左氏以爲今年天王旣歸故有王於勝楚之後自勞晉侯之說以爲前朝于王所之地信如其言召王而來經尙可書狩于河陽則天王自來更可言天王至于踐土矣若以天王自來斯晉侯無罪故王出可以不書則一年之間再勤天步獨不可依再烝之例預書一來以其河陽再召之罪乎況天王一出則王與諸侯兩

有所譏故歸不書而出必書若踐土之朝非因王猶在鄭

則雖天王自勞晉侯于踐土猶與下堂而見諸侯者同有

太陽俯同萬物之譏雖不書以罪重耳猶當書以告天王

決不過於隱諱如此也反覆推之天王之歸京師決在踐

土受朝之後無疑矣左氏之誣幾晦經指有如此者

秋楚人圍陳納頓子于頓

頓子蓋爲陳迫而出奔者出奔不書頓既楚屬陳人暴之

又非志爲中原故不必書也陳之暴頓旣不必書則楚之

恤頓更不必書矣所以書者譏諸侯之待天王曾不如楚

人之待頓子也而責不及楚之義亦見矣

葬衛文公

冬十有二月癸亥公會衛子莒慶盟于洮癸亥月十四日○孔疏八年盟于洮杜云魯地三十一年魯始得曹田此時不得爲魯地注誤耳

左傳衛人平莒於魯十二月盟于洮修衛文之好且及莒平也杜注云莒以鄅之役怨魯衛文公將平之未及而卒成公追成父志是傳得盟洮之故而注又得其在喪出盟之故夫平隣國之憾與成先君之志皆美名也衛成不居然賢嗣哉然觀莒子不親與盟是莒不急於平也就盟于魯近地是魯亦不急於平也魯莒皆不急於平獨衛汲汲而平之旣得魯許矣明年正月復遣其臣就莒地而盟莒

子此豈眞有愛於二國而爲是排難解紛之舉哉無亦欲結黨攻讎冀莒魯助之敵齊耳蓋自衛文季年齊與邢狄連爲一黨以病衛衛之滅邢實齊激之疑衛文旣卒之後齊必有乘喪伐衛爲邢復讎之謀衛成新立自度不能支齊思連莒魯以自助而莒之怨魯未釋故衛不惜力爲調劑而平之此月盟莒于魯出月盟魯于莒此其刻不可緩之情誠懼與國未連齊難先發倉猝無以應之也其言追成父志特託辭以欺齊耳然齊豈受衛欺者哉故乘魯莒之盟向卽爲西鄙之侵追追師之甫還又爲北鄙之伐欲以恐喝魯莒使三國之交不固齊得逞志於衛也衛知魯

之被兵釁起於衛且有莒魯可恃亦起而爲魯伐齊矣自衛伐齊無功而齊魯之怨愈結魯遂不得不乞師於楚以抗齊難矣夫引僭暴之楚以伐甥舅之齊自屬魯之大謬而激之出此實由衛人故經之書洮向二盟也於公則不必諱且言會而不言及於莒則其辭平明爲和而不爲倡獨於衛成則咎之甚深書子而忘哀之義著屢盟而長亂之惡彰在常時則責內重而責外輕獨此事則責內輕而責外重所以誅始謀之不臧而致四國之交亂也又況越此二年晉文崛興在同姓如魯衛尤當首相輔翼以倡諸侯乃徒以與齊有隙寧事僭王之楚不服與齊之晉於是

魯幾以戍衛而受伯討衛幾以從楚而致滅亡何莫非平莒一舉以階之厲哉衛之負戾實爲重大晉文伐之職此之故論者乃以晉文之伐衛爲報衛文之不禮何其淺視晉文也豈文公譎以致楚特以報怨爲出師之名耶則不可得而知之矣

是歲丙戌襄王十七年

晉文公重耳元年　齊孝八年

楚成三十七年

二十有六年春王正月己未公會莒子衛甯速盟于向己未月十

一曰速公作遬後同向莒地

洮之盟莒子不與衛侯恐魯謂莒平未可信故復使甯速

要魯就莒子而盟于向

齊人侵我西鄙公追齊師至酅弗及 酅公作巂穀作巂弗左作不○酅齊地濟北穀城縣西有地名酅下○今兗州府東阿縣西南有酅下聚

此譏公於狄之偪王則恬然置若罔聞於齊之侵已則追之奮不顧身也

夏齊人伐我北鄙

有衛爲魯伐齊故言伐

衛人伐齊

疑以救魯

公子遂如楚乞師

乞師恥辭也而施之內何也猶未言所以用之也夫安知魯不乞之以納王乎則褻辭不啻矣何恥焉惟不乞以納王僅用以伐齊其恥乃不可堪矣故知非無故而以恥加內也或問何以知經意之如此曰凡言以者不先言乞師今下言公以楚師伐齊是以知之

秋楚子滅夔以夔子歸夔楚同姓國今建平秭歸縣○今荆州府歸州西南三里有夔子城

無伯書滅以歸不名均歸罪魯煽楚氛也衛侯滅邢名楚子滅夔不名卽外楚而不之責之意也

冬楚人伐宋圍緡緡穀作閔

此全用從內起義之例不復書爵以推而遠之者伐國圍

邑之罪可以明分滅國虜君之罪不可以明分也

公以楚師伐齊取穀

凡書以皆責所伐不當而專歸咎主兵者之辭伐齊書公以責不以伐狄勤王也又責不及楚故用專罪主兵之例

公至自伐齊

亦諱言以志過之意

是歲丁亥襄王十八年　齊孝九年

晉文二年

楚成三十八年

二十七年春杞子來朝

春來朝而秋入其國已見畧無恩義且以著魯不朝王子

鄭而自受杞朝之不法

夏六月庚寅齊侯昭卒庚寅月二十日

秋八月乙未葬齊孝公乙未月二十六日

乙巳公子遂帥師入杞乙巳九月六日

春朝秋入不唯不情且有忘公憤而急私憤之大戾故入極不日此獨書日所謂罪餘於入之外也

冬楚人陳侯蔡侯鄭伯許男圍宋

爲有晉侯伐衛以救宋故以圍書凡言圍國皆從伯起義言圍邑則止從內起義盂之會楚可書爵者以首列宋公也若宋之圍楚既主兵下宋之盟又羣奉楚子爲盟主故

預爲魯諱而楚以人稱託言未與楚子盟也

十有二月甲戌公會諸侯盟于宋（甲戌月七日）

此公因楚子在宋而往會之且蘗宋服楚遂盟于宋以宋地所以恕宋不敘諸侯義與于薄同○按晉文得國內修政治至是已餘三年矣所以天王在鄭而猶恝置之楚人肆暴亦不過問之者欲養其威力爲動出萬全計也又因諸侯之中尙有一宋足與楚抗楚亦未遂橫行中原故宋雖被圍至急猶未肯遽疾出救誠不欲以急就而亂其遠謀也豈意宋亦不能更支而遽從楚以受盟乎是中原之大更無與楚爲難之人矣齊雖未卽應楚然孤處北海未

可望以蔽遮中原倘楚遂奉王以反京師因挾天子以令諸侯名義既正其勢更不可遏天下事或不可問矣故晉亦不更能坐視迫明年之春即出而侵曹伐衛以致楚而與之戰矣幸而天方授晉出而有功假使內治未具而又不得不出出遂爲楚所敗則魯人引狼之罪可勝誅耶

是歲戊子襄王十九年

晉文三年 楚成三十九年 齊孝十年

二十有八年春晉侯侵曹晉侯伐衛

晉文知宋受楚盟則楚勢益張懲楚之舉不可更緩矣然欲懲楚必得與戰而大破之庶不至如齊桓禮楚身未沒

而楚已復出爲患蔣此意不可令楚知之知之則彼且知難而退徐復見可而進是晉終無以一諸侯之心而成方伯之望於是不惟不敢爲宋而伐楚並不敢伐從楚之陳蔡鄭許以犯楚所必救之忌第伐心雖與楚外未從楚之曹衛一若自修其鄉者無禮之怨而非與楚有纖豪芥蔕也楚又見其不偕齊秦連伐曹衛助寡怨多氣高慮淺直以爲器小易盈不足深忌遂于于然出而救衛矣然楚猶未敢決於一戰也晉亦慮楚之終不敢戰也於是又發憤入曹執曹伯以畀宋人故爲是橫暴無禮之狀宛然又一宋襄楚乃益輕其所爲不復忌之矣又楚新得宋人倘未

深信其與已一旦見晉人執心已服楚之曹伯以畀楚所
難信之宋人私忿既不能平且慮衛力不支必爲曹伯之
續使不破晉存衛何以懾服諸侯此所以卒出於戰猶謂
晉之易勝也豈虞竟爲晉敗耶然非多方以誤之則楚不
可得而敗此猶晉文譎而未詭於正之行有可襃而無可
貶者也至晉文之有事曹衛元所以制强楚於法當在所
予今乃不得與於書月以伐之予例而反同於削月以伐
之奪例者春秋之法正其誼不謀其利明其道不計其功
晉侯不急於納王而急於制楚可謂忍矣所以不得與於
全予之例也可以見春秋尊王之義矣

公子買戍衛不卒戍刺之

此魯使公子買帥師會楚師救衛也何用知其會楚魯不敢獨與晉抗也不言會楚救衛者不可言也天下無攘楚者魯猶不可從楚何況既有攘楚之人又近出同姓之親魯之翊之尤當在翊齊桓之上倘敢會楚而與晉爲敵乎以是爲不可言故不以會楚連書而各出之也然使上書公子買救衛下書楚人救衛猶之儕魯於楚與連書於一筆無異矣且晉有所伐而魯救之雖不會楚猶爲不可故不言救衛而言戍衛戍者守之於未有敵之先救者援之於已被兵之後戍者若舊備他寇救則新與晉爲難也是

以諱救爲戍也不卒戍者救衛無功明買之所以見殺也買方救衛何遂知其無功而殺之蓋非卽殺之於此時要其後事而書之於此時耳不卒戍之文固要其後事而言之文也故左傳亦言楚人救衛不克公懼於晉殺子叢以說焉晉未敗楚何以知楚人救衛之不克杜氏雖知殺子叢在楚人救衛下而不知更在楚敗城濮下不於戰後書刺公子買而豫書於此者旣以揜殺買謝晉之迹且不令買之刺與得臣之殺連書於一處此與戍救分書同是一意也舊謂書刺爲諱殺大夫不知實諱殺公子耳春秋不正公子之出奔故亦不正國君之殺公子觀於天王有殺

其弟之譏無殺其大夫之譏知其於魯亦用此義而加隱
諱也若云爲諱殺大夫則成公時公子偃未嘗爲大夫若
以大夫公子爲一類則大夫之不可以比公子其義甚明
且無解於殺其大夫公子某之文也然則魯殺大夫當如
何而書之曰從周之例不書而已矣於叔仲彭生不書卒
知之又按晉爲强國魯所素知重耳又志量不羣今一出
而侵曹伐衛其勢已足畏怖魯以伐齊取穀之役方且日
虞齊報豈敢更挑晉怒救衛之舉當由楚徵與偕不敢不
從耳由是知魯人使買之時已有以買爲說之心矣楚勝
買自可生晉勝而買之死無所逃矣仲遂等討之已熟所

以君卿舉不自將而獨使買將之當僖公季年桓公之子雖有存者應老耄不能將兵買必莊公之子以同父之親乃紿之死地而不恤僖亦忍人矣哉

楚人救衛

三月丙午晉侯入曹執曹伯畀宋人丙午月十日

曹衛抗不下晉蓋望楚救也入其國而執其君晉怒甚矣書爵以執責伯之辭非有所謂于合伯討之說也曹伯被執至畀宋人辱國甚矣猶不名者亦用責伯之例蓋責伯則諸侯之執者奔者復者舉不名也晉文既執曹伯不歸之京師者時京師非王有也畀宋人者恐宋復與楚合以

曹伯畀宋則宋亦居然楚敵而楚人折連宋之謀矣是亦

譎而不正之一事也楚執宋公不日晉執曹伯則日者晉

非楚比且有置王不納之大戾所謂罪餘於人之外也

夏四月己巳晉侯齊師宋師秦師及楚人戰于城濮楚師敗

績〇己巳月四日 城濮衞地

此城濮之戰觀經之文敘法至爲平易其實中包精義大

匪聖心何以見之論春秋内伯國而外僭國之定例當云

晉侯敗楚師于城濮不當兩平敘戰假楚以敗績之文諸

侯之從晉者亦當槪以爵書不當於絶無可議之事强降

而稱師今經文不然者皆爲魯亦從楚與戰之故讀者旣

不悟言戍爲諱救之文又不知與戰有不書之例遂謂城
濮之戰無與魯事故經之精義都無從而出夫城濮之役
非眞楚以一國而戰三國之師也從之戰者據傳則有陳
蔡許經則有魯師而衛之助戰更不待言皆爲聖人所特
削所以削魯者爲其助僭國以敵列國卽哀十三年艾陵
之戰不言魯與之例也所以削陳蔡衛者因旣爲魯諱而
并諱之卽僖十八年于甗之戰因爲魯諱而并諱曹衛邾
之例也或問是役之諱魯從楚爲其敗績乎曰非爲敗績
也觀艾陵非吳敗亦諱可知也所以必諱魯與者魯與則
楚吳當以魯故而先敘是以外及內非復內列國而外僭

國之定法矣然以諱魯之故雖不至於亂以內及外之例亦不可復用以內敗外之例此楚之所以得邀平敘更得以敗績書也是從我師敗績而類之也既類以我師敗績則與我戰者皆我之讎此齊宋秦之所以先敘而稱師也晉獨稱爵不稱師者伯國例書爵亦聊爲魯諱託於尚未至讎晉也猶楚雖後敘亦稱人不稱師明魯尚未至黨楚也至於敗績則魯實共之不能復諱黨楚矣故不言楚人敗績蓋聖意之委宛曲折至於如此而讀者僅以尋常偏戰視之殊可惜也又按魯至助楚居然戰晉宜爲晉所必討乃竟獲與踐土之盟者晉所深恨者惟衛其餘則有意

包容雖從楚已久之陳蔡猶歸斯受之況魯又自殺其將帥以謝罪則亦不必苛待矣是亦魯之大幸然必殺其貴公子以謝晉晉始收與共盟則自己巳至癸丑此四十五日之間魯君臣惶悚乞憐惟恐不免之情狀亦大可哀矣嗟夫魯僖當齊桓在時所稱周公之孫而荆舒是懲者也不謂暮年反以從楚之故屢遭屈辱至於不可名狀由是知季友之賢非臧文仲所及若公子遂則更不足道矣

楚殺其大夫得臣

經例其國嘗以號舉者不書其殺大夫今書楚殺其大夫者亦是由魯而進之自是楚以書殺大夫爲常矣又經例

有伯之時諸侯大夫應書者不分有罪無罪均爲書氏今得臣獨去氏者蓋爲魯與共事之可恥故推而遠之若魯亦以爲有罪而幸其伏法皆假託之辭也又按得臣桀鷔之才前此未經敗衂不無狃勝之心而晉文又新出素無威名且多方以致始得一捷非一味淺躁者可比使楚子不殺而復用之得臣必感恩懲敗誓雪此恥而後已天下事未可知也今楚自殺之誠所謂楚再敗而晉再克矣楚之不能肆行中原職此之故是乃當時一大幸事乃說者猶憾楚子之不能如秦穆之用孟明豈非教猱升木而望楚遂爲問鼎之舉耶其非經指亦已明矣

衛侯出奔楚

衛侯知晉侯之意必不相容故懼而奔楚奔由伯者逼之故不書名

五月癸丑公會晉侯齊侯宋公蔡侯鄭伯衛子莒子盟于踐土癸丑月十八日○踐土鄭地○括地志滎澤縣西北十五里有王宮城城內有踐土臺滎澤今屬開封府

晉既勝楚即應舍衛因率已服諸侯遄往至鄭奉王而歸京師以稍贖其鄉者不得已而遲之又久怠不勤王之愆庶幾臣子之用心乃以深恨衛侯之故必欲執而廢之而後已雖天子播越已久猶爲緩事此其意中豈復有王耶使衛侯攖城死守持久不下則奉王之舉不知更在何時

惟衛侯見幾奔楚晉文知不可猝得矣始罷伐衛之師至鄭迎王聖人録其痛懲强楚之偉績諒其數年韜晦之苦心故不復明書王反以爲之諱所謂外以諱爲善也然而有朝于王所之書則雖諱而不失其實而其逞小忿而忘大倫之罪亦因以著矣衛子叔武也衛侯尚冀晉侯之舍已故身雖奔楚猶使元咺奉叔武以受盟晉侯乃即立叔武爲衛侯經故以衛子書之子者諸侯當喪未逾年之稱則一稱衛子而晉文廢置諸侯之罪與叔武妄竊非據之心皆見矣

陳侯如會

陳久從楚今改事晉此去逆即順也聖人予之雖不及盟亦以如會書按春秋會盟凡後期者不書獨此年陳侯如會襄三年陳侯使袁僑如會則書者以二君皆不及再會而卒書之以明其生前皆已悔過去異即同初不賴嗣子之改圖也春秋之不沒人善有如此者

公朝于王所

王出居于鄭未反故名所居爲王所猶後世言行在所初非有所非其所之譏也諸侯皆朝獨書公者善則歸君也朝于京師不言朝朝于王所則言朝者以爲非常有之事也若朝京師則常事故反不可書也

六月衛侯鄭自楚復歸于衛

晉侯率諸侯朝王叔武亦在其列是王已許晉廢衛侯矣故名衛侯以歸故於王蓋責王不能治晉侯廢置自專之罪也已有不屑責晉之意矣言復歸者明伯與內所不與也據左傳衛侯反國前驅射殺叔武經不書叔武之死者武不能力請晉侯之復君而又甚利晉侯之立己故盟時已以衛子書之子者君薨嗣子未逾年之稱叔武而稱子是武已有死其君之心而不爲無罪矣故雖被殺不書亦所以預明元咺爲叔武訟冤之非辭也

衛元咺出奔晉

元咺敢用晉侯之命卽立叔武爲君比衛侯反國殺叔武又敢因晉怒之益甚奔晉而訟之以期必廢其君而後快此其行徑復與亂賊何異晉文乃敢爲之執君而獄之更聽其別立衛君是黨賊而已矣豈得復爲伯主哉

陳侯欵卒

秋杞伯姬來

舛起婦女者還以婦女弭之觀此益知入杞之役事發聲姜也不然一女歸寧何關國是而必煩特書耶

公子遂如齊

齊怨已平書以志幸

冬公會晉侯齊侯宋公蔡侯鄭伯陳子莒子邾子秦人于温

穀無齊侯

此晉文受元咺之愬欲致衛侯於會而執之所以必于温者其時狄畏晉討已棄温還周晉因假爲王畧地之故大會諸侯焉其實以温近于衛使衛侯不得不來也比諸侯會温衛侯畏晉不敢出晉文於是又請王出狩河内且受諸侯之朝衛侯雖知晉意之惡亦不敢不至矣是則晉侯之召王秪爲誘致衛侯也其目無天王爲何如所謂譎而不正也説經者乃以温之會爲謀伐許而召王之舉不過仍邀下勞之榮於執衛侯若全無與者是直爲晉文所欺

而已矣

天王狩于河陽狩穀作守○今河内有河陽縣○今屬河南懷慶府

此實晉侯召王行狩以致衛侯聖人以爲召王之名已不可爲訓況更用以誘致衛侯乎故書若天王自狩所以正君臣之分且不與王爲晉致也其實天王至溫耳不言狩于溫者諱天王之如會也河陽非地名以溫在河内水北爲陽故言河陽以别溫

壬申公朝于王所壬申十月十日

壬申不係月特創月也全經無不係月之日凡杜所云有日無月者皆日誤耳惟此爲特創月所以惟此爲創月者

經例書月皆有予奪寄於其間而又予者少而奪者多若壬申係月則必於溫會書十月而會例又不書月則嫌於爲王狩書月春秋之法凡王有屈辱事涉外藩者悉不書月嫌奪及天王也故出居于鄭敗績于茅戎亦不書月天王狩于河陽正用此例蓋不例一後事書日之月則王辱不月之例無自而明也然亦因義起天王雖破格例之亦不致駭怪耳又按夏閒公朝未嘗書日此獨書日者乃爲晉侯執衛侯書日也蓋晉侯率諸侯於壬申日朝王衛侯亦在其列晉侯因而執之是執諸侯於天威咫尺之閒也無王極矣何以知衛侯卽執于此日春之執曹伯也書日

故知執衛侯必書日夏朝於王所不書日故知此之書日

爲執衛侯非爲朝也想舊史紀此必書作公會某某朝王

于溫晉侯執衛侯歸于京師如是則晉侯執人于王所之

罪彰矣然而王之不能赫然而怒以正晉侯之罪公之不

能義形於色以斥晉侯之非其庸懦不剛之狀亦因之而

畢彰矣聖人欲爲天王全至尊之分爲內君免阿媚之譏

故不復直書第冠執之日於朝之上而其事已了然矣三

傳紀晉執衛侯各爲一說左氏言訟不勝而執且在朝王

前顯與經背穀梁言入而後執則晉並未入衛惟公羊有

執人於天子之所之語似爲得之然亦疑止言執之於河

陽未能明言執於朝時也其不能諦觀經義則一耳或問

執曹伯之書日爲兼有罝王不勤之罪也今執衛侯在勤

王之後安得復云爲執書日乎曰執諸侯于天子之側其

罪視不勤王更大故知日朝爲執衛侯也

晉人執衛侯歸之于京師

是時王在河陽晉執衛侯亦當留之河陽以聽王廢置何

乃不俟王命遽歸之于京師乎是使王不得早用其恩而

晉得行其深室進酖之慘也此皆譎而不正之事也奪伯

故稱人

衛元咺自晉復歸于衛

此晉文既幽衛侯因令咺歸别立君也抑君右臣其罪大矣既奪其伯故咺雖歸自伯國亦以復歸書

諸侯遂圍許

觀此筆則召天王執衛侯復元咺皆會溫一舉之事矣猶有指爲入而後執者眞異事也言圍許明諸侯自負無王之罪不足以服許也

曹伯襄復歸于曹遂會諸侯圍許

既奪晉伯故曹伯之歸雖晉專之亦名且稱復歸

是歲已丑襄王二十年

晉文四年

楚成四十年

齊昭公潘元年

春秋箋例卷十一終

春秋箋例卷十二

奉新趙儀吉輯

僖公

二十有九年春介葛盧來介附庸小國葛盧其君名未王命故書名介在城陽黔陬縣○今萊州府膠州西南七十里有黔陬城

義詳冬來

公至自圍許

凡公出有二事而於一事須爲諱者則以不必諱之事書至不問事之前後也如會于淮之後有滅項嘗諱爭則以會至圍許之前有目無天王抑君右臣諸惡則以圍許至

夫言圍所以明己亦有闕非美辭也故書圍者恒不以圍

至如襄十八年書公會某某同圍齊明年書公至自伐齊是也至定十二年書公圍成公至自圍成則明若非不討意如之定公不可輕以圍至也茲於僖公亦以圍至者卽以其有坐視晉侯倒行逆施而莫能止之戾故不肯以會至也然此猶因晉侯所累故尙可以圍至若下文公與諸侯之大夫上盟王臣於天子之都則魯罪亦大矣故翟泉之盟公往反皆諱不書欲求以微罪至而不可得矣此皆經意譏貶言外言內天然自有之等差爲自來所未經尋繹者也

夏六月會王人晉人宋人齊人陳人蔡人秦人盟于翟泉會上

公穀有公字翟公作狄翟泉洛陽城內太倉西南池水也○今河南府洛陽縣東北二十里有翟泉古城

左傳夏公會王子虎晉狐偃宋公孫固齊國歸父陳轅濤塗秦小子慭于翟泉尋踐土之盟且謀伐鄭也按盟之亂雜無等至翟泉極矣故諱公而王臣稱人猶書月者貶意已大彰於書法也

秋大雨雹

冬介葛盧來

春來不言朝以公在外未成朝禮也冬宜成禮矣仍不書朝者明介之意不在朝且公在京師既不成朝王則亦不敢明書小國之朝也介本齊之附庸在魯之北齊見晉侯

行多不順久有絕晉之心而懼於難端之自發將使介人侵宋附庸之蕭以試之齊欲背晉必將連魯而蕭在魯南介之侵蕭道必經魯故使介朝魯以言齊情因春末見公故復使來朝亦以翟泉之盟屈敘宋下叛志愈決也故明年間晉圍鄭介人遂侵蕭矣

是歲庚寅襄王二十一年　齊昭二年　晉文五年　楚成四十一年

三十年春王正月

夏狄侵齊

魯與諸侯無救者故以侵書

秋衛殺其大夫元咺及公子瑕

咺之所爲與亂賊無異而以殺其大夫書者明咺非得晉力不能復爲衛之大夫也公子瑕者晉所許咺別立之君也瑕爲逆賊所立是亦賊也不以國氏猶稱公子者不與咺得立瑕且以大夫及公子明咺累瑕而晉累咺也由是言之不惟不暇罪瑕亦且不暇罪咺乃有並不罪咺而怨咺者何夢夢也又是時衛侯尚未歸而書從國殺者不絕衛侯於衛也

衛侯鄭歸于衛

歸出王意故書名而不言復不言歸自京師者王不自謂

京師也

晉人秦人圍鄭

已奪伯故人晉

介人侵蕭

明魯與之故書侵以從責内之例

冬天王使宰周公來聘

王臣舉官臨内之賤者起義譏魯以公子遂報聘已爲不稱而又以二事出之也大夫非賤者以王之冢宰臨之則賤耳

公子遂如京師遂如晉

譏等周於晉且意重在晉

是歲辛卯襄王二十二年 晉文六年 楚成四十二年 齊昭三年

三十有一年春取濟西田

此晉恐魯貳齊故令曹還所侵魯田以固魯聖人以土田之錫乃天子所以貺諸侯魯不當受田於晉故以取書取者不宜取者也

公子遂如晉

左傳襄仲如晉拜曹田也

夏四月四卜郊不從乃免牲猶三望

天子以冬至祀上帝於夏正孟春祈穀于上帝禮行于郊故曰郊魯行之僭也其初猶止僭祈穀之郊其後并僭冬至之郊矣經言牛災必於正月蓋思僭冬至之郊也言龜違必於夏蓋僭祈穀之郊而過時也卜者卜日也冬至有定候故不卜日祈穀用辛故卜日卜日者於前月下旬卜之不從更旬再卜卜不過三過三非禮矣或言牲或言牛者龜違者與牛無預故成之爲牲牛災者不復成牲故雖改卜止號爲牛矣免牲言乃者著從義之甚艱三望言猶者惜改過之不盡也三望者就天子四望而損其一也四望所祀雖無定論然既可総爲四又稱方望則不離乎四

方者近是稽之春官各職凡已言四望者卽不更言四方已言四方者卽不更言四望此其明證也若從康成五嶽四鎭四瀆之說姑無論所祀旣多不可限之以四且嶽鎭瀆究不外於山川而考典瑞之文言兩圭有邸以祀地旅四望矣中間越祼圭有瓚以肆先王圭璧以祀日月然後乃言璋邸以祀山川是四望且先於日月其不在山川之類亦明矣若謂嶽鎭瀆是就山川而取其大者則大祝之職又何以於有事於四望之下更言於過大山川則用事焉也故知康成之爲臆說也然四望之卽爲四方先儒惟孔氏穎達於毛詩簡兮正義有此言山川而云四方者以

周禮言天子法四方爲四望故注云四方之祭祀謂四望也此其意本非疏四望故獨無意而得之至其下復引鄭注則由知之不真之故也夫四望既爲四方是惟天子之撫有四方者始得全祀之魯實未能專其一方而乃於天子四望僅三分損一已爲不道又況其三望之意本以國於東方不必更望姑望其在南西北者是雖三望猶四望也其僭妄實與郊天無異聖人以爲尙知三分損一差爲可道故以猶三望書之其實歎息痛恨於言外者已多也

春秋書郊凡九筆義殊不易見彙錄於左以便比觀

僖三十一年　夏四月四卜郊不從乃免牲猶三望

宣三年　春王正月郊牛之口傷改卜牛牛死乃不郊猶三望牛死則不郊不待言矣然猶言乃不郊故知乃不郊爲示譏之筆

成七年　春王正月鼷鼠食郊牛角改卜牛鼷鼠又食其角乃免牛　夏五月不郊猶三望改卜牛又角虧亦不必免牛矣且不必更言不郊矣今免牛不郊並見者政以見不郊之書爲重於免牛也餘詳後

成十年　夏四月五卜郊不從乃不郊五卜最爲非禮故書不郊不郊之爲譏重也

成十七年　九月辛丑用郊

襄七年　夏四月三卜郊不從乃免牲三卜差爲近禮故書免牲免牲之爲譏輕也

襄十一年　夏四月四卜郊不從乃不郊

定十五年　春王正月鼷鼠食郊牛牛死改卜牛　夏五月辛亥郊

哀元年　春王正月鼷鼠食郊牛改卜牛　夏五月辛巳郊

右凡龜違者四牛災者四非時而用者一除非時而用者另註其八章皆可比類而觀以得譏貶輕重之等蓋牛災之譴重於龜逆而免牲之譏輕於不郊郊者魯之所當深諱者也不惟郊不容輕書即不郊亦不肯輕書故於書牛災龜逆可以見天意於書免牲不郊可以識聖心先言其

龜違者此年書四卜郊不從若以襄十一年例之其下宜書乃不郊然而書乃免牲者以初書僭郊之始不得不寓與人遷善之意且有成十年五卜者在後則此時雖猶三望亦可不書不郊以冀不遠之復焉至襄十一年又書乃不郊者則以屢書僭郊之後不可不深助人爲非之懼且一君之身七年猶止三卜今何亦效四卜遞而增之寧有旣乎故其時雖不三望而亦書不郊以防末流之漸焉益龜違者四譏未有輕於襄之三卜而重於成之五卜者觀於三卜之書乃免牲然後知僖三十一年乃免牲之書實由重而之輕也觀於五卜之書乃不郊然後知襄十一年

乃不郊之書實由輕而之重也其實免牲卽不郊之別名也婉言之則爲免牲質言之則爲不郊耳此聖人用示譏貶淺深之例也其牛災亦四郤分爲二類以改牛再災因而不郊者爲一類以改牛不災因而遂郊者爲一類前一類則宣之三年成之七年是也而宣三年之譏重益郊牛無故而口傷及改卜牛而牛又死然後乃始不郊而猶三望不唯示災至重且三望于正月是直擬僭冬至之郊矣故其譏獨重若成七年則獨其先不應改卜牛其後不應猶三望耳且牛災亦輕於宣三年然旣言乃免牛又言不郊者幸其不三望于正月踵宣公之擬僭冬至之郊故於

正月即書乃免牛惜其猶三望于五月終于祈穀之郊未能忘情也至後一類則定十五年哀元年是也雖書牛災有直有婉至其書某日郊則皆直筆也視書不郊而尚以為貶者又過之矣夫自僖公而下昭公而上改牛不災因而遂郊者不知凡幾矣未嘗於夏時一質言郊獨於定之末年哀之元年連書夏郊者以二公為夫子所親事故直書夏郊以當有犯無隱不比先君之過一律宜諱也由是知某日郊重於乃不郊乃不郊重於乃免牛乃免牛重於乃免牲乃免牲者致譏魯郊最輕之辭也或者不知乃以為卜免牛則免牛卜免牲則免牲蓋聞卜之而後用者矣

未聞舍之而猶須卜者也

按魯之郊禘據戴記則賜自成王然疑成王賢聖之君親與周公致禮明樂備之休必不肯以非禮辱周公之廟況五等列爵周公之子與蔡叔之子同比侯封未嘗以周公之故爵魯爲公則其不肯以天子禮樂賜魯亦已明矣不寧唯是閟宫之詩王曰叔父以下鋪敍成王之優魯至土田附庸亦皆言之而畧不及廣魯於天下之意直至已言莊公之子矣乃始影約言郊禘之事而猶未敢犯郊禘之名如所謂皇皇后帝皇祖后稷享以騂犧是享是宜是也夫諸侯賜圭瓚然後爲鬯此亦非甚異數也然釐爾圭瓚

秬鬯一卣江漢之詩猶稱敘以爲召虎之榮豈有諸侯而
用天子之禮上之則有天討之可畏下之則有清議之難
逃又當歌功頌德之餘反不旨言其禮之所自來以別嫌
疑於僭竊者是郊禘之非賜自成王此尤其明徵也呂氏
春秋載惠公使宰讓請郊禘禮樂於平王平王使史角往
魯惠公止之劉原父意林引之以證成王無賜魯重祭之
事且云使成王之世而魯已郊矣則惠公奚請斯言誠是
也夫不韋著書之時政諸侯放恣處士橫議之極之時也
猶能言平王之不允魯請且其立言之意爲史角之後在
魯實始爲墨翟之學則呂說尤爲可信是魯至惠公之世

乃始僭用郊禘觀其敢比王臣則王雖不允彼可自爲之矣自惠公以後隱既不自以爲君又能初用六羽則亦稍知等威者桓公簒立懼討莊公始終畏齊均不敢爲此豪舉至於僖公數從齊桓有功外侮不興國家寧謐乃始決意用天子禮樂觀閟宮之詩於周公之孫徑接以莊公之子然後言郊禘之事又春秋至僖公之編始見禘于大廟及卜郊三望之文是郊禘雖僭自惠公而其視等常禮則斷自僖公無疑也不然桓之不臣莊之不子二君在位共五十年若已用郊郊必屢矣何以龜皆不逆牛盡無災必待僖公以後乃始有四卜五卜改牛免牛之事天道尚爲

有知耶此皆足以證戴記之誤而信成王無賜魯郊禘之事也

秋七月

冬杞伯姬來求婦

婦人無外事況爲子逆婦乎前後共二百餘年都無此事獨此六七年間乃有來蕩伯姬杞伯姬二人得非聲姜以二姬皆內女因欲自王嘉禮親接姻婭故令其姑來逆婦耶不然公雖惰怠已甚不應混瀆男女之禮至於如是也蕩伯姬言逆此言求者前四年魯猶於朝後入杞伯姬有不得婦之懼故爲書求以明其意

狄圍衛

書圍以責晉之不救致衛遷都避狄

十有二月衛遷于帝丘（于穀作於帝丘今東郡濮陽縣故端項之墟故曰帝丘○今大名府開州有端項城）

是歲壬辰襄王二十三年（晉文七年　齊昭四年　楚成四十三年）

三十有二年春王正月

夏四月己丑鄭伯捷卒（己丑月十七日　捷公作接）

衛人侵狄

明內與伯有不與其伐之意故以侵書

秋衛人及狄盟

諸侯無與衛者衛不敢不舍狄而與之盟書及所以恕衛也

冬十有二月己卯晉侯重耳卒己卯月十一日

是歲癸巳襄王二十四年

晉文八年　楚成四十四年　齊昭五年

三十有三年春王二月秦人入滑滑畿內國

書之以著秦罪而表晉襄敗之之是

齊侯使國歸父來聘

齊思背晉久矣而魯自受田之後事晉不懈非齊所喜也

故公子遂之聘五年而不報蓋取穀之怨猶未能忘也晉文已卒政齊侯得行己志之時益思結魯以抗晉故使來聘且示取穀之怨齊自不報非制於晉文而不報也於是齊魯復合疑子叔姬之歸齊亦在此時

夏四月辛巳晉人及姜戎敗秦于殽辛巳月十五日　秦下左穀有師字殽秦地

秦不稱師絕之也何以知非闕文卽以姜戎同晉主兵而又不書獲帥知之晉止稱人者秦既不稱人晉自以稱人爲子也〇案陸氏仲沖有晉文未葬晉襄用師不稱子而稱人之解此爲不知經例春秋無逾年猶稱子者故僖公未葬文公已書公卽位宣公未葬成公已書公即位在內

且然在外何獨不然

癸巳葬晉文公

狄侵齊

魯利齊有狄難將間之虐邾譏狄以侵葢引狄與魯爲一

公伐邾取訾婁訾婁公作崇穀作訾樓

秋公子遂帥師伐邾

齊非不急邾因恐魯堅事晉不得已而以邾餌魯

晉人敗狄于箕箕晉地太原陽邑南有箕城○箕城在今山西太原府大谷縣東南三十里

齊未附晉晉不之怪爲之敗狄不愧於伯故從正例稱人以予之

冬十月公如齊

齊感晉之取狄忌晉之意稍懈遂仍爲邾詰魯公朝謝之而見止想緣疾甚始釋歸也故月朝以志危

十有二月公至自齊

乙巳公薨于小寢乙巳十一月十二日

左傳薨于小寢卽安也

隕霜不殺草李梅實隕公作霣

杜氏曰書時失也周十一月今九月霜當微而重重而不能殺草所以爲災案杜言霜重以書隕知之所以知書隕爲霜重者以殺菽亦言隕霜知之隕霜不殺草乃上之威

不足懾其下下之心不復嚴其上之兆也至李梅之實則又甚於草之不殺葢直示之以其勢已成不止其漸可畏夫李梅夏實乃見之於冬是直以大造肅殺之時爲小物生成之候君令不行權臣得志咎徵之見未有顯於此者葢魯至僖文之際而國運一變此祿去公室政逮大夫之候也論者乃猶以政逮大夫在季孫宿當國之時不獨昧於人事亦且憒於天戒矣

晉人陳人鄭人伐許

許自文公時已不服晉襄公繼伯會陳鄭伐之正也故附於月伐之例以予之止稱人者大夫將也其時魯扼於齊

未敢從晉故不會伐

是歲甲午襄王二十五年

晉襄公驩元年　齊昭六年

楚成四十五年

春秋箋例卷十二終

春秋箋例卷十三　　奉新趙儀吉輯

文公

元年春王正月公卽位

穀梁傳繼正卽位正也范注繼正謂正卒也

二月癸亥日有食之癸亥月一日公日上有朔字

天王使叔服來會葬

僖公於惠王之喪茲卿不往而魯僖之葬襄王乃使大夫會之可謂反常矣故書以示譏而會葬成風王不稱天之爲尤貶亦見矣又按凡王臣出聘侯國及會葬錫命歸賵歸脤諸禮皆先王舊典非至東遷始有也而自諸侯不朝

不貢以來聖人之意以爲此皆悖逆不法之臣得免大討幸矣先王慶卹諸禮皆當止不復施以示因時制宜之道諸禮惟聘問至輕尚可沿用然亦視施之當否以立義故有竝不致譏若書祭叔來聘者其餘則皆在所貶矣是以皆以使書然而會葬錫命諸禮想羣公邀者亦多豈能悉書每事各書一二以定譏貶淺深之例而已是故周會魯葬不止施之僖公成風也獨僖公成風書者以僖公簡禮王喪成風秖是庶妾故也而禮妾之非視過卹諸侯爲尤甚故王有稱天不稱天之別政如錫命魯侯不止施之桓公文公也獨桓公文公書者以桓公身爲亂賊文公喪未

小祥故也而賞賊之惡視在喪賜服爲尤甚故王有稱天不稱天之别此所謂譏貶淺深之例也或問成八年書天子使召伯來賜公命復是何義曰錫文公命譏王不卹諸侯之喪賜成公命則譏王自忘君父之喪至不稱天王稱天子不言錫命言賜命之義詳在本事

夏四月丁巳葬我君僖公丁巳月二十七日

天王使毛伯來錫公命

錫爲魯侯之命時嗣子方卒哭去服闋朝王時尚遠而先來錫命譏濫恩之過早也又按葬僖公已是月之二十七日則自錫命至衛報伐晉決非盡四月事然不復用月則

俱月之例者爲錫命不可過於譏王而削之以此益信會

温削月之有故矣

晉侯伐衞

衞兄弟之國雖未服晉晉襄當禮致之不宜遽加以兵故用責伯之例書爵蓋既有錫命之文以間於上則非復是

蒙上書月之予辭矣

叔孫得臣如京師

杜氏曰拜錫命得臣叔牙孫

衞人伐晉

衞報伐晉其從齊視魯爲堅矣書伐魯所欲也

秋公孫敖會晉侯于戚

晉侯欲會東諸侯如齊魯之屬故親至于戚以待之齊自恃大國不來魯雖不敢過抗亦止遣敖會之敖會而晉侯愈怒卒徵公朝使下盟處父以報之襄固量褊亦文公自取之也

冬十月丁未楚世子商臣弒其君頵丁未月二十日頵公穀作髡

人生五倫君父爲大世子弒君滅兩大倫亂臣賊子一身兼之矣而舉國臣民猶奉以爲君幾何其不胥而爲禽獸也入春秋來楚君竝不書卒誠絕之也至是遺人倫之變則亦不能復以楚故而不書矣使晉襄能率諸侯問罪商

臣因而正其僞號楚之臣予非諸逆黨豈無痛心刺骨起而應之者哉惜乎襄之不能也經於是奪襄伯矣

公孫敖如齊

告齊以將朝晉也

是歲乙未襄王二十八年

晉襄二年　楚成四十六年　齊昭七年

二年春王二月甲子晉侯及秦師戰于彭衙秦師敗績甲子月九日彭衙秦地馮翊郃陽縣西北有彭衙城○在今陝西西安府白水縣東北六十里

前者秦無顧忌爲患王畿晉襄要而敗之春秋內晉而外秦使不得與晉齒蓋亟予晉也今晉舍商臣不討而伐秦

則無當於伯矣於是晉書爵以匹秦師秦平敘而稱敗績汎而觀之亦似不失姬先異姓伯先列國之常而律以于殺之書法則所以驟進秦而亟抑晉者已至矣此春秋所以重屬辭比事也

丁丑作僖公主

舊多譏作主緩非也文公方將以非禮尊禰廟其肯以常禮得爲者而反緩之是作者改作非始作也蓋練時已立栗主至是躋祀之議已定則僖公之主有須改作者若世次始終之類有顯與閔公交涉者既欲躋之閔上則此等均須文飾故必改作並知亦改閔公主經不書者惡大不

可言但書作僖公主使人自知之猶書躋僖公不言躋于誰右亦使人自知之書曰重其失也

三月乙巳及晉處父盟乙巳月二十日

此晉特辱公以報公孫敖會戚之嫌也去氏舉名以王法治處父之犯上且託於公未親接也而歸罪晉襄之意亦見矣盟不地晉都也何以知非盟于魯未先言處父來也不書公如蓋用翟泉之例

夏六月公孫敖會宋公陳侯鄭伯晉士縠盟于垂隴縠縠作縠垂

隴鄭地公穀作垂斂滎陽縣東有隴城○隴城在今開封府滎澤縣東北

此伯國大夫主盟諸侯之始所謂伯主不自爲政一切委

之柄臣者也士穀未敘特聖人位置如此其實士穀卽盟主也是時公猶未反葢晉人止之以邀盟魯臣故知處父之盟祗用辱公初不以盟公爲可信也自晉人脅公止公而諸侯始覺晉襄之可畏不敢復以晉臣主盟爲恥矣然豈有心服者哉襄葢自是不能復合諸侯矣當其初立敗秦狄伐許衞似大有爲者自置商臣不討之後漸無遠略徒妄自尊大而祿亦盡矣器小易盈盈則必蕩天之道也

自十有二月不雨至於秋七月

穀梁傳歷時而言不雨文不憂雨也不憂雨者無志乎民者也

八月丁卯大事于大廟躋僖公丁卯月十五日

躋僖主于閔之西也僖雖於閔爲兄然嘗北面臣閔豈可以臣而躋于君上乎變棄典禮莫此爲甚矣疑此亦禘祭不言禘者譏禘之意巳再見此時譏意亦不在禘也

冬晉人宋人陳人鄭人伐秦

晉伐稱人奪伯也蓋譏不討楚而伐秦也

公子遂如齊納幣

譏在喪圖昏也

是歲丙申襄王二十七年

晉襄三年　齊昭八年

楚子商臣元年卒謚爲穆

三年春王正月叔孫得臣會晉人宋人陳人衛人鄭人伐沈沈潰沈楚屬國汝南平輿縣北有沈亭○今河南汝寧府汝陽縣東南六十里有平輿城

此予中原諸侯能同心仇楚而伐其屬國故爲書月而內不言帥師然惜不能乘勢伐楚以討僭賊於何見之經例凡侵伐而言潰者其下必更有事伐沈沈潰之下無事故知惜不伐楚至有以不敘大夫爲貶者誤也經之正例以公會之人爲諸侯卿會之人爲大夫而公會之人爲貶卿會之人不爲貶大夫以無名爲貴故自伐沈以前雖伯國之師不稱將帥責不及大夫也惟自是冬救江伯國始稱將名其後大夫遂以稱名爲常稱人爲貶矣故是年亦世

運遞降之一大關會也

夏五月壬子虎卒

王以其嘗盟翟泉特命赴於諸侯故名而不爵所以同於劉卷而異於尹氏也由是益信諸書王人之爲貶而子突決非下士矣

秦人伐晉

上年晉伐秦書人此秦伐晉亦書人蓋比而同之明待襄之等與初伐衞時迥異也

秋楚人圍江

觀下晉救江是此時江又背楚即晉義與譏齊桓同

雨螽于宋

言螽下集如雨之多此從宋告文

冬公如晉

觀此足知前諱盟處父之意

十有二月己巳公及晉侯盟（己巳月二十四日）

晉陽處父帥師伐楚以救江（公穀無以字）

外書將帥於是始亦所以譏晉也外凡書將明是役即是人爲謀主而書帥師與否其義則與內不同外書帥師明有君不書帥師爲無君此其所以爲不同也書以救江者明非能討商臣也書法與宋災故略同

是歲丁酉襄王二十八年

晉襄四年　齊昭九年

楚穆二年

四年春公至自晉

自是內君有如必至明其往反不能自主也至朝晉見却至河乃復則又甚矣夫魯弱非由國削也人亡政息耳無競維人四方其訓之諒哉

夏逆婦姜于齊

春秋內娶夫人之例其逆也無論君親逆卿代逆皆稱女其至也無論君同至卿以至皆稱夫人有姑者至時加言婦姑係適姑若齊姜之姑穆姜則婦信而稱氏姑係簒姑

若穆姜之姑敬嬴則婦屈而不稱氏至於夫人之稱則從同所以皆稱夫人者國事統於君夫人之稱則據君言之也據君言之似應早正夫人之稱而逆皆言女何也以君未行夫婦之禮亦所以養廉遠恥也未成夫婦之禮卽不可遽稱夫人卿初以至得遽稱夫人何也從臣子尊之之辭如劉單之以王猛也故內娶以先稱女而後稱夫人爲常也獨此年文娶出姜前不言誰逆女後無夫人婦姜氏至自齊之文但言逆婦姜于齊書法簡賤至此極矣此公羊所以疑娶于大夫也然而納幣已使卿後歸寧往反必稱夫人此非他夫人所有也其非娶于大夫亦明矣故公

羊不足據也左氏解爲貴聘而賤逆以符其賤者不書之謬例益左氏凡遇書事而不書尸事爲誰者輒云賤不書名而不知經皆爲尊者諱也雖桓公時嘗一施之將帥亦因不成桓爲君故將帥亦當爲諱而將帥究非賤者經豈嘗爲賤者諱哉此穀梁公逆之說所以較左氏爲有見而後人之從之者亦無怪其多也然而親逆自有莊公之例在文公何獨不可書作公如齊逆女則公逆之說亦非也或曰文之逆不可以莊例也文固成禮於齊者也故不言逆女而速婦之至於不稱夫人與氏則夫人與有責焉耳曰婦人不專行出姜縱成禮于齊其父與夫之過也於女

子乎何尤是穀梁責及夫人巳爲不情至宋儒又襲左氏成敗論人之陋見而加文致焉至舉異時子弑身出之禍悉兆於此尤爲說春秋者之惡習使始至不以禮者卽不善其終則新臺之宣姜何以允於衞而子得立也且穀梁之所謂成禮于齊者非惡其未祖而先配耶若然則經當斳其養廉遠恥之意爲遽書夫人以示譏葢經例女至而君親受之於外者皆輒稱夫人雖卿逆者不復言以至如桓娶文姜可按也是未配者尚有譏意況巳配者之可恥反不徑言夫人而言婦乎善讀者因經言婦卽可知譏不在公何者春秋因嫁娶而稱婦者皆是姑婦之婦從無夫

婦之婦爲夫可以稱妻爲夫人而姑則不可稱婦爲夫人
故須質言婦也言婦於夫何譏焉且夫成禮於齊當亦非
甚大惡也雖未可上比館甥之禮亦不至下同淫奔之徒
奈何視之等弑逆之大故諱之若國家之深恥於公則削
其往反之迹於姜則削氏且削夫人雖莊公之娶讎人之
女哀姜之爲讎人之女者其貶絕之意猶未至如是之甚
徒以駭人聽聞幾莫測其罪之所至及徐而察之又不過
成禮於齊此其張皇可笑反不如左氏公羊之近情是穀
梁特臆說之尤者耳然則何爲不言逆女而言逆婦曰此
姑自逆婦之文也一屈於姑爲篡姑故不稱氏再屈於姑

自往逆故不得稱夫人是故他公之昏也其逆非君則卿皆可書者也其至非公同至則卿以至亦皆可書者也可書則兩書之故逆得言女而來得書至今以聲姜代逆故諱既宜深屈又加重其往也不可言夫人姜氏如齊逆女其來也不可言夫人姜氏以夫人婦姜至自齊兩不可書則一書之一書之自當言逆婦姜于齊而止而又何必言女言至哉且逆旣非禮何能一一皆以禮衡姑自逆婦至此而三矣皆聲姜一身所造爲賓主者也宋蕩伯來逆婦矣杞伯姬來求婦矣彼所求且逆者皆內女也尚可據姑逆言婦而不必據母家言女獨奈何於姑逆外女必言女

而不言婦哉如穀梁言將二姬皆挾子同來成禮于魯者耶何其速婦之也適見其疎於求經而妄於立說而已矣或曰謂之姑逆信有徵矣然似聖人之治聲姜過嚴也曰治聲姜不能不嚴也彼蓋以妾篡適之賊也故於其初致大廟也卽用誅文姜之例不書姜氏以絕之矣其後惟於越禮可恥之事如偕僖會齊侯或獨出會齊侯則必用文姜會諸兒之例直書夫人姜氏以醜之此外未嘗一稱夫人至死而後已茲又越棄禮法逆婦於隣封非不可直書以示貶但念聲姜不足惜而魯國可惜故於姜則仍絕之不輕於嘉禮而予以夫人姜氏之稱於魯則爲諱之不肯

於望國而暴其姑自逆婦之失此皆生殺互用之筆也

狄侵齊

書此以見晉襄之不復懲狄

秋楚人滅江

書以終齊桓之誤江而楚不忌晉亦因而見

晉侯伐秦

伐楚救江之役晉特不善爲出師之名耳至其自伐沈以後能不畏楚而屢挑與戰而楚反避之尚足壯中原之氣故還以責伯之例待之而書爵不得與於書月之子例者以伐秦而非伐楚也

衛侯使甯俞來聘

前衛所以敢於伐晉者以魯已從齊東方解體晉必不能復伯也及甯俞爲政見晉窘魯魯復從晉衛不能獨與晉抗於是以得會伐沇爲幸矣然終虞晉憾未釋因晉魯已懽然無間故聘魯以求其託於晉亦其知可及之一事也夫甯武子春秋大夫之最賢者也其行事嘗爲聖人所深許於其來聘雖用女叔之例字之可也乃與其他聘使一律名之者事止睦隣固圉無關於尊王討賊之大義故不取也

冬十有二月壬寅夫人風氏薨十二月無壬寅壬寅十一月三日風氏僖公妾母

是歲戊戌襄王二十九年

晉襄五年　齊昭十年

楚穆三年

五年春王正月王使榮叔歸含且賵珠玉曰含車馬曰賵

案何氏謂含爲臣子之職至尊不得行卑事者是也范氏旣信穀梁兼之非正之說又信釋廢疾謂天子可含諸侯遂駁何氏其實鄭說亦無他據特就雜記諸侯相含例之耳世豈有自敵以下之禮可例至尊者哉經例歸不言來者明非魯所望故歸含不言來魯非不望賵故以且別之

三月辛亥葬我小君成風辛亥月十三日

王使召伯來會葬召穀作毛

譏恩禮之周至也餘詳元年

夏公孫敖如晉

拜晉之弔且送葬也不書晉使之來微者也晉使微者來猶使卿往拜天王使卿大夫來不聞使卿往拜甚矣文之不臣也宜其無以令其下而權臣日肆矣

秦人入鄀 鄀楚屬國

秦能不讎晉而入楚屬之鄀變而近於正矣故書入以予之盖入者內辭也明伯與內亦與其入也

秋楚人滅六 六國廬江六縣○在今廬州府六安州北

此楚見秦晉之怨既釋則近晉諸國不可復窺而思窺齊

魯故滅六以開東道總由不早討商臣遂卒無如楚何也

故書以爲晉伯之累

冬十月甲申許男業卒甲申月二十日

是歲己亥襄王三十年

晉襄六年 楚穆四年 齊昭十一年

六年春葬許僖公

夏季孫行父如陳

天王之禮魯逾年而未遣卿拜使行父而賢也當於執政之初即勸君朝王以謝恩周泉壞之榮即不然而自請奉聘京師猶盛節也乃一任因循初無建樹徒以先世與陳

人有婚媾之誼汲汲請命聘陳以尋其舊好比反自陳則又奔命於伯國而宗周之朝聘若非吾事者行父之爲人於此已盡見矣左氏言臧文仲以陳衞之睦也欲求好于陳夏季文子聘于陳且娶焉夫安知行父不求于文仲故爲此語以便其私耶不然魯已兩事齊晉陳衞雖睦不能爲魯利害焉用求好於陳且何爲不報衞聘乎是直遁辭而已矣行父一生其行事之見於經者絕無差強人意之端徒見樹黨營私之習宜其爲聖人所薄也夫以季友之賢不再世而已如此其後益世濟其惡矣卿其可世者耶

秋季孫行父如晉

八月乙亥晉侯驩卒乙亥月十五日驩公作讙

冬十月公子遂如晉葬晉襄公

是時晉嗣君未定後先君而主葬事者誰耶此亦足見趙盾之專而無君矣

晉殺其大夫陽處父晉狐射姑出奔狄射穀作夜

此章據左傳則晉襄公蒐于夷已使狐射姑將中軍而佐以趙盾矣陽處父反自衛乃改蒐于董而易之故射姑殺處父據公穀則襄公欲以趙盾佐射姑訪諸處父處父獨賢趙盾公漏言於射姑故射姑殺處父今以理勢論之君已明帥射姑矣而處父敢改蒐而易之晉襄英主必不能

堪不如咨訪所及之爲得矣然至以稱國以殺爲追咎晉襄之漏言則妄矣今讀聖經無從見漏言之迹而殺不稱人又以爲因漏言之故豈聖人作經時卽能預知有公穀之傳將盡得其不言之隱乎不然則是春秋告成猶爲隱語直待二傳始可證明此可以決漏言之說之妄矣然而公穀之所以必爲此說者則有故也彼葢泥經例凡殺大夫稱國者君殺之也其稱國人者兩下相殺者也而又得射姑殺處父之由怪經不用兩下相殺之例獨以國殺爲文以是爲歸咎於君也而靈公又在襁褓無可歸咎遂造爲漏言之說以追咎襄公而不知經意葢深罪趙盾也夫

射姑自殺處父於趙盾乎何罪罪其違先君託孤之命不奉世子爲君而別求君於秦外雖若徇國人欲立長君之意其實揣知二國方値迭相搆怨之後秦必不肯爲晉置君迨其肯置已須時日矣秦又嘗虞晉有反覆必且遷延顧慮遲之又久而後發則晉之政可以逾年在已掌握不惟足以自豪亦且威福久著國人皆畏等夏日莫敢易視然後拒秦而仍立繈褓之孺子又可十餘年爲晉假君此皆盾之陰計已定於謀欲立雍之時者也不然秦晉爲接壤之國置君非可緩之圖何以靜俟秦命涉歷四時且閱閏月而仍拒而不受哉幸而首尾十月秦遂納雍盾不得

已復爲立適之議使秦更終歲不納盾亦終歲俟之耳左傳言宣子患穆嬴且畏偪此特據盾之遁辭耳盾本無必欲立雍之意也使必欲立雍盾豈無法處夫人大子者哉且令狐勝歸卽當扶立世子何以又越五月之久必大會諸侯而始立之哉此可以見盾肺肝矣故無君而以有君之例處之所以深誅趙盾貪爲假君之罪也追咎襄公豈經指哉或問左氏戰令狐傳明言背先蔑而立靈公以禦秦師是立在戰前也今必云立於盟于扈之後何也曰彼時特假之以爲禦秦之名耳未實立也實立在會諸侯之後故扈之盟猶用蔇之盟之例稱晉大夫知晉時猶無君

也傳亦言晉侯立故也使已立於戰前傳於盟詩亦不必更作此語矣此左氏之無意合經而適與經合者也

閏月不告月猶朝于廟

蘇氏子由曰春秋有同辭而異實者猶三望猶繹可以已也猶朝于廟幸其不已也按文公既至于廟以閏月無政可受輕於常月遂不行告月之禮其後雖常月亦不告朔矣蓋怠政玩神之極也其實是已朝于廟而不告月書作不告月猶朝于廟者示臣子於君父不當於無過中求有過要當於有過中求無過也至於猶三望之書似於無過求有過矣然彼實惜其復禮之未盡此則幸其違禮之未

遠立文雖異用意則同聖人之立言固無在而不形其忠愛之至也若壬午猶繹别是一例葢不爲篡君諱失禮也不可與猶朝于廟猶三望竝論

是歲庚子襄王三十一年

晉襄七年　齊昭十二年

楚穆五年

春秋箋例卷十三終

春秋箋例卷十四　　奉新趙儀吉輯

文公

七年春公伐邾三月甲戌取須句遂城郚甲戌月十八日句公作朐　郚魯邑卞縣南有郚城○今兗州府泗水縣東南

按僖二十二年公伐邾取須句三十三年公伐邾取訾婁並不書日無所危也此公伐邾取須句獨書日有所危也前兩取何以無危邾本齊所庇護之國而與魯積不相能魯欲侵削之而常懼挑齊怒僖取須句之時政齊魯共謀事楚之時齊不暇爲邾報魯是以無危僖取訾婁之時政齊人連魯叛晉之時亦不暇爲邾報魯是以無危若此時

則齊已知魯之誠於從晉而僞於從齊矣而又值晉內亂無君是時齊雖暴魯晉洩不能急魯魯乃於是時伐郲而取其邑齊復何愛於魯而不爲郲報耶是以危之而書曰城郚言遂明因取須句而城也其危狀已顯著矣

夏四月宋公王臣卒（穀作壬臣宋成不書葬）

宋人殺其大夫

經例國有君而大夫敢擅相殺皆書國殺而不必稱人其被殺之人亦無不名者蓋猶以國無政刑歸責于其君如書晉殺其大夫胥童之類是也是時宋昭雖立而其亂臣實視有君如無君則其君不可責矣故不復用君前臣名

之義被殺可以不名特書國人以殺以明魯當代討而已

此例蓋爲華耦設也

戊子晉人及秦人戰于令狐晉先蔑奔秦（戊子月二日蔑公作昧奔上有以師字令狐在河東○今山西平陽府猗氏縣地）

舍世適不立而求公子雍於秦固晉人之大謬然秦亦不應從之秦之從之蓋欲樹恩於雍以爲已利也其失政復相等故並奪而稱人獨姬先異姓之例不可紊耳經例敘戰止稱人者其下不出偏將之名此名先蔑者用明主客皆君奪之而稱人而晉時無君則擬君者卽趙盾也觀靈公未弒以前晉之武事他人將皆書名惟盾將則獨以人

稱而不名皆以著盾擬君之罪而爲內所當問也至宣元年帥師救陳獨書趙盾則由其時內君已在不足責之數耳

狄侵我西鄙

秋八月公會諸侯晉大夫盟于扈

此章三傳無可采諸家惟孫氏莘老引戚之盟並論差爲近之然以書晉大夫爲免晉大夫已不諳經例矣至謂諸侯之所以不敘不以諸侯之敘而敵一大夫則尤非是夫公且敘矣而獨貴視諸侯而不敘不幾輕己君而重人之君乎此章之意聖人實欲以列國皆有君而晉獨有大夫

以正趙盾期年不立君之罪論相形不堪之法列敘諸侯以敵晉一大夫則趙盾之罪益無所逃所以不敘而統言諸侯者爲欲更責諸侯以不能治宋亂臣之罪故礙於宋昭而不敘也蓋將敘諸侯而稱宋公乎則昭公立未逾年實未敢自君將稱宋子乎則強臣又實制之不使得同嗣君將削宋不書乎則宋嗣君又實在會故別無書法惟有渾諸侯於不敘然後獨舍宋子而普罪諸侯之義昭然共見矣所謂凡非前目後凡而稱諸侯者自有本在事中而不必引之事中之一例其說已略見僖十四年諸侯城緣陵下

冬徐伐莒

時徐復附楚爲之伐莒故不稱人亦以見前者取舒之爲因魯而特予之今者伐莒之爲因魯而特奪之也或問徐不稱人何爲從魯取義而特奪之曰此用殽之役秦不稱師爲予晉之例爲是時晉已無當於伯而望魯以伯也至所以望魯以伯之故則爲魯與莒盟有庇莒之意也故徐不言侵而言伐

公孫敖如莒涖盟

高氏曰莒爲徐所伐故求援於魯而修洮之盟公孫敖娶于莒故許其盟而請涖之

是歲辛丑襄王三十二年

晉靈公夷皋元年　齊昭十三年

楚穆六年

八年春王正月

夏四月

秋八月戊申天王崩戊申月三十日

冬十月壬午公子遂會晉趙盾盟于衡雍壬午月五日衡雍鄭地

晉趙盾已及魯侯盟于扈矣尚不能必魯之不貳必盟遂以取信文公之廢弛仲遂之專恣從可見矣書以並譏遂盾之無君且令人知晉大夫之爲趙盾也

乙酉公子遂會雒戎盟于暴雒上公有伊字杜注雒戎蓋諸戎雜雒水之間故曰雒戎暴

鄭地○按周有暴公暴當是周地去伊雒不遠者

乙酉去壬午纔四日不言遂者言遂則明以二事出矣亦不去族者經蓋從公孫敖立文自不得去遂族也雒戎在伊雒之間去魯絕遠不能爲魯利害魯何用盟之此必遂之詭謀所以誤敖而陷敖於罪也蓋敖遂交惡久矣遂得君專政敖不能去遂敖世卿已久遂亦不能去敖然遂不不去敖遂終不快特思中傷之疑遂在國時已酌敖奔王喪而自以盟盾先出度敖將至周疆先與雒戎爲盟若謀將劫敖者以爲去敖之地蓋連書乙酉丙戌而已推見至隱矣不然遂之爲人非能爲周和戎者何爲而盟雒戎于

暴哉且戎而必繫之以雒其故居可見矣

公孫敖如京師不至而復丙戌奔莒公無而字

此當是敖見遂無故而盟雒戎疑遂欵雒戎圖已若戎伐凡伯之所爲者進恐爲戎所襲退又有廢君命而輟王喪之大戾是皆罪在不赦況已知遂之謀已急矣君雖不討將能立乎故不得已而奔莒若謂敖之奔莒專爲莒女則敖身非有禁錮何必假如京師始得脫身而去耶卽謂不假使事不能出奔則莒在魯東一出魯境卽當奔莒今言不至而復則是將至京師而故不至而復若非猝遇變故而祗就婦女又何必徒勞跋涉往反二千里之遙而復越

魯而之莒哉至謂從乾沒金幣起見則魯之賻周諒亦無幾而敖世魯卿不憂無貲何至為此亡賴誆脫之事耶夫內臣有罪出奔所以皆書日者譏上之失刑也敖自外奔非國所意不為失刑而書日者政以見敖今日之奔為遂昨日之盟也自讀者視為兩事而聖意隱矣又按前人所以不悟維戎之盟為敖奔而書者有二故一由不考衡雍在今原武縣去洛水入河處僅百餘里去洛陽周京不四百里遂所盟與敖所過祇是一路一由不知經例凡不必書日而書日必有深意存乎其間如執曹伯書丙午後朝于王所書壬申與此敖外奔書丙戌皆是也使知書日書

地均非無故則春秋不難讀矣

盦

宋人殺其大夫司馬宋司城來奔

殺司馬逐司城皆亂臣華耦爲之司城之來奔有求魯代討宋亂之意而公子遂不從遂已陰庇華耦矣故用外臣舉官對內之敵者立文之例司馬司城不書氏不爲遂所與也經蓋譏魯亦有大夫而無君矣

是歲壬寅襄王三十三年

晉靈二年　齊昭十四年

楚穆七年

九年春毛伯來求金

自公孫敖以幣奔莒魯遂不共王喪直待王臣來求始遣得臣會葬可以見魯之無狀矣毛伯不書使義詳桓十五年

夫人姜氏如齊

此文公夫人出姜也歸寧常事不書此獨書者因歸寧亦喜慶事而行之於王喪之中非禮也故書以示譏

二月叔孫得臣如京師辛丑葬襄王（辛丑月二十六日）

卿會諸侯葬不書日會天王葬則書日者示葬王雖卿會猶未盡禮也昭二十二年叔鞅會景王葬不書日者以王崩於四月之十九日而鞅以六月如京師是奔喪非會葬

也周以子朝之難三月而葬王則會葬不能如禮非魯之罪也故可不書日此春秋忠恕之道也

晉人殺其大夫先都

按晉先都士穀箕鄭父之見殺本以擅殺先克而受誅非比兩下相殺也於例均應書國殺乃皆書晉人殺者明先都等雖死於法而執法者實非晉君特趙盾借法殺之而已矣故書晉人殺之以明趙盾之視有君如無君實與宋華耦無異但耦之無君也顯盾之無君也隱故被殺者有書名不書名之不同至其爲鄭所當討則一也故殺亦稱人此例蓋專爲趙盾設也大抵聖人之意欲人早識趙盾

之無君不待弑君而始見其無君也是故於扈之盟書晉大夫以見晉無君之前反處以有君之例而陽處父書國殺謂有盾在則晉無君而有君矣於衡雍之盟書晉趙盾以見晉有君之後反處以無君之例而先都輩書國人殺謂有盾在則晉有君而無君矣其深誅趙盾雖去弑君時尚遠已用意謹嚴如此乃至已直書趙盾弑其君矣而傳注家猶曲爲盾護雖謂之未見春秋也可又按春秋至文公時始重罪大夫而春秋大夫之最有賢名者莫如趙盾最有賢名而又目無君上者亦莫如趙盾經所以於盾之生平罪狀盡情發露以例其餘也

三月夫人姜氏至自齊

至書月者不欲速以下事溷於二月

晉人殺其大夫士穀及箕鄭父

晉臣先盾出名者惟陽處父士穀令二人以次被殺宜爲盾所快意也箕鄭父言及明用刑之濫

楚人伐鄭

公子遂會晉人宋人衛人許人救鄭

外書將帥之後事又義舉例應列書卿名乃並人之是以舊有譏不及事之說然救不逾月不得謂之緩當是譏遂之樂與晉宋亂人比耳不書帥師譏在所會不在所救也

夏狄侵齊

爲內不能救故止以侵書

秋八月曹伯襄卒

九月癸酉地震癸酉月一日

冬楚子使椒來聘

爵楚於使聘譏與商臣交蓋不復能爲公推而遠之也椒去氏明亂賊之黨王法所誅亦託於魯未加禮是卽所以致譏也

秦人來歸僖公成風之襚

秦自令狐敗後復與晉惡欲得志於晉懼魯率東諸侯助

晉故禮魯以結晉因其國嘗與僖公同盟故假禭僖公以爲辭按胡傳以書僖公成風比書惠公仲子其說蓋依於穀梁之釋惠公仲子然穀梁因知成風爲僖公之母故亦强以仲子爲惠公之母雖失事實於倫理尙無碍也若胡氏於仲子則既從左氏以爲惠公之妾可係之惠公矣今從其例亦以成風係之僖公豈子之視母可無異於夫之視妾乎且聖人正大之情又值君父之尊決不纖詭如胡氏之說也至穀梁以不稱夫人爲明成風爲妾則尤不知經例經例於内君生曰公卒曰公薨于某葬曰葬我君某公君亦公也然必變文言君者爲君之嗣者别嫌也至既

葬之後緣事應書則但稱某公不復贅云我君矣蓋以稱謚爲尊先君之至也於內夫人生曰夫人卒曰夫人某氏薨葬曰葬我小君某謚姓小君亦夫人也然必變文言小君者爲夫人之存者别嫌也至既葬之後緣事應書則但稱謚姓不復贅云小君矣蓋亦以稱謚爲尊先夫人之至明非夫人不得有謚也是則成風之稱非仲子稱字者所可比也不必更稱夫人而後始爲尊之也且成風之葬聖人以屬在臣子不得不由舊而稱爲小君至其是妾非適則早於含賵會葬王不稱天著之矣又何待至是始以不稱夫人明其爲妾哉然則何以敘成風于僖公之下曰此

邦交之體制宜然也蓋在廟中則全乎其爲子故似續妣祖姜嫄必列乎后稷之先接竟外則全乎其爲君故秦人歸襚僖公不屬於成風之下由是言之雖適母不可先於子之爲君者况妾母乎後世外域貢獻咸先皇帝而後太后此亦自然之體統耳何諸儒於此齦齦然徒以適庶論也

葬曹共公

是歳癸卯頃王元年

晉靈三年 齊昭十五年

楚穆八年

十年春王三月辛卯臧孫辰卒 辛卯月二十六日

文仲備位卿貳與聞國故垂五十年而魯政多乖可恥甚矣大抵卿大夫之賢否視國家治忽而可知春秋有並無一字褒貶而仍榮於華衮嚴於鈇鉞者卿卒之書是也其所關激勸大矣

夏秦伐晉

秦伐晉而魯果無意援晉則受秦之餌矣此不可以尋常不救並論故不言侵而言伐明魯亦與其伐之也是時秦已通楚將並起爲患中原故貶不稱人亦所以病內也此筆與七年書徐伐莒法同而義異徐爲楚以伐莒而魯能庇莒則徐不稱人所以伸魯也此用于殽之役抑秦以伸

晉之例秦爲楚以伐晉而魯反與秦則秦不稱人所以抑魯也此用救齊之役援狄以鄙魯之例其義皆從楚起也

楚殺其大夫宜申

自正月不雨至于秋七月

按文公時不雨書法與僖公時全別非獨見二公閔雨之勤惰亦以見天人感應之機爲不爽也夫百穀之生長固因乎春而尤資乎夏子政之六月爲寅政之孟夏是時得雨穀賴以生者猶多若至寅政之仲夏其時陰氣已萌陽德生長之機熄矣前此不雨是時卽使得雨亦無補於農功況盡周之七月而猶不雨耶七月不雨則八月雖雨不

足書矣七月不雨則八月雖仍不雨亦不必書矣此文公時之不雨所以三以七月爲斷也由是知天之處高而聽卑也僖公能閔雨則歷時而不雨者三十三年之中僅一見而猶有六月之雨不致三農之失望文公不閔雨則歷時而不雨者十八年之中凡三見而並無七月之雨以致百穀之不成是則君心勤民天亦爲之惠其寧君不勤民天卒不肯悔其禍春秋不雨之書其卽宣王雲漢之詩之意乎所以告萬世帝王宜勤民以格天者至矣

及蘇子盟于女栗女栗地闕

不書公諱與內諸侯盟

冬狄侵宋

此章之義與前兩書侵齊異蓋是時宋有亂臣理所宜伐僅書侵者以魯方養宋亂而有救宋之意也是故書侵以明內救之未遑此例元有兩義應救而不救則據事之理言之不應救而思救則據內之情言之而論情之筆實更嚴於論理之筆也

楚子蔡侯次于厥貉（厥公作屈　厥貉地闕）

經例外書次而不言師之所加者必內有應討之人今楚子蔡侯本將伐宋宋有亂臣自宜書伐何以用內有應討之例此蓋以宋之亂臣宜討而公子遂陰助宋之亂臣亦

宜討且不惟助亂宜討卽其計走公孫敖究與擅殺同列者何異是遂亦一亂臣也凡在所當討故楚蔡以次書焉或問楚商臣弒父與君之賊也乃亦許之討亂不幾以亂治亂乎曰此經所以必兼書蔡侯也與桓十三年因紀侯而先敘魯鄭同義觀下伐麇卽專書楚子可見矣

是歲甲辰頃王二年

晉靈四年 楚穆九年 齊昭十六年

十有一年春楚子伐麇 麇公作圈 近楚小國

伐麇無關討亂故書法與上不同

夏叔仲彭生會晉郤缺于承筐 公穀無仲字筐作匡 杜注 彭生惠伯叔牙孫承筐宋地

在陳留襄邑縣○今歸德府睢州西三十里有故承筐城

左傳謀諸侯之從于楚者

秋曹伯來朝

爲王喪未終三年致譏

公子遂如宋

著遂與華耦蹤迹益密書如常使者譏公不應聽之也

狄侵齊

魯之敗狄元以爲宋先書狄侵齊者託於魯非勤宋也經例下有救者上必書伐乃書侵齊則魯之非爲齊報自明

冬十月甲午叔孫得臣敗狄于鹹甲午月四日鹹杜注魯地

託於爲齊故用正例不書帥師非予辭也獲長狄僑如不書亦正例也觀獲孟明不書可悟公穀就僑如生義無當

經指

是歲乙巳頃王三年

晉靈五年 齊昭十七年
楚穆十年

十有二年春王正月郕伯來奔郕公作盛

郕伯來奔而魯不能納之郕伯應名乃不名者不遽必魯之不能納也而卒不能納之咎亦因以見矣

杞伯來朝

左傳杞桓公來朝始朝公也且請絕叔姬而無絕昏公許

之按書此以見下文子叔姬實杞伯夫人因被出故不繫杞耳僖九年伯姬不著夫家者彼自止之與見出於人者不同也見出自有來歸一例此不用者旣將稱子以彰天報其毋固不可質言來歸矣十五年齊人來歸子叔姬獨可質言者婦人見絕於夫者必有罪若見逐於亂賊何罪之有故昭姬之來歸可質言也宣十六年郯伯姬成五年杞伯姬非復見逐於賊亦質言來歸者彼皆不以稱子明報者也

二月庚子子叔姬卒庚子月十二日

左傳二月叔姬卒不言杞絕也書叔姬言非女也按據此

則僖九年伯姬卒左氏雖無傳亦是見絕者而總發例於此耳此左氏例之可信者若從公穀謂二姬皆許嫁而卒者則二百四十年之久女公子之多何啻百十爲數而謂許嫁而卒者僅止二人豈理也哉卽謂實止二人則已嫁諸侯而卒而不書者不知凡幾矣何爲重此兩許嫁者而必書之亦足以證公穀之說之無謂矣又按此子叔姬與十四年齊人所執之子叔姬及卒於成八年之杞叔姬皆聲姜之女也三姬皆字叔者男女之行惟伯季不可多叙仲亦必是伯次叔則可以從同矣孔氏以爲周之法稱叔亦未然也內女之稱子者皆從其母起義聖人蓋示人以

天道好還之可畏也夫古今婦人虐夫前妻及妾之子女至於死者其所生子女未有不慘遭天罰者也聲姜虐出伯姬及鄫季姬使皆抑鬱以死天亦使其三女皆不允於夫家以報之故此叔姬及昭姬之稱子皆爲聲姜目擊其女之禍患黜辱而起義也成公時杞叔姬之見出而死獨不稱子者則以去聲姜之死已久也至敬嬴謀殺適子而立其子致受齊脅以其愛女下配高固以求援則叔姬亦失所之甚矣故亦以子稱焉皆所以甚惡其母而憐其子而示人以天禍惡婦之所出其不爽有如此者此內女稱子之的義也何諸家之徒就先君時君之女以立義而均

未之有合也

夏楚人圍巢（巢吳楚間小國廬江六縣西南有居巢城今廬州府巢縣西巢湖有古居巢城陷處）

是時秦楚一黨觀前秦遂楚聘相隨而至可見矣今秦將寇晉楚爲之圍巢以張北寇之勢使中原遂東諸侯不敢悉心援晉也外圍皆爲內書故因書圍而經指備見

秋滕子來朝

因楚圍巢自危而結於魯以魯與楚通也

秦伯使術來聘（術公作遂）

楚既怵之以威秦又下之以禮諸侯鹿鹿安能不爲所用耶前歸遂稱秦人今來聘始君臣並見而臣亦去族稱以

鄉之所以待楚者待秦蓋絕秦之至也絕秦而責魯之意

亦見矣

冬十有二月戊午晉人秦人戰于河曲戊午月五日河曲晉地在河東蒲坂縣南○今山西平陽府蒲州城外東南隅有蒲坂故城

兩皆稱人並不言及抑盾之意過於令狐矣然終不以秦

先晉則內外之定分也

季孫行父帥師城諸及鄆鄆公作運鄆莒魯所爭者城陽姑幕縣南有鄆亭鄆即鄆也○今青州府沂水縣北鄆城是也此爲東鄆成公四年城鄆爲西鄆乃在兗州府東平州

運與大役病民甚矣譏公不當徇行父故以帥師書

是歲丙午頃王四年

晉靈六年

楚穆十一年

齊昭十八年

春秋簽例卷十四終

《春秋》研究文獻輯刊

第四册

NLCPH
國家圖書館出版社

第四册目録

清·劉逢禄 撰

公羊春秋何氏解詁箋一卷

清道光九年(1829)廣東學海堂刻本

公羊春秋何氏解詁箋叙

余嘗以爲經之可以條例求者惟禮喪服及春秋而已經之有師傳者惟禮喪服有子夏氏春秋有公羊氏而已漢人治經首辨家法然易施孟梁邱書歐陽大小夏侯詩齊魯韓師說今皆散佚十亡二三世之言經者於先漢則古詩毛氏於後漢則今易虞氏文辭稍爲完具然毛公詳故訓而略微言虞君精象變而罕大義求其知類通達微顯闡幽則公羊傳在先漢有董仲舒氏後漢有何邵公氏子夏傳有鄭康成氏而已先漢之學務乎大體故董生所傳非章句訓詁之學也後漢條理精密要以何邵公鄭康成二氏爲宗喪服之於五禮一端而已春秋始元終麟天道浹人事備以之綱羅衆經若數一二辨白黑也故董

生下帷講誦三年何君閉戶十有七年自來治經孰有如二君之專且久哉余自童子時癖嗜二君之書若出天性以爲一話一言非精微眇通倫類未易窺其藴奥何君生古文盛行之日廓開衆說整齊傳義傳經之功時罕其匹余寶持篤信謂晉唐以來之非何氏者皆不得其門不升其堂者也康成兼治三傳故於經不精今所存發墨守可指說者惟一條然多牽引左氏其於董生胡毋生之書研之未深概可想見而何君稱爲入室操矛宏獎之風斯異於專己黨同者哉余初爲何氏釋例專明墨守之學因析其條例以申何氏之未著及他說之可兼者非敢云彌縫匡救營衛益謹自信於何氏繩墨少所出入云爾康成六蓺論曰注詩宗毛爲主毛義若隱略則更表明如有不同

卽下已意使可識別余遵奉何氏竊取斯旨以俟後之能墨守者董理焉嘉慶十四年武進劉逢祿譔

公羊春秋何氏解詁箋　武進劉禮部逢祿著

隱元年解詁元者氣也無形以起有形以分造起天地天地之始也箋曰易上彖大哉乾元萬物資始子夏傳元者始也左氏云元者大也董子云春秋謂一爲元者示大始而欲正本也說文元从一从兀李兆洛云當从上从人或从二从人二者天地也與仁同意善之長也漢志曰太極元氣函三爲一三者三才一即乾元也三才之道皆統於天謂之元以爲道生天地老氏之說也

王者孰謂文王也解詁以上繫王於春知謂文王也文王周始受命之王天之所命故上繫天端方陳受命制正月故假以爲王法不言謚者法其生不法其死與後王共之人道之始

也箋曰王者正三統之稱董子書略說曰聖王生則稱天子崩遷則存爲三王絀滅則爲五帝下至附庸絀爲九皇下極其爲民湯受命正白統親夏故虞絀唐謂之帝堯以神農爲赤帝推庖犧爲九皇文王受命正赤統親殷故夏絀虞謂之帝舜以軒轅爲黃帝推神農爲九皇春秋應天作新王之事時正黑統王魯尙黑絀夏親周故宋改號禹謂之帝樂宜親韶舞故以虞錄親新同樂制宜商傳曰謂文王者託始猶以天正終麟方明夏時子曰文王旣沒文不在茲乎上下百王皆統此矣三代之書墨子尙書夏書其次商周之書漢人兼題虞夏書者失之託始帝典典謨加日若稽古以別於三王人統之正託始文王一也

何言乎王正月大一統也解詁統者始也總繫之辭夫王者始

受命改制布政施教於天下自公侯至於庶人自山川至於草木昆蟲莫不一一繫於正月故曰政教之始箋曰大一統者通三統爲一統周監夏商而建天統教以文制尚文春秋監商周而建人統教以忠制尚質也

成公意也解詁以有正月而去卽位知其成公意箋曰隱之能讓與不能讓與其讓正與不正與不足辨也春秋成之以明正嫡媵立長貴之法以治幽平之亂以維王者之迹天地之常經古今之通義也

其爲尊卑也微國人莫知解詁母俱媵也國人謂國中凡人莫知者言惠公不早分別也箋曰以桓爲貴隱爲卑者春秋微意國人莫知者所謂游夏之徒不能贊一辭也

母貴則子何以貴子以母貴母以子貴解詁禮妾子立其母得爲夫人夫人成風是也鄭元駮五經異義今春秋公羊說妾子立爲君母得稱夫人故上堂稱妾屈於嫡下堂稱夫人尊行國家則士庶爲人君母亦不得稱夫人父母者子之天也子不得爵命父母至於妾子爲君爵其母者以妾本接事尊者有所因也穀梁說魯僖公立妾母成風爲夫人入宗廟是子而爵母也以妾爲妻非禮也古春秋左氏說成風妾得立爲夫人母以子貴禮也許慎謹案尚書舜爲天子瞽瞍爲士明起於士庶者子不得爵父母也至於魯僖公本妾子尊其母成風爲小君經無譏文公羊左氏義是也鄭元駮曰禮喪服父爲長子三年以將傳重故也衆子則爲之期明無二適

也女君卒貴妾繼室攝其事耳不得復立夫人魯僖公妾母爲夫人者乃緣莊夫人哀姜有殺子般閔公之罪應貶故也近漢呂后殺戚夫人及庶子趙王不仁廢不得配食文帝更尊其母薄后非其比耶妾子立者得尊其母禮未之有也通典嘉禮箋曰不書卽位君臣父子夫婦兄弟之道立矣經曰禘於太廟用致夫人穀梁子曰用者不宜用者也致者不宜致者也言夫人而不以氏姓非夫人也立妾之辭也非正也夫人之我可以不夫人之乎夫人卒葬之我可以不卒葬之乎一則以宗廟臨之而後貶焉一則以外之弗夫人而見正焉經曰僖公成風穀梁子曰秦人弗夫人也卽外之弗夫人而見正焉經曰惠公仲子穀梁子曰母以子氏仲子者何惠公之

母孝公之妾也經曰考仲子之宮穀梁子曰禮庶子爲君爲其母築宮使公子主其祭也於子祭於孫止仲子者惠公之母隱孫而脩之非隱也經曰秋七月壬申弋氏卒辛巳葬定弋卽哀之未正君而見正焉春秋之辯名如此禮宗子雖七十無無主婦謂大夫得再取也天子諸侯不再取有宗廟之事以貴者攝之故禮有攝女君然而曰君之母非夫人則羣臣無服邦人稱之曰君之母稱諸異邦曰寡君之母大夫以下妾有貴賤服有升降而已以明辯也所謂不得與民變革者也漢世妃匹不正建儲立后皆以愛爭墮其禮防因秦稱號且配廟食公羊經師欲其說之行則於傳文子以母貴之下增之曰母以子貴夫子既可以貴其母何必云子以母貴

乎且是子尊得加於父母也舜不王瞍禹不王鯀正也商追元王周追太王皆以義起非古也不勝其敝也春秋正其辭曰齊侯送姜氏曰紀季姜歸於京師傳曰葬從死者祭從生者古志也公羊經師曲學阿世而猶存正誼以示其說之不得已故其羼入之傳灼然其爲說亦必以適母在卽稱夫人紆謫其辭又以士庶爲人君母亦不得稱夫人子不得爵命父母自破其例意微而顯也莊公夫人受誅不廟食可也成風廟食不可也於事成風之立又不緣廟食也黜呂立薄昉於東漢幷孝文也太史公書稱孝文太后崩毋以子氏知董生春秋之義師法不廢而今董生書猶以文質異法解之其爲俗師竄改無疑矣

仲子者何桓之母也何以不稱夫人桓未君也桓未君則諸侯曷爲來賵之隱爲桓立故以桓母之喪告於諸侯然則何言爾成公意也其言惠公仲子何兼之兼之非禮也何以不言及仲子仲子微也解詁成風稱謚今仲子無謚知生時不稱夫人尊貴桓母以赴告天子諸侯彰桓得立得事之宜故善而書仲子所以起其意成其賢禮不賵妾既善而賵之當各使一使所以異尊卑也言之賵者起兩賵也据及者别公夫人尊卑文也仲子卽卑稱也比夫人微故不得比及公也箋曰穀梁得之不稱夫人者以天王臨之而見正焉如以爲桓母於義得稱夫人則隱爲桓立不得尊桓母乎尊桓母公意不益成乎譏兼之非禮而曰惠公仲子假而曰使宰咺來歸

惠公之賵仲子之賵譏兼之意不益見乎君之與妾非公與
夫人也夫人伉公且以不言及成誅文況以妾伉君曾是爲
聖人之恆辭乎言及者別尊卑文仲子微反以不言及見別
於夫人曲矣譏不及事似也鄭箴膏肓云衛將軍文子之喪旣除喪而后越人來弔子游何得善之兼之非禮禮弔含襚賵臨同日畢事止一人兼行若每
事各一人則信如趙匡所云聲王朝之臣不足充喪禮之使
也且使舉上客而不稱介通例也使歸惠公介歸仲子以別
尊卑不亦可乎禮不賵妾旣善而賵之當各使一使以異尊
卑非孟子所謂不知務乎何解公之喪云加之者喪者死之
通辭也本以別死生不以明貴賤非配公之稱故加之以絕
今云加之者起兩賵賵獨非通辭乎仲子之卒不書正也右

之禮諸侯於慈母妾母庶祖母皆無服與尊者爲體喪者不祭故也隱以仲子之喪赴於諸侯天王下賵妾祖母交譏之何云主書者不及事於義儉矣

紀子伯者何無聞焉爾解詁言無聞者春秋有改周受命之制孔子畏時遠害又知秦將燔詩書其說口授相傳至漢公羊氏及弟子胡毋生方始記於竹帛故有所失也箋曰著紀之本爵則桓二年之紀侯爲加爵明矣春秋無虛加之辭也存伯者闕疑也闕疑所以傳信傳意如此解詁失之

夫人子氏者何隱公之母也何以不書葬成公意也子將不終爲君故母亦不終爲夫人也箋曰穀梁子曰夫人薨不地夫人者隱之妻也卒而不書葬夫人之義從君者也斯爲得之

葬生者之事也春秋不書葬有三例君弒賊不討不書葬罪臣子盡誅之也篡不明殺無罪皆不書葬罪君也如隱之母不書葬則罪在隱矣安得云成公意乎且桓母不稱夫人隱母尤不得稱夫人也

考宮者何考猶入室也始祭仲子也桓未君則曷爲祭仲子隱爲桓立故爲桓祭其母也然則何言爾成公意也解詁不就惠公廟者妾母卑故雖爲夫人猶特廟而祭之禮妾廟子死則廢矣不言立者得變禮也尊桓之母爲立廟所以彰桓當立得事之宜故善而書之所以起其意成其賢也箋曰穀梁得之其曰成之爲夫人也斯失矣禮妾祔於妾祖姑亡則中一以上而祔祔必以其昭穆謂亡妾祖姑者易牲而祔於女

君（鄭注謂適祖姑）可也此士制也周爲姜嫄立廟設守祧一人世世不毀以義起非常制也庶子爲君爲其母築宮使公子主其祭於子祭於孫止禮也隱不成仲子爲夫人故爲之考宮若成之得不以祔於王母乎經所譏者正其不得立廟世祭且著其僭諸公之樂以明祖禰之廟且僭天子之樂大惡不可言也何君以爲善而書之以成其賢疏於禮矣

初獻六羽解詁不言六佾者言佾則干舞在其中明婦人無武事獨奏文樂箋曰禮諸侯不敢作樂天子得賜之樂樂以象先王之功也周於姜嫄廟用樂舞以大濩則武舞矣此實公傳之誤也周官云凡小祭祀則不興舞（注謂王玄冕所祭者）諸侯既不得親祭妾母若妾祖母安得奏文樂乎

七年滕侯卒解詁滕子先朝隱公春秋褒之以禮嗣子得以其祿祭故稱侯見其義箋曰何君說紀季姜義曰子尊不加於父母此云嗣子得以其祿祭互相足也禮已孤暴貴不爲父作諡父爲士子爲大夫葬以士祭以大夫葢三王通義此先書滕侯卒者明王者有先施之誼所以懷諸侯也

于楚邱解詁不地以衛者天子大夫銜王命至尊顧在所諸侯有出入所在赴其難箋曰何君明守土之義是矣穀梁子曰戎者衛也戎衛者爲其伐天子之使故貶而戎之也此與賈戎爲戎戎晉同義於經爲合

八年辛亥宿男卒解詁宿本小國不當卒所以卒而日之者春秋王魯以隱公爲始受命王宿男先與隱公交接故卒褒之

也不名不書葬者與微者盟功薄當褒之爲小國故從小國例箋曰滕侯卒不日此日者其國早滅於宋不能至所見世見正文故盡其辭以起其當與也

九年俠者何吾大夫之未命者也解詁以無氏而卒之也未命所以卒之者賞疑從重無氏者少略也箋曰禮卿大夫疾君問之無算士壹問之君於卿大夫比葬不食肉比卒哭不舉樂爲士比殯不舉樂弔臨襚賵士喪禮備矣此託隱公賢君宜有恩禮於未命大夫也

十一年春秋君弒賊不討不書葬以爲無臣子也解詁道春秋通例與文武異箋曰一人弒君而不討賊誅及一國臣子所謂刑亂國用重典與文武刑新國用輕典異撥亂世反諸正

莫近諸春秋此類是也

隱公篇

桓元年解詁不致之者爲下去王適足以起無王未足以見無王罪之深淺故復奪臣子辭成誅文也箋曰隱會皆不致者狐壤之獲魯臣子不能死難君弒又不討賊故絕臣子文明當誅臣子也

三年春正月解詁無王者以見桓公無王而行也二年有王者見始也十年有王者數之終也十八年有王者桓公之終也明終始有王桓公無之耳不就元年見始者未無王也二月非周之正月所以復去之者明春秋之道亦通於三王非主假周以爲漢制而已箋曰桓無王之義公羊闕不具何君据

經及穀梁得之穀梁子曰元年有王所以治桓也允矣何云未無王者失之二年有王者穀梁子以爲正與夷之卒則非也桓之弑諱督之弑著二月者殷正月也正月字誤見考異王二月者罰蔽殷彝王正月速由文王兹義率殺刑兹無赦此春秋之道通於三王也何云二年有王見始也亦失之爲漢制云者在漢言漢由百世之後等百世之王莫之能違也

七年春二月己亥焚咸邱疾始以火攻也解詁傳不託始者前此未有無所託也箋云以火攻人君大惡也目言之何遠也賤桓也

十年秋公會衛侯于桃邱弗遇解詁弗者不之深也起公見拒深傳言公不見要者順經諱文箋曰此非大惡反諱之者正

以桓弑逆之人諸侯將誅之下來戰于郎盟于惡曹是也

桓公篇

二十年夏齊大災大災者何大瘠也大瘠者何痾也何以書記災也外災不書此何以書及我也解詁瘠病也齊人語也以加大知非火災也痾者民疾疫也痾者邪亂之氣所生是時魯任鄭瞻夫人如莒淫泆齊侯亦淫諸姑姊妹不嫁者七人

箋曰瘠本或作瘠或作漬當是嚴顏之異痾與癘同癩也此齊宮女市女閭七百管仲招來商賈收夜合資以充國用之應徐彥据晏子春秋云桓公淫女公子不嫁者九人

二十有二年春王正月肆大省肆者何跌也大省者何災省也肆大省何以書譏何譏爾譏始忌省也解詁跌過度災省謂

子卯日也夏以卯日亡殷以子日亡先王常以此日省吉事不忍舉又大自省敕得無獨有此行乎常若聞災自省故曰災省也時魯有夫人喪忌省日不哭省日本以忌吉事不以忌凶事故禮哭不辟子卯日所以專孝子之思也不與念母而譏忌省者本不事母則已不當忌省猶為商人責不討賊

箋曰經傳文省當從穀梁作眚跌佚之誤忌讀為己責之己譏失罪也何君失之穀梁傳曰肆失也按古失佚通眚災也災紀也失故也為嫌天子之葬也范甯注易稱赦過宥罪書稱眚災肆赦經稱肆大眚皆放赦罪人蕩滌衆故有時而用之非經國之常制災謂罪惡紀治理也有罪當治理之今失之者以文姜之故文姜罪應誅絕誅絕之罪不葬若不赦除衆惡

而書葬之嫌天子許之明須赦而後得葬於義穀梁爲長國君無故而赦刑人亦春秋所譏也不專以譏爲義者國君過市則刑人赦以身不正不足以正人也文姜於王法當服焚如死如之刑魯臣子上爲莊公不得誅母生則絕之死則棄之棄如非流宥之刑也彼鄭元易注謂棄而不葬不得入先公之兆域也故必以大眚可肆而後文姜可葬明之天子之葬卽春秋之葬穀梁無以春秋當新王之義當以公羊條例隱括之

陳人殺其公子禦寇解詁殺君之子重也箋曰不言大夫者未爲大夫

赤歸于曹郭公赤者何曹無赤者蓋郭公也郭公者何失地之

君也解詁失地者出奔也名言歸倒郭公置赤下者欲起曹伯爲戎所殺故使若曹伯死謚之爲郭公而赤微者自歸曹也不言赤奔者從微者例不得錄出奔箋曰何氏似失傳意傳以赤卽郭公所謂諸侯失地名也言郭公猶州公虞公之例奪其正爵倒在下者口授爲赤歸於楚著辟例也削其本稱而復著臣下之稱於下起其盜天子之國也歸者出人無惡之辭著其本爲曹君而復諫亡國之罪不相揜也不言出奔從微國出入不兩書例也

伯姬歸于杞箋曰二十七年解詁不卒者蓋不與卒於無服則書歸書會書來者皆內辭也公一齊襄也

曹殺其大夫何以不名衆也曷爲衆殺之不死於曹君者也君

死乎位曰滅曷爲不言其滅爲曹羈諱也此蓋戰也何以不言戰爲曹羈諱也解詁諱者上出奔嫌辟難欲起其賢又所諫者戰也故爲去戰滅之文所以致其意也箋曰傳言君子辟內難而不辟外難有師命不可去義也爲曹羈張義故以觕者曰侵言之

秋七月癸巳公子牙卒何以不稱弟殺也解詁据公弟叔肸卒又云莊不卒大夫而卒牙者本以當國將弒君箋曰牙爲公弟經無明文未可執問桓莊之世大夫皆不卒因非賢君假以見所傳聞世恩殺文也傳當云其稱公子牙卒何殺也解詁當云据公子慶父不卒於經意爲合

子般卒何以不書葬未踰年之君也有子則廟廟則書葬無子

不廟不廟則不書葬解詁未踰年之君禮臣下無服故無子不廟不廟則不書葬示一年不貳君也箋曰禮君薨太子號稱子待猶君也閔繼弑不言即位臣子一例也禮殤與無後者從祖祔食謂大夫士制也世子主喪而殤皆正體禮所云臣不殤君子不殤父也不稱公赴於天子命之後而不賜諡未成君也祔於祖廟而以君父之服服之繼統之義也其支子之殤與無後者不得祔也子般不書葬未成君也豈無子之謂哉

將而不免過惡也既而不可及因獄有所歸不探其情而誅焉親親之道也解詁論季子當從議親之辟猶律親親得相首匿當與叔孫得臣有差箋曰得臣黨遂弑赤季友知賊不誅

坐視子般閔公之弑以成其立僖之功春秋褒其功而誅其意於不書葬閔公殺慶父見之弑君之賊豈得援親親首匿之律哉

莊公篇

楚人伐鄭解詁楚稱人者爲僖公諱與夷狄交婚故進使若中國又明嫁取當慕賢者箋曰與楚交婚爲大惡者言自比於楚也進楚所以辟外公也然据傳文及穀梁言之無取楚之事則此爲漸進文

徐人取舒其言取之何易也解詁据國言滅易者猶無守禦之備不爲桓諱者刺其不救也箋曰此如狄滅衞諱滅言人正爲桓公諱傳順經諱文解詁失之

秋七月禘于太廟用致夫人用者何用者不宜用也致者何致者不宜致也禘用致夫人非禮也夫人何以不稱姜氏貶曷爲貶譏以妾爲妻也其言以妾爲妻奈何蓋脅於齊媵女之先至者也解詁以致文在廟下不使入廟知非禮也禮夫人始見廟當特祭而因禘諸公廟見欲以省煩勞不謹敬故譏之不日者下用失禮明知以妾爲妻者以逆不書入廟當稱婦姜而稱夫人者夫人當坐篡嫡也妾之事嫡猶臣之事君同知齊媵先至者以不致楚女及夫人至皆不書也僖公本聘楚女爲嫡齊女爲媵齊先致其女脅僖公使用爲嫡故從父母辭言致不書夫人及楚女至者起齊先致其女然後脅魯立也楚女未至而豫廢故皆不得以夫人至書也箋曰夫

子曰魯之郊禘非禮也春秋因假以見王義故曰合魯何適非以爲内小惡不諱也禮不王不禘禘者審諦功德功臣與享非審諦昭穆也商頌長發備矣傳以夫人爲聖姜穀梁以爲成風皆立妾之辭非禮也詩曰魯侯燕喜令妻壽母宜大夫庶士邦國是有旣多受祉妻聖姜母成風宜言不宜也旣多言弗甚也皆微辭春秋之制諸侯世子誓於天子得外取公子與大夫同不得外取即位逆夫人備左右媵姪娣焉聖姜葢僖公未即位時取於齊者經無如楚逆女及夫人姜氏至自齊之文故傳存疑辭

宋公禦說卒何以不書葬爲襄公諱也解詁襄公背殯出會宰周公有不子之惡後有征齊憂中國尊周室之心功足以除

惡故諱不書葬使若非背殯也箋曰春秋託齊桓爲二伯宋有大喪而强會其孤故不書葬兼爲齊桓諱與陳侯款同例

夏滅項孰滅之齊滅之曷爲不言齊滅之爲桓公諱也春秋爲賢者諱此滅人之國何賢爾君子之惡惡也疾始善善也樂終桓公嘗有繼絕存亡之功故君子爲之諱也解詁時桓公德衰功廢而滅人嫌當坐故上述所嘗盛美而爲之諱所以尊其德彰其功傳不言服楚獨舉繼絕存亡者明繼絕存亡足以除殺子糾滅譚遂項覆終身之惡服楚功在覆篡惡之表所以封桓公各當如其事也不月者桓公不坐滅略小國箋曰何君云凡諱者從實爲桓諱滅項正之使不得若行所以强伯義春秋功罪不相掩以功覆惡而襃封之非所聞也

不月略小國是也桓公不坐滅失之

五月乙巳西宮災西宮者何小寢也小寢則曷爲謂之西宮有西宮則有東宮矣魯子曰以有西宮亦知諸侯之有三宮也西宮災何以書記異也解詁是時僖公爲齊所脅以齊媵爲適楚女廢在西宮而不見恤悲愁怨曠之所生也言西宮不繫小寢者小寢夫人所統妾之所繫也天意若曰楚女本當爲夫人不當繫於齊女故經亦云爾箋曰何君說本董子按穀梁子曰謂之新宮則近爲禰宮以謚言之則如疏之然以是爲閔宮也於義穀梁爲長詩曰新廟奕奕奚斯所作毛云新廟閔公廟也有大夫公子奚斯者作是廟也經云西宮者知僖公季友奚斯不以閔序昭穆而別爲築宮則隮僖之意

不始於文公矣詩又曰靡有不孝自求伊祜亦微辭也天戒若曰閔當序昭穆不當爲築西宮故經亦云爾

冬天王出居于鄭王者無外此其言出何不能乎母也魯子曰是王也不能乎母者其諸此之謂與解詁不能事母罪莫大於不孝故絕之言出也下無廢上之義得絕之者明母得廢之臣下得從母命箋曰穀梁子曰天子無出出失天下也居者居其所也雖失天下莫敢有也江熙曰平王東遷其詩不能復雅而列爲國風襄王奔鄭不得全天王之行則與諸侯不異故書出也鄭發墨守曰襄王實不能孝道稱母后之心令其寵專於子帶失敎而亂作出居於鄭自絕於周故孔子因其自絕而書之公羊以爲母得廢之則左氏云已死矣本疏

引按据左氏事說經此鄭君之學不得以難何氏但公羊引魯子之說本存疑辭意亦以爲春秋得絶之非云母得廢子臣下得以母命廢天子也婦人有三從之義王子有行遯之權貴戚且不得專廢置而謂臣下得易位乎稱母命廢立者趙盾之私心而霍光王莽祖之以亂漢者也春秋爲撥亂而作豈反開亂賊之門乎書出居者猶公孫於齊居於鄆之義非謂隱如得逐君也穀梁子謂失天下鄭君謂因其自絶書之得矣書居於鄭者明諸侯當憂勤反正之與王室亂天王居於狄泉同義故晉文定王從常事不書例也

二十有七年春杞子來朝解詁貶稱子者起其無禮不備故魯入之箋曰正伯子男爲一也辭無所貶何君不用左氏說此

及下入杞解詁無禮之云皆依違左氏非也
公子買戍衞不卒戍刺之不卒戍者何不卒戍者內辭也不可使往也解詁內殺大夫例有罪不日無罪日箋曰上書晉侯伐衞下書楚人救衞則此戍衞爲黨楚背晉明矣歸罪于買而殺之信之大惡也故以不卒戍爲內辭傳順經諱文解詁以爲有罪不日無罪日者謂著其罪狀與不爾非從實也
三月丙午晉侯入曹執曹伯畀宋人畀者何與也其言畀宋人何與使聽之也解詁時天王居於鄭晉文欲討楚師以宋王者之後法度所存故因假使治之箋曰時天王實巳歸京師下書公朝于王所王自京師至踐土也襄王不能正曹伯之罪晉文自正之故爲伯討張義以殷彝蔽其罪愈於以歸多

矣

陳侯款卒解詁不書葬者爲晉文諱宋襄亦背殯獨不爲齊桓諱者時宋襄自會之箋曰何君以傳惟云爲襄公諱知不爲齊桓諱又以傳於宋襄不書葬爲盈諱解爲功惡相覆宜加微封則諱爲褒文非從實矣失之

衞元咺自晉復歸于衞自者何有力焉者也此執其君其言自何爲叔武爭也解詁言復歸者深爲伯者恥之使若無罪箋曰言復歸者移惡于衞侯鄭

遂會諸侯圍許解詁伯兵不月者刺文公不偃武修文以附疏倉卒欲服許卒不能降威信自此衰故不成其善箋曰不月者與上壬申同月上已去月不能復出非刺文公也

三十有一年春取濟西田解詁魯本爲伯者所還當時不取久後有悔更緣前語取之不應復得故當坐取邑箋曰當時取之亦坐取邑如鞌戰書取汶陽田亦不言取之齊也此重在同姓故爲爲久之文深諱之輕重之旨也傳解詁似失之

僖公篇

王使榮叔歸含且賵解詁去天者含者臣子職以至尊行至卑事失尊之義也

王使召伯來會葬解詁去天者不及事刺比失喪禮也箋曰禮君于士有棺中之賜記稱含襚不嫌以至尊行至卑事也以天王含賵妾母當文見譏明矣不假去天也不及事去天尤失之秦人來歸僖公成風之襚事在五年以後經未嘗別加

譏文宰咺來歸賵傳亦云不及事未貶去天也穀梁子傳躋僖公之義曰逆祀則是無昭穆也無昭穆則是無祖也無祖則無天也故曰文無天無天者是無天而行也君子不以親親害尊尊此春秋之義也凡穀梁所傳桓無王文無天隱元年有正十年無正定元年無正餘年有正諸大義詳於公羊皆有所受之此經比去天者正所謂文無天也不於元年去天者未逆祀也王加禮於無天之人與錫命於無王之人皆逆天道故莊元年亦去天也桓四年去秋冬二時何君解云桓公無王而行天子不能誅反下聘之故為貶見其罪明不宜以去二時為貶亦去天之義也

遂城部解詁主書者甚其生事困極師衆箋曰以證上三月甲

戌爲內辭猶成降書師還

秦人來歸僖公成風之禭其言僖公成風何兼之兼之非禮也曷爲不言及成風成風尊也解詁禮主於敬當各使一使所以別尊卑據及者別公夫人尊卑文也連成風者俱問尊卑體當絕非欲上成風使及僖公不可使卑及尊也母尊序在下者明婦人有三從之義少繫父既嫁繫夫夫死繫子箋曰穀梁得之妾母以子氏也若適母序子下妾序君下傳惠公仲子於禮爲不順於文爲不辭兼之非禮解已在前

魯祭周公何以爲牲周公用白牲解詁白牲殷牲也周公死有王禮謙不敢與文武同也不以夏黑牲者嫌改周之文當以夏辟嫌也又引禮記明堂位曰封周公於曲阜地方七百里

革車千乘盖以爲有王功故半天子也箋曰禮郊特牲曰諸
侯之祭以白牡諸侯之僭禮也魯祭周公以白牡葢亦昉於
僖公非禮也春秋不譏者從郊禘壹正之矣孟子曰周公之
封於魯爲方百里也地非不足而儉於百里明堂位所記葢
荀卿之徒據其後侈陳之非經誼也魯之王禮僭自僖公𥚃
克作頌所爲著莊公之子也其稱成王所錫魯公所受曰山
川土田附庸而已不聞以天子禮樂也晉文請六隧襄王曰
王章也不可焉有成王而以非禮康周公哉
單伯至自齊解詁不省去氏者淫當絕使若他單伯至也箋曰
命大夫故不名去單言伯則不辭
宋人弑其君處臼解詁無尊上非聖人不孝者斬首梟之無營

上犯軍法者斬要殺人者劊脰箋曰傳有誅絕之例易有焚如之象周官有辜之之制此所謂死刑有輕重也梟首斬要秦法爾

秦伯罃卒解詁秦穆公也至此卒者因其賢箋曰秦穆公子康公也至此卒者因穆公之賢且比接內也考左氏及太史公紀表書皆以穆公卒於魯文公六年春秋終穆公世未嘗接魯文九年歸襚十二年使遂來聘皆康公也傳以爲賢繆公能變追其先言之猶吳子使札踊賢季子皆從接內見也繆公之卒反不得如滕侯卒之例先書於經者詩刺繆公以人從死未能盡變其俗不可爲典且嫌於僅以康公接內錄能變之賢反不著也何君失經傳意矣

秋公子遂叔孫得臣如齊解詁不舉重者譏魯猥使二大夫出虛國家廢政事重錄內也箋曰不舉重者著得臣之與聞乎弑也子赤齊出也故爲宣公如齊許賂非子赤使之也子赤弑而季孫行父如齊謀定宣公也遂主謀故於卒也去公子得臣與聞故于卒也去日以明首從非別輕重也行父不與聞故從日卒正文

夫人姜氏歸于齊解詁有去道書者重絕不復反箋曰不日者無與別有罪無罪

文公篇

丁亥楚子入陳解詁日者惡莊王討賊之後欲利其國復出楚子者爲下納善不當貶不可因上貶文箋曰日者惡納黨亂

臣也復出楚子者正上貶文不正則不見也

納公孫甯儀行父于陳此皆大夫也其言納何納公黨與也解詁据納者謂已絕也今甯儀行父上未有出奔絕文故見大夫反言納也徵舒弒君甯儀行父如楚訴徵舒徵舒之黨從後絕其位楚爲討徵舒而納之本以助公見絕故言納公黨與不書徵舒絕之者以弒君爲重主書者美楚能變悔改過以遂前功卒不取其國而存陳不繫國者因上入陳可知箋日甯儀行父不繫國者因上未有出奔絕文故絕之於陳也傳言二人黨惡即詩刺乘我乘駒朝食於株者非以其訴楚討賊得免罪也納者內勿受未有善辭也主書者刺楚不誅惡人若以二人無罪美楚存陳當書陳公孫甯儀行父自楚

歸於陳矣

十有二年春葬陳靈公討此賊者非臣子也何以書葬君子辭也楚已討之矣臣子雖欲討之而無所討也解詁不從殺泄冶不書葬者泄冶有罪故從討賊書葬則君子辭與泄冶罪兩見矣不月者獨甯儀行父有訴楚功上已言納故從餘臣子恩薄略之箋曰何氏膏肓以爲泄冶無罪是也不書葬則君子辭不著不月者討賊者非臣子本不得書葬又殺泄冶當去葬故不足也

宣公篇

作邱甲譏始邱使也解詁甲鎧也譏始使邱民作鎧也箋曰何氏依穀梁解之左氏服虔注云司馬法云四邑爲邱有戎馬

一匹牛三頭是曰匹馬邱牛四邱爲甸甸六十四井出長轂一乘馬四匹牛十二頭甲士三人步卒七十二人戈楯具備謂之乘馬杜預曰此甸所賦今魯使邱出之譏重斂故書似與經傳意合然何氏本孔孟家法以大國地方百里出車千乘故云十井而賦一乘若司馬灋井十爲通通爲匹馬三十家士一人徒二人同方百里萬井三萬家革車百乘士千人徒二千人又云甸六十四井出長轂一乘與諸侯百里千乘之制不合此据天子畿方千里出車萬乘言之馬融以十同之地開方爲三百一十六里有奇皆周官家言故何氏不取也

丙午及荀庚盟丁未及孫良夫盟此聘也其言盟何聘而言盟

者尋舊盟也解詁二國既修禮相聘不能相親信反復相疑故舉聘以非之箋曰來盟者亦先行聘此所聞世詳錄之故不舉重惡屢盟也例皆曰此經及十一年郤州襄七年孫林父十五年宋向戌皆是也所見世不著亦惡不信

仲嬰齊卒解詁殺叔仲惠伯不書者舉弒君爲重惠伯事與荀息相類不得爲累者有異也惠伯直先見殺爾不如荀息死之箋曰惠伯之保傅子赤似荀息先子而死似孔父經於子卒之下不書叔彭父卒非不如荀息也董子曰春秋之用辭已明者去之未明者著之惠伯之忠貞既以孔父荀息張義矣所謂省其贅也

解詁弟無後兄之義故不言仲孫明不與子爲父孫箋曰書

仲孫則嫌於仲孫氏書公孫仲嬰齊則嫌於嬰齊別有賢行且嫌於僅以別嫌於貍軫之公孫嬰齊爲人後之義不著夫子旣順魯人之公義弟爲兄後亦合質家之法故無異文也

成公篇

八月辛亥葬我小君定弋定弋者何襄公之母也解詁定弋莒女也箋曰此弋氏左穀皆作姒氏定十五年姒氏穀梁作弋氏疏以姒弋聲勢相同國語杞鄫由太姒夏本紀禹爲姒姓其後分封用國爲姓有褒氏杞氏鄫氏褒杞鄫皆姒姓也詩孟弋卽姒氏也莒爲己姓左氏世本甚明定弋非莒女葢鄫女世子巫之姊妹也

叔孫豹鄫世子巫如晉外相如不書此何以書爲叔孫豹率而

與之俱也叔孫豹則曷爲率而與之俱蓋舅出也解詁巫者鄫前夫人襄公母姊妹之子也俱莒外孫故曰舅出箋曰爾雅男子謂姊妹之子爲出巫者襄公之舅也何云俱莒外孫故曰舅出徐彥解爲襄公與巫皆是一舅姊妹之子皆誤左氏晉悼又新昏於杞杞鄫同姓故相與往殆於晉情事最合其取後乎莒奈何莒女有爲鄫夫人者蓋欲立其出也解詁時莒女嫁爲鄫後夫人夫人無男有女還嫁之於莒有外孫鄫子愛後夫人而無子欲立其外孫箋曰傳文莒鄫二字互錯穀梁傳滅鄫義曰立異姓以莅祭祀滅亡之道也莒公子鄫出也鄫子黜巫而立之巫來訴于魯爲會于戚卒不得反正知非莒脅立者戚之會貶鄫人於吳下而莒子無貶文也傳

兩言出姊妹之子何云外孫皆誤下滅鄫解詁同

仲孫蔑衞孫林父會吳于善稻解詁不殊衞者晉侯欲會吳於戚使魯衞先通好見使畀故不殊蓋起所恥箋曰何君約左氏文解之非也魯臣見使於大國未足爲恥此所聞世內諸夏之明文董子曰衞俱諸夏也善稻之會獨先內之爲其與我同姓也得之從會吳上見義者明諸夏化則吳可漸化故所見世不復著魯衞晉吳同會文也

鄭伯髡原何以名傷而反未至乎舍而卒也解詁舍昨日所止舍處也以操定邑知傷而反也未見諸侯尚往辭知未至舍也云爾者古者保辜諸侯卒名故於如會名之明如會時爲大夫所傷以傷辜死也君親無將見辜者辜內當以弒君論

之辜外當以傷君論之箋曰保辜不得施於君親傷君弒君誅無輕重穀梁子曰取卒之名加之如會之上見以如會卒也得之

劉夏逆王后于齊解詁不稱劉子而名者禮逆王后當使三公故貶去大夫明非禮也異義春秋公羊說云自天子至庶人娶皆當親迎所以重昏禮也禮戴說天子親迎左氏說王者至尊無敵體之義故不親迎使上卿迎之諸侯有故若疾病則使上大夫迎之上卿臨之謹案高祖時皇太子納妃叔孫通制禮以爲天子無親迎從左氏義也駁曰文王親迎於渭卽天子親迎之明文也天子雖至尊其於后猶夫婦也夫婦配合禮同一體所謂無敵豈施於此哉孔子對哀公曰合

二姓之好以繼先聖之後以爲天地宗廟社稷之主非天子則誰乎箋曰禮云昏禮下達春秋譏不親迎公羊禮戴鄭君之說正也何君祭公逆后之解大義亦同此乃同左氏許君說猶爲漢制作諸文使人不辨自明也左氏說諸侯有上大夫復有上卿非也

秋八月己巳諸侯同盟于重邱解詁會盟再出不舉重者起諸侯欲誅崔杼故詳錄之箋曰諸侯不誅崔杼故重錄之日者徧刺諸侯之不討賊也

吳子謁何以名傷而反未至乎舍而卒也解詁以名卒閒無事知以傷辜死還就張本文伐名知傷而反卒繫巢知未反舍巢不坐殺復見辜者辜內當以弒君論之辜外當以傷君論

之箋曰穀梁子曰諸侯不生名取卒之名加之伐楚之上見以伐楚卒也古者大國過小邑小邑必飾城而請罪禮也非巢之不飾城而請罪非吳子之自輕也於義爲長

秋七月辛巳豹及諸侯之大夫盟于宋曷爲再言豹殆諸侯也曷爲殆諸侯爲衞石惡在是也曰惡人之徒在是矣箋曰再言豹一事而再見者卒名也曰諸侯之大夫先目而後凡也會盟再出不舉重者殆諸侯也曷爲殆諸侯自是晉弱楚强諸侯奔走事夷狄也日者惡楚詐也惡人之徒如蔡公孫歸姓陳孔瑗鄭良霄皆叛臣非止衞石惡也

會于澶淵宋災故此大事也曷爲使微者卿也卿則其稱人何貶曷爲貶卿不得憂諸侯也解詁時雖名諸侯使之恩實從

卿發故貶起其事明大夫之義得憂內不得憂外所以抑臣道也宋憂內并貶者非救危亡禁作亂也箋曰諸侯使大夫歸宋財善事也書晉趙武以下會於澶淵歸粟於宋可矣且叔弓如宋葬共姬魯大夫未有不在會者則經當書叔弓會晉趙武以下於澶淵歸粟於宋曷爲諱內而盡貶天下之大夫且變歸粟之文曰宋災故時蔡般以子弒父臣弒君而諸侯不知討賊民彝泯而天理滅矣區區歸粟之義曷足善乎傳宜云會未有言其所爲者此言所爲何不討賊也此大事也曷爲使微者卿也卿則其稱人何偏刺天下之大夫也不書內大夫諱之也義同胡氏似勝傳注

襄公篇

三月取運運者何內之邑也其言取之何不聽也解詁不聽者叛也不言叛者爲內諱故書取以起之不先以文德來之而便以兵取之當與外取邑同罪故書取月者爲內喜得之

叔弓帥師疆運田疆運田者何與莒爲竟也與莒爲竟則曷爲帥師而往畏莒也解詁畏莒有賊臣亂子而興師與之正竟刺魯微弱失操煩擾百姓箋曰西運魯齊同壤東運莒魯同壤上年莒弑密州魯不討亂而取運故諱不言伐莒而加月以起之是時去疾與展爭篡魯又不討而疆運故變文加帥師以起之傳畏莒也諱辭與莊九年浚洙傳畏齊也同例此不言曷爲畏莒也辭不討賊也乃省文魯兵不以義動而以利起故諱使若非從莒取也傳云內邑順經諱文解詁俱失

之

朱干玉戚以舞大夏八佾以舞大武箋曰夏武互錯

吳弑其君僚解詁月者非失眾見弑故不略之箋曰不日者卒

本不日

黑弓以濫來奔解詁夫子本所以知上傳賢者惡少功大也猶

律一人有數罪以重者論之春秋滅不言入是也按叔術妻

嫂雖有過惡當絕身無死刑當以殺殺顏者為重宋繆公以

反國與與夷除馮弑君之罪死乃反國不如生讓之大也馮

殺與夷亦不輕於殺殺顏者比其罪不足而功有餘故得為

賢傳復記公扈子言者欲明夫子本以上傳通之故公扈子

有見言箋曰春秋之義事在元年前者罪不追治功必追錄

所謂惡惡短善善長也叔術之事傳多存疑辭末乃以公扈子之言爲斷意以致國夏父雖以家事干王事而意合乎讓夫子追通之以救末世爭簒之禍若宋馮之不書簒而書葬爲盈諱文以明議賢之辟然晉當國則已有所見矣穀梁言深諱文必有所見通例也猶必日以成宋亂日取郜大鼎於宋此與宣公弒子赤以濟西田賂齊而書即位者法無異也若簒弒之罪可除孰不可除乎此非制作意矣公扈子有見夫子通濫之意而爲言亦非

昭公篇

戊辰公即位癸亥公之喪至自乾侯則曷爲以戊辰之日然後即位正棺於兩楹之閒然後即位子沈子曰定君乎國然後

卽位卽位不日此何以日錄乎內也解詁內事詳錄善得五日變禮或說危不得以踰年正月卽位故日主書者重五始也箋日本例應追書元年春王正月公卽位如桓宣之文因定哀多微辭故小變其例從其實卽位之日書之則篡文顯而微矣傳所云者所謂主人習其讀而問其傳則未知己之有罪焉爾

雉門及兩觀災解詁立雉門兩觀不書者僭天子不可言雖在春秋中猶不書箋日傳例春秋見者不復見也此因災見且以張王文猶郊禘也

劉卷卒解詁言劉卷者主起以大夫卒之屈於天子也箋日著劉者明天子大夫得世祿去子者明爵不得世也

六月丙申季孫隱如卒解詁仲遂以貶起弑是不貶著其逐君者舉君出爲重故從季辛起之猶衞孫甯箋曰不貶者著所見世例亦微辭也

從祀先公從祀者何順祀也文公逆祀去者三人定公順祀叛者五人解詁諫不以禮而去曰叛箋曰叛者謂陽虎之屬也逆祀當出季氏之意欲章其立僖之功文公不知正之爾從祀亦非定公之意陽虎欲更季氏之政定公亦不能違爾

睋而曰解詁望見公斂處父師王念孫曰俄睋通借漢書或借蛾非望見也

寶者何璋判白解詁判半也半圭曰璋白藏天子青藏諸侯魯得郊天故錫以白不言璋言玉者起珪璧琮璜璋五玉盡亡

之也傳獨言璋者所以郊事天尤重詩云奉璋峩峩髦士攸宜是也禮圭以朝璧以聘琮以發兵璜以發衆璋以徵召箋曰魯郊非禮辨已見前詩云奉璋當是周官璋瓚尚書顧命所云秉璋以酢者也此盜竊寶玉當是魯之命圭失之定公坐重故爲微辭傳順經諱文別舉三物以實之爾

齊侯衛侯次于五氏解詁欲伐魯也善魯能卻難早故書次而去箋曰文十年楚子蔡侯次於厥貉解詁魯恐故書刺微弱也當爲一例

十年春王三月及齊平解詁月者頰谷之會齊侯欲執定公故不易箋曰月者魯盜在齊晉欲藉齊晉以襲國上齊衛次五氏是也魯汲汲與齊平故不易

夏公會齊侯於頰谷公至自頰谷解詁上平爲頰谷之會不易故月頰谷之會齊侯作侏儒之樂欲以執定公孔子曰匹夫而熒惑於諸侯者誅於是誅侏儒首足異處齊侯大懼曲節從教得意故致也徐彥解云家語及晏子春秋文按二書皆僞未必何氏所據箋曰左氏穀梁氏太史公書並載此事唯公羊子傳歸運讙義曰孔子行乎季孫三月不違齊人爲是來歸之何君解云歸濟西田不言來此其言來者已絕魯不應復得故從外來常文與齊人來歸衞寶同夫子雖欲不受定公貪而受之此違之驗義側閔遠得聖人之心矣魯任用夫子則聖化及天下豈以區區反侵地爲得意反侵地者正齊人欲沮撓魯政即歸女樂之幾受女樂大惡不可言也而左氏穀梁氏以反侵地爲聖

功陋矣頹谷書致者蓋齊以魯有聖人有加禮焉故也齊桓衣裳之會猶云朝服濟河而無怵惕曾以聖人相君而置之危地且效曹沫屈建之詐設兵刑以偪好哉何君依違之辭去之而義益長矣此二注及下謝過一節須刪之

晉趙鞅歸于晉此逐君側之惡人曷爲以叛言之無君命也解詁無君命者操兵鄉國故初謂之叛後知其意欲逐君側之惡人故錄其釋兵書歸赦之君子誅意不誅事箋曰傳側曰復歸者出惡歸無惡歸者出入無惡趙鞅荀寅士吉射皆亂賊故上入邑以叛同文趙鞅挾君勢惡尤甚故變文以起之曰歸者著其以清君側爲名書入則不能著非爲善辭也歸者出入無惡其出也入邑以叛其入也必挾君以合故反

與以出入無惡之文此變例中之正例與趙盾復見同義若欲赦之則當以出惡歸無惡之文書復歸矣

定公篇

晉趙鞅帥師納衞世子蒯聵于戚戚者何衞之邑也曷爲不言入於衞父有子子不得有父也解詁明父得有子而廢之子不得有父之所有故奪其國文正其義也不貶蒯聵者下曼姑圍戚無惡文嫌曼姑可爲輒誅其父故明不得也箋曰書世子與蔡世子友同例明不得立也卻缺貶趙鞅不貶者略亂賊也丁履恆云父有子者蒯聵爲父輒爲子蒯聵似可有輒之衞子不得有父者蒯聵爲子靈公爲父蒯聵靈公所逐輒乃靈公所立蒯聵不得有靈公之衞也

冬十月葬衛靈公箋曰蒯聵父子爭國無危文者明適子以罪廢得立適孫文家法也

吳伐我解詁不言鄙者起圍魯也不言圍者諱使若伐而去箋日所見世著治太平文也董子曰當此之時魯無鄙疆諸侯之伐哀者皆言我中庸述春秋之化施及蠻貊正此意也從吳齊來伐上見者明魯與春秋異道不得相干也

歸邾婁子益于邾婁解詁獲歸不書此書者善魯能悔過歸之嫌解邾婁子益無罪書故復名之箋曰正上以來爲獲歸且刺畏齊而後歸益也

冬十有二月螺何以書記異也何異爾不時也解詁螺者與陰殺俱藏周十二月夏之十月不當見故爲異比年再螺者天

不能殺地不能埋箋曰左氏記夫子之言曰火伏而後蟄者
畢今火猶西流司厤過也是据當時實測非不知歲差也時
周不頒朔國自為正官御廢職閏餘乖次經於十三年再書
十有二月螽終之以十有四年春西狩獲麟以明改建夏正
之數云
冬十有一月有星孛于東方解詁周十一月夏九月日在房心
房心天子明堂布政之庭於此旦見與日爭明者諸侯代主
治典法滅絕之象箋曰堯典夏時冬至日起虛危周初冬至
日起牽牛蓋歲差七十年而一度計堯時至春秋末約一千
六百餘年夏正八月辰則伏九月辰繫於日至春秋末十一
月當辰始伏尚未繫於日且司天失閏一月昏時火尚西流

是時斗建申日當在巳翼軫之次秦楚相滅之應

十有四年春西狩獲麟解詁河陽冬言狩獲麟春言狩者蓋據

魯變周之春以爲冬去周之正而行夏之時箋曰春言狩下

當增不從狩郎以正月譏八字乃明微者以狩言是假狩名

以著文宜有正月也

哀公篇

刑部山西司郎中臨川李秉文刊

皇淸經解卷一千二百九十終　嘉應生員張嘉洪校

清·劉曾璇 撰

春秋書法比義十二卷

（卷一——卷九）

清道光十九年（1839）刻本

春秋書法比義

卷一　卷二

卷三　卷四

道光十九年鐫

春秋書法比義

蓮窗書屋藏板

春秋書法比義序

濮州劉刺史慶凱鐫其尊甫蔭渠先生所訂春秋書法比義郵寄於余余讀之矍然曰春秋者聖人所以維王迹正

世變存天理遏人欲義備於書法即書法以見義者也然而其事則三傳異其說則諸家異以一字爲聚訟經千載而益紛將欲比而同之難矣

且夫書法有隱顯不探其義
則不明書法有創因不深於
義則不合善乎程子之言曰
春秋不可事事各求異義朱
子有言曰亦須隨事觀理然

則欲求春秋之義者惟在精已之識綜古今人之傳之說之異而卽春秋以比春秋焉蔭渠先生於經史無所不覽而搜之極其博研之極其精

則尤在於春秋近接師承遠
核衆說殫數十年之心力而
盡於屬辭比事之一言則所
以求春秋者約而所以論春
秋者精矣蓋論古者莫患於

好異好異則師心而蔑古又莫患於從同從同則泥古而失己況古人旣互爲同異而吾可苟爲異同乎讀是書例言中同異之說知春秋文義

相同者可類而比之相異者可反而比之異中見同同中見異者莫不可反復辨析而比以合之即春秋以比春秋而古今傳說之同之異亦莫

不可以是書比之也善讀春秋者能外是書以求春秋之義歟

道光二十年庚子新春二日

年通家弟王鼎序并書

自敘

經解云屬辭比事春秋教也讀春秋者當屬辭比事以求其義矣余幼承　庭訓授以是書輒以爲易讀漸乃逐條理會粗曉大意而於屬辭比事之謂固未解也年弱冠受學於滄州　劉阜聞夫子朝夕講貫始知屬辭比事之法而於所以屬而比之者猶未得其要也因請師出所著作者相示師令先自爲說以觀所見甲寅歲余舉經文以類相比卽傳說與講貫所及者略爲引伸得若干條錄爲一册進質於師師喜且歎曰春秋之學

之不講也久矣蔑古者旣以爲斷爛朝報而拘於章句者往往誦習左傳而於經則束而置之高閣雖名士通儒鮮有肯究心於斯者今觀册中搜羅極見思緒學者不當如是耶再廣搜而精研之如此數番吾知其彬彬矣勉之哉毋墮乃力厥後反覆玩索思欲訂輯成編而日以課士爲事未遑也甲午家居稍得寬閒因取舊册重訂之其仍原文者什之三四其改易增添者什之六七雖不敢謂廣搜精研然視舊本較詳備焉獨恨不得與　先師一質之也迴憶講求是書以來迄今四十餘

年平生用心所在有不忍自廢棄者因錄而存之名之曰春秋書法比義俾來學勿以春秋爲難讀先熟誦經文逐條理會而後屬辭比事以求其義庶於聖人垂世立教之意有所領會也夫

昔

道光十五年歲次乙未孟夏上澣鹽山劉曾璇蔭渠氏

書於南軒蓮窗下

春秋書法比義綱領

春秋者魯之史記孔子因而修之者也杜氏元凱曰年有四時故錯舉以爲所記之名謂之春秋。○程子曰孟子云王者之迹熄而詩亡詩亡然後春秋作適當隱公之初故始於隱公 以上春秋原起

孟子曰春秋天子之事也

莊子曰春秋以道名分

董子曰撥亂世反之正莫近於春秋

韓子曰春秋謹嚴 以上春秋大義

程子曰春秋不可事事各求異義但一字有異或上下文有異則義須別又曰以傳考經之事迹以經別傳之眞僞

朱子曰此經固當以類例相通然亦先須隨事觀理反復涵泳令胸次開闊義理貫通方有意味 以上讀春秋之法

春秋書法比義凡例

一是編發明春秋書法要以比事見義義有合上下文而見者則屬辭以聯貫之而約不外比事之指故以比義名編

一比義之指在卽經文參其異同同者則類敘而總論之異者則錯舉而反證之文相似而義不同者則辨析其同中之異文不同而義相似者則推原其異中之同或互勘或對舉兩兩相比書法之義自見

一義在以事相比與各條解釋者不同或卽本事相比或

舉他事相比或相比以近事或相比以遠事要使融會貫通參觀互見故勿庸逐條分註

一前後事交互相比義多係於前條之下若義歸重後條者則係於後條之下觀此可以知彼其有一事而又與他事相比者義各有在非同重出

一是編兼採左傳公穀及胡氏諸家之說約皆從
欽定彙纂
御纂直解所取者融會其意而化裁其詞故不復註所本何家間有意本李安溪方望溪孫合河者仿此其有係先儒原

說者則標明某氏以別之而聞之師者亦特錄焉

一是編以發明經義爲主至會盟侵伐之類事實具見左傳無煩多註間有引傳作註者或先經以起事或錯經以合異要皆與經義有關

一編中引事繁多不勝悉註惟義關世次及文同易混者（如盟幽會匽伐衛侵宋之類）則註明某公某年人名地域有關經義者則註明其族系國邑以爲徵實

一書法之義備見經文今於經文爲義之所起者則加尖圈△義之所在者則加圓圈○特筆見義者則加重圓

圈◎標出眉目庶令閱者易看

春秋書法比義目錄

春秋書法比義卷一

鹽山劉會璇訂

隱公名息姑魯惠公長庶子母曰聲子謚法不尸其位曰隱魯侯爵而稱公臣子之辭

元年春王正月

凡元年必書正月、謹始也、一時無事、必書首月、備時也、隱莊之元年三月有事而特書正月者、以雖不行卽位之禮、而元年不可無正也、凡正月特書王者、以諸侯奉王者之政、正朔必稟於王也。周正建子、非春也、而謂之春、非夫子加之也、周固謂之春矣、觀武成言一月而泰誓言春可見、然月爲王月、時亦可爲王時、不曰王春正月、而曰春王

正月何也正王之所得爲也春非王之所得爲也冠春於王所以見周正之非春也周正之非春見而正之爲春者亦可見矣故周謂之春而子亦謂之春者從周之義正係之王而春不係之王者行夏之意王次春見天子之當奉天正次王見諸侯之當尊王全經大旨已統於此

三月公及邾儀父盟于蔑邾魯之附庸儀父其君之字○涖牲曰盟

隱及邾儀父盟于蔑桓會邾儀父盟于趡事相類也而此書及彼書會者會者外爲志及者內爲志○凡會盟侵伐內爲主書及外爲主書會所以別主從而謹善惡之首也

夏五月鄭伯克段于鄢稱克惟此力勝之辭

凡殺世子母弟目君甚之也稱兵爭國不書弟與公子絕之也故段不稱弟異於天王之殺佞夫而克目鄭伯亦猶殺申生之目晉侯

秋七月天王使宰咺來歸惠公仲子之賵車馬曰賵

王者奉若天道故稱天王天王而賵諸侯之妾非禮也與歸賵成風同仲子者惠公之妾惠公寵之若夫人故係之惠公然究未立之爲夫人故止稱仲子名分一正而使者來者之失俱見矣故名宰以示貶王不去天而惡自著至

歸成風之含賵、已成其爲夫人、非禮尤甚、而後王不稱天也、

◎九月及宋人盟于宿△（凡盟以國地者國主亦與盟）

聞之師曰、盟宿諱公、而盟浮來（八年）不諱公何也、以盟宿爲諸侯與大夫盟之始也、如初盟幽（莊十六年）諱公、而再盟幽（莊二十七）不諱、初盟爲諸侯主諸侯盟之始也、盟齊（僖十九年）諱公、而盟蜀（成公二年）不諱、盟齊爲楚人與中國盟之始也、盟扈（文公七年）爲大夫主諸侯盟之始、故趙盾變文書晉大夫、而新城（文十四年）則書趙盾矣、圍宋（僖二十七）爲楚序中國上之始、故楚子變

文書楚人而厥貉文公十年辰陵宣十一年則書楚子矣此皆書始之例也

冬十有二月祭伯來祭伯畿內卿士王之卿書爵此與凡伯渠伯之類是也

祭伯來朝不言朝祭叔來聘不言使不與其私相通問尹氏卒王子虎卒劉卷卒不書爵秩不與其私相赴告爲人臣者無外交也。書外來者凡七此與州公寔來祭公來齊仲孫來介葛盧再來白狄來皆不與其來也各條義見後

公子益師卒

凡內大夫書卒重大臣也外諸侯書卒睦鄰國也

二年春公會戎于潛相見於隙地曰會

隱之會戎盟戎、譏其與相親也、莊之追戎伐戎、譏其與相仇也、衛成之侵狄盟狄、僖三十二胥景之會狄滅狄、宣十一十五十六年兼譏之

夏五月莒人入向

凡兵聲罪致討、曰伐、潛師掠境、曰侵、環其城邑、曰圍、造其國都、曰入、皆陣、曰戰、詐戰、曰敗、將尊師衆、稱某帥師、將尊師少、稱將、將卑師衆、稱師、將卑師少、稱人、君將不言帥師、書其重者也、

無駭帥師入極

汪氏曰經書帥師者百有三十僖以前書帥師者僅九皆內大夫文宣以後外大夫多書帥師大夫之漸强可見矣

秋八月庚辰公及戎盟于唐

九月紀履緰來逆女冬十月伯姬歸于紀

履緰大夫也而來逆女諸侯之不重大婚也劉夏士也而逆王后天子之不重大婚也婚禮不稱主人故不書使非所譏也彼所譏在非卿逆此所譏在不親迎

紀子伯莒子盟于密紀子伯闕文

十有二月乙卯夫人子氏薨。隱公夫人

夫人不書葬者、二子氏以先卒不書葬、明順也、孟子以同姓不書葬、諱也、或曰子氏之不葬、不以夫人之禮葬也、隱公之讓也、孟子之不葬、亦不以夫人之禮葬也、季氏之惡也。

鄭人伐衛

趙氏曰、征伐稱人者三十五、稱師者十四、爲文以前事、文以前征伐自諸侯出、雖卿、將稱人、與將卑師少者同、雖卿帥重師但稱師、與將卑師衆者同、蓋征伐之權在諸侯、而

大夫之尊卑不足辨也

經書盟一百有九會九十有七自盟蔑（元年）會潛（此年）始書伐二百十三侵六十入二十七圍四十四自入向伐衛（此年）圍長葛（五年）侵宋（莊公十年）始非王事而私會盟非王命而專征伐皆惡其無王也

三年春王二月己巳日有食之

經書日食三十六不言月揜日止書日有食之抑陰存陽之義也不曰日食而曰日有食之有者自外至之詞也凡日食不書日不書朔者史失之

三月庚戌天王崩。平王也桓王立

不係周天下之共主也不書名天下均不敢名王也春秋歷十有二王桓襄匡簡景志崩志葬者赴告及會會之也平惠定靈志崩不志葬者赴告雖及會不會也莊僖頃崩葬皆不志者王室不赴會亦不會也不赴內臣之罪不會外臣之罪

夏四月辛卯尹氏卒。從公羊作尹氏王朝大夫

秋武氏子來求賻貨財曰賻

仲子之賵宰咺來歸天王之賵武氏來求比而觀之亦可

傷矣。書武氏與尹氏同譏大夫世官也書武氏子與仍叔之子同譏子弟與政也書求賻與求車求金同譏天子求財也當喪未君故不稱使毛伯來求不稱使仿此非所譏也

八月庚辰宋公和卒

胡氏曰邦君之薨雖宋齊晉衞大國皆書卒以其不命於天王而私自立正其名也及其旣葬雖滕薛邾許小邦皆稱公以其不請於天王而私自謚著其僭也

冬十有二月齊侯鄭伯盟于石門

齊鄭爲鹹之盟、齊鄭爲石門之盟、諸侯聚而天下遂無王、諸侯散而天下遂無伯、春秋始終之局、齊鄭爲之也

癸未葬宋穆公

卒自外錄、葬自內錄、然於宋公則葬、而天王之喪無往會焉、豈知務哉、桓王崩而葬、齊僖亦如之

四年春王二月莒人伐杞取牟婁

經書外伐國者一百二十八、惟此與宋伐鄭取長葛書伐並書取、時猶以取邑爲重也、後以爲常事而不告、春秋亦不書矣

經書取國與邑田凡二十有四內取於外者十七外取於內者三外相取者三內自取者一凡邑田用兵取之者則書伐書圍或書敗而後書取在外如莒伐杞取牟婁宋圍鄭取長葛是也在內如敗宋取郜取防伐齊取穀伐邾取訾婁取繹取漷東田沂西田伐莒取向是也不用兵而取之者或大國受小國之賂或小國藉大國之力則止書取受賂者如齊取濟西田齊取讙及闡是也藉力者如內之取濟西田取汶陽田取邾田自漷水是也然止書取者義又不同取根牟取鄟取邿則爲內諱滅國而不書滅也取

、鄅則乘莒亂而有之、故與滅國同文也、取須句再見、亦滅國之類、而書伐邾者、取之於邾也、取鄟爲取邑之類、而不書伐莒者、蓋嘗以爲非取之於莒也、此皆取非其道者也、外惟齊侯取鄆、取而不爲己有、內惟取闞、取其所本有耳、至徐人取舒、外滅國而與內滅國同文、則末滅其罪之辭也、

戊申衛州吁弒其君完

此書弒之始、春秋書弒君二十三、誅亂賊也、凡得賊之主名者、則目其人、此與宋督弒其君與夷之類是也、賊在當國者、而不得其主名、則稱國、莒弒其君庶其之類是也、賊

在衆人而不得其主名、則稱某國人、宋人弑其君杵臼之類是也、

夏公及宋公遇于清。書遇凡七始於此

古有遇禮、不期而會也、隱莊之間凡六書遇、此與宋公衛侯遇于垂之類、皆預有期約、而託於不期而遇、直欲簡其禮耳、僖編之遇防、則譏會與鄫之失禮也、

宋公陳侯蔡人衛人伐鄭。

宋助弑君之臣、以伐鄭、故雖不主兵、而以宋公首之、齊助拒父之子、以圍戚、故雖不主兵、而以國夏首之、所以治亂

賊之黨也

秋翬帥師會宋公陳侯蔡人衞人伐鄭

內大夫與諸侯會伐自翬始內大夫與諸侯盟自柔始內大夫與諸侯會自單伯始已開專政之漸

九月衞人殺州吁于濮

凡殺之者稱人所殺者斥名討賊之詞也亂臣賊子人人得而討之此與齊人殺無知本國得而討之也蔡人殺陳佗鄭國得而討之也楚人殺陳夏徵舒外夷得而討之也凡以嚴討賊之法也然亦有弒君而不以討賊之詞書者

晉殺其大夫里克衛殺其大夫甯喜是也所謂懷惡而討

雖死不服也知此義則所以討賊者當正其罪矣有未弑

君而以討賊之詞書者晉人殺欒盈鄭人殺良霄是也所

謂人臣無將將則必誅也知此義則所以討賊者必誅其

心矣是亦討賊之法也

冬十有二月衛人立晉

經書立君二立者不當立也立晉稱衛人衆詞也立朝目

尹氏專詞也則何爲槪以立書曰立朝亂父子之倫私也

立晉蔑君臣之義亦私也聖人罪其私而已不計其專與

衆也、衆可以討賊、而不可以置君、故與衞人之殺州吁、而不與衞人之立晉。

五年春公觀魚于棠。

觀魚于棠、如齊觀社、皆譏其逸遊也、而一則先事而後地、一則先地而後事者、此所譏在觀魚、彼所譏尤在如齊也、告糴于齊、如楚乞師、皆譏其外求也、而一則先事而後地、一則先地而後事者、此所譏在告糴、彼所譏尤在如楚也、

夏四月葬衞桓公。

凡見弒之君、賊不討不書葬、葬衞桓、齊襄、陳靈、賊已討也、

蔡景許悼之賊未討何以葬賊在世子鄰國當討之書葬者正以罪鄰國會其葬而不之討也至若魯桓蔡靈則仇在敵國不可以旦夕報鄭僖齊悼則未嘗以弒書蔡昭則未知賊所在其葬又當別論

秋衞師入郕

九月考仲子之宮初獻六羽（宮成而祭曰考）

歸賵而正名之曰仲子之賵考宮而正名之曰仲子之宮嫡妾之分辨矣曰初獻六羽明前此用八之僭也然用六羽於仲子之宮則仍僭也且止用於仲子之宮則羣廟仍

不改其僭也○先王制禮必數以紀之書獻六羽猶三望作兩觀皆踰乎其數者也

○○邾人鄭人伐宋

伐鄭宋公以從而先主助亂也伐宋邾人以小而先大主兵也○凡侵伐以主兵者爲首伐宋之役邾以附庸而先鄭伐郳之役齊以伯主而後宋責首戎也

螟書螟者三隱公之世二莊公之世一

經書螟三螽十蝝生一書大水九大旱二不雨七水旱之類必書畏天災也螟螽之類必書恤民害也

冬十有二月辛巳公子彄卒

宋人伐鄭圍長葛。

六年春鄭人來輸平

經書平者六、我所欲曰及、及齊平、及鄭平是也、不得已曰暨、暨齊平是也、平莒及郯、則意有所責、重宋及楚平、則力有所不敵、惟此言輸平、則必有貨賂行乎其間矣、

夏五月辛酉公會齊侯盟于艾此齊魯交好之始

齊既盟鄭于石門、今盟魯于艾、又盟宋衞于瓦屋、約結諸侯、書之以志齊僖小伯之始、

秋七月

無事亦書時、示王者當奉天道也、無事書始月、示諸侯當奉王朔也、夏四月冬十月之類仿此、

冬宋人取長葛

七年春王三月叔姬歸于紀

娣歸不書、特書叔姬、以其終能全婦道也、後書歸于酅以憫其變故、先書歸于紀以錄其賢、

滕侯卒

凡諸侯卒而不名、史失其名也、不葬、魯不往會也、

夏城中丘此書土功之始

經書內城二十三此與夏城郎春城小穀之類非時也城費城成郛之類非制也然即得制得時必以勞民爲重故冬城向冬城防之類亦必書

齊侯使其弟年來聘此列國來聘之始齊聘魯五此爲其始

經書弟者十四惟公弟叔肸爲善外此有稱弟以責兄之私者齊年再見之來聘鄭語之來盟衞黑背之帥師是也有稱弟以兼責兄弟之薄者陳黃再見衞鱄秦鍼宋辰三見之出奔是也至若見殺之佞夫稱弟所以責兄之薄者愈甚矣

殺世子之陳招稱弟、所以責弟之薄者愈甚矣、責其私者、欲其以禮節寵愛之情、責其薄者、欲其以恩篤友恭之義。

秋公伐邾。

經書內伐國二十、而伐邾者十五、此爲其始、爲宋致討、而背蔑之盟、信義胥失矣、

冬天王使凡伯來聘王聘魯七始於此。

戎伐凡伯于楚邱以歸。楚邱衛地

國而後言伐、然有一邑而言伐者、見伐之者主兵權之重、也公子慶父伐於餘邱是也、有一人而言伐者、見所伐者

奉王命之重也、戎伐凡伯是也、國而後言滅、然有一邑而言滅者見地之重也、虞師晉師滅下陽是也、有一人而言滅者見君之重也、胡子髡沈子逞滅是也。書于楚邱罪衞不能救王臣之難、也書以歸責凡伯不能死於其職也

八年春宋公衞侯遇于垂。衞地

三月鄭伯使宛來歸祊、庚寅我入祊。祊天子所賜鄭泰山下湯沐之邑

祊非我之所故有、何以日歸、固欲與之、則不嘗故有矣、故書歸祊以罪鄭、祊非我之所強取、何以日入、受之不順、則不嘗強取矣、故書入祊以罪魯、

夏六月己亥蔡侯考父卒○辛亥宿男卒

秋七月庚午宋公齊侯衛侯盟于瓦屋

石門爲諸侯特盟之始、瓦屋爲諸侯參盟之始、○瓦屋之盟宋公序齊侯之先、貴王爵也、洮之會王人列方伯之上、尊王命也、

八月葬蔡宣公

葬宋公而不葬天王、宋強而周弱也、葬蔡侯而不葬宿男、蔡大而宿小也、所謂勢利之交也、

九月辛卯公及莒人盟于浮來

螟

冬十有二月無駭卒

無駭挾卒止書名未賜族也季友仲遂卒兼稱字始賜族也賜族而使世爲卿不若春秋之初猶爲近古矣柔溺不稱氏與無駭挾同

九年春天王使南季來聘王之大夫書字南季榮叔之類是也

九年之間魯之於周未嘗一聘一朝周之於魯已使一賵再聘下驕而上替矣

三月癸酉大雨震電庚辰大雨雪

三月雨而復雪、節候失常也、正月雨而成冰、陰陽不和也、
三月震電、十月雨雪、正月無冰、天反時爲災也、有蜮、有蜚、
有鸜鵒、地反物爲妖也、志之以謹其所由感、

挾卒○

夏○城郎

秋七月

冬公會齊侯于防

據左傳、鄭伯將以王命討宋而來告、此會必公爲鄭通於
齊也、胡傳曰、以王命討宋、當聽征伐之禁於王都、乃始則

私相會爲謀於防中則私相盟爲師期于中邱終則乘敗人取二邑以爲利奉王命討不庭者果如是乎經之書會書伐而不異其文以此

十年春王二月公會齊侯鄭伯于中邱

夏翬帥師會齊人鄭人伐宋

翬前會宋以伐鄭固請而行今會鄭以伐宋先期而往專擅兵柄已有無君之心矣故再書翬帥師以惡之

六月壬戌公敗宋師于菅敗師十六始此辛未取郜辛巳取防

翬會二國以伐宋而繼書公敗之病公之詐也鄭取二邑

以歸曾而直書內取之病公之貪也

秋宋人衛人入鄭

夏鄭伐宋秋宋入鄭報之速也鄭拔宋邑宋踐鄭都報之甚也

宋人蔡人衛人伐戴鄭伯伐取之

程子從左傳謂鄭戴合攻盡取三國之師覆而敗之曰取甚其譎惡其盡也春秋書取師三此年與哀九年宋取鄭師十三年鄭取宋師也皆宋鄭報復之事

冬十月壬午齊人鄭人入郕

高氏曰戴鄭所與也而宋蔡衛伐之是遷怒也郕衛所與

也而齊鄭入之、是效尤也、肆暴已甚矣、

十有一年春滕侯薛侯來朝。滕朝魯五始於此薛朝魯一

經書諸侯朝魯者四十、此爲其始、凡同時來朝者、特見則各書之、穀伯綏來朝、鄧侯吾離來朝是也、旅見則累數之、此與郑人牟人葛人來朝是也、公不朝王、而受諸侯之朝、已非禮矣、而竟同天子之旅見諸侯、其罪不尤甚哉、

夏公會鄭伯于時來

鄭莊以祊餌魯、魯既與之會于中邱、謀伐宋以爲鄭報怨、又以郜防餌魯、魯復與之會于時來、謀伐許以爲鄭廣地、

甚矣鄭莊之狡、而魯隱之貪也、

秋七月壬午公及齊侯鄭伯入許

卓氏曰、齊所欲者郕也、鄭所欲者許也、鄭黨齊以入郕、齊黨鄭、以入許、交相倚恃以侵小自肥、同爲貪兵。公以郜防之故而從鄭入許、則以公及之、虞以璧馬之故、而從晉滅下陽、則以虞首之、以貪利者主兵、所以杜亂本也、

冬十有一月壬辰公薨◎

隱閔之薨、不地故也、不忍言其地也、不葬、賊未討也、如不葬然也、變文以見弒也、然何以見弒之者誰乎、觀隱薨而

桓卽位翬書公子則知桓與翬弑之矣閔薨而夫人孫邾慶父奔莒則知夫人與慶父弑之矣故曰春秋之志微而顯

李氏曰隱無正者二年以後無正月也桓無王者十八年之中十四年不書王也正者諸侯所稟於王王者正諸侯者也下不稟則無正上不正則無王隱終其位王命四至而朝聘奔會無一者是之謂不稟而無正故削其正桓弑其君王不討焉而生死恩逮是之謂不正而無王故不書王一經之始於二君見義焉春秋書法見義者義明則止

其餘以常書、

春秋書法比義卷二

鹽山劉曾璇訂

桓公名允惠公庶子隱公弟母曰仲子夫人文姜謚法辟土服遠曰桓

元年春王正月公卽位

凡行卽位之禮則書卽位、不行卽位之禮則不書卽位、隱不書卽位讓也、莊閔僖不書卽位繼故也、今隱故而桓行卽位之禮、是有汲汲於卽位之心矣、卽其爲簒弑明矣、宣之卽位亦如之、書卽位者、惟文成襄哀得世繼之常、而昭定則變焉。

三月公會鄭伯于垂

鄭伯以璧假許田。許田魯朝宿之邑

不言以祊易而第言以璧假諱易地也第言鄭假許而不言許歸鄭重失地也先王所賜先祖所受而私相易魯鄭之罪俱見矣。許田假而桓定濟田取而宣成宋督之立也以郜鼎之納衛朔之入也以衛寶之歸甚矣利之爲禍烈也

夏四月丁未公及鄭伯盟于越。越衛地名

垂之會鄭欲得許田以自廣故以外爲主而書會惡其貪利而黨惡也越之盟魯欲結鄭好以自安故以內爲主而

書及惡其行賂以結黨也

秋大水

經書大水者九在外一在內八而桓居其二莊居其三豈桓行弑逆莊不復仇怨氣蘊結之所致歟

冬十月

二年春王正月戊申宋督弑其君與夷及其大夫孔父

春秋錄死難之臣三孔父仇牧荀息也三子死於君難故黨弑文書及以著其節夫宋萬弑捷遂殺仇牧故書及孔父先死而書及者見其爲君而死也荀息自死之而書及

者亦見其爲君而死也

滕子來朝

滕前朝隱今又朝桓譏其過恭且惡其崇賊也○滕前稱侯而此稱子薛先稱侯而後稱伯時王黜之也邾儀父後稱邾子郳黎來後稱小邾子時王進之也以此見春秋之初王朝爵命猶行於小國

三月公會齊侯陳侯鄭伯于稷以成宋亂◎◎◎◎

盟會不故稷與澶淵（襄三十年）何以故稷之會非討宋也而又疑於討宋也故特曰以成宋亂澶淵之會非討蔡也而又

疑於討蔡也故特曰宋災故成非所成則不仁故非其故則不智

夏四月取郜大鼎于宋戊申納于太廟書太廟凡四始見於此

宋以郜鼎賂魯而書取在魯以濟田賂齊而書取在齊蔽罪於受賂者以為貪利之戒也○成宋亂而取郜鼎神弗受而致之於廟故曰納會齊人而分衞寶人所得而致之於我故曰歸

秋七月紀侯來朝從公穀作紀侯

紀侯來朝者再畏齊而求庇於魯也公再會紀侯于郕又

會紀侯于曲池爲紀謀齊難也乃公無道以固紀而徒挾鄭以敗齊適以促紀之亡耳迨紀懼亡不給然後與齊爲黃之盟求以安紀亦晩矣書之以見紀之不能立桓之不可倚也

蔡侯鄭伯會于鄧。

九月入杞。入杞二此與僖二十七年伐杞一宣十有八年

此年入杞八年伐邾不言某國內師也不言主帥微者也。

公及戎盟于唐。冬公至自唐。此會盟書至之始

隱之盟戎先書會彼有慕而求於此也桓之盟戎特書及

此有畏而求於彼也隱之盟戎不書至修好而以盟爲常也桓之盟戎書至懼討而以盟爲幸也○凡公行一百七十有六書至者八十有二不書至者九十有四反行告廟則書至不告廟則不書至至禮也不至非禮也春秋時必重其事有戒心而後以告於廟會盟與侵伐同特相會往來稱地讓事也自參以上則往稱地來稱會成事也

三年春正月。

桓元年正月書王明王誅當即加也至三年正月不書王著桓之無王與王之失政而不王也三年爲諸侯喪畢入見天子之時而桓不

受命王不加討是直如無王矣惟十年天道一週、十八年桓公之終、正月復書王、明天理未嘗終泯、簒弒之賊身雖殁、而王法自在、終不可赦也、書王固爲示王法之當討、不書王亦爲示王法之當討也。

公會齊侯于嬴

莊與齊侯遇于穀以謀婚、書及、而桓與齊侯會于嬴以成婚、書會者、彼著莊公娶仇之罪、此著齊侯黨惡之罪也、

夏齊侯衞侯胥命于蒲

經書胥命者一而已、結言而不盟、故曰命、不以齊侯命衞

侯故曰胥命夫諸侯自相命非正也然較之屢盟長亂者不猶爲近古乎陳氏曰于垂書遇譏其簡禮也于蒲書胥命善其近正也

六月公會紀侯于郕

蔡鄭懼楚而轉託于鄧爲無謀矣紀郕畏齊而求庇於桓失所因矣

秋七月壬辰朔日有食之旣

春秋記災異示儆也日食三十六書旣者三其變爲大星孛三書入者一其變爲甚志雨雪者三大則爲異志雨雹

者三連尤爲災志不雨者七而心之勤怠分焉志隕霜者二而政之寬猛見焉以及陰沴所成書大水者九縱弛所致書無冰者三動靜有常也而書地震者五高下有定也而書山崩者二凡此之類皆所以示人君畏天戒謹人事恐懼修省之道也

公子翬如齊逆女

紀逆女於魯而使履緰來魯逆女於齊而使公子翬往當時之不重大婚可見矣。翬於隱之世稱翬於桓之世書公子使逆女尊而親之也其與弑可知矣與弑者尊而親

之則桓之首弑可知矣宣卽位而公子遂如齊逆女亦然

九月齊侯送姜氏于讙

齊侯送姜氏以父而送女蕩伯姬來逆婦以姑而逆婦以愛奪禮非禮也亦非愛矣

公會齊侯于讙

送于讙未成夫人也故曰送姜氏會于讙非迎姜氏也故曰會齊侯

夫人姜氏至自齊

公子遂僑如之逆女皆書以夫人姜氏至自齊此第書夫

人姜氏至自齊、不書翬以者、以夫人既見公于讙、是公之所以也、亦不書公以者、以夫人既見公于讙、并非公之所以也、夫既已見公後乃告廟、與先配後祖何異、故於遂僑如書以者、譏其不當以也、於桓公不書以者、病其不能以也、敝笱之刺兆矣、

冬齊侯使其弟年來聘。

行父之致女也、宋以上卿納幣、魯亦以上卿致女、重賢之殊禮也、年之致夫人也、齊侯既親送之、又使貴介弟致之、愛女之私情也、

有年。

經書有年者二、幸之也、有年而見於桓宣之世、故爲幸、然桓十八年止一有年、宣十八年止一大有年、則他年之歉可知矣、

四年春正月公狩于郎。。書狩者四、惟河陽非講武之狩

内狩凡三、蒐凡五、大閱治兵各一、此與狩于禚、蒐于紅、大蒐于比蒲三見、大蒐于昌間、皆非其地也、得其地則不書地、如大閱西狩是也、甲午治兵、亦非地而不書者、上嘗次郎之文也、凡蒐閱之類不書公、國事也、此與狩禚書公、非以

國事出也

夏天王使宰渠伯糾來聘是年無秋冬闕文

平王使宰咺賵諸侯之妾桓王使宰糾聘篡弒之臣王失政宰失職矣故咺糾皆斥名以示貶而王之不王自見所以重責宰相也

五年春正月甲戌己丑陳侯鮑卒甲戌下闕文或脫陳佗殺世子免事

夏齊侯鄭伯如紀

經書外相朝者二齊鄭假朝禮以爲襲人之謀州公假朝禮以爲依人之具皆非眞行朝禮者也春秋概以如書者

於齊鄭則疾其詭祕於州公則譏其外交也

天王使仍叔之子來聘

葬陳桓公

城祝邱

秋蔡人衛人陳人從王伐鄭

伐鄭不言討未盡天討有罪之義也不書戰敗存大君無敵之體也宋以四國伐鄭十有四年書以以者逆詞見諸侯之兵諸侯不得而用之也王以三國伐鄭則書從從者順詞見諸侯之兵天子得而用之也君臣之分也王師敗績于

茅戎書敗敗績于鄭諱不書敗者以戎而敗王猶可言也以鄭而敗王不可言也夷夏之别也而鄭抗王之罪可勝誅哉○萬氏曰桓王伐鄭非天討莊王錫桓非天命故皆不稱天○李氏曰王不稱天自伐鄭始微詞也凡冠王於事而不稱天者重王錫桓公命之類是因事言王而不稱天者輕此與公朝于王所是

大雩旱祭也此書大雩之始

經書大雩二十有一因災以著僭也成七年冬大雩僭而尤不時矣昭二十五年一月而兩大雩定七年一秋而兩

大雩僭而且瀆矣

螽書螽者十桓僖文襄之世各一見宣哀之世各三見

冬州公如曹張氏趙氏皆以州爲畿內之國天子三公稱公吳氏曰此蓋其國危亡將寄託於曹假朝禮以行實則奔也

六年春正月寔來三傳皆以爲州公來杜氏曰寔實也不言州公者承上州公省文也

經書王臣來者三聞之師曰凡書來譏非事也而義各有在祭伯來朝也而書來寰內諸侯不正其外交也其義在祭祭公來命魯主婚也而書來天子三公不可以輕使也其義在公州公寔來義兼之州畿內采地公天子近臣乃

以師敗王傷外謀所託哉故書來皆不與其來也。陳氏曰州公寔來紀侯大去不書奔通不得已也

夏四月公會紀侯于郕

秋八月壬午大閱

壬午大閱譏失備也而于秋則非時甲午治兵譏黷武也而于郎則非地。凡王所舉皆曰大魯行之則僭矣書大雩著其祀事之僭禮也書大閱大蒐著其戎事之僭禮也

蔡人殺陳佗

州吁已爲君陳佗爲君已踰年而直斥其名賊之也州吁

死于陳而書衞人殺嘉其臣之忠也陳佗死于蔡而不書陳人殺著其臣之罪也

九月丁卯子同生

生而正其爲嫡子所以明父子之倫誓於天子而後稱世子所以明君臣之義凡未誓而稱世子者非禮也此稱子而特書其生者以禮舉之也

冬紀侯來朝

七年春二月己亥焚咸丘

焚咸丘惡盡物也棄鹿囿譏厲民也盡物則不仁厲民則

非義、

夏穀伯綏來朝。鄧侯吾離來朝。是年無秋冬闕文

此與郕伯來奔、皆失地之君也、而此書來朝者、行朝禮也、

彼不書名者史失之也、

八年春正月己卯烝。烝惟此年再見

天王使家父來聘。

桓公簒立、未嘗一朝王、不加討、反使三聘、桓無王而王不王矣、

夏五月丁丑烝。

正月烝、五月再烝、上辛雩、季辛又雩、無節也、五月丁丑烝、八月乙亥嘗、五月乙酉禘、九月辛丑郊、不時也

○

秋伐邾

冬十月雨雪

書雨雪凡三、恒寒也、隱九年僖十年雨雪、皆言大、此獨不言大者、周十月非雨雪之時、雪則爲異也、書無冰凡三、恒燠也、桓十四年成元年無冰、皆言月、襄二十八年獨言春者、通一時無冰、災異尤甚也、

祭公來遂逆王后于紀 祭公王之三公婚禮不稱主人故來不言使

凡逆書女而至書夫人者、分敵則先從乎其謙謹女節也、此逆書王后而歸書季姜者、分不敵則先從乎其尊重王命也。○大婚當祖于廟而後行、來而遂逆則慢祖矣、娶后當使卿逆而公監之、逆而使士則輕配矣、春秋書逆后者二、而祭公遂事、劉夏非卿、故皆以非禮書

九年春紀季姜歸于京師

胡傳曰、自逆者而言、則從天王所命而稱王后、示天下之母儀也、自歸者而言、則從父母所子而稱季姜、化天下以婦道也、歸不言以至者、王者無外、不可言自紀、

聞之師曰、凡逆稱女者、諸侯與諸侯敵、故本其父而言之、若祭公逆王后于紀、劉夏逆王后于齊、本其夫而言之者、諸侯不敢與天子爲禮也、莒慶來逆叔姬、高固來逆子叔姬、本其身而言之者、大夫不敢與諸侯爲禮也、所以明君臣之義也、然伯姬歸于紀、王姬歸于齊、無論天子諸侯之女皆言歸者、其當無違夫子一也、杞伯姬來求婦、蕩伯姬來逆婦、無論諸侯大夫之娶女、槪稱婦者、其當順于舅姑一也、所以明夫婦之義也、春秋之義、不以夫婦掩君臣、亦不以君臣掩夫婦、

夏四月。秋七月

冬曹伯使其世子射姑來朝。曹朝魯五始於此

曹世子射姑來朝棄國忘父衞世子臧伐齊代父掌兵皆非子道也朝會伐國非世子之所宜而曹伯衞侯使其世子爲之輕國本矣蓋交譏之。書世子朝會盟伐者十六曹射姑陳款再見鄭華衞臧宋成齊光入見鄶巫宋佐也義各見後

十年春王正月

庚申曹伯終生卒。夏五月葬曹桓公

秋公會衞侯于桃丘弗遇

于垂宋請於衛而先見書曰遇譏其簡禮也于桃丘衛初約魯而中更書曰弗遇惡其失信也

冬十有二月丙午齊侯衛侯鄭伯來戰于郎

此書戰之始凡內兵與外戰來戰者責在外戰于郎是也往戰者責在內戰于宋是也郎之戰齊徇鄭之請師而助鄭則以齊首之所責尤在齊宋之戰魯忿宋之辭平而黨鄭則以魯及之所責尤在魯

十有一年春正月齊人衛人鄭人盟于惡曹

卽戰郎之諸侯也稱人略之也按諸侯亦有稱人者或變

文如狩禚之齊人圍宋之楚人是也或略詞如使宜申獻捷之楚人敗秦師于殽之晉人是也不必盡爲大夫

夏五月癸未鄭伯寤生卒。秋七月葬鄭莊公

桓與鄭戰而葬鄭莊與衛戰而葬衛宣僖伐齊而葬齊孝襄圍齊而葬齊靈哀伐齊而葬齊悼怨不棄義怒不廢禮猶見古風之厚焉若齊侯小白卒而宋公伐齊滕子卒而宋人圍滕鄭伯睔卒而晉師侵鄭則無禮無義而且不仁哉

九月宋人執鄭祭仲。此書執之始

宋公稱人惡專執也祭仲與魯單伯陳女叔皆命大夫見執而稱字貴命卿正以深責之也○經書他國執他國大夫者九不稱行人者鄭祭仲鄭詹陳轅濤塗衞甯喜宋仲幾也稱行人者鄭良霄衞石買宋樂祁犁衞北宮結也執而殺者二齊慶封陳行人干徵師也執內大夫者四齊執單伯晉執行父意如行人叔孫舍也皆非伯討也有稱行人者有不稱行人者蓋其官爲行人乃稱行人非凡奉使卽稱行人也或以單伯如齊而不稱行人疑爲已罪誤矣蓋宋人執祭仲者罪在宋人而兼在祭仲齊人執單伯者罪不在單伯而專在齊人

突歸于鄭鄭忽出奔衞

奚歸而忽出、羈出而赤歸、皆爭國也、而忽、羈係以國、奚、赤不係以國者、與其正者也、然則莒去疾、莒展輿、俱係以國、將母兼與之乎、非也、去疾當有國、而展輿已有國、展輿之係以莒、正所以罪與其立者也、罪與其立者、而其不與自在矣、故與此文雖異、而旨則同、

葉氏曰、一年不可以二君、故未踰年之君、未葬已葬皆稱子、宋襄以宋子會葵邱、僖公九年陳懷以陳子會召陵、定公四年未葬者也、衞成以衞子盟于洮、僖二十五已葬者也、曠年不可以無君、故踰年之君、已葬未葬、皆稱爵、鄭厲以鄭伯會武父、

桓十二年已葬者也、衛惠以衛侯會諸侯與曾戰、桓十三年宋共以宋公會諸侯伐鄭、成公三年未葬者也、亦有未踰年而稱爵者貶也、不周乎喪而用吉也、齊頃以齊侯使聘宣公十年鄭悼以鄭伯伐許、成公四年是也、亦有踰年而不稱爵者貶也、不周乎喪而出奔也、曹羈奔陳、莊二十四年莒展輿奔吳、昭公元年是也、鄭忽奔衛此年亦如之、特羈展輿已踰年、則為奪其爵、忽未踰年、則為奪其子耳、

○柔會宋公陳侯蔡叔盟于折

○公會宋公于夫鍾○冬十有二月公會宋公于闞魯地

十有二年春正月

夏六月壬寅公會紀侯莒子盟于曲池魯地

秋七月丁亥公會宋公燕人盟于穀邱宋地

八月壬辰陳侯躍卒

公會宋公于虛。冬十有二月公會宋公于龜虛龜皆宋地

丙戌公會鄭伯盟于武父鄭地

黃氏曰折闗夫鍾之會、宋欲親魯伐鄭、故數會於魯地、穀邱虛龜之會、魯欲爲宋平鄭、故數會於宋地、乃因宋公辭平、遂與鄭盟而謀伐宋、所謂屢盟長亂者也、故詳書以惡

之

丙戌衛侯晉卒再言丙戌與前事適同日也

十有二月及鄭師伐宋丁未戰于宋

桓欲平宋鄭而終於伐宋宣欲平莒郯而繼以伐莒於平之義何居不言公而書及蒙上文略之也

十有三年春二月公會紀侯鄭伯己巳及齊侯宋公衛侯燕人戰齊師宋師衛師燕師敗績

合上文觀之此蓋齊結宋連衛燕以伐魯而魯合紀鄭與之戰也戰不言地於魯都也以魯主戰自治也前戰于宋

己實致寇而今又戰焉故書及以責之

三月葬衛宣公

夏大水

秋七月。冬十月

十有四年春正月公會鄭伯于曹

。無冰　書無冰凡三此年正月成元年二月襄二十八年春

不當有而有則有爲異有星孛者三是也不宜無而無則無爲異無冰者三是也

夏五　闕文傳疑

鄭伯使其弟語來盟

他國來盟者五，鄭語、衛良夫來盟，稱使，前定之事也；齊高子、楚屈完、宋華孫來盟，不稱使，臨時之計也。以母弟任事者四，齊年來聘（再見），鄭語來盟，稱弟，譏其以私愛使預國政也；衛黑背帥師稱弟，譏其以私愛使掌兵權也。

秋八月壬申，御廩災。乙亥，嘗。（嘗惟此一見）

經書宮室災者六，御廩、西宮、新宮、亳社災，皆不書新，當新也；桓宮、僖宮不書新，或懲於災而不新也；若其復新，則必書之，與新作雉門兩觀同例矣。廩災而乙亥遽嘗，不敬

也卿卒而壬午猶繹非禮也

冬十有二月丁巳齊侯祿父卒

宋人以齊人蔡人衛人陳人伐鄭

用兵稱以者三以者不以者也一國而用諸侯之師自此始故特文以著其罪而以後義例視此焉此後又有書以者義別有在會以楚師伐齊譏僖之不當藉楚也蔡以吳子敗楚罪晉之不能救蔡也

十有五年春二月天王使家父來求車傳諸侯不貢車服天子不私求財

三月乙未天王崩桓王也莊王僖王皆不志崩葬

夏四月己巳葬齊僖公

五月鄭伯突出奔蔡鄭世子忽復歸于鄭忽方歸未君故不稱爵

突之歸不係鄭不當有國也其奔稱鄭伯已有國也忽之奔不稱子不能君也其歸稱世子當君也不當有國而竟有國故名突以著奪正之罪不能君而自當君故稱世子以正嫡嗣之名

汪氏曰經書君出奔者十有二始於此鄭突衞朔燕款蔡朱莒庚輿邾益皆書名言其失地非復諸侯也鄭忽曹羈莒展輿不稱爵者忽羈不能君展輿雖踰年而爲弑君者

立不可稱爵也衛鄭不名者則以叔武方攝而位未絕也衛衎位已絕而不名者著衎之立以正而剽之簒實逆非可以兩君言之也郲朱儒不名小國記錄簡略耳。諸侯失國復歸者四鄭忽衛侯鄭曹伯襄衛侯衎也。天王雖出奔而以出居爲名尊共主也襄王是也諸侯雖見逐而以自奔爲名警人君也鄭突衛朔之類是也

△△○

許叔入于許

蔡叔許叔蔡季紀季皆以行次書而係以國所以示兄終弟及之義而明其宜有國也而許叔復國不書歸而曰入

以其無王命也蔡季復國書歸而日自陳亦著其無王命也

公會齊侯于艾

邾人牟人葛人來朝邾朝會七始於此牟葛各一

此與滕薛來朝無異而三國稱人者陳氏曰旅見非邦交之舊自參以上甚矣故人之況王喪未踰年而行嘉禮乎

秋九月鄭伯突入于櫟

突奔蔡與衛衎之奔齊同突入櫟與衛衎之入夷儀同然衛侯不名而突名者正與不正之分也衛朔奔入皆名與

鄭突奔入皆名義同、

冬十有一月公會宋公衛侯陳侯于袲伐鄭

十有六年春正月公會宋公蔡侯衛侯于曹

夏四月公會宋公衛侯陳侯蔡侯伐鄭

會袲會曹以伐忽黨庶仇嫡伐齊戰麤以納昭奉少奪長不義甚矣會曹蔡侯序衛侯之上而伐鄭後至則抑在衛陳之下會桓齊世子序小邾子之下而伐鄭先至則進列滕子薛伯之上豈禮也哉

秋七月公至自伐鄭 此侵伐書至之始

經書公至自伐者十四，而至自伐鄭者六，內惟此役以納突興兵，其餘五伐鄭皆爲伯事也。至自伐齊者三，外惟伐衛莊六、伐萊宣七爲從齊黨惡，其餘伐戎莊二十六、伐楚僖四、伐秦成十三，皆敵强國也，重其事而有戒心，故返役告廟而書至。書年公至自侵鄭定六、公至自侵齊定八，義同。

冬，城向。

十有一月，衛侯朔出奔齊。

十有七年春正月丙辰，公會齊侯、紀侯盟于黄。

二月丙午，公會邾儀父盟于趡。

夏五月丙午及齊師戰于奚此齊魯交兵之始

內戰伐有第書及者、此與及齊師戰乾時、及郳人戰升陘、蓋以內敗而諱之也、及宋人衛人伐邾此年、及江人黃人伐陳僖公四年蓋以微者而不書其名也、及鄭師伐宋十有二年、義見上、

六月丁丑蔡侯封人卒

秋八月蔡季自陳歸于蔡家氏以蔡季與獻舞爲二人

聞之師曰、此與陳侯之弟黃、楚公子比、皆以弟歸者也、而所以歸者不同、黃比之歸爲易詞、比之歸也、楚苦虔之暴

而受之則其易不在自晉而在楚黃之歸也楚受黃之愬而納之則其易不在陳而在自楚若蔡季之次當立故蔡人請之陳人奉之視黃之以弟抗兄比之恃公子爭國其義迥不侔矣是其歸獨爲順詞也○蔡季與季子皆見歸不見奔以其去就合宜故皆書字以貴之

癸巳葬蔡桓侯○

春秋諸侯之謚凡不稱本爵而稱公者臣子私謚之也獨蔡桓書侯蓋告王請謚禮也夫知請謚稱侯者之爲禮而其餘之私謚稱公者舉爲非禮可知矣與葬宋共姬獨稱

諡義相似。

及宋人衞人伐邾。△

正月與齊盟、而五月戰焉、二月與邾盟、而八月伐之、何其背盟之速哉

冬十月朔日有食之

十有八年春王正月。◎

公會齊侯于濼公與夫人姜氏遂如齊。

姜氏不言於會、見夫人不當與會也、然下書遂如齊、則夫人之與會可知矣、僖及夫人姜氏會齊侯于陽穀、稱及而

公與夫人姜氏遂如齊、稱與者、及爲上統下之詞、公爲主而夫人隨之也、男帥女之義也、與者、匹敵不相屬之詞、夫人爲主而公隨之也、非婦從夫之義也、

夏四月丙子、公薨于齊。丁酉、公之喪至自齊。

君見弒不地、茲何以書于齊、曰、賊在內則不書地、不忍言其見弒之地也、討賊之心也、仇在外則不書其地、不敢忘其見殺之地也、復仇之心也、然則與許男甯卒于楚之類、其文一也、何以見其見殺乎、曰、上書公與夫人姜氏遂如齊、下書夫人孫。于齊、而其迹顯然矣、○會灤不書夫

入出不與其出也喪至不書夫人入不與其入也

秋七月

冬十有二月己丑葬我君桓公

賊未討不葬責臣子也桓何以書葬仇在外也仇在外臣子雖志於報復而不能必其時而先君之喪又不可以久而不葬也故與蔡靈公别爲一例而書葬然仇在外者雖與在内之賊有殊而復仇之義則與賊之當討無異故賊未討不書葬者義不敢葬也所以示討賊之當急也仇未復而書葬者義猶不葬也非許其復仇之可緩也

春秋書法比義卷三

鹽山劉會璇訂

莊公名同桓公子母文姜夫人哀姜謚法勝敵克亂曰莊

元年春王正月

三月夫人孫于齊

經書孫者三內諱奔公昭公與夫人皆書孫○夫人孫于齊文姜夫人姜氏孫于邾哀姜書孫者孫奔也以其有罪而絕之也夫人姜氏歸于齊出姜書歸者歸文歸也以其無罪而哀之也夫人孫邾上無所叅故書姜氏夫人孫齊叅上姜氏故不書姜氏而絕之之義自見

夏單伯逆王姬。單伯魯之命大夫故不名而稱字

書夫人孫、見母恩雖重、於義固無所容也、書逆王姬、見王命雖尊、命主齊婚、於義固不可受也、皆以父仇故也、父仇不以母恩而可釋、資於事父以事母也、父仇不以君命而可釋、資於事父以事君也、

秋築王姬之館于外。

書築者八、而莊居其五、築館、譏其忘仇也、築郿築臺、三見譏其勞民也、

冬十月乙亥陳侯林卒

王使榮叔來錫桓公命○△△○

經書錫命凡三此爲其始而實書重之例文在喪而毛伯來錫命成未覲而召伯來賜命皆非正也而一稱天王一稱天子（天王天子通稱之詞）獨於錫桓公命不稱天者爲其追寵篡逆其惡尤大故王不稱天以示非常之貶也○使來而王不稱天者三使宰糾之屬來聘稱天王使榮叔來錫命王不稱天者蓋以桓公篡弑王不能討旣生聘之而死復追錫之是以天命施於天討弗克若天也又有大失典禮弗克若天者天王使會諸侯之葬非禮也會葬而加於諸侯

之妾、則尤非禮、故使叔服會僖公之葬稱天王、而使召伯會成風之葬則王不天、天王使賵諸侯之妾、非禮也、含且賵而成之爲夫人則尤非禮、故使宰咺歸仲子之賵稱天王、而使榮叔歸成風之含賵則王不天、此皆書重之例也、

王姬歸于齊。

公薨于齊、夫人孫于齊、王姬歸于齊、比而書之、忘親釋仇之罪已著矣、

齊師遷紀郱鄑郚。徙其民有其地曰遷

此書遷之始、宋人遷宿、齊人遷陽、皆書人、郱鄑郚爲紀邑、

而齊人遷之書師者見其用大衆迫脅之强暴之甚也。

經書遷者十有以自遷爲文者邢遷于夷儀衛遷于帝邱之類是也有以人遷之爲文者此與宋人遷宿齊人遷陽是也書降者二有以自降爲文者郕降于齊師是也有以人降之爲文者齊人降鄣是也比而論之自遷者雖或有所不得已而猶爲己之所欲也自降者實則有所不得已而未必己之所欲也若夫己所不欲而人强迫而遷之降之則罪在遷之降之者矣

二年春王二月葬陳莊公

夏公子慶父帥師伐於餘邱於餘邱公穀皆以爲邾邑

翬帥師會伐、慶父帥師專伐、權臣執兵柄則君危、

秋七月齊王姬卒

書王姬歸齊、魯爲之主也、書齊王姬卒、公爲之服也、所以著其忘父媚仇之罪、

冬十有二月夫人姜氏會齊侯于禚齊地

夫人見孫、不見歸、不與其歸也、不見歸而出會、不與其會也、出會而不書至、不與其至也

乙酉宋公馮卒

三年春王正月溺會齊師伐衛

夏四月葬宋莊公

五月葬桓王不書會葬者名氏微者也

宋莊之葬合乎五月禮之正也桓王之葬緩至七年慢已甚矣仲子之賵宰咺來歸而平王之葬魯不往會桓公之命榮叔來錫而桓王之葬魯使微者往比而觀之罪自見矣

秋紀季以酅入于齊

紀季之以酅與三叛邾庶其黑肱莒牟夷之以邑來奔相似而有君

命無利心故特書入難詞不使與叛君之臣一例紀侯之去國與諸侯之失地出奔無異而避强暴無爭心故特書大去不反之詞不使與失地之君同科

冬公次于滑君行所止曰次按兵待事曰次

公次于滑欲救紀而不能也師次于成欲救鄣而不能也而不書救者譏公之見義不爲非實有救紀鄣之心也故不得與次聶北次雍榆並論

四年春王二月夫人姜氏享齊侯于祝邱魯地

三月紀伯姬卒

夏齊侯陳侯鄭伯遇于垂

紀侯大去其國

六月乙丑齊侯葬紀伯姬

齊僖送姜氏大踰嫁女之禮故稱齊侯以譏之齊襄葬伯姬詐爲婦人之仁故斥齊侯以惡之紀已亡矣而伯姬之葬猶書紀遂已滅矣而齊人之殲猶書遂陳滅而書陳災許滅而書許男凡此皆聖人興滅繼絶之義也

秋七月

冬公及齊人狩于禚

公及齊之事多矣獨及齊侯狩于禚變文書齊人及齊高傒盟于防變文不書公一若齊侯與公更不容相見者一若公與齊更不容相及者蓋狩以供乾豆娶以奉粢盛有人心者尤宜於此焉變矣此亦書重之例

五年春王正月

夏夫人姜氏如齊師

秋郳黎來來朝 郳於僖七年稱小邾子其來朝凡五始於此

冬公會齊人宋人陳人蔡人伐衛

溺會齊伐衛公復會齊伐衛納朔也從仇抗王無父無君

罪兼之矣、

六年春王正月王人子突救衛王之下士稱人子突字也

此書救之始善之也救者善則伐者惡矣故諸侯貶而稱人王人褒而書字○王之用兵於諸侯者二伐鄭則三國書從尊王也救衛則王人書字貴王官也而皆無功王靈自是不振矣

夏六月衛侯朔入于衛

齊景立荼而陽生書入逆父命也王人救衛而衛朔書入逆王命也於陽生見父命之當順於衛朔見君命之當尊

秋公至自伐衛

螟。

冬齊人來歸衛俘。俘公穀作寶

衛俘之歸主齊人著其首惡也、戎捷之獻目齊侯、譏其矜功也、

七年春夫人姜氏會齊侯于防。防曾地

夏四月辛卯夜恒星不見夜中星隕如雨。

隕石于宋亦星隕也、此先言星後言隕、彼先言隕後言石、者星以在天言、先見星而後見其隕、石以墜地言、先聞其

隕而後見其爲石也、雨螽于宋、亦如雨也、此先言星隕後言如雨、彼先言雨後言螽者、星本上繫於天、先見其隕而後見其如雨、螽非上墜之物、先見其如雨而後見其爲螽也、

秋大水。無麥苗。

冬夫人姜氏會齊侯于穀（齊地）

于禚曰會、于祝邱曰享、猶假禮以爲名、至如師則無名之可言矣、禚齊地、祝邱魯地、已往來之無忌、至如師不言地、則不可以地言矣、會禚享祝邱、書月、皆歷日而返、如師書

時則歷月而後返矣二年會禚四年享祝丘五年如齊師或間歲一見或一歲一見是年春會防冬會穀則一歲而數見矣詳書之姜氏齊侯之惡不待言而莊公之不能防閑亦未免於有罪也

八年春王正月師次于郎以俟陳人蔡人

據左傳乃公親將而其次其及其還皆不言公者以其無名黷武非義害民故以師爲重也

甲午治兵

夏師及齊師圍郕郕降于齊師迎服曰降

及齊圍郕、惡公之殘親以助仇也、與會齊伐衛三年五年深罪會齊義相似、郕降于齊、譏公之無功而受惡也、與齊人降郛專責齊人義不同、

秋師還

譏暴師之久也、與鄭棄其師同意、彼書棄師、惜師之不還也、此書師還、幸師之未棄也、

冬十有一月癸未齊無知弑其君諸兒

九年春齊人殺無知

討弑賊稱人者、四衆詞也、齊雍廩以有宿憾殺無知、與衛

石碏之討州吁不同也、而殺州吁不目石碏而稱衞人、殺無知亦不目雍廩而稱齊人者、所以明討賊爲公心、而非二人之私也、蔡侯欲立其出、殺陳佗、與楚子之討夏徵舒有異也、而殺徵舒不目楚子而稱楚人、殺陳佗亦不目蔡侯而稱蔡人者、所以明討賊爲公義、而非二君之私也、

○△○○

公及齊大夫盟于蔇

公之盟目大夫者二、而其義不同、扈之書晉大夫、文公七年見盾之專權也、義在大夫、蔇之書齊大夫、見公之忘仇也、義在齊、

夏。公伐齊。納糾。齊小白入于齊。是爲桓公

凡納言伐則不言納、桓會伐鄭不言納突、莊會伐衛不言納朔、獨此伐齊言納糾者、見伐齊之非以仇齊而反爲德於齊也、糾不係齊而小白係齊者、程子曰、桓公兄而子糾弟、春秋於桓公則曰齊小白、言當有齊也、於子糾則止曰糾、不言齊、以不當有齊也、此鄭忽曹羈係國、突赤不係國之例也、小白當有國、何以書入、惡其爭也、此莒去疾入于莒之例也

秋七月丁酉。葬齊襄公。

此譏莊公會父仇之葬、則非嘉齊之能討賊、而實罪魯之不復讐也。與葬衞桓陳靈義不同。

八月庚申、及齊師戰于乾時、我師敗績

內戰諱敗、故戰郎、戰宋、戰奚、戰升陘、皆不言敗績、獨此書敗績者、莊公忘仇德怨、輔邪奪正、志在必爭、以致喪師、非義之甚、故不爲之諱也、然沒公不書、則猶爲諱乎爾。李氏曰、內師敗則諱、而敗有所不諱者、旋而勝也、乾時之師是也、內失地則諱、而失有所不諱者、旋而得也、齊取濟西田·取讙及闡是也

九月齊人取子糾殺之

納糾不稱子、明不當立也、欲其知長幼之義、殺糾稱子、明不當殺也、欲其全骨肉之恩、克段目鄭伯、專罪其君也、殺糾稱齊人、兼罪其臣也、執戎蠻子曰歸楚、罪晉之以伯待楚也、殺子糾曰齊取、病魯之爲役於齊也

冬浚洙

夏城郎、譏其非時也、冬浚洙、戒其非事也、

十年春王正月公敗齊師于長勺

經書内兵敗外兵者八、内兵與外兵戰者八、凡内外兵戰、

以主客爲予奪意責外則書來戰若齊衛鄭來戰于郎是也意責內則勝書敗某師此與敗宋師于菅于乘邱于鄑之類是也敗書及某師戰若及齊師戰于奚及邾人戰于升陘之類是也

二月公侵宋此書侵之始○侵宋二此與成六年

三月宋人遷宿凡爲人所遷無復國家故不言地

夏六月齊師宋師次于郎公敗宋師于乘邱

秋九月荆敗蔡師于莘以蔡侯獻舞歸

敗蔡之役楚始見經伐鄭之役吳始見經舉其號曰荆曰

吳惡其僭王也所以正君臣之分書其事曰敗蔡白伐郯惡其猾夏也所以立夷夏之防○莘之役蔡侯獻舞之役胡子沈子滅皆言師敗者君敗而師亦敗也卿獲言師敗者亦如之友敗莒獲莒挐鄭敗宋獲華元吳敗齊獲國書是也韓之戰晉侯獲鄢陵之戰楚子傷皆不言師敗者君敗而師未敗也卿獲不言師敗者亦如之鄭侵蔡獲蔡燮是也○戎以凡伯歸荊以蔡侯歸不言執獲存中國也

冬十月齊師滅譚譚子奔莒此書滅之始

滅有三例直書滅者國君死社稷正也齊滅遂楚滅黃之

類是也、書滅又書其君奔者、責其不死社稷也、齊滅譚譚子奔莒、楚滅弦弦子奔黃之類是也、奔不言出國亡無自出也、書滅又書以其君歸者、責其不死社稷而又屈服於仇人也、蔡滅沈以沈子嘉歸、鄭滅許以許男斯歸之類是也、以歸而殺之、罪殺之者也、凡諸侯失地則名、而奔與以歸有不名者、蓋史失之、或曰徐子奔楚、與譚弦爲類、而獨名、已屈也、以夔子歸、與沈許爲類、而獨不名、無罪也。○五霸爲功之首、然春秋滅國三十六、而齊桓創伯、首滅譚、遂執諸侯十有三、而宋襄圖伯、首執滕子、此其所以爲罪之

魁也、滅國內凡四書滅者一齊三虞晉一晉五楚十二楚與秦巴一楚與七國一楚與陳一吳三衞莒蔡鄭各一狄一執諸侯晉八宋二楚二邾執鄫子也

十有一年春王正月。

夏五月戊寅公敗宋師于鄑。

秋宋大水。

宋大水齊大災之類、悉書於魯之冊、救患恤鄰、無此疆爾界之間也、

冬王姬歸于齊。△

王姬之歸獨於莊公兩書之者、譏其爲齊主婚也、王氏曰、

主襄公之婚其罪大、故書之詳、主桓公之婚其罪小、故書之略、

十有二年春王三月紀叔姬歸于酅。△

紀季以酅入齊、欲存紀也、受君命也、不失爲紀之臣、故書以憫之、紀叔姬歸于酅、不忘紀也、終夫家也、不虧爲紀之婦、故書以善之、有紀季之以酅、而叔姬之節得全、有叔姬之歸酅、而紀季之義益見、

夏四月

秋八月甲午宋萬弑其君捷及其大夫仇牧、

仇牧不畏強禦，與孔父義形於色，皆忠於所事，故書及以著其節。督亦與難而不書，削之也，賊也。夫叔仲彭生死子惡之難，不見於經，以曾史畏仲遂，不敢書，春秋亦無憑而書之也。若督之位崇於牧，當時之見殺，告策必先於牧矣，而不書者，則以其本負弑君之罪，不得反冒殉君之名，故特筆削之，不使與仇牧並列也。討賊之義嚴矣。

冬十月，宋萬出奔陳。

經書外大夫出奔三十五，始於此。宋萬出奔陳，與慶父出奔莒同，譏陳莒之容賊也。二國既受其奔，皆受賂而後歸

之與陳執州吁而請涖于衛者異矣

十有三年春齊侯宋人陳人蔡人邾人會于北杏衣裳之會一

此齊桓創伯之始北杏之會齊獨書爵而四國稱人見衆與齊以伯也猶城濮之戰晉獨書爵而三國稱師見衆與晉以伯也然無王命而諸侯自相推戴以爲盟主是無君矣故於其始人四國以見義

夏六月齊人滅遂

秋七月

冬公會齊侯盟于柯

公於齊襄不容忘仇故禚之狩稱齊人而書公及以著其罪公於齊桓可以釋怨故柯之盟稱齊侯而書公會以許其平

十有四年春齊人陳人曹人伐宋此與伐郳伐鄭伐徐稱人皆將卑師少

夏單伯會伐宋

翬會伐鄭再序四國兩事之詞也單伯會伐宋不再序三國一事之詞也

秋七月荆入蔡

冬單伯會齊侯宋公衞侯鄭伯于鄄衣裳之會二

十有五年春齊侯宋公陳侯衛侯鄭伯會于鄄衣裳之會三

伐宋止用陳曹見其不欲動遠國會鄄不徵曹邾見其不欲煩諸侯

夏夫人姜氏如齊

此年姜氏如齊爲曾通好也僖二十八年杞伯姬來爲杞謝過也婦人預政已不可况姜之行穢其爲累不尤大乎

秋宋人齊人邾人伐郳

伐郳伐鄭伐徐以主兵而先序宋見齊桓未敢自尸其任也遇于梁邱以王爵而先序宋見齊桓不敢以伯自居也

鄭人侵宋

冬十月

十有六年春王正月

夏宋人齊人衞人伐鄭

齊自會北杏以平宋亂遂盟柯以釋魯怨宋背會則伐宋而不用大衆宋衞鄭陳服則會鄄而不徵已服郳叛宋則討郳鄭侵宋則討鄭伯權立而諸侯不敢反覆至于幽九國同盟彬彬乎講信修睦矣

秋荆伐鄭 荆楚伐鄭凡十七始於此

荆既敗蔡、繼又入蔡、楚禍遂及於鄭矣、齊方伐鄭、楚亦伐鄭、南北於是交爭矣

冬十有二月會齊侯宋公陳侯衛侯鄭伯許男滑伯滕子同盟于幽。衣裳之會四

此書同盟之始、宋衛既固、魯君自會、曹邾先服、滑滕新至、近齊者皆從、陳鄭及許近楚者皆來、舉天下諸侯而聽於一邦、齊伯成也、然遂無王矣、故特變文不書公以諱之、內會不書公者三、此與于齊會楚人翟泉會王人也。鄄之會先陳於衛、幽之盟躋許男於滑伯滕子之會、後邢侯

於鄭伯許男齊桓倡伯而紊亂周班非。長諸侯之道也公羊謂書同盟志同欲也穀梁謂齊同盟二同尊周也晉同盟十四同外楚也○齊氏曰經書同盟十有六幽幽新城淸邱斷道蟲牢馬陵蒲戚柯陵虛朾雞澤戲亳城北重邱平邱皆天下之詞所謂公言之也亦有天下之詞公言之而不書同者首止甯母洮葵邱牡邱踐土翟泉七盟皆桓文之盛而不書同又有以見天下之一乎齊晉也蓋以其有不同者而後書同以別之既無不同矣又何書同之有

邾子克卒（邾儀父也）。

十有七年春齊人執鄭詹

夏齊人殲于遂（盡殺曰殲）

齊之所以殲、自殲也、梁之所以亡、自亡也、鄭師之所以棄、自棄也、王師之所以敗、自敗也（成公元年）皆警人以自取之意。

秋鄭詹自齊逃來

書逃者三、鄭詹逃來、與鄭伯逃歸陳侯逃歸、君臣同詞、皆賤其效匹夫之行也、而鄭伯逃歸專罪鄭、陳侯逃歸罪陳、兼責晉、鄭詹自齊逃來罪詹兼譏齊而責魯、

冬多麋、

冬多麋、麋魯所有也、秋有蜚、蜚魯所無也、所有者則以多爲災、所無者則以有爲異

十有八年春王三月日有食之

夏公追戎于濟西魯地

書追者二、在境內則譏其無備、追戎于濟西是也、在境外則譏其深入、追齊師至酅是也、

秋有蜮

冬十月

十有九年春王正月○夏四月

秋公子結媵陳人之婦于鄄遂及齊侯宋公盟結因送女矯命專盟

凡大夫書遂有專事之詞有二事之詞此與季孫宿救台遂入鄆專事之詞也公子遂如京師遂如晉二事之詞也專事者惡其不奉君命二事者惡其不尊王朝

夫人姜氏如莒○

如齊且不可況莒乎一之爲甚況再乎

冬齊人宋人陳人伐我西鄙外師伐魯者二十一齊宋陳一齊十三邾三莒三吳一

此魯見伐之始方氏曰舊史諱伐我書來戰書及戰則伐

我不書可也、今伯者討貳、魯不敢戰、若諱伐、則沒其事矣、
故不得不直書伐我也、

二十年春王二月、夫人姜氏如莒。

夏齊大災。

秋七月

冬齊人伐戎

追戎濟西者、魯之威、爲魯伐戎者、齊之德、

二十有一年春王正月

夏五月辛酉、鄭伯突卒

秋七月戊戌夫人姜氏薨

冬十有二月葬鄭厲公

二十有二年春王正月肆大眚

魯論曰赦小過尙寬政也魯史書肆大眚譏失刑也

癸丑葬我小君文姜

文姜而以夫人之禮喪之以小君之禮葬之春秋有隱痛焉而不從夫謚之非禮猶末也哀姜亦然

陳人殺其公子御寇據左傳御寇爲陳世子

稱公子親也稱陳人衆也以衆殺親君無政也與申生條

相參義見後、

夏五月凡一時無事必書首月惟此書五月闕文或有脫事◎

秋七月丙申及齊高傒盟于防魯地

及齊高傒盟、不書公、諱也、自卑以求婚、親往以納幣、觀社以尸女、遇穀、會扈、以請期、越禮不顧、而如此其急、比而書之、忘親娶仇之罪彰彰矣

冬公如齊納幣

書納幣者三、公孫壽來納幣、踰制也、公子遂如齊納幣、踰制而又忘哀也、公如齊納幣、踰制忘哀而又娶仇也、踰制

義在公孫壽忘哀義在納幣娶仇義在如齊。

二十有三年春公至自齊

祭叔來聘。祭叔王朝大夫假王命來聘故不書使

夏公如齊觀社。公至自齊

經書社凡五非爲社書也鼓用牲于社三見爲非禮而書亳社災爲記異而書此越境觀仇國之社罪具見矣

荆人來聘楚交中國之始聘魯三始於此

荆敗蔡伐鄭而聘魯遠交而近攻也前稱荆此稱人以其修禮於上國故少進之進之者憂之也。祭叔來聘王臣

外交諸侯書之所以嚴君臣之分荆人來聘外夷內交中國書之所以謹夷夏之防

公及齊侯遇于穀 齊地

蕭叔朝公 蕭宋之附庸叔其君之字

蕭叔朝公于穀郲子會公于比蒲譏非其地也僖公之朝于王所亦非其地彼言所而此不言所者王者以天下爲家無適而非所也

秋丹桓宮楹

不言新宮而謂之桓宮以桓見殺於齊而盛飾其廟以榮

仇人之女、惡莊之不子也、桓宮與羣廟相並列、而獨飾之、適見其悖祖、丹刻雖天子無其制、而又過之、并見其無王、

冬十有一月曹伯射姑卒。

十有二月甲寅公會齊侯盟于扈

桓會齊侯于讙、在逆女之後、則意不在逆女而在會齊侯、輕禮而重勢也、莊會齊侯于扈、在逆女之前、則意不在會齊侯而在逆女、假禮而縱欲也。△

二十有四年春王三月刻桓宮桷

葬曹莊公

夏公如齊逆女

紀履綸來逆女譏不親迎也公如齊逆女親迎矣何以譏娶仇女也不親迎而譏爲其輕夫婦之義親迎而譏爲其忘父子之仁

秋公至自齊

莊與齊桓會盟遇伐皆不書至獨三如齊書至者此三事皆專爲娶仇女而行也

八月丁丑夫人姜氏入

誌公之逆者五桓莊文宣成也惟文之婦姜不書至其餘

夫人皆以至書、獨此變文書入者、以其爲宗廟所弗受也、桓夫人書至而不書公、以已見不能防閑之勢、莊夫人不書至而書入、已兆敢行弑逆之機。

戊寅大夫宗婦覿用幣

夫人不從公而入、失夫婦之義、是謂弗順、宗婦與大夫同覿、紊男女之辨、是謂無別、無別故終卽於亂、弗順故終成其逆。宗婦覿不當用幣而用幣、日食大水不當用牲而用牲、譏非其物也、

大水

冬戎侵曹曹羈出奔陳赤歸于曹

羈係曹而赤不係曹羈當有國赤不當有國也與忽係鄭突不係鄭同羈當有國而踰年不稱爵不能君也與鄭忽不稱子同赤不當有國而書歸制在戎也與突歸制在祭仲同

郭公汲冢周書號作郭張氏曰疑郎東號也

郭亡也說文亡字與公字相似故傳訛非有能亡郭者郭自亡爾與梁亡同

二十有五年春陳侯使女叔來聘陳聘惟此一見女叔稱字陳之命大夫

夏五月癸丑衞侯朔卒

六月辛未朔日有食之鼓用牲于社

書曰食鼓用牲于社者三此年與三十年九月庚午朔文十五年六月辛丑朔類行之非禮也非禮而不改致後世猶承其誤可不慎哉

伯姬歸于杞

紀伯姬之歸也書履緰來逆女此不書逆者杞伯親逆也得禮爲常事故不書與伯姬歸于宋不書逆義同。伯姬歸杞桓歿已二十五年僑如逆女成立已十有四年皆志

晚也、

秋大水鼓用牲于社于門

禮日食天子不舉伐鼓于社、諸侯用幣于社、伐鼓于朝、又左傳凡天災有幣無牲、非日月之眚不鼓、據此則日食大水均不當用牲、而日食則鼓、不當于社、大水則直不當鼓、況于社並于門乎、非禮甚矣、

冬公子友如陳如陳凡三而專行聘禮者二

內朝聘皆曰如、非邦交之定制也、魯大夫聘列國五十有六、此爲其始、而亦季氏之始事也、女叔一來、友旋報聘、繼

又如陳會原仲之葬、蓋出於季氏之私情矣、書此以志季氏專政之漸。書內大夫出聘有見其慢者、宰來聘而使公子遂如京師（僖三十年）、王錫命而使叔孫得臣如京師（文公元年）之類是也有見其諂者、公孫敖季孫行父比年如晉（文公五年、六年）季孫行父公孫歸父接聘如齊（宣公十年）之類是也有非君命而專行者、公子遂叔孫得臣如齊（文十八年）之類是也、有託君命而私行者、此與公孫茲如牟（僖公五年）之類是也、

二十有六年春公伐戎。夏公至自伐戎

曹殺其大夫。

經書殺大夫三十七此爲其始凡稱國以殺者君與執政殺之也稱人以殺者臣下自相殺也君專殺是諸侯無天子臣相殺是大夫無諸侯此書曹殺其大夫而不書所殺則必所殺者不一人曾史不得詳其姓名耳（僖公二十五年）宋殺其大夫（文公七年）宋人殺其大夫亦如之。凡大夫卒不書其官不與諸侯專命之也殺大夫不去其官不與諸侯專討之也。

秋公會宋人齊人伐徐。

冬十有二月癸亥朔日有食之

二十有七年春公會杞伯姬于洮魯地

此與書夫人姜氏會齊侯于禚文同無異者、以伯姬無事而來會公于洮、其犯禮之迹無異也

夏六月公會齊侯宋公陳侯鄭伯同盟于幽衣裳之會五

前盟于幽者九國、今止五國、亦書同盟者、爲其以德服人、不必大小畢至也、

秋公子友如陳葬原仲凡以事出者則書如、並書其事、不在朝聘之數

公子友如陳、書其事、著其私也、夫公孫茲之如牟、季孫行父之如陳、公孫敖公孫嬰齊之如莒、叔孫舍之如宋、皆有

私焉何以不書蓋彼猶假公事以行此則專以私事出也以私出而卽書其私者不與其私也以公行而遂不書其私者亦不與其私也

冬杞伯姬來

書內女來者三此之伯姬與宣之子叔姬歸寧也伯姬非子義不得歸寧不宜來者也則義在伯姬子叔姬禮當歸寧而與高固偕來來而失宜者也則義在高固及故皆書來以示譏至僖編之杞伯姬來則譏婦人之與政不在歸寧之例

莒慶來逆叔姬

自逆也、何以書、譏公自主之也、莒慶之逆不稱女、叔姬之歸不書、歸所以別於爲君逆者也、齊高固來逆子叔姬亦如之

杞伯來朝 杞朝會六始於此

杞本公爵、桓公之編所書杞侯、俱當從公穀作紀侯、今始見經稱伯、僖二十三年杞子卒、二十七年杞子來朝、襄二十九年杞子來盟、三稱子、其餘前後皆稱伯、說者以爲時王所黜、近之、然亦不應倏升倏降如此、或伯或子、蓋魯史之舊文爾、三稱子義各見左傳

公會齊侯于城濮衛地

欲伐衛而先會魯欲伐戎而先遇魯欲謀鄭而先遇宋以是知桓公之伯不自恃也

二十有八年春王三月甲寅齊人伐衛衛人及齊人戰衛人敗績衛嘗伐周立子頽至是王賜齊侯命且請伐衛

以衛主戰罪衛之逆王而抗伯也艾陵之戰日在伐下杞之戰日在戰上桓十三年此以日加於伐之上則齊方至而衛即戰可知矣凡敗稱師此罪衛之不服王命故變師言人

夏四月丁未邾子瑣卒

秋荆伐鄭

公會齊人宋人救鄭。

此救鄭制楚之始、經書救二十有三、而齊桓居其五、視他伯者爲愈矣、

冬築郿。凡土工大曰城小曰築城者城舊城也築者築新邑也

大無麥禾。

無麥苗志之於秋、見水災也、示人當重民生、大無麥禾志之於冬、見歲凶也、示人當制國用、

臧孫辰告糴于齊。

告糴于齊、歸粟于蔡、皆譏也、夫鄰國有周恤之道、亦何可譏、然告糴未非也、其至於告者非也、覩上書築郿大無麥禾、則是經國之不豫、而其無實政可見矣、歸粟未非也、其所爲歸者非也、覩上書蔡侯以吳子敗楚入郢、則是畏吳以取媚、而其無實心可知矣

二十有九年春、新延廄。修舊曰新、有所增益曰作

無麥禾矣、而猶新延廄、不雨矣、而猶城小穀、其間一時而併城二邑、一歲而連築三臺、時絀而舉贏、不畏天災、不恤民力矣

夏鄭人侵許。

秋有蜚。

冬十有二月紀叔姬卒。

娣媵不卒、而叔姬之卒葬、特書之、重其節也、紀國已亡、而叔姬之卒葬、猶係紀、從其志也

城諸及防。

同時城二邑者、皆言及、此與城莒父及霄、譏其勞民力也、帥師城諸及鄆、譏其爭鄰疆也、鄆莒邑

三十年春王正月

夏師次于成。

秋七月齊人降鄣。

八月癸亥葬紀叔姬。

九月庚午朔日有食之鼓用牲于社。

冬公及齊侯遇于魯濟（濟水歷齊魯界在齊界爲齊濟在魯界爲魯濟）

齊人伐山戎。

三十有一年春築臺于郎

夏四月薛伯卒（薛始稱伯）

築臺于薛（魯地名）

六月齊侯來獻戎捷

伐山戎稱齊人以齊侯許男伐北戎之文觀之則伐北戎爲齊侯親往伐山戎爲將卑師少也然伐山戎則遣將而往獻戎捷則桓公自來蓋欲躬親夸示以威我而不知適以自卑也故特書齊侯以譏桓之恃功而不知禮

秋築臺于秦（魯地名）

冬不雨

僖文之不雨或歷三時或歷四時此纔一時不雨而特書之者以莊公亟興土功屢見災異故詳志之也

三十有二年春城小穀。小穀魯地

夏宋公齊侯遇于梁邱。

張氏曰遇魯濟則親至魯遇梁邱則序先宋遇固簡禮齊獨執謙其能定伯宜也。

秋七月癸巳公子牙卒

桓莊之編魯大夫無書卒者蓋以桓公弑逆仕桓者皆爲黨賊故非獨翬不書卒凡隱之大夫而臣於桓桓之大夫而死於莊之世者皆削之以示討也至此書公子牙卒牙則莊之大夫矣。公子牙見殺也何以卒善季友也季友

能除其惡以全君臣、不暴其惡以全兄弟、一舉而君臣兄弟之道兩得焉、故隱其迹而書卒、叔肸非卿也、何以卒善叔肸也、叔肸不仕宣以全君臣、不避宣以全兄弟、一舉而君臣兄弟之道兩得焉、故表其賢而書卒、表其賢而書卒、所以善夫卒者也、隱其迹而書卒、所以善夫卒之者也

八月癸亥、公薨于路寢

魯十二公惟莊宣成薨於路寢、爲得其地、于小寢、于楚宮、于高寢、則非地矣、于臺下、則尤非地矣、于乾侯、則尤非地矣、于齊、則尤非地矣、不地、則尤非地矣、然有薨非其地而

嘉之者晉侯黑臀卒于扈宋公佐卒于曲棘是也有薨非其地而恤之者曹伯廬卒于師杞伯成卒于會是也有薨非其地而憫之者許男甯卒于楚是也有薨非其地而譏之者蔡侯東國卒于楚是也

冬十月乙未子般卒。

稱子者猶未逾年不忍以君自居也稱卒者未成君也子般見弒而書卒諱也卒不地葬不書者所以示變則亦從君之例也文十八年子卒不名而般名者文公已葬莊公未葬也未葬稱名父前子名之義也子野卒亦如之。子

同生、别之於庶子、所以重國本、子般卒、同之於成君、所以杜亂萌、

公子慶父如齊。書內臣如齊不以他事者二十、始於此

不言出奔而直書曰如者、慶父弑般立閔、以君命告卽位於齊、經乃據實而書之曰如齊爾、而其專權恣横。出入自如可見矣、末二年又書公薨、下書公子慶父出奔莒、則其罪亦不可掩矣、

狄伐邢。

狄始見經、首以伐書、著其强也、與荊敗蔡、吳伐郯同、

春秋書法比義卷四

鹽山劉曾璇訂

閔公 名啓方莊公庶子母曰叔姜謚法在國逢難曰閔

元年春王正月。

齊人救邢

夏六月辛酉葬我君莊公

方氏曰、魯君之葬、皆不過五月、惟桓公九月而後葬、昭公八月而後葬、以二公死於外、皆俟其喪歸、兼國亂也、莊公在國十一月而後葬、則子般之見弒而國亂、其迹固可推矣。李氏曰、葬君葬夫人皆稱我、對鄰國之詞也、列國之

君喪、從外詞、葬從內詞、我往會也、本國之君喪從內詞、葬從外詞、人來會也

秋八月公及齊侯盟于落姑請復季友落姑齊地

季子來歸。

季子來歸、高子來盟、不名、皆因魯史之舊文、其稱子、貴之也、其曰來、喜之也、然高子來盟之後、而僖公立、哀姜誅、魯國遂定、洵見其可貴可喜矣、季子來歸之後、而慶父亂、閔公弒、魯難未已、所謂可貴可喜者安在哉、

冬齊仲孫來。

仲孫不名亦魯史之舊文與宋司馬華孫同。仲孫高子之來皆不稱使而襃貶不同仲孫但言來則見其徒來覘魯而不能弭其亂也其不稱使止同人臣私行之例略之也高子書來盟則見其有以恤魯而遂能定其難也其不稱使正得大夫出疆之義美之也

二年春王正月齊人遷陽

夏五月乙酉吉禘于莊公主未升廟故言莊公

經書禘者二吉禘于莊公喪未畢未可吉而吉旣非時而又非地禘于太廟用致夫人義當絕不當致而致雖得地

而殊非事皆於僭禮之中又失禮者也

秋八月辛丑公薨◎

九月夫人姜氏孫于邾

或以文姜殺夫罪重故去姜氏哀姜殺子罪輕故不去姜氏然哀姜與弒二君其罪非降於文姜也文姜上文已見故嘗之而不氏哀姜上文未見故氏以目之耳

公子慶父出奔莒○

譏失賊也傳言以賂求之莒慶父自縊似賊已討矣然謚共仲立孟氏則不以賊討也故不書刺慶父閔公不書葬

彼宋萬奔陳宋人以賂求之陳而殺之而不書殺萬宋閔亦不書葬者其諸宋不告而魯亦不會歟

冬齊高子來盟

來盟不稱使者三皆非前定也齊高子來盟遂平魯國之難楚屈完來盟遂卻諸侯之兵所謂大夫出境有可以安社稷利國家者專之可也故美之若宋華孫來盟其時宋魯無事華孫無君命而私來結盟則罪也事同而襃貶不同春秋屬辭之義必合上下文而觀之

十有二月狄入衛

凡滅而書入者、或不有其地、或雖有其地而不絕其祀也、狄入衛、秦人入滑、楚子入陳、吳入郢、皆不有其地者也、公及齊鄭入許、雖有其地而不絕其祀者也、宋滅曹而書入、或亦與入許同歟、

○鄭棄其師

春秋有書取師者、惡敗人之兵、盡俘其衆也、鄭取宋師、宋取鄭師是也、隱十年哀九年十有三年有書棄師者、譏以民之命援匪其人也、鄭棄其師是也

春秋書法比義卷五

鹽山劉

僖公 名申莊公庶子閔公兄母曰成風夫人聲姜諡法小心畏忌曰僖

元年春王正月。

齊師宋師曹師次于聶北救邢。

經書兵次者十有三、有書於伐、有書於救、而伐之書次不一、有伐而次者、伐楚次于陘、伐鄭次于鄶是也、有次而伐者、次于厥貉伐麇是也、又有言次不言伐者、兩次于郎、次于五氏、次于垂葭是也、救之書次亦不一、有次而救者、次于聶北救邢、次于匡救徐是也、有救而次者、救晉次于雍

榆是也又有言次不言救者公次于滑師次于成齊衛次于渠蒢是也是數者伐而次者愼兵重敵善也次而伐者包藏禍心惡也次而救者怠於進兵而張其聲勢救而次者意欲援助而怯於赴敵皆有善而有惡也言次不言伐者觀釁而動未逞其惡也又減於言伐言次不言救者見義不爲已失其善也又減於言救

夏六月邢遷于夷儀

齊師宋師曹師城邢

次聶北而卒以城邢備書之憯而知其善也殺徵舒而卒

以入陳備書之變而知其惡也

秋七月戊辰夫人姜氏薨于夷齊人以歸

公薨書地其不地則故也隱閔之書公薨是也夫人薨不書地其地則故也哀姜之書薨于夷是也

楚人伐鄭

荆始稱楚楚其自改也荆來聘稱人所以嘉其慕義楚伐鄭稱人所以著其寖强

八月公會齊侯宋公鄭伯曹伯邾人于檉衣裳之會六

謀救鄭也召陵之師權輿於此矣次聶北似救而非救會

于檉不救而深於救、

九月公敗邾師于偃○△

冬十月壬午公子友帥師敗莒師于酈獲莒挐○

春秋書君大夫見獲者六始於此君戰而死曰滅、胡子沈子生得曰獲秦獲晉侯是也大夫生死皆曰獲鄭獲宋華元獲蔡公子燮生也獲莒挐與吳獲陳夏齧獲齊國書死也君生死異文大夫生死同文者所以別君臣之辭也、

十有二月丁巳夫人氏之喪至自齊○

不稱姜氏、蒙上也、氏衍文也、○夫人氏之喪至、杞叔姬之

喪歸成公九年皆非義也雖其罪輕重不同而孫者不可以復至來歸者不可以復歸然則魯之請固非而齊杞之聽其請亦豈得裁決之義者哉○

二年春王正月城楚丘楚丘衛地

孔氏曰不言城夷儀而言城邢邢已遷也言城楚丘而不言城衛衛未遷也言城緣陵不言城杞亦如之○齊桓城三國而書詞不同城邢序三國城緣陵稱諸侯此第曰城楚丘者爾時齊桓以伯命令諸侯諸侯各自受功離至而不可序故據魯爲言如戍陳歸粟于蔡之例也○李氏曰

春秋書諸侯事、如內辭者四、城楚邱、戍虎牢、戍陳、歸粟于蔡也、四者皆公舉、故以公辭書

夏五月辛巳、葬我小君哀姜

虞師晉師滅下陽（公穀作夏陽虢邑塞要之地）

虢之滅、由於下陽之亡、郢之入、由於州來之亡、故皆曰滅、伐鄭之役、（隱公四年）宋從爲主之請、伐虢之師、虞有先伐之請、故皆爲首、

秋九月、齊侯宋公江人黃人盟于貫（衣裳之會七）

冬十月不雨

楚人侵鄭

三年春王正月不雨。夏四月不雨

莊文之編志不雨、或經一時而書、或累三時而總書、見其無憫雨之意、僖之編志不雨、纔一月必書、且每時首月屢書、著其有憫雨之心也、莊文時旣雨不書雨、見其無喜雨之意、僖公時旣雨特書雨、著其有喜雨之心也、憫雨喜雨、其有志乎民可見矣、不憫雨不喜雨、其無志乎民可知矣、

徐人取舒 外滅國書取者惟此

凡夷初見經皆舉號、內滅國諱書取、徐何以特稱人、滅舒

何以祇書取乎、曰舒者附於楚者也、徐者附於齊者也、徐人取舒、則是爲齊通伐楚之路而效順於中國也、故進其稱曰人而減其罪曰取

六月雨。

李氏曰文不書八月雨、後時也、僖書六月雨、及時也、

秋齊侯宋公江人黃人會于陽穀（衣裳之會八）

再會江黃以爲伐楚之援、見齊桓謀慮之周、楚三爭鄭乃爲伐楚之舉、見齊桓出師之愼、

冬公子友如齊涖盟

書來聘而盟者五不言與之盟者皆公與之盟也書涖盟者四亦不言與之盟者皆隣君與之盟也凡此皆以國與之也汪氏曰惟季友之盟齊有輔伯之善若公孫敖之盟莒初無恤小之誠叔孫舍之盟齊叔還之盟鄭皆爲背伯之謀不足取矣

楚人伐鄭

四年春王正月公會齊侯宋公陳侯衞侯鄭伯許男曹伯侵蔡蔡潰遂伐楚次于陘楚地在召陵南

侵蔡伐楚先奇而後正書曰遂伐楚言志不在蔡也次陘

盟召陵先進而後退書曰盟于召陵言非于陘也

夏許男新臣卒

楚屈完來盟于師盟于召陵楚地潁川縣

盟屈完于召陵盟國佐于袁婁事相類也而美惡不同屈完稱來盟彼求於我也召陵則其退師之地也國佐稱及盟我求於彼也袁婁則其進師之地也進師將以侮之退師所以禮之盟于召陵者因彼之求而遂禮之是之謂以禮遇禮春秋之所予也盟于袁婁者恐彼憤我之侮而轉求之是之謂以侮召侮春秋之所惡也或謂上書屈完來

盟下卽書及屈完盟固無嫌於我之求矣而不書何也曰及國佐盟者大夫也及屈完盟者諸侯也以侯伯大舉而僅得與外夷之大夫一盟雖有成績亦見其苟矣故以自盟爲文而不書及屈完盟所以存中國諸侯之體也

○齊人執陳轅濤塗

○秋及江人黃人伐陳及不書名微者也

八月公至自伐楚

凡兩事書至或原其志而至之或舉其重而至之齊會諸侯伐楚盟召陵至伐而不至會伐楚之義大也晉會諸侯

于召陵侵楚至會而不至侵侵楚之事淺也

葬許穆公

冬十有二月公孫兹帥師會齊人宋人衛人鄭人許人曹人侵陳公孫兹叔牙子

命魯主伐而又侵之已甚矣諸侯方歸而又勤之已亟矣

五年春晉侯殺其世子申生

申生以驪姬之讒自殺而目晉侯宋痤以芮棄之讒自殺而目宋公專罪其君而世子無罪也與陳人殺其公子御寇文相似而義不同夫以陳人而殺公子則罪不待言然

以公子而爲人所殺以國君而至使人殺其公子則公子之罪與陳侯之罪均難追焉故殺稱陳人者罪其君之無政也殺目晉侯者罪其君之無恩也

杞伯姬來朝其子

曹伯使其世子來朝世子徇曹伯之命而來朝也所譏在曹伯而並在世子杞伯姬來朝其子伯姬爲志乎朝其子也所譏在杞伯姬而實在杞伯

夏公孫兹如牟聘牟惟此一見

公及齊侯宋公陳侯衞侯鄭伯許男曹伯會王世子于首止

惠王將廢太子鄭而立王子帶故齊桓會太子以定其位○衣裳之會九

諸侯之會有會以會者公會諸侯會吳于柤是也有會以及者公會晉侯及吳子于黃池是也首止會王世子獨及以會何也曰會以會者外之及以會者尊之會以及者兩奉之及以會者專戴之葢會以會會以及公與諸侯並言會則其繼言會吳者乃不欲聯之於諸侯耳其繼言及吳者第不敢下之於晉侯耳要皆爲均敵之義不見有上下之等若及以會則以會王世子之故而於諸侯不復言會乃不敢同諸侯於王世子不敢夷王世子於諸侯此禮侍

坐於所尊敬見同等不起之義也其爲尊戴豈不著哉王世子不名别於諸侯之世子也○殊會凡四會王世子及而後會所以正君臣之分會吳會而又會三見所以謹內外之防

秋八月諸侯盟于首止

殊盟者二首止閒無異事而復舉諸侯明王世子不與盟也所以尊王嗣葵邱閒無異事而復舉諸侯明宰周公不與盟也所以貴王臣而要皆所以尊王也

鄭伯逃歸不盟

諸侯定王世子、雖似要君而實以義相約、故書會、鄭伯不盟首止、雖承王命而不能以義自制、故書逃。○曹世子來朝、從父命所不當從也、鄭伯逃歸、從君命所不當從也、書之使人知孝子當盡道以事親、忠臣當陳義以事君。○經志諸侯逃歸者二、首止之盟、鄭伯逃歸、專責鄭之徇王命也、鄬之會、陳侯逃歸、兼責晉之虧伯職也。○

楚人滅弦、弦子奔黃。楚始滅國

九月、戊申、朔、日有食之。○

冬、晉人執虞公。

取下陽不應書滅而書滅著虞之自滅也執虞公應書滅而不書滅見虞已久滅也然虞不去爵而晉稱人罪晉之意自見矣○春秋書執諸侯始於晉人執虞公終於晉人執戎蠻子皆以下執上之辭書深惡執之者也

六年春王正月

夏公會齊侯宋公陳侯衞侯曹伯伐鄭圍新城

秋楚人圍許諸侯遂救許

書圍許而不書救鄭不以救予楚也書伐鄭繼書遂救許深以救予齊也凡救宜衆而且速齊桓之救鄭救邢稱人

不衆也聶北于匡書次不速也惟救許舉諸侯而書遂衆而且速爲善之尤○汪氏曰書遂救者美其赴難之甚速也書遂伐遂侵遂入遂滅者譏其憤兵之無已也惟齊桓遂伐楚所以救鄭而非他國遂伐之比爾

冬公至自伐鄭

七年春齊人伐鄭

夏小邾子來朝 郳黎來也

鄭殺其大夫申侯

凡稱國以殺大夫有二義一爲殺無罪之詞陳殺洩冶之

類是也一爲罪累上之詞鄭殺申侯之類是也或無罪而見殺或殺之不以其罪均失刑也故皆稱國以殺而不去其官

秋七月公會齊侯宋公陳世子款鄭世子華盟于甯母衣裳之會

十

桓公不納子華之姦而鄭伯乞盟于洮士匄不伐靈公之喪而齊侯來會澶淵德禮之足以服人信哉然鄭華背父而猶許與盟齊光篡父而遽使列會則亦急欲招懷之意耳

曹伯班卒

公子友如齊

冬葬曹昭公

八年春王正月公會王人齊侯宋公衞侯許男曹伯陳世子款盟于洮（兵車之會一）

會于洮、爲諸侯盟王臣之始、而不譏者、時王室有難。其盟有所不得已、非若翟泉之無故而與王臣要言也、葵邱不盟宰周公、正也、翟泉盟王子虎、變也、于洮盟王人、變之正也。汪氏曰春秋書王人者三、盟洮書王人常例也、救衞

書王人子突褒之也翟泉書王人貶之也
○
鄭伯乞盟
鄭伯見義不明而去就不愼故前書逃歸並書不盟見其
於盟前背而去也罪之也今不言如會止言乞盟見其在
會所屈而求也鄙之也
夏狄伐晉
秋七月禘于太廟用致夫人○
夫人哀姜也不稱姜氏蒙上也致者致其主於廟也○禘
于太廟用致夫人知子無絀母之義而忘其得罪於父大

事于太廟躋僖公執兄當先弟之禮而忘其嘗爲之臣乃致之躋之于太廟誣其祖矣

冬十有二月丁未天王崩惠王也襄王立

九年春王正月丁丑宋公御說卒

夏公會宰周公齊侯宋子衞侯鄭伯許男曹伯于葵丘衣裳之會

宰周公首序王人亦首序者王命所係不以班之高下而或殊也王世子殊會宰周公不殊會者人臣之義究非貴有常尊之可比也遠致周公則非度宋子與會則非禮然

其尊王室明王禁有功於周不爲不大矣汪氏曰葵邱之會乃桓伯盛衰之幾也蓋自再盟幽而諸侯協獻捷治戎存邢衛卻狄盟召陵帖楚而列國安會首止盟于洮而王室定及乎葵邱而伯業盛矣奈何陽穀之會一十有六年肆於寵樂城杞之功不若城邢救徐之師緩於救許伐黃不恤謀鄫無成而伯業衰矣人心操舍之無常可懼哉

秋七月乙酉伯姬卒。不係國內女許嫁未適者

方氏曰內女之卒有變然後書其無變而書者君重其事

而爲之變過於禮之常制也僖之編伯姬鄫季姬文之編子叔姬是也重其事何以不書葬凡内女之書葬亦事之變也杞伯姬以葬於仇人而書也杞叔姬以媵而書宋共姬以卿共葬事而書著二姬之賢與葬之之非禮其義兩行而不悖也伯姬鄫季姬子叔姬其卒以過禮而書其葬以無變而不書其義亦兩行而不悖也

九月戊辰諸侯盟于葵邱

聞之師曰諸侯旣會而盟有稱諸侯有不稱諸侯何也會有王臣者王臣不與盟則稱諸侯葵邱皐鼬是也王臣與

盟則不稱諸侯、柯陵、雞澤、平丘是也、會無王臣者、中有間事則盟稱諸侯、祝柯、重丘是也、中無間事則盟不稱諸侯、馬陵、戲、亳城北是也、會盟同地有再書其地有不再書其地何也、同地而再書者越時越月也、首止、葵丘、平丘是也、同地不再書者同月同日也、溴梁是也、越時而不再書則已踈、同日而再書則已贅、故文不同也、

甲子晉侯詭諸卒。

冬晉里克殺其君之子奚齊。

齊商人弑其君舍、舍未踰年而稱君、奚齊稱其君之子者、

舍正而奚齊不正也舍正故謂之君見國人君之也所以正商人弒逆之罪而誅其不臣奚齊不正故謂之其君之子見國人不子也所以正獻公私愛之失而譏其不父

十年春王正月公如齊

此朝齊之始也此年如齊修朝正之禮十五年又如齊用五年之制不事天子而事伯主且事伯主直同於事天子矣○桓莊之編四書如皆非朝也僖如齊三宣如齊五昭如齊二○魯君朝大國魯大夫出聘皆書如何也如者往其地也魯君朝王凡三皆因伯事而朝齊者十朝晉者二

十一、知伯不知王也、魯大夫聘京師凡五、不至者一、而聘齊者二十、聘晉者二十五、慢王而諂伯也、書朝書聘則其事顯、書如則其辭微、故除兩公朝王所於禮無悖外、概書如以諱之、正所以尊王也、僖再朝桓、皆不書至、安之也

狄滅温、温子奔衛温在王畿

晉里克弒其君卓及其大夫荀息

齊陳乞弒其君荼、荼有先君之命、即君矣、今荀息立卓、里克殺之而書曰弒其君何也、夫里克當獻公欲殺嫡立庶、中立自免而不力諫、追奚齊立而克殺之、卓立而克又殺

之怙亂無上其弒逆之罪克雖欲辭得乎故前於奚齊稱君之子以責獻公所以正父子之倫此於卓稱君以治里克所以明君臣之義荀息從君於昏未爲知義而能不食其言視臨難苟免者猶愈焉故書及與孔父仇牧一例此外有從君以死而不書者或嬖倖非重臣或當國者不以告也

夏齊侯許男伐北戎

晉殺其大夫里克

里克甯喜皆弒君者也而不以討賊之詞書者晉惠衛獻

既賴其力以得國又畏其害己而除之是所以殺之者非
討賊也故稱國以殺而不去其官

秋七月

冬大雨雪

十有一年春晉殺其大夫丕鄭父

夏公及夫人姜氏會齊侯于陽穀

秋八月大雩

冬楚人伐黃

滅不書伐滅弦滅溫是也獨黃特書伐者病齊桓之再與

盟會藉以爲援而不能救也楚滅江先書圍以責晉之不能救亦此義夫黃之被伐已歷三時而齊坐視不救江之受圍已周一期而晉雖救如不救伯業不競可勝歎哉

十有二年春王三月庚午日有食之

△夏楚人滅黃

秋七月

冬十有二月丁丑陳侯杵臼卒

十有三年春狄侵衛

夏四月葬陳宣公

公會齊侯宋公陳侯衛侯鄭伯許男曹伯于鹹兵車之會二

秋九月大雩

冬公子友如齊。○

十有四年春諸侯城緣陵緣陵杞地

此卽會鹹之諸侯前目而後凡也、或曰此再會也再會而不序桓爲德不周故略之也。○李氏曰齊伯之編外城三、邢也楚邱也緣陵也獨城邢爲美晉伯之編外城三虎牢也杞也成周也獨成周無譏。○

夏六月季姬及鄫子遇于防使鄫子來朝左傳鄫季姬來寧公怒止之以鄫子

之不朝也故遇于防使之來朝

季姬應係鄫而不係鄫、來寧不書歸而書歸、明中絕也、○杞伯姬之子未能朝而伯姬攜之以來、則非母道、尤非妻道、鄫子本不朝而爲季姬所使、則非夫道、尤非君道、而魯聽二姬之所爲、其失禮亦俱見矣、

秋八月辛卯沙鹿崩

沙鹿梁山不係晉、爲天下記異也、隕石雨螽言于宋、爲王者之後記異也、

狄侵鄭

召陵盟矣、而楚滅弦、葵邱會矣、而狄滅温、陽穀會矣、而楚伐黄、滅黄、狄侵衛、侵鄭、驕泰以失、晏安酖毒、豈不信哉、至牡邱會罷、而宋伐曹、淮之會罷、而魯滅項、諸侯固知桓志之衰矣、

冬蔡侯肸卒

十有五年春王正月公如齊。

楚人伐徐

三月公會齊侯宋公陳侯衛侯鄭伯許男曹伯盟于牡邱遂。次于匡。兵車之會三

公孫敖帥師及諸侯之大夫救徐公孫敖慶父子

許氏曰遂救許遂之善者也以其進也遂次匡遂之不善者也以其止也○諸侯在而使大夫將始於牡丘諸侯在而使大夫盟始於雞澤然將盟猶其君使之故猶係之諸侯與溴梁之第言大夫異也○公子友帥師公孫茲帥師公孫敖帥師此三家之強所由來也

夏五月日有食之

秋七月齊師曹師伐厲

八月螽

九月公至自會。

以會致者二十七、始於此、齊桓之會盟至牡邱而後致、桓德衰而諸侯有戒心也、新城之圍、下書救許、而以伐致者、著其本謀也、牡邱之盟、下書救徐、而以會致者、見其無功也、

季姬歸于鄫。

己卯晦、震夷伯之廟。夷伯魯大夫　夷氏伯字

不日夷伯之廟、震而曰震夷伯之廟、若有震之者、然不曰石隕于宋、而曰隕石于宋、若有隕之者、然垂儆之意切矣、

冬宋人伐曹

楚人敗徐于婁林

十有一月壬戌晉侯及秦伯戰于韓獲晉侯

凡戰言及罪主之者也戰于彭衙戰于令狐皆以晉及與此同君獲不言師敗績君重於師也獲宋華元獲齊國書皆言師敗績與此異

十有六年春王正月戊申朔隕石于宋五是月六鷁退飛過宋都

隕石五後數散辭也耳治也記聞也六鷁退飛先數聚辭

也目治也記見也書之爲宋志異至雨螽于宋異且爲災矣

三月壬申公子季友卒

卒而字名兼舉者三季友仲遂叔肸也皆喪之有加禮使世爲卿故舊史特志焉而春秋仍之然友忠也書公子肸賢也書公弟遂逆也則削其公子而不書辭有不同矣

夏四月丙申鄫季姬卒

秋七月甲子公孫茲卒

冬十有二月公會齊侯宋公陳侯衞侯鄭伯許男邢侯曹伯

于淮兵車之會四城鄫不果

齊桓自北杏至葵邱衣裳之會十有一自于洮至于淮兵車之會四而衣裳不歃血兵車無大戰始終不尙威力也

十有七年春齊人徐人伐英氏

楚伐徐而厲被兵楚敗徐而英氏受伐所謂室於怒而市於色者也豈得爲救徐而爲徐報怨乎

夏滅項

凡內滅國書取諱也宣取根牟成取鄟襄取邿昭取鄫皆諱不書滅而此獨書滅者公方在會執政者爲之也君所

爲則諱臣所爲則不諱春秋尊君抑臣不爲朋黨之義也襄昭時季孫受三叛人直書以地來奔而不諱義同。外滅國有獨書取者恕蠻夷有效順之功也徐人取舒是也內取國有獨書滅者著强臣有擅權之罪也滅項是也

秋夫人姜氏會齊侯于卞。

陽穀之會公與夫人偕行非禮也卞之會公未至而夫人獨出尤非禮也彼書及猶與公與夫人如齊義異此書會直與夫人會齊侯于禚文同此春秋之防閑也

九月公至自會

冬十有二月乙亥齊侯小白卒。

十有八年春王正月宋公曹伯衛人邾人伐齊。△

夏師救齊。

五月戊寅宋師及齊師戰于甗齊師敗績。

戰不言伐晉及秦戰于韓之類是也客不言及齊伐衛衛及齊戰之類是也此先書伐齊而獨以宋及者所以著宋襄伐喪亂齊奉少奪長之罪以深惡之也。春秋書伐而及戰者三莊二十八年齊伐衛衛及齊戰哀十一年公會吳伐齊齊及吳戰皆以主及客惟此年宋及齊戰以客及

主乃變文也

狄救齊

救者善則伐者惡矣救在狄則責在中國矣

秋八月丁亥葬齊桓公

冬邢人狄人伐衛

趙氏曰狄書人便文爾如襄五年戚之會書吳人鄫人蓋不可曰吳鄫人也故十四年向之會復書吳而已今狄與邢伐衛書人不可曰邢人狄也故至二十一年狄獨侵衛則復書狄而已。齊人狄人盟于邢狄稱人亦如之。聞

之師曰邢人狄人伐衛與晉師白狄伐秦皆詞無區別異於晉人及姜戎之例者何也彼晉志而戎隨之此則邢狄晉狄同志而共之也聯非族而殘兄弟婚姻之國聖人之心滋戚矣詩云如蠻如髦我是用憂。

十有九年春王三月宋人執滕子嬰齊

凡執諸侯稱人皆非伯討也宋襄志在圖伯而前伐齊喪奉少以奪長今執滕子恃强以淩弱以此求伯得乎乃執人者至盂之會己亦見執敗人者至泓之戰己亦見敗出爾反爾信哉。陳氏曰執不言歸未失國之詞也言歸危

不得歸也已失國之詞也故執君不名歸然後名之執稱曹伯歸稱曹伯襄執稱衛侯歸稱衛侯鄭此執也則其名何遂失國也

夏六月宋公曹人邾人盟于曹南

盟于曹南宋襄約諸侯而與之盟望其猶能圖伯也故首宋公獨稱爵盟于鹿上宋襄求楚人而與之盟罪其不足爲伯也故與齊楚同稱人

鄫子會盟于邾己酉邾人執鄫子用之

此與楚執蔡世子有用之皆惡其無道也鄫子之用宋實

使之不書宋使而直以邾自用爲文罪其附勢肆虐不得託之於他命也

秋宋人圍曹

衛人伐邢

聞之師曰師及齊圍郕而郕降齊怨魯者深也邢與狄伐衛而衛伐邢仇邢者甚也蓋郕於魯衛於邢皆兄弟之國其望之也切故其怨之也至然而郕可矜也衛不可恕也所謂尤而效之罪尤甚焉故邢伐衛則惡邢衛伐邢則惡衛詩云式相好矣無相猶矣春秋之志也

冬會陳人蔡人楚人鄭人盟于齊

楚始與齊盟春秋內諱公而外以微者書變文以謹其始也序先陳主是盟也鄭後楚首朝楚也。盟于齊陳蔡鄭皆在而後序鄭人見其甘心下楚也次厥貉宋鄭陳蔡皆在而獨書蔡侯見其志在從楚也皆所以著其棄夏即夷之罪

梁亡民罷而潰故不書秦取梁

二十年春新作南門王氏据顧命孔傳以此爲魯之路門

延廏言新不言作修舊也南門言新作改制也而於春舉

之皆非也孔子曰節用而愛人使民以時修舊而書者為其不時改制而書者為其不節

夏郜子來朝郜朝魯惟此一見

言來朝而不名與穀伯鄧侯不同則非失地之君鄭氏曰郜有二取郜大鼎北郜也郜子來朝南郜也

五月乙巳西宮災。

鄭人入滑滑在王畿

溫在畿內而狄滅之猶夏甚矣而齊桓不救何其為伯漸不克終乎滑在畿內而鄭人之無王甚矣而宋襄不糾何

其圖伯不知所先乎、

秋齊人狄人盟于邢

齊桓之伯也、北伐戎而南伐楚、齊孝之立也、南盟楚而北盟狄、殊爲棄先志矣、此于齊于邢之盟所以特書也

冬楚人伐隨

二十有一年春狄侵衛

宋人齊人楚人盟于鹿上宋地

夏大旱

春秋之例、旱則修雩、雩必爲旱、而經或書雩、或書旱者、雩

而得雨、書雩、不書旱、雩不得雨、則書旱、不雨之害、比旱爲輕、大旱之害、比旱爲重、經書大旱者二、此年及宣七年也。

秋。宋公。楚子。陳侯。蔡侯。鄭伯。許男。曹伯。會于盂。執宋公以伐宋。盂宋地

楚始稱子、序諸侯之上、則此會楚爲主也、然宋爲首事、故先之、會于盂、執宋公、不書楚人、不欲使外夷暴中國也、會于申、執徐子、專目楚人、不欲勞中國治外夷也、

冬。公伐邾

楚人使宜申來獻捷。

書獻捷者二獻戎捷曰齊侯見其自卑也獻宋捷稱楚人抑其太强也齊獻捷言戎以齊之夸而譏之也楚獻捷不言宋以魯之怯而諱之也譏之者不欲使中國攘外夷諱之者不欲使外夷陵中國

十有二月癸丑公會諸侯盟于薄釋宋公（薄宋地）

執宋公不書楚人而概以會者爲文不與楚之專執而兼罪諸侯也釋宋公不書會楚子而以會諸侯爲文不與楚之專釋而猶存中國也

二十有二年春公伐邾取須句

據傳須句滅於邾公伐邾取須句反須句子則非魯滅之也鄫滅於莒莒不撫鄫鄫叛而來（昭四年傳）亦非魯滅之也而概以取書者罪魯之苟貪其利無興滅繼絕之義也

夏宋公衞侯許男滕子伐鄭

秋八月丁未及邾人戰于升陘

不書敗爲內諱也與戰于奚同不書公亦爲內諱也與戰于乾時同

冬十有一月己巳朔宋公及楚人戰于泓宋師敗績

宋爲鹿上之盟以求楚而遂見執于盂是自取辱也故盂

之會以宋公首之宋與伐鄭之師以挑楚而遂見敗于泓是自致寇也故泓之戰以宋公主之

二十有三年春齊侯伐宋圍緡

魯莊及齊盟葖以德報怨也故書公及以病之齊孝伐宋圍緡以怨報德也故書齊侯以愧之

夏五月庚寅宋公玆父卒

秋楚人伐陳

冬十有一月杞子卒左傳註杞成公始行夷禮故於卒書子貶之

二十有四年春王正月

夏狄伐鄭。○

狄伐鄭、不書王命、諱王之啟寇滅親也、王出居、不書狄伐、言王之自棄宗社也、

秋七月。○

冬天王出居于鄭

王者無外、而書天王出居于鄭、王者無敵、而書王師敗績于茅戎、皆言其自取也、然王出而所在稱居、王敗而諱不言戰、則猶是無外無敵之義云爾、

晉侯夷吾卒秦納重耳不告故不書

二十有五年春王正月丙午衞侯燬滅邢

滅同姓者不一矣獨名衞侯者尤惡其挾詐也事見左傳葉氏曰殺蔡侯名楚子惡誘殺人之君也滅邢名衞侯惡誘滅人之國也

夏四月癸酉衞侯燬卒

宋蕩伯姬來逆婦

蕩伯姬爲子來逆婦無上下之分則非姑道杞伯姬爲子來求婦無內外之閑則非母道

宋殺其大夫

秋楚人圍陳納頓子于頓

聞之師曰會盂執宋公以夷猾夏也圍陳納頓子以夷正夏也以夷猾夏夏猶夏也以夷正夏夏非夏矣聖人之所懼也○汪氏曰諸侯納失國之君合於義則不書書楚納頓子不與楚之納也書齊高偃納北燕伯不與大夫之納也

葬衛文公

冬十有二月癸亥公會衛子莒慶盟于洮

洮向二盟衛欲平魯莒也衛子未踰年不稱爵與宋子一

例焉莒慶以魯姻特書名而甯速因例焉然衛子而出會則尊喪而忘親莒衛大夫而與盟則越分而抗尊故不能以無譏

二十有六年春王正月己未公會莒子衛甯速盟于向

齊人侵我西鄙公追齊師至酅弗及酅齊地

夏齊人伐我北鄙

衛人伐齊

公子遂如楚乞師

春秋書乞六乞者重詞也又卑詞也乞盟一鄭伯也乞師

五遂與晉郤錡欒黶荀罃士魴也乞盟者譏其初徇王命之非義乞師者罪其無王命之非禮晉乞於魯以伯主而求諸侯非謙於禮實歉於分也魯乞於楚以中國而求外夷既爲害義又爲無謀也

秋楚人滅夔以夔子歸

夔子被虜而不名非其罪也楚滅同姓人之而不名楚子以爲不足責也春秋待楚之體異於中國故書法不同衞侯燬

冬楚人伐宋圍緡

公以。楚師伐齊取穀公伐齊二莊九年與此年

聞之師曰公以楚師伐齊以夷殘夏也蔡以吳子敗楚以夷救夏也楚之以春秋所惡而吳之以春秋所取乎曰皆無取也以楚病公之殘夏也固無取於公以吳病晉之不能救夏也而亦非有取於蔡與吳蓋內夏外夷天下所以理也外之則不與其干於內故會孟執宋公圍陳納頓子雖仁暴不同而皆所惡也內之則不欲其藉於外故公以楚伐齊蔡以吳敗楚雖殘救不同而皆所譏也

公至自伐齊

二十有七年春杞子來朝左傳杞桓公來朝用夷禮故曰子

夏六月庚寅齊侯昭卒。秋八月乙未葬齊孝公

乙巳公子遂帥師入杞

邾會檉而公敗邾譏其棄信也杞來朝而遂入杞責其不義也。乞師伐齊帥師入杞帥師伐邾遂之惡已兆於此與翬帥師伐鄭伐宋慶父帥師伐於餘邱同

冬楚人陳侯蔡侯鄭伯許男圍宋

楚人者楚子也人之者楚首序中國諸侯之上實自此始故變文以示義。會北杏齊序諸侯之上諸侯稱人而齊

書爵以伯子齊而見諸侯之與之也圍宋楚序諸侯之上諸侯書爵而楚稱人不以伯子楚而罪諸侯之下之也

十有二月甲戌公會諸侯盟于宋

盟于宋與盟于薄皆沒楚子不書而曰會諸侯諱公之從楚也彼下有釋宋之文則盟爲釋宋此上有圍宋之文則盟爲圍宋爲釋宋而與楚會盟猶不可況爲圍宋而與楚會盟乎

二十有八年春晉侯侵曹晉侯伐衛

以二事出故再書晉侯而不言遂與齊桓侵蔡遂伐楚不

同。此晉文圖伯之始侵曹伐衛所以致楚也楚救衛而晉入曹所以疲楚也執曹伯而畀宋人所以激楚也於此見晉文之譎

公子買戍衛不卒戍刺之以兵守之曰戍

內諱殺大夫故謂之刺公子買書所以刺其罪不當也公子偃不書所以刺其罪不明也

楚人救衛

三月丙午晉侯入曹執曹伯畀宋人

執曹伯不稱晉人蒙晉侯入曹之文非以爲伯討也與成

十五年書晉侯執曹伯文義不同。晉侯執曹伯以畀宋晉人執戎蠻子以與楚事相似也而書畀書歸其義不同畀者與同等之詞歸者與京師之詞歸楚譏其諂以下楚也畀宋譏其譎以激楚也畀宋之爲譏義在宋歸楚之爲譏義在歸

夏四月己巳晉侯齊師宋師秦師及楚人戰于城濮楚師敗績

此晉楚爭伯之一大局也宋之圍楚子居首而復稱人黜之也城濮之戰晉侯居首而獨稱爵尊之也聖人之以伯

子晉而不以伯子楚可見矣然晉文之伯與齊桓不同城濮之戰書及見其急於勝楚召陵之盟不書及見其徐以服楚服之以義猶近於光明勝之以力遂入於傾險則譎與正之辨也

楚殺其大夫得臣

得臣以師敗見誅則殺有罪也乃稱國以殺而不去其官者罪累上也鄢陵敗而楚殺公子側書法與此同

衞侯出奔楚

五月癸丑公會晉侯齊侯宋公蔡侯鄭伯衞子莒子盟于踐

士。

踐土之盟、天王下勞、溫之會、諸侯皆至、一戰而霸、功亦偉矣、然踐土使衛子受盟、則臣奪君位、于溫使陳子與會、則孤奪父喪、何其急於功利、而不顧君臣父子之大義哉。

按下書公朝于王所、是王在踐土也、而於踐土不書王者、以降尊而諱之也、傳云王子虎盟諸侯于王庭、是虎涖踐土之盟也、而經於踐土之盟不書虎者、以王在而沒之也、皆所以嚴君臣之分也、

陳侯如會

公朝于王所。王在踐土非京師故曰王所

言所則非朝之所可見非朝之所而書者所以著王就覲之失禮也言公朝則諸侯皆朝可知諸侯皆朝而不書者不予晉以尊王之大義也。會之朝王者三皆因伯事以行禮非眞能尊王者也此年公再朝王所朝也而非其所也故言所成十三年公如京師是其所也而非朝也故言如非其所而書朝所以正尊王之名是其所而書如所以著無尊王之實。

六月衛侯鄭自楚復歸于衛衛元咺出奔晉

衛侯出奔不名而歸名有二君之詞也曹伯執不名而歸名失國之詞也凡奔歸而名執歸而名者仿此

聞之師曰衛侯鄭初歸殺叔武再歸殺公子瑕其事同也而殺瑕書殺武不書何也曰瑕不當殺而武當殺也或謂武以迎君見戕千古寃之何以反言當殺曰此可據經而得也經於殺瑕以公子書則是未立之詞也踐土之盟武實書衛子且序莒子之上則是已立之詞也夫脾洩之事有心以爲譏離衛之設知者以爲議況寡君播越而儼然列壇坫之上據非其位稱非其名其誰曰非篡或曰晉實

立之而非其罪也然武以死辭晉亦何能強之者或曰武之立凡以爲衛君也然武之用心自苦而立乎其位自非所謂人臣不知春秋之義必蹈篡弒之罪者正此類也殺得其罪則不書故宋公殺其母弟須不書衛侯之殺武亦若是已矣然則衛侯何以名曰國有疑君則君名衛侯之名正以武立而名非以殺武而名也

陳侯款卒

秋杞伯姬來

公子遂如齊

冬公會晉侯齊侯宋公蔡侯鄭伯陳子莒子邾子秦人于溫天王狩于河陽。壬申公朝于王所。壬申上無月闕文

天王就覲諸侯者再踐土河陽兩書公朝于王所而河陽書王狩踐土不書王狩何也踐土爲天王就覲諸侯之始故削之以見義也不書河陽之狩無以見王之狩踐土不削踐土之狩無以見王之不當狩河陽一書一不書其義互相備也。踐土之盟天王下勞晉侯則削而不書存君體也河陽之狩晉侯上召天王則以王自狩爲辭存臣禮也

晉人執衛侯歸之于京師

戚之盟執曹伯稱晉侯伯討也爲君執賊也元咺之訟執衛侯稱晉人非伯討也爲臣執君也彼曰歸于京師直詞也不敢自治而逕達之京師也此曰歸之于京師緩詞也己已治之而徐委之京師也

衛元咺自晉復歸于衛

古者諸侯世國故其位未絕者曰復歸已絕者曰歸則以復歸爲恒詞而歸者惡如衛侯鄭復歸于衛（此年）恒詞也而如衛侯鄭歸于衛（十三年）則惡矣大夫不世爵故其位未絕者

曰歸、已絶者曰復歸、則以歸爲恒詞、而復歸者惡、如衛孫林父歸于衛、(成十四年)恒詞也、而如衛元咺復歸于衛、(此年)則惡矣、惟蔡侯盧歸于蔡、陳侯吳歸于陳、不言復、(昭十三年)趙鞅歸于晉、止言歸、(定十三年)義别有在、說見後

諸侯遂圍許○○

曹伯襄復歸于曹、遂會諸侯圍許○○

圍許書遂、譏其遲威之不已也、會圍許書遂、惘其畏威之不遑也、

齊桓圖楚之功、三十年而後有召陵之役、會諸侯之事三

十餘年而後有葵邱之盛晉文於一年之間侵曹伐衛執曹敗楚再合諸侯再致天子復衛執衛復曹圍許雖振作有爲而禮煩威黷氣象之迫促紛擾亦可見矣聖人所以謂其譎而不正也至其勤王定亂之勳泯然不見於經豈非以其召王請隧取邑伐原過大於功故削之哉

二十有九年春介葛盧來○

介葛盧來與白狄來皆不言朝非能修朝禮也介葛盧即次年侵蕭者也白狄即互伐秦晉者也故書來以謹之

公至自圍許

夏六月會王人晉人宋人齊人陳人蔡人秦人盟于翟泉王城內地

諸侯之大夫與王臣同盟統春秋僅見於此踐土諸侯未敢盟子虎而今大夫盟之于溫諸侯嫌於迫王城而今大夫迫之下陵而上替矣故書會不書公以見義○汪氏曰春秋內諱公而外以微者書惟于齊十有九年翟泉年此二盟爲然齊之盟柔中外之辨也翟泉之盟無上下之分也故皆變文以謹之○列國上盟王臣始于洮洮之盟王人不諱公而翟泉之盟王人諱公者以洮猶爲王事且諸侯敵之

而翟泉則非爲王事且大夫敵之也又如垂隴之士縠不書大夫而盟扈之趙盾書大夫以垂隴猶晉襄命之而扈則趙盾專之也雞澤之大夫盟係諸侯而溴梁之大夫盟不係諸侯以雞澤猶晉悼命之而溴梁則大夫尸之也皆書重之例也

秋大雨雹

冬介葛盧來

三十年春王正月

夏狄侵齊

踐土而後、伯姬來而入杞之怨釋、遂如齊而取穀之憾消、伯權立、諸侯不敢私用兵也、翟泉而後、狄以晉有鄭虞而間之也、遂侵齊、且以文居狄久而狎之也、又圍衞伯業衰而四夷敢於乘其隙也、一念之操舍、中外之安擾應之、可不謹哉、

秋、衞殺其大夫元咺及公子瑕

咺與衞侯爭訟、而未正其罪、故不去大夫、瑕爲元咺所立、而未成爲君、故止稱公子、凡殺而書及者、以此之故而累及彼也、此與士穀及箕鄭父、慶虎及慶寅是也、不書及者、

其罪同、其殺之之志均也、趙同趙括與郤錡郤犨郤至是也。孫氏曰、叔武稱衛子、已立也、瑕稱公子、未立也、殺武不書、教人臣以守節、殺瑕書之、教人君以愼刑、

衛侯鄭歸于衛。

衛侯歸而稱名、失國之詞也、與曹伯襄同、而彼言復歸、此止言歸者、絶之也、惡其一殺而再殺也、衛侯歸不言復、有惡之詞也、與曹伯負芻同、而此名彼不名者、王未絶之也、譏其當黜而不黜也、

晉人秦人圍鄭。

狄侵齊而晉圍鄭是豺狼方當道而避之也晉圍鄭而西約秦是虎狼未入室而導之也

介人侵蕭

冬天王使宰周公來聘

公子遂如京師遂如晉此聘京師之始○如晉不以他事而專聘者二十五始於此

公朝王所而王報以宰周公譏其寵魯者過也周公來聘而魯報以公子遂惡其事王者慢也春秋書王使來聘者七惟此以三公特來是謂非常禮內大夫如京師者五惟此以二事並出是謂大不恭○內如京師而書遂事者二一

公子遂如京師、遂如晉、如京師兼以如晉也、本以二事出也、春秋則統之於一、但以如京師爲本事、而以如晉爲遂事、不敢以王事同於伯事也、成公如京師、遂會伐秦、如京師第因伐秦也、本以一事出也、春秋則分之爲二、若以如京師爲本事、而以伐秦爲遂事、不敢以伯事先於王事也、○公子遂如京師、如晉、公子遂會趙盾、會雒戎、皆以二事出也、春秋於兩盟分書之不言遂、於兩如統書之言遂者、京師與晉君臣也、統書之而言遂、所以明君臣之分、趙盾與雒戎夏夷也、分書之不言遂、所以辨夏夷之防、

三十有一年春取濟西田晉班曹所侵地於諸侯

取者非所有而取之也故取邿田取漷東沂西田皆曰取然亦有本所有而書取者取濟西田取汶陽田是也蓋惡其倚勢介力不請天王之命也歸者本所有而歸之也故齊人歸我濟西田齊人來歸鄆讙龜陰田皆曰歸然亦有非所有而書歸者鄭伯使宛來歸祊晉侯使韓穿來言汶陽之田歸之于齊是也蓋惡其威惕利疚輕棄先祖之舊也輕棄其舊則無親不請於王則無君

公子遂如晉

夏四月四卜郊不從乃免牲猶三望公羊以三望爲祭泰山河海閒之師曰經書郊九而不郊者六郊者三然同一郊也而或書郊或書用郊同一不郊也而或書不郊或書免牲或並書免牛不郊何歟曰不郊者猶卜免牲從則免不從則不免故不郊不必免牲也免牲則必不郊也而成七年之免牛猶書不郊者以下書猶三望而中有閒事故以不郊屬其文非免牛而猶疑其郊也其或曰牲或曰牛者牛在滌三月乃曰牲故言牲者在四月言牛者皆在正月也曰郊者正行郊禮也曰用郊者非郊之正祭而用其禮也若

書所謂類于上帝是也、○凡書郊者、皆因變以著其僭也、有因牛災而書者、則以一食再食、與見傷、有因龜違而書者、則以三卜四卜五卜而不從、有以不時而書者、則以四月而郊、五月而郊、九月而用郊、皆於失禮之中又失禮也、與書禘之義同、書禘自閔二年始、書郊自此年始、○李氏曰、經書猶者三、猶三望、猶繹、譏其可已而不已也、猶朝于廟、幸其不可已而不已也、○三望言猶者、厭僭也、朝廟言猶者、愛禮也、

秋七月

冬杞伯姬來求婦

杞伯姬來朝其子以婦人而參賓禮杞伯姬來求婦以婦人而主嘉禮甚矣伯姬之預政也

狄圍衛。十有二月衛遷于帝邱

凡書遷者責其不思自強而徒爲避難之計也邢遷夷儀衛遷帝邱許遷于葉于夷白羽容城蔡遷州來皆是也然昔也衛有狄難齊桓救之於是有楚邱之城今也衛有狄難晉文不救致使有帝邱之遷所謂伯者安在哉

三十有二年春王正月

夏四月己丑鄭伯捷卒

衛人侵狄。秋衛人及狄盟

衛侵狄及狄盟猶公如晉及晉侯盟是指其所居之處故不言地侵狄在夏盟狄在秋猶春會戎秋及戎盟非一時之事故再言衛人衛爲志故書及

冬十有二月己卯晉侯重耳卒襄公驩立

三十有三年春王二月秦人入滑

齊侯使國歸父來聘

夏四月辛巳晉人及姜戎敗秦師于殽左穀作秦師公羊無師字

聞之師曰晉人敗秦師于殽議者紛錯自當時欒枝先軫已然然比事觀之春秋之志殆非之也晉稱人略詞也蓋其結戎以殘婚姻則公以楚師伐齊之類也背殯而從金革則鄭伯伐許成公四年之類也其不顧德施則晉侯及秦伯戰于韓之類也其不先辭命則公子友敗莒師于酈之類也雖入滑殘兄弟之國于殽爲門庭之寇有未可以婚姻背殯忘施拘者然獨不可先以辭命乎且西師過軼晉其知之矣夫以秦師已至滑而弦高區區尚能以辭命沮其襲鄭之謀使晉當秦師之方東而遂問師故秦將何辭以

對是不惟可以保鄭且可以全滑而兄弟無恙婚媾如故不亦善乎乃計不出此待其入滑也而乃爲之罪待其于殽也而乃迫之險是志於敗秦也自此以還由彭衙至遷延之役（襄十四年伐秦）秦晉交兵者一十有三次搆禍者歷六十有八年孰非殽爲之始亂哉春秋之譏貶以杜亂耳使於殽而無譏貶是春秋賞亂也故曰非之

癸巳葬晉文公

狄侵齊

公伐邾取訾婁。秋公子遂帥師伐邾

公伐邾、公子遂復伐邾、齊侯襲莒、崔杼亦伐莒、楚子虔殺蔡侯、棄疾遂圍蔡、阿順之人即爲弑逆之人、可懼哉。

晉人敗狄于箕。

冬十月、公如齊。十有二月、公至自齊。

天王使來聘、而遂如京師、齊侯使來聘、而公自如齊、事大國踰於事共主、不亦傎哉。

乙巳、公薨于小寢。

隕霜不殺草、李梅實。

十二月夏之十月、隕霜不殺草、可殺而不殺、記異也。十月夏之八月

隕霜殺菽、未可殺而殺、並記灾也、麥苗無於秋、記灾也、李梅實於冬、亦記異也、凡此皆儆人君以謹人事畏天變之意

晉人陳人鄭人伐許

李氏曰、晉襄初立、伯事未定、春秋書敗秦敗狄伐許（許貳于楚）於一年之間、其晉伯絕續之會、三强睥睨之秋、歟襄公能退之、可謂克繼文之業矣、然一歲而三出師、不亦太急於逞威乎

春秋書法比義卷六　　鹽山劉曾璇訂

文公　名興僖公子母聲姜夫人出姜謚法慈惠愛民日文忠信接禮日文

元年春王正月公卽位

卽位者告廟臨羣臣也、文與成襄哀繼父卽位正也、迴殊於桓宣亦異於昭定、

二月癸亥日有食之

天王使叔服來會葬

夏四月丁巳葬我君僖公

天王使毛伯來錫公命

晉侯伐衛左傳衛不朝晉先且居請君朝王臣從師

春秋伐國苟出其君意雖卿帥不書故伐衛不書先且居而書晉侯伐秦不書欒書而書晉侯成十三年皆所以著晉侯之出意不在朝王而在伐國也

叔孫得臣如京師

衛人伐晉

晉不自反而淩人故書伐衛以責晉衛不自反而抗伯故書伐晉以罪衛。春秋與國伐伯者三此與襄二十三年齊侯伐衛遂伐晉哀元年齊侯衛侯伐晉也

秋公孫敖會晉侯于戚

內大夫特會諸侯者五敖會晉侯行父歸父會齊侯歸父叔弓會楚子也此爲其始外大夫盟魯侯則內諱公外書人體例已畢於魯故此直書而其非自見

冬十月丁未楚世子商臣弒其君頵

書世子弒君始此言世子明有父之親言君明有君之尊所以深著元兇之罪而示人人當討賊也其後復有蔡般許止之事商臣蔡般書弒君許止亦書弒君者責臣子不可忽君父蔡許世子弒君書楚世子弒君亦書者見蠻夷

不容逃王法、

公孫敖如齊

二年春王二月甲子晉侯及秦師戰于彭衙秦師敗績

丁丑作僖公主　凡立主喪主於虞吉主於練虞主用桑練主用栗踰練而後作主譏其不時

莊公之吉禘先時而速也、僖公之作主後時而緩也、速則忘哀、緩則不敬、

三月乙巳及晉處父盟

此因公朝晉而盟也、不書公諱也、盟宿以後、公與外大夫會盟皆不諱矣、此與及齊高傒盟又諱者、彼以其娶仇女、

此以其被恥辱也同一大夫與公盟而高傒不去族處父去族者彼公在魯此公在晉也在魯則魯爲政故不去族以惡魯之媚齊在晉則晉爲政故去族以責晉之慢公

夏六月公孫敖會宋公陳侯鄭伯晉士縠盟于垂隴

洮之會王臣與盟是天子受制於諸侯也春秋不與之故書王人以先諸侯垂隴之會伯臣主盟是諸侯受制於大夫也春秋亦不與之故序諸侯以先士縠

晉大夫主盟自士縠始晉大夫專將自陽處父始○文公以前會盟侵伐惟內大夫以名見外大夫悉稱人而已惟高

僕以齊使卿與公盟書名屈完以舊史侈其事書名莒慶以曾姻書名、衛甯速以事連莒慶書名别有故其會盟書名者自文二年垂隴之晉士穀始、由是而衡雍之趙盾、承筐之郤缺、皆以名見矣及宣十五年無婁之齊高固亦以名見矣至成十五年會于鍾離、而齊宋衛鄭之大夫無不以名見焉、其侵伐書名者自文三年伐楚之晉陽處父始、由是而伐蔡之郤缺、救陳之趙盾、皆以名見矣及宣二年大棘之宋華元鄭歸生、亦以名見矣至成二年戰于鞌、而衛曹之大夫無不以名見焉、蓋大夫漸張、故舊史書之亦漸詳、禮樂征伐自大夫出、豈一朝一夕之故哉、

自十有二月不雨至于秋七月

書不雨至于秋七月不日至于秋七月不雨者蓋後言不雨則是冀雨之詞非文公心也書不雨至于秋七月而不書八月雨者蓋言雨則是喜雨之詞亦非文公心也

八月丁卯大事于大廟躋僖公

李氏曰古者戎祀爲國之大事故春秋書大祫爲大事禴祠烝嘗爲有事此年大事祫也宣八年有事禴也昭十五年有事烝也此皆於祭無譏故不書祭名其郊禘大雩皆書祭名者祭之僭也烝嘗有書祭名者祭之失也○作僖

公主、慢其親而後之也、躋僖公私其親而先之也、○躋僖公逆祀也、以臣先君分逆而禮不順、從祀先公順祀也、陪臣執國事順而情則逆、

冬晉人宋人陳人鄭人伐秦○

公子遂如齊納幣○○

書如齊納幣者二、莊公親往、文公使卿、皆爲非禮、而尤爲義之所重者、於莊則罪其忘仇而結婚、於文則譏其在喪而圖婚也、

三年春王正月叔孫得臣會晉人宋人陳人衞人鄭人伐沈○○

沈潰

伐蔡遂伐楚齊桓之所以爲伯也伐沈不伐楚晉襄之不足有爲也

夏五月王子虎卒

秦人伐晉

秋楚人圍江

雨螽于宋

冬公如晉十有二月己巳公及晉侯盟二年如晉不書此爲其始

此晉人請改盟也不地盟于晉都也夫齊桓盟閔公于落

姑、晉悼盟襄公于長樗、閔襄皆童子侯也而桓悼皆爲之出都、今盟公于都而可謂之有禮哉、然視及處父盟有間矣、故彼不書公如晉而盟諱公、此書公如晉而盟不諱公、○此書公如晉之始也、如晉凡二十一、文二成四襄五昭九定一也、有未至於晉者至河乃復者六、昭居其五定居其一、次于乾侯者二、昭出孫以後也、

晉陽處父帥師伐楚以救江◎◎◎

汪氏曰、春秋書侵伐多不言所事、考傳之所錄、不惟楚侵陳以救鄭、伐鄭以救齊、不書、雖齊桓伐厲以救徐、亦止書

伐厲而不書以救徐也而此書伐以救賓爲特筆豈非責處父伐楚之非伐楚救江之非救江歟○聞之師曰春秋書商臣弒君固望人之討之也上書伐沈譏其不伐楚也此書以救江譏伐楚之仍非伐楚也蓋以其不能討賊而又疑於討賊故特文以見義與會稷書以成宋亂澶淵書宋災故義例正同

四年春公至自晉

夏逆婦姜于齊

經書逆夫人惟此最畧不稱公非公也不稱逆者名氏非

卿也、稱婦有姑之詞、不稱夫人、禮有闕也、不書至、不告廟
也、貴聘而賤逆之、公卑之矣、故書法如此。○文姜不偕公
至、姜亢公也、出姜不使卿逆、公卑姜也、姜亢公遂至、與弑
其夫、公卑姜遂至、不保其子、夫婦人倫之首、可不正其始
哉、

狄侵齊○

△秋楚人滅江

○○○晉侯伐秦

前年秦人伐晉、猶罪秦也、穆公悔過之心、不勝憤敗之心、

而其師再出、故稱秦人以畧之、此年晉侯伐秦、深罪晉也、襄公修怨之心、急於救患之心、時楚滅江而君又親行、故目晉侯以責之、

衛侯使甯俞來聘衛聘魯四始於此

吳氏曰、衛自孔達遭執之後、蓋甯俞代之爲政、前年從晉伐沈、服於伯主、此年夏傳載衛侯朝晉、至秋而來聘魯、事大睦鄰、以安社稷、或皆出甯俞之謀也

冬十有一月壬寅、夫人風氏薨僖公生母也

以妾僭嫡、自惠公之寵仲子始、然歸賵曰仲子、考宫曰仲

子是當時猶不以夫人稱之也至成風薨稱夫人葬稱小君則伉然成爲夫人矣是以妾亂嫡實自文公之喪成風始故據實書之以謹禮之所由變

五年春王正月王使榮叔歸含且賵（珠玉曰含　賵見前）

嘗弑君始桓僭嫡始成風王不能正而又成之故錫桓公命歸成風之含賵會葬王皆不稱天變文以示義

三月辛亥葬我小君成風

自風氏之薨稱夫人而嬴氏姒氏歸氏無不稱夫人自成風之葬稱小君而敬嬴定姒齊歸無不稱小君一若常禮

然然觀歸含賵會葬王不稱天而成風之不得爲夫人可見矣即凡妾不得爲夫人可見矣

◎王使召伯來會葬

夏公孫敖如晉

元年旣來會葬又來錫命周之遇魯者隆矣而下書叔孫得臣如京師是公不朝也此年旣歸含賵又來會葬周之待魯者厚矣而下書公孫敖如晉是不如周也不待貶而惡自見

秦人入鄀

秋楚人滅六
鄀滅須句、楚滅六蓼、須句司太皥之祀、六蓼實臯陶之後、而蠶食殆盡、可勝歎哉、
冬十月甲申許男業卒
六年春葬許僖公
夏季孫行父如陳
秋季孫行父如晉
八月乙亥晉侯驩卒靈公夷臯立
冬十月公子遂如晉葬晉襄公

葬襄公而公子遂往於禮則已重矣葬襄王而叔孫得臣往於禮則猶輕矣葬桓王已至七年於禮則太緩矣葬襄公甫及三月於禮則已急矣餘可類推

晉殺其大夫陽處父晉狐射姑出奔狄

聞之師曰凡殺大夫自君殺之者稱國自下殺之者稱人例也然亦有君不在而殺之稱國君在而殺之稱人者夫衞殺元咺成未歸也晉殺處父襄已葬也而以君殺之爲文者君雖不在而實與其事故入之也成致賂襄漏言也宋殺司馬昭已立矣晉殺先都靈已立矣而以下殺之爲

文者君雖在而不與其事故出之也宋亂作盾專權也然入之者罪之也其君無德也出之者彌罪之也其君無威也無德無威其何以爲君

閏月不告月猶朝于廟（諸侯歲受朔於天子每月朔用特羊告廟謂之告朔）

告月告朔也以閏月而不告則一月之政不擧故不曰朔而變文書月不告月禮幾廢矣朝於廟禮未盡廢也書猶者幸其不已之詞與猶三望猶繹文同而意異

七年春公伐邾三月甲戌取須句（僖公反須句子之後邾復滅之）遂城郚

據左傳僖取須句猶反須句之君文取須句乃與邾之叛

臣惡益甚矣故再書取以惡之

夏四月宋公王臣卒。宋人殺其大夫

戊子晉人及秦人戰于令狐晉先蔑奔秦

據左傳則當書晉人敗秦師于令狐與晉人敗秦師于殽一例而彼書敗秦此書及秦戰文似不同然敗者是晉志於敗之也及戰者是晉志與之戰也其罪晉之意則同。奔不言出在外奔也公孫敖公孫歸父之奔倣此

狄侵我西鄙

秋八月公會諸侯晉大夫盟于扈

大夫而專主諸侯之盟自此始故諸侯不序大夫不名變文以見義蓋垂隴之盟猶晉襄命之故序諸侯而目士縠扈之盟則趙盾專之故不序諸侯而書晉大夫書晉大夫者責之也以大夫而主諸侯見大夫之非大夫也不序諸侯者病之也以諸侯而從大夫見諸侯之非諸侯也十四年盟于新城諸侯何以序趙盾何以名春秋之法義明則止故復以恒詞書之

○冬徐伐莒

公孫敖如莒涖盟　如莒凡二而涖盟者一

八年春王正月。夏四月

秋八月戊申天王崩襄王也頃王不志崩葬

冬十月壬午公子遂會晉趙盾盟于衡雍

乙酉公子遂會雒戎盟于暴

壬午距乙酉凡四日兩書公子遂以二事出也故不曰遂。內大夫特盟外大夫二公子遂會晉趙盾盟衡雍季孫行父及晉郤犨盟于扈也此爲其始。汪氏曰大夫專盟始於衡雍前此盟翟泉猶有僖公在也自是而有清邱之盟袁婁之盟至雞澤溴梁諸侯皆在而大夫自盟矣于宋

于虢、則晉楚大夫狎主齊盟、而諸侯不復在矣、其事自衡雍之盟始也、

公孫敖如京師、不至而復、丙戌、奔莒、曾聘京師凡五、惟此不至

事畢曰還、未畢曰復、此與公子遂如齊至黃乃復、皆事未畢而復也、而彼曰至黃乃復、此曰不至而復者、乃者難詞、遂本欲至齊、而以疾不能也、而者轉詞、敖本欲從己氏、而無意至京師也、

螽、

宋人殺其大夫司馬、宋司城來奔、

列國大夫殺與弃未有書官者宋司馬司城不能盡職以守官故特書官以責之弃未有書字者宋子哀能愛身以守道故特書字以褒之

九年春毛伯來求金

王朝於魯書求者三求賻求車求金也皆非所求而求書歸者三歸賵歸含且賵歸脤也皆非所歸而歸然歸之非在歸者求之非不盡在求者求車之非專在求者也求賻求金之非兼在致其求者也

夫人姜氏如齊

歸寧也、夫人得禮而行者不書、惟出姜特書者、著變也、違禮而行者不書、至於出姜書至者、明其得禮、兼著變也、敬嬴仲遂構禍、出姜不安於魯。逆于齊不稱夫人、見公視大婚之輕、而譏其失禮、如齊至自齊、再書夫人、欲公知小君之重、而責以正名、

二月、叔孫得臣如京師、辛丑、葬襄王、

天王書葬者五、而以大夫會葬者二、惟得臣之葬襄王、與叔鞅之葬景王而已、葬桓王匡王簡王不書大夫如京師、微者也、微者往、固爲慢王、大夫往、豈足答叔服會葬召

伯會葬之寵光乎

晉人殺其大夫先都

先都士穀箕鄭父之殺不稱國不目趙盾變文書人者明盾之黨衆也宋人屢殺大夫而君弑晉人屢殺大夫而君弑易曰履霜堅冰至豈不信哉

三月夫人姜氏至自齊

經書夫人姜氏至自齊者二文姜書至於方逆之時隱以見不能閑其始也出姜書至於歸寧之日隱以見不能保其終也

晉人殺其大夫士縠及箕鄭父

楚人伐鄭。公子遂會晉人宋人衛人許人救鄭

楚自城濮之敗不敢窺中國今楚子伐鄭而稱人惡其無故興兵以陵諸夏也晉趙盾救鄭而稱人惜其不能力攘以振伯威也

夏狄侵齊

秋八月曹伯襄卒

九月癸酉地震

經書地震者五此與襄十六年昭十九年二十三年哀三

年也書星孛者三于北斗于大辰于東方也而星孛曰于某地震不曰于某者天文有象其異著於一方地道無疆其異應於天下也

冬楚子使椒來聘

荆初來聘稱人至使椒來聘而其君書爵其臣書名秦來歸禭稱人至使術來聘而其君書爵其臣書名蓋舊史漸進之也然椒聘之前有伐鄭之師術聘之後有河曲之戰則其意在遠交而近攻也可不有以防之哉介葛盧來而明年侵蕭秦人來禭而明年伐晉亦此意

秦人來歸僖公成風之禭衣被曰禭

胡傳寵仲子以妾爲妻者惠公也故書惠公仲子以正爲夫者不可亂嫡庶之分以卑其身崇成風以妾母爲夫人者僖公也故書僖公成風以正爲子者不可行僭亂之禮以賤其父垂戒之義明矣或疑以仲子係之惠公可也以成風係之僖公於禮順乎曰母以子貴且婦人有從子之道則妾母係子爲重於禮固未爲不順也不稱夫人不與得稱夫人也。或曰歸惠公仲子之賵兼賵也歸僖公成風之禭兼禭也

葬曹共公

十年春王三月辛卯臧孫辰卒

夏秦伐晉

方氏曰此年秦伐晉成三年鄭伐許昭十二年晉伐鮮虞不書將與師蓋秦晉鄭許晉狄之交兵亟矣或赴告不及傳聞畧不知主兵者爲君爲大夫又不知其師之衆寡則第書某國伐某國而已

楚殺其大夫宜申

里克甯喜以殺大夫書謂其不以賊討也宜申以謀弒商

臣而誅則固以賊討矣何爲亦不去其大夫曰商臣亦賊也則是以賊殺賊也克喜不以賊討則彼非賊矣故不以討賊之詞書討宜申者爲賊則此亦賊矣故亦不以討賊之詞書

自正月不雨至于秋七月

及蘇子盟于女栗自此王臣與諸侯列序皆稱子

盟女栗諱公諸侯不可與王臣盟也翟泉已諱公見義矣何以又諱蓋翟泉之盟僖公與列國之大夫在焉則兼言諸侯大夫不可盟王臣於諸侯不可盟王臣之義猶未著

也女栗再諱公其義昭然矣義明則止故柯陵雞澤平邱不復諱公

冬狄侵宋

楚子蔡侯次于厥貉

李氏曰楚自盟孟以來未嘗以爵書今復書楚子序於蔡侯之上蓋時無伯者以爲無異於宋襄之時也

十有一年春楚子伐麇楚君自將始此

書楚子之次獨序蔡侯於下惡其甘於自屈也書楚子之伐不言麇子之逃嘉其不肯自屈也

夏叔仲彭生會晉郤缺于承筐

內大夫特會外大夫、五郤缺承筐、高固無婁、荀首于穀、士匄于柯、荀躒適歷也、此爲大夫特相會之始

秋曹伯來朝

公子遂如宋 魯如宋八而專行聘禮者五始於此

狄侵齊

冬十月甲午叔孫得臣敗狄于鹹。

狄自僖之末、侵齊者再、圍衛者一、而晉人敗之于箕、自文以來、侵齊者三、侵魯宋者各一、而得臣敗之于鹹、其功不

可不錄也、

十有二年春王正月郕伯來奔

杞伯來朝

二月庚子子叔姬卒。

時君之女故曰子、此與齊人來歸之子叔姬高固來逆之子叔姬是也、其不曰子者皆先君之女、紀伯姬·杞伯姬之類是也、

夏楚人圍巢

秋滕子來朝

曹杞滕相繼來朝、而文公即位已越再朝之期、乃未嘗一朝京師、何其悖哉、屢次來朝、而魯君歷世安受來朝之禮、終未嘗遣使一聘、亦太驕矣、

秦伯使術來聘 秦聘惟此一見

冬十有二月戊午、晉人秦人戰于河曲

凡戰多以主及客、令狐之戰、晉不謝秦、晉曲尤甚、故秦晉皆稱人、而特以晉及、河曲之戰、秦再伐晉、秦曲已甚、故秦晉皆稱人、而不以晉及、

季孫行父帥師城諸及鄆 諸魯邑鄆莒魯所爭

經書城二十九言帥師者三此與季孫宿叔孫豹城成郛季孫斯叔孫州仇城啓陽也城諸及鄆一卿將兵而城二邑成郛啓陽皆二卿將兵而城一邑其煩民尤甚矣

十有三年春王正月

夏五月壬午陳侯朔卒邾子蘧蒢卒

自正月不雨至于秋七月

文公時不雨歴時而總書其所以爲民事者可知矣歴時不雨凡三見其所以奉天道者可知矣

世室屋壞

書世室屋壞、明不當壞而壞也、責其無修廟敬祀之心、書立武宮、明不當立而立也、譏其非卽遠有終之義、

冬公如晉衞侯會公于沓

狄侵衞

十有二月己丑公及晉侯盟

公還自晉鄭伯會公于棐

衞於承筐不會晉、鄭於厥貉已從楚、至是皆因魯以求通於晉、以此見衞鄭猶不忘晉伯也、魯能和難以睦鄰、明年遂有新城之盟、則輔伯之功魯有助焉、故詳書公之往返

以善之

十有四年春王正月公至自晉

邾人伐我南鄙。叔彭生帥師伐邾叔仲不言仲闕文

夏五月乙亥齊侯潘卒

六月公會宋公陳侯衛侯鄭伯許男曹伯晉趙盾癸酉同盟于新城

自齊桓盟幽以來、盟未有以同書者、於此書同盟何也、幽之盟齊方伯而未盛、諸侯由分而合、新城之盟晉失伯而稍收、諸侯散而復聚、其時事雖殊、而由不同以歸於同則

一故特書同盟

秋七月有星孛入于北斗

書天之非所有而有者三有星孛入于北斗有星孛于大辰有星孛于東方也北斗獨言入者斗有環域而入乎其中尤爲大變也書地之非所有而有者三有蜮有蜚有鸜鵒來巢也鸜鵒並言巢者鵒本穴處而巢居于上尤爲反常也

公至自會

晉人納捷菑于邾弗克納

晉人納捷菑齊侯伐北燕皆欲納而弗克納者也而一書一不書何也書之者與其弗克納也捷菑邾之庶子義不當納惟不克納故始不妨於言納以其聞義而能徙也不書者不與其弗克納也北燕伯燕之君義所當納惟不克納故始并不可以言納以其見義而不爲也

九月甲申公孫敖卒于齊

書大夫卒于外者三惟公孫嬰齊卒于貍脤因從伐鄭還道卒而書若敖卒于齊遂卒于垂則皆以事見也夫敖廢命出奔遂弑逆無君皆不當書卒而於敖卒之者以許其

喪歸也、見典刑之壞也、於遂卒之者、以猶繹也、見禮之失也、

齊公子商人弒其君舍。。自是公子弒君者亦書族系蓋舊史之文

舍未踰年而稱君、所以正商人弒逆之罪也、猛未踰年而稱王、所以正子朝爭立之罪也。嗣君未踰年稱子、常也、而亦有不稱子者、蓋子也、未君也、未君而急急以君自爲、聖人惡之矣、故使聘之齊侯、宣公十年伐許之鄭伯、成公四年則不稱子、所以治爲人子者也、然子也、實君也、實君而泄泄、不以君相事、聖人憂之矣、故王猛之係王、齊舍之係君、則不

稱子、所以治爲人臣者也、

宋子哀來奔

冬單伯如齊齊人執單伯

齊人執子叔姬

盟趙盾盟雒戎分書公子遂者、中外之辨也執單伯執叔姬分書齊人者男女之别也、

十有五年春季孫行父如晉

三月宋司馬華孫來盟

義見齊高子來盟。宋司馬之見殺、書官而不書名、義不

係乎其名也、宋司馬之來盟、書官而特書氏、義兼在乎其氏也、華戴族也、戴族作亂、殺司馬、而華孫代爲司馬、華孫者華督之孫華耦也、督負大惡、其孫復爲亂黨也

夏、曹伯來朝。

齊人歸公孫敖之喪。

六月辛丑朔、日有食之、鼓用牲于社。

鼓用牲于社、始于莊、而文承其誤、四月而卜郊、始于僖、而成襄沿其過、以爲舉行先朝之故事、而不知其非禮也、

單伯至自齊。

王氏曰、內大夫適他國不書至、惟被執而得反、則以至書、

大夫國體一國之休戚係焉故也○李氏曰魯大夫被執而書至者三單伯書字尊之也叔孫舍不去氏賢之也意如去氏左氏以爲尊晉罪己也執而不書至者一季孫行父與公同歸以至公爲重也

晉郤缺帥師伐蔡戊申入蔡

蔡不會新城而郤缺伐蔡卒並鄭之會新城者而失之許不會雞澤而荀罃伐許卒並陳之會雞澤者而失之以力爭而不以德感豈足以招攜懷遠哉

秋齊人侵我西鄙

季孫行父如晉

冬十有一月諸侯盟于扈

十有二月齊人來歸子叔姬

郯伯姬來歸杞叔姬來歸以自歸爲文見姬有罪而來歸責在歸者也來歸子叔姬以齊歸之爲文見姬無罪而歸之責在歸之者也

齊侯侵我西鄙遂伐曹入其郛

執我則如晉侵我則如晉魯儒已甚矣單伯方至而侵我叔姬方歸而侵我齊暴已甚矣儒者不能以自立暴者必

至於自戕、

十有六年春季孫行父會齊侯于陽穀齊侯弗及盟

平邱之會、書公不與盟、此不日、行父弗及盟而直書齊侯弗及盟者、見魯之不明大義、不能自強反爲賊侮也、

夏五月公四不視朔人君於朔日視朝聽政謂之視朔

文於六年閏月不告月矣、此年自二月至五月不視朔、左氏公羊以爲公有疾也、而經不用昭公如晉有疾乃復之例書公有疾四不視朔者、蓋以見因循廢弛、非果由於有疾爾、閏不告月、輕王章而簡宗廟也、四不視朔厭朝政而

怠民事也、

六月戊辰公子遂及齊侯盟于郪邱

內大夫特及諸侯盟者三、郪邱赤棘于拔也、此爲其始、特會盟者一、祲祥也、二大夫及盟者一、句繹也、祲祥外爲志、故書會四盟內爲志、故書及、

○秋八月辛未夫人姜氏薨文公母也

○毀泉臺

毀泉臺、不必毀而毀、譏彰親之過也、作雉門、不宜作而作、譏裕父之蠱也、

楚人秦人巴人滅庸

圍鄭之役晉人偝秦僖三十年譏晉之藉外人以殘兄弟也滅庸之役秦人從楚惜晉之棄婚媾以資寇讎也

冬十有一月宋人弒其君杵臼

春秋稱國以弒者四稱人以弒者三人者衆詞不可指名也然其獄固有所歸故賊在當國者則書曰某國弒其君莒弒庶其晉弒州蒲吳弒僚薛弒比是也賊在衆人者則書曰某國人弒其君宋人弒杵臼齊人弒商人莒人弒密州是也雖無所指名而亂臣賊子之罪自有不得而逃者

此懸案之法也、

十有七年春晉人衛人陳人鄭人伐宋。。

此討宋也、而概以伐書、則非能討賊也、歸生弒而楚子伐鄭、燕伯奔而齊侯伐燕、皆此類

夏四月癸亥葬我小君聲姜

僖公之主十五月而後作、聲姜之喪九月而後葬、慢已甚矣、

齊侯伐我西鄙。六月癸未公及齊侯盟于穀。

郪邱盟矣、而又伐西鄙、齊亢而日盟、驕也、西鄙伐矣、而又

盟于穀曾卑而日益替也驕近亂替近疾其信然歟

○○諸侯會于扈

文公之編三會于扈皆上無所蒙而止總書諸侯七年盟于扈義在大夫主諸侯之盟其稱諸侯而不序者所以見諸侯幾不成爲諸侯正深病夫諸侯也十五年盟于扈義在諸侯不能討齊此年會于扈義在諸侯不能討宋其稱諸侯而不序者所以削晉伯而同之於諸侯且分惡於諸侯也

秋公至自穀

冬公子遂如齊

十有八年春王二月丁丑公薨于臺下。。

毀泉臺而仍薨此臺、則以知天之所爲不可移矣、非遊此臺何以薨此臺、則以知人之所爲不可妄矣

秦伯罃卒

秦穆公任好卒不見經、蓋秦雖與中國會盟而與魯未通、故卒不赴告也、迨康公歸襚來聘、故卒而赴告而不書葬、秦康公者秦與晉仇而遠於東夏、故魯不會其葬也、至昭六年書葬秦景公者、秦與楚合而諸侯畏楚、故魯始會其

葬也、而春秋之邦交可見矣、

夏五月戊戌齊人弒其君商人

商人爲弒舍之賊、宜從衞人殺州吁之例、而斥名書殺、乃稱之爲君、何也、齊人貪受商人驟施之惠、事之已至三年、則商人固齊之君矣、弒商人者爲邴歜閻職、宜從盜殺蔡侯申之例、而賤之曰盜、乃概言齊人、何也、齊人坐視歜職舍爵而行、禦之竟無一人、則齊人固皆欲弒商人也、故與宋人弒其君杵臼、莒人弒其君密州、書法無異、○春秋不以亂易亂、故齊人之弒商人也稱君、春秋不以賊討賊、故

楚虔之殺蔡般也稱侯、

六月癸酉葬我君文公

秋公子遂叔孫得臣如齊

經書並使者二皆非使舉上客之常詞也此年公子遂與叔孫得臣如齊仲遂欲挾之以請齊也故書之以著其弒立之實定六年季孫斯仲孫何忌如晉陽虎強遣之以媚晉也故書之以著其作亂之本

冬十月子卒（子惡也先君已葬故不名）

子般書卒而不地子惡書卒而不地弒也其弒之者誰乎、

觀子般卒之下、書公子慶父如齊、則知賊在慶父矣、觀子卒之上、書遂與得臣如齊、下書季孫行父如齊、則知賊在遂黨、賊者在得臣行父矣。方氏曰子般之卒日、黨氏徵之也、子野之卒日季氏告之也、子惡之卒不日、蓋事在宮闈、其日不可得而考矣

夫人姜氏歸于齊。

歸齊書歸、則與書孫于齊、孫于邾者異矣、含弒而叔姬來歸、子卒而夫人歸齊、可哀哉

季孫行父如齊

莒。弑其君庶其、

庶其之弑稱國、必賊由當國者而不得其主名也、密州之弑稱人、必賊在衆人而不可指名也、如左氏所紀、則是僕弑庶其、展輿弑密州、皆以子弑父、春秋安得不從商臣之例乎、故當以經文爲斷、

春秋書法比義卷七

宣公名倭或作接文公庶子母敬嬴夫人穆姜謚法善問周達曰宣　　鹽山劉曾璇訂

元年春王正月公即位

宣繼弒而書即位與桓同例然桓在位十八年正月書王者四其餘悉不書王而宣十八年間皆書王者法已舉於前矣

公子遂如齊逆女三月遂以夫人婦姜至自齊

文二年納幣未大祥而圖婚志已亟矣宣元年逆女甫踰年而喪娶事尤甚矣過有大焉則舉重言之此書逆女而

不書納幣者、著宣公篡立急欲成婚以結大援也、○文夫人之逆稱婦、聲姜固在也、成夫人之至稱婦、穆姜猶存也、此則出姜歸齊矣、而亦稱婦者、著敬嬴以妾母而急欲以姑自居也、

○夏季孫行父如齊。○

晉放其大夫胥甲父于衛

稱國以放稱人以放、與稱國以殺稱人以殺例同、稱國者、晉放胥甲父是也、稱人者、蔡人放公孫獵是也、

○公會齊侯于平州

公子遂如齊

行父如齊、公子遂如齊、而宣之篡立成矣、

六月齊人取濟西田

桓與鄭會于垂、宣與齊會于平州、皆魯求之也、而于垂書會于平州書會、若出鄭齊之志者、治其同惡而黨賊也、桓以許田賂鄭、宣以濟田賂齊、皆魯與之也、而許田曰假濟田曰取、深著鄭齊之罪者、誅其貪利而成亂也、

秋邾子來朝

滕前朝隱桓篡而又朝之、邾前抗魯、宣篡而反朝之、計勢

利而是非不問矣、

楚子鄭人侵陳遂侵宋

晉趙盾帥師救陳左傳晉趙盾帥師救陳宋

書侵陳並書侵宋、楚之侵宋不可語於討賊也、故罪之、書救陳不書救宋、晉之救宋愈不可語於討賊也、故削之

宋公陳侯衛侯曹伯會晉師于棐林伐鄭

盟于扈書晉大夫、惡趙盾主諸侯之盟也、會于棐林書晉師、抑趙盾主諸侯之兵也、○經書會晉師者二、棐林書會晉師、而不書會趙盾、于瓦書會晉師、而不書會士鞅、一以

見人臣不可疑於君也、一以見人臣不可專有衆也、

冬晉趙穿帥師侵崇

趙盾帥師、趙穿帥師、而靈之見弒兆矣、

晉人宋人伐鄭

二年春王二月壬子宋華元帥師及鄭公子歸生帥師戰于大棘宋師敗績獲宋華元

經書戰二十三、惟戰于大棘、戰于鐵、皆書帥師、其衆敵也、書獲者六、惟獲晉侯、獲蔡公子燮、不書師敗績、師未敗也、

秦師伐晉

夏晉人宋人衛人陳人侵鄭

宋人弒君、晉不致討、乃反庇宋以伐鄭、復黨宋以侵鄭、不足以爲伯矣、故人之

秋九月乙丑晉趙盾弒其君夷皋立成公黑臀

春秋斷弒君之獄、必舉其首惡而誅之、乃晉弒夷皋歸之趙盾、鄭弒夷歸之歸生、楚弒虔歸之公子比、齊弒荼歸之陳乞、何也、夫弒夷皋者趙穿也、然趙盾身爲正卿、久專國柄、乃穿爲逆賊、庇而不討、反使往逆新君、則是夷皋之弒實盾欲之也、弒夷者公子宋也、然歸生位爲上卿、且掌兵

權乃宋有逆謀知而不誅反以懼譖從賊則是夷之弒實歸生成之也楚虔之弒始於觀從成於棄疾非比也然比脅棄疾而遽欲爲君遂以致虔之縊則縊虔者實比也齊荼之弒殺之者朱毛使之者陽生非乞也然乞召陽生而立以爲君遂以致荼之殺則殺荼者實乞也故皆以首惡歸之此聖人微顯闡幽之意故春秋成而亂賊懼

冬十月乙亥天王崩（匡王也 定王立）

三年春王正月郊牛之口傷改卜牛牛死乃不郊猶三望

葬匡王

楚子伐陸渾之戎陸渾在伊洛之間近王都之側

楚伐陸渾之戎、惡其窺周室也、晉滅陸渾之戎、罪其驚郊甸也、

夏楚人侵鄭

秋赤狄侵齊

宋師圍曹

冬十月丙戌鄭伯蘭卒。葬鄭穆公

四年春王正月公及齊侯平莒及郯莒人不肯公伐莒取向

書公及齊借勢於齊也、書平莒及郯責重於莒也、心有私

係已失平怨之本矣。凡侵伐多不言所事惟陽處父伐楚先言伐而後言以救江宣公伐莒先言平莒不肯而後言伐者救江之名雖善乃出偏師以伐楚則救江非所以爲救江矣平莒之名本善乃因不肯而伐莒則平莒不成其爲平莒矣

秦伯稻卒

夏六月乙酉鄭公子歸生弑其君夷

赤狄侵齊

秋公如齊。公至自齊

宣公如齊凡五、此年爲始、五年春如齊、至夏方歸、九年春如齊、正月卽往、十年春如齊、夏又如齊奔喪、公之事齊已過恭矣、而其間書齊高固來逆叔姬之事、恭不近禮、何怪其致恥辱哉、

冬楚子伐鄭

五年春公如齊夏公至自齊

秋九月齊高固來逆子叔姬

叔孫得臣卒

桓之大夫不卒、削之以示討也、宣之大夫則卒者、法已舉

於前也而獨叔仲彭生之卒不見於經蓋彭生死於子惡之難子惡之弒諱則彭生之死不得直書又不可從常詞以卒書惟缺而不書使人發疑而考其實而其死於君難亦隱隱可知矣。桓宣之世大夫或書卒或不書卒變文以見義內大夫皆書卒而桓之大夫不書卒者所以誅奸諛於旣死也宣之大夫書卒而叔仲彭生不書卒者所以發潛德之幽光也。

冬齊高固及子叔姬來

公子友如陳葬原仲不與其以朋友之私而擅出也齊高

固及子叔姬來不與其以夫婦之私而擅出也所以明人臣之義也

楚人伐鄭　左傳荀林父救鄭

楚前伐鄭此又伐鄭書之者以其非討賊而罪之也與書楚子侵宋義同荀林父救鄭不書者以其不討賊而削之也與趙盾救宋不書義同

六年春晉趙盾衛孫免侵陳

夏四月

秋八月螽

經書內水災者八桓莊居其五陰盛之徵也書蟲災者十有六宣公居其四貪虐所致也

冬十月

七年春衛侯使孫良夫來盟

夏公會齊侯伐萊○秋公至自伐萊

大旱

書大水於桓公即位之初見其以弒逆致陰沴也書大旱於宣公伐萊之後見其以暴虐干天和也感應之際微矣

○冬公會晉侯宋公衛侯鄭伯曹伯于黑壤左傳公不與盟

聞之師曰黑壤書公會皐鼬書公及盟皆譏晉之不討賊也夫皐鼬公及盟黑壤公不與盟其事不同然定及盟則竟不討矣宣不與盟而列於會則猶然未討矣其爲失賊均也故此經書法以公會爲重而不與盟可無及也或以爲公不與盟其曲在公故諱而不書抑末矣

八年春公至自會。

五年如齊齊人止公辱也七年會晉晉人止公危也故皆諱而不書然如齊踰時方歸會晉踰年始返特書公至而既辱且危自見矣

夏六月公子遂如齊至黃乃復

辛巳有事于太廟仲遂卒于垂壬午猶繹萬入去籥萬無聲籥有聲

聞之師曰公子遂如齊至黃乃復猶昭公如晉至河有疾乃復也而公書有疾遂不書有疾者君自爲可以疾復也臣受命不可以疾復也至黃乃復非聘禮賓入境而死則遂之義矣故譏之有事于太廟仲遂卒猶有事于武宮叔弓卒也而彼書去樂卒事此書猶繹去籥者去樂不止去籥卒事謂其可以卒也去籥不盡去樂猶繹謂其不當猶也猶繹去籥非大司樂大臣死則弛懸之義矣故譏之春

秋此志所以見人臣事君之忠雖濱死而有所不敢辭人君使臣之禮雖當祭而有所不忍遂萬世君臣之極則也

戊子夫人嬴氏薨

遂以卿卒嬴氏以夫人薨春秋傷之

晉師白狄伐秦

楚人滅舒蓼

楚人滅江而晉侯伐秦晉師伐秦而楚人滅舒蓼晉不思制楚而亟事於秦失計甚矣

秋七月甲子日有食之既

冬十月己丑葬我小君敬嬴雨不克葬庚寅日中而克葬

此與葬定公雨不克葬戊午日下昃乃克葬事相同也而彼於克葬曰乃此於克葬曰而者何而者轉詞以方日中幸其猶及乎虞也乃者難詞以已日昃悲其不及乎虞也

城平陽

楚師伐陳

九年春王正月公如齊○公至自齊

夏仲孫蔑如京師

君朝正於鄰國而夏使臣聘王室所謂厚者薄而薄者厚

也、魯聘以大夫而王報以母弟、豈所謂厚往而薄來哉、魯益不恭王益不振矣、

齊侯伐萊。

秋取根牟根牟與鄅邿皆微國內諱滅故書取

八月滕子卒

九月晉侯宋公衛侯鄭伯曹伯會于扈晉荀林父帥師伐陳

新城之會、諸侯在而趙盾主盟、扈之會、諸侯在而林父專將、會盟征伐、皆自大夫出矣、

辛酉晉侯黑臀卒于扈。景公獳立

許男新臣卒、不書于師、已歸其國也、晉侯黑臀卒、不言于會、會禮已畢也、

冬十月癸酉衛侯鄭卒。

晉衛之君不葬、譏其以忿而廢親也、黑壤之會晉人止公許蔡之君皆葬、十有七年鄙其計利不顧義也、許蔡方從楚

宋人圍滕。

楚子伐鄭。晉郤缺帥師救鄭。

陳殺其大夫洩冶。

宋司馬之見殺、不能其官也、陳洩冶之見殺、不失其官也、

十年春公如齊○公至自齊

齊人歸我濟西田

取濟西田、僖三十一年傳分曹地也不止我田、歸濟西田、則止我田耳、故言我、或曰、齊取濟西田不言我、見公無愛惜之意、齊歸濟西田言我、見齊有私己之意也、

夏四月丙辰日有食之

己巳齊侯元卒

齊崔氏出奔衛

尹氏卒、舉氏譏王朝大夫之世卿也、崔氏奔、舉氏、譏侯國

大夫之世卿也

公如齊。五月公至自齊

九年春如齊忘親之喪周爲哀不足此年夏如齊奔鄰之喪不得謂禮有餘也故諱之

癸巳陳夏徵舒弑其君平國

六月宋師伐滕

公孫歸父如齊葬齊惠公 歸父仲遂子

葬晉襄使卿會而葬襄王亦然是事周無異事晉也葬齊惠使卿會而葬匡王則微者往是事周不如事齊也

晉人宋人衛人曹人伐鄭

陳即楚則侵陳鄭從楚則伐鄭力與楚爭而於討賊大義則甘以讓楚晉不足爲伯矣故人之

秋天王使王季子來聘

李氏曰春秋書王聘魯七始於隱七年止於此年凡伯南季仍叔子家父皆大夫猶可也宰周公以三公之重王季子以介弟之尊而下聘禮益瀆矣隱僖之得聘猶可也以宰糾而聘桓以季子而聘宣寵篡弑矣

公孫歸父帥師伐邾取繹

大水

季孫行父如齊。

冬公孫歸父如齊。

一年之中、公如齊者二、卿如齊者三、而王使來聘、曾之君臣並未聞一如京師、罪自見矣

齊侯使國佐來聘

當喪未君、不稱使、如求賻求金、不稱王使、是也、今書齊侯使、是惡其即吉之速矣。齊侯使聘、未踰年而稱爵、譏其用吉以修好禮也、鄭伯伐許、成公四年未踰年而稱爵、譏其用

吉以從戎事也然葵邱之會亦好禮而書宋子召陵之侵定公四年亦戎事而書陳子者宋子陳子人奪其喪者也故稱子而譏在人齊侯鄭伯自奪其喪者也故稱爵而譏在己譏在人者爲其不仁譏在己者爲其不孝

譏

楚子伐鄭

十有一年春王正月

夏楚子陳侯鄭伯盟于辰陵

楚莊初主盟列國首序楚子著其強也與北杏之會不同

北杏四國稱人、齊獨書爵、以伯予齊也、辰陵二國與楚同書爵、非以伯予楚也、

公孫歸父會齊人伐莒

秋晉侯會狄于欑函

冬十月楚人殺陳夏徵舒

丁亥楚子入陳

討賊者衆人之公心、故曰楚人、取國者一人之私心、故曰楚子、○楚師滅陳、放陳公子招、先滅而後放、此先書殺陳夏徵舒、後書入陳者、所以亟與其討賊之功、而未滅其滅

國之罪也、卽先書殺後書入者之爲與其討賊、而先書滅後書放者之不得爲討賊可知矣、

納公孫寧儀行父于陳

經書納者六、子糾捷菑蒯聵爭國者也、頓子北燕伯失國者也、惟此以大夫而書納、所以著致亂之臣國所不容而納之者爲有罪也、故絕之不係於陳、而特書曰納、

十有二年春葬陳靈公

楚子圍鄭

夏六月乙卯晉荀林父帥師及楚子戰于邲晉師敗績

春秋凡中國與楚戰皆以與戰之國爲主此以晉及戰與戰于城濮戰于鄢陵同內晉而外楚也凡楚與列國戰皆不書其將名氏此書林父以敵楚子與城濮人得臣柏舉人囊瓦異尊晉而抑楚也○大棘之戰樂呂並獲而獨書華元重大將也邲之戰先縠致敗而獨書林父責元帥也

秋七月

冬十有二月戊寅楚子滅蕭

傳言縣陳而經書入以楚莊聞義而能徙從申叔時之言故滅其罪也傳言蕭潰而經書滅以楚莊假仁而不能久前年復封陳此

年許鄭平今伐蕭故著其罪也、

晉人宋人衞人曹人同盟于淸丘

此大夫同盟之始、新城之盟、諸侯在焉、而晉以大夫主之、今淸丘之盟、諸侯不至、而以大夫與焉、伯業之不振宜矣、故稱人以畧之、

晉景公同盟五、淸丘·斷道·蟲牢·馬陵·于蒲也、厲公同盟二、于戚·柯陵也、晉敗于邲而盟淸丘、宋及楚平而盟斷道、晉與諸侯同有懼楚之心、故書同盟、齊旣定、鄭又服而盟蟲牢、宋來會、莒亦服而盟馬陵、晉與諸侯同有外楚之心、故

書同盟然所謂同者謂人心所同欲耳若盟于蒲瞿諸侯之貳也乃鄭既與盟而又執之則威已暴矣盟于戚討負芻之篡也乃將執之而誘與之盟則義不光矣其何以為同至柯陵書同盟則約諸侯同伐鄭猶然同外楚之義也

宋師伐陳。衛人救陳。

衛人伐齊踐洮向之盟也僖二十六然執信殊為非義故罪之

衛人救陳背清邱之盟矣然義在不為妨信故善之

十有三年春齊師伐莒

夏楚子伐宋

秋螽

冬晉殺其大夫先縠

胥甲之放、釋首而治從、心之不公也、先縠之殺、舍將而罪佐、刑之不正也、故以罪累上之辭書、放與殺皆稱國而不去其官、

十有四年春衞殺其大夫孔達

殺孔達以說于晉、與刺公子買之事無異、皆非其罪也、故刺買而獨書所刺、達自殺而稱國以殺、

夏五月壬申曹伯壽卒

晉侯伐鄭

秋九月楚子圍宋

葬曹文公

冬公孫歸父會齊侯于穀

十有五年春公孫歸父會楚子于宋

王氏曰昔楚執宋公以伐宋以獻捷威魯而魯懼故會于

薄今楚圍宋威未至魯而魯震先宋之未平而求媚焉何

其益卑乎

夏五月宋人及楚人平

外平不書、此特書者、罪晉與諸侯不救宋也、及齊平、及鄭平稱國、此兩稱人者、見二國之人衆欲之也、

六月癸卯、晉師滅赤狄潞氏、以潞子嬰兒歸、

楚于辰陵與陳鄭盟矣、而晉會狄不討陳、楚圍宋、宋及楚平矣、而晉滅狄不救宋、其何以爲伯、

秦人伐晉

王札子殺召伯毛伯、

杜氏曰、桓襄之前、列國交相戰伐、外之諸侯不稟王命也、至此（定王十有三年）而王臣有相殺者、内之卿士不奉王命也、

秋螽

仲孫蔑會齊高固于無婁

○初稅畝公田之法十取其一今又稅私田逐畝什取其一則爲十而取二矣

汪氏曰經書初者二初獻六羽喜禮之復正也初稅畝憂制之變古也○魯之賦凡三變初稅畝而民食匱作邱甲而民力殫用田賦而民財竭○初稅畝而蝝生用田賦而螽見虐取於民天災隨之以及陰逆則致大水兵氣則致大旱天人感應之際可不慎哉

冬蝝生

饑

十有六年春王正月晉人滅赤狄甲氏及留吁。

滅潞氏以潞子歸、爲臣而虜其君、是爲不義、滅甲氏及留吁、滅國而殄其類、是爲不仁、

夏成周宣榭火。天火曰災人火曰火

成周宣榭火、痛其泯興王之迹也、雉門兩觀災、警其僭天子之制也、

秋郯伯姬來歸。

冬大有年。

經書饑者三、宣居其二、爲民生憂也、書有年者二、此特言大、爲民生幸也、莊七年書無麥苗、二十八年則曰大無、言其皆盡也、桓三年書有年、此年則曰大有、言其非常也、

十有七年春王正月庚子許男錫我卒○丁未蔡侯申卒

夏葬許昭公○葬蔡文公

六月癸卯日有食之

己未公會晉侯衞侯曹伯邾子同盟于斷道

秋公至自會

汪氏曰、宣公會盟兩書至、黑壤之會、事齊而不事晉、危晉

之見討也、斷道之盟、背齊而與晉謀伐齊、危齊之見討也、

冬十有一月壬午、公弟叔肸卒

齊年鄭語之類、稱弟不稱字、許叔蔡季之類、稱字不稱弟、惟叔肸書字而書弟、異於其餘稱弟者、以其得弟道也○叔肸以公弟書、未爲卿也、與公子季友卒文同、而義則異、卒季友者、所以垂世官之戒也、其義不在公子而在季友、卒叔肸者、所以發潛德之光也、其義不在叔肸而在公弟、

十有八年、春、晉侯衛世子臧伐齊

公伐杞

曹來朝而齊伐曹文十五年是以無禮討有禮也杞不朝而宣伐杞是以不義討義也豈不悖哉

夏四月

秋七月邾人戕鄫子于鄫

邾人前用鄫子今又戕鄫子稔惡極矣言于鄫者深責鄫之臣子無守備也此與閽弒吳子餘祭相似吳子君也國有君而閽得弒之是吳子近刑人也鄫國也君在國而邾得戕之是鄫爲虛邑也易曰弗過防之從或戕之凶

甲戌楚子旅卒

楚書卒自楚子旅始、吳書卒自吳子乘始、而皆不書其葬、非僭盡不會也、聖人削之也、吳楚僭號稱王、王法所誅、春秋於其卒則從所封之爵而書子、於其葬則避所僭之號而不書、所以正其僭逆之罪、以明民無二王之義也、

公孫歸父如晉

宣公一聘京師、而五書如齊、一使會楚、已惟勢利是趨、繼又會晉而依違兩屬、則所以爲國者愈非策矣、歸父兩次如齊、而伐邾伐莒、會齊會楚、已見寵用太專、至此如晉以謀去三桓、則所以謀國者尤失計矣、

冬十月壬戌公薨于路寢、

魯君薨于路寢者三、莊成薨于路寢、正也、宣得薨于路寢、則變矣

歸父還自晉至笙遂奔齊、

公孫敖如京師而奔莒、見敖以徇慾之故、開罪於君、并使君開罪於王而不顧、故書不至、書復、而後書奔、所以罪夫奔者也、公孫歸父如晉遂奔齊、見行父以逞忿之故、開罪於君、并使君開罪於父而不顧、故書還、書至、而後書遂奔、所以罪夫奔之者也、

春秋書法比義卷八

鹽山劉會璇訂

成公名黑肱宣公子母穆姜夫人齊姜謚法安民立政曰成

元年春王正月公卽位

二月辛酉葬我君宣公

無冰

三月作邱甲周制四邱爲甸出長轂一乘甲士三人步卒七十二人今使一邱出一甲是一甸之中共百人爲兵矣

夏臧孫許及晉侯盟于赤棘

秋王師敗績于茅戎

穀梁傳、爲尊者諱敵不諱敗、爲親者諱敗不諱敵、尊尊親親之義也、故戰于升陘不言敗、敗于茅戎不言戰、

冬十月

二年春齊侯伐我北鄙

夏四月丙戌衛孫良夫帥師及齊師戰于新築衛師敗績

六月癸酉季孫行父臧孫許叔孫僑如公孫嬰齊帥師會晉郤克衛孫良夫曹公子首及齊侯戰于鞌齊師敗績鞌齊地在平陰縣東

將可以統將、鞌之戰四將同書、譏其不當並出而並出也、

卿不可以介卿、向之會二卿並錄、襄十四年譏其不當相下而相下也、○客不言及此以四國及戰、譏其忿也、與戰于甗以宋師及事異而罪同、大夫不敵君、此以列卿敵齊侯、譏其横也、與戰于邲以林父敵楚子文同而義異、○侵伐列書將佐始此、此後六年侵宋書二卿、定八年侵衞書二卿、昭十年伐莒書三卿、哀二年伐邾書三卿、惟此年戰齊四卿並書、蓋三家各不相下、而史不敢略也、使諸卿並將者削之、而獨稱元帥、則三桓無君、魯國分裂之迹、轉不得而見矣、按魯本三軍、襄十一年作三軍之前、嘗自減爲二軍、此年書四卿、二軍之將與佐也、六年書二卿、蔑代許

佐一軍僑如將一軍也至昭五年舍中軍以後復并爲二軍十年書三卿叔弓佐季孫將一軍仲孫將一軍也定八年書二卿季仲各將一軍也哀二年書三卿三家自擅其軍也。

秋七月齊侯使國佐如師。己酉及國佐盟于袁婁。袁婁齊地在臨淄西

屈完不言使而退盟之于召陵以禮楚使國佐言使而進盟之于袁婁以偪齊君甚矣鞌戰之忿也然屈完曰來盟楚固有欲盟之意而第書曰盟國佐曰如師齊非必有求盟之心而特書曰及盟則見汲汲欲盟者在晉而其氣已餒矣

八月壬午宋公鮑卒。庚寅衛侯速卒

取汶陽田晉使齊還所侵地於魯

冬楚師鄭師侵衛據傳遂侵我賂之而還

十有一月公會楚公子嬰齊于蜀

趙盾救陳而下書會晉師楚師侵衛而下書會公子嬰齊何其文之相錯也蓋棐林之會盾實主之上書趙盾下若不言晉師則竟似大夫可以統民有衆無以正趙盾之爲人臣矣楚師之侵行父戰鞌實召之上書楚師下若不言嬰齊則無以見公之屈尊被辱即無以著行父之不臣矣故文相錯而義互相發

丙申公及楚人秦人宋人陳人衛人鄭人齊人曹人邾人薛人鄫人盟于蜀

書公及深責魯也蜀之盟楚人主之乃以秦爲其類則尊之列於宋上齊方新敗則抑之居於鄭下畢十一國而望風從夷則亦不足序矣故嬰齊不稱名氏列卿略而稱人以視新城從晉大夫盟者變愈下矣然而不諱公者已於盟齊（僖十九年）謹其始也○李氏曰列人諸國之大夫者惟翟泉（僖二十九年）澶淵（襄三十年）及此三役翟泉諱公不書澶淵沒魯大夫不書惟此書公者貶楚及諸國則不諱公可也

三年春王正月公會晉侯宋公衛侯曹伯伐鄭

辛亥葬衛穆公

二月公至自伐鄭。

甲子新宮災三日哭。宣公主新入廟故謂之新宮

御廩災而嘗譏其不敬也新宮災而哭善其知哀也然敬嬴之葬偏爲雨沮宣公之廟遽遇火災於是知有天道矣

乙亥葬宋文公。

夏公如晉成如晉四始於此

取濟西田公子遂拜之已非正矣取汶陽田公自拜之不

愈過乎成公如晉凡四惟因伐秦一如京師知有伯不知有王比事以觀義自見矣

鄭公子去疾帥師伐許

虞連兵滅下陽而終亦見滅是自亡脣齒以啓晉寇也鄭比年伐許而隨亦見伐是自撤藩蔽以開楚寇也

公至自晉

秋叔孫僑如帥師圍棘汶陽田之邑

內叛書圍者七此年圍棘定六年圍鄆舊邑不服也昭十三年圍費二十六年圍成定十年再圍郈十二年圍成私

邑不服也復舊邑書圍者譏不能修德以懷其民也討私邑書圍者譏不能正己以馭其臣也

大雩

晉郤克衛孫良夫伐廧咎如

冬十有一月晉侯使荀庚來聘晉聘魯十有一始於此

衛侯使孫良夫來聘

丙午及荀庚盟丁未及孫良夫盟荀庚晉下卿孫良夫衛上卿

聘而遂盟者五荀庚孫良夫郤犨孫林父向戌也與使之來盟者鄭語衛孫良夫皆以國與之其與盟不言公非諱也惟盟

荀庚、先於良夫、畏伯國而紊亂周班、盟向戌于劉、崇鄭卿而降尊出都、爲非禮耳、

鄭伐許。△

四年春宋公使華元來聘宋聘魯四始於此

三月壬申鄭伯堅卒

杞伯來朝

夏四月甲寅臧孫許卒

公如晉

葬鄭襄公

秋公至自晉

冬城鄆魯有二鄆城諸及鄆東鄆也今此所城西鄆也

鄭伯伐許

方二月而葬親未踰年而伐人不復爲喪而速於即吉不子矣故稱爵以著其惡與使佐來聘稱齊侯同

五年春王正月杞叔姬來歸

仲孫蔑如宋

夏叔孫僑如會晉荀首于穀齊地

梁山崩

秋大水

冬十有一月己酉天王崩（定王也簡王立）

十有二月己丑公會晉侯齊侯宋公衛侯鄭伯曹伯邾子杞伯同盟于蟲牢

同盟于蟲牢、不顧王喪、罪諸侯之不臣也、同盟于柯陵、並列王官、罪諸侯之不尊王臣也、

六年春王正月公至自會

二月辛巳立武宮

取鄟

衛孫良夫帥師侵宋

夏六月邾子來朝

公孫嬰齊如晉公孫嬰齊叔肸子

壬申鄭伯費卒

秋仲孫蔑叔孫僑如帥師侵宋

楚公子嬰齊帥師伐鄭楚始書大夫將

冬季孫行父如晉

晉欒書帥師救鄭

楚師侵衛不言救齊、二年傳楚爲陽橋之役以救齊不予其假名以猾夏

也、欒書救鄭不言侵蔡、(傳云晉師遂侵蔡)予其從善不遷戮也、

七年春王正月鼷鼠食郊牛角改卜牛鼷鼠又食其角乃免牛

郊之龜違者四、四卜不從(僖公三十一年 襄公十有一年)五卜不從(成公十年)、爲尤瀆人心不足格天也、牛災者四、改卜又死(宣公三年)改卜又食(此年)爲尤異天譴切以警人也、厶。

吳伐郯

此爲書吳之始、志其猾諸夏而爲內患也、以後皆書吳、惡其以姬宗而僭大號也、惟襄五年于戚始書吳人、十二年

始書吳子卒、至使札來聘書吳子、戰柏舉書吳子、已同於列國、會黃池書吳子、則主諸侯之辭矣

夏五月曹伯來朝。

不郊猶三望

經書猶三望者三、譏其好僭也、僖三十一年書免牲猶三望、宣三年書不郊猶三望、惟此年猶三望之上旣書免牛、又書不郊者、踰時而中有閒事也、望者郊之細也、不郊而望則爲非禮、望者郊之屬也、五月而望尤爲不時、

秋楚公子嬰齊帥師伐鄭

公會晉侯齊侯宋公衛侯曹伯莒子邾子杞伯救鄭

八月戊辰同盟于馬陵

齊桓之救徐先盟于牡丘所以盟者爲救徐也晉景之救鄭後盟于馬陵所以盟者非特爲救鄭也固結宋莒

公至自會

吳入州來州來楚附庸吳楚之介要地

吳入州來罷楚之始也吳滅州來入郢之漸也

冬大雩

衛孫林父出奔晉

八年春晉侯使韓穿來言汶陽之田歸之于齊

前反汶陽之田言取見藉晉之力而不要於道雖己田猶非己之田也今奪汶陽之田言歸見順晉之命而不敢執夫義雖己田一若齊之田也曰來言見其言之不順也曰歸之于齊見其歸之非所也

晉欒書帥師侵蔡

公孫嬰齊如莒

宋公使華元來聘

夏宋公使公孫壽來納幣

孫氏曰、婚禮不稱主人、稱宋公使非禮也、納幣不使命卿、使公孫壽非禮也。按紀履緰逆女於禮則已輕、公孫壽納幣於禮則已重、彼不書使而此書使者所以著過於常禮特出宋公之意也

晉殺其大夫趙同趙括。

秋七月天子使召伯來賜公命

經書天王二十五、此書天子、書錫命二、此書賜命、天子與天王通稱也、賜與錫一義也、然天王尊而天子親、錫重而賜較輕、蓋於時分義微矣、恩數加焉爾、

冬十月癸卯杞叔姬卒。

內女見出者不書卒齊子叔姬郯伯姬是也獨杞叔姬書卒者歸其喪也○紀叔姬卒紀已滅矣而猶以紀係之存亡之志也杞叔姬卒絕於杞矣而仍以杞目之從一之義也

晉侯使士燮來聘○叔孫僑如會晉士燮齊人邾人伐郯。

宋曾交聘而受晉命侵宋六年郯爲魯姻而會晉卿伐郯惟人是聽將何以立

衞人來媵

九年春王正月杞伯來逆叔姬之喪以歸

公會晉侯齊侯宋公衞侯鄭伯曹伯莒子杞伯同盟于蒲

公至自會

二月伯姬歸于宋

常事不書獨於伯姬之歸宋自納幣以及來媵致女詳書之者錄伯姬也伯姬之賢著於家而聞於遠故納幣使卿致女亦使卿衞晉來媵齊又來媵春秋詳書之以見其賢而踰制非禮之失亦因以見焉至不書逆女者宋公親迎也得禮故不書（以上下文觀之納幣致女皆使上卿來媵者三國如此尊重知必是宋公親迎）

夏季孫行父如宋致女

孔氏曰桓三年齊侯使其弟年來聘傳曰致夫人也仲年行父俱是致女而彼言聘者在魯而出則曰致女在他國而來則但言聘外內之異文也

晉人來媵

秋七月丙子齊侯無野卒

晉人執鄭伯晉欒書帥師伐鄭

楚執宋公以伐宋以一事連書之惡其挾詐術以攘伯也晉執鄭伯而伐鄭以二事分書之罪其非伯討且肆虐也

冬十有一月葬齊頃公

楚公子嬰齊帥師伐莒庚申莒潰楚人入鄆此鄆是莒邑

馬陵之前、楚師伐鄭、晉合九國以救之、無愧於同盟矣、盟蒲之後、楚師伐莒克其三都而晉不救何以爲同盟乎

秦人白狄伐晉

晉師白狄伐秦、宣公八年秦人白狄伐晉、秦晉迭用白狄以互相伐、均罪也、宣二年秦師伐晉以報侵崇、乃晉會白狄以伐之、是不返己自責、而黨非類以傷族類也、故與狄同序、以深責晉、宣十五年秦人伐晉、晉未嘗報、乃秦復結白狄

以伐之是乘諸侯攜貳而邀外夷以猾中夏也故貶而稱人以深惡秦

鄭人圍許

鄭襄甫葬而鄭伯伐許已忘親也鄭成見執而鄭人圍許不急君也忘親則不孝不急君則不忠

城中城

城中城譏勞民以外民也城成郛譏寇去而備寇也

十年春衞侯之弟黑背帥師侵鄭

稱弟以帥師與齊年來聘鄭語來盟義同從晉命以侵鄭

與魯衛侵宋僑如伐鄭義同、

夏四月。五卜郊不從。乃不郊

五月公會晉侯齊侯宋公衛侯曹伯伐鄭。

晉侯伐鄭、不言歸鄭伯、鄭立君而後歸之、不可以言歸也、齊侯伐北燕、不言納燕伯、受燕賂而卒不納、不可以言納也、

。齊人來媵△諸侯一娶九女三國來媵踰制

丙午晉侯獳卒。厲公州蒲立

秋七月公如晉。

晉止公送晉侯獳之葬與襄公在楚送楚子昭之葬皆削其葬而不書者楚僭王號晉以王禮自居曾以事王者事晉楚皆罪也故削之以正無王之戮

冬十月

十有一年春王三月公至自晉

晉侯使郤犨來聘己丑及郤犨盟

夏季孫行父如晉

秋叔孫僑如如齊

冬十月

十有二年春周公出奔晉

經書王居者三居皇居狄泉不言出皇與狄泉皆畿內地惟襄王居鄭言出者王自絕其位而出也書王臣奔者三瑕奔晉朝奔楚不言出瑕以避罪而奔朝以見逐而奔惟周公奔晉言出者周公自絕於王而出也

夏公會晉侯衛侯于瑣澤

秋晉人敗狄于交剛

冬十月

十有三年春晉侯使郤錡來乞師

此晉來乞師之始、郤錡乞師以伐秦私怨也、則乞爲歎詞、欒黶荀罃乞師以伐鄭士魴乞師以救宋公義也則乞爲謙詞、

三月公如京師。

夏五月公自京師遂會晉侯齊侯宋公衛侯鄭伯曹伯邾人滕人伐秦左傳劉子成子會伐秦

曹伯盧卒于師。。

秋七月公至自伐秦

書如不書朝明不成爲朝王也、著其慢以正事君之義、以

如爲本事伐爲遂事明朝王爲重也嚴其防以存尊君之禮以伐秦致明不爲朝王出也誅其意以明忠君之誠。李氏曰踐土河陽志朝王而先會後朝其詞若先會盟後朝者以責下也此志伐秦而先如後伐其詞若因朝而伐秦者以存上也

冬葬曹宣公

十有四年春王正月莒子朱卒

夏衛孫林父自晉歸于衛

秋叔孫僑如如齊逆女

鄭公子喜帥師伐許

九月僑如以夫人婦姜氏至自齊

夫人有姑而稱婦者三文四年逆婦姜宣元年婦姜至皆不書氏惟此齊姜書氏與妾姑主婚者其事異其文異也

冬十月庚寅衞侯臧卒

秦伯卒

十有五年春王二月葬衞定公

三月乙巳仲嬰齊卒 仲嬰齊仲遂子公孫歸父弟

華孫係華氏嬰齊係仲氏華督仲遂之後而世爲卿無政

刑矣、

癸丑公會晉侯衛侯鄭伯曹伯宋世子成齊國佐邾人同盟于戚

甯毋之盟、鄭子華列於會而後辭之、戚之盟曹伯列於會而後執之、皆不如勿與之盟也○禮世子未誓於天子以皮帛繼子男、戚之會宋世子成後曹伯、申之會宋世子佐後小邾子、其正也、若鄫世子巫序叔孫豹之下、則已替矣、齊世子光序滕子薛伯之上、則已陵矣、

晉侯執曹伯歸于京師

凡執諸侯皆稱人、如晉人執衛侯、晉人執鄭伯之類、是也、惟晉厲執曹伯特書其爵曰晉侯以討負芻而非專執也、凡取田邑皆稱人、如齊人取濟西田、齊人取讙及闡之類、是也、惟齊景取鄆特書其爵曰齊侯以居昭公而非私取也、

公至自會

夏六月宋公固卒

楚子伐鄭

秋八月庚辰葬宋共公

宋華元出奔晉宋華元自晉歸于宋宋殺其大夫山宋魚石出奔楚

宋華元奔晉歸宋再書宋華元晉宋相去遠奔與歸間時也鄭良霄奔許入鄭不再書鄭良霄許鄭相接近奔與入不間時也山不氏背其族也猶書大夫存王禁也○聞之師曰歸有順詞有易詞孫林父公孟彄之歸易詞也林父世結於晉而晉國令行於衛則其歸是恃晉強衛也其義不在衛而在自晉公孟素比於瓚而齊國方黨於輒則其歸是背瓚從輒也其義不在自齊而在衛若華元志在討

亂而國人從之亂黨許之視林父公孟之自爲私計其義不侔矣是華元之歸獨爲順詞也

冬十有一月叔孫僑如會晉士燮齊高無咎宋華元衞孫林父鄭公子鰌邾人會吳于鍾離此外會列書諸卿之始義見垂隴亦會吳之始

聞之師曰會鍾離殊吳會戚襄公五年不殊吳者戚衞地來會也鍾離吳地往會也先則內大夫與外大夫會後則諸國與吳會故會以會焉若戚則公會諸侯而吳來與故不須復殊吳人也然黃池亦吳來會而旣書會晉侯又書及吳子何也先晉也如書晉侯吳子則非其實如以實紀而書

亂而國人從之亂黨許之視林父公孟之自爲私計其義不倂矣是華元之歸獨爲順詞也

冬十有一月叔孫僑如會晉士燮齊高無咎宋華元衛孫林父鄭公子鰌邾人會吳于鍾離（此外會列書諸卿之始義見垂隴亦會吳之始）

聞之師曰會鍾離殊吳會戚襄公五年不殊吳者戚衛地來會也鍾離吳地往會也先則內大夫與外大夫會後則諸國與吳會故會以會焉若戚則公會諸侯而吳來與故不須復殊吳人也然黃池亦吳來會而旣書會晉侯又書及吳子何也先晉也如書晉侯吳子則非其實如以實紀而書

六月丙寅朔日有食之

晉侯使欒黶來乞師。

甲午晦晉侯及楚子鄭伯戰于鄢陵楚子鄭師敗績。

王氏曰凡君將不言帥師君重於師也戰陣以師相敵殺傷既多則舉師爲重故泓之戰宋公傷股不言宋公敗者宋師亦大敗也鄢陵之戰楚子傷目但言楚子敗者楚師未大敗也若師敗而君將被殺獲則並書之如大棘雞父是也

晉自敗邲而後楚之陵駕日甚厲公能於積衰之餘不假

外助一戰勝楚幾與城濮等矣然城濮之勝文猶不喜而憂鄢陵則幸而已厲乃一勝而驕遂至信讒致亂惜哉

楚殺其大夫公子側

秋公會晉侯齊侯衛侯宋華元邾人于沙隨不見公

沙隨之會不見公平丘之會公不與盟直書不諱者晉曲而魯直也與黑壤異矣

公至自會

公會尹子晉侯齊國佐邾人伐鄭

伯國上用王師凡四此初書王臣會伐見諸侯之不當用

王師也、前此伐秦十三年有劉子成子矣、不書者、謹其始也、謹始以見義、而後以事實書、故於伐秦不書劉成、所以削其請王師於伐鄭、此年十七年三伐鄭洊書尹單、所以著其挾王臣侵楚、書劉子、定公四年義亦猶是也、

曹伯歸自京師

汪氏曰、國君去國而歸者七、鄭忽曹襄衛衎邾益及衛侯鄭之再歸、皆不書自、惟衛侯鄭之初歸書自楚、著其自楚之罪也、曹伯之歸書自京師、著天王之釋有罪也。李氏曰、衛侯鄭歸于衛、不書自京師、譏不在王室也、曹伯歸書

自京師譏不在晉也。曹伯不名歸不言復義見衛侯鄭歸于衛條

九月晉人執季孫行父舍之于苕丘

冬十月乙亥叔孫僑如出奔齊

十有二月乙丑季孫行父及晉郤犫盟于扈

趙氏曰公及行父久稽於外以僑如之譖而晉責之罪不釋也今僑如之譖既敗不遂而奔故晉釋行父而盟之得與公皆歸考其原委則公之不見與行父之執皆僑如之譖明矣晉人信讒之過著矣

公至自會

沙隨之會公未得見而以會致者見公雖未得與會而無愧於會也伐鄭之會本爲伐出而以會致者見公之危不在於伐而在於會也

乙酉刺公子偃偃成公庶弟

此與天王殺其弟佞夫同佞夫不知儋括之謀則非其罪矣偃爲穆姜所指則非其罪矣而竟殺之刺之是以私意滅天性之親也故彼書殺其弟此書刺公子以罪之

十有七年春衞北宮括帥師侵鄭

夏公會尹子單子晉侯齊侯宋公衛侯曹伯邾人伐鄭

六月乙酉同盟于柯陵

列國上盟王臣凡六于洮翟泉女栗嘗盟王臣矣王臣會伐而與諸侯盟始此李氏曰王臣與盟而書同者三柯陵尹單雞澤單子平邱劉子也諸侯要言以不信加王官失正甚矣經不重言諸侯見王臣之與盟也至於書同則同外楚而已不爲尹單劉子而書同也

秋公至自會

齊高無咎出奔莒

九月辛丑用郊

吳氏曰九月乃夏時孟秋之月豈郊之時乎不卜日不卜牲而强用其禮焉故特曰用非時之甚不敬之大也李氏曰此與用幣用牲用田賦用致夫人皆不宜用之文

晉侯使荀罃來乞師

冬公會單子晉侯宋公衛侯曹伯齊人邾人伐鄭

十有一月公至自伐鄭

據傳夏伐鄭楚救之諸侯還故以會致冬伐鄭諸侯圍鄭故以伐致

壬申公孫嬰齊卒于貍脤

苕邱既釋、行父偕歸矣、而不與公至並書者、臣統於君也、

貍脤言地、嬰齊道卒也、而書於公至之後者、君先乎臣也、

十有二月丁巳朔日有食之

邾子貜且卒

晉殺其大夫郤錡郤犨郤至

晉景殺二趙、晉厲殺三郤、信讒言而濫殺世臣、故歷數之

以著其惡、

楚人滅舒庸

十有八年春王正月。晉殺其大夫胥童。

庚申。晉弑其君州蒲。立悼公周

聞之師曰、殺胥童者欒書荀偃、而以晉書、從其僞赴也、弑州蒲者欒書荀偃、而以晉書、不從其僞赴也、蓋其弑之赴不以程滑、必以晉人、而春秋第以晉書、則見爲當國者之詞、而弑之爲書偃可想矣、且州蒲既以嬖胥童而見弑、則殺胥童之非州蒲、而爲書偃亦可想矣。又曰宋督殺孔父而後弑與夷、書偃殺胥童而後弑州蒲、其事類也、而春秋於孔父與夷則合書、而先與夷於胥童州蒲則分書而

先胥童者、蓋以與夷之弒先孔父則見孔父爲與夷而死、所以表其徇難之忠也以胥童之殺先州蒲則見州蒲因胥童而死所以著其近佞之殆也

齊殺其大夫國佐。

公如晉 悼公初立朝嗣君也

夏楚子鄭伯伐宋宋魚石復入于彭城

復入者甚逆之詞胡氏曰孫林父宋辰趙鞅荀寅皆據外邑自保故書叛魚石欒盈皆將以亂國故書復入。聞之師曰孔寧儀行父之納使比楚者柄陳魚石之入假仇宋

者亂宋皆其國之所惡也乃孔儀則外之於陳而以納書魚石則係之於宋而以入書何歟曰書納則入者之罪不見書入則外之之義納之之罪俱見然則書納所以罪楚子而外之於陳則已同復入之逆而所以罪孔儀者在是書入所以罪魚石而上嘗伐宋則已見納之之惡而所以罪楚子者在是其曰宋魚石特見以宋人亂宋國爲惡之大耳豈謂宋宜受之哉

公至自晉。

晉侯使士匄來聘。

公朝方至而聘使繼來以視宣五如齊遲至七年齊僅使國佐一聘者其恭與慢爲何如哉

秋杞伯來朝

八月邾子來朝

○築鹿囿

築臺三于郎于薛于秦也譏其勞民以自娛築囿三鹿囿郎囿蛇淵囿也譏其厲民以自利

己丑公薨于路寢

冬楚人鄭人侵宋

伐宋納魚石書伐而不書納不與其納也侵宋救彭城書侵而不書救不與其救也。

晉侯使士魴來乞師。乞師止此

十有二月仲孫蔑會晉侯宋公衛侯邾子齊崔杼同盟于虛朾。

晉悼公同盟四虛朾之盟謀救宋也晉侯親出則有勇矣不奪喪則得禮矣諸侯同心外楚而謀救宋故書同盟雞澤之盟爲鄭服也圍彭城則義昭矣城虎牢則謀得矣鄭服而諸侯同心以外楚故書同盟若同盟于戲鄭受盟

矣、明年而又從楚伐宋、同盟于亳城北、鄭復受盟矣、未幾而又迎楚伐宋、既同而又叛、故惡其反覆而書同也、

丁未葬我君成公

春秋書法比義卷九

鹽山劉曾璇訂

襄公

名午成公庶子母曰定姒謚法因事有功曰襄

元年春王正月公卽位

仲孫蔑會晉欒黶宋華元衞甯殖曹人莒人邾人滕人薛人圍宋彭城

楚納魚石於彭城、而晉爲宋圍之、晉納蒯聵於戚、而齊爲衞圍之事相類也、乃戚不係衞、而彭城係之宋者何也、夫蒯聵實衞之世子、其居於戚、戚仍衞之戚也、故不必更係之衞、魚石乃宋之叛人、其據彭城、彭城幾非宋之彭城矣、

故必係之宋、必係之宋者、見彭城非魚石所得有、所以治亂臣之奸其君也、不必更係之衛者、見戚固蒯聵之所有、所以治賊子之外其父也、

夏晉韓厥帥師伐鄭。仲孫蔑會齊崔杼曹人邾人杞人次于鄫。

汪氏曰、齊桓伐楚、師次于陘、晉悼伐鄭、師次于鄫、皆重民命不輕用兵之意也、

秋楚公子壬夫帥師侵宋

九月辛酉天王崩。簡王也 靈王立

邾子來朝。

冬衛侯使公孫剽來聘。

晉侯使荀罃來聘。

襄公在喪、天王方崩而邾來朝、衛晉來聘、魯皆受之、在諸國則爲忘君、在魯則并爲忘親。

二年春王正月葬簡王

鄭師伐宋

夏五月庚寅夫人姜氏薨襄嫡母也

六月庚辰鄭伯睔卒

晉師宋師衛甯殖侵鄭。○

人有喪而加之以兵者不仁、滕子卒而宋人圍滕、宣公九年鄭伯卒而晉師侵鄭、此年是也、己有喪而以兵加人者忘哀葬陳成而陳人圍頓、四年葬鄭僖而鄭人侵蔡、八年是也、

秋七月仲孫蔑會晉荀罃宋華元衛孫林父曹人邾人于戚

己丑葬我小君齊姜

叔孫豹如宋

冬仲孫蔑會晉荀罃齊崔杼宋華元衛孫林父曹人邾人滕人薛人小邾人于戚。遂城虎牢。虎牢鄭地

聞之師曰圍彭城彭城爲楚所取也城虎牢虎牢爲晉所取也而彭城仍係之宋虎牢不係之鄭何也係之宋者不許楚之取宋也攘夷也不係之鄭者不許鄭之從楚也亦攘夷也然城虎牢不係之鄭戍虎牢又係之鄭何也鄢陵以後晉厲師三加而鄭不畏晉悼師再至而鄭不服則其從楚者心也是亦楚也故城不係鄭以奪之所以罪鄭之從夷也雞澤以後鄭侵蔡而楚伐之鄭盟戲而楚伐之則其從楚者勢也猶是鄭也故戍復係鄭以還之所以病晉之不能攘夷也。又曰經書城外邑而不係國者三楚邱

不係衛緣陵不係杞內之也安夏之仁也虎牢不係鄭外之也攘夷之義也○趙氏曰安一國者以一國之詞書之圍彭城係宋是也安天下者以天下之詞書之城虎牢不係鄭是也○沙鹿梁山崩不係晉害關乎天下也城虎牢不係鄭利關乎天下也

○楚殺其大夫公子申

三年春楚公子嬰齊帥師伐吳楚伐吳七始於此

秦入滑而晉敗秦秦晉結怨之始也吳會晉鍾離而楚伐吳吳楚爭強之始也晉事於秦而伯以衰楚事於吳而勢遂

挫、

公如晉襄如晉五始於此

夏四月壬戌公及晉侯盟于長樗。公至自晉

伯主出國都與公盟者二、閔及齊侯盟于落姑、請復季友著魯之有謀也、襄及晉侯盟于長樗、著晉之有禮也、

六月公會單子晉侯宋公衛侯鄭伯莒子邾子齊世子光己未同盟于雞澤

陳侯使袁僑如會

戊寅叔孫豹及諸侯之大夫及陳袁僑盟諸侯在而大夫盟始於此

有及以會者、公及諸侯會王世子于首止、尊卑之等也、有會以及者、公會晉侯及吳子于黃池、內外之分也、有會以會者、公會諸侯會吳于柤是也、有及以及者、豹及諸侯之大夫及陳袁僑盟是也、及以及如會以會、其不言會者、上已見也、皆先後之序也、

秋、公至自會

冬、晉荀罃帥師伐許。

四年春王三月己酉、陳侯午卒

夏、叔孫豹如晉

秋七月戊子夫人姒氏薨襄生母也

家氏曰前書夫人姜氏此並書夫人姒氏有兩夫人不加貶而義自見矣

葬陳成公

八月辛亥葬我小君定姒

冬公如晉

陳人圍頓

五年春公至自晉

夏鄭伯使公子發來聘鄭聘僅見於此

叔孫豹鄫世子巫如晉

仲孫蔑衛孫林父會吳于善道吳地

如晉鄫世子次內臣之下、而不言及、已請屬於魯也、然已替矣、會吳蔑與林父受伯命並往、而不言及、是旅見於吳也、然過卑矣、○此云會吳與會鍾離會柤會向皆殊會吳、義同、

秋大雩

楚殺其大夫公子壬夫

鄢陵以後、晉一朝而殺三卿、楚八年而殺三卿、皆稱國以

殺而不去其官、所以譏其不刑、

公會晉侯宋公陳侯衛侯鄭伯曹伯莒子邾子滕子薛伯齊世子光吳人鄫人于戚衛地〇公至自會

善道之會、往會吳也、故別云會以外之、戚之會吳來會也、故不殊會以內之、〇

冬戍陳

此與戍鄭虎牢、皆諸侯戍之、而不言諸侯者、離至不可得而序也、與城楚丘同例、

楚公子貞帥師伐陳

公會晉侯宋公衞侯鄭伯曹伯齊世子光救陳○十有二月

公至自救陳

辛未季孫行父卒

六年春王三月壬午杞伯姑容卒在位七十年卒始書名魯亦始會葬

夏宋華弱來奔

秋葬杞桓公

滕子來朝

莒人滅鄫

冬叔孫豹如邾聘邾惟此一見

季孫宿如晉

季孫行父卒、未期而宿出使、仲孫蔑卒、踰年而速會盟、仲孫速卒、未練而羯帥師、見世卿之不行喪禮也、

十有二月齊侯滅萊

此亦滅同姓也、雖不同衞侯燬滅邢之稱名、而斥齊侯以惡之、與楚滅夔第稱人異矣、

七年春郯子來朝 郯朝魯二此與昭十七年

夏四月三卜郊不從乃免牲

經書卜郊凡四、皆於夏四月、非卜郊之時矣、其書四卜再見

五卜者譏其非禮而失之瀆也今三卜合禮而亦書者譏其過時而失之慢也

小邾子來朝

城費 ○△季氏邑

城費而終至墮費城成郛而終至圍成三家之强陪臣之叛其所由來者漸矣

秋季孫宿如衛 聘衛惟此一見

衛甯俞來聘未嘗一報公孫剽來聘七年始報緩於親親而睦鄰也慢矣宿未小祥而遽如晉未終喪而遽如衛急

於假公以締私也亟矣

八月螽

冬十月衛侯使孫林父來聘壬戌及孫林父盟

楚公子貞帥師圍陳

十有二月公會晉侯宋公陳侯衛侯曹伯莒子邾子于鄬鄭伯髡頑如會未見諸侯丙戌卒于鄵

經書如會者三踐土陳侯如會雞澤陳袁僑如會已至會所者也于鄬鄭伯如會未至會所者也未至會所而書如會著其心也欲見諸侯而未得見必有故矣爲騑所弒

陳侯逃歸

五年楚伐陳、晉會諸侯以急救之、伯職修矣、此年楚圍陳、晉會諸侯而不急救、以致陳臣內貳、脅君逃歸、在陳侯固下同匹夫所爲、而晉亦豈得伯主之道哉、彼鄭伯逃歸、著其逃歸之故、曰不盟、專罪鄭伯也、此書逃歸而不言其所以逃歸者、兼責晉侯也、

八年春王正月公如晉

夏葬鄭僖公

鄭人侵蔡獲蔡公子燮

季孫宿會晉侯鄭伯齊人宋人衛人邾人于邢丘

雞澤之盟諸侯在會而使大夫復盟爲袁僑也邢丘之會公在晉而使大夫與會優諸侯也然因是政遂出於大夫矣故於雞澤則大夫不序於邢丘則大夫稱人以謹其始

公至自晉

莒人伐我東鄙

秋九月大雩

冬楚公子貞帥師伐鄭鄭及楚平

晉侯使士匄來聘

九年春宋災。書宋災三始於此

夏季孫宿如晉

五月辛酉夫人姜氏薨襄祖母也。秋八月癸未葬我小君穆姜

冬公會晉侯宋公衛侯曹伯莒子邾子滕子薛伯杞伯小邾子齊世子光伐鄭。十有二月己亥同盟于戲鄭人行成乃許鄭成。此盟在三駕之前

楚子伐鄭鄭及楚平。

十年春公會。晉侯宋公衛侯曹伯莒子邾子滕子薛伯杞伯小邾子齊世子光會。吳于柤柤近吳地

晉悼逼吳以犄楚與齊桓結江黃以犄楚同然鍾離猶大夫會之柤則諸侯會之爭長之漸兆矣

夏五月甲午遂滅偪陽

晉爻由會遑而圖許故曰遂逞威而不務德也晉悼因會吳而滅偪陽故曰遂爲利而不顧義也

公至自會

楚公子貞鄭公孫輒帥師伐宋國自帥師自此始

晉師伐秦

秋莒人伐我東鄙

公會晉侯宋公衛侯曹伯莒子邾子齊世子光滕子薛伯杞伯小邾子伐鄭師于牛首此三駕之一

前年伐鄭莒邾以子爵而在薛伯杞伯之上此年伐鄭齊光以世子而在滕子之上明年兩伐鄭又洊進在莒子邾子之上以強弱爲先後何其紊周班之舊哉

冬盜殺鄭公子騑公子發公孫輒

兩下相殺則兩書名氏王札子殺召伯毛伯是也尉止之徒非卿名氏不合見經故目之爲盜衆人擅殺則書某國之人殺其大夫宋人殺其大夫晉人殺其大夫是也寇盜

之屬微賤、絕之不係於國、故不得言其大夫、然不用盜殺蔡侯申之例、書盜殺鄭大夫某某者、蓋騑等所爲、固盜之招矣、何大夫之可稱、與盜殺陳夏區夫文同

○**戍鄭虎牢**　鄭及晉平

楚取彭城矣、而仍係之宋者、不與其取之也、晉戍虎牢矣、而復係之鄭者、言將歸之也○經書戍者三、公子買戍衛、睦衛而畏楚也、戍陳助陳而拒楚也、戍鄭虎牢制鄭而禦楚也、

楚公子貞帥師救鄭　鄭與楚盟諸侯師還

此書楚救鄭、與僖二十八年書楚救衛義同、非以救許楚、也、蓋以見晉伯方與楚欲爭而不能耳

公至自伐鄭

十有一年春王正月作三軍。

凡非舊制而創之者曰作、邱甲言作、三軍亦言作、何也、四邱出三甲、舊制也、成公始每邱出一甲、而增三分之一、則非舊制矣、故言作、魯本有三軍、舊制也、季氏與叔孟始三分公室、而各取三分之一、則非復舊制矣、故亦言作、

夏四月四卜郊不從。乃不郊。

鄭公孫舍之帥師侵宋

公會晉侯宋公衛侯曹伯齊世子光莒子邾子滕子薛伯杞伯小邾子伐鄭會于北林此三駕之二○秋七月己未同盟于亳城北

鄭人行成乃盟于亳

公至自伐鄭

楚子鄭伯伐宋楚子將以秦伐鄭鄭伯逆之伐宋

公會晉侯宋公衛侯曹伯齊世子光莒子邾子滕子薛伯杞伯小邾子伐鄭會于蕭魚此三駕之三○公羊傳其言會于蕭魚何蓋鄭與會爾

王氏曰書公會伐鄭再書會于蕭魚亦猶楚屈完來盟于

師再書盟于召陵、皆序績之文也、○陳氏曰、地會而後伐、未集事之詞也、會于袲伐鄭、會于棐林伐鄭是也、伐而後地會、集事之詞也、伐鄭會于蕭魚是也

自城虎牢以後、雞澤則鄭伯與會、于鄬則鄭伯如會、已服晉也、乃自鄭人侵蔡、挑楚啟釁、於是楚之伐鄭者再、亟爭鄭以抗晉、晉之伐鄭者四、但擾鄭以疲楚、盟戲盟亳、鄭從晉、遂復卽楚、侵宋伐宋、鄭從楚、故以激晉、四五年間兵爭紛紛、幸悼公不志於克鄭、而志於服鄭、用三分四軍之計、卒成三駕之功、楚避而不敢爭、鄭服而不煩盟、自是鄭不

背晉者二十餘年其庶幾召陵之不戰而勝者乎故會于蕭魚與盟于召陵書法正同。

公至自會

方氏曰鄢陵之後成公會伐鄭者三前二役以會致而後以伐致者前會而未伐後會而伐也盟戲之後襄公會伐鄭者三前二役以伐致而後以會致者前會而伐後會而不伐也○李氏曰厲公三伐終以伐致悼公三伐終以會致前兩伐至伐以見兵事之未可息後一伐至會以見中國之所以安

楚人執鄭行人良霄。

經書執行人六、皆因其爲使執之也、夫楚執良霄、以鄭之服晉、楚執干徵師、以招之亂、陳晉以會取邾師、而執叔孫舍、齊以衛不會鹹、而執北宮結、固皆非行人之罪、至衛石買無故伐曹、宜致曹人之怨、然晉不當因其爲行人而執之也、宋樂祁私交趙氏、固失行人之職、然晉究因范氏私意而執之也、均不得爲伯討、故皆稱人以執而書其官、

冬、秦人伐晉。秦與楚婚

晉不救宋、而伐秦、譏其輕民命以治私怨也、故書師、秦黨

於楚而伐晉惡其攜中國以助私親也故稱人

十有二年春王三月莒人伐我東鄙圍台（伐我書圍邑自此始）

季孫宿帥師救台遂入鄆

汪氏曰經書遂事者十九內大夫遂事有三公子遂如京師遂如晉受君命以二事出者也公子結遂及齊侯宋公盟季孫宿遂入鄆皆以一事出而專繼事者也然結之遂盟乃禮樂之事事雖有害（致三國之伐）而意猶公也宿之遂入乃征伐之事事雖有利而意則純乎私矣

夏晉侯使士魴來聘

秋九月吳子乘卒

冬楚公子貞帥師侵宋

公如晉

　晉悼聘魯、至此年而四、有禮矣、襄公朝晉、至此年而四、過恭矣、

十有三年春公至自晉

夏取邿

秋九月庚辰楚子審卒

冬城防　魯有二防、一近宋、一近齊、此近齊之防、臧氏邑

十有四年春王正月季孫宿叔老會晉士匄齊人宋人衛人鄭公孫蠆曹人莒人邾人滕人薛人杞人小邾人會吳于向

向近吳地

叔老列季孫宿之下譏以卿介卿也齊宋衛人序公孫蠆之上譏大夫先卿也

二月乙未朔日有食之

夏四月叔孫豹會晉荀偃齊人宋人衛北宮括鄭公孫蠆曹人莒人邾人滕人薛人杞人小邾人伐秦

十三國伐秦惡晉以諸侯之師報私怨也十一國城杞惡

晉以諸侯之衆報私恩也

己未衛侯出奔齊

莒人侵我東鄙

秋楚公子貞帥師伐吳

冬季孫宿會晉士匄宋華閱衛孫林父鄭公孫蠆莒人邾人于戚（孫氏私邑）

衛侯奔齊而林父會于戚昭公在乾侯而意如會適歷書之以著晉釋君助臣之罪

十有五年春宋公使向戌來聘二月己亥及向戌盟于劉

劉夏逆王后于齊王之上士中士書名劉夏石尚是也

祭公之逆后以遂事爲譏也劉夏之逆后以非卿爲譏也然彼書紀姜歸于京師此不書齊姜歸于京師者觀下書齊侯伐我北鄙或齊之不以告歟

夏齊侯伐我北鄙圍成公救成至遇遇曾地名

公追齊至酅齊境深入也譏其忿也公救成至遇曾地畏敵也譏其怯也然酅之書至所譏在公遇之書至則所譏不止在公觀下書宿豹帥師城成郛以城之安自處而以救之危于君其罪可勝誅哉

季孫宿叔孫豹帥師城成郛成孟孫氏邑

秋八月丁巳日有食之

邾人伐我南鄙

冬十有一月癸亥晉侯周卒平公彪立

李氏曰悼公之立齒尚淺矣乃能忠厚不迫堅忍持重選德命官以時用民八年九合則勸於安夏也三分四軍則慎於用兵也雞澤之召諸侯先以謙德下之故十三國之衆不令而從蕭魚之服鄭純以誠心行之故五會之信終於不盟楚師屢出爭鄭一以容量處之故三駕之烈不交

一戰此其所以能得諸侯服鄭而屈楚也然會向以來大夫主之何謹於諸侯而縱於大夫乎戍陳以後救患不急何工於撫鄭而拙於懐陳乎不然悼公之霸過桓文矣

十有六年春王正月葬晉悼公

三月公會晉侯宋公衛侯鄭伯曹伯莒子邾子薛伯杞伯小邾子于溴梁戊寅大夫盟◎◎

雞澤之會書諸侯之大夫及袁僑盟猶奉君命而盟也故大夫係之諸侯溴梁之會書大夫盟則君在而專自盟也故大夫不係之諸侯○汪氏曰盟稱大夫者三莊九年盟

于蔇時齊無君大夫自爲主而與莊公盟故書齊大夫文七年盟于扈晉靈初立而趙盾自爲主與諸侯盟亦若晉無君然故書晉大夫此年溴梁之會十一國之諸侯皆在而大夫自盟則諸國皆若無君矣故但書大夫盟蓋扈之盟書晉大夫伯主失政也溴梁之盟書大夫則諸侯皆失政矣○又曰溴梁之盟不以大夫係之諸侯著大夫之無諸侯也于宋之盟二十七年復以大夫係之諸侯不使大夫之終無諸侯也

晉人執莒子邾子以歸

經書執諸侯十三、惟此書以歸、書執大夫十四、惟意如書以歸、雖執有罪而不歸京師、豈得爲伯討乎

齊侯伐我北鄙

夏公至自會

五月甲子地震

叔老會鄭伯晉荀偃衞甯殖宋人伐許

晉主兵而以鄭伯居上、臣不可先君也、宋稱人而序衞卿之下、卑不可踰尊也

秋齊侯伐我北鄙圍成

大雩

冬叔孫豹如晉○

十有七年春王二月庚午邾子牼卒

宋人伐陳

夏衞石買帥師伐曹

秋齊侯伐我北鄙圍桃○齊高厚帥師伐我北鄙圍防○

九月大雩

宋華臣出奔陳

冬邾人伐我南鄙

十有八年春白狄來

夏晉人執衛行人石買

秋齊師伐我北鄙

冬十月公會晉侯宋公衛侯鄭伯曹伯莒子邾子滕子薛伯杞伯小邾子同圍齊

侵伐圍入未有書同者此獨書同圍齊何也齊環四年之中六伐魯而四圍邑不道之甚爲諸侯所同疾也莒邾本黨齊而伐魯今懼晉而同魯圍齊有不同而同焉故曰同

曹伯負芻卒于師

楚公子午帥師伐鄭

十有九年春王正月諸侯盟于祝柯

晉人執邾子

莒屢伐我、邾亦伐我、故晉執之於湨梁、邾以伐我而見執、又以見執而伐我、故晉復執之於祝柯、然執之不以王命、又不歸於京師、非伯討也、故皆稱人、

公至自伐齊

取邾田自漷水

李氏曰、經書田十、凡不係國者、吾故田也、許田、濟西田、見三

汶陽田再見鄆讙龜陰田是也、非吾田則係國邾田是也、鄟東田沂西田、不係國蒙上伐邾文也。此外惟疆鄆田不係國、豈以莒魯爭鄆疆界未明歟、

季叔宿如晉。

葬曹成公

夏衛孫林父帥師伐齊左傳晉欒魴帥師從孫林父伐齊

蒯聵在戚而圍戚、後書曼姑先書國夏者、惡其助拒父之惡也、衛衎奔齊而伐齊、不書欒魴特書林父者、誅其有賊君之志也、

秋七月辛卯齊侯環卒

晉士匄帥師侵齊至穀聞齊侯卒乃還

公子遂如齊至黃乃復非禮也以其爲己之疾也士匄侵齊至穀乃還禮也以其恤鄰之喪也○季孫宿救台而遂入鄆惡其擅權也台魯地未出境內當請君命也士匄侵齊而還自穀善其得禮也穀齊地已在境外可以專制也

八月丙辰仲孫蔑卒

齊殺其大夫高厚

鄭殺其大夫公子嘉

殺高厚而兼其室者、崔杼也、而亦齊光所欲也、殺公子嘉而分其室者、子展子西也、而亦鄭簡聽之也、故皆稱國以殺、

○冬葬齊靈公△

城西郛

○叔孫豹會晉士匄于柯

城武城

豹如晉、宿如晉、譏其專恃人也、城西郛、城武城、譏其亟勞民也、

二十年春王正月辛亥仲孫速會莒人盟于向

夏六月庚申公會晉侯齊侯宋公衛侯鄭伯曹伯莒子邾子滕子薛伯杞伯小邾子盟于澶淵

曾及莒平而盟于向齊慼服晉而盟澶淵禮勝於兵信哉然速未練而從政齊居喪而出會蓋亦越禮矣

秋公至自會

仲孫速帥師伐邾

蔡殺其大夫公子燮蔡公子履出奔楚

陳侯之弟黃出奔楚

履因兄變見殺而奔楚罪履心不同於兄也黃爲二慶所迫而奔楚罪陳侯力不保其弟也

叔老如齊

冬十月丙辰朔日有食之

季孫宿如宋

二十有一年春王正月公如晉

邾庶其以漆閭丘來奔小國大夫以地來奔者三非卿亦書重地也以邑出爲叛而言來奔內外異詞也孫林父入于戚以叛趙鞅入于晉陽以叛雖私邑不與其入而據之庶其以漆

閭邱來奔、黑肱以濫來奔、雖私邑不與其出而挾之、皆以見土地非人臣所得有也、而貪利納叛者罪自見矣、

夏公至自晉

秋晉欒盈出奔楚

九月庚戌朔日有食之。冬十月庚辰朔日有食之

經書日食三十六、襄之世凡九、連月而食者再、此年及二十四年也、

曹伯來朝。

公會晉侯齊侯宋公衛侯鄭伯曹伯莒子邾子于商任

二十有二年春王正月公至自會

夏四月

秋七月辛酉叔老卒

冬公會晉侯齊侯宋公衛侯鄭伯曹伯莒子邾子薛伯杞伯小邾子于沙隨欒盈以此年秋去楚適齊

商任沙隨二、會皆以錮欒氏、也昔公孫敖以淫奔、魯人許其死歸於本國、無法、也今欒盈以讒奔、晉人不許其生寄於他邦、無恩、也

公至自會

楚殺其大夫公子追舒

二十有三年春王二月癸酉朔日有食之

三月己巳杞伯匄卒

夏邾畀我來奔

葬杞孝公

陳殺其大夫慶虎及慶寅。陳侯之弟黃自楚歸于陳

晉欒盈復入于晉入于曲沃（欒氏采邑　齊陰納盈）

商邱、沙隨、一則曰會再則曰會所以著激亂之由于晉、于曲沃、一則曰入、再則曰入所以著叛逆之實、交罪之也、君

不君、臣不可以不臣、

秋齊侯伐衛遂伐晉。

汪氏曰、齊莊本意在伐晉、而伐衛以先之、亦猶齊桓本意在伐楚、而侵蔡以先之也、討從楚之與國、而後討強楚、伐從伯之與國、而果於陵伯主、春秋之書遂、其中有大惡焉、

八月叔孫豹帥師救晉。次于雍榆。

聶北之役、先次後救、止而有待也、雍榆之役、先救後次、畏而不前也、而猶皆存其救與次、滑次成之不書救者、固有

異也

己卯仲孫速卒

冬十月乙亥臧孫紇出奔邾

甯俞以愚稱乃不敢干禮以取戾於來聘可見其知臧紇以知稱乃不能順事而怨施於出奔適見其愚

晉人殺欒盈

欒盈仇范氏未嘗弒君也而晉人殺欒盈一從弒君之例者稱兵作亂已有犯君之心也趙鞅拒范中行氏未遽叛君也而入晉陽以叛一從叛君之例者專土據邑已有抗

君之心也

齊侯襲莒　掩其不備曰襲惟此一見

鄭伯稱爵而書逃罪其以國君之貴而爲匹夫之行也齊侯稱爵而書襲惡其以諸侯之尊而爲盜賊之事也

二十有四年春叔孫豹如晉

仲孫羯帥師侵齊　侵齊三此年定八年兩見

夏楚子伐吳

秋七月甲子朔日有食之既

齊崔杼帥師伐莒

大水

八月癸巳朔日有食之

公會晉侯宋公衛侯鄭伯曹伯莒子邾子滕子薛伯杞伯小邾子于夷儀謀伐齊也

冬楚子蔡侯陳侯許男伐鄭傳楚子伐鄭以救齊諸侯還救鄭

楚子救齊不書不與其救也諸侯救鄭不書不成爲救也

公至自會

陳鍼宜咎出奔楚

叔孫豹如京師

豹如晉、豹如京師、是抗晉於周也、春如晉、冬如京師、是後周於晉也、

大饑。

汪氏曰、經書大有年大饑各一、書大有年者、異天道之反常也、宣公書大饑者、著人事不能處變也、

二十有五年春齊崔杼帥師伐我北鄙

夏五月乙亥齊崔杼弒其君光

據左傳、鄭歸生齊崔杼皆身死而後討、未可言討賊也、雖改葬鄭靈齊莊、猶不葬也、故春秋皆不書、

公會晉侯宋公衛侯鄭伯曹伯莒子邾子滕子薛伯杞伯小邾子于夷儀

前會夷儀、謀伐齊而不能、故以會而不伐、著晉失伯之衰、此會夷儀、當討齊而釋之、故以會而不伐、著晉縱賊之罪、○扈之會文十七年諸侯不能討宋而畧之、可鄙也、夷儀之會諸侯不能討齊而詳之、可愧也、

六月壬子鄭公孫舍之帥師入陳

秋八月己巳諸侯同盟于重丘

方氏曰、晉悼之世、盟皆書同者、承靈成景厲之衰、而諸侯

疑貳也晉平之初盟皆不書同者席悼之盛而諸侯無異心也至此齊與楚合而晉益懦矣故載書復要言曰同○晉平爲重邱之盟傳云齊成也是時齊方弑君乃納齊賂縱賊臣許而與之盟則是與之同情也晉昭爲平邱之盟傳云齊服也是會齊不受盟乃耀甲兵挾王臣脅而與之盟則是强使之同心也其何以爲同

公至自會

衞侯入于夷儀

此與鄭伯突入櫟同突名而衎不名者衎正也家氏曰衎

入衞地、剽猶居位、剽乃賊也、故衎入夷儀不名、及剽弒衎歸、然後名衎、以正其失國之罪、

楚屈建帥師滅舒鳩

書大夫帥師滅國始此、楚强也、自是晉書荀吳、蔡書公孫姓、鄭書游速、滅不書人矣、滅不書大夫者吳也、

冬鄭公孫夏帥師伐陳

十有二月吳子遏伐楚門于巢卒。

吳子遏稱名、以卒名、非爲伐而名也、與鄭伯髡頑如會卒于鄵、文義正同、不日滅、以傷死、非見獲而死也、與越敗吳

于檇李吳子光卒書法正同

二十有六年春王二月辛卯衛甯喜弒其君剽

衛孫林父入于戚以叛外大夫入邑以叛者四始於此入國以叛者一

甲午衛侯衎復歸于衛

夏晉侯使荀吳來聘

公會晉人鄭良霄宋人曹人于澶淵

孫林父逐君而晉爲之會于戚以定衛十有四年孫林父叛君而晉爲之會澶淵以討衛釋君助臣何其悖哉

秋宋公殺其世子痤

晉人執衛甯喜

八月壬午許男甯卒于楚。冬楚子蔡侯陳侯伐鄭。葬許靈公

二十有七年春齊侯使慶封來聘

夏叔孫豹會晉趙武楚屈建蔡公孫歸生衛石惡陳孔奐鄭良霄許人曹人于宋

宋之盟、春秋之大變局也、大夫之相盟自清邱始、（宣十二年）邢邱溴梁繼之、然大會猶君主之也、一自盟宋合晉楚之成、而大夫爲之主、則君臣之分自此亡矣、楚之入盟自盟齊

始、僖十九年盟鹿上盟蜀繼之、然猶未公然主盟也、一自盟宋、
兩伯之勢成、而諸侯交相見、則中外之防自此泯矣、名曰
弭兵、而實長亂、故書以謹之○宋虢二役、晉楚爭先兩盟
實先楚人、而會先書晉、則抑楚可知、春秋於兩會皆以趙
武居上、以有信與晉也、晉楚分伯、宋實成之、是會不列向
戌、而地以宋、則與會可知、春秋於會盟兩書宋爲地主、以
首禍罪宋也、

○衛殺其大夫甯喜

衛剽篡也、而甯氏親助其篡、父子事之、則剽固喜之君矣、

故書其君與齊弑商人同文甯喜賊也而衛獻不以賊討罪名未正則喜猶衛之大夫也故不去其大夫與晉殺里克一例○晉執甯喜爲孫氏執之也故稱人以執以著晉平之悖衛殺甯喜聽免餘殺之也故稱國以殺以著衛獻之私○方氏曰晉里克衛甯喜見殺矣而卓剽不書葬者或謂克與喜之討不以罪其實夷吾立衎復歸葬之不以禮不赴於鄰國而魯不會也

衛侯之弟鱄出奔晉

書弟奔者四兼責兄與弟也陳黃爲慶氏所迫而奔是陳

侯不能保其弟也若衛獻以殺甯喜之故致鱄出奔固失君兄之道乃鱄病失信而出決於自絕於恩不已薄乎秦鍼因寵過懼選而奔是秦伯不能容其弟也若宋景以嬖向魋之故致辰出奔固失君兄之道乃辰病迋歟也地而出率衆俱去於義不尤悖乎故書弟以兼責之

秋七月辛巳豹及諸侯之大夫盟于宋

楚先於晉在盟不在會故盟止書大夫而不序存中國也大夫係之諸侯存諸侯也○鄭氏曰溴梁之會諸侯皆在而大夫盟人猶知爲諸侯之大夫也故不書諸侯以罪其

臣宋之會諸侯不在而大夫盟人幾不知爲諸侯之大夫矣故書諸侯以存其君○僖二十七年盟于宋沒楚子不書而曰會諸侯不與公之從楚也此年盟于宋沒屈建不書而曰諸侯之大夫盟不與楚之先晉也

冬十有二月乙亥朔日有食之

二十有八年春無冰

夏衞石惡出奔晉

邾子來朝

秋八月大雩

仲孫羯如晉

羯請命於晉公親朝於楚交相見之禍見矣

冬齊慶封來奔

十有一月公如楚傳爲宋之盟故公及宋公陳侯鄭伯許男如楚

陳氏曰諸侯旅見於楚始此書公朝王所見王之衰書公如楚見伯之衰公如楚凡二此與昭七年也

十有二月甲寅天王崩靈王也景王立

乙未楚子昭卒

汪氏曰襄王方崩而晉會之卿會盟于衡雍定王方崩而

七國之君會盟于蟲牢、簡王方崩、而邾衛晉朝聘於魯、其不奔喪送葬、可知、甚至襄公不奔靈王之喪、而在楚送葬、可勝歎哉、齊侯元卒、而宣如齊、晉侯獳卒、而成如晉、楚子昭卒、而襄在楚、其爲奔喪送葬、瞭然、馴至昭公弔晉少姜之喪、而至河不納、益可傷矣、

二十有九年、春、王正月、公在楚、

凡公如齊如晉、歲首不書所在、內夏也、今公如楚、歲首特書所在、外夷也、夫以僭王之楚、公乃朝之、而被止、故特於朝正之時、書公所在、與昭公失國、書公在乾侯、同、憫公也、

亦責公也存君也且以責季氏之無君也季孫宿因公在外取卞

夏五月公至自楚

庚午衞侯衎卒

閽弑吳子餘祭

盜殺蔡侯申書殺閽弑吳子書弑旣書弑何以不日其君賤閽也閽賤不可謂之其君猶盜賤不可謂之其君

仲孫羯會晉荀盈齊高止宋華定衞世叔儀鄭公孫段曹人莒人滕人薛人小邾人城杞

李氏曰僖公爲成風伐邾而春秋不予以救患之義晉平

爲悼夫人城杞而春秋不予以保小之仁則公私之際審矣

晉侯使士鞅來聘

杞子來盟左傳杞文公來盟書曰子賤之也註賤其用夷禮

此非前定之盟亦非因朝而盟蓋晉來治杞田故杞子親來以要結之耳書國君來盟惟此與來朝稱子僖二十七義同

吳子使札來聘吳聘惟此一見

吳始聘亦始君臣並見與楚子使椒來聘秦伯使術來聘文同義同非以札書名爲褒貶然秦楚來交初稱人漸乃

君書爵臣書名今吳始來聘卽君書爵臣書名雖見其能以禮來而實有圖伯之心矣

秋九月葬衛獻公

齊高止出奔北燕

冬仲孫羯如晉

三十年春王正月楚子使薳罷來聘

魯與四國旅朝是以諸侯事天子者事楚也楚使大夫來聘是以伯主待列國者待魯也吳札不稱公子其禮未同於上國薳罷並書名氏則直比於諸夏矣

夏四月蔡世子般弒其君固

君不君臣不可以不臣故徵舒崔杼之罪無殊於督萬父不父子不可以不子故蔡般之罪不減於商臣

五月甲午宋災宋伯姬卒

天王殺其弟佞夫王子瑕奔晉

殺佞夫目天王亦猶克段目鄭伯也此書弟彼不書弟者段有罪而佞夫無罪也王不去天者書殺弟則其大惡自見也

秋七月叔弓如宋葬宋共姬

內女書葬者三、紀伯姬紀叔姬不書諡、一則紀侯未歿、一則媵不得配君之諡也、獨此書共姬從夫諡也、而凡夫人別自爲諡者、皆非禮矣、與葬蔡桓侯獨稱侯義相似、

鄭良霄出奔許。自許入于鄭。鄭人殺良霄。

欒盈良霄既奔、位已絕矣、而盈書復入、霄止書入者、著其方出而即入也、欒盈良霄之入、借外權也、而盈之入不書自齊、霄之入書自許者、著其借仇以亂國也、稱兵犯君非復大夫矣、故皆去其大夫、而以討賊之詞書。

冬十月葬蔡景公

隱公閔公賊未討不書葬示臣子不敢以急葬也討賊之義也蔡景許悼賊未討而書葬罪鄰國之會其葬也亦討賊之義也

晉人齊人宋人衛人鄭人曹人莒人邾人滕人薛人杞人小邾人會于澶淵宋災故

稷之會直書成宋亂明非討宋亂也澶淵之會特書宋災故明非爲蔡亂故也不書魯大夫魯爲宋姻相恤必厚故此會轉不與歟或曰諱也諸國書人以不能討賊貶之也

三十有一年春王正月

夏六月辛巳公薨于楚宮

秋九月癸巳子野卒

書子卒者三子般卒子卒子野卒皆故也故不地不葬與隱閔同或曰子野之卒毀也未可與般惡見弑者並論夫先君未葬嗣子宜次殯宮而乃次於季氏此何故哉無故者必有故則當於季氏是問矣春秋推見至隱故直與見弑者同文

己亥仲孫羯卒

冬十月滕子來會葬滕來會葬二此與定十五年

滕子來會葬、邾子來奔喪、皆譏過禮也、齊侯元卒、公如齊、晉侯獳卒、公如晉、不書奔喪會葬者、為內諱也、

癸酉葬我君襄公

十有一月莒人弒其君密州

《春秋》研究文獻輯刊

第三册

NLCPH
國家圖書館出版社

第三册目録

春秋簽例三十卷卷首一卷（卷十五—卷三十）　清·趙儀吉 輯

春秋箋例三十卷卷首一卷

（卷十五——卷三十）

清·趙儀吉 輯

清嘉慶二十二年（1817）刻本

春秋簽例卷十五　　　　奉新趙儀吉輯

文公

十有三年春王正月

夏五月壬午陳侯朔卒〔壬午月一日陳共不書葬〕

邾子蘧蒢卒〔穀作蘧蒢〕

自正月不雨至于秋七月

世室屋壞〔世左穀作大音泰〕

三傳譏處皆是胡傳就不雨七月而廟壞以甚文公之罪非通論也以不雨廟壞爲罪重將淫雨廟壞爲罪輕乎言世室則屋不待言矣必更言屋者質言世室壞則辭巳危

故更言屋以緩之此臣子立言之體也

冬公如晉衛侯會公于沓會下公無公字沓地闕

當是因晉怒徵朝始往

狄侵衛

譏魯晉爲衛不如爲宋

十有二月己丑公及晉侯盟十二月無己丑己丑十一月十一日

公還自晉鄭伯會公于棐還上公穀無公字棐公作斐鄭地

是時晉因同姓諸侯皆不附己有意詰討故咸懼而謀從

於晉

是歲丁未頃王五年

晉靈七年
楚穆十二年
齊昭十九年

十有四年春王正月公至自晉

是年周縱齊賊魯錮宋哀事皆不法故特書王月

邾人伐我南鄙叔彭生帥師伐邾

邾人以復失須句故未嘗忘報所以遲久不發者以其時齊方有意招魯也今見魯竟朝晉且爲連衞鄭以附之此齊所深忌故間之報魯魯知其來有因當自反不當更報乃報不逾時非親隣弭怨之道也

夏五月乙亥齊侯潘卒 乙亥四月二十九日

左傳子叔姬妃齊昭公生舍叔姬無寵舍無威公子商人

驟施於國而多聚士盡其家貸於公有司以繼之夏五月昭公卒舍即位秋七月乙卯夜商人弒舍而讓元元曰爾求之久矣我能事爾爾不可使多蓄憾爾爲之

六月公會宋公陳侯衛侯鄭伯許男曹伯晉趙盾癸酉同盟于新城癸酉月二十八日新城宋地在梁國穀熟縣西○在今歸德府商邱縣西南

時東諸侯除齊而外復皆從晉故有是盟月無異事而盟日不繫月者託於公意本會諸侯而以治宋晉亂臣爲事初不圖反與趙盾盟故是盟書同乃歸責於內君非有以伯還晉之意也

秋七月有星孛入于北斗

范氏引劉向言北斗貴星人君之象也茀星亂臣之類言邪亂之臣將並弒其君家氏曰有星者非常之星不當有而有者

公至自會

晉人納捷菑于邾弗克納捷公作接

是役據左氏將爲趙盾師八百乘若從舊例當書晉趙盾帥師據公羊穀梁將雖不如盾之尊而師則猶衆亦當稱晉師乃僅稱晉人可以證將卑師少諸例之妄矣正義云捷菑不言邾者下有于邾之文猶納子糾不言齊上有伐齊之文也頓子北燕伯皆是國君故稱其國納衛世子蒯

瞶于戚者以上下無衞文故稱國也孔氏此說似是而實非經例一筆之事初見卽繫國者皆不爲用國氏之例況并初見而已不繫國者乎捷菑不繫邾政謂其不應有邾耳無煩曲說也且一事而國名再三見者多矣經豈斤斤爲省文計者哉如孔氏言假令蒯瞶納于衞將云納世子蒯瞶于衞耶又按傳言齊出晉出則邾之伐魯實其齊命晉納捷菑兼應魯請皆見矣趙盾之中止不納實畏齊援獲且然事近悔過經有予意不名趙盾既著其擬君之罪且不令亂人得專悔過之美也

九月甲申公孫敖卒于齊甲申月十日

放雖爲遂所陷而不思自理遽棄君命以幣奔莒罪實重大不極所往猶可受喪而禮飾其終則廢法矣故書卒日喪歸以志譏

齊公子商人弒其君舍

春秋之法嗣君未逾年稱子不稱爵此本嗣子有不忍自君之意而立文非謂柩前卽位尚不爲君必待逾年卽位然後爲君也舍既被弒自當從臣下起義照常稱君以定亂賊之罪奚齊之不以君稱乃罪其譖殺世子而特奪之雖殺之逾年之後猶必從陳佗之例不成爲君注家不曉此指故於舍與奚齊不勝聚訟其蔽實由誤會子般卒子

卒之不以公稱而起不知彼既諱弒不得不仍以子稱若孔子非魯人據他國之史以修春秋知亦必以魯公子慶父弒其君般魯公子倭弒其君赤書也陋儒膠柱鼓瑟真是無從説起更有可怪若陸氏仲沖之兼以里克不代位商人代位爲説者則未聞春秋以權臣弒君之罪爲輕於代位者弒君也言之有中也難哉

宋子哀來奔

此章舊皆不得其指而尤莫謬於左氏其言宋高哀爲蕭封人以爲卿不義宋公而出遂來奔書曰宋子哀來奔貴之也夫高哀一封人耳一附庸之國之封人耳宋公何由

拔之爲卿且宋昭之爲君其非能爲立賢無方之君亦明矣又其時六卿水火自相魚肉其不容間以疏賤更明矣哀其旣爲卿而後行者乎則已不得爲賢將未爲卿而先行者乎則又例不得書若以賢故雖不爲卿亦書則春秋時之不食汙君之祿者多矣何悉不書而獨書一宋哀也以是知左氏此傳之不經也想是時宋國君臣之故左氏亦未能盡悉而又不細求經例是以敢造事實經以欺後世豈知轉求諸經宋事之本末固具在乎據左傳言宋昭無道今以經考之初無不道之行大約是庸妄之人當其爲世子時其柄臣卽有不願立之者故其在庭臣工與者

半不與者半而與者之權又不敵其不與者是以即位以來多所殺逐皆是强臣放恣與君無與而君又不甘俛首强臣若魯昭之於意如是以君曰虞其臣臣曰圖其君而大權久落善類云亡君之不能勝其臣者其勢然也至是而强臣已將行廢立之事矣彼子哀者固强臣所屬意蓋嘗以爲君餌之者也子哀惡其名之惡而其權又不足以殺賊是以脫身而奔魯此春秋亂世絕無而僅有之賢公子也不言公子而言子者明宋人既已不君其君則哀固當爲宋之嗣君者也此用叔武稱衞子之例衞子不名宋子則名者叔武無君而哀有君也使魯人而爲有義憤者

於哀之來必已盡得宋故矣卽當大合諸侯爲宋除强臣而植孱主則宋公不至於被弒卽弒矣能翊子哀而討亂賊猶足以伸大義而快人心何乃魯爲不道反受其亂臣華耦之盟未弒君以前既爲長錮子哀已弒君之後復不會討亂賊魯人之罪於是不勝數矣故經之書子哀來奔華孫來盟皆重責乎魯之文也傳者不知子字連宋而以子字連哀此經指所以無由而發也或問叔武稱衞子從伯主之意也若哀稱宋子則從亂賊之意矣可乎曰叔武幸伯主之廢君而樂代其位是以可誅子哀不忍亂賊之弒君而先避其位是以可予使天下萬世公子公孫當國

人將放弒其君而有餌之以爲君而不肯受者此其人卽當爲嗣君者也不惟信其前日必無有非分之冀亦可決其後日必能伸在官之誅禍亂之際政難其人奈何因亂賊常思擁立遂以爲嫌而棄之哉知春秋書宋子之義而亂賊煽變之技窮矣故曰春秋成而亂臣賊子懼

冬單伯如齊齊人執單伯

左傳襄仲使告于王使以王寵求昭姬于齊曰殺其子焉用其母請受而罪之冬單伯如齊請子叔姬齊人執之又執子叔姬按此等乃左氏之最可信者而後儒乃惑於公穀命大夫之說雖酷信左氏者至是亦不之信而經指因

而晦者多矣夫後儒之所以不信爲王臣者爲此等處皆紀內之體非紀外之體也獨不思州公如曹非書單伯如齊之類乎晉人執虞公非書齊人執單伯之類乎經例事之關涉於內者王臣雖往他國亦書劉夏逆王后于齊亦是此例穀梁襄五年鄫世子巫如晉傳外不言如而言如爲我事往也則是穀梁亦見及此矣何諸家皆以先入爲主必以單伯爲魯臣也餘義詳莊元年又按齊商人弒君篡立之賊天王不伸天討而反遣使禮之是宜書使去天更名使臣以示貶今無貶辭者以不請王師討齊反請王使禮齊爲魯罪故責魯重而責周輕也

齊人執子叔姬

是歲戊申頃王六年據左傳王崩于春

晉靈八年　　　　　齊昭二十二年

楚子旅元年卒謚爲莊

十有五年春季孫行父如晉

左傳季文子如晉爲單伯與子叔姬故也按魯人亂賊之不討徒爲一叔姬肆出請命皆聲姜欲救其愛女之故也

三月宋司馬華孫來盟

華耦弑械已成見子哀奔魯知其與已異趣慮弑君後哀或環乞諸侯以討已其患殊不易支故就魯結盟使魯錮哀不令更適諸侯且約仲遂以異時當成宋亂也經例來

盟不稱使者明非彼君之意也不稱使又不稱名者內君不與其事也閔二年冬齊高子來盟盟而後立僖公是盟時會尙無君所與盟者大夫故高子不名從其稱也此時會非無君乃用高子例者明是時內君亦不能爲主止有大夫尸之也視高子更舉官者高子之盟衆大夫尸之華孫之盟一大夫尸之也春秋之例王臣舉官臨內之一賤者立義外臣舉官對內之一敵者立義華孫之來盟實公子遂一人專之不關文公及諸大夫事故書司馬者所以專歸其罪於仲遂也八年司馬司城之書亦對遂立文耳此春秋誅隱之筆亦文在此而義在彼之類也

夏曹伯來朝

書此以明齊侵我遂伐曹之由非譏喪朝故上年不書王崩

齊人歸公孫敖之喪

齊有收魯之意故歸敖喪且釋單伯

六月辛丑朔日有食之鼓用牲于社

單伯至自齊

左傳齊人許單伯請而赦之使來致命書曰單伯至自齊貴之也按貴之之義殊無謂爲我事往可書如故爲我事來亦可書至所以書單伯之至者特明齊釋非如鄭詹之

自齊逃來也而前之書如爲我事往益明矣奈何反因書至益信單伯爲命大夫乎使命大夫之說而可信則單伯淫乎子叔姬之說當亦可信矣姑無論百有餘歲之人決無淫行卽誠有之其傳笑四方貽羞宗國也大矣而春秋猶不敢名之爲命大夫者復何所不爲乎卽此亦可證公穀之妄其餘諸家傅會之說益不足辯矣

晉郤缺帥師伐蔡戊申入蔡

是役若在楚商臣未死之前則當從伐沈之例言晉人伐蔡蔡潰以惜其不進而伐楚是時楚已易世故不重伐楚蔡雖堅於附楚亦非當時急務故亦不重伐蔡當時急務

在於討齊商人而晉乃舍齊伐蔡不爲有名之師矣又況不勝私忿必破人國都而後已乎故復書戊申入蔡以重其事所謂罪餘於人之外也然此亦因帥是郤缺故責之以扶植晉靈沖弱之勢若事出趙盾則不足責矣故是役尤不可以晉人書

秋齊人侵我西鄙

按齊人執單伯復釋使至魯者欲藉單伯勸魯使棄晉事齊也魯畏晉討不敢遽從故有此伐稱齊人者魯既未與齊自不當成商人爲君也書侵爲內不能報諱爲淺事也

季孫行父如晉

告晉以不勝齊擾須暫從齊也晉度不能制齊亦姑聽魯
故魯不會扈盟晉亦不詰
冬十有一月諸侯盟于扈
左傳晉侯宋公衛侯蔡侯陳侯鄭伯許男曹伯盟于扈尋
新城之盟且謀伐齊也齊人賂晉侯故不克而還於是有
齊難故公不會按是盟不敘諸侯不劃商人於事外即所
以譏諸侯也
十有二月齊人來歸子叔姬
子君齊而見弒身執辱而大歸叔姬之遭慘禍聲姜之攖
顯報也女子稱子之因母猶稱婦之因姑也春秋於聲姜

及敬嬴有女皆稱子有婦皆去氏同一治妾而賊者之法也治妾婦且然況亂臣賊子乎

齊侯侵我西鄙遂伐曹入其郛

魯雖已許從齊而商人之意則必得魯朝以爲信公懼其暴未之許也故有是役書齊侯明魯已與齊故成商人爲君也書侵與秋異義秋爲不報而餙言淺伐此謂甫經淺伐郎服也凡言遂者一事已畢又爲一事之辭明齊侵魯而魯遽服故齊遂得伐曹也書入其郛者明魯以見幾服齊得不遭殘破皆謂魯之筆也或問何以知經指如是曰入郛猶入邑也是以知義從內起也

是歲己酉匡王元年

晉靈九年　　齊懿公商人元年

楚莊二年

十有六年春季孫行父會齊侯于陽穀齊侯弗及盟

左傳春王正月及齊平公有疾使季文子會齊侯于陽穀請盟齊侯不肯曰請俟君閒按西鄙之役魯人已許從齊將於正月兩君相盟于陽穀至是齊侯果先至文公旣虞商人之暴又畏晉人之爭不敢親往因託有疾使行父受盟商人不屑盟魯臣且知公疾之詐故約以請俟君閒公於是詐疾四月以待其變無如齊侯卒持前議不少游移而晉亦終無聽魯事齊之意魯於是不得不行賂于齊矣

故仲遂納賂一節亦左氏之可信者商人既得賂始許綏盟其君而先盟其臣故六月及遂盟于郪丘夫賊求盟而與之盟尚爲可恥何況求與賊盟而賊反不盟直待納賂始獲共盟其可恥更何如也春秋於文公交商人一事文煩而不殺其所以爲魯病者至矣若非事關黨賊其肯不爲魯諱如是耶

夏五月公四不視朔

視朔者朔旦臨朝視事也不視朔則不告朔可知然不言不告朔者舉其可道者也自正月齊侯不肯盟公遂詐爲眞疾二月卽不視朔至於四閏月故四不視朔蓋請賂而

齊故難之故公之晝居於內者幾半年也可謂畏齊如虎卽魯桓初年亦未始畏人如是也子孫之不如祖宗有如是哉又按先儒有謂自是遂不告朔者過也疾起仍視朔故不視朔可數若遂不視朔當以初書矣然自㬥以告朔爲不足重或舉或否至於竟廢雖謂告朔廢於文公可也

六月戊辰公子遂及齊侯盟于郪上（戊辰月五日郪邱齊地 郪字公作犀穀作師）

左傳公使襄仲納賂於齊侯故盟于郪邱按商人以得賂故盟臣亦可文公以免難故事賊亦可可以觀世變矣

秋八月辛未夫人姜氏薨（辛未月九日）

毀泉臺

泉臺公羊以爲郎邸臺然莊公築臺非一公羊殆憶說也左氏云有蛇自泉宮出入于國如先君之數八月辛未聲姜薨毀泉臺竊疑泉宮爲魯先君墓域之寢宮而泉臺又泉宮中一臺皆所以妥神靈者古人以歸土爲及泉則泉宮泉臺亦泉壤泉路之意也泉臺若非墓域則蛇出臺下數偶十七誰復憶及先君之數哉以是知泉臺乃墓門舊制不可輒改觀經直以毀書則在不可毀之列非第不必毀也公穀以爲不如不居處是猶以臺爲先君之過舉恐非經指大抵左氏雖喜語妖祥此等非關傳會經義說當可信郎其不言泉臺爲何臺又別有泉宮是爲眞知泉臺

者故以左傳之意推之而知泉臺之爲墓宮無疑也

楚人秦人巴人滅庸

前此秦楚猶陰相援應今則明連一黨矣且合三國以共滅一小國亦前此未有之横暴書之以著晉趙盾内政外迕伯圖不振也

冬十有一月宋人弑其君杵臼（公作處臼）

春秋於弑君之獄不目賊而但稱國人者三此年宋人弑杵臼也十八年齊人弑商人也襄三十一年莒人弑密州也皆因外既無伯可責内又實有可責故引其咎於魯也然三獄實分兩類以宋莒爲一類齊爲一類宋弑之罪魯

者責魯既不能爲宋早除亂臣而又助華耦而長錮子哀其罪皆在宋未弑君之前莒弑之罪魯者責魯既不能與齊共逐展輿又受牟夷而多取叛邑其罪皆在莒既弑君之後是兩獄者若皆直書賊名則魯罪太暴矣故爲沒賊不書第從義起於內而稱人是其義在一人字而所謂人者即華耦牟夷其人徒以責魯之故而特從輕典者也至於齊弑商人其義微別以商人本弑君之賊也論春秋於亂賊決殺不赦之正例商人雖篡立四年亦當書齊人殺商人而不成之爲君乃書齊人弑其君者罪魯既宥商人不討反首請王臣而禮下之其後又畏之賂之君臣迭相

盟之致齊人不得不共戴之是其義在弒其君三字而所謂人者卽齊能殺賊之人徒以責魯之故而特從重典者也故曰弒君而有稱國人者皆所以引告於魯也或問篡立四年而見討猶可不成爲君春秋有例可援乎曰雖無例可援而有例可比衛黔牟篡立九年見殺不書魯桓篡立十八年見殺其年正月始爲書王可知討賊無限年之法矣

是歲庚戌匡王二年

晉靈十年　　齊懿二年

楚莊四年

十有七年春晉人衛人陳人鄭人伐宋

左傳晉荀林父衛孔達陳公孫寧鄭石楚伐宋討曰何故弒君猶立文公而還按書此非予諸侯能討賊政著其乍伐而旋定之之罪見諸侯之於宋亦無以大異於魯之於齊也

夏四月癸亥葬我小君聲姜癸亥月五日聲公穀作聖

齊侯伐我西鄙六月癸未公及齊侯盟于穀癸未月二十六日

按商人已受賂文猶不敢親與之盟者雖畏齊暴亦由意尚忌晉唯恐以顯與齊盟干晉怒也故前託以疾不視朔者四月纔託於喪緩葬母者九月無非欲藉以支吾徐觀晉勢也比宋人弒君晉討不力魯不會伐晉亦不詰始知

晉之不足與矣而齊又寇之不已是以有穀之盟魯自是一意從齊矣亦晉之措置乖違自不能有魯也又按先書伐我以爲受盟之由幾與病而乞盟者無異而不爲諱者因商人乃出名之賊與其他鬭於得國者不可同論若非寇我益甚而公輕與賊盟罪實重大故是役獨以伐書盟亦不爲公諱皆所以假魯以說而少殺其恥也

諸侯會于扈

統稱諸侯未有因會者此因會而統稱何也將以恥諸侯之收宋賊也然則何以不明叙諸侯與宋共會使庇賊之罪益彰乎曰是會宋實未與故從不劃之於事外之例而

渾舉諸侯若宋文在列則必明叙矣或問何以知之曰此扈之會之書本爲魯之盟賊分惡也而盟賊是實會賊是虛是諸侯之罪終下於魯也此亦不能更爲魯諱者矣使諸侯實與宋會決無反爲外諱而獨著內惡之理故知扈之會宋實未與也

秋公至自穀

此至本當不書所以書者嫌於魯既盟穀而又會扈也

冬公子遂如齊

左傳襄仲如齊拜穀之盟

是歲辛亥匡王三年

晉靈十一年　楚莊五年　齊懿三年

十有八年春王二月丁丑公薨于臺下 丁丑月二十四日·

秦伯罃卒

秦至康公始書卒猶不書葬純以待楚稍後之例待之蓋甚惡秦之爲患中原也或者乃以穆隸五伯之數亦由於春秋之例全未窺見耳

夏五月戊戌齊人弒其君商人 戊戌月十六日

六月癸酉葬我君文公 癸酉月二十二日

秋公子遂叔孫得臣如齊

左傳六月葬文公秋襄仲莊叔如齊惠公立故且拜葬也

文公二妃敬嬴生宣公敬嬴嬖而私事襄仲宣公長而屬諸襄仲襄仲欲立之叔仲不可仲見於齊侯而請之齊侯新立而欲親魯許之按前此奉使均有正介然未有兩人並書者以使有上客統於尊也惟此年公子遂叔孫得臣之如齊定六年季孫斯仲孫何忌之如晉始二使並書定六年由陽虎之强使季孫此年則由仲遂之必偕得臣也然彼尚正卿介卿敘如其班此則卿與大夫更易其列矣蓋聖人之特筆所謂起問者見事情也據周語劉康公言東門之位不如叔孫韋注東門大夫叔孫卿也蓋未有東門先有三桓季孟爲上卿叔孫爲下卿東門後出位僅大

夫而已自公孫敖奔莒之後孟孫不絶如綫行父初出不任國事遂又得內外之寵故魯之大權悉歸於遂然位終在叔孫下也今反先書遂後書得臣者非於使臣分正介乃爲亂臣分首從也夫公子遂欲爲敬嬴毋子而殺子赤非一日矣所以不弑於初立時者不忌晉而忌齊也及齊惠幸商人之弑而代其位遂度其必思親魯故先告於齊然後行事然大夫行而卿無往者齊侯未必信之又慮三桓皆在國中萬一變從內起則逐已甚易挈得臣同出則三桓有所顧惜內患可以不作矣所以不强行父者遂知行父之爲人遲回顧慮且有賢聲語以弑立必不從望以

討賊亦不敢至孟孫之足慮又不如行父得臣之爲人遠不逮彭生此遂所以於行父則必瞞之於彭生則必除之於得臣則直商之也此皆遂之主謀千百世下肺肝如見者故位雖在得臣下而聖人則必以遂爲首而得臣反爲從焉於是遂之罪大於得臣得臣之罪大於行父蓋得臣助逆於未弒之先行父容賊於既弒之後觀經書三人之如齊而罪人皆得矣眞化工之筆也又按内臣自三桓以來名已見經未有不書卒者而彭生獨無卒文則左氏所云襄仲殺之於弒赤時者信矣然不明書刺叔彭生使得附於孔父仇牧之儔者彭生有罪也公子遂蓋嘗以廢立

語彭生矣彭生雖持不可之見而不能立暴逆遂今將之謀以釀成大變則彭生之得不爲鄭之歸生者賴其見殺於仲遂耳又安可輕附之能爲有亡之列哉故直用殺當其罪之例並刺亦不書矣然亦不書卒者實殺無書卒之例左公羊諱酖公子牙之說元妄也或問旣不書刺又不書卒則彭生與公子輩一類矣何以有情罪重輕之別乎曰在彭生自信非賊人亦無有以賊目彭生者而自聖人視之則直與輩無異所以爲大臣知有逆謀而顧惜身家忍不舉發者戒嗚呼以彭生之不順於賊而又見殺於賊而猶不免自罹於賊彼趙盾歸生復何辯哉故曰春秋成

而亂臣賊子懼

冬十月子卒

子般子野名子赤不名諸家多從葬未葬起義此似是而非之說也經例凡嗣子未逾年卒其先已爲世子者不名爲其名已先定也其先未爲世子則名爲其名非先定君薨而大臣擁立之者也所以有此書法者爲嗣子初立而遭弑奪者定責之所歸不先爲世子而見弑者亂賊之罪雖不爲減而不早定儲之君父亦有責焉故嗣子卒而書名若由世子嗣位而見弑則罪專在亂賊譏不及君父故嗣子不名觀景王既葬王猛立卒皆名可見矣子野之卒

非有弑奪亦名者政致危於儲不前定其得卒於毀而不卒於弑者幸也子赤卒獨不書日者明弑謀已成於遂與得臣如齊時所謂禍至無日也

夫人姜氏歸于齊

夫人文公元妃子赤之母也凡夫人不安于國而去者其有罪而不爲公議所容則書孫其無罪而不爲亂賊所容則書歸此彰善癉惡之不同也

季孫行父如齊

爲亂賊結援於齊也是行父亦亂賊矣以行父之初志豈不欲討仲遂而廢宣公懼力不勝賊而身家不保故反爲

賊用而不辭此三思而行之弊也苟患失之無所不至其行父之謂哉

莒弒其君庶其

此章書法與傳之事迹絕不相類儒先既不能屈經以就傳遂不得不飾傳以就經雖以草廬吳氏之通儒猶用趙伯循之說欲改僕因國人以弒君以字為之字至卓去病則謂以與已通而訓因為緣為說更巧皆欲脫僕於弒父與君之大惡也無論因某某以作亂因某某以弒君乃左氏慣用之文律從無以已通用之文亦無訓因為緣之義卽令他傳不然而此傳獨然不知於下文夫莒僕則其孝

敬則弒君父三語更用何解以通之可謂一言以爲不智矣然猶失於不覺也若胡康侯則明見及此懼人摘還觀莒僕之下文以相詰且不發傳於此徑用趙說發傳於襄三十一年莒人弒其君密州下是直欲瞞人耳目矣豈修辭立誠之道哉然而唐宋諸儒所以譸張至此者徒以經不書莒世子僕弒其君又不書僕來奔遂謂經於僕有恕辭則僕必非實弒而不知傳自無誤經之所以削而不爲直書者蓋別有義也春秋之例凡書弒君而賊之名氏並見者乃合內與伯及列國而徧責之者也其稱國人以弒者則爲弒前弒後魯賓黨成賊惡而專咎乎內者也其稱

國以弑者則亦有責不及魯之一義者也責不及魯有二例其一遇魯君亦篡竊得國則外弑必不書人爲內君非討賊之人故責不及內若此年莒弑其君庶其定十四年薛弑其君比是也其一遇弑君之國嗣君英賢而不討賊則專罪其嗣君而不暇旁及故責亦不及於內若成十八年書晉弑其君州蒲是也知此義而不名莒僕之故已瞭然矣何用飾傳以附經哉至既不責賊以討賊又豈罪賊之容賊此僕雖實來所以亦削也或問何以知書國人以弑即爲專責于內第書國者即爲責不及內曰人者對我之辭故一言人而知義在於我也既以書人者爲義起於

我則知不書人而第以國舉者之與我無涉也何疑焉

是歲壬子匡王四年

晉靈十二年　齊懿四年

楚莊六年

春秋箋例卷十五終

春秋箋例卷十六　　奉新趙儀吉輯

宣公

元年春王正月公即位

繼弑君書即位者即弑君之賊也義詳桓元年

公子遂如齊逆女

春秋之例凡三年之喪未闋而圖昏者必爲書納幣以譏之固以謹通喪之制而昏議之近成亦因以見焉宣公之娶穆姜在父喪小祥之餘其納幣必更早矣然而不書納幣者莊公文公知三年之喪不可娶而不知并不可納幣故爲書納幣以明之宣公篡立急求齊援雖娶于期年尚

不暇顧何暇更論納幣蓋不直以孝子之行責亂賊也而昏議之成於三卿如齊之時亦因以見矣唯昏議成於上年然後齊人教魯弒君之罪不容誅矣考魯君被弒者五除桓見殺於齊當别論餘皆恃齊以行事如桓之弒隱恃齊僖之妻以文姜也慶父之弒子般及閔公恃齊桓之有意縱之也宣公之弒子赤恃齊懿之妻以穆姜也號爲大國不能令小國敬忌以潛消其逆圖乃反因之以敢行篡弒豈先王建設方伯連帥之意哉聖人追原禍始所以遇魯弒君輒用意於治齊明有王者起比而誅之無赦也

三月遂以夫人婦姜至自齊

經例姑係篡姑則婦屈而不稱氏者爲姑惡已著爲之婦者不敢不加意修謹也或問敬嬴何以爲篡適曰敬嬴之意不唯爲子謀篡爲君亦爲已謀篡爲文之適蓋計適子已殺夫人姜氏必不能安于魯而大歸異時配文公之廟者非已而誰此其用意之惡甚于驪姬故聖人尤痛絕之也

夏季孫行父如齊

左傳季文子如齊納賂以請會

晉放其大夫胥甲父于衛

春秋之例大夫非見殺無爵與名並見者放特生罪非見

殺也而官與名並書蓋賢之也終春秋惟兩見此年晉胥甲父哀三年蔡公孫獵而已何賢乎二子二子蓋皆知國將弑君而思以一已閑之彼賊人者知其不便於已故豫逐之也二子在國其國必不至弑君縱弑君必能殺賊縱未能殺賊必反爲賊殺如孔父仇牧荀息之儔故生而爵之以旌其賢也晉自靈公立後凡殺大夫皆稱晉人固以誚趙盾爲亂人亦責魯有不能代討亂人之告故從内起義皆書晉人此放胥甲父獨稱國者爲内値篡君不以亂治亂也若哀公時蔡放公孫獵則又書人矣春秋之謹嚴有如此者

公會齊侯于平州平州齊地在泰山牟縣西○今濟南府萊蕪縣西有平州城

公子遂如齊

左傳襄仲如齊拜成也

六月齊人取濟西田

左傳爲立公故以賂齊也

秋邾子來朝

楚子鄭人侵陳遂侵宋

晉既失伯魯又弒君無可伯之理故楚以大國得書爵書侵陳者見晉救之無譏也宋有罪亦書侵者譏楚以二事出之不復成討賊之師也

晉趙盾帥師救陳

按左傳言趙盾救陳宋經止書救陳諸家多云爲宋不應救而畧之非也經例救而無功始以救書楚畧使陳即移師向宋其舍陳非關晉力也故從無功之例書救若宋無晉救必不暇爲棐林之會矣是晉有功於宋也有功者反不書救亦經例也於是趙盾力於救宋之罪乃大彰矣又按自令狐以來盾將必以人書者有二義一以明趙盾擬君之罪一以見盾即作亂之人是趙盾方逃誅不暇更有何功罪可論蓋武事而書將名固分别功罪之法也然而是役復目趙盾者固由晉宣無討賊之理亦因將以黨逆

之大罪加盾故于此預出盾名耳或問趙盾固無君之人也而帥師則有君之號也盾書帥師是盾有君矣不幾名實相戾乎曰此因將以弒逆之大罪加盾故須預出盾名又不可以諸侯而殊會趙盾須言會晉師若不預言帥師是卿行而師從矣故須言趙盾帥師非謂趙盾有君也至六年侵陳之舉不復言帥師則無君之實自見矣

宋公陳侯衛侯曹伯會晉師于棐林伐鄭棐林鄭地滎陽宛縣東南有林鄉城○今開封府新鄭縣東二十五里有林鄉故城

地會後伐之義詳桓十五年會袲伐鄭下爵宋鮑以成賊爲君罪趙盾也三國並爵以與宋侯爲伍恥三國也

冬晉趙穿帥師侵崇崇公作柳秦與國

書此以著趙盾以兵柄假其宗族以為弒君之助

晉人宋人伐鄭

書此以見趙盾已與宋人為一黨而宣公亦欲與之而未能故晉宋不以師稱而稱人

是歲癸丑匡王五年

晉靈十三年楚莊七年齊惠公元元

二年春王二月壬子宋華元帥師及鄭公子歸生帥師戰于大棘宋師敗績獲宋華元王子月十日大棘宋地在陳留襄邑縣南○今睢州西曲棘里有棘城又寧陵縣西南七里有大棘城亦與睢相近

秋之法討賊本急於攘僭鄭特僭黨耳乃大棘之役以宋及鄭特變姬先異姓之例專重攘僭者以宋賊華耦已死故治宋漸用平典也餘義詳三年宋師圍曹下

秦師伐晉

晉魯亂人方相與爲黨則晉讎即魯讎故秦以師侮

夏晉人宋人衞人陳人侵鄭

盾既將行大逆無意於外事故此舉伐鄭獨以侵書

秋九月乙丑晉趙盾弑其君夷臯乙丑月二十七日○臯公作獋

靈公已長患盾之專又恨其嘗欲廢己而迎立公子雍也日謀殺盾盾謀先而弑之趙穿特梃刃焉耳然則盾雖賣

穿而殺之其爲盾弑難揜也況悍不討賊盾固願受惡名而不辭矣何傳者之必爲曲釋也左氏重亡不越竟畧無理道後儒重反不討賊亦非經指蓋盾卽賊矣而又將誰討哉夫爲賊之與不討賊情罪稍異若趙盾則賊也若季孫行父則不討賊者也行父亦有賢名聖人未嘗以責賢者備之故必以仲遂之罪加行父則知季孫爲實弑不僅不討賊矣經指本自明顯乃說經者必與經背不解其故又

按凡値內君不足責而外弑有目賊者皆辨疑獄也桓時之宋督宣時之陳夏徵舒獄無疑亦目賊者督獄責在天王徵舒討於楚子固不可一例論也

冬十月乙亥天王崩（乙亥月八日）

是歲甲寅匡王六年（晉靈十四年　楚莊七年　齊惠二年）

三年春王正月郊牛之口傷改卜牛牛死乃不郊猶三望

王喪在殯而思僭冬至之郊非亂賊之行不至此直書牛死之故詳定十五年

葬匡王

楚子伐陸渾之戎（公作賁渾戎後同穀無之字○陸渾之戎戎之處於近畿之地者）

兵雖加戎意實窺周書爵以伐絕之至也

夏楚人侵鄭

討鄭卽晉也楚書人書侵明魯晉已兩賊相結則於鄭有救意而未遑故從内起義而書人託於淺伐而書侵也

秋赤狄侵齊

齊應伐而書侵者被宣以欲救齊而未能皆惡篡君之筆也

宋師圍曹

宋稱師乎宋能讎視魯宣也或問經意殆以宋鮑之罪終下於魯宣乎曰非也宋文至是自可恕也春秋以立法雖峻用法未嘗不寬所指亂賊雖甚廣然有親身之賊有充類之賊親身之賊無時而可恕若充類之賊當親身之賊死

則治之亦稍寬矣是故宣二年經已書宋華元帥師是華耦已死矣華耦死而宋文可恕故此年宋可稱師而假以雠賊之例宣八年傳已載晉郤缺爲政是趙盾已死矣趙盾死而晉成可恕故其年晉可稱師而假以雠賊之例此亦爲賊與不討賊之差等也或曰充類之賊多矣何以於此時兩用寬典曰藉明宣亦親身之賊故仲遂雖死而宣仍不可恕也

冬十月丙戌鄭伯蘭卒丙戌月二十五日

葬鄭穆公

此從時葬之例

是歲乙卯定王元年

晉成公黑臀元年 楚莊八年 齊惠三年

四年春王正月公及齊侯平莒及郯莒人不肯公伐莒取向

伐國取邑未有言故者此獨言故以莒人負弒君之罪茍不言故則嫌以討賊許篡君矣夫挾大國之勢以平兩小國而有不肯者已爲辱矣而又伐之而取其邑此與救鬬不解從而助鬬且攫其物者何異是市井亡賴之行也在他公則必諱篡君固不必諱也

秦伯稻卒 共公也

夏六月乙酉鄭公子歸生弒其君夷 乙酉月二十八日

按左傳於文十七年載子家與書執訊以告趙盾經於二年書歸生帥師戰於大棘獲宋華元是鄭之文事武備盡出歸生歸生乃鄭之柄臣也無論戎首爲誰但使歸生與聞卽歸生弑君而已固不必復問傳之事迹何如也然卽以傳覈之賊爲歸生益無疑義夫伐國不問仁人況弑其君耶公子宋而敢謀先於歸生也則歸生平日之無君可知矣且宋之所以必謀諸歸生者以不得歸生之力則君不可得而弑也然則非歸生弑君而誰弑哉使歸生而果無弑君之心則子公謀先之語何爲而至於其前畜老憚殺之喻何忍而出諸其口乎由是論之歸生之思弑其君

非一日矣宋特迎其意而就之謀耳左氏猶以權不足論歸生是終以宋爲戎首而歸生代受惡名也豈其然哉歸生趙盾兩獄相似而不同趙穿之弒君爲趙盾也故趙盾利之公子宋之弒君自爲也而歸生縱之自常情而論趙盾之罪尤重於歸生然弒逆爲何等事苟有所聞皆當立發而誅之況身爲執政者哉此雖誅捕稍緩因致釀變識者猶將罪之況坐視而畧不爲計者耶是則歸生與盾事勢雖異其有心弒君則一耳然而盾難諉罪於穿歸生易諉罪於宋何也雖宋亦自任弒君而不辭也宋任弒君而不辭而歸生免矣聖人則以弒加歸生政爲其力足以誅

賊而故縱之也而後凡大臣之不便其君而以弑出他人爲幸者皆可援此法以治之矣故曰春秋成而亂臣賊子懼

赤狄侵齊

秋公如齊公至自齊

冬楚子伐鄭

討賊之師以得賊爲貴得賊則并伐不書矣不得賊而徒伐之非真能討賊者故楚伐鄭今年尚稱爵明年卽稱人矣此卽戰卽書爵盟惡曹書人之例也

是歳丙辰定王二年

晉成二年
楚莊九年
齊惠四年

五年春公如齊

左傳齊高固使齊侯止公請叔姬焉

夏公至自齊

據傳止公之言則至應書月令不書者執賊非無王賊執賊非有王故止從常書之

秋九月齊高固來逆子叔姬左無子字

杜氏曰適諸侯稱女適大夫稱字所以別尊卑也高固齊大夫不書女歸降于諸侯按諸侯之女嫁于外臣而公自主其昏辱國甚矣況益之以見止而強昏耶非負罪懼討

何至於此餘義詳文十二年子叔姬下書月爲卒得臣

叔孫得臣卒

得臣之卒不日有指爲闕文者說似大方然卿卒闕日隱桓世遠容或有之自公子牙以來至終春秋未有闕日者獨闕得臣之日當非確論其有以爲因與弒而削之者亦未全窺經指經例賊臣本不書卒蓋比之大夫見殺不書之例其書者皆以他故帶書者也得臣之卒宣公君臣以值國有嘉禮特輟卿喪以媚高固故爲不日卒得臣以示譏猶卒仲遂之因壬午猶繹也

冬齊高固及子叔姬來

女嫁隣臣已出無奈壻又挾以俱來要魯接以邦君夫人之禮招搖過市何恥如之書以爲魯人病

楚人伐鄭

是歲丁巳定王三年

晉成三年　楚莊十年　齊惠五年

六年春晉趙盾衛孫免侵陳

趙盾雖負弑君之罪而猶不忘定伯之謀故其志尚思服齊欲服齊則必先招魯而魯已畏齊特甚不可猝得猶幸其與衛無閒故思藉衛以致之侵陳之役郎已託衛連魯而魯不之應故明年衛孫良夫復爲晉來盟導使事晉魯

意雖移終爲齊脅使從伐萊而從晉之謀不成須知黑壤之會亦齊許之然後敢往故罷會卽遣仲遂謝齊自是堅於從齊不復忌晉越十年之後始一會晉斷道而猶未必服也宣蓋始終德齊而已矣或問由斯以談則晉衛侵陳爲魯而書也爲魯而書則言晉人衛人可矣何必令趙盾得復見經也豈恕盾之說亦可採歟曰經非有意恕盾也而實有意謫衛也中原常共會盟之國不離晉齊魯宋衛鄭今五國皆弒君矣獨衛無是禍耳故獨以伍賊恥衛若他國偕盾以賊黨賊固其所也何責焉不書帥師之義見元年救陳下

夏四月

秋八月螽

冬十月

是歲戊午定王四年

晉成四年　齊惠六年

楚莊十一年

七年春衛侯使孫良夫來盟

左傳孫桓子來盟且謀會晉也按良夫免子孫氏自免以下惟以衛從晉故晉亦喜助孫氏詳成十三年又經例與國來聘書使平辭也來盟書使貶辭也此貶衛侯之違賊而附賊

夏公會齊侯伐萊萊國今東萊黄縣○今屬登州府縣東南二十里有萊子城

此齊聞魯受衛盟將貳于晉故徵使從伐以覘魯意也魯不敢違故會伐萊

秋公至自伐萊

伐莒不至伐萊則至者伐莒有尋賊討賊之嫌伐萊則無嫌也

大旱

義見僖二十一年

冬公會晉侯宋公衛侯鄭伯曹伯于黒壤今山西澤州沁水縣西北四十里黒嶺周宇文泰改爲烏嶺寰宇記云卽春秋黒壤

此必魯以衛晉之情告之齊齊聽其會晉也故會後齊亦

不詰又按是會合六諸侯而四爲簒君其相之者必又皆

仲遂趙盾歸生諸賊臣蓋自有會盟以來未有如黑壤之

惡者矣

是歲己未定王五年

晉成五年　齊惠七年

楚莊十二年

八年春公至自會

黑壤之會既不諱公且爲書至明待簒君當如是也

夏六月公子遂如齊至黃乃復

謝聽會晉也足知魯未真與晉也遂至黃疾作輟使而復

不言有疾君命不可以疾廢也或問赦復言而遂復言乃亦有義乎曰赦之罪已明於不至則復言而足矣遂之罪無預於至黃故必言乃乃者出人意外之辭也

辛巳有事于大廟仲遂卒于垂辛巳月十七日

杜注以垂爲齊地竊謂垂卽魯地亦應書之以別卒於國中故祭時未知也垂必魯近都之地凶聞可當日至者遂卒不言公子蒙上文已書言仲遂義與季友同

壬午猶繹萬入去籥

禮大夫卒爲廢一時之祭有事于廟而聞之去樂卒事而聞之廢繹今次日猶繹第于萬舞中去籥不執以示殺禮

而已此譏輕變舊禮而又不哀卿喪也仲遂賊臣本應用公子翬例削卒不書此因變禮帶書義見五年得臣下

戊子夫人嬴氏薨公穀作熊氏

敬嬴之死後仲遂纔七日

晉師白狄伐秦

列國與狄連兵應用殺之例稱人言及不言及而但稱人若成九年之書秦人白狄伐晉已爲貶矣至不言及而稱師則貶之甚也然非治晉成漸寬則亦不屑貶之蓋自三年楚人侵鄭討其卽晉鄭非無故而卽晉晉必嘗伐之而後服然而未嘗書晉人伐鄭者以晉成忍不討賊故比而

同之於賊謂其不可復偃然征伐諸侯也至是連狄而有事於秦始書師以伐在晉得之雖爲夺而在成得之則爲予也至所以予成之義見三年宋師圍曹下

楚人滅舒蓼舒蓼國名傳言羣舒則戎屬也

與伐陸渾之戎書爵互相見義

秋七月甲子日有食之既甲子月之三十日

冬十月己丑葬我小君敬嬴雨不克葬庚寅日中而克葬己丑月二十六日敬嬴公穀作頃熊

以國君葬母豈不能爲雨備而雨不克葬必驟雨非常潦漲崩陷人力無所施也聖人書此欲人知天怒敬嬴也嗚

呼賊臣悖妾表裏圖篡雖逃人誅必膺天僇仲遂旣猝遘厲疾歸猶死於道路敬嬴則葬遇甚雨幾不保其尸棺孰謂出姜過市之呼蒼蒼者竟未之聞耶

城平陽

楚師伐陳

此予楚能讎賊而以惟知伐無罪之陳爲憾又宋稱師於圍曹明其尚自有缺也晉稱師於連狄則姑進而仍外之也豈若楚之獨出伐人而稱師哉是則三國稱師之深意也

是歲庚申定王六年

晉成六年　楚莊十三年　齊惠八年

九年春王正月公如齊公至自齊

夏仲孫蔑如京師

按春秋書內大夫如京師凡七有事者五無事者二僖三十年公子遂答宰周公之聘也文元年叔孫得臣拜召公之錫命也八年公孫敖奔襄王之喪也九年叔孫得臣答毛伯之求金也昭二十二年叔鞅葬景王也此五者有事者也此年仲孫蔑襄二十四年叔孫豹此二者無事者也夫以二百四十年之久曾卿止七如京師列國雖極無王不應簡敖至此且齊桓爲五霸之盛其大義在率諸侯以

尊王不應四十三年之中不詔諸侯之卿一聘京師以是知有事無事創而不書者多矣或曰既多創而不書何以七者獨書曰其有事如京師則書者皆於時事有所寄意者也其無事如京師亦書者皆於使臣有所寄慨者也是故有事者有事中之事無事者有無事之事有事之事譏在本事之中也無事之事譏在本事之外也如書公子遂譏魯重在聘晉也使不遂如晉則答聘京師不書也書叔孫得臣譏周再施而魯一報也不然則一賜一拜不書也書公孫敖罪敖輟使奔莒也使不廢命則奔王喪不書也再書叔孫得臣爲敖既奔莒魯遂不共王喪必待毛伯求

金始遣得臣會葬也使非毛伯來求則會葬襄王不書也書叔鞅爲魯目擊王室之亂而不恤也使王室不亂則會葬景王不書也此所謂事中之事也若書仲孫蔑極似無故而書而不知實爲君朝隣而臣聘周也書叔孫豹亦似無故而書而不知實爲春聘晉而冬聘周也此所謂識在本事之外也乃知有事如京師則書者皆所以致譏於庸惡人也無事如京師亦書者皆所以備責乎賢大夫也此亦足證有故則書無故則不書之法矣或者不知此指乃謂終春秋之世魯卿實止七如京師豈通論哉又按是年公如齊特書王正月卽譏魯之不成尊王

齊侯伐萊

齊惠書爵乃用無伯則大國書爵之例非以伯責之也或問齊惠之所以得國與宋文略同何以宋文可恕而齊惠必不可恕曰魯宣之篡弑由齊惠成之又其黨宣始終不渝故經深惡之

秋取根牟杜注東夷小國

八月滕子卒

書以著宋伐滕喪之非餘義詳隱七年

九月晉侯宋公衛侯鄭伯曹伯會于扈晉荀林父帥師伐陳

此晉成思繼伯而會諸侯將帥以伐陳因疾作而令林父

往焉

辛酉晉侯黑臀卒于扈九月無辛酉上有八月下有十月誤在日

冬十月癸酉衛侯鄭卒癸酉月十六日晉成衛成俱不書葬

宋人圍滕

晉成既卒則晉爲無疵矣無疵則當以伯事責之而不必責宋矣故宋不稱師而稱人

楚子伐鄭晉郤缺帥師救鄭

楚屢擾鄭特爭鄭耳其非能討賊明甚故五年伐鄭已以人書今復稱爵者爲晉救尤謬故仍用無伯則書爵之例

郤缺書帥師譏也外帥師雖非譏辭而書於嗣君始立之

年乃著其急於自君是爲極議之筆非罪救賊不輕用也

陳殺其大夫洩冶（洩公穀作泄）

凡君將見弒大夫有先見殺者多爲賊所深忌之人春秋蓋予之也舊多以書名爲聖人不與洩冶此據左氏之謬例若必以殺不書名爲賢則名已沒矣後世又何從知此賢者之爲誰也故以名不名分賢否甚無謂也或曰此經若無左穀何以見洩冶直諫殺身之賢曰聖人之修春秋特有筆削之例而是非以明其意以爲列國之史苟傳人能就史而參之可以得吾褒貶之實列國之史不傳人第就經而求之亦不失吾褒貶之意卽如洩冶之書國殺有

史則陳靈賊虐諫輔之罪彰無史則洩冶能爲有亡之義著經固無藉於傳也至於史足以實經而猶不省經意而別生異議若論洩冶之猶有微辭焉則有傳反不如無傳之爲愈矣夫聖人之作經其簡直方之漢高之約法法言殺人者死則其時凡有罪至死者不問而知爲殺人者也若於殺人之條又多列其起衅之由則仍刀筆吏之所爲豈復漢祖之法哉讀春秋者能執此意而求之則傳愈略而經愈顯矣甚矣經之無藉於傳也

是歲辛酉定王七年

晉成七年　齊惠九年

楚莊十四年

春秋箋例卷十六終

春秋箋例卷十七　　奉新趙儀吉輯

宣公

十年春公如齊公至自齊

齊人歸我濟西田

左氏言齊侯以我服故歸濟西之田疑此特歸田之辭而非歸田之意也夫魯之服齊久矣豈必至是始見哉所以歸田者齊侯時已寢疾將死恐身死之後魯遂背齊卽晉且爲齊患故及今歸所取田以恩相結也然則齊惠卒後魯宣不遽背齊者其亦感於此舉而然歟○按魯之田邑或見取或見歸均不言我此歸濟西田獨言我舊說以爲

見親愛惠遺之意著齊人助成弒逆之罪非也聖人於桓
宣之二公皆不言我以示不尊不親之意故桓之編於應我
而不我者示不我如不言伐我而言來戰于郎是也宣之
編又以不必我而我者示不我此齊人歸我濟西田是也
何以書我亦示不我蓋國之土田錫自先王傳自先君非
子孫所敢輕以尺寸與人者況篡君以賂鄰而免討乎故
當其予之則第言取若稱兵强取者然不與篡君以田賂
人也及其歸也則特言我若復我舊物者然幸其不爲篡
君用也然則所稱我者我魯也我先君也非以篡君爲一
體也來伐則以篡君受之於魯無預也故不言我以外之

歸田則以國受之於簒君無預也故特書我以别之嗚呼桓自簒立至於郎之戰歷十年矣宣自簒立至於田之歸亦歷十年矣無論國之臣民傾心推戴郎桓宣自視亦若固有之矣孰意聖人示人討賊之義竟無時而已耶乃知既列於會即不復討之爲邪說也

夏四月丙辰日有食之丙辰月一日

己巳齊侯元卒

齊崔氏出奔衛

經例君甫卒大臣有擅相殺者其被殺者不名明非嗣君殺之文七年宋公卒後書宋人殺其大夫是已若僅相逐

則奔者必名謂彼雖無君不可不以我君臨之也故成十五年華元出奔書名此崔某應書名而書氏者明內無君可以臨之也此亦成例桓之編書蔡叔祭仲皆是不臨以內君之義若必以書氏爲挈族則經常書尹氏卒矣豈亦舉族皆卒者耶

公如齊

爲齊和難也盖見不名崔氏之有故

五月公至自齊

癸巳陳夏徵舒弑其君平國癸巳月九日

有伯以後以討賊責伯國故賊之書名者不問討不討皆

并書氏族

六月宋師伐滕

爲葬齊惠書月按晉自成公既卒經已漸以伯職責之矣故其年宋之圍曹已以人稱不復稱師明專責在晉也使其聞陳弒君能以討賊爲事則晉伯可復無如其竟漠然置之也故又奪晉而宋以師稱蓋責又在宋矣亦明決無責楚之法也是役非復伐喪宋罪差輕故言伐不言圍

公孫歸父如齊葬齊惠公 歸父仲遂子

晉人宋人衛人曹人伐鄭

上年晉已救鄭則伐鄭無關討賊矣而又益之以新宥陳

賊終縱魯賊故皆書人以奪之

秋天王使王季子來聘

書使譏禮賊王季子公羊以爲王母弟以書季子來歸例之理或然也並譏輕遣子弟禮賊之意亦因以見矣

公孫歸父帥師伐邾取繹繹邾邑魯國鄒縣北有繹山○今兗州府鄒縣東南二十里蓋縣治徙山北也

齊好可恃晉令不及雖乘之伐邾取邑亦不以月日致危經例亦本不爲賊致危也責歸父戴賊故書帥師餘義詳桓二年入杞下

大水

季孫行父如齊

冬公孫歸父如齊

兩書大夫如齊所以恥行父

齊侯使國佐來聘

罪齊頃急於黨賊故未逾年即稱爵以譏之

饑

楚子伐鄭

無伯故大國書爵

是歲壬戌定王八年

晉景公獳元年　齊惠十年

楚莊十五年

十有一年春王正月

夏楚子陳侯鄭伯盟于辰陵（辰陵穀作夷陵陳地潁川長平縣東南有辰亭○今開封府陳州西南四十里有辰陵亭故長平縣在州西北六十里）

前此盟削月者多譏盟楚之無王辰陵削月則譏楚子與陳鄭盟之爲無王然春秋之法有伯之時不責僭國茲之責楚卽所以鄙晉不知者乃以爲伯楚無論楚爲僭國無可伯之理卽陳鄭亦服屬於楚久矣今又皆有君弒不討賊之大戾楚長二國何足爲異諸家所以疑爲伯楚者徒泥於楚得稱爵耳不知春秋書爵責辭十九若悉視爲予辭宜其在在方枘圓鑿矣

公孫歸父會齊人伐莒

此特著魯之從齊唯謹耳胡傳於伐邾取繹及從齊伐莒以爲皆爲不討陳賊示譏是春秋以亂治亂也豈有賊如魯宣而可責以討賊之理哉其亦昧於書棄疾殺比楚虔殺般之指矣然在魯雖無討賊之理而在莒則有應討之罪況伐邾兼有取邑之私利伐莒叓會無罪之齊人此所以伐邾必言帥師伐莒不言帥師也春秋是非輕重之權無不即事而具觀書伐邾伐莒而見矣

秋晉侯會狄于欑函欑函地闕

外特相會不書有關于天下之大勢則書晉人失諸侯而

不懼縱亂賊而不恤而自禮下於狄以求利所關天下之故亦大矣故於楚盟陳鄭殺徵舒之間爵晉侯於會狄以爲晉病焉

冬十月楚人殺陳夏徵舒

此楚伐陳而入其都執徵舒而殺之也不先言伐陳者春秋之例討賊而不得賊始書伐若得賊則止書殺賊不言伐矣所以不言伐者諸侯相伐本爲非法而事屬討賊不得不伐故諱伐不書所以許隣討賊也

丁亥楚子入陳丁亥月十二日

楚莊伐陳之意本在滅陳討賊之說特誤陳人使不拒楚

耳其假義以濟其私得國而終弗有與昭八年楚靈滅陳大約相似然於莊則先書討賊後書入陳於靈則先書滅陳後書討賊者楚靈既非可討賊之人又討賊輕重失宜利陳終身不復亦遠遜於莊故於莊但言入陳且書在討賊之後不以過掩其功也於靈則徑言入陳且書在討賊之前不使術得蓋其貪也嗟夫靈之爲靈無論矣獨怪以楚莊之賢而猶狙詐而無耻後世有以義舉而望貔熊之裔者可不寒心也哉又按殺賊則書楚人者著人人得誅之義也所以惜列國之甘心讓楚也入國則書楚子者責一人貪暴之私也所以傷伯國之不能制楚也至入陳之

書曰則猶患深於事後之指也

納公孫寧儀行父于陳寧公作甯

二人逢君之惡陷君於弒是陳靈之罪人也其逃楚也懼并見殺非激於義憤而乞師討罪也故二人不以出奔書蓋春秋之例君弒賊無主名其不從賊者雖奔不書懼人之疑其爲賊也故公子友出奔不書君弒賊有主名其陷君於弒負罪而出者亦不書懼人不知其罪反嘉其能與賊不兩立也故孔寧儀行父出奔不書舊說不以請討之功歸二人尚未得經的指又楚子既入陳二人必隨楚子入矣陳非能不受也而猶用內弗受之例書納者於義爲

陳不當受也而楚子封植惡人之罪亦見矣

是歲癸亥定王九年

晉景二年　　齊頃公無野元年

楚莊十六年

十有二年春葬陳靈公

終春秋賊受隣討惟陳陀與陳夏徵舒而陀非弑君之賊與書葬無涉故爲特發此例亦所以免楚而愧列國也

楚子圍鄭

觀楚莊舍陳而圍鄭而知其志呑二國謀之險巧已伏於盟辰陵之時矣彼以爲二國未屬楚而楚暴之晉必護之而相爭二國已屬楚而楚暴之晉必憾之而不救至晉果

不救而楚滅二國不難矣故其討徵舒也非罪徵舒乃罪陳人之縱賊因而滅之也既以縱賊爲陳罪無論晉憾陳而不救即欲救而名不順矣此其巧於滅陳也所以不果縣陳者非真能納諫而悔過蓋慮鄭人以陳爲前車而死守也由是知其伐鄭亦必以歸生漏討爲辭而歸生已死度鄭人無以謝楚楚因肆其攻圍不滅不止豈料鄭不敢望援於晉晉亦出而救鄭乎夫晉之所以發憤救鄭者非直救鄭而已也念曩者晉不救陳陳已幾爲楚滅今若又不救鄭則鄭必亡鄭亡而還塗滅陳矣陳鄭滅而周京已徹藩籬矣此所以晉雖憾鄭而不能不救鄭也然而林父

之師不以救鄭書者則經例應爾也經例凡救而無功始以救書晉師不出則鄭圍不解且自成公以來救兵亦屢出矣未嘗敢與楚遇今林父以一大夫而敵楚君雖不幸而敗楚人亦由是知晉人之尚有公憤陳鄭之未可遽亡無功之功關繫頗大不可謂不成其救矣此所以書戰而不書救以異於楚人城濮之敗先書楚人救衛也說者乃以不書救爲譏晉彼蓋不知書救元非予辭也又按下有晉爲鄭出此應書楚子伐鄭今書楚子圍鄭者責晉爲鄭出之過緩也

夏六月乙卯晉荀林父帥師及楚子戰于邲晉師敗績乙卯月十

四日郔鄭地〇今開封府鄭州東六里有郔城

經書晉與楚戰者三城濮也郔也鄢陵也皆以晉及爲文此内伯國而外僭國之定例非褒貶盡繫乎此也況城濮以諸侯而敵楚臣鄢陵以晉君而敵楚君視林父以一大夫而敵楚君者其難易亦逈不侔矣則經之以林父主此戰也實有深予林父之意說者乃以稱及爲譏林父豈城濮之戰亦譏晉文耶夫林父能於伯業失墜之時獨出而與強楚相抗其意氣之盛殆過桓文所謂雖敗猶榮者也人徒見其敗績之後致楚人滅蕭圍宋俄而宋及楚平遂成南北分伯之局以是爲林父之罪而不知當時若無于

邲之戰使楚人知中原尚有勍敵則必鄙鄭縣陳進攻上國其禍有不勝言者欲求分伯尚不可得其何以相持不下得延而至於厲公之勝且得延而至於悼公之盛耶是皆林父一戰之功也此其所以得與於雖敗猶榮之列也所可議者不善經畫於未戰之先耳使其早能致討陳鄭之賊則名義既正陳鄭不敢不從陳鄭既從諸侯不得不合晉之繼伯猶反手也何至以討賊讓楚而有入陳之禍又何至以救鄭煩晉而有于邲之敗哉是則先事失機不能爲林父諱者耳至於既出於戰則勝負元無一定之形無論鄢陵爲倖勝即城濮亦豈能預立於不敗之地哉然

則林父亦不幸而敗耳非犯不韙而昧於一戰者也自注家不諳經例又喜以成敗論人而林父乃不免矣

秋七月

冬十有二月戊寅楚子滅蕭十二月無戊寅十一月九日也日月必有誤

書此以見邲戰不勝陳鄭雖幸而未亡亦不復敢背楚故楚得進而滅宋附庸也蕭滅而禍切于宋矣故爲書日所謂患深於既滅之後也說者乃以窮兵以威上國爲楚罪彼楚子何人聖人猶暇罪之耶以此種見解說春秋宜其在在背馳耳或謂聖人既不罪楚則前所云爵楚以責楚者何也曰聖人責楚乃明不屑責伯而不屑責伯又政是

深於責伯是聖人固未嘗責楚也

晉人宋人衛人曹人同盟于淸丘淸丘衞地在今濮陽縣東南○唐置淸丘縣在今大名府開州東南七十里長樂縣

左傳晉原縠宋華椒衞孔達曹人同盟于淸邱曰恤病討貳於是卿不書不實其言也杜注原縠先縠也按是盟乃晉因于邲敗後楚氛益熾故思連宋衞魯曹以壯中原之氣所以知并欲會魯者淸邱乃衞之東竟晉宋衞三國會盟旣不必至衞東竟若謂因曹而來曹又無關輕重故知并欲會魯特魯以兩懼齊楚未敢遽會耳蓋是時之魯棄晉已久而衞自孔達當國務反孫氏所爲亦輕晉而重楚

晉宋之就盟衛地尤以收衛爲急無如衛雖受盟意終在楚當盟之時宋又請晉衛同舉伐陳晉原穀知晉畏楚救不敢助宋衛孔達知衛將從楚反敢救陳矣其後楚子爲陳伐宋晉恐宋遂從楚故以不助宋爲先穀罪而殺先穀衛見晉且謝宋故亦以擅救陳爲孔達罪而殺孔達矣夫穀與達各爲其國作目前苟且之計豈遂干犯名義乃清邱之盟微而稱人者非譏其無意恤宋乃譏其有意連魯也蓋全經無魯不在事之同盟但使晉有意連魯郎與魯實共事無異故亦可以同盟書蓋誅晉之意之筆也或問同盟之書乃兩責伯與內之辭而責內之意爲多今但因

晉有意連魯卽用此例是篡君亦有時可責矣曰魯與而書同盟常例也常例則重責內魯不與而書同盟變例也變例則重責外是春秋終未嘗責及篡君也

宋師伐陳衛人救陳

因晉已有意連魯故宋之違晉伐陳可以讎論而稱師魯既以宋爲讎則衛雖救屬楚之陳亦祇可以人書矣

是歲甲子定王十年 齊頃二年 晉景三年 楚莊十七年

十有三年春齊師伐莒 公作伐衛

齊晉交惡久矣晉既有意連魯則晉之讎卽魯之讎也故

齊以師稱於是以莒與魯爲一黨矣

夏楚子伐宋

楚之伐宋左氏謂以其救蕭故諸家謂以其伐陳故皆非也楚既但服陳鄭則其進而脅宋以威北方必然之勢也是其於宋有故亦伐無故亦伐若於楚必求出師之名彼蕭得何罪而見滅耶可知經於楚之用兵初未嘗事事立義大都有伯則稱人無伯則稱爵與師耳不知者乃悉求其事之緣起寧非迂乎又按是役不責魯救故書伐不書侵

秋螽公作蝝

冬晉殺其大夫先縠縠穀作穀

晉人徒知殺先縠以謝宋而不能會諸侯以救宋宋亦必終從楚而已此晉自失其伯也惜哉

是歲乙丑定王十一年晉景四年楚莊十八年齊頃三年

十有四年春衞殺其大夫孔達

夏五月壬申曹伯壽卒壬申月十二日

晉侯伐鄭

此因晉尚能悔過伐鄭以爲宋援故暫以責伯之例待之至秋時楚復圍宋晉仍置之不救惟以滅赤狄潞氏爲事

則又無當於伯矣故稱師以滅狄焉此皆時輕時重之權衡也

秋九月楚子圍宋

爵楚書圍所以責晉之不救

葬曹文公

冬公孫歸父會齊侯于穀

楚雖頓師宋竟其恐喝之勢必已震及東隅而國之常弑君者懼之滋甚皆望風降附唯恐後時穀之會非獨是魯畏楚告齊以將往會楚即齊亦約魯商所以下楚之策若但魯告會楚則歸父當如齊彼齊侯何必輕出而與魯臣

爲會哉乃知會楚之舉不特非獻子之意亦并非歸父之意而實齊頃之意也此可以見諸侯畏楚之情矣

是歲丙寅定王十二年

晉景五年 齊頃四年
楚莊十九年

十有五年春公孫歸父會楚子于宋

左氏以爲獻子之謀恐誣也觀異時請城虎牢知其必不肯勸魯附楚

夏五月宋人及楚人平

宋人被圍九閱月而不肯下楚者謂晉已殺先穀而伐鄭必能率諸侯以相救也今而知晉終不出矣而魯齊之屬

又相與禮下於楚則楚勢愈倍而宋勢愈孤度其不能强支已而後始與楚平以宋人及楚爲文者免宋人故使從內例也而罪晉之意益深矣所謂事關天下之大勢而書者也

六月癸卯晉師滅赤狄潞氏以潞子嬰兒歸癸卯月十九日

滅由列國書日者罪餘於滅之外也晉滅潞氏罪何以餘於滅之外爲其忍不救宋致宋及楚平也魯已會楚則晉爲魯讎矣故晉以師稱非予晉能讎賊也夫伯國本以稱師爲貶而又稱之以滅狄則貶之至也潞子書名卽不以伯例待晉也

秦人伐晉

書此見列國無非晉敵也

王札子殺召伯毛伯

左傳王孫蘇與召氏毛氏爭政使王孫捷殺召戴公及毛伯衛卒立召襄按兩下相殺在侯國則以國人殺之爲文在周則目殺之之人者王臣元比諸侯不得以侯國大夫例之也王札子者王子札也即左傳亦言王子捷經例王子必臨之以王然後名若書王子虎卒及尹氏立王子朝之類今王子札擅殺召伯毛伯而王不能誅是札目無王王亦自不能臨之以王也王不臨之以王載筆者可矯王

命以治王子而直書其名乎然罪人又不可用王季子之例書字故變文言王札子以避斥名王子之嫌而已想當時稱謂元有此類如急子周子皆是不欲斥名之意若以札爲國氏子爲爵則其上不得加王字

秋螽

仲孫蔑會齊高固于無婁（無婁據杜注作杞邑無公作牟）

高固之見魯如故而魯禮之彌恭書之以爲仲孫病蓋見名於篡君之代已爲可恥所行之事又不足爲邦家之光可恥滋甚也

初稅畝

取公田之入不足又履私田之畝而稅之其稅之多寡則不可知觀哀公時猶止十二知此時未遂十二也然其始開重斂之漸則一耳後作丘甲用田賦皆不言初稅畝則言初者固歸咎於宣之作俑亦不為簒君諱惡也況是時秋螽告災歲且將饑而猶忍行苛政其泄視民瘼何如也

冬蝝生

黃氏若晦曰螽始作為蝝螽飛蔽天或來自他處不必見其生也故不曰螽生蝝生生於境內見其生也故曰蝝生

饑

是歲丁卯定王十三年

晉景六年
楚莊二十年
齊頃五年

十有六年春王正月晉人滅赤狄甲氏及留吁

是役獨得不書日不稱師者譏滅於不救宋時也是此筆之寬政所以形滅潞氏之筆之嚴而不救宋之咎爲甚大也

夏成周宣榭火榭公作謝火公穀作災

人火曰火天火曰災此傳例之可信者榭當從杜注爲講武屋蓋宣王講武時所建故名宣榭不言災言火罪不戒於火也周之後王蓋無復法祖圖興之志矣按周初以東都爲成周至平王東遷遂爲王城而號京師焉是京師也

王城也成周也其實一地也自用下敬上言之則曰京師尊大之辭也自王朝紀事言之則曰成周王不自尊大也自王猛分據言之則曰王城以子朝所據亦成周地也此春秋示義各指所之而異辭也或者不知此指乃力辯王城京師而外別有成周豈不大負聖心也哉

秋郯伯姬來歸

敬嬴女也書之以明無毋則不稱子之例成五年紀叔姬亦是此意然二姬皆以大歸書則天罰賊妾之所出因而益彰矣餘詳文十二年子叔姬下

冬大有年

是歲戊辰定王十四年

晉景七年　楚莊二十一年　齊頃六年

十有七年春王正月庚子許男錫我卒庚子月二十六日

丁未蔡侯申卒丁未二月四日

夏葬許昭公

葬蔡文公

六月癸卯日有食之癸卯月一日

己未公會晉侯衛侯曹伯邾子同盟于斷道斷道晉地

觀明年晉衛之伐齊知此會爲有意連齊也此會既有意連齊則知清丘之會已有意連之不獨欲連魯與邾也蓋

是時之晉已悟不能服齊則不能制楚之故前之再滅赤狄之族心雖爲拓狄土亦必以其侵齊爲名蓋欲內交於齊也至是知齊有畏楚之心故重連之齊人許會而仍不至故明年晉衛伐之清丘之盟魯雖不與已書同盟以示偏於責晉故斷道之書同盟不爲責內也又按晉有會盟宋人未嘗不與是盟宋獨不至蓋憾晉無能已安心從楚也

秋公至自會

冬十有一月壬午公弟叔肹卒壬午月十三日

公子非爲大夫不志其卒公子而志卒者皆大夫也公弟

亦公子也肸獨稱公弟不稱公子者别其嫌於大夫也非大夫則不志卒矣獨卒叔肸者爲其賢也何賢乎叔肸宣公篡立而肸不願爲之臣兹其所以賢也以卿世其後非叔肸所能知也常例公子未仕稱字已仕稱名故季子來歸時不名今叔肸未仕而冠字於名而稱之者則以内志卒者無不名也

是歲己巳定王十五年

晉景八年　齊頃七年

楚莊二十二年

十有八年春晉侯衛世子臧伐齊

討齊不會斷道也按齊不附晉晉當結以恩禮未可遽以

兵伐更有不應縱容魯宣之咎故書爵而不月伐僅處以責伯之例焉衛世子從伐之故詳成十四年孫林父歸衛下

公伐杞

夏四月

秋七月邾人戕鄫子于鄫（鄫穀作繒）

此邾人遣賊殺之于鄫國都也不言殺言戕者殺者必爲之辭戕則暴起刺之若刧盜所爲也或問何以不言盜曰凡言盜者皆是本國之賊持之有故者此寇自邾至無預本國事故須目邾人也又按魯宣有罪而伐杞邾至無忌

敢戕諸侯而晉景不能詰其有瘵伯職多矣

甲戌楚子旅卒甲戌月八日旅穀作呂

經於楚君自莊以後漸寄予奪故須書卒以著年代

公孫歸父如晉

此必晉以不會伐齊來詰故使歸父謝之是時楚莊已卒齊失所恃漸不能與晉抗魯遂兩服晉楚觀成初年已從鞌戰復與蜀盟可見

冬十月壬戌公薨于路寢壬戌月二十八日

歸父還自晉至笙遂奔齊笙公穀作檉杜注魯境也

宣公念仲遂助篡之功寵遂父子過於三桓行父輩忌之

非一日矣左氏所云欲藉晉力以去三桓歸父雖不必有是謀三桓要不能無此慮也故於宣公甫卒即追論仲遂之罪而逐其室既可掩與聞弒立之辜復可免實偪處此之患殆亦三思而得之策耶觀經書至笙遂奔齊則其見逐於三桓亦明矣又書法與公孫敖奔莒畧相似則敖奔由於遂偪更明矣此皆屬辭比事之教之所寓也

是歲庚午定王十六年

晉景九年　齊頃八年

楚莊二十三年

春秋箋例卷十七終

春秋箋例卷十八　　奉新趙儀吉輯

成公

元年春王正月公卽位

按成公爲宣公適子立時年始數歲故公羊仲嬰齊卒傳有宣公卒成公幼之語杜氏通解不知何故必以公衡爲成公之子更於釋例中疑成公非穆姜所生以護其衡父爲成公子之注釋例舊脫此條館本從成元年正義引附書末

二月辛酉葬我君宣公辛酉月二十九日

無冰

三月作丘甲

按卯甲之說從杜氏則已重斷非十六井所能任胡傳雖似可信但徒添一甲士則駟乘非戎車常制若步卒牛馬之屬並增三分之一則須三甸始共增一乘畸零兼配殊失什伍相連吉凶與共之義故如何而爲卯甲無從知之所可知者常制外益兵耳公穀雖似無當然於作字較有關係古藉既別無佐證闕疑爲是

夏臧孫許及晉侯盟于赤棘許文仲子 赤棘晉地

按此盟乃魯得放意從晉晉能降心收魯均非過舉何至削月不書同於無王之盟疑是時王已用師茅戎罪伯與內不能敵王所愾致王師有敗績之羞也據左氏言敗績

在三月至秋乃來告敗雖未必誠然然事起秋前則無疑也

秋王師敗績于茅戎公穀作貿戎水經注大陽縣有茅亭故茅戎邑也括地志茅戎在河北縣西二十里當在今山西平陽府平陸縣東

劉氏原父曰此敗績也何以不言戰王者無敵天下莫敢當也莫敢當其言敗績何天下之勢大矣非有能敗王師者王自敗耳按茅戎於周無統屬故可言王師敗績于茅戎若敗于列國則竟諱之矣故知穀梁言爲尊者諱敵不諱敗及左氏言京師敗曰王師敗績于某者皆得半之論也餘義見上文及桓四年從王伐鄭下

冬十月

是歲辛未定王十七年

晉景十年　　齊頃九年

楚子審元年卒諡爲共

二年春齊侯伐我北鄙

討魯受晉盟

夏四月丙戌衞孫良夫帥師及齊師戰于新築衞師敗績四月無丙戌五月一日也新築衞地○今大名府魏縣南二十里

此齊以從晉伐齊討衞衞與之戰而敗績也孫良夫主衞從晉故書其爲帥良夫雖不量力以致敗衂而所持自正故從先同姓之例書之齊稱師者明內與伯無亦共讎之也

六月癸酉季孫行父臧孫許叔孫僑如公孫嬰齊帥師會晉郤克衛孫良夫曹公子首及齊侯戰于鞌齊師敗績癸酉月十八日

首公作手鞌齊地

是役季孫行父以上卿爲帥而三次卿從之當時列國似此者頗多然史例止書上卿不書次卿聖人以爲君行而後卿從若上卿行不得以次卿從也於他國雖未遑列叙而在内則不可有疑卿於君之嫌故四卿並書所謂正名定分辨之於早也後之兩帥三帥並書悉是此義晉欲合魯衛懲齊已非一日兹又因其連虐魯衛且度楚嗣君不暇援齊故連兵大舉伐之而有此勝齊受伐且敗績亦不

先叙者責齊之通楚而抗中原也然書爵不更言師者既君臣之分應爾且不須更著同仇也內書帥師明奉君命非內卿敢敵外君也晉臣例書人此書名者亦君臣之辭也晉景是舉實爲伯事而興師其過信左穀以爲四國大夫共洗婦人一笑之恥者謬也

秋七月齊侯使國佐如師己丑及國佐盟于袁婁（己酉月二十五日袁婁齊地穀作爰婁）

齊雖通楚不可徑比之楚故袁婁書法全與屈完召陵殊

八月壬午宋公鮑卒（壬午月二十八日）

庚寅衞侯速卒（庚寅九月七日速公作遬）

取汶陽田

此晉令齊還所侵魯田也夫齊不從晉久矣晉伯之不繼則齊故之以兹幸齊既受盟政宜結以恩惠使同力制楚晉乃披其田邑令還諸侯齊是以不固與晉書取田責魯受田之非也魯受田且非則晉頒田之非益見矣餘義與僖三十一年取濟西田畧同

冬楚師鄭師侵衛

魯既從晉而以衛爲與國矣自當視楚鄭如讎故楚鄭以師稱然以下文魯卽從楚觀之魯固未解讎楚也而遽從讎文者內過已成尚思諱之內過未成豈預坐之不言伐

言侵猶託於淺伐而不必救也所謂內以諱爲貶也

十有一月公會楚公子嬰齊于蜀蜀杜注魯地

凡內君盟僭侯之臣恥於盟僭侯獨與篡侯盟則不如盟其臣之猶愈也春秋自有此變例如鄭簡之世會盟必諱鄭伯其臣必爲特名此待篡侯與臣之別也僖二十七年圍宋雖不目楚子而下薄之盟可統稱諸侯僖四年但言楚屈完來盟于師不言及楚屈完盟此待僭侯與臣之別也聖人將書蜀之盟因常例公會而稱人者多是諸侯恐人疑盟蜀之楚人即是楚子則親盟僭侯亦應諱事而又失其事實若明書公受楚臣之盟則爲恥更大故先書公

會楚公子嬰齊于蜀則下主蜀盟之楚人即是嬰齊可不言而喻然貌而觀者猶似公盟諸侯而非盟大夫此亦義精仁熟之筆也嬰齊至蜀本是伐魯不言伐我者雖以免病而乞盟之恥而未至於病即安於楚之辜亦見矣又楚臣前此無稱族者今始稱族以公接以公子之故也自是以稱氏族爲常矣猶是紀魯則進楚之法也舊說謂楚稱王子聖人正名始稱公子此不然也當時列國於楚君無稱公者於楚君之子則有稱公子者如楚公子美矣君哉之類是也

丙申公及楚人秦人宋人陳人衛人鄭人齊人曹人邾人薛

人鄫人盟于蜀丙申月十四日

按蜀之盟乃楚人於侵衛衞服之後大徵已服諸國之師以脅齊魯使服於己齊魯畏其聲勢已望風歸附矣楚又慮其反復必盟齊魯之君以取信魯卿行父輩不能折之以禮遂奉君以受楚臣之盟齊視魯較強亦去楚較遠故能卑而不屈臣會而君不親會楚亦無如齊何不能不許與其盟此魯君獨與諸侯之大夫同受盟于楚臣之故也至是盟敘次之殊常可以想見嬰齊之橫肆矣以秦素與楚則進之宋上齊不君來則屈之鄭下或者不知屈齊之故乃以鄭卿而齊大夫爲解夫春秋亂世惟強弱是論耳

雖諸侯五等之爵尚多倒置豈能復辨卿大夫之等差若果論此則秦右大夫之爵豈眞貴於華元何以遽敘宋上故知蜀盟之次序爲楚臣以意定之也是豈獨齊魯蒙羞哉亦晉之恥而已矣或問蜀盟何以不諱公曰諱公則顯諸稱人者皆大夫矣故反不可諱也書日重其故也重舉地若易一地者然皆欲託於非卽與嬰齊盟也而譏意畢見矣

是歲壬申定王十八年

晉景十一年　齊頃十年

楚共二年

三年春王正月公會晉侯宋公衛侯曹伯伐鄭

此晉見十一國共受楚盟晉幾孤立無與恐楚遂代晉伯故連宋魯衛曹以伐鄭討其助楚以伐魯衛而致楚勢益張也使於侵衛時卽有此舉諸侯可無蜀盟之辱矣事幾之不可失也如是哉然猶幸及今尙有此舉不致果於從楚故書月以大其伐不專爲葬衛穆書月也

辛亥葬衛穆公（辛亥月三十日穆公作繆）

二月公至自伐鄭

甲子新宮災三日哭（甲子月十三日）

新宮者宣公之廟也災者天火之也書之以彰天怒亂賊雖死不釋也不言宣宮者災及禰廟嗣君所痛切而不忍

言者故婉言新宫以諱之三日哭禮乎曰禮也禮則何以書既婉言新宫災若不書哭則人將不知爲宣宫災且或比之西宫災矣故三日哭不可不書也書三日哭矣猶有疑主未入廟者以此見聖人之慮周也

乙亥葬宋文公

夏公如晉

鄭公子去疾帥師伐許

兩年之間鄭三伐許書法各殊恐有精義此時伐許書將帥師者内之也冬伐許並人不書外之也明年伐許書爵絶之也此時何爲内之與其能棄楚而即晉也何以知其

能棄楚而即晉許堅附楚而鄭敢伐許是以知其已棄楚而即晉也夫鄭之附楚大非中原之利也故亟內之以收鄭冬伐何爲外之奪其又棄晉而即楚也何以知其又棄晉而即楚許堅附楚鄭再伐許而楚不一爲許伐鄭是非楚之不愛許也乃大其包容於鄭使感之而從已不復有意於晉也是以知其又棄晉而即楚也明年何爲絕之則以鄭嗣君不能補其先君之失德而又蹈其前人之覆轍立未逾年而即下於楚也夫列國也而至擯之於周無統屬嗣子也而至儕之意中無君父此兩筆者春秋至嚴之筆也何以兩年之間於鄭盡用此至嚴之筆所以甚誅鄭

之樂於從楚而艱於從晉也夫鄭之樂於從楚而艱於從晉也前此皆然矣獨於此時誅之如此其嚴者何也以是時晉君臣非真有繼伯之畧賴鄭內附猶可強支鄭一附楚則中原之患有不勝言者然則經之誅鄭殆亦憐鄭之意歟而晉乃益不堪矣而魯人出入晉楚之謬亦因以見矣

公至自晉

秋叔孫僑如帥師圍棘（棘在濟北蛇邱縣）

棘爲汶陽田邑不服故圍之左公羊並云此可信者傳之言圍明初不服經之言圍明卒未服夫汶陽之田故魯田

也奉伯命還魯而隸之吏民卒不肯服此可以觀魯政矣雖無韓穿來言魯其能終有此田乎益足見前受田之謬矣

大雩

晉郤克衛孫良夫伐廧咎如廧公作斯穀作牆廧咎如杜注赤狄別種

書此以見衛謹從晉而魯不能也於正例晉衛應稱人今書將者爲著良夫之主衛從晉也

冬十有一月晉侯使荀庚來聘

衛侯使孫良夫來聘

丙午及荀庚盟丁未及孫良夫盟丙午月二十九日丁未三十日

衛前者因楚鄭之侵雖暫同魯受盟于蜀然從楚非孫氏之意也上年五國伐鄭亦由衛請報怨耳魯雖與於伐鄭盖之朝晉而必實不忘事楚觀郤克廧咎如之伐衛從而魯不從此其向背可知矣晉雖亟欲收魯而慮魯之難信衛則力以進魯自任是以二國相隨而來盟必先行聘者難預必魯之肯盟也論尊伯之體自當先盟荀庚何況庚又先至魯固無不合也或乃以先庚爲諂晉過矣

鄭伐許

是歲癸酉定王十九年

晉景十二年　齊頃十一年

楚共三年

四年春宋公使華元來聘

左傳逼嗣君也按書此雖譏宋喪之衰闕而諸侯散而復

合亦因而可見

三月壬申鄭伯堅卒 壬申二月二十六日

杞伯來朝

夏四月甲寅臧孫許卒 甲寅月九日汪氏曰宣叔也子紇嗣爲大夫是爲武仲

公如晉

葬鄭襄公

秋公至自晉

冬城鄆 按魯有兩鄆此西鄆也今曹州府鄆城縣是

鄭伯伐許

是歲甲戌定王二十年

晉景十三年　齊頃十二年　楚共四年

五年春王正月杞叔姬來歸

此聲姜之女文十二年左氏所云杞伯請絶叔姬而無絶昏蓋即以此叔姬繼其室至是又二十八年計其齒約五十内外矣而猶不安於室而見黜臨川吳氏疑爲無子而自願歸魯者近是然亦足見失所矣故亦書之以彰聲姜之惡報義與鄭伯姬來歸同餘詳文十二年

仲孫蔑如宋

左傳報華元也按書宋魯之交聘以著明年爲晉侵宋之非

夏叔孫僑如會晉荀首于穀首公作秀

大夫特相會已有承筐無斐在前譏僑如私會恐非經指

梁山崩梁山在馮翊夏陽縣北○夏陽今同州韓城縣屬陝西西安府

秋大水

冬十有一月己酉天王崩己酉月十四日

十有二月己丑公會晉侯齊侯宋公衛侯鄭伯曹伯邾子杞伯同盟于蟲牢己丑月二十四日蟲牢鄭地陳留封丘縣北有桐牢○今桐牢在開封府封邱縣北三里

按盟日去王崩日四旬之久雖告喪稍遲中原應盡知之

況鄭又近畿之地斷無不聞大故之理爲晉景計者縱徵會在已酉之前至是諸侯已集不可遽散亦應躬率列辟同奔王喪忠孝之節感人必深安見匍匐奔喪之後其事機之成反不如此日耶乃泄視王喪直如無有合九諸侯相與揖讓從容於壇坫之間斬衰不服哭臨不設蔑天下之共主欲比於舊君有服而不可得嗚呼春秋之時眞無天日之時矣聖人爵九諸侯豈予之哉亦等於未逾年而稱爵之意耳所謂安則爲之者也誅絶之意無嚴於此者乃議者反以鄭叛初服爲天下不可失之機雖輟喪同盟聖人諒之嗚呼此何說耶苟九國當日亦必有聞王喪而

惴然不安之人而昧畏之徒力持鄭不可失之說以迂之而後乃晏然同盟而不忌聖人之誅政爲此輩而陋者反持此議以說經明道不計功之謂何徒見其得罪於聖人而已矣然其謬實由惑於以同盟爲褒辭而不知實爲責內與伯之貶辭也

是歲乙亥定王二十一年

晉景十四年　齊頃十三年

楚共五年

六年春王正月公至自會

忘喪而盟負戾至重故特書月以王臨之

二月辛巳立武宮辛巳月十七日

武宫先君武公之廟也武公在宣王時佐王中興著有武功得謚爲武其廟毁已久魯以望國而爲强大所弱歸咎於兵威之不立故立武宫以示民所鄉方亦爲不善變矣

取鄟鄟附庸國杜注

方立武宫即有取鄟之舉其爲强兵而立益信矣

衞孫良夫帥師侵宋

書侵明何晉以伐與國之共名據經宋無所得罪於晉據傳則以宋辭復會之故夫盟苟可信一之已足如不足恃屢會何爲宋公之辭未爲非也晉遽憾宋命衞侵之衞歸甫還又命魯往此豈盟主之所爲乎楚於是謂北方不和

始復出而爭鄭矣

夏六月邾子來朝

公孫嬰齊如晉

良夫侵宋之時疑晉已命魯會兵魯知齊之從晉尚非誠服故未敢挑釁於齊晉必有使來詰故魯懼而有兩卿侵

宋之舉

壬申鄭伯費卒 壬申月十日

秋仲孫蔑叔孫僑如帥師侵宋

譏意與良夫侵宋畧同

楚公子嬰齊帥師伐鄭

當去疾伐許時鄭嘗從晉矣楚餌之以許而不敢伐即蟲牢之盟鄭又從晉矣楚仍遲延觀望而不敢伐今乃于于然來矣豈非前畏諸侯之輯睦而今利其不和乎是晉自授之隙也盟主之舉動不可不慎也如是哉又按自是以後楚雖臣將書法亦全比列國矣固從蜀之會而類推之亦以明年吳當見經治吳將重則治楚不得不漸輕也

冬季孫行父如晉

晉欒書帥師救鄭

晉至獨出救鄭者以魯衞皆虞宋報不敢會兵也責在不應令魯衞慰宋故雖救鄭不與也疑是時衞孫良夫已卒

是歲丙子簡王元年

晉景十五年　齊頃十四年
楚共六年

七年春王正月鼷鼠食郊牛角改卜牛鼷鼠又食其角乃免牛

此更有王喪未畢之譏餘詳僖三十一年

吳伐郯 吳始見經

吳太伯之後於周爲懿親而至例之化外者誅其僭王也僭而亡上雖太伯之子孫可不稱人況楚越哉

夏五月曹伯來朝

不郊猶三望

秋楚公子嬰齊帥師伐鄭

公會晉侯齊侯宋公衛侯曹伯莒子邾子杞伯救鄭

八月戊辰同盟于馬陵戊辰月十三日馬陵衛地陽平元城縣有地名馬陵○今大名府治東南十五里有馬陵城

是役因救鄭而後會似可無譏猶書同盟者以收不討賊之莒子共盟也又按凡救後書盟所救之國無不與盟者以詛本一體不須明言也其圍後侵後書盟則敵國從無與盟者以言圍則不服已見而淺伐又不足致人之服故不與盟不須明言也惟伐後之盟敵國有與不與兩類經文辨之甚明義詳十七年柯陵盟下

公至自會

吳入州來州來楚屬國杜云楚邑非也昭十三年吳滅州來若是楚邑不得言滅　杜注州來淮南下蔡縣是〇今鳳陽府壽州有下蔡城

書吳入國以並警晉督

冬大雩

穀梁云冬無爲雩也以莊三十一年書冬不雨例之則冬

雩不爲過矣

衛孫林父出奔晉

杜注林父良夫子今雖不知所據但自上年侵宋後良夫

不復見經則杜說固可信矣餘義詳十四年歸衛下

是歲丁丑簡王二年

晉景十六年　齊頃十五年
楚共七年　吳壽夢二年

八年春晉侯使韓穿來言汶陽之田歸之于齊

晉以齊誠服故令魯還其田以此益見前受田之謬

晉欒書帥師侵蔡

晉議不及蔡者幾三十年始有此遠畧雖因齊已誠服且與吳通應故敢出此然何以并魯衛不偕也豈魯衛以還田之故憾晉徵亦不應耶然則書欒書之獨出侵蔡亦猶書其獨出救鄭耳晉遠出無與不能不淺伐而止故以侵書之

公孫嬰齊如莒

馬陵同盟猶是公罪遣臣聘莒則私惡矣故書以爲譏

宋公使華元來聘

夏宋公使公孫壽來納幣

按莊公書納幣以母喪南逾一期也文公書納幣以僖公之喪未周三年也此書納幣以定王之喪未畢也凡書納幣皆譏喪中圖昏也餘詳隱二年紀履緰下

晉殺其大夫趙同趙括

書此以著晉國之不和伯事之所以不振

秋七月天子使召伯來賜公命（賜公穀作錫）

成公卽位雖幼其大臣相之會盟征伐者五朝晉者再至是八年幾於道長矣而未嘗一如京師有何勞勳而錫命及之雖較之文元年錫命於衰絰中者爲譏稍輕然簡王又自有三年之喪未畢而遽行慶賞之典亦爲非法故書以致譏至不曰天王而曰天子舊皆云明其一稱非也聖人於春秋方特起天王之文以尊王今忽又明與天子一稱何如概書天子之爲得也然則何以獨書天子亦爲王未免喪而變其文也蓋言天王則王並於天而所謂天者今王當之言天子則天尊於王而所謂天者前王並之是故春秋立文據臣民而言則曰天王意重在天明至尊也

據君父而言則曰天子意重在子明有尊也天王古所罕稱春秋則恒用之以大一統之尊天子帝王通稱春秋則嵩用之以謹通喪之制此皆吐辭爲經從心爲矩前無所師後不必法所謂不可爲典要唯變所適者也非天下之至聖其孰能修之至不言錫命而言賜命則喪言不文而已矣

冬十月癸卯杞叔姬卒（癸卯月二十五日）

叔姬既絕於杞猶繫之杞者以後許杞請喪則是未絕之於杞也於此可悟僖九年卒之伯姬及文十二年卒之子叔姬削不繫國之故矣

晉侯使士燮來聘

叔孫僑如會晉士燮齊人邾人伐郯

左氏謂伐郯以其事吳故恐不然也巫臣爲晉通吳以病楚吳之來晉啟之也故明年蒲之盟傳言實將會吳以吳人不至而止可知諸侯之於吳固唯恐其不合也豈復罪郯之事吳然而四國且伐郯者非眞伐郯也四國欲會吳于郯慮吳或不至而楚反生心故僞爲與吳爭郯也者而伐郯冀以不動楚忌左氏特得其出師之名耳此不獨從諸侯內交之意知之卽晉以聘使爲帥其情事已宛然矣使晉而實欲伐郯不能不慮吳救既慮吳救不能不用大

師既用大師而又命帥先聘魯姑無論帥無共聘之理即使權宜行之不知士燮聘魯之時置大師於何地以是知會吳其本衷而伐鄭其託辭也論書法當從其本衷今姑從其託辭者爲中原不應會吳可諱則諱之也不名齊將者重在責內與伯也僑如不言帥師固似實于伐鄭之是其實晉既以聘使爲帥魯又何必成軍以出不言帥師無師可帥也而元爲會吳並非伐鄭之本意亦明矣

衛人來媵

媵細事也而詳志焉非爲伯姬而志乃爲衛齊晉爭欲致魯而志也義俱詳十四年林父歸自晉下公穀以書媵之

故悉爲伯姬是春秋不得爲大事記矣烏可哉且異時伯姬待姆自甘焚死可謂奇節矣諸侯好德同䘏宋災夫豈非宜而經於澶淵實有微辭則來媵之書非爲伯姬益彰彰矣

是歲戊寅簡王三年

晉景十八年　齊頃十七年
楚共九年　吳壽夢三年

九年春王正月杞伯來逆叔姬之喪以歸

此杞伯見諸侯之親魯始以黜絕叔姬爲悔故請喪歸葬以贖前愆魯在蟲牢以前杞伯猶出叔姬蟲牢以來齊晉爭媵伯姬可以悟治國禦侮之道矣

公會晉侯齊侯宋公衛侯鄭伯曹伯莒子杞伯同盟于蒲蒲衞地

蒲盟書同義與馬陵同

公至自會

二月伯姬歸于宋

伯姬穆姜女杜氏以爲宋不使卿逆非禮非也凡書納幣以譏喪中圖昏者皆其尚知嫁娶於三年之外者也知三年之內不可嫁娶而不知并不可納幣故書納幣以譏之所謂責賢者備也伯姬歸宋之書政謂二國尚知嫁娶於三年之外耳何必書及逆者哉紀履綸之書乃譏其不忌

魯喪亦非爲卿逆得禮而書也

夏季孫行父如宋致女

杜氏曰女嫁三月又使大臣隨加聘問以致成婦禮篤昏

姻之好按內女嫁不合禮則書外之逆女合禮則書內之

致女此亦外內異辭之體也

晉人來媵

秋七月丙子齊侯無野卒丙子六月一日當是日誤杜云從赴非

晉人執鄭伯晉欒書帥師伐鄭

此晉因鄭伯往朝而執之也鄭雖貳楚然猶朝晉政宜結

以恩[illegible]因其禮我而執之不足又從而伐之是晉之

亥而已故用奪伯之例書人以執而鄭伯不名

冬十有一月葬齊頃公

楚公子嬰齊帥師伐莒庚申莒潰楚人入鄆（庚申月十八日鄆公作運）

左氏於上晉伐鄭傳兼紀楚子重侵陳以救鄭諸家多據以發議此過信也陳自辰陵以來晉之會盟一切不與何自從晉而晉急之諸家又以楚之伐莒爲巧於救鄭則尤無謂夫伐在七月而至十一月始出救兵楚人舉事從不如是迂緩楚之所以忍不救鄭者以鄭既從楚而復朝晉楚亦惡之故聽晉之伐之迨晉大窘鄭鄭深怨晉然後徐起而收之是則楚之巧於得鄭耳至其伐莒則用意尤深

彼蓋知北方諸侯所以復翕然從晉者由齊魯之不復應楚也欲爭諸侯莫若復連齊魯然齊魯之從晉已堅招之則不如昔時之易伐之則又動天下之兵因念魯當積弱而齊値新喪事機可乘聊復一試故先伐切近於魯而素屬於齊之莒以撼之使二國而畏其禍之及己也楚可以得志使二國而不畏其禍之及己也楚可以改圖覬莒潰而不有又進攻其別邑知其意不在莒而在於恐齊魯也恐齊魯而齊魯不爲之動故入鄆之後雖外援不至而亦委之而去此其謫當時知之聖人亦知之故創例於莒都既潰之後復書楚人別邑以明之或問楚欲恐動齊魯東

方小國近於魯而屬於齊者尚多何必伐在小國中素稱强横之莒曰此亦楚人之譎也其伐莒也以討賊爲名使諸侯不敢救莒而已得肆其攻畧也乃聖人之書法亦遂因其名之正而予之稱將帥師也稱伐且蒙上書月也稱莒潰也皆所以爲予之也或問何以稱將帥師亦爲予之曰楚初見經不稱師故以書將帥師爲榮至言潰而因侵伐者皆予客之辭此自經之正例大抵潰亦入也伐而當則爲客諱入爲潰耳觀書侵蔡蔡潰以予齊桓伐沈沈潰以予得臣故知此伐莒莒潰亦所以予嬰齊也至莒潰而不殺賊而更攻其他邑則無名之師矣此所以潰莒都不

言入而潰鄆反言入且爲改稱楚人而不言遂也又按凡因侵伐書潰雖同爲予辭而聖意則分兩類有幸其不止一潰者焉有惜其止此一潰者焉蔡潰之後更能伐楚則幸之一類也沈潰之後不能伐楚則惜之一類也今莒潰而不能討賊則更無所幸止有所惜矣有所惜者潰下無文今莒潰又言入鄆豈以鄆爲重於莒都哉無亦欲明楚意在於偪鄫而已此意不惟於書入可知卽書邑亦可悟經例凡書外邑指皆爲内當庚申之書已用患深於既入之後之例矣不然潰後固無書入之例也此皆足證其爲内而書者也

秦人白狄伐晉

此罪秦人率白狄以爲楚擾晉使晉不得東顧而楚得遂其遏脅齊魯之謀也故不言及以絶之然觀宣八年書晉師白狄伐秦則已恕矣因彼時之晉有幸弑之罪而此時之秦罪尚未至於弑逆也

鄭人圍許

左傳鄭人圍許示晉不急君也按書圍之義乃明來春晉乘鄭師在許令衞乘虛擾之舉事殊不光大故衞以侵書至楚聽鄭圍許亦不救許則仍以許餌鄭之故智也

城中城

中城當是魯內城其以爲東海鄙邑者非蓋定六年亦城中城其時陽虎欲去三桓則必刼君刼君則必馮內城以爲藏身之固是以城之誠思國勢岌岌之會何暇城東海鄙邑哉故知言內城者是也魯知楚之入鄆意在偪己且有監於莒都之潰故城內城以爲備

是歲己卯簡王五年

晉景十八年　齊頃十七年

楚共九年　吳壽夢四年

十年春衛侯之弟黑背帥師侵宋

左傳晉命也按是時衛之諸大夫鄉與孫氏異黨者皆不願衛之從晉而衛定逼於晉命不敢不爲出師故使介弟

爲將猶定爲世子時不得已而會晉伐齊也異背不稱公子政恐稱謂從同無以見衛臣之異趣耳非眞有意譏介弟與兵也若果譏意在此則必書使以歸咎衛侯矣

夏四月五卜郊不從乃不郊

五月公會晉侯齊侯宋公衛侯曹伯伐鄭

此公以晉命會諸侯伐鄭公既行而晉侯暴卒遂不果會伐而罷不果會伐亦書者公既以會伐出即應以會伐書是乃君舉必書之定法而當秦楚並起爲患之時諸侯尚能黽勉從晉亦可嘉之事故雖會伐未成亦書以爲勸或曰安知非會伐已成而晉景歸而卒耶曰此有據也成公

有行惟元年蜀盟不至以下盟楚臣爲耻已甚也此外則或會或伐無不書至者獨此伐不至蓋將以伐至則未伐將以會至則未會故不至也左氏未詳此指徒見經已明書會伐而晉侯之卒又不書卒于師若云已伐而歸卒于國則又爲時無幾故造爲晉侯有疾立大子州蒲以爲君而會諸侯之說以期符經會有晉侯而晉景又自卒于國之故使其說誠然則春秋爲正名定分之書當書會晉世子州蒲或從叔武之例徑稱晉子不應會者一晉侯卒者又一晉侯以自亂其謹嚴之例也於此可見左氏之誣矣

齊人來媵

書齊人來媵則公與齊侯俱已反國明矣至來媵之故則齊因晉侯已以暴疾辭會慶必不起又因晉衞時皆媵魯亦假來媵以並收魯宋而背晉不然媵嫁已非異姓之事且不當如是之遲也此其情事已如見也

丙午晉侯獳卒 丙午六月七日當是日誤

秋七月公如晉

左傳秋公如晉晉人止公使送葬冬葬晉景公公送葬按晉常三月而葬葬當在秋卽使傳言冬葬果信亦在初冬儘歲內公當反國乃至明年三月始反者是送葬而猶見止不第止使送葬也可以見晉嗣君之侈而諸臣之犯矣

春秋有據文並無譏貶而自嚴於鈇鉞者此類是也

冬十月公無此三字

是歲庚辰簡王五年

晉景十九年　齊靈公環元年

楚共十年　吳壽夢五年

十有一年春王三月公至自晉

晉侯使郤犨來聘已丑及郤犨盟已丑月二十四日犨公作州

晉之止公本慮其叛晉雖獲辭服始遣還國又懼魯衛之而竟叛故使郤犨隨至索盟不徑言來盟必先聘者固著晉人喪中行聘之非亦見晉人不敢必魯之肯盟也

夏季孫行父如晉

左傳報聘且蒞盟也

秋叔孫僑如如齊

魯懼晉不足恃而預結於齊亦以報齊之來媵也

冬十月

是歲辛巳簡王六年

晉厲公州蒲元年　齊靈二年

楚共十一年　吳壽夢六年

春秋箋例卷十八終

春秋箋例卷十九

奉新趙儀吉輯

成公

十有二年春周公出奔晉

責晉受王朝逋臣

夏公會晉侯衛侯于瑣澤瑣澤地闕公作沙澤

此晉厲思報伐秦狄故先會魯衛以備不虞也葢晉欲伐秦必先伐狄不先伐狄則狄必間之而起而秦不可得而伐矣欲伐狄必先和東諸侯東諸侯不和而或多故焉則狄亦不可得而伐矣然欲和東方莫先於魯衛兄弟之國惜卽位之初之過無禮於魯侯也待魯如此待衛可知矣

待魯衛如此待他國更可知矣使晉方兆鄉伐狄楚人乘間直窺中原而齊或應之魯衛不必助逆第令依違其間晉已不勝東顧之憂矣而又何暇謀狄哉此皆晉之昔迷而今悟者也於是禮下魯衛而先與爲會葢託之以輯和諸侯晉得以一意西鄉此齊桓將伐山戎先與魯遇之遺軌也是則瑣澤之會之故而已矣左氏所紀與經絕不相類先儒駁之皆是雖癖信者亦不復能屈經以就傳矣

秋晉人敗狄于交剛交剛地闕

高氏曰此狄葢白狄也九年秦人白狄伐晉此先敗狄而後伐秦是知答九年之役也不稱將帥予晉也又撥白狄

可言狄足證僖十八年邢人狄人伐衞之筆趙氏未明以爲便文者之非是矣

冬十月

是歲壬午簡王七年

晉厲二年 楚共十二年 齊靈三年 吳壽夢七年

十有三年春晉侯使郤錡來乞師

大國徵師非實乞也尊內之辭耳尊內則曷爲嘗施之內僖二十六年施之內則紀實也亦志貶也內外一辭則人不覺其貶矣此其所以爲內諱也大國之將用魯師也必先有人焉來言之是卽乞師也自桓文以來皆然矣未有以乞

師書者以是爲常事而不必書也常事不書至是屢書何
也有關於後事則書也是故郤錡乞師爲公如京師而書
也十六年欒黶乞師爲臨期來乞致魯不會戰而書也十
七年荀罃乞師爲晉厲釋怒始用魯師而書也十八年士
魴乞師爲悼公禮魯先期來徵而書也或乃以外內一稱
爲重師之故則春秋用師百十爲數何爲獨重此五師哉
其不然也必矣或問成公之如京師雖爲伐秦而往然魯
入春秋七世矣未有能朝京師者豈無道過京師之時亦
未一行朝禮今成公獨知有王先期入覲其度越前人多
矣聖人何不削乞師不書以成公美乎曰聖人非不欲歸

美成公顧成公有不能專其美者不能不先書乞師也蓋成公之朝非成公獨朝實諸侯皆朝也亦非諸侯自朝實晉侯率之以朝也厲公知欲繼伯必先尊王故將伐秦先期遣使告知諸侯同朝京師然後會以伐秦此亦春秋之時所絕無而僅有之盛節矣聖人方褒之不暇而又何忍深沒哉其不以來言朝于京師直書而第言乞師所以為成公地者已多矣或又曰經但言公如京師何以知諸侯皆朝傳雖言公及諸侯朝王亦言遂及晉侯伐秦是諸侯雖朝而晉侯則實未至京師也何以知晉侯率諸侯以朝也曰此以理與經衡之而知晉侯亦朝也夫厲公方以朝

王號召諸侯其勢必辭嚴義正不少假借若諸侯皆朝而晉獨不往是自著其不臣之迹矣何以令天下此衡以理而知其必朝也且使朝者止魯侯一人而經乃前書乞師後書遂會以彰公非特朝是下流而訕上者之所爲豈春秋爲尊親諱之道哉況諸侯若不同在京師則書公如京師之下即書夏五月遂會某某伐秦足矣何必重言公自京師哉言公自京師者明自京師即會某某以行也而諸侯同朝晉侯率朝之美皆見矣左氏不知古史言諸侯即晉侯已在其中而震於伯主之尊不敢儕之諸侯之列故既言諸侯又言晉侯是則左氏之陋而已矣

三月公如京師

公如京師朝王也書月朝王之正例也此月之所以為王月也

夏五月公自京師遂會晉侯齊侯宋公衛侯鄭伯曹伯邾人滕人伐秦

秦結楚撓晉為患中原晉厲大合諸侯以王命伐之乃義憤非私憤也故伐至皆書月以明其有王或問書月非為曹伯卒乎曰觀僖四年伐楚書月許男卒不書月可以知此筆書月之故矣

曹伯廬卒于師

秋七月公至自伐秦

至特書月與僖四年伐楚同而是秋更無書月之事義尤明顯孫氏明復以不言至自京師爲明本意非朝京師以譏朝王之不誠其說非也經既明書公自京師遂會晉侯某某伐秦矣是由京師而更西也安得復以京師至哉是苛細之論而已矣

冬葬曹宣公

是歲癸未簡王八年

晉厲三年　齊靈四年

楚共十三年　吳壽夢八年

十有四年春王正月莒子朱卒

經不詳小國世代此書莒子朱卒者明朱繼庶其之弑而立既不討賊則朱卽賊也有方伯在而令簒君得以壽終此大恥也故特書以示譏哀十年書薛伯夷卒亦同此意

夏衞孫林父自晉歸于衞

伯主請之故歸不言復按此章舊皆咎晉不應請復林父致林父卒逐君據邑大爲衞患此皆由不諳經例而又徒據經貌故止得作此語耳其實經書林父奔反之意初不爲此也夫適臣反國未嘗爲患者多矣林父逆狀在二十年後豈有逆億於二十年前之理哉觀趙鞅反正春秋恕之知其必不豫誅林父矣然則何爲而書之殆欲借此以

明衛無孫氏則叛晉已久而三國來媵之故亦因以見焉蓋自宣十二年淸邱盟時衛已不樂從晉故盟血未乾卽撓宋之伐陳而救陳其撓宋也固似從晉人輕宋之心其救陳也則實體楚人庇陳之意此衛之廟算實然非孔達一人之私見也故達雖帥師救陳而經不書其名迨晉人思撫宋而不得至殺先縠以謝宋且爲討衛之救陳以悅宋衛於是不敢抗討不得已而殺孔達以兩謝晉宋孔達之死據傳雖達所自甘然疑良夫實偪促之蓋良夫力主從晉者也晉使讓衛者不得衛殺孔達不敢反命晉亦壽以兵討則良夫不能不幸孔達之死矣雖孔達所持元謬

良夫所持自勝然使無良夫力主從晉則孔達不至於見殺是孔達由良夫而死也故孔氏及衛之諸臣頗不平良夫之所爲而衛君則常右良夫觀宣十八年之春晉欲偕衛侯伐齊而衛遣世子從伐則衛諸臣之不和已槪見矣蓋從良夫之意則願君親行從孔氏之黨則並卿不往衛君姑調停其間而遣世子行焉其後衛定之意盡向良夫而良夫遂專衛政矣雖有新築之敗旋有于蓒之捷衛人雖甚不服晉無如良夫已唯晉是從蓋至晉伐廧咎如良夫亦以師會此其阿晉爲何如也此皆孔氏之黨之所心嫉者也六年春侵宋之後良夫不復見經其冬欒書救鄭

衛已不從意其時良夫已死矣自良夫已死衛人之既不悅晉又恨良夫者皆欲甘心於林父此七年之冬林父所以出奔也林父所以奔晉也自衛無孫氏衛定之意亦漸爲諸臣所奪晉又令魯還齊汶陽之田當受田之時非獨魯有衛亦有之蓋我亦得地固魯衛共諫之語也則歸田之時非獨魯歸衛亦歸之此衛之所以决計叛晉也故八年之冬晉魯齊邾伐郯而衛已不從晉非不徵衛也徵衛而衛不之應也衛既不應晉徵不能不慮晉討故即其冬來媵蓋欲內交於魯約魯以共叛晉也晉知魯衛皆有異志是以急徵諸侯而會盟於蒲其時魯衛私計未定不能

不暫受盟而非中心所願也觀晉有柔魯之意可見矣夫以晉國之勢衛叛何難伐衛即魯叛究亦何難伐魯然而姑舍衛魯者以時方志在謀鄭故亦禮下於魯而來滕所以藉魯和衛也魯衛少安無事晉於是執鄭君而伐鄭國而楚又乘之而潰莒入鄆晉益不暇規及於衛而又未嘗不虞及於衛觀十年春衛有侵宋之舉左傳以爲晉命則晉所以覘衛之從違也其時衛諸臣以林父在晉愈不樂共晉命衛君則猶未敢違晉不得已而遣介弟帥師則猶先世遣世子之故智也所以未敢決計棄晉者慮勢孤且弱不能自立耳故至夏又偕齊魯宋曹應晉伐鄭之命及

諸侯將會而晉景病不能出是以遽散而齊且料晉不能有爲亦假來媵以收魯而連宋蓋叛晉者又不止一衛矣已而晉景雖卒而厲公之嚴峻乃十倍景公竟徵魯侯會葬而又止之逾年衛特幸而未往耳使其如晉則晉恨衛之反覆已非一日其待衛無禮必有甚於待魯者故衛自魯受晉辱益無意向晉晉厲亦悟二國之不可過用威劫也遂邀魯就衛而爲瑣澤之會嗣是而晉自敗狄又率諸侯朝王遂自京師會諸侯以王命伐秦一二年閒晉遂赫然繼伯不特魯無貳心卽衛亦消其傲志矣然晉終以林父不歸衛之從晉决難深恃是以請復林父此皆二十年

來晉衛離合之迹歷歷如繪者然使不書林父之出反則無從而見矣春秋本有大夫之奔且歸削而不書者若陳須無之歷奔諸國卒又歸齊可證也豈真來告必書哉是故以復林父爲晉之巧於癒衛則可以復林父爲晉之忍於禍衛則不可蓋從來鄙夫無所不至之謀常生於既得患失之後林父歸時猶患不得之之時也觀經之書法絕異艮霄直同華元可以見聖人鑑空衡平之度矣

秋叔孫僑如如齊逆女

鄭公子喜帥師伐許

鄭既從晉故此次伐許復用去疾之例書將帥 師而自三

年以來鄭五伐許書法三易而一同其義亦皆明矣

九月僑如以夫人婦姜氏至自齊

冬十月庚寅衛侯臧卒 庚寅月十六日

秦伯卒

秦桓受諸侯伐能自反不報故春秋予之卒而不書其名

蓋不復以王正其終也

是歲甲申簡王九年

晉厲四年 齊靈五年

楚共十四年 吳壽夢九年

十有五年春王二月葬衛定公

三月乙巳仲嬰齊卒 乙巳月四日

仲嬰齊仲遂子歸父弟自歸父奔仲後無世祿故立歸父之弟以後仲本當從族稱公孫以與叔肸子同名聖人慮其之不辨也故以仲嬰齊别之或者乃疑子不當以父字爲氏則季友仲遂叔肸諸人卽己身已可以字爲氏矣況其子乎故凡執公孫之子始以王父字爲氏之禮爲說者可不必也

癸丑公會晉侯衛侯鄭伯曹伯宋世子成齊國佐邾人同盟于戚晉侯執曹伯歸于京師

左氏曹伯盧卒于師傳云曹人使公子負芻守使公子欣時逆曹伯之喪秋負芻殺大子而自立也諸侯乃請討之

晉人以其役之勞請俟他年按傳紀負芻篡弒事甚詳而經無一字及之初疑左氏傳聞異辭之誤既而知爲魯而諱也夫曹伯既卒則大子即曹君矣負芻乃敢殺之而自立其事直同齊商人之弒舍法應直書而從削者蓋因公方在師而聞曹人弒其嗣君而不能討又隨遣臣會葬越三年之久又與同盟是有意成負芻之篡也其惡甚大故削負芻之弒迹以爲公諱焉或問據傳則諸侯實嘗請討而晉人獨畏勞請俟他年是縱負芻使成篡者晉侯也安可引其咎於內君乎且討賊爲何等事豈可俟之他年晉人言之大罪也內君聽之亦罪也君子責難於其君經是

以不罪晉侯而罪內君故曹嗣君之被弑可從鄭伯髡頑
楚子麇之例而諱之也至戚之會爵負芻而書同盟則合
內君與伯主而共譏之也夫旣爵負芻以兼譏伯主則負
芻固儼然諸侯不可比之罪人故止科晉厲以專執諸侯
之罪而不必遽奪其伯蓋曹事旣諱雖欲奪伯而無因且
緩討終異於不討是以書爵以執而負芻不名使等諸盟
主之私忿而已矣又按經例本不正諸侯之相執所以有
書人書爵之異者以爲伯而責之則書爵不以爲伯而不
之責則書人耳初未嘗從被執者之有罪無罪起義卽如
晉文之執諸侯當其亟欲責之以伯則執曹伯可以書爵

嘗其不肯責之以伯則執衛侯可以書人亦安有所謂伯討之執哉自詁經者不知書爵以執亦是責辭而創爲伯討之說而經義始無從而出矣

公至自會

夏六月宋公固卒

楚人伐鄭

許屬以伯故楚從常稱

秋八月庚辰葬宋共公庚辰月十一日

宋與國益以甥舅之誼會葬宜加厚而不如禮故書日

宋華元出奔晉

此蕩山將殺元元避之而奔也

宋華元自晉歸于宋

伯國以禮歸之故不言復間無異事重舉華元之義詳襄

三十年良霄下

宋殺其大夫山

此元藉晉力以討罪而殺蕩山也何以知藉晉力元在國不能討豈自外入而反能討乎是以知藉伯力也藉伯力則蕩山無削氏之法所以削者明宋以王法殺之非嗣君私意殺之也春秋爲嗣君開此可殺大夫之刱例而後亂人始不敢以新故之際爲藏身之固矣故曰春秋成而亂

臣賊子懼

宋魚石出奔楚

石益山黨懼討故奔楚度晉令不至於楚也據傳則魚石無罪然後此三年石故因楚鄭之伐宋入據彭城則此時之與山同惡可知矣傳固未可盡信也

冬十有一月叔孫僑如會晉士燮齊高無咎宋華元衛孫林父鄭公子鰌邾人會吳于鍾離鍾離楚邑今淮南縣□今臨淮鳳陽二縣地屬鳳陽府

責會吳之非法故月會以明無王殊會吳責不及吳也觀主會仍是僑如與燮可以證伐鄭之意矣

許遷于葉

按楚人寧教許避鄭不肯爲許報鄭者皆是買鄭服巳之意蓋見北又通吳益不得不巧於致鄭此鄭所以雖與鍾離之會旋即爲楚侵宋也

是歲乙酉簡王十年

晉厲五年　齊靈六年

楚共十五年　吳壽夢十年

十有六年春王正月雨木冰

雨下着木成冰所謂樹介

夏四月辛未滕子卒 辛未月六日

鄭公子喜帥師侵宋

此鄭又背晉即楚爲之侵宋也其罪視伐許加重然得書

將帥師者以諸侯之通吳無異於鄭之從楚故於鄭有恕辭言侵不言伐政明鄭罪猶輕而晉不必遽加兵於鄭也

六月丙寅朔日有食之

晉侯使欒黶來乞師

義見後沙隨不見公下

甲午晦晉侯及楚子鄭伯戰于鄢陵楚子鄭師敗績甲午月二十九日鄢陵今屬潁川郡鄢地○鄢陵與鄢一地也詳隱元年

此晉伐鄭而楚救之故有是戰楚敗績不稱師者經例凡戰魯不在事敘戰又不先稱師而有言師敗績者皆魯之黨也鄢陵敗績獨稱楚子明魯未敢以僭國為黨故不為

諱敗累其上也若鄭則列國也故可從常例稱師非果爲楚子中目而鄭止喪師也晉不借諸侯者徵諸侯之師未至値楚欲速戰故不能待而獨出勝之其意氣可謂盛矣

按晉至景公之代舉事適逢諸侯解體雖有鞏之捷不敵邲之敗至於嬰齊在蜀而十一國之君若臣往受其盟則中原之氣喪盡矣馴至潰莒入鄆則明偪齊魯以散晉指臂之交約狄連秦則暗逞機謀以益晉腹心之患向使數年之間無雄悍如厲公者出而整齊之將不惟晉伯遂失即周鼎且處南遷矣自厲公英邁從事措置得宜於是齊人不敢背袁婁之盟而東方以靖狄人大創乎交剛之役

而北顧無憂而且欲伐强秦先禀王命糾諸侯同朝京師令天下猶知共主則尤桓文以來所未伸之大義也今又因鄭之貳楚不少因循即徵諸侯而伐之諸侯未至而楚已救鄭唯恐失楚即獨用晉師而敗之洒景公于郔之恥紹文公城濮之勳謂之繼伯誰曰不宜所可議者當躬鮮問學之氣在庭無師傅之資事功既豐汰後亦甚擯魯侯執季孫則前有讒而不見尸三郤留書假則後有賊而不知遂至變起蕭牆加之惡謚禍在一身功存當世實堪痛惜何可過詆悼公懲其驕恣而譽望日隆席其威權而霸圖大振乃既不爲之討賊使飲恨於九原復不爲之易名

俾蒙詬於百世方自詡治亂持危之才以顯其天與人歸之順可謂千古負心人矣其不獲永年也宜哉

楚殺其大夫公子側

意與書殺得臣畧同足見聖人之以伯許厲公也

秋公會晉侯齊侯衛侯宋華元邾人于沙隨不見公沙隨宋地梁國寧陵縣北有沙隨亭。今沙隨亭在縣西六里

晉雖勝楚而鄭人終感楚子之勤已畏晉侯之叵測不肯從晉故晉會諸侯于沙隨謀再伐之厲公怒魯不會鄢陵之戰故不見公直書不諱者曲不在魯也蓋晉徵師之使以六月至而晉楚之師即以六月戰魯侯雖無申宮儆備

之虞亦安能於兼旬之間帥三軍之衆疾走數千里而會戰哉故凡據左傳以國難爲後期之故者皆未識經書乞師之意者也夫晉既徵諸侯以伐鄭其勢必將先會而後伐乃晉厲輕鄭之易與又度楚有吳備未必能遽出救鄭故敢獨出而先伐鄭伐鄭而楚救突至且利諸侯之未集速與晉戰晉於其時固壘不能班師不可自不得不徼倖於一戰戰而敗自是晉人輕舉自取之禍今幸而已勝當談笑置之矣乃不自咎其慢令而致期反責人以觀望而不進已不情矣況諸侯皆後而獨擯魯侯尤爲罪同而罰異則左氏所載郤犨取僑如之貨爲之進讒以誣公與季

孫者爲可信矣甚矣厲之不聰不明也夫不學無術器小易盈固伯者通病然未有剛愎不情如晉厲者其待諸侯猶如此則其待餘人可知矣不保首領非不幸也

公至自會

不見禮則嫌於見止故尤須書至

公會尹子晉侯齊國佐邾人伐鄭

此晉因鄭未服復會王臣及諸侯伐之用僑如之譖以沙隨之擯魯侯未足示儆故復執魯之君臣焉魯君臣旣遭執辱未果與伐故公歸仍以會至

曹伯歸自京師

此晉侯歸之也未奪晉伯故曹伯不名言歸自京師即所以明非由王命若由王命則必從衛侯鄭再歸之例書曹伯負芻歸于曹必不言歸自京師蓋王不自謂京師也春秋義在文中其明辨至于如此乃說者猶以為晉歸衛侯王歸曹伯謂之何哉

九月晉人執季孫行父舍之于苕丘苕公作招苕丘晉地

此晉厲為僑如執魯侯言執行父舉其可道者也或曰本執君也而諱言執臣不失實乎曰君行必有卿從處常則書君不書卿遭變則書卿不書君是亦主憂臣辱主辱臣死之義故諱公而不為失實也或問經明言執行父何以

知非執行父曰凡執大夫不書月此書月大夫所至不地死亡及叛則地今行父言舍于苕丘故知皆爲執公而書也夫行父魯之柄臣也柄臣既執公當歸視國事觀昭十三年晉執意如昭公遄反可見矣何況是時更有僑如方將爲亂於內而晉執行父未有釋期公亦安能棄社稷不顧而堅候行父同歸哉然則晉實執公顯然矣公羊言行父代公執穀梁以苕丘之舍爲公所庶幾近之視左氏之言公還待于鄆者相去遠矣惜不能明言執公耳讀者能知舍之于苕丘爲詳重之辭則經指不難見矣

冬十月乙亥叔孫僑如出奔齊 乙亥月十二日

魯人知公與季孫之執辱禍由僑如謀將討之故懼而奔齊

十有二月乙丑季孫行父及晉郤犨盟于扈乙丑月三日

僑如奔後罪狀益著而公與行父之屈皆伸矣故晉人歸之又懼其歸而遂叛故使郤犨盟行父于扈夫行父可至于扈則不必在苕丘矣行父不必在苕丘則苕丘之舍之專爲公書益明矣行父特如甯俞之從衞成于京師耳

公至自會

執則書行父不書公至則書公不書行父皆所以爲公執諱也若謂公未見執則諸侯已散行父已執此半年間公

果何往而今始以會至耶若從左氏謂居于鄆則鄆固魯鄆也亦可以公至書矣若以未入魯都不可言至則書公至自會居于鄆不猶得别其嫌於並執乎反覆推之執公無疑

乙酉刺公子偃

偃公庶弟按公子偃未必真有逆謀公特因穆姜一言懷忌而枉殺之耳使偃而果圖非望則必結託僑如僑如且至出奔偃雖至愚亦必知禍之及已決無不豫思逃死之理偃而猶居然待公與行父之至也假之無他可知也故書刺書日以重公過而著偃冤若在他國知必以殺弟書

矣又按公甫歸國卽速殺偃則其不能姑容一日可知矣使公早已反鄆則殺偃不待此時矣此亦可證公還待于鄆之說之未足深信也

是歲丙戌簡王十一年

晉厲六年　楚共十六年　齊靈七年　吳壽夢十一年

十有七年春衞北宮括帥師侵鄭括公作結

不會鄢陵之咎魯衞所同衞見沙隨之會晉擯魯侯雖知用僑如之譖然晉侯所憾終爲鄢陵料魯衞再會必遭執辱故上年伐鄭衞不敢與巳決意背晉雖在林父亦不敢以君爲孤注矣已而魯人會伐果遭執辱然晉怒亦由是

少殺且恐因此並失魯衛故未幾即釋魯侯旋命衛伐鄭以覘向背衛臣之素與晉者見晉已舍剛用柔決不遑於惡衛故仍從晉命而侵鄭衛將爲北宮括知孫氏之黨已多於孔氏矣

夏公會尹子單子晉侯齊侯宋公衛侯曹伯邾人伐鄭

春時侵鄭之舉晉獨命衛不命魯者恨魯元深於恨衛也從知此次伐鄭爲魯自會之非由晉徵晉雖收與同盟而猶不用魯師故秋仍以會至不以伐至不然是會有上盟王臣之嫌使與伐鄭決不肯以會至也

六月乙酉同盟于柯陵 乙酉月二十六日柯陵鄭西地

不言諸侯且言同盟譏與王臣共盟按伐後書盟者所伐之國多卽與盟而此盟獨鄭未與以下文鄭無叛晉之事而晉亦再伐也若伐之而受盟旋叛而再伐者則必於盟後著其旋叛之迹如襄十年盟于戲後書楚公子貞鄭公孫輒伐宋襄十一年盟于亳城北後書楚子鄭伯伐宋是也春秋叙事明劃至於如此不難讀也

秋公至自會

齊高無咎出奔莒

今年逐無咎明年殺國佐此齊思叛晉之漸故襄元年彭城之圍齊卽不與若非悼能繼伯齊早卽楚矣此齊之所

以可惡也

九月辛丑用郊辛丑月十四日

此章舊惟譏郊之非時要非經之的義也夫郊爲天子祭天地之大禮而魯敢干之僭妄極矣春秋雖屢因龜逆牛災以示譏然終以惡大不可直書則又擇其過時而後舉者以微示其意故知經指非譏不時也若譏非時則但言九月辛丑郊足矣何必言用郊哉用者不宜用者也即明天子之禮非魯所得用也然貌而觀者猶似止譏非時是亦諱莫如深之意耳

晉侯使荀罃來乞師

足證沙隨以後晉並未嘗徵用魯師故再以會至不以伐至

冬公會單子晉侯宋公衛侯曹伯齊人邾人伐鄭

是役因晉徵師遂得與伐故公以伐至

十有一月公至自伐鄭

書月爲領壬申

壬申公孫嬰齊卒于貍脤壬申十月十五日日誤脤公作軫穀作蜃貍脤地闕

此當是晉釋魯侯之時雖有郤犨之盟季孫終虞魯歸必叛必留嬰齊爲質始歸公與行父盍嬰齊叔肸子位雖不如行父而於公爲親亦魯之良也故晉人信之今晉厲已

徵魯共兵前忿盡釋嬰齊令歸而卒于貍脤嬰齊從君以出故前不言如晉歸未至魯而道卒故不言至自晉

或曰據公羊則嬰齊走在晉據左氏則嬰齊再出前以奉使如晉後以從公伐鄭今悉置不信獨決然以爲留晉爲質亦有據乎曰據公羊則經當書奔據左氏則前次奉使當書如晉前既不書如晉則後說亦不可信矣所以知爲質于晉者以卒而地知之蓋卒大夫例不地其卒而地者前必言其出後必有所爲是故書公孫敖之卒于齊也前既書其奔後爲受其喪故須地也書仲遂之卒于垂也前既書其使後爲變乎禮故須地也今嬰齊前既未言其出

後復於事無關而創例書地此與大夫見執從不言所舍
而行父言舍之于苕邱同是一類書法蓋行父從公見執
于前嬰齊則代[illegible]受執于後是以皆創例而詳重書之亦
所以完執公一案也而爲君旅死嬰齊更可愍矣
十有二月丁巳朔日有食之
邾子貜且卒
晉殺其大夫郤錡郤犨郤至
據左傳則欒書譏之胥童專之是兩下相殺也而書從國
殺者歸咎於國君不必責討於隣國也以是益信凡書國
殺者不必皆其君殺之者也

楚人滅舒庸舒庸吳楚間小國

是時晉臣雖不和而伯終未替故楚卒以人稱卽舒庸之滅亦是楚爭諸吳非譏厲之不能存小

是歲丁亥簡王十二年

晉厲七年　齊靈八年

楚共十七年　吳壽夢十二年

十有八年春王正月晉殺其大夫胥童

胥童爲厲之寵臣而欒書敢於殺之而無忌者巳有定算弑君也在正例宜書從孔父之例僅以國殺爲文者胥童既非忠賢而厲公又非庸主故書國殺以歸咎厲之不能燭亂賊於機先也

庚申晉弑其君州蒲庚申月五日

不目欒書而稱國弑討賊之責不及于魯也亂臣賊子人人得誅內君又非不應討賊之人何以責不及魯罪悼公英賢自不肯討國賊也胡傳似謂因厲公無道故經於欒書有恕辭直敢於亂道耳餘義詳文十八年莒弑庶其下

齊殺其大夫國佐

按晉欒盈亦據邑以叛者經既書入于曲沃及其殺也以討賊之例書之使國佐而果以轂叛也聖人何難治以欒盈之例今書國殺而不去其官則國佐罪不至死也左氏所言殆崔杼傾陷之辭耳春秋政爲此等辨誣也說者反

據以爲國佐之罪屈經就傳而古人之含冤者多矣

公如晉

左傳朝嗣君也

夏楚子鄭伯伐宋宋魚石復入于彭城

既書楚子伐宋則魚石爲楚納甚明自不可更書自楚止可書魚石入于彭城然嫌與魯實與納同例故爲特書復入蓋既有伐者又有復入則無與魯事自明也彭城不繫宋自是叛臣惡入之常例楚書爵者晉既弒君魯又朝其幸弒之嗣君均不可責以伯矣故楚鄭皆書爵不復稱人蓋以王治楚鄭也

公至自晉

晉侯使士匄來聘

悼公始立即加禮於魯而來聘知得諸侯之要矣但國有大喪許赴告不許聘問傳言國君即位卿出並聘乃當時非禮之禮非先王舊章也故書以示譏而悼未逾年即三書晉侯則志縱賊不討而幸代其位故書國弒不足而又三書其爵宛若厲真悼弒者此悼所不堪之筆也

秋杞伯來朝

八月邾子來朝

因魯下晉晉禮魯故小國事魯益恭

築鹿囿

築囿已非不時尤非自晉厲既弑成公即始帖席又爲悼所優禮且知其人足恃而逸志遂萌所謂間於憂虞且謀逸樂者也乃未幾即薨豈非死於安樂之明徵歟

己丑公薨于路寢 己丑月七日

冬楚人鄭人侵宋

夏楚鄭伐宋書爵明成公朝晉不足責伯也是時成公已薨臣子用心不敢料嗣君不能代伯故楚鄭復從有伯之例稱人非遠有予悼之意也明年正月魯會諸侯圍宋彭城即所以救宋有救者例書伐今書侵者晉賊之惡大於

宋賊明諸侯當討晉且不必救宋也

晉侯使士魴來乞師

悼知厲公末年失歡於魯由鄢陵之戰晉不早徵魯師而反以爲魯罪不恕甚矣故將於正月同討魚石先期使告於魯示爲厲公引咎以平魯憾也故書之以見悼公待魯之有禮

十有二月仲孫蔑會晉侯宋公衛侯邾子齊崔杼同盟于虛朾 虛朾地闕

謀爲宋討魚石也襄公時年三歲喪又在殯不會非晉所苛齊靈不出已立志背晉所以猶令崔杼會者旣自立未

定又聞晉嗣君英銳不羣聊復一至耳至虛朾以同盟書

則譏伯與內之意自見也

丁未葬我君成公丁未月十七日

是歲戊子僩王十三年

晉厲八年　齊靈九年

楚共十八年　吳壽夢十三年

春秋箋例卷十九終

春秋箋例卷二十　　奉新趙儀吉輯

襄公

元年春王正月公卽位

仲孫蔑會晉欒黶宋華元衛甯殖曹人莒人邾人滕人薛人圍宋彭城

經例內言圍者已亦有闕也是時會有何闕譏其會晉之賊黨以討宋之賊臣宜宋賊之不服也然則何以不言師師曰譏在所會不在所伐十四年伐秦十六年伐許悉是此義彭城繫宋者以宋華元在事若不繫宋則嫌同於哀三年書齊國夏衛石曼姑帥師圍戚而以彭城匹宋矣故

須繫宋也

夏晉韓厥帥師伐鄭仲孫蔑會齊崔杼曹人邾人杞人次于鄫厥公作屈鄫公作合鄫鄭地在陳留襄邑縣南

此晉糾諸侯伐鄭而齊思叛晉故遲不進魯曹邾杞又皆畏齊不敢獨先此所以晉獨伐鄭而四國之大夫尚次于鄫也大夫不言次言次以師行也是役若依二十三年書叔孫豹救晉次于雍榆之例當云仲孫蔑會某某伐鄭次于鄫今但言次鄫不言伐鄭者經例內師不言所加但言次者外必有應討之國次鄫之書託於魯意之將討晉也義詳莊三年公次于滑下

秋楚公子壬夫帥師侵宋

楚上冬侵宋稱人原爲魯嗣君將討晉賊而代晉伯立文今魯屢與晉共事是已置晉賊不問而與晉爲一矣故楚臣復得書將帥師不言伐言侵非爲內之不救乃因時巳無伯責楚以惟知擾宋之無謂也

九月辛酉天王崩（辛酉月十五日）

邾子來朝

冬衞侯使公孫剽來聘

晉侯使荀罃來聘

按杜氏推王崩于九月十五日又謂冬者十月初王訃未

至故得朝聘胡傳則以爲訃告已及而貶之後人或從胡
傳或從杜杜注未有定論從胡傳者疑經意之必有所規從
杜注者決人情之不若是恕其實皆是而皆不是也胡氏
深識非禮而不知所以非禮杜氏以爲合禮而不知仍未
合禮何以言之凡朝聘之禮必賓國主國皆無三年之喪
而後可行若一有喪未闋則必交致其譏聖人於此年朝
聘之書特示人以通喪之宜謹而必不容權宜以從事蓋
邾子來時誠王訃未至而邾喪未届大祥魯喪甫逾小祥
而遽彼朝此受可乎衛雖無三年之喪而不恤魯喪晉縱
忘厲公之喪而當恤魯喪乃皆遣使來聘雖來時或王崩

未知至聘時宜王訃已至乃使者不以猝聞王喪而輟禮魯人不以再有斬衰而辭聘是尚得為臣子乎聖人之意本實為此說者專從王喪立論亦止知其一而未知其二也

是歲己丑簡王十四年

晉悼公周元年 楚共十九年 齊靈十年 吳壽夢十四年

二年春王正月葬簡王

鄭師伐宋

不言侵言伐為下有晉為宋報也是時晉方勤宋而魯又親晉故鄭伐宋稱師明其為晉魯所讎所以予鄭而誚魯

也

夏五月庚寅夫人姜氏薨庚寅月十九日姜氏襄公適母

六月庚辰鄭伯睔卒六月無庚辰日誤杜泥傳言七月庚辰竟謂經誤書六月何其癖也

晉師宋師衛甯殖侵鄭

上文方明魯之讎鄭此復示讎晉宋者因魯能不效衛之從晉是魯已幾於悔過而讎晉矣故晉以師稱所以奪晉而亟奬乎內也夫魯之不從晉伐鄭猶是軋於齊耳而經遽以讎晉立文者愛魯之至意也宋亦稱師者所以儕晉於宋鄭亦分散伯權之定法也衛帥獨名者晉宋之所以可讎爲均有漏討之亂臣在故不書其帥而渾以師稱甯

詎知其不即以亂賊爲帥乎蓋欲人知書法之爲欒書魚石而發則甯殖平人固不當比而同之矣不言伐言侵者晉宋既不當伐人又伐鄭之新喪故止可書侵亦所以譏悼而予内之不從也

秋七月仲孫蔑會晉荀罃宋華元衛孫林父曹人邾人于戚

左傳會于戚謀鄭故也孟獻子曰請城虎牢以偪鄭知武子曰善鄫之會吾子聞崔子之言今不來矣滕薛小邾之不至皆齊之故也寡君之憂不唯鄭罃將復于寡君而請于齊得請而告吾子之功也若不得請事將在齊吾子之請諸侯之福也豈惟寡君頼之按此傳甚合情事若皆如

是何故不信

己丑葬我小君齊姜己丑月十八日

叔孫豹如宋豹穆叔僑如弟

襄公君父之喪未畢又新有母喪而使聘於隣非禮也

冬仲孫蔑會晉荀罃齊崔杼宋華元衛孫林父曹人邾人滕人薛人小邾人于戚

遂城虎牢虎牢鄭邑

左傳冬復會于戚齊崔武子及滕薛小邾之大夫皆會知武子之言也遂城虎牢鄭人乃成按齊欲叛晉而未能故晉詰之而仍至晉於是益信制楚必在得齊矣虎牢雖鄭

邑去周京不二百里諸侯取而城之而置師焉不惟東可以偪鄭南可以防楚且內可以固京師根本之地而除創猝腹心之患蓋成周南竟小國棊布雜以諸戎又有熊耳少室諸名山之脈綿亘阻塞爲之障蔽楚不易窺而東竟則鄭爲獨大收鄭爲鄙卽可從虎牢西入爲所欲爲矣自桓文以來南北爭鄭並皆爲此非徒爭一屬國也諸侯此舉可謂扼要矣晉悼之功亦以此爲最然而必地會而後城者終以會晉爲惡也城言遂者嫌於魯獨城之也虎牢不繫鄭者既爲周京而城則鄭不得有虎牢也其後復繫鄭者鄭既棄異卽同則虎牢可以還鄭矣後若不繫鄭則

此時不繫鄭之意亦無從而見也趙氏木訥以爲有功于天下故不繫鄭然則戍虎牢復繫鄭豈戍之反無功於天下乎胡傳以爲責鄭不能守豈冀鄭守之以通楚而偪周乎其誤皆由于不識下陽不隸虢之故所謂蔽起於彼而誤連於此也

楚殺其大夫公子申

疑楚之諸臣必有料諸侯將城虎牢勸楚先爲鄭備者而公子申誤之故聞既城虎牢而殺之春秋書之葢等虎牢之功於城濮鄢陵之勝也

是歲庚寅靈王元年

晉悼二年　齊靈十一年
楚共二十年　吳壽夢十五年

三年春楚公子嬰齊帥師伐吳

北方教吳撓楚故楚不復爭鄭而伐吳所謂一歲七奔命者於是可見矣

公如晉

夏四月壬戌公及晉侯盟于長樗　壬戌月二十六日長樗孔氏云近城地

凡盟之可以不書地而言地者皆是重於責內之辭魯君朝晉受盟非止襄公嘗出都之禮獨襄公書盟于長樗者責襄不應與幸弑之晉侯盟也又如外臣來聘受盟亦不止向戍嘗出都之禮也獨向戍書盟于劉者責內不應受

宋要盟致陷於輟圭王昏之大戾也舊止以出都而盟爲有加禮失其指矣

公至自晉

六月公會單子晉侯宋公衛侯鄭伯莒子邾子齊世子光己未同盟于雞澤。己未月二十三日雞澤在廣平曲梁縣西南後漢志曲梁侯國有雞澤今曲梁故城在直隸廣平府東北

月別無事會別無地在常例應繫盟日于月之下公之上今必更疊同盟之上者不惟嫌內君出時即知上盟王臣亦以明晉悼既不討賊即與與弑無異是舉爲晉悼大會諸侯又有王臣在列使王臣而奉行天討則晉悼罪且不

測雖欲齊盟諸侯尚不可得敢望上盟王臣乎故移曰于盟上者乃訝王臣之濫恩弛法俯盟纂侯之出乎內君意外也雖內君不必有是憤而大義不可不如是明也故知雞澤同盟之書與虛朾同義此更責及王臣非如柯陵之專議上盟王臣也嗟夫以晉悼之賢而又絕不與聞厲公之弒徒以不知討賊春秋待之幾與寶弒無異彼齊景鄭簡復何所置喙哉故曰春秋成而亂臣賊子懼

陳侯使袁僑如會

陳即楚已久今因鄭已從晉知晉行且議陳故早附於晉陳侯不親會疑身已有疾

戊寅叔孫豹及諸侯之大夫及陳袁僑盟戊寅七月十三日

按僖二十八年踐土盟後陳侯如會晉侯未嘗率諸侯復與陳侯盟可知陳臣如會之不必更盟矣今乃諸侯在會而大夫重盟可知諸大夫不惟難信袁僑且有難信諸侯之意矣是諸大夫之無君也宜浸假而有諸侯不盟而大夫盟之事矣故曰會盟之間而有稱大夫者皆無君之辭也又按此會有王臣在但言諸侯之大夫及陳袁僑盟而魯大夫亦與盟可知矣葢僖九年諸侯盟于葵邱不必言公及諸侯也今必書叔孫豹者明諸侯之大夫皆是擅盟而魯卿獨奉君命也袁婁之盟國佐不重繫齊是盟袁僑

則重繫陳者不重繫陳則陳外于諸侯矣此可見春秋無一字虛設也或者乃於事同辭異之處恐謂因史詳畧而異文不亦陋乎

秋公至自會

冬晉荀罃帥師伐許

因陳鄭來而議及於許也書法與楚嬰齊伐吳無異則諸悼之意自見矣

是歲辛卯靈王二年

晉悼三年　齊靈十二年

楚共二十一年　吳壽夢十六年

四年春王三月己酉陳侯午卒三月無己酉二月十七日也

夏叔孫豹如晉

秋七月戊子夫人姒氏薨戊子月二十八日姒公穀作弋下同姒氏成公妾襄公母

葬陳成公

八月辛亥葬我小君定姒辛亥月二十二日

冬公如晉

陳人圍頓

經例書外圍者多是責內與伯之不救頓楚屬也法不當救而書圍者因陳人業已從晉故從內圍外之例書之雖未得頓服從而陳嗣君之能繼志翔伯已在所當予矣至楚人聽陳圍頓亦不救頓是又以頓餌陳也與成九年書

鄭人圍許同義

是歲壬辰靈王三年

晉悼四年　楚共二十二年　齊靈十三年　吳壽夢十七年

五年春公至自晉

鄭方從晉故聘北諸侯然魯鄭皆有喪未闋亦因以志譏

夏鄭伯使公子發來聘

叔孫豹鄫世子巫如晉

書此及明年鄫與戚之會以爲譏晉不能存鄫之案益鄫懼爲莒所滅故求附于魯魯度不能庇鄫故導之事晉謂莒必畏晉不敢虐鄫也此叔孫所以覲鄫世子巫于晉也

迨明年戚之會鄫果獲與是鄫已有賦于晉又明年莒竟滅鄫而悼乃畧不詰莒亦異於伯者鋤強植弱之政矣不言及者明覿晉乃兩國之意不欲專引其咎於內也左氏乃於前年預言魯請屬鄫故今覿之於晉夫鄫既屬魯則不必自通於晉魯亦不必覿之於晉矣其於鄫列戚會又以屬鄫不利言之夫魯之畏晉久矣乃一年之間二三其說晉悼英辟肯聽如是耶故左氏不足盡信穀梁尤屬荒繆總之經於鄫事首尾甚明不必求之於傳注也

仲孫蔑衞孫林父會吳于善道 善道公穀作善稻杜注地闕○阮勝之南兖州記云盱眙本吳善道地今屬江南泗州

左傳吳子使壽越如晉辭不會于雞澤之故且請聽諸侯之好晉使魯衛先會吳且告會期故孟獻子孫文子會吳于善道按不言及衛者旣內列國以外僭國亦不欲專引其咎於魯也

秋大雩

楚殺其大夫公子壬夫

左傳楚人討陳叛故曰由令尹子辛實侵欲焉乃殺之按楚子前以失鄭故殺公子申茲又以失陳故殺公子壬夫其督責用事大臣持法甚峻而凡書楚殺大夫之故亦因而可悟矣

公會晉侯宋公陳侯衛侯鄭伯曹伯莒子邾子滕子薛伯齊世子光吳人鄫人于戚

左傳九月丙午盟于戚會吳且命戍陳也杜氏云不復殊吳者吳來會于戚石氏云凡敘吳者來會我也殊吳者往會之也按此二說皆非也十四年向之會乃吳來會何以仍殊會之乃知殊會吳正例也敘吳變例也于戚何以獨用變例譏盟主之位置顛越也鄫人卽鄫子論列當在齊世子光之上光乃桀驁之材又知晉有柔齊之意遂妄自尊大不循禮度觀十年進敘滕薛之上十一年又進敘莒邾之上知其此時必不肯列于兩屬晉魯之鄫子之下而

晉悼又自以敬吳畏吳之故更屈鄫子于吳臣之下不惟毀正僭之防亦且亂君臣之分敘次之繆無過此者聖人爲內君諱故不稱鄫子但稱鄫人以寓譏切之意乃知吳得稱人且不殊會悉由位列鄫上之故而假借之耳左氏見常例稱人皆是大夫故誤以鄫人爲鄫大夫夫鄫因叔孫以覿晉尚不敢遣大夫而必遣世子豈其會地非遠小侯大侯莫不咸在而鄫乃敢並世子不遣而第遣大夫乎此可以決鄫人之爲鄫子矣或問何以知左傳言盟爲可信曰經例不書吳盟故黃池長吳亦不書盟所以知是會必盟者雞澤會吳而吳不至諸侯猶盟決無吳至而反不

盟之理也

公至自會

冬戍陳

杜氏曰諸侯在戚會皆受命戍陳各還國遣戍故獨書魯

戍

楚公子貞帥師伐陳

公會晉侯宋公衛侯鄭伯曹伯齊世子光救陳曹伯下公穀有莒子邾子滕子薛伯

十有二月公至自救陳

戚七年以會至不以救鄭至以有馬陵之盟也此救陳後

無盟故以救陳至然須知救陳後縱有盟亦必以救至盍

聖人之意終以會悼爲嫌也觀亳城北之盟必以伐鄭至

可見矣

辛未季孫行父卒辛未月二十日

是歲癸巳靈王四年

晉悼五年　齊靈十四年

楚共二十三年　吳壽夢十八年

六年春王三月壬午杞伯姑容卒壬午月二日

夏宋華弱來奔

秋葬杞桓公

滕子來朝

莒人滅鄫

譏晉悼不能存鄫故以滅書若有咎魯之意則言遷不言滅矣此亦可證左氏魯請屬鄫又請不屬鄫之說之誤矣夫晉之所以縱莒不討者非有愛于莒也特以莒本齊屬懼討之而莒且連齊俱叛耳然使聖賢處此寧可無齊不可縱莒盍紀綱所植不可弛也行一不義殺一不辜雖得天下亦不肯爲於此可見王伯之辨矣又按公穀求晉所以縱莒之故而不可得遂造爲異姓爲後之說以期不碍於時事是又不如左氏恃賂之說爲得其近似矣使鄫誠立異姓爲後聖人必有法書之何至使同兵滅耶甚矣公

穀之誣也

冬叔孫豹如邾

晉以齊故而縱莒則凡齊屬之國小而能師者皆足爲莒之所爲而邾於魯又有宿怨此魯所以先事下之也蓋魯人從晉之心至是而已搖矣

季孫宿如晉宿行父子

十有二月齊侯滅萊

此齊因晉不討莒而起也爵齊所以責齊不復屬齊於晉矣夫晉悼得國之正元不如齊靈所以予悼者爲其能舉伯職也今且漸無足觀矣復何惜哉故示人以將舍晉而

責齊也

是歲甲午靈王五年

晉悼六年　齊靈十五年

楚共二十四年　吳壽夢十九年

七年春郯子來朝

夏四月三卜郊不從乃免牲

三卜不從即止不郊差爲近禮故爲書免牲不書不郊明書免牲爲譏郊之善辭也必有此筆而後四卜之或書免牲或書不郊與五卜之定書不郊其義皆可從而推見矣

小邾子來朝

連年小國多來朝魯皆以鄫莱爲鑑懼得罪於力足滅巳

之鄰也以魯而猶禮下於邾則邾滕小邾之加禮於魯益見矣皆譏伯失馭之筆也

城費

孫氏明復曰季孫宿夏城賜邑其專可知按此非必宿之專當是以晉伯不競請備不虞而城之亦假公濟私之計也

秋季孫宿如衛

八月螽

冬十月衛侯使孫林父來聘壬戌及孫林父盟壬戌月二十四日

晉之縱莒有羈縻乎齊之心齊之滅萊有藐忽乎晉之意

齊既藐晉必思致魯魯患晉遠難恃齊近可虞漸欲棄晉而從齊秋時季孫之如衛蓋明以商之衛也魯前此棄齊從晉實由良夫聯綴其間今林父猶守先志力以晉必勸魯自任故有此盟或竟被晉命而來亦未可定不然魯衛方相好無間盟何為耶

楚公子貞帥師圍陳

為諸侯緩出不成其救故不言伐然緩出究非不出故不言侵因陳人切於望救故以圍書之

十有二月公會晉侯宋公陳侯衛侯曹伯莒子邾子于鄬鄬鄭地公作隝

救陳之約鄭已不赴故會于其竟以詰之

鄭伯髡頑如會未見諸侯丙戌卒于鄵丙戌月十六日頑公穀作原鄵俱作操

鄭人見晉不能存鄫慮晉異時或以待鄫者待鄭且虞齊已棄晉必復通楚齊楚合則鄭當從楚故立志不會救陳比見楚師避晉諸侯又徵會于其地不敢過抗故鄭伯如會其卒于鄵也三傳皆言實弒今據之本文書法委宛又此後擯絶鄭簡大異尋常則傳以爲弒必非無稽所以不書弒者爲鄭臣之弒君實由諸侯之外鄭經言未見諸侯者明諸侯之不見鄭伯也然則激鄭弒君實諸侯之大戾而襄公在列不可以激人弒君之大戾累及內君故諱弒

而以卒書夫豈三傳之所云哉又豈諸家之所云哉或問鄬之會晉悼之不見鄭僖猶沙隨之會晉厲之不見魯成也此何遂爲大辱而鄭乃因此弒君曰鄭僖自即位以來即欲從晉其大臣如公子騑輩則皆主從楚茲之如會鄬鄭僖咈棄大臣而出于獨斷其大臣亦無如之何也比至會而晉悼怒鄭之貳楚不會救陳擯而不與爲會騑等以見擯于會爲國之大辱咸歸咎於其君之自取遂不復俟方伯之後命竟以君反行至於鄵而弒之以爲堅於從楚之地此鄭人弒君之顛末也公穀敘事皆如此獨左氏以爲三不禮大臣之故殊失經不書弒之指或問安知非來

而卒于鄬乎曰來而卒于鄬是未至會也則未見諸侯不必言矣今言未見諸侯故知是歸而卒於鄬也

陳侯逃歸

鄭之弑君本爲從楚鄭既從楚陳在鄭外其勢更不能從晉陳知之晉亦知之陳侯懼晉執之以要盟故速逃之夫晉悼不能因鄭伯之如會而撫之而反擯之使鄭伯遇弑而晉遂失鄭三駕而後得之皆一時已甚之爲致之其不能如楚待屬國之恩威並至亦已明矣至鄬之會不書公至郋以避溦鄭弑君之罪也

是歲乙未靈王六年

晉悼七年　齊靈十六年

楚共二十五年　吳壽夢二十年

春秋箋例卷二十終

春秋箋例卷二十一　　奉新趙儀吉輯

襄公

八年春王正月公如晉

聖人本不與公之朝悼又適取見止之辱故書月以示譏

夏葬鄭僖公

鄭弑君後猶詐從晉故諸侯會其葬書之以爲魯病

鄭人侵蔡獲蔡公子燮

侵未有書獲者而書獲公穀皆知從此立義惜其所立不復成義也噫甚矣鄭人之詐而聖人書法之能暴其詐也夫鄭之弑君爲從楚也豈猶有絲毫戀晉之意哉第慮嗣

君新立未能和其臣民且國負大逆之名倘以急於從楚之故致晉合諸侯以討弒君之罪鄭自敵之則力不足力不足則國必危楚欲救之則名不順名不順則事不成鄭人計此熟矣故且虛意事晉以冀數年之安然而鄭之弒君鄭之從楚晉人亦皆知之今雖就晉晉必不信可若何於是潛與楚謀僞爲犯楚而伐其所屬之蔡且令楚告蔡人使勿力戰而以貴臣往遺之禽然後鄭得以蔡俘獻捷于晉晉必爲鄭所愚列之于會既列于會於是教楚伐已哆然從楚矣蓋越時已久鄭勢亦定又晉雖來伐不復能以討賊爲辭則謀所以禦之者易易矣鄭人之詐蓋至於

此聖人觀史至此而知其詐爲特起一例焉凡書獲者必由敗與戰玆則不戰不敗但爲侵之淺事而已獲其帥矣若是者卽所以著鄭人之詐而譏晉人之受其詐而不知也乃三傳之說淺率如彼足見左氏之書非盡本舊史而實有矯誣公穀之學非盡出聖門而率多臆決矣又按於鄭不言將帥師但言人者因內與伯不在事故不遽成鄭簡爲君若下邢丘之會則稱鄭伯以罪晉魯矣此皆大法所在不可不知者也

季孫宿會晉侯鄭伯齊人宋人衞人邾人于邢丘

據左氏云五月甲辰會于邢丘以命朝聘之數使諸侯之

大夫聽命季孫宿齊高厚宋向戌衛甯殖郲大夫會之鄭伯獻捷于會故親聽命大夫不書尊晉侯也此皆經之貌也而於當時之情事無涉焉此會晉實爲收齊而舉蓋晉之所重失者齊也其止魯侯也非徒爲其嘗欲貳齊也乃强以齊叛爲魯罪因執其君而以徠齊責之魯人示魯人以不得齊復會晉則魯勿望君歸也魯人悼喪其君爲之亟請於齊齊人顧惜乎魯爲之勉從于晉此所以邢邱之會復有齊人也此所以罷會之後即歸魯君也至於不徵諸侯而徵大夫晉蓋豫爲齊侯不親出之地也不會近地而會於近齊之地晉蓋豫爲齊卿不遠出之地也蓋晉之

暱就乎齊至於如是也左氏乃以大夫之徵爲聽朝聘之數豈信晉悼之詭辭而未測其本意耶至悼之於鄭則已料其從楚雖大夫亦未徵及鄭聞其將爲邢邱之會故使蔡獲變託獻捷以求列於會意僖公之賊若公子騑輩必相其君來會使悼公能乘賊來咫尺誅其臣而改立其君則大義申而前愆盡蓋矣乃不惟不討又從而成之是於欒書魚石而外又縱亂賊數輩也夫晉悼之得國其愈於鄭簡者元無幾也聖人以其才志不凡故棄瑕原情姑望其伯不圖至是又庇鄭賊是欲求其稍異鄭簡而不可得矣故盡削外大夫之名不書專爵兩幸弒竊國之諸侯以

儆衆此亦晉悼所最難堪之筆也若僅從諸侯與大夫會則大夫書名之常例則晉侯鄭伯相提並論之意不見矣左氏乃以不名大夫爲尊晉侯春秋實無此臨深爲高之例是故謂不名大夫爲貶大夫則可謂不名大夫爲尊晉侯則不可蓋貶大夫者貶其不應與晉侯鄭伯會也觀後文見內君則不見鄭伯見內臣則特名鄭臣終晉悼之世皆如是焉則其深護內君不與鄭伍而鄙絶晉悼之意皆見矣左氏於晉悼鄭簡之所以得國若茫不記憶其不能發明經指也宜哉

公至自晉

莒人伐我東鄙

莒自滅鄫之後益無所忌書以爲晉悼病

秋九月大雩

冬楚公子貞帥師伐鄭

自有此伐鄭遂翩然從楚矣

晉侯使士匄來聘

左傳晉范宣子來聘且拜公之辱告將用師于鄭

是歲丙申靈王七年

晉悼八年　齊靈十七年

楚共二十六年　吳壽夢二十一年

九年春宋災災作火公

夏季孫宿如晉

五月辛酉夫人姜氏薨辛酉月二十九日

秋八月癸未葬我小君穆姜癸未月二十三日穆公作繆穆姜宣公夫人成公母

冬公會晉侯宋公衛侯曹伯莒子邾子滕子薛伯杞伯小邾子齊世子光伐鄭

十有二月己亥同盟于戲己亥十一月十日戲鄭地

鄭亦與盟義詳成十七年祝柯下所伐之國與盟不與盟聖人何難立直書之例所以必用微言使人參證而後悟者元為諱公與鄭簡盟地也不書公至者伐鄭之書本欲附於討賊乃於弑君之國無毫髮之損而又與之同盟則

不可以伐至矣將以會至則又有與鄭同盟之嫌是以削
至不書然因削至不書而盟鄭之謬乃著其諱也即所以
爲貶也

楚子伐鄭

書此以著鄭與戲盟因晉與鄭盟益奪晉伯故楚得書爵

是歲丁酉靈王八年

晉悼九年　齊靈十八年
楚共二十七年　吳壽夢二十二年

十年春公會晉侯宋公衛侯曹伯莒子邾子滕子薛伯杞伯
小邾子齊世子光會吳于柤（柤楚地○今兗州府　府嶧縣泇口是也）

復中前好教吳撓楚使不得爭鄭

夏五月甲午遂滅偪陽甲午月八日偪陽妘姓國今彭城傅陽縣是也○今偪陽城在嶧縣南五十里

因會吳而滅偪陽其罪視凡滅又重故用罪餘於事外之例書日省更敘別故言遂而不自恕魯之意亦見矣

公至自會

是會爲會吳而往滅國而歸猶書至者政以明上盟鄭不可致之故可以知春秋之所重矣有從不致滅起義者此多事也春秋盟且不致況滅國乎

楚公子貞鄭公孫輒帥師伐宋

書此以明鄭又背盟卽楚

晉師伐秦

悼既黨鄭悼益可讎矣故復用二年侵鄭之例晉以師稱

秋莒人伐我東鄙

公會晉侯宋公衛侯曹伯莒子邾子齊世子光滕子薛伯杞伯小邾子伐鄭

春秋諸侯不生名雖子男亦然世子惟王世子不名諸侯之世子皆名雖上公之世子亦然然則不必據之周官之典命即據之春秋之書法亦知世子繼子男後之爲正矣蓋子男爵雖卑實與公侯世子之父聯其班次若躋世子於子男之上是厭其父輩也與父子並居者何異乎齊靈

昏暴之資本不樂於從晉其遣世子會不得已也而光又驕蹇失教更從以崔杼輩犯上亡等之徒其視東方諸小國直如無物而屢處其下自必怒形辭色而晉悼又以重於失齊之故純用假借不敢折之以禮故戚之會已列于鄫子之上至是又進之滕薛杞小邾之上明年亳城北之會更進之莒邾之上齊傲益長而晉禮彌恭何其駕馭之無術也左氏釋齊位益進以齊至益早之故則於齊晉二國之情事茫乎未見也且幸而亳城盟後齊世子至不更早使視亳城又早則蕭魚之會不當更列之宋衛之上耶其絕無理據亦已明矣夫齊世子以方駕諸侯爲榮而不

知實傲其君父晉悼以羈縻強大爲務而不顧大亂乎周班其獲罪名教一也聖人仍之而弗革而譏意畢見矣

冬盜殺鄭公子騑公子發公孫輒騑公穀作斐

此三人者乃鄭弒僖公之賊也晉帥諸侯伐鄭鄭人欲從晉而騑等持爲不可因嬌殺之以謝晉初無當於討賊故以盜殺書之凡以盜書者皆敢于爲亂而持之有名之徒人易許以忠義故立盜之一例蓋不復與論是非而好俠之氣喪矣故曰春秋成而亂臣賊子懼

戍鄭虎牢

鄭自是誠服故以虎牢還之且爲置戍虎牢至是繫鄭者

固明鄭已服亦義諸侯又許鄭成也所謂明道不計功也

楚公子貞帥師救鄭

公至自伐鄭

書盜殺鄭三卿者明非鄭伯討賊耳然非諸侯伐之則三賊亦不至駢死不可謂非諸侯伐鄭之功也故是役雖終于戍鄭可以伐鄭至卽明年亳城北之會雖與鄭簡同盟亦可以伐鄭至不比戲之盟之必不可以書至也

是歲戊戌靈王九年

晉悼十年　齊靈十九年
楚共二十八年　吳壽夢二十三年

十有一年春王正月作三軍

魯舊二軍今作三軍蓋三桓欲分公室之漸也故書作以譏之時孟獻子叔孫穆子皆賢必不爲此雖無左傳亦知其謀之出於季孫矣

夏四月四卜郊不從乃不郊

鄭公孫舍之帥師侵宋

左傳鄭人患晉楚之故諸大夫曰不從晉國幾亡楚弱於晉晉不吾疾也晉疾楚將避之何爲而使晉師致死于我楚弗敢敵而後可固與也子展曰與宋爲惡諸侯必至吾從之盟楚師至吾又從之則晉怒甚矣晉能驟來楚將不能吾乃固與晉大夫說之夏鄭子展侵宋按此傳是鄭實

情非眞又背晉也有下諸侯爲宋伐鄭是役例以伐書而書侵者公子騑等旣非以討賊受誅則鄭簡尙是罪人當伐故爲書侵以明下諸侯之出仍是討罪不可以前後之連楚寇宋一律而書伐也

公會晉侯宋公衞侯曹伯齊世子光莒子邾子滕子薛伯杞伯小邾子伐鄭

秋七月己未同盟于亳城北己未月十一日亳公作京亳城杜注鄭地

杜氏曰伐鄭而書同盟鄭與可知或問前屢言弑君之賊死則爲賊所立之嗣君其罪漸輕今鄭三卿已一時見殺尙以盟鄭簡爲諱何也曰鄭賊以盜殺書是鄭簡不惟無

意殺賊亦且有必惜賊矣況聖人深絕鄭簡元不專爲鄭

簡蓋借鄭簡以示待晉悼之法故悼卒而後治鄭少恕焉

此時安能遽恕哉

公至自伐鄭

楚子鄭伯伐宋

奪晉伯故楚鄭皆書爵而諸楚之意自見言外也

公會晉侯宋公衞侯曹伯齊世子光莒子邾子滕子薛伯杞

伯小邾子伐鄭會于蕭魚蕭魚鄭地

但得楚不爭鄭則鄭服足信矣故會而不盟按伐後多書

盟者無書會者蓋盟重而會輕盟有譏而會無譏觀有會

至而無盟至可悟伐後書盟不書會之故矣此伐後書會者明諸侯之意輕在伐而重在會也與伐前地會文不同而義同伐前地會者譏會篡侯以伐也伐後書會者譏連篡侯而會也蓋篡侯之當絕無論共盟爲罪卽共會亦罪可見春秋待賊之嚴矣

公至自會

會之譏既輕於盟又無書同之例則雖與鄭會而不覺矣故可以會至然能以上文兩次伐後書盟味之則譏意未嘗不隱然言外也

楚人執鄭行人良霄（穀作良宵）

書楚執鄭使以見其不復能與晉爭鄭亦所以歸功悼公也按凡使臣被執稱行人成公以上無此例由此以後凡六見焉左氏以書行人爲罪不在行人可知言外自必有罪之所在此殆聖門得取義之微指而有是言惜夫左氏能言之而不知其所以言之也蓋所謂罪之所在非復尋常之罪是卽亂賊之流輩也而分內外兩類從外起義書行人者罪在賓國或主國之君者也蓋依於書齊大夫晉大夫以明國本無君之例所以奪乎得國而由篡竊者示不成之爲君也從內起義而書行人者罪在內之執政者也蓋依於書宋司城宋司馬以明內有匹敵之例所以誅

乎內卿而行同亂賊者示爲法所不宥也故凡使臣見執而無罪及有罪而顯在本人者舉不以行人書若鄭詹陳轅濤塗則無罪者也若鄭祭仲衞甯喜則其罪顯著者也讀者能知四人之不以行人書其於書行人之義已思過半矣又況經所致誅者皆其深惡痛絶歷有明徵者哉是故此年良霄書行人奪鄭簡也十八年石買書行人奪衞剽也昭八年書楚人執陳行人干徵師殺之則奪楚靈也定七年書齊人執衞北宮結以侵衞則奪齊景也此四者皆罪在國君者也其誅內之執政則昭二十四年書晉人執我行人叔孫舍所以誅意如也蓋意如是時已有不利

於其君之謀而碍於叔孫故陰令晉人執之經故特書行人以比之書司城司馬之深誅仲遂也夫鄭簡衛剽楚靈齊景與季孫意如此五人者甚者躬親弑逆次亦倖弑而與亂賊無異而諸書行人者適與時事相值既足以啟人之疑而又得左氏罪不在行人一語以傳其引而不發之指此宜聖人之意在所易知然而無人見及者想皆窒於定六年晉人執宋行人樂祁犂之一筆豈知樂祁犂之稱行人乃卽用叔孫豹稱行人之例變而通之以誅伯國素黨亂賊之士鞅哉蓋士鞅者卽前此意如所藉以謀陷叔孫并陷昭公之逆黨也昭公之奔齊而無敢納者意如之

擅魯而無敢討者皆士鞅陰爲之把持自昭二十一年來聘爲意如謀執叔孫起至定之六年凡十八年雖意如已死而士鞅黨季孫之意猶未少懈其時魯宋先後聘晉鞅乃舍意如之子季孫斯不執而執宋無罪之樂祁犂故經於祁犂稱行人以明罪不在宋使而在於執宋使而素黨魯賊之士鞅事雖若與內無涉而義實與內相關是亦書齊人執單伯之例也單伯因係王臣故不可稱行人耳由是知叔孫稱行人之時已不唯內誅意如實早已外誅士鞅矣然則宋使之被執雖左氏不言楊楯之故亦知執之者之爲士鞅矣此春秋之學之所以貴屬辭比事也孰識

行人之書而亦關誅絶亂賊如此哉故曰春秋成而亂

臣賊子懼

冬秦人伐晉

是歲己亥靈王十年

晉悼十一年　齊靈二十年

楚共二十九年　吳壽夢二十四年

十有二年春王三月莒人伐我東鄙圍台季孫宿帥師救台

遂入鄆　台穀作邰台杜注琅琊費縣南有台亭鄆公作運莒邑

此爲內卿入邑書月非爲莒人伐我書月蓋伐內無乎法

也

夏晉侯使士魴來聘

秋九月吳子乘卒

既共會盟故書其卒

冬楚公子貞帥師侵宋

鄭誠服晉不復以師從矣楚特强出以示不怯僅為淺伐而止非寬內之不救而書侵也

公如晉

是歲庚子靈王十一年

晉悼十二年　楚共三十年　齊靈二十一年　吳壽夢二十五年

十有三年春公至自晉

夏取邿 公取詩　邿附庸小國任城亢父縣有邿亭○今邿亭在濟寧州東南

晉既縱莒自不便詰魯齊志背晉更不欲惡魯故魯得放意取邿然滅國之惡自見也

秋九月庚辰楚子審卒 庚辰月十四日

冬城防 防臧氏邑

是歲辛丑靈王十二年

晉悼十三年 楚共三十一年 齊靈二十二年 吳子遏諸樊元年

十有四年春王正月季孫宿叔老會晉士匄齊人宋人衛人鄭公孫蠆曹人莒人邾人滕人薛人杞人小邾人會吳于向 蠆公作囆後 同向鄭地

此諸侯慮吳嗣君無意撓楚故為此會以申前議譏意與

成十五年鍾離之會政同左氏既知爲吳謀楚故又云范宣子數吳之不德也以退吳人則不近人情矣吳非小弱中原方倚以牽楚晉既招之來會內地豈肯面數其不德而退之至諸大夫有名不名之異不有不名者無以見中特書名之有意也是故名內卿正例也名晉卿會所主也名鄭卿政與不書鄭伯文相反而義實相發鄭伯不可會則雖應書亦屢沒之鄭臣可會則雖可沒亦屢書之皆變例也丙二卿並書義同鞌戰

二月乙未朔日有食之

夏四月叔孫豹會晉荀偃齊人宋人衛北宮括鄭公孫蠆曹

人莒人邾人滕人薛人杞人小邾人伐秦

書月爲領己未內卿不言帥師譏不在所伐也齊宋書人猶用上會向之例此又名衛卿者以括方在師而衛人逐君名括所以免括且不名括則人必謂伐秦之衛人非孫林父即甯殖矣是反令正賊漏網也故括尤不得不名此皆春秋要義所關乃左氏知解之而妄生其義諸家雖知左氏之謬又不能得聖人之精意以爲說何貴於詁經然而諸家不知書北宮括之故由於不知書公孫蠆之故不知書公孫蠆之故由於不知前兩會盟深沒鄭伯之故不知深沒鄭伯之故由於不知髡頑不以弒書乃爲內君在

會而諱之也譬之繅繭不得其端則其中自有之緒無從而出自來說春秋者既皆拘文牽義章自爲說此種精意固應百思不到也

己未衛侯出奔齊己未月二十六日侯下公有衍字非戎首爲孫林父其結託于晉君臣者素矣衛侯知晉必助林父故不敢奔晉屬而奔齊知齊有意抗晉也乃晉果助林父而伐齊晉悼於是爲盜賊之行矣雖前未奪伯今亦應奪何況自澶登鄭簡以來早已奪之乎是世早無伯也無伯則衛侯之奔應書名以歸責於王今仍從有伯之例不名者因衛侯奔齊齊靈將謀納之聖人有以伯責齊之

意故衛侯不名

莒人伐我東鄙

楚公子貞帥師伐吳

經例凡以號舉者伐之不書帥師書帥師貶也楚伐吳何以見貶責其不知伐衛以討孫甯而鄙晉之意益見矣

冬季孫宿會晉士匄宋華閱衛孫林父鄭公孫蠆莒人邾人于戚

此晉人徵會諸侯之大夫以助林父而定剽也戚林父邑林父又與衛侯奔齊齊又不與則諸大夫之抑君而臣是助明矣故因名林父而並名之以著黨逆之罪與後諸侯

與剽並爵同意

是歲壬寅靈王十三年

晉悼十四年　齊靈二十三年　楚子昭元年卒諡爲康　吳諸樊二年

十有五年春宋公使向戌來聘二月己亥及向戌盟于劉己亥月十一日劉正義云釋例地闕蓋魯城外之近地

宋人此來當是用晉人之命蓋靈王是時將娶齊女爲后魯已爲主昏議晉悼因衞衎奔齊齊人方思納衎而以抑君助臣爲晉罪因以諷解諸侯使棄晉而即齊故晉早虞魯之從齊若又聽魯主昏成禮則齊魯浹洽而晉不可復得魯矣前此晉慮魯叛皆令衞臣來盟今衞有逐君之罪

若仍用衞臣是盃授齊口實故改用宋臣來魯諷魯輟圭

王昏且索盟以爲信魯遂不獲已而從之然而魯罪大矣

故用盟于長樗之例不必地而書地以重責乎內焉或問

何以不用出都而盟以禮向戌之說曰出都而盟想禮外

臣之常而此特以責內書之不然魯所詔事者莫如齊晉

何以不一施之齊晉之卿卽齊晉之卿亦未聞以不邀此

禮爲詰此可以證舊說之未的矣

劉夏逆王后于齊

魯旣陰用晉命輟圭王昏故不與逆后聽王臣徑逆諸齊

劉夏卽劉子不爵而名者因不從魯起義故不得如祭公

之書爵又以天王命之且尊王后故內諸侯亦止合書名非果使士逆之也不書齊某姜歸于京師者魯既不終主昏則后之歸不歸魯不得而知也或問何以因書劉夏逆王后于齊即知魯嘗主其昏議而又不終其禮曰此亦以經證經而知之觀桓之編書祭公來遂逆王后于紀則未逆以前魯與其議可知矣其後又書紀季姜歸于京師則魯成其禮又可知矣觀莊之編書單伯送王姬則未送以前魯與其議可知矣其後又書王姬歸于齊則魯成其禮又可知矣今亦因有劉夏逆王后于齊之文而魯前與其議可知而其後獨無齊某姜歸于京師之文是以知爲主

昏不終也又況前爲特創一例外臣來盟而書地中爲特創一例王臣逆后而書名獨於逆後不惟不能如常例書歸即證之甫周三年而齊侯君臣六舉伐魯使非昏禮不終齊何爲寇魯如此其亟也此亦可決郈說之不爲穿鑿矣

夏齊侯伐我北鄙圍成公救成至遇遇魯地

公救成至遇而不敢前知齊怒之亟也接齊之亟求逞志於魯固恨其主昏不終亦恨其從晉不渝蓋擾魯使不得安庶幾悔而從齊也

季孫宿叔孫豹帥師城成郛

郛外城經齊力攻故壞且虞復來故兩卿不時城之

秋八月丁巳日有食之八月丁亥朔丁巳七月朔日月必有誤

邾人伐我南鄙

邾莒之寇魯疑齊實使之

冬十有一月癸亥晉侯周卒癸亥月九日

是歲癸卯靈王十四年

晉悼十五年　齊靈二十四年

楚康二年　吳諸樊三年

十有六年春王正月葬晉悼公

三月公會晉侯宋公衛侯鄭伯曹伯莒子邾子薛伯杞伯小

邾子于溴梁戊寅大夫盟戊寅月二十六日溴水出河內軹縣東南至溫入河○爾雅梁莫大

于湨梁湨梁水隄也今河南懷慶府濟源縣西北源山有白澗水卽湨梁也

是會列敘諸侯非予之也蓋以定剽爲君罪諸侯故亦不必爲公更諱鄭伯矣諸侯不盟而大夫盟視雞澤又甚矣公羊譏信在大夫而君若綴旒者當矣不從雞澤之例明書內卿者書之則引信在大夫之惡專歸之魯矣故內卿不可書既不書內卿自不必更言諸侯之大夫盟止言大夫盟足矣然唯止言大夫盟斯信在大夫之惡魯亦共之矣此生殺互用之筆也

晉人執莒子邾子以歸

此用有伯之例莒子邾子不名者亦責齊之不能討晉也

而魯人方以晉一舉而執兩侯爲快其罪亦因而著矣

齊侯伐我北鄙

齊以晉執邾莒爲魯罪故乘公在會而來伐

夏公至自會

五月甲子地震甲子月十三日

叔老會鄭伯晉荀偃衞甯殖宋人伐許

此晉師諸侯之師爲鄭伐許故鄭伯親將鄭簡荀偃甯殖皆亂賊之儔也內卿不應會之不言帥師爲公諱也宋卿不名且置衞下所以别平人於罪人之外也

秋齊師伐我北鄙圍成成左作郕非

大雩

冬叔孫豹如晉

左傳穆叔如晉聘且言齊故

是歲甲辰靈王十五年

晉平公彪元年　齊靈二十五年

楚康三年　吳諸樊四年

春秋箋例卷二十一終

春秋箋例卷二十二　　奉新趙儀吉輯

襄公

十有七年春王正月庚午邾子牼卒　庚午月二十四日　牼公穀作瞷

宋人伐陳

時方以伯責齊故宋雖大國不書爵

夏衛石買帥師伐曹

石買書帥師明剽位已定居然命將伐人矣

秋齊侯伐我北鄙圍桃齊高厚帥師伐我北鄙圍防　桃公作洮　高上左無齊字　弁縣東南有桃虛

九月大雩

宋華臣出奔陳

是時宋猶從晉春之伐陳猶晉志也至是華臣違適仇國則宋人之不和亦從可見矣

冬邾人伐我南鄙

書此以明晉人執邾子之由

是歲乙巳靈王十六年

晉平二年　楚康四年　齊靈二十六年　吳諸樊五年

十有八年春白狄來

白狄服於晉今來朝魯當被晉命而來蓋慮魯不堪齊擾而從齊故使狄親魯以結魯

夏晉人執衛行人石買

買書行人明罪在衛剽義見十一年良霄下

秋齊師伐我北鄙此伐獨稱師經自有義穀作齊侯恐非

齊稱師者明下魯之報齊自以私讎非爲齊庇衛侯伐之也

冬十月公會晉侯宋公衛侯鄭伯曹伯莒子邾子滕子薛伯杞伯小邾子同圍齊

晉既助孫林父甯殖又率諸侯以會剽而伐齊宜齊侯之不服也故以圍書圍未有言同者此其言同何徧刺諸侯不應同剽而圍衎所託之齊雖似極爲魯諱而譏魯之意

自在也

曹伯負芻卒于師

圍齊雖非義舉然不可以晉罪累小國故書從于例

楚公子午帥師伐鄭

疑以救齊

是歲丙午靈王十七年

晉平三年　齊靈二十七年
楚康五年　吳諸樊六年

十有九年春王正月諸侯盟于祝柯

柯公作阿　祝阿縣今屬濟南郡○今長清縣豐齊鎮有故祝柯城屬濟南府

晉人執邾子

劉氏原父曰不言以歸舍之也未得其地故刼之已得其地故舍之

公至自伐齊

不以圍至以伐至者託於公自以私讎伐齊齊不能不服故可以伐至

取邾田自漷水漷水出東海合鄉縣西南經魯國至高平湖陸縣入泗口合鄉漢縣北齊省湖陸郎湖陵在今兗州府魚臺縣北

取者不宜取者也田繫邾明非魯所失也自漷水言其廣也旣藉晉執其君又多取其田其報怨也甚矣

季孫宿如晉

吳氏曰謝討齊且取鄆田也

葬曹成公

夏衞孫林父帥師伐齊

林父尤恨齊庇衞侯故復獨出伐之據事直書而逆狀自見

秋七月辛卯齊侯環卒辛卯月二十九日環公作瑗

晉士匄帥師侵齊至穀聞齊侯卒乃還

此士匄爲剽與林父伐齊也故以侵書之說者多以聞喪止伐美士匄此非經意必納衞侯以與晉抗者齊靈也匄度靈卒齊必變計故還師待之言乃還政見雖聞喪猶不

遽還也

八月丙辰仲孫蔑卒丙辰月二十四日

汪氏曰此文伯之子孟獻子也子速嗣爲大夫是曰莊子

齊殺其大夫高厚

齊莊新嗣立度不勝晉衛之擾故以靈公所爲盡由高厚殺之以謝晉厚之死實由崔杼忌之然獨歸咎齊莊以國殺爲文者其父謀納衛侯心雖不能無私而所持自正光乃反之殺大臣以謝罪可謂不子矣故未逾年而以國殺爲文所以深絕之也按左傳所紀高厚與戎子贊成靈公廢光立牙一節疑皆由崔杼謀傾高厚故爲是莫須有之

辭不然世子光嘗六會諸侯矣廢之不易婦人猶知之寧高厚而不知乎縱廢立之意決於靈公厚特因而利之則女子小人防患最密必將更諷其君絕其禍本謂大子一東即可了局厚雖愚應不至此且使傳言誠信則厚罪大矣其見殺也應從宋蕩山之例去氏何得僅從殺大夫之常例故知傳言之未可盡信也

鄭殺其大夫公子嘉 嘉公作喜

公子嘉乃鄭謀殺三卿棄楚即晉之人子展子產輩雖爲復讎殺之以私其實見晉人措置顛倒已有晉不足恃之意此所以卒成弭兵之局也

冬葬齊靈公

城西郛

叔孫豹會晉士匄于柯 魏郡內黃縣東北有柯城○今內黃縣屬大名府

左傳齊及晉平盟于大隧故穆叔會范宣子于柯穆叔歸曰齊猶未也不可以不懼乃城武城

城武城 泰山南武城縣 通典費縣有古武城 今故城在費縣西南九十里屬兖州府

是歲丁未靈王十八年

晉平四年 楚康六年 齊靈二十八年 吳諸樊七年

二十年春王正月辛亥仲孫速會莒人盟于向 辛亥月二十二日速公作遬向莒邑

齊晉平則莒亦與魯平矣足見莒之橫暴皆齊使之也

夏六月庚申公會晉侯齊侯宋公衛侯鄭伯曹伯莒子邾子滕子薛伯杞伯小邾子盟于澶淵庚申月三日澶淵在頓邱縣南今名繁汙此衛地又近戚田○今大名府開州古澶淵地也

左傳盟于澶淵齊成故也按齊莊既受晉盟則必從晉所欲無意納衎矣是齊亦不可責伯矣故盟不書同特書曰者譏公出時即知盟剽也

秋公至自會

仲孫速帥師伐邾

許氏曰祝柯之會既執邾子又取其田報亦足矣而又伐

之譏已甚也且澶淵在彼何以盟爲按莒邾之寇魯本並倚齊勢乃齊晉既平莒亦與魯式好獨邾猶不服者既與魯世有宿嫌又恨魯愬晉再執其君而多取其田不肯降心相從故魯更伐之

蔡殺其大夫公子燮蔡公子履出奔楚燮公作濕

左傳蔡公子燮欲以蔡之晉蔡人殺之公子履其毋弟也故出奔楚按蔡之卿貳率以公子公孫爲之左氏亦未能如魯三桓鄭七穆犁然辨其族屬履爲燮母弟之說恐亦難信若果可信履當奔晉屬國必不奔楚蓋其兄以背楚見殺履不能不虞楚之不能容已也燮當是履擅殺之不

為國人所與履於是以卽晉為變罪以求託於楚所以兩下相殺不稱人者稱人之法元責隣代討蔡旣楚屬北諸侯又勢不得詰且孫甯逐君立君諸侯已助之矣是綱淪法斁之極也若復以兩下相殺之細故責討於此曹豈非放飯流歠而問無齒決哉春秋必不出此也

陳侯之弟黃出奔楚 黃公穀作光後同

目君之弟於出奔罪其兄不友愛不待言然以周公奔則言出王子瑕奔則不言出觀之則親屬無出理可知王子且名以示貶而況諸侯之弟乎此公弟叔肸所以賢而可褒也

叔老如齊

以澶淵既盟故復釋怨修好

冬十月丙辰朔日有食之

季孫宿如宋

左云報向戌之聘按魯前此絕齊不爲主昏元因向戌來盟晉命實然今因齊已從晉魯已聘齊故還以報宋

是歲戊申靈王十九年

晉平五年　齊莊公光元年

楚康七年　吳諸樊八年

二十有一年春王正月公如晉

聖人慮人止知篹侯之不可共盟而不知幷不可共會故

本年及明年皆特書王月以示意

邾庶其以漆閭丘來奔二邑在高平南平陽東北有漆鄉西北有顯閭亭○今兖州府鄒縣北有漆城卽漆鄉也

按陸氏引其師說云凡以邑來奔叛也不言叛爲内諱也受叛臣非也故諱以示譏此說似是而非既直書以地來奔則叛狀已著何假言叛又按春秋不書小國之卿或者以爲小國一卿命於其君無命於天子者故經不書其名非也大國之卿多至五六同時並見豈皆命於天子者乎大抵經之書卿多是意兼譏卿小國因人成事君猶聽命大國何況於臣概以人書不至遺漏足矣何名之足書至

於非禮逆女戰敗被獲叛國來奔甚或竊邑皆當書名以示懲戒則又安得以國小位卑槩稱爲人此小國之臣所以有名不名之分也若公羊此傳及畀我來奔傳直無理取鬧耳庶其二名非兼氏也

夏公至自晉

秋晉欒盈出奔楚

不爲范氏所容也奔而之楚度北諸侯無敢受者

九月庚戌朔日有食之

冬十月庚辰朔日有食之

按天行有九道之交推步家以交初爲羅睺交中爲計都

者是也約一期有半而行一次日月至其次朔而日月相會去交近而月魄掩日則日食望而日月相對去交近而日虛對月則月食但交行進而漸左日月疾而漸右一月之久日行約三十度而交行纔二三度故有一月而日月皆食之時無有兩月而日月頻食之理是年九月十月日頻食越二年七月八月又頻食殊不可解豈一爲日中黑炁耶抑古史紀載各異聖人因備書之以示疑以傳疑之道耶存疑以俟知者

曹伯來朝

公會晉侯齊侯宋公衞侯鄭伯曹伯莒子邾子于商任商任地闕

左傳會于商任錮欒氏也許氏曰欒氏之出徒以權門私相忌怨而平公受其激怒勤動諸侯以逞范鞅之積憾必欲盈無所容于世故盈發憤卒興禍亂此皆以私敗公足以爲古今之至戒是時列國無事無所發政以亟會諸侯則知徒以欒氏信不誣也

是歲己酉靈王二十年

晉平六年　楚康八年　齊莊二年　吳諸樊九年

二十有二年春王正月公至自會

夏四月

秋七月辛酉叔老卒辛酉月十六日

冬公會晉侯齊侯宋公衛侯鄭伯曹伯莒子邾子薛伯杞伯小邾子于沙隨薛上公穀有滕子

左傳會于沙隨復錮欒氏也欒盈猶在齊

公至自會

楚殺其大夫公子追舒

蘇氏曰追舒罪不至死故稱國以殺按春秋所書諸殺大夫除罪已見經不以賊討者其餘皆罪不至死者也若誅當其罪殺亦不書罪餘於誅則以討賊例之矣至書楚殺大夫別是一例大要著楚不得志於北方耳罪之重輕非所論也

是歲庚戌靈王二十二年按公羊傳襄公二十一年十一月庚子孔子生穀梁傳冬十月庚子孔子生史記則云襄公二十二年十月庚子孔子生三家不同朱子主史記○從公羊則其年十一月無庚子從穀梁則庚子爲十月二十一日從史記則襄二十二年十月二十七日爲庚子故今以八月二十七日爲夫子生日

晉平七年 楚康九年 齊莊三年 吳諸樊十年

二十有三年春王二月癸酉朔日有食之

三月己巳杞伯匄卒 己巳月二十八日

夏邾畀我來奔 公作鼻我

畀我違適讎國已罪後出同走又罪然而魯竟作逋逃淵藪矣雖無伯詰能自堪乎甚矣宿視行父之不肖也畀我二名義同庶其

葬杞孝公

魯以晉故加禮於杞故經書其卒葬

陳殺其大夫慶虎及慶寅

陳侯之弟黄自楚歸于陳

上書陳殺二慶下書黄歸則黄之奔由慶虎害之黄之歸由陳侯請之皆明矣所以雖歸自楚可不言復也慶寅言及罪滅於虎也

晉欒盈復入于晉入于曲沃

此齊魯共助之入故不言所自經例凡魯與納者不言復今言復者盈之入晉得齊力爲多也而奪齊之意即於書復見之矣

秋齊侯伐衞遂伐晉

齊之伐衞以納衞侯爲名其伐晉以討助孫甯爲名而其實則助欒盈也其先伐衞特以明晉罪所在耳晉有罪應用晉文侵曹伐衞之例更言齊侯伐晉乃以遂言者明齊之處心積慮在於伐晉而欒盈既入晉方內訌爲必不可失之時於是齊罪亦著矣

八月叔孫豹帥師救晉次于雍榆雍榆晉地公穀作渝汲郡朝歌縣東有雍城○今雍榆城在大名府濬縣西南八十里

齊之助盈入晉也魯被齊脅與有力焉則不欲救晉者魯本志也然懼晉勝而以助齊納盈爲魯罪故又爲出救師第頓師不前以守本志異時晉雖詰魯得以一辯即解者賴此一出之力也夫齊晉同一助逆然晉罪彰著而既往齊罪陰險而方新則晉自宜救宜救而以次書即所以譏內也

己卯仲孫速卒己卯月十日

冬十月乙亥臧孫紇出奔邾乙亥月七日

按武仲既奔邾復自邾入于防告請立後然後辟邑經不書自邾入防一節者諱國有叛臣也至其要君之心迹則於尚論暴之

晉人殺欒盈

用討賊例固以正盈罪而助之者之罪亦因而著矣

齊侯襲莒

按自晉悼末年以來齊之所以稱爵而可予以責伯之辭者謂其能以謀納衛侯爲事而思討晉人助剽之罪也然在靈公已不見有納衎之實際第見其擾魯不休耳猶幸未自蹈不韙之名也若夫莊公其嗣位之初卽已從晉而

屢與剽會矣迨其植根既定思與晉抗雖仍藉衞事為口實乃至助晉叛臣以傾晉若非國大自能殺賊則晉平之不為衞獻者殆無幾矣是其不道直浮於晉豈復可假以責伯之榮乃虐莒之役猶得書爵者齊本大國必晉有能伯之實而會有可伯之理然後齊以人稱今晉助孫甯而魯助欒盈均無與於伯矣何以役齊而齊以人稱故於齊猶從近例而書爵書爵則仍疑乎以責伯之辭矣故特起襲之一例以抑之全經雖待列國猶無襲文何況伯國是書襲即所以彰奪齊之法也不知者乃徒以掩其不備詁襲字夫春秋時之掩人不備者不知凡幾矣豈僅見一齊

侯之襲莒哉此足以證注家之未窺經指矣又按春秋有常例應如此而特筆乃如彼者則必有常例如彼特筆如此者以爲之對而精義乃顯如下陽書滅而舒書取也奚齊不成爲君而成齊舍爲君也子卒不名而王猛乃名也諸如此類不勝枚舉夫齊侯之無意於莒而忽有事於莒猶其無意於衛而忽有事於衛也是宜均以侵書乃當其助逆之罪未著則侵可附之於伐及其已著則侵可辱之爲襲是亦精義之相對而顯者也

是歲辛亥靈王二十二年

晉平八年　齊莊四年

楚康十年　吳諸樊十一年

二十有四年春叔孫豹如晉

賀齊師不害且殺欒盈也雍榆之次知必因此辯釋矣

仲孫羯帥師侵齊

從晉之命復與齊惡

夏楚子伐吳

楚書爵猶齊書爵也然爵於伐吳者猶有致責之意不似爵於襲莒之全不足責也

秋七月甲子朔日有食之既

齊崔杼帥師伐莒

同一虐莒乃臣將書伐君將書襲盖信聖意之有在

大水

八月癸巳朔日有食之

公會晉侯宋公衛侯鄭伯曹伯莒子邾子滕子薛伯杞伯小邾子于夷儀公作陳儀

左傳會于夷儀將以伐齊水不克

冬楚子蔡侯陳侯許男伐鄭

左傳楚子伐鄭以救齊

公至自會

陳鍼宜咎出奔楚

叔孫豹如京師

義詳宣九年仲孫蔑如京師下

大饑

何氏曰有死傷曰大饑無死傷曰饑

是歲壬子靈王二十三年

晉平九年　齊莊五年

楚康十一年　吳諸樊十二年

春秋箋例卷二十二終

春秋箋例卷三十三

奉新趙儀吉輯

襄公

二十有五年春齊崔杼帥師伐我北鄙

夏五月乙亥齊崔杼弒其君光（乙亥月十七日）

徧責諸侯故賊之名氏並見而不屑責齊景之意已見於此矣

公會晉侯宋公衛侯鄭伯曹伯莒子邾子滕子薛伯杞伯小邾子于夷儀

按晉合諸侯兩會夷儀實爲衛衎之故其言伐齊者皆託辭以掩其不能報齊之恥且陰謀衛事不至以美名歸齊

耳蓋齊自靈公以來專以晉人助衛逐君爲口實晉爲盟主自問亦覺難安不能不改圖以蓋其前罪此上年夷儀之會雖託辭伐齊實向衛人謀所以爲衎地也夫晉豈能令剽以衛還衎哉特紾兄徐徐之計姑令與之夷儀一邑耳無如林父老奸知其後決不兩立教剽勿從而諸侯亦因鄭有楚師未獲成議而罷及秋而齊人城郟以媚王晉慮其奉王命以納衛侯則齊遂有分伯之勢故爲衎之意愈急因復會于夷儀仍令衛與衎邑而剽與林父亦動於諸侯之再勤不敢不唯命是聽且安知其不以夷儀爲穽而猶有後圖也則是此會雖仍託辭伐齊而亦未敢伐齊

也方會而得崔杼弑君之耗晉雖私以爲喜而不能竟置不問且料齊新負大逆不敢更敵諸侯因移師少進真若伐齊者崔杼知諸侯將至先遣使如師竟敢以爲晉弑君爲辭此亦盟主最不可堪之惡名乃竟甘受而許齊成此與文十七年不討宋賊而徒會于扈者何異然彼不叙而此叙者既有終于黨剽之積愆又有稍類納衎之微善故不能不仍叙諸侯也此亦足證夷儀兩會之皆爲衞侯矣若兩會非爲衞侯則曷爲伐齊而皆會于衞之夷儀且衞侯之所倚者一齊莊耳莊公既弑崔杼方求媚諸侯衎又何所馮藉而得入衞夷儀哉左氏於此亦言晉侯使魏舒

宛没逆衛侯將使衛與之夷儀此自是實事惜其不知此事爲諸侯再會之本謀而以爲伐齊有成之餘事晉人雖受伐賊之虛名而其悔過反正之苦心亦盡没矣大非春秋功罪不相掩之道也且就事而徒論其迹則夷儀兩會亦無異於商任沙隨何以會于商任沙隨之歲則特書王月於兩會夷儀之歲則不書王月豈非前惡其止知黨剽而後許其尚知謀衛也哉是聖人之用意早已明有區別於其間矣惜自來說者之皆爲傳所蔽也

六月壬子鄭公孫舍之帥師入陳（壬子月二十四日）

晉既尚知謀納衛侯則當復以責伯之例處之矣既處晉

以責伯之例則凡從晉者皆與有責故鄭卿雖入楚屬之陳亦責其不能討齊而特爲書曰蓋用罪餘於人外之例與文十五年書晉郤缺帥師伐蔡戊申入蔡同意所以不嫌以討賊責鄭卿者以鄭賊早已駢死而齊賊方當權用事蓋以鄭簡律齊景而有餘也然舍之不從郤缺之例先言伐而後言入則經意固早有差等矣

秋八月己巳諸侯同盟于重丘 八月無己巳七月十二日也重丘齊地寰宇記聊城縣東北有重丘襄二十五年諸侯會盟處聊城今山東東昌府治●按聊城爲齊至西境所謂聊攝以東也夷儀在今直隸順德府邢臺縣至聊城僅三百里諸侯會夷儀時聞齊弒君因聲言伐齊移師少進涉齊西境而止及齊請成不敢逆敵故諸侯卽盟于重丘

因復以伯責晉故書同盟間有異事故言諸侯餘義詳莊十六年幽盟下

公至自會

諸侯雖盟于齊地實爲衛事而盟蓋會時林父雖從晉令願以夷儀處衎然討衎尚在齊齊未必遽肯以衎予諸侯也及崔杼弑君諸侯將謀伐之齊於是以衎爲賂而歸之晉侯之側林父知不可再抗矣始誠於從命而受盟于重邱則雖書衛侯入于夷儀在諸侯未散前可也今公已至自會然後書衎入夷儀者晉人之意以爲大合諸侯以納衛侯適得衛與一邑亦非甚榮施之事故議雖定於盟時

而入必告於歸後亦以全始終以伐齊爲名之說耳此衛侯之入所以在公至之後也然因衛侯之入在公至之後傳者是以不疑出諸侯之力既不知衛侯之入由於諸侯遂不得不信兩會夷儀爲專爲伐齊矣然實由先不知書入而不言所自者卽爲魯與有力之例是故鄭伯突出奔蔡不言自蔡入于櫟者明得魯桓與諸侯之力也衛侯出奔齊不言自齊入于夷儀者明得魯襄與諸侯之力也或問何不直書公會諸侯以納之曰突簒也魯與納簒恥也納衎正也魯會諸侯納正而僅予一邑亦恥也故皆不可明言魯納此皆言外之微指比例之而知不比例之而不

知者也又按本年之經有兩筆應書在前以爲魯遠嫌之故稍移在後者論君舉即書之例則公會諸侯伐齊應書在崔杼弑君之前爲不欲没諸侯謀衛之美且不欲累魯以偪齊弑君之名故不先書諸侯伐齊直待相會有地而後書之蓋君舉即書之例止可施於會之因伐者不可施於會之有地者也論衛侯入于夷儀不言所自明係得公與諸侯之力則當書在公至自會之前爲僅予一邑之可恥故從衛告文書在公至之後此與僖二十八年剌公子買事在後而提前書之同一爲魯遠嫌之法也

衛侯入于夷儀

楚屈建帥師滅舒鳩舒鳩吳楚間小國

此楚爭諸吳也不復與晉抗矣然滅不稱人而稱帥異於厲公時楚滅舒庸則成之爲伯與蘄之以伯之差等自在也

冬鄭公孫夏帥師伐陳夏公作蠆

譏意與上年同以末入國故譏輕皆備責于晉之筆也

十有二月吳子遏伐楚門于巢卒遏公穀作謁巢楚屬國

因卒逸書其名從髡頑例

是歲癸丑靈王二十四年

晉平十年　齊莊六年

楚康十二年　吳諸樊十三年

二十有六年春王二月辛卯衛甯喜弒其君剽辛卯月七日

此甯喜爲獻公弒也舊多以書喜弒爲罪喜非也此仍是罪晉耳使晉能於衛侯出奔之後即大合諸侯以納衎爲事孫甯安敢立剽即立剽矣經亦必從黔牟之例不成之爲君今經已因罪晉人助逆之故早於溴梁之會即成剽爲君是從晉之志聽衛亂臣君剽也則喜雖爲衛君殺剽安得不以弒君書哉此筆與晉殺其大夫里克衛殺其大夫元咺衛殺其大夫甯喜同是一類書法假使伯主而不瘝其職則剽不得成爲君三賊臣之見殺不得並以大夫書也餘義詳莊四年遇垂下

衛孫林父入于戚以叛

非出奔而言入者自其國而入邑也故雖不言所自亦於魯無嫌又按孫甯同出君立君甯氏悔之謂當復舊君孫氏不悔謂不得弒新君自常情論之似甯氏得罪二君其罪視孫氏尤重乃經於悔者旣臨以新君而書弒矣於不悔者又臨以舊君而書叛矣弒者謀叛之已成者也叛者思弒而未逞者也其當誅則一也

甲午衛侯衎復歸于衛

衛侯之入夷儀魯晉之意也其入衛則非魯晉之意矣故書歸以明無與于內書復以明無與於伯書名以明無與

於諸侯然衎究非不當反國者須知書法若此政是謂伯主不能納之於衞都而爲之討治其亂賊乃聽衎自謀復是已有瘝伯職矣所以不遽用奪伯之法者以衎入夷儀畢竟憑藉晉力而衞之亂臣或弑或叛又俱僅在數日之事安知晉不因衞侯既復遂幡然改過竟能以討治孫甯爲事耶此所以不遽奪伯也迨至不惟不定衞侯反率諸侯以助林父始憤奪其伯而澶淵之會晉以人書矣是皆予奪伯國時輕時重之權衡也

夏晉侯使荀吳來聘

左傳晉人爲孫氏故召諸侯將以討衞也夏中行穆子來

聘召公也按書此以明魯助孫氏由于晉召不得已也

公會晉人鄭良霄宋人曹人于澶淵

左傳六月公會晉趙武宋向戌鄭良霄曹人于澶淵以討衛疆戚田按左氏又云趙武不書尊公也向戌不書後也鄭先宋不失所也左氏每遇經叙諸侯大夫或稱名或不稱名或進退不由常序輒爲此種議論以釋之事例悉由已造人更無從稽考而經義之鬱而不明者多矣此澶淵之會乃晉命趙武會諸侯之大夫爲林父討衛侯之不安於夷儀而敢於利剽之弑而據衛而又不禮林父也此亦逆理亂常之至矣魯獨君會者晉以魯衛素睦欲藉魯以

和林父於衛侯外雖若託公以將諸大夫其實知衛侯恨晉已深恐其遂連魯以棄晉而從齊今惟委魯以平衛則魯不敢別生異心也是會以君會臣而事又不順而不諱公者聖人以為以臣助臣而寇君不若以諸侯惡諸侯之名義尚正也故公可不諱而伐衛究不可不諱故止以會書焉趙武不書奪晉伯也向戌不書責不及宋故置鄭下也鄭良霄獨書者不叙一大夫則似在會皆諸侯因貶而書人則公有與鄭簡會之嫌矣故必書良霄也是役不書公至自會者諱伐之會自不得以會至也

秋宋公殺其世子痤（痤穀作坐與痤同音）

義與僖五年申生同據左傳則宋平之誤猶愈於晉獻之忍然殺他人猶不可誤況殺其世子乎故罪與晉獻一例科也

晉人執衛甯喜

會澶淵稱晉人已奪伯矣不待執喜書人始爲奪也蓋執大夫雖當亦無書爵以明伯討之例至得賊不殺之繆又不待言矣

八月壬午許男甯卒于楚壬午月一日

志朝夕在楚故卒于楚也則經之書公在楚其爲譏可知矣而凡書卒于師卒于會之爲予又可知矣

冬楚子蔡侯陳侯伐鄭

義同二十四年

葬許靈公

是歲甲寅靈王二十五年

晉平十五年　楚康十三年　齊景公杵臼元年　吳餘祭元年

二十有七年春齊侯使慶封來聘

書之以見齊魯之平而魯人接禮弒君之國之可恥也以後楚殺慶封用討賊例觀之則慶封與崔杼共弒莊公亦明矣景公嗣立不知討賊且並任之使非崔慶自相殺逐榮寵終身矣此與與弒復何異哉經自是誅絕齊景不遺

餘力矣又按夫子未嘗指斥諸侯雖於衛靈有無道之歎亦隨以用人不違其才許之獨至齊景公則直誚其有馬千駟死而無稱語意賤惡於是極矣且爲律以弟兄讓國之夷齊使幸弒君兄者無所置喙其誅絶之意較之鄭簡有加焉所以然者因齊景之爲人在幸弒諸君中獨泯得霸顯之名而考其生平實無善狀可以節取故不惟絶之於春秋而尤必見之於言論也

夏叔孫豹會晉趙武楚屈建蔡公孫歸生衛石惡陳孔奐鄭良霄許人曹人于宋奐公作瑗後同

此弭兵之會倡于宋人晉楚之從始交相見在當時以爲

師徒不用楚不北窺乃策之上者豈知陳蔡及許舊屬桓文後人不能乃棄與楚今雖朝晉於晉何加若夫魯衛宋曹之屬則楚所圖之數世莫能倖致者一旦皆使斂衽南向是楚盡得諸侯而晉盡失之也或者猶謂南北分伯直阿晉之論耳且楚爲何等國而可分之以伯乎觀春秋之書宋人及楚人平則知此于宋之會盟聖人蓋傷心而書之也不叙宋而以宋地以宋爲不足罪也宋不足罪而罪晉之意嚴矣又按經自晉悼卒而後待鄭簡之法漸寬至是不復以內卿會鄭卿爲嫌矣

衛殺其大夫甯喜

責晉獲賊不殺使復其所今喜雖見殺非由伯令討賊也故以衛殺其大夫書說者乃罪衛侯之無信失其指矣

衛侯之弟鱄出奔晉鱄穀作專

據傳甯喜之謀復獻公恃鱄可信也及獻公殺喜鱄遂出奔此賢者之過也夫甯喜反復不忠鱄雖初紿之而卒殺之不爲過也況君殺之耶鱄乃懟其君兄以出以求無慙於喜止之不反終身不向衛國而坐殆所謂好信不好學者耶春秋本不與周親之出奔而鱄之所爲又過故書以垂訓亦責賢者備之意也

秋七月辛巳豹及諸侯之大夫盟于宋辛巳月五日

按諸侯有會同之禮故凡先行會禮後復盟者皆分書之若在大夫會而不盟固書會會而又盟則削會而書盟所以降於諸侯也大夫會盟而分書者惟此于宋而已豈優大夫哉不得已也蓋宋之盟諸侯之大夫羣奉楚臣爲盟主雖晉卿亦受其盟若欲列敘將仍先晉歟則失實將竟先楚歟則又大辱列國而不可爲訓於是先敘之於會而特以晉先楚以存上國之體蓋會之事細於盟會之敘可以意定盟之敘必先盟主會既敘則盟可總書不覺楚人主盟矣又按盟用總敘則雖不書内卿第言諸侯之大夫盟于宋亦可必言豹及者託於會由公命盟出豹專故從

其去族請罪之意書之也

冬十有二月乙亥朔日有食之（乙亥十一月朔）

是歲乙卯靈王二十六年

晉平十二年　齊景二年
楚康十四年　吳餘祭二年

二十有八年春無冰

義詳桓十四年

夏衛石惡出奔晉

左傳衛人討甯喜之黨故石惡出奔晉按衛侯之入政由甯氏而于宋之盟石惡是使則惡爲喜黨信矣其出奔晉亦足見晉終不與衛侯也

邾子來朝

秋八月大雩

仲孫羯如晉

左傳孟孝伯如晉告將爲宋之盟故如楚也

冬齊慶封來奔

譏晉容賊

十有一月公如楚

十有二月甲寅天王崩甲寅月十七日

乙未楚子昭卒十二月無乙未若是已未則月之二十二日

按杜氏推十二月無乙未日誤胡傳則用范氏之說以爲

乙未距王崩日甲寅凡四十二日此閏月之驗不書閏者見喪不數閏也然本年春無冰杜注謂前年再失閏頓置兩閏以應天正故此年正月得以無冰爲災而書其說殊有理則此年之冬亦安得更有閏也雖頓置兩閏杜氏亦臆爲當然別無佐證然使上年竟不置閏則是年正月斗猶建戌而經遽書無冰是夫子不考失閏而求冰於夏之九月而且無冰既非冬煗之咎勢必三四月間反以冰雹書矣聖學之博何事不理觀左氏哀十二年十二月螽傳夫子之對季孫曰火伏而後蟄者畢今火猶西流司天過也是步天之學聖人所不鄙夷豈有因舊史而修春秋乃

徒紀其人事而於時月之差誤置不一稽遂致無冰之書不告人而告天之理乎夫帝典先務敬授民時爲邦之首首行夏時故春秋於日食不於朔者或不書朔或不書日以明日官之失一日之差尚有隱譏斷無失閏至再致無以定四時而成歲功反置不論之理且左氏於上年日食已明言再失閏矣使非頓置兩閏則是春之無冰亦必指爲司天之過何僅引歲淫土虛之說以爲傳乎是杜氏之說無據而有據矣抑胡氏之說爲王喪言之乎爲楚喪言之乎爲王喪言則既書十二月矣雖有閏月自不應數不必不書閏月而後知不應數也且不書閏月入第指爲日

誤耳又何從知聖人之意乃爲喪不數閏而發也若爲楚喪言之則聖人必不爲僭國致此緦小功之察而自比於不知務也總之杜氏之說確有可信而此年之冬決無有閏而乙未則疑爲已未之訛也大抵經之月日往往有誤者由於自一至十畫少易訛干支相配字少易混巳亥猶可訛爲三豕則已之成乙易易矣皆非聖經本誤周秦之際傳寫者誤耳固不必飾其誤而造爲新奇可喜之論致去經益遠也

是歲丙辰靈王二十七年

晉平十三年　齊景三年

楚康十五年　吳餘祭三年

二十九年春王正月公在楚

書此以見朝楚之不可蓋直以昭公孫國之例處之矣可危之甚也

夏五月公至自楚

庚午衛侯衎卒庚午月五日

閽弒吳子餘祭

閽守門者以閽弒書明非由臣子夫閽寺僕御之微者也乃宋平公忽之至於殺其子則前有讒而不見吳子餘祭忽之至於殺其身則後有賊而不知此亦足爲萬世之炯戒矣

仲孫羯會晉荀盈齊高止宋華定衛世叔儀鄭公孫段曹人莒人滕人薛人小邾人城杞（儀公作齊莒人下公穀有邾人）

左傳晉平公杞出也故治杞六月知悼子合諸侯之大夫以城杞援晉此舉可謂鄙視諸侯矣其失伯也宜哉

晉侯使士鞅來聘

杞子來盟

晉恐諸侯以晉命城杞之故移怒於杞故使鞅領杞子環盟諸侯亦自知其伯威之不立矣

吳子使札來聘

吳子餘祭也札至魯始書故在閽弒吳子下札去族猶楚

椒之去氏也胡傳謂聖人責其以讓國階禍不惟違失經指且是黜仁讓而長貪戾也烏可哉

秋九月葬衛獻公

齊高止出奔北燕

冬仲孫羯如晉

本年三書外內之聘皆爲不嚴王喪志譏據傳則季札於遏密八音之候徧觀十五國之風六代之樂其罪尤重禮云禮云一章殆爲此等發也

是歲丁巳景王元年

晉平十四年　齊景四年

楚子麇郟敖元年　吳餘祭四年

三十年春王正月楚子使薳罷來聘罷公作頗後同

經治吳嚴于治楚故楚聘使至是書氏是年諸侯有同縱

蔡般之罪故于春特書王月

夏四月蔡世子般弑其君固

五月甲午宋災宋伯姬卒甲午月六日公穀伯姬上無宋字

左傳甲午宋大災宋伯姬卒待姆也穀梁傳取卒之日加

之災上者見以災卒也

天王殺其弟佞夫

春秋諸侯殺大夫不勝數矣王未嘗一殺大夫非無是事

也諸侯不得專殺故書之王專殺故不書也王得專殺矣

何爲殺佞夫則書譏忍而自戕其骨肉也然則周公爲成王殺管叔非耶曰周公使管叔監殷管叔以殷畔是以其職殺之也故春秋之例諸侯之弟不爲大夫則字之爲大夫則名之視職之任否而已或曰弟無職而謀篡可弗殺乎曰凡謀篡非一人事誅其黨與則介弟雖極桀黠一匹夫耳萬乘之王千乘之君豈遂無法置此匹夫而必用同氣以膏斧鉞哉故凡書殺其弟者皆譏雖天子亦從其類穀梁所謂君無忍親之義者是也至云天子諸侯所親者惟長子母弟則非矣長子不可殺將衆子可縱殺乎母弟不可殺將異母弟可縱殺乎穀梁徒見經書殺其世子而

所稱殺其弟者考之皆同母弟也遂以爲聖人獨重長子母弟耳其實大謬不然也

王子瑕奔晉

瑕與佞夫皆王之弟奔則稱王子賊恩之中又分輕重亦所以異於侯國之奔亦書弟也凡奔不言出者罪輕絕其國明非君逐之故自外奔者皆不言出瑕自內奔亦不言出責瑕絕王以爲王諱逐周親也不諱殺獨諱逐者卽爲王一日而殘兩弟也

秋八月叔弓如宋葬宋共姬

魯賢共姬故加禮使卿會葬撥趙木吶謂春秋之書內女

紀宋二姬爲賢語難則杞姬未若宋姬之難也故紀姬之葬以字而宋姬之葬以謚此則聖人輕重之權也其說以稱謚爲僭蓋本之公羊而實非也禮婦人無謚從夫之謚紀侯失國不卒不葬無謚可從且叔姬繼室伯姬雖君有謚不僭其適故以字書若宋伯姬則共公夫人從夫謚共分耳非示褒也趙木訥乃以爲權衡之所在是經意所本無而故文之使有亦說春秋者之一病也故指出之以告治是經者之當艮其思也

鄭良霄出奔許自許入于鄭鄭人殺良霄

書自許入許非能助良霄特以明非自魯入耳撥良霄出

奔旋即反國與宋華元同乃經重舉宋華元不重舉鄭良霄者華元奔晉時已自分不反其反也由伯主請之故奔與歸當離爲兩筆若良霄則志在爲亂事急則暫出稍定則復入其入叛之意早定於出奔之初故奔與入作一筆書之是皆化工之筆也又按胡傳謂不言叛者將以滅國非直叛也非也奔而惡入叛狀已明故不言叛且言叛者皆據邑者也霄未據邑亦無緣書叛何其不究經例至此也夫人臣而至于叛其處心積慮何不可爲今乃言更有將以滅國者其罪尤重於叛是登叛人而假以未滅也烏可哉又按春秋凡六用討賊之筆舊皆以稱人爲衆辭今

細求之亦不盡然也衛人殺州吁齊人殺無知之時國尙無君也自應以人書蔡人殺陳佗楚人殺陳夏徵舒皆隣國討賊也經有惜魯不與之意不書蔡人楚人將安書乎若晉殺欒盈本晉君殺之也所以書晉人者誚魯與納盈故晉人之目乃所以從魯起義也惟鄭良霄之入與魯無涉而亦書人以殺者乃從齊衛無君之例蓋不以討賊與鄭簡也是故殺賊而非出於簡公之意者則以盜書之殺賊而有出於簡公之意者則以人書之皆不與賊以討賊之意也或者乃一律以衆辭蔽之辜負聖心矣

冬十月葬蔡景公

是時南北分伯晉楚之從各有專屬晉既委蔡與楚則以蔡賊之不討爲楚事而非吾事矣春秋之書葬蔡景蓋從諸侯之私意也故此後惟晉屬有賊不討猶用舊時不書葬之例至楚屬則皆書葬矣辭雖有似斥外儕黨然其實亂臣賊子人人得誅豈可諉之爲他人事乎則責晉魯縱賊之意仍在言外也

晉人齊人宋人衛人鄭人曹人莒人邾人滕人薛人杞人小邾人會于澶淵宋災故

此貶諸侯之大夫不能爲蔡討賊也蓋是時弭兵定議已無戰爭而晉合十二國大夫忽有澶淵之會使從常例不

言其故後之人求諸上事既畧無端緒必有疑爲謀討蔡般者則諸侯受不虞之譽而春秋失褒貶之權矣雖上文已於書葬示譏懼人因葬係常事忽不加察故於此復徧刺書人而又以宋災明故期名與實兩不相混而已以是益信聖人之作春秋雖前史不存後傳不作而經文自可孤行不患義之鬱而不明也此與桓二年于稷之會書以成宋亂者畧同然彼顯而嚴此隱而諷者彼以魯桓在列故罪之尤深此以魯卿不與故治之稍恕亦責內重而責外輕之意也夫聖人之意以爲既明言宋災故則其不爲蔡亂故夫人而知之矣乃三傳獨不知之劉原父駁之當

矣傳可盡信乎哉又左氏言不書魯大夫諱之也非也魯之郵宋已於叔弓致之故晉人不更徵魯左氏悟不及此因伯姬魯女不應諸侯歸財魯獨不與故妄增叔孫與會而以諱之爲解又以郵災義舉不應卿不列書故造爲既而無歸之說以釋之甚矣左氏之誣也

是歲戊午景王二年

晉平十五年 楚郟敖二年 齊景五年 吳夷末元年

三十有一年春王正月

夏六月辛巳公薨于楚宮辛巳月二十九日

穀梁傳楚宮非正也

秋九月癸巳子野卒癸巳月十二日

據傳則以毀卒也過哀者卒不哀者嗣乃天不祚魯也子野書名非爲未葬乃衆子前未立爲世子之定例王猛亦然

己亥仲孫羯卒

冬十月滕子來會葬

諸侯相會葬非禮也書之以見魯行之晉楚之可恥

癸酉葬我君襄公癸酉月二十三日

十有一月莒人弒其君密州

左傳莒犂比公生去疾及展輿既立展輿又廢之犂比公

虐國人患之十一月展輿因國人以攻莒子弒之乃立去疾奔齊齊出也展輿吳出也按密州見弒之故與庶其絕相類故諸儒之疑左者亦絕相類總由不知弒不書賊之皆從魯起義也書人以弒之義詳文十六年宋人弒其君杵臼下

是歲己未景王三年孔子十歲

晉平十六年　齊景六年
楚郟敖三年　吳夷末二年

春秋箋例卷二十三終

春秋簽例卷二十四

奉新趙儀吉輯

昭公

元年春王正月公即位

叔孫豹會晉趙武楚公子圍齊國弱宋向戌衛齊惡陳公子招蔡公孫歸生鄭罕虎許人曹人于虢國弱公作國酌齊惡公作石惡罕虎公作軒虎虢公作漷虢穀作郭虢鄭地

會而盟也因楚仍先晉故削盟不書蓋譏意已見于宋之盟不欲數書以益諸侯之恥且是會有收蔡共盟又不討莒之罪會已爲譏不必盟也

三月取鄆鄆公作運

有救台入鄆在前則鄆爲莒邑已明今但言取鄆不言伐莒者是時莒有弑君之罪魯縱以討賊爲名苟因而取邑猶爲不可況並無意討賊徒乘亂而取其邑乎故不言伐莒若滅國然以爲魯諱或曰因伐取邑雖假公濟私然伐賊之名究甚正也若魯實伐莒自當書伐莒取鄆使瑕瑜不相掩何得不諱取鄆反諱伐莒乎是聖人之待昭公反不如待宣公之猶得直書伐莒取向之有因也疑此非用兵取當是莒賊以鄆賂魯若宣公之以濟西田賂齊盍並無聲罪致討之名徒有取賂成亂之惡故須諱以鄆繫莒耳莒之書人以弑以專咎乎内未必不因此也按此說最

爲切當而與左氏伐莒之文相背左氏元未可盡信也

夏秦伯之弟鍼出奔晉

六月丁巳邾子華卒丁巳月十一日

晉荀吳帥師敗狄于大鹵大鹵公穀作大原

譏意與會攢函同不復可比交剛之役矣故以帥師書

秋莒去疾自齊入于莒莒展輿出奔吳

按密州之弑經既未書賊名展輿縱非親弑然既不聞討賊則亦鄭簡齊景之類也經深絕之故雖逾年出奔亦止以國氏而不成之爲君然出者既見奪則入者必在所予故舊說多以國氏去疾爲予去疾之分應有國此尚爲未

盡究經例之說經例凡入而國氏以示分應有國者必本文已見國名而又重以人名繫國始爲國氏入者之正例如言公伐齊納糾齊小白入于齊此爲真以國氏若落筆即繫名于國者此爲紀外事之常文不在國氏之例如衞州吁齊無知皆是故知此筆之不爲予去疾也或問去疾不應有國乎曰應有應有何以不先書展輿之奔吳後書去疾之入莒使得從國氏之正例曰其入雖是而所自入者則非葢一書自齊入莒而予奪皆見矣亦不以亂治亂之法也

叔弓帥師疆鄆田

觀此而鄆爲展輿之賂益信盍懼去疾之復取故用師疆之書將帥師而告公之意亦明矣

葬邾悼公

冬十有一月己酉楚子麇卒己酉十二月六日 麇公穀作卷

圍之弑麇不惟左氏言之確鑿可信即證之經之斥絕楚虔大異乎人亦可決傳言之非誣然而經以卒書者爲七年公朝楚靈而豫諱之也春秋於外弑以卒書者三鄭伯髡頑也楚子麇也齊侯陽生也皆爲與內君相涉而特諱者也

楚公子比出奔晉

懼闔殺之以絕後患故出奔

是歳庚申景王四年

晉平十七年　齊景七年
楚郟敖四年　吳餘末三年

二年春晉侯使韓起來聘

夏叔弓如晉

秋鄭殺其大夫公孫黑

襄十九年鄭殺其大夫公子嘉其時已有意棄晉而卽楚所以尚依違其間者以彊兵有議晉楚兩不忌鄭也迨楚虔弑君自立直欲全奪晉伯其暴烈險狠尤鄭所素知慮楚終以貳晉虞鄭故殺其執政以明屬楚之誠觀黑死之

後鄭卽偕楚私屬會楚于申可見矣雖黑之見殺別有內釁然傳所紀載皆鄭告晉之故非其告楚之故也告楚必以堅主事晉爲黑罪聖人以鄭至殺大夫以從楚則晉伯可知矣故特書之春秋所書列國殺其大夫多是從向背伯國起義所謂其事則齊桓晉文云云者亦於此可見矣故知徙議專殺大夫者之未得經指也

冬公如晉至河乃復季孫宿如晉

宿自襄二十年聘宋後不出使者十餘年雖其君罷於奔命不遑恤也其偃蹇之狀可想矣此春晉韓起來聘晉卿也魯使大夫叔弓報之韓起怒魯之輕已必有辭詰魯宿

於是始懼然終不欲自往則又用襄十二年公拜士魴之辱之例屈其君代已謝晉以媚起起以魯君詰而後至不足爲榮且終嫌其不稱也故辭公于河上此所以公復而宿不能不往也據公穀則魯有畏據左傳則晉有禮竊謂晉之謙魯之葸皆不至是其爲季孫貪自暇逸致遺羞君國無疑也

是歲辛酉景王五年

晉平十八年　齊景八年

楚子虔元年卒謚爲靈　吳夷末四年

三年春王正月丁未滕子原卒　丁未月十日原公作泉

夏叔弓如滕

五月葬滕成公

杜氏曰卿共小國之葬禮過厚葬襄公滕子來會故魯厚報之

秋小邾子來朝

此非有所譏乃因魯朝晉見郤宜爲四隣所鄙而小國猶有來朝者故書以志幸十七年書小邾子郯子來朝猶此意也

八月大雩

冬大雨雹

北燕伯欵出奔齊

齊景之有志納北燕伯與齊靈之有志納衞侯同乃北燕伯獨書名者以齊景負幸弑之罪不可以伯事責之而北燕伯亦不宜奔之故名而治之以王也

是歲壬戌景王六年

晋平十九年　楚靈二年　齊景九年　吳夷末五年

四年春王正月大雨雹雹公穀作雪

是年事多無王故特書王正月以治之非爲雨雹書月也

夏楚子蔡侯陳侯鄭伯許男徐子滕子頓子胡子沈子小邾子宋世子佐淮夷會于申○胡國汝陰縣西北有胡城汝陰縣今江南潁州是

是會首列卽兩大亂賊書以爲從會諸侯之恥而晋平之

因循瑟縮聽賊橫暴益不足罪矣

楚人執徐子

執宋公不言楚人執徐子則言楚人者賤僭黨也徐子不名尚歸責於晉也

秋七月楚子蔡侯陳侯許男頓子胡子沈子淮夷伐吳執齊慶封殺之

此因以賊討賊益以滅小而書月非爲伐吳書月伐吳例不書月也所以伐吳例不書月者吳之當伐不待書月始見也蔵問伐吳不書月何以齊桓伐楚書月曰春秋治吳元嚴於治楚觀有楚盟無吳盟有楚敗績無吳敗績可見

矣論慶封之當討應直書殺齊慶封必言執齊慶封殺之者明慶封雖死不服即不與賊以討賊之意也而執徐子則言楚人殺慶封則不言楚人之義亦從可見矣

遂滅賴賴公羊作厲穀

既著楚意非真爲討慶封亦明晉長楚勢累小滅亡之罪

九月取鄫

左傳九月取鄫言易也莒亂著邱公立而不撫鄫鄫叛而來故曰取按去疾入立亦未討賊鄫之來猶賊意也鄫不繫莒義與鄟同

冬十有二月乙卯叔孫豹卒乙卯月二十九日

叔孫穆子當時賢大夫也考其生平不黨僑如有大義滅親之風不賄樂鮒有舍命不渝之學非胸中絕無涇渭者何至寵一豎牛爲所脅制使之知政已失矣復愛不近人情之讒怒殺孟丙已惡矣復逐君所賜環之仲卒至身罹餓死家亦幾亡昏繼之禍如此其烈豈左氏之誣有不可盡信者耶

是歲癸亥景王七年

晉平二十年　齊景十年

楚靈三年　吳夷末六年

五年春王正月舍中軍

左傳舍中軍卑公室也初作中軍三分公室而各有其一

季氏盡征之叔孫氏臣其子弟孟氏取其半焉及其舍之也四分公室季氏擇二二子各一皆盡征之而貢於公由是觀之三軍之作三桓剖魯之全而中軍之舍季氏得魯之半矣然書舍書作畧不明三分四分之故雖私家分割可誅亦因襄昭之君不能自强有爲以致權臣擅國至此是亦端本清源之意也〇左氏紀豎牛立昭子而相之昭子卽位朝其家衆曰豎牛禍叔孫氏使亂大從殺適立庶又披其邑將以赦罪罪莫大焉必速殺之豎牛懼奔齊孟仲之子殺諸塞關之外而投其首於寧風之棘上仲尼曰叔孫昭子之不勞不可能也按左氏引夫子語多僞託獨

此爲最眞蓋有合於春秋討賊責備嗣君之指以是諦求之春秋則聖人之意畢見矣

楚殺其大夫屈申

左傳楚子以屈申爲貳於吳乃殺之據此益信楚殺大夫皆爲中原而書非爲楚紀專殺大夫也

公如晉

夏莒牟夷以牟婁及防茲來奔城陽平昌縣西南有防亭姑幕縣東北有茲亭○今平昌故城在安邱縣西南六十里諸城縣西北有姑幕城茲亭在其境

牟夷蓋爲展輿弑君者終虞去疾圖已故以三邑來奔前莒弑密州時所以不書賊名者蓋爲魯受牟夷而豫諱之

也牟當是氏夷獨稱氏者譏魯禮賊也

秋七月公至自晉

春往至秋始還疑因季孫宿受莒牟夷邑而見止利則宿受之辱則君受之此而可恐孰不可恐

戊辰叔弓帥師敗莒師于蚡泉戊辰月十五日蚡公作濆穀作賁蚡泉魯地

此莒因魯受其叛臣與邑而伐魯反爲魯敗也其曲在魯自明

秦伯卒

冬楚子蔡侯陳侯許男頓子沈子徐人越人伐吳

在事皆楚屬無北諸侯無所顧惜故越亦稱人胡傳謂進

之固非其以爲便文者亦膚論也從淮夷之例即稱於越於文寧有不便耶

是歲甲子景王八年

晉平二十一年 齊景十一年
楚靈四年 吳夷末七年

六年春王正月杞伯益姑卒

葬秦景公

秦君自是不惟卒不書名亦且因葬書謚矣此特予之筆也

夏季孫宿如晉

宿此行當是謝敗莒而晉不見討

葬杞文公

宋華合比出奔衞

時宋已屬楚故合比奔北諸侯

秋九月大雩

楚薳罷帥師伐吳

譏罷戴虔爲君不然楚之伐吳不輕書將帥

冬叔弓如楚

齊侯伐北燕

爲納北燕伯也齊景非可責以義舉之人故伐雖當而不爲書月至傳言受賂而旋則疑誣矣若果受賂後此三年

何復令高偃納之耶且左氏釋下暨齊平爲燕暨齊平則其誤益見矣

是歲乙丑景王九年

晉平二十二年　齊景十二年

楚靈五年　吳夷末八年

七年春王正月暨齊平

經本謂魯暨齊平左氏誤以爲燕暨齊平傳首十三字蓋傳例亦先紀年而經又爲平齊紀月則經文九字不可拆矣於是用先釋而後敘之例故下追敘未平以前之事也杜氏特沿左氏之誤而注之耳非杜不善會傳也劉原父乃曲護左氏明其非誤若果不誤則傳當云齊求我也不

得用外之之辭曰齊求之也且原父竟忘本年全傳明明有齊燕平之月之語耶何其疎也至於平不言及而言暨則以與齊景平爲不可故言暨以託於公意之不願也

三月公如楚

昭之朝楚視襄更爲不可以益之朝賊之戾也

叔孫舍如齊涖盟（舍左穀作婼後同）

穀梁傳涖位也內之前定之辭謂之涖外之前定之辭謂之來按此以君命往公啟行後舍卽如齊

夏四月甲辰朔日有食之

秋八月戊辰衛侯惡卒（戊辰月二十七日）

九月公至自楚

冬十有一月癸未季孫宿卒癸未月十四日

十有二月癸亥葬衛襄公癸亥月二十四日

會葬不如禮故爲書日

是歲丙寅景王十年

晉平二十三年　齊景十三年

楚靈八年　吳夷末九年

八年春陳侯之弟招殺陳世子偃師

左傳陳哀公元妃鄭姬生悼大子偃師二妃生公子留下妃生公子勝二妃嬖留有寵屬諸司徒招與公子過哀公有廢疾三月甲申公子招公子過殺悼大子偃師而立公

子留四月辛亥哀公縊按此章自來說者多不得其平罪招者置陳侯不議罪陳侯者則又比之晉獻宋平慘殺世子之類而於招之首惡反視爲假手之人此其所爲不得其平也今考左氏所紀情事亦與經合陳侯雖以嬖妾之故寵愛庶子而未有殺大子之心特愛妾與親臣表裏爲奸而有是禍與敬嬴仲遂謀殺子赤事同一轍但招更橫肆敢殺世子於君在時耳至非其君之意則一也使殺世子而出陳侯之意則招之殺之不必待君有廢疾之時而陳侯聞之亦不必悲憤而自縊經亦必書陳侯殺其世子不復目招而歸罪於招矣然而不書陳公子招必目陳侯

之弟則罪陳侯也陳侯旣有廢疾則侯屬纊而已無能爲
矣而猶罪之者不罪其垂死特罪其平時陳哀齊家則無
法治國則無政是以有生見介弟殺其適嗣之禍不陳侯
之罪而誰罪乎或曰齊家則有法治國則有政此賢聖之
君所講明於正心修身者之所能而以責陳哀之輩得不
失以衆人望人之恕乎曰尚書之義宣三德而後有家敬
六德而後有邦而翕受敷施九德咸事則天子之自備九
德可知矣天下國家之重豈復衆人之所能任而以衆人
望之耶且夫古之仁聖賢人所以必講明于誠意正心以
爲齊家治國之本者非以是爲能人之所難能而因以自

負其異於衆也實有見於稍不如是必將爲敗國喪家亡人之續故戰戰栗栗日愼一日而不敢懈也彼天下國家之奉豈庸衆人淫縱其欲之具哉故曰爲君難爲臣不易陳哀旣有國有家儼然而爲諸侯矣如之何不以其難責之也是故春秋之所以責天子諸侯大夫者皆仁聖賢人之事固未嘗有一豪鄙夷之見存乎其間也

夏四月辛丑陳侯溺卒 辛丑月四日

叔弓如晉

楚人執陳行人干徵師殺之

左傳干徵師赴于楚且告有立君公子勝愬之于楚楚人

執而殺之公子留出奔鄭按公子招之罪經已明書不患不知罪之所在而干徵師亦稱行人者卽所以誅絶楚虔故殺亦書執蓋兼用五年討齊慶封之例以明徵師至死不服也餘義詳襄十一年

陳公子留出奔鄭

秋蒐于紅紅地名

蒐不書公義詳桓四年公狩于郎下有以不書公爲明公不與蒐者非也

陳人殺其大夫公子過

左傳陳公子招歸罪于公子過而殺之按過書陳人殺者

其時陳無君也

大雩

冬十月壬午楚師滅陳執陳公子招放之于越殺陳孔奐（壬午月十八日奐公作瑗）

楚莊與楚靈其假討賊之名以滅陳前後如出一轍然楚莊有可討賊之理故先書討賊後書入陳楚靈非可討賊之人故先書滅陳後書討賊治靈嚴於治莊也或曰後書討賊亦是討賊春秋亦與賊討賊乎曰經非予靈討賊也政以見靈之不成討賊也公子招首逆也罪所當誅靈乃放之孔奐從賊也靈則殺之討賊者當如是乎且經更明

殺者放者之均不服靈也孔奐之罪不書于經其爲不服不待言矣招之罪則書於經矣而猶以執書可知雖招亦未服也夫靈特放招耳放猶不服則經之不與賊討賊益明矣又按楚滅陳矣而陳哀之葬不書楚子明年春陳災又得告於諸侯則楚未遽滅陳也楚所以不遽滅陳者將假討蔡般以滅蔡待蔡滅而後滅陳也經所以遽以滅書者固以著楚虔初念之惡以示待賊與待楚莊平人之不同亦以追咎晉人守弭兵之約致楚得肆其吞噬于陳也故書滅而不書入焉至於楚以師稱則示內以當雠視楚虔而已矣

葬陳哀公

是歲丁卯景王十一年

(晉平二十四年 楚靈七年 齊景十四年 吳夷末十年)

九年春叔弓會楚子于陳

經貌似託於爲陳請命其實以內卿會賊爲譏

許遷于夷

夏四月陳災(災公穀作火)

秋仲孫貜如齊(貜仲孫羯子)

冬築郎囿

左傳冬築郎囿書時也季平子欲其速成也叔孫昭子曰

經始勿亟庶民子來焉用速成其以勦民也無囿猶可無民其可乎俞氏皋曰創立例言築囿有垣之苑也勦民力以爲耳目之玩故書以爲後世戒左氏書時之說非也○按據左氏昭十二年公子慭出奔傳意如乃宿之孫其父爲悼子上年冬季孫宿卒今築郎囿平子已爲政是武子卒後悼子隨卒正義以爲悼子之卒在武子前恐亦未然若未嗣爲大夫不得有謚也大要嗣立未久未嘗當國子奪兩無所施故經不書其卒耳朱子論語政在大夫四世註列入悼子雖本之孔注然孔注實數自文子以文武悼平爲四世朱子以爲本言三桓之微意如逐君不得謂之

微桓子因於家臣始謂之微知四世不可無桓子但過信左氏盛稱行父之忠故不中除悼子而特上除文子遂以武悼平桓爲四世然孔子言祿去公室卽是政去公室易政爲祿者不欲言過質直耳觀昭二十四年傳宋樂祁言政在季氏三世矣魯君喪政四公矣杜注以四公爲宣成襄昭而以文武平爲季氏之三世並不夾入悼子夫豈獨能窺行父之微亦由三十二年傳說史墨之對趙簡子有魯文公薨東門遂殺適立庶魯君於是乎失國政在季氏之語故定文子爲得政之始蓋自宣八年仲遂卒後魯政盡歸行父雖仲遂之子歸父行父猶能去之其專爲何如

矣此杜氏所以不能曲護行父也若必從武子起四世則宿嗣行父在襄公朝豈有政去公室已閱宣成二世然後政逮大夫之理哉其不然也必矣

是歲戊辰景王十二年

晉平二十五年　齊景十五年

楚靈八年　吳夷末十一年

春秋箋例卷二十四終

春秋箋例卷二十五

奉新趙儀吉輯

昭公

十年春王正月

夏齊欒施來奔齊公作晉

秋七月季孫意如叔弓仲孫貜帥師伐莒意公作隱後同

左傳平子伐莒取郠獻俘始用人於亳社按魯既受莒賊故是役可以伐莒書以無預於討賊甚明也而取郠反不足書矣書月爲領戊子

戊子晉侯彪卒戊子月四日

九月叔孫舍如晉葬晉平公

十有二月甲子宋公成卒甲子月十三日成公作戌

杜氏曰無冬史闕文

是歲己巳景王十三年孔子年二十歲

晉平二十六年　齊景十六年

楚靈九年　吳夷末十二年

十有一年春王二月叔弓如宋葬宋平公二月公作正月

夏四月丁巳楚子虔誘蔡侯般殺之于申丁巳月七日虔穀或作乾

凡執與誘皆明受者有不服之辭而誘尤甚執猶有可假之名誘則絶無可問之罪也蔡般弑其君父何云無罪蓋虔亦弑君之賊而又與般屢會知其殺之必不能以討賊爲辭也故般名而虔亦名參之十七年楚子誘殺戎蠻子

之筆而經指瞭然矣葢以蔡般比戎蠻子而猶不足以楚居比楚虔而已有餘也若無彼筆人將疑楚虔之書名特罪其不應誘殺諸侯不能知實爲不應以賊討賊也且必謂蔡般之書名特如鄭伯髠頑之類爲其將死而豫名耳不能知其爲身兼亂賊而生名之也故知彼筆之特爲此筆作照也或問誘殺戎蠻子不地此必言殺之於申何也曰凡外書邑皆是從内起義惜魯不能爲蔡討賊而致楚虔討之也

楚公子棄疾帥師圍蔡

楚虔既誘殺蔡般度蔡人兇懼其勢可不勞而下乃世子

有慟父之死懼國之亾堅守以待北諸侯之救不肯屈而降雖故棄疾圍之凡滅不言圍滅江之後惟蔡言圍所以責晉之坐視不救致蔡亾而世子見殘於楚虐也

五月甲申夫人歸氏薨甲申五月日

范氏曰昭公母胡姓何氏曰襄公適夫人

大蒐於比蒲

左傳五月齊歸薨大蒐于比蒲非禮也

仲孫貜會邾子盟于祲祥祲祥地闕公作侵羊

秋季孫意如會晉韓起齊國弱宋華亥衛北宮佗鄭罕虎曹人杞人于厥慭厥慭地闕公作屈銀

左傳楚師在蔡晉荀吳謂韓宣子曰不能救陳又不能救蔡物以無親晉之不能亦可知也已爲盟主而不恤亾國將焉用之秋會于厥慭謀救蔡也按經例救而無功者始以救書今茲不書救是一會而罷也可恥滋甚矣

九月己亥葬我小君齊歸己亥月二十二日

冬十有一月丁酉楚師滅蔡執蔡世子有以歸用之丁酉月二十一日有穀作友

以楚之衆自四月圍蔡至是始拔蔡亦可謂能守矣而外無一旅之援諸大夫莫斗筲之材哉楚至戕蔡世子則無意復蔡可知矣無意復蔡則無意復陳更可知矣使楚靈

而不卽過弒陳蔡寧有復存之望耶又按蔡般旣見殺蔡人固守時必立世子爲君觀申無宇言用諸侯可見矣乃經於有不稱蔡子猶稱蔡世子者明諸侯旣不救蔡卽蔡已滅不得有君亦歸罪諸侯之意也書以歸者所以重責乎魯也責魯而晉不足責益見矣

是歲庚午景王十四年

晉昭公夷元年　楚靈十年　齊景十七年　吳夷末十三年

十有二年春齊高偃帥師納北燕伯于陽陽卽唐燕別邑中山有唐縣○今直隸保定府唐縣東有漢唐縣故城

杜氏曰不言于燕未得國都按納國君未有書臣將者惟

此書將帥師所以然者不全以義舉歸齊景也然究係隣國納之故北燕伯不名

三月壬申鄭伯嘉卒 壬申月二十八日

夏宋公使華定來聘

賓主俱有大喪未除而通聘好據傳則更宴會賦詩所謂非禮之禮也

公如晉至河乃復

左傳公如晉至河乃復取鄆之役莒人愬於晉晉有平公之喪未之治也故辭公

五月葬鄭簡公

楚殺其大夫成熊熊公作能穀作虎

左傳楚子謂成虎若敖之餘也遂殺之或譖成虎於楚子成虎知之而不能行按成熊之見殺當是棄疾已有逆志而不便於熊故譖殺之不然楚子不應至是始知虎爲若敖之餘也熊死未期年而難作此其情事可知矣

秋七月

冬十月公子憖出奔齊憖公作整

據左傳公子憖與費宰南蒯謀逐季氏事敗出奔可見意如不臣之狀在此時已干公憤矣昭公乃不能因逐公子以收治意如惜哉憖自國出奔不書曰者憖無罪也經例

內刺公子以書曰者爲無罪咎在刺之者公子奔以書曰者爲有罪咎在縱之者公子而爲亂賊以奔者不在此類明殺之未遑耳

楚子伐徐

志所以弑于乾谿之故

晉伐鮮虞

按楚伐徐書爵而晉伐鮮虞乃不得稱人春秋奪晉至矣葢罪其惟知自利而於天下之大故略不留意也

是歲辛未景王十五年

晉昭二年　齊景十八年

楚靈十一年　吳夷末十四年

十有三年春叔弓帥師圍費

是時南蒯以費叛故使叔弓伐之不言叛爲内諱也伐邑有二例平則言墮未平則言圍費言圍則未平已明傳言叔弓圍費弗克敗焉可知不省經例矣

夏四月楚公子比自晉歸于楚弒其君虔于乾谿谿穀作溪乾谿在譙國城父縣

楚子以冬伐徐次乾谿聞國人已立比爲君遂自殺經方言比歸于楚卽言弒其君虔于乾谿虔非見弒於比明矣然以比弒書者比不立爲君虔不自殺故以弒加比夫比處晉十二年矣一旦隻身歸國而君又在師何能遽行弒

逆可知先有主謀在內矣甚矣棄疾之篡虔何其謀之深而慮之周也夫弑虔而代之者固棄疾本志也因念子干在晉使已篡立之後子干乞晉合諸侯大舉以問弑君之罪事逆勢危不能抗難又或內變不測必且殺已以謝諸侯而子干反不勞而王矣故先召子干于晉子干歸而外患息矣又稔知子干之為人才薄志貪友無智士餌之以王則不復自疑恐之以變則必將自殺夫然後弑君之惡名歸于比討賊之美名歸于國而已之為君不過為衆人所擁立耳何其謀之深而慮之周也是故論事本當以弑加棄疾然且加公子比者所以為萬世王公子孫妄圖非

分適爲他人之資者鑑也

楚公子棄疾殺公子比殺公作弒

此討賊也在法宜書楚人殺比今稱公子棄疾殺公子比者明有棄疾在事則比實未能代虔而殺比之謀亦唯棄疾爲急皆所以誅棄疾之隱也據左傳楚人夜呼王至以恐子干使之自殺是棄疾奸謀不惟謝弒虔之名不受卽殺比之名亦不居也所以不居討賊之名者殺賊而卒襲其位則迹涉於爭立而前此之深謀或並發矣旣不與弒君又不與討賊使其身若事外之身然後陰令黨與諷其國人擁已而立之與迎立於竟外者無異雖有董狐南史

之直筆亦無從而累之矣厚實歸于己顯名歸於人自春秋所書謀篡之譎無逾棄疾者而聖人乃即以殺賊屬棄疾負棄疾之所不料也是故人第知被以弒君責以不討賊而後亂臣賊子懼豈知聖人之識照見肺肝有不被以弒君反予以殺賊而爲亂臣賊子所尤懼者乎胡傳以召比爲王至驅之自殺皆屬之觀從因謂變文歸獄棄疾乃誅其本意在於代比直爲棄疾歎耳棄疾本意在於代虔比不足代也比之歸國易弒君易乃至自殺亦易此皆誰實爲之哉既有聖人之定筆而千載而下猶莫能因經而發棄疾之隱則甚矣棄疾之黠也

秋公會劉子晉侯齊侯宋公衛侯鄭伯曹伯莒子邾子滕子薛伯杞伯小邾子于平丘平邱衛地在陳留長垣縣西南○漢置平邱縣晉廢今故城在開封府陳留縣北九十里

此晉昭思紹伯而始會諸侯也是時楚滅陳蔡而待蔡之虐尤非人情皆晉守弭兵之約之禍也昭如有繼伯之略者當乘楚人迭相弒殺之大衅大合諸侯以伐之而爲陳蔡復雠庶幾墜緒可以復振乃不此之務徒爲莒人愬魯雖魯受莒賊而又爲之敗莒誠不能無罪然是意如之所爲非其君之所爲也以臣罪而擯其君已爲非法況又有上盟王臣下黨齊景之戾乎故下公不與盟可以質書所

以譏晉者深矣

八月甲戌同盟于平丘公不與盟甲戌月八日

不重言諸侯譏劉子亦與盟書同明不足爲伯也

晉人執季孫意如以歸

經例凡書以歸者皆是不責執者而責聽之執者意如見執於伯國此魯所無可如何之事本無可歸責亦書以歸者乃以異數待意如也蓋以歸之爲文雖極鄙賤之文然經以施之內外諸侯或諸侯之世子無執大夫而言以歸者而意如獨言以歸此所以爲異數也經何爲以異數加意如以有尤異之數在則以歸之文又爲內卿見執於會

之常例矣所謂尤異之數何在則晉人執季孫行父舍之於苕丘是也經何爲以尤異之數待行父非以待行父也實以待成公也晉實執成公以歸爲不可言執公故諱言執季孫行父爲不可言執公以歸故諱言執季孫行父舍之于苕丘也若但執行父則止從執內卿之常例書以歸而已不書所舍也或問以歸之文正例以施之外君今於內卿用之不幾亢內卿於外君乎曰此春秋異內於外之定體也猶之諸侯書卒內卿亦書卒而已矣

公至自會

書至亦關緊要能合成十七年書至較其遲速則苕丘之

舍之爲成公而書益明矣

蔡侯廬歸于蔡陳侯吳歸于陳廬左作盧

二侯皆亡國之裔留在楚者棄疾既簒反虔所爲以收人心故復陳蔡不言自楚者所以爲列國諱恥也二侯書名明無預於諸侯而歸其故於王也

冬十月葬蔡靈公

公如晉至河乃復

爲請意如而晉辭之

吳滅州來

楚方多故吳勢因之漸起書之以追咎北諸侯之謀遁吳

者

是歲壬申景王十六年

晉昭三年　齊景十九年

楚靈十二年　吳夷末十五年

十有四年春意如至自晉

三月曹伯滕卒

夏四月

秋葬曹武公

八月莒子去疾卒

冬莒殺其公子意恢

郊公及庚輿出入經既不書則傳難盡信經於二十三年

書莒子庚輿來奔是繼棄疾者卽庚輿也意恢當是羣公子有爭立之嫌者庚輿旣立而殺之故不稱大夫罪庚輿以嫌忌殺周親故未逾年卽從國殺之例

是歲癸酉景王十七年晉昭四年 齊景二十年 楚子居元年卒謚爲平 吳夷末十六年

十有五年春王正月吳子夷末卒公作夷昧

二月癸酉有事于武宮籥入叔弓卒去樂卒事癸酉月十六日

祭之日籥已入矣而大臣卒去樂卒事禮也禮則常事不書今亦書者明叔弓之卒爲例所應書故去樂合禮亦因而書之以紀其實不同仲遂之卒爲失禮帶書非特書也

餘義詳宣五年得臣卒下按啖氏駁穀梁大夫卒雖當祭禮皆告於君之說以爲宗廟大事大夫卒小事以理言之應待祭畢此不達禮意之言也古者人君比其卿大夫於股肱心腹大夫卒豈細事哉且禮之所以雖當祭必告者謂不告則君雖不知而神已知之必且愀然不樂祭如不祭矣故必告而去樂卒事焉此亦愛其所親事亡如存之至意也至胡氏引曾子問以爲無爲大臣輟祭之證蓋本原父劉氏之說其實亦橫說也曾子問所言乃爲變故至大立當廢祭者言非爲尚可殺禮卒事者言也雖有接祭一語亦專舉日食大廟火言之卽大喪且不在內何可據

爲大臣卒之證且曾子問一篇亦秦漢禮家所僞託非果聖門問答也考衛靈公之卒先於季桓子一年春秋亦無衛侯來朝之事曾子問乃言昔者衛靈公適魯遭季桓子之喪其書果可盡信乎雖鄭注強爲飾說改靈公爲出公姑無論輒方拒父與晉爲難必不敢輕出朝魯即令實來經亦當書且夫子何以能舉哀公及季康子之謚也此與前文自季康子始之語同爲後人僞託之明證矣大都古禮之至者謂後世不可行猶可因後世不可行遂謂古禮之非則不可爲大臣卒而殺祭禮亦在此類耳

夏蔡朝吳出奔鄭朝公作昭無出字

據傳囊瓦譖於楚子而逐之可見陳蔡雖幸而復存其國故實遙制於楚矣

六月丁巳朔日有食之

秋晉荀吳帥師伐鮮虞

陳蔡既復晉責稍輕故此伐得書將帥然書將帥以伐鮮虞仍是譏貶之筆第視十二年之竝師不稱則已優矣

冬公如晉

是歲甲戌景王十八年

晉昭五年　齊景二十一年

楚平二年　吳夷末十七年

十有六年春齊侯伐徐

此筆與前書楚子伐徐同皆予徐之能不與篡侯比也

楚子誘戎蠻子殺之（公作戎曼）

誘義詳十一年或問楚平亦篡賊也何爲治之恕於楚靈曰靈事關討賊故治之必嚴若平則但虐小耳楚之常事不足深誅故知此筆爲彼筆作照也又按齊侯楚子連類書爵其指皆爲奪晉昭晉自平公以後雖不復成伯然每易一君春秋必姑予之待其不能然後奪之晉昭平邱會時經望其繼伯故書同盟以從責伯之例及其規鮮虞之小利忘攘楚之遠圖則亦頓厭之矣此所謂誰毀誰譽直道而行者也

夏公至自晉

傳言晉人止公以冬往夏歸計之傳良足信然不復書月以志危幸者以有意如爲臣公雖在國亦危境也

秋八月己亥晉侯夷卒己亥月十一日

九月大雩

季孫意如如晉

冬十月葬晉昭公

是歲乙亥景王十九年

晉昭六年　齊景二十二年

楚平三年　吳子僚元年

十有七年春小邾子來朝

夏六月甲戌朔日有食之

秋郯子來朝

八月晉荀吳帥師滅陸渾之戎（公作賁渾戎 穀無之字）

言滅當言戎號必以陸渾別之者重陸渾也其地在周南境楚伐之尚爲蠶食晉滅之則幾欲囊括矣蓋自晉滅虞虢以來周之西境早屬於晉至是復漸規南境是晉之險很更出楚上故書晉荀吳帥師以竝罪其君臣蓋將帥師之文對周京言之則無狀對陸渾戎言之則非體非復是尋常貶辭也胡氏不知正例皆當稱人而又過信人不如名之例宜其以書帥爲非貶荀吳矣試問全經豈有書滅

之子辭耶

冬有星孛于大辰

公羊云孛者何彗星也穀梁云一有一亡曰有杜氏曰大辰房心尾也妖變非常故書

楚人及吳戰于長岸長岸楚地今江南太平府當塗縣西南三十里有西梁山與東梁山夾江相對如門之闕亦曰天門山郡國志云春秋楚獲吳乘舟餘皇處也

此以文七年晉秦令狐之戰之例處楚此例在晉得之爲奪在楚得之爲予蓋用以抑吳而伸楚也或問不嫌予棄疾之篡乎曰內與楚涉則當論其君楚與吳涉則止論其國言各有當故不言楚子而言楚人

是歲丙子景王二十年

晉頃公去疾元年 楚平四年 齊景二十三年 吳僚二年

十有八年春王三月曹伯須卒

夏五月壬午宋衛陳鄭災 壬午月十四日

公羊傳何以書紀異也何異爾異其同日而俱災也

六月邾人入鄅 鄅國今琅琊開陽縣○開陽故城在兗州府沂州北十五里

此爲將予宋公書之

秋葬曹平公

冬許遷于白羽

是時楚漸防吳則許益畏鄭故更遷近楚

是歲丁丑景王二十一年

晉頃二年　楚平五年　齊景二十四年　吳僚三年

十有九年春宋公伐邾

夏五月戊辰許世子止弑其君買戊辰月五日

左傳夏許悼公瘧五月戊辰飲大子止之藥卒按大藥下咽呼吸生死非可嘗試者也止侍君父之疾藥不由醫自作聰明以進之有死其君之道矣雖出無心猶當以弑書之況未必無心耶

已卯地震

秋齊高發帥師伐莒

此責高發以不知討許與納北燕伯之時異矣不更以討許責宋者宋之力不及齊而許又楚屬故不以所難責之也

冬葬許悼公

是歲戊寅景王二十二年

晉頃三年　楚平六年　齊景二十五年　吳僚四年

二十年春王正月

夏曹公孫會自鄸出奔宋鄸公作夢曹邑

疑上脫曹公孫會入于鄸以叛一筆不然經無爲外臣特書自邑出奔之例或曰此會在私邑被讒曹伯不聽自理

郎從私邑出奔喜其有人不校故爲特起自邑出奔之例明與據邑叛君及挾邑歸鄰者迥殊也其義亦通盖本之原父劉氏也

秋盜殺衛侯之兄縶縶公穀作輒

經例凡爲逆亂而持之有名者則以盜目之據左傳則縶之所爲亦橫甚矣齊豹之殺之雖以其私然既有不畏強禦之名可貪則必有從而是之者且安知豹不以縶將不利於君爲說乎以盜目之則曲直不煩論矣所以待奸俠者宜如是也然身爲國君而至盜殺其兄則國不忌君而君不愛兄從可知矣書曰盜殺衛侯之兄縶衛侯安能辭

其咎哉

冬十月宋華亥向寧華定出奔陳寧公作甯

三人同行奔陳明年自陳同入于南里以叛又明年不克遅志遂自南里復同出奔楚夫至再出而同奔楚則讎國之謀益厲矣而其結爲死黨出入必偕亦前後叛臣所未有故於其初奔時即書月以重其事益懼人止以入叛爲罪而以初時同走爲無罪也

十有一月辛卯蔡侯廬卒辛卯月七日

是歲己卯景王二十三年孔子年三十歲

晉頃四年　齊景二十六年

楚平七年　吳僚五年

二十有一年春王三月葬蔡平公

夏晉侯使士鞅來聘

左傳夏晉士鞅來聘叔孫爲政季孫欲惡諸晉使有司以齊鮑國歸費之禮爲士鞅士鞅怒曰鮑國之位下其國小而使鞅從其牢禮是卑敝邑也將復諸寡君魯人恐加四牢焉爲十一牢

宋華亥向寧華定自陳入于宋南里以叛（叛公作畔）

按成十八年魚石入彭城彭城不繫宋定十一年四叛人入蕭蕭不繫宋獨此南里再見皆繫宋者南里非邑杜云宋城內里名今按若在城內應言入于宋當是城外郛內

巷地四城皆有各從其方爲名各國皆然鄭亦有東里南里非獨宋有也故必繫宋非有他義也

秋七月壬午朔日有食之

八月乙亥叔輒卒（乙亥月二十五日）

冬蔡侯朱出奔楚（朱公作東）

無伯可責故名奔者

公如晉至河乃復

此晉以簡禮士鞅來討故事應爲政者往謝公恐晉執叔孫故親謝晉晉意必得叔孫故辭公葢已陰爲意如用矣

是歲庚辰景王二十四年

晉頃五年　　齊景二十七年

楚平八年　　吳僚六年

春秋箋例卷二十五終

春秋箋例卷二十六　　　　奉新趙儀吉輯

昭公

二十有二年春齊侯伐莒

十九年高發伐莒之書明齊景不能討許賊此齊侯伐莒之書責其不能討宋亂皆譏其有爭伯之心而無定伯之實也或問齊景亦可責伯乎曰景公雖不討賊終與賓弑有異使其能力舉伯職亦自可援伯晉悼之例以伯之無如其自納燕伯於別都之後更無義舉徒爭伯名是以可鄙並非無可責伯之理者也若絕無可伯之理則齊之伐莒何關緊要而數數書之耶

宋華亥向寧華定自宋南里出奔楚

大蒐于昌間間公作姦

夏四月乙丑天王崩乙丑月十九日

六月叔鞅如京師葬景王

王室亂

王室之亂必有作亂之人不目其人直言王室亂者雖王子朝及尹氏翟並在下文可按而知然亦歸咎景王雖一室不能治尚何能治天下景王爲君則不君爲父則不父故崩未逾時王室遂亂使知制治於未亂寧室是歟按胡傳於世及之際輒言唐虞官天下則相禪而與賢至是復

引季札辭國貶而稱名以爲春秋與賢之證可謂邪說矣夫季札雖不讓而君吳仍是家天下之義不可以堯舜爲辭堯舜異姓相禪非三代而下所可效法春秋亦並無此意而康侯屢發此義殊不可解豈欲以回護高宗以欽宗之弟而繼統故爲是說耶若然是鄙而已矣夫光武以疎遠之胄既能誅莽中興猶可上承漢統況康王乃徽宗之子久典兵柄中外屬望欽宗與太子既已俱北朱之天下不高宗之屬而誰屬猶煩康侯之回護耶懼萬世之下闇主強臣有引春秋道兼帝王而爲燕噲子之之事者不可以不辯

劉子單子以王猛居于皇

春秋不名內君明所尊也天王則至尊矣故亦無書王名之例此名王猛者因未逾年而有故不得已而從子般子野之例而書名亦以追咎景王之儲不先定也然則言王子猛可矣不稱王子猛而稱王猛何也義專起于父則以名繫子義兼起於臣則以名繫王稱王猛者正猛之當爲王也或問春秋之法諸侯未逾年而稱爵者比之不子今於嗣王未逾年而遽稱王得不爲嗣王之累乎曰從嗣王而言固無可稱王之法而從臣子而言則有可稱王之理故本年稱王皆須言劉子單子以之明非嗣王敢自王也

是則書以之本義也其以爲譏劉單之專及表劉單之功者胥失之矣

秋劉子單子以王猛入于王城

王城卽成周自周而言應稱成周此言王城者時子朝所據亦成周地故以王城别之亦冠王於猛之意也言入不外魯之意也

冬十月王子猛卒

從內嗣君之例卒則稱子或問王子猛之稱不嫌同於王子瑕王子虎王子朝乎曰名王子猛時更無王是因先王而名之也因先王而名之則子卽王矣名諸王子時皆有

王是因時王而名之也因時王而名之則臣子而已矣何疑焉

十有二月癸酉朔日有食之（癸酉當是癸卯之譌）

是歲辛巳景王二十五年（晉頃六年　楚平九年　齊景二十八年　吳僚七年）

二十有三年春王正月叔孫舍如晉

癸丑叔鞅卒（癸丑月十二日）

晉人執我行人叔孫舍

叔孫執書行人明罪在意如義詳襄十一年艮霄下

晉人圍郊

此從內討私邑之例書圍郊乃子朝所據事既當爲魯復

不與故文從其平

夏六月蔡侯東國卒于楚

明其朝夕在楚蔡復如未復也書之以著無伯之害

秋七月莒子庚輿來奔

諸侯奔魯正例不書名謂魯必能振舉伯職力以納亡自任也今莒子書名者託於內君方憂王室未暇謀莒故從天王起義而名庚輿非以庚輿爲有罪也至哀十年邾子益來奔之書名則因魯前虜之以歸業已名益而歸故於王以治魯人滅國虜侯之罪故其後來奔亦不得不名非

正例也

戊辰吳敗頓胡沈蔡陳許之師于雞父胡子髡沈子逞滅獲陳夏齧戊辰月二十九晦日　父穀作甫逞公作楹穀作盈雞父楚地安豐縣南有雞鼻亭○今江南鳳陽府壽州西南六十里有安豐故城雞鼻亭又在其城西南

杜氏曰楚未戰也按此是楚以六國之師嘗吳所謂欺羣羊以鬬虎必無倖者也甚者君滅次亦卿獲師熸更不待言可以見當時從楚之國之苦矣然經於此實不罪楚而罪晉葢吳之害楚晉實啟之則六國之禍亦晉貽之也頓胡沈先於陳蔡許者以楚意輕重爲差葢就六國之中尤哀其至小者之意也

天王居于狄泉即翟泉

此敬王也逾年得稱王不須復言以之者矣言居于狄泉明先王城也按公羊謂三年然後王故以此稱天王爲著有天子以自護其文十五年求金之傳一何謬也春秋於猛稱王卽巳著有天子矣若待至是始有天子則猛之稱王不爲贅語乎

尹氏立王子朝

尹氏非至是始立子朝也巳立之於與王猛共爭時矣但初爭時子朝雖據成周旋爲王猛所得則朝立如未立可無書也書晉人圍郊明有爭者在郊而巳今敬王避居狄

泉子朝復據成周尹氏且以朝位既定號召諸侯矣不可不書以紀實故爲書立王子朝蓋書之於已有天王之後視書之王猛時爲無嫌矣亦所以正尹氏與朝之罪也不爵尹氏者明爵不與尹氏也亦不名尹氏者尹氏於王爲不臣也

八月乙未地震乙未月二十七日

冬公如晉至河有疾乃復至河下公穀有公字

書有疾乃復明公自復非關晉辭按意如惡叔孫於晉之意鄉止圖陷叔孫邇來則並思陷公矣彼蓋料叔孫被執君必往請因令晉並執公得以爲所欲爲也公既至河見

晉不復辭疑有奸謀或由叔孫使人止公公遂託疾自復此意如所不及料亦晉臣所無可如何也甚矣晉士鞅輩之不法也魯君臣自是猜嫌日深公既不能收殺意如則異時之得以身免亦倖而已矣

是歲壬午敬王元年

晉頃七年　楚平十年　齊景二十九年　吳僚八年

二十有四年春王二月丙戌仲孫貜卒 丙戌月二十一日貜僖子

叔孫舍至自晉 左穀無叔孫字

晉既不得公知徒執叔孫於意如之謀無濟故乘事未敗露好歸叔孫舍至自晉獨不去氏明其可告無罪於君且

以事出季孫取其稱也此與遂盟繼戎不去氏同是一例

夏五月乙未朔日有食之

秋八月大雩

丁酉杞伯郁釐卒丁酉九月五日郁公作鬱

冬吳滅巢

報射殺諸樊之讎書之以志吳勢益起

葬杞平公

是歲癸未敬王二年

晉頃八年　齊景三十年
楚平十一年　吳僚九年

二十有五年春叔孫舍如宋

夏叔詣會晉趙鞅宋樂大心衛北宮喜鄭游吉曹人邾人滕人薛人小邾人于黃父（詣公穀作倪後同大心公穀作正心後同）

左傳會于黃父謀王室也按諸大夫雖未能遽反王于王城然賴有此會天下始知尹氏立子朝之非而敬王亦因而卒定不可謂之無功故列書以予之

有鸜鵒來巢（鸜又作鴝公作鸛音權）

鸜鵒性不踰濟水故魯無之書有魯所本無書來世所本有言來巢者來而復去止謂之來來而不去則巢于是矣是尤異也故詳書以志異

秋七月上辛大雩季辛又雩（辛月三日）

左傳書再雩旱甚也按雩例不書首月此書七月以書辛故也又按雩之不雨雖不經時多是旱起前月而雩於本月覩上辛卽雩可見矣

九月己亥公孫于齊次于陽州己亥月十二日穀作乙亥陽州陽公作揚今兖州府東平州東北

杜氏曰諱奔曰孫若自孫讓而去位者陽州齊魯境上邑未敢直前故次于境按公伐季氏不克懼爲意如所弑故出奔齊書次于陽州明未造齊都也後凡行止必書所在此亡而能存之意也天王出居于鄭及王猛居于皇天王居于狄泉悉是此義由是益知舍于苕邱之書爲成公非

爲行父也

齊侯唁公于野井野井齊地濟南府祝阿縣東有野井亭○野井亭在今濟南府齊河縣東濟河之北岸

杜氏曰齊侯來唁公公不敢遠勞故逆之往至野井

冬十月戊辰叔孫舍卒戊辰月十二日

疑公孫時叔孫已寢疾故醪戾敢助意如左氏儘言昭子如闕恐未可信

十有一月己亥宋公佐卒于曲棘己亥月十三日曲棘宋地陳留外黄縣城中有曲棘里○曲棘當在杞縣境

左傳云宋元公爲公故如晉卒于曲棘疑春間叔孫聘宋

與宋公語相泣時卽以意如逆狀相告因託宋公異時當爲公謀故宋公是時亦亟謀納公欲不負叔孫生死之託也於何知之於宋公卒而書地知之葢經例諸侯卒皆不地情事有關于内則地雖東國之卒于楚猶爲公在楚筆致危無論黑臀之卒于扈髡頑之卒于鄵矣不知者猶謂若無左傳則元公之盛意幾沒亦過計矣

十有二月齊侯取鄆

杜氏曰取鄆以居公也按經例齊取魯田邑皆稱人此稱爵且書月者明爲公取之是以可予

是歲甲申敬王三年

晉頃九年 楚平十二年　齊景三十一年 吳僚十年

二十有六年春王正月葬宋元公

三月公至自齊居于鄆

左傳公至自齊處于鄆言魯地也按立文若公已復但居于鄆耳穀梁所謂不外公者是也

夏公圍成成孟氏邑

此著仲孫助逆不能以邑奉公

秋公會齊侯莒子邾子杞伯盟于鄟陵鄟陵地闕

左傳盟于鄟陵謀納公也

公至自會居于鄆

九月庚申楚子居卒庚申月十日

冬十月天王入于成周

成周卽王城前者以與子朝分爭故正名爲王城今子朝已竄故復常稱王城成周非有二也若果有二則天王方入成周猶未入王城尹氏何故遽以子朝奔楚乎

尹氏召伯毛伯以王子朝奔楚

書之以重罪尹氏召毛初黨子朝旋反正謀迎立敬王至是懼劉單諸功臣諷王論其初罪不得已復隨尹氏奔楚故二人獨以爵稱明若非二人棄逆效順王亦不能遽逐子朝王當開誠赦罪以安反側乃使與怙終之尹氏並棄

是可惜也於此可見聖人不念舊惡之量矣奔亦書以明亂起尹氏也

是歲乙酉敬王四年

晉頃十年　齊景三十二年
楚平十三年　吳僚十一年

二十有七年春公如齊公至自齊居于鄆

此造齊都求齊侯納已而未許也

夏四月吳弑其君僚

此稱國以弑似因魯自逐君故亦用責不及內之例然未敢必繆指之如是者以吳本不書人也諸家乃云光有得國之理春秋恕之故不被以首惡直邪說耳

楚殺其大夫郤宛郤穀作郄

按傳費曩瓦殺之經書國殺不言楚人者不以楚故責內

內亦無可責也

秋晉趙鞅宋樂祁犂衛北宮喜曹人邾人滕人會于扈

左傳秋會于扈令戍周且謀納公也按戍周或是本意納

公則聊以爲名耳無論士鞅元與意如通謀必不納公亦

豈有納公而能外齊者乎會無齊人故知非爲納公也

冬十月曹伯午卒

邾快來奔

公如齊公至自齊居于鄆

據左傳紀孟懿子陽虎伐鄆恐無此事意如雖以騎虎之勢不敢逆公然亦不敢竟別立君且每歲歸公乘馬及從者衣屨是猶欲託於君自棄國非羣臣敢無禮於君也可知稱兵伐鄆雖意如不敢爲寧謂常師事夫子之懿子而爲之乎且不惟懿子不爲卽陽虎亦不肯爲虎與南蒯同一賊智皆藉張公室以叛季孫必不肯反爲季孫伐鄆以自犯不韙是以知左氏之誤也

是歲丙戌敬王五年

晉頃十一年　齊景三十三年
楚子軫元年卒謚爲昭　吳僚十二年

二十有八年春王三月葬曹悼公

公如晉次于乾侯 乾侯在魏郡斥邱縣晉竟內邑○今直隸廣平府成安縣東有斥邱故城

公知齊不足恃因思求晉慮晉見郄故次乾侯以待命

夏四月丙戌鄭伯寧卒 丙戌月十四日寧公作甯

六月葬鄭定公

秋七月癸巳滕子寧卒 癸巳月二十三日寧公作甯

冬葬滕悼公

是歲丁亥敬王六年

晉頃十二年 楚昭二年 齊景三十四年 吳闔廬元年

二十有九年春公至自乾侯居于鄆齊侯使高張來唁公

弔淹恤在外之久也盧文無益適足增羞齊景殆以晉之

薄形已之厚以窘辱公耳豈知魯未必歸於季氏而齊遂爲陳氏乎使齊侯能納魯侯而亟意如之罪則陳氏亦管魄矣景公知陳氏之將有其室而猶置魯君於度外非惟不善爲魯謀抑亦不善自爲謀矣

公如晉次于乾侯

一求不納尚想再投眞無聊之極思矣

夏四月庚子叔詣卒（庚子月五日）

秋七月

冬十月鄆潰

此必意如間公不在誘處守者以鄆叛使公削迹于魯也

不書叛者主名第以潰散爲辭亦爲國諱惡姑舉其可道者耳

是歲戊子敬王七年

晉頃十三年　楚昭三年　齊景三十五年　吳闔廬二年

三十年春王正月公在乾侯

公自孫後經必於春時見公春時公有事則因事見公一春公無事則特筆見公皆所以存公也

夏六月庚辰晉侯去疾卒庚辰月二十二日

秋八月葬晉頃公

冬十有二月吳滅徐徐子章羽奔楚羽公作禹

是時世已無伯小國之滅例所不書猶書吳之滅巢滅徐者以吳之所以強實由北諸侯之導以撓楚遂至披猖不可復制故書之以追咎當時措置之謬非爲奪晉頃而書也至於徐子之書名則爲公巳孫國責不及公而歸責於王耳啖氏乃云徐子名者初巳服矣吳子唁而送之非能自奔也何其信傳而不深求經義至此乎夫先儒自啖趙以降乃始漸知以經衡傳不爲傳所蔽錮至其惑者猶尚如此則甚矣左傳中人之深也

是歲己丑敬王八年孔子四十歲

晉頃十四年　齊景三十六年

楚昭四年　吳闔廬三年

三十有一年春王正月公在乾侯

季孫意如會晉荀躒于適歷 躒公穀作櫟後同

此晉定新立將謀納公而豫請可否於意如也宜公之不見納矣故下荀躒勸公歸國亦止書唁公云

夏四月丁巳薛伯穀卒 丁巳月三日

晉侯使荀躒唁公于乾侯

不言來不在魯地據傳雖勸公歸國其實知昭公之意不出意如則不敢歸而就秏故爲狀意如之伏罪虛意勸人以塞責實無必欲納公之心也乃過信左氏者猶憾公之過激真不知情僞之言也

秋葬薛獻公

冬黑肱以濫來奔黑肱不係國闕文濫東海昌慮縣○今昌慮故城在兖州府滕縣東南

十有二月辛亥朔日有食之

是歲庚寅敬王九年

晉定公午元年　齊景三十七年

楚昭五年　吴闔廬四年

三十有二年春王正月公在乾侯

取闞

取闞左氏無傳杜氏以爲公别居乾侯遣人誘闞而取之

不用師徒按杜氏知闞去乾侯絶遠又是時公無取闞之

力且過信左氏凡取言易之例故億爲此說總之公在乾

侯取闞何用圍成不下居鄆猶潰守闞何人獨能舍逆公羊以爲邾邑義更迂遠闕疑爲是

夏吳伐越

楚方患吳而吳又有越患中原不致大受吳禍者賴有越在也使非有越則北諸侯引吳之罪不勝誅矣

秋七月

冬仲孫何忌會晉韓不信齊高張宋仲幾衛世叔申鄭國參曹人莒人薛人杞人小邾人城成周世叔穀作大叔莒人下公有邾婁人穀有邾人

是會非有公命特意如使何忌應晉命耳書之無貶辭者不以國故廢王事也此亦下奉上也不言城京師者城之

命出於周故從王朝紀事之例

十有二月己未公薨于乾侯己未月十五日

是歲辛卯敬王十年按史記載孔子自昭公二十五年魯亂適齊其下不更言所適第於反乎魯下即云定公元年故考据家僉謂留齊者凡八年夫夫子周流列國有席不暇煖之名而齊又接淅而行之邦景公之爲人更爲意所鄙棄何以流連不舍至於如是之久嘗疑爲史遷紀載之失實久而悟夫子之留齊蓋從昭公于亡也故公孫即出公薨乃歸其意以爲諸侯苟納吾君庶藏吾身爲有用之身諸侯不納吾君免識吾國爲無君之國此其用意之苦

不惟不求自於餘人亦並不自通於七主嗟夫孰謂以一故委吏乘田之末秩而亦有扞牧圉納橐饘之摯乎今而知懸不可及之語夫子蓋自道也孟子曰聖人人倫之至也諒哉

晉定二年　齊景三十八年

楚昭六年　吳闔廬五年

春秋箋例卷二十六終

春秋箋例卷二十七

奉新趙儀吉輯

定公

元年春王三月晉人執宋仲幾于京師

元年不書卽位以卽位在六月也穀梁云此其大夫其曰人何也微之也何爲微之不正其執人于天子之所也按此非稱人之的義也經苟奪伯雖諸侯相執猶以人書況大夫相執乎故一書執于京師卽晉罪已明不必微大夫而始明也或問仲幾無罪乎曰雖有罪不大於執人於天子之所也又按諸侯之大夫城成周而宋仲幾不受功晉人執之是卽執之於成周也經云執于京師此亦足爲京

師卽成周之一證

夏六月癸亥公之喪至自乾侯癸亥月二十二日

戊辰公卽位

昭公孫國至八年之久意如不敢立君論者以爲猶愈於孫林父甯殖而不知意如直欲簒魯蓋不屑爲孫甯之所爲也觀其於昭公既薨逾年正月猶不立君直待喪至然後立君可見矣彼蓋故爲是遲回推諉一若立君非已敢專之事其實以嘗試時事之可否而定其進止也所以不敢徑簒者內非畏同列也畏陪臣之竝起而逐三桓也外非畏晉人也畏齊侯之藉是以與晉抗也故不得已而逆

喪而立公子宋焉自有六月公即位之書而意如覬覦非分之隱衷已畢露矣且即位之書不惟著意如之奸亦以正定公之罪經例非正月不書即位而論昭無正終則定尤不當書即位今至六月猶書者是即桓宣必書即位之法也夫平心而論定公豈真與桓宣無別哉徒以受位意如而不能致討之故耳若能如叔孫昭子之立殺豎牛則無譏矣又按即位不書日此書日者所以別於喪至之日然六日而有二公亦定所不堪之筆也

秋七月癸巳葬我君昭公（癸巳月二十二日）

九月大雩

立煬宮

煬宮魯先君煬公之廟也煬公伯禽子考公弟也煬者暴烈之稱故謚法棄禮遠衆曰煬意其爲君類任刑威衆者意如逐君旅卒魯秉禮義相詢病者必多於是欲嚴法重刑以威之因謂明罰飭法乃祖宗舊政故復立煬公之宮以示衆所鄉方猶行父以兵威不立而立武宮也

冬十月隕霜殺菽

杜氏曰周十月今八月隕霜殺菽非常之災

是歲壬辰敬王十一年

晉定三年　齊景三十九年

楚昭七年　吳闔廬六年

二年春王正月

夏五月壬辰雉門及兩觀災（壬辰月二十六日）

雉門及兩觀皆天子之制因災書之不惟志僭有彰天怒意

秋楚人伐吳

內楚故楚伐吳稱人非因有伯人之也

冬十月新作雉門及兩觀

此即僖二十年新作之南門也僖公始作乃諱言之定公踵作乃質言之此定哀之間之微辭也

是歲癸巳敬王十二年

晉定四年 齊景四十年
楚昭八年 吳闔廬七年

三年春王正月公如晉至河乃復

定立不討賊在法當廢大國不能討僅辭其朝此何法耶特書王月以正其無王

二月辛卯邾子穿卒 二月公穀作三月辛卯二月二十二日

夏四月

秋葬邾莊公

冬仲孫何忌及邾子盟于拔

邾子未逾年書爵與宣十年書齊侯畧同盟削月者以定之盟為無王也

是歲甲午敬王十三年

晉定五年　齊景四十一年
楚昭九年　吳闔廬八年

四年春王二月癸巳陳侯吳卒癸巳正月七日

三月公會劉子晉侯宋公蔡侯衞侯陳子鄭伯許男曹伯莒子邾子頓子胡子滕子薛伯杞伯小邾子齊國夏于召陵侵楚

此討楚受子朝也故王臣在列然楚屬亦與者則別有故夫吳敗頓胡沈蔡陳許之師于雞父胡子髡沈子逞滅獲陳夏齧宜六國之怨吳也乃暱就于晉以求伐楚者蓋知雞父之敗由楚驅六國之衆先試吳鋒以殺其勢而自承

其哀也故六國敗而楚不敗此頓胡陳蔡許之所以不怨吳而怨楚也沈亦君滅獨不叛楚者畏楚特甚亦知晉之不足深恃也故敗者六國而怨者五國五國之中蔡以累世積怨恨楚尤深知頓胡陳許皆蔡連之附晉而沈獨不從此晉人所以縱蔡人之滅其國而殺其君以爲快也夫地會而後侵伐者必有篡君亟恩列會者在其間會召陵而侵楚經指蓋爲定公也夫以楚之强僭今又容庇子朝伐之亦殊有名乃合十八諸侯之師帥以天子之老而不免以侵書者爲舍逐君之意如不討而又收其所立之君在會同伐其不足爲王師也明甚此所以不可言伐而止

可言侵也夫天子討而不伐故伐鄭已爲譏筆至伐又不可言而止可言侵春秋之責王爲何如也

夏四月庚辰蔡公孫姓帥師滅沈以沈子嘉歸殺之庚辰月二十五日姓公作歸

左傳沈人不會于召陵晉人使蔡伐之蔡滅沈按滅其國虜其君而又殺之甚矣蔡人之惡也然非晉授以意聽蔡之所爲蔡又何敢虐沈至此哉是蔡之惡皆晉之惡也然而名沈子者經蓋早以晉爲不足責也

五月公及諸侯盟于臯鼬臯鼬公作浩油鄭地繁昌縣東南有城臯亭○城臯亭在今開封府臨潁縣界

皐鼬之盟言諸侯以別王臣宜也但言諸侯而公在其中矣葵邱之例可仿也必言公及者政明地會後侵之爲公耳

杞伯成卒于會成公作戊

是會王臣猶不免譏而杞伯之卒書從乎辭者責不及小國也

六月葬陳惠公

許遷于容城

許亦悟晉不足恃退會而仍服于楚懼鄭以蔡之待沈者待之也故更遷于容城

秋七月公至自會
不以伐楚至而以會至地會後侵之指益顯矣
劉卷卒
即劉子也王以其嘗有諸侯之事故命赴於諸侯然非制
也與王子虎同譏
葬杞悼公
楚人圍蔡
譏不及楚故以人稱書圍著晉之不救
晉士鞅衛孔圉帥師伐鮮虞（圉公作圄）
晉人不討會文不救蔡而徒鮮虞是伐故書帥師以貶之

乃知楚之圍蔡書人政從晉伐鮮虞之不得稱人起義也并書孔圉罪衛從伐之非也討會救蔡豈獨晉之事哉

葬劉定公

魯會其葬故書

冬十有一月庚午蔡侯以吳子及楚人戰于柏舉楚師敗績

楚囊瓦出奔鄭　庚午月十九日　柏舉公作伯莒穀作伯舉名勝志云麻城東北三十里有栢子山縣東南有舉水柏舉之名蓋合栢山舉水而得之今麻城縣屬黃州府

吳稱爵所以匹蔡楚稱人所以異吳凡書以皆譏伐非所伐言蔡以吳怪其不以討意如而惟以擾楚也不嫌以吳及楚者有蔡主兵也書楚師出奔者明楚之甚敗由於任

將非人非真有可破之形而蔡人之輕舉怒强不顧其後之可怪也

庚辰吳入郢郢楚都公穀俱作吳入楚

未言兵所加則稱吳子既言所加則稱吳悉以討魯不討魯分子奪也不言入楚言入郢指俱爲內而發也故公穀經非

是歲乙未敬王十四年

晉定六年　楚昭十年　齊景四十二年　吳闔廬九年

五年春王三月辛亥朔日有食之三月公作正月○按是歲正月三月皆辛亥朔

夏歸粟于蔡

魯見蔡得吳援故歸蔡粟以媚吳疑是從晉之令諸侯皆歸之不獨魯也

於越入吳

左傳於越入吳吳在楚也按於越越之舊號若楚舊號荆也舊號例舉在初越初見經即稱人矣至是追舉號者賤之之至也越不入吳則吳且滅楚後患更不勝言越之入吳大有造於周京也春秋何為賤之至此哉吳苟滅楚吳之為患必倍於楚吳苟滅楚而越又滅吳則越之為患必又甚於吳此經所以思患豫防因賤吳而更賤越也

六月丙申季孫意如卒丙申月十八日

定公初年夫子不仕說者以為為陽虎故非也意如逐君之賊聖人豈肯與之同朝哉趙盾死而晉漸可恕意如死而曾乃可仕聖人之言行固無二致也

秋七月壬子叔孫不敢卒（壬子月四日）

冬晉士鞅帥師圍鮮虞

經凡書晉伐鮮虞之屬必當時有應伐而不伐之國是時中原無應伐之國亦決無責晉以為楚伐吳之理是役何為而書乎為晉人不討意如致得壽終而書也然而上年猶書伐此書圍者則絕鞅益甚矣士鞅者黨助意如以為亂者也偕人伐鮮虞鮮虞或不能不服鞅獨伐之雖鮮虞

亦有不服矣故書圍爲絕鞅之至也

是歲丙申敬王十五年

晉定七年　齊景四十三年
楚昭十一年　吳闔廬十年

六年春王正月癸亥鄭游速帥師滅許以許男斯歸（癸亥月十八日）

世子止既漏討則斯雖非止亦罪人也鄭人廢之猶可滅國則爲利矣故書法全與討賊無涉又按楚不救許蓋以許餌鄭也

二月公侵鄭公至自侵鄭

是時諸侯叛晉者多陽虎欲惡三桓於諸侯獨持晉不可叛之議以挑衅於諸侯覘鄭已叛晉故託言爲晉伐鄭强

公親行是夏並使季孟聘晉亦是此意至不言伐言侵且以侵至則不惟著公隂受陪臣之牽率亦以正公不得與征伐之權也

夏季孫斯仲孫何忌如晉

於此可以見虎之專魯蓋叔出季處當時已成故事陽虎獨更成例强使季孟並出而叔處焉左氏第言强使季孫猶未盡得虎意

秋晉人執宋行人樂祁犂

經凡六書行人惟此筆義兼上事爲變例說詳襄十一年

冬城中城

中城范氏謂內城者是陳氏謂陽虎城之亦是餘詳成九年

季孫斯仲孫忌帥師圍鄆

杜氏曰何忌不言何闕文鄆貳於齊故圍之按此是守鄆者叛討而未服故以圍書

是歲丁酉敬王十六年

晉定八年 齊景四十四年

楚昭十二年 吳闔廬十一年

七年春王正月

夏四月

秋齊侯鄭伯盟于鹹 鹹衛地

左氏更言徵會于衛蓋欲結衛叛晉故盟于衛地

齊人執衛行人北宮結以侵衛

義見襄十一年亳霄下

齊侯衛侯盟于沙 沙公作沙澤晉地陽平元城縣東南有沙亭○在今大名府元城東

左傳衛侯欲叛晉諸大夫不可使北宮結如齊而私於齊侯曰執結以侵我齊侯從之乃盟于瑣執結書行人蓋奪

齊景

大雩

齊國夏帥師伐我西鄙

齊景圖代晉伯既得鄭衛故來脅魯

九月大雩

冬十月

是歲戊戌敬王十七年

晉定九年 楚昭十三年 齊景四十五年 吳闔廬十二年

八年春王正月公侵齊公至自侵齊

杜氏曰報國夏之伐也按下有二月則此侵在正月可知必特書正月者所以明鄰不討定而定反寇鄰之無王也而六年之侵書二月與下文侵書二月非復是月則俱月之例矣

二月公侵齊

三月公至自侵齊

一春之間公再侵齊皆由陽虎牽率乃知陽虎止思惡魯於齊不復顧魯存亡其平日謀張公室之言皆僞也是以比之盜

曹伯露卒

夏齊國夏帥師伐我西鄙

公會晉師于瓦 瓦衛地東郡燕縣東北有瓦亭○今大名府滑縣東南瓦崗集古瓦亭也

左傳晉士鞅趙鞅荀寅救我公會晉師于瓦按晉師即下士鞅侵鄭衛之師晉師之出本有事於鄭衛既出而聞魯受齊伐姑先救魯未至魯而齊師已退故公往至衛地謝

之不言會晉士鞅言會晉師與棐林之會不言趙盾同義

但內君無匹師之例則責內重於責外矣此亦定哀之間

之微辭也

公至自瓦

秋七月戊辰陳侯柳卒 戊辰月八日

晉士鞅帥師侵鄭遂侵衛 公士作趙

按春秋於侵伐言遂者凡四筆除齊桓侵蔡伐楚一侵一伐輕重得宜者別論其伐遂伐者一筆襄二十三年齊侯伐衛遂伐晉是也侵遂侵者二筆宣元年楚子鄭人侵陳遂侵宋及此年晉士鞅帥師侵鄭遂侵衛是也此二例者

則皆譏所伐所侵輕重失宜者也而侵之譏更重于伐蓋伐之輕重失宜在所伐之中而侵之輕重失宜在所侵之外也何以言之齊莊之時衛人逐君立君伐之誠當晉人黨助孫甯豈無應伐之罪第其時晉方有欒盈之亂伐之自當較緩莊乃輕伐衛而重伐晉是為輕重失宜在所伐之中若楚鄭之侵陳宋士鞅之侵鄭衛則皆譏縱釁不詰而惟侵他國也所謂輕重失宜在所侵之外也然於宣則必陪以弒君之宋於定則止陪以叛晉之隣則定之罪與宣殊科又未嘗不差等分明也又案會瓦後補書士鞅明公會之晉師卽鞅猶會棐林前豫書趙盾明宋會之晉師

卽盾也經蓋以盾類鞅矣恨其禍魯實甚也

葬曹靖公

九月葬陳懷公

季孫斯仲孫何忌帥師侵衛

冬衛侯鄭伯盟于曲濮杜注結叛晉曲濮衛地蓋濮水曲折之處在今山東東昌府濮州境

從祀先公

胡傳不從三傳作順事閔僖而從馮氏允迪作昭公之主至是始升祔大廟最爲特識但不能言所以不言昭公而言先公之義故後之疑其說者亦多夫昭公至是薨已九年矣若質言從祀昭公則魯臣子阿順意如而無禮於昭

公之罪太著矣故特諱爲先公猶宣公廟災之不言宣宫災而言新宫災也疑此事陽虎主之以顯季氏之罪其意雖私而義則甚正故經無譏意亦不以人廢言之意也

盜竊寶玉大弓

據左氏紀陽虎欲去三桓爲亂魯國刼公與武叔以伐孟氏與孟孫之成宰公斂處父戰陽虎敗脫甲如公宫取寶玉大弓以出入于讙陽關以叛夫陽虎以陪臣之賤因擅季氏遂執國命有年所矣其牽制定公因辱桓子不道之事不勝數矣卽以今爲亂言之其初敢於刼公其後敢入于讙陽關以叛其罪皆大於竊寶玉大弓也聖人悉置不

書獨書竊寶玉大弓者何哉虎之所以敢披猖至此者由三桓不能以禮法自制而魯君又不能以禮法制三桓遂無以制其陪臣故虎得以專魯政而亂魯國也春秋爲魯諱惡雖亂之出於大夫者猶不肯顯書其肯書其出於陪臣者以大爲我國羞哉然虎之爲亂至此使不一書以著其事則是賤者之爲亂在他國者如閽弑吳子盜殺衛縶之類皆直書之而獨恕內盜則內之賤者復何所懼而不爲亂故一書盜竊寶玉大弓而虎之罪狀不必累數而已無所不露矣且聖人之意非直爲弓玉惜也天下之與國家雖小大不同同爲寶器故天下號神器長子推主器聖

人之位曰大寶而玉食與作威作福並重凡以訓有天下國家者皆當以重寶珍之也魯君之威福而大夫竊之以逮其陪臣是陪臣竊國之寶而已矣聖人於春秋不可云陪臣執國命也但書其竊寶玉大弓而魯之大寶已覺無所不竊矣豈直夏后氏之璜封父之繁弱哉使威福之柄猶在魯君則二物雖不幸而燬於天災亦不害其爲魯若使虎亂遂成邦其淪喪二物雖無恙公將挾以安之哉故知聖人之意不直爲弓玉惜也乃或者以謂先王之分器不能謹守而盜得竊諸宮中以是爲魯君罪恐不然也夫所謂謹守者不過珍之什襲錮之篋鐍弆諸府藏足矣魯

之守之未嘗不如是也且夫人君之守寶與編戶守財異恐慢藏之誨盜者編戶守財之法也若人君之守寶則恃紀綱之存而已矣是故周先王有赤刀大玉天球河圖諸寶皆希世之珍也然祭祀則陳之大廟傳位則陳之路寢此雖喪事倥偬之際吉禮駿奔之多皆陳之累宿經旬不聞有竊其一物以逃者況寶玉大弓之藏在公宮者哉寶在公宮而盜得攫取則公宮之焚燬蹂躪不堪言矣故一書寶玉大弓之竊則虎之無狀而魯之無威皆見矣虎不先竊魯君威福之柄彼陪臣何能竊寶公宮以是益知盜竊寶玉大弓之書亦猶言龜玉毀於櫝中之意彼特喻之

以設言而此則寓之於實事耳是亦定哀之間之微辭也
或曰春秋爲端本澄源之書責人君議道自已而於內事爲尤嚴故亂之出於大夫者猶或不書而必一書陪臣之亂何也曰此聖人示人以燭奸之明鑑也夫陽虎以一家臣之微至於擅執國政者此由季氏倒行逆施無以令其下而公與周親及魯之君子凡不平季氏者莫不中心稱快惟恐其謀之不遂則其許虎以堪爲社稷臣者固衆口一辭也虎且深利其然因假張公室之大義而爲所欲爲矣使其一戰而勝三桓盡去虎之爲患必更甚於三桓於何知之即於其竊寶玉大弓知之當其刼公以伐大夫逆

迹猶未彰也及其敢入公宮肆取國寶然後目無魯君之狀乃忽露於猝不及計之時夫魯之寶玉大弓受之先王傳自先公爲六百年鎮國之重器非季氏之私物也虎取之何爲乎以是定虎無君之罪虎乃無所置喙矣此又書盜竊寶玉大弓之兼義也

是歲己亥敬王十八年孔子五十歲

晉定十年 齊景四十六年
楚昭十四年 吳闔廬十三年

九年春王正月

夏四月戊申鄭伯蠆卒 戊申月二十二日 蠆公作囆

得寶玉大弓

虎取弓玉後入于讙陽關以叛魯人伐諸陽關虎度不支棄寶而逃魯人既喜免難又喜得寶聽其所之矣書得寶玉大弓而逸盜之惜見諸言外矣

六月葬鄭獻公

秋齊侯衛侯次于五氏五氏晉地今直隷廣平府邯鄲縣西有五氏城亦名寒氏城

此齊衛伐晉也不言伐止言次者經例外言次必內有應討之人五氏書次葢從定公起義也從定起義二國應以師稱不稱師者齊景之爲人固未能爲定之讎也景未能爲定之讎則與景共兵者又豈能讎定哉然則獲書次者乃齊因衛而伸不獲稱師者乃衛因齊而屈也而責衛之

意深矣

秦伯卒

冬葬秦哀公

是歲庚子敬王十九年

晉定十一年　齊景四十七年

楚昭十五年　吳闔廬十四年

春秋箋例卷二十七終

春秋箋例卷二十八

奉新趙儀吉輯

定公

十年春王正月及齊平

按昭與景平則言暨定與景平則言及稱與不稱之分也可知以魯及齊平爲出夫子意者之不然矣

夏公會齊侯于夾谷（夾公穀作頰夾谷齊地）

傳言盟又內平後必有盟今止書會盖用黑壤例

公至自夾谷

晉趙鞅帥師圍衛

報五氏之役書圍明衛不服

齊人來歸鄆讙龜陰田

此是齊欲魯之從己以伐晉故反魯侵地以市于魯於何知之凡歸地爲義所應歸中無陰謀者不言來言來歸者政訝其無故而來歸也故鄭以祊餌隱亦言來歸彼目鄭伯使宛此但言齊人者祊乃鄭湯沐邑不可予人此則魯之舊地故識否異耳觀哀八年但言歸讙及闡不復言來則此舉之用以市魯益明矣汪氏乃以爲聖人綏之斯來之效不惟不諳春秋之指亦且未曉論語之義論語所謂夫子之得邦家者卽孟子所謂得百里之地而君之之意也豈爲下大夫與聞國政卽可謂之得邦家哉夫子因定

公不討意如本不樂於事之故初年不仕或人詰之卽引惟孝友于兄弟施于有政爲答蓋定之於昭卽畧君臣大義不言亦非弟念天顯克恭厥兄之道也兹之仕魯徒以季孫有推引之意故於父母之邦聊示其無可無不可之量耳觀桓子一受女樂卽不說冕而行知其去就皆不因定公也孟子得夫子不言之隱故見行可之仕屬之季桓子不屬之定公是孔子之仕魯並不可謂之得君行政則又安得有綏來動和之效觀之私邑如費郈猶今歲圍之不服直待三年乃克墮之可見大權不屬雖小效難奏何況四鄰鄉風之盛哉且既以歸地爲綏來之效後何復有

康樂文馬之沮汪氏之說可謂知尊聖人而不得其實與浮屠老子之徒自誇其祖師之法力者無異矣

叔孫州仇仲孫何忌帥師圍郈郈叔孫邑

此郈叛而伐之也言圍明未服三家私邑之宰舊與陽虎一黨虎敗知魯必次第裁抑家臣故與費宰相繼煽變秋之圍郈公羊作圍費疑是又按三都圍墮皆言帥師知非出夫子調度左氏言仲由請之殆未可信

秋叔孫州仇仲孫何忌帥師圍郈郈公作費

宋樂大心出奔曹

宋公子地出奔陳地公作陳後同

定哀之編更無餘事非紀外爭則紀內叛耳書之不遺所以著無伯之害

冬齊侯衛侯鄭游速會于安甫（安公作鞌）

皆欲連魯以敵晉

叔孫州仇如齊

事齊漸謹魯意亦棄晉矣

宋公之弟辰暨仲佗石彄出奔陳（暨下公穀有宋字非）

劉氏原父曰何氏云辰言暨者明仲佗石彄强與俱出非也若如休所言辰罪爲輕何故反叙上乎又何爲明年入于蕭言及乎今按何氏說是原父爲强辭也凡言暨必更

言及暨者如不得已之辭及者唯恐不與之辭暨與及政相反故爾雅言暨不及也辰志爲亂强與出奔則如不得已語以入叛則唯恐不與經於出入固明以首惡被辰也且既目宋公之弟卽非首惡亦安得不上敘乎惜何說亦未能暢發經指耳原父乃以强與俱出之說爲非過矣

是歲辛丑敬王二十年

晉定十二年　齊景四十八年
楚昭十六年　吳闔廬十五年

十有一年春宋公之弟辰及仲佗石彄公子地自陳入于蕭以叛蕭宋地

夏四月

秋宋樂大心自曹入于蕭

杜氏曰入蕭從叛人叛可知故不言叛

冬及鄭平叔還如鄭涖盟（涖公穀作莅）

因睦齊而睦鄭

是歲壬寅敬王二十一年

晉定十三年 齊景四十九年
楚昭十七年 吳闔廬十六年

十有二年春薛伯定卒

夏葬薛襄公

叔孫州仇帥師墮郈

杜注墮壞也患其險固故墮壞其城按強都恃險而叛伐

之既入則墮卑其城俾不至負固再叛此理勢應有之事但初用師時止爲平叛不爲墮城乃左氏言將墮三都此爲不知書墮之義宜杜氏之云然也蓋墮城雖實事而聖人書墮則別有義是亦其文則史二語之類也夫內邑而至於梗命不克則爲恥滋甚克之則其恥稍減耳故經例凡有事於內邑不下則言圍下之則言墮所以然者不下恥大不可不微見中有負固不服之人下之則恥小直可比諸塊然之物欲存則存之欲墮則墮之其成否可以由我不直從外例言伐言入蓋外例伐之而服止言伐伐之不服始言圍伐之不服而卒破之則言入是伐與入者固

與圍相對而起義者也一私邑耳下之易不直言伐郈下之難亦不直言入故以墮言之此立言之體也豈眞爲墮城而用師哉自左氏滯觀墮字而精義隱矣

衛公孟彄帥師伐曹

季孫斯仲孫何忌帥師墮費

按史記孔子世家言定公九年孔子爲中都宰一年四方則之遂爲司空又爲大司寇十年相定公會夾谷齊歸魯侵地十二年使仲由墮三都收其甲兵孟氏不肎墮成圍之不克十四年攝行相事誅少正卯與聞國政三月魯大治齊人歸女樂以沮之季桓子受之郊又不致膰於大夫

孔子行是孔子之用魯凡六年也故此年冬圍成不克說者皆爲夫子回護或以爲圍成非夫子之意或以爲夫子雖仕魯未得魯國之政或以爲負固不服雖舜文王有所不免圍成不克亦何損於聖人是皆不知圍成之時夫子已不在魯也惟季氏明德之說曰黄之盟齊睦魯也蓋因孔子用魯政化大行有所感焉然忌而沮之之意已間之矣女樂之歸其在黄盟後歟推季氏之意以歸女樂在黄盟後受女樂三日而孔子行是以知圍成之時孔子已去位也今按魯世家亦以歸女樂爲十二年事則季氏之說爲有據矣然以孟子未嘗有所終三年淹之語參之則季

氏言去魯於盟黃之後圍成之前尙於時事有所未合夫子實去魯於是夏墮郈與費之後至秋已不在魯矣於何徵之於郊不致膰一事徵之蓋魯郊恒以夏至秋則以用郊書矣故知不說冕而行在夏也且齊人歸女樂之意亦非懼魯用聖人不利于齊而沮之也齊景志在復伯亟思結魯以敵晉夫子以景公既負幸弒之罪又無定伯之畧甚不願魯之舍晉而從齊齊人知孔子之撓其謀也故以女樂散其上下之交逆料季孫必受孔子必行而連魯寇晉之謀可成也故至冬而有黃之盟魯始從齊背晉矣是黃盟在十月夫子已不在魯況圍成更在十二月耶夫子

蓋用魯於九年之秋陽虎奔不復反季孫臥始帖席之後而去於十二年之夏乃知孟子未嘗有所終三年淹之語爲有分際也

秋大雩

冬十月癸亥公會齊侯盟于黃癸亥月二十七日齊公作晉

杜氏曰結叛晉也

十有一月丙寅朔日有食之

公至自黃

十有二月公圍成

成未嘗叛故夫子仕魯時議不及成足見三都並墮之議

非建自聖人也叔季二家傷已都之殘破而孟氏之成獨巋然無恙故諷公伐之成宰以無罪見伐遂據邑以叛故不克而還

公至自圍成

公自將圍成亦以圍至幾以敵國視成矣甚矣魯公室之卑也昭公既孫圍成猶不書至可以見春秋待定公之意矣

是歲癸卯敬王二十一年

晉定十四年　楚昭十八年　齊景五十年　吳闔廬十七年

十有三年春齊侯衛侯次于垂葭　穀無衛侯　葭公作瑕

義與次五氏同

夏築蛇淵囿

按廬陵李氏謂此政與受女樂事相類定公君臣安知不自以為齊人既服强都既墮國家閒暇可以般樂耶胡氏五峯以本年絶無更敗起廢之文而築囿大蒐絶與破都之意不侔皆旁推曲證以辯史記十四年去魯之誤然不思及孟子不終三年之語故既辭費而又卒隣於臆決也

大蒐于比蒲

衛公孟彄帥師伐曹

秋晉趙鞅入于晉陽以叛晉陽趙氏邑

趙鞅與荀寅士吉射相仇殺據傳鞅未伐君然敢先入私邑負嵎爲亂目無君矣故與伐君之寅吉射一律書叛第卒之鞅歸而寅吉射不歸則伐君不伐君之辨亦明矣

冬晉荀寅士吉射入于朝歌以叛荀寅下公有及字　朝歌衞舊都衞從楚邱朝歌後屬晉

晉政多門六卿不睦久矣至是益相攻殺此六卿并而爲三家三家比而分晉國之機也左傳云韓魏以趙氏爲請趙鞅歸于絳是三家之形已成矣

晉趙鞅歸于晉

鞅未違晉而言歸于晉何也明鞅叛時已自以晉陽外晉

也歸由君命故不言復

薛弑其君比

定公不討意如與篡竊無異不可責以討賊故薛弑君不目賊不稱人蓋稱人以弑者皆專責乎魯者也其目賊者魯亦與有討賊之責者也

是歲甲辰敬王二十三年

晉定十五年　齊景五十一年
楚昭十九年　吳闔廬十八年

十有四年春衛公叔戍來奔衛趙陽出奔宋戍公叔文子之子衛趙陽公轂俱作晉趙陽

據左傳公叔戍將去夫人之黨夫人愬之曰戍將爲亂十

四年春衛侯逐公叔戌與其黨趙陽奔宋戌來奔按衛靈公夫人南子有淫行靈又爲之召宋朝固已靦顏無恥惟豔妻是聽矣大臣如公叔戌恥穢德之彰而君又不可與言則其謀逐宋朝亦屬義憤所激惜爲謀不密致南子得以反譖而逐之耳自戌與趙陽旣奔南子益勸公窮治其黨雖執政柄兵權如北宮結公孟彄輩並相繼出奔又辭連世子世子亦奔南子視凡不便於己者一舉而空之雖母子之情亦絕蓋讒婦猶殺他人之子淫婦則自殺其子而不恤也然則蒯聵謀殺母一節其出於南子之譖無疑二劉之爲蒯聵辯者當矣

二月辛巳楚公子結陳公孫佗人帥師滅頓以頓子牂歸辛巳

二月二十三日公作三月
設孫公作子牂公作牄

恨頓從召陵之侵也陳亦與者見楚圍蔡而晉不救故悟而復附於楚頓子書名無伯可責也

夏衛北宮結來奔

方衛人之不肯從齊也齊執衛行人北宮結以侵衛而後衛人從齊是衛人視結爲向背結乃衛之重臣也十二年十三年兩書公孟彄伐曹則彄實掌典兵柄爲衛之樞臣也南子畏二人甚於公叔戍故必去之而後安枕然而衛靈不惜得罪巨室以媚其蕩婦子言衛靈之無道蓋爲此

等也

五月於越敗吳于檇李吳子光卒 檇公作醉檇李吳郡嘉興南醉里城○檇李城在浙江嘉興縣南四十五里

書之以志吳有越患所以未遽淩暴中原

公會齊侯衛侯于牽 牽衛地公作堅又作掔魏郡黎陽縣東北有牽城○在今大名府濬縣北

此因從齊而睦衛也

公至自會

秋齊侯宋公會于洮 洮曹地

前此宋未從齊今宋亦往矣非喜齊之得乃惜晉之失也

所謂事關天下之大勢而書者也

天王使石尚來歸脤脤祭肉

定公闕於得國宜爲天討所不赦王乃使來歸脤與之同福可謂舛矣故書使以譏王尚當是字同家父例

衞世子蒯聵出奔宋衞公孟彄出奔鄭

宋公之弟辰自蕭來奔

書辰不書諸叛臣重在責辰不弟宜其奔魯此亦微辭也

大蒐于比蒲邾子來會公

邾子來朝因公蒐于比蒲就行會禮而去以此益知蒐不書公之非必公皆不與也

城莒父及霄

義與城諸及防同杜氏曰此年無冬〻史闕文

是歲乙巳敬王二十四年

晉定十六年　齊景五十五年
楚昭二十年　吳闔廬十九年

十有五年春王正月邾子來朝

鼷鼠食郊牛牛死改卜牛

觀哀元年鼷鼠食郊牛之下卽繼以改卜牛可知此年亦不必更言牛死必言牛死者蓋借以彰天怒篡竊之甚也合之宣三年之書改卜牛牛死而聖意昭然矣

二月辛丑楚子滅胡以胡子豹歸　辛丑月十九日

義同滅頓

夏五月辛亥郊 辛亥月一日

壬申公薨于高寢

杜氏曰高寢宮名不于路寢失其所

鄭罕達帥師伐宋 罕公作軒

齊侯衛侯次于渠蒢 渠蒢宋地公作蘧蒢

邾子來奔喪

屢書邾子之下魯所以甚魯人必欲吞邾之罪

秋七月壬申姒氏卒 壬申月二十三日姒穀作弋姒氏哀公妾母

穀梁云妾辭也蓋謂君之妾母書法止于如是也

八月庚辰朔日有食之

九月滕子來會葬

襄公之葬也滕成公來會故昭三年魯使叔弓會成公之葬滕喜魯報以優禮故至是復會葬定公其不會葬昭公者意如葬昭公不盡禮滕亦畏意如不敢會也

丁巳葬我君定公雨不克葬戊午日下昃乃克葬丁巳月九日昃穀作稷

按昭公雖不死于弑然客死乾侯意如之罪大矣定公受位意如不能如昭子之殺豎牛反同宣公之任仲遂又曲狥賊臣於昭公葬祭皆不如禮與幸弑者殆無少異雨不克葬不可謂非天意也故聖人亦不爲諱與敬嬴一例書

之巖葬言而者日尚中也定葬言乃者日己昃也於是定無浮罪嬴有餘辛之意皆見矣

辛巳葬定姒辛巳十月三日

魯禮未失夫人皆專謚姒氏妾母之未尊爲夫人者故無專謚第繫之定公故稱定姒然已干妻從夫謚之禮矣亦未免於譏也

冬城漆

邾庶其邑城以偪邾

是歲丙午敬王二十五年

晉定十七年　齊景五十三年
楚昭二十一年　吳夫差元年

卷終

春秋箋例卷二十九

奉新趙儀吉輯

哀公

元年春王正月公即位

楚子陳侯隨侯許男圍蔡

按此非紀楚之虐蔡不已也乃著晉之誤陷諸國實深也觀所書從伐之國可見矣陳則從僖召陵幾爲晉誤近復從楚得不被兵者也隨則於僖二十年一受楚伐即不敢畔援獲保宗社者也許則一誤從晉反爲鄭滅卒賴楚力得復舊封者也獨蔡迷而不悟竟至君弒國危故爲書陳隨許之從圍以明其禍福相去懸絶如是也是豈聖人忽

與人從楚哉毋亦教諸小國與其爲頓胡之昧於先機無寧爲陳許之收於末路至若隨之前不助虐後不怒强則更善矣此皆爲蔡設法而晉不足責之意亦因而益明矣猶書圍蔡者非復責晉之忍不救蔡乃著晉之終不救蔡以發諸小國之省悟也

鼷鼠食郊牛改卜牛（郊牛下有角字 穀）

凡牲虧或口或角必言其處者傷輕未至於死也不言所虧者皆傷重而牛死者也此亦牛死不言牛死者爲君之分應得國者諱也若篡竊得國者則質言牛死矣

夏四月辛巳郊（辛巳月之六日）

秋齊侯衞侯伐晉

至是始以伐晉直書而前兩書次之義益顯又按合春時圍蔡之役觀之頃背楚者卒歸於從楚舊屬晉者乃至於伐晉然後知晉之所以誤人者實所以自誤也甯伯業之遺者可以監矣

冬仲孫何忌帥師伐邾

數月之内再朝而一奔喪邾之事魯何以不免利其土地斯信義有所不顧魯俗之壞亦至是耶

是歲丁未敬王二十六年

晉定十八年　齊景五十四年

楚昭二十二年　吳夫差二年

二年春王二月季孫斯叔孫州仇仲孫何忌帥師伐邾取漷東田及沂西田癸巳叔孫州仇仲孫何忌及邾子盟于句繹

癸巳月二十三日句繹邾地

季孫妄自尊異不屑盟邾子故主兵而不與盟至書之詳盡亦所以著魯之貪暴無禮

夏四月丙子衛侯元卒　丙子月七日

滕子來朝

監於邾而益恭也

晉趙鞅帥師納衛世子蒯聵于戚

君已卒而猶正世子之稱則蒯聵之當嗣靈輒之不當據

衛皆見矣諸家多咎趙鞅納之之非以過信蒯聵有殺母之謀也今亦不能必蒯聵罪之有無但經之書法實用齊高發納北燕伯之例誠以世子之重亞於國君也若以蒯聵爲不應納豈北燕伯亦不應納乎更證以明年石曼姑圍戚之筆而蒯聵之應納而不應伐益明矣諸家徒見納糾納捷菑納孔寧儀行父之爲譏遂謂凡納無予辭是亦膠柱鼓瑟之類耳

秋八月甲戌晉趙鞅帥師及鄭罕達帥師戰于鐵鄭師敗績甲戌月六日鐵在戚城南公作栗一本作秧

鐵之戰左氏以爲齊輸范氏粟鄭罕達送之趙鞅禦之遇

于鐵故有是戰今按左氏所云非此戰情事也當是鞅納蒯聵入戚後尚思納之衛都故八月猶駐師在戚鄭既與齊衛結黨叛晉恐晉助蒯聵得國則衛必從晉故罕達帥師爲輒伐戚遂有此戰論迹則鄭逆而晉順然鄭非樂於爲子拒父慮失衛則無以讎晉也晉亦非真有見於倫常之不可紊慮不得衛則無以制齊也是皆不免於自私自利也故其辭從平而晉人所持畢竟較鄭有名所謂彼善於此也故必以晉及鄭爲至胡傳必以主戰爲譏則其誤已屢闢之矣

冬十月葬衛靈公

會輒葬靈則魯亦助逆矣

十有一月蔡遷于州來蔡殺其大夫公子駟州來舊小國吳滅之爲邑

蔡以引吳入楚之故知楚終必滅蔡故請遷于吳將倚吳以捍楚公子駟知吳不足恃且恐益增楚忌滅蔡必速故獨持不遷之議而蔡侯不從且虞其貳楚故既遷而猶殺之駟其忠而見殺者歟

是歲戊申敬王二十七年

晉定十九年 齊景五十五年
楚昭二十三年 吳夫差三年

三年春齊國夏衛石曼姑帥師圍戚

此齊景助衛輒拒父也助則當以曼姑主兵乃以主兵加

齊者亦治亂賊先治其黨與之法且先敘齊人則不繫戚於衛之義亦易明矣外戚於衛則戚亦國而非邑矣書法與因王猛言王城政同而與言圍宋彭城相反皆所以正父子君臣之分也公羊乃妄言輒有可立之理豈未覩夫子不爲之明訓耶胡傳處置衛事則尤怪誕矣書圍責内不救

夏四月甲午地震甲午月一日

五月辛卯桓宮僖宮災辛卯月二十八日

此與成三年書新宮災同意皆示人以天怒之可畏也蓋桓公弒隱自立雖見殺齊襄實非顯戮文姜與弒桓公竟

漏討而薨葬如禮僖公寵妾簒適致聲姜並享于廟二公夫婦皆逆理滅倫為天道之所憤故聖人於其廟災特書以示戒乃知其桓僖乎之語非必左氏之誣也彼僅以親盡不毀宜災為解者皆求其說而不得者也

季孫斯叔孫州仇帥師城啟陽（啟公作開啟陽今琅琊開陽縣今沂州北十五里有開陽故城本鄅國後屬魯為邑）

城以偪邾凡城書將帥師必是不應城而城故歸責於君非特明有撓之者

宋樂髡帥師伐曹

秋七月丙子季孫斯卒（丙子月十四日）

蔡人放其大夫公孫獵于吳

獵亦主事楚者故放之于吳書蔡人以放者責內不能爲蔡討治亂臣餘義詳宣元年胥甲父下

冬十月癸卯秦伯卒 癸卯月十二日

春秋亂世君臣父子兄弟相弒殺篡逐者雖小國時有無論大國矣秦一大國也自康公書卒以後經有明文可考其君皆考終其國亦無內亂並未嘗殺一大夫豈地得西周之舊文武成康之教澤獨深歟是天下皆亂而秦獨治也書曰與治同道罔不興然則繼周而王者非秦而誰哉至得天下二世而亡則孝公以後兵刑慘刻之術誤之其

實秦之所以興者在此不在彼也春秋於秦君其先獨惡穆公故不爲書卒直以楚吳初例待之既而畀漸輕則因卒書名既而無畀則書卒不名猶不書葬其後不惟無畀且有可予故不惟卒不書名又悉因葬書謚以終春秋蓋喜其變而益上竟底於謹守侯度略無强大陸梁之習也誰謂春秋於諸侯名謚之間而無意者乎餘義互見隱三年宋公和卒下

叔孫州仇仲孫何忌帥師圍邾

背盟復惡曲在魯而邾不服故以圍書

是歲己酉敬王二十八年孔子年六十歲

晉定二十年　齊景五十六年

楚昭二十四年　吳夫差四年

四年春王二月庚戌盜殺蔡侯申　宣十七年蔡侯申卒今蔡侯又名申必有一誤　庚戌二月二十一日公作三月誤殺公穀作弑非

按魯襄之時鄭當從晉不當即楚者理勢宜然也魯哀之時蔡當依楚不當附吳者事勢宜然也鄭公子嘉以社稷之故廹於理勢之當然而思背楚而柄臣不從於是擅殺三卿以便於從晉擅殺之最有名者無如嘉也聖人懼人於嘉有怨辭而長天下後世以犯貴之漸故書之曰盜殺而輕奨亂人之邪說庶幾熄矣蔡公孫翩以社稷之故廹於事勢之當然而思棄吳而其君不從竟至敢弑蔡侯以

便於事楚是謀弒之不以私者莫如翩也聖人懼人於翩有怨辭而長天下後世以廢君之漸故書之曰盜殺而適助亂賊之邪說庶幾熄矣夫以賤臣而殺貴臣猶不當論曲直況以臣弒君而可以曲直論乎聖人有慟於春秋之世之詰賊者動曰何故弒君故特於弒君有故之蔡翩目之爲盜蓋天下無有辭之盜則亦無可恕之盜矣是則聖人欲熄邪說故有此盜之稱乃稱盜矣猶有重責蔡侯輕恕翩黨之胡傳眞聖人之所不及料也

蔡公孫辰出奔吳

按止齊陳氏以辰爲與弒此冤也辰蓋主蔡侯事吳者翩

等既弑君將並殺辰辰故懼而奔吳若辰果翩翼則弑君之故本爲背吳辰其敢奔吳乎且既目賊爲盜於此又出賊名必不然矣春秋雖有賊無主名書奔即賊之例然彼皆是書國弑者與書盜殺者無涉

葬蔡惠公

宋人執小邾子

昭定哀之世聖人見魯晉齊之行事均已無當於伯而世亂益甚又不可以久懸伯職而無所屬因宋於其時尚無大不道之行故自昭十九年爲鄅伐邾以後已思以伯責宋至是又能不以南子之故助輒以拒蒯聵所持益正視

晉雖伐軏實爲私計者過之遠矣故責宋益備於其執小邾子直以奪伯之例處之而不名小邾子至夏又名戎蠻子更以無伯之例處晉則宋之得此已榮甚矣此皆春秋激勸之權之所在也

夏蔡殺其大夫公孫姓公孫霍

按定四年召陵侵後皐鼬盟前有蔡公孫姓滅沈以沈子嘉歸事可知蔡人前之從晉侵楚後之以吳入楚悉是姓爲主謀而霍則其同謀者也公孫翩既以不堪楚虐之故弑君以謝楚蔡人追原禍始歸罪姓等且虞其導吳討蔡是以殺之姓等謀國雖謬然國既弑君不可復論曲直故

殺而不去其官推文之錯殺馴之意第謂其何至弑君非以其從楚爲謬也至逐辰與姓霍則傳要其後爭言之非復錯之所爲實蔡諸大夫之所同謀也其逐殺之意亦爲姓等導君事與之謬非爲其與馴同謀也杜氏乃以姓霍爲弑君黨寃矣夫賊既稱盜不名則以稱大夫而名者爲貴矣此亦義之顯然者奈何令無辜蒙惡也將泥於晉殺里克衞殺甯喜之例則克喜之罪已明正於弑時其不可以例姓霍夫人而知之矣又按姓霍爲國人所殺且在馴君未逾年之中雖存其大夫亦宜書蔡人殺之今從國殺者乃罪蔡馴君不能申在官之誅又徇賊意殺逐其先世

腹心之臣此與親弑何異故以成君之例絶之

晉人執戎蠻子赤歸于楚蠻公作曼

不言畀楚人而言歸于楚謂晉以京師待楚也戎蠻子書名是從無伯之例而甚之也晉其何以堪之哉

城西郛

杜云備晉

六月辛丑亳社災辛丑月十四日亳公作蒲

亳社殷社也亡國社屋故被災

秋八月甲寅滕子結卒甲寅月二十八日

冬十有二月葬蔡昭公

蔡昭書葬義與許悼畧同非爲賊已討而書葬也許悼義同蔡景

葬滕頃公

是歲庚戌敬王二十九年

晉定二十一年　齊景五十七年
楚昭二十五年　吳夫差五年

五年春城毗毗公作比又作芘

杜云備晉

夏齊侯伐宋

蒯聵初奔宋晉趙鞅之納之于戚宋有力焉是宋復從晉也齊鄭爲欲撓晉故助衞輒拒父因並忌宋爵齊所以譏景

晉趙鞅帥師伐衞

伐衞所以救宋知齊意之護輒也經以輒罪人當討故正名爲伐

秋九月癸酉齊侯杵臼卒 癸酉月二十三日 杵公作處

冬叔還如齊

閏月葬齊景公

經之書葬諸侯皆以魯會葬之禮之隆殺而分月日不月日之例非有議彼國合禮不合禮之意也葬齊景公之書閏月以卿會葬者止合書月而月適逢閏故書閏月非謂閏月不當葬也注家皆從閏月發論此多事耳

是歲辛亥敬王三十年

晉定二十二年　齊景五十八年

楚昭二十六年　吳夫差六年

六年春城邾瑕瑕公作葭任城亢父縣有邾婁城○在今濟寧州南十里

晉趙鞅帥師伐鮮虞

當時列國如衛如蔡皆所當伐晉乃獨伐鮮虞故譏同定四年士鞅孔圍

吳伐陳

陳從楚故

夏齊國夏及高張來奔

陳乞欲行弒立而擅齊故先逐國高

叔還會吳于柤

吳之寇北方魯引之也故書以罪魯

秋七月庚寅楚子軫卒庚寅月十六日

齊陽生入于齊齊陳乞弑其君荼荼公作舍非

陽生書入不言所自明魯納之又按公子弑君代位者莫不有大臣焉助之然皆以篡君首惡者彼大臣皆爲篡君弑也若陳乞之弑荼而立陽生則不爲陽生何以言之凡逆臣之將移國祚者必先行廢立之事然後嗣君既感其德復畏其暴且因謀篡而自箝其口不敢不受其脅制而大權悉歸其掌握不再世而篡成矣陳乞之弑荼而立陽

生蓋欲盡攬齊權故先逐國夏高張乃行弑立其不爲長君之可訪亦明矣其泣而對朱毛之語蓋逆料陽生必能殺荼因而自避其弑君之名使陽生不識其有竊國之心也聖人特爲變例雖已書齊陽生入于齊却不以弑加陽生而加于陳乞知乞之心更毒於陽生陽生特爲乞愚耳不然楚公子比不成篡尚以弑君被之豈有成篡如陽生而反不被以弑君之理哉或者乃以書衛侯入于夷儀衛甯喜弑其君剽例此則失之遠矣衎本衛君剽本篡衎若剽不書喜弑將書衎弑乎唯不可以弑加衎故以加喜若陽生則何不可加弑之有而以加陳乞者知乞之不爲陽

生也穀梁既知荼雖不正已受命矣而又不以荼君陽生豈一荼也在陳乞則不可弑在陽生則可弑乎是長亂之道也荼受君父之命立已逾年而陽生猶可不視爲君則未聞有此義也或又因陽生繫齊以爲聖人國氏陽生明陽生應有齊此更拘泥之說無論真以國氏者不先敘亦豈有國氏之例而與書弑並見者哉是皆不深究經例之蔽也

冬仲孫何忌帥師伐邾

宋向巢帥師伐曹

經意全以宋之立意滅曹陪魯之立意滅邾故兩事恒並

書之至邾曹見滅而止

是歲壬子敬王三十一年

晉定二十三年　齊安孺子荼元年

楚昭二十七年　吳夫差七年

春秋箋例卷二十九終

春秋箋例卷三十

奉新趙儀吉輯

哀公

七年春宋皇瑗帥師侵鄭

是時鄭黨齊衛兩賊魯亦黨之故宋伐鄭晉伐衛雖得所伐亦以侵書明魯欲救而未能也而譏魯之意皆見矣

晉魏曼多帥師侵衛

夏公會吳于鄫（鄫公穀作繒）

吳欲圖伯魯倚以爲重故數會吳不尉吳政所以尊公

秋公伐邾八月己酉入邾以邾子益來（己酉月十一日）

入不言伐此先言公伐者因以諸侯來非内臣所敢出既

是公將故須目 公然入人國而虜人君雖出於公究嫌惡
大故又先言公 伐邾以斷其文若公第伐之未遂入其國
而虜其君也邾 子名者託於有罪也而彼此皆治以王之
意亦見矣魯既 以邾子來是已滅邾矣不言取邾但言入
邾者因吳以爲 討而復存之故止言入若魯未嘗滅邾者
然蓋既不以畏 吳之恥予魯又不以存邾之功予吳所謂
化工之筆也又 按宋公入曹不日魯入邾則日者所謂罪
餘於人之外而危有後患之意亦見矣

宋人圍曹

前樂髡向巢兩次伐曹俱稱將帥今忽稱人者以志在滅

國而奪宋而奪魯之意亦見矣書圍爲有鄭救

冬鄭駟弘帥師救曹

是歲癸丑敬王三十二年

晉定二十四年　齊悼公陽生元年

楚子章元年卒謚爲惠　吳夫差八年

八年春王正月宋公入曹以曹伯陽歸

宋亦是滅曹第言入者所以明魯書入邾亦是滅之也

吳伐我

夏齊人取讙及闡

闡在東平剛縣北○今兗州府寧陽縣本魯闡邑地故剛縣城在縣西北三十里

爲邾報也

歸邾子益于邾

先言歸内辭也某歸于某者外歸之也

秋七月

冬十有二月癸亥杞伯過卒癸亥月二日

齊人歸讙及闡

是歲甲寅敬王三十三年

晉定二十五年 楚惠二年 齊悼二年 吳夫差九年

九年春王二月葬杞僖公

宋皇瑗帥師取鄭師于雍丘雍丘縣屬陳留宋地。今開封府杞縣

按是時鄭黨齊衛宋猶未黨齊衛則宋近正而鄭不正然鄭雖不正魯所與也魯與鄭則讎宋讎宋則當書宋師敗

鄭師于雍邱然近正之宋實不可讎讎宋而宋稱師則魯人助鄭黨賊之罪太彰矣若因魯內鄭兼用姬先異姓之例敘作偏戰則又似以先敘與鄭之黨賊故兩例皆不可用止可用隱十年鄭伯伐取之例而稍變之書作宋取鄭師蓋經例事非關內不言取所以稍變其例者隱時之鄭爲我與而取人此時之鄭爲我與而取於人也去書敗某師於某者無幾也所以甚貶鄭也貶鄭而譏魯之意亦見矣是取某師之文其義委折至於如此而左氏乃以覆而敗之明例其孤負聖心實多矣

夏楚人伐陳

左傳陳即吳故也按宋有吞曹之惡則上年奪之而稱人宋有伐鄭之善則下文予之而書爵爵宋故楚從有伯之例書人

秋宋公伐鄭

宋伐黨賊之鄭正也而不得從月伐之例者譏其不討齊衛而僅伐鄭也故第得與於責伯之例焉

冬十月

是歲乙卯敬王三十四年

晉定二十六年　齊悼三年

楚惠二年　吳夫差十年

十年春王二月邾子益來奔

邾子書名託於益本負罪其實則不責魯以伯也

公會吳伐齊

事屬内伐外故不必諱然謬誤自見

三月戊戌齊侯陽生卒戊戌月十五日

據左傳言齊弑陽生此當不誣若是疾卒吳魯必無不速退之理惟齊實弑君而欲以偪弑之惡名加吳魯此吳魯所不受故尚頓師齊竟虛爲齊討而後退所以公到五月始歸也不直書弑即爲魯諱偪弑之嫌也

夏宋人伐鄭

經例討賊之師再出者必貶爲其不能得賊而徒伐之也

討賊且然況伐賊之與國哉宋乃惟知伐鄭不一討賊是以又奪而稱人

晉趙鞅帥師侵齊

此晉阿吳意而伐齊也非有意討賊故以侵書亦以鞅有納蒯聵之功而責之備也

五月公至自伐齊

葬齊悼公

衞公孟彄自齊歸于衞

書以著彄之從逆而齊終助輒可知歸不言復賊與賊爲黨衞賊無惡強納之意亦不直以強納之罪罪齊賊也

薛伯夷卒夷公作寅

秋葬薛惠公

冬楚公子結帥師伐陳吳救陳

因近又奪宋故楚復稱將救尚舉號可見春秋之賤吳

是歲丙辰敬王三十五年

晉定二十七年　楚惠四年　齊悼四年　吳夫差十一年

十有一年春齊國書帥師伐我

報上年會吳之伐

夏陳轅頗出奔鄭轅公作袁

五月公會吳伐齊甲戌齊國書及吳戰于艾陵齊師敗績獲

齊國書甲戌月二十八日　艾陵齊地

伐有公戰無公非公不與戰言公則吳當從公先敘是內吳而外齊矣以是為不可故戰不言公是役不書公至者以既諱公與戰則亦不得於戰後書至也

秋七月辛酉滕子虞毋卒辛酉月十六日

冬十有一月葬滕隱公

衞世叔齊出奔宋

喜世叔齊之舍逆

是歲丁巳敬王三十六年

晉定二十八年　齊簡公壬元年
楚惠五年　吳夫差十二年

十有二年春用田賦

賦出於里不出於田魯用田賦蓋益兵以備齊也變古厲民書以示譏

夏五月甲辰孟子卒甲辰月四日

魯人於祭葬昭公皆不盡禮必不肯以禮卒孟子則孟子之卒不書可也而必書者於不稱夫人可以見魯臣子之無禮於稱孟子可以見娶同姓之非禮或曰有陳司敗之問夫子之荅而娶同姓之非禮已明春秋雖不書孟子卒可也且何以一言孟子卒即可以知其爲同姓也曰謂之吳孟子之謬久已播聞鄰國使不一見於經則人將謂魯

大非禮之事經諱不書者不知凡幾是愛魯適所以傷魯也故當昭公之世雖不可書如吳逆女亦不可不於卒時一書孟子也至於一書孟子而同姓之嫌所以亦明者則不獨鄭國之皆知即考之經例而亦知也經例惟卒內女則書字而無氏文卒夫人無有書字且無氏文者此卒孟子用內女之例字且不氏但如舊稱以子易姬耳其爲同姓不已明乎春秋無事不有例初不煩後人之臆說也

公會吳于橐臯橐臯吳地在淮南逡遒縣東南口今廬州府巢縣西北六十里有柘臯鎮漢之柘縣春秋吳邑也

受命於吳爲合諸侯

秋公會衛侯宋皇瑗于鄖鄖公作運吳地鄖發陽也廣陵海陽縣東有發繇口○今揚州府如皐縣東立發壩古發陽也亦作古鄖

據左傳會有吳子夫吳既勝齊而獲其帥北方諸侯必大懾服又有魯人以爲之連屬則會鄖之諸侯卿大夫必不止衛君宋臣然而諸侯中第書衛侯者輒前此爵未見經茲以成輒爲君責公也大夫中第書宋皇瑗者宋前此未嘗與輒茲以宋與輒和罪皇瑗也不書吳者黨輒已罪不必更論引輒會吳也且書吳則似仍責會吳而黨輒之罪反隱此所以削吳不書也

宋向巢帥師伐鄭

宋鄭積仇不能猝合又鄭堅附齊魯既以吳惡齊其勢不能不遽絕鄭則宋之伐鄭魯所快也故以伐書不復如七年之明魯有救意矣

冬十有二月螽

左傳冬十有二月螽季孫問諸仲尼仲尼曰丘聞火伏而後蟄者畢今火猶西流司天過也按左氏以爲失閏呂氏家氏皆以明年是時亦螽自是冬燠之咎非關失閏不知今歲失閏則來歲氣候益遲十三年十二月螽益足爲失閏之證何得以火猶西流爲非夫子之言乎左氏儘有可信而諸家反非之如此此類者政多也

是歲戊午敬王三十七年

晉定二十九年　齊簡二年　楚惠六年　吳夫差十三年

十有三年春鄭罕達帥師取宋師于嵒

自及鄭平叔還如鄭涖盟而魯與鄭自公會衞侯宋皇瑗于鄖而魯與宋哀公既黨輒不渝所與必皆輒黨故經於此又以雍丘之役所以處鄭之例處宋

夏許男成卒　成公作戍

公會晉侯及吳子于黃池　黃池衞地陳留封丘縣有黃亭○黃池在今開封府封丘縣西南

公特會吳則吳不爵者不以吳儕公而責公之意自見也

公與晉侯參會吳則吳稱爵而別言及者雖儕晉於吳而

終有辨也所以儕晉于吳者追咎其初之力引吳也所以猶有辨者是時亦不深於責晉而獨深於責魯也據傳則會且盟不書盟者會已甚矣不必盟也會者不止晉不皆書者意重恥魯其次恥晉他國固無譏也

楚公子申帥師伐陳

是時陳復事吳故楚伐之書之以志夏區夫之所以見殺餘同十年楚公子結

於越入吳

前書越入吳明吳所以未遂并南服此書越入吳明吳所以未遂亂中原既爲當時志幸而追咎晉魯不應引吳之

意自在言外也

秋公至自會

越不入吳則吳子不反國吳子不反國則公亦不遽歸故

此書至亦譏媚吳之筆

晉魏曼多帥師侵衞魏下公無曼字

晉既長吳則不能不隨吳與輒今尚伐輒者因越已入吳知吳不能復出故復從初志而讎輒然晉雖仍讎輒魯意則仍助輒蓋黃池之會魯本重吳不重晉也故曼多此役仍以侵書明魯有救意如前也

葬許元公

九月螽

此螽災之常非關失閏

冬十有一月有星孛于東方

孛見日將升時不見宿次故不言宿次但言東方非指蒼龍七宿也觀前言孛于大辰可知蓋大辰亦東方宿未嘗言東方也

盜殺陳夏區夫

區夫陳卿之主事吳者其同官殺之以謝楚故以盜書

十有二月螽

杜氏曰前年季孫雖聞仲尼之言而不能正閏失閏至此

年故復十二月螽

是歲己未敬王三十八年

晉定三十年　齊簡三年

楚惠七年　吳夫差十四年

十有四年春西狩獲麟

狩不言地者義重獲麟麟非地所常有故不言地言西者大其所也亦猶天王之狩不言溫而言河陽之意按春秋絕筆於獲麟諸家說最紛挐皆以私意穿鑿不識聖人之本意大凡執筆修史紀本朝及時君之事者不能無禍患之懼聖人明哲保身豈不用言者無罪聞者足戒之義故襄公以前之事則本之舊史而參以考訂昭公以後之事

則本之日記而輔以見聞其文甚簡無支蔓可容吹求其辭甚平無險僻可容周内而又凡平時所經論定之事一概不書於經以信已直而招人言此其所以爲避禍之道也夫夫子嘗删詩述書贊易以教天下後世矣又自以爲載之空言不如見諸行事之深切著明也於是取二百四十餘年之事是非而筆削之以爲人事之規矩既而自念筆削亦空言也其大指在討亂賊恒欲於及身行事一親見之以爲萬世法顧自爲大夫以來三逢鄰國弑君薛弑比值定無討賊之理齊弑荼值魯有奉逆之迹齊弑陽生陽生本篡賊而魯又有偪弑之嫌故誅討之意皆無從而

申惟是年齊陳恒弑君其事脫然於魯無涉故沐浴而朝告於哀公曰陳恒弑其君請討之公曰告夫三子出曰以吾從大夫之後不敢不告也之三子告不可則又曰以吾從大夫之後不敢不告也嗚呼此示人以討亂臣賊子之法也誠使爲大夫者皆知有不敢不告之義因而爲諸侯者皆知奉不敢不討之條則亂臣賊子復何所容於天地之間哉雖謂春秋之書爲素王右史之記言而沐浴之請爲素王左史之記動可也無如哀公不敢專三家不肯從使春秋之修直至於夢奠兩楹而後止則是夏即當書齊陳恒弑其君壬矣不且大彰公與三子之過而自旌其言

之可爲萬世法哉故將至其事即絕筆不書書至於西狩獲麟而止非有取於獲麟而止之也或問何以不止於十三年之冬曰若止於十三年之冬則不書齊事之意不見矣義在止於十四年之春春雖不獲麟亦止也雖然聖人之意固非有取於獲麟而是春適已獲麟則亂極復治麟遊郊棷之祥亦不能不因而寄意此其所以不止於小邾射以繹來奔而止於西狩獲麟也十翼之止於夬剛決柔君子道長小人道憂亦是此意豈感麟而作作成致麟之謂哉.

是歲庚申敬王三十九年孔子七十一歲

《春秋》研究文獻輯刊

第五册

NLCPH
國家圖書館出版社

第五册目録

清·劉曾璇 撰

春秋書法比義十二卷

（卷十——卷十二）

清道光十九年（1839）刻本

春秋書法比義卷十

昭公

名裯襄公庶子母人孟子謚法威儀共明曰昭

鹽山劉曾璇訂

元年春王正月公即位

昭公見制季宿其即位似文成襄哀、而非文成襄哀、至定公受位意如其即位非桓宣而似桓宣矣、

叔孫豹會晉趙武楚公子圍齊國弱宋向戌衛齊惡陳公子招蔡公孫歸生鄭罕虎許人曹人于虢

汪氏曰宋虢之盟楚再先晉而春秋不以楚居晉之先亦猶黃池之會吳子主會而春秋以晉居吳之上也○諸侯

之大夫盟于宋不序盟于虢不書皆所以存中國也

三月取鄆。鄆莒魯所爭邑

錢氏曰季孫宿伐莒取鄆與公孫歸父伐邾取繹書法何以異伐邾猶公命也此專取邑而已故不書伐而書取。李氏曰莒魯爭鄆日久春秋書鄆悉未嘗係莒也意此邑疆界未明與繹爲邾邑異。方氏曰不言伐莒蓋魯以爲吾取鄆非取之於莒也

夏秦伯之弟鍼出奔晉

六月丁巳邾子華卒

晉荀吳帥師敗狄于大鹵。

秋莒去疾自齊入于莒。莒展輿出奔吳

李氏曰、莒去疾書入與齊小白之例同、彼糾方爭國故不得書國書子、今展輿既立踰年成君矣、不書爵已足以見絕之之意、若又不書莒何以見其已立乎、此變例也、

叔弓帥師疆鄆田。

汪氏曰、經書假田者一、許田譏予之之非義也、書疆田者一、鄆田譏取之之非義也。書取田者五、雖取所故有、濟西汶陽亦惡其力奪、書歸田者三、惟歸曰來歸、鄆讙龜陰乃見其誠服

葬邾悼公邾始書葬

冬十有一月己酉楚子麇卒。楚公子比出奔晉

據傳鄭伯髠頑爲騑所弑也、楚子麇爲圍所弑也、而經以卒書者、蓋魯史承其僞赴書之、春秋亦無從而革之也、然彼書未見諸侯卒于鄭、則騑弑逆之實已彰矣、此書楚公子比出奔晉、則圍篡弑之罪益著矣、

二年春晉侯使韓起來聘

夏叔弓如晉

秋鄭殺其大夫公孫黑

冬公如晉至河乃復季孫宿如晉昭如晉九始於此

前會邢邱襄公不與而季宿聽命以爲會公不如會宿也

今茲如晉昭公見卻而季宿得入以爲公如不如宿如也

昭公失國之由季氏逐君之漸晉人下比之迹俱見矣

三年春王正月丁未滕子原卒

夏叔弓如滕五月葬滕成公滕始書葬

秋小邾子來朝

八月大雩

冬大雨雹

經書大雩二十一、而昭公之世有七、書大雨雹三、而昭公之世有二、亦當思禦災之道矣

北燕伯款出奔齊

四年春王正月大雨雹。

夏楚子蔡侯陳侯鄭伯許男徐子滕子頓子胡子沈子小邾子宋世子佐淮夷會于申。楚人執徐子

秋七月楚子蔡侯陳侯許男頓子胡子沈子淮夷伐吳。執齊慶封殺之。遂滅賴

此楚專合諸侯、因申會以伐吳也、楚之主會、自辰陵始、宣十

一年然從之者二國而已、楚之主伐、自圍宋始、僖二十七然從之者四國而已、至此十二國之衆從以會申、七國之衆從以伐吳、羣然推弑賊以爲盟主、豈非天下之大變哉、春秋於會先楚子而執徐子、復書楚人者、惡之也、伐首楚子、而殺慶封不書楚人者、削之也。慶封已非齊臣、而猶係之齊者、以有與弑其君之罪、示當討之義也、然不從討賊之例書曰楚人殺齊慶封、而曰執齊慶封殺之者、蓋春秋書殺他國之人、其法有二、凡有罪而當誅者、曰某國人殺某、若楚人殺陳夏徵舒是也、無罪而不服者、則書執某殺之、若

楚人執陳行人干徵師殺之是也、今封雖有罪、而楚虔亦賊也、賊非可以討賊、故不純以討賊之法書、

○九月取鄫鄫已見滅于莒魯乘莒亂有之

魯嘗請屬鄫矣、前書莒人滅鄫、見魯不能庇之也、鄫已滅於莒矣、此書取鄫、內滅國書取是魯又滅之也、豈恤小存亡之義哉、

冬十有二月乙卯、叔孫豹卒、

○五年春王正月、舍中軍、公徒爲中軍毀之盡入於三家

初作三軍、三分公室、民不盡屬於公矣、今舍中軍、四分公

室民盡不屬於公矣

楚殺其大夫屈申

公如晉

夏莒牟夷以牟婁及防茲來奔牟婁私邑防茲公邑

邾庶其莒牟夷皆以二邑來奔彼不言及而此書及以別之者不以私邑累公邑也二叛來奔公俱在晉則納叛之罪在季宿矣

秋七月公至自晉

戊辰叔弓帥師敗莒師于蚡泉

秦伯卒

冬楚子蔡侯陳侯許男頓子沈子徐人越人伐吳。

楚始通越也、晉通吳以病楚、楚亦通越以病吳、越始見經、而與徐俱稱人、便文爾、猶戚之會吳以鄫故稱人也、

六年春王正月杞伯益姑卒

葬秦景公秦始書葬

夏季孫宿如晉

葬杞文公

宋華合比出奔衛

宋平公寵信閹寺、殺世子痤、而父子之恩絕、逐華合比、而君臣之義睽、刑人讒慝敗國亦可畏哉

秋九月大雩

楚薳罷帥師伐吳

冬叔弓如楚 聘楚一

齊侯伐北燕

七年春王正月暨齊平

與齊平者二、一書暨、一書及、何也、及者我所欲之詞、暨者不得已之詞、昭公未嘗通好於齊、因屢遭晉辱、恐不可恃、

乃與齊平以結援、不得已也、故曰暨、定公前已再次侵齊、因旋被齊伐、懼其爲禍、而求平於齊、以釋怨、我所欲也、故曰及、

三月公如楚。

季宿如晉、叔弓如楚、奔走不遑矣、公屢如晉、今又如楚、卑辱亦甚矣、

叔孫舍如齊涖盟

夏四月甲辰朔日有食之

秋八月戊辰衛侯惡卒

九月公至自楚

經書公如楚公至自楚者二一襄公之如爲盟而朝昭公之如聞召卽往辱矣襄公之至已越七月昭公之至已歷三時危矣

冬十有一月癸未季孫宿卒

十有二月癸亥葬衛襄公

八年春陳侯之弟招殺陳世子偃師

經書殺世子三申生與痤皆目君以殺惟偃師之殺目陳侯之弟招夫招憑寵稔惡竟至殺嫡立庶其罪不可勝誅

故前稱公子而此特書弟、著其親以重其惡也、然使陳哀非因嬖、留而屬之於招、偃師亦何至於見殺哉、故以弟招係之、陳侯書法幾與目君者等、溯禍本也、

夏四月辛丑陳侯溺卒

叔弓如晉

楚人執陳行人干徵師殺之

楚殺干徵師、非其罪也、故書行人、陳殺公子過、非首惡也、故不去大夫公子、

陳公子留出奔鄭

偃師曰世子、留曰公子、嫡庶之辨明矣、與猛稱王朝稱王子義同、

秋蒐于紅書蒐凡五而大蒐居其四

春狩于郎、譏其非地也、秋蒐于紅、譏其非地且非時也、桓莊之狩言公、政出公室也、昭定之蒐不言公、權在三家也、

陳人殺其大夫公子過

大雩

冬十月壬午楚師滅陳執陳公子招放之于越殺陳孔奐

楚莊能正徵舒之罪、故先書殺徵舒、後書入陳、見其本爲

討賊之義也、楚虔不能正招之誅、故後書放招、先書滅陳、見其本懷貪利之心也、○楚商臣賊也、其殺宜申雖以賊討、而不得以討賊之詞書、故宜申不去其大夫、楚虔亦賊也、其放陳招失賊不討、愈不得以討賊之詞書、故招不去其公子、

葬陳哀公

紀已亡於齊矣、而書葬紀伯姬、憫紀也、陳已滅於楚矣、而書葬陳哀公、存陳也、

九年春叔弓會楚子于陳

此與公孫歸父會楚子于宋、書法情事相同、皆譏其媚楚也、而此兼有存陳之意、

許遷于夷。

夏四月陳災。

經書宋災者三、襄三十年以錄伯姬而書、書陳災者一、此年以存陳而書、

秋仲孫貜如齊。

冬築郎囿。

十年春王正月

夏齊欒施來奔

秋七月季孫意如叔弓仲孫貜帥師伐莒伐莒二宣四年與此年

戰夆四卿並書許佐行父嬰齊佐僑如也故各序其帥之下伐莒三卿疊書叔弓佐意如也故序於仲孫貜之上亦具見權不屬公而無所統矣

戊子晉侯彪卒昭公夷立九月叔孫舍如晉葬晉平公

十有二月甲子宋公成卒十二月上無冬闕文

十有一年春王二月叔弓如宋葬宋平公

夏四月丁巳楚子虔誘蔡侯般殺之于申

楚公子棄疾帥師圍蔡

五月甲申夫人歸氏薨昭生母也

大蒐于比蒲

仲孫貜會邾子盟于祲祥

天王崩、而邾子來朝、衛晉來聘、諸侯之無天子也、夫人薨

而季講蒐禮、仲從會盟、大夫之無諸侯也

秋季孫意如會晉韓起齊國弱宋華亥衛北宮佗鄭罕虎曹人杞人于厥慭

夷儀之會、襄二十五以十二國之諸侯而不能討、齊爲利疚也、

厥憖之會以八國之大夫而不能救蔡爲威惕也故皆詳序以示譏而彼則書會不書伐此則書會不書救

九月己亥葬我小君齊歸

冬十有一月丁酉楚師滅蔡執蔡世子有以歸用之

般以見殺而書名非與楚之討賊也故稱蔡侯有雖已立不稱子未成爲蔡之君也故書世子然般稱蔡侯而其弑君簒位之罪莫逭也有書世子其於守國抗仇之道已盡也至楚虔特斥其名而書誘書殺書滅書執書用其暴惡爲已極矣故深罪之○凡國滅而奔者不名徐子章羽獨

名者、以其有屈服之迹也、滅而以歸者不言執、蔡世子有獨言執者、著其無降伏之狀也。

十有二年春齊高偃帥師納北燕伯于陽。

燕伯不名、正其當君燕也、與衞侯入于夷儀同、書于陽、見其爲內所拒、不得歸于燕也、與晉納衞世子蒯聵于戚同、

。聞之師曰、晉納捷菑、楚納孔儀、齊納燕伯、晉納蒯聵、褒譏焉、在捷菑孔儀之納、譏在外、燕伯蒯聵之納、譏在內、譏在外者、捷菑邾庶子也、孔儀陳亂臣也、而晉楚納之、是喜不子不臣也、譏在內者、燕伯燕之君也、蒯聵輒之父也、而

燕輒拒之、是甘無父無君也、春秋之義、君君臣臣父父子子而已矣、

三月壬申鄭伯嘉卒

夏宋公使華定來聘

公如晉至河乃復

五月葬鄭簡公

○楚殺其大夫成熊

秋七月

冬十月公子憖出奔齊

楚子伐徐

晉伐鮮虞

楚滅陳蔡矣而晉伐鮮虞楚圍蔡矣而晉伐鮮虞定公四年何其忘義而逐利務近而昧遠哉

十有三年春叔弓帥師圍費

圍費與圍郈定公十年圍成定十二年三桓之家臣叛也南蒯以費叛侯犯以郈叛公斂陽以成叛而皆不書叛人之名者家臣賤微名不合登於史冊言圍則其叛可知也聞之師曰盟扈書大夫溴梁書大夫治大夫之張也而不更序諸侯者略之而以為不足

序也所以責諸侯也圍費書叔弓帥師圍郈書叔仲帥師治陪臣之横也而反不及陪臣者微之而以爲不必及也所以責大夫也○方氏曰中軍旣毀尺地寸土皆歸三家若以叛書是爲三家討賊也故書圍以著陪臣據邑之實而不書叛以寓三家竊國之誅

夏四月楚公子比自晉歸于楚弒其君虔于乾谿○楚公子棄疾殺公子比

虔弒麋之賊也曷爲不以討賊之詞書蓋比雖未嘗臣虔而虔君楚已久名分固在乃比歸而爭國豈爲討賊哉故

特書其君而曰弑比弑虔則賊也曷爲不以討賊之詞書

蓋棄疾因親爭國本意在於代比其惡實同乃殺比而篡

其位豈爲討賊哉故兩書公子而不稱人以殺

秋公會劉子晉侯齊侯宋公衛侯鄭伯曹伯莒子邾子滕子

薛伯杞伯小邾子于平邱

八月甲戌同盟于平邱。公不與盟

晉以莒邾之愬辭公乃書公不與盟者見是盟原可不與

也夫首止之會善也特書鄭伯逃歸不盟則以不與爲貶

平邱之盟惡也直書公不與盟則以不與爲幸

晉人執季孫意如以歸。公至自會

沙隨不見公、則執行父、平丘公不與盟、則執意如、皆聽譖愬而非義討、故書晉人以惡之

蔡侯廬歸于蔡。陳侯吳歸于陳

廬吳皆世子之子、當有國者也、陳蔡滅於楚矣、今復其故封、書國書爵、若未嘗滅者、非楚所可滅也、不書自楚、若自復然者、非楚所可復也、素非諸侯、至此始立、故特書名、始未嘗書奔、歸無由稱復、故止書歸。楚滅陳蔡矣、而復書蔡侯陳侯、鄭滅許矣、而復書許男、與滅繼絕之意也

冬十月葬蔡靈公。

蔡靈書葬、非但爲其仇在外、譏魯會逆賊之葬也、猶齊襄書葬、非但爲其賊已討、罪魯會仇人之葬也、

公如晉、至河乃復。

吳滅州來。

楚嬰齊伐吳以來、卿三伐吳、襄公三年十有四年昭公六年君一伐吳、襄公二十四年合八國再伐吳、昭公四年五年以及楚人伐吳、定公二年楚終未得志於吳也、吳入州來以後、成公七年滅州來、此年又滅巢、昭公二十四年復滅徐、昭公三十年漸至吳入郢、定公四年吳已幾乎滅楚矣、書之

以志吳楚之盛衰。

十有四年春意如至自晉

三月曹伯滕卒○夏四月○秋葬曹武公

八月莒子去疾卒○冬莒殺其公子意恢

據傳公子鐸與蒲餘侯謀殺意恢出郊公而納庚輿凡微國之大夫不多見經此書殺意恢爲君死也列國殺大夫皆書其官此書殺其公子以親重也

十有五年春王正月吳子夷末卒

二月癸酉有事于武宮籥入叔弓卒去樂卒事

此與仲遂卒萬入去籥不同、去籥不盡去樂、去樂不止去、籥、籥入於叔弓卒之前、則去樂不謂之非禮、萬入於仲遂、卒之後雖去籥不謂之得禮、

夏蔡朝吳出奔鄭

六月丁巳朔日有食之。

秋晉荀吳帥師伐鮮虞

冬公如晉

昭公如晉、惟五年及此年不言復、不言次、得至乎晉也、然五年如晉歷三時而始返、今冬如晉至明夏乃得歸、不得

至可恥而得至反可憂矣

十有六年春齊侯伐徐此齊景公爭伯之始

楚子誘戎蠻子殺之

書誘殺者二皆楚也深惡之也名般亦名虔使虔與般同罪也子楚亦子戎楚與戎等夷也殺蔡般楚與蔡皆名殺戎蠻子楚與戎皆不名者蓋戎與蔡有差矣故略之也

夏公至自晉

秋八月己亥晉侯夷卒頃公去疾立

九月大雩

季孫意如如晉。冬十月葬晉昭公

十有七年春小邾子來朝

夏六月甲戌朔日有食之

秋郯子來朝

吳札來聘徧觀歷代之樂郯子來朝能知前古之官蓋錄之也

八月晉荀吳帥師滅陸渾之戎

荀吳伐鮮虞譏其逐利而無遠圖也荀吳滅陸渾罪其殘忍而無顧忌也屢書吳帥師中行氏之强見矣

冬有星孛于大辰

楚人及吳戰于長岸

外戰惟河曲長岸不言敗勝負敵也而此言及彼不言及者河曲以前秦既伐晉今又來戰曲在秦也故不以晉及長岸以前楚屢伐吳今又與之戰惡在楚也故以楚及

十有八年春王三月曹伯須卒

夏五月壬午宋衞陳鄭災

冬春二時連雹爲一國記異也壬午同日俱災爲天下記異也

六月邾人入鄅

秋葬曹平公

冬許遷于白羽

十有九年春宋公伐邾

邾人入鄅乘不備也故著其盡俘以歸之惡而曰入宋公伐邾討不義也故釋其圍蟲取之之罪而曰伐

夏五月戊辰許世子止弒其君買

春秋書世子弒君者三楚商臣蔡般許止也夫許止不先嘗藥誤進於君非有心弒之也似與商臣蔡般不同然傳

云許悼飲世子止之藥卒則是藥出於止而君死于藥非弒而何豈得以爲誤進而寬之哉張氏曰許止所以異於商臣蔡般者過與故不同耳心雖不同而春秋一以弒書者以臣子之於君父不可過也○李氏曰春秋加趙盾弒君訓人以臣道也加許止弒君訓人以子道也

己卯地震

秋齊高發帥師伐莒

冬葬許悼公

此與蔡般弒君書葬蔡景公文既相同義應無異殆罪諸

侯之會其葬而不討歟、

二十年春王正月

夏曹公孫會自鄸出奔宋鄸曹之邑

宋華亥向寧華定自南里出奔楚、先書入南里以叛、宋公之弟辰自蕭來奔、先書入蕭以叛、此書自鄸出奔、而先不書叛、則非叛矣、然奔言自者、有所要也、若臧紇以防求後是也、故書以罪之、

秋盜殺衛侯之兄縶書兄惟此一見

春秋書盜者五、惟盜殺陳夏區夫無傳、盜無姓名、其四則

尉止（襄公十年）齊豹（此年）陽虎（定公八年）公孫翩（哀公四年）也微賤之名不登於史策故尉止陽虎皆稱盜豹爲司寇何以稱盜陳氏以爲旣奪之司寇則非卿矣故書曰盜翩係公孫何以稱盜家氏以爲亂黨衆不容悉書故槪目之曰盜也○招殺世子不稱公子而曰陳侯之弟罪陳侯失親親之道而過於寵任也縶見殺於盜不稱公子而曰衞侯之兄罪衞侯失親親之道而漫無刑政也

冬十月宋華亥向寧華定出奔陳

十有一月辛卯蔡侯廬卒

二十有一年春王三月葬蔡平公

夏晉侯使士鞅來聘

汪氏曰、晉聘魯十有一、始於荀庚、而終於士鞅、始則伉而要盟、終則怒而責禮、伯臣所以修聘於望國者、其非邦交之舊亦甚矣、

宋華亥向寧華定自陳入于宋南里以叛南里宋國城內里名

凡書叛、有入于戚者、而不言衛、有入于朝歌者、而不言晉、有入于蕭者、而不言宋、獨南里係宋者、見其與君分國而居、逼脅已甚、視入於私邑者、罪尤加矣、

秋七月壬午朔日有食之

八月乙亥叔輒卒。

冬蔡侯朱出奔楚 朱蔡侯般之曾孫世子有之孫

蔡朝吳出奔鄭、費無極害之也、蔡侯朱出奔楚、費無極脅之也、讒人爲亂、可畏哉、然吳不能忠信自任、杜絶讒謟之謀、不智也、朱不能發憤自强、反親仇讐之國、不仁也、故書以罪之、

公如晉至河乃復

二十有二年春齊侯伐莒

齊侯伐徐、忽內而事外、齊侯伐莒、見小而欲速、景公有心爭伯、而徒以貪忿興師、其求伯者亦末矣、

宋華亥向寧華定自宋南里出奔楚

前書入宋南里、見既奔不可以復入也、故書自陳、以著陳助叛之罪、此書自宋南里、見既入不可縱之出也、故書奔楚、以著楚納叛之罪、至諸侯之戍、怠於救患、固請逸賊、皆罪也、故晉齊衛曹之大夫救宋、略而不書、

大蒐于昌間

昭公之時、凡三書蒐、非止爲不時不地書也、所以著權臣

專行、公不與也、公無軍行、其本亡矣、故屢書之以著公出之由、

夏四月乙丑天王崩劉子單子立王子猛

六月叔鞅如京師葬景王

王室亂

春秋以來、周凡三亂、惠襄名位久定、頹帶之亂、猝發一時、王猛名位未定、子朝之亂、延及五載、故彼尚未言亂、而此特書亂也、其不言京師而言王室者、家實兆亂、畿國本之不正也、

劉子單子以王猛居于皇王畿地

秋劉子單子以王猛入于王城東都也

猛稱王示當立也稱名未踰年也王而名之所以明其未成君名而王之所以明其當爲君劉單不名而王名禮從其變也王不言出而言居王者無外也○劉氏曰襄王已出而書居于鄭王猛未入而書居于皇敬王未入而書居于狄泉見不可一日無君立天下之防也○王居于皇言以王入王城言以見劉單能左右之也夫下而以上可乎然期不失其正而已以所當以則劉單之於猛所以表夾

輔之功以不當以則尹召之於朝所以著助亂之罪

冬十月王子猛卒立未踰年未成君故止稱卒○敬王立

猛之生也特稱王以君道治朝之爭也其卒也乃係子以子道正猛之終也

十有二月癸酉朔日有食之

二十有三年春王正月叔孫舍如晉

癸丑叔鞅卒

晉人執我行人叔孫舍

晉人圍郊郊子朝邑

夏六月蔡侯東國卒于楚。東國蔡侯般之孫世子有之子

楚爲蔡不共戴天之仇乃朱既依之東國又朝之忘仇之罪大矣故於朱書出奔楚明託非其地也於東國書卒于楚明死非其所也

秋七月莒子庚輿來奔

戊辰吳敗頓胡沈蔡陳許之師于雞父胡子髡沈子逞滅獲陳夏齧

此吳伐州來楚以六國禦之也略楚不書不與六國之從楚也先頓胡沈君將也後蔡陳許大夫將也君死於位曰

滅生得曰獲大夫生死皆曰獲秦獲晉侯生也胡子沈子滅死也鄭獲宋華元生也吳獲陳夏齧死也書其敗不以國分而以君臣爲次書其死不以事同而以君臣爲別皆所以辨上下定名分雖顛沛必於是也

天王居于狄泉王畿地

據傳亦劉單以之而不書以何也王猛立未踰年大臣宜盡夾輔之力故劉單書以示臣職也敬王立已踰年有與天下正始之義故不書以成君尊也未踰年故王不稱天已踰年故稱天王

尹氏立王子朝

春秋於猛直稱王、於匄直稱天王、而皆不書立、於朝則書立而稱王子、嫡庶之分明矣。○立晉稱衛人、勢衆也、立朝稱尹氏、宗強也、立晉爲擅立、罪其無王、故削公子以示貶、而明君臣之義、立朝爲簒立、罪其不正、故稱王子以示譏、而正父子之道、

八月乙未地震

冬公如晉至河有疾乃復

昭公如晉凡九、即位以來、至晉而幾見止者二、至河而見

御者四辱亦甚矣惟此書有疾乃復殺恥也至出孫以後次乾侯而不得入者二其窮困不重可歎哉

二十有四年春王二月丙戌仲孫貜卒

叔孫舍至自晉左穀無叔孫字惟公羊書氏

意如至棠上不書氏而舍至書氏者賢之也蓋舍之執非其罪且以禮自衛終不辱國固不可與意如同也故執書行人至書叔孫

夏五月乙未朔日有食之

秋八月大雩

丁酉杞伯郁釐卒

冬吳滅巢

葬杞平公

二十有五年春叔孫舍如宋。

叔弓圍費、意如使卿爲己討、叔孫舍如宋、意如使卿爲己娶名雖爲臣、實行魯君之事矣、

夏叔詣會晉趙鞅宋樂大心衛北宮喜鄭游吉曹人邾人滕人薛人小邾人于黃父。

有鸜鵒來巢。

秋七月上辛大雩。季辛又雩。

九月己亥，公孫于齊。次于陽州。陽州齊魯境上邑

齊侯唁公于野井。野井齊地

昭公孫齊，季孫固不容誅，亦公有以速之，故書曰公孫，正其本也。齊侯唁公，禮辭固有足觀，然非實能納之，故書曰唁公，譏其末也。

冬十月戊辰，叔孫舍卒。

十有一月己亥，宋公佐卒于曲棘。宋地

叔孫舍之卒，繼公孫而書，見其爲公故死也，書之以著其

忠宋公佐之卒特以地書見其爲公故行也書之以錄其賢

十有二月齊侯取鄆(鄆魯邑)

取鄆獨稱齊侯雖取而不爲己有也故錄之圍成不書齊師有師而不爲公用也故削之

二十有六年春王正月葬宋元公

三月公至自齊居于鄆

自齊自會自乾侯皆書至不外公也于鄆屢書居以存公也經書王居者三見天下不可一日無王書公居者五

見國不可一日無君、于鄭于皇于狄泉皆書居、普天之下莫非王土也、于鄆書居、四境之內莫非君土也、

○○夏公圍成

晉人圍郊、傳云晉籍談荀躒帥師而經不稱晉師者、晉頃不自討子朝、乃徐遣大夫帥偏師以往、是助王不力也、故書晉人以微之、公圍成、傳云齊侯使公子鉏帥師從公而經不書齊師者、齊景將自納昭公、乃怵於嬖人之邪說而止、是爲善不終也、故削齊師以責之、

○秋公會齊侯莒子邾子杞伯盟于鄟陵

黃父之會謀王室也乃晉頃不躬帥諸侯但合諸大夫謀之故書之以罪其不能勤王鄟陵之盟謀納公也乃齊景志不及遠僅集諸小國謀之故書之以譏其不能納公

公至自會居于鄆

九月庚申楚子居卒

冬十月天王入于成周下都也時子朝據王城

王猛入王城敬王入成周皆不稱京師而以地書者蓋京師王都之統名爾王城爲東都洛誥所謂澗水東瀍水西者也成周爲下都洛誥所謂瀍水東者也故不得不目其

地以別之、至襄王居鄭而曰出、成周而曰入、其有黍離降爲國風之意矣。

尹氏召伯毛伯以王子朝奔楚

前立朝、獨書尹氏首惡也、此兼及召毛黨衆也、以在劉單爲褒、以在三子爲誅、所輔者正不正而已。方氏曰宋公之弟辰出奔、書暨仲佗石彄、此不曰王子朝暨尹氏召伯毛伯、而曰尹氏召伯毛伯以王子朝者、著三族怙亂之罪也、

二十有七年春公如齊。公至自齊。居于鄆

夏四月吳弒其君僚。

此公子光使鱄設諸弒之也、而稱國者、蓋光必不以其名赴、而又不可從其僞赴、故第以國弒爲文、使人知賊由大臣、而光不能逃斯獄矣、書法所以與莒弒庶其晉弒州蒲相同、

楚殺其大夫郤宛。

此囊瓦聽費無極殺之也、而稱國者、蓋楚君無道、以令其臣以致其臣擅殺、故直以國殺爲文、以見罪累其上、而瓦亦無所逃其罪矣、書法所以與楚殺屈申楚殺成熊無異、

秋晉士鞅宋樂祁犂衛北宮喜曹人邾人滕人會于扈

齊爲鄟陵之盟謀納公也乃據入季錦而沮之而公止居于鄆晉爲扈之會亦謀納公也乃鞅取季貨而沮之而公徙次于乾侯所以納之者安在哉

冬十月曹伯午卒

邾快來奔

公如齊公至自齊居于鄆

二十有八年春王三月葬曹悼公

公如晉次于乾侯乾侯晉地

次于陽州待命於齊也次于乾侯見拒於晉也齊不納公猶有取鄆圍成之事晉不受公止有荀躒唁公之文是晉猶不如齊矣

夏四月丙戌鄭伯寧卒。六月葬鄭定公

秋七月癸巳滕子寧卒。冬葬滕悼公

二十有九年春公至自乾侯居于鄆

孔氏曰二十五年公孫于齊齊侯唁公于野井公雖未至齊都而得與齊侯相見故書公至自齊往年公如晉次于乾侯雖入晉境而不得與晉侯相見故書至自乾侯。書

公至自齊居于鄆者二、公至自會居于鄆者一、見齊之不納公也、此書公至自乾侯居于鄆、則所責尤在晉矣、書公次乾侯者二、公在乾侯者三、見晉之不納公也、至書公薨于乾侯、則所責兼在齊矣

齊侯使高張來唁公。

唁于野井、齊地也、唁于乾侯、晉地也、故書地而不言來、今此來唁、公猶在鄆、魯地也、故書來而不言地、

公如晉、次于乾侯。

夏四月庚子、叔詣卒

秋七月

冬十月鄆潰。

取鄆而居鄆公猶有鄆也居鄆而鄆潰公無所居矣。書潰者四乃民逃其上之辭蔡潰沈潰莒潰迫於强兵也鄆潰誘於强臣也而君無德澤以固結民心亦可見矣

三十年春王正月公在乾侯

于鄆稱居于乾侯稱在者王氏曰天子所在稱居示無外也故襄王于鄭稱居諸侯在其國稱居寄他國稱在示有尊也故昭公于鄆稱居于乾侯稱在劉氏曰居于鄆有曾

也在乾侯無會也公雖無會會不可無公故歲首必書所在以存公也○居于鄆歲首不書公在鄆者鄆故魯也次于乾侯歲首必書公在乾侯者乾侯非魯也蓋歲首公在齊晉不書而書在楚者內諸夏而外四夷也歲首公在鄆不書而書在乾侯者內宗國而外他國也

夏六月庚辰晉侯去疾卒定公午立○秋八月葬晉頃公

冬十有二月吳滅徐徐子章羽奔楚

三十有一年春王正月公在乾侯

季孫意如會晉荀躒于適歷

夏四月丁巳薛伯穀卒

晉侯使荀躒唁公于乾侯

書唁公者三譏齊晉之徒唁公而不納公也齊景始而親唁猶有恤患之意繼使大夫來唁適以嗤公而已荀躒既會意如已見黨惡之情乃又使之唁公聊以謝公而已書使高張唁公者責齊君也書使荀躒唁公者責晉君尤惡晉臣也

秋葬薛獻公

冬黑肱以濫來奔 左氏黑肱上有邾字公穀無

經書以邑來奔者三此與邾庶其莒牟夷文同義同彼邾莒言國此不言國者闕文爾○邾庶其以地來矣而畀我復來奔邾快來奔矣而黑肱復以地來邾臣屢叛魯皆受之是貪利而為盜藪也季氏黨惡之罪俱見矣

十有二月辛亥朔日有食之

三十有二年春王正月公在乾侯

○取闞闞魯邑

蒙上文公取之也前取鄆書齊侯今公何能復取闞蓋季氏與之也然不曰歸而曰取所以誅季孫據國之罪也故

于鄆曰居者見國皆其國正名也于闞曰取者見國非其國著實也

夏吳伐越

吳方抗楚今又伐越是激越與楚合也故吳入郢越隨入吳

秋七月

冬仲孫何忌會晉韓不信齊高張宋仲幾衛世叔申鄭國參曹人莒人薛人杞人小邾人城成周

城成周不稱京師者蓋王城前之京師定都成周則今之

京師故不得不目其地以別之後書晉人執宋仲幾于京師蓋指成周也○城杞城成周書法相似然城杞之後書士鞅來聘杞子來盟則私親之意已著也城成周之前書天王入于成周則尊王之心未忘也

十有二月己未公薨于乾侯

昭公薨于乾侯與桓公薨于齊皆歿於外故書法相同著變也意如逐君之罪不容誅矣而齊晉君皆失職臣皆黨叛謂之何哉

按昭公出孫以後史策或略矣而春秋於其往來出處書

之特詳、書如書會、必志所行之事、書居書在、必志所處之地、不見納而書次、使若自止者然、非告廟而書至、使若已歸者然、凡此屢書不一書、汲汲存君之意、情見乎辭、蓋聖人之特筆、非舊史所能及也、

春秋書法比義卷十一

盬山劉會璇訂

定公
名宋襄公庶子昭公弟　謚法安民大慮曰定

元年春王

凡元年必書正月、謹始也此不書者昭公不得正其終定公不得正其始正月無公故不書正月公即位在六月是年有公故追書元年○桓公正月不書王桓無王也定公元年不書正定無正也

三月晉人執宋仲幾于京師

此雖以王事討有罪然不請王命而大夫尸之且執于京

師是無王也黃氏曰晉人執衛侯歸之于京師諸侯執人於天子之側也晉人執宋仲幾于京師大夫執人於天子之側也由諸侯之無王以至於大夫之無王其變極矣故書其地以謹之

夏六月癸亥公之喪至自乾侯

薨越半載而始至至甫逾月而遽葬遲速制於意如也

戊辰公即位

凡即位不日以有常期也今定公即位於喪至之六日既非即日柩前之禮又非逾年歲首之期蓋惟意如所制耳

故書曰以示變、書卽位、誅其簒也、從桓宣之例也、

秋七月癸巳葬我君昭公

九月大雩

齊歸方薨而大蒐、昭公甫葬而大雩、僭禮且不忌喪矣、

立煬宮

立者不宜立也、行父以季勝立武宮、意如以妄禱立煬宮、

非禮甚矣、

冬十月隕霜殺菽

二年春王正月

夏五月壬辰雉門及兩觀災。

趙氏曰此災自雉門延及兩觀也故言及李氏曰桓宮僖宮災不言及而此言及者蓋桓宮僖宮二廟分明故不必言及此若不言及則嫌於雉門之兩觀獨災耳

秋楚人伐吳。楚伐吳七止此

冬十月新作雉門及兩觀

經書新作者二新作南門必有僭制焉罪其不當爲而爲故曰新作新作雉門及兩觀仍沿僭制也罪其當革而不革故亦曰新作

三年春王正月公如晉至河乃復定如晉惟此

昭屢如晉至河乃復定初如晉至河乃復蓋皆意如藉晉以操縱其君也

二月辛卯邾子穿卒○夏四月○秋葬邾莊公

冬仲孫何忌及邾子盟于拔

貜會邾子盟于祲祥何忌及邾子盟于拔畢邾也而彼則忘國之喪此則奪人之喪皆罪也

四年春王二月癸巳陳侯吳卒

三月公會劉子晉侯宋公蔡侯衛侯陳子鄭伯許男曹伯莒

子邾子頓子胡子滕子薛伯杞伯小邾子齊國夏于召陵侵楚

此蔡乞師於晉以伐楚晉爲之請命於王大合諸侯也伯國用兵於楚凡七始於召陵終於召陵而書伐書侵褒貶不同齊桓率八國以伐楚不戰而服故書曰伐楚盟于召陵以美之大其攘夷之功也晉定合十八國以伐楚無功而還故書曰會于召陵侵楚以陋之鄙其無能爲也○召陵之盟以仗義服外夷也召陵之會以求貨失諸侯也

夏四月庚辰蔡公孫姓帥師滅沈以沈子嘉歸殺之

項氏曰齊桓先侵蔡而後伐楚故小者懷而大者畏今此先侵楚而後滅沈故大者不畏而小者不懷

五月公及諸侯盟于皋鼬

汪氏曰薄之盟公不與會盂而與於盟故書公會諸侯盟于薄今公與於召陵之會又與於皋鼬之盟則但當書曰諸侯盟于皋鼬如祝柯重丘前目後凡之例而又書公及者內爲志也所以著公汲汲求爲此盟以定其位也下書公至自會而不致侵楚者譏無功且見公以得盟爲幸也

杞伯成卒于會

六月葬陳惠公
許遷于容城至此四遷
秋七月公至自會
劉卷卒劉子也
葬杞悼公
楚人圍蔡
晉士鞅衞孔圉帥師伐鮮虞
不能伐楚而使蔡伐沈、不能救蔡而與衞伐鮮虞、避强陵弱、以是見晉之無能爲也、

葬劉文公

劉子卒不稱爵、畿內諸侯不世爵也、葬稱公、周末畿內諸侯卒皆謚公也、尹氏王子虎書卒不書葬、此書葬者、曾特往會也、或以爲賢劉子、故備志其卒葬、然王臣以卒赴而魯會其葬、皆爲私交、非禮矣、

冬十有一月庚午、蔡侯以吳子及楚人戰于柏舉、楚師敗績、楚囊瓦出奔鄭、

蔡昭發憤復其世仇、故錄之、書蔡侯以吳子者、見吳爲蔡用、深罪晉人之難於救蔡也、亦不書吳子救蔡者、見吳本

謀楚非果有實心救蔡也吳君將故稱子楚大夫將故稱人至囊瓦不死而奔故斥名以著其誤國偷生之罪與書殺得臣殺公子側異矣

○庚辰吳入郢郢楚都也公穀作楚

杜氏曰弗地曰入吳不稱子史略文薛氏曰不書楚而書郢見楚之大其都猶不能守也

五年春王三月辛亥朔日有食之○

夏歸粟于蔡○

據公穀以爲諸侯皆歸之經書曾事而諸侯皆在其內也

與城楚邱戍陳同例。義見告糴于齊

於越入吴

杜氏曰於發聲也劉氏曰於越者其自稱者也越者中國稱之者也吴伐越吴來告也故止書越入吴敗吴皆越人來告故書於越

六月丙申季孫意如卒

公子翬仲遂弒君意如逐君罪皆當討公子翬不書卒所以討之也仲遂書卒以事之變而書也意如何以卒之以常禮罪定公不能討賊而使得卒於其位也

秋七月壬子叔孫不敢卒

冬晉士鞅帥師圍鮮虞

六年春王正月癸亥鄭游速帥師滅許以許男斯歸

許與鄭抗四遷以倚楚鄭乘楚敗一舉而滅許許不自強鄭之肆暴亦甚矣李氏曰鄭入許（隱十一年）而齊鄭之黨合天下遂無王鄭滅許而齊鄭之黨又合天下遂無伯

二月公侵鄭公至自侵鄭（侵鄭惟此）

魯自宣公伐杞以後侵伐無君將者至是一侵鄭再侵齊一圍成皆書公蓋三桓既微喜公之庶幾有爲也然侵鄭

侵齊則陽虎用事而公不自由圍成則公欲拒命而公不能克故書侵書圍又以惜公之制於陪臣而非果能收其權也○定之編書內侵者四再侵齊私怨也侵衛伯令也侵鄭則奉伯令以奬王室也然不能聲罪以致討故皆不書伐而書侵

夏季孫斯仲孫何忌如晉

斯何忌如晉二卿並使與公子遂叔孫得臣如齊（文十八年）同同爲媚於大國彼則賊臣邪謀之所起此則陪臣專權之所爲故皆變文以著實斯何忌侵衛二卿並將與仲孫蔑

叔孫僑如侵宋（成公六年）同、同爲迫於伯令、一則虐婚姻之國、一則陵兄弟之邦故皆書侵以示譏、

○秋晉人執宋行人樂祁犂

○冬城中城

成九年城中城矣、此復城者、蓋陽虎將挾公以自固耳、

○季孫斯仲孫忌帥師圍鄆（何忌不言何闕文）

昭三十年鄆潰矣、（遂貳於齊）今圍之者、蓋陽虎欲傾季氏以謀政耳、

七年春王正月。夏四月

秋齊侯鄭伯盟于鹹

陳氏曰此特相盟也齊桓以來未之有也於是復見諸侯無主盟矣是故書石門以志諸侯之合書鹹以志諸侯之散

齊人執衛行人北宮結以侵衛

汪氏曰齊執衛北宮結以侵衛與楚執宋公以伐宋書法正同挾詐恃力豈圖伯之道乎

齊侯衛侯盟于沙

鹹沙二盟齊景圖伯而鄭衛叛晉從之也自是以後盟曲

濮會安甫盟黃會葦會洮皆齊鄭糾合之事次五氏次垂葭次渠蒢圭伐晉哀公元年皆齊衛觀釁之事齊景不能伸勤王之義號召諸侯乃私相約結包藏禍心以亟事於晉其計左矣

大雩

齊國夏帥師伐我西鄙

九月大雩

冬十月

八年春王正月公侵齊公至自侵齊

二月公侵齊。三月公至自侵齊

逾月之間再出侵齊乍往乍來公之進退益不自專矣故兩書侵至以見之

曹伯露卒

夏齊國夏帥師伐我西鄙

齊前伐我以侵鄭且報二卿之圍鄆也今伐我以不與鹹沙之盟且報此春之再侵也魯意在擾齊故書侵齊意在脅魯故書伐

公會晉師于瓦。公至自瓦 公會外大夫不致此獨以會師致

棐林所會者趙盾、而書師、于瓦所會者士鞅、而書師、見人民非人臣所得有也、戚爲林父私邑、而書叛、晉陽爲趙鞅私邑、而書叛、見土地非人臣所得有也、

秋七月戊辰、陳侯柳卒

晉士鞅帥師侵鄭、遂侵衛

討其從齊也、汪氏曰、齊始伐盟主、則書伐衛、遂伐晉、襄二十三晉始討與國、則書侵鄭、遂侵衛、於此見晉伯之衰之甚也、○李氏曰、晉自召陵之後、此年士鞅侵鄭衛、哀之編趙鞅侵齊、魏曼多再侵衛、皆書侵、蓋義不足服人、故例之以無

名之師也、

葬曹靖公

九月葬陳懷公

季孫斯仲孫何忌帥師侵衛（侵衛惟此）

斯何忌既同圍鄆、以結怨於齊、復同侵衞、以求媚於晉、春秋於季仲每比而書之、蓋著其同惡相濟之實、

冬衛侯鄭伯盟于曲濮

從祀先公

三傳釋從爲順、而先公則無所指、馮山曰、昭公不得正終、

葬、旣絶其兆域、則其主久不得從昭穆而祔祭、陽虎託於正、以售其不正、始以昭公之主從祀太廟、欲著季氏之罪也、此以先公專指昭公言○高氏曰、魯祀之不順多矣、武公煬公當祧、閔公僖公當正、昭公則又當祀而不祀者也、今但稱先公、則盡從典禮、不止爲一公設也、然非時妄祀、出於陽虎之矯舉、故不曰順祀、而變其辭曰從、不舉所祀之名、不指所祀之所、而書於盜竊寶玉大弓之上、所以著其奸僞也、此以先公統言羣公、而昭公在其中、二說可合爲一

○○盜竊寶玉大弓

書陽虎曰盜、治陪臣也、而實責魯侯、夫寶玉大弓、先君之分器、乃魯不能守、盜取之則取之、盜還之則還之、豈復有政刑乎、故書盜竊寶玉大弓者、罪魯之有以致盜也、書得寶玉大弓者、罪魯之不復詰盜也、

九年春王正月

夏四月戊申鄭伯蠆卒。

得寶玉大弓

六月葬鄭獻公。

秋齊侯衛侯次于五氏

次五氏、次垂葭據傳皆言伐晉、經不書伐而書次者、蓋因其告以示存晉之意。陳氏曰外會書次自文十年書楚次厥貉、於是再書十三年又書齊衞次于垂葭、列國無伯也、列國伐盟主於襄二十三年嘗書齊侯伐晉至是而不書、哀元年而後書齊衞伐晉、春秋重絕晉也

秦伯卒。冬、葬秦哀公

十年春王三月及齊平

夏公會齊侯于夾谷。公至自夾谷

昭七年暨齊平、叔孫舍如齊莅盟、後十一年及鄭平、叔還

如鄭莅盟、今及齊平、公會齊侯而不盟者、孔子相禮、禮成信著不煩盟也、據經不書盟左氏言盟爲誣

晉趙鞅帥師圍衛

齊人來歸鄆讙龜陰田

家氏曰、取濟西、取汶陽、言取不言歸、以其仗大國而得也、歸濟西歸讙闡、言歸不言來、歸以其請之而後得也、惟鄆讙龜陰之歸、書來歸、見非假兵力智計而得之、是之謂自歸、視其他歸疆有不得同也、○汪氏曰、自來曰來、猶來聘來朝之類、齊人感夫子之義而歸侵田、此綏之斯來之效

也、鄭祊衞寶言來歸、以利結也、鄆讙龜陰言來歸、以義服也、

叔孫州仇仲孫何忌帥師圍郈、郈叔孫氏邑

秋叔孫州仇仲孫何忌帥師圍郈

宋樂大心出奔曹

宋公子地出奔陳

冬齊侯衞侯鄭游速會于安甫

叔孫州仇如齊

宋公之弟辰暨仲佗石彄出奔陳

書弟者責宋公以嬖人失弟無親親之恩言暨者罪辰卒
大夫出奔無尊君之義
十有一年春宋公之弟辰及仲佗石彄公子地自陳入于蕭
以叛。夏四月。秋宋樂大心自曹入于蕭
奔書弟罪兄也叛書弟罪弟也出奔書暨辰强之也入叛
書及辰主之也佗彄地係暨及之下則首從以辨樂大心
入衆叛之地則附叛可知書自陳自曹則陳曹助叛之罪
亦著矣
冬及鄭平。叔還如鄭涖盟

陳氏曰、書鄭輸平、以志諸侯之合、書及鄭平、以志諸侯之散、春秋所以始終也、

十有二年、春、薛伯定卒。夏、葬薛襄公

叔孫州仇帥師墮郈 夷其險固曰墮

衛公孟彄帥師伐曹。

季孫斯仲孫何忌帥師墮費

圍郈再書二卿帥師、墮費並書二卿帥師、見私邑之強也、

帥師墮郈以一卿、帥師墮費以二卿、見費尤強於郈也、

秋、大雩

冬十月癸亥公會齊侯盟于黃齊魯爲盟始于艾終于黃

十有一月丙寅朔日有食之

公至自黃

十有二月公圍成。。公斂處父不肯墮成

李氏曰、經書公圍成二、昭公圍成見季氏之强也、定公圍成見家臣之强也、昭公圍成不能得人心也、定公圍成不能俟聖化也。

公至自圍成

汪氏曰、凡公出在境內而返、不書至、昭公已去國、而不致

圍成者、所以存公在外如在國也、定公在國、而致圍成者、所以危公攻私邑如敵國也、自定公十年會、用孔子、首以講信修睦爲事、故公有夾谷之會、既及齊平、又及鄭平、釋怨以睦鄰、州仇如齊、叔還如鄭、申信以結好、感人以誠、而齊人來歸舊疆、爲國以禮、而叔季墮其私邑、雖圍成未克、自必有以處之矣、其如魯不終用孔子何、明年春去魯

十有三年、春、齊侯衞侯次于垂葭。

夏、築蛇淵囿。此與下一條皆孔子去魯後事

大蒐于比蒲

蒐紅以耀武築郎以娛君昭公之所以見逐也築蛇淵而君荒蒐比蒲而臣橫定公之所以益弱也

衛公孟彄帥師伐曹

秋晉趙鞅入于晉陽以叛晉陽私邑○冬晉荀寅士吉射入于朝歌以叛朝歌公邑○晉趙鞅歸于晉

人臣據邑背君曰叛荀士入朝歌以叛是也趙鞅之入晉陽其意以拒荀士而直書曰叛者罪鞅之專土而興兵也大夫位已絕而歸曰復歸元咺復歸于衛是也趙鞅叛于

晉陽其罪不減元咺而止書曰歸者責晉之佚賊而失刑也○汪氏曰春秋書趙盾弑君而又書趙盾侵陳宣公六年書趙鞅叛而又書趙鞅歸皆所以責晉君之不討罪也

薛弑其君比○

十有四年春衛公叔戌來奔衛趙陽出奔宋○

二月辛巳楚公子結陳公孫佗人帥師滅頓以頓子牂歸

夏衛北宮結來奔

五月於越敗吳于檇李吳子光卒○

卒係敗下因敗而卒也與吳敗六國之師于鷄父胡子髡

沈子逞滅同胡子沈子書滅而吳子書卒者彼戕於陣此敗而後歿也哀元年吳敗越於夫椒以報檇李遂入越不書其吳不告慶越不告敗歟

公會齊侯衛侯于牽。公至自會

秋齊侯宋公會于洮

天王使石尚來歸脤（脤祭社肉）

周之交魯來聘者七、（隱七年九年桓四年五年八年僖三十年宣十年）錫命者三、（莊元年文元年成八年）賵葬者四、（隱元年文元年五年）歸脤者一、（此年）所以加禮甚厚抑亦過矣魯之於周公朝王所者二、（僖二十八年）如京師

者一、成十三年卿如京師者五、僖三十年文元年八年至宣九年襄二十四年不會葬者二、文九年昭二十二年此外闕禮實多何其慢哉

衛世子蒯聵出奔宋

凡出奔書弟者、罪其弟兼罪其兄也、書世子者、罪其子兼罪其父也、夫宋辰以母弟自絕於兄而出奔、蒯聵以世子得罪於父而出奔、固於弟道子道有虧、然宋景爲人兄而至奔其母弟、衛靈爲人父而至奔其世子、不亦失道矣乎、景以嬖向魋之故、奔一弟與四大夫而宋亂、靈以寵南子之故、奔一子與四大夫而衛亂、比而書之、可爲戒矣

衛公孟彄出奔鄭

宋公之弟辰自蕭來奔

鄭段之克不書弟罪段之失弟道也宋辰之奔屢書弟責宋公之失兄道也

大蒐于比蒲

邾子來會公

遇于穀而蕭叔朝公遇非所朝之地也蒐于比蒲而邾子會公蒐非所會之地也會公于比蒲而蒐不書公者公雖在而不得為政也

城莒父及霄。是年無冬闕文

十有五年春王正月邾子來朝

鼷鼠食郊牛牛死改卜牛

二月辛丑楚子滅胡以胡子豹歸

楚滅頓又滅胡病晉之不能救也聞之師曰甚矣人之不可輕倚也其以小倚大也則將以不能從其令爲罪其以大倚小也則將以不能救其患爲恥故僖公以楚師伐齊矣而遂有圍宋之盟有公子買之刺以悅楚蔡以吳子敗楚矣而遂有州來之遷有公子駟之殺以悅吳是以小而

倚大者也。齊爲貫澤、陽穀之盟，江、黃與焉，而楚之滅黃、滅江遂以爲中夏病；晉爲召陵之侵，頓、胡與焉，而楚之滅頓、滅胡遂以爲中夏病。是以大而倚小者也。且不獨大小爲然，晉悼與吳嘗會柤矣，而向之會不能爲吳謀楚，襄十四年庸非恥乎？齊悼于吳會請師矣，而後之辭吳，吳乃會曾伐齊，哀公十年庸非罪乎？故君子不可不慎所與。

夏五月辛亥，郊。

壬申，公薨于高寢。

鄭罕達帥師伐宋。

齊侯衞侯次于渠蒢

牽洮二會謀救荀士以助叛覘于鹹于沙謀叛晉以爭伯更爲不義故聯書會以深惡之渠蒢之次欲救宋而不能與五氏垂葭欲伐晉而不敢同爲奸謀故屢書次以深譏之

邾子來奔喪

秋七月壬申姒氏卒　定公之妾哀公生母

似氏卒不稱夫人葬不稱小君正名也然此蓋季孫假正義以抑其君耳成風敬嬴卒以夫人葬以小君僭禮也曾

尚有君也姒氏卒不以夫人葬不以小君似禮也而曾無君矣

八月庚辰朔日有食之

九月滕子來會葬

成風之喪榮叔歸賵召伯會葬是以待諸侯者待其妾也定公之喪邾子奔喪滕子會葬是以事天子者事列國也非禮甚矣

丁巳葬我君定公雨不克葬戊午日下昃乃克葬

辛巳葬定姒

襄之編書葬小君定姒此又書葬定姒者謚相同也此定姒乃定公之妾而與襄公生母同謚典禮益紊矣○文姜哀姜聲姜穆姜齊姜夫人而不與君同謚非禮也定姒非夫人而與君同謚亦非禮也夫人而不與君同謚則非從夫之義非夫人而與君同謚則有亂嫡之嫌

冬城漆

春秋書法比義卷十二

鹽山劉曾璇訂

哀公

名將定公庶子母曰定姒在位二十七年謚法恭仁短折曰哀

元年春王正月公即位

楚子陳侯隨侯許男圍蔡

王氏曰據傳報柏舉也蔡人男女以辨使疆於江汝之間則是降而遷其國也而第書圍者不使楚盡其虐而滿其詞也蓋猶縣陳書入入鄭書圍之意或謂恕楚復仇夫入郢者吳也而釋憾於蔡豈得謂復仇乎隨世服於楚而復見楚德之也許見滅於鄭而復見楚封之也而書之如未

嘗滅者、不與諸侯得滅之而得封之也、天子之事也、

鼷鼠食郊牛。改卜牛。夏四月辛巳郊

莊公薨未及三年而禘、定公薨未及小祥而郊、皆於僭禮之中又失禮也

秋。齊侯衛侯伐晉

許氏曰晉爲伯主、而諸侯至合從以伐之、與文元年衛人伐晉襄二十三年齊侯伐晉又一變春秋特書以著諸侯之無伯也、楚得專封、王道盡矣、晉受衆伐、伯統亡矣、

冬。仲孫何忌帥師伐邾

二年春王二月季孫斯叔孫州仇仲孫何忌帥師伐邾取漷東田及沂西田癸巳叔孫州仇仲孫何忌及邾子盟于句繹

盟蔑與句繹曾邾爲盟之始終亦春秋書盟之始終

三卿並將各擅其軍也二卿並盟各盟所得也以蕞爾之邾而三納其叛邑三取其田幾何而不盡哉○汪氏曰内臣並使始於遂得臣之如齊未嘗並將也並將始於行父臧許僑如嬰齊之戰鞌未嘗並會也並會始於宿老之會向未嘗並盟也今三卿並將二卿並盟强僭極矣

夏四月丙子衛侯元卒

滕子來朝

晉趙鞅帥師納衛世子蒯聵于戚

前書世子奔宋罪靈不父而聵不子也此書納世子于戚罪聵不父而輒愈不子也夫稱世子則國固其所當有但聵既得罪出奔輒立而必爭之則不父矣父雖不父子不可不子乃輒不辭立迎父聵入而反拒之則尤不子矣書納于戚見爲內所拒不得歸於衛也而輒無父之罪不待下書圍戚而自著。聞之師曰此與齊陽生入于齊事異而義相通彼書入者罪陽生之蔑父也此書納者罪輒之

拒父也陽生於荼爲兄其當有齊明矣而立荼者其父也則當有齊者而不當有齊何也父故也故書入爲罪陽生蒯聵得罪於父其不當有衞明矣而君衞者其子也則不當有衞者而當有衞何也父故也故書納爲罪輒

秋八月甲戌晉趙鞅帥師及鄭罕達帥師戰于鐵鄭師敗績

李氏曰春秋舍齊秦楚外無與晉戰者蓋無能與晉敵也今書晉及鄭戰夷晉於列國也

冬十月葬衞靈公

十有一月蔡遷于州來蔡殺其大夫公子駟

魯從楚之命而懼晉、殺公子買以說焉、蔡請遷於吳而誑吳、殺公子駟以說焉、殺無罪以苟說。於强國豈君道哉

三年春齊國夏衞石曼姑帥師圍戚。

蒯聵在戚而衞圍戚、與魚石入彭城而宋圍彭城相對、然宋事而以晉首兵者善晉之討逆也衞事而以齊首兵者、罪齊之黨惡也、彭城書宋者不以臣叛君也、戚不書衞者不以子制父也。許氏曰晉荀士叛國而齊爲臣伐君衞、聵輒爭國而齊助子圍父以是知齊之將亂也

夏四月甲午地震。

五月辛卯桓宮僖宮災

武宮煬宮之立譏其不當舉而舉也桓宮僖宮之災警其當廢而不廢也書雉門兩觀災因災以著魯之僭也書桓宮僖宮災因災以著三家之私也

季孫斯叔孫州仇帥師城啓陽地在邾東鄆近於費

地震廟災變異弗圖而取田城邑兵役相繼豈惟勞民不畏天矣

宋樂髡帥師伐曹

秋七月丙子季孫斯卒

蔡人放其大夫公孫獵于吳。

冬十月癸卯秦伯卒。

叔孫州仇仲孫何忌帥師圍邾。

魯之虐邾甚矣、來會來朝來奔喪而猶不免、伐取漷東取沂西、盟句繹而猶不免圍、甚矣三家之惡也。

四年春王二月庚戌盜殺蔡侯申（殺當從公穀作弒義見闔弒吳子盜殺衞縶條）

蔡公孫辰出奔吳。

葬秦惠公。

宋人執小邾子

夏蔡殺其大夫公孫姓公孫霍

繼盜殺而書辰奔則盜發自辰可知矣殺姓霍不去大夫則姓霍非賊可知矣

晉人執戎蠻子赤歸于楚

晉侯執曹伯歸于京師正也今執戎蠻子與楚不從執曹伯畀宋人之例而書歸于楚與歸于京師文無異者蓋畀宋人權在晉也歸于楚權在楚也則是京師楚也故書晉人以惡之宋執小邾子有意爭伯也晉執戎蠻子歸于楚則以楚爲伯矣

城西郛

六月辛丑亳社災。

秋八月甲寅滕子結卒

冬十有二月。葬蔡昭公

葬滕頃公

五年春城毗

夏齊侯伐宋。

晉趙鞅帥師伐衛。

國夏黨輒拒聵、而首助其逆、故書圍戚以誅之、趙鞅黨聵

伐輒而實濟其私（爲衛助荀士故）故書伐衛以惡之

秋九月癸酉齊侯杵臼卒

冬叔還如齊。閏月葬齊景公

經書閏月者二以失禮書也閏月不告月譏其不數閏也閏月葬齊景公譏其數閏也數閏而譏者爲其薄於親不數閏而譏者爲其怠於民

六年春城邾瑕

邾瑕如魯濟之類瑕係邾以別於魯之負瑕猶濟係魯以別於齊濟所以辨地域正疆界也。城虎牢不係鄭不與

鄭之得有之也、城郲瑕係郲、不與鄫之得取之也、

晉趙鞅帥師伐鮮虞。助荀士故、

晉伐鮮虞凡五、荀吳士鞅之伐、貪兵也、趙鞅之伐、忿兵也、

吳伐陳

夏、齊國夏及高張來奔、

孫氏曰、所謂故國者、有世臣之謂也、殺國高而崔杼弑、奔國高而陳乞弑、春秋之垂戒深矣、

叔還會吳于柤。

秋七月庚寅、楚子軫卒

齊陽生入于齊齊陳乞弒其君荼

陽生係齊以長宜立也不稱公子惡爭國也與小白同而書入之指不同彼書入爲難詞此書入爲逆詞何也小白之入在齊未有君之前則兄與弟衡也觀上書公納糾則其爲難詞可見矣陽生之入在荼命爲君之後則子與父抗也觀下正荼之爲君則其爲逆詞可見矣○或疑楚觀從召公子比而虔弒春秋委罪於比齊陳乞召陽生而荼弒春秋乃歸獄於乞何也高氏曰觀從陪臣也雖召比而不能定其所立比以衆立而不顧其君則弒虔者比也陳

乞大臣也、陽生雖入而不能自定其位、乞以強立之、而不顧其君、則弑荼者乞也、以弑君加陽生、則陳乞之罪不見、以弑君歸陳乞、則陽生之罪亦見矣、

冬、仲孫何忌帥師伐邾、

四伐邾矣、積入邾以邾之亂、

冬、向巢帥師伐曹、

再伐曹矣、起圍曹入曹之端、

七年、春、宋皇瑗帥師侵鄭。

晉魏曼多帥師侵衞。

宋報罕達之伐以修舊怨晉繼趙鞅之伐以報私怨故皆書侵以譏之

夏公會吳于鄫

孫氏曰成公先會楚而有蜀之匱盟哀公屢會吳而有黃池之兩伯其責有所歸矣

秋公伐邾八月己酉入邾以邾子益來

前伐邾三家帥師公權移於下也今伐邾公主兵三家歸過於上也以邾子益來與以沈子嘉歸以許男斯歸之類同在外曰以歸在內曰以來

宋人圍曹○

冬鄭駟弘帥師救曹

自叔孫豹救晉襄二十三以後、未有書救者、至此書鄭救曹、善之也、所以愧大國之不能救也、後書吳救陳、亦善之也、所以責中國之不能救也○

八年春王正月宋公入曹以曹伯陽歸○

圍書人、大夫將也、入書爵、君將也、不書滅、曹未滅也、孟子時猶有曹交 晉入邾而執益、宋入曹而執陽、其暴同也

吳伐我○

經書伐我者二十有一、惟此年吳伐、十一年齊伐、止書伐我不言四鄙、黃氏曰、魯始受敵國之兵、如桓之時戰于郎、戰于奚、不言伐我四鄙者、蓋邊鄙有備、敵至則戰、故言戰不言伐也、自莊以來書伐我四鄙、猶見鄰敵之寇、止爲邊患也、今受吳齊之伐、又不復言四鄙、而直言伐我者、以見敵已深入、直造於國都也、而國非其國矣、

夏齊人取讙及闡。

吳伐我國、齊取我邑、皆邾故也、伐我國、不言四鄙、而特書我、我自致也、與齊國書伐我同、取我邑、不言伐而第書取

我與之也、與齊取濟西田同、

歸邾子益于邾。

秋七月

冬十有二月癸亥杞伯過卒

齊人歸讙及闡。

曾以邾子益來矣、今以畏吳齊而歸之。雖不威不懲、然猶能改過也、與納捷菑于邾弗克納、事不同、而義相似齊取讙及闡矣今以歸邾子而歸之、雖取舍任意而猶非爲利也、與齊人歸我濟西田、事相似而義不同、

九年春王二月葬杞僖公

宋皇瑗帥師取鄭師于雍丘。

自隱十年鄭取宋蔡衛之師後未有書取師者至春秋之末特書取師者二宋取鄭師于雍丘鄭取宋師于嵒尚詐嗜殺春秋所以胥爲戰國也

夏楚人伐陳。

秋宋公伐鄭

冬十月

十年春王二月邾子益來奔。

公伐邾而以益來責魯也邾逃吳益復來奔病邾也

公會吳伐齊

僖以楚伐齊書以我志也哀會吳伐齊書會吳令也然一則借夷以殘夏一則助夷以猾夏皆爲不義且非計矣

三月戊戌齊侯陽生卒

陽生之卒傳言弑而經書卒者孔氏謂以疾赴也與鄭伯髡頑卒于鄵同然經文與常卒無異信經可也

夏宋人伐鄭

晉趙鞅帥師侵齊

齊以歸邾而辭吳曾乃助吳以伐齊不義甚矣故書公會以病之吳猶遭齊喪而還晉乃乘齊喪而伐無名甚矣故書侵以罪之。士匄聞齊侯卒而去之趙鞅乘齊侯卒而侵之亦迥乎異矣

五月公至自伐齊。葬齊悼公

衞公孟彄自齊歸于衞

薛伯夷卒。秋葬薛惠公

冬楚公子結帥師伐陳。吳救陳

十有一年春齊國書帥師伐我

夏陳轅頗出奔鄭

五月公會吳伐齊甲戌齊國書帥師及吳戰于艾陵齊師敗績獲齊國書

齊以會吳伐之而伐我、公又會吳以伐齊、屢書公會吳、病公也、國書方勞師以伐我、又逞忿以敵吳、以書主戰、罪書也、戰不書公、杜氏以爲公與伐而不與戰也、據傳可見、藉吳勝齊、季孫懼焉、或不告廟、故有事於齊、皆致、惟此役不書公至、自伐齊歟、

秋七月辛酉滕子虞母卒○冬十有一月葬滕隱公

衞世叔齊出奔宋

十有二年春用田賦

用者不宜用也王氏曰計田而出貨財也初稅畝私田始有征也用田賦私田又加征也

夏五月甲辰孟子卒（昭公夫人）

昭公娶吳女而書孟子因其稱而稱之也書卒而不書夫人薨不書葬蓋曾不以夫人之禮喪之也姒氏（定公妾哀公母）不稱夫人不稱小君爲正名而亦以見三家之無君孟子不稱夫人不書葬爲諱惡而并以見季氏之不臣

公會吳于橐皐

秋公會衛侯宋皇瑗于鄖鄖吳地

四書公會吳繼書公會衛宋明年書公會晉侯及吳子于黃池吳之伯魯爲之也

宋向巢帥師伐鄭

冬十有二月螽

十有三年春鄭罕達帥師取宋師于嵒

宋取鄭師以後又三伐鄭卒喪師于嵒佳兵不祥其事好還信哉然鄭報之者亦慘矣故兩責之

夏許男成卒

公會晉侯及吳子于黃池 國語吳公先歃晉侯亞之故諱盟不書

是會據國語先吳也吳先而書晉侯吳子則事失實吳先而書吳子晉侯則義反常以及書之爲會兩伯之辭則吳之先晉與內晉外吳之意俱見矣○高氏曰首止先及而後會所以尊王世子也黃池先會而後及所以外吳子也

楚公子申帥師伐陳

楚人忿陳之卽吳而結相繼伐陳間吳之會晉而中乘釁伐陳畏强淩弱楚不能爭衡於吳也

於越入吳。

柏舉之戰、吳入楚而越入吳、黃池之會、吳先晉而越又入吳因驕致敗、吳所以見滅於越也

秋公至自會

晉魏曼多帥師侵衛。

趙鞅伐衛伐鮮虞、而魏曼多侵衛、趙鞅侵齊、而魏曼多又侵衛、怙權自私、晉所以分於三家也、

葬許元公

九月螽

冬十有一月有星孛于東方。

經書有星孛者三、北斗大辰皆言所次、此獨不言所次、而言于東方、見於旦也、或曰不加宿也、

盜殺陳夏區夫。

十有二月螽

十二月而螽、記異也、與宣十五年冬蝝生同、比年十二月螽、異甚矣、初稅畝、一年而蟲災者二、用田賦、二年而蟲災者三、見其重歛害民傷和致異也、

十有四年春西狩獲麟。

周之春有子丑月狩時也曾之西為大野狩地也常事爾何以書為獲麟記異也麟仁獸王者之瑞何異爾世無王者出非其時而又見獲也獲者力得之辭蓋戕於兵矣○鸜鵒非曾境所生故書來蜚蟗為曾地所無故書有此其不言來者不外麟於中國也不言有者不使麟不恒於中國也

御案夫子以鳳不至圖不出而有已矣之歎蓋天下之莫宗久已知之其欲從事於屬辭比事以垂世立教者非一日矣春秋一書豈必感麟而後作乎若夫文成致麟之說尤

爲不經、且出非其時、而見戕於虞人、亦不足以爲瑞也、夫子約魯史作春秋、時歷二百四十二年、備矣、今麟出見獲、故感而傷之曰、吾道窮矣、春秋於是遂絶筆焉、聖人亦非無所寓意也、

李氏曰、春秋以獲麟終篇、而此年止書春、蓋氣序雖有亂時、而生生之心長在、王道雖不行、而天之所以爲天萬古不可變、春者天之始也、治亂循環、必復其始、或者夫子以此撥亂反正、開萬世之太平、所以春秋一書始於春、終於春也、

右春秋書法比義十二卷參會諸家而訂之者也訂者比並之詞而兼校定之意大約卽諸說之安於心者擇而從之間或參以愚見亦非敢妄爲杜撰要歸於文約事該詞簡意明而已故自甲午脫稿後復加旁搜反覆研磨者四載迄今訂輯成編俾初學觀之庶可以知書法大義爾若夫通經之士有所發明匡余不逮則幸甚幸甚

道光十八年歲次戊戌中秋望一日蔭渠又識

男 慶元校字

慶凱付雕

學者讀書每慮視大不明視細不盡凡書皆然而於讀春秋爲尤甚夫屬辭比事春秋教也視細不盡者略小忽微不能逐一理會條分縷析詳悉以窮其義則不能比視大不明者顧此遺彼不能統觀總彙融會貫通合并以參其義則不能比吾　兄好學深思諸經無不通習而於春秋別有會心推求經義要在善觀書法其取書法之義而比之也有事相同而義則異者有事似異而義則同者有一事與一事之義相比者有一事與數事之義相比者有正以比之者有反以比之者并有以經文所削或所本無與經文所書相比者理其

緒而分之有間必尋無微不入以究其義之所歸則視細之盡有如是也總其類而合之兼綜條貫對勘互證以觀其義之所通則視大之明有如是也蓋積數十年之功力廣搜精研隨事觀理其眼界心界足以包括全經故能屬辭比事發明書法之義旁推交通頭頭是道則視大之明而兼視細之盡有如是也璈學也淺然親見吾　兄之從事於春秋也久竊有以窺其用意之所在而推其得力之所由來謹綴數語簡末知是意以讀春秋也可即不止於讀春秋也亦可

道光戊戌九月重陽日同懷弟曾璈謹跋

春秋一書久歧於三傳又紛於羣儒雖發明各有精蘊而求其融會貫通靡不諦當者固已鮮矣夫以尼山筆削簡而能括質而彌文自令彝倫大義炳如日星苟非好學深思未易徧悟而洞悉也惟我

蔭渠老夫子經數十年研究積千百卷考核因比事屬辭之旨以折衷於一是凡所講明悉由伏案功深參互考訂追其旣久遂克成編義不陳因詞非穿鑿卽書法兩兩相比參其異同而經義自見向使游夏復生應亦謂聖心雖難量聖言雖難喻至今竟遇知心竟遇知言也逵及桐等親承指示備

受口傳每當燈前月下偕諸同人侍坐於側執經請業吾夫子津津樂道左右聞者心愜意娛竊以爲解春秋者不少分條析縷逐字爲解之書但愈煩則愈歧求其融會貫通言簡意明如吾夫子所著蓋未曾有僉謂千載不明之蘊幸得闡發淸晰曷可久而失傳宜付剞劂以公同好而猶不以自是再三請之乃肯俯允　遂雖一辭莫贊而深服此書出之心得直可邁諸家而上之也謹綴數語以誌嘉惠後學之意云

昔

道光十九年己亥九月上旬受業門人廣川步際逵謹跋
際桐謹書

道光辛卯鎰受知於鹽山　劉顥夫師諱次誨鎰以研經績學諄諄焉癸巳館都下適　景辛世伯充官學教習每叨講論獲益良多是歲冬

太老師蔭渠先生由定州學正擢泰安縣令旋引退以著書自娛丁酉兩世兄香涯南江同拔萃來應京兆舉聚談月餘彌悉吾　師淵源有自而吾

太老師教澤隆隆正未有艾也己亥秋七月　師以濮州牧卓薦赴部爰出

太老師所著春秋書法比義付剞劂氏命鎰　校字閱數月乃

藏事焉

太老師獎借後進於 鑑 期待尤殷惟 鑑 學識謭陋未能窺斯書涯涘而盥誦再四覺簡要詳明昭然若發矇志麟經者人人得指南矣刻既竣謹綴數語用識吾

太老師之嘉惠藝林非徒藏諸家塾已也抑聞 世伯云所著尚有易鑑補遺讀書隨筆稽古編各若干卷俟輯成後當授梓人 鑑 不敏仍冀膺校讐之任得以先讀爲快也庚子二月望日門下晚學生黃縣丁 培鑑 敬跋

清·許桂林 撰

春秋穀梁傳時月日書法釋例四卷

清道光二十五年(1845)刻本

穀梁釋例

漢書儒林傳云宣帝卽位聞衛太子好穀梁春秋以問
韋賢夏侯勝及史高皆魯人也言穀梁子本魯學公羊
氏乃齊學也宜興穀梁自瑕邱江公受學於申公傳於
榮廣皓星公二人申公與榮廣亦皆魯人案齊魯之學
俱親受於子夏魯學於齊爲較近故鄭氏云穀梁四時
田者近孔子故也惟公羊先立學官師說久著穀梁至
漢宣始立賈逵傳云兼通五家穀梁之說范序自魏晉
以來釋者十家隋書經籍志云至隋寖微今殆絕無師
說自隋至今又千二百年近儒於公羊左氏二家不少

箸錄而穀梁無肄業及之者誠以師說旣沒而時月日之書法說者又每多轇轕余輯學海堂經解千數百卷於穀梁學獨無專家道光二十年見鎭江柳氏撰穀梁傳學余舉善經近孔語特爲序之今讀許氏桂林所作釋例有引公羊互證者有駁公羊而專主者大旨具見所作總論末據鄭氏穀梁善於經之語以爲時月日卽善經之一是亦篤信鄭學不爲無根之譚與柳氏書可相輔而行也許君海州人太平寰宇記海州爲春秋魯國之東界詩魯頌至于海邦海邦卽今海州之地居魯

地而修魯學可謂近孔之實證矣有海邦好古者繼許君而傳授之則申公韋賢之師說且不難按籍考也桂林爲余門生湯敦夫所取之士湯喜其對策嘉慶壬申冬冬余閱兵至海州曾因淩仲子先生見所作宣西通二卷已採入續疇人傳今又獲觀此册他時有刊入經解續集者是則余所深快也

道光二十五年秋揚州阮元筆

太史公云孔子因史文次春秋紀元年正時月日益春秋者杜預所謂以事繫日以日繫月以月繫時以時繫年此魯史記之法也若晉乘楚檮杌則不主斯義矣春秋何以託始於隱謂爲東遷及隱讓國而作皆非也意者東遷後四十餘年諸侯無大變更其盟會赴告皆有時月日可稽可以著吾史法又特載夏五郭公之闕文以明或月或不月或日或不日皆筆削而非闕文也審是則穀梁氏之傳爲淸而不短矣夫事實在國史而襃貶在單詞舍國史而讀春秋指某事曰此聖人之襃也

指某事曰此聖人之貶也必有憑空結撰而不能衷諸一是者矣或有謂以名地見書法者名字繫乎爵位地名分乎畛域且人名去不知爲誰地名去不知何國安能成文然則有所褒諱抑損之微言其在時月日乎而或者疑之孔子未修春秋豈先設此條例則甚矣其說之固也夫聖人之作易也何有承乘比應古人之作詩也亦何有賦比興而其義類卒不出乎此蓋研經者參互考訂以探作者之用心而求其合遂如陣伍之不可紊法律之不可改也其離與合在信之篤與不篤耳月

南篤信穀梁氏之學引而伸之觸類而長之豈惟有功於穀梁其於春秋亦庶幾鼓芳風以扇遊塵者歟至謂公羊爲穀梁外傳左氏因公穀曼衍近於武斷然漢儒治經弊在黨同伐異而經學立後人治經弊在隨聲是非而經學廢月南殆猶有專門之風故特標舉爲成學治古文者勸焉陶山唐仲冕撰

近日爲公羊之學者多無人措意穀梁者得大著闡揚
前哲經訓條理精密論辨明允實足嘉惠儒林鄙意如
漢唐人家法有不合尊見之條亦爲囘互更善丙子八
月朔星衍頓首

春秋之作聖人所以正人事也然必天統正於上然後人事正於下聖人書法於年月時日之閒必非偶然乃後人不得其說徒加以附會穿鑿及不能通則謂聖人本無意焉夫聖人豈無意者抑聞之治春秋如斷獄左氏案也公羊判也穀梁律也世未有不明律條而能據案以判是非者則治三傳必先穀梁年月時日之閒何可不加之意乎月南是書詳爲釋例爲穀梁之功臣究春秋之微意亦可以覘其學之深矣潞河白鎔拜跋

春秋三家信難蜂出鄭君獨謂穀梁善于經然則治經者舍穀梁奚從明穀梁者舍年月日時奚從且不與小斂故不書日左氏曾發其例固非一家之學也喜孫素好鄭說無以發明今獲觀月南先生釋例渙然冰釋而廢疾益起若其類別之詳審引信之簡明以況武子其庶幾焉劉原父言窘於日月焉在其窘也甘泉汪喜孫記

隸[illegible]釋例 十

春秋穀梁傳時月日書法釋例

海州許桂林學

總論

穀梁傳與公羊傳皆謂春秋書法以時月日爲例而穀梁尤備先儒多譏爲迂妄桂林通案經傳而疑其說之不可廢也張晏謂春秋萬八千字李燾謂今闕一千二百四十八字自晏時至燾時闕字如此向非穀梁有日月之例則盟昧不日公子益師卒不日蔡侯肸卒不月壬申公朝於王所不繫月必指爲張晏以後闕文矣自

穀梁有傳葉夢得俞皐之徒雖疑此諸經爲缺而自不敢決八亦莫信其有功於經一也春王正月秋七月穀梁皆有傳而桓四年七年無秋冬昭十年定十四年不書冬莊二十二年書夏五月而無事乃不發傳言其故知此實作傳後缺文程端學疑春秋多孔子修成後所缺以駁穀梁日月例於理難通桂林以穀梁無傳者證爲作傳後所缺於事較確而先儒謂桓無秋冬貶其篡立莊書夏五月譏娶讐女昭不書冬在娶孟子之歲謬悠之說不攻自破其有功於經二也桓五年甲戌己丑

桓十二年再書丙戌非穀梁有傳則以爲脫簡人孰能難嬰齊卒於貍蜃在公至後非穀梁有傳則以爲錯簡世莫由辯考定武成移易大學之事必當先見於春秋一經矣其有功於經三也後儒以日月義例爲朱子所斥隨聲附和不顧其安如公子益師卒不書日傳以爲惡劉氏權衡以公孫敖仲遂季孫意如皆惡而卒書日叔孫得臣不聞有罪而反不日駁之此本何休說鄭君釋廢疾已辨之竊謂所謂惡者非必身有大罪左氏此傳云公不與小斂故不書日卽穀梁所謂惡也葢譏君

失親親敬大臣之禮如此則意如書日得臣不書日何傷乎又如僖十四年冬蔡侯肸卒傳云諸侯時卒惡之也劉敞以爲非而謂臣子慢則赴不具月日不知臣子慢即穀梁所謂惡也已說本在穀梁囊括之中而遽駁穀梁已覺輕妄顧棟高並駁敞說以爲千里告喪豈有忘記月日之理即使不具魯君臣亦當細加考究乃書於策此尤學究迂拙之談彼國告喪不具月日魯之君臣從何考究將移書彼國問其月日耶抑遣人鄰國驗其赴告之文以相參證也恐無此政體矣穀梁例災異

甚則月不甚則時僖二十九年秋大雨雹季本謂不書月日爲闕文棟高亦信之以爲豈經一時皆雨雹然則隱二年春公會戎於潛經一時皆會戎乎五年春公觀魚於棠經一時皆觀魚乎以此類推春秋闕文殆居其半是爲王安石斷爛朝報之說復揚其燼也程端學謂春秋闕文皆孔子修成後所闕尤不可通三傳各相傳受而經文不同者不過人名如祝吁作州吁隱如作意如地名如屈銀作厥慭浩油作臯鼬公伐齊納糾左氏多子字不至而復公羊少而字莊十六年盟幽公羊有

公字左氏無曹伯之類而最易訛誤脫落之月日三傳皆同其無脫誤審矣穀梁明著月日義例居要不煩深得經旨如丙戌盟於武父下書丙戌衞侯晉卒穀梁特著之曰決日義也葢再書丙戌見此必當書日者也隕石於宋五之後書是月六鷁退飛過宋都穀梁特著之曰決不日而月也葢特書是月見此必當書月者也公羊以是月爲晦夫春秋卽不書晦而晦亦有干支何不仍書甲子若乙丑乃變文曰是月乎文公則書自十有二月不雨至於秋七月僖公則書正月不雨四月不雨

六月雨若非褒貶異詞何不曰自正月不雨至於五月乎他如壬申御廩災乙亥嘗癸酉大雨震電庚辰大雨雪皆書日以見意之明證也許世子止之獄歐公疑之疑其同乎弑故直以爲弑也穀梁以時葬辨其異則義正而事明矣是其有功於經尤偉也先儒最所譏爲無意義者桓盟不日而葵邱書日其例不一因謂日月或有或無皆據舊史甯用公羊年遠不詳之說不從穀梁不知晉伯諸盟皆日而桓盟不日不云信之不可也桓盟不日而葵邱書日不云備之不可也外盟如曲濮孔

子身當其時而不書日瓦屋之盟遠矣乃書日此不用穀梁外盟不日以謹參盟之始而書日不可也汪克寬乃云自文公而上一百十四年書日百有七十宣公而下一百二十八年書日二百二十年數略同而日數近倍程子謂因舊史理或然也夫一百十四年比一百二十八年少十四年而二百二十比百七十纔多五十便云近倍譬如人方二十二歲便向一十七歲人自誇年數近倍責以父事之禮有不粲然者乎且以外諸侯卒一例言之文以前書日二十七不書十四宣以後書日

五十三不書二十未甚懸絶也隱公時宋繆蔡宣皆書日昭公時甚近晉平又伯主而不書日謂非晉政之衰臣子偷惰赴詞率略乎竊謂經本謹嚴傳亦精簡舉隅莫反治絲益棼一壞於范徐諸子開生穿鑿再壞於啖趙以後好爲議論本義既失轉辨轉晦如莒人入向傳云入者內弗受趙匡以爲用兵之事安有彼國願受不知傳本義謂彼無罪不當受兵也子同生傳云疑故志之趙匡謂爲委巷之談不知傳本義正以委巷之談多疑莊公爲齊襄子特記此以釋疑也傳例大夫曰卒正

也諸侯日卒時葬正也正之爲言常也言此常理也常例也汪家於大夫之正以爲賢季友賢矣公孫茲亦賢乎於諸侯之正以爲承嫡宋繆公日卒傳云正也繆公乃宣公之弟卒而殤公以兄子嗣立孰爲承嫡乎衛人立晉傳云不宜立春秋之義諸侯與正而不與賢是宣不正矣而丙戌衞侯晉卒書日尤足見正非承嫡之謂觀僖四年許男新臣卒疏反覆陳說徒滋繳繞經生之見誚於文儒不得謂無故矣穀梁子受業子夏孔門文學科也深得古人爲文體要以其所論推其所不論省

文互見條理自具觀其與公羊爲同門各自爲傳而詳略亦復相備則其本傳之不爲繁贅宜矣桂林謹述時月日例惟取傳中所有條而列之有疏證而無枝蔓其范註中所論之例別爲傳外餘例附後不敢以溷也竊嘗讀三傳而疑公羊穀梁二傳爲一人所述其書彼詳此略異同互存似屬有意如穀梁葬宋繆公傳危不得葬也翬帥師會伐鄭傳不稱公子與乎弒公故貶也其故皆詳於公羊傳莒人滅繒穀梁但云立異姓以涖祭祀而公羊叔孫豹鄫世子巫如晉傳詳言其故曹殺其

大夫穀梁但云爲曹羈崇而公羊於曹羈出奔陳及曹殺其大夫兩傳詳之其兩傳義異者則穀梁之義多正公羊之論多偏蓋以穀梁爲正傳公羊爲外傳如左氏之與國語耳漢書藝文志有穀梁外傳三十篇在左氏微鐸氏微公羊章句穀梁章句之閒則係疏證之書前人有疑公羊穀梁皆姜姓者以二字翻切皆爲姜字似非偶然桂林疑即一人寓此二姓壽夢爲乘勃鞮爲披古蚤有之不必以翻切始孫炎爲疑也穀梁爲子夏弟子傳有稱尸子沈子者有稱穀梁子者而五稱孔子曰

一稱子曰哀元年四月辛巳郊傳中子不志三月卜郊何也其稱子亦當爲孔子乃穀梁子問子夏之詞其爲孔門嫡傳無疑世乃謂左氏親見聖人竊謂左氏左祖晉三家齊田氏必六國時遜詞避禍昔人疑爲六國時人良是葢其人負絕世文才就公穀二傳左右采獲因而曼衍成一家書如傳稱郤子登婦人笑於房前後無言郤克跛眇之文則何者可笑乎此用公穀之說而失爲照應者也崔杼弒莊公公羊無傳穀梁但有莊公失言淫於崔氏八字公羊齊人且無所聞而左氏敘述瑣

細拊楹之歌賜冠之舉干掫之請此卽有百二十國寶書亦所不應紀載者左氏異國之人何從得之得毋因穀梁一涖字生此文情乎是因公穀之說而巧爲傅會者也鉏麑靈輒公羊皆無名左氏有之公羊之勇士某與盾言而自刭猶無姓名左氏之鉏麑不見趙盾退而觸槐其言誰聞之而其名誰問之翳桑之餓人左氏已明著靈輒之名而後乃云問其名居不告而退是用公穀之說而失於檢點者也公子益師卒公不與小斂故不書日此用公穀之說而暗爲注釋者也有用公穀之

說而更易詞語者公卽位而欲求好於邾卽及者內爲
志之說也有因公穀之說而張皇潤色者盟于召陵吳
入楚之類是也有因公穀之說可疑酌爲改易略近人
情者星隕如雨郈季姬來甯之類是也有公穀所略而
乘之爲詳者邲鄢陵諸戰之類是也有公穀所詳而避
之爲略者春王正月祭伯來之類是也有公穀所有則
不道者俠爲所俠亦爲郭公之類是也有公穀所無則
自爲者公會齊侯鄭伯伐許之類是也有因公穀難通
自繹前後經文出新義者因前有裂繻改紀子伯爲子

帛之類是也有自出新義又覺難安更出別義寓於傳中待後人采取者如尹氏卒改爲君氏又於隱公薨傳內爲賂尹氏而禱於其主鍾巫遂與尹氏歸而立其主之語是也從來文人之心翔天入淵無所不至鑿空而造人名造地名鑿空而爲夢境爲繇詞可驚可喜不必盡事實也八世之卜二豎之夢欒京廬小王桃甲諸人恐或子虛烏有爾別詳於桂林所撰疑左二卷中要而言之左氏似因穀梁公羊而成穀梁似以公羊爲外傳說春秋者其惟穀梁爲優歟漢鄭君碩學大儒作六藝

論獨稱穀梁善於經其必有所見矣夫善於經者時月
日書法亦其一也而可譏爲迂妄乎哉

穀梁釋例

譚瑩玉生覆校

春秋穀梁傳時月日書法釋例

海州許桂林學

提綱

春秋書時月日有正例不用正例者或謹之或危之或美之或惡之或備之或略之或著之或非之或信之或閔之

雖無事必書正月不自正則不書非正始則不書

雖無事必書夏四月秋七月冬十月

閏月不書朝於廟則書喪以閏數則書

日事遇朔曰朔遇晦曰晦

即位不書日書日謹之也著之也

公如往時致時正也往時致月危致往月致時危往往月致月有懼焉爾又曰惡之也非如而曰如則亦書月

朝時正也惡之故謹而月之致天子而朝則謹而日之又不繫月也覿亦朝類也惡之則謹而日之

盟渝不日卑者之盟不日前定之盟不日外盟不日而參盟之始謹而日之內不與而其盟善亦謹而日之齊桓之盟不日雖內與亦不日信之也葵邱之盟日美之

也備之也

郊不時則書時月甚則書日烝不時又瀆祭則書時月

日嘗不時又不敬則書時月日

大閱以崇武謹而日之

侵時惡之故謹而日之

戰書日月其戰也日其悉也

敗不日疑戰也其日成敗之也夷狄不日

潰例月甚則日惡之故謹而日之

日入惡入者也

取邑不日不正之則謹而日之

滅國不日微國也又曰中國日卑國月夷狄時滅夷狄

而書月其君賢也滅中國而書時非滅也

日入惡入者也

日歸見知弑也亦惡之也

大夫出奔謹而日之正其罪而日之

諸侯日卒正也出行未踰竟亦書日踰竟則不日夷狄

不卒卒而不日進之則日時卒惡之也子卒日正也不

日故也有所見則日大夫日卒正也不日卒惡也

天子志崩不志葬志葬危不得葬也日之甚矣諸侯葬時正也月葬故也日葬故也危不得葬也而爲賢者崇亦書曰弑君賊不討不葬而子弑父者不忍使父失民於子亦月葬非弑則時葬內女不日卒而月葬閔之也弑謹而日之未成爲君不日中國子弑不日夷之也夷狄子弑日謹之也

殺諸侯稱月稱日謹之也殺亂臣賊子書月謹之也

日食晦言日不言朔食二日言朔不言日夜食不言朔不言日言日言朔食正朔也

旱時正也雩月正也雩不月而時非之也

地震謹而日之山崩書日重其變也有崩道則不日

大災異日次月次時

蟲災甚則月不甚則時

書時略也書月日詳矣書昔書夜中書日中書日下稷

蓋非常之至也

月或書夏五而不云月日或連書甲戌己丑闕文或傳

疑也

春秋穀梁傳時月日書法釋例

海州許桂林學

述傳

正月

隱元年春王正月傳雖無事必舉正月謹始也

隱十有一年公薨傳隱十年無正隱不自正也元年有正所以正隱也

公羊傳隱何以無正月隱將讓乎桓故不有其正月也

桂林案春秋書正月者桓十四莊十一閔二僖十六文七宣七成九襄十三昭十四定七哀二惟隱自元年外無書正月者葢隱將讓於桓公不以正月治事也元年有正明隱之正不然則直書春王三月公及邾儀父盟於眛與定元年書春王三月晉人執宋仲幾於京師同可矣特書正月明隱之正異於定之無正也

定元年春王傳不言正月定無正也定之無正何也昭公之終非正終也定之始非正始也昭無正終故定無

正始

公羊傳定何以無正月正月者正卽位也定無正月者卽位後也

桂林案公羊此傳又云定哀多微詞主人習其讀而問其傳則未知己之有罪焉爾葢春秋之義本以昭無正終定無正始不書正月若定公哀公讀春秋而問其故則權詞荅曰卽位在六月故也此董仲舒所謂智不危身也穀粱明正義公羊述微詞互相備爾

夏四月　秋七月　冬十月

隱九年秋七月傳無事焉何以書不遺時也

桓元年冬十月傳無事焉何以書不遺時也春秋編年

四時具而後爲年

公羊隱六年秋七月傳云此無事何以書春秋雖無

事首時過則書首時過則何以書春秋編年四時具

然後爲年

閏月

文六年閏月不告月猶朝於廟傳不告月者何也不告

朔也不告朔則何爲不言朔也閏月者附月之餘日也積分而成於月者也天子不以告朔而喪事不數也猶之爲言可以已也

公羊傳不告月者何不告朔也曷爲不告朔天無是月也閏月矣何以謂之天無是月非常月也猶者何通可以已也

桂林案左氏云閏月不告朔非禮也又曰不告閏朔棄時政也與穀梁異公義同穀而直以不告月爲不告朔則與左同觀文十六年公四不視朔書

曰視朔此獨云告月似穀梁兼發不告月之義爲優矣

哀五年閏月葬齊景公傳不正其閏也

公羊傳閏不書此何以書喪以閏數也喪曷爲以閏數喪數略也

桂林案九月癸酉齊景公卒並閏月數之爲五月而葬穀梁此傳文略者喪事不數之義已著於文六年閏月不告月傳也

又案右兩閏月皆在歲終左氏所謂歸餘於終文

元年左傳云於是閏三月非禮也經不書閏月書二月癸亥日食四月丁巳葬僖公二月癸亥朔無閏則四月無丁巳知實閏三月矣范注宣十年四月丙辰日有食之有云閏承前月而受其餘日故書閏月之日繫前月之下葢史策常法又引公羊閏月不書語證春秋書日有在閏月而不冠以閏者范誤以日食晦日爲本月之晦然義有足采附著爲考春秋日月者備一說焉

朔晦

僖二十有二年冬十有一月己巳朔宋公及楚人戰於泓傳曰事遇朔曰朔

公羊傳偏戰者日爾此其言朔何春秋辭繁而不殺者正也

桂林案公羊以宋襄不鼓不成列雖文王之戰亦不過此迂儒之見以穀梁曰事遇朔曰朔爲長

成十有六年甲午晦晉侯及楚子鄭伯戰於鄢陵傳曰事遇晦曰晦

桂林案春秋兩書晦此及僖十五年己卯晦震夷

伯之廟公羊兩傳皆云晦者何冥也何以書記異也穀粱此云日事遇晦曰晦而已卯晦亦云晦冥也自亂其例最爲可惜竊以僖十六年經書正月戊申朔逆推而上十五年九月己卯正當晦日益見日事遇晦曰晦於義爲確

卽位

定元年夏六月癸亥公之喪至自乾侯戊辰公卽位傳殯然後卽位也定無正見無以正也踰年不言卽位是有故公也言卽位是無故公也卽位授受之道也先君

無正終則後君無正始也先君有正終則後君有正始也戊辰公卽位謹之也定之卽位不可不察也公卽位何以日也戊辰之日然後卽位也癸亥公之喪至自乾侯何爲戊辰之日然後卽位也正君乎國然後卽位也沈子曰正棺乎兩楹之閒然後卽位也內之大事日卽位君之大事也其不日何也以年決者不以日決也此則其日何也著之也何著焉踰年卽位厲也於厲之中又有義焉未殯雖有天子之命猶不敢況臨諸臣乎周人有喪魯人有喪周人弔魯人不弔周人曰固吾臣也

使人可也魯人曰吾君也親之者也使大夫則不可也故周人弔魯人不弔以其下成康爲未久也君至尊也去父母之殯而往弔猶不敢況未殯而臨諸臣乎

公羊傳癸亥公之喪至自乾侯則曷爲於戊辰之日然後卽位正棺於兩楹之閒然後卽位子沈子曰定君乎國然後卽位卽位不日此何以日錄乎內也

桂林案卽位例不日故桓文宣成襄昭哀七公書卽位皆不書日獨此書日穀梁發二義一明先君無正終後君無正始故曰戊辰公卽位謹之也又

曰踰年即位厲也一明殯然後即位之義故曰著之也又曰於厲之中又有義焉周人有喪以下曲折沈痛可補禮經所未備後世奪情起復之流讀之得不愴然生哀默而自悔乎

又案公羊言錄乎內謂詳錄內事著合乎殯然後即位之義同穀梁惟引沈子說兩相舛互

公如

莊二十三年夏公如齊觀社公至自齊傳公如往時正也致月故也如往月致月有懼焉爾

定八年春王正月公侵齊公至自侵齊二月公侵齊三月公至自侵齊傳公如往時致月危致也往月致時危往也往月致月惡之也

公羊莊二十二年冬公如齊納幣二十三年春公至自齊傳桓之盟不日其會不致信之也此之桓國何以致危之也何危爾公一陳佗也

桂林案此往時致時皆正故穀梁無傳公羊謂陳佗外淫與左穀異此又以陳佗比莊公好言淫亂非事實也

成十三年三月公如京師傳公如京師不月月非如也非如而曰如不叛京師也

桂林案例往月危往往京師無所危故曰公如京師不月後書七月公至自伐秦葢用往月致月惡之例惡其以伐秦便如京師故不以京師致而以伐秦

朝

隱十一年春滕侯薛侯來朝傳諸侯來朝時正也

桓二年七月紀侯來朝傳朝時此其月何也桓內弑其

君外成人之亂於是爲齊侯陳侯鄭伯討數日以賂己

即是事而朝之惡之故謹而月之也

僖二十八年壬申公朝於王所傳朝於廟禮也於外非

禮也獨公朝與諸侯盡朝也其日以其再致天子故謹

而日之主善以內目惡以外言曰公朝逆辭也而尊天

子會於溫言小諸侯溫河北地以河陽言之大天子也

日繫於月月繫於時壬申公朝於王所其不月失其所

繫也以爲晉文公之行事爲已傎矣

公羊傳其日何錄乎內也

桂林案朝時正也與公如往時正也例同公當如
京師而此朝於王所故傳云逆辭桓二年紀侯來
朝惡之故謹而月也此書日惡可知矣又不繫月
重惡之也通計春秋諸侯朝魯以時書者二十餘
書月而繫於他事者七其書月者六桓二紀朝傳
著惡之之例僖十四六月季姬使鄫子來朝惡越
禮也定十五正月邾子來朝執玉高仰惡失禮也
成六六月邾朝三傳皆無傳成七曹朝左但云曹
宣公來朝成十八八月邾朝左但云宣公卽位來

見與無傳同穀梁以已具於朝時正也惡之故謹
而月之兩例故後不贅觀成十八年秋杞伯來朝
八月邾子來朝相連幷書而一時一月豈得謂無
義例哉來與朝同故介與白狄書時而祭伯來以
非王命書月實來以晝我書月實來范注云來朝
例時月者謹其無禮是也

盟

隱元年三月公及邾儀父盟於昧傳不日其盟渝也
莊九年公及齊大夫盟於暨傳同　莊十九年公子結

滕陳人之婦於鄄遂及齊侯宋公盟傳其不日數渝也
成十七年夏公會尹子單子晉侯齊侯宋公衛侯曹伯邾人伐鄭六月乙亥同盟於柯陵傳柯陵之盟謀復伐鄭也　秋公至自會傳不曰至自伐鄭也公不周乎伐鄭也何以知公之不周乎伐鄭以其以會致也何以知其盟復伐鄭也以其後會之人盡盟者也不周乎伐鄭則何爲日也言公之不背柯陵之盟也　冬公會單子晉侯宋公衛侯曹伯齊人邾人伐鄭傳言公不背柯陵之盟也

桂林案此盟渝不日一例柯陵之盟傳文屈曲以明不渝故書日耳因是以推盟唐盟浮來盟越盟進等凡書日者皆不渝者也定四年皋鼬之盟不日注不日者後楚伐蔡不能救故

隱元年九月及宋人盟於宿傳及者何內卑者也宋人外卑者也卑者之盟不日　文二年三月乙巳及晉處父盟傳不言公處父伉也爲公諱也何以知其與公盟以其日也　成三年丙午及荀庚盟丁未及孫良夫盟傳其日公也

桂林案此卑者之盟不日一例卑者書及而不書日今書及書日非卑者也故知爲公及盟莊二十二丙申及齊高傒盟於防可例推

桓十四年夏五鄭伯使其弟禦來盟傳來盟前定也不日前定之盟不日　僖三年冬公子友如齊涖盟傳涖者位也其不日前定也　文七年公孫敖如莒涖盟傳涖位也其日位何也前定也其不日前定之盟不日也　宣七年衛侯使孫良夫來盟傳同鄭禦

桂林案此前定之盟不日一例前定之盟我往爲

涖盟彼來曰來盟故例同信四年楚屈完來盟於師盟於召陵穀梁傳謂以桓公之得志爲僅矣不日非用桓盟不日例葢用前定之盟不日例

隱八年秋七月庚午宋公齊侯衛侯盟於瓦屋傳外盟不日此其日何也諸侯之參盟於是始故謹而日之也

昭十三年甲戌同盟於平邱傳公不與盟者可以與而不與譏在公也其日善是盟也

桂林案此外盟不日一例曹南鹿上清邱曲濮皆不日平邱之盟公不與是亦外盟也日以著其善

故後蔡侯廬歸於蔡陳侯吳歸於陳傳又云善其成之會而歸之故謹而日之

莊十三年冬公會齊侯盟於柯傳曹劌之盟也信齊侯也桓盟雖內與不日信也　二十七年夏六月公會齊侯宋公陳侯鄭伯同盟於幽傳桓會不致安之也桓盟不日信之也信其信信其仁衣裳之會十有一未嘗有歃血之盟也信厚也兵車之會四未嘗有大戰也愛民也　僖九年九月戊辰諸侯盟於葵邱傳桓盟不日此何以日美之也爲見天子之禁故備之也葵邱之會陳

牲而不殺讀書加於牲上壹明天子之禁曰毋雍泉毋訖糴毋易樹子毋以妾爲妻毋使婦人與國事

公羊莊十三年盟柯傳何以不日易也其易奈何桓之盟不日其會不致信之也其不日何以始乎此莊公將會乎桓曹子進曰君之意何如莊公曰寡人之生則不若死矣曹子曰然則君請當其君臣請當其臣莊公曰諾於是會乎桓莊公升壇曹子手劍而從之管子進曰君何求乎曹子曰城壞壓竟君不圖與管子曰然則君將何求曹子曰願請汶陽之田管子

顧曰君許諾桓公曰諾曹子請盟桓公下與之盟已盟曹子摽劒而去之要盟可犯而桓公不欺曹子可讎而桓公不怨桓公之信著乎天下自柯之盟始焉

莊二十三年十有二月甲寅公會齊侯盟於扈傳桓之盟不日此何以日危之也何危爾我貳也魯子曰我貳者非彼然我然也　僖九年葵邱傳桓之盟不日此何以日危之也何危爾貫澤之會桓公有憂中國之心不召而至者江人黃人也葵邱之會桓公震而矜之叛者九國震之者何猶曰振振然矜之者

何猶曰莫若我也

桂林案此桓盟不日之例兩同盟於幽貫澤首戴甯母洮牡邱皆不日本例盟淪不日故著桓盟不日信之也一例本例外盟不日故著桓盟雖內與不日一例而葵邱之盟又獨書日故特著美之備之兩義公羊則日危之也又是一義惟莊二十三盟扈穀梁無傳應取公羊危之之說以補焉范甯以霸主降心親與之盟臣子所慶文亦宜詳故特謹日以著之不如公羊之說足與穀梁相輔也

郊

僖三十一年夏四月四卜郊不從乃免牲猶三望傳夏四月不時也四卜非禮也　襄十一年夏四月四卜郊不從乃不郊傳同　成十年夏四月五卜郊不從乃不郊傳夏四月不時也五卜強也　襄七年夏四月三卜郊不從乃免牲傳夏四月不時也三卜禮也

成十七年九月辛丑用郊傳夏之始可以承春以秋之末承春之始蓋不可矣九月用郊用者不宜用也

公羊傳用者何用者不宜用也九月非所用郊也然

則郊曷用郊用正月上辛

哀元年鼷鼠食郊牛角改卜牛夏四月辛巳郊傳郊自正月至於三月郊之時也夏四月郊不時也五月郊不時也夏之始可以承春以秋之末承春之始蓋不可矣九月用郊用者不宜用者也　子不志三月卜郊何也郊自正月至於三月郊之時也我以十二月下辛卜正月上辛如不從則以正月下辛卜二月上辛如不從則以二月下辛卜三月上辛如不從則不郊矣

公羊定十五年夏五月辛亥郊傳曷爲以夏五月郊

三卜之運也

桂林案定十五年五月郊穀梁無傳傳亦在哀元年辛巳郊下所謂五月郊不時也凡郊書時月日皆以著其不時

成七年春王正月鼷鼠食郊牛角改卜牛鼷鼠又食其角乃免牛傳不言日急辭也過有司也郊牛日展觓角而知傷展道盡矣其所以備災之道不盡也

桂林案此鼷鼠食郊牛角不書日例

烝嘗

桓八年春正月己卯烝傳烝冬事也春興之志不時也

桓八年夏五月丁丑烝傳烝冬事也春夏興之黷祀也

志不敬也

桓十四年秋八月壬申御廩災乙亥嘗傳御廩之災不志此其志何也以爲唯未易災之餘而嘗可也志不敬也天子親耕以共粢盛王后親蠶以共祭服國非無良農工女也以爲人之所盡事其祖禰不若以己所自親者也何用見其未易災之餘而嘗也曰甸粟而內之三宮三宮米而藏之御廩夫嘗必有兼甸之事焉壬申御

禀災乙亥嘗以爲未易災之餘而嘗也

桂林案此三經左氏公羊皆不以時日爲例冬烝而書春書夏確爲書時以譏書日葢亦惡之故謹而日之也壬申乙亥尤足證以日爲例乃經之本旨矣

嘉禮

莊二十四年戊寅大夫宗婦覿用幣傳覿見也禮大夫不見夫人不言及不正其行婦道故列數之也男子之贄羔鴈雉腒婦人之贄棗栗腶脩用幣非禮也用者不

宜用者也大夫國體也而行婦道惡之故謹而日之也

桂林案覿亦朝之類也但事在大昏禮成後故另列於此備嘉禮一門

大閱

桓六年秋八月壬午大閱傳大閱者何閱兵車也修教明諭國道也平而修戎事非正也其日以爲崇武故謹而日之蓋以觀婦人也

公羊莊八年甲午祠兵傳何言乎祠兵爲久也曷爲爲久吾將以甲午之日然後祠兵於是

桂林案甲午治兵書法與壬午大閱相似穀梁於治兵傳曰治兵而陳蔡不至矣兵事以嚴終故曰善陳者不戰意葢善之而不著書日之義公羊明書日之義故附采以補之

侵

莊十年二月公侵宋傳侵時此其月何也乃深其怨於齊又退侵宋以衆其敵惡之故謹而月之

桂林案定八年正月二月皆書公侵齊彼傳旣於公如例著往月致月惡之之義侵書月亦惡之也

趙穿侵崇狄侵宋狄侵齊等書時其常也僖四年春王正月公會齊侯宋公陳侯衛侯鄭伯許男曹伯侵蔡蔡潰傳潰之爲言上下不相得也侵淺事也以桓公爲知所侵也不土其地不分其民明正也不著侵例時而此書月之義葢亦如葵邱盟書日取於美之備之也范注傳例曰侵時而此月葢爲潰亦通

伐

附公羊莊二十八年春王正月甲寅齊人伐衛傳伐

不日此何以日至之日也戰不言伐此其言伐何至之日也

桂林案公羊此傳可補穀梁之闕但其云至之日也者謂至日便伐以著其暴夫公羊以泓戰爲正而此爲暴然則孔子當云齊桓公譎而不正宋襄公正而不譎矣恐非聖人意也案左氏此伐乃齊桓討衞數之以王命雖左氏云取賂而還或非事實要其爲伯討名則正矣書日蓋亦備之也

戰

宣十二年夏六月乙卯晉荀林父帥師及楚子戰於邲晉師敗績傳績功也功事也日其事敗也　成二年六月癸酉季孫行父臧孫許叔孫僑如公孫嬰齊帥師會晉郤克衛孫良夫曹公子手及齊侯戰於鞌齊師敗績傳其日或曰日其戰也或曰日其悉也

公羊桓十三年公會紀侯鄭伯己巳及齊侯宋公衛侯燕人戰齊師宋師衛師燕師敗績傳曷爲後日恃外也其恃外奈何得紀侯鄭伯然後能爲日也

桂林案春秋戰皆書日如桓十二年丁未戰於宋

十三年己巳及齊侯宋公衞侯燕人戰莊九年庚申及齊師戰於乾時乃至城濮鄢陵艾陵諸大戰秦晉韓殽彭衙令狐諸戰皆書日穀梁於鞌邲發傳餘可推桓十年丙午齊侯衞侯鄭伯來戰於郎注結日列陣則日傳例曰不日疑戰也故傳曰來戰者前定之戰也而隱十年壬戌公敗宋師於菅注云敗例日與不日皆與戰同參觀後敗例自見又案桓十二年十有二月及鄭師伐宋丁未戰於宋傳云非與所與伐戰也麇信云此傳解經書下

日之意疏以爲非信葢用公羊己巳及齊侯宋公衛侯燕人戰後日之例彼爲恃外此爲不和危之耳

敗

莊十年公敗齊師於長勺傳不日疑戰也　莊十年公敗宋師於乘邱傳同　僖元年公敗邾師於偃傳同

莊十一年戊寅公敗宋師於鄑傳其日成敗之也

公羊僖三十三年辛巳晉侯及姜戎敗秦於殽傳詐戰不日此何以日盡也

桂林案右詐戰不日爲一例穀梁云疑戰謂不剋日而戰以詐相襲也其云成敗之也者言不以詐相襲得敗師之道故書日也詐戰不日定例也公羊於殽戰之日著其變例則亦惡之故謹而日之之義也

成十二年晉人敗狄於交剛傳中國與夷狄不言戰皆曰敗之夷狄不日

桂林案右夷狄敗不書日爲一例葢以非詐戰而不日故著此例

公羊文十一年甲午叔孫得臣敗狄於鹹傳其言敗何大之也其日何大之也

桂林案此公羊别發大之一例與穀梁成敗之也例不相悖而可相輔

潰

成九年庚申莒潰傳其日莒雖夷狄猶中國也大夫潰莒而之楚是以知其上爲事也惡之故謹而日之也

桂林案注謂潰例月甚之則日齊桓侵蔡蔡潰上係正月月例也此書日甚之也

入

隱十年壬午齊人鄭人入郕入者內弗受也日入惡入者也　僖二十八年三月丙午晉侯入曹執曹伯畀宋人傳同　宣十一年丁亥楚子入陳傳入者內弗受也日入惡入者也何用弗受也不使夷狄爲中國也　定四年庚辰吳入楚傳日入易無楚也易無楚者壞宗廟徙陳器撻平王之墓何以不言滅也欲存楚也其欲存楚奈何昭王之軍敗而逃父老送之曰寡人不肖亡先君之邑父老反矣何憂無君寡人且用此入海矣父老

曰有君如此其賢也以眾不如吳以必死不如楚相與擊之一夜而三敗吳人復立何以謂之吳也狄之也何謂狄之也君居其君之寢而妻其君之妻大夫居其大夫之寢而妻其大夫之妻蓋有欲妻楚王之母者不正乘敗人之績而深爲利居人之國故反其狄道也

公羊晉郤缺帥師伐蔡戊申入蔡傳入不言伐此其言伐何至之日也其日何至之日也

桂林案穀梁入楚傳曰易無楚公羊入蔡傳曰至之日皆言其暴仍即日入惡入之例以例推知桓

二年九月入杞無惡也范注於隱二年夏五月莒人入向云入例時惡甚則日次惡則月於無駭帥師入極云諱滅同姓故變滅言入因用滅例卑國月以為極蓋卑國

隱八年庚寅我入邴傳入者內弗受也日入惡入者也公羊傳云其言入何難也其日何難也其言我何言我者非獨我也齊亦欲之

桂林案前入陳入楚為入於彼之入此入邴為入於我之入故別錄焉公羊別發難也一例與穀不

悖而可相輔

取

隱十年辛未取郜辛巳取防傳取邑不日此其日何也不正其乘敗人而深爲利取二邑故謹而日之也　文七年三月甲戌取須句傳取邑不日此其日何也不正其再取故謹而日之也

襄十九年取邾田自漷水傳其不日惡盟也

桂林案此取邑不日謹而日之變例與盟渝不日例相通此年諸侯盟于祝柯晉人執邾子魯取邾

田方盟而執君取地是渝盟也故祝柯之盟不日
此取邑亦不日而傳曰惡盟焉
公羊辛未取郜辛巳取防傳取邑不日此何以日一
月而再取也何言乎一月而再取甚之也內大惡諱
此其言甚之何春秋錄內而略外於外大惡書小惡
不書於內大惡諱小惡書　公伐邾婁三月甲戌取
須朐傳取邑不日此何以日內辭也使若他人然
桂林案公羊取郜取防傳既以再取邑爲小惡書
而不諱矣取須句又以書日爲諱內惡之意使若

公春伐邾而他人以甲戌日取須句爲例不一不

如穀梁皆云謹而日之也

滅

莊十年齊人滅遂傳其不日微國也　僖五年楚人滅

弦傳同　僖二十六年楚人滅夔傳同

宣十五年六月癸卯晉師滅赤狄潞氏以潞子嬰兒歸

傳滅國有三術中國謹日卑國月夷狄不日其日潞子

嬰兒賢也

襄六年莒人滅繒傳非滅也中國日卑國月夷狄時繒

中國也而時非滅也家有旣亡國有旣滅滅而不自知由別之而不別也莒人滅繒非滅也立異姓以涖祭祀滅亡之道也

桂林案春秋滅國楚人滅江楚人滅六吳滅巢皆書時所謂夷狄時也齊師滅譚齊侯滅萊晉荀吳帥師滅陸渾戎晉人滅赤狄甲氏及留吁吳滅徐皆書月而楚之滅舒庸舒蓼楚人秦人巴人滅庸皆前書有月繫於他事以莒人滅繒前書秋葬杞桓公滕子來朝傳云書時例之亦書月例此所謂

卑國月也且傳於滅潞氏固云夷狄不日不云不
月陸渾甲氏不足爲疑蔡公孫姓帥師滅沈楚子
滅蕭楚子滅胡皆中國謹日之例與衛侯燬滅邢
楚師滅蔡楚師滅陳同疏於滅蕭引徐邈云書日
者蕭君有賢德汪於甲氏云滅夷狄時賢嬰兒故
滅其餘邑猶月皆非也至甲午遂滅傅陽范以時
實吳會諸侯滅傅陽恥以中國之君從夷狄之主
故加甲午使若改日諸侯自滅傅陽滅卑國月此
日益爲遂耳案傳但言遂直遂也不以中國從夷

狄也蓋謂不藉吳力故加遂字以著之不係書日之義其書日者傳陽雖微國而當孔道滅之足以制楚故大之也

桂林又案滅潞氏夷狄當書時月而書日一變例也滅繒中國當書日而書時又一變例也公羊襄五年叔孫豹鄫世子巫如晉傳云外相如不書此何以書爲叔孫豹率而與之俱也叔孫豹則曷爲率而與之俱蓋舅出也莒將滅之故相與往殆乎晉也莒將滅之則曷爲相與往殆乎晉取後乎莒

也其取後乎莒奈何莒女有爲鄫夫人者葢欲立其出也此傳正可與穀梁作注

入

莊二十四年丁丑夫人姜氏入傳入者內弗受也曰入惡入者也何用不受也以宗廟弗受也其以宗廟弗受何也取仇人子弟以薦舍於前其義不可受也

公羊傳其言入何難也其言曰何難也其難奈何夫人不僂不可使入與公有所約然後入

桂林案公羊與穀梁義亦不悖但穀梁見其大公

羊見其小耳桓之夫人姜氏至自齊文之遂以夫人婦姜至自齊成之僑如以夫人婦姜至自齊皆曰至而不書日獨此書日書入穀梁曰入惡入之說信矣齊小白入於齊不書日似爲無惡穀梁特著大夫出奔反以好曰歸以惡曰入之例不以日月爲例許叔入於許鄭伯突入於櫟衛侯入於夷儀皆其類也

歸

襄二十六年甲午衛侯衎復歸於衛傳曰歸見知弑也

桂林案本例以好曰歸以惡曰入今書日是與日入惡入同例公羊於鄭世子忽復歸於鄭著例曰復歸者出惡歸無惡復入者出無惡入有惡入者出入惡歸者出入無惡如衛侯朔入於衛出入惡也陳侯吳歸於陳出入無惡其義足與穀梁相輔惟衛侯衎復歸於衛公羊以爲惡𠝹其說迂曲不如穀梁用日入惡入之例爲直捷凡某人入於某以叛皆入者出入惡之例紀季以酅入於齊公羊賢紀季而不著入字之義較爲不備穀梁用入者

內弗受之例見齊受人之邑而滅人之國於義弗當受是也

又案桓十一年突歸於鄭傳曰突賤之也曰歸易詞也注傳例曰歸爲善自某歸次之此傳曰歸易詞也然則歸有二義不皆善矣

奔

文八年公孫敖如京師不至而復丙戌奔莒傳不言所至未如也未如則未復也未如而曰如不廢君命也未復而曰復不專君命也其如非如也其復非復也唯奔

莒之爲信故謹而日之也
襄二十三年乙亥臧孫紇出奔邾傳其日正臧孫紇之
出也蘧伯玉曰不以道事其君者其出乎
桂林案春秋內大夫書奔六叔孫僑如出奔齊書
日與臧紇同例歸父公子慭皆書月不書日以其
見逐於季氏閔錄之而不必正其罪也惟公子慶
父似當與僑如同例而亦書月不書日見魯人之
失賊不討也其外大夫奔注有兩條莊十二年冬
十月宋萬出奔陳注宋久不討賊致令得奔故謹

而月之昭二十年冬十月宋華亥向甯華定出奔陳注徐邈曰月者益三卿同出爲禍害重也

卒　葬

隱三年八月庚辰宋公和卒傳諸侯日卒正也　八年六月乙亥蔡侯考父卒傳同　莊元年十月乙亥陳侯林卒傳同　桓十二年丙戌公及鄭伯盟於武父丙戌衛侯晉卒傳再稱日決日義也

桂林案此諸侯日卒正例隱八年辛亥宿男卒桓十七年丁丑蔡侯封人卒之類皆此例再書丙戌

以見書日例必書日此最見日月例不可廢也
宣九年辛酉晉侯黑臀卒於扈傳其地於外也其日未踰竟也　襄七年鄭伯髡原如會未見諸侯丙戌卒於操傳其地於外也其日未踰竟也日卒時葬正也
桂林案此卽日卒正例卒於外有疑於異故著之髡原卒後襄八年經有夏葬鄭僖公故又云日卒時葬正也取後時葬以證其正許男新臣卒不日爲其踰竟許男甯卒於楚亦踰竟又書壬午日者經書卒于楚是踰竟已見不必不書日也昭二十

三年六月蔡侯東國卒於楚注不日在外也則仍

用踰竟不日常例

僖十七年冬十有二月乙亥齊侯小白卒傳此不正其日之何也其不正前見矣其不正之前見何也以不正入虛國故稱嫌焉爾

桂林案此言小白前於入國貶不稱公子已見不正故此從常例與子般卒傳不日卒故也有所見則日意同

宣十八年甲戌楚子呂卒傳夷狄不卒卒少進也卒而

不日日少進也日而不言正不正簡之也
桂林案傳意夷與中國不同故別著此例實則進之卽用日卒正例耳
莊十四年冬蔡侯肸卒傳諸侯時卒惡之也
桂林案此時卒惡例與日卒正同例
桂林又案僖四年夏許男新臣卒無傳范注引蔡侯肸卒傳諸侯時卒惡之也又引晉侯黑臀卒於扈傳其日未踰竟也以爲新臣卒於楚故不日非惡也蓋謂未踰竟則日新臣踰竟故不日耳疏又

因范注日卒正也正爲承嫡故其說反復糾纏徒多詞費竊謂此與僖二十四年冬晉侯夷吾卒皆當依傳與蔡侯肸同例又有卒書月者如成十五年六月宋公固昭十四年八月莒子去疾定十四年五月吳子光襄十八年十月曹伯負芻傳但言日卒正則月卒亦與時卒同爲惡之參考三傳吳光負芻篡者也宋公固卒有蕩氏之事莒去疾卒有蒲餘侯之亂似足徵書月爲惡矣穀梁於葬宋共公傳云月卒日葬非葬者也見月卒亦非正也

但考宋莊曹莊秦景晉平等皆月卒秦哀辥襄許元皆時卒似不可云皆有罪或有亂若謂舊史多闕孔子及見乃得詳錄則隱公時宋穆蔡宣皆日卒桓公時曹小國而終生亦日卒秦景晉平曹悼曹靖等皆在昭定時許元公卒在哀十三年正修春秋時矣此必不可通之說當以因赴告文而書之爲是赴告不具日甚則不具月著之春秋即見臣子怠慢或國家擾亂所謂不日卒惡也傳自通而後之說者塞之爾

莊三十二年乙未子般卒傳子卒日正也不日故也有所見則日　文十八年冬十月子卒傳子卒不月故也

襄三十一年癸巳子野卒傳子卒日正也

公羊文十八年子卒傳子卒孰謂謂子赤也何以不日隱之也何隱爾弑也弑則何以不日不忍言也

桂林案右子卒例子般卒傳云有所見則日注謂閔不書卽位可見其繼弑

襄三十年五月甲午宋災伯姬卒傳取卒之日加之災上者見以災卒也

桂林案右內女卒例火爲小災不書日故特發此

傳明日爲伯姬之卒

隱元年公子益師卒傳大夫日卒正也不日卒惡也

僖十六年三月壬申公子季友卒傳大夫日卒正也稱

公弟叔仲賢也大夫不言公子公孫疏之也　秋七月

甲子公孫茲卒傳大夫日卒正也

成十六年乙酉刺公子偃傳大夫日卒正也先刺後名

殺無罪也

成十七年十有一月公至自伐鄭壬申公孫嬰齊卒於

貍蜃傳十一月無壬申壬申乃十月也致公而後錄臣子之義也其地未踰竟也

公羊公子益師卒傳何以不日遠也所見異辭所聞異辭所傳聞異辭

公羊公至自伐鄭壬申公孫嬰齊卒於貍軫傳非此月日也曷爲以此月日卒之待君命然後卒大夫曷爲待君命然後卒大夫前此者嬰齊走之晉公會晉侯將執公嬰齊爲公請公許之反爲大夫歸至於貍軫而卒無君命不敢卒大夫公至曰吾固許之反爲

大夫然後卒之

桂林案右大夫卒例公子益師不日卒惡也俠卒無侅卒其類也公子季友日卒正也隱五年辛巳公子彄卒其類也公子偃見刺以無罪亦用日卒正例公子買有罪則書曰不卒戍刺之不用日卒例矣但所謂惡者非必有罪之謂卽左氏所謂公不與小斂是也壬申公孫嬰齊卒於貍蜃杜注左云日誤何以三家皆誤公羊傳最詳明足以申穀梁之說而補左氏之闕也益師不日公羊以爲遠

夫公子彄亦遠矣而書曰叔孫得臣亦近矣而不書曰定五年丙申季孫意如卒注謂明定之得立由乎意如春秋因定之不惡而書曰以示譏亦猶公子翬非桓之罪人故於桓不貶

文九年二月叔孫得臣如京師辛丑葬襄王傳天子志崩不志葬舉天下而葬一人其道不疑也志葬危不得葬也日之甚矣其不葬之辭也

桂林案通春秋書王葬五四書月獨此書日穀梁於此發傳言書日之義其葬桓王傳但云志葬危

不得葬故危而月之於日之甚矣可互推也桓王七年而葬匡王四月而葬簡王五月而葬景王三月而葬其危易見襄王七月而葬似合於禮故穀梁特發傳以著甚危公羊於此傳云王者不書葬此何以書不及時書過時書我有往者則書益以此經爲我有往者則書而不著書日之義說者以桓王有王子克之亂景王有王子朝之亂襄王時無是何得反云危甚竊觀是年春毛伯來求金乃知襄王之崩諸侯無一往賵賻者求金以葬必不

得已魯以求金故使得臣往而王以爲大德遂有蘇子女栗之盟則其危可見夫適遇事變其危出於有因初無變故而幾不得葬其危爲甚信乎穀梁之說爲優矣

定十五年丁巳葬我君定公雨不克葬傳葬既有日不爲雨止禮也雨不克葬喪不以制也　戊午日下稷乃克葬傳乃急辭也不足乎日之辭也

宣八年冬十月己丑葬我小君頃熊雨不克葬傳葬既有日不爲雨止禮也雨不克葬喪不以制也　庚寅日

中而克葬傳而緩詞也足乎日之詞也

桂林案右內葬因雨著變例書日中日下稷謹之至也

隱三年癸未葬宋繆公傳日葬故也危不得葬也　僖三十三年癸巳葬晉文公傳日葬危不得葬也

公羊葬宋繆公傳葬者曷爲或日或不日不及時而日渴葬也不及時而不日慢葬也過時而日隱之也過時而不日謂之不能葬也當時而不日正也當時而日危不得葬也

桂林案此諸侯日葬故也例公羊之說足輔穀梁

此經爲當時而日危不得葬也

隱五年夏四月葬衞桓公傳月葬故也　隱八年八月葬蔡宣公傳同　莊三年四月葬宋莊公傳同

公羊葬蔡宣公傳卒何以日而葬不日卒赴而葬不告

桂林案此月葬故也例蔡宣三月而葬依公羊例當是不及時而不日慢葬也今別著卒赴而葬不告之說乃知據赴告書月日亦周人舊說足輔穀

梁垚時葬爲正而以月赴卽穀梁所謂故也

成十三年冬葬曹桓公傳葬時正也

桂林案此葬時正也例時正故月日皆爲故

成十五年秋八月庚辰葬宋共公傳月卒日葬非葬者也此其言葬何也以其葬共姬不可不葬共公也葬共姬則其不可不葬共公何也夫人之義不踰君也爲賢者崇也

桂林案此一變例也本例諸侯日卒正也月卒無文時卒惡之也日葬故也今共公月卒而日葬疑

於危不得葬故著變例紀叔姬月卒日葬傳云閔
紀之亡此與紀叔姬同義葢閔共姬之守禮遇災
因詳共公之葬所謂爲賢者崇也其云非葬者係
言本例日葬必有故此非葬有故也注以共公昏
亂本不宜葬於事無證於義未安
襄三十年冬十月葬蔡景公傳不日卒而月葬不葬者
也卒而葬之不忍使父失民於子也
桂林案此又一變例也凡君弒賊不討不當書葬
況世子行弒是無葬之者矣故曰不葬然世子不

子景公不得謂無民特書其葬不忍使父失民於

子其義正而大矣然必書月以著有故

昭十九年冬葬許悼公傳曰卒時葬不使止爲弒父也曰子既生不免乎水火母之罪也羈貫成童不就師傅父之罪也就師學問無方心志不通身之罪也心志既通而名譽不聞友之罪也名譽既聞有司不舉有司之罪也有司舉之王者不用王者之過也許世子不知嘗藥累及許君也

桂林案此又一變例也葬時正也弒而葬書時見

非弒也左於此傳云盡心力以事君舍藥物可也公於此云許世子止弒其君買是君子之聽止也葬許悼公是君子之赦止也三傳皆同而穀梁著日月例尤明歐陽公不信三傳毅然斷止以弒君嚴正則有之以是聽獄必有失入之愆矣

哀五年閏月葬齊景公傳不正其閏也

桂林案此亦一變例也蓋非月葬故也而月之著其閏之不正耳已見閏月內

莊二十九年十有二月紀叔姬卒三十年癸亥葬紀叔

姬傳不日卒而日葬閔紀之亡也

桂林案右內女葬例此與不日卒故也日葬故也二例意同莊四年三月紀伯姬卒六月乙丑齊侯葬紀伯姬傳於葬云失國故隱而葬之不言日葬之義互見此經也

弑

文十四年齊公子商人弑其君舍傳舍未踰年其曰君何也成舍之爲君所以重商人之弑也商人其不以國氏何也不以嫌代嫌也舍之不日何也未成爲君也

襄二十六年辛卯衛甯喜弒其君剽傳此不正其日何也殖也立之喜也君之正也

桂林案據此二傳弒日正也剽不宜立疑其與舍同故又發傳以明之州吁以下中國弒皆書日惡之故謹而日之里克弒卓陳乞弒荼不日與舍同亦未成君也

襄三十年夏四月蔡世子般弒其君固傳其不日子奪父政是謂夷之

桂林案中國弒例日謹之也夷狄弒例不日略之

也中國臣弑君日子弑父不日比之於夷也夷狄弑不日如莒弑其君庶其吳弑其君僚之類殚弑比微國亦用夷例

昭十九年戊辰許世子止弑其君買傳日弑正卒也正卒則止不弑也不弑而曰弑責止也止曰我與夫弑者不立乎其位以與其弟虺哭泣歠飦粥嗌不容粒未踰年而死故君子卽止自責而責之也

桂林案依蔡世子般例此亦子弑比之夷宜不日今書日是用正卒例明不弑也

昭十三年楚公子比自晉歸於楚弒其君虔於乾谿傳弒君者日不日比不弒也

桂林案夷狄本不日此傳明比不弒欲多其證故兼弒君者日正例言之一曰言歸非弒葢傳例以好曰歸也是不弒一驗一曰歸一事弒一事而遂言之是不弒二驗不日爲三驗實則書歸已見不弒此特偶用中國弒君者日通例不足疑也惟宋弒杵臼中國弒不書日而昭公在位已歷九年非未成君例若云不正則有衞剽例若云無道則有

州蒲例然傳無文恐是脫二字耳

文元年丁未楚世子商臣弒其君髡傳曰髡之卒所以

謹商臣之弒也夷狄不言正不正

桂林案夷狄臣弒不日故子弒特謹而日之益甚

之恐或以許世子止傳曰弒正卒也爲例故又曰

夷狄不言正不正以明之注疏於弒例多引卒例

爲說弒豈可與卒爲例此不可通之甚也

附駁顧棟高許世子止弒其君論三傳皆言止不

弒君黨纂從之是也顧棟高乃復揚歐陽氏之餘

論迂而無當徒滋煩擾其言晉國之大猶求醫和醫緩止非素習方書精通藥劑者而不延醫診視率意自爲是以君父爲嘗試藥固有平人服之無恙而投劑失宜遂至立斃者不得以嘗藥解弒君之罪也夫略習方劑自謂神效欲試其方者此人情之所有也以砒毒毒其父與欲試方劑而誤弒其父此罪情之宜別也書爲弒君戒天下後世人子之侍疾不得其道者也日弒時葬又使後世知世子實誤而非本心也止初不詳愼恃其才藝妄

進方劑及病不起悔而哭泣嗌不容粒此又人情所宜然也顧氏乃云尤爲誣妄然則止若如商臣蠢悍然卽位反爲非誣妄乎止誤以藥弑父此其罪不可不正然不得與操刃弑父者遂無別此又王法所必然也顧氏乃云如穀梁言止爲孝子加以弑名此周興來俊臣所不爲何其言之過乎又謂誅一無罪以教萬世聖人用心不如是之迂曲何其言之率乎誤殺人不得謂無罪誤殺父得云無罪乎誤殺父者亦治以弑父之罪此三代至今

法令所同得謂周興來俊臣所不爲乎至謂國人
不容逃竄求免不得以不立其位謂與商臣蔡般
不同又以許素屬楚地無足貪故楚獨不討一似
曾目擊其事者以與彙纂相難尤爲枝離乃自謂
標出以告後之善讀左傳者桂林亦嘗讀左傳矣
傳云盡心力以事君舍藥物可也哀世子之輕妄
以弒父而且以自殺其身特著此以告萬世之欲
爲孝子而不知其方者也桂林讀左氏傳至宋繆
公召孔父屬殤公鄭成公疾不忍背楚共王棠君

尙謂其弟員數處淚常承睫歎左氏有至性故其文惋惻動人如此盡心力以事君二語亦見仁人孝子之心而顧氏以爲可定讞案殆亦慘覈少恩人哉

殺用

隱四年九月衛人殺州吁於濮傳其月謹之也

昭十一年夏四月丁巳楚子虔誘蔡侯般殺之於申傳稱時稱月稱日稱地謹之也

僖十九年己酉邾人執鄫子用之傳微國之君因邾以

求與之盟人因己以求與之盟己迎而執之惡之故謹而日之也用之者叩其鼻以衈社也

桂林案州吁弑歷八月而後見殺注謂謹記其時月見討賊緩慢宣十一年十月楚人殺陳夏徵舒歷十八月矣楊疏以爲不能自討藉楚之力禍害必深故書月爲謹之用亦殺也昭十一年十有一月丁酉楚師滅蔡執蔡世子有以歸用之此滅當書日用亦當書日統於丁酉矣兩書用皆係執用此外執諸侯十一無書日者知此書日爲用非爲

執也

日食

隱三年春王二月己巳日有食之傳言日不言朔食晦日也

桓三年秋七月壬辰朔日有食之傳言日言朔食正朔也

桓十七年冬十月朔日有食之傳言朔不言日食既朔也

莊十八年春王三月日有食之傳不言日不言朔夜食

也

公羊隱三年春王二月己巳日有食之傳食則曷為或日或不日或言朔或不言朔日某月某日朔日有食之者食正朔也其或日或不日或失之前或失之後失之前者朔在前也失之後者朔在後也

桂林案穀云食晦日者疏引徐邈說證為前月晦本無可疑而疏至百餘言猶云未審范意考范於宣十年四月丙辰日有食之注云此丙辰晦之日也己巳在晦日之下五月之上推尋義例當是閏

月是范以丙辰爲四月晦矣若爲前月晦則己巳乃四月十三日蝕范不知推步法也食既朔爲二日公羊所謂朔在後也蝕朔本在晦日而日官誤推後一日合朔於是日食在朔前其實眞朔在前非日食在朔前乃推朔者誤也日官誤推前一日合朔於是日食在朔後眞朔在後故日食失之後蝕日食必於合朔時也因是知穀梁公羊皆通日官之法而顏安樂說公羊乃有十四日日食之語眞可閔笑爾

旱 雩 不雨 雨

僖二十一年夏大旱傳旱時正也

僖十一年八月大雩傳雩月正也雩得雨曰雩不得雨曰旱

成七年冬大雩傳雩不月而時非之也冬無爲雩也

定元年九月大雩傳雩月雩之正也秋大雩非正也冬大雩非正也秋大雩雩之爲非正何也毛澤未盡人力未竭未可以雩也雩月雩之正也月之爲雩之正何也其時窮人力盡然後雩雩之正也何謂其時窮人力盡

是月不雨則無及矣是年不艾則無食矣是謂其時窮人力盡也雩之必待其時窮人力盡何也雩者爲旱求者也求者請也古之人重請何重乎請人之所以爲人者讓也請道去讓也則是舍其所以爲人也是以重之焉請哉請乎應上公古之神人有應上公者通乎陰陽君親帥諸大夫道之而以請焉夫請者非可詒託而往也必親之者也是以重之

桂林案昭二十五年秋七月上辛大雩季辛又雩傳但云季者有中之辭也又有繼之辭也公羊云

又雩者非雩也聚眾以逐季氏也不言書上辛季辛之義以雩月正也觀之知書日亦不正

僖三年春王正月不雨傳不雨者勤雨也　夏四月不雨傳一時言不雨者閔雨也閔雨者有志乎民者也　六月雨傳雨云者喜雨也喜雨者有志乎民者也

文二年自十有二月不雨至於秋七月傳歷時而言不雨文不憂雨也不憂雨者無志乎民也　文十年自正月不雨至於秋七月傳歷時而言不雨文不閔雨也不閔雨者無志乎民也

公羊自十有二月不雨至於秋七月傳何以書記異也大旱以災書此亦旱也曷爲以異書大旱之日短而云災故以災書此不雨之日長而無災故以異書也

桂林案公羊此義與穀梁異不如穀梁爲長穀梁說最足證日月爲褒貶義例之所在也文十三年自正月不雨至於秋七月無傳例同

又案傳稱雩得雨曰雩不得雨曰旱故以旱雩雨不雨幷爲一例

災異

隱九年癸酉大雨震電庚辰大雨雪傳志疏數也八日之閒再有大變陰陽錯行故謹而日之也雨月志正也

莊七年夏四月辛卯昔恒星不見夜中星隕如雨傳恒星者經星也日入至於星出謂之昔不見者可以見也夜中星隕如雨其隕也如雨是夜中歟春秋著以傳著疑以傳疑中之幾也而曰夜中著焉爾何用見其中也失變而錄其時則夜中矣其不曰恒星之隕何也我知恒星之不見而不知其隕也我見其隕而接於地者

則是雨說也著於上見於下謂之雨著於下不見於上謂之隕豈雨說哉

公羊辛卯夜恒星不見夜中星霣如雨傳恒星者何列星也列星不見何以知夜之中星反也如雨者何如雨者非雨也非雨則曷爲謂之如雨不修春秋曰雨星不及地尺而復君子修之曰星霣如雨何以書記異也

桂林案右異之見於天者隱五年螟傳曰甚則月不甚則時竊謂此通經書災異總例也小災時亦

災月大災日故癸酉大雨震雹庚辰大雨雪傳曰八日日大變皆著書日例也恆星不見一經曰昔曰夜中是並書其時刻矣非常奇變故特詳之范注乃用左氏星隕而雨之說解經非穀梁意穀梁經公孫敖如京師不至而復彼而字不得作如字也書公如大夫如者不一而足不可作而字也公羊著如雨非雨之說又引不修春秋之文足明穀梁本義益公穀同門皆得之子夏故其說相輔者為多昔人以左氏似戰國人在公穀後或以星隕

如雨太不近情酌爲與雨偕之解以求可信不知漢元延中隕星四面燿燿如雨下又見漢書天文志矣公羊雖妄亦不能自造不修春秋之詞觀此修改證以筆則筆削則削之語豈眞時月日一從舊史無所去取乎益修之爲言有損無益舊史或皆具月日孔子修之或謹而日或危而月義例存焉爾

春秋以時刻書者又有葬頃熊書庚寅日中葬定公書戊午日下稷皆非常也

文九年九月癸酉地震傳震動也地不震者也震故謹而日之也

僖十四年辛卯沙鹿崩傳林屬於山爲鹿沙山名也無崩道而崩故志之也其日重其變也

成五年梁山崩傳不日何也高者有崩道也

桂林案右異之見於地者傳例大異日小異不日沙鹿無崩道而崩故謹而日之梁山有崩道故用小異例不日

僖十六年春王正月戊申朔隕石於宋五是月六鷁退

飛過宋都傳先隕而後石何也隕而後石也於宋四境之內曰宋後數散詞也耳治也是月者決不日而月也六鶂退飛過宋都先數聚詞也目治也子曰石無知之物鶂微有知之物石無知故日之鶂微有知之物故月之君子之於物無所苟而已石鶂且猶盡其辭而況於人乎故五石六鶂之辭不設則王道不亢矣民所聚曰都

桂林案此物異也公羊記聞記見亦與耳治目治同惟以是月爲晦日其言曰是月者何僅逮是月

也何以不日晦日也晦則何以不言晦春秋不書晦也朔有事則書晦雖有事不書桂林案震夷伯之廟己卯實晦日公羊說非也

又案注云石無知而隕必天使之然故詳而日之鷁或時自欲退飛是以略而月之蓋穀梁之例記異以月日分大小無知而隕其異大故日有知而退飛其異小故月

昭十八年夏五月壬午宋衛陳鄭災傳其志以同日也其日亦以同日也或曰人有謂鄭子產曰某日有災子

產曰天者神子惡知之是人也同日為四國災也

公羊傳何以書記異也何異爾異其同日而俱災也

桂林案此火災也

隱五年螟傳蟲災也甚則月不甚則時　桓五年螽傳同　僖十五年八月螽傳同

桂林案此蟲災也

傳疑

桓五年甲戌己丑陳侯鮑卒傳鮑卒何為以二日卒之春秋之義信以傳信疑以傳疑陳侯以甲戌之日出己

丑之日得不知其死之日故舉二日以包也

公羊曷爲以二日卒之怴也甲戌之日亡己丑之日死而得君子疑焉故以二日卒之也

桓十四年夏五傳孔子曰聽遠音者聞其疾而不聞其舒望遠者察其貌而不察其形立乎定哀以指隱桓隱桓之日遠矣夏五傳疑也

公羊夏五者何無聞焉爾

桂林案春秋闕文傳惟兩處此外如莊二十二年夏五月或下有闕文桓四年七年不書秋冬昭十

年定十四年不書冬當係脫文顧棟高作闕文表列百餘例凡盟不書日卒葬不具月日諸侯卒不名日食不書日不書朔皆指爲闕文可謂果敢而窒矣如襄二十一年二十四年皆兩月頻日食齊履謙以爲傳寫之誤履謙知術之士不見術家推食不食之事乎古術最疏推十月食而日於九月食史官不敢不并存之彼於日食且不敢云月食之矣若云傳訛襄二十一年九月庚戌朔十月實當庚辰朔襄二十四年七月甲子朔八月實當癸

已朔傳寫訛而干支巧合有是理乎

穀梁釋例述傳

譚瑩玉生覆校

春秋穀梁傳時月日書法釋例　　海州許桂林學

傳外餘例

夫人如　莊二十年春王二月夫人姜氏如莒注夫人比年如莒過而不改無禮尤甚故謹而月之

文九年三月夫人姜氏至自齊疏引范氏例云夫人行有十二例時此致而書月者葢以非禮而致故書月以刺之

外相朝　桓五年齊侯鄭伯如紀注外相朝不書過我

則書例時

聘　隱七年齊侯使其弟年來聘注聘例時

會　隱二年公會戎於潛注會例時　隱十年春王二月公會齊侯鄭伯於中邱注隱行自此皆月者天告雷雨之異以見篡弒之異而不知戒懼反更數會故危之　桓元年三月公會鄭伯於垂注傳例曰往月危往也桓大惡之人故會皆月以危之　桓十年秋公會衞侯於桃邱弗遇注桓弒逆之人出皆有危故會皆月之衞侯不來無危故時

平　定十年公及鄭平注平不日者亦有惡

遇　隱四年夏公及宋公遇於淸注遇例時　僖十四年六月季姬及繒子遇於防注遇例時此非所宜遇故謹而月之

夫人饗　莊四年春王正月夫人姜氏饗齊侯於祝邱注凡會書月著時事有危雖於公發例亦無所不關

王使　隱三年秋武氏子來求賻注天王使不正稱月今無君不稱使故亦略而書時

疏云毛伯來求金亦此例

歸　隱八年三月鄭伯使宛來歸邴注凡有所歸例時疏云此月者爲下入邴月疏又云以擅易天子之田謹而月之非范意也

宗廟　隱五年考仲子之宮注失禮宗廟功重者月功輕者時莊二十三年秋丹桓宮楹是也

桂林案莊二十四年春王三月刻桓宮桷書月定元年立煬宮疏引范例云刻桷功重故錄月

桓二年取郜大鼎於宋戊申納於太廟注日之明惡甚也

祭祀　桓八年正月己卯烝注失禮祭祀例日得禮例時定八年冬〻從祀先公是也僖八年秋七月禘於太廟用致夫人月者謹用致夫人耳禘無違禮

逆女　隱二年九月紀履緰來逆女注不親迎則例月重錄之親迎則例時又見隱七年春王三月叔姬歸於紀注　成十四年秋叔孫僑如如齊逆女注親迎例時大夫逆皆謹月以譏之下云九月僑如以夫人婦姜氏至自齊一事不二譏故此可以不月也宣元年公子遂如齊逆女亦以時逆而月致義與此同

送女　桓三年九月齊侯送姜氏於讙月者重錄之

狩　桓四年春正月公狩於郎注蒐狩例日而此月者重公失禮也莊四年冬公及齊人狩於郜傳曰齊人者齊侯也其月人何也卑公之敵所以卑公也然則言齊人者所以人公則譏已明矣狩得其時故不月

桓七年己亥焚咸邱注曰之謹其惡

桂林案此火田亦狩類也

城　隱七年夏城中邱注城例時

伐　隱二年鄭人伐衛注伐例時　隱四年春王二月

莒人伐杞取牟婁注伐國及取邑例時此月者葢爲下戊申衞君完卒日起也凡例宜時而書月者皆緣下事當日故也日必繼於月故不得不書月事實在先不得不後錄也　昭四年秋七月楚子蔡侯陳侯許男頓子胡子沈子淮夷伐吳注眾國之君傾眾悉力以伐强敵內外之害重故謹而月之定四年伐楚亦月此其例也　僖十四年七月齊師曹師伐厲注徐邈曰齊桓末年用師及會皆危之而月齊桓政行天下其得失皆治亂所繫故春秋重而詳錄所善而

著所危　僖十八年春王正月宋公曹伯衞人邾人

伐齊注伐喪無道故謹而月之

莊三年春王正月溺會齊師伐衞注徐邈曰傳例往

月危往也

桂林案此公如例似不可用之大夫會伐

圍　隱五年宋人伐鄭圍長葛注圍例時

疏云上有日月者爲公子彄卒此雖例時不可去

上文日月此疏第二說其第一說以此爲久圍故

謹而月之

桂林案傳曰此其言圍何也久之也是不以月譏久宣十四年秋九月楚子圍宋疏引徐邈同此第一說

克　隱元年夏五月鄭伯克段于鄢注段有徒眾攻之爲害必深故謹而月之

救　莊六年春王二月王人子突救衛注徐邈曰諸侯不奉王命朔遂得篡王威屈辱有危故月

遷　昭九年許遷於夷注許比遷徙所都無常居處薄淺如一邑之移故略而不月

桂林案莊十年三月宋人遷宿疏引范略例言亡遷三好遷七惟許四遷不月以其小略之

諸侯奔　襄十四年己未衛侯出奔齊注諸侯出奔例月衎結怨於民自棄於位君弒而歸與知逆謀故出入皆日以著其惡

諸侯歸　僖二十八年六月衛侯鄭自楚復歸於衛注徐邈曰凡出奔歸月執歸不月奔則國更立主故君還入必有戰爭禍害所以謹其文執者罪名未定其追奉之歸無犯害故例不月

執　桓十一年九月宋人執鄭祭仲注執大夫者有罪者例時無罪者月此月者爲下盟　成十六年九月晉人執季孫行父注行父魯執政卿其身執則危及國故謹而月之錄所憂也

立　隱四年冬十有二月衞人立晉注立納入皆篡也大國篡例月小國時

公薨　桓十八年夏四月丙子公薨於齊注魯公薨正與不正皆日所以别內外也

夫人薨　隱二年十有二月乙卯夫人子氏薨注夫人

薨例日

周大夫卒　隱三年夏四月辛卯尹氏卒注王子虎卒

不日此日者錄其恩深也

內女卒　莊四年三月紀伯姬卒注內女卒例日伯姬

失國略之故月

賵　隱元年秋七月天王使宰咺來歸惠公仲子之賵

注賵例時書月以謹其晚

有年　桓三年有年注有年例時

大水　桓元年秋大水注大水例時

內災　桓十一年八月壬申御廩災注內災例日

　疏引成三年甲子新宮災

外災　莊二十年夏齊大災注外災例時　昭九年四

　月陳火注何休曰月者閔之

　凡注稱傳例爲傳所本有者不錄

穀梁釋例

譚瑩玉生覆校

右春秋穀梁傳時月日書法釋例四卷先師許月南先生所著也第一卷爲總論第二卷爲提綱第三卷爲述傳第四卷爲傳外餘例總論一卷先述穀梁之有功於經者三端次辨趙匡劉敞程頤學汪克寬顧棟高諸說之誤終論左氏公羊之異同葢卽以此篇爲自序也提綱一卷舉其大端述傳一卷析其子目所分之門類大率相同正月例第一夏四月秋七月冬十月例第二閏月例第三朔晦例第四卽位例第五公如例第六朝例第七盟例第八郊例第九烝嘗例第十提綱以郊與烝嘗合爲一述傳

分爲二嘉禮例第十一提綱以覲附於朝後述傳因春秋所書之覲乃大夫宗婦見夫人故別列於此以備嘉禮一門大閲例第十二侵例第十三附公羊伐例戰例第十四敗例第十五潰例第十六入例第十七此滅入之入取例第十八滅例第十九入例第二十此出入之入歸例第二十一奔例第二十二卒例第二十三提綱分卒葬爲二述傳合爲一弑例第二十四殺例第二十五附用例日食例第二十六旱雩例第二十七附雨不雨例災異例第二十八提綱有地震山崩蟲災等門述傳皆括於災異之內傳疑例第二十九若夫書時月日正例及不用正例列於提綱之始書昔例及夜中日中日下

稷例列於提綱之末而述傳內不列之者以其爲全書之通例不專屬於一門故有綱而無目也傳外餘例一卷則以傳無明文而僅見於范注者附之於後夫人如例第一外相朝例第二聘例第三會例第四平例第五遇例第六夫人饗例第七王使例第八歸例第九此歸地之例與提綱述傳人歸之例不同宗廟例第十祭祀例第十一逆女例第十二送女例第十三狩例第十四城例第十五伐例第十六圍例第十七克例第十八救例第十九遷例第二十諸侯奔例第二十一諸侯歸例第二十二執例第二

十三立例第二十四公薨例第二十五夫人薨例第二十六周大夫卒例第二十七内女卒例第二十八賵例第二十九有年例第三十大水例第三十一内災例第三十二外災例第三十三凡注稱傳例爲傳所本有者則不復更錄焉此書寫稿初成先生遽歸道山故本無目錄先生之兄石華國博亦吾師也將梓先生遺稿奉命校刊既竣敬識數語俾易檢尋至作書大旨則游夏不敢贊一辭已詳見諸家之序矣道光甲辰冬受業甘泉羅士琳謹跋

右春秋穀梁傳時月日書法釋例一卷　國朝許桂林撰案桂林字同叔號月南又號月嵐海州人嘉慶二十一年舉人羅茗香續阮文達疇人傳稱其至性純粹丁內艱以哀毀卒生平博綜羣書好學深思體素弱不耐勞然不能無所用心若靜攝一二日輒病唯讀書始精神煥發故日以詁經爲事人以疑義就質有問必答譪然示人以可親談僊䟽未數語便覺氣餒兼治六書九數著有易確二十卷毛詩後箋八卷春秋三傳地名考證六卷漢世別本禮記長義四卷大學中庸講義二卷

四書因論一卷許氏說音十二卷說文後解十卷太元後知六卷參同契金隄大義二卷步緯簡明法一卷立天元一導窾四卷擢對八卷半古叢鈔八卷味無味齋文集八卷外集四卷詩集二十六卷外集八卷駢體文四卷壹籟齋詞一卷及是書蓋刊行者僅十之一耳竊嘗歷覽數百年來治穀梁傳成書者絕鮮昔番禺亡友侯君讀康撰穀梁禮證一書余嘗刻之嶺南遺書第五集中似可與是書相輔而行噫闡千秋之墜緒鼎興於吳粵之閒而余皆得而付之剞劂亦一重文字香火緣

也咸豐甲寅孟冬之吉南海伍崇曜跋

清·黄式三 撰

春秋釋四卷

清同治光緒間（1861—1908）刊本

春秋之義不明由儒者之不信左傳也左傳之不信由儒者之拘成見而昧舊史之凡例也舊史凡例孔子不能不因之而讀春秋者挾左傳不可信之見亏是經之大義炳然著亏傳者或且無所忌憚妄肆駁㡿而五十凡例誰復細繹之乎式三少時恣讀左傳先君子旣以杜注及姜氏補義授之且告之曰姜氏注左而駁左是可疑且姜氏之學豈能勝亏左氏式三旣聆訓不敢忘及長搜求各書有能解左氏疑義者尋一義如尋異寶久之乃知左氏之於春秋信乎傳授之不鑿也爰舉其大綱凡例約略言之爲

杜氏釋例證其是校其失以此補姜氏之補義亏學者或有小補云爾若夫拾唾趨之餘唾駁左甚亏姜氏者豈敢信哉道光甲辰正月黃式三自敘

定海清貧好學之士有黃薇香其人者甲午甫見之叩所學有論語後案二十卷已而來驥村又以尚書啟幪四卷示余謂二者書說爲精薇香自謂論語後案之所係者大也今又以春秋釋示何撰著之不倦能如是蓋其所藴者粲矣薇香貌樸言吶且謙獨與言春秋左傳之舊例不足信則齗齗如不伸其說不止以爲今春秋說之行于世者輕駁左傳凡例皆亂道也余聆其言而怖之今讀其春秋釋一卷乃知其說之不誣其二三卷論周魯之時事春秋之大綱也四卷則襍著也論事之平允攷校古書之實事

者秘移

求是文浤之謹嚴讀者自知之不待余言鐵橋嚴可均

春秋釋一

定海黃式三

釋春秋經傳同異

春秋公羊穀梁之傳作于漢時不能盡合經意左氏親與孔子相授受傳與經亦復有異唐啖叔佐趙伯循陸伯同於是有信經駁傳之議宋則劉原父恣意言之式三爲之辨曰經于內弒書薨弒之實于傳見之書殺大夫而不名書人書盜而不名名于傳見之無族不書族有族而貶不書族貶不貶于傳見之駁傳者謂信如是春秋不足獨任

將決是非於傳矣豈知經不藉傳而明何賴於傳且三傳後諸儒復作傳豈經藉後儒之傳獨無藉於三傳乎魯春秋一國之史外事不赴告者不能書孔子修之常事削不書而不㝵增史之所不書修魯史之例則然趙東山曰凡史所書有筆有削史所不書不加益也故曰其文則史經既如此傳則博引列國之史文補敘時事羽翼聖經不嫌殽襍駁傳者謂春秋無此而傳有之皆傳聞道聽之辭豈知義理可以意斷事實之詳悉者能臆造乎經傳之異者如經書鄭伯髡頑卒楚子麇卒齊侯陽生卒傳以為弒經先書殺公子買後書楚人救衛傳

易其後先由當時記載之文各異經因舊史傳復采史文之異者以備參校不因舊史非傳疑之道不采異文非攷信之道亦經傳之互相備也駁傳者以公子買之事旣略遂肆言攻擊見傳錄所弒之事甚詳乃臆言變弒書卒之故顧氏大事表猶如此其說紛而莫定豈知經自為經傳自為傳其意有不可強合者強合之而反有害于經乎盟于甯毋經書鄭世子華而傳言辭子華辭其伐鄭之計不辭其盟也踐土之盟經不書王子虎而後傳云王子虎盟諸侯踐土在畿內不書王朝之臣猶惡曹之盟不書宋而傳則言宋

也經書公敗齊師于長勺固詭敗之例矣而傳既言未陳曰敗某師又言長勺之師齊既成列而不㝵用所以見詭敗之通稱此則經傳之似異而可互通者也褒貶爲孔子之特筆舊說固是而左傳所言舊史五十凡例孔子多因之以存其大體舊史有依時君爲褒貶者如魯隱不直衞州吁雖翬會宋陳之君及州吁同伐鄭而不偁衞侯桓莊不直陳佗齊無知雖踰年即位殺陳佗無知而書名桓莊黨于衞朔黔牟雖即位十年而不偁衞侯桓莊又黨于鄭突突雖出而偁伯子儀即位十四年而不偁鄭伯其他踰

年即位而稱爵或未踰年而稱爵文十四年齊公子商人弑其君舍舍未踰年即位之君也魯君固君之矣妾不俾夫人而經書夫人子氏薨夫人風氏薨夫人嬴氏薨則魯君固用夫人禮待之矣大夫之褒貶如季子來歸曰嘉之翬帥師曰疾之遂兩盟曰珍之仲孫高子女叔藝孫之褒亦復如是因魯君爲褒貶所以見一國之治亂其法固然孔子亦因之讀者不可以此駁傳也襄公二十一年兩書日食九月十月二十四年兩書日食七月八月日無比月頻食之理必經有重出之文李厚菴曰連月日食史之異文或曰九月朔或曰十月朔兩存之以闕疑如甲戌己丑陳侯鮑卒之例

經尚有譌傳自不免則傳之有可疑者當闕之不可肆意攻擊也啖趙陸名治春秋憑私臆決尊之曰孔子意孔子意未可必也以未可必而必之則固持一己之固而倡兹世則誣誣與固君子所不取徒令後生穿鑿詭辨詬病人捨成說啖趙陸實階之此唐書儒林傳之論後儒所宜鑒也宋劉原父助其狂波而濫之于是諸儒之杜撰自此滋興矣

釋敍釩

左傳依舊史例發五十凡杜氏釋例由是作而春秋之例

其事同其文亦同文同而義或異一例中有兼善不善者所以紀事實非以定襃貶也後儒言書救者皆善書執者皆不善拘一例以定襃貶均不可據以救言之善者固多矣若僖公二十八秊楚人救衛即傳所謂楚愛曹衛者書曰救衛見晉文服衛之難襄公十秊楚公子貞救鄭亦見晉悼服鄭之難也而後儒乃以爲善楚乎且僖公十八秊書狄救齊矣謂孔子之獎狄洩不可也以執言之不善者多矣若成公十五秊晉侯執曹伯歸亐京師傳言曹負芻殺太子而自立晉討其辠而歸諸京師非執之善者乎拘

一例以定褒貶言例者之失也或曰杜氏依左傳之文以執曹伯為非義今將翻左氏之案乎曰此杜氏不審傳文之譌而失之也傳曰會于戚討曹成公也書曰晉侯執曹伯不及其民也凡君不道于其民諸侯討而執之則曰某侯執某侯不然則否傳意言負芻殺太子復不道于其民晉侯討負芻不害及其民善晉侯之辭也傳文某侯執之侯譌寫爲人譌字正而經傳之義明矣甯乎此書人以執者如執虞公僖五執滕子僖十九執衛侯僖二十八執鄭伯成九未有言某侯執某侯者僖公二十一年宋公楚子陳侯蔡侯鄭

伯許男曹伯會于盂執宋公以伐宋二十八年晉侯入曹執曹伯二文承上言執與成公十五年經之書晉侯者異傳特于此年發凡起例見菁乎此與後乎此者執諸侯之多非義執虞公曰辠虞晉辠己顯而兼辠虞而此辠方伯討辠之義特褎書晉侯以是攷之傳文之有譌字非肊說矣杜氏釋例有辠有失而執諸侯例竟無一是者沿傳文之譌而附會于討賊稱人之例亘不知殺大夫一例執諸侯一例非天子方伯不可以執諸侯此執諸侯例之不辠與殺大夫同例也杜氏謂諸文之偁人以執諸侯者皆強國諱其所以執之

故而以衆討之辭來告信如是則晉厲胡不以衆討來告而甘自受辠乎此論之必不可通也僖公四年公羊傳曰執者曷爲或偁侯或偁人偁侯而執者伯討也偁人而執者非伯討也左傳之義與公羊同

釋人

書洪範曰凡厥庶民無有淫朋人無有比德又曰人用側頗僻民用僭忒詩假樂曰宜民宜人論語曰修己以安人修己以安百姓人者臣僚之通偁春秋之義王之臣公卿偁爵凡伯祭伯以比列侯大夫偁字南季榮叔以比附庸

元士中士併名劉夏石尚以比列國大夫下士併人公會王人于洮以比列國一命之畯王人子突洮亏王子諸侯之臣再命大夫併名其下併人劉賈云春秋之序三命以上乃書亏經頴氏以為再命併人杜氏謂昭公十季叔孫昭子始加三命傳言其三命踰父兄昭十二而先此叔孫皆自見經知所書皆再命也襄公三十季晉齊衞鄭諸大夫會亏澶淵謀歸宋財既而無歸亏宋厷名併人傳以為尤之尤之者略之也人者臣僚之通併略之而併人貶不失其分隱公十季翬帥師會齊鄭伐宋桓公十四季宋齊蔡衞陳伐鄭

莊公十四年齊陳曹伐宋十六年宋齊衛伐鄭二十八年齊伐衛公會齊宋救鄭僖公二十六年齊伐魯三十年晉秦圍鄭三十三年晉及姜戎敗秦于殽文公十二年晉秦戰于河曲經皆書人而傳或渾偁諸侯或實言諸侯之事其渾偁諸侯者杜氏以爲總衆國之辭其實言諸侯之事而經書人者或當時告命紀注之異經既爲正傳采史文之異者以備參攷或諸侯在軍而遣師入竟如僖公二十六年齊伐魯齊侯未入竟而伐北鄙者本人也而人之僖公十五年公會諸侯于牡丘次于匡公孫敖帥師及諸侯

之大夫救徐其事亦同假令當時君在會而使大夫出師經不書諸侯之會祇書大夫之役而傳言諸侯文有詳略事無違異或經傳侯人之字傳寫互異如莊公十三年北杏之會左傳書齊侯穀梁傳作齊人之比諸侯黜爵偁人公羊穀梁傳言之左傳原無是例杜氏謂通校春秋自宣公五年以下百數十年諸侯之咎甚多皆無貶偁人者可以見諸侯之例不偁人也僖公六年楚人圍許二十七年楚人圍宋文公九年楚人伐鄭十六年楚人滅庸宣公五年楚人伐鄭傳皆言楚子楚僻處南服雖大偁子未大則

偁人魯僖公荆舒是懲𦍑葢絶之于齊桓旣卒諸侯會于盂一書楚子文宣時人與子迭書㝡後則常書楚子此亦以紀世變矣杜氏于會盟朝聘例夌命例旣言之而未詳因申其義以明大夫之貶偁人者如此然則春秋于大夫之辠有不盡貶者何也辠不待貶而自見直書其事而已也會盟以書人而不書名爲貶被殺以不書名爲無辠何也會盟一例殺大夫一例異事不同例不同例而比之則被殺之不書名者必書其夌當與司馬華孫之來盟比例矣而不宜與書人者比例也隱桓莊閔之世兵將屢書人

何也春秋初年兵禍未烈公羊傳所謂將卑師少稱人者正例也

釋名

春秋經侯國再命之大夫會盟書名正例也卒稱名亦正例也宋人殺其大夫賢之而不書名文七年八年左傳是莊二十六僖二十五左氏無傳當闕疑嫌亏稱人以殺而變其例以賢之說者因謂大夫之殺貶而書名遂亏孔父仇牧之倫橫加刺譏杜氏胡氏說顧震滄駁之是是不知正例也若夫諸侯不生名貶則名之禮曰滅同姓名春秋書衞侯燬滅邢僖二十五禮也齊侯滅萊楚子

滅夔彼自相滅而非魯之同姓故不名虞公虢公王畿世竄之君惡晉滅之而經不書滅無由書名皆不㝵以彼疑此也顧氏誤駁禮記誤疑經傳禮又曰失地名春秋亐國滅及國未滅而以其君歸者則書名荆敗蔡師以蔡侯獻舞歸莊十鄭遊速滅許以許男斯歸定六宋公入曹以曹伯陽歸哀八亐諸侯出奔則書名鄭伯突出奔蔡桓十五衛侯朔北燕伯欵出奔齊桓十六昭三蔡侯朱出奔楚昭二十一莒子庚輿邾子益來奔昭二十三哀十其出奔而復入亦復名之亐執諸侯例不書名宋人執滕子嬰齊晉人執戎蠻子赤因其後不復國而從失地

稱名之例禮也僖公二十八年衛侯出奔楚使元咺奉叔武以受盟國猶其國故不書名襄公十四年衛侯出奔齊左氏之經不書名公羊之經作衛侯衎莊公十年齊師滅譚譚子奔莒僖公五年楚人滅弦弦子奔黃十年狄滅溫溫子奔衛三子皆不名未知經有奪字歟抑國小名微史失其名修春秋時已無以追錄歟皆不書以彼疑此也顧氏誤駁

天王使宰咺來歸惠公仲子之賵左傳以名爲貶諸侯不生名宰何以名且天王使咺咺曷以貶曰天王使宰咺君前臣名辭宜若此其以爲貶者史之例左氏自述其史

例如此非言孔子意也然則周公家父何以不名史亏王朝之公卿貶則偁名不貶則不書名孔子修春秋時不能知其名也邾儀父王人子突以字書近儒有疑其為名者謂齊侯祿父蔡侯考父季孫行父皆名也兼以見儀父之為字齊子糾鄭子儀子亹子臧子琴皆名也兼以見子突之為字莊公十六年邾子克卒克與儀父非一人不㝵以儀父為克之字趙匡有儀父為名之說方望溪據之顧震滄因之作春秋無書字論曰附庸之大者例書字王朝之大夫例偁字今必以為名者矯先儒名字褒貶之誤而昧於經傳之例者歟或以名字褒貶

爲周東遷後之變例象山姜氏說亦不㝵其說而爲之辭

釋族

公子公孫公族之親不待賜而併也非公子公孫而爲大夫者賜族而併氏春秋之正例也隱之篇兩書翬不併公子左氏云疾之公羊穀梁氏云貶其後之弒君三傳意同專兵者弒君之漸易傳言臣弒其君非一朝一夕之故隱公能疾翬不能去翬身受其禍所以戒也桓之篇書公子翬所以見桓與聞乎弒而寵任翬也文公八年公子遂會晉趙盾盟于衡雍公子遂會雒戎盟于暴兩書公子左傳

曰珍之隱公疾翬曰疾之文公珍遂曰珍之所以見文公之蔽護遂而成弒逆也宣公元年春王正月公子遂如齊逆女三月遂以夫人婦姜至自齊左氏有尊君命尊夫人之義成公十四年秋叔孫僑如如齊逆女九月僑如以夫人婦姜氏至自齊左傳云舍族尊君命也舍族尊夫人也諸儒駁左傳者以此爲省文之例公羊宣公元年傳曰遂何以不書公子一事而兩見者卒名也此諸儒之所據惠氏半農曰季姬與鄫子（僖十四）公子與夫人並稱夫婦辭也並稱可乎尊君命尊夫人春秋之義也襄公二十七年豹

及諸矦之大夫盟于宋傳曰不書其族言違命也史例如此夫子因之所以見季武子昮君穆叔受抑之由不因史例而事迹不明也昭公十四年意如至自晉傳曰尊晉辠己也二十四年婼至自晉傳亦言尊晉史例如此夫子因之所以見魯勢日衰晉陵虐小國之狀不因史例而事迹不明也孔子之修春秋不因舊史或因舊史而其義之因文以見者如此若夫隱公二年無駭帥師入極八年無駭卒左傳言無駭之氏賜于卒後所以明經不書族之義也非貶例也弒君之賊史或徒名以貶之或書公子書氏夫

子以直書弑君不貶而辠已見且不貶而藉寵作亂之實
謚見或氏或不氏文因魯史義例不主兮此也殺之例或
如楚之辱臣宜申不書族或如楚之成熊屈申則書族凡
書殺者其義在乎書公子書大夫或不書公子大夫不在
兮族不族也外大夫之聘魯者秦術楚椒吳札書名不書
族傳不言貶或未賜族或經傳有闕字或史文旣略夫子
因之不能定也劉氏原父謂四命之孤偁字如單伯是大
夫再命者偁名如無駭如俠是大夫三命者書氏書名公
子之尊視大夫非三命不書公子劉意謂經之所書以竅

之尊卑為等殺而攷之經傳殊不可通近儒謂經書殺矣名氏一因舊史則泥亏春秋據事直書不加襃貶之說百夫春秋之書襃貶最嚴者也貶而去族或惡之或自讓惡之以誅不善自讓以別嫌疑皆洿之不容已也翬遂書公子以著亂臣之禍則聖人之書洿微而顯矣

釋盜

春秋襄公十季盜殺鄭公子騑公子發公孫輒盜孰謂尉止司臣矦晉堵女父子師僕也曷謂盜無大夫也左傳之釋盜其例甚明昭公二十季盜殺衞矦之兄縶盜孰謂齊

豹也齊豹夀為司寇繄已奪之非大夫而書盜也先儒謂宗魯為盜齊豹不可書盜以駁左氏定公八秊盜竊寶玉大弓盜孰謂陽虎也虎季氏臣而書盜也哀公四秊盜弒蔡侯申盜孰謂翩也蔡昭侯將如吳公孫姓公孫霍公孫辰恐其又遷也翩遂逐公而射之卒翩非大夫而備盜也文之錯殺翩遂殺姓及霍姓霍書而翩不書翩不足書也然則左傳曷言承公孫翩傳有奪文也春秋之義一命以下之臣例不書名有遣使則書人其佗亂則書盜

釋以

春秋桓公十四年宋人以齊人蔡人衛人陳人伐鄭公羊傳以者何行其意也穀梁傳以者不以者也民者君之本也使人以其死非正也二傳責四國行宋意而輕其民也非特譏宋也僖公二十六年公以楚師伐齊左傳凡師能左右之曰以魯用楚撓齊於楚無諠也非獨譏魯也定公四年蔡侯以吳子及楚人戰于柏舉說者謂柏舉之戰吳人之志蔡侯安能左右之而書以吳子何也吳之伍員宰嚭欲報楚仇蔡侯亦以仇楚請師吳子爲蔡侯用正爲員嚭用上書吳入郢下書於越入吳則入郢非吳子之利也

經蓋譏吳子爾為所以者辠重而以之者辠輕矣春秋中如執君大夫以歸入邑以叛辠重亏以之者以師一例以叛一例以歸一例混合之則例難通矯之者曰春秋無例

釋殺

春秋宣公十五季王札子殺召伯毛伯二伯不名辠王札子昭公八季陳侯之弟招殺陳世子偃師穀梁傳謂之兩下相殺十一季傳楚子虔誘蔡侯般殺之亏申十三季楚公子弃疾殺公子比從兩下相殺之例皆異亏僣國以殺僣人以殺之例也禮曰刑人亏市與眾弃之僣國僣人與

眾弃之之義也然則國與人曷異僖公七年鄭殺其大夫申侯公羊傳曰偁國以殺者君殺大夫之辭也明乎偁人以殺者非君主之也衞州吁齊無知之殺衞齊無君隱四 莊九晉欒盈鄭𡨄霄殺亏戰陳襄二十三 又三十晉先都士穀箕鄭父之殺君幼而趙盾主之文九陳大夫公子過之殺公子招歸辠而殺之昭八經皆書人以殺本人也而人之然則曷以知其宜殺不宜殺州吁無知之不偁公子欒盈𡨄霄之不稱大夫而稱人以殺之討賊之正例也先都等之殺既偁殺者之辠以譏殺之者復偁人以殺之以譏殺者此交譏之

例也陳佗夏徵舒之殺桓六宣十一同亐州吁𣍼知而書曰蔡人楚人蔡之主此事者不㬰詳楚本君也而人之貶也曷貶乎爾楚人貪縣陳之富非正討辠也此殺賊而不與其討賊之例也文公七秊宋人殺其大夫八秊宋人殺其大夫司馬皆昭公之忠臣而公子鮑之黨殺之嫌殺之者之偁人特書殺者之衆不庰其名所以見宋人盡狂乃以不狂爲狂也此衆人殺無辠者之例也然則君主其殺者曷以知其宜殺不宜殺經之偁國以殺者書公子書大夫殺者與殺之者交譏之宣公九秊襄公五秊洩冶壬夫之殺

左氏交譏之是也或謂左氏譏泄冶是敎天下之爲華歆褚淵者式三謂以華褚衡之則泄冶忠以孔子之道論之則泄冶狷天王殺其弟佞夫襄三十晉侯殺其世子申生僖五宋公殺其世子痤襄二十六殺者書弟書世子明無辠也殺之者書天王書侯書公不稱國以殺明專殺也專殺者以一人私意殺之雖天王猶不可爲何況公侯或疑孔子匹夫不得譏天王諸侯不知春秋天子之事也用先世文武之法以辠先王之辠人辠五伯之辠人辠諸侯之辠人董子言孔子是非二百四十二年之中貶天子退諸侯討大夫以達王事而已此知春秋者也以季世目辠之王孔

子不㝵譏是孔子所謂辠我者也或謂齊桓公言無專殺大夫凡不告天子方伯者皆爲專殺胡氏說顧震滄誤沿之不知凶人之殺有不㝵濡遲以失事機者殺之而告天子方伯未晚也不宜殺者雖告之天王方伯而殺之殺之不爲無辠故曰專殺者以一人私意殺之也

釋歸入

春秋經莊公六秊衛侯朔入于衛穀梁傳曰入者內弗受也何用弗受也爲以王命絶之也是時魯齊宋陳蔡納朔而王人子突救之衛人以王命拒朔不勝五國之强書朔

入難辭也許叔入于許因公孫獲之去而強居之桓十五鄭伯突入于櫟殺檀伯而強居之桓十五齊小白入于齊齊大夫已盟蔇欲納糾而小白入之莊九穀梁傳曰以好曰歸以惡曰入言齊人不與小白之入也衞孫林父入于戚襄二十六鄭良霄自許入于鄭襄三十亂臣以力脅之而入衞侯入于夷儀失地之君藉十二諸侯之會迫脅之而入襄二十五左傳曰國逆而立之曰入杜元凱云本無位而國人迎立之則傳入其不然乎迺冓後例之內弗受而強立之曰入左穀義同桓十一年突歸于鄭穀梁傳曰歸易辭也祭仲易其事權在祭仲也突一書入一

書歸孫林父亦一書入一書歸成十四事分難易而善惡之褎貶不存于此蔡季自陳歸于蔡桓十七宋蕚元自晉歸于宋成十五宜歸者也楚公子比自晉歸于楚昭十三與孫林父之自晉歸于衞皆不宜歸者也義異而事同皆書之曰歸閔公元年季子來歸內大夫稱來歸猶外大夫之稱歸季子不能誅慶父而魯君臣以為賢而納之其為人善與惡迭見書曰來歸非褎善非貶惡之辭也惠半農謂以女子來歸例之淺文周納之也左傳曰諸侯納之曰歸外納之內納之統之為諸侯納惟納故易左穀之義亦可相通經有書復歸復入者左

傳曰復其位曰復歸以惡曰復入杜元凱曰衛侯鄭復歸
于衛復其位也身爲戎首則曰復入欒盈是也公羊傳曰
復歸者出惡歸無惡復入者出無惡入有惡入者出入惡
歸者出入無惡公羊此例不可盡通董子信公羊曰春秋
無達例

釋王不稱天

春秋書天王者三十二先儒疑其王不稱天者有六焉案
僖公二十八年兩書朝于王所謂京師也是猶王人之不
稱天王人王師之不稱天王師也書錫命者三于文公元

秊偁天王亐成公八秊偁天子天子猶天王也而亐莊公元秊錫桓公命獨偁王命者加命也古者八命作牧九命作伯所以寵生者之任職非以爲贈死之典故賜文賜成雖不辱其人生而賜命猶禮之所有也桓公本簒弒之主生無微勞既死而加命焉尤悖亐禮矣此王之所以不偁天也隱公元秊宰咺歸仲子之賵則書天王文公元秊叔服來會葬亦書天王而文公五秊成風之喪王使榮叔歸含且賵王使召伯來會葬則兩書王叔服之會葬僖公禮也仲子者惠公繼娶之夫人歸賵猶可說也而成風則莊

公之妾國人以小君禮葬之壓于君也而王亦以夫人禮之不天甚矣此王之所以不備天也繻葛之戰鄭莊之臯已箸而桓王之待鄭莊倏親倏疏倏予倏奪所任用之虢公林父周公黑肩德不足以服鄭莊而才猶不逮焉一戰而敗周威益替此王之所以不備天也方望溪力為桓王回護且援孔子墮都圍成不克證之非也春秋之書異文以見義而求異文之義者不能比事以通之矯之者乃以此為省文闕文譌文而義不存于此顧震滄取是說其說安可信邪

釋大夫會盟諸侯例

會盟自天子主之正也或天子不行使諸侯主之亦正也諸侯自爲會盟變也非正也會盟而志在乎亂變之正也大夫不會諸侯祇會伯子男正也左氏僖二十九年傳或權事之變以會諸侯亦春秋之法所不能盡拘也故魯大夫之會諸侯者如文元年公孫敖會晉侯于戚文十六年季孫行父會齊侯于陽穀宣十四年公孫歸父會齊侯于穀十五年公孫歸父會楚子于宋昭九年叔弓會楚子于陳經傳皆無貶成二年公會楚公子嬰齊于蜀楚書公子始于此經傳亦不貶也魯侯與大夫盟經多諱辭故外大夫來聘魯

而遂與公盟者皆不書公成三秊及荀庚盟及孫良父盟十一秊及郤犨盟襄七秊及孫林父盟十五秊及向戌盟是也其外大夫特來盟者亦不書公莊二十二秊及齊高傒盟于防是也杜氏謂與魯之微者盟失之魯君往朝而與大夫盟者不書公且貶盟者黜其氏如文二秊及晉處父盟是也僖十九秊齊之盟陳蔡楚鄭同偁人而不書公二十九秊翟泉之盟上及王人下及大夫亦偁人以貶而諱書公隱元秊及宋人盟于宿迫于宋難而貶之諱之尤可知也成二秊蜀之會先書公會楚公子嬰齊繼書公及楚人秦人宋

人陳人衞人鄭人齊人曹人邾人辥人鄫人盟于蜀此盟書公以著戰釁四將畏辠之心而大夫皆貶偁人盟與會異文則大夫可會諸侯不㝵盟諸侯其義益明矣隱八季公及莒人盟于浮來傳不言莒人之名蓋亦大夫而貶書人者如蜀之盟也若閔二季齊高子來盟文十五季宋司馬蕐孫來盟是魯君賢之之例也僖二十五季公會衞子莒慶盟于洮二十六季公會莒子衞甯速盟于向此不諱言公者小國之大夫無所迫脅于公而公自卑謙以脩好無所嫌也莊九季公及齊大夫盟于蔇齊亂未立君公與

大夫盟無所嫌也此又一例也內臣之盟外諸矦者如莊十六秊會齊矦宋公陳矦衛矦鄭伯許男滑伯滕子同盟亏幽據公羊經會上有公字左穀無之說者謂齊伯主盟列矦皆在而魯遣微者例不書名避不敢也文十秊及蘇子盟亏女栗遣微者以盟王臣亦不書名也桓十一秊柔會宋公陳矦蔡叔盟亏折柔舍族自貶以尊諸矦也文二秊公孫敖會宋公陳矦鄭伯晉士穀盟亏垂隴左氏云書士穀堪其事也敖不舍族者晉遣士穀而敖受士穀之盟無所嫌也成元秊臧孫許及晉矦盟亏赤棘許不舍族者

魯有齊難如晉請盟晉亦自卑下以親魯不以爲嫌也莊十九年公子結媵陳人之婦于鄄遂及齊侯宋公盟于媵書公子于盟書遂及譏其遂事不嫌書公子也仲孫貜仲孫何忌叔孫州仇之盟邾子三見于經（昭十一定三哀二）三家之強僭勢與小侯相埒以不貶貶之也文十六年陽穀之會季孫行父請盟齊侯弗可是齊侯雖與魯臣會而恥與魯臣盟繼書公子遂及齊侯盟于郪邱齊貪賂而許盟矣遂書公子不復尊齊也

釋兄弟

春秋之書兄者衞侯兄縶是也[昭二十]書弟者齊侯弟年[隱七桓三]鄭伯弟語[桓十四]魯公之弟叔肸[宣十七]衞侯弟黑背及鱄[成十襄二十七]陳侯弟黃及招[襄二十三昭八]天王弟佞夫[襄三十]秦伯弟鍼[昭元]宋公弟辰[定十一十四]是也公羊傳曰母弟稱弟母兄稱兄[隱七]左氏之說亦同[宣十七]式三曰春秋書同母之兄弟重宗法也禮曰別子為祖繼別為宗公子之公為其士大夫之庶者宗其士大夫之嫡者則嫡子同母之弟謂之別子其後宜立大宗也春秋傳言魯宣之母敬嬴嬖于文公則叔肸為庶子言衞定公卒立敬姒之子衎定姜既哭而

歟衛襄公夫人姜氏無子嬖人婤姶生孟縶又生元縶足不良故立元是鱄與縶皆庶子而三人皆書兄弟者君既由庶子而立是君之母兄母弟亦稱別子其後亦立大宗也故曰春秋書同母之兄弟重宗法也然則陳招弗書公子後書弟何也書公子者通稱也書弟者特筆也後儒之申傳義者或以同母為加親（惠半農取舊說）而駁之者則曰知母不知父不可為訓或以書弟者皆嫡子同母之弟（姜白巖取程子說）以傳文攷之非盡嫡子之弟是申傳者不得其正解也後儒之駁傳而自立說者以為經之書弟皆同父不必

同母以傳文攷之魯宣及叔肸同出敬嬴衛獻與子鮮同出敬姒衛靈與縶同出婤姶此皆母弟之最著者以經攷之宋公子地公子辰皆景公之弟而特書宋公之弟辰亏地稱公子則辰爲母弟尤可知矣是駁傳者未見其自立說之果是也近方氏望溪謂經稱公子者執政之大夫而不任職者稱兄弟此亦不信傳文而支離穿鑿之甚者也申傳而誤難盡怪也駁傳而誤可歎也

釋聘

春秋隱九年穀梁傳云聘諸侯非正也後儒從其說者言

齊桓之霸王禁明而王臣不下聘者六十年襄王二十三年當魯僖公之三十年王使周公聘魯由晉文之不明王禁有以致之姜氏亦用此說式三案周官大行人云閒問以諭諸侯之志以閒問與歸脤致禬並言則天子之于諸侯于禮有閒問卽聘也諸侯之于天子小聘曰問聘問爲二天子則以問爲聘聘問爲一穀梁之言難盡信范注已疑之鄭君周官注亦未從之也春秋于莊公二十三年書祭叔來聘至僖之三十年周公來聘中閒相距止四十一年如謂祭叔私來不在此數則自桓公八年家父來聘至僖公三

十年相距七十三年言六十年者無據矣且莊公二十六年齊桓始霸自此上溯桓公八年相距三十五年齊桓未霸而周不下聘誰之力歟此申穀梁說以褒齊桓者尤憒憒也若夫啖趙言諸侯之于天子有貢無聘惠氏半農論之備矣

釋天

春秋左氏傳于齊之陳氏晉之魏氏載其降生之兆卜筮之祥說者謂天道鬼神災祥卜筮古皆掌于史左氏守史職而備書之其失也巫（巫作誣非出范甯穀梁傳注謂多敘鬼神之事也）或曰此

左氏之諛也申左者乃為之說曰盛世之天理與數合亂世之天數與理睽春秋中篡弒疊見有數存焉天實為之也或又曰此非左氏之舊文也是皆不然夫齊晉季世之君皆昏暴不修德自絕于天其臣之善結民心者乘此機以取國取國者未可謂順天也而非其先世之受寵于天不能取也然則㝵國如陳魏者其始受天之寵其終逆天之心逆天而㝵之適乘其時君之絕于天而據之曰順受者正命逆取篡非命知天命之始終者其惟左氏左氏之作傳也世卿之家有善無不錄以明其順有惡無所隱以

著其逆載陳魏初秊之兆豈不謂忠君㤅民上順天心自將化家為國而獲福綿遠乎卒不能然將逆天以取國逆天者祚不長左氏蓋憫之矣或曰左氏固詳于數者也載晉女叔寬之言以襃宏為違天栁子厚王伯厚諸儒皆非之其可解乎曰詩書言自求多福言祈天永命皆謂修德以感天也天厭周德周不務修德弃郟鄏而遷成周壞其可支乎城成周者有持危扶顛之心而昧于天道之大原者也襃萇而貶左豈曰知天

釋偏兩卒伍

左傳桓公五秊先偏後伍伍乘彌縫杜注司馬法車戰二十五乘爲偏以車居前以伍次之承偏之隙而彌縫闕漏也宣公十二秊廣有一卒卒偏之兩杜注十五乘爲一廣司馬法百人爲卒二十五人爲兩車十五乘爲大偏今廣十五乘亦用舊偏法復以二十五人爲承副成公七秊以兩之一卒適吳舍偏兩之一焉杜注百人爲卒二十五人爲兩車九乘爲小偏十五乘爲大偏蓋留九乘車及一兩二十五人令吳習之杜氏之注所言卒百人兩二十五人與周官之文相符十五乘爲偏二十五乘爲偏二文歧異

其所解之義復與傳文乖牾說者非之矣服氏子慎亏宣公十二秊傳注曰左右廣各十五乘百人為卒言廣有一卒為承也五十人為偏二十五人曰兩廣既有一卒為承承有偏偏有兩故曰卒偏之兩服氏此注較杜注為明然以成公七秊傳文核之服說仍不可通昭公元秊傳兩亏歬伍亏後專為右角參為左角偏為歬拒服注引司馬法五十乘為兩百二十乘為伍八十一乘為專二十九乘為參二十五乘為偏亦復與歬注歧異式三案古者謂乘為兩詩百兩謂百乘孟子三百兩謂三百乘一乘輜車二十

五人馳車七十五人合輜車馳車爲兩兩用百人是謂兩之一卒偏兩猶偏師不用全軍曰偏師不備輜車曰偏兩舍偏兩之一畱馳車中士卒十分之一以教戰也廣有一卒卒偏之兩謂十五乘之廣用千五百人外又以百人副之而此百人不以副輜車專副馳車也先偏後伍先用馳車偏兩後用輜車之二十五人爲五伍副馳車以彌縫偏爲甬拒以馳車之七十五人爲甬拒也傳之四言偏者一側或曰周官夏官司右合其車之卒伍注云車亦有卒伍賈疏引左傳廣有一卒司馬法二十五乘爲偏百二十五

乘為伍江愼修申之以為車法兩偏為卒五偏為伍二十五乘之偏五十乘為卒百二十五乘為伍十五乘之偏三十乘為卒七十五乘為伍則左傳所云偏兩卒伍皆言車法也曰左氏昭公元年傳明言毀車崇卒則所謂偏為前拒者非車戰矣兩偏為卒古無明文巫臣以兩之一卒適吳舍偏兩之一江氏謂質言之以三十乘適吳留其半耳此文終不可解

後學丹陡陳慶季初校
孫炳燠錫辰復校

春秋釋二

定海黃式三

桓王事提要

周平王在位五十一秊崩魯隱公三秊太子洩父蚤歿立孫林是爲桓王虢公忌父王所信任者也初王命尹氏武氏助曲沃伐翼曲沃叛王王乃命虢公伐曲沃而立哀侯王旣好惡無常其後曲沃滅翼王復立哀侯之弟緡而卒無功鄭伯寤生平王時已爲卿士桓王將畀虢公政鄭伯怨王使祭仲帥師取溫之麥復取成周之禾三秊鄭伯朝王王

不禮焉周桓公諫桓公非黑肩五年鄭伯以齊侯朝王齊侯左傳譌作齊人王命鄭伯為左卿士宋公不王鄭伯以王命告齊魯同伐宋勝之蔡人衛人郕人不會王命黨于宋鄭取宋蔡衛三師復入郕八年王取鄔劉蔿邘之田于鄭而與鄭以蘇忿生之田十二邑其邑皆王所不能有者使鄭自取之鄭由是復不朝周十三年王伐鄭虢公林父周公黑肩從王師敗績于繻葛鄭祝聃射王中肩鄭伯之辠固彰彰矣而王之用虢周二公德既不足威復日替君子譏王之失人十八年虢有大夫詹父之譖詹父有辭以王師伐虢虢公

出奔虞十九年鄭伯寤生卒二十三年王崩子莊王佗立

莊王三年周公黑肩謀弑王而立王子克王殺周公黑肩王子克奔燕王子克桓王所寵而屬諸周公黑肩也周公阿桓王之亂命欲立之辛伯諫周公不從事發辛伯告王誅之

莊王僖王事提要

莊王立十五年而崩魯莊公之十二年也僖王立五年而崩魯莊公之十七年也二王之崩葬春秋不書說者謂周不赴列國不奔喪此殆不然莊王十四年齊桓公娶共姬

魯主其昏越一季崩胡為不赴于齊魯僖王元季齊桓公有北杏之會三季王使單伯會伐宋單伯王臣莊元季單伯送王姬文十五季單伯至自齊相距八十二季是二人之為世卿也四季諸侯同盟于幽穀梁傳曰同尊周也越一季崩胡為有莅覲王喪之事攷左氏莊公二十季及二十六季經傳經自為經傳自為傳經傳各有奪文則二王之崩或三傳俱無文而經文亦因之奪歟文公十四季頃王崩不書左傳言不赴不書之故則左氏佗傳時莊僖二王之崩必書于經是以左氏不發傳也列國不奔喪時蓋有之而周豈不能赴歟雖然王綱之不振自

莊僖而甚莊王黜衛朔立黔牟朔入而子突力不能救僖王命曲沃伯以一軍爲晉矦此王事之大憾也紀季姜爲桓王后而齊襄卒滅紀齊桓滅譚滅遂荆滅息執蔡矦獻舞皆在莊僖之世矣

惠王事提要

僖王之世齊桓公郲伯之時也齊桓既會宋桓亏北杏復請師亏周以伐宋王命單伯會伐宋單伯又會諸矦亏鄄則僖王固信任齊桓矣僖王崩惠王立二秊有子頹之亂助頹者内則蔿國邊伯石速詹父子禽祝跪外則衛矦朔

南燕伯仲父也平頹亂者虢公醜鄭伯突也齊桓方求諸侯而不勤王是時王信任虢鄭也（先儒疑子頹之事不見亐經而傳爲妄不知春秋魯史傳參補周史所以翼經）十秊王使召伯廖賜齊桓命爲伯且請伐衞衞惠公朝抗周入衞不能備禮事周後復助立子頹王命齊桓伐衞戰敗衞師以王命數其失禮衞服辠齊取賂而還（顧氏諸儒妄駁左傳特中之）蓋霸者之因公濟私固如此初王在諒闇中娶陳媯是爲惠后（左傳云實惠后實寔是古通用）王因是寵少子帶將廢太子鄭二十二秊齊桓會諸侯亐首止正太子之位盟諸侯王怒召鄭伯捷叛齊從楚晉鄭伯逃歸不盟

主此謀者宰周公孔也二十四年王崩依左傳在僖公七年與外傳諸書合明年襄王即位襄王二年齊桓會諸侯于葵邱止晉獻公之赴會者亦宰孔也惠王始任虢公醜虢公亡國之君也終任宰孔宰孔忌齊桓之功而黨于王子帶者也

襄王事提要

襄王賴齊桓而定位討戎難之辠王子帶奔齊而春秋傳于僖公十三年十六年兩言戍周則戎難未靖也未幾齊桓卒鄭文公捷始朝楚宋襄公茲父伐鄭與楚戰于泓傷而卒其子成公王臣亦不辱已含恨而朝楚蓋中國諸侯

之變甚亏此矣而襄王亦復有王子帶狄人之難幸而晉文公重耳起遏狄殺帶以安周敗楚服鄭以安天下請隧也啟南陽也召王狩亏河陽也曹伯以豎貨筮史而復衛侯以魯納穀而復也皆不能為晉文掩其過而其功不可沒王之絕請隧曰王章絕元咺曰君臣無獄抑亦嚴矣晉文卒子襄公驩立復主中原之盟襄公卒亏襄王三十二年越二年王崩晉霸亦衰襄王之臣冄有宰孔黨亏王子帶後有頹叔桃子奉帶以狄師伐周其與狄力戰而身遇難者周公忌父原伯毛伯富辰也富辰諫召狄伐鄭諫立

狄后其言甚正後復力戰使王㝵脫論者尤賢之帶難已平之後敢箸者曰王子虎其卒也赴于諸矦諸矦弔如同盟左氏文公三季傳所謂王叔文公卒者也外有賢方伯內有執政賢臣襄王是以免于難此外如內史過屏晉惠之受瑞惰內史叔興對宋襄之問隕石鷁退飛皆有識者矣

頃王匡王事提要

春秋文公九季傳范山言于楚子曰晉矦少不在諸矦北方可圖也是季頃王卽位晉靈公夷皐幼趙盾執政之時也楚聘魯秦致襚于魯豈非乘時以窺中國歟明季使蘇

子盟魯侯于女栗又明年晉郤缺魯叔仲彭生會于承筐文十一年經書叔仲彭生會晉郤缺于承筐釋文云仲衍字案十四年經𤍠仲字延脫彭生即叔仲惠伯謀諸侯之從楚者缺與彭生晉魯之賢臣衛鄭之君乃因魯以請平于晉二人賢而諸侯平則不平之由不用賢也是以六年夏諸侯有新城之同盟而頃王已崩于是年之春而匡王立矣是魯文公之十四年也頃王之喪以周公閱與王孫蘇爭政不赴不書于春秋之經匡王始信王孫蘇左傳王叛王孫蘇者信而棄之也議者多矣後復信周公閱而使尹氏與聃啟訟周公于晉晉平其事而復之是年秋齊公子商人弑其君舍冬齊人執單伯匡

王元年夏單伯至自齊冬諸侯盟于扈謀伐齊齊人賂晉侯事遂寢二年宋人弑其君杵臼公子鮑爲之也三年春晉人討宋受賂立公子鮑夏晉會諸侯于扈以定鮑之位是爲文公鮑與商人各以賂行篡天下之謀篡弑者無所忌矣四年齊人弑其君商人魯公子遂弑其君之子惡莒弑其君庶其六年晉趙盾弑其君夷皋弑君之事疊起于數年内者如此

定王事提要

定王元年楚子旅旅一作侶一作呂是爲莊王伐陸渾之戎至雒觀兵

同鼎輕重時魯宣公之三秊晉成公之元秊也自是晉楚迭爭鄭陳之成五秊晉會諸侯于黑壤王叔桓公臨之與楚彊謀不睦也六秊晉侯使郤缺為政七秊晉侯黑臀卒子景公獳立楚伐鄭晉郤缺帥師救鄭鄭伯敗楚師于柳棼八秊楚伐鄭晉士會救鄭逐楚師于潁北是時魯晉不通使潁北之役不書春秋傳補之郤缺晉之賢臣士會輔之可以敵楚之蔿敖矣惜未久于執政也九秊陳侯如晉楚入陳十秊楚入鄭晉荀林父帥師與楚戰于邲晉師敗績自是陳鄭皆服于楚十一秊楚子伐宋十二秊楚子圍宋十三秊魯公孫歸父

會楚子于宋自是宋魯皆服于楚楚之張如此周禍急矣而王孫蘇與召氏毛氏爭政乃使王札子殺召伯毛伯十四年春晉士會獻狄俘以黻冕命士會將晉中軍且為太傅于是晉盜奔秦冬晉士會來平毛召之難士會歸講求典禮脩晉國之法十五年夏晉會諸侯同盟于斷道秋晉士會老郤克為政矣十六年楚子旅卒子審立（旅莊王 審共王）十七年春晉使瑕嘉平戎于王秋王師敗績于茅戎劉康公為之也十八年夏晉會魯衛曹之師敗齊師于鞍冬楚以蔡許之師侵衛遂師于蜀侵魯是時諸侯畏晉而竊與楚

盟蔡侯許男失位乘楚車晉使鞏朔獻齊捷于周王不見使單襄公辭焉爲郤克之不能伐楚伐茅戎以敵王愾而徒逞怒于齊也晉臣自郤缺士會外無賢佐霸業衰而王室由此替二十一季王崩

簡王事提要

簡王承定王之後其臣之見于春秋經傳者曰單襄公劉康公成肅公周公楚尹武公召桓公單襄公旣責晉獻齊捷後復譏晉郤至之驟稱其伐驟數也傳云驟諫同復會諸侯伐鄭者再劉康公雖嚚師茅戎然成肅公受脤不敬劉康公譏之受中定命之言爲後世法晉郤至爭鄇田單劉二公訟

諸晉郤至乃不敢爭周公楚與伯輿爭政齊晉召桓公奉使賜魯成公命尹武公兩會晉伐鄭內臣之大略如此外方伯晉景公獳自邲戰旣敗不能服鄭者十二年定王末年鄭服晉諸侯同盟于蟲牢 魯成公五年 簡王元年楚伐鄭救之二年楚伐鄭救之復有馬陵之同盟四年同盟于蒲諸侯有貳于晉者晉命齊歸魯衛侵地復命歸于齊諸侯惡其失信也且晉歸鍾儀以求成于楚楚公子辰晉糴茷往來聘問景公卒厲公州蒲立宋華元卒合其成而猶責諸侯之貳于楚不亦傎乎未幾楚成遂敗十年春晉侯會諸

侯于戚討曹伯負芻殺太子而自立執之歸于京師伯討也冬復會諸侯之大夫及吳人于鍾離通吳以敝楚也十一年夏晉敗楚鄭之師于鄢陵秋尹武公會諸侯伐鄭十二年夏尹武公單襄公會諸侯伐鄭冬單襄公復會諸侯伐鄭晉既敗楚鄢陵復三假王命以伐鄭卒不能服鄭者楚厚于待鄭晉薄于待諸侯晉君臣驕侈之心未足以招攜貳自十三年晉人弒其君州蒲十四年王崩是魯襄公之元年也

靈王事提要

靈王之世凡數變十二秊以[illegible]晉悼公用韓厥知罃之謀輯睦中夏至于蕭魚服鄭楚不能爭說者謂其軼美城濮堪與召陵比烈中國霸業之最盛者也顧氏震滄謂城濮勝于召陵非孔孟以德服人之旨繼則晉悼用荀偃霸業遂衰助孫甯亂衛也假羽毛貳齊也平公繼之主盟會者十有三湨梁祝柯猶有霸國餘烈至商任沙隨祗以報范匄之私怨焉自趙武為政用宋向戌弭兵之說于是有宋之盟而列國之君不能不旅見于楚二十七秊王崩楚子昭亦卒魯陳鄭許之君往朝于楚者楚人止之以送葬景王元秊春魯侯親襚于楚

子之殯四月諸侯送楚子葬至西門之外五月王葬諸侯之大夫有莫能至者鄭上卿有事子展使印段往伯有以為弱子展曰與其莫往弱不猶愈乎葢周之威替于楚矣然此非獨晉之咎也王叔陳生愬戎于晉而反貳于戎後復與伯輿爭政王右伯輿之直猶殺史狡以說王叔陳生而復之卒至訟于晉而事始平何周室之不振一至于此公羊傳曰上無天子下無方伯天下諸侯有相滅亡者力能救之則救之可也公羊僖二秊十四秊傳文此公羊氏之所以善齊桓而恕其專也當靈王末秊設有齊桓起絕晉攘楚雖無

天子之命而可以行之也夫破胡傳上告天王下告方伯之謬

景王事提要悼王坿

景王十二年晉梁丙張趯率陰戎攻潁方伯之寇周自此始越四年劉獻公會諸侯于平丘晉人告齊之不尋盟獻公請帥王賦元戎十乘以先啟行此虛言耳鄭子產既爭承告子太叔曰晉政多門貳偷之不暇何暇討魯叔孫昭子見齊之伐徐而傷諸侯之無伯則實錄也蓋是時列國諸侯謚亂矣而畿內之臣亦亂甚襄頃之族殺單獻公而立成公原輿人逐原伯絞而立跪尋成景公之族殺甘悼

公過而立平公鰌毛㝵殺毛伯過而代之綱紀既紊亂賊難制不說學者豈獨原伯魯乎初儋括當靈王之崩欲立王子佞夫佞夫弗知也景王立儋括作亂尹言多劉毅單蔑甘過鞏成殺佞夫儋括奔晉儋括有辠不能討佞夫無辠而誅君子謂景王不仁亏其弟其後景王有所寵之子朝欲立之會崩朝作亂長子猛卒亏亂諡悼王此又景王之不仁亏其子也

敬王事提要

敬王初即位魯昭公二十三季有王子朝之難王居狄泉為東王

子朝立王城為西王二季晉人以王室之難徵會亐諸侯云期以明季三季諸侯會亐黃父又云明季將納王諸侯之怠亐王事如此幸而靖其難者單穆公旗劉文公卷之力也卷一名狄字伯盆而事伯盆者萇宏亦與有功焉黨子朝者尹固召盈毛得南宮極嚚父子極以地震死召盈知勢不敵反逐子朝子朝毛得奉周之典籍奔楚尹固奔楚旋復是四季事也七季尹固召盈伏誅十一季劉文公用萇宏言城成周不復返王城也王城稱西周卽郟鄏成周稱東周卽洛邑十五季楚亂殺子朝亐楚十六季儋翩率王子朝之徒因鄭

人以佗亂王避難居于姑蕕單武公穆公子劉桓公文公子定王室越三季而亂平初劉氏與晉之范氏世為婚姻萇宏既事劉文公與范獻子鞅相尋城成周之役晉魏獻子舒易位且惰屬役于韓簡子不信范鞅至去魏舒之柏椁以杀貶范與韓魏始隙二十三季晉趙簡子鞅負衛貢殺趙午圍邯鄲中行文子寅范昭子吉射討趙鞅鞅入于晉陽以叛未幾韓不信與魏襄子曼多舒孫奉其君以伐范中行春秋亦書入于朝歌以叛惡其攻君也韓魏既逐范中行遂復趙鞅鞅挾晉君以為重凡宋齊魯衛鄭之助范中行

者責之以棄君助臣而周萇宏既德范氏且以趙鞅始禍不直趙鞅姜氏謂周必不與范氏是駁傳非仲傳范氏之族士鮒來奔受之見定十四年傳復與范氏田見哀二年傳趙鞅怒王爲之殺萇宏以說于鞅是二十八年事也趙韓魏分晉之局定于此趙鞅自是伐衛伐鄭伐齊以報助范中行之怨視周室如弁髦矣

四十四年王崩魯哀公十九年

後學金壇林之祺初校
孫　家燧復校

春秋釋三

定海黃式三

隱公事提要

魯惠公元妃無子聲子生隱公仲子生桓公皆非嫡子也非嫡曷為欲立桓寵仲子也曷為卒立隱國多外難非㝵長君不能治也隱始通宋好盟于宿及六秊齊鄭始平惠之末秊宋齊鄭皆與魯為難其釁也有宋師不能不立隱也隱既立矣曷為經不書即位即位殺其禮也曷為殺其禮攝也經于仲子書夫人釁于聲子書君氏卒傳儕惠之

豢太子少以桓為太子復偁狐壤之戰公為公子皆箸隱有讓國之誠也曷為讓之誠成父志也是隱之仁也穀梁傳先君欲與桓非正也邪也雖然既勝其邪以與隱矣已探先君之邪志而遂以與桓則是成父之惡也式三謂隱成父志然則隱曷為終亏弒曰惡惡不能去也衞州吁弒君之賊合宋陳蔡伐鄭翬固請師師之而行書曰翬帥師隱疾之矣老桃之會翬先期會齊鄭伐宋隱亦疾之矣及翬請殺桓寖不加誅而身受弒隱之為君優柔寡斷知公子彄之賢而不能用弗許公子豫之會邾鄭而不能止其獘一也然則春秋之託始亏隱亦可知矣蘇東坡曰使隱公誅翬而讓桓雖夷齊何

以尙之自隱以後桓閔與子般之弑繼世疊見一國之變莫大于此春秋魯史誅亂賊必始于此所以示萬世之君立臣子之防者亦在于此

桓公事提要

魯桓公之時鄰國君之雄鷙者莫如鄭莊齊僖桓弑君而立會鄭莊于垂于越以許田易祊而位已定復會齊僖鄭莊于稷受宋賂立華督爲宋相取郜大鼎納于廟繼乃昏于齊使公子翬如齊逆女翬督弑君之賊也而莊僖寵之則桓可以無所顧忌矣受周之聘者三渠伯糾仍叔之子

家父受列侯之朝者五滕子杞侯紀侯穀伯綏鄧侯吾離而曹世子射姑邾人牟人葛人亦朝焉蓋當是時周與列國不討簒弒之賊以爲逆取而順守之亦可矣然桓安能順守哉内寵公子翬不用臧孫達申繻之賢國已失人矣鄭忽其所惡也突奪忽之國而黨之突既出奔會諸侯以納之其與齊襄會于袲納鄭突也復盟于黄平紀于齊也雖然後既與齊戰于奚矣而倏會襄于濼非天奪其魄將以報簒弒之惡也邪

莊公事提要

魯莊公年十四而即位春秋經于二年書公子慶父帥師伐於餘邱則此時之政慶父主之亞其謬矣五年冬會齊人宋人陳人蔡人伐衛是莊公親兵之始六年秋乃還納朔也朔奔而黔牟立已九年有王人子突之救而莊公抗之悖矣九年夏伐齊八月及齊師戰于乾時納糾也糾未納而小白入莽襄公靖難君齊而莊公歷時不退師之敗績非不幸矣十年春敗齊師于長勺夏敗宋師于乘丘十一年敗宋師于鄑傳雖箸曹劌公子偃歘孫之績而連年黷武與齊宋為敵民之困可知也越一年宋閔公弒桓公

御說立傳所謂能臯己知恤民者也又越一季齊桓公修衣裳之會亏北杏莊公受盟亏柯魯亏是乎始息兵雖然外難既弭內政不修如齊納幣如齊逆女身親為之詎無諫者觀夫曹劌諫觀社不聽（穀梁傳以觀社為尸女惠半農引墨子證之）御孫諫刻桷不聽諫宗婦用幣覿姜氏不聽其決亏違禮如此公羊氏言夫人不僂不可使入葢淺醜之季譏告糴而築郿新延廄可已而不已一季三築臺其事葢同說者謂築臺示侈以媚姜氏（方望溪說）其信然歟抑惡其惡而增之歟季四十五𢍰孟任之子般立弒之者通姜氏之慶父也姜氏

之子閔公啟立慶父又弒之齊桓公殺姜氏是爲哀姜

閔公事提要

閔公之卽位也少與齊侯盟于落姑請復季友召諸陳次于郎以待之果其幼而慧乎是時魯之臣臧孫辰等葢亦勸君爲之也齊仲孫湫來省難曰不去慶父魯難未已魯之君臣不遽去之者慶父擅權于莊公之世而有哀姜爲之內應勢積重而難返季友雖歸力猶不能制臧孫辰尤難淺責此孔子言臧孫之不知三不仁三而不加責于此也說者謂季友不誅慶父俟其弒閔而立僖意主于僖也

蓋因魯有季氏後日之禍而増其辠歟或曰桓弑閔弑般亦弑皆弑隱之報也邪閔公弑齊高子來盟公羊氏言桓公使高子將南陽之甲立僖公而城魯然則霸者之功不可沒矣

僖公事提要

魯僖中興之初值齊桓刱伯之秊從召陵之師頌所謂荊舒是懲也赴淮之會頌所謂淮夷率從也十秊如齊十五秊如齊說者譏魯之朝大國自此始而天子命齊桓為方伯五秊再朝禮亦宜之十七秊齊桓卒僖公與楚子會于

孟盟兮薄復使公子遂如楚乞師使晉文不興則魯將以

事齊者事楚矣以是知中國之不可無霸主也雖然僖公

之始盛終衰復以季友與公子遂分之滅項入杞與齊邾

交怨遂之執政則然季友執政未嘗有此然則當時有展

禽矣使其繼季友而爲政則僖公善績豈特如魯頌所詠

春秋所書已哉國有聖人値足用爲善之君而卒不用孔

子是以歎息痛悒兮臧文仲也

文公事提要

魯秉禮之國也文公時綏化僖公主逆祀躋僖公大室屋

壞而不修歷時不雨而不閔厭政已甚而不視朔婦姜賢聘而賤逆之成風非夫人而以夫人禮葬之郕太子亏君卒未立而來奔以君禮逆之饗亏晉而下拜宴甯俞而賦湛露彤弓何其既怠且闇多失禮歟文公之臣若公子遂公孫敖叔孫得臣季孫行父臧孫辰皆其敀用事者孔子譏臧孫之不仁不知有六譏季孫之不能再思則其餘者枉自鄶無譏之例矣八季冬公子遂及晉趙盾盟及雒戎盟傳曰珍之是公所尤珍者枉遂宜其政之謬也遂之殺適立庶尤惡之大者自有叔仲惠伯名彭生者公孫敖欲

娶莒女勸公止之晉郤缺謀諸侯之從楚者會以成之楚子使椒來聘執幣傲慆其必滅迨遂殺惡及視而身殉之可謂殺身成仁者矣

宣公事提要

文公之嬖也公子遂請于齊惠公殺適子惡（惡公羊穀梁傳作赤古聲同）而立庶子倭（一作佞又作委）是為宣公宣公以此德遂雖祿公公室不以為嫌遂亦季孫行父執政而宣公所屬意者在公孫歸父則以德遂者德歸父也內既德遂外則德齊其事齊也或一年而二朝焉（十年）或一年而使臣三往焉（元年十年）

黑壤之會晉人止之而不與盟爲其親齊而疏晉也迨至齊頃肆虐魯無所庇會楚于宋而楚交不堅十五秊會晉于斷道而晉交亦不堅十七秊事詳見成二秊傳當是時魯君臣莫不咎親齊疏晉之失大援矣特其所以失援之由各有所忌諱而不言目而歸父之如晉也乃欲以親齊之咎歸于行父而去三桓夫殺適立庶以失大援行父不能不分其咎而主此事者遂也歸父欲移其父之辠以辠行父行父拒聽之乎會宣公薨歸父奔齊行父逐之也

成公事提要

成公即位外有齊難楚復助齊遂有齊楚同我之惡晉爲盟主政令無常待魯復薄既戰鞌而歸汶陽復貳而與齊既自通楚好復疑魯之貳亏楚公初如晉而不見敬再如晉而止之九月沙隨之會以後期而晉侯不見公伐鄭伐秦伐鄭無役不從而猶有郤犨之譏歷蓋魯之困甚矣雖然所病者在國本之不立自穆姜之幽公子偃之刺是家不齊也有仲孫蔑之賢而不專任有僑如之姦而不速去是失人也不能革稅畝之弊而反增丘甲之作致汶陽故土既歸不服而用師圍之是失民也內治不修人始從而

侮之故論政必自立國本始

襄公事提要

襄公四歲卽位其執政者季文子行父也文子旣事成公復輔幼主行事功舉相參而孟獻子蔑叔孫穆子豹實能補文子之不逮以扶幼主而存弱國四年公如晉請屬鄫五年穆子以屬鄫爲不利使鄫大夫聽命于會是時穆子已代文子而爲政七年文子之子武子宿城其私邑之費十一年武子將作三軍請于穆子穆子有政將及子之語卒不能止之然則穆子爲政勢不足馭武子而獻子可知

矣入鄆也十二年取邿也十三年會吳于向而使次卿叔老為介以行也十四年城成郛而居叔孫之上也十五年武子之浸肆如此而襄公年已長不能收大權以歸己祇聽武子之所為則其不信任獻子穆子有以致之也獻子之子莊子速繼世象賢獻子卒于十九年越四年而莊子亦卒武子立羯使之纂己而穆子之勢益孤厥後襄公如楚未歸武子取公邑之卞以私肥己榮成伯鴐鵝為之賦式微而入國則穆子雖賢而權不足以制武子復何怪乎雖然終襄公之世既作三軍而不敢舍中軍者以穆子尚在也

昭公事提要

君尊臣卑天之經地之義民之行也春秋傳詳敘季孫意如之惡其在昰矣而傳亏昭公之未逐也譏其三易衰有童心述穆叔叔向之言譏其居襄公及齊歸之喪忘親而不哀述女叔齊之言譏其政令在家不能取有子家羈不能用民食亏他不能恤述樂祁之言譏其失民不㝵逞志動必憂其既逐也言如齊如晉之辱鄆潰之變以見其絕亏人言宋元公叔孫婼叔詣欲納之而遘疾以見其絕亏天經書居鄆在乾侯非公存公傳分言之豈從傳者果昧

于君臣之大義耶後儒譏傳為妄夫亦謂亂賊之佗臣辠必誅而其君不能不分任其咎二者兼書之所以辠意如而憫昭公也或謂專責臣或謂專辠于君皆偏說也孔子修春秋于外諸侯之失國書曰某侯某出奔某于昭公之失國書曰公孫于齊皆不書出君者之名書出君者之名祇足以責賊臣不如書奔書孫則逐之使奔使孫者其辠未嘗不顯而所以責君之不能守國義亦兼之目衛孫林父甯殖出其君舊史之文如此亦已辠尊君抑臣之義矣而孔子修之曰衛侯衎出奔齊左氏因之詳述師曠之言未嘗不體經意而為傳矣

爸晉文公直衞元咺請殺成公周襄王曰不可夫君臣無獄君臣皆獄父子將獄是無上下也此言當告季孫意如輩而豈足盡春秋天子之事哉

定公事提要

魯季孫意如逐其君敢佩攝祭者八季威福自作力足以要結人心使之馴服定公即位未能遽奪其權而還之五季夏意如卒秋叔孫不敢卒桓子斯武叔州仇皆弱不勝事公於是時復不能振己之權而委之亏陽虎一侵鄭一侵齊公皆親行而鄰不假道軍律不整誰之過歟公及諸

大夫盟陽虎于周社復盟國人于亳社洽紀尤蕩然矣逆祀自文公始而順祀先公之舉獨俟之于陽虎攻之公羊傳文公逆祀去者祇有三人諫不從而去至此順祀叛者猶有五人諫不以禮而去則魯稱秉禮之國亦虛語曰孔子有聖德不鄙視魯之君臣以爲衆大亂之後各有悔心可撥亂而反之正也陽虎既奔孔子遂爲中都宰是九年事也十年爲小司空攝行夾谷之相事齊人來歸鄆讙龜陰田十二年夏墮郈墮費公羊傳所謂孔子行乎季孫三月不違者也是爲司寇之績矣十二月公圍成仲孫何忌聽公斂陽之

言不克而還適齊人饋女樂受之以內難未平之日有晏安酖毒之懷孔子諫之不能聽（孔子之諫見韓非子）十三季郊不致膰孔子行（史記十四季孔子厺魯失之）亏是築蛇淵囿大蒐亏比蒲秕政著矣十五季公薨

哀公事提要

哀公十一季季康子以幣迎孔子歸而有田賦之訪沮之不聽哀公問有若盍徹之對復以為不然十二季春用田賦冬螽十三季冬螽十四季饑天之意蓋可知矣是季秋齊陳恆弒其君壬亏舒州孔子請討不行由是陳氏卒篡

齊韓趙魏亦分晉四篡逆之國雄于天下哀公欲以越伐魯而去三桓因孫于邾遂如越不復歸（史記云復歸不可信）皆由不用孔子之言而君臣之大義不明也初孔子失魯司寇將之楚（本檀弓）先之衛（見史記）衛有蘧伯玉之賢矣而靈公無道楚昭王知大道能存將亡之國矣而子西復彼（論語彼哉本作彼哉）彼郢楚有君而無臣衛有臣而無君皆不能用孔子然則君如哀公臣如康子復何望哉復何望哉寧乎孔子序書論詩綴周禮成春秋讀易而歎下學上達世莫我知也（下學上達語在刪訂贊修之後見史記及漢書儒林傳又見說苑）

後學江陰邢世章初校

孫　家夔覆校

定海黃式三

宋穆殤莊公事始末

宋宣公以子與夷之不賢立其弟和是爲穆公穆公病召大司馬孔父謂曰我不忘先君之恩我必立與夷孔父曰羣臣願奉馮也穆公曰吾不可以負先君于是使馮出居鄭終致國于與夷是爲殤公殤公元年衞州吁弒其君完自立知鄭之與宋有隙而欲納馮也使告于宋曰君若伐鄭以除君害君爲主敝邑以賦與陳蔡從殤公許之夏

宋公陳侯及蔡人衛人伐鄭圍其東門五日而還秋復伐鄭是一歲二戰也二秊宋伐郜取郜田于是郜人鄭人伐宋入其郛宋復伐鄭圍長葛是一歲三戰也七秊夏魯齊鄭同伐宋魯敗宋師于菅秋鄭伐宋入其郊宋復以鄭兵在郊與衛人乘虛入鄭八月宋復與蔡衛伐戴三師為鄭所克取之九月鄭復入宋是一歲五戰也八秊鄭伯以虢師伐宋大敗宋師于菅統前後言之為十一戰民不堪命十秊華督弒其君與夷迎公子馮于鄭而立之是為莊公賈服以七秊之秋鄭入宋郊宋衛入鄭郊為一戰賈氏因于七秊之夏一事分二戰服氏因據魯隱九秊謀伐宋為

一戰事在殤公六年疑皆未是論曰

左傳稱宋宣公立穆公而其子饗之是為知人此非左氏大賢之言後人附錄之說也而後儒輒舉公羊氏之文以君子之立子為大居正而歸過于宣公其謬尤甚夫立君以為民也古聖賢之君導民而治之如朽索馭六馬禪于人則如肩千鈞而息之為君固若斯之難也殤公之不仁宣公必早有以知之恐其後之毒民也而不立之所以保其國恐其後之不保國也而不立之亦所以保其子穆公能體宣公之意其不當復立殤公也明矣或曰莊公之為

人與殤公之不材鈞也子旣不材不如立先君之子曰立先君之子所以殺先君之子也其子不材曷不洽宣公之意擇賢而立之或曰子之論呂伯恭之所謂高也奇也曰如呂氏言必立不材之子以亂其國禍其家而後為非高非奇也邪

宋公子魚事始末

宋公子目夷字子魚桓公之庶子也太子曰茲甫其母在衞意不欲終立以絕迹于衞見庶兄子魚之仁且君之所忠也請讓之以為嗣桓公義太子意不許桓公疾茲甫復

固讓遂逃之衞桓公乃命子魚參合說苑及左傳子魚辭曰能以國讓仁孰大焉臣不及也且又不順亦逃之桓公病不瘳使人召茲甫曰若不來是使我以憂死也茲甫乃反復立爲太子桓公卒茲甫立是爲襄公襄公既立子魚乃歸使爲左師以聽政宋之官制左師之下有司馬司徒司城司寇右師在左師上而襄公以子魚爲仁政權歸之左師齊用管夷吾位在國高下魯任叔孫婼亦然也宋自殤公之亂越一世而萬又弒閔公桓公平之臧孫達所稱有恤民之心者子魚承先世之業復修舉其未理者行之數年國

諡治適齊桓公卒襄公因是納齊孝公有圖霸之意是時子魚為司馬矣（僖十九年傳偁司馬子魚）十年春襄公命執滕子嬰齊示威也夏曹人邾人會宋公盟于曹南鄫子後會襄公使邾文公用鄫子于次睢之社子魚諫曰古者六畜不相為用小事不用大牲況敢用人乎祭祀以為人也民神之主也用人其誰饗之齊桓公存三亡國以屬諸侯義士猶曰薄德今一會而虐二國之君又用諸淫昏之鬼將以求霸不亦難乎襄公不聽秋圍曹子魚復諫曰文王聞崇德亂而伐之軍三旬而不降退修教而復伐之因壘而降今君

德無乃猶有所闕而以伐人若之何盍姑內省德乎無闕而後動襄公亦不用也十二年春爲鹿上之盟以求諸侯于楚楚人許之子魚曰小國爭盟禍也幸而後敗秋諸侯會宋公于盂子魚曰禍其在此乎君欲已甚何以堪之于是楚果執宋公以伐宋冬楚人釋宋公子魚曰禍猶未也未足以懲君十三年宋伐鄭楚救鄭宋楚戰于泓宋師敗績宋公傷股十四年宋公遂卒傷于泓故也子成公王臣立五年晉敗楚于城濮宋乃免于楚之難初盂之役宋公與楚子期以乘車之會子魚曰楚彊而無義請以兵車之

會往宋公曰吾與之約以乘車之會自我為之自我墮之不可遂以乘車往楚人果伏兵以執之宋公乃謂子魚曰子歸守國矣國子之國也子魚復命曰君雖不言國國固臣之國也于是歸設械而守之楚人謂宋人曰子不與我國吾將殺子君矣宋人應之曰吾賴社稷之神靈吾國已有君矣參公羊傳及左傳楚子知殺宋公猶不㝵宋國適魯侯會楚子于薄為宋公言乃釋宋公故宋公之執不用子魚言而至此也其釋也則子魚之力也泓之戰宋人既成列楚人未盡濟子魚請擊之左傳云司馬固諫顧亭林以大司馬卽司馬子魚固諫者堅辭以諫

惠定宇引晉語晉公子重耳過與司馬公孫固相善韋注固莊公孫及韓非外儲說以規顧氏然顧氏據史記未必非也

宋公不許既濟而未成列又以告復不許及敗國人咎宋公宋公曰古之為軍也不以阻隘也子魚曰君未知戰今之勍者皆吾敵也明恥教戰求殺敵也利而用之阻隘可也左氏穀梁氏皆以子魚之言詭而不害于正者審時度勢能殺敵以保吾民固仁義之正道矣子魚于未戰之時告君以文王之修德以齊桓為德薄襄公以為迂及其戰也襄公則意欲師文王公羊氏因謂宋公之論戰文王不是過而惜其有君無臣嗚呼有臣如子魚而不能用斯

其眞無臣也邪子魚之子曰公孫友其後世以魚爲氏

晉隨武子事始末

晉士會者士蔿之孫也文公城濮之戰多其才使爲戎右襄公卒晉人欲立長君使士會逆公子雍于秦既而畏穆嬴之偪立靈公而禦秦人之送雍者士會由此奔秦居秦五年晉秦有河曲之戰晉六卿患秦之用士會也議復之是時荀林父請復賈季郤缺曰賈季亂且辠大不如隨會能賤而有恥柔而不犯其知足使也且无辠乃使魏壽餘僞叛而請歸于秦秦伯信之壽餘履士會之足于朝秦伯

使士會如魏約辭士會知晉之返己也乃辭曰晉人若背其言臣死妻子為戮秦伯曰若背其言所不歸爾孥者有如河乃受命既濟魏人譟而還秦伯悔之然其帑卒歸時靈公之六年也靈公壯而侈虐殺人趙盾驟諫士會曰諫而不入則莫之繼也會請先士會既入諫公謝過稽首而對曰人誰無過過而能改善莫大焉詩曰靡不有初鮮克有終君能有終則社稷之固也豈惟羣臣賴之然公陽是之而不改也趙盾數諫終不改數左作驟驟數同音義靈公既弒成公立晉楚爭鄭國之成成公卒景公立楚伐鄭士會救鄭

逐楚師于潁北而率諸侯之師戍鄭是時楚莊王用蔿敖而晉則郤缺執政士會輔之故爭鄭若斯之力也越一年荀林父執政而晉師敗于邲邲之役荀林父將中軍士會將上軍趙朔將下軍而先穀郤克欒書佐之救楚之伐鄭也及河聞鄭與楚平林父欲還士會曰善會聞用師觀釁而動楚之德刑政事典禮不易不可敵也見可而進知難而退軍之善政也兼弱攻昧武之善經也子姑整軍而經武乎猶有弱而昧者何必楚先穀不從以中軍佐濟林父不能以軍法制之乃皆濟師楚子聞晉師至使少宰如晉

師曰寡人少遭閔凶不能文闓二先君之出入此行也將鄭是訓定豈敢求辠於晉二三子無淹久士會對曰昔平王命我先君文侯曰與鄭夾輔周室毋廢王命今鄭不率寡君使羣臣問諸鄭豈敢辱候人敢拜君命之辱君子謂士會有辭而先縠以為諂使趙括從而更之以求戰且不設備士會曰楚無惡除備而盟何損乎好若以惡來有備不敗先縠復不從士會知師之將有禍也乃使鞏朔韓穿帥七覆乎敖前及戰晉師右移上軍未動有備故也是以各軍奔潰之時士會獨收師殿而退七年春士會帥師滅

赤狄獻俘于京師王以黻冕命士會將中軍且爲太傅晉
侯請之也于是士會執政晉國之盜逃奔于秦羊舌職曰
吾聞之禹偁善人不善人遠此之謂也夫善人在上則國
無幸民冬晉侯使士會如京師平毛召之難王享之原襄
公相禮殽烝武子私問其故王聞之召士會曰季氏而弗
聞乎王享有體薦宴有折俎公當享卿當宴王室之禮也
士會歸而講求典禮以修晉國之法越一季士會請老以
避郤克告其子燮曰爾從二三子惟敬燮受命唯唯趨之
戰郤克勝齊師歸會見燮之後入呼而問其故燮對曰師

有功國人喜以逆之先入必屬耳目焉是代帥受名也故不敢士會喜曰吾知免矣士會食采于隨范卒諡武其後趙武亟偁羨之趙武與叔譽觀九原言陽處父知不足偁勇犯仁不足偁利其君不忘其身謀其身不遺其友微隨武子其誰與歸與子木會于宋復言武子之家事治言于晉國無隱情其祝史陳信于鬼神無愧辭子木歸以語王王曰尙矣哉宜其光輔五君以為盟主也式三曰以隨武子之賢當趙穿弒靈公之時不能與趙盾力爭使之誅穿豈其自顧力不足而不以言邪抑言之而史不錄之邪孔

子譏臧文仲之不仁三不知三而不責以平慶父之難贊蘧伯玉之卷懷兮無道而不責其近關之再出事固有力之所不能强者君子成人之美毋輕誣人以不善也若夫河曲之役為秦畫策使之出戰交綏而已綏退也烏足為武子病哉

管仲子產論

身賢賢也能薦賢亦賢也齊鮑叔鄭子皮之所以傳美至今也然傳記孔子之言襃鮑叔子皮而譏管仲子產未聞復有所進是言也劉子政錄之蘇明允極論之式三曰此

非孔子之言也夫所褒乎薦人者為其所薦之㝵賢㠯使管仲而不能用賢也者是鮑叔薦害賢之人也子產而不能用賢也者是子皮薦害賢之人也四子之賢其不然亦明矣管仲之言曰墾田剏邑辟土藝粟盡地力之利臣不若甯戚請置以為大田登降辭讓進退閑習臣不若隰朋請置以為大行蚤入晏出犯君顏色進諫必忠不避死亾不重貧富臣不若東郭牙請置以為大諫平原廣域車不結軌鼓三軍之士視死如歸臣不若公子成父公子管子作王子請置以為大司馬決獄折中不殺不辜不誣無辜臣不若

弦章景公時有弦章二人蓋同姓名韓非作弦商新序作弦甯請置以為大理管仲言見管子韓非子呂覽韓外傳新序此惟管仲能兼用此數人始數人㝵展其所長子產相鄭羅致裨諶游吉公孫揮馮簡子之倫亦如之可謂朝多君子矣子產之卒也游吉代為政左傳記之管子書言疾亟薦隰朋韓非子十過言管仲薦隰朋而桓公不用呂覽貴公亦言薦隰朋越十月隰朋卒以列子力命莊子徐無鬼韓非子十過與呂覽貴公齊世家核之其事足信是可以責管仲乎孔子數偁管仲子產如其妒賢妨能則辠不止於器小而品不列於惠人孔子將不偁之世以此責二子吾故斷之曰此非

孔子之言也

百里奚論

孟子雪聖賢之誣百里奚無干秦穆公事辨之明矣然身棲亐市所舉在牛口之下意者如高士王牆東僧牛自隱歟當時又僃五羖大夫者貧無羔裘織五羊之皮以禦寒亦未可知道苟不枉身屈何傷大丈夫不辱志亐時貧賤何恥焉天降大任非意所及也顧傳記言奚事多失實左傳僃蹇叔哭師公羊穀梁傳言哭師二臣之有奚奚厺虞秊七十越三十秊而有哭師之事則百歲老臣見忤亐穆

公迺如是史記蒙恬傳言秦穆公舉百里奚應氏風俗通沿之因證穆公之謚為繆果爾穆公始能用賢終加刃亏期頤之臣則書錄秦誓取其用賢抑復何說論語曰多聞闕疑

晏子論

齊崔杼弒其君光有從君亏崔氏之宮而死者賈舉州綽邴師公孫敖封具鐸父襄伊僂堙也有自外而赴死亏崔氏者祝佗父申蒯與其宰也鬷蔑則殺亏平陰者也其守職而死者太史及其弟三人南史氏不畏死弃而不死者

也晏平仲獨不欱且與歃于太宮之盟議之者曰不欱猶可也同歃可乎式三曰不欱則必同歃不同歃則必欱也平仲枕君尸于股而哭之崔杼不殺之以收衆心如不從盟可聽之以搖衆心乎是以知不同歃者之必欱也且太宮之盟凊雖如陳文子未必不共此盟矣何以知之乙亥弑君丁丑遂與大夫盟雖欲去者未必如此之速也或曰平仲胡不去邪式三曰安必其不去邪晉傳休逸云晏嬰避莊公之難耕于海濵見晉書本傳是平仲之去傳文不詳而秦見于他說論古者因傳文之未詳而輒誣人以罪此類

甚多居數千載下而論古人事闕議苛所宜慎也或曰崔杼既縊之明季左傳已載平仲之事此時慶封當國平仲何以遽反齊乎式三曰此亦史所不詳未可肊定其是非也君子之論古人當通其一生之始終而定之崔氏之亂申鮮虞奔魯僕賃于野以喪舊君後仕楚見襄二十七年傳盧蒲癸王何出奔而反齊見襄二十八年傳癸何嬖慶伐慶其事反復無常卑平仲而優癸何之復仇論固過矣即申鮮虞之勇俠與平仲孰優孰劣亦未可武斷也古云石稱丈量徑而寡失

說苑臣道引晏子言忠臣不欬難不送亾亾之由曰言而見用終身無難臣何欬焉謀而見從終身不亾臣何送焉若言不見用有難而欬之是妄欬也謀而不見從出亾而送之是詐僞也故忠臣者能納善於君而不能與君陷難者也左傳文簡說苑文詳

宋魚石止蕩元論

宋魚石援楚入宋詒禍民社聖經載之而左傳敘其阿蕩澤脅華元黨惡蔽辠之情尤著矣方蕩澤之殺公子肥也魚石與向爲人鱗朱向帶魚府皆桓族而黨惡華元身兼

國政任之不可誅之不能以孤注之身與蕩敵而夾殉之則又無益心甚憂之魚石乎此時能與華元合謀誅一有皋之蕩澤可以全桓族而身為保家之令主計不出此迫華元奔晉而事急矣諸子之惡衆心叛之華元乃國人所歸援大國以正霸討內有華喜公孫師以為之應桓氏無祀勢固瞭然魚府等坐視待斃安能為謀而魚石詭譎之心以為與其不反而見討不如反之而許討且反之必不敢討意在羈縻華元以緩其計敗其謀曰攻蕩氏而殺澤非魚石之所料也魚石出舍睢上華元使止之復自止之

皆不入而洩溢閉門尤非魚石之所料也奔楚入彭城遂竊計拙無所不爲辠可勝言哉後之論者以魚石止蕩元擬子皮之止子產事既不倫而甚者謂魚石自請討澤處無過之地何復奔楚左氏之言不足信抑思左氏所敍之事甚詳豈杜撰而爲之辭邪

衞元咺論

衞元咺之訟其君也爲其君之失禮也晉文公之執衞侯歸于京師也亦以衞侯之失禮也雖然衞成公信失禮矣而元咺可與之爭禮乎周語載襄王責晉文之辭則曰君

臣無獄君臣皆獄父子將獄是無上下也審上下之分君臣與父子同矣凱風之美孝子也曰母氏聖善我無令人韓文公之作羑里操也亦曰天王聖明臣辠當誅元咺可訟文王何必就羑里臣子於君父之命不校當晉文公之自蒲奔翟已自言之而伸元咺屈衛成豈非蔽於私憾哉春秋書天王狩于河陽左傳申之曰以臣召君不可以訓而以臣訟君尤不可為訓矣孔子仕魯欲以微辠行樂毅仕趙亦曰忠臣去國不潔其名元咺揚君之惡豈特潔己之名晉文公苟非激于私憾何蔽護元咺至于如此孔子

嘗脩甯武子之忠元晅之辠不明則甯武子之忠不箸論語書公山弗擾以費畔又曰佛肸以中牟畔爲之說者曰弗擾畔季氏非畔魯佛肸畔趙氏非畔晉夫弗擾佛肸仕于家能以誠心感格其大夫則善矣既不能然惟厺位可以兵脅主古無此道當依左傳正其名曰畔夫今有以下屬訟上吏者幸輕其辠㝵歸于鄉而無識者取用其材遂至禍于郡邑是以不㝵已而辨之說苑曰冠雖敝必加于首履雖新必關于足上下有分不可相背

倉子嬰骸論

易子而食析骸而爨宋之困果若是哉設有之可以告敵人哉子反狠心訾以君子遂能矜憐之哉以是知華元之愚不至是也華元潛出城入楚營登子反之牀以劫之事如陳平奇計祕莫得聞當是時子反面墨色情皇遽不知所為軍止七日之糧必以實告乞華元之止其劫也華元與子反語亦謂宋恥城下之盟縱去食而亦守死自既約言退師乃盟而歸華元之盟而歸也知敵之糧盡雖背盟而可討曰守也子反之受劫而不背盟也以情告敵雖圍之而不能滅之也乃告其君退師而行成公羊傳云子反

蕚元乘堙相見各以情告此子反告王之飾辭也此楚史檮杌之言也登牀劫盟非楚史之所知也唐張巡許遠守睢陽史紀殺妾殺奴殺城中婦人以食此亦表揚張許者之飾辭耳儒者或以此議張許之殘忍亦見讀史之無識矣幷論之以告善讀史者

亂賊懼春秋說

孟子言孔子作春秋而亂臣賊子懼疑之者曰弒逆元兇日揭其策以示亏寿而不懼也且春秋以後亂賊不絕亏史冊安見其能懼乎弍三曰此錢竹汀顧震滄論之矣疑

者曰讀錢顧二論而未諭也盍言其嬰式三曰崔杼之殺史甯殖之愧筴皆以惡名為懼者也後世有忍亏崔甯者不可畀知如猶是崔甯也者讀春秋而不懼也鮮矣且孔子之修春秋非特直書弑逆而使之懼也直書弑逆董狐等猶能為之而孔子則能逆折臣子覬覦之心夫古今亂賊未必不欲為善良也積驕成侈積侈成專積專成忍有騎虎不下之勢而遂為不軌者比比也春秋之沿會盟征伐懍懍乎名分之不茍亏亂賊之人惡其後之所終先亏會盟征伐諸事溯其始之所啟使為君父而讀是書者知

凝霜即堅冰之漸而早絕之而臣子之讀是書者知驕侈之漸必至弒逆苟有不忍之心當先絕其未萌之禍後世之亂賊不絕由春秋之義不明也禮節民性不學禮者毀之樂和民情不知樂者乖焉後世以春秋爲斷爛朝報奚怪亂賊之接踵也邪

讀劉氏權衡

劉氏原父春秋權衡糾正公羊穀梁之謬可謂詳且盡矣其駁議左傳五十凡及經傳之異細思之多過當者傳中埘君子之辭稱潁考叔爲純孝稱宋宣公爲知人稱鄭莊

公為㝵正為有禮偁陳衞之越國而謀復屏公子洩公子職之立黔牟原父皆力辨之後有善為傳文解護者不能破原父之說矣雖然原父據此遂謂左氏不受經于孔子焉可乎[illegible]左氏作傳授之曾申曾申傳衞人吳起吳起傳其子期期傳楚人鐸椒鐸椒傳趙人虞卿虞卿傳同郡荀卿荀卿傳漢之張蒼張蒼乃以書獻見許氏說文敘漢儒遞相授受皆張蒼之本然則傳偁君子之辭有未合於道者或張蒼以[illegible]吳起諸人贅為之昭公十九年傳夏許悼公瘧五月戊辰飲太子止之藥卒釋經書弒之義已明復

贅以君子之辭以啟後人之疑原文於此傳不宜仍沿其說

讀呂氏博議

呂氏伯恭作左氏博議所以示諸生課試之軌也其文非特遜于韓歐即以伯恭文集較之高下亦已懸殊課試之文不能不就有司之式而伯恭與鼂與言書極明此書之不可讀本不待辨因四明郡之好以是教弟子姑辨之曰

夫左氏之學親受于孔子其是非未易輕駁鄭伯克段一失教一不弟傳兩非之而伯恭則曰叔段何負于莊公宋

穆公立與夷以戕其身不能善體宣公之意而伯恭則曰宣公好奇臧僖伯諫觀魚隱公不聽失在隱公而伯恭則曰僖伯不能悟之以心成王伯禽之時知禮者多而伯恭亏論羽數則曰聖人之心召畢不能盡知魯桓季少隱不遽讓觀傳所記娶昏之事已可知隱非飾辭而伯恭則曰厺位不亟虢仲譖其大夫詹父桓王不偏聽理其曲直知虢仲之詑以王師伐之而伯恭則曰亂君臣之分邢衞不能自治其國而有狄難齊桓救之其功甚大而伯恭則曰養亂以張其功管仲諫桓公之納鄭子華其論甚嚴且推

言後世之惡名以箴之而伯蓀則曰無史將不復爲善督

譏而不害傳美臧文仲之能爲旱備而伯蓀則曰左氏不

知天傳載諸國所賦之詩斷章取義不必盡遵作者之意

伯蓀以是爲說經之正傳而曰理以心遇五經氷釋宋蕩

意諸之忠彪炳史冊其諫救調護之策伯蓀不慴其史文

之不詳而曰見弑而死死復何補此伯蓀持論之失學者

不可不知也

讀顧氏朔閏表

顧氏震滄作朔閏表一卷分四卷復作長厤拾遺表一卷

以徵成之可謂詳於攷古矣書言杜氏失不置閏今增置者三桓公四季閏十二月莊公二十季閏十二月成公十二季閏五月攷之杜書桓公五季閏正月顧書足以改正杜書原非增置一閏莊成兩閏皆杜書所有書又言杜氏錯置閏今削去者一莊公二十九季閏五月攷之杜書此季本無閏書又言杜氏置閏稍有後先今改正者五攷之杜書文八季之閏杜書本無之九季閏七月顧書與杜書闇合非杜書之有譌僖公八季昭公元季八季哀公五季之閏顧書實改杜書顧氏未見杜書衹據趙東山汸之春

秋屬辭而為之趙書謬譌遂啟顧氏之疑而多為之辨彼譌書眞可悒矣而顧氏藉此攷正經傳之日月可不謂之勤乎哉當顧氏佗拾遺表之時杜氏長厤不可尋見方謂吉光片羽流傳于斷楮殘墨之閒學者宜寶恣而珍惜之今杜書之在永樂大典中者幸已編輯叢布合杜書顧書校攷尋失羽翼經傳眞學者之寶也而陋者拘執閏在歲終之例杜書既束高閣而顧書此二卷人尋之睹矣聖經賢傳霾沈于褊淺之談瞉穀于庸俗易行之說而如此書者或嫌其紛賾尋能參攷諟正為之遙望古人而慨惜久

之

讀戴氏即位改元攷

春秋隱莊閔僖四公不書即位賈服諸儒謂四公行即位禮史書之而孔子不書杜氏謂不行即位禮史不書孔子因史案隱公十一年左傳曰宋不告命故不書又曰滅不告敗勝不告克不書于策此言孔子修春秋列國征伐之事有不書者由史之不書于策也傳曰不書即位未見其史不書策之實即位見羣臣禮不容已十二公蓋皆行之惟時有常變遂禮有詳略孔子書其備禮者不書其不備

禮者以見隱公有讓位之心莊閔僖三公㝵遭變殺禮之意其遭變不殺禮者由是見其失焉謂四公同行卽位之禮杜氏已譏之謂四公不行卽位之禮戴氏復非之書此備諸儒之所未言也

讀江氏春秋兵農已分論

齊管仲參國伍鄙之法見諸國語江氏愼修解之曰齊三軍出之士鄉十有五公與國子高子分率之而鄙處之農不與也式三以為不然管仲三分其國為二十一鄉工商之鄉六韋宏嗣所謂不從戎役者也士鄉十有五其制十

執五十家家出一人從兵役以五十人爲小戎也五分郊外而置五屬國語不言其出兵之制此依成周之制八家出一卒無所變更者也五屬之農一井八家出一卒一成百井出一乘此古寓兵于農之善政也十五鄉之三軍多其軍役必減其租稅此後世府兵屯田之所自仿寓農于兵者也班氏孟堅謂管仲隨時苟合以求欲速之功不能充王制以此言豈如江氏之論野處之農不爲兵判分兵農爲二哉左傳載晉之軍制始則一軍既而作二軍作三軍又作三行作五軍既舍二軍旋作六軍以新軍無帥而

復三軍江氏為之説曰其既增又損也蓋除其軍籍使之歸農若軍盡出乎農則農民固在安得屢易軍制乎此江氏未悉練閱調發之殊而為此言也禮曰制國不過千乘乘百人十乘千人百乘萬人千乘十萬人練閱之數如此大國三軍祗用三萬七千五百人調發之法如此晉之調發或多或寡作軍舍軍之所以殊也傳曰楚國荆尸而舉商農工賈不敗其業言供役而不擾也而江氏謂楚之農不從軍豈足信耶江氏慎修達人也戴氏東原為作事實然循是説江氏鄭堂作漢學師承記復述焉恐其惑後學

也而辨之

後學江陰邢世章初校

孫家篤復校

宋·杜諤 撰 清·楊昌霖 輯

春秋會義二十六卷

（卷一）

清光緒十八年（1892）刻本

春秋會義

一册

春秋會義

廿六卷

鴻勛署

光緒壬辰古不夜
城孫氏山淵閣用
四庫館元輯永樂
大典本校勘付梓

原序

孔子脩春秋才萬八千言自獲麟筆止曳杖歌絶數千載諸儒固非神識靈悟妄意筆削穾窔閒傳注辨論或疏或密若由意錢占覆之術十得一二幸而中爾噫聖人之言何啻天遠貫嘗患學者不能盡性以窮經徒汩溺傳注論辨之說競攻襲長短遺忽本旨白首不悟亦已隘矣同志獻可杜子之學精思詣理兼會衆義附於經言閒或不迨明以己意遺夫善學假以達於筆削穾窔閒庶不爲妄意如意錢占覆之術不曰善乎余熟其用心之淵且至也故竊志之云

時嘉祐壬寅夏六月日任貫序

自序

六經之道聖人所以傳之後世章章然而不泯堯舜禹湯文武周公得其時而治也夫子之道不王於時而道在乎春秋故曰春秋者天子之事也託魯史而施貶正道治之法是以言著於沮勸而教與天地並二百四十二年之文要旨歸一而作傳之學有五其所行惟三家焉歷秦之後逮夫漢室胡毋生董仲舒之徒出而公羊興申公蔡千秋之學盛而穀梁起業左氏者又有賈護劉歆之屬故得並立學官尋門黨義好尚殊嚮各集其師說紛紜異論接迹而出原注如膏

肓墨守廢疾之辨也然則是非互有所私爾注釋之意多緣其流如杜元凱則拘以赴告若何休則涉以讖緯范甯雖務探經而博采諸說然未盡詳自後專門少廢學者務窮經趣由是諸儒異同歧意以爲說非欲故相矛盾蓋將以求聖人之旨也唐之世啖趙陸淳尤精焉本朝名儒演發微隱亦僅十數家謂今以經之逐條附之以三傳復繫之以衆義總集其要輒以師友所傳而會明之究聚始末離爲二十六卷雖聖人之旨深且遠豈後學之盡窮哉庶有補於討繹者遂命工刊行名曰春秋會義江陽杜諤自序

聖人應接萬變易地則皆然堯舜禹湯文武周公以道治其時而孔子之道託載乎春秋者其道一也春秋之法撥亂世反之正二百四十二年之奧旨微義必有以追治於人而著其所懲勸矣且錄其善者豈全與之乎將裁之以道目其惡者豈全棄之乎欲正之以義故曰春秋無褒疑若有褒春秋無譏疑若有譏此聖人之託文詳略不同而輕重之義所在也三傳之學相傳至漢胡母子都著之竹帛而董仲舒治之爲博士則公羊之論興榮廣授之蔡千秋而宣帝擢千秋爲郎則穀梁之說起學左氏者西京有張蒼

尹咸劉歆之好尙東都有鄭衆賈逵服虔之習嚮然各專門黨義務售其師說是非互有所私以致注釋之流皆專守其傳杜元凱拘於赴告何休涉於讖緯范甯又博集諸說以爲之解臆先儒所以歧意而矛盾者亦且多矣唐之啖趙陸湻統論其異同則纂例辨疑微旨存焉宋朝名儒演索微隱凡十數家曩嘗編集而會聚之然論斷有所未暢義例有所未詳今復攺脩而刊正之以待學者所以悉慮而研究焉時

元祐丁卯季秋月江陽杜諤重序

新校春秋會義目錄序

宋鄉貢進士江陽杜諤字獻可所著春秋會義爲書二十六卷晁氏郡齋讀書志陳氏直齋書錄解題並載其目獨鄭氏通志作三十卷以入春秋通論馬氏文獻通考經籍考亦作二十六卷並引晁氏陳氏之說知其書實爲宋元閒所重故程時叔春秋本義閒復稱引至明永樂中脩春秋集傳大全采用杜氏說

至七十餘條所謂蜀杜氏是也其全書不知亡於何時　國朝朱錫鬯氏經義考以爲久佚乾隆中
詔修四庫全書館臣始從永樂大典輯出書已成而總目失收聞當時吾鄉孔葒谷戸部曾錄有副本今流傳至江南爲某氏所藏此本乃鄒孝廉道沂家存故籍予聞諸蔣性甫太史因亟從借鈔會歸安陸存齋至濟南於予齋中見此書詫爲未有並屬傳鈔一部原本首行標　四庫全書疑即館中擬進本然書內不著纂輯人姓名後見今人所輯春秋規過春秋摘微序言乃知是書成於楊君昌霖手楊君字簡

齋吳縣人乾隆四十年進士　特旨改爲庶吉士散館改戶部主事與邵二雲周書昌戴東原諸人同爲校勘永樂大典纂修兼分校官予旣喜得是書本末思廣其傳乃捐貲付梓以公諸同人蓋數百年之祕笈於是復顯矣攷說經家之有門戶自春秋三傳始兩漢諸儒爲公羊穀梁與左氏學者恆斷斷不相合唐宋而後乃有棄傳從經之說夫舍事實而專談義理則一知半解議論易生此啖趙諸家所以爲世詬病而朱子亦謂經文太略諸說太煩前後牴牾非一不敢妄爲必通也杜氏生當北宋在王安石詆

廢聖經之際乃獨采集衆說自董仲舒以下至孫莘老經社凡三十餘家斷以己意自成一家之書晁氏所謂其說不必皆得聖人意旨然使後人博觀古今攷其同異則於聖人之旨或有得焉可謂得此書要領矣案書中所引唐宋人舊說如陳氏折衷論王氏箋義李氏集議孫氏經社要義諸書今並不存經義考僅據山堂章氏羣書考索采錄春秋折衷論二十七條至謂斷圭零璧亦足寶貴使朱氏得見此書其欣快當更何如楊氏蓋治春秋之學者其於此書采輯頗勤然猶未能旁搜博引蓋自永樂大典外所得

僅一二十條而又皆爲節文亦不出乎今書所載予深愧弇陋輒就目前所見略爲編訂並附校刊略例於後噫吾見今世箸述之士大率以爲名耳非果能於聖賢之旨有所發明也竊嘗深戒乎此故不敢以剽竊爲能而欲以一己之私得公諸人人昔朱子嘗論二程未出時有胡安定孫明復諸人說經雖有疏略觀其推明治道直凜凜然可畏蓋春秋所以別嫌疑明是非遏人欲於橫流存經世之大法故曰有國者不學春秋前有讒而弗見後有賊而弗知爲人臣者不學春秋守經事而不知其宜遭變事而不知其

權春秋其萬世之鑑乎采善貶惡將於是乎在予是以願學而有志焉至杜氏此書在春秋部中猶禮記之有衞正叔集說學者固不可不究心也光緒十有八年秋九月榮成孫葆田序於尙志書院之授經樓

春秋會要

序

四

校刊略例

一杜氏春秋會義二十六卷原書久佚今本乃吳縣楊昌霖充　四庫館纂修兼分校官從永樂大典輯出原鈔本作四十卷蓋因注文並作大字故卷數較繁茲仍釐爲二十六卷雖不必果符杜氏之舊然猶不至後多於前亦庶幾存其梗概云耳

一原書自僖公十有四年秋八月至僖公三十三年末又襄公十有六年齊侯伐我北鄙至襄公三十一年末永樂大典並缺楊氏據他

書采輯有注從春秋傳說彙纂補入者乃春秋集傳大全所引而
御纂本因之楊氏偶未詳攷蓋康熙時杜氏書固已不復流傳也此等今皆改正又有大全本所載楊氏未及采輯者亦爲附錄並加今按以別之

一原書引陳岳折衷論類多節文楊氏據章如愚羣書考索所載校訂或附錄全文或注餘與本書所引同今仍其舊讀者可以互觀而得之

一原書引箋義不詳名氏攷宋史藝文志有王沿春秋集傳十五卷文獻通考引崇文總目云沿患學者自私其家學而是非多異失聖人之意乃集三傳之說刪爲一書又見祕書目有先儒春秋之學頗多因啟求之得董仲舒等十餘家沿自以先儒猶爲未盡者復以己意箋之是沿書又名箋義故春秋大全特標王氏箋義以示區別今所補輯凡數條沿字聖源

一原書自箋義外引集議爲多攷玉海載慶歷

中大理丞李堯俞辨三傳諸家得失及采陳岳折衷總其類例五百餘目而成一百九十五論表進稱春秋集議略論三十卷今分上下二卷宋史藝文志載李堯俞春秋集議略論二卷蓋卽本諸王氏今春秋大全或誤作集義茲本補輯凡二條蓋杜氏書每云集議取陳岳論知其書旨與折衷同

一原書引指掌或稱指掌義或稱指掌釋或稱指掌碎玉或稱指掌異同篇實本一書按文獻通考載崇文總目云春秋指掌唐試左武

衞兵曹李瑾撰瑾集諸家之説爲序例凡義各一篇鈔孔穎達正義爲五篇采摭餘條爲碎玉一篇集先儒異同辨正得失爲三篇取劉炫規過申證其義爲三篇大抵專依杜氏之學以爲説云又引巽巖李氏曰春秋指掌其第一卷新編目録多取杜氏釋例及陸氏纂例瑾所自著無幾而敘義以下十四卷但分門鈔録孔穎達左氏正義皆非瑾所自著也本朝王堯臣崇文總目及李淑圖書志皆以先儒異同規過序例等篇爲瑾筆削蓋誤

矣攷李瑾字子玉所著指掌今亦不傳

一原書引胡氏論又引胡氏曰者蓋二書不同胡氏爲胡瑗翼之即宋史所載春秋口義五卷而春秋論則出自胡旦按文獻通考引崇文總目云皇朝祕監胡旦撰春秋論多摭杜氏之失有裨經旨杜氏謂杜預也

一原書引新義亦不詳名氏攷宋史藝文志有春秋新義十卷又文獻通考載左氏傳引帖新義無卷數並引崇文總目云僞蜀進士蹇遵品撰擬唐禮部試進士帖經舊式覈經具

對按宋志作引帖斷義十卷又別出新義卷數正同未知是一書否

一原書所引自漢何休左氏膏肓晉杜預春秋釋例外如隋劉炫春秋規過唐盧仝春秋摘微陸希聲春秋通例陳岳折衷論俱有近人輯本他如春秋指掌王氏箋義李氏集議與陳洙師道之春秋索隱論按陳洙字師道建安人所著春秋索隱論其門人朱定傳之宋史藝文志載朱定序春秋索隱五卷程端學謂授於師道先生者是也經義考先載陳師道索隱三卷次載朱定索隱五卷復載陳洙索隱論五卷並誤孫覺莘老之春秋經社要義及本旨辨要旨

要諸書今並不傳晁氏陳氏俱稱此書所引凡三十餘家今細核書目則春秋左氏傳春秋公羊傳春秋穀梁傳史記春秋繁露春秋公羊傳解詁春秋左氏膏肓春秋左氏經傳集解春秋釋例春秋穀梁傳集解春秋規過春秋摘微春秋集傳纂例辨疑微旨春秋指掌春秋通例春秋折衷論春秋論春秋口義春秋宗指議春秋箋義春秋總論春秋尊王發微春秋集議春秋本旨春秋辨要春秋索隱論春秋新義春秋旨要齊賢艮撰春秋經社要

義其稱引諸儒說則有劉向劉歆鄭康成潁子嚴歐陽氏蘇氏可謂博而篤矣

一書內敬避字樣皆恪遵　功令敬缺末筆或用古文恭代其他字句亦不免脫誤擬別爲刊誤一篇附諸卷末世有博雅君子更匡我不逮則幸甚

春秋會義卷一

宋鄉貢進士江陽杜諤撰

隱公

史記世家孝公二十五年幽王遇禍此年平王東遷二十七年孝公卒子惠公立四十六年長子息姑爲君是爲隱公隱公之母繼室聲子也宋仲子者生桓公惠公以爲太子是以隱公旣立欲授桓公之位卒以見弒隱公元年平王之四十九年聖人作春秋之始也

公羊傳曰春秋何以始乎隱原注据得麟乃作祖之所逮

聞也原注託記高祖以來事可及問聞知者猶曰我但記先人所聞辟制作之害

杜元凱序曰周平王東遷之始王也隱公讓國之賢君也考乎其時則相接言乎其位則列國本乎其始則周公之祚胤也若平王能祈天永命紹開中興隱公能弘宣祖業光啟王室則西周之美可尋文武之迹不墜是故因其歷數附其行事采周之舊以會成王義垂法將來也

范甯序曰孔子覩滄海之横流乃喟然而歎曰文王既沒文不在茲乎言文王之道喪興之者在己於是就太師而正雅頌因魯史而脩春秋列黍離

於國風齊王德於邦君所以明其不能復雅政化不足以被羣后也於時則接乎隱公故因茲以託始

集傳序曰語曰天下無道則禮樂征伐自諸侯出蓋十世希不失矣自大夫出五世希不失矣十世謂隱桓也五世謂宣成也故斷自隱公下至宣成定哀之時託魯事而著王文夫王文者謂取王者之制以創一代繼周之法也

春秋宗指議曰夫子之志冀行其道以拯生靈也乃脩春秋以爲後王法始於隱公者以爲幽厲雖

衰雅未爲風平王之初人習餘化苟有過惡當以王法正之及代變風移陵遲久矣若格以太平之政則比屋可誅無復善惡故斷自平王之末而以隱公爲始所以捄薄俗勉善行救周之𡚁革禮之失也

總論曰春秋以天下無王而作非爲隱公而作也春秋之始於隱公者以平王之所終也昔者幽王遇禍平王東遷平既不王周道絶矣故黍離之詩不繫於二雅而降於國風此春秋之所以作也且平自東遷至崩王道絶者五十年矣春秋不始於

孝惠而始於隱公者孔子不忍遽絶之孔子不忍遽絶之者猶有所待焉爾是故歷孝踰惠冀其能以王道奮起興復文武之業垂之無窮嗟乎平王庸暗莫能中興播蕩陵遲逮隱而死夫生猶可待也死則何所爲哉孔子於是乎絶之

摘微書後祖擇之曰易始於乾坤天地之極也詩始於夫婦人倫之本也書始於堯舜善其禪也春秋始於隱桓誅其簒也

本旨曰仲尼約魯史脩春秋以寄王道其端非獨發於平王之失政也故經不始惠而始隱焉隱實

長賢宜立而讓君子大居正故弗之與不書卽位明其失也書曰公正其名也已正其名所以成隱而本其失道之自因以爲始

辨要曰春秋於周何始於平乎禮樂征伐之柄自平而失也於魯何始於隱乎禮樂征伐之柄始隱而擅也自平而失者孰質諸質諸詩爲黍離降國風遂與諸侯夷矣始隱而擅者孰質諸質諸論語爲孔子曰禮樂征伐自諸侯出蓋十世希不失矣由隱桓莊閔僖文宣成襄昭凡十世而昭公死乾侯孝惠不與焉質諸行事則經書盟會及考宮獻

羽者則禮樂之柄始而擅也經書帥師伐者及書入者則征伐之柄始而擅也以所言所删之書求其所脩之旨復質諸行事庸有不合乎

經社曰當周之衰也王夷而侯雅降而風失之甚矣聖人起而治之終於平之終明王之不足以王也始乎隱之始明正之不足以正也王不王正不正而天下不至於微滅者未之有也

謗曰孔子曰天下有道則禮樂征伐自天子出無道自諸侯出蓋十世希不失矣安國釋之云希少也平王東遷周始微弱諸侯自作禮樂專行征伐

始於隱公至昭公十世失政死乾侯然此必以隱公爲十世始者謂夫子之言乃作春秋之本意也然而平王東遷之後周旣微弱孝惠之世豈有禮樂征伐不自諸侯出乎噫此當求於夫子希不失之言也蓋夫平王之初周室雖微而列國之失尙罕至其末年陵替已久諸侯專恣頗多而隱公爲失尤甚春秋所以作矣何以言之嘗於春秋見王道之正自魯隱而壞也且隱之繼惠父子代立之正也隱公旣立而內有授桓之心以啟其篡使天子繼世立諸侯之禮由之而其本已壞則是隱公

之於魯所謂希不失焉亦孟子所云世衰道微之漸春秋始之託王文以載行事則其端非獨發於平王也

元年春王正月

杜元凱序曰所書之王卽平王也　隱公之始年周王之正月也凡人君卽位欲其體元以居正故不言一年一月

春秋宗指議曰古人曰商變夏周變商春秋變周又言三王之道如循環太史公亦言聞諸董生曰春秋上明三王之道公羊亦言樂道堯舜之道以

擬後聖是知春秋參用二帝三王之法以夏爲本不全守周典理必然矣

通例曰凡公即位書元年春言體元以奉時也王正月言奉王以居正也

折衷論曰苟書始命之王則二年復書何王也又隱非始封之公焉得而書始命之王　隱之讓非徒爲桓蓋成先君歸仲子之意　按章如愚羣書考索載折衷論此條其文較詳文云左氏謂周平王公羊謂周文王穀梁謂周平王折衷曰春秋所以重一統者四海九州同風共貫正王道之大範也迺以月次正正次王王次春春次年年次元斯五者編年紀事之綱領也故書王以統之在乎尊天子卑諸侯正升黜垂勸懲作一王法爲萬代規俾其禮樂征伐不專

於諸侯也故用隱之元統平之春存平之正得不書平王歟苟曰周書始命之王則二年復書何王必不然也平王明矣斯公羊之短左氏穀梁得其實矣不書即位左氏謂居攝也公羊謂成公正桓之意穀梁謂隱避非正也折衷曰夫遂者君臣之大節也苟不失其正則聖人必重之春秋必蹕之穀梁謂非正豈微旨歟隱之遜非徒爲桓蓋成先君歸仲子之意春秋實尼父之日月也日月之垂昭昭然非遂國之賢君何以居其首哉居斯首之首與居諸史之首異史則正創業之重斯之首則聖人特筆之以冠十二公矣如定易非乾象無以冠之七十二傳非夷齊無以冠之三千子非顏閔無以冠之又春秋正桓母之喪不正隱母之喪桓母書夫人薨隱母書君氏卒斯皆正隱讓之明言而聖人崇謙遜之風戒僭亂之俗成王化之本也左氏公羊得其實穀梁之說短矣附錄於此

摘微曰隱越次而立久不歸位外示攝而中實奪之故不書即位明春秋之所由作也

總論曰春者春秋編年必具四時故書年則書春春秋之年其書王者何也曰王者天下之本也號令賞罰之所由出也且自隱至哀天下無王者二百年矣夫號令賞罰天子之事也孔子不敢私之此春秋之年所以書王也其二百四十二年書王者一百三十且如公羊曰謂文王也然夫子酌列聖大中之道作春秋爲萬世法豈止取於一文王而已哉何休稱記新王受命於魯此又妄謬之甚也杜預言即平王者是不知王道自平而絕也王者班正朔於諸侯必自元年孟春之月始諸侯

奉而行之十二公之元年不以有事無事皆書王正月先儒說春秋者稱黃帝受圖立五始此好怪者爲之也安有黃帝受圖預爲春秋立五始之事哉　隱不書卽位者首惡也非以賢非以讓也蓋貶之也所以防僭亂而杜篡奪也惠旣無嫡己當立而讓桓以取弒逆之道邪也不書卽位貶也

辨要曰元者善之長也春秋變一爲元者何所以善其始始善則終無不善矣然則元者號令之本也天子之事也噫文王有位而謚之曰文文乎實者也仲尼無位而曰文不在茲乎文乎文者也夫

諸侯爲天子守土安得有元乎蓋仲尼之筆春秋之稱樹王法也近遠之不分內外之不別王法何以明哉仲尼於是移元於魯託焉爲內主也後儒雖見移元於魯而不知所取者文也乃實其言曰黜周王魯嗚呼苟如斯言是教人判周也安得爲聖人

春秋於月之上必書王者非史之舊也仲尼之新意也王法之王爾何哉帝而上近於簡霸而下瀆於亂法無備於王王法者萬世大中之道也書於月之上者明善惡非奮其臆見皆質諸王法以追治之而正誅賞之文噫君天下者能憲乎

春秋則三王之典可復矣　一月而謂之正者所以正其始也其始既正則終無有不正矣王室下衰不能班正朔於諸侯久矣仲尼脩春秋奚用於周正乎歸正於周也蓋是周家天命未改揭其實以明天下之正統也隱書正者譏失正而階禍

經社曰春秋書元與正而王立乎二者之間元者天下之大生也君之所奉也正者天下之大正也君之所施也元與正天下之大生大本也王立乎中然後正不正存焉是故春秋論十二公之事布於二百四十二年之間其合乎元於正者褒之不

合乎元與正者貶之明有所奉而有所施也 人君即位必具五始之法蓋天子必上奉天之歲時以正天下諸侯必上奉天子之政教以正一國皆當體元而居正耳反是者非所以正之也

箋義曰隱當立而攝非正也春秋時諸侯所恣意行事失禮而違正仲尼皆裁損之以示譏故穀梁曰隱十年不正不自正也元年有正所以正隱也

集議曰諸侯之娶九女元妃死則次妃攝治內事謂之繼室與經之文諸侯無重娶之禮傳有衞莊再娶於陳之說蓋世衰禮壞而然按惠公元妃無

嗣隱爲次正矣惠公再娶於宋非禮也是則隱桓皆庶爾隱之失者但以仲子有魯夫人之文而惠公納之故追父意而讓之桓殊不知命不可易君不可二卒致翬有反譖之釁魯有弒君之恥穀梁謂之探先君之邪志者不其然乎五年考仲子之宮所以著其不正也

歐陽氏曰孔子何爲脩春秋正名以定分求情而責實則辨是非明善惡此春秋之所以作也使息姑實攝而稱號無異於正君則名分不正而是非不別夫息姑之攝也會盟征伐賞刑祭祀皆出於

己魯之人皆聽命於己其不爲正君者幾何惟不正其名爾且其有讓桓之志未及行而見殺其生也志不克伸其死也被虛名而違本意則息姑之恨何申於後世乎孔子書曰公則隱決非攝難者曰然則何爲不書卽位惠公之終不見其事則隱之始立亦不可知孔子從二百年後得其遺書而脩之闕其所不知所以爲假立以待桓也

新義曰湯武身行孔子文爲以王爲文以魯爲主元年春王正月者天下之事文也公卽位者一國之始實也所以聖人不主於周而主於魯者空文

也以文王爲空文之法以魯隱爲空文之主春秋之元非一國之元天下之元也春秋之正非一國之正天下之正也公卽位一國之始不可兼天下而言也孟子曰春秋者天子之事公卽位非天子之事也公穀二家陸湻啖趙皆習知春秋之義不知春秋所以爲義也　春在魯史一國一時之事也春在春秋天下一時之事也　春秋之王上不繫天子下不繫諸侯見天下之極亂道在仲尼也自隱至哀二百四十二年之閒有王無王其通義乎論語曰文王既沒文不在茲乎文在仲尼春秋

之王可知矣　周室雖衰天命未改晉天率土一草一木皆周也春秋之作率天下叛國以尊周室元年書正示周家天命未改

旨要曰人君立政以謹其始故稱元年也王命奉天時而立政故王次於春王改正月朔以正其統故月次於王也

謗曰易彖曰大哉乾元萬物資始又曰至哉坤元萬物資生是則天地之大資元以爲妙本也春秋變一爲元者仲舒所謂視大始而欲正本矣且元之所以書示人君之有所奉也王者奉順於上則

天下之大本立而無所不舉爾然則春秋之作約魯之史而必以元加之者此聖人所以立一王之法也何休見書王而曰託受命於魯是不原春秋樹王法之本意也仲尼以王道著於魯史將深探其本而繫之以萬事焉故稱元以統其始　漢史謂春者天之所爲也正者王之所爲也其意曰上承天之所爲下以正己之所爲者此仲舒論春秋次之之義也唐史載春秋以元加歲以春加王明王者奉若天道以謹其始者此劉蕡釋聖人筆之之法也二儒之言春雖具四時之首而仲尼所繫

之旨亦廣矣　禮記中庸曰仲尼祖述堯舜憲章文武上律天時下襲水土鄭氏釋之云孔子祖述堯舜之道制春秋而斷之以文武之法度此聖人兼包堯舜文武之盛德而著春秋以俟後聖者也由此言之所書之王公羊何杜之說皆其偏意蓋夫子以祖述憲章之道追治於魯史不與天下之無王也是則春秋之王著一王之法所由出爾萬世而下其王道之權衡歟范甯所論書王必上承春而下屬於月以見王者上奉時承天而下統正萬國之義然而元年書王必屬以正月者何休所

謂政不由王出則不得爲正也何氏又有五者同日並見之說而春秋緯以爲黃帝受圖而立之據總論而審之則黃帝於孔子年代曠遠豈知復有孔子之脩春秋乎是則自出於一家之談以成春秋之義而無害爲筆削爾　春秋以王之政正諸侯之卽位是以十二公之元年王正月之下書曰公卽位者明諸侯當稟王命之正也今隱公之於惠父子繼立也而春秋又錄其卽位者授受之不正也且古者繼世立諸侯以象賢俾其世世稟天子禮樂正朔而不失其正矣惠公傳嗣乃有與桓

之心而隱代以立是授之不正也隱公繼之有讓桓之志未及行而見弑是由受之不正也且即位一國之始而授受之不正故聖人闕之以起王文因以見筆削之旨

三月公及邾儀父盟于蔑

摘微曰儀父首僭爲罪始故不書爵名以罪之聖人貴始而抑末舉此則大意也

箋義曰仲尼託諸侯之事而著誅賞之文亦猶文王爲西伯而行天子之政斯實聖人創立一代繼周之法以示後之聖王耳不日何休以爲小信辭

經社曰古之制也諸侯非命事不越境況叉專會盟侵伐之舉乎然春秋之世禮去其籍而上下易位衆矣而聖人於春秋間不問能行禮與否皆著之者志專且以戒亂也雖春秋之法固然而書或會或及此所以別内外志之異也

新義曰隱公據大國爲君不能行仁布義撫寧民俗汲汲及盟於小國終忘信約此著儀父之是而見隱公之非也上明所謂貴之者非襃也貴者憫恕之辭也憫儀父而甚隱公速暴不常之過也

諤曰周禮司盟之職凡邦國有疑則掌其盟載之

約此蓋天子與諸侯會盟之禮也是則諸侯不得而專之矣周衰會同禮廢列國擅相盟會而不務以信令儀父盟於魯而春秋書曰公及邾儀父盟於蔑三傳諸儒以爲褒之美之斯未盡聖人之本意也夫春秋所書皆疾諸侯之自恣而錄之以盟豈可謂褒而貴之乎發微所云字以別附庸近之矣蓋附庸之君不當名之故稱儀父以別其文也然則春秋藉朝聘會盟以正禮樂之失今起以筆削之義於元年之三月書儀父之盟者所譏禮樂自諸侯出其他可知矣

夏五月鄭伯克段于鄢

摘微曰書克絕鄭兄弟之親且罪鄭伯

本旨曰左氏曰如二君故曰克且發凡以爲得雋之辭但春秋二百四十二年止此有一克字安所用例乎穀梁以克爲能殺益成謬亂克非所以訓殺也今案段無國不可曰伐言圍則鄭伯之志豈止於圍又實出奔非殺故正其名曰克克詁爲勝段不復能爲國患是莊公全其勝矣春秋之義君親無將今段欲爲篡原其姦凶誠國巨逆故黜其弟之貴號以彰元惡亦猶州吁無知不稱公子公

孫明討之實討賊也賊不可稱弟宜去之以示法稱鄭伯則段爲母弟甚明存之斯不宜去之乃其理公羊云當國也斯言甚近但辭愧明白

辨要曰國君討其大夫或書殺或書刺或書放惟此特書克者何繩鄭莊之不孝也春秋之筆專以明微也克之爲言勝也共叔不悌鄭莊不孝以王法追治之其罪皆當誅也鄭莊偶以力彊勝之而已始入春秋而鄭莊以不孝受誅其名敎之蘊哉

新義曰書克不言伐一家之事也子母兄弟之情人難言也

謂曰周禮大司馬之職以九伐之法正邦國此蓋天子討諸侯之違王命者也是則諸侯亦不得而專之矣周衰征伐不稟天子之命列國專相戰伐而不卒以德今鄭伯伐其弟而春秋書曰鄭伯克段於鄢三傳及諸儒以爲貶之絕之是將互求聖人之微旨也春秋所書皆疾諸侯之暴橫而稱之曰克豈不謂甚而譏之乎本旨又云段爲元惡詳經意蓋鄭伯於親弟不能制之故目鄭伯以譏其失也然則春秋書侵圍戰克以懲征伐之失今起以筆削之義於元年之夏五月書鄭伯之克者所

以譏征伐自諸侯出其他可知矣

秋七月天王使宰咺來歸惠公仲子之賵

總論曰此不稱夫人而曰仲子者惠公之妾也天王賵惠公則可兼仲子則不可也按文九年冬秦人來歸僖公成風之禭與此不稱夫人義同譏其不及事而又兼之貶也公羊得之左氏失之甚也穀梁亦無取焉殊不知仲子與經稱夫人子氏薨者異

集議曰此年書歸惠公仲子之賵二年書夫人子氏薨三年左氏經書君氏卒釋之爲聲子公穀皆

云尹氏釋之爲天子大夫三傳言之不同者蓋君氏尹氏之由也左氏以外大夫不卒於經故以君氏爲隱母按經文三年書王子虎卒定四年書劉卷卒此皆天子之卿也傳雖所釋不同然其卒見於經明矣是則尹氏之不宜爲君氏也又明矣尹氏既不爲君氏則夫人子氏薨必隱母也稱夫人夫子所以正隱之宜立矣此書仲子之賵而繫之惠公猶惠公之仲子爾所以不正桓之母也書歸賵而不書其卒所以不正桓之宜立也左氏意謂仲子未卒此人情之所未聞也設謂二年夫人子

氏為桓母則正桓母為夫人也小君宮廟不著於經果見其為夫人五年不應考仲子之宮矣咺之名者非贈死弔生之不及也其諸以賵人之妾累之乎

旨要曰仲子卽桓公之母也惠公薨之明年而卒天王聞告使歸賵非禮故名之然則歸賵之命專自天王以天子之尊不可貶責貶王之使足見其非宰咺者周宰夫之職周禮宰夫凡邦國之弔事掌其戒令

謗曰孔子曰我觀周道幽厲傷之又曰如有用我

者吾其爲東周乎此聖人憫周道之不復興而春秋所以作也然則春秋旣爲憫周而作至若周家淩替之事不得不詳錄之以起聖筆之本意故因其歸賵而託文以示義焉且仲子者公羊所謂桓母也穀梁以爲惠公之母是不明聖人立文弗以子先母也今以集議論之則正君氏卒爲尹氏夫人子氏薨爲聲子此春秋不與隱授桓之志也夫仲子非正爲妾明矣春秋不以其卒見於經而書歸賵者譏在天王也且宰咺稱宰而名之蓋以賵人之妾而貶之因以見周道淩替之甚非禮若是

九月及宋人盟于宿

經社曰春秋之法及云者重其志也及辭同而發之者三有以微而及之有以公及之而諱有以公及之而絜乎上皆視乎及與所及而爲之輕重也不可一而言之春秋微者事非有所諱非有所絜而爲之辭則曰及以盟宿盟是也

新義曰及者汲汲也內爲志也公卽位求盟於宋以釋於黃之戰當昭明信約相濟鄰國恤社稷之難也十年之伐經書翬帥師者參譏也此書及宋人盟者人公也

謗曰孔子曰殷禮吾能言之宋不足徵也文獻不足故也此夫子傷周道之衰而歷觀杞宋之文獻杞宋亦不足徵之而返魯作春秋所謂託之空言不如載之行事也今書九月及宋人盟於宿而傳皆曰內外之微者以經不出公而宋稱人故也然於此宿之盟起文而獨出宋人者豈非託其不足徵之之義乎自入春秋之經而書盟蔑克段之事以志禮樂征伐之失又書歸賵以傷周道之替今復出宋人之盟以見宋不足徵之本意矣宋不足徵則杞與諸國可知矣

冬十有二月祭伯來

通例曰自外適我曰來

折衷論曰凡諸侯之大夫有書曰來奔來朝來盟來聘其第書來者不曰非王命蓋聖人特有其旨餘文從公羊義

摘微曰祭伯天子卿非會可朝故書來

集議曰禮內諸侯祿也外諸侯世也外有守土之重朝聘會盟得而專之寰內諸侯雖爵祿所視過於列國其職蓋天子之卿大夫爾朝聘會盟非君命而不行若南季家父宰周公之徒皆稱王使此

禮之常也然則雖有侯伯之秩固不容通好於外此言來而不書朝蓋不正其外交爾莊二十三年祭叔來聘以爲王命則無王使之文以例求之祭伯之弟也亦不正其外交爾周大夫奔見於經者衆矣公羊以無外不言其奔蓋非通論

諤曰春秋立一王之大法凡天子諸侯大夫之事必有以詳而正之且祭伯天子之大夫而私來於魯不言王使則非王命可知矣若以爲來奔則成十二年周公出奔楚襄三十年王子瑕奔晉如此之類皆明書之則祭伯不可謂之奔矣若以爲來

朝則於義豈有天子大夫下朝於列國乎此蓋周衰君臣之禮廢壞祭伯擅以私事來魯春秋闕其事者不與祭伯之來也

公子益師卒

纂例趙子曰外大夫卒春秋不書書內大夫吾史也尊吾命卿所以尊王命也不書葬降於君也

折衷曰公羊謂去孔子遠故不日則隱五年公子彄卒何以書日聖人脩春秋約史記之舊文筆則筆削則削爾苟有舊文何遠之有穀梁謂惡卒故不書日則公子牙公孫敖得不惡卒乎

總論曰春秋內大夫卒則書之外大夫卒則略之豈徒紀其歲時著其名氏而已蓋古者諸侯歲貢士於天子天子親命之使還其國爲卿大夫故周禮公之孤四命其卿三命大夫再命士一命侯伯之卿大夫士亦如之若魯慶父叔牙季友之子孫終於哀之世並世執其政不復命於天子矣孔子雖稱公子公孫與氏而無以大夫目之者也此譏世祿之深旨且如左氏則莊三十二年秋七月癸巳公子牙卒莊旣有疾矣豈君與小斂而書日哉

發微同總論

本旨曰春秋記事之體或書時或書月或書日所以别重輕明詳略蓋亦不得不爾焉若朝聘會同侵伐之類常事也志之輕故例時有所見而後月諸侯葬及公卽位之類巨典也以録之謹故例月有所見而後日至若君夫人薨葬及大夫卒火災日食之類變旣尤重非日則爲脱略大故故詳著也而杜元凱曰春秋不以日月爲例雖陸文通趙氏啖氏亦同其說稽古疎謬無甚於此

旨要曰日卒之例但繫恩之厚薄不必須公與小斂也總論又謂作傳者互以日月爲例多所不通

大夫日卒穀梁得之然不辨譏世祿之旨謂曰王制大國之卿三命於天子次國再命之小國一命之禮所云卿者春秋謂之大夫則是諸侯之國當有天子之命大夫也春秋內魯而錄大夫之卒然必曰公子公孫者總論所謂譏世錄也穀梁又以爲不日卒惡也今不見益師之惡而不日者豈非因史之舊以闕之歟且春秋之元年列國及天王之事皆詳錄之以託傷悼之意而祭伯天子之大夫也益師諸侯之大夫也亦書之者言天子諸侯之事既詳而明之則其臣不可略之也

二年春公會戎于潛

摘微曰戎非中夏敵公輒會之是會以婉著其罪也故秋復與戎盟則謹日月以示過

旨要曰春會秋盟戎之好亦迫矣危公之論誠有旨乎

謏曰禮諸侯相見於隙地曰會會者預謀閒地尅期而往朝於天子也是則諸侯非朝天子豈可擅越於封境哉春秋之世諸侯自相爲會多矣今隱公不循其禮出會戎狄聖筆不得不譏之蓋由周衰戎狄錯居中夏無賢方伯以爲之攘正隱公不

能攘之反與之會非禮可知矣何休釋之以爲來者勿拒去者勿追此止明王者不治夷狄之權而未盡隱公不可爲會之義也且列國擅相出會猶曰不可况會戎乎

夏五月莒人入向

指掌曰周禮萬二千五百人爲軍二千五百人爲師五百人爲旅重其舉大事動大衆滿師則書之不滿則不書輕其衆少故經皆不書旅也君自將者言君不言師卿將者滿師則師將並書不滿則空舉將名大夫將者滿則稱師不滿則稱人

通例曰克內曰入

箋義曰莒人莒子也稱人惡其以向姜入其國也

旨要曰入謂勝其國邑而不有其地是也葢莒人之入向也由於向姜不安於莒自歸其國故莒國興師伐向不有其地但取向姜也

諤曰春秋諸侯用兵稱人者所謂善盟會而惡征伐也莒人者據左氏之實則是莒子入向而以姜氏還故箋義以爲莒子明矣若以莒人爲卿大夫則又不明春秋諸侯用兵稱人之義也然則春秋諸侯用兵稱人而元年鄭伯克段不人之者傳例

謂殺世子母弟目君也由此言之莒人當謂莒子可知書入者譏其以兵入也

無駭帥師入極

繁露滅國上篇曰隱代桓立所謂僅存耳使無駭帥師滅極內無諫臣外無諸侯之救也

折衷曰凡戰伐之例與滅國之例異戰伐十有五此書入極其以附庸之國言之如桓二年入杞僖二十七年復入杞豈可謂入杞而杞滅與隱十年齊鄭人郕莊八年齊師圍郕豈可謂滅與襄十二年季孫帥師入鄆昭元年取鄆斯書入不爲滅駭

未賜族從左氏

箋義曰無駭爲魯司空而與庈父連年興師而入小國又當春秋託王之始固宜貶黜從公子輩去族之例時雖未賜族然當與有族例同貶故書曰無駭帥師惡其勞衆而入人之國也公羊以爲疾始滅非也

集議曰春秋稱族舍族皆繫褒貶公子公孫族之例也若其聘會盟伐絜而名之者不得謂之非例若隱之世再書翬帥師襄二十七年書豹及諸侯大夫盟於宋蓋嫉君在而大夫擅之之惡也蓋筆

削之所宜誅也彼以去氏爲貶則九年書挾卒桓十一年書柔莊三年書溺此年書無駭帥師八年書無駭卒豈可謂之無罪乎二傳文雖不同於貶爲近杜預見八年有羽父請謚之說因以爲未賜族是執於傳而不究於經公穀柔挾之經亦以爲未命大夫且禮經之制微者不書於策若大夫無爵命則士也又何以見於經乎

謣曰論語云禮樂征伐自諸侯出十世希不失矣自大夫出五世希不失矣先儒謂五世宣成也此聖人疾諸侯大夫之專自十世五世而起何則隱

爲十世之始而有無駭帥師是亦大夫專行之事其孰謂哉此當求之於希不失之言矣且當隱桓之際征伐雖或大夫尸之然亦專之尚鮮至文公之後政在大夫故晉陽處父帥師而春秋出之以目氏蓋專之且甚希有不失之者也由是言之無駭大夫也爲專伐之始而未當乎希不失之世故春秋所以去氏者其以大夫專伐貶之乎三傳及諸儒解之未原乎論語之說爾

秋八月庚辰公及戎盟于唐

箋義曰公春與戎會今又與之盟故日以謹之

謂曰詩六月之序云小雅廢則四夷交侵中國微矣此言厲王之暴其道廢缺宣王中興是以有六月之伐也其後幽王遇禍平王東遷政教陵夷不能復雅四夷乘之錯居中夏蓋由王道之不奮而春秋不得不作是以聖人撥亂反正而爲之筆削雖夷狄之事必詳錄之明春秋所以治中國也今隱公會戎而聖筆既以譏之至此復錄其盟者此聖人有傷悼之心而不略其文將託之以示義爾

九月紀裂繻來逆女

繁露玉英篇曰春秋有經禮有變禮爲如平性安

心者經禮也至有於性雖不安於心雖不平其道無以易之此變禮也是故婚姻不稱主人經禮也辭窮無稱稱主人變禮也

旨要曰紀實小國其大夫卽卿裂繻不稱使婚禮不稱主人以敦廉恥故不稱使如自來之文爾爲自來之文則嫌於自逆故稱其國則知爲君逆也

集議曰見莊二十七年莒慶來逆叔姬論

諤曰婚禮者上以事宗廟下以繼後世也魯哀疑冕而親迎禮數太重而仲尼明其當爾春秋錄娶女諸侯不自逆而使大夫則書也今紀裂繻逆之

爲君逆也聖人書之其以不親迎而起文乎公羊

又謂不稱使而以宋公使公孫壽言之是不知納

幣爲大夫之事而逆女非大夫所專也此紀侯不

得親迎之正故名裂繻以貶之復又月以危之

冬十月伯姬歸于紀

通例曰女嫁曰歸

經社曰夫以承先君之祀爲宗廟社稷之主禮固

重矣親迎之可也使大夫不可也將以承先君之

祀同爲宗廟社稷主固不敢以其配卑於其臣也

是故春秋之文以大夫逆之者志之

謗曰春秋内女嫁爲夫人則書之所以明婚姻人倫之大本也春秋之際禮去其籍聖人謹而錄之且以志婚禮之爲重宜法古所行凡婦嫁之義必詳而正之矣

紀子帛莒子盟于密

纂例曰闕文也非兩會也

折衷曰春秋凡書盟會朝聘諸侯與大夫其文皆異書諸侯苟合曲禮則稱爵小有失則降爵大有失則去爵或嘉則稱字書大夫苟合曲禮則稱名小有失則降人大有失則去族或嘉則稱字黜諸

侯如鄍黎來也黜大夫如陽處父也嘉大夫如齊仲孫也未有爵同年同而兼曰子伯也必子則不伯伯則不子矣所以書紀子帛者是裂繻之字始莒魯有怨紀子旣婚於我又使大夫如莒涖盟以和解之則裂繻於我有解忿釋怨繼好息民之功矣故書字以貴之所以居莒子之上者以密之盟是紀爲之主故左得其旨

旨要曰紀侯旣婚於魯又使裂繻盟於鄰國繼好息民故傳曰魯故也裂繻使能承命故字以貴之然大夫而序莒子上者盟好之謀始於紀故主之

也公穀皆以爲紀子伯謂二盟而紀子自爲伯也二盟無伯二傳之非

謬曰春秋之文謹嚴而三傳載之或異者蓋傳授之不同也今密之盟左氏經書紀子帛而公穀爲子伯解之固已異矣夫欲擬議而求之則子帛爲裂繻之字文體相近公穀之經似誤爾若以伯爲闕文則紀是侯爵亦不當稱子也學者所以不從左氏而從闕文之義者蓋謂大夫不可主會也然據傳例卿不會公侯會伯子男可也且隱公爲十世之始而有大夫主盟是亦禮樂自大夫出也其

孰謂哉亦當求於希不失之言矣是時大夫之主盟會專之尙鮮至文公之後晉趙盾盟於扈而春秋書曰晉大夫此專之甚而希有不失之也今子帛雖專主盟而未當乎希不失之世矣春秋所以去氏者其以大夫專其禮而貶之乎此亦可原於論語之說也

十有二月乙卯夫人子氏薨

折衷曰凡外國君外夫人書卒內國君內夫人書薨以別內外薨當書夫人某氏薨葬則曰葬我小君某氏備禮之書也不正爲夫人則不書卒不書

葬荀書者聖人必特異其文且隱合爲君仲尼成其志故母曰君氏桓實嗣君而未立貴其母曰子氏薨

總論曰杜預專守左氏惑而不開故有是說按杜預謂不赴不祔則爲不成喪死不稱夫人薨葬不言葬我小君某氏故總論辨之　按定十五年秋七月壬申姒氏卒姒氏者定公之妾哀公之母也是時哀旣立矣而未踰年及母之卒也猶不稱夫人況隱方稱讓桓以爲太子豈可踰於已立之君而其母得稱夫人哉此妾可知矣噫孔子揭王法以正夫人羣妾之位其書之也由乎聖筆不

由乎赴與不赴於諸侯也預其不思之甚矣公羊稱隱公之母斯爲得之夫隱之母宋女故曰夫人子氏子宋姓也若果以夫人子氏爲桓之母則隱旣讓桓爲太子故以其母之喪赴於諸侯何以不書葬也則知仲子非夫人子氏也夫人子氏非桓之母也隱之母章章矣

箋義曰不應稱夫人而稱之是譏其不正也故不書葬

謂曰春秋外國君書卒內國君及夫人書薨別內外也聖人加以筆削之旨而正不正在其中矣且

隱公之於惠繼世之正也而隱不即正之春秋託文以追其事必與其所以立也至於夫人所書亦從而爲之辭今直書曰夫人子氏薨而作傳者釋之不同也據經而求之則元年書歸仲子之賵知仲子已卒聖人以其不正故不見於經經又無聲子卒葬之文此爲聲子宜矣元凱緣左氏君氏之說而以此爲仲子是不知彼自爲尹氏也若以桓母稱夫人則五年考宮不應稱仲子矣然則此爲隱母可知而不書葬者著隱不自正不成其爲夫人也

鄭人伐衛

經社曰天子有天下京師以持四方以庭負固不服者征之變禮易樂者伐之援是而加之指令任使之舉奉上禮樂之教而不知衽金革之患者無他此道所措順也惜哉季末失其柄而貽之强暴爲操玩之器侵伐之所出非天子之命好惡之所專皆諸侯之有故聖人惻之曰禮樂征伐自諸侯出蓋十世希不失矣此黍離之不足雅而春秋之所以志王法也所書之實輕重之辭也侵淺事也伐重事也按程端學春秋本義引陸希聲通例云聲罪致討曰伐杜諤未采附載於此

謂曰春秋書侵伐多矣三傳之例左氏則曰凡師有鐘鼓曰伐無曰侵公羊謂粗曰侵精曰伐穀梁云包人民驅牛馬曰侵斬樹木壞宫室曰伐總論所謂若如三家之言不惟異端滋甚則是諸侯得以擅相專之矣然考之聖人所書之意蓋以疾諸侯之專侵淺事則伐爲深也稱人以譏之以至於圍戰取滅皆謹而書之所以託追正之義